SANSKRIT GRAMMAR AND REFERENCE BOOK

WITH TRANSLITERATION

Worth it's weight in Gold

A Handy Sanskrit Grammar Guide plus a Vast Reference Book

The Sanskrit Black Book

Prof. Ratnakar Narale

Ratnakar

PUSTAK BHARATI

BOOKS-INDIA.COM

Author :

Dr. Ratnakar Narale, Ph.D (IIT), Ph.D. (Kalidas Sanskrit Univ.)

Prof. Hindi, Ryerson University, Toronto

Title : **Sanskrit Grammar and Reference Book,** ***with transliteration***
A Handy Sanskrit Grammar Guide plus a Vast Reference Book

This priceless Sanskrit Grammar and Reference Book is an ocean of essential information, in English *Transliteration* as well as in Sanskrit script. This All-in-One manual includes complete Sanskrit Grammar and comprehensive Sanskrit Reference Book for all levels of learning. It has unique Charts, Flowcharts, Golden Rules, Dictionaries of Nouns, Adverbs, Verb Roots, Conjugations of every Sanskrit verb, Case Inflections all possible noun types, and every element of grammar you would ever need to know, but may not find elsewhere. It has all Chhand-Sutras of Pingala, Yoga-Sutras of Patanjali, and much more. A must for Sanskrit students, this book is one of its kind, worth its weight in gold. The question is not, "can you afford to buy it," the question is "can you afford not to buy this priceless book?"

Published by :

Pustak Bharati (Books-India),

Division of PC PLUS Ltd.

Published For :

Sanskrit Hindi Research Institute, Toronto

ISBN 978-1-897416-48-8
90000

9 781897 416488

Sanskrit Grammar & Reference Book

ISBN 978-1-897416-48-8

Dedicated to

My Loving Grandchildren

Samay, Sahas, Saanjh, Saaya, Naksh, Nyra Narale

May 2019

INDEX

anukramaṇikā अनुक्रमणिका ।

INTRODUCTION		प्रतिष्ठापनम्	iv
The *anuṣṭubh* metre		अनुष्टुभ्-छन्दः	vi
CHAPTER 1	The Sanm̐krit **Alphabet** *varṇamālā*	वर्णमाला	1
CHAPTER 2	Euphonic Combination ***sandhiḥ***	सन्धिः	31
	Vowel-Vowel Joining ***svara-sandhiḥ***	स्वरसन्धिः	31
	Panini's sūtras for vowel-sandhiḥ		38
	Consonant-Consonant Joining ***vyañjana-sandhiḥ***	व्यञ्जनसन्धिः	40
	Panini's sūtras for consonant-sandhiḥ		43
	Visarga Joining ***visarga-sandhiḥ***	विसर्गसन्धिः	48
	Panini's sūtras for visarga-sandhiḥ		52
CHAPTER 3	The Sam̐skrit Numerals *saṅkhyāḥ*	संख्याः	54
CHAPTER 4	The **Tenses** and Moods of the Verbs *lakārāḥ*	लकाराः	66
	Dictionary of Common Sam̐skrit Nouns		71
CHAPTER 5	The Six **Tenses** (कालाः)		124
	1. The Present tense : *laṭ lakāraḥ*	लट् लकारः	124
	2. The (past) Imperfect tense : *laṅ lakāraḥ*	लङ् लकारः	124
	3. The (past) Perfect tense : *liṭ lakāraḥ*	लिट् लकारः	126
	4. The Aorist (indefinite) tense : *luṅ lakāraḥ*	लुङ् लकारः	126
	5. Indefinite Future tense : *lṛṭ lakāraḥ*	लृट् लकारः	128
	6. The Definite Future tense : *luṭ lakāraaḥ*	लुट् लकारः	129
	Flowchart for - Which tense to use?		130

CHAPTER 6	Forms of the Verbs		131
	1. Parasmaipadī and Ātmanepadī		131
	2. The Desiderative *sannantam*	सन्नन्तम्	132
	3. The Frequentative *yaṅanta-yaṅlugantam*	यङन्त-यङ्लुगन्तम्	132
	4. The Causative *nijayantm*	णिजन्तम्	135
CHAPTER 7	The Eleven **Classes of Verbs** *gaṇāḥ*	गणाः	136
	1. The First Class *bhvādiḥ gaṇaḥ*	भ्वादिः गणः	139
	2. The Second Class *adādiḥ gaṇaḥ*	अदादिः गणः	145
	3. The Third Class *juhotyādiḥ*	जुहोत्यादिः गणः	150
	4. The Fourth Class *divādi gaṇaḥ*	दिवादिः गणः	154
	5. The Fifth Class *svādiḥ gaṇaḥ*	स्वादिः गणः	157
	6. The Sixth Class *tudādiḥ gaṇaḥ*	तुदादिः गणः	160
	7. The Seventh Class *rudhādiḥ gaṇaḥ*	रुधादिः गणः	166
	8. The Eighth Class *tanādiḥ gaṇaḥ*	तनादिः गणः	169
	9. The Nineth Class *kryādiḥ gaṇah*	क्र्यादिः गणः	175
	10. The Tenth Class *ćurādiḥ gaṇah*	चुरादिः गणः	178
	11. The Eleventh Class *kaṇḍvādiḥ gaṇah*	कण्ड्वादिः गणः	182
CHAPTER 8	The **Cases** *kāraka-vibhaktayaḥ*	कारक-विभक्तयः	186
CHAPTER 9	The **Voices** *prayogāḥ :*	प्रयोगाः	199
CHAPTER 10	The **Four Moods** *arthāḥ*	अर्थाः	207
	1. The Imperative Mood *loṭ lakāraaḥ*	लोट् लकारः	207
	2. The Potential Mood *vidhi-liṅ*	विधिलिङ्	207
	3. Precative or Benedictive Mood *āśīrliṅ*	आशीर्लिङ्	208
	4. The Conditional Mood *lṛṅ-lakāraaḥ*	लृङ् लकारः	209
CHAPTER 11	The **Participles** *kṛdantāni*	कृदन्तानि	210
	1. ~~Past~~ Perfect Passive Participle (ppp◦) *kta*	क्त	210

	2. Past Active Participle (Past-AP) *ktavatu*	क्तवतु	212
	3. Present Active Participles *śatṛ-śānac*	शतृ-शानच्	212
	4. Ātmanepadī Present Passive Participles (ĀPPP) *śānac*	शानच्	215
	5. Potential Participles (pp◦) *vidyarthi*	विध्यर्थि	216
	6. Potential Participles *tavyat* तव्यत्, *anīyar* अनीयर् and *tavya*	तव्य	217
	7. Indeclinable Past Participle *ktvā ktvā*	क्त्वा suffix	219
	8. Indeclinable Past Participle *lyp*	ल्यप्	220
	9. The Infinitive *tumun*	तुमुन्	221
	10. *seṭ* and *aniṭ* verbs		221
	Chart of Participles		223
	11. Creating Existence of a Non-existent : *ćvi* च्वि		224
	12. Sati -saptami	सति-सप्तमी	225
CHAPTER 12	**Adverbs** *kriyāviśeṣaṇāni* क्रियाविशेषणानि		226
	Dictionary of Adverbs *kriyāviśeṣaṇa-kośaḥ*	क्रियाविशेषणकोश:	228
CHAPTER 13	The **Prepositions** *aupasargika-śabdāḥ*	औपसर्गिकशब्दा:	236
CHAPTER 14	Compound Words ***sāmāsāḥ***	समासा:	238
CHAPTER 15	**Conversations** *vārtālāpāḥ*	वार्तालापा:	245
CHAPTER 16	Analysis *viśleṣaṇam* विश्लेषणम् *Gayatrī*	गायत्रीमन्त्र:	252
CHAPTER 17	Words with **Affixes**		253
CHAPTER 18	**The Charts of Conjugations,** the root √*bhū*	√भू	265
CHAPTER 19	132 Charts of **Cases**		283
CHAPTER 20	The Dictionary of the **2200 Saṁskrit Verbs**	धातुपाठ:	342
	Which Verb to use?		421
HAPTER 21	Tenses and Moods of **80 Common verbs**	तिङन्तप्रकरणम्	443
CHAPTER 22	Chhanda-Ratnakar	छन्दरत्नाकर:	491
CHAPTER 23	The Great Saṁskrit Authors		609
	Books by Ratnakar		617

INTRODUCTION

Saṁskrit is by far the most poetic and florid language in the world. On these strengths Saṁskrit has survived for thousands of years and on the way has given birth to many wonderful cultures and numerous great languages. Naturally, therefore, explaining Saṁskrit grammar has spontaneously become natural in this book. It is the glorious literature written by the immortal poets that attracts the learners to the Saṁskrit language. It is the profound but poetic sweetness and the melodic nature of the *Anuṣṭubha* meter of the Saṁskrit language that makes its learning so very interesting. It is its unique chemical, mathematical and digital nature, well developed system of grammar, intricate compounding style and highly flexible character of composition that makes Saṁskrit writings so original to study and enjoy. It is the richest word-power of Saṁskrit that makes its writings extremely ornate, splendid and amazing.

Unique charts are key tools in this book. One of them you will find on the back cover of this book, in the form of the 'Chart of Saṁskrit Alphabet.' Unique is the technique of depicting the *māheśvarāṇi sūtrāṇi.* There is a handy guide showing the complete chart of compounding vowels (स्वरसन्धि), which is followed by full exemplification. a unique and simple one-page flowchart of The Ten Golden Rules on compounding with *visarga* (विसर्गसन्धि), designed to make it easy, which otherwise with the intricate and conflicting rules, makes Saṁskrit learning more difficult than it is. There is another unique flow chart to solve the dilemma of 'which tense to use?' from the available ten tenses and moods (लकाराः). You will see a similar important tool titled 'which verb to use?' from the available 2000 verbs.

All ten (eleven) classes (गणाः) of the verbs are individually explained with their conjugational charts with ten tenses (लकाराः) and other important details. In each case, the special verbs are specifically explained, for the reader to be aware. The study of tenses is concluded with a unique flowchart called 'which tense to use,' which walks you to the appropriate tense for any desired usage.

For providing help on the cases (विभक्ति), eight very unique charts are given for the eight cases, including the Vocative, with twenty-five most common substantives. They form a very handy tool for all the learners, new and old. They help finding the root word in a given declined word, as well as it aids in for comparing the declensions within and among the Cases.

Included in this book are the Dictionary of nouns, Pictorial dictionary of popular subjects, Dictionary adverbs and a gigantic Dictionary of 2200 verb roots with their common conjugations, past participle and other derivatives, space permitting. In this book, there is a separate section on 'Analysis' of Patanjali's Yoga Sutras. Its insight galvanizes the ability of a learner to look closely and carefully, an attitude necessary to develop for understanding of the Saṁskrit classical literature.

Besides the immense Dictionary of 2000 verbs, this book has Charts of 810 conjugations of verb √भू given in Saṁskrit and English transliteration, 81 charts of case declensions of nouns, pronouns and numerical adjectives, charts of tense for 80 common verbs, a dictionary of 'which verb to use,' a handy chart of declinable and indeclinable participles and many other important things.

For the first time ever you will find a systematically laid out huge listing of over 2000 Chhand sūtras in this book in the chapter called छन्दरत्नाकरः (*Chhanda-ratnakaraḥ*), a handy reference work for the poets and poetry lovers.

I have tried to make this book easy, unique and useful as possible. Nevertheless, I beg the readers to forgive me for any errors, omissions or imperfections that they may find. I would like to thank Hindu Institute of Learning, Toronto, and Saṁskrit Bharati, Vidya Bharati and Kavikulaguru Kalidas Sanskrit University of India for being my undiminishing inspiration. I hope the new as well as the learned readers, will find this book interesting and useful. ॐ तत् सत्।

-Ratnakar

The Anuṣṭubha Metre

The earliest and most important work on the Saṁskṛt prosody is the *Piṅgala-ćhanda-śāstra*. Most popular among the metres used for the *śloka*s of the Saṁskṛt epics, such as Rāmayaṇa and Mahābhārata, is the celebrated *anuṣṭubh* metre. In general a meter with 32 syllables is *anuṣṭubh* metre. For their lyrical value and in order to maintain uniformity in this book, mostly the verses composed in the *anuṣṭubh* metre are included in this book. There are many types of the *anuṣṭubh* metre, however, the one that is used in the composition of the Saṁskṛt *śloka*s (√*ślok*, to praise in verses) follows the following definition, itself written in the *anuṣṭubh* metre by the author of this book.

संस्कृतश्लोकः ।
'श्लोके' षष्ठं सदा दीर्घं लघु च पञ्चमं तथा ।
अक्षरं सप्तमं दीर्घं तृतीये प्रथमे पदे ।।

चतुष्पादस्य श्रीयुक्तो वाल्मीकिकविना कृतः ।
द्वात्रिंशद्वर्णयुक्तो हि छन्दोऽनुष्टुप् स कथ्यते ।।
रत्नाकरः

The above definition says that in a *śloka* (verse), there are four quarters (*pāda*), each with eight syllables. The fifth syllable of each quarter should be short (*laghu*), the sixth long (*dīrhga*), and the seventh alternately long and short in the odd and even quarters. e.g. a classical example (गीता : 1.1)

धर्मक्षेत्रे कुरुक्षेत्रे समवेता युयुत्सवः।
मामकाः पाण्डवाश्चैव किमकुर्वत संजय।।

CHAPTER 1

THE SANSKRIT ALPHABET

Vowels (*svarāḥ* स्वराः)

अ	**आ**	**इ**	**ई**	**उ**	**ऊ**	**ऋ**	**ॠ**	**ऌ**	**ॡ**	**ए**	**ऐ**	**ओ**	**औ**	**अं**	**अः**
a	**ā**	**i**	**ī**	**u**	**ū**	**ṛ**	**ṝ**	**ḷ**	**ḹ**	**e**	**ai**	**o**	**au**	**ṁ**	**ḥ:**

Consonants (*vyañjanāni* व्यञ्जनानि)

क	**ख**	**ग**	**घ**	**ङ**	**1 - the Gutterals**
ka	kha	ga	gha	ṅa	
च	**छ**	**ज**	**झ**	**ञ**	**2 - the Palatals**
ća**	ćha	ja	jha	ña	
ट	**ठ**	**ड**	**ढ**	**ण**	**3 - the Cerebrals**
ṭa	ṭha	ḍa	ḍha	ṇa	
त	**थ**	**द**	**ध**	**न**	**4 - the Dentals**
ta	tha	da	dha	na	
प	**फ**	**ब**	**भ**	**म**	**5 - the Labials**
pa	pha	ba	bha	ma	

य	**र**	**ल**	**व**	**श**	**ष**	**स**	**ह**	**ळ** *
ya	ra	la	va	śa	ṣa	sa	ha	ḷa

NOTES : * Sanskrit Letter ळ (*ḷa*) comes in the Vedas e.g. Rigveda 1.1 (अग्निमीळे पुरोहितम्). ** Sound of letter *'ch'* is transliterated as *ć* (not as c) in order to distinguish it from the common English letter c (which = k). e.g. The car moves. कारयानं चलति *cāryānaṁ ćalati* (*cāryānaṁ calati* = कारयानं कलति or चार यानं चलति).

PRONOUNCING HINDI CHARACTERS

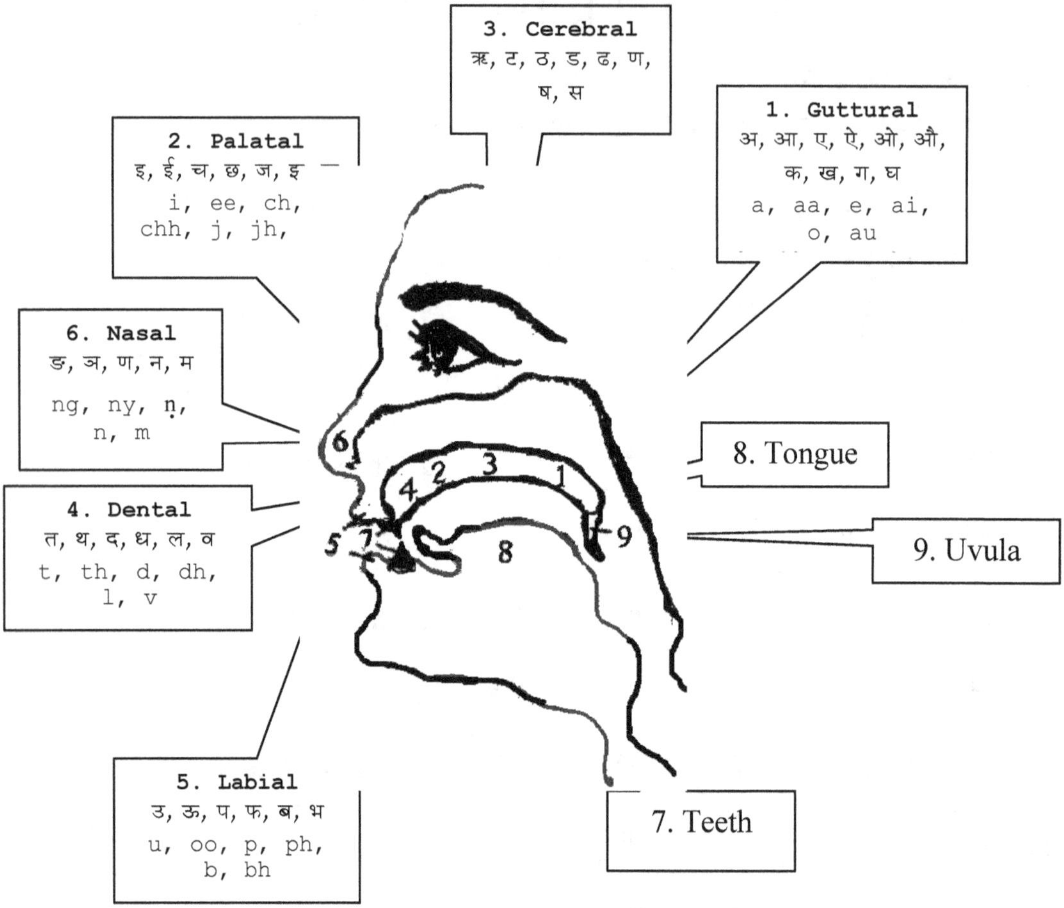

(1) Guttural	कण्ठ्य	*(kaṇṭhya)*	=	with throat
(2) Palatal	तालव्य	*(tālavya)*	=	with palate
(3) Cerebral	मूर्धन्य	*(mūrdhanya)*	=	with cerebrum
(4) Dental	दन्त्य	*(dantya)*	=	with teeth
(5) Labial	ओष्ठ्य	*(oṣṭhya)*	=	with lips
(6) Nasal	अनुनासिक	*(anunāsik)*	=	with nose

(1) THE VOWELS :

Vowel	Stands for	Sounds like	As in	Pronunciation
a	(अ)	A	American	Guttural
ā	(आ)	a	car	Guttural
i	(इ)	I	India	Palatal
ī	(ई)	ee	peel	Palatal
u	(उ)	u	pull	Labial
ū	(ऊ)	oo	pool	Labial
ṛ	(ऋ)	ri, ru	ring, crucial	Cerebral
ṛ́	(ॠ)	rī, rū		Cerebral
lṛ	(ऌ)	lri, lru		Dental
lṛ́	(ॡ)	lrī, lrū		Dental (this character is not in Paṇini)
e	(ए)	e	grey	Guttural+Palatal
ai	(ऐ)	ai	aisle	Guttural+Palatal
o	(ओ)	o	go	Guttural+Labial
au	(औ)	au	gauge	Guttural+Labial

(2) THE SEMIVOWELS :

ḿ	(अं)	ã		nasal
ḥ:	(अः)	half-h		breath

(3) THE CONSONANTS :

Consonant	Stands for	Sounds like	As in	Pronunciation
k	(क्)	k	kit	Guttural
kh	(ख्)	kh	khyber	Guttural
g	(ग्)	g	god	Guttural

gh	(घ्)	gh	ghost	Guttural
ṅ	(ङ्)	n	ring	Guttural
ć, c	(च्)	ch	rich	Palatal
ćh	(छ्)	chh	ć with breath	Palatal
j	(ज्)	j	jug	Palatal
jh	(झ्)	dgeh	hedgehop	Palatal
ñ	(ञ्)	n	hinge	Palatal
ṭ	(ट्)	t	cuṭ	Cerebral
ṭh	(ठ्)	th	ṭ with breath	Cerebral
ḍ	(ड्)	d	red	Cerebral
ḍh	(ढ्)	dh	adhere	Cerebral
ṇ	(ण्)	n	band	Cerebral
t	(त्)	t	(soft t)	Dental
th	(थ्)	th	thunder	Dental
d	(द्)	th	other	Dental
dh	(ध्)	dh	buddha	Dental
n	(न्)	n	no	Dental
p	(प्)	p	cup	Labial
ph	(फ्)	ph, f	photo	Labial
b	(ब्)	b	rub	Labial
bh	(भ्)	bh	abhore	Labial
m	(म्)	m	mug	Labial
y	(य्)	y	yes	Palatal
r	(र्)	r	rub	Cerebral
l	(ल्, ल्)	l	love	Dental

v	(व्)	v, w	wave	Dental + Labial
ś	(श्)	sh	shoot	Palatal
ṣ	(ष्)	sh	should	Cerebral
s	(स्)	s	sun	Dental
h	(ह्)	h	hug	Guttural
ḷ	(ळ्)	soft l		Cerebral

(1) **GUTTURALS** are अ, आ, : , क्, ख्, ग्, घ्, ङ्, ह् : *(a, ā, ḥ, k, kh, g, gh, ṅ, h, ḥ).*

They are pronounced from the **throat**

(2) **PALATALS** are इ, ई, च्, छ्, ज्, झ्, ञ्, य्, श् *i, ī, ć, ćh, j, jh, ñ, y, ś.*

They are pronounced from the **palate**

(3) **CEREBRALS** are ऋ, ॠ, ट्, ठ्, ड्, ढ्, ण्, र्, ष् *ṛ, ṝ, ṭ, ṭh, ḍ, ḍh, ṇ, r, ṣ.*

They are pronounced from the **roof of the mouth**

(4) **DENTALS** are ऌ, (ॡ), त्, थ्, द्, ध्, न्, ल्, स् *lṛ, (lṝ), t, th, d, dh, n, l, s.*

They are pronounced from the **teeth**

(5) **LABIALS** are उ, ऊ, प्, फ्, ब्, भ्, म् *u, ū, p, ph, b, bh, m, v.*

They are pronounced from the **lips.** Character व *v* is dental-labial; ए, ऐ *e, ai* are guttural-palatal, ओ, औ *o, au* are guttural-labials and व *v* is dental-labial.

(6) THE **HARD** CONSONANTS

The first two consonants from each class (क्, ख्; च्, छ्; ट्, ठ्; त्, थ्; प्, फ् *k, kh, ć, ćh, ṭ, ṭh, t, th, p, ph*) and three sibilants (श्, ष्, स् *ś, ṣ, s*) are Hard Consonants (*kaṭhora-vyañjanāni* कठोर-व्यञ्जनानि).

(7) THE **SOFT** CONSONANTS

The rest of the consonants, namely, the last three consonants from each class (ग्, घ्, ङ्; ज्, ज्, ञ्; ड्, ढ्, ण्; द्, ध्, न्; ब्, भ्, म् *g, gh, np, j, jh, ñ, ḍ, ḍh, ṇ, d, dh, n, b, bh, m*), the semi-vowels (य्, र्, ल्, व् *y, r, l, v*) and the aspirate (ह् *h*) are Soft Consonants (*mṛdu-vyañjanāni* मृदुव्यञ्जनानि).

(8) THE **NASAL** CONSONANTS

The last character from each of the five classes ṅ, ñ, ṇ, n, m (ङ्, ञ्, ण्, न्, म्), are the Nasal Consonants (*anunāsikāni* अनुनासिकानि).

(9) THE **ANUSVĀRA** AND **THE VISARGA**

Anusvāra (˙) and *visarga* (:) are two more sounds in Saṁskrit. The *anuswāra* (अनुस्वार:) is the modification of nasal consonants ङ्, ञ्, ण्, न्, म् and अं *(ṅ, ñ, ṇ, n, m, ṁ).* The the *visarga* (विसर्ग:) is the modified form of consonant स् or र् (*s* or *r*). The *anusvāra* and *visarga* are counted among the consonants, but even though they are not counted as separate characters, they are sometimes treated as semi-vowels. Together they are called *Āyogavāhas* (*āyogavāhau* आयोगवाहौ).

THE SANSKRIT CHARACTERS

The character (*varṇaḥ* वर्ण:) that can be pronounced independently is called a VOWEL (*svaraḥ* स्वर:). e.g. अ, इ, उ (a, i, u) ...etc.

The characters that can NOT be pronounced independently (without the help of a vowel), are called the CONSONANTS (*vyañjanāni* व्यञ्जनानि). e.g. क्, ख्, ग् (k, kh, g) ...etc. Therefore, क् + अ = क; ख्, + अ = ख   k + a = ka;   kh + a = kha ...etc.

THE SANSKRIT VOWELS

In Saṁskrit, the vowels are of three types. संस्कृतस्वरा: त्रिविधा: सन्ति।

(A) The SHORT vowels (*hrasvāḥ svarāḥ* ह्रस्वा: स्वरा:) are those which take one unit of time to pronounce them. अ, इ, उ, ऋ, लृ (*a, i, u, ṛ, lṛ*) are the five basic short vowels.

(B) The LONG vowels (*dīrghāḥ svarāḥ* दीर्घा: स्वरा:) are those which take two units of time to pronounce them. आ, ई, ऊ, ॠ, ए, ऐ, ओ, औ, ॡ (*ā, ī, q̄, ṛ́, e, ai, o, au, lṛ́*) are the nine long vowels. Each long vowel is made up of two or more short vowels.

The Short vowels अ, इ, उ, ऋ, ऌ (*a, i, u, ṛ* and *lṛ*) and the Long vowels आ, ई, ऊ, ॠ and ॡ (*ā, ī, ū, ṛ* and *lṛ́*) are together called **SIMPLE** vowels (अमिश्रस्वराः)

The four Long vowels ए, ऐ, ओ औ (*e, ai, o, au*) composed of two dis-similar vowels, are called **DIPTHONGS** (मिश्रस्वराः)

Thus,

(1) Long vowel आ = short vowel अ + short vowel अ

(2) Long vowel ई = short vowel इ + short vowel इ

(3) Long vowel ऊ = short vowel उ + short vowel उ

(4) Long vowel ए = short vowel अ + short vowel इ

(5) Long vowel ओ = short vowel अ + short vowel उ

(C) The **PLUTA** vowels (*plutāḥ svarāḥ* प्लुताः स्वराः) are those that take at least three units of time to pronounce them. The long expressions such as vowel आ (ā) in the word राऽऽऽम, form the pluta vowels.

(1) Short vowels	अ, इ, उ, ऋ, ऌ	*a, i, u, ṛ, lṛ*
(2) Long vowels	आ, ई, ऊ, ॠ, ए, ऐ, ओ, औ, ॡ	*ā, ī, q̄, ṛ́, e, ai, o, au, lṛ́*
(3) Simple vowels	अ, आ, इ, ई, उ, ऊ, ऋ, ॠ, ऌ, ॡ	*a, ā, i, ī, u, ū, ṛ, ṛ́, lṛ, lṛ́*
(4) Dipthongs	ए, ऐ, ओ औ	*e, ai, o, au*
(5) Pluta vowels	ऽ	

एकमात्रो भवेत् ह्रस्वो द्विमात्रो दीर्घ उच्यते।
त्रिमात्रश्च प्लुतो ज्ञेयो व्यञ्जनं चार्धमात्रकम्।।

ekmatro bhavet hrasvo, dvimātro dīrgha ućyate,
trimātraśća ploto jñeuo, vyañjanaṁ ćārdhamātrakam.

THE SANSKRIT CONSONANTS

In Saṁskrit there are 25 class consonants (*varga-vyañjanāni* वर्गव्यञ्जनानि) and there are nine (9) non-class (*avarga* अवर्ग-) consonants. संस्कृते पञ्चविंशतिः वर्गव्यञ्जनानि नव च अवर्गव्यञ्जनानि सन्ति।

(1) The 25 Class Consonants from क् to म् are grouped phonetically into five classes (*vargāḥ* वर्गाः) consisting of five consonants each. These 25 consonants from *k* to *m* are also called 'Contactuals' (*sparśa-vyañjanāḥ* स्पर्श–व्यञ्जनाः। कादयः मावसानाः स्पर्शाः)

1. Class k	(क) क् ख् ग् घ् ङ्	k kh g gh ṅ
2. Class ć	(च) च् छ् ज् झ् ञ्	ć ćh j jh ñ
3. Class ṭ	(ट) ट् ठ् ड् ढ् ण्	ṭ ṭh ḍ ḍh ṇ
4. Class t	(त) त् थ् द् ध् न्	t th d dh n
5. Class p	(प) प् फ् ब् भ् म्	p ph b bh m

(2). The next 4 characters य्, र्, ल्, व् are semi-consonsnts or semi-vowels अन्तस्थाः (*antasthāḥ* यरलवाः अन्तस्थाः).

(3). The remaining four characters श्, ष्, स्, ह् are the उष्म 'warm breath characters' (*uṣmāṇāḥ* उष्माणाः। शषसहाः उष्माणाः) of which the first three श्, ष्, स् are called 'sibilants.' The fourth ह् is the aspirate.

THE SOUND-FORMULAS FROM SHIVA

māhes'varāṇi sūtrāṇi

माहेश्वराणि सूत्राणि।

Following 14 character strings, in the form of sounds chords, were first produced by Lord S'iva from his *damru* drum :

1. अइउण्	2. ऋलृक्	3. एओङ्
4. ऐऔच्	5. हयवरट्	6. लण्
7. ञमङणनम्	8. झभञ्	9. घढधष्
10. जबगडदश्	11. खफछठथचटतव्	12. कपय्
13. शषसर्	14. हल्	

The last character of each equation string is always a consonant.

These characters are grouped into several strings (प्रत्याहारा:) according to their assigned attributes (साङ्केतिकनामानि). e.g. अण् प्रत्याहार: means the characters अ, इ, उ of the first सूत्रम् अइउण्, i.e. all characters except the last character of that *sūtra.*

प्रत्याहाराः।

1. अक् – अ इ उ ऋ ऌ (the vowels *a, i, u, ṛ, lṛ*)
2. अच् – स्वराः all the vowels (अ – औ)
3. अट् – स्वराः (अ – औ) + य, र, व ह। all vowels + consonants *y, r, v, h*
4. अण् – स्वराः + य, र ल व ह। all vowels + semi-vowels *y, r, l, v* + the aspirate *h*
5. अल् – वर्णाः all characters (अ – ह्)
6. अश् – all vowels and soft consonants (अ–औ, ग्–ङ्, ज्–ञ्, ड्–ण्, द्–न्, ब्–म्, य्–व्, ह्)
7. एङ् – vewels *e* and *o* (ए, ओ)
8. एच् – vewels *e, ai, o, au* (ए, ऐ, ओ, औ)
9. ऐच् – vewels *ai* and *au* (ऐ, औ)
10. खर् – hard consonants (क् ख् च् छ् ट् ठ् त् थ् प् फ् श् ष् स्)
11 जश् – the third consonant from each class : *g, j, ḍ, d, b* (ग्, ज्, ड्, द्, ब्)
12. झज् – the consonants *jh,* and *bh* (झ्, भ्)
13. झर् – sibilants + class consonants - nasals (क्–घ्, च्–झ्, ट्–ढ्, त्–ध् प्–भ् + श्, ष्, स्)
14. झल् – consonants other than semi-vowels and nasals क्–घ्, च्–झ्, ट्–ढ्, त्–ध्– प्–भ्, य्–ह्
15. झश् – the third and fourth class consonants (ग्, घ्, ज्, झ्, ड्, ढ्, द्, ध्, ब्, भ्)
16. झष् – the fourth consonant from each calss *gh, jh, ḍh, dh, bh* (घ, झ, ढ, ध, भ)
17. यण् – अन्तस्थवर्णाः (य् र् ल् व् consonants *y r l* and *v*)
18. यय् – all consonants other than *ś ṣ s h* (श् ष् स् ह् = उष्माक्षराणि)
19. यर् – all consonants other than *h* ह् (क् – स्)
20. शल् – the *ūṣma* consonants *ś, ṣ, s,* and *h* (श, ष, स, ह = ऊष्मन् → ऊष्म, ऊष्माणि)
21. हल् – व्यञ्जनानि (all consonants क् – ह्)
22. हश् – मृदुव्यञ्जनानि (soft consonants ग्–ङ्, ज्–ञ्, ड्–ण्, द्–न्, ब्–म्, य्–व्, ह्)

इत्यादयः प्रत्याहाराः।

3.4 Māheśvarāṇī Sūtrāṇi

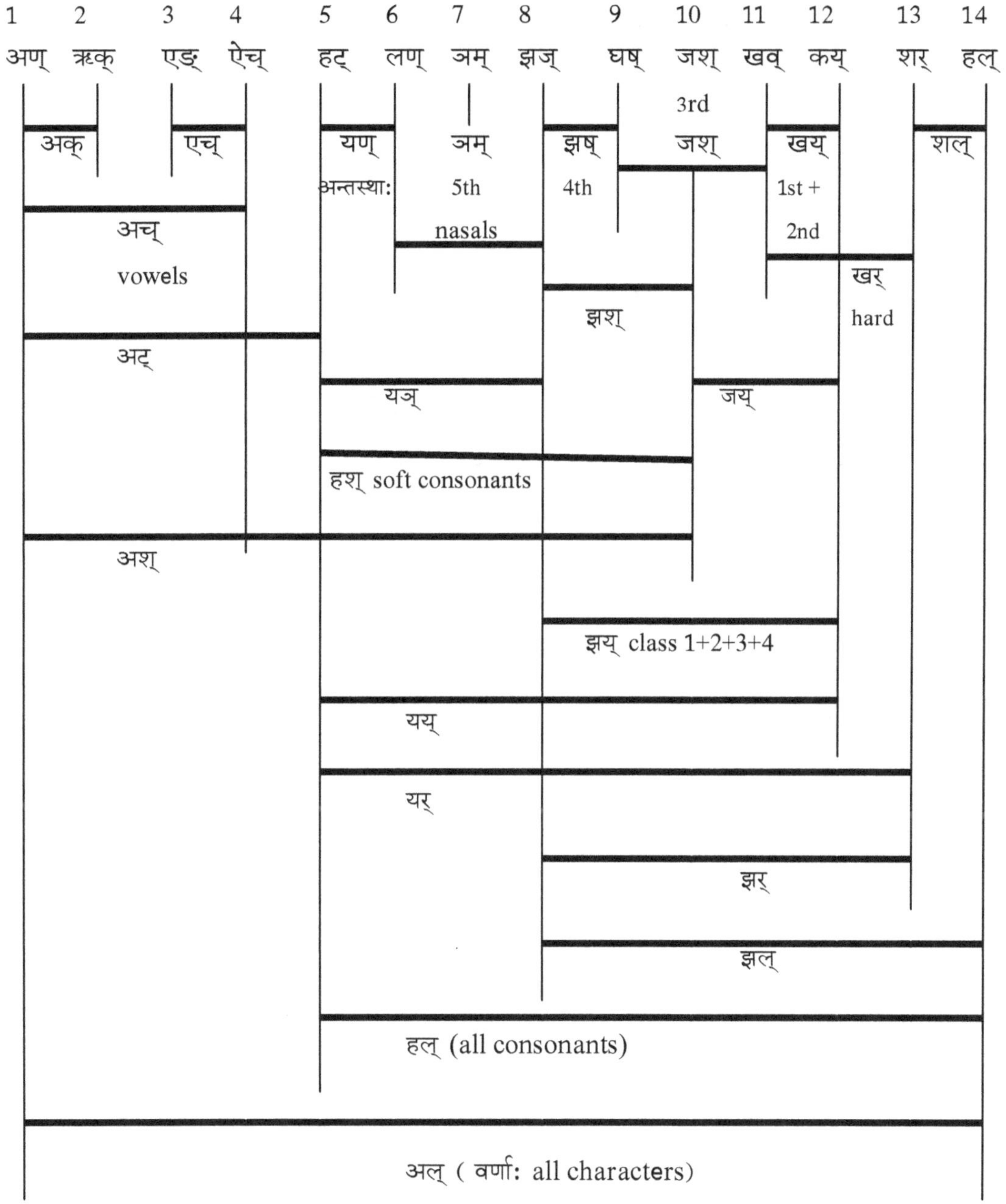

Designed by Ratnakar Narale

CHART OF VOWEL-SIGNS APPLICATION

अ	आ	इ	ई	उ	ऊ	ऋ	ॠ	ए	ऐ	ओ	औ
	ा	ि	ी	ु	ू	ृ	ॄ	े	ै	ो	ौ
	ā	i	ī	u	ū	ṛ	ṛ́	e	ai	o	au
क	का	कि	की	कु	कू	कृ	कॄ	के	कै	को	कौ
क्ष	क्षा	क्षि	क्षी	क्षु	क्षू	क्षृ	क्षॄ	क्षे	क्षै	क्षो	क्षौ
ख	खा	खि	खी	खु	खू	खृ	खॄ	खे	खै	खो	खौ
ग	गा	गि	गी	गु	गू	गृ	गॄ	गे	गै	गो	गौ
घ	घा	घि	घी	घु	घू	घृ	घॄ	घे	घै	घो	घौ
ङ	ङा	ङि	ङी	ङु	ङू	–	–	ङे	ङै	ङो	ङौ
च	चा	चि	ची	चु	चू	चृ	चॄ	चे	चै	चो	चौ
छ	छा	छि	छी	छु	छू	छृ	छॄ	छे	छै	छो	छौ
ज	जा	जि	जी	जु	जू	जृ	जॄ	जे	जै	जो	जौ
ज्ञ	ज्ञा	ज्ञि	ज्ञी	ज्ञु	ज्ञू	–	–	ज्ञे	ज्ञै	ज्ञो	ज्ञौ
झ	झा	झि	झी	झु	झू	झृ	झॄ	झे	झै	झो	झौ
ञ	ञा	ञि	ञी	ञु	ञू	–		ञे	ञै	ञो	ञौ
ट	टा	टि	टी	टु	टू	टृ	टॄ	टे	टै	टो	टौ
ठ	ठा	ठि	ठी	ठु	ठू	ठृ	ठॄ	ठे	ठै	ठो	ठौ
ड	डा	डि	डी	डु	डू	डृ	–	डे	डै	डो	डौ
ढ	ढा	ढि	ढी	ढु	ढू	ढृ	–	ढे	ढै	ढो	ढौ
ण	णा	णि	णी	णु	णू	णृ	–	णे	णै	णो	णौ
त	ता	ति	ती	तु	तू	तृ	तॄ	ते	तै	तो	तौ
थ	था	थि	थी	थु	थू	थृ	थॄ	थे	थै	थो	थौ
द	दा	दि	दी	दु	दू	दृ	दॄ	दे	दै	दो	दौ
ध	धा	धि	धी	धु	धू	धृ	धॄ	धे	धै	धो	धौ
न	ना	नि	नी	नु	नू	नृ	नॄ	ने	नै	नो	नौ
प	पा	पि	पी	पु	पू	पृ	पॄ	पे	पै	पो	पौ
फ	फा	फि	फी	फु	फू	फृ	–	फे	फै	फो	फौ
ब	बा	बि	बी	बु	बू	बृ	बॄ	बे	बै	बो	बौ

भ	भा	भि	भी	भु	भू	भृ	भॄ	भे	भै	भो	भौ
म	मा	मि	मी	मु	मू	मृ	मॄ	मे	मै	मो	मौ
य	या	यि	यी	यु	यू	यृ	–	ये	यै	यो	यौ
र	रा	रि	री	रु	रू	–	–	रे	रै	रो	रौ
ल	ला	लि	ली	लु	लू	लृ	लॄ	ले	लै	लो	लौ
व	वा	वि	वी	वु	वू	वृ	वॄ	वे	वै	वो	वौ
श	शा	शि	शी	शु	शू	शृ	शॄ	शे	शै	शो	शौ
ष	षा	षि	षी	षु	षू	षृ	–	षे	षै	षो	षौ
स	सा	सि	सी	सु	सू	सृ	सॄ	से	सै	सो	सौ
ह	हा	हि	ही	हु	हू	हृ	–	हे	है	हो	हौ

RULES FOR PROPER TRANSLITERATION

OF SANSKRIT CHARACTERS INTO ENGLISH, WITH DIACRITICAL MARKS

m̃ (अं), ṁ, m (म्); ma (म), ṅ (ङ्), ñ (ञ्), ṇ (ण्), n (न्), na (न)

Character *m̃* (अं) or *ṁ* (म्) is the nasal dot (अनुस्वार:) placed over any chacter in a word :

(i) **ṁ** Within a word, when the nasal dot is followed by any consonant from p-class (p ph b bh m प फ ब भ म), then and then only that nasal dot means half character म् (m).

e.g. *saṁpadā* संपदा = सम्पदा = सम्पदा। *guṁphana* गुंफन = गुम्फन = गुम्फन, *aṁbara* अंबर = अम्बर = अम्बर। *daṁbha* दंभ = दम्भ = दम्भ। *saṁmati* संमति = सम्मति = सम्मति।

NOTE: संस्कृत is *sam̃skṛta* not saṁskṛta, because स् (of स्कृतम्) is not a p-class character.

(ii) **m̃** Within a word, when the nasal dot is followed by any non-class consonant (*y r l v ś ṣ s h* य र ल व श ष स ह), **that nasal dot means *m̃* अं** (just a nasal sound, even though it is generally inaccurately transliterated as *ṁ*). e.g. संस्कृतं पठ = *sam̃skṛtaṁ paṭha* NOT *saṁskṛtaṁ paṭha* सम्स्कृतं पठ *or sanskṛtam paṭha* सन्स्कृतं पठ (NOTE: the nasal dots in *saṁs* संस् and in *kṛtam* कृतं both have different pronunciations, and thus must be transliterated differently (as *m̐* and *ṁ*), but NOT both as *ṁ*)

Similarly, संयत = saṁyata, not सम्यत saṁyata; संरक्षण = saṁrakṣaṇa, not सम्रक्षण saṁrakṣaṇa; संलग्न = saṁlagna, not सम्लग्न samlagna; संवाद = saṁvāda, not सम्वाद samvāda; वंश = vaṁśa, not वम्श vamśa; कंस = kaṁsa, not कम्स kamsa; संहार = saṁhara, not सम्हार samhāra ...etc. There is no *m* in these words.

(iii) **m** The half character *m* म् may come (1) at the end of any word that is followed by any word that is starting with a vowel, e.g. *bho Rāma māṁ tvam uddhara!* भो राम मां त्वम् उद्धर! or (2) it may come at the end of a sentence. e.g. *bho Rāma māṁ uddhara tvam!* भो राम माम् उद्धर त्वम्! भो राम मामुद्धर त्वम्!

(iv) The full character *ma* म (म् + अ = म *m + a = ma*) may come anywhere in a sentence. e.g. *bho Rāma mām tvam uddhara!* भो राम मां त्वम् उद्धर! भो राम मां त्वमुद्धर! भो राम माम् उद्धर त्वम्! भो राम मामुद्धर त्वम्! = भो रामोद्धर त्वं माम्। भो राम त्वमुद्धर माम्।

(v) **m** Within a sentence, when character *m* (म्) comes **at the end of any word** that is followed by a word that begins with any consonant, **only that nasal dot means *m* (म्)**
e.g. *aham kim karomi = aham kim karomi* अहम् किम् करोमि = अहं किं करोमि।

(vi) **m** Within a sentence, when *m* (म्) comes at the end of the sentence, it stays as म् (m).
e.g. *kim kromi aham = kiṁ kromi aham* किम् करोमि अहम् = किं करोमि अहम्।

AGAIN REMEMBER

Anuswara = ṅ (ङ्), ñ (ञ्), ṇ (ण्), n (न्), m (म्), m̐ or ṁ (अं)

For English Transliterating the Saṁskrit Nasal Dot (*anusvāraḥ* अनुस्वार:) within a word, following six rules apply.

(1) Whdn the nasal dot is followed by any character from k-class (क्, ख्, ग्, घ् k, kh, g, gh), that nasal dot is transliterated as → ṅ (ङ्) e.g. *raṅka* रङ्क, *raṅga* रङ्ग etc.

(2) When the nasal dot is followed by any character from ć-class (च्, छ्, ज्, झ् ć, ćh, j,

jh), that nasal dot is transliterated as → ñ (ञ्) e.g. *pañća* पञ्च, *rañja* रञ्ज etc.

(3) When the nasal dot is followed by any character from ṭ-class (ट्, ठ्, ड्, ढ् ṭ, ṭh, ḍ, ḍh), that nasal dot is transliterated as → ṇ (ण्) e.g. *kaṇṭaka* कण्टक, *kaṇṭha* कण्ठ etc.

(4) When the nasal dot is followed by any character from t-class (त्, थ्, द्, ध् t, th, d, dh), that nasal dot is transliterated as → n (न्) *anta* अन्त, *pantha* पन्थ etc.

(5) When the nasal dot is followed by any character from p-class (प्, फ्, ब्, भ् p, ph, b, bh), that nasal dot is transliterated as → m (म्) *aṁba* अम्ब, *daṁbha* दम्भ etc.

(6) When the nasal dot is followed by any non-class character (य् र् ल् व श् ष् स ह् y, r, l, v, ś, ṣ, s), that nasal dot is transliterated as → m̃ (अं) *sam̃yama* संयम, *vam̃śa* वंश

PRONUNCIATION GUIDE FOR PARASAVARNA-SANDHI (परसवर्ण-संधि:)

महत्पापं कर्तुम् = महत्पापङ्कर्तुम् (mahatpāpṅkartum Gītā 1.45), पदं गच्छन्ति = पदङ्गच्छन्ति (padaṅgachhanti Gītā 2.51), रूपं घोरम् = रूपङ्घोरम् (rūpaṅghoram Gītā 11.49), महतीं चमूम् = महतीञ्चमूम् (mahatiñćamūm Gītā 1.3), द्यूतं छलयताम् = द्यूतञ्छलयताम् (dyutañćhalayatām Gītā 10.36), मनुष्याणां जनार्दन = मनुष्याणाञ्जनार्दन (manuṣyāṇāñjanārdana Gītā 1.44), संज्ञार्थं तान् = संज्ञार्थन्तान् (sam̃jñārtantān Gītā 1.7), व्यूढं दुर्योधन: = व्यूढन्दुर्योधन: (vyūḍhanduryodhanaḥ Gītā 1.2), देवदत्तं धनञ्जय: = देवदत्तन्धनञ्जय: (devadattandhanañjayaḥ Gītā 1.15), काङ्क्षितं न: = काङ्क्षितन्न: (kāṅkṣitannaḥ Gītā 1.33), एतां पाण्डुपुत्राणाम् = पश्यैताम्पाण्डुपुत्राणाम् (etāmpāṇḍu◦ Gītā 1.3), पुष्पं फलम् = पुष्पम्फलम् (puṣpamphalam Gītā 9.26), एतेषां बलम् = एतेषाम्बलम् (eteṣambalam Gītā 1.10), बलं भीष्माभिरक्षितम् = बलम्भीष्माभिरक्षितम् (balambhīma◦ Gītā 1.10), क्लैब्यं मा = क्लैब्यम्मा (klaibyammā Gītā 2.3), अहं योद्धुकामान् = अहं योद्धुकामान् (m̃=अं aham̃ yoddhukāmān Gītā 1.22), ऋद्धं राज्यम् = ऋद्धं राज्यम् (ṛddham̃ rājyam Gītā 2.8), नायं लोक: = नायं लोक: (nāyam̃ lokaḥ Gītā 4.31), अनियतं वास: = अनियतं वास: (aniyatam̃ vāsaḥ Gītā 1.44), अशस्त्रं शस्त्रपाणय: = अशस्त्रं शस्त्रपाणय: (aśastram̃ śastra◦ Gītā 1.46), रथं स्थापय = रथं स्थापय (ratham̃ sthāpaya Gītā 1.21).

OTHER IMPORTANT GRAMMATICAL TERMS

1. अक्षर *akṣara* : A character or a word that can not be subdivided into fractions or its components.
2. अव्यय *avyaya* : A word that does not change with number, gender, case or tense.
3. आख्यात *ākhyāta* : A word that is either a noun, pronoun, adjective or verb.
4. ऊष्म *ūṣma* : The non-class consonants श, ष, स ह *śa, ṣa, sa, h.*
5. गुण *guṇa* : The vowels अ, ए, ओ *a, e, o*
6. वृद्धि *vṛddhi* : The vowels आ, ऐ, औ *ā, ai, au*
7. उपाधा *upādhā* : The character that comes before the last character.
8. सम्प्रसारण samprasāraṇa : Comming of इ, उ, ऋ, लृ *i, u, ṛ, lṛ* in place of य, व, र, ल *ya, va, ra, la*
9. टि *ṭi* : The group of characters from the last vowel to the end character of the word.
10. प्रातिपादिक *prātipādika* : A meaningful word, other than a verb root itself or a suffix itself.
11. सुप् *sup* : A suffix that attaches to a substantive (प्रातिपादिक *prātipādika*). There are Twenty-One (21) सुप् *sup* suffixes namely : सि, औ, जस्, अम्, औ, शस्, टा, भ्याम्, भिस्, ङे, भ्याम्, भ्यस्, ङसि, भ्याम्, भ्यस्, ङस् ओस्, आम्, ङि, ओस्, सुप् । *si, au, jas, am, au, śas, ṭā, bhyām, bhis, ṅge, bhyām, bhyas, ṅgsi, bhyām, bhyas, ṅgs, os, ām, ṅgi, os, sup.*
12. तिङ् *tiṅ* : A suffix that attaches to a verb root. There are Eighteen (18) तिङ् *tiṅ* suffixes namely : तिप्, तः, झि, सिप्, थः, थ, मिप्, वः, मः, त, आताम्, झ, थाः, आथाम्, ध्वम्, इट्, वहि, महिङ् । *tip, taḥ, jhi, sip, thaḥ, tha, mip, vaḥ, maḥ, ta, ātām, jha, thāḥ, āthām, dhvam, iṭ, vahi, mahiṅ.*
13. पद pad : A word formed with the addition ofa सुप् *sup* or a तिङ् *tiṅ* suffix.
14. सर्वनामस्थान *sarvanāmasthāna* : The case suffixes of सु, औ, जस्, अम्, औट् *su,*

au, jas, am, aut that attach to any masculine or feminine words.

15. भ *bha* : A substantive that has taken a suffix that starts with य *ya* or a vowel.
16. घु *ghu* : The verbs √दा, √धा √*dā*, √*dhā* (not the verb √दाप् √*dāp*).
17. घ *gha* : The comparative suffixes तरम्, तरप् *taram, parap*
18. विभाषा, विकल्प *vibhāṣā, vikalpa* : A possibility of being or not being.
19. निष्ठा *niṣṭhā* : The suffixes क्त, क्तवतु *kta, ktavatu*
20. संयोग *saṁyoga* : Joining of two (or more) consonants without any vowel between them.
21. प्रगृह्य *pragṛhya* : A Dual Number word ending in ई, ऊ, or ए *ī, ū,* or *e.*
22. सत् *sat* : The शतृ, शानच् *śatṛ, śānać* suffixes.
23. विप्सा *vipsā* : Repetation of a word.
24. स्पर्श *sparśa* : The class consonants from क to म *k* to *m.*
25. लुक् *luk* : The disappearance (लोप) of a suffix.

THE NOTABLE SANSKRIT GRAMMARIANS

1. सास्क *yāska* : The writer of the *vaidic* lexicon (निघण्टु *nighaṇṭu*) called निरुक्त *nirukta.*
2. पाणिनि *pāṇini* : The first notable Saṁskrit Grammarian.
3. वररुचि *vararići* : He expanded pāṇini's 1500 sūtras into 4000 vārtikā's.
4. कात्यायन *kātyāyan* : The first critic of pāṇini's Grammar.
5. पतञ्जलि *patañjali* : The critic of kātyan's critiq of pāṇini.
6. भट्टोजी दिक्षित *bhaṭṭoji Dikṣit* : Writer of the सिद्धान्तकौमुदि "*Siddhānta-Kaumudi,*" in order to make pāṇini's grammar easier for students.
7. वरदाचार्य *pvaradāćārya* : Writer of the लघुसिद्धान्तकौमुदि *laghu-siddhānta-kaumudi* and the मध्यसिद्धान्तकौमुदि *madhya-siddhānta-kaumudi* for the younger and adult students.

THE SANSKRIT HALF-CONSONANTS

Half Consonant = a pure consonant without a vowel

क् क्‍	ख् ख्‍	ग् ग्‍	घ् घ्‍	ङ्
k	kh	g	gh	ṅ
च् च्‍	छ्	ज् ज्‍	झ् झ्‍	ञ् ञ्‍
ć	ćh	j	jh, z	ñ
ट्	ठ्	ड्	ढ्	ण् ण्‍
ṭ	ṭh	ḍ	ḍh	ṇ
त् त्‍	थ् थ्‍	द्	ध् ध्‍	न् न्‍
t	th	d	dh	n
प् प्‍	फ् फ्‍	ब् ब्‍	भ् भ्‍	म् म्‍
p	ph, f	b	bh	m
य् य्‍	र्	ल् ल्‍	व् व्‍	
y	r	l	v, w	
श् श्‍	ष् ष्‍	स् स्‍	ह् ह्‍	
ś	ṣ	s	h	

COMMON SANSKRIT COMPOUND CHARACTERS

(1) Character k (क् क)

क k — पक्व, पक्‍व (*pakva* ripened), क्लीबम्, क्‍लीबम्, (*klībam* weakness) क्लेदः क्‍लेदः (*kledaḥ* wettness), वाक्यम्, वाक्‍यम् (*vākyam* speech), रक्तम्, रक्‍तम् (*raktam* blood), रुक्मिणी, रुक्‍मिणी (*rukmiṇī*), क्वचित्, क्‍वचित् (*kvaćit* sometimes)

(2) Character kh (ख् ख)

ख kh — ख्यातिः ख्‍यातिः (*khyātiḥ* fame), आख्या आख्‍या (*ākhyā* saying), सख्यम् सख्‍यम् (*sakhyam* friendship)

(3) Characters g and gh (ग् ग ; घ् घ)

ग g; घ gh — ग्लानिः ग्‍लानिः (*glāniḥ* downfall), अग्निः अग्‍निः (*agniḥ* fire), भाग्यम् भाग्‍यम् (*bhāgyam* fortune), भग्न भग्‍न (*bhagnam* broken), विघ्नम् विघ्‍नम् (*vighnam* obstacle)

(4) Characters ṅ (ङ्)

ङ् ṅ	ङ्क ṅka	ङ्क्त ṅkta	ङ्ख ṅkha	ङ्ग ṅga
ङ्घ ṅgha	ङ्म ṅma	ङ्ल ṅla	ङ्क्ष ṅkṣa	ङ्क्ष्व ṅkṣva

लङ्का लङ्‍का (*laṅkā* Sri Lanka), पङ्क्तिः पङ्‍क्तिः पङ्‍क्‍तिः (*paṅktiḥ* line, row), शङ्खः शङ्‍खः (*śaṅkhaḥ* conchshell), रङ्गः रङ्‍गः (*raṅgaḥ* colour), सङ्घः सङ्‍घः (*saṅghaḥ* group), वाङ्मयम् वाङ्‍मयम् (*vāṅmayam* literature), आङ्ल आङ्‍ल (*āṅla* English), काङ्क्षा काङ्‍क्षा (*kāṅkṣā* desire), भुङ्क्ष्व (*bhuṅkṣva* please enjoy)

(5) Characters ć and ćh (च् च ; छ्)

च ć; छ् ćh — अच्युतः अच्‍युतः (*aćyutaḥ* Krishna), अवाच्य अवाच्‍य (*avāćyaḥ* unspeakable), सुवाच्य सुवाच्‍य (*suvāćya* well said), उच्छ्वासः उच्‍छ्‍वासः (*ućchavāsaḥ* breath)

(6) Characters j and ñ (ज् ज ; झ् झ ; ञ् ञ)

ज j ; झ jh ; ञ ñ

राज्यम् राज्यम् *(rājyam* kingdom*)*, सज्ज सज्ज *(sajja* ready*)*, उज्ज्वल उज्ज्वल *(ujjvala* bright*)*, ज्योतिः ज्योतिः *(jyotiḥ* light*)*, प्रोझ्य प्रोझ्य *(projhya* leaving*)*, पञ्च पञ्च *(pañća* five*)*, भञ्जनम् भञ्जनम् *(bhañjanam* destruction*)*, वाञ्छा वाञ्छा *(vāñćhā* desire*)*

(7) Characters ṭ, ṭh (ट्, ठ्)

ट् ṭ ; ठ् ṭh

पट्टकः पट्टकः *(paṭṭakaḥ* plate*)*, पट्टनम् पट्टनम् *(paṭṭanam* town*)*, कण्ठ्य कण्ठ्य *(kaṇṭhya* guttural)

(8) Character ḍ, ḍh (ड्, ढ्)

ड् ḍ ; ढ् ḍh

उड्डयनम् उड्डयनम् *(uḍḍayanam* flight*)*, उड्डित *(uḍḍita* flown*)*, चकृढ्वे *(ćakṛḍhve* you all had done*)*

(9) Character ṇ (ण्, ण)

ण ṇ

पाण्डवः पाण्डवः *(pāṇḍvaḥ)*, कण्ठः कण्ठः *(kaṇṭhaḥ* throat*)*, कण्टकः कण्टकः *(kaṇṭakaḥ* thorn*)*, षण्मासः षण्मासः *(ṣaṇmāsaḥ* six-months*)*

(10) Characters t, th and dh (त् त ; थ् थ ; ध् ध)

त t ; थ th ; ध dh

सत्कारः सत्कारः *(satkāraḥ* honour*)*, दुग्धम् दुग्धम् *(dughdam* milk*)*, रत्नाकरः रत्नाकरः *(ratnākaraḥ* ocean*)*, उत्पातः उत्पातः *(utpātaḥ* rise*)*, आत्मा आत्मा *(ātmā* soul*)*, सत्यम् सत्यम् *(satyam* truth*)*, त्यागः त्यागः *(tyāgaḥ* sacrifice*)*, त्वरा त्वरा *(tvarā* rush*)*; तथ्यम् तथ्यम् *(tathyam* reality*)*; बाध्य बाध्य *(bādhya* binding*)*

(11) Character n (न्, न)

न n

आनन्दः आनन्दः *(ānandaḥ* joy*)*, अन्नम् अन्नम् *(annam* food*)*, जन्म जन्म *(janma* birth*)*, अन्य अन्य *(anya* other*)*, अन्वयः अन्वयः *(anvayaḥ* relation*)*, भिन्न भिन्न *(bhinna* different*)*, वन्दनम् वन्दनम् *(vandanam* salute*)*, बन्धनम् बन्धनम् *(bandhanam* bondage*)*, पान्थः पान्थः *(pānthaḥ* traveller*)*

(12) Characters p, ph (प् ट ; फ् फ)

ट p ; फ ph

समाप्त समापृत *(samāpta* ended*)*, अप्सरा अप्सरा *(apsarā* celestial maid*)*, स्वप्नम् स्वप्नम् *(svapnam* dream*)*, पाप्मन् पाप्मन् *(pāpman* sin*)*, रूप्यकम् रुप्यकम् *(rūpyakam* Rupee*)*.

(13) Characters b, bh and m (ब् ब ; भ् भ ; म् म)

ब b ; भ bh ; म m

शब्दः शब्दः *(śabdaḥ* word*)*, शैब्यः शैब्यः *(śaibyaḥ)*, सभ्य सभ्य *(sabhya* gentle*)*, सम्पदा सम्पदा *(sampadā* wealth*)*, सम्यक् सम्यक् *(samyak* right*)*, धृष्ट धृष्ट *(dhṛṣṭa* courageous*)*, अम्ल अम्ल *(amla* sour*)*

(14) Characters y and l (य् य ; ल् ल)

य y ; ल l

शय्या! शय्या! *(śayyā* bed*)*, उल्का उल्का *(ulkā* meteor*)*, उल्लेखः उल्लेखः *(ullekhaḥ* reference*)*, अल्प अल्प *(alpaḥ,* short*)*, कल्याणम् कल्याणम् *(kalyāṇam* benefit*)* वल्गना वल्गना *(valganā* chatter*)*

(15) Character v (व् व)

व v

व्ययः व्ययः *(vyayaḥ* expense*)*, व्यायामः व्यायामः *(vyāyāmaḥ* exercise*)*, व्योम व्योम *(vyoma* sky*)*, व्यूढ व्यूढ *(vyūḍha,* arranged*)*, व्यङ्गम् व्यंगम् *(vyangam* deformity*)*, व्यवसायः व्यवसायः *(vyavasāyaḥ* business*)*

(16) Chararacter ś (श् श श्र)

श श्र ś

विश्वासः विश्वासः विश्वासः *(viśvāsaḥ* trust*)*, निश्चयः निश्चयः निश्चयः *(niścayaḥ* firm resolution*)*, पश्चात् पश्चात् पश्चात् *(paścāt* after*)*, काश्मीरः काश्मीरः *(kāśmīraḥ)*, अवश्यम् अवश्यम् *(avaśyam* certainly*)*, अश्मकः अश्मकः *(aśmakaḥ* stone*)*, विश्लेषणम् विश्लेषणम् *(viśleṣaṇam* analysis*)*

(17) Character ṣ (ष् ष)

ष ṣ

अष्ट अष्ट *(aṣṭa* eight*)*, इष्ट इष्ट *(iṣṭa* desired*)*, कष्टम् कष्टम् *(kaṣṭam* trouble*)*, आविष्कारः आविष्कारः *(āviṣkāraḥ* discovery*)*, मनुष्यः मनुष्यः *(manuṣyaḥ,* man*)*, पुष्पम् पुष्पम् *(puṣpam* flower*)*, उष्मा उष्मा *(uṣmā* heat*)*, ओष्ठः ओष्ठः

(*oṣṭhaḥ* lip), उष्णः उष्‌णः (*uṣṇaḥ* hot), कृष्णः कृष्‌णः (*kṛṣṇaḥ*), बाष्पम् बाष्‌पम् (*bāṣpam* vapour), भविष्यम् भविष्‌यम् (*bhaviṣyam* future)

(18) Character s (स् स्र)

स्र s तस्करः (*taskaraḥ* thief), अस्तु अस्‌तु (*astu* let it be), स्थितिः स्‌थितिः (*sthitiḥ* state), स्फटिकः स्‌फटिकः (*sphaṭikaḥ* crystal), स्नायुः स्‌नायुः (*snāyuh,* muscle), स्पष्ट स्‌पष्‌ट् (*spaṣṭa* clear), अस्य अस्‌य (*asya* of this), हास्यम् (*hāsyam* laughter), स्मितम् (*smitam* a smile), स्वतः स्‌वतः (*svataḥ* oneself), स्वदेशः स्‌वदेशः (*svadeśaḥ* motherland), स्वागतम् (*svāgatam* welcome), स्कन्दः स्‌कन्‌दः (*skandaḥ*), स्मृतिः स्‌मृतिः (*smṛtiḥ* memory, rememberance)

(19) Character h (ह् ह्र)

ह्र h ह्रृ hṛ ह्ण hṇa ह्न hna ह्य hya

ह्म hma ह्र hra ह्ल hla ह्व hva

हृदयम् ह्‌ऋदयम् (*hṛdayam* heart), बाह्य बाह्‌य (*bāhya* external), ब्रह्म ब्‌रह्‌म (*brahma* Brahma), आह्लादः आह्‌लादः (*āhlādah* joy), गृह्णाति गृह्‌णाति (*gṛhṇāti* he takes), ह्रस्व ह्‌रस्‌व (*hrasvaḥ* short) चिह्नम् चिह्‌नम् (*ćihnam* sign), वह्निः वह्‌निः (*vahniḥ* fire), जिह्वा जिह्‌वा (*jihvā* toung)

SPECIAL SANSKRIT COMPOUND CHARACTERS

Characters क् + त can be written as क्त (*kta*), but there is a special single character क्त for this purpose. e.g. रक्तम् रक्तम् (*raktam* blood), भक्तिः भक्तिः (*bhaktiḥ* devotion), वक्ता वक्ता (*vaktā* speaker), युक्तः युक्तः (*yuktaḥ* equipped)

क्त क्त kta

Character *da* (द्) has following common compounds

1. d + da = dda → द् + द = द्द (उद्देशः *uddeśaḥ* objective, तद्दानम् *taddānam* that charity)
2. d + dha = ddha → द् + ध = द्ध (युद्धम् *yuddham* war, बुद्धिः *buddhiḥ* thinking)
3. d + ga = dga → द् + ग = द्ग (उद्गमः *udgamaḥ* rise, भगवद्गीता *bhagavadgītā*)
4. d + bha = dbha → द् + भ = द्भ (सद्भावः *sadbhāvaḥ* goodness; उद्भवः *udbhavaḥ* rise)
5. d + ya = dya written as : द् + य = द्य (आद्यः *ādyaḥ* first; द्यूतम् *dyūtam,* gambling)
6. d + ma = dma written as : द् + म = द्म (पद्मम् *padmam* lotus, छद्मी *ćhadmī* cunning)
7. d + va = dva written as : द् + व = द्व (द्वंद्वः *dvandvaḥ* duality, विद्वान् *vidvān* learned)

द्द dda	द्घ dgha	द्ध ddha	द्ग dga
द्भ dbha	द्य dya	द्म dma	द्व dva

Letter ra (र) forms following two groups of compounds:

(A) **When <u>full-consonant र (ra)</u> comes after any half-consonant, it is written as a slanted line (⸍) attached to that half-consonant.**

1. k + ra (क् + र = क्र) चक्रम् *ćakram* wheel, क्रान्तिः *krāntiḥ* revolution, क्रोधः *krodhaḥ* anger, क्रिया *kriyā* deed, क्रूरः *krūraḥ* cruel, क्रेता *kretā* buyer
2. g + ra (ग् + र = ग्र) अग्रम् *agram* tip, अग्रेसरः *agresaraḥ* leader, ग्रामम् *grāmam* village, ग्रीवा *grīvā* neck
3. d + ra (द् + र = द्र) भद्रः *bhadraḥ* gentle, सुभद्रा *subhadrā,* द्रविड *draviḍa,* द्रोणः *droṇaḥ,* द्रोहः *drohaḥ* treachery, द्रुमः *drumaḥ* tree
4. ś + ra (श् + र = श्‍ + र = श्र) श्रद्धा *śraddhā* faith, विश्रांतिः *viśrāntiḥ* rest, श्री *śrī* divine, श्रेष्ठः *śreṣṭhaḥ* superior, श्रोता *śrotā* listner, श्रुतम् *śrutam* heard
5 t + ra (त् + र = त्र) यन्त्रम् *yantram* machine, रात्रिः *rātriḥ* night, पत्रम् *patram* leaf, त्रेता *tretā* saviour, त्रिधा *tridhā* in three ways, त्रेधा *tredhā* in three ways.

क्र kra   ग्र gra   श्र śra   त्र tra

6. ṭ or ḍ + ra (ट्र, ड्र) : उष्ट्रः उष्ट्रः *uṣṭraḥ* camel, राष्ट्रः राष्ट्रः *rāṣṭraḥ* country, पौण्ड्रः पौण्ड्रः *pauṇḍraḥ*

7. s + ra (स् + र = स्र) सहस्रम् सहस्रम् *sahasram* thousand, स्रोतः स्रोतः *srotaḥ* flown, स्रावः स्रावः *srāvaḥ* a flow

8. s+ t + ra (स्+त्+र = स्त्र) स्त्री स्त्री *strī* woman, अस्त्रम् अस्त्रम् *astram* weapon, वस्त्रम् वस्त्रम् *vastram* cloth

ट्र tra   ड्र ḍra   स्र sra   स्त्र stra

(B) When <u>half-consonant र् (r)</u> comes before any consonant, it is written as (ॅ)

9. र् + प = (र्प); अर्कः अर्कः *arkaḥ* sun, सर्गः सर्गः *sargaḥ* the creation, अर्चना अर्चना *arćanā* worship, वार्ता वार्ता *vārtā* news, सर्पः सर्पः *sarpaḥ* snake, कर्म कर्म *karma* deed, कार्यम् कार्यम् *kāryam* duty

र्क rka   र्प rpa

Character *ta* (त्) makes following common compounds

1. t + ta = tta (त्+त = त्त, त्त) उत्तमम् *uttamam* best, सत्ता *sattā* jurisdiction, सत्त्वम् *sattavam* truth.   2. n + na = nna (न्+न = न्न) खिन्न *khinn* sad

3. h + ma = hma (ह्+म = ह्म) ब्रह्मा *brahmā* the Creator, ब्रह्माण्डम् *brahmaṇḍam* universe

4. h + ya = hya (ह्+य = ह्य) बाह्यः *bāhyaḥ*, external, गुह्यम् *guhyam*, secret

त्त tta   त्त्व ttva   न्न nna

EXAMPLES OF SANSKRIT COMPOUND CHARACTERS

क् क्क, क्क (वुक्कति, वुक्कति वुक्‌कति *vukkati,* he barks), क्ख (कक्खति *kakkhati* he laughs, कक्खट *kakkhaṭa* hard), क्च (त्वक्चैव *tvakćaiva* skin also), क्त (उक्त *ukta* said), क्त्य (भक्त्या *bhaktyā* with devotion), क्त्र (वक्त्रम् *vaktram,* mouth), क्त्व (उक्त्वा *uktvā* having said), क्न (शक्नोमि *śaknomi,* I am able), क्प (पृथक्पृथक् *pṛthak-pṛthak* separately), क्म (रुक्मिणी *rukmiṇī*), क्य (वाक्यम् *vākyam* speech), क्र (क्रमः *kramaḥ* order), क्ल (क्लान्त *klānta* tired), क्लृ (क्लृप्तिः *klṛptiḥ* invention), क्व (क्वचित् *kvaćit* sometimes), क्श (प्राक्शरीरविमोक्षणम् *prāk-śarīra-vimokṣaṇam* before death), क्ष (क्षमा *kṣamā,* forgiveness), क्स (ऋक्साम *ṛk-sāma* Rigveda and Sāmveda)

क्ष् क्ष्म्य (सौक्ष्म्यम् *saukṣmyam* minuteness), क्ष्य (समीक्ष्य *samīkṣya* having seen), क्ष्व (*Ikṣvāku* इक्ष्वाकुः)

ख् ख्य (सांख्यः *sāṅkhyaḥ*)

ग् ग्द (वाग्देवी *vāg-devī* Sarasvatī), ग्ध (दुग्धम् *dugdham* milk), ग्न (अग्निः *agniḥ* fire), ग्प (वाग्पटुः *vāgpaṭuḥ* elouquent), ग्भ (पृथग्भावः *pṛthag-bhāvaḥ* different nature), ग्भ्य (लिग्भ्याम् *lignhyām* for two writers), जग्मुः *(jagmuḥ* they went*),* ग्य (भाग्यम् *bhāgyam* luck), ग्र (ग्रसनम् *grasanam* eating), ग्ल (ग्लानिः *glāniḥ* downfall), ग्व (पृथग्विधा *pṛthagvidhā* differently), ग्व्य (सम्यग्व्यवस्थित *samyag-vyavasthita* properly established*)*

घ् घ्न (विघ्नम् *vighnam* obstacle), घ्न्य (अघ्न्यः *aghnyaḥ* not to be killed), घ्य (अर्घ्य *arghya* holy), घ्र (घ्राणम् *ghrāṇam* nose), घ्व (लघ्वाशी *laghvāśī* moderate eater)

ङ् ङ्क (अङ्कः *aṅkaḥ* body), ङ्क्त (भुङ्क्ते *bhuṅkte* he eats), ङ्क्थ (भुङ्क्थ *bhuṅgtha* you all enjoy), ङ्ख (शङ्खः *śaṅkhaḥ* conch-shell), ङ्ग (गङ्गा *gaṅgā*), ङ्ग (सङ्गीतम् *saṅgītam* music), ङ्घ (सङ्घः *saṅghaḥ* attachment), ङ्ध्व (भुङ्ध्वे *bhuṅgdhve* you all enjoy), ङ्म

(वाङ्मयम् *vāṅgmayam* literature), ङ्क्ष (काङ्क्षामि *kāṅkṣāmi* I desire), ङ्भ्य (प्राङ्भ्याम् *prāṅgbhyām* for two Easterners)

च् च्च (उच्चैः *uććaiḥ,* loudly), च्छ (इच्छा *ićchā,* desire), च्छृ (उच्छृङ्खल *ućchṛṅkhala* unrestrained), युद्धाच्छ्रेयः (*yuddhāćchreyaḥ* better than war), च्य (अच्युतः *aćyutaḥ* Krishna), उच्यते *ućyate* it is called), च्वि (*ćvi* existance of non-existant)

छ् छ्य (छ्यवते *ćhyavate* he approaches), छ्र (यच्छ्रेयः *yaććhreyah* that which is better), उच्छ्रित (*ućchrita* raised), उच्छ्वासः *ućchvāsaḥ* exhalation)

ज् ज्ज (सज्ज *sajja* ready), ज्ज्य (तज्ज्योतिः *tajjyotiḥ* that light), ज्ज्ञ (तज्ज्ञात्वा *tajjñātvā* knowing that), ज्य (राज्यम् *rājyam* kingdom), ज्र (वज्रम् *vajram* thunderboalt), ज्व (ज्वाला *jwālā* flame)

ञ् ञ्च (पञ्च *pañća* five), ञ्छ (वाञ्छा *vañćhā* desire), ञ्ज (सञ्जयः *sañjayaḥ*), ञ्ज्य (युञ्ज्याद्योगम् *yuñjādyogam* should practice yoga), ञ्झ (उञ्झति *uñjhati* he lets it go), ञ्ज्म (भुञ्ज्म *bhuñjma* we all enjoy), ञ्ज्व (भुञ्ज्व *bhuñjva* we both enjoy), ञ्श्र (पश्यञ्श्रुण्वन् *paśyañ-śruṇvan* while seeing and hearing), ञ्श्व (स्वपञ्श्वसन् *svapañśvasan* sleeping and breething)

ट् ट्ट (पट्टिका *paṭṭikā,* plate), ष्ट्र (राष्ट्रम् *rāṣṭram* country), ष्ट्व (दृष्ट्वा *dṛṣṭvā,* seeing)

ड् ड्ड (उड्डयते *uḍḍayate* he flies), ड्भ्य (राड्भ्याम् *rāḍbhyām* for two kings), ड्य (ईड्य *īḍya* glorified)

ढ् ढ्य (आढ्य *āḍḍhyạ* wealthy)

ण् ण्ट (कण्टकः *kaṇṭakaḥ* thorn), ण्ठ (वैकुण्ठम् *vaikuṇṭham* heaven), ण्ड (पाण्डवाः *pāṇḍavāḥ*), ण्ढ (षण्ढ *ṣaṇḍha* impotant), ण्ड्र (पौण्ड्रः *pauṇḍraḥ*), ण्ण (विषण्ण *vṣaṇṇa* dejected), ण्म (षण्मासा: *ṣaṇ-māsaḥ six*-months), ण्य (कार्पण्यम् *kārpaṇyam* pity)

त् त्क (तत्कालः *tatkālaḥ,* that time), त्कृ (अभिभवात्कृष्ण *abhibhavāt-kṛṣṇa!* O Krishna! from the rise of), त्क्र (कामात्क्रोधः *kāmātkrodhaḥ* anger from desire), त्क्ष (अन्यत्क्षत्रियस्य *anyat-kṣatriyasya* anything else for a warrior), त्च (भयात्च *bhayātća* and from the fear), त्त (सत्ता *sattā* power), त्त्य (भयात्त्यजेत् *bhayāt-tyajet* let go out of fear), त्त्र (तत्त्रयम् *tat-trayam* those three), त्त्व (तत्त्वम् *tattvam* principle), त्थ (अश्वत्थामा *aśvatthāmā*), त्न (रत्नाकर: *ratnākaraḥ* ocean), त्प (तत्परम् *tatparam* that supreme), तात्पर्यं (*tātparyam* morale), त्प्र (तत्प्राप्य *tatprāpya* having attained that), त्म (आत्मा *ātmā* soul), त्म्य (महात्म्यम् *mahātmyam* greatness), त्य (त्यक्त्वा *tyaktvā* having renounced), त्र (धर्मक्षेत्रम् *dharmakṣetram* righteous place), त्र्य (रात्र्यागमे *rātryāgame* at night), त्व (त्वम् *tvam* you), त्स (उत्साह: *utsāhah* encouragement), त्स्थ (पश्यत्स्थितान् *paśyatsthitān* he saw the standing ones), त्स्न (कृत्स्नम् *kṛtsnam* all), त्स्म (सम्मोहात्स्मृतिविभ्रम: *sammohātsmṛti-vibhramaḥ* loss of thinking as a result of delusion) त्स्य (प्रतियोत्स्यामि *pratiyotsyāmi* I will defend) त्स्व (परधर्मात्स्वनुष्ठितात् *para-dharmāt-svanuṣṭhitāt* than performed others' duty)

थ् मथ्नाति (*mathnāti* he churns), थ्य (तथ्यम् *tathyam* truth); मिथ्या *mithyā* false)

द् द्ग (उद्गार: *udgāraḥ* exclamation), द्ग्र (असद्ग्राह: *asadgrāhaḥ* misunderstanding), द्घ (उद्घाटनम् *udghāṭanam* inauguration), द्द (उद्देश: *uddeśaḥ* objective), द्द्य (महद्द्युतिकर: *mahad-dyutikaraḥ,* sun), द्द्र (अन्यद्द्रष्टुमिच्छसि *anyad-draṣṭum-icchasi* whatever else you wish to see), द्ध (युद्धम् *yuddham* war), द्ध्य (युद्ध्यस्व *yuddhyasva* please fight), द्ध्व (बुद्ध्वा *buddhvā* having known) द्ब (स्मृतिभ्रंशाद्बुद्धिनाश: *smṛti-bhraṁśād-buddhi-nāśaḥ* misunderstanding due to confusion), द्ब्र (तस्माद्ब्रह्मणि *tasmād-brahmaṇi* therefore in the brahma), द्भ (सद्भाव: *sad-bhāvaḥ* righteousness), द्भ्य (भगवद्भ्याम् *bhagavadbhyām* for two gods), द्म (पद्मम् *padmam,* lotus), द्य (पद्यम् *padyam* song), द्र (द्रुपद: *drupadaḥ*), द्व (द्वंद्वम्, द्वन्द्वम् *dvandvam* duality), द्व्य (अव्यक्ताद्व्यक्तय: *avyaktād-vyaktayaḥ,* the manifest emerged from the unmanifest)

ध् ध्न (बध्नाति *badhnāti* it binds), ध्म (दध्मौ *dadhmau* he blew), ध्य (ध्यानम् *dhyānam* meditation), ध्र (ध्रुव *dhruva* unmoving), ध्व (ध्वज: *dhvajaḥ* flag)

न् न्क (समवेतान्कुरून् *samavetān-kurūn* to the assembled Kurus), न्ग (अश्नन्गच्छन्

aśnan-gaćchan eating and going), न्त (णिजन्त *ṇijanta* causative), न्त (अन्तः *antaḥ* end), न्त्य (व्यथयन्त्येते *vyathayantyete* these do bother), न्त्र्य (आमन्त्र्य *āmantrya* having invited), न्थ (मन्थनम् *manthanam* churning), न्त्र (यन्त्रम् *yantram* machine), न्त्व (सान्त्वना *sāntvanā* consolation), न्त्स्य (भन्त्स्यति *bhantsyati* he will tie), न्द (आनन्दः *ānandaḥ* joy), न्द्र (इन्द्रियम् *indriyam* organ), न्द्व (द्वन्द्वम् *dvandvam* duality), न्द्ध (रुन्द्धाम् *runddhām* he should resist), अरुन्द्ध्वम् (*arunddhvam* you all had resisted), न्द्ध्य (रुन्द्ध्याताम् *runddhyātām* may they stop), न्ध (अन्ध *andha* blind), अरुन्ध्महि (*arundhmahi* we all had resisted), विन्ध्यन्तः (*vindhyantaḥ* lacking), अरुन्ध्वहि (*arundhvahi* we two had resisted), न्न (अन्नम् *annam* food), न्प (स्थितान्पार्थः *sthitān-pārthaḥ* Arjuna to the seated ones), न्प्र (प्राणान्प्राणेषु *prāṇān-prāṇeṣu* breath in the breaths), न्ब (सर्वान्बन्धून् *sarvān-bandhūn* to all brothers), न्ब्र (तान्ब्रवीमि *tān-bravīmi* I tell about them), न्भ (भवान्भिष्मः *bhavān-bhīṣmaḥ* you Bhīshma), न्भ्य (खन्भ्याम् *khanbhyām* for two lame men), न्भ्र (मातुलान्भ्रातृन् *mātulān-bhratṛ́n* to uncles and brothers), न्म (जन्म *janma* birth), न्य (अन्यः *anyaḥ,* other), न्र (अस्मिन्रणे *asmin-raṇe* on this battlefield), न्व (अन्वयः *anvayaḥ* following), न्व्य (भगवन्व्यक्तिम् *bhagavan-vyaktim* O Lord! Your personifiction), न्स (तान्समीक्ष्य *tān-samīkṣya* having seen them), न्स्य (बुद्धिमान्स्यात् *buddhimān-syāt* he will be wise), न्स्व (धार्तराष्ट्रान्स्वबान्धवान् *dhārtarāṣṭrān-sva-bāndha-vān,* to our brother Kauravas), न्ह (सञ्जनयन्हर्षम् *sañjanayan-harṣam,* while increasing the joy)

प् प्त (पर्याप्तम् *paryāptam* limited), प्त्व (लोलुप्त्वम् *loluptvam* eagerness), प्न (स्वप्नम् *svapnam* sleep, dream), प्म (पाप्मानम् *pāpmānam* to the wicked), प्य (अवाप्य *avāpya* having obtained), प्र (प्रति *prati* towards), प्ल (संप्लुतोदकम् *samplutodakam* full of water), प्स (अप्सु *apsu* in the water), प्स्य (अवाप्स्यसि *avāpsyasi* you will attain)

ब् ब्द (शब्दः *śabdaḥ* sound), ब्ध (लब्ध *labdha* attained), ब्ध्व (लब्ध्वा *labdhvā* having), ब्भ्य (गुब्भ्याम् *gubbhyām* for tow defenders), ब्य (शैब्यः *śaibyaḥ*), ब्र (ब्रह्म *brahma*)

भ् भ्य (अभ्यासः *abhyāsaḥ* study), भ्र (भ्रमः *bhramaḥ* delusion), भ्वादि (*bhvādi* bhū etc.)

म् म्न (धृष्टद्युम्नः *dhṛṣṭadyumnaḥ*), म्प (विकम्पः *vikampaḥ* trembling), म्फ (गुम्फित *gumphita* intertwined), म्ब (अम्बा *anbā* mother), म्भ (अम्भसि *ambhasi* in the water), म्भ्य (पुम्भ्याम् *pumbhyām* for two persons), म्म (सम्मानः *sammānaḥ* respect), म्य (रम्य *ramya* enchanting), म्र (म्रियते *mriyate* it dies)

य् य्य (त्वय्युपपद्यते *tvayyupapadyate* it befits you)

र् र्क (अर्कः *arkaḥ* sun), र्क्ष्य (सूर्क्षिष्यति *sūrkṣiṣyati* he will disrespect), र्ख (मूर्ख *mūrkha* foolish) र्ग (वर्गः *vargaḥ* class), र्ग्भ्य (ऊर्ग्भ्याम् *ūrgbhyām* with two languages), र्ग्य (अस्वर्ग्य *asvargya* un-heavenly), र्घ्य (अर्घ्यम् *arghyam* offering) र्च (अर्चना *arćanā* worship), र्च्य (अभ्यर्चः *abhyarćaḥ* salute), र्च्छ (मूर्च्छति *mūrććhati* it coagulates), र्ज (भीमार्जुनौ *bhīmārjunau* of Bhima and Arjuna), र्ज्य (वर्ज्य *varjya* without), र्ज्व (वदनैर्ज्वलद्भिः *vadanairjvaladbiḥ* with balzing mouths), र्झ (झर्झरा *jharjharā* prostitute), र्ण (वर्णः *varṇaḥ* a class), र्ण्य (आकर्ण्य *ākarṇya,* hearing), र्त (धार्तराष्ट्रः *dhārtarāṣṭraḥ* Kaurava), र्त्त (आर्त्त *ārtta* afflicted) र्त्म (वर्त्मनि *vartmani* on the path), र्त्य (मर्त्य *martya* dying), र्थ (अर्थः *arthaḥ* meaning), र्द (जनार्दनः *janārdanaḥ* Kṛṣṇa), र्ध (अर्ध *ardha* half), र्ध्न (मूर्ध्नि *mūrdhni* in the head), र्ध्न्य (मूर्ध्न्याधायात्मनः *mūrdhnyādhāyātmanaḥ* having fixed in one's head), र्ध्र (मृत्युर्ध्रुवम् *mṛtyurdhruvam* death is certain), र्ध्व (ऊर्ध्व *ūrdhva* up), र्न (निराशीर्निर्ममः *nirāsīrnirmamaḥ* indifferent and selfless), र्प (सर्पः *sarpaḥ* snake), र्ब (दुर्बुद्धिः *dur-buddhiḥ,* wicked), र्ब्र (हविर्ब्रह्माग्नौ *havirbrhmāgnau* offering in the fire of brahma), र्भ (दर्भः *darbhaḥ* grass), र्म (कर्म *karma* deed), र्म्य (धर्म्यात् *dharmyāt* than the righteous), र्य (शौर्यम् *śauryam* bravery), र्ल (चिकीर्षुर्लोकसंग्रहम् *ćikīrṣur-lokasaṅgraham* desirous of people), र्व (सर्व *sarva* all), र्व्य (बुद्धिर्व्यतितरिष्यति *buddhirvyatitariṣyati* mind will transcend), र्श (स्पर्शः *sparśaḥ* contact), र्ष (हर्षः *harṣaḥ* joy), र्ष्ण (वार्ष्णेयः *vārṣṇeyaḥ* Krishna), र्ह (अर्हः *ahraḥ* worthy), र्ज्ञ (प्रकृतेर्ज्ञानवानपि *pṛkṛterjñānavānapi* the wise also - with his own nature)

ल् ल्क (वल्कलम् *valkalam* bark), ल्ग (वल्गना *valganā* chatter), ल्प (अल्प *alpa* short),

उल्बेन (*ulbena* with umblical cord), प्रगल्भ (*pragalbha* proud), ल्म (कल्मषम् *kalmaṣam* sin), ल्य (शल्यः *śalyaḥ* thorn), ल्ल (श्रद्धावाँल्लभते *śraddhāvām̐l-labhate* the faithful person attains), ल्व (बिल्वम् *bilvam* the Bel tree)

व् व्य (व्याघ्रः *vyāghraḥ* tiger), व्र (व्रतम् *vratam* austerity)

श् श्च (आश्चर्यम् *āścaryam* wonder), श्छ (भ्रष्टश्छिन्नम् *bhraṣṭśćhinnam* broken and spoiled), श्न (अश्नामि *aśnāmi* I eat), श्म (कश्मलम् *kaśmalam* delusion), श्य (पश्य *paśya* see), श्र (श्री *śrī* divine), श्व (अश्वः *aśvaḥ* horse), श्ल (अश्लील *aślīla* obscene)

ष् ष्क (निष्कामः *niṣkāmaḥ* without desire), ष्कृ (निष्कृतिः *niṣkṛtiḥ* fruitless act), ष्ट (अष्ट *aṣṭa* eight), ष्ट्य (द्वेष्ट्यकुशलम् *dveṣṭya-kuśalam* he hates non-pleasent), ष्ट्र (राष्ट्रम् *rāṣṭram* country), ष्ट्व (दृष्ट्वा *dṛṣṭvā* seeing), ष्ठ (पृष्ठम् *pṛṣṭham* surface), ष्ण (कृष्णः *kṛṣṇaḥ* black), ष्प (पुष्पम् *puṣpam* flower), ष्प्र (दुष्प्रापः *duṣprāpaḥ* difficult to attain), ष्ण्य (औष्ण्यम् *auṣṇyam* warmth), ष्म (भीष्मः *bhīṣmaḥ*), ष्य (मनुष्यः *manuṣyaḥ* man), ष्व (कुरुष्व *kuruṣvaḥ* do)

स् स्क (स्कन्दः *skandaḥ* chapter), स्ख (स्खलति *skhalati* it falls), स्ज् (भ्रस्ज् *bhrasj* to roast), स्त (अस्तम् *astam* setting), स्त्य (प्राणान्स्त्यक्त्वा *prāṇānstyaktvā* having renounced their lives), स्र (स्रंसते *sraṁsate* it falls), स्रोतः (*srotaḥ* flow), स्त्र (स्त्री *strī* woman), स्त्व (कुतस्त्वा *kutastvā* from where did you?), स्थ (स्थानम् *sthānam* place), स्न (स्नानम् *snānam* bath), स्प (स्पर्शः *sparśaḥ* contact), स्फ (विस्फोटः *visphoṭaḥ* explosion), स्म (तस्मात् *tasmāt* therefore), स्म्य (गिरामस्म्येकमक्षरम् *girām-asmyekam-akṣaram* among the syllables I am the syllable of Om), स्य (अस्य *asya* its), स्र (सहस्रम् *sahasram* thousand), स्व (स्वतः *svataḥ* oneself), स्स (हिनस्सि *hinassi* you kill)

ह् हृ (हृदयम् *hṛdayam* heart), हृष्यति (*hṛṣyati* he enjoys), ह्ण (गृह्णाति *gṛhṇāti* he takes), ह्न (वह्निः *vahni* fire), ह्म (ब्रह्मा *brahmā*), ह्य (दह्यते *dahyate* it burns), ह्र (जिह्रेति *jihreti* she blushes), ह्ल (प्रह्लादः *prahlādaḥ*), ह्व (जुह्वति *juhvati* he performs offering)

CHAPTER 2

SANDHI

1. COMPOUNDING OF SANSKRIT VOWELS

स्वरसन्धिः

RATNAKAR'S CHART FOR VOWEL SANDHI RULES

When two vowels come together, they are mathematically added into a single long vowel.

First vowel	+ Second vowel	=	Result, a long vowel
1 अ, आ	+ अ, आ	=	आ
	+ इ, ई	=	ए
	+ उ, ऊ	=	ओ
	+ ऋ, ॠ	=	अर्
	+ ए, ऐ	=	ऐ
	+ ओ	=	औ
2 इ, ई	+ अ, आ, उ, ऊ, ए, ऐ, ओ, औ	=	य, या, यु, यू, ये, यै, यो. यौ
	+ इ, ई	=	ई, ई
3 उ, ऊ	+ अ, आ, इ, ई, ए, ऐ, ओ, औ	=	व, वा, वि, वी, वे, वै, वो, वौ
4 ऋ	+ अ, आ, इ, ई, ए, ऐ, ओ, औ	=	अर् + अ, आ, इ, ई, ए, ऐ, ओ, औ
5 ए	+ अ, आ, इ, ई, उ, ऊ, ए, ऐ, ओ, औ	=	अय् + अ, आ, इ, ई, उ, ऊ, ए, ऐ, ओ, औ
ऐ	+ अ, आ, इ, ई, उ, ऊ, ए, ऐ, ओ, औ	=	आय् + अ, आ, इ, ई, उ, ऊ, ए, ऐ, ओ, आ
6 ओ	+ अ, आ, इ, ई, उ, ऊ, ए, ऐ, ओ, औ	=	अव् + अ, आ, इ, ई, उ, ऊ, ए, ऐ, ओ, औ
औ	+ अ, आ, इ, ई, उ, ऊ, ए, ऐ, ओ, औ	=	आव् + अ, आ, इ, ई, उ, ऊ, ए, ऐ, ओ, औ

SANSKRIT VOWEL SANDHI CHART

अ इ उ ण्, ऋ लृ क्

अ इ उ

अ आ इ ई उ ऊ ऋ

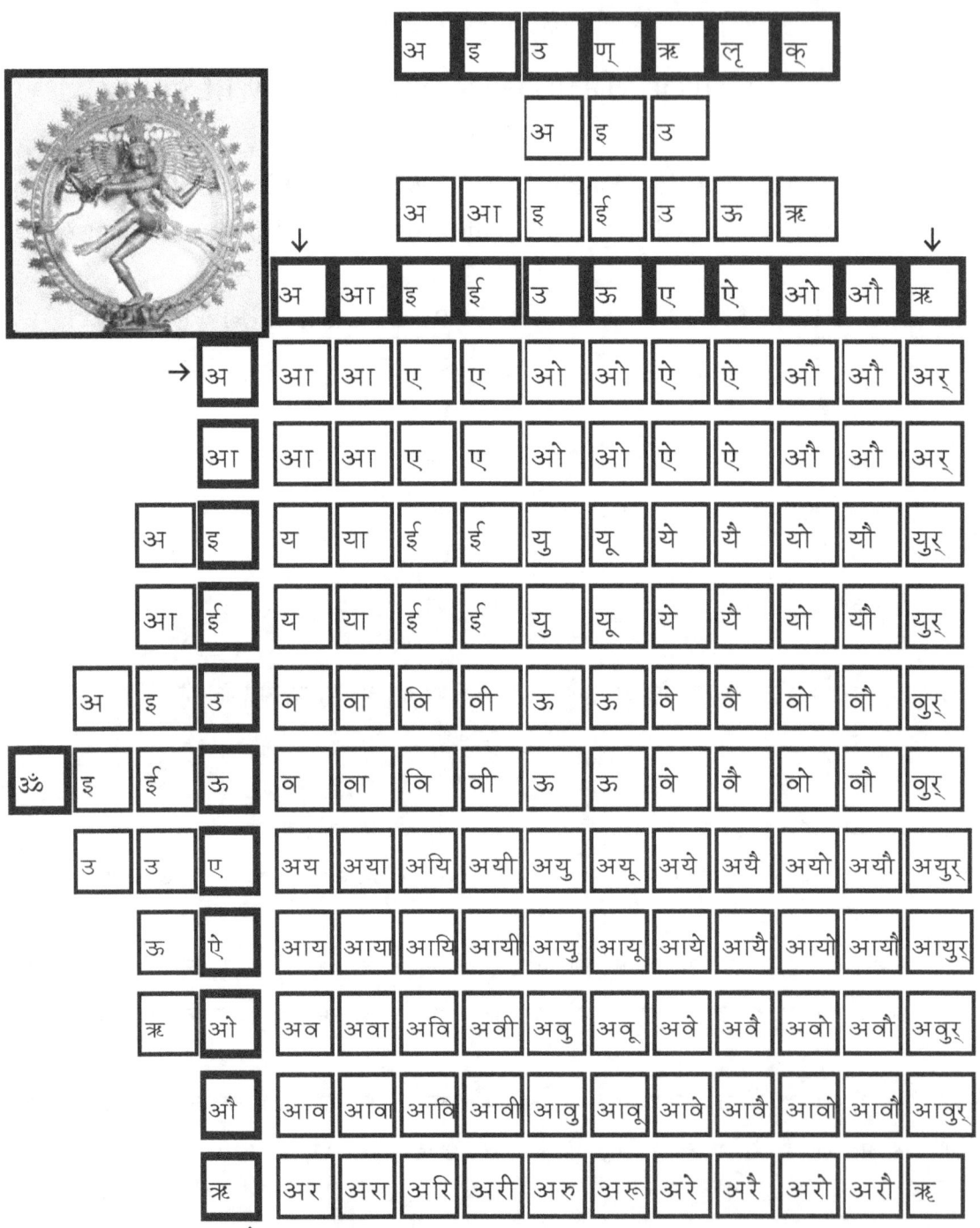

				अ	आ	इ	ई	उ	ऊ	ए	ऐ	ओ	औ	ऋ
			अ	आ	आ	ए	ए	ओ	ओ	ऐ	ऐ	औ	औ	अर्
			आ	आ	आ	ए	ए	ओ	ओ	ऐ	ऐ	औ	औ	अर्
		अ	इ	य	या	ई	ई	यु	यू	ये	यै	यो	यौ	युर्
		आ	ई	य	या	ई	ई	यु	यू	ये	यै	यो	यौ	युर्
	अ	इ	उ	व	वा	वि	वी	ऊ	ऊ	वे	वै	वो	वौ	वुर्
ॐ	इ	ई	ऊ	व	वा	वि	वी	ऊ	ऊ	वे	वै	वो	वौ	वुर्
	उ	उ	ए	अय	अया	अयि	अयी	अयु	अयू	अये	अयै	अयो	अयौ	अयुर्
		ऊ	ऐ	आय	आया	आयि	आयी	आयु	आयू	आये	आयै	आयो	आयौ	आयुर्
		ऋ	ओ	अव	अवा	अवि	अवी	अवु	अवू	अवे	अवै	अवो	अवौ	अवुर्
			औ	आव	आवा	आवि	आवी	आवु	आवू	आवे	आवै	आवो	आवौ	आवुर्
			ऋ	अर	अरा	अरि	अरी	अरु	अरू	अरे	अरै	अरो	अरौ	ऋ

Sanskrit Reference Handbook by Ratnakar Narale

EXAMPLES :

अ	+	अ	=	आ	वात	(अ)	+	(अ)	अयनम्	= वातायनम्
अ	+	आ	=	आ	हिम	(अ)	+	(आ)	आलय:	= हिमालय:
अ	+	इ	=	ए	देव	(अ)	+	(इ)	इन्द्र:	= देवेन्द्र:
अ	+	ई	=	ए	परम	(अ)	+	(ई)	ईश्वर:	= परमेश्वर:
अ	+	उ	=	ओ	चन्द्र	(अ)	+	(उ)	उदय:	= चन्द्रोदय:
अ	+	ऊ	=	ओ	प्र	(अ)	+	(ऊ)	ऊढ:	= प्रौढ:
अ	+	ऋ	=	अर्	उत्तम	(अ)	+	(ऋ)	ऋतु:	= उत्तमर्तु:
अ	+	ऌ	=	अल्	तव	(अ)	+	(ऌ)	ऌकार:	= तवल्कार:
अ	+	ए	=	ऐ	एक	(अ)	+	(ए)	एकम्	= एकैकम्
अ	+	ऐ	=	ऐ	देव	(अ)	+	(ऐ)	ऐश्वर्यम्	= देवैश्वर्यम्
अ	+	ओ	=	औ	जल	(अ)	+	(ओ)	ओघ:	= जलौघ:
अ	+	औ	=	औ	जन	(अ)	+	(औ)	औदार्यम्	= जनौदार्यम्
आ	+	अ	=	आ	विद्या	(आ)	+	(अ)	अर्थी	= विद्यार्थी
आ	+	आ	=	आ	विद्या	(आ)	+	(आ)	आलयम्	= विद्यालयम्
आ	+	इ	=	ए	यथा	(आ)	+	(इ)	इच्छा	= यथेच्छा
आ	+	ई	=	ए	रमा	(आ)	+	(ई)	ईश:	= रमेश:
आ	+	उ	=	ओ	महा	(आ)	+	(उ)	उत्सव:	= महोत्सव:
आ	+	ऊ	=	ओ	महा	(आ)	+	(ऊ)	ऊरु:	= महोरु:
आ	+	ऋ	=	अर्	महा	(आ)	+	(ऋ)	ऋषि:	= महर्षि:
आ	+	ए	=	ऐ	सदा	(आ)	+	(ए)	एव	= सदैव
आ	+	ऐ	=	ऐ	प्रजा	(आ)	+	(ऐ)	ऐक्यम्	= प्रजैक्यम्
आ	+	ओ	=	औ	गंगा	(आ)	+	(ओ)	ओघ:	= गंगौघ:
आ	+	औ	=	औ	विद्या	(आ)	+	(औ)	औत्सुक्यम्	= विद्यौत्सुक्यम्

इ	+	अ	=	य	यदि	(इ)	+	(अ)	अपि	= यद्यपि
इ	+	आ	=	या	इति	(इ)	+	(आ)	आदि	= इत्यादि
इ	+	इ	=	ई	रवि	(इ)	+	(इ)	इन्द्र:	= रवीन्द्र:
इ	+	ई	=	ई	कवि	(इ)	+	(ई)	ईश्वर:	= कविश्वर:
इ	+	उ	=	यु	अति	(इ)	+	(उ)	उत्तमम्	= अत्युत्तमम्
इ	+	ऊ	=	यू	प्रति	(इ)	+	(ऊ)	ऊह:	= प्रत्यूह:

इ	+	ऋ	=	युर्	अति	(इ)	+	(ऋ)	ऋद्धिः	=	अत्युर्द्धिः
इ	+	ए	=	ये	प्रति	(इ)	+	(ए)	एकम्	=	प्रत्येकम्
इ	+	ऐ	=	यै	प्रति	(इ)	+	(ऐ)	ऐरावतम्	=	प्रत्यैरावतम्
इ	+	ओ	=	यो	दधि	(इ)	+	(ओ)	ओदनम्	=	दध्योदनम्
इ	+	औ	=	यौ	दधि	(इ)	+	(औ)	औषधम्	=	दध्यौषधम्
ई	+	अ	=	य	नदी	(ई)	+	(अ)	अम्बु	=	नद्यम्बु
ई	+	आ	=	या	देवी	(ई)	+	(आ)	आज्ञा	=	देव्याज्ञा
ई	+	इ	=	ई	जननी	(ई)	+	(इ)	इच्छा	=	जननीच्छा
ई	+	ई	=	ई	काली	(ई)	+	(ई)	ईश्वरी	=	कालीश्वरी
ई	+	उ	=	यु	सुधी	(ई)	+	(उ)	उपास्यः	=	सुध्युपास्यः
ई	+	ऊ	=	यू	अवी	(ई)	+	(ऊ)	ऊर्णा	=	अव्यूर्णा
ई	+	ऋ	=	युर्	महती	(ई)	+	(ऋ)	ऋक्षी	=	महत्यूर्क्षी
ई	+	ए	=	ये	गोपी	(ई)	+	(ए)	एषा	=	गोप्येषा
ई	+	ऐ	=	यै	गौरी	(ई)	+	(ऐ)	ऐश्वर्यम्	=	गौर्यैश्वर्यम्
ई	+	ओ	=	यो	नारी	(ई)	+	(ओ)	औत्कर्षम्	=	नार्योत्कर्षम्
ई	+	औ	=	यौ	वाणी	(ई)	+	(औ)	औचित्यम्	=	वाण्यौचित्यम्

उ	+	अ	=	व	मनु	(उ)	+	(अ)	अन्तरम्	=	मन्वन्तरम्
उ	+	आ	=	व	गुरु	(उ)	+	(आ)	आदेशः	=	गुर्वादेशः
उ	+	इ	=	वि	तु	(उ)	+	(इ)	इदानीम्	=	त्विदानीम्
उ	+	ई	=	वी	ऋतु	(उ)	+	(ई)	ईश्वरः	=	ऋत्वीश्वरः
उ	+	उ	=	ऊ	गुरु	(उ)	+	(उ)	उपदेशः	=	गुरूपदेशः
उ	+	ऊ	=	ऊ	चमू	(उ)	+	(ऊ)	ऊहिनी	=	चमूहिनी
उ	+	ऋ	=	वृ	मधु	(उ)	+	(ऋ)	ऋते	=	मध्वृते
उ	+	ए	=	वे	अनु	(उ)	+	(ए)	एषणम्	=	अन्वेषणम्
उ	+	ऐ	=	वै	साधु	(उ)	+	(ऐ)	ऐक्यम्	=	साध्वैक्यम्
उ	+	ओ	=	वो	गुरु	(उ)	+	(ओ)	ओजः	=	गुर्वोजः
उ	+	औ	=	वौ	मधु	(उ)	+	(औ)	औषधिः	=	मध्वौषधिः
ऊ	+	अ	=	व	शरयू	(ऊ)	+	(अ)	अम्बु	=	शरय्वम्बु
ऊ	+	आ	=	व	अमू	(ऊ)	+	(आ)	आसते	=	अम्वासते
ऊ	+	इ	=	वि	बन्धू	(ऊ)	+	(इ)	इमौ	=	बन्ध्विमौ

ऊ	+	ई	=	वी	वधू	(ऊ)	+	(ई)	ईक्षणम्	=	वध्वीक्षणम्
ऊ	+	उ	=	ऊ	वधू	(ऊ)	+	(उ)	उत्सव:	=	वधूत्सव:
ऊ	+	ऊ	=	ऊ	वधू	(ऊ)	+	(ऊ)	ऊहा	=	वधूहा
ऊ	+	ऋ	=	वृ	वधू	(ऊ)	+	(ऋ)	ऋक्थम्	=	वध्वृक्थम्
ऊ	+	ए	=	वे	कण्डू	(ऊ)	+	(ए)	एषणा	=	कण्ड्वेषणा
ऊ	+	ऐ	=	वै	वधू	(ऊ)	+	(ऐ)	ऐश्वर्यम्	=	वध्वैश्वर्यम्
ऊ	+	ओ	=	वो	वधू	(ऊ)	+	(ओ)	ओक:	=	वध्वोक:
ऊ	+	औ	=	वौ	यवागू	(ऊ)	+	(औ)	औष्ण्यम्	=	यवाग्वौष्ण्यम्

ऋ	+	अ	=	र	मातृ	(ऋ)	+	(अ)	अंश:	=	मात्रंश:
ऋ	+	आ	=	रा	पितृ	(ऋ)	+	(आ)	आदेश:	=	पित्रादेश:
ऋ	+	इ	=	रि	भ्रातृ	(ऋ)	+	(इ)	इच्छा	=	भ्रात्रिच्छा
ऋ	+	ई	=	री	सवितृ	(ऋ)	+	(ई)	ईश:	=	सवित्रीश:
ऋ	+	उ	=	रु	कर्तृ	(ऋ)	+	(उ)	उत्तम:	=	कर्त्रुत्तम:
ऋ	+	ऊ	=	रू	नप्तृ	(ऋ)	+	(ऊ)	ऊढा	=	नप्त्रूढा
ऋ	+	ऋ	=	ॠ	धातृ	(ऋ)	+	(ऋ)	ऋणम्	=	धातॄणम्
ऋ	+	ए	=	रे	गन्तृ	(ऋ)	+	(ए)	एध:	=	गन्त्रेध:
ऋ	+	ऐ	=	रै	नेतृ	(ऋ)	+	(ऐ)	ऐश्वर्यम्	=	नेत्रैश्वर्यम्
ऋ	+	ओ	=	रो	वक्तृ	(ऋ)	+	(ओ)	ओज:	=	वक्त्रोज:
ऋ	+	औ	=	रौ	भर्तृ	(ऋ)	+	(औ)	औदार्यम्	=	भर्त्रौदार्यम्
ऌ	+	अ	=	ल	ऌ	(ऌ)	+	(अ)	अनुबन्ध:	=	लनुबन्ध:
ऌ	+	आ	=	ला	ऌ	(ऌ)	+	(आ)	आकृति:	=	लाकृति:

ए	+	अ	=	अय	ने	(ए)	+	(अ)	अनम्	=	नयनम्
ए	+	आ	=	अया	ते	(ए)	+	(आ)	आगता:	=	तयागता:
ए	+	इ	=	अयि	शे	(ए)	+	(इ)	इत:	=	शयित:
ए	+	ई	=	अयी	ते	(ए)	+	(ई)	ईर्षा	=	तयीर्षा
ए	+	उ	=	अयु	मे	(ए)	+	(उ)	उपदेश:	=	मयुपदेश:
ए	+	ऊ	=	अयू	ये	(ए)	+	(ऊ)	ऊहन्ते	=	ययूहन्ते
ए	+	ऋ	=	अयुर्	के	(ए)	+	(ऋ)	ऋच्छन्ति	=	कयुर्छन्ति
ए	+	ए	=	अये	ते	(ए)	+	(ए)	एते	=	तयेते

ए	+	ऐ	=	अयै	ते	(ए)	+	(ऐ)	ऐश्वर्यम्	=	तयैश्वर्यम्
ए	+	ओ	=	अयो	गृहे	(ए)	+	(ओ)	ओकण:	=	गृहयोकण:
ए	+	औ	=	अयौ	ते	(ए)	+	(औ)	औषधि:	=	तयौषधि:
ऐ	+	अ	=	आय	गै	(ऐ)	+	(अ)	अनम्	=	गायनम्
ऐ	+	आ	=	आया	तस्मै	(ऐ)	+	(आ)	आदेश:	=	तस्मायादेश:
ऐ	+	इ	=	आयि	एतस्मै	(ऐ)	+	(इ)	इमानि	=	एतस्मायिमानि
ऐ	+	ई	=	आयी	स्त्रियै	(ऐ)	+	(ई)	ईडा	=	स्त्रियायीडा
ऐ	+	उ	=	आयु	श्रियै	(ऐ)	+	(उ)	उद्यत:	=	श्रियायुद्यत:
ऐ	+	ऊ	=	आयू	कस्मै	(ऐ)	+	(ऊ)	ऊर्ज:	=	कस्मायूर्ज:
ऐ	+	ऋ	=	आयुर्	यस्मै	(ऐ)	+	(ऋ)	ऋणम्	=	यस्मायुर्णम्
ऐ	+	ए	=	आये	एतस्मै	(ऐ)	+	(ए)	एवम्	=	एतस्मायेवम्
ऐ	+	ऐ	=	आयै	कस्मै	(ऐ)	+	(ऐ)	ऐश्वर्यम्	=	कस्मायैश्वर्यम्
ऐ	+	ओ	=	आयो	कस्यै	(ऐ)	+	(ओ)	ओज:	=	कस्यायोज:
ऐ	+	औ	=	आयौ	अस्यै	(ऐ)	+	(औ)	औचित्यम्	=	अस्यायौचित्यम्

ओ	+	अ	=	अव	यो	(ओ)	+	(अ)	अयनम्	=	यवनम्
ओ	+	आ	=	अवा	साधो	(ओ)	+	(आ)	आगच्छ	=	साधवागच्छ
ओ	+	इ	=	अवि	विष्णो	(ओ)	+	(इ)	इति	=	विष्णविति
ओ	+	ई	=	अवी	गो	(ओ)	+	(ई)	ईश्वर:	=	गवीश्वर:
ओ	+	उ	=	अवु	नो	(ओ)	+	(उ)	उद्योग:	=	नवुद्योग:
ओ	+	ऊ	=	अवू	गुरो	(ओ)	+	(ऊ)	ऊनयतु	=	गुरवुनयतु
ओ	+	ऋ	=	अवुर्	विष्णो	(ओ)	+	(ऋ)	ऋच्छतु	=	विष्णवुर्च्छतु
ओ	+	ए	=	अवे	गो	(ओ)	+	(ए)	एषणा	=	गवेषणा
ओ	+	ऐ	=	अवै	भानो	(ओ)	+	(ऐ)	ऐशानीम्	=	भानवैशानीम्
ओ	+	ओ	=	अवो	गो	(ओ)	+	(ओ)	ओकस्	=	गवोकस्
ओ	+	औ	=	अवौ	मधो	(ओ)	+	(औ)	औखतु	=	मधवौखतु
औ	+	अ	=	आव	पौ	(औ)	+	(अ)	अन:	=	पावन:
औ	+	आ	=	आवा	रात्रौ	(औ)	+	(आ)	आगत:	=	रात्रावागत:
औ	+	इ	=	आवि	पुत्रौ	(औ)	+	(इ)	इमौ	=	पुत्राविमौ
औ	+	ई	=	आवी	तौ	(औ)	+	(ई)	ईश्वरौ	=	तावीश्वरौ
औ	+	उ	=	आवु	गुरौ	(औ)	+	(उ)	उक्त:	=	गुरावुक्त:

औ	+	ऊ	=	आवू	रुग्णौ	(औ) +	(ऊ)	ऊर्जयतु	=	रुग्णावूर्जयतु
औ	+	ऋ	=	आवुर्	तौ	(औ) +	(ऋ)	ऋषी	=	तावुर्षी
औ	+	ए	=	आवे	कौ	(औ) +	(ए)	एतौ	=	कावेतौ
औ	+	ऐ	=	आवै	द्वौ	(औ) +	(ऐ)	ऐतिहासिकौ	=	द्वावैतिहासिकौ
औ	+	ओ	=	आवो	एतौ	(औ) +	(ओ)	ओकसी	=	एतावोकसी
औ	+	औ	=	आवौ	नौ	(औ) +	(औ)	औ	=	नावौ

ADVANCED VOWEL-SANDHI RULES

(1) If the dipthong ए or ओ (*e* or *o*) at the end of a word is followed by a word starting with अ (*a*), the ए or ओ remains unchanged, but vowel अ is elided (अ = ऽ). गणपतये अहम् नमामि → गणपतयेऽहं नमामि *Gaṇapataye ahaṁ namāmi → gaṇapataye'haṁ namāmi*

(2) अय् and अव् of the *sandhi* (rules 5 and 6 given above), when followed by any vowel other than अ, they may optionally drop the य् and व् in them.

अहम् गणपतये इच्छामि → अहं गणपतयिच्छामि। अहं गणपत इच्छामि।

ahaṁ gaṇapataye iććhāmi → ahaṁ gaṇapatayiććhāmi, ahaṁ gaṇapata iććhāmi.

हे प्रभो इति वद → हे प्रभविति वद। हे प्रभ इति वद।

he prabho iti vada → he prabhaviti vada, he prabha iti vada.

(3) ऐ and औ at the end of a word, when followed by any vowel, are changed to आय् and आव्, but they may optionally drop the य् and व् in them. तस्मै इदम् यच्छ → तस्मायिदं यच्छ। तस्मा इदं यच्छ। *tasmai idam yaććha → tasmāyidaṁ yaććha, tasmā idaṁ yaććha.*

(4) ई, ऊ, ए at the end of the dual substantives do not change when followed by a word starting with any vowel. अनादी उभौ → अनादी उभौ (Gītā 13.20)

(5) The interjections such as हे, अहो, अरि, भोः, आ do not form *sandhi* with its following word. हे अर्जुन! → हे अर्जुन! भोः इन्द्र → भोः इन्द्र

(6) The ई of अमी (the m◦ pl◦ nom◦ of pronoun अदस्) does not form *sandhi* with its following vowel. अमी इक्षन्ते सुराः → अमी इक्षन्ते सुराः।

(1) PANINI'S SUTRAS FOR VOWEL SANDHI

(1) अकः सवर्णे दीर्घः *akaḥ savarṇe dīrghaḥ* (6:1:101)

When a short or long vowel comes after a short or long vowel of the same kind, both of thes two vowels are replaced with a long vowel of the same kind.

(2) (i) अदेङ्गुणः *adeṅguṇaḥ*, (ii) आद्गुणः *ādguṇaḥ* (6:1:87)

(a) When vowel अ or आ (a or ā) is followed by vowel इ or ई (i or ī), vowel ए (e) comes in their place. (b) When vowel अ or आ (a or ā) is followed by vowel उ or ऊ (u or ū), vowel ओ (o) comes in their place. (c) When vowel अ or आ (a or ā) is followed by vowel ऋ or ॠ (ṛ or ṝ), syllable अर् (ar) comes in their place. (d) When vowel अ or आ (a or ā) is followed by vowel ऌ (lṛ), syllable अल् (al) comes in their place.

(3) (i) वृद्धिरेचि *vṛddhireći* (6:1:88), (ii) वृद्धिरादैच् *vṛddhirādaić* (1:1:1)

(a) When vowel अ or आ (a or ā) is followed by vowel ए or ऐ (e or ai), vowel ऐ (ai) comes in their place. (b) When vowel अ or आ (a or ā) is followed by vowel ओ or औ (o or au), vowel औ (au) comes in their place.

(4) इकोयणचि *ikoyaṇaći* (6:1:77)

(a) When vowel इ or ई (i or ī) is followed by any vowel other than vowel इ or ई (i or ī), consonant य् (y) comes in the place of vowel इ or ई (i or ī). (b) When vowel उ or ऊ (u or ū) is followed by any vowel other than vowel उ or ऊ (u or ū), consonant व् (v) comes in the place of vowel उ or ऊ (u or ū). (c) When vowel ऋ or ॠ (ṛ or ṝ) is followed by any vowel other than vowel ऋ or ॠ (ṛ or ṝ), consonant र् (r) comes in the place of vowel ऋ or ॠ (ṛ or ṝ).

(5) एचोऽयवायावः *ećo'yavāyāvaḥ* (6:1:78)

When vowel ए, ऐ, ओ or औ (*e, ai, o, au*) is followed by any vowel, then (i) syllable अय् (ay) comes in the place of vowel ए (e); (ii) syllable आय् (āy) comes in the place of vowel ऐ (ai); (iii) syllable अव् (av) comes in the place of vowel ओ (o); (v) syllable आव् (āv) comes in the place of vowel औ (au).

(5) लोपः शाकल्यस्य *lopaḥ śākalyasya* (8:5:19)

(a) When consonant य् or व् (y or v) at the end of a word is preceeded by vowel अ or आ (a or ā) and followed by any vowel, the consonant य् or व् (y or v) may optionally be deleted (लोपः). (b) And, then, if two vowels come next to each other as a result of this deletion (लोपः) of the consonant or visarga, these two vowels do not again join in a svara-sandhi.

(6) वान्तो यि प्रत्यये *vānto yi pratyaye* (6:1:79)

(a) When vowel ओ or औ (o or au) is followed by any suffix beginning with consonant य् (y), then syllable अव् or आव् (av or āv) comes in place of ओ or औ (o or au) respectively.

(7) एङः पदान्तादति *eṅgaḥ padāntādati* (6:1:109)

When vowel ए or ओ (a or o), that comes at the end of a substantive or verb, is followed by vowel अ (a), then vowel ए or ओ (a or o) remain it it's original form (पूर्वरूपम्) and the vowel अ (a) is changed to an *avagraha* ऽ (').

(8) ईदूदेद् द्विचवनं प्रगृह्यम् *īdūded-dvivaćanam pragṛhyam* (1:1:11)

When a word, in it's dual number, ends in vowel ई, ऊ or ए (ī, ū or e) and is followed by any vowel (of the following dual word), then the vowel ई, ऊ or ए (ī, ū or e) remains unchanged.

COMPOUNDING A CONSONANT WITH THE FOLLOWING VOWEL

(1) Rule of 3rd consonant : If a consonant from any of the five classes (k, ć, ṭ, t, p, क्, च्, ट्, त, प्), other than the nasal consonants, is followed by a vowel, this class consonant is replaced with the third consonant from that class. (This third consonant then conjugates with the vowel that comes after it). e.g.

क् + उ	= ग् + उ	= गु	→	सम्यक्	+ उभयो:	= सम्यगुभयो: (Gītā 5.4)
त् + अ	= द् + अ	= द	→	तत्	+ अस्माकम्	= तदस्माकम् (Gītā1.10)
त् + ऋ	= द् + ऋ	= दृ	→	एतत्	+ ऋतम्	= एतदृतम् (Gītā 10.14)
त् + ॐ	= द् + ॐ	= दोम्	→	तस्मात्	+ ओम्	= तस्मादोम् (Gītā 1.22)

(2) Conjugation of the word ending in n (न्) : When a word ending in n (न्) is preceeded by any short vowel and is followed by any vowel, the ending n (न्) is doubled and becomes nn (न्न्) e.g.

अनिच्छन्	+ अपि	= अनिच्छन्नपि (Gītā 3.36)
पश्यन्	+ आत्मनि	= पश्यन्नात्मनि । (Gītā 6.20)
विषीदन्	+ इदम्	= विषीदन्निदम् (Gītā 1.27)
गृह्णन्	+ उन्मिषन्	= गृह्णन्नुन्मिषन् । (Gītā 5.9)
युञ्जन्	+ एवम्	= युञ्जन्नेवम् । (Gītā 6.15)

COMPOUNDING A CONSONANT WITH THE FOLLOWING CONSONANT

(3) **Rule of 3rd consonant** : When a consonant, other than a nasal consonant, comes after a hard consonant from any of the five classes (namely, k, ć, ṭ, t, p, क्, च्, ट्, त्, प्), then this hard consonant is replaced by the third consonant from that same class (or optionally by the nasal consonant from that class). e.g.

क् + ब	= ग् + ब	= ग्ब	→	पृथक् + बाला:	= पृथग्बाला: (Gītā 5.4)
क् + म	= ङ् + म	= ङ्म	→	ईदृक् + मम	= ईदृङ्मम (Gītā 11.49)
त् + ग	= द् + ग	= द्ग	→	यत् + गत्वा	= यद्गत्वा (Gītā 15.6)
त् + द	= द् + द	= द्द	→	विद्यात् + दुःखं	= विद्याद्दुःखं (Gītā 6.23)

त् + ध	= द् + ध	= द्ध	→ बुद्धियोगात् + धनञ्जय	=	बुद्धियोगाद्धनञ्जय (Gita 2.49)
त् + भ	= द् + भ	= द्भ	→ क्रोधात् + भवति	=	क्रोधाद्भवति (Gītā 2.63)
त् + य	= द् + य	= द्य	→ अपनुद्यात् + यत्	=	अपनुद्याद्यत् (Gītā 2.8)
त् + र	= द् + र	= द्र	→ यत् + राज्यम्	=	यद्राज्यम् (Gītā 1.45)
त् + व	= द् + व	= द्व	→ एतत् + विद्मः	=	एतद्विद्मः (Gītā 2.6)
त् + ह	= द् + ह	= द्ध	→ धर्म्यात् + हि	=	धर्म्याद्धि (Gītā 2.31)

(4) The Rule of same order Consonant : When any consonant from t (त्) class (t, th, d, dh, n त्, थ्, द्, ध्, न्), is followed by any consonant from ć (च्) class (ć, ćh, j, jh, ñ च्, छ्, ज्, झ्, ञ्), then that consonant from t (त्) class is replaced by the consonant of same order from the ć (च्) class. e.g.

त् + च = च् + च = च्च → आश्चर्यवत् + च = आश्चर्यवच्च (Gītā 2.29)

त् + ज = ज् + ज = ज्ज → स्यात् + जनार्दन = स्याज्जनार्दन (Gītā 1.36)

* When a consonant from t (त्) class (t, th, d, dh, n त्, थ्, द्, ध्, न्), is followed by consonant ś (श्), then that consonant from the t (त्) class (t, th, d, dh, n त्, थ्, द्, ध्, न्), is replaced by the consonant of same order from the ć (च्) class (ć, ćh, j, jh, ñ च्, छ्, ज्, झ्, ञ्).

And the following consonant ś (श्) is optionally replaced by consonant ćh (छ्)

त् + श = च् + छ = च्छ → यत् + शोकम् = यच्छोकम् (Gītā 2.8)

त् + श्र = च् + छ्र = च्छ्र → युद्धात् + श्रेयः = युद्धाच्छ्रेयः (Gītā 2.31)

* However, When consonant t (त्) or d (द्) is followed by consonant l (ल्), then that consonant t (त्) or d (द्) is replaced by consonant l (ल्) e.g.

त् + ल = ल् + ल = ल्ल → भुवनात् + लोकाः = भुवनाल्लोकाः (Gita 8.16)

(5) Nasal Inflections : If a consonant, other than a nasal consonant, from any class (k, ć, ṭ, t, p क, च, ट, त प), is followed by a nasal consonant, then this class consonant is optionally replaced by the nasal consonant from the same class.

त् + न = न् + न = न्न → तस्मात् + न = तस्मान्न (Gītā 1.37)

त् + म = न् + म = न्म → तत् + मे = तन्मे (Gītā 1.46)

द् + म = न् + म = न्म → सुहृद् + मित्रम् = सुहृन्मित्रम् (Gītā 6.9)

(6) म् becomes a nasal dot (अनुस्वार:) : When a word ending in letter m (म्) is followed by a word starting with any consonant, then that end-letter m (म्) becomes a nasal dot, and that is placed over the character that is before m (म्). e.g.

पाण्डवानीकम् व्यूढम् = पाण्डवानीकं व्यूढम्। (Gītā 1.2)

* But, when a word ending in letter m (म्) is at the end of the sentence, that letter m (म्) remains unchanged.

पश्यैतां पाण्डुपुत्राणामाचार्य महतीं चमूम्।।25।। (Gītā 1.3)

पर्याप्तं त्विदमेतेषां बलं भीमाभिरक्षितम्।।26।। (Gītā 1.10)

(7) Change of n (न्) to ṇ (ण्) at the end of a word :

(a) When letter n (न्) within or at the end of a word is preceded by letter ṛ, ṝ, r or ṣ (ऋ, ॠ, र्, ष्); and

(b) between this n (न्) and the preceding ṛ, ṝ, r or ṣ (ऋ, ॠ, र्, ष्), even if any vowel, an anusvāra, a consonant from class k (क्) or a consonant from class p (प्) or letter y, r, v or h (य्, र्, व् ह्) comes,

(c) in all these cases, this n (न्) changes to ṇ (ण्). e.g.

द्रुपदपुत्रेण	→ त् + र् + ए + न	= त् + र् + ए + ण	=	त्रेण (Gītā 1.3)
शरीरिण:	→ र् + इ + न:	= र् + इ + ण:	=	रिण: (Gītā 2.18)
कर्मणा	→ र् + म् + अ + न् + आ	= र् + म् + अ + ण् + आ	=	र्मणा (Gītā 3.20)

(8) Change of s (स्) to ṣ (ष्) at the end of a word : If a vowel other than *a* or *ā* (अ, आ) or any consonant from the class *k* (क) or the letter *r* (र्) comes after a word ending in a case suffix such as *saḥ, sā, sām, si, su, syati, syate, syanti, syāmi, sye, sva,* etc. (स: सा, साम्, सि, सु, स्यति, स्यते, स्यन्ति, स्यामि, स्ये, स्व), then, in all these cases, the *s* (स्) in these suffixes changes to *ṣ* (ष्)

एष: (Gītā 3.10) एषा (Gītā 2.39) एतेषाम् (Gītā 1.10) करोषि (Gītā 9.27)
अयनेषु (Gītā 1.11) परिशुष्यति (Gītā 1.29) कथयिष्यन्ति (Gītā 2.34) विशिष्यते (Gītā 7.17)
कथयिष्यामि (Gītā 10.19) हनिष्ये (Gītā 16.14) कुरुष्व (Gītā 9.27)

(2) PANINI'S SUTRAS FOR CONSONANT SANDHI

(1) स्तोः श्चुना श्चुः *stoḥ ścunā ścuḥ* (8 :4 :40)

When a consonant of class त (t) is followed by consonant श् or स् (ś or s), the consonant of the class त (त्, थ्, द्, ध्, न् t, th, d, dh, n) is replaced with corresponding consonant from the class च (च्, छ्, ज्, झ्, ञ् ć, ćh, j, jh, ñ).

(2) शात् *śāt* (8 :4 :44)

If consonant श् (ś) is followed by a consonant from the class त (t), the class त (t) consonant is not changed to class च (ć).

(3) ष्टुना ष्टुः *ṣṭunā ṣṭuḥ* (8 :4 :41)

When consanant स् (s) or a consonant of class त (t) is followed by consonant of class त (t), the consonant स् (s) changes to consonant ष् (ṣ), and consonant of the class त (त्, थ्, द्, ध्, न् t, th, d, dh, n) changes to the corresponding consonant of the class ट (ट्, ठ्, ड्, ढ्, ण् ṭ, ṭh, ḍ, ḍh, ṇ).

(4) न पदान्ताट्टोरनाम् *na padāntāṭṭoranām* (8 :4 :42)

When consonant from class ट् (ṭ) at the end of a word is followed by a word beginning with consonant स् (s) or a consonant from class त् (t), the स् (s) does not change to ष् (ṣ), and the consonant from class त् (t) does not change to the corresponding consonant from class ट् (ṭ).

(5) तोः षिः *toḥ ṣiḥ* (8 :4 :43)

When consonant from class त् (t) at the end of a word is followed by a word beginning with consonant ष् (ṣ), the consonant from class त् (t) does not change to the corresponding consonant from class ट् (ṭ).

(6) झलां जशोऽन्ते *jhalām jaśo'nte* (8 :2 :49)

When a word that ends in a *jhal* झल् (the 1st, 2nd, 3rd, 4th class consonants and the *uṣma* sibilant consonants श्, ष, स् *ś, ṣ, s,* i.e. any consonant other than य्, र, ल, व्, ङ्, ञ्, ण्, न्, म् y, r, l, v, ṅ, ñ, ṇ, n, m), is followed by any character, the *jhal* changes to *jaś* जश् (the third consonant of it's class, i.e. ग, ज, ड, द, ब g, j, ḍ, d, b).

(7) झलां जश् झशि *jhalām jaś jhaśi* (8 :4 :53)

When a word (substantive or verb) that ends in a *jhal* झल् (the 1st, 2nd, 3rd, 4th class consonants and the *uṣma* consonants श्, ष, स्, ह् *ś, ṣ, s, h,* i.e. any consonant other than य्, र, ल, व्, ङ्, ञ्, ण्, न्, म् y, r, l, v, ṅ, ñ, ṇ, n, m), is followed by a *jhaś* झश् (the 3rd and 4th class consonants i.e. ग, घ, ज, झ, ड, ढ, द, ध, ब, भ g, gh, j, jh, ḍ, ḍh, d, dh, b, bh), then the *jhal* झल् changes to *jaś* जश् (the third consonant of it's class, i.e. ग, ज, ड, द, ब g, j, ḍ, d, b).

(8) यरोऽनुनासिकेऽनुनासिको वा *yaro'nunāsike'nunāsiko vā* (8 :4 :45)

When a word (substantive or verb) that ends in a *yar* यर् (any consonant other than ह् h), if followed by a nasal consonant (5th class consonant ङ्, ञ्, ण्, न्, म् ṅ, ñ, ṇ, n, or m), then the *yar* यर् changes to it's corresponding nasal consonant.

(9) तोर्लि *torli* (8 :4 :60)

When consonant from class त् (t) at the end of a word is followed by a word beginning with consonant ल् (l), the त् (t) also changes to ल् (l). However, if न् (n) is followed by ल् (l), the न् (n) changes to nasal लँ् (l̐).

(10) उदः स्थास्तम्भोः पूर्वस्य *udaḥ sthāstambho pūrvasya* (8 :4 :61)

When the prefix उत् (ut) is followed by verb root √sthā √स्था or √stambh √स्तम्भ्, the स् (s) of √sthā √स्था or √stambh √स्तम्भ् changes to थ् (th) and this थ् (th) gets deleted. If a consonant from class त् (t) at the end of a word is followed by a word beginning with consonant ल् (l), the त् (t) also changes to ल् (l). However, if न् (n) is followed by ल् (l), the न् (n) changes to nasal लँ् (l̐).

(11) झरो झरि सवर्णे *jharo jhari savarṇe* (8 :4 :65)

When a consonant is followed by a *jhar* झर् (sibilants + class consonants - nasals क्–घ्, च्–झ्, ट्–ढ्, त्–ध् प्–भ् + श्, ष्, स्), the *jhar* झर् is optionally deleted.

(12) खरि च *khari ća* (8 :4 :55)

When any consonant other than a *jhal* झल् (the 1st, 2nd, 3rd, 4th class consonants and the *uṣma* consonants श्, ष, स्, ह् *ś, ṣ, s, h,* i.e. any consonant other than य्, र, ल, व्, ङ्, ञ्, ण्, न्, म् y, r, l, v, ṅ, ñ, ṇ, n, m), is followe by a *khar* खर् (the 1st and 2nd class consonants क् ख् च् छ् ट् ठ् त् थ् प् फ् *k, kh, ć, ćh, ṭ, ṭh, t, th, p, ph*), then the *jhal* झल् changes to *ćar* चर् (the 1st consonant of it's class).

(13) वाऽवसाने *vā'vasāne* (8 :4 :56)

When any consonant *jhal* झल् (the 1st, 2nd, 3rd, 4th class consonants and the *uṣma* consonants श्, ष, स्, ह् *ś, ṣ, s, h,* i.e. any consonant other than य्, र, ल, व्, ङ्, ञ्, ण्, न्, म् y, r, l, v, ṅ, ñ, ṇ, n, m), is not followed by any character, the *jhal* झल् changes to the 1st or optionally the 3rd character of it's class.

(14) झयो होऽन्यतरस्याम् *jhayo ho'nyatarasyām* (8 :4 :62)

When any consonant *jhay* झय् (any class consonant other than the 5th nasal characters) is followed by ह् h, then optionally the *jhay* झय् changes to the 4th character of its class (घ्, झ्, ढ्, ध्, भ् gh, jh, ḍh, dh, bh). i.e. any consonant other than य्, र, ल, व्, ङ्, ञ्, ण्, न्, म् y, r, l, v, ṅ, ñ, ṇ, n, or m, - is not followed by any character, the *jhal* झल् changes to the 1st or optionally the 3rd character of it's class.

(15) शश्छोऽटि *śaśćhoṭi* (8 :4 :63)

When any consonant *jhal* झल् (the 1st, 2nd, 3rd, 4th class consonants and the *uṣma* consonants श्, ष, स्, ह् *ś, ṣ, s, h,* i.e. any consonant other than य्, र, ल, व्, ङ्, ञ्, ण्, न्, म् y, r, l, v, ṅ, ñ, ṇ, n, m), is followed by श् *ś,* the श् *ś* changes to छ् *ćh.*

And, if this श् *ś* is followed by an *aṭ* अट् (any vowel or य् र्, व, ह् *y, r, v, h*), then optionally, according to the Sutra 1 and 12 given above, consonant च् *ć* is attached before that छ् *ćh.*

(16) मोऽनुस्वारः *mo'nusvāraḥ* (8 :3 :23)

When a word ending in म् m is followed by a word beginning with a consonant, the म् m is changed to the nasal dot (ं).

However, When a word ending in म् m is followed by a word beginning with a vowel, then the म् m is not changed to the nasal dot. The vowel will join the म् m.

(17) नश्चापदान्तस्य झलि *naśćāpadāntasya jhali* (8 :3 :24)

When a word ending in म् m is followed by a *jhal* झल् (the 1st, 2nd, 3rd, 4th class consonants and the *uṣma* consonants श्, ष, स्, ह् *ś, ṣ, s, h,* i.e. any consonant other than य्, र, ल, व्, ङ्, ञ्, ण्, न्, म् y, r, l, v, ṅ, ñ, ṇ, n, m), then the म् m is changed to the nasal dot.

(18) अनुस्वारस्य ययि परसवर्णः *anusvārasya yayi parasavarṇaḥ* (8 :4 :58)

Within a word, when the anusvāra nasal dot (ं) is followed by a यय् *yay* (any consonant other than the uṣma श्, ष्, स् ह् ś, ṣ, s, h), the anusvāra nasal dot is changed to parasvarṇa (the 5th nasal letter of the same class as the यय् *yay* letter following the nasal dot).

(19) वा पदान्तस्य *vā padāntasya* (8 :4 :59)

In a sentence, when the anusvāra nasal dot (ं) at the end of a word is followed by a word beginning with a यय् *yay* (any consonant other than the uṣma श्, ष्, स् ह् ś, ṣ, s, h), the anusvāra nasal dot is changed to parasvarṇa (the 5th nasal letter of the same class as the यय् *yay* letter following the nasal dot) and these two words join in a sandhi.

(20) नश्छव्यप्रशान् *naśćvyapraśān* (8 :3 :7)

Other than the word प्रशान् *praśān*, when any other word ending in consonant न् n is followed by a छव् ćhav (च्, छ्, ट्, ट्, त्, थ् ć, ćh, ṭ, ṭh, t, th) and the छव् ćhav is followed by an अम् am (any vowel or य, र्, ल्, व, ङ्, ञ्, ण्, न्, म् y, r, l, v, ṅ, ñ, ṇ, n, m), then the न् n at end of that word is changed to स् s and joins with the following word in a sandhi.

(21) ङसि धुट् ṅgasi dhuṭ (8:3:29)

If ङ् ṅ is followed by स् s, then धुट् dhuṭ (ट् ṭ) comes between the ङ् ṅ and स् s.

(22) नश्च naśća (8 :3 :30)

When स् s comes after letter ड् d, then optionally dhuṭ (त् t) comes between स् s and ङ् ṅ.

(23) ङ्णोः कुकटुकशरि ṅgaṇoḥ kukṭukśari (8 :3 :28)

When शर् śar (श्, ष्, स् ś, ṣ, s) comes between ङ् ṅ and ण् ṇ , then optionally क् k or ट् ṭ) comes and forms sandhi.

(24) ङमो ह्रस्वादचि ङमुण् नित्यम् ṅgmo hrasvādćiṅgmuṇ nityam (8:3:32)

When ङ्, ण् or न् ṅ, ṇ, or n comes after a vowel and any vowel comes after this ङ्, ण् or न् ṅ, ṇ, or n, then the ङ्, ण् or न् ṅ, ṇ, or n becomes double.

(25) शि तुक् śi tuk (8 :3 :31)

When न् n at the end of a word is followed by consonant श् ś, then तुक् tuk (त् t) is optionally added between that न् n and श् ś.

(26) छे च ćhe ća (6 :1 :72)

When छ् ćh comes after a short vowel, then त् t comes between छ् ćh and the short vowel and this त् t changes to च् ć, according to the sūtra # 1 given above.

(27) दीर्घात् dīrghāt (6 :1 :74)

When छ् ćh comes after a long vowel, then त् t comes between छ् ćh and the short vowel and this त् t changes to च् ć, according to the sūtra # 1 given above.

(28) पदान्ताद्वा padāntādvā (6 :1 :75)

When छ् ćh comes after a word ending in a long vowel, then त् t is added to the छ् ćh and and this त् t changes to च् ć, according to the sūtra # 1 given above.

(29) आङ्माङोश्च āṅgmāṅgośća (6 :1 :73)

When छ् ćh comes after आङ् āṅg (आ ā) and माङ् māṅg (मा mā), then त् t is prefixed to the छ् ćh and and this त् t changes to च् ć, according to the sūtra # 1 given above.

3. CONJUGATION WITH A VISARGA (:)

विसर्गसन्धिः

RATNAKAR'S FLOWCHART FOR VISARGA SANDHI

Before the visarga	the visarga	After the visarga	The result
1. एषः सः	:	other than अ	**visarga is deleted**
↓			
2. Any character	:	त, थ	**visarga becomes स्**
↓			
3. any other character	:	च, छ	**visarga becomes श्**
↓			
4. any chcharacter	:	ट, ठ	**visarge becomes ष्**
↓		श, ष्, स	**visarge becomes श् . स्**
5. any other ch.	:	any hard character	**visarga remains**
↓			
6. आ	:	any other ch.	**visarga is deleted**
↓			
7. अ	:	अ	(अ + :) **become ओऽ**
↓			
8. अ	:	other vowel	**visarga is deleted**
↓			
9. अ	:	soft consonant	**visarga becomes ओ**
↓			
10. other vowel	:	any character	**visarga becomes र्**

EXAMPLES OF THESE TEN RULES ARE GIVEN BELOW :

1. एषः क्रोधः → एष क्रोधः (Gītā 3.37)
   एषः रजोगुणः → एष रजोगुणः (Gītā 3.37)
   एषः तु → एष तु (Gītā 10.40)
   सः शब्दः → स शब्दः (Gītā 1.13)
   सः कौन्तेयः → स कौन्तेयः (Gītā 1.27)
2. सौमदत्तिः तथा → सौमदत्तिस्तथा (Gītā 1.2)
   शब्दः तुमुलः → शब्दस्तुमुलः (Gītā 1.13)
   शिष्यः ते → शिष्यस्ते (Gītā 2.6)
3. पाण्डवाः च → पाण्डवाश्च (Gītā 1.1)
   विराटः च → विराटश्च (Gītā 1.4)
   विभ्रष्टः छिन्न → विभ्रष्टश्छिन्न (Gītā 6.38)
4. रामः टीकते → रामष्टीकते
   रामः ठक्कुरः → रामष्ठक्कुरः
5. चेकितानः काशिराजः → चेकितानः काशिराजः (Gītā 1.5)
   मामकाः पाण्डवाः → मामकाः पाण्डवाः (Gītā 1.1)
   योगेश्वरः कृष्णः → योगेश्वरः कृष्णः (Gītā 18.78)
6. समवेताः युयुत्सवः → समवेता युयुत्सवः (Gītā 1.1)
   शूराः महेश्वासाः → शूरा महेश्वासाः (Gītā 1.3)
   गुणाः गुणेषु → गुणा गुणेषु (Gītā 3.28)
7. तुमुलः अभवत् → तुमुलोऽभवत् (Gītā 1.13)
   शाश्वतः अयम् → शाश्वतोऽयम् (Gītā 2.20)
   सः अमृतत्त्वाय कल्पते → सोऽमृतत्त्वाय कल्पते (Gītā 2.15)
8. यः एनम् → य एनम् (Gītā 2.19)
   अतः ऊर्ध्वम् → अत ऊर्ध्वम् (Gītā 12.8)
   अव्ययः ईश्वरः → अव्यय ईश्वरः (Gītā 15.17)
9. श्रेयः भोक्तुम् → श्रेयो भोक्तुम् (Gītā 2.5)

पार्थः धनुर्धरः → पार्थो धनुर्धरः (Gītā 18.78)

विजयः भूतिः → विजयो भूतिः (Gītā 18.78)

10. मुनिः उच्यते → मुनिरुच्यते (Gītā 2.56)

दोषैः एतैः → दोषैरेतैः (Gītā 1.43)

सेनयोः उभयोः → सेनयोरुभयोः (Gītā 1.21)

स्थितधीः मुनिः → स्थितधीर्मुनिः (Gītā 2.56)

भूः मा → भूर्मा (Gītā 2.47)

उभयोः मध्ये → उभयोर्मध्ये (Gītā 1.21)

A CLASSICAL EXAMPLE, of a four way sandhi (नः *naḥ* = to us, for us, our)

स्वस्ति न इन्द्रो वृद्धश्रवाः स्वस्ति नः पूषा विश्वदेवाः।

स्वस्ति नस्ताक्ष्र्यो अरिष्टनेमिः स्वस्ति नो बृहस्पतिर्दधातु।।

svasti na indro vṛddhaśravāḥ svasti naḥ pūṣā viśvadevāḥ,

svasti nastākṣryo ariṣṭanemiḥsvasti no bṛhaspatirdhātu.

NOTES :

(1) Once any *sandhi* rule is applied between two words, those two words do not conjugate again with any of the other *sandhi* rule. (other than the rule of परसवर्ण-संधिः। *parasavarṇa-sandhi*)

e.g. In विक्रान्तः उत्तमौजाः (Gītā 1.6), विक्रान्तः and उत्तमौजाः are conjugated into विक्रान्त उत्तमौजाः with rule 9. Now विक्रान्त उत्तमौजाः can NOT again be conjugated into विक्रान्तोत्तमौजाः using the *sandhi* rule अ + उ = ओ, with rule 10.1

(2) The visarga before श, ष or स (*śa, ṣa or sa*), either stays or is optionally changed to श्, ष्, स् respectively.

SANDHI EXAMPLES FROM THE CLASSICAL LITERATURE

1. एषः सूर्यस्य रश्मिः → एष सूर्यस्य रश्मिः। रश्मिरेष सूर्यस्य। सूर्यस्यैष रश्मिः। रश्मिः सूर्यस्यैषः।
2. सूर्यस्य एकः रश्मिः सोमम् दीपयति → सूर्यस्यैको रश्मिः सोमं दीपयति। सूर्यस्य दीपयत्येको रश्मिः सोमम्। सोमं सूर्यस्यैको रश्मिर्दिपयति।
3. गृहिभिः यज्ञाः अवश्यम् करणीयाः → गृहिभिर्यज्ञा अवश्यं करणीयाः। गृहिभिरवश्यं करणीया यज्ञाः। गृहिभिरवश्यङ्करणीया यज्ञाः। यज्ञा गृहिभिरवश्यं करणीयाः। यज्ञा गृहिभिरवश्यङ्करणीयाः।
4. कस्मात् देशात् आगतौ विद्वांसौ पुरुषौ → कस्माद्देशादागतौ विद्वांसौ पुरुषौ। पुरुषावागतौ कस्माद्देशाद्विद्वांसौ। विद्वांसौ कस्मादागतौ देशात्पुरुषौ। विद्वांसावागतौ कस्माद्देशात्पुरुषौ।
5. रविः प्रातः समये आगच्छति → आगच्छति प्रातस्समये रविः। रविरागच्छति प्रातस्समये।
6. सः तस्य उदयकालः इति उच्यते → स तस्योदयकाल इत्युच्यते। उच्यते स तस्योदयकाल इति। उदयकालस्तस्य स इत्युच्यते।
7. सः सायङ्काले अस्तम् गच्छति → स सायङ्कालेऽस्तम् गच्छति। स सायङ्कालेऽस्तङ्गच्छति। सोऽस्तङ्गच्छति सायङ्काले। सायङ्कालेऽस्तं गच्छति सः। गच्छत्यस्तं स सायङ्काले।
8. त्वया उदधिः दृष्टः न वा → त्वयोदधिर्दृष्टो न वा। त्वया दृष्ट उदधिर्न वा। उदधिर्दृष्टस्त्वया न वा। दृष्टस्त्वयोदधिर्न वा। उदधिस्त्वया दृष्टो न वा। त्वया न वोदधिर्दृष्टः।
9. तत् जले पतितम् आसीत् → तज्जले पतितमासीत्। तत्पतितमासीज्जले। जले पतितं तदासीत्। आसीत्तत्पतितं जले।
10. इदानीम् उदधिं स्नानाय गच्छ → इदानीमुदधिं स्नानाय गच्छ। गच्छेदानीमुदधिं स्नानाय। गच्छेदधिमिदानीं स्नानाय।
11. भूपतिः भूमिम् रक्षति → भूपतिर्भूमिं रक्षति। रक्षति भूपतिर्भूमिम्। भूमिं रक्षति भूपतिः।
12. तम् ऋषिं तत्र अपश्यमानः सः राजा ताम् शकुन्तलाम् उवाच → तमृषिं तत्रापश्यमानः स राजा तां शकुन्तलामुवाच। तत्र तमृषिमपश्यमानस्ताञ्शकुन्तलां स राजोवाच। ऋषिं तमपश्यमानस्तत्र तां शकुन्तलामुवाच स राजा। स राजा तां शकुन्तलामुवाच तमृषिं तत्रापश्यमानः।
13. तस्य यज्ञस्य अन्ते राजा दशरथः ऋषि-अशृङ्गम् अब्रवीत् → तस्य यज्ञस्यान्ते राजा दशरथ ऋष्यशृङ्गमब्रवीत्। यज्ञस्यतस्यान्ते दशरथो राजाऽब्रवीदृष्यशृङ्गम्।
14. पश्यन् शृण्वन् स्पृशन् जिघ्रन् अश्नन् गच्छन् स्वपन् श्वसन् प्रलपन् विसृजन् गृह्णन् उन्मिशन् निमिशन् अपि (Gītā 5.8-9) → पश्यञ्शृण्वन्स्पृशञ्जिघ्रन्नश्नन्गच्छन्स्वपञ्श्वसन्प्रलपन्विसृजन्गृह्णन्नुन्मिशन्निमिशन्नपि।

(3) PANINI'S SUTRAS FOR VISARGA SANDHI

(All these rules are summarized in the simple Ratnakar's Flow Chart shown above)

(1) ससजुषो रुः *sasajuṣo ruḥ* (8 :2 :66)

If visarga (स् s) at the end of a word is preceeded by any vowel other than अ, आ (a, ā) and followed by a vowel or a soft or a nasal consonant, the the visarga becomes र् (r).

(2) खरवसानयोर्विसर्जनीयः *kharavasānayorvisarjanīyaḥ* (8 :3 :15)

If visarga is followed by nothing or by a खर *khar* (a hard consonant), then the visarga stays.

(3) वा शरि *vā śari* (8 :3 :36)

If visarga (स् s) at the end of a word is followed by शर् *śar* (श्, ष्, स् ś, ṣ, s), then optionally the visarga becomes the following शर् *śar* letter, and forms sandhi between the two words.

(4) शर्परे विसर्जनीयः *śarpare visarjanīyaḥ* (8 :3 :35)

When the visarga (स् s) at the end of a word is followed by त् or थ् *t* or *th* and if a शर् *śar* (श्, ष्, स् ś, ṣ, s) comes after this त् or थ् *t* or *th*, then this visarga stays.

(5) इणः षः *iṇaḥ ṣaḥ* (8 :3 :39)

If इण् *iṇ* (any vowel other than अ a, and य्, र्, ल्, व्, ह् y, r, l, v, h) comes before visarga, and the visarga is followed by क्, ख्, प् or फ् *k, kh, p* or *ph*, then the ष् ṣ comes in place of the visarga.

(6) नमस्पुरसोर्गत्योः *namaspurasorgatyoḥ* (8 :3 :40)

If the visarga of the word नमः or पुरः *namaḥ* or *puraḥ* is followed by a consonant of the k-class or p-class, then the visarga becomes स् s.

(7) इदुदुपधस्य चाप्रत्ययस्य *idudupadhasya cāpratyayasya* (8 :3 :41)

If the letter before the last visarga of a word has vowel इ or उ *e* or *u* and the visarga is followed by a word beginning with a consonant of k-class or p-class, then the this visarga becomes ष् *ṣ*. This rule does not apply if this visarga belongs to a suffix.

(6) इसुसोः सामर्थ्ये *isusoḥ sāmarthye* (8 :3 :44)

When the sandhi is possible, the visarga after इस् and उस् (*is* and *us*) becomes ष् *ṣ* when a letter from k-class or p-class comes after the visarga.

(7) नित्यं समासेऽनुत्तरपदस्थस्य *nityam samāse'nuttarapadasthasya* (8 :3 :45)

When the samās is possible, the visarga after इस् and उस् (*is* and *us*) becomes ष् *ṣ* when a word beginning with k-class or p-class comes after such visarga.

(8) अतो रोरप्लुतादप्लुते *ato roraplutādaplute* (6 :1 :111)

When visarga comes after a word ending in vowel अ (*a*), and a word beginning with vowel अ a comes after the visarga, then अः अ (a: a) becomes ओऽ o'. This is according to the svara sandhi sutra #7 given above.

(9) हशि च *haśi ća* (6 :1 :114)

When visarga comes after a word ending in vowel अ (*a*) and a word beginning with a हश् *haṣ* (a soft consonant, य, र्, ल, व, or ह् *y, r, l, v,* or *h*) comes after the visarga, then the अः हश् (a: *haṣ*) becomes ओऽ हश् *haṣ.* This is also according to the svara sandhi sutra #7 given above.

(10) ढ्रलोपे पूर्वस्य दीर्घोऽणः *dhralope pūrvasya dīrgho'ṇaḥ* (6 :13:110)

When the ढ् or ऱ् *ḍha* or *r* at the end of a word has अण् *aṇ* (short vowel अ, इ or उ *a, i* or *u*) before it, and a word beginning with ढ़ or ऱ् *ḍha* or *r* comes after it, then this अण् *aṇ* short vowel becomes long.

(11) एतत्तदोः सुलोपोऽकोरनञ्-समासे हलि *etattadoḥ sulopo'koranañ-samāse hali* (6 :1 :132)

When any letter other than vowel अ (*a*) comes after the word एषः or सः *eṣaḥ* or *saḥ,* the visarga is deleted. In नञ्-समास *nañ-samāsa.* When any consonant comes after the word एषः, एषकः, सः or एषकः *eṣaḥ, eṣakaḥ, saḥ* or *eṣakaḥ,* the visarga is not deleted.

(12) सोऽचि लोपे चेत्पादपूरणम् *so'ći lope ćedpādapūraṇam* (6 :1 :134)

If एषः *eṣaḥ* is a filler word after सः *saḥ* in a shloka, the visarga of सः *saḥ* is deleted and स and एषः *sa* and *eṣḥ* form sandhi सैषः *saiṣaḥ.*

CHAPTER 3

THE SANSKRIT NUMERALS

संख्याः।

The Devanagarī Numbers

devanāgaryāḥ aṅkāḥ देवनागर्याः अङ्काः।

In Saṁskrit the numerals (*saṁkhayḥ, aṅkāḥ* संख्याः, अङ्काः) are used as adjectives (*viśeṣaṇāni* विशेषणानि) as well as substantives (*viśeṣyāni* विशेष्याणि). The numerals from 1 to 18 are adjectives, but they can be used as substantives too.

The numerals may be expressed in two ways, namely

(1) Expressive of numbers (*saṅkhyāvāćakāḥ* संख्यावाचकाः) e.g. one (*eka* एक), two (*dvi* द्वि), three (*tri* त्रि), four (*ćatur* चतुर्), five (*pañćan* पञ्चन्), six (*ṣaṣ* षष्), seven (*saptan* सप्तन्), eight (*aṣṭan* अष्टन्), nine (*navan* नवन्), ten (*daśan* दशन्), eleven (*ekādaśan* एकादशन्) ...etc.

(2) Sequence indicating (*kramavāćakāḥ* क्रमवाचकाः) e.g. 1st (*prathama* प्रथम), 2nd (*dvitīya* द्वितीय), 3rd (*tṛtīya* तृतीय), 4th (*ćaturtha* चतुर्थ), 5th (*pañćama* पञ्चम), 6th (*ṣaṣṭha* षष्ठ), 7th (*saptama* सप्तम), 8th (*aṣṭama* अष्टम), 9th (*navama* नवम), 10th (*daśama* दशम), 11th (*ekādaśa* एकादश) ...etc.

In masculine and neuter genders they end with अ (*akārānta* अकारान्त) and in feminine gender, with आ (*ākārānta* आकारान्त) or ई (*īkārānta* ईकारान्त). The suffix that converts a number into a sequence indicating numeral is called पूरणप्रत्ययः *pūraṇa-pratyahaḥ*.

Number	Numerical		Sequence		Sequence	
	m∘ n∘ f∘		m∘ n∘		f∘	
अंक	संख्यावाचक		क्रमवाचक		क्रमवाचक	
1	एक	*eka*	प्रथम	*prathama*	प्रथमा	*prathamā*
2	द्वि	*dvi*	द्वितीय	*dvitīya*	द्वितीया	*dvitīyā*
3	त्रि	*tri*	तृतीय	*tṛtīya*	तृतीया	*tṛtīyā*
4	चतुर्	*ćatur*	चतुर्थ	*ćaturtha*	चतुर्थी	*ćaturthī*
5	पञ्चन्	*pañćan*	पञ्चम	*pañćama*	पञ्चमी	*pañćamaī*
6	षष्	*ṣaṣ*	षष्ठ	*ṣaṣṭha*	षष्ठी	*ṣaṣṭhī*
7	सप्तन्	*saptan*	सप्तम	*saptama*	सप्तमी	*saptamī*
8	अष्टन्	*aṣṭan*	अष्टम	*aṣṭama*	अष्टमी	*aṣṭamī*
9	नवन्	*navan*	नवम	*navama*	नवमी	*navamī*
10	दशन्	*daśan*	दशम	*daśama*	दशमी	*daśamī*
11	एकादशन्	*ekādaśan*	एकादश	*ekādaśa*	एकादशी	*ekādaśī*
12	द्वादशन्	*dvādaśan*	द्वादश	*dvādaśa*	द्वादशी	*dvādaśī*
13	त्रयोदशन्	*trayodaśan*	त्रयोदश	*trayodaśa*	त्रयोदशी	*trayodaśī*
14	चतुर्दशन्	*ćaturdaśan*	चतुर्दश	*ćaturdaśa*	चतुर्दशी	*ćaturdaśī*
15	पञ्चदशन्	*pañćadaśan*	पञ्चदश	*pañćadaśa*	पञ्चदशी	*pañćadaśī*
16	षोडशन्	*ṣoḍaśan*	षोडश	*ṣoḍaśa*	षोडशी	*ṣoḍaśī*
17	सप्तदशन्	*saptadaśan*	सप्तदश	*saptadaṣa*	सप्तदशी	*saptadaṣī*
18	अष्टादशन्	*aṣṭādaśan*	अष्टादश	*aṣṭādaśa*	अष्टादशी	*aṣṭādaśī*
19	नवदशन्	*navadaśan*	नवदश	*navadaśa*	नवदशी	*navadaśī*

From 20 onwards तमद् suffixes (m∘ n∘ तम, f∘ तमी) may be added to a numerical value to form a sequence indicating numeral.

No.	Numerical		Sequence		Sequence	
	m∘ n∘ f∘		m∘ n∘		f∘	
अंक	संख्यावाचक		क्रमवाचक		क्रमवाचक	
20	विंशति	*viṁśati*	विंश(विंशतितम)	*viṁśa*	विंशी(विंशतितमी)	*viṁśī*
21	एकविंशति	*ekviṁśati*	एकविंश	*ekaviṁśa*	एकविंशी	*ekaviṁśī*
22	द्वाविंशति	*dvāviṁśati*	द्वाविंश	*dvāviṁśa*	द्वाविंशी	*dvāviṁśī*
23	त्रयोविंशति	*trayoviṁśati*	त्रयोविंश	*trayoviṁśa*	त्रयोविंशी	*trayoviṁśī*
24	चतुर्विंशति	*chaturviṁśati*	चतुर्विंश	*chaturviṁśa*	चतुर्विंशी	*chaturviṁśī*
25	पञ्चविंशति	*pańćaviṁśati*	पञ्चविंश	*pańćaviṁśa*	पञ्चविंशी	*pańćaviṁśī*
26	षड्विंशति	*ṣaḍviṁśati*	षड्विंश	*ṣaḍviṁśa*	षड्विंशी	*ṣaḍviṁśī*
27	सप्तविंशति	*saptaviṁśati*	सप्तविंश	*saptaviṁśa*	सप्तविंशी	*saptaviṁśī*
28	अष्टाविंशति	*aṣṭā!viṁśati*	अष्टाविंश	*aṣṭā!viṁśa*	अष्टाविंशी	*aṣṭā!viṁśī*
29	नवविंशति	*navaviṁśati*	नवविंश	*navaviṁśa*	नवविंशी	*navaviṁśī*
30	त्रिंशत्	*daśaviṁśat*	त्रिंश	*daśaviṁśa*	त्रिंशी	*daśaviṁśaī*
31	एकत्रिंशत्	*ekādaśaiṁśat*	एकत्रिंश	*ekādaśaiṁśa*	एकत्रिंशी	*ekādaśaiṁśī*
32	द्वात्रिंशत्	*dvātriṁśat*	द्वात्रिंश	*dvātriṁśa*	द्वात्रिंशी	*dvātriṁśī*
33	त्रयस्त्रिंशत्	*trayastriṁśat*	त्रयस्त्रिंश	*trayastriṁśa*	त्रयस्त्रिंशी	*trayastriṁśī*
34	चतुस्त्रिंशत्	*ćatustriṁśat*	चतुस्त्रिंश	*ćatustriṁśa*	चतुस्त्रिंशी	*ćatustriṁśī*
35	पञ्चत्रिंशत्	*pañćariṁśat*	पञ्चत्रिंश	*pañćariṁśa*	पञ्चत्रिंशी	*pañćariṁśī*
36	षट्त्रिंशत्	*ṣaṭtriṁśat*	षट्त्रिंश	*ṣaṭtriṁśa*	षट्त्रिंशी	*ṣaṭtriṁśī*
37	सप्तत्रिंशत्	*saptatriṁśat*	सप्तत्रिंश	*saptatriṁśa*	सप्तत्रिंशी	*saptatriṁśa*
38	अष्टात्रिंशत्	*aṣṭātriṁśat*	अष्टात्रिंश	*aṣṭātriṁśa*	अष्टात्रिंशी	*aṣṭātriṁśī*
39	नवत्रिंशत्	*navatriṁśat*	नवत्रिंश	*navatriṁśa*	नवत्रिंशी	*navatriṁśī*

No.	Numerical		Sequence		Sequence
	m◦ n◦ f◦		m◦ n◦		f◦
अंक	संख्यावाचक		क्रमवाचक		क्रमवाचक
40	चत्वारिंशत्	*ćatvārimśat*	चत्वारिंश	*ćatvārimśa*	चत्वारिंशी
41	एकचत्वारिंशत्	*ekaćatvārimśat*	एकचत्वारिंश	*ekaćatvārimśa*	एकचत्वारिंशी
42	द्विचत्वारिंशत्	*dvićatvārimśat*	द्विचत्वारिंश	*dvićatvārimśa*	द्विचत्वारिंशी
43	त्रिचत्वारिंशत्	*trićatvārimśat*	त्रिचत्वारिंश	*trićatvārimśa*	त्रिचत्वारिंशी
44	चतुश्चत्वारिंशत्	*catuśćatvārimśat*	चतुश्चत्वारिंश	*catuśćatvārimśa*	चतुश्चत्वारिंशी
45	पञ्चचत्वारिंशत्	*pañćaćatvārimśat*	पञ्चचत्वारिंश	*pañćaćatvārimśa*	पञ्चचत्वारिंशी
46	षट्चत्वारिंशत्	*ṣaṭćatvārimśat*	षट्चत्वारिंश	*ṣaṭćatvārimśa*	षट्चत्वारिंशी
47	सप्तचत्वारिंशत्	*saptaćatvārimśat*	सप्तचत्वारिंश	*saptaćatvārimśa*	सप्तचत्वारिंशी
48	अष्टचत्वारिंशत्	*aṣṭaćatvārimśat*	अष्टचत्वारिंश	*aṣṭaćatvārimśa*	अष्टचत्वारिंशी
49	नवचत्वारिंशत्	*navaćatvārimśat*	नवचत्वारिंश	*navaćatvārimśa*	नवचत्वारिंशी
50	पञ्चाशत्	*pañćāśat*	पञ्चाश	*pañćāśat*	पञ्चाशी
51	एकपञ्चाशत्	*ekapañćāśat*	एकपञ्चाश	*ekapañćāśa*	एकपञ्चाशी
52	द्विपञ्चाशत्	*dvipañćāśat*	द्विपञ्चाश	*dvipañćāśa*	द्विपञ्चाशी
53	त्रिपञ्चाशत्	*tripañćāśat*	त्रिपञ्चाश	*tripañćāśa*	त्रिपञ्चाशी
54	चतु:पञ्चाशत्	*ćatuḥpañćāśat*	चतु:पञ्चाश	*ćatuḥpañćāśa*	चतु:पञ्चाशी
55	पञ्चपञ्चाशत्	*pañćapañćāśat*	पञ्चपञ्चाश	*ṣaṭpañćāśa*	पञ्चपञ्चाशी
56	षट्पञ्चाशत्	*ṣaṭpañćāśat*	षट्पञ्चाश	*ṣaṭpañćāśa*	षट्पञ्चाशी
57	सप्तपञ्चाशत्	*saptapañćāśat*	सप्तपञ्चाश	*saptapañćāśa*	सप्तपञ्चाशी
58	अष्टपञ्चाशत्	*aṣṭapañćāśat*	अष्टपञ्चाश	*aṣṭapañćāśa*	अष्टपञ्चाशी
59	नवपञ्चाशत्	*navapañćāśat*	नवपञ्चाश	*navapañćāśa*	नवपञ्चाशी
60	षष्टि	*ṣaṣṭi*	षष्टितम	*ṣaṣṭi*	षष्टितमी
61	एकषष्टि	*ekaṣaṣṭi*	एकषष्ट	*ekaṣaṣṭi*	एकषष्टी
62	द्विषष्टि	*dviṣaṣṭi*	द्विषष्ट	*dviṣaṣṭi*	द्विषष्टी

No.	Numerical		Sequence		Sequence	
	m∘ n∘ f∘		m∘ n∘		f∘	
अंक	संख्यावाचक		क्रमवाचक		क्रमवाचक	
63	त्रिषष्टि	*triṣaṣṭi*	त्रिषष्ट	*triṣaṣṭa*	त्रिषष्टी	*triṣaṣṭī*
64	चतुष्षष्टि	*ćatuṣṣaṣṭi*	चतुष्षष्ट	*ćatuṣṣaṣṭa*	चतुष्षष्टी	*ćatuṣṣaṣṭī*
65	पञ्चषष्टि	*pañćaṣaṣṭi*	पञ्चषष्ट	*pañćaṣaṣṭa*	पञ्चषष्टी	*pañćaṣaṣṭī*
66	षट्षष्टि	*ṣaṭṣaṣṭi*	षट्षष्ट	*ṣaṭṣaṣṭa*	षट्षष्टी	*ṣaṭṣaṣṭī*
67	सप्तषष्टि	*saptaṣaṣṭi*	सप्तषष्ट	*saptaṣaṣṭa*	सप्तषष्टी	*saptaṣaṣṭī*
68	अष्टाषष्टि	*aṣṭāṣaṣṭi*	अष्टाषष्ट	*aṣṭāṣaṣṭa*	अष्टाषष्टी	*aṣṭāṣaṣṭī*
69	नवषष्टि	*navaṣaṣṭi*	नवषष्ट	*navaṣaṣṭa*	नवषष्टी	*navaṣaṣṭī*
70	सप्तति	*saptati*	सप्तत	*saptata*	सप्तती	*saptatī*
71	एकसप्तति	*ekasaptati*	एकसप्तत	*ekasaptata*	एकसप्तती	*ekasaptatī*
72	द्विसप्तति	*dvisaptati*	द्विसप्तत	*dvisaptata*	द्विसप्तती	*dvisaptatī*
73	त्रिसप्तति	*trisaptati*	त्रिसप्तत	*trisaptata*	त्रिसप्तती	*trisaptatī*
74	चतुस्सप्तति	*ćatussaptati*	चतुस्सप्तत	*ćatussaptata*	चतुस्सप्तती	*ćatussaptatī*
75	पञ्चसप्तति	*pañćasaptati*	पञ्चसप्तत	*pañćasaptata*	पञ्चसप्तती	*pañćasaptatī*
76	षट्सप्तति	*ṣaṭsaptati*	षट्सप्तत	*ṣaṭsaptata*	षट्सप्तती	*ṣaṭsaptatī*
77	सप्तसप्तति	*saptasaptati*	सप्तसप्तत	*saptasaptata*	सप्तसप्तती	*saptasaptatī*
78	अष्टासप्तति	*aṣṭāsaptati*	अष्टासप्तत	*aṣṭāsaptata*	अष्टासप्तती	*aṣṭāsaptatī*
79	नवसप्तति	*navasaptati*	नवसप्तत	*navasaptata*	नवसप्तती	*navasaptatī*
80	अशीति	*aśīti*	अशीतितम	*aśītitama*	अशीतितमी	*aśītitamī*
81	एकाशीति	*ekāśīti*	एकाशीत	*ekāśītitama*	एकाशीती	*ekāśītitamī*
82	द्वाशीति	*dvāśīti*	द्वाशीत	*dvāśītitama*	द्वाशीती	*dvāśītitamī*
83	त्र्यशीति	*tryaśīti*	त्र्यशीत	*tryaśīti*तम	त्र्यशीती	*tryaśītitamī*
84	चतुरशीति	*ćaturaśīti*	चतुरशीत	*ćaturaśītitama*	चतुरशीती	*ćaturaśītitamī*
85	पञ्चाशीति	*pañćāśīti*	पञ्चाशीत	*pañćāśītitama*	पञ्चाशीती	*pañćāśītitamī*

No.	Numerical	Sequence				Sequence	
	m∘ n∘ f∘	m∘ n∘				f∘	
अंक	संख्यावाचक	क्रमवाचक				क्रमवाचक	
86	षडशीति	*ṣaḍaśīti*	षडशीत	*ṣaḍaśīta*		षडशीती	*ṣaḍaśītī*
87	सप्ताशीति	*saptāśīti*	सप्ताशीत	*saptāśīta*		सप्ताशीती	*saptāśītī*
88	अष्टाशीति	*aṣṭāśīti*	अष्टाशीत	*aṣṭāśīta*		अष्टाशीती	*aṣṭāśītī*
89	नवाशीति	*navāśīti*	नवाशीत	*navāśīta*		नवाशीती	*navāśītī*
90	नवति	*navati*	नवति	*navatia*		नवति	*navatiī*
91	एकनवति	*ekanavati*	एकनवत	*ekanavata*		एकनवती	*ekanavatī*
92	द्विनवति	*dvinavati*	द्विनवत	*dvinavata*		द्विनवती	*dvinavatī*
93	त्रिनवति	*trinavati*	त्रिनवत	*trinavata*		त्रिनवती	*trinavatī*
94	चतुर्नवति	*ćaturnavati*	चतुर्नवत	*ćaturnavata*		चतुर्नवती	*ćaturnavatī*
95	पञ्चनवति	*pañćanavati*	पञ्चनवत	*pañćanavata*		पञ्चनवती	*pan!ćanavatī*
96	षण्णवति	*ṣaṇṇavati*	षण्णवत	*ṣaṇṇavata*		षण्णवती	*ṣaṇṇavatī*
97	सप्तनवति	*saptanavati*	सप्तनवत	*saptanavata*		सप्तनवती	*saptanavatī*
98	अष्टानवति	*aṣṭānavati*	अष्टानवत	*aṣṭānavata*		अष्टानवती	*aṣṭānavatī*
99	नवनवति	*navanavati*	नवनवत	*navanavata*		नवनवती	*navanavatī*
100	शत, एकशतम्	*śata, ekśatam*	शततम	*śatatama*		शततमी	*śatatamī*

From 100 onwards, the numbers may optionally be indicated as a single compound of one or two digit number number and the hundred value. e.g. एकशत, द्विशत, त्रिशत ..etc. But, in this case they could be confused with one hundred, two hundred, three hundred ...etc. Therefore, they may simply be written as 'hundred exceeded by one, two, three ...etc.'

e.g. एकाधिकं शतम्, द्वाधिकं शतम्, त्र्यधिकं शतं ...etc.

101	एकशत, एकाधिकशत	एकाधिकशततम	एकाधिकशततमी
102	द्विशत, द्वाधिकशत	द्वाधिकशततम	द्वाधिकशततमी
103	त्रिशत, त्र्यधिकशत	त्र्यधिकशततम	त्र्यधिकशततमी

104	चतुःशत, चतुरधिकशत	चतुःशततम	चतुःशततमी
105	पञ्चशत, पञ्चाधिकशत	पञ्चशततम	पञ्चशततमी
106	षट्शत, षडधिकशत	षट्शततम	षट्शततमी
107	सप्तशत, सप्ताधिकशत	सप्तशततम	सप्तशततमी
108	अष्टशत, अष्टाधिकशत	अष्टशततम	अष्टशततमी
109	नवशत, नवाधिकशत	नवशततम	नवशततमी
110	दशशत, दशाधिकशत	दशशततम	दशशततमी
111	एकादशशत	एकादशशततम	एकादशशततमी
112	द्वादशशत	द्वादशशततम	द्वादशशततमी
113	त्रयोदशशत	त्रयोदशशततम	त्रयोदशशततमी
114	चतुर्दशशत	चतुर्दशशततम	चतुर्दशशततमी
115	पञ्चदशशत	पञ्चदशशततम	पञ्चदशशततमी
116	षोडशदशशत	षोडशदशशततम	षोडषदशशततमी
117	सप्तदशशत	सप्तदशशततम	सप्तदशशततमी
118	अष्टदशशत	अष्टदशशततम	अष्टदशशततमी
119	नवदशशत	नवदशशततम	नवदशशततमी
120	विंशदशशत	विंशदशशततम	विंशदशशततमी
121	एकविंशशत	एकविंशशततम	एकविंशशततमी
↓			
130	त्रिंशशत	त्रिंशशततम	त्रिंशशततमी
140	चत्वारिंशशत	चत्वारिंशशततम	चत्वारिंशशततमी
150	पञ्चाशशत	पञ्चाशशततम	पञ्चाशशततमी
160	षष्टिशत	षष्टिशततम	षष्टिशततमी
170	सप्ततिशत	सप्ततिशततम	सप्ततिशततमी
180	अशीतिशत	अशीतिशततम	अशीतिशततमी
190	नवतिशत	नवतिशततम	नवतिशततमी

200	द्विशत	द्विशततम	द्विशततमी	
300	त्रिशत	त्रिशततम	त्रिशततमी	
400	चतुःशत	चतुःशततम	चतुःशततमी	
500	पञ्चशत	पञ्चशततम	पञ्चशततमी	
600	षट्शत	षट्शततम	षट्शततमी	
700	सप्तशत	सप्तशततम	सप्तशततमी	
800	अष्टाशत	अष्टशततम	अष्टशततमी	
900	नवशत	नवशततम	नवशततमी	
1000	दशशत, सहस्त्र	सहस्त्रतम	सहस्त्रतमी	Thousand
10,000		अयुतम्-त:	(n◦ m◦) *ayuta*	
100,000		लक्षम्-क्षा	(n◦ f◦) *lakṣa*	
1000,000		नियुतम्-त:	(n◦ m◦) *prayuta*	Million
10,000,000		कोटि:	(f◦) *koṭi*	
100,000,000		अर्बुदम्-द:	(n◦ m◦) *arbuda*	
1,000,000,000		वृन्दम्, महार्बुदम्-द:	(n◦ m◦) *vṛndam, mahārbuda*	Billion
10,000,000,000		खर्व:	(m◦) *kharvaḥ*	
100,000,000,000		निखर्व:	(m◦) *nikharvaḥ*	
1,000,000,000,000		ख्शाङ्ख:	(m◦) *śaṅkhaḥ*	Trillion
10,000,000,000,000		पद्म:	(m◦) *padmaḥ*	
100,000,000,000,000		सागर:	(m◦) *sāgaraḥ*	
1,000,000,000,000,000		अत्यन्तम्	(न◦) *atyantam*	Zillion
10,000,000,000,000,000		मध्यम्	(n◦) *madhyam*	
100,000,000,000,000,000		परार्धम्	(n◦) *parārdham*	
1,000,000,000,000,000,000		प्रपरार्धम्	(n◦) *parparārdham*	
and so on ... to infinity		अनन्त:	(n◦) *anant*	Infinity

DECLENSION OF THE SANSKRIT NUMERALS

एक (one) is always singular, द्वि (two) is always dual and three, four, five त्रि, चतुर्, पञ्च ...etc. are always plural. The declension of the numerals in the Nominative (1st) case, in all three genders, is as below (For all other cases of numerals, see the 'Summary of Cases' in Appendix 2).

SANSKRIT NUMERALS : (1 to 10)

1	one	*ek*	एक	2	two	*dvi*	द्वि
3	three	*tri*	त्रि	4	four	*ćatur*	चतुर
5	five	*pañćan*	पञ्चन्	6	six	*saṣ*	षष्
7	seven	*satpan*	सप्तन्	8	eight	*aṣtan*	अष्टन्
9	nine	*navan*	नवन्	10	ten	*daśan*	दशन्

Nominative case		m∘	n∘	f∘
1	१	ekaḥ एक:	ekam एकम्	ekā एका
2	२	dvau द्वौ	dve द्वे	dve द्वे
3	३	trayaḥ त्रय:	trīṇi त्रीणि	tisraḥ तिस्त्र:
4	४	ćatvāraḥ चत्वार:	ćatvāri चत्वारि	ćatasraḥ चतस्त्र:

Numbers from 5 to 10 have same case declensions in all three genders m∘ n∘ f∘

5	५	*pañća*	पंच, पञ्च	m∘ n∘ f∘
6	६	*ṣaṭ* or *ṣaḍ*	षट्, षड्	m∘ n∘ f∘
7	७	*sapta*	सप्त	m∘ n∘ f∘
8	८	*aṣṭa*	अष्ट	m∘ n∘ f∘
9	९	*nava*	नव	m∘ n∘ f∘
10	१०	*daśa*	दश	m∘ n∘ f∘

GANERAL RULES FOR USING THE NUMERIACLS

(1) (i) The word एक 'ek' is m◦ f◦ n◦ singular when used as numeral one. (ii) In other senses, it could be m◦ f◦ n◦ dual or plural.

(2) The word एक 'ek' is used to indicate अल्प, एक, केवल, प्रथम, प्रधान, समान, साधारण ।

(3) The word एक 'ek' is plural when it indicates some, a few, a number of, a quantity of, several, various, not many, a handful, etc. In this case the word एक 'ek' declines like सर्व sarva.

(4) The word चतुर् 'ćatur' (4) is only plural. They are different in m◦ f◦ n◦ genders.

(5) The words पञ्चन्, षष्, सप्तन् 'pañćan, ṣaṣ, saptan' (5,6,7) are only plural. They are same for all three genders.

(6) The word चतुर् 'ćatur' is only plural. They are different in m◦ f◦ n◦ genders.

(7) The numerical words from पञ्चन् pañćan to नवदशन् navadaśan (5-19) ending in न् n, decline like the word पञ्चन् 'pañćan and are same in m◦ f◦ n◦ genders.

(8) All numerical feminine words from एकोनविंशति 'ekonvinśati' (29) onwards, are all singular.

(9) All numerical words ending in विंशति 'vinśati' decline like मति mati.

(10) All numerical words ending in शत् 'śat,' such as त्रिंशत्, चत्वारिंशत, पञ्चाशत् 'trinśat (30), ćatvārinśat (40), pañćāśat' (50) are feminine and decline like f◦ ककुद् kakuḍ.

(11) All numerical words ending in इ् 'i' such as षष्टि, सप्तति, अशीति, नवति, 'ṣaṣṭhi (60), saptati (70), aśīti (80), navati' (90) are feminine and decline like f◦ मति mati.

(12) All numerical words ending in इ 'i' such as षष्टि, सप्तति, अशीति, नवति, 'ṣaṣṭhi (60), saptati (70), aśīti (80), navati' (90) are feminine and decline like f◦ मति mati.

(13) Numerical words can be Adjectives or Adjectives used as Nouns. The numerals from एक 'ek' to अष्टादशन् astādaśan (1-18) are Adjectives only. The numerals from एकोनविशति 'ekonvinśati' to शंख 'śaṅkha' (19-100,000,000,000,000,000), are used as

adjectives as well as nouns.

(14) To count the numerals in ones-and-tens up to 100, prefix the ones to the tens, suc as 54 = चतु:पञ्चाशत् 'ćatuḥpañćāśat,' 36 = षट्त्रिंशत् 'ṣaṭtrinśat,' 58 = अष्टपञ्चाशत् 'aṣṭapañćāśat or अष्टापञ्चपत् 'aṣṭāpañćāśat,' etc.

(15) To count the numerals in hundreds or more, add suffix अधिक 'adhika' to the numeral less than hundred and then add the hundred(s), such as 114 = चतुर्दशाधिकशतम् 'ćaturdaśādhikaśatam,' 100014 = चतुर्दशाधिकलक्षम् 'ćaturdaśādhikalakṣam,' etc.

(16) To count the numerals in 1/4 and 1/2, add prefix सपाद 'sapād' and सार्ध 'sārdha' to the numeral. Such as, 125 = सपदशतम् 'sapādaśatam,' 150 = सार्धशतम् 'sārdhaśatam,' etc.

(17) To count the numerals in 3/4 less to any number, add prefix पादोन 'pādona' to that numeral. Such as, Quarter less to one-thousand = 750 = पादोनसहस्त्रम् pādonasahasram, Quarter less to two-thousand = 1750 = पादोनसहस्त्रद्वयम् pādonasahasradvam, etc.

(18) When द्वि, त्रि, dvi, tri, etc. come before शत, सहस्त्र śata, sahasra, etc. the two adjectives form a समाहार-द्वंद्व समास samāhāra-dvandva-samāsa and the compound word द्विशतम्, त्रिसहस्त्रं dvi-śatam, trisahasram, etc. becomes a collective noun.

(19) The uncertain expressions such as two-or-three, three-or-four, five-or-six, etc., are formed by joining the two words and making them अकारान्त akārānt. Such as : two-three = द्वित्र diitra (n◦ द्वित्राणि dvitrāṇi).

(20) In order to write क्रमवाचक kramavāćak (sequential) numbers :

(i) Add suffix तीय tīya to the numerals द्वि and तृ dvī and tṛ. i.e. द्वितीय, तृतीय dvitīya, tritīya, etc.

(ii) Add suffix थुक् *thuk* (थ, ठ th, ṭh) to the numerals चतुर् and षष् ćatur and ṣaṣ. i.e. चतुर्थ, षष्ठ ćatur, ṣaṣṭha etc.

(iii) Add suffix म ma to the numerals एक and पञ्चन् to दशन् ek and pañćan to daśan. i.e. प्रथम, पञ्चम, दशम prathama, pañćama, daśama, etc.

(iv) Add suffix डट् ḍaṭ to the numerals एकादशन् to अष्टादशन् ekādaśan to aṣṭādaśan. i.e.

एकादश, द्वादश, अष्टादश ekādaśam, dvādaśam, aṣṭādaśam, etc.

(v) Add suffix तमट् tamaṭ to all numerals from 20 onwards. i.e. 25 = paØcaivạoaitatama, pañćavinśatitama; 158 = अष्टपञ्चाशदधिकशततम aṣṭa-pañćāśad-adhika-śatatama etc.

(21) The numerical Adverbs such as "once," "twice," "thrice," "four-times," are done in the following manner : once = सुकृत् sukṛt, twice = द्विः dviḥ, thrice = त्रिः triḥ, four-times = चतुः ćatuḥ, five-times = पञ्चकृत्वः pañćakṛtvaḥ, six-times = षट्कृत्वः ṣaṭkṛtvaḥ, seven-times = सप्तकृत्वः saptakṛtvaḥ, twenty-times = विंशतिकृत्वः viṁśatikṛtvaḥ, etc.

(22) The numerical collective nouns such as "a pair," "a group of three," "a group of ten," are done in the following manner : a pair = द्वयम्, द्विकम्, द्वितयम् dvayam, dvikam, dvitayam; a triplet = त्रयम्, त्रिकम्, त्रितयम् trayam, trikam, tritayam; a group of four = चतुष्टयम्, चतुष्कम् ćatuṣṭayam, ćatuṣkam; a group of five = पञ्चकम् pañćakam; a group of six = षट्कम् ṣaṭkam; a group of seven = सप्तम् saptakam; a group of eight = अष्टकम् aṣṭakam; a group of ten = दशकम् daśakam; etc. They are all always neuter gender, singular nouns.

(23) In order to write प्रकारवाचक prakāravāćak (kind) numeral adverbs :

(i) Add suffix धाच् dhāć to the kinds indication numeral such as, One way, two types, three kinds, etc. in the following manner : One type = एकधा ekdhā, One ways = द्विधा ekdhā, three-kinds = त्रिधा trihā, four ways = चतुर्धा ćaturdhā, five fold = पञ्चधा pañćahā, hundred fold = शतधा śatahā, etc.

(24) To indicate the age of a person or thing, add वर्ष, वर्षीय, वर्षीण, वार्षिक varṣa, varṣīya, varṣīṇa, vārṣika suffix to the numeral, such as : द्विर्ष, द्विवर्षीय, द्विवर्षीण, द्विवार्षिक dvivarṣa, dvivarṣīya, dvivarṣīṇa, dvivārṣika, etc.

(25) To indicate an adjective of approximate age, add वर्षदेशीय varṣadeśīya suffix to the numeral. such as : nearly ten years = दशवर्षदेशीय daśavarṣadeśīya, etc.

(26) When you are not sure, a numerical adjective can be formed by adding saSyak saṅkhyak suffix to the numeral. such as : hundred = शतसंख्यक śatasaṅkhyaka, etc.

CHAPTER 4

THE TENSES AND MOODS OF THE VERBS

lakārāḥ लकाराः ।

In Saṁskrit there are over 2000 verb roots (√verb), from which all Saṁskrit words originate. Unlike English, in Saṁskrit the Tenses are not grouped separately from the Moods of the verbs. They are organized under a single group of ten *lakāras* (लकाराः Tense and Mood Conjugations).

THE TEN TENSES AND MOODS OF THE VERBS

There are ten tenses and moods *lakāras* in Saṁskrit, namely

laṭ, liṭ, luṭ, lṛṭ, loṭ, leṭ, | ***laṅg, liṅg, luṅg, lṛṅg***
लट्, लिट्, लुट्, लृट्, लोट्, लेट्, | **लङ्, लिङ्, लुङ्, लृङ्**

The first six *lakāras*, ending with *ṭ* (ट्) are called *ṭit* (टित्) and the last four, ending with *ṅ* (ङ्) are *ṅit* (ङित्) *lakāras*.

The *leṭ* (लेट्) *lakāra* is used only in the *Vedas*. In Classical Saṁskrit, the *leṭ* (लेट्) *lakāra* is replaced by splitting the *liṅ lakāra* (लिङ्) into two parts, *vidhi-liṅg* (विधिलिङ्) and *āśiḥ-liṅg* (आशीर्लिङ्)

In practice, in order to congugate (रूपसंजिकरणम्) a verb, these ten names of the *lakāras* themselves are not actually affixed to the verb roots, but in stead, the verb is treated (*pratyāhāraḥ* प्रत्याहारः) with one of the 18 terminations (*pratyayaḥ* प्रत्ययाः), one for each of the ten tenses and moods (*lakārāḥ* लकाराः) 10 *lakars* x 18 Terminations = 180 suffixes प्रत्याहाराः ।

Pāṇini (पाणिनि) has arranged these 18 conjugational affixes into a string, from *tip* (तिप्) to *mahiṅg* (महिङ्). (लस्य तिबादय आदेशाः भवन्ति। pāṇini, 3: 4.77).

As this list starts with *ti* (ति) and ends with *ṅg* (ङ्), each affix is called *tiṅg* (तिङ्) and a conjugated root of the verb is called a *tiṅgant* (तिङन्त) or *padam* (पदम्).

The 18 terminations (9 *parasmaipadī* and 9 *ātmanepadī*) are :

tip, taḥ, jhi, sip, thaḥ, tha, mip, vaḥ, maḥ, ta, ātām, jha, thāḥ, āthām, dhvam, iṭ, vahi, mahiṅ. तिप्, तः, झि, सिप्, थः, थ, मिप्, वः, मः, त, आताम्, झ, थाः, आथाम्, ध्वम्, इट्, वहि, महिङ्। तिप्तस्झिसिप्थस्थमिब्वस्मस्ताताञ्जथासाथान्ध्वमिड्वहिमहिङ्। Pāṇini 3: 4.78

The ten *lakāra*s, used in the Classical Saṁskrit language are namely, *laṭ, laṅg, liṭ, luṅg, luṭ, lṛṭ, loṭ, vidhi, liṅg, lṛṅg* लट्, लङ्, लिट्, लुङ्, लुट्, लृट्, लोट्, विधि, लिङ्, लृङ्।

With the English equivalent tenses and moods they approximately compare as :

(1)	*laṭ*	लट्	Present Tense
(2)	*laṅg*	लङ्	Past Imperfect Tense (First Praeterite)
(3)	*liṭ*	लिट्	Past Perfect Tense (Second Praeterite)
(4)	*luṅg*	लुङ्	Past Indefinite Tense (Third Praeterite or Aorist)
(5)	*luṭ*	लुट्	Future Definite Tense
(6)	*lṛṭ*	लृट्	Future Indefinite Tense
(7)	*loṭ*	लोट्	Imperative Mood
(8)	*vidhiḥ*	विधि	Potential Mood
(9)	*liṅg*	लिङ्	Benedictive Mood
(10)	*lṛṅg*	लृङ्	Conditional Mood

NOTE : The *leṭ* लेट् लकारः of the Vedic Saṁskrit is *vidhi-liṅ* विधि (विधिलिङ्) in Classical Saṁskrit.

THE ELEVEN CONJUGATIONAL CLASSES OF VERBS

Roots of the verbs (*dhātavaḥ* धातव:), having aim of self service (*ātmanepadī* आत्मनेपदी), service to others (*parasmaipadī* परस्मैपदी) or dual service (*ubhayapadī* उभयपदी), are arranged under a group of Eleven classes of Conjugations of Verbs (*gaṇāḥ* गणा:) :

(1) भ्वादि	*bhvādi,*	the 1st Class, of the roots like	(√*bhū*)	√भू	to become
(2) अदादि	*adādi,*	the 2nd Class, of the roots like	(√*ad*)	√अद्	to eat
(3) हुवादि	*huvādi,*	the 3rd Class, of the roots like	(√*hu*)	√हु	to sacrifice
(4) दिवादि	*divādi,*	the 4th Class, of the roots like	(√*div*)	√दिव्	to shine
(5) स्वादि	*svādi,*	the 5th Class, of the roots like	(√*su*)	√सु	to bathe
(6) तुदादि	*tudādi,*	the 6th Class, of the roots like	(√*tud*)	√तुद्	to hurt
(7) रुधादि	*rudhādi,*	the 7th Class, of the roots like	(√*rudh*)	√रुध्	to oppose
(8) तनादि	*tanādi,*	the 8th Class, of the roots like	(√*tan*)	√तन्	to spread
(9) क्र्यादि	*kryādi,*	the 9th Class, of the roots like	(√*krī*)	√क्री	to buy
(10) चुरादि	*ćurādi,*	the 10th Class, of the roots like	(√*ćur*)	√चुर्	to steal
(11) कण्ड्वादि	***kaṇḍvādi,***	**the 11th Class, of the roots like**	**(√*kaṇḍū*)**	**√कण्डू**	**to itch**

THE **FOUR DESIGNS** OF VERBS (प्रक्रिया: *prakriyāḥ*) : Besides the normal *parasmaipadī* or *ātmanepadī* forms, each verb has three other designs (*prakriyāḥ* प्रक्रिया:) depending on the intension of the action. viz.

(1) Normal (*sādhāraṇa* साधारणप्रक्रिया),

(2) Causative (*ṇyanta* ण्यन्तप्रक्रिया),

(3) Desiderative (*sannant* सन्नन्तप्रक्रिया),

(4) Repeatetive (*yangluganta* यङ्लुगन्तप्रक्रिया or *yangant* यङन्तप्रक्रिया)

THE **TWO AIMS** OF VERBS :

(1) *Parasmaipadī* (परस्मैपदी),

(2) Ātmanepadī (आत्मनेपदी), Dual - परस्मैपदी and आत्मनेपदी,

THE **TWO ATTRIBUTES** OF VERBS :

(1) Transitive *sakarmak* (सकर्मक) and

(2) Intransitive *akarmak* (अकर्मक) Dual सकर्मक and अकर्मक

THE **THREE VOICES** OF VERBS :

(1) Active Voice *kartari prayogaḥ* (कर्तरि-प्रयोग:),

(2) Passive Voice *karmaṇi prayogaḥ* (कर्मणि-प्रयोग:),

(3) Abstract Voice *bhāve prayogaḥ* (भावे-प्रयोग:)

THUS, 3 presons *(puruṣāḥ* पुरुषा:) x 3 numbers *(vaćanāni* वचनानि*)* x 10 tenses *(lakārāḥ* लकारा:) x 4 designs *(prakriyāḥ* प्रतिक्रिया:) = 360 *parasmaipadī* (परस्मैपदी) and 360 *ātmanepadī* (आत्मनेपदी) single-word-actions are possible from each transitive or intransitive verb root (√).

THE SANSKRIT DUAL NUMBER

Normally we have Singular and Plural, to talk about one or more than one thing, then for what particular reason, in Sam~skrit, for the Dual Number?

Unlike the present day man-made languages, Saṁskrit language evolved on natural principles including the phonetics. Therefore, Saṁskrit has no arbitrary spellings, it is based on a classification of the natural sounds and actions (root verbs). For a common thinking things are singular and a group of more than one is plural. But for the inquisitive mind of Saṁskrit formulators, there are no singular things in nature. Every thing that appears singular has a counterpart, if you see precisely.

In nature things are present in pairs, pairs of opposites to be more exact. For example, the life has death, male has female, boy and girl, man and woman, positive and negative, light and darkness, good and bad, pleasure and pain, loss and gain, victory and defeat, day and night, up and down, near and far, ahead and behind, slow and fast, rich and poor, respect and dishonor, friend and enemy, cold and hot, moving and non-moving, this and that, light and heavy, add and subtract, divide and multiply, more and less, new and old, ...etc, all are relative, solely depending on the existence of the other.

In Gita Lord Krishna says 'I am the *dvandva* (dual) *samāsa* among the *samasas*, because the *'dvandva'* is natural one. In essence, Saṁskrit says that there is no "one sided coin." One exists only because of the other. So there is 'Dual Number' naturally.

DICTIONARY OF COMMON SANSKRIT NOUNS

INDEX

4.1 ANIMALS, Domestic / Farm	ग्राम्यप्राणिनः	grāmyaprāṇinaḥ
4.2 ANIMALS, Wild	वन्यपशवः	vanya-pashavaḥ
4.3 INSECTS	कृमयः	kṛmayaḥ
4.4 BIRDS	पक्षिणः	pakṣiṇaḥ
4.5 THE BODY PARTS	शरीरांगानि	śarīrāṅgāni
4.6 AILMENTS and BODY CONDITIONS	विकाराः	vikārāḥ
4.7 CLOTHING, DRESS etc.	परिधानानि	paridhānāni
4.8 RELATIONS	सम्बन्धाः	sambandhāḥ
4.9 HOUSEHOLD THINGS	गृह्यवस्तुनि	gṛhyavastuni
4.10 TOOLS	उपकरणानि	upakaraṇāni
4.11 FLOWERS	पुष्पणि	puṣpāṇi
4.12 FRUITS	फलानि	phalani
4.23 VEGETABLES	शाकानि	śākāni
4.14 PLANTS	वनस्पतयः	vanaspatayaḥ
4.15 FOOD STUFF	खाद्यपेयानि	khādyapeyāni
4.16 SPICES	उपस्करणानि	upaskaraṇāni
4.17 MINERALS, METALS and JEWELS	खनीजानि	khanījāni
4.18 MUSIC	सङ्गीतं	sangeetam
4.19 PROFESSIONS	व्यवसायाः	vyavasāyāḥ
4.20 BUSINESS	व्यापारः	vyāpāraḥ
4.21 WARFARE	युद्धं	yuddham
4.22 TIME	समयः	samayaḥ

4.1 ANIMALS, Domastic / Farm ग्राम्यप्राणिनः grāmyaprāṇinaḥ

Bitch	कुक्कुरी, शुनी, सरमा *f∘ kukkurī, śunī, sarmā (m∘)* *see* dog
Buffalo	महिषः, महिषी *m∘ mahiṣaḥ, f∘ mahiṣī*
Bull, Bullock	ऋषभः, बलीवर्दः, वृषः, वृषभः *m∘ ṛṣabhaḥ, balīvardaḥ, vṛṣaḥ, vṛṣabhaḥ*
Calf	गोवत्सः, तर्णकः, वत्सः *m∘ govastaḥ, tarṇakaḥ, vatsaḥ*
Camel	उष्ट्रः, क्रमेलकः, मयः; स्त्री∘ उष्ट्री, *m∘ uṣṭraḥ, kramelakaḥ, mayaḥ, f∘ uṣṭrī*
Cat	मार्जारः, बिडालः, (स्त्री∘) मार्जारी, *m∘ mārjāraḥ, biḍālaḥ, f∘ mārjārī*
Colt	अश्वशावः *m∘ aśvaśāvaḥ*
Cow	अर्जुनी, उस्रा, गौः, धेनुः, रोहिणी, शृंगिणी, सौरमेयी *f∘ arjunī, usrā, gauḥ, dhenuḥ, śṛṅgiṇī, saurameyī*
Dog	कुक्कुरः, भषकः, श्वन्, शुनकः, सारमेयः *m∘ kukkuraḥ, bhaśakaḥ, śvan, śunakaḥ, sārameyaḥ; (f∘)* *see* bitch
Donkey	खरः, गर्दभः, रासभः *m∘ kharaḥ, gardabhaḥ, rāsabhaḥ*
Ewe	अविला, उरणी, एडका, मेषी, लोमशा *f∘ avilā, uraṇī, eḍakā, meṣī, lomaśā*
Foal	अश्वशावः *m∘ aśvaśāvaḥ*
Goat	अजः, छगलकः, छागः, बस्तः, (स्त्री∘) अजा, छागी *m∘ ajaḥ, ćhagalakaḥ, ćāgaḥ, bastaḥ, f∘ Ajā, ćhāgī*
Hare	शशः, शशकः *m∘ śaśaḥ, śaśakaḥ*
Horse	अर्वा, आजानेयः, कर्कः, कियाहः, गन्धर्वः, घोटकः, तुरगः, तुरङ्गः, हयः, तुरङ्गमः, भूमिरक्षकः, वाजी, वाहः, वीतिः, सप्तिः, साधुवाही, सिन्धुवारः, सैन्धवः, अश्वः *m∘ arvā, ājāneyaḥ, karkaḥ, kiyāhaḥ, gandharvaḥ, ghoṭakaḥ, turagaḥ, turaṅgaḥ, hayaḥ, turaṅgamaḥ, bhūmirakṣakaḥ, vājī, vāhaḥ, vītiḥ, saptiḥ, sādhuvāhī, sindhuvāraḥ, saindhavaḥ, aśvaḥ.* (f∘ See Mare↓)
Kitten	मार्जारशावः *m∘ mārjāraśāvaḥ*
Lamb	मेशशावः *m∘ meśaśāvaḥ*
Lizard	खरटः, (स्त्री∘) गोधिका *m∘ kharaṭaḥ; f∘ godhikā*

Mare	अश्वा, तुरगी, वडवा, वाजिनी, वामी	*f◦ aśvā, turagī, vaḍavā, vājinī, vāmī*
Mouse	आखुः, ऊन्दरुः, खनकः, मूषकः	*m◦ ākhuḥ, undaruḥ, khanakaḥ, mūśakaḥ*
Mule	अश्वतरः, वेगसरः, वेशरः	*m◦ aśvataraḥ, vegasaraḥ, veśaraḥ*
Ox	अनडुत्, भद्रः	*m◦ anaḍut, bhadraḥ* (see bullock)
Pig	वराहः, शूकरः	*m◦ varāhaḥ, śūkarah*
Puppy	कुक्कुरशावः	*m◦ kukkuraśāvaḥ*
Rabbit	शशः, शशकः	*m◦ śaśaḥ, śaśakaḥ*
Ram	अविः, उरणः, एडकः, मेढ्रः, मेषः, लोमशः	*m◦ aviḥ, uraṇaḥ, eḍakaḥ, meḍhraḥ, meṣaḥ, lomaśaḥ*
Rat	बिलेशयः	*m◦ bileśayaḥ* (see mouse)

4.2 ANIMALS, Wild **वन्यपशवः** vanya-pashavaḥ

Alligator	ग्राहः, नक्रः	*m◦ grāḥ, nakraḥ*
Bat	जतुका	*f◦ jatukā*
Bear	ऋक्षः, भल्लकः, भालुकः	*m◦ ṛkṣaḥ, bhallakah, bhālukaḥ*
Beast	जन्तुः, पशुः, मृगः	*m◦ jantuḥ, paśuḥ, mṛgaḥ*
Boa	अजगरः, वाहसः, शयुः	*m◦ ajagaraḥ, vāhasaḥ, śayuḥ*
Boar	किरः, कोलः, धृष्टिः, वराहः, शूकरः	*m◦ kiraḥ, kolaḥ, dhṛṣṭiḥ, varāhaḥ, śūkaraḥ*
Cobra	नागः, फणी	*m◦ nāgaḥ, faṇī*
Crocodile	कुंभीरः, ग्राहः, नक्रः, मकरः	*m◦ kumbhīraḥ, grāhaḥ, nakraḥ, makaraḥ*
Deer	कुरंगः, कुरंगमः, कृष्णसारः, मृगः, रुरुः, रौहिषः, वानप्रमीः, शंबरः, हरिणः	*m◦ kuraṅgaḥ, kuraṅgamaḥ, kṛṣṇasāraḥ, mṛgaḥ, ruruḥ, rauhiṣaḥ, vānapramīḥ, śambaraḥ, hariṇaḥ*
Elephant	इभः, करी, कुंजरः, गजः, द्विरदः, दंती, नागः, वारणः, स्तंबेरमः, हस्ती	*m◦ ibhaḥ, karī, kunjaraḥ, gajaḥ, dviradaḥ, dantī, nāgaḥ, vāraṇaḥ,*

	stamberamaḥ, hastī
Fawn	कुरंगकः, मृगशावकः *m∘ kuraṅgakaḥ, mṛgaśāvakaḥ*
Fish	झषः, मत्स्यः, मीनः, विसारः *m∘ jhaṣaḥ, matsyaḥ, mīnaḥ, visāraḥ*
Fox	खिंकिरः गोमायुः, शृगालः *m∘ khiṅkiraḥ, gomāyuḥ, śṛgālaḥ*
Alligator	ग्राहः, नक्रः *m∘ grāhaḥ, nakraḥ*
Frog	दर्दूरः, भेकः, मंडुकः, लूरः *m∘ dardūraḥ, bhekaḥ, maṇḍukaḥ, lūraḥ*
Hippo	करियादः *m∘ kariyādaḥ*
Jackal	क्रोष्टुः, जंबुकः, फेरवः, शृगालः *m∘ kroṣṭruḥ, jambukaḥ, feravaḥ, śṛgālaḥ*
Leopard	चित्रकः, चित्रव्याघ्रः *m∘ ćitrakaḥ, ćitravyāghraḥ*
Lion	केसरी, मृगपतिः, सिंहः, हरिः *m∘ kesarī, mṛgapatiḥ, siṁhaḥ, hariḥ*
Mongoose	अंगुषः, नकुलः, बभ्रुः *m∘ aṅguṣaḥ, nakulaḥ, babhruḥ*
Monkey	कपिः, कीशः, प्लवंगः, बलीमुखः, मर्कटः, वानरः शाखामृगः
	m∘ kapiḥ, kīśaḥ, plavaṅgaḥ, balīmukhaḥ, markaṭaḥ, vānaraḥ, śākhāmṛgaḥ
Mosquito	मशः, मशकः *m∘ maśaḥ, maśakaḥ*
Panther	द्वीपी *m∘ dvīpī*
Porcupine	शल्यः, शल्यकः, श्वावित् *m∘ śalyaḥ, śalyakaḥ, śvāvit*
Rhino	खंडी, गंडः, गंडकः *m∘ khaṇḍī, gaṇḍaḥ, gaṇḍakaḥ*
Snake	अहिः, उरगः, उरंगमः, काकोदरः, कुंडली, चक्री, दंदशूकः, द्विजिह्वः, नागः, पन्नगः, फणी, बिलेशयः, भुजगः, भुजंगः, भुजंगमः, विषधरः, व्यालः, सरीसृपः, सर्पः
	m∘ ahiḥ, uragaḥ, uraṅgamaḥ, kākodaraḥ, kuṇḍalī, ćakrī, dandaśūkaḥ, dvijihvaḥ, nāgaḥ, pannagaḥ, faṇī, bileśayaḥ, bhujagaḥ, bhujaṅgamaḥ, viṣadharaḥ, vyālaḥ, sarīsṛpaḥ, sarpaḥ
Squirrel	काष्ठबिडालः, चमरपृच्छः, (स्त्री∘) वृक्षशायिका
	m∘ kāṣṭhabiḍālaḥ, ćamarapṛććhaḥ, f∘ vṛkṣaśāyikā
Stag	एणः *m∘ eṇaḥ*

Tiger	व्याघ्रः, शार्दूलः *m∘ vyāgraḥ, śārdūlaḥ*
Turtle (m∘)	कच्छपः, कमठः, कूर्मः *m∘ kaććhapaḥ, kamaṭhaḥ, kūrmaḥ*
Turtle (f∘)	कमठी, कूर्मी, डुलिः *f∘ kamaṭhī, kūrmī, ḍuliḥ*
Wolf	ईहामृगः, कोकः, वृकः *m∘ īhāmṛgaḥ, kokaḥ, vṛkaḥ*
Zebra	रासभः *m∘ rāsabhaḥ*

4.3 INSECTS कृमयः kṛmayaḥ

Ant	पिपीलिका *f∘ pipīlikā* (Anthill वल्मीकः *valmīkaḥ)*
Bedbug	मत्कुणः *m∘ matkuṇaḥ*
Bee	अलिः, भृंगः, भ्रमरः *m∘ aliḥ, bhṛṅgaḥ, bhramaraḥ*
Bookworm	पुस्तककीटः *m∘ pustakakīṭaḥ*
Bug	कीटः, कृमिः *m∘ kīṭaḥ, kṛmiḥ*
Butterfly	चित्रपतंगः *m∘ ćitrapataṅgaḥ*
Centipede	शतपदी *f∘ śatapadī*
Cockroach	झीरुका *f∘ jhīrukā*
Crab	कर्कटः, कर्कटकः *m∘ karkaṭaḥ, karkaṭakaḥ*
Cricket	चीरी, झिल्लिका, भृंगारी *f∘ ćīrī, jhillikā, bhṛṅgārī*
Earthworm	भूजंतुः *m∘ bhūjantuḥ*
Flea	देहिका *f∘ dehikā*
Fly	मक्षिका, नीला *f∘ makṣikā, nīlā*
Glow worm	खद्योतः *m∘ khadyotaḥ*
Grasshopper	शरभः *m∘ śarabhaḥ*
Honey bee	मधुकरः, (स्त्री∘) मधुमक्षिका *m∘ madhukaraḥ, f∘ madhumakṣikā*
Hornet	वरटा *f∘ varaṭā*
Insect	कीटः, कृमिः, क्रिमिः *m∘ kīṭaḥ, kṛmiḥ, krimiḥ*

Locust	शिरिः *m∘ śiriḥ*
Millipede	सहस्रपदी *f∘ sahasrapadī*
Moth	शलभः *m∘ śalabhaḥ*
Oyster	शुक्तिका *f∘ śuktikā*
Scorpion	द्रोणः, वृश्चिकः *m∘ droṇaḥ, vṛścikaḥ*
Silkworm	कोशकारः, तंतुकीटः *m∘ kośakāraḥ, tantukīṭaḥ*
Snail	शंबूकः *m∘ śambūkaḥ*
Spider	ऊर्णनाभः, कोशकारः, जालिकः, तंतुनाभः, मर्कटकः, (स्त्री∘) लूता *m∘ ūrṇanābhaḥ, kośakāraḥ, jālikaḥ, tantunābhaḥ, markaṭakaḥ,* *f∘ lūtaḥ*
Termite	वामी *f∘ vāmī*
Worm	कीटः, कीटकः, कृमिः, क्रिमिः *m∘ kīṭaḥ, kīṭakaḥ, kṛmiḥ, krimiḥ*

4.4 BIRDS पक्षिणः pakṣiṇaḥ

Black bird	कुहूरवा, कोकिला, पिका *f∘ kuhūravā, kokilā, pikā*
Blue bird	नीलकंठः *m∘ nīlakaṇṭhaḥ*
Chicken	कुक्कुटशावः *m∘ kukkuṭaśāvaḥ*
Cockoo	कुहूरवा, कोकिला, पिका *f∘ kuhūravā, kokilā, pikā*
Cock	कुक्कुटः, ताम्रचूडः, शिखी *m∘ kukkuṭaḥ, tāmracūḍaḥ, śīkhī*
Crane	बलाकः *m∘ balākaḥ*
Crow	काकः, ध्वांक्षः, मौकुलिः, वायसः *m∘ kākaḥ, dhvāṅkṣaḥ, maukuliḥ, vāyasaḥ*
Dove	कपोतः, कलरवः, पारावतः *m∘ kapotaḥ, kalaravaḥ, pārāvataḥ*
Duck	कलहंसः, कादंबः, वरटः *m∘ kalahaṁsaḥ, kādambaḥ, varaṭaḥ*
Eagle	उत्क्रोशः, गरुडः *m∘ utkośaḥ, garuḍaḥ*
Flamingo	मरालः *m∘ marālaḥ*

Goose	कलहंसः, चक्रवाकः *m∘ kalahaṁsaḥ, ćakravākaḥ*
Hawk	श्येनः *m∘ śyenaḥ*
Hen	कुक्कुटी *f∘ kukkuṭī*
Heron	क्रौंचः, सारसः *m∘ kraunchaḥ, sārasaḥ*
Kite	(स्त्री∘) आतापी, (पु∘) चिल्लः *f∘ ātāpī, m∘ ćillaḥ*
Nightangle	बुल्बुलः *m∘ bulbulaḥ*
Owl	उलुकः, कौशिकः, दिवान्धः, धूकः, निशाटनः, पेचकः *m∘ ulukaḥ, kauśikaḥ, divāndhaḥ, dhūkaḥ, niśāṭanaḥ, pećakaḥ*
Parrot	कीरः, शुकः *m∘ kīraḥ, śukaḥ*
Partridge	चकोरः, तित्तिरः *m∘ ćakoraḥ, tittiraḥ*
Pigeon	कपोतः, कलरवः, पारावतः *m∘ kapotaḥ, kalaravaḥ, pārāvataḥ*
Peacock	केकी, मयूरः, शिखंडी, शिखी *m∘ kekī, mayūraḥ, śikhaṇḍī, śikhī*
Quail	लावः, वर्तकः *m∘ lāvaḥ, vartakaḥ*
Raven	काकोलः *m∘ kākolaḥ*
Rooster	कुक्कुटः, ताम्रचूडः, शिखी *m∘ kukkuṭaḥ, tāmraćuḍaḥ, śīkhī*
Sparrow	चटकः *m∘ ćaṭakaḥ*
Swan	राजहंसः, हंसः *m∘ rājhaṁsaḥ, haṁsaḥ*
Vulture	गृध्रः *m∘ gṛdhraḥ*
Woodpecker	काष्ठकूटः *m∘ kāṣṭhakūṭaḥ*

4.5 THE BODY PARTS शरीराङ्गानि śarīrāṅgāni

Abdomen	उदरं, कुक्षिः *m∘ udaram, kukṣiḥ*
Ankle	गुल्फः, घुटिका *m∘ gulfaḥ, f∘ ghuṭikā*
Anus	अपानं, गुदं, पायुः *n∘ apānam, gudam, m∘ pāyuḥ*
Arm	बाहुः, भुजः, (स्त्री∘) भुजा *m∘ bāhuḥ, bhujaḥ, f∘ bhujā*

Armpit	कक्षाक्षः *m∘ kakṣākṣaḥ*
Artery	धमनी *f∘ dhamanī*
Back	पृष्ठं *n∘ pṛṣṭham*
Bald	मुण्डं *n∘ muṇḍam*
Beard	कूर्चं, श्मश्रु *n∘ kūrcham, śmaśru*
Belly	उदरं, कुक्षिः, जठरं, तुन्दं *n∘ udaram, kukṣiḥ, jaṭharam, tundam*
Bellybutton	उदरगण्डः *m∘ udaragaṇḍaḥ*
Blood	अस्त्रं, रक्तं, रुधिरं, लोहितं, शोणितं *n∘ asram, raktam, rudhiram, lohitam, shoṇitam*
Bloodvessel	असृग्वहा, नाडी, रक्तवाहिनी, शिरा *f∘ asṛgvahā, nāḍī, raktavāhinī, śirā*
Bosom	क्रोडं, वक्षः *n∘ kroḍam, m∘ vakṣaḥ*
Body	अङ्गं, कलेवरं, कायः, गात्रं, तनु, देहः, वपुः, विग्रहः, शरीरं *n∘ angam, kalevaram, m∘ kāyaḥ, n∘ gātram, tanu, m∘ dehaḥ, vapuḥ, vigrahaḥ, n∘ śarīram*
Brain	गोर्दं, मस्तिष्कं *n∘ gordam, mastiṣkam*
Breath	श्वासः *m∘ śvāsaḥ* *(i) in-breath* श्वासः *m∘ śvāsaḥ; (ii) out-breath* उच्छ्वासः *m∘ uććhvāsaḥ*
Breast	क्रोडं, वक्षः, (स्त्री∘) स्तनः *m∘ kroḍam, vakṣaḥ; (for female) m∘ stanaḥ*
Bun	नितम्बः *m∘ nitambaḥ*
Cadaver	कुणपः शवः, शवं *m∘ kuṇapaḥ, śavaḥ, n∘ śavam*
Calf	पिण्डिका *f∘ pinḍikā*
Cartilage	कोमलास्थिः *f∘ komalāsthiḥ*
Cheek	करटः, कपोलः, गडः, गल्लः *m∘ karaṭaḥ, kapolaḥ, gaḍaḥ, gallaḥ*
Chest	क्रोडं, वक्षः *n∘ kroḍam, vakṣaḥ*
Chin	चिबुकं, हनुः *n∘ ćibukam, m∘ f∘ hanuḥ*
Corpse	कुणपः शवः, शवं *m∘ kuṇapaḥ, śavaḥ, n∘ śavam*

Ear	कर्णः, क्षोत्रं, श्रूतिः	*m∘ karṇaḥ, n∘ kṣotram, f∘ śrutiḥ*
Elbow	कूर्परः, कफणिः	*m∘ kūrparaḥ, f∘ kafaṇīḥ*
Eye	अक्षि, चक्षुः, नयनं, नेत्रं, लोचनं	*n∘ akṣi, ćakṣuḥ, nayanam, netram, lоćanam*
Eyebro	भ्रूः	*m∘ bhrūḥ*
Eyelash	पक्ष्म	*n∘ paksma*
Eyelid	नेत्राच्छदः	*m∘ netraććhadaḥ*
Face	आननं, आस्यं, तुण्डं, मुखं, वदनं, वक्त्रं	*n∘ ānanam, āsyam, tuṇḍam, mukham, vadanam, vaktram*
Far-sight	दूरदृष्टिः	*f∘ dūradṛṣṭiḥ*
Feather	पक्षः, पिच्छं	*m∘ pakṣaḥ, n∘ piććham*
Finger	अंगुलिः	*f∘ anguliḥ*
Fist	मुष्टिः	*m∘ muṣṭiḥ;* मुष्टी *f∘ muṣṭī*
Foetus	गर्भः, पिण्डः, भ्रूणः	*m∘ garbhaḥ, piṇḍaḥ, bhrūṇaḥ,*
Foot	चरणं, पदं, पादः	*n∘ ćaraṇam, padam, m∘ pādaḥ*
Fore-finger	तर्जनी	*f∘ tarjanī*
Forehead	ललाटं	*n∘ lalāṭam*
Gum	दन्तमांसं	*n∘ dantamāṁsam*
Hair	कचः, कुन्तलः, केशः, चिकुरः, बालः	*m∘ kaćaḥ, kuntalaḥ, keśaḥ, ćikuraḥ, bālaḥ*
Hand	करः, पाणिः, हस्तः	*m∘ karaḥ, pāṇiḥ, hastaḥ*
Head	मूर्धा, मौलिः, शिरः, शीर्षं, शीर्षकं	*m∘ mūrdhā, mauliḥ, n∘ śiraḥ, śīrṣam, śīrṣakam*
Heart	हृद्, हृदयं	*n∘ hṛd, hṛdayam*
Heel	पार्ष्णिः	*f∘ pārṣṇiḥ*
Hide	अजिनं, चर्म	*n∘ ajinam, ćarma*

Hip	किटी, श्रोणी	*f∘ kiṭī, śroṇī*
Horn	विषाणं, शृङ्गं	*n∘ viṣāṇam, śṛaṅgam*
Index-finger	तर्जनी	*f∘ tarjanī*
Intestine	अन्त्रं	*n∘ antram*
Jaw,	पीचं, हनु	*n∘ pīćam, m∘ f∘ hanu*
Jaw, lower	चिबुकं, कुञ्जं	*ćbukam, kuñjam*
Jaw-tooth	दंष्ट्रा	*f∘ daṁṣtrā*
Joint	सन्धिः	*m∘ sandhiḥ*
Kidney	गुर्दः, वृक्कः	*m∘ gurdaḥ, vṛkkaḥ*
Knee	जानु	*n∘ jānu*
Knot	ग्रन्थिः	*f∘ granthiḥ*
Knuckle	अङ्गुलपर्व	*n∘ aṅguliparva*
Lap	अङ्कः, क्रोडं,	*m∘ aṅkaḥ, n∘ kroḍam*
Life	चैतन्यं, जीवनं, प्राणः	*n∘ ćaitanyam, jīvanam, m∘ prāṇaḥ*
Limb	अङ्गं, अवयवः, गात्रं	*n∘ aṅgam, m∘ avayavaḥ, n∘ gātram*
Lip	ओष्ठः	*upper-lip m∘ oṣṭhaḥ; lower-lip* अधरः *m∘ adharaḥ*
Little-finger	कनिष्ठा, कनिष्ठिका, कनीका	*f∘ kaniṣṭhā, kaniṣṭhikā, kanīkā*
Liver	कालकं, यकृतं	*n∘ kālakam, yakṛtam*
Lower-lip	अधरः	*m∘ adharaḥ*
Lungs	क्लोमं, फुप्फुसं	*n∘ klomam, fuffusam*
Marrow	मज्जा, मेदः, वपा, वसा	*f∘ majjā, m∘ medaḥ, f∘ vapā, vasā*
Meat	माँसं	*n∘ māṁsam*
Menses	रजः	*m∘ rajaḥ*
Middle-finger	मध्यमा	*f∘ madhyamā*
Moustaches	श्मश्रु	*n∘ śmaśru*

Mouth	आननं, आस्यं, तुण्डं, मुखं, लपनं, वक्त्रं, वदनं
	m◦ ānanam, āsyam, tuṇḍam, mukham, lapanam, vaktram, vadanam
Muscle	पेशी, शिरा, स्नायुः *f◦ peśī, śirā, snāyuḥ*
Nail	नखः, नखं *m◦ nakhaḥ, n◦ nakham*
Navel	तुन्दः, नाभिः, नाभी, *m◦ tundaḥ, f◦ nābhiḥ, nābhī*
Neck	ग्रीवा *f◦ grīvā*
Nerve	मज्जा, शिरा *f◦ majjā, śirā*
Nipple	चूचुकः *m◦ ćūćukaḥ*
Nose	घोणा, घ्राणं, नसा, नासा, नासिका
	f◦ ghoṇā, n◦ ghrāṇam, f◦ nasā, nāsā, nāsikā
Nostril	नासारन्ध्रं *n◦ nāsārandhram*
Palm	करतलः, चपेटः, प्रहस्तः *m◦ kartalaḥ, ćapeṭaḥ, prahastaḥ*
Penis	मेढ्रः, लिङ्गं, शिश्नः *m◦ meḍhraḥ, n◦ liṅgam, m◦ śiśnaḥ*
Ponytail	शिखा *f◦ śikhā*
Poo	पुरीषं, मलं, विष्टा *n◦ purīṣam, malam, f◦ viṣṭā*
Pore	रन्ध्रं *n◦ randhram*
Pulse	स्पन्दनं *n◦ spandanam*
Rib	पर्शुका *f◦ parśukā*
Ring-finger	ऊर्मिका *f◦ ūrmikā*
Rump	किटी, श्रोणी *f◦ kiṭī, śroṇī*
Saliva	लाला, सृणिका *f◦ lālā, sṛṇikā*
Semen	रेतः, वीर्यं, शुक्रं *m◦ retaḥ, n◦ vīryam, śukram*
Shoulder	अंसः, स्कन्धः *m◦ aṁsaḥ, skandhaḥ*
Sight	दृष्टिः *f◦ dṛṣṭiḥ*
Skeleton	कङ्कालः, पञ्जरः *m◦ kaṅkālaḥ, pañjaraḥ*
Skin	त्वचा *f◦ tvachā*

Skull	कपालः, कपालं, कर्परः *m∘ kapālaḥ, n∘ kapālam, m∘ karparaḥ*
Snout	पोत्रं, प्रोथः *n∘ potram, m∘ prothaḥ*
Sole	पादतलं *n∘ pādatalam*
Soul	आत्मा *m∘ ātmā*
Spit	शूला *f∘ śūlā*
Stomach	अन्नाशयः, उदरं, कोष्ठः *m∘ annāśayaḥ, n∘ udaram, m∘ koṣṭhaḥ*
Tail	पुच्छं, लाङ्गुलं *n∘ puććham, lāṅgulam*
Tear	अश्रु *n∘ aśru*
Testicle	ण्डः, अण्डकोषः, मुष्कः, वृषणः *m∘ aṇḍaḥ, aṇḍkoṣaḥ, muṣkaḥ, vṛṣaṇaḥ*
Thigh	ऊरुः, सक्थि *m∘ ūruḥ, n∘ sakthiḥ*
Throat	कण्ठः, गलः *m∘ kaṇṭhaḥ, galaḥ*
Thumb	अङ्गुष्ठः *m∘ aṅguṣṭhaḥ*
Tongue	जिह्वा, रसना *f∘ jihvā, rasanā*
Tooth	जम्भः, दन्तः, दंष्ट्रा, दशनः, रदः, रदनः *m∘ jambhaḥ, dantaḥ, (f∘) daṁṣṭrāḥ, (m∘) daśanaḥ, radaḥ, radanaḥ*
Trunk	शुण्डः, शुण्डा *m∘ śuṇḍaḥ, f∘ śuṇḍā*
Udder	स्तनः *m∘ stanaḥ*
Uterus	गर्भाशयः, योनिः *m∘ garbhāśayaḥ, f∘ yoniḥ*
Vagina	भगः, योनिः *m∘ bhagaḥ, f∘ yoniḥ*
Vein	रक्तवाहिनी *f∘ raktavāhinī*
Vision	दृष्टिः *f∘ dṛṣṭiḥ*
Waist	कटिः, कटी, श्रोणिः *m∘ kaṭiḥ, f∘ kaṭī, śroṇiḥ*
Whiskers	गुम्फः *m∘ gumphaḥ*
Womb	गर्भः, गर्भाशयः *m∘ garbhaḥ, garbhāśayaḥ*
Wrist	प्रकोष्ठः, मणिबंधः *m∘ prakoṣṭhaḥ, maṇibandhaḥ*

4.6 AILMENTS and BODY CONDITIONS विकाराः vikārāḥ

Abortion	गर्भपातः *m◦ garbhapātaḥ*
Acidity	अम्लता, शुक्तता *f◦ amlatā, śuktatā*
Asthma	श्वासरोगः *m◦ śvāsarogaḥ*
Bald	मुण्डं *n◦ muṇḍam*
Belching	उद्गिरणं *n◦ udgiraṇam*
Bleeding	रक्तस्रावः *m◦ raktasrāvaḥ*
Blindness	अन्धता *f◦ andhatā*
Boil	गण्डः, पिटकः *m◦ gaṇḍaḥ, piṭakaḥ*
Bone	अस्थि *n◦ asthi*
Cancer	कर्कः, कर्कटः *m◦ karkaḥ, karkaṭaḥ*
Chill	शीतः *m◦ śītaḥ*
Constipation	बद्धकोष्ठः *m◦ baddhakoṣṭhaḥ*
Cough	काशः, कासः, क्षवथुः *m◦ kāśaḥ, kāsaḥ, kṣavathuḥ*
Crazy	भ्रांतचित्तः, वातुलः *m◦ bhrāntćittaḥ, vātulaḥ*
Diabetes	मधुमेहः *m◦ madhumehaḥ*
Diarrhoea	अतिसारः *m◦ atisārah*
Disease	अस्वास्थ्यं, आमयः, गदः, रुजा, रोगः, विकारः, व्याधिः *n◦ asvāsthyam, m◦ āmayaḥ, gadaḥ, f◦ rujā, m◦ rogaḥ, vikāraḥ, vyādhiḥ*
Dwarf	खर्वः, वामनः *m◦ kharvaḥ, vāmanaḥ*
Dysentry	अतिसारः *m◦ atisāraḥ*
Eczema	दद्रुः, पामा *m◦ dadruḥ, f◦ pāmā*
Eyesore	अक्षिशूलं *n◦ akṣisūlam*
Frail	क्षयी, भङ्गुरः *m◦ kṣayī, bhaṅguraḥ*
Giddiness	घूर्णिः *f◦ ghūrṇiḥ*

Headache	शिरोवेदना *f◦ śirovedanā*
Health	अनामयं, आरोग्यं, स्वास्थ्यं *n◦ anāmayam, ārogyam, svāsthyam*
Hiccup	हिक्का, हिध्मा *f◦ hikkā, hidhmā*
Hunchback	कुब्जः, न्युब्जः *m◦ kubjaḥ, nyubjaḥ*
Hurt	अपकारः, क्षतिः *m◦ apkāraḥ, f◦ kṣatiḥ*
Indigestion	अपाकः, अजीर्णं *m◦ apākaḥ, n◦ ajīrṇam*
Jaundice	पाण्डुः, पाण्डुरोगः *m◦ pāṇḍuḥ, pāṇḍurogaḥ*
Leprosy	कुष्ठं, महारोगः, श्वित्रं *n◦ kuṣṭham, m◦ mahārogaḥ, n◦ śvitram*
Lunacy	उन्मादः *m◦ unmādaḥ*
Mad	वातुलः, हतबुद्धिः *m◦ vātulaḥ, hatabuddhiḥ*
Obese	पीनः, पीवरः *m◦ pīnaḥ, pīvaraḥ*
Pain	उद्वेगः, कष्टं, कृच्छ्रं, क्लेशः, तापः, दुःखं, पीडा, वेदना, व्यथा *m◦ udvegaḥ, n◦ kaṣṭam, kṛćhram, m◦ kleśaḥ, tāpaḥ, m◦ duḥkham, f◦ pīḍā, vedanā, vyathā*
Phlegem	कफः, श्लेष्म *m◦ kafaḥ, n◦ śleṣma*
Pimple	पिटिका *f◦ piṭikā*
Piles	अर्शः *m◦ arśaḥ*
Plague	महामारी *f◦ mahāmārī*
Pus	पूयं *n◦ pūyam*
Rib	पर्शुका *f◦ parśukā*
Saliva	लाला, सृणिका *f◦ lālā, sṛṇikā*
Sick	अस्वस्थः, पीडितः, रुग्णः *m◦ asvasthaḥ, pīḍitaḥ, rugṇaḥ*
Sleeplessness	निर्णिद्रता *f◦ nirṇidratā*
Sleepy	निद्रालुः, शयालुः *m◦ nidrāluḥ, śayāluḥ*
Sneeze	क्षवः, क्षुतं *m◦ kṣavaḥ, n◦ kṣutam*
Sore	ईर्मं, क्षतं, व्रणः *n◦ īrmam, kṣatam, m◦ vraṇaḥ*

Sprain	स्नायुवितानं	*n∘ snāyuvitānam*
Stool	मलः, विष्टा	*m∘ malaḥ, f∘ viṣṭā*
Sweat	घर्मः, स्वेदः	*m∘ gharmaḥ, svedaḥ*
Swelling	शूयमानः	*m∘ śūyamānaḥ*
Tears	अश्रु	*m∘ aśru*
Thirst	तृषा, तृष्णा, पिपासा	*f∘ tṛṣā, tṛṣṇā, pipāsā*
Tuberculosis	क्षयः	*m∘ kṣayaḥ*
Urine	मुत्रं, मेहः	*n∘ mutram, m∘ mehaḥ*
Vomit	वमनं	*n∘ vamanam*
Wart	किणः	*m∘ kiṇaḥ*
Wound	क्षतं, व्रणः	*n∘ kṣatam, m∘ vraṇaḥ*
Yawn	जृंभा	*f∘ jṛmbhā*

4.7 CLOTHING, DRESS etc. परिधानानि paridhānāni

Belt	काञ्ची, मेखला	*kāñćī, mekhalā*
Blanket	ऊर्णायुः, कम्बलः, रल्लकः	*m∘ ūrṇāyuḥ, kambalaḥ, rallakaḥ*
Button	गण्डः	*m∘ gaṇḍaḥ*
Cap	शिरस्कं	*n∘ śiraskam*
Cloth	वसनं, वस्त्रं, वासः	*n∘ vasanam, vastram, vāsaḥ*
Coat	उत्तरीयं, कञ्चुकः, निचोलः	*n∘ uttariyam, kañćukaḥ, nićolaḥ*
Colour	रङ्गः	*m∘ rangaḥ*
Cotton	कर्पासः, तूलः, पिचुः, पिचुलः	*m∘ karpāsaḥ, tūlaḥ, pićuḥ, pićulaḥ*
Glove	करच्छदः	*m∘ karaććhadaḥ*
Gown	कटिवस्त्रं	*n∘ kaṭivastram*
Hat	शिरस्कं, शिरस्त्राणं	*n∘ śiraskam, śirastrāṇam*

Jacket	कूर्पासकः, निचोलः *m∘ kūrpāsakaḥ, nićolaḥ*
Lace	सूत्रजालं *n∘ sūtrajālam*
Measurement	परिमितिः, मानं, मापनं *f∘ parimitiḥ, n∘ mānam, māpanam*
Needle	सूचिः, सूची, सेवनी *f∘ sūćiḥ, sūćī, sevani*
Pocket	कोषः *m∘ koṣaḥ*
Quilt	तूलिका *f∘ tūlikā*
Satin	चीनाञ्शुकं *n∘ ćīnāṁśukam*
Scarf	चेलं, चेलकः *n∘ ćlam, m∘ ćelakaḥ*
Sheet	उत्तरच्छदः, प्रच्छदः *m∘ uttaraććhadaḥ, praććhadaḥ*
Shirt	चोलः, युतकं *m∘ ćolaḥ, n∘ yutakam*
Silk	कौशं, कौशेयं, कौशाम्बरं, कौशिकं, क्षौमं, टुकुलं *n∘ kauśam, kauśeyam, kauśāmbaram, kauśikam, kṣaumam, ṭukulam*
Size	आकारः, परिमाणं, मानं *m∘ ākāraḥ, n∘ parimāṇam, mānam*
Skirt	वस्त्राञ्चलः *m∘ vastrāñćalaḥ*
Sleeve	पिप्पलः *m∘ pippalaḥ*
Sock	पादत्रं *n∘ pādatram*
Style	प्रकारः *m∘ prakāraḥ*
Thread	तन्तुः, सूत्रं *m∘ tantuḥ, n∘ sūtram*
Towel	मार्जनवस्त्रं *n∘ mārjanavastram*
Turban	उष्णीषं *n∘ uṣṇīṣam*
Uniform	वेषः *m∘ veṣaḥ*
Veil	संवरणं *n∘ saṁvaraṇam*
Wool	ऊर्णा, लोम *f∘ ūrṇā, n∘ loma*
Yarn	तन्तुः, सूत्रं *m∘ tantuḥ, n∘ sūtram*

4.8 RELATIONS संबंधा: sambandhāḥ

Adopted	अङ्गीकृत, परिगृहित *adj∘ aṅgīkṛta, parigṛhita*
Adopted, daughter	दत्तकपुत्री *f∘ dattakaputrī*
Adopted, son	कृतकपुत्रः, दत्तकः *m∘ kṛtakaputraḥ, dattakaḥ*
Aunt	पितृष्वसा, मातृष्वसा *f∘ pitṛṣvasā, mātṛṣvasā*
Brother	बंधुः, भ्राता, सहोदरः, सोदरः *m∘ bandhuḥ, bhrātā, sahodaraḥ, sodaraḥ*
Brotherhood	बंधुता, बंधुत्वं, भ्रातृभावः, साहचर्यं, सौमात्रं *f∘ bandhutā, n∘ bandhutvam, m∘ bhrātṛbhāvaḥ,* *n∘ sāhaćaryam, saumātram*
Brotherly	भ्रात्रीय *a∘ bhrātrīya*
Brother' son	भ्रातृव्यः, भ्रातृपुत्रः, भ्रात्रीयः *m∘ bhatṛvyaḥ, bhrātṛputraḥ, bhrātrīyaḥ*
Brother's daughter	भ्रातृकन्या, भ्रातृसुता, भ्रात्रीया *f∘ bhatṛkanyā, bhrātṛsutā, bhrātrīyā*
Brother's wife	प्रजावती, भ्रातृजाया *f∘ prajāvatī, bhrātṛjāyā*
Child	अपत्यं, अर्भकः, संततिः, सन्तानः *n∘ apatyam, arbhakam, f∘ santtiḥ,* *m∘ santānaḥ*
Childless	निःसंतान *adj∘ niḥsantāna*
Country-folk	जानपदाः *m∘ jānapadāḥ*
Country-man	एकदेशस्थः, देशबंधुः, स्वदेशीयः *m∘ ekadeśasthaḥ, deśabandhuḥ, svadeśīyaḥ*
Couple	युगलं, युग्मं, दम्पती, वधूवरौ *n∘ yualam, yugmam; dual∘ m∘ dampatī, vadhūvarau*
Daughter	अंगजा, आत्मजा, कन्या, कुमारी, तनया, तनुजा, दुहिता, नन्दिनी, पुत्रिका, पुत्री, सुता *f∘ aṅgajā, ātmajā, kanyā, kumārī, tanayā, tanujā, duhitā, nandinī,* *putrikā, putrī, sutā*

Daughter-in-law वधूः, स्नुषा *f◦ vadhūḥ, snuṣā*

Family कुटुम्बं, कुलं, गोत्रं, जातिः, वंशः

n◦ kuṭumbam, kulam, gotram, f◦ jātiḥ, m◦ vaṁśaḥ

Family man अभ्यागारिकः, उपाधिः *m◦ abhyāgārikaḥ, f◦ upādhiḥ*

Father जनकः, जनयिता, जनिता, जन्मदः, पिता, तातः

m◦ janakaḥ, janayitā, janitā, janmadaḥ, pitā, tātaḥ

Fatherhood पितृत्वं, पितृधर्मः, पितृभावः

n◦ pitṛtvam, m◦ pitṛdharmaḥ, pitṛbhāvaḥ

Fatherless अनाथ, अपितृक, पितृहीन *adj◦ anātha, apitṛka, pitṛhīna*

Fatherly पितृतुल्यं *adv◦ pitṛtulyam*

Father-in-law श्वशुरः *m◦ śvaśuraḥ*

Father's brother पितृव्यः *m◦ pitṛvyaḥ*

Father's father पितामहः *m◦ pitamaḥ*

Father's mother पितामही *m◦ pitāmahī*

Father's sister पितृव्या, पितृस्वसा *pitṛvyā, pitṛsvasā*

Forefathers पितरः, पूर्वजाः, पूर्वाः, वृद्धाः *pl◦ pitaraḥ, pūrvajāḥ, pūrvāḥ, vṛddhāḥ*

Friend बंधुः, मित्रं, वसस्यः, सखा, सुहृद्, हितः

m◦ bandhuḥ, n◦ mitram, m◦ vayasyaḥ, sakhā, suhṛd, hitaḥ

Grand-child पौत्रः *m◦ pautraḥ ; f◦* पौत्री *pautrī*

Grand-daughter पौत्री *f◦ pautrī*

Grand-father पितामहः; मातामहः *m◦ pitāmahaḥ; mātāmahaḥ*

Grand-son पौत्रः *m◦ pautraḥ*

Grand-son, son's son नप्ता, पुत्रसुतः, पौत्रः *m◦ naptā, putrasutaḥ, pautraḥ*

Grandee अभिजनः, कुलीनः, कुलीनजनः, महाजनः

m◦ abhijanaḥ, kulīnaḥ, kulīnajanaḥ, mahājanaḥ

Grand-son, dauther's son पौत्रः, दौहित्रः *m◦ pautraḥ, dauhitraḥ*

Great-gand-daughter प्रपौत्री *f◦ prapautrī*

Great-grand-son प्रपौत्रः *m◦ prapautraḥ*

Great-great-grand-son परप्रपौत्रः *m◦ paraprapautraḥ*

Great-great-gand-daughter परप्रपौत्री *f◦ paraprapautrī*

Heair अंशहारी, उत्तराधिकारी, दायादः, रिक्थहरः, रिक्थी

aṁśahārī, uttarādhikārī, dāyādaḥ, rikthaharaḥ, rikthī

Husband इष्टः, उपयन्ता, कान्तः, धवः, नाथः, पतिः, परिग्रहिता, परिणेता, प्राणेशः, प्रियतमः, भर्ता, विवोढा, स्वामी, हृदयेशः

m◦ iṣṭaḥ, upayantā, kāntaḥ, dhavaḥ, nāthaḥ, patiḥ, parigrahitā, pariṇetā, prāṇeśaḥ, priyatamaḥ, bhartā, vivoḍhā, swāmī, hṛdayeśaḥ

Husband's brother देवरः *m◦ devaraḥ*

Husband's brother's wife याता *f◦ yātā*

Husband and wife जम्पती, दम्पती, जायापती, भार्यापती

(dual◦ m◦) jampatī, dampatī, jāyāpatī, bhāryāpatī

Husband, second दिधिषुः *m◦ didhiṣuḥ*

Husband's sister ननांदा, याता, श्याली *f◦ nanāndā, yātā, śyālī*

Lord ईशः, ईश्वरः, प्रभुः, स्वामी *m◦ īśaḥ, īśvaraḥ, prabhuḥ, swāmī*

Love अनुकम्पा, अनुरागः, अभिलाषः, प्रणयः, प्रीतिः, प्रेम, भावः, रागः, वात्सल्यं, स्नेहः

f◦ anukampā, m◦ anurāgaḥ, abhilāṣaḥ, praṇayaḥ, f◦ prītiḥ, n◦ prema, m◦ bhāvaḥ, rāgaḥ, n◦ vātsalyam, m◦ snehaḥ

Lover दयितः *m◦ dayitaḥ*

Mistress दयिता, रमणी *f◦ dayitā, ramaṇī*

Mother अंबा, जननी, जनयित्री, जन्मदा, प्रसवित्री, प्रसविनी, प्रसूः

f◦ ambā, jananī, janayitrī, janmadā, prasavitrī, prasavinī,

	prasūḥ
Motherhood	मातृत्वं, मातृधर्मः, मातृभावः
	n◦ mātṛtvam, mātṛdharmaḥ, mātṛbhāvaḥ
Motherless	अमातृकः, मृतमातृकः, हीनमातृकः
	m◦ amātṛkaḥ, mṛtamātṛkaḥ, hīnamātṛkaḥ
Motherly	मातृवत् *adv◦ mātṛvat*
Mother-in-law	श्वश्रूः *f◦ śvaśrūḥ*
Mother's brother	मातुलः *m◦ mātulaḥ*
Mother's brother's wife	मातुला, मातुलानी, मातुली *f◦ mātulā, mātaulānī, mātulī*
Mother's father	मातामहः *m◦ mātānahaḥ*
Mother-land	जन्मभूमिः, स्वदेशः *f◦ janmabhūmiḥ, m◦ svadeśaḥ*
Mother's mother	मातामही *f◦ mātāmahī*
Mother's sister	मातृस्वसा *f◦ mātṛsvasā*
Neighbor	प्रतिवेशी *m◦ prativeśī*
Neighborly	उपकारशीलः, प्रतिवासयोग्यः, हितः
	m◦ upakāraśīlaḥ, prativāsayogyaḥ, hitaḥ
Own, my	मदीय *adj◦ madīya*
Own, one's	आत्म, आत्मीय, निज, स्व, स्वकीय, स्वीय
	adj◦ ātma, ātmīya, nija, sva, svakīya, svīya
Own, your	त्वदीय, युष्मदीय *adj◦ tvadīya, yuṣmadīya*
Pupil	अन्तेवासी, छात्रः, शिष्यः *m◦ antevāsī, ćhātraḥ, śiṣyaḥ*
Relation	सम्बंधः *m◦ sambandhaḥ*
Relative	ज्ञातिः, बन्धुः, बान्धवः, सकुल्यः, सगोत्रः
	m◦ jñātiḥ, bandhuḥ, bāndhavaḥ, sakulyaḥ, sagotraḥ
Sister	भगिनी, स्वसा, सोदर्या *bhaginī, svasā, sodaryā*
Sister, elder	अग्रजा *f◦ agrajā*

Sister, younger	अनुजा, अवरजा *f◦ anujā, avarajā*
Sister's daughter	भागिनेयी, स्वस्रीया *f◦ bhāgineyī, svasrīyā*
Sisterhood	भगिनित्वं *n◦ bhaginitvam*
Sisterly	स्वस्रीय *adj◦ svasrīya*
Sister's husband	आवृत्तः, भगिनीपतिः *m◦ āvṛttaḥ, bhaginīpatiḥ*
Sister-in-law	ननान्दा, याता, श्याली *f◦ nanāndā, yātā, śyālī*
Sister's son	भागिनेय, स्वसृपुत्रः, स्वस्रेयः *m◦ bhāgineyaḥ, svasṛputraḥ, svasreyaḥ*
Son	अङ्गजः, आत्मजः, कुमारः, तनयः, तनुजः, दारकः, नंदनः, पुत्रः, पुत्रकः, सुतः, सुनुः *m◦ angajaḥ, ātmajaḥ, kumāraḥ tanayaḥ, tanujaḥ, dārakah:, nandanaḥ, putraḥ, putrakaḥ, sutaḥ, sunuḥ*
Sonless	अपुत्रक, निपुत्रिक *adj◦ aputrak, niputrik*
Son-in-law	जामाता *m◦ jāmātā*
Step-brother	अन्योदर्यः, विमातृजः, वैमात्रः, वैमात्रेयः *m◦ anyodaryaḥ, vimātṛjaḥ, vaimārtaḥ, vaimātreyaḥ*
Step-child	अन्योदर्यमपत्यं *n◦ anyodaryamapatyam*
Step-daughter	सपत्नीसुता *f◦ sapatnīsutā*
Step-father	मातृपतिः *m◦ mātṛpatiḥ*
Step-mother	विमाता *f◦ vimātā*
Step-sister	अन्योदर्या, विमातृजा, वैमात्री *f◦ anyodaryā, vimātṛjā, vaimātrī*
Step-son	सपत्नीसुतः *m◦ sapatnīsutaḥ*
Stranger	अनभिज्ञः, अन्यजनः, अपरिचितः, अभ्यागतः, आगन्तुकः, परः, विदेशीयः, वैदेशिकः, वैदेश्यः *m◦ anabhigjñaḥ, anyajanaḥ, aparićitaḥ, abhyāgataḥ, āgantukaḥ, paraḥ, videśiyaḥ, vaideśikaḥ, vaideśyaḥ*

Widow	अनाथा, गतभर्तृका, निर्णाथा, पतिहीना, विधवा *f∘ anāthā, gatabhartṛkā, nirṇāthā, patihīnā, vidhavā*
Widower	गतजायः, पत्नीहीनः *m∘ gatajāyaḥ, patnīhīnaḥ*
Wife	कलत्रं, कान्ता, क्षेत्रं, गृहाः, गृहिणी, गेहिनी, जाया, दयिता, दाराः, पत्नी, परिग्रहः, प्रिया, भार्या, रमणी, वधूः, वल्लभा, सहधर्मिणी, स्त्री *n∘ kalatram, f∘ kāntā, n∘ kṣetram, f∘ gṛhāḥ, gṛhiṇī, gehinī, jāyā, dayitā, m∘ dārāḥ, f∘ patnī, m∘ parigrahaḥ, f∘ priyā, bharyā, ramaṇī, vadhūḥ, vallabhā, sahadharmiṇī, strī*
Wife's brother	श्यालः *m∘ śyālaḥ*
Wife's sister	श्याली *f∘ śyālī*

4.9 HOUSEHOLD THINGS गृह्यवस्तुनि gṛhyavastuni

Bag	कोषः, स्यूतः *m∘ kośaḥ, syūtaḥ*
Basket	कण्डोली, करण्डः, मञ्जूषा *f∘ kaṇḍolī, m∘ karaṇḍah, f∘ mañjūṣā*
Bed	शय्या *f∘ śaiyyā*
Blanket	ऊर्णायुः, कम्बलः *m∘ ūrṇāyuḥ, kambalaḥ*
Bottle	कूपी *f∘ kūpī*
Bowl	कटोरं, कटोरा, भाजनं, शरावः *n∘ kaṭoram, f∘ kaṭorā, n∘ bhājanam, m∘ śarāvaḥ*
Box	पेटिका, सम्पुटः, समुद्रकः *f∘ peṭikā, m∘ samputaḥ, samudrakaḥ*
Broom	सम्मार्जनी *f∘ sammarjanī*
Brush	मार्जनी *f∘ mārjanī*
Bucket	उदञ्चनं, द्रोणी *n∘ udañćanam, f∘ droṇī*
Button	गण्डः *m∘ gaṇḍaḥ*
Candle	दीपिका *f∘ dīpikā*

Chair	आसनं, पीठं, विष्टरः	*n∘ āsanam, pīṭhaḥ, m∘ viṣṭaraḥ*
Comb	कङ्कतिका, प्रसाधनी	*f∘ kaṅkatikā, prasādhanī*
Cot	खट्वा, पर्यंकः	*f∘ khaṭvā, m∘ paryaṅkaḥ*
Cup	चषकः	*m∘ ćaṣakaḥ*
Dictionary	अभिधानं, शब्दकोषः	*m∘ abhidhānam, m∘ śabdakoṣaḥ*
Dish	शरावः	*m∘ śarāvaḥ*
Fuel	ईन्धनं	*n∘ īndhanam*
Furniture	उपस्करः	*m∘ upaskaraḥ*
Glass	चषकः	*m∘ ćaṣakaḥ*
Glue	लेपः, संश्लेषणं	*m∘ lepaḥ, n∘ saṁśleṣaṇam*
Hearth	चुल्ली	*f∘ ćullī*
Key	कुञ्चिका, ताली	*f∘ kuñćikā, tālī*
Knife	कृपाणी, छुरिका, छुरी	*f∘ kṛpāṇī, ćhurikā, ćhurī*
Lamp	दीपः, दीपकः	*m∘ dīpaḥ, dīpakaḥ*
Lock	तालः	*m∘ tālaḥ*
Mat	आस्तरणं, कटः, किलिञ्जः	*n∘ āstaraṇam, m∘ kaṭaḥ, kiliñjaḥ*
Mirror	आदर्शः, दर्पणः, मुकुरः	*m∘ ādarśaḥ, darpaṇaḥ, mukuraḥ*
Needle	सूचिका, सूची, सेवनी	*f∘ sūćikā, sūćī, sevanī*
Oven	कन्दुः, चुल्ली	*m∘ kanduḥ, f∘ ćullī*
Paper	पत्रकं	*n∘ patrakam*
Pen	कलमः, लेखनी	*m∘ kalamaḥ, f∘ lekhanī*
Pillow	उपधानं, बालिशं	*n∘ upadhānam, bāliśaḥ*
Plate	थालिका, स्थाली	*f∘ thālikā, sthālī*
Pot	कलशः, कुंभः, घटः, पात्रं, पिठरः, भाजनं	*m∘ kalaśaḥ, kumbhaḥ, ghaṭaḥ, pātram, piṭharaḥ, n∘ bhājanam*
Rolling pin	वेल्लनं, वेल्लनी	*n∘ vellanam, f∘ vellanī*

Rope	रज्जुः, शुल्बं	*f∘ rajjuḥ, n∘ śulbam*
Sack	स्यूतः	*m∘ syūtaḥ*
Soap	फेनिलः	*m∘ fenilaḥ*
Spoon	चमसः	*m∘ chamasaḥ*
Stove	चुल्ली	*f∘ ćullī*
String	तन्तुः, रज्जुः	*m∘ tantuḥ, rajjuḥ*
Swing	दोला, प्रेङ्खा, हिन्दोलः	*f∘ dolā, preṅkhaḥ, m∘ hindolaḥ*
Table	मञ्चः	*m∘ mañćaḥ*
Thread	तन्तुः	*m∘ tantuḥ*
Tongs	सन्दंशः	*m∘ sandaṁśaḥ*
Tray	आधारः	*m∘ ādhāraḥ*
Umbrella	छत्रं	*n∘ chhatram*
Wire	तारः	*m∘ tāraḥ*
Wok	ऋजीषं, कटाहः	*n∘ ṛjīṣam, m∘ kaṭahaḥ*

4.10 TOOLS उपकरणानि upakaraṇāni

Anvil	शूर्मी, स्थूणा	*f∘ śūrmī, sthuṇā*
Awl	आरा	*f∘ ārā*
Axe	कुठारः, परशुः	*m∘ kuṭhāraḥ paraśuḥ*
Blade	धारा	*f∘ dhārā*
Chisel	टङ्कः, तक्षणी, व्रश्चनः	*m∘ ṭaṅkaḥ, f∘ takṣaṇī, m∘ vraśćanaḥ*
Clamp	कीलकः	*m∘ kīlakaḥ*
Compass	दिङ्निर्णययन्त्रं	*n∘ diṅgnirṇayayantram*
Drill	वेधनिका	*f∘ vedhanikā*
File	पत्रपरशुः, व्रश्चनः	*m∘ patraparaśuḥ, vraśćanaḥ*

Gauge	मापकः *m∘ māpakaḥ*
Hammer	अयोघनः, घनः, द्रुघणः, मुद्गरः
	m∘ ayoghanaḥ, ghanaḥ, drughaṇaḥ, mudgaraḥ
Hone	शाणः *m∘ śāṇaḥ*
Knife	कृपाणी, छुरिका, छुरी *f∘ kṛpāṇī, ćhurikā, ćhurī*
Lever	उत्तोलनदण्डः, तुलायन्त्रं *m∘ uttolanadaṇḍaḥ n∘ tulāyantram*
Oar	क्षेपणी *f∘ kṣepaṇī*
Planer	तक्षणी *f∘ takṣaṇī*
Plough	लङ्गलं, हलं *n∘ lāṅgalam, halam*
Razor	क्षुरः *m∘ kṣuraḥ*
Saw	करपत्रं, क्रकचं, *n∘ karapatram, krakaćam*
Scale, length	मापकः *m∘ māpakaḥ*
Scale, weight	तुला *f∘ tulā*
Scissors	कर्तरिका, कर्तरी, कृपाणी, खण्डधारा, छेदनी
	f∘ kartarikā, kartarī, kṛpāṇī, khaṇḍadhārā, ćhedanī
Sickle	दात्रं, लवित्रं *n∘ dātram, lavitram*
Spade	अवदारणं, खनित्रं, स्तम्बघ्नः *n∘ avadāraṇam, khanitram, m∘ stambaghnaḥ*
Syringe	शृङ्गकं *n∘ śṛangakam*

4.11 FLOWERS **पुष्पाणि** puṣpāṇi

Bud	अङ्कुरः, कलिका, कुड्मलः, कौरकं, पल्लवः, मुकुलं
	m∘ aṅkuraḥ, f∘ kalikā, m∘ kuḍmalaḥ, n∘ kaurakam, m∘ pallavaḥ, n∘ mukulam
Flower	कुसुमं, पुष्पं, प्रसूनं, सुमं, सुमनं, सूनं
	n∘ kusumam, puṣpam, prasūnam, sumam, sumanam, sūnam
Fragrance	गन्धः, परिमलः, वासः, सुगन्धः, सुवासः, सौरभं

m∘ gandhaḥ, parimalaḥ, vāsaḥ, sugandhaḥ, sauvāsaḥ, n∘ saurabham

Jasmine अम्बष्ठा, अतिमुक्तः, कुन्दं, बकुलः, मल्लिका, माधवी, मालती, यूथिका

f∘ ambaṣṭhā, m∘ atimuktaḥ, n∘ kundam, m∘ bakulaḥ, f∘ mallikā, mādhavī, mālatī, yūthikā

Lotus अम्बुजं, अब्जं, अम्भोजं, अम्भोरुहं, अरविन्दं, उत्पलं, कमलं, कुशेशयं, तामरसं, नलिनं, पङ्कजं, पंकेरुहं, पद्म, पुष्करं, मरोरुहं, महोत्पलं, मृणालिनी, राजीवं, विसप्रसूनं, शतपत्रं, सरसिजं, सरसीरुहं, सहस्रपत्रं, सारसं

n∘ ambujam, abjam, ambhojam, ambhoruham, aravindam, utpalam, kamalam, kuśeśayam, tāmarasam, nalinam, paṅkajam, paṅkeruham, padma, puṣkaram, maroruham, mahotpalam, f∘ mṛṇālinī, n∘ rājīvam, viprasūnam, śatapatram, sarasijam, sarasīruham, sahasrapatram, sārasam

Lotus, blue कमलं, कुवलयं, इन्दीवरं, नीलोत्पलं

n∘ kamalam, kuvalayam, indīvaram, nīlotpalam

Lotus, red कमलं, कोकनदं, रक्तोत्पलं *n∘ kamalam, kokanadam, raktotpalam*

Lotus, white कमलं, कह्लारं, कुमुदं, पुण्डरीकं, सीताभोजं

n∘ kamalam, kahvāram, kumudam, puṇḍarīkam, sītābhojam

Marigold गन्धपुष्पं *n∘ gandhapuṣpam*

Narium कर्णिकारः *m∘ karṇikaraḥ*

Nectar अमृतं, पीयूषं, मकरन्दः, मरन्दः, मधु, मुधा, रसः

n∘ amṛtam, pīyūṣam, m∘ makarandaḥ, marandaḥ, n∘ madhu, f∘ mudhā, m∘ rasaḥ

Night Jasmine रजनीगन्धा *f∘ rajanīgandhā*

Petal दलं, पत्रं *n∘ dalam, patram*

Pollen परागः, रजः, रेणुः *m∘ parāgaḥ, rajaḥ, reṇuḥ*

Rose ओड्रपुष्पं, जपा *n∘ oḍrapuṣpam, f∘ japā*

Sunflower सूर्यपुष्पं *n∘ sūryapuṣpam*

4.12 FRUITS फलानि phalani

Almond	वातामफलं *n◦ vātāmaphalam*
Apple	आताफलं *n◦ ātāphalam*
Banana	कदली *f◦ kadalī*
Chestnut	शृंगाटकं *n◦ śṛngāṭakam*
Cocoanut	नारिकेलं *n◦ nārikelam*
Custard-apple	सीताफलं *n◦ sītāphalam*
Date dry	क्षुधाहरं *n◦ kṣudhāharam*
Fig	अञ्जीरं *n◦ anjīram*
Grape	द्राक्षा *f◦ drākṣā*
Guava	आम्रलं *n◦ āmralam*
Lemon	जम्बीरः, जभः, फलपूरः, बीजपूरः, रुचकः, मातुलङ्गकः *n◦ jambīraḥ, jabhaḥ, m◦ phalapūraḥ, bījapūraḥ, rućakaḥ, mātulangakaḥ*
Mango	आम्रं, आम्रफलं *n◦ āmram, āmraphalam*
Melon	खर्बूजं *n◦ kharbūjam*
Mulberry	तूतं *n◦ tūtam*
Orange	ऐरावतः, नारंगः *m◦ airāvataḥ, nārangaḥ*
Papaya	मधुकर्कटी *f◦ madhukarkaṭī*
Peach	आद्रालुः *m◦ ādrāluḥ*
Pineapple	अननासं *n◦ ananāsam*
Plum	बदरीफलं *n◦ badrīphalam*
Plum purple	आलुकं *n◦ ālukam*
Pomegranate	दाडिमं *n◦ dāḍimam*

Tamarind	अम्लिका *f∘ amlikā*
Walnut	अक्षोटं *n∘ akṣoṭam*
Watermelon	कालिन्दं, तारबूजं *n∘ kālindam, tārabūjam*

4.13 VEGETABLES शाकानि śākāni

Beans	माषः, शिम्बिका *m∘ māśaḥ, f∘ śimbikā*
Bittergourd	कारवेल्लं *n∘ kāravellam*
Cabbage	हरितकं *n∘ haritakam*
Carrot	गृञ्जनं *n∘ gṛñjanam*
Cauliflower	गोजिह्वा *f∘ gojihvā*
Celentro	धान्यकं *n∘ dhānyakam*
Chilli	मरिचं *n∘ maricam*
Cocoanut	नारिकेलं *n∘ nārikelam*
Cucumber	कर्कटी, चर्मटिका *f∘ karkaṭī, carmaṭikā*
Eggplant	भण्टाकी, वृत्ताङ्कः *f∘ bhaṇṭākī, m∘ vṛttāṅkaḥ*
Lemon	जम्बीरः, जभः, फलपूरः, बीजपूरः, रुचकः, मातुलङ्गकः *m∘ jambīraḥ, jabhaḥ, phalapūraḥ, bījapūraḥ, rucakaḥ, mātulangakaḥ*
Lotus, root	करहाटः, शालुः, शिफाकन्दः *m∘ karahaṭaḥ, śāluḥ, śifākandaḥ*
Okra	भिण्डकः *m∘ bhiṇḍakaḥ*
Onion	पलाण्डुः, सुकन्दकः *m∘ palāṇḍuḥ, sukandakaḥ*
Peas	कलायः *m∘ kalāyaḥ*
Potato	आलुः, गोलालुः *m∘ āluḥ, golāluḥ*
Pumpkin	कर्कारुः, कुष्माण्डः *m∘ karkāruḥ, kuṣmāṇḍaḥ*
Raddish	मूलकं, मूलिका *n∘ mūlakam, f∘ mūlikā*

Rapini	शाकं *n◦ śākam*
Salad	शदः *m◦ śadaḥ*
Spinach	पालकी *f◦ pālakī*
Sugarcane	इक्षुः, रसालः *m◦ ikṣuḥ, rasālaḥ*
Tomato	रक्तांगः *m◦ raktāṅgaḥ*
Turnip	शिखामूलं *n◦ śikhāmūlam*
Vegetable	शाकः, शाकं, हरितकं *m◦ śākaḥ, n◦ śākam, haritakam*
Yam	आरुकं, आलुकं *n◦ ārukam, ālukam*
Zuchini	जालिनी *f◦ jālinī*

4.14 PLANTS वनस्पतयः vanaspatayaḥ

Bamboo	कीचकः, वंशः, वेणुः *m◦ kīcakaḥ, vaṁśaḥ, veṇuḥ*
Banyan	अश्वत्थः, न्यग्रोधः, वटः *m◦ aśvatthaḥ, nyagrodhaḥ, vaṭaḥ*
Bark	वल्कं, वल्कलं *n◦ valkam, valkalam*
Branch	विटपः, शाखा *m◦ viṭapaḥ, f◦ śākhā*
Bud	अङ्कुरः, कलिका, कुड्मलः, कौरकं, पल्लवः, मुकुलं *m◦ aṅkuraḥ, f◦ kalikā, m◦ kuḍmalaḥ, n◦ kaurakam, m◦ pallavaḥ, n◦ mukulam*
Bulb	कन्दं *n◦ kandam*
Chlorophyll	हरितद्रव्यं *n◦ haritadravyam*
Climber	वल्लरी, वल्लिः, वल्ली *f◦ vallarī, valliḥ, vallī*
Farm	क्षेत्रं *n◦ kṣetram*
Flower	कुसुमं, पुष्पं, प्रसूनं, सुमं, सुमनं, सूनं *n◦ kusumam, puṣpam, prasūnam, sumam, sumanam, sūnam*
Forest	अटवी, अरण्यं, काननं, वनं, विपिनं

	f◦ aṭavī, n◦ araṇyam, kānanam, vanam, vipinam
Grass	घासः, तृणं, शस्यं, शादः *m◦ ghāsaḥ, n◦ tṛṇam, śasyam, m◦ śādaḥ*
Green	हरित्, हरित *adj◦ harit, harita*
Guava	आम्रलं *n◦ āmralam*
Gum	निर्यासः *m◦ niryāsaḥ*
Juice	आसवः द्रवः, रसः *m◦ āsavaḥ, dravaḥ, rasaḥ*
Leaf	छदः, पत्रं, पर्णं, दलं *m◦ ćhadaḥ, n◦ patram, parṇam, dalam*
Lemon	जम्बीरः, जभः, फलपूरः, बीजपूरः, रुचकः, मातुलङ्गकः *m◦ jambīraḥ, jabhaḥ, phalapūraḥ, bījapūraḥ, rućakaḥ, mātulangakaḥ*
Mango	आम्रं *n◦ āmram*
Palm	तालः *m◦ tālaḥ*
Peel	वल्कं, शल्कं *n◦ valkam, śalkam*
Pine	देवदारुः *m◦ devadāruḥ*
Pollen	परागः, रजः, रेणुः *m◦ parāgaḥ, rajaḥ, reṇuḥ*
Root	पादः, मूलं *m◦ pādaḥ, n◦ mūlam*
Seed	बीजं *n◦ bījam*
Shade	छाया *f◦ ćhāyā*
Stem	काण्डं, नालं *n◦ kāṇḍam, nālam*
Stone	अष्ठिः *f◦ aṣṭhiḥ*
Tamarind	चिञ्चा *f◦ ćinćā*
Teak	अर्णं *n◦ arṇam*
Thorn	कण्टकः, शल्यं *m◦ kaṇṭakaḥ, n◦ śalyam*
Tree	तरुः, द्रुमः, पादपः, वनस्पतिः, विटपः, वृक्षः *m◦ taruḥ, drumaḥ, pādapaḥ, vanaspatiḥ, viṭapaḥ, vṛkṣaḥ*
Vine	लता, वल्लरी, वल्लिः, वल्ली *f◦ latā, vallarī, valliḥ, vallī*

Wood दारु, काष्ठं *n∘ dāru, kāṣṭham*

4.15 FOOD STUFF खाद्यपेयानि khādyapeyāni

Barley प्रवेटः, यवः *m∘ pravetaḥ, yavaḥ*

Beverage पानं, पानीयं, पेयं *n∘ pānam, pānīyam, peyam*

Bread अभ्यूषः *m∘ abhyūṣaḥ*

Bread roṭi रोटिका *f∘ roṭikā*

Butter कलाटः, नवनीतं *m∘ kilāṭaḥ, n∘ navanītam*

Butter ghee आज्यं, घृतं *n∘ ājyam, ghṛtam*

Buttermilk अरिटं, कालशेयं, तक्रं *n∘ ariṭam, kālaśeyam, takram*

Black mung माषः *m∘ māṣaḥ*

Cheese दाधजं *n∘ dādhajam*

Chickpea चणकः *m∘ chaṇakaḥ*

Coffee कफघ्नी *f∘ kafaghnī*

Cook पाचकः, बल्लवः, सूदः *m∘ pāćakaḥ, ballavaḥ, sūdaḥ*

Corn शस्यं *n∘ śasyam*

Cream क्षीरजं *n∘ kṣīrajam*

Drink पानं, पानीयं, पेयं *n∘ pānam, pānīyam, peyam*

Flour क्षोदं, चूर्णं, पिष्टं *n∘ kṣodam, ćūrṇam, piṣṭam*

Food अन्नं, अशनं, आहारः, ओदनं, खादनं, खाद्यं, भक्तं, भक्षणं, भक्ष्यं, भोजनं, भोज्यं *m∘ annam, aśanam, m∘ āhāraḥ, n∘ odanam, khādanam, khādyam, bhaktam, bhakṣaṇam, bhakṣyam, bhojanam, bhojyam*

Grain धान्यं, शस्यं *n∘ dhānyam, śasyam*

Honey क्षौद्रं, मधु *n∘ kṣaudram, madhu*

Ice हिमं *n∘ himam*

Kidney beans	मुद्गः, शिंबा	*m∘ mudgaḥ, f∘ śimbā*
Kitchen	पाकशाला	*f∘ pākśālā*
Lentil	मसूरः, मसूरा	*m∘ masūraḥ, f∘ masūrā*
Marmalade	मिष्टपाकः	*m∘ miṣṭapākaḥ*
Meat	आमिषं, मांसं	*n∘ āmiṣam, māṁsam*
Milk	क्षीरं, दुग्धं	*n∘ kṣīram, dugdham*
Mung green	मुद्गः	*m∘ mudgaḥ*
Oil	अभ्यञ्जनं, तैलं, स्नेहः	*n∘ abhyañjanam, tailam, m∘ snehaḥ*
Paddy	धान्यं	*n∘ dhānyam*
Pea	कलायः, रेणुकः	*m∘ kalāyaḥ, reṇukaḥ*
Pigeon-peas	आढकी	*f∘ āḍhakī*
Pickle	सन्धानं	*f∘ sandhānam*
Pulse	वैदलं, शमीजः	*n∘ vaidalam, m∘ śamījaḥ*
Rice	तन्दुलः	*m∘ tandulaḥ*
Rice cooked	अन्नं, ओदनं, भक्तं	*n∘ annam, odanam, bhaktam*
Salt	लवणं	*n∘ lavaṇam*
Samosa	समाषः	*m∘ samāṣaḥ*
Sauce	अवलेहः	*m∘ avalehaḥ*
Seasum	तिलः	*m∘ tilaḥ*
Sorghum	यवनालः	*m∘ yavanālaḥ*
Sugar	शर्करा, सीता	*f∘ śarkarā, sītā*
Sweets	मिष्टान्नं	*n∘ miṣṭānnam*
Syrup	लेह्यं	*n∘ lehyam*
Vinegar	शुक्तं	*n∘ śuktam*
Wheat	गोधूमः	*m∘ godhūmaḥ*

Water अम्बु, अम्भः, उदकं, जलं, तोयं, पयः, पानीयं, वारि, सलिलं
n◦ ambu, ambhaḥ, udakam, jalam, toyam, payaḥ, pānīyam, vāri, salilam

Wine मदिरा, मद्यं, सुरा *f◦ madirā, madyam, surā*

Yougrt दधि *n◦ dadhi*

4.16 SPICES उपस्करणानि upaskaraṇāni

Aniseed मधुरा *f◦ madhurā*

Asafoetida हिंगुः *m◦ hiṅguḥ*

Basil कुठेरकः, तुलसी, पर्णासः *m◦ kuṭherakaḥ, f◦ tulsī, m◦ parṇāsaḥ*

Betel-nut ताम्बूलं, पूगं *n◦ tāmbūlam, pūgam*

Cardamom एला *f◦ elā*

Cinnamon दारुगन्धः, दारुसिता *m◦ dārugandhaḥ, f◦ dārusitā*

Clove देवकुसुमं, लवङ्गं *n◦ devakusumam, lavaṅgam*

Coriander धान्यकं *n◦ dhānyakam*

Cumin अजाजी, कणा, जरणः, जीरकः *f◦ ajājī, kaṇā, m◦ jaraṇaḥ, jīrakaḥ*

Garlic अरिष्टं, गृञ्जनं, महाकन्दं, लशूनं, सोनहः
n◦ ariṣṭam, gṛñjanam, mahākandam, laśūnam, m◦ sonahaḥ

Ginger आर्द्रकं, गुल्ममूलं, शृंगवेरं *n◦ ārdrakam, gulmamūlam, śṛṅgaveram*

Ginger, dry शुण्ठी *f◦ śuṇṭhī*

Hot spice सौरभं *n◦ saurabham*

Linseed अतसी, उमा, क्षुमा *f◦ atasī, umā, kṣumā*

Mace जातिपत्री *f◦ jātipatrī*

Mango powder आम्रचूर्णं *n◦ āmracūrṇam*

Marjoram कठिञ्जरः, पर्णासः, फणिज्जकः *m◦ kaṭhiñjaraḥ, parṇāsaḥ, faṇijjakaḥ*

Mint	अजगन्धः	*m◦ ajagandhaḥ*
Mustard	राजिका	*f◦ rājikā*
Myrobalan	आमलकः, कर्षफलः, कलिद्रुमः	*m◦ āmalakaḥ, karṣafalaḥ, kalidrumaḥ*
Nutmeg	जातिफलं, पुटकं	*n◦ jātiphalam, puṭakam*
Parsley	अजमोदा	*f◦ ajamodā*
Poppy seeds	खसतिलः	*m◦ khasatilaḥ*
Pepper	मरिचं, मरीचं	*n◦ marićam, marīćam*
Pepper, black	ऊषणं, कालकं, कृष्णं, वेल्लजं	*n◦ ūṣaṇam, kākalam, kṛṣṇam, vellajam*
Spice	उपस्करं	*n◦ upaskaram*
Saffron	अग्निशिखं, पीतनं, लोहितचन्दनं	*n◦ agniśikham, pītanam, lohitaćandanam*
Salt	लवणं	*n◦ lavaṇam*
Salt, rock	सैन्धवं	*n◦ saindhavam*
Sugar	शर्करा	*f◦ śarkarā*
Tamarind	अम्लिका, आम्लीका, तिंन्तिका, चिञ्चा	*f◦ amlikā, āmlīkā, tintikā, ćinćā*
Turmeric	काञ्चनी, निशा, पीता, वरवर्णिनी, हरिद्रा	*f◦ kāñćanī, niśā, pītā, varavarṇinī, haridrā*
Walnut	अक्षोटः, अक्षोटं	*m◦ akṣoṭakaḥ, n◦ akṣoṭakam*
Yeast	कारोत्तरः, किण्वं, सुरामण्डं	*m◦ kārottaraḥ, n◦ kiṇvam, surāmaṇḍam*

4.17 MINERALS, METALS and JEWELS खनीजानि khanījāni

Coal	अंगारः, खनिजाङ्गारः	*m◦ angaraḥ, khanijāṅgāraḥ*
Coral	प्रवालः, विद्रुमः	*m◦ pravālaḥ, vidrumaḥ*
Brass	आरकूटं, पित्तलं, रीती	*n◦ ārakūṭam, pittalam, f◦ rītī*
Copper	उदुम्बरं, ताम्रं, ताम्रकं, द्व्यष्टं, वरिष्टं, शुल्बं	*n◦ udumbaram, tāmram, tāmrakam, dvyaṣṭam, variṣṭam, śulbam*

Diamond वज्रं, हीरं, हीरकः *n∘ vajram, hīram, m∘ hīrakaḥ*

Emerlad गारुत्मतं, मरकतं *n∘ gārutmatam, marakatam*

Gold अष्टापदं, कनकं, कर्बुरं, काञ्चनं, कार्तस्वरं, गांगेयं, चामीकरं, जातरूपं, जाम्बूनदं, तपनीयं, भर्म, महारजतं, रुक्मं, शातकुम्भं, शृंगिः, सुवर्णं, स्वर्णं, हेम, हाटकं, हिरण्यं

n∘ aśṭāpadam, kanakam, karburam, kāñćanam, kārtasvaram, gāṅgeyam, ćāmīkaram, jātarūpam, jāmbūnadam, tapanīyam, bharma, mahārajatam, rukma, śāntkumbham, śṛngī, suvarṇam, svarṇam, hema, hāṭakam, hiraṇyam

Iron अयः, आयसः, कालायसं, कृष्णायसं, पिण्डं, लोहः, लोहं, शस्त्रकं

n∘ ayaḥ, m∘ āyasaḥ, n∘ kālāyasam, kṛṣṇāyasam, piṇḍam, m∘ lohaḥ, n∘ loham, śastrakam

Jade अश्वकः *m∘ aśvakaḥ*

Jewel मणिः, रत्नं *m∘ maṇiḥ, n∘ ratnam*

Lead नागं, योगेष्टं, वप्रं, सीसं, सीसकं

n∘ nāgam, yogeṣṭam, vapram, sīsam, sīsakam

Marble मर्मरः, मर्मरोपलः, श्लक्ष्णः *m∘ marmaḥ, marmaropalaḥ, ślakṣṇaḥ*

Mercury पारदः, सूतः *m∘ pāradaḥ, sūtaḥ*

Mica अभ्रकं *n∘ abhrakam*

Mine आकरः, निधिः, रत्नाकरः *m∘ ākaraḥ, nidhiḥ, ratnākaraḥ*

Mineral खनिजं, धातुः *n∘ khanijam, m∘ dhātuḥ*

Opal पुलकः, विमलकः *m∘ pulakaḥ, vimalakaḥ*

Pearl मुक्ता, मुक्ताफलं, मौक्तिकं, शुक्तिजं

f∘ muktā, n∘ muktāphalam, mauktikam, śuktijam

Ruby पद्मरागः, माणिक्यं, शोणरत्नं, लोहितकः

m∘ padmarāgaḥ, n∘ māṇikyam, śoṇaratnam, m∘ lohitakaḥ

Sapphire	इन्द्रनीलः नीलः, नीलोपलः, महानीलः
	m∘ indranīlaḥ, nīlaḥ, nīlopalaḥ, mahānīlaḥ
Silver	कलधौतं, खर्जूरं, दुर्वर्णं, रजतं, रूप्यं, श्वेतं
	n∘ kaladhautam, kharjuram, durvarṇam, rajatam, rūpyam, śvetam
Soil	मृद्, मृत्तिका *f∘ mṛd, mṛttikā*
Sulphur	गन्धकः, गन्धिकः, गन्धाश्म *m∘ gandhakaḥ, gandhikaḥ, n∘ gandhāśma*
Tin	त्रपु, पिच्चटं *n∘ trapu, piccaṭam*
Topaz	पीताश्म *n∘ pītāśma*
Turquoise	हरिताश्म *n∘ haritāśma*
Zinc	दस्ता *f∘ dastā*

4.18 MUSIC संङ्गीतं Sangeetam

Ascending	आरोहः *m∘ ārohaḥ*
Bell	घण्टा *f∘ ghaṇṭā*
Bugle	शृङ्गं *n∘ śṛṅgam*
Clarionet	वंशः *m∘ vaṁśaḥ*
Conch	कम्बुः, दरं, शंखः *m∘ kambuḥ, n∘ daram, m∘ śankhaḥ*
Cymbal	झल्लकं, झल्लरी *n∘ jhallakam, f∘ jhallarī*
Descending	अवरोहः *m∘ avarohaḥ*
Devotional song	भजनं *n∘ bhajanam*
Drum	डिण्डिमं, दुन्दुभिः, पटहः, भेरी
	n∘ ḍiṇḍimam, f∘ dundubhiḥ, m∘ paṭahaḥ, f∘ bherī
Flute	मुरली, वंशः, वेणुः *f∘ muralī, m∘ vaṁśaḥ, veṇuḥ*
Guitar Indian	पिनाकी, वल्लकी, विपञ्ची, वीणा, सारंगी
	f∘ pinākī, vallakī, vipañcī, vīṇā, sārangī

Harp	पिनाकी, वल्लकी, विपंची, वीणा, सारंगी *f◦ pinākī, vallakī, vipanćī, vīnā, sārangī*
Kettledrum	डिण्डिमा, दुन्दुभिः, भेरी *f◦ ḍinḍimā, dundubhiḥ, bherī*
Melody	रागः *m◦ rāgaḥ*
Note	स्वरः *m◦ svaraḥ*
Notation	स्वरलिपी *f◦ svaralipī*
Prayer	आरती *m◦ āratī*
Octave	सप्तकं *n◦ saptakam*
Rhythm	तालः *m◦ tālaḥ*
Song	गानं, गीतं, गीतिः *n◦ gānam, gītam, f◦ gītiḥ*
Tabor	मुरजः, मृदङ्गः *m◦ murajaḥ, mṛdangaḥ*
Tambourine	कर्णदुन्दुभिः *f◦ karṇadundubhiḥ*
Tempo	लयः *m◦ layaḥ*
Tomtom	पटहः, भेरी *m◦ paṭahaḥ, f◦ bherī*
Violin	पिनाकी, शारङ्गी *m◦ pinākī, śārangī*
Whistle	वंशी *f◦ vaṁśī*

4.19 PROFESSIONS **व्यवसायाः** vyavasāyāḥ

Actor	अभिनेता, नटः *m◦ abhinetā, naṭaḥ*
Actress	अभिनेत्री, नटी *f◦ abhinetrī, naṭī*
Advocate	पक्षसमर्थकः, वक्ता *m◦ pakṣasamarthakaḥ, vaktā*
Agent	प्रतिनिधिः *m◦ pratinidhiḥ*
Artizan	कलाकारः, चित्रकरः, शिल्पी *m◦ kalākāraḥ, ćitrakaraḥ, śilpī*
Artist	कलाकारः, चित्रकरः, शिल्पी *m◦ kalākāraḥ, ćitrakaraḥ, śilpī*
Assassin	घातकः, हन्ता *m◦ ghātakaḥ, hantā*

Barber	क्षुरी, क्षौरिकः, नापितः *m∘ kṣurī, kṣaurikaḥ, nāpitaḥ; f∘* नापिती *nāpitī*
Blacksmith	अयस्कारः, लोहकारः *m∘ ayaskāraḥ, lohakāraḥ*
Boatman	औडुपिकः, नाविकः, पोतवाहः *m∘ auḍupikaḥ, nāvikaḥ, potavāhaḥ*
Broker	निर्वाहकः *m∘ nirvāhakaḥ*
Butcher	आखेटकः, मांसिकः, विशसिता, सौनिकः *m∘ ākheṭakaḥ, māṁsikaḥ, viśasitaḥ, saunikaḥ*
Butler	गृहकर्मकरः *m∘ gṛhakarmakaraḥ*
Carpenter	तक्षकः, त्वष्टा, स्थकारः *m∘ takṣakaḥ, tvaṣṭā, sthakāraḥ*
Carrier	वाहकः, हरः *m∘ vāhakaḥ, haraḥ*
Cashier	टङ्काधीशः *m∘ ṭaṅkādhīśaḥ*
Chemist	रसज्ञः *m∘ rasajñaḥ*
Clerk	कायस्थः, लिपिकारः, लेखकः *m∘ kāyasthaḥ, lipikāraḥ, lekhakaḥ*
Conductor	अग्रणीः, परिचरः, प्रणेता, मार्गदर्शकः *m∘ agraṇīḥ, paricaraḥ, praṇetā, mārgadarśakaḥ*
Confectioner	आपूपिकः, भक्ष्यङ्कारः *m∘ āpūpikaḥ, bhakṣyaṅkāraḥ*
Constable	दण्डधरः *m∘ daṇḍdharaḥ*
Contractor	पणकर्ता *m∘ paṇakartā*
Cook	पाचकः, बल्लवः, सूपकारः, सूदः *m∘ pācakaḥ, ballavaḥ, sūpakāraḥ, sūdaḥ*
Dancer	नर्तकः *m∘ nartakaḥ;* नर्तकी *f∘ nartakī*
Dentist	दन्तवैद्यः *m∘ dantavaidyaḥ*
Doctor	वैद्यः *m∘ vaidyaḥ*
Dramist	नाटककारः *m∘ nāṭakakāraḥ*
Editor	संपादकः *m∘ sampādakaḥ*
Engineer	अभियन्ता, यन्त्रकारः *m∘ abhiyantā, yantrakāraḥ*
Examiner	परीक्षकः *m∘ parīkṣakaḥ*
Farmer	कर्षकः, कृषिकः, कृषिवलः *m∘ karṣakaḥ, kṛṣikaḥ, kṛṣivalaḥ*

Fisherman	कैवतः, धीवरः *m◦ kaivataḥ, dhīvaraḥ*
Florist	मालाकारः, मालिकः *m◦ mālākāraḥ, mālikaḥ*
Gardener	माली *m◦ mālī*
Goldsmith	कलादः, स्वर्णकारः *m◦ kalādaḥ, svarṇakāraḥ*
Guard	परिचरः, रक्षकः, रक्षी *m◦ parićaraḥ, rakṣakaḥ, rakṣī*
Inspector	निरीक्षकः, निरूपकः *m◦ nirīkṣakaḥ, nirūpakaḥ*
Jeweler	मणिकारः, रत्नकारः *m◦ maṇikāraḥ, ratnakāraḥ*
Landlord	क्षेत्री, भूस्वामी *m◦ kṣetrī, bhūsvāmī*
Lawyer	विधिज्ञः *m◦ vidhijñaḥ*
Magician	इन्द्रजालिकः, कुहकः, कौसृतिकः, मायाकारः, मायी *m◦ indrajālikaḥ kuhakaḥ, kausṛtikaḥ, māyākāraḥ, māyī*
Manager	अवेक्षकः, निर्वाहकः *m◦ avekṣakaḥ, nirvāhakaḥ*
Mason	लेपकः, पलगण्डः *m◦ lepakaḥ, palagaṇḍaḥ*
Merchant	आपणिकः, नैगमः, वणिक्, व्यवहारी *m◦ āpaṇikaḥ, naigamaḥ, vāṇik, vyavahārī*
Messenger	दूतः, वार्तायनः *m◦ dūtaḥ, vārtāyanaḥ*
Midwife	साविका, सूतिका *f◦ sāvikā, sūtikā*
Milkman	आभीरः, गोपः, दोहकः *m◦ ābhīraḥ, gopaḥ, dohakaḥ*
Milkmaid	आभीरी, गोपिका, गोपी *f◦ ābhīrī, gopikā, gopī*
Novelist	आख्यायिकाकारः *m◦ ākhyāyikākāraḥ*
Nurse	परिचारिका, मातृका *f◦ parićārikā, mātṛkā*
Operator	कारकः, कर्ता *m◦ kārkaḥ, kartā*
Painter	चित्रकः, रञ्जकः *m◦ ćitrakah, rañjakaḥ*
Peon	पदातिः, भृत्यः *m◦ padātiḥ, bhṛtyaḥ*
Photographer	छायाचित्रकारः *m◦ ćhāyāćitrakāraḥ*
Physician	भिषक्, वैद्यः *m◦ bhiṣak, vaidyaḥ*

Poet	कविः, सूरिः *m∘ kaviḥ, sūriḥ*
Police	रक्षकः, रक्षी, राजपुरुषः *m∘ rakṣakaḥ, rakṣī, rājpuruṣaḥ*
Politician	राजनीतिज्ञः *m∘ rājanītijñaḥ*
Postman	पत्रवाहः, पत्रहारः *m∘ patravāhaḥ, patrahāraḥ*
Priest	पण्डितः, पुरोधसाः, पुरोहितः *m∘ paṇḍitaḥ, purodhasāḥ, purohitaḥ*
Printer	मुद्रकः *m∘ mudrakaḥ*
Publisher	ख्यापकः प्रकाशकः, प्रकाशयिता *m∘ khyāpakaḥ, prakāśakaḥ, prakāśayitā*
Retailer	खण्डवणिक् *m∘ khaṇḍavaṇik*
Sailor	नाविकः, नौवाहः, पोतवाहः, समुद्रगः *m∘ nāvikaḥ, nauvāhaḥ, potavāhaḥ, samudragaḥ*
Sculptor	तक्षकः, त्वष्टा *m∘ takṣakaḥ, tvaṣṭā*
Shoe-maker	चर्मकारः *m∘ ćarmakāraḥ*
Shopkeeper	आपणिकः, क्रयविक्रयिकः, पण्यजीवः, विपणी *m∘ āpaṇikaḥ, krayavikrayikaḥ, paṇyajīvaḥ, vipaṇī*
Sorcerer	मान्त्रिकः *m∘ māntrikaḥ*
Surgeon	चिकित्सकः *m∘ ćikitsakaḥ*
Tailor	तुन्नवायः, सूचिकः, सौचिकः *m∘ tunnavāyaḥ, sūćikaḥ, saućikaḥ*
Teacher	अध्यापकः, उपदेष्टा, गुरुः, शिक्षकः *m∘ adhyapakaḥ, upadeṣṭā, guruḥ, śikṣakaḥ*
Treasurer	कोषाध्यक्षः *m∘ koṣādhyakṣaḥ*
Waiter	परिवेषकः, परिवेष्टा, सेवकः *m∘ pariveṣakaḥ, pariveṣṭā, sevakaḥ*
Washerman	रजकः *m∘ rajakaḥ*
Washerwoman	रजकी *f∘ rajakī*
Watchman	वैतालिकः, वैबोधिकः, रक्षकः *m∘ vaitālikaḥ, vaibodhikaḥ, rakṣakaḥ*
Weaver	कुविन्दः, तन्तुवापः, पटकारः *m∘ kuvindaḥ, tantuvāpaḥ, paṭakāraḥ*

4.20 BUSINESS व्यापारः vyāpāraḥ

Account	गणना, विगणनं *f◦ gaṇanā, m◦ vigaṇanam*
Accountant	गणकः, लेखकः *m◦ gaṇakaḥ, lekhakaḥ*
Advance	उपनिधिः *f◦ upanidhiḥ*
Advancement	उत्कर्षः, उन्नतिः, वर्धनं *m◦ utkarṣaḥ, f◦ unnatiḥ, n◦ vardhanam*
Advantage	लाभः, हितं *m◦ lābhaḥ, n◦ hitam*
Adventure	साहसं *n◦ sāhasam*
Adverse	प्रतिकूल *adj◦ pratikūl*
Advertise	विज्ञापनं *n◦ vijñāpanam*
Annual	वार्षिक *adj◦ vārṣik*
Annuity	वार्षिकवेतनं *n◦ vārṣikvetanam*
Annulment	लोपः *m◦ lopaḥ*
Application	याचनापत्रं *n◦ yāćanāpatram*
Arrears	ऋणशेषं *n◦ ṛṇaśeṣam*
Assistant	सहायः, सहायकः *m◦ sahāyaḥ, sahāyakaḥ*
Average	स्थूलप्रमाणं *n◦ sthūlapramāṇam*
Balance	आवशेषः, शेषः *m◦ avaśeṣaḥ, śeṣaḥ*
Balance scale	तुला *f◦ tulā*
Bank	धनागारं *n◦ dhanāgāram*
Bankruptsy	निर्धनः *m◦ nirdhanaḥ*
Broker	निर्वाहकः *m◦ nirvāhakaḥ*
Brokerage	निर्वहनद्रव्यं *n◦ nirvahanadravayam*
Business	नियोगः, यवहारः, व्यवसायः, व्यापारः *m◦ niyogaḥ, yavahāraḥ, vyavasāyaḥ, vyāpāraḥ*
Businessman	नियोगी, व्यवसायी, व्यापारी *m◦ niyogī, vyavasāyī, vyāpārī*

Buyer	क्रेता *m∘ kretā*
Capital	मूलद्रव्यं *n∘ mūladravyam*
Cash	टण्कः, नाणकं, मुद्रा *m∘ taṅkaḥ, n∘ nāṇakam, f∘ mudrā*
Cell phone	जङ्गमदूरवाणी *f∘ jaṅgamadūravāṇī*
Charges	मूल्यं *n∘ mūlyam*
Clerk	कायस्थः, लिपीकारः *m∘ kāyasthaḥ, lipīkāraḥ*
Coin	टण्कः, नाणकं, मुद्रा *m∘ taṅkaḥ, n∘ nāṇakam, f∘ mudrā*
Commerce	क्रयविक्रयः, निगमः, वाणिज्यं *m∘ krayavikrayaḥ, nigamaḥ, n∘ vāṇijyam*
Courier	दूतः, वार्ताहरः *m∘ dūtaḥ, vārtāharaḥ*
Court	न्यायसभा *f∘ nyāyasabhā*
Customer	क्रेता, ग्राहकः *m∘ kretā, grāhakaḥ*
Company	परिषद्, श्रेणी *f∘ pariṣad, śreṇī*
Consumer	विनियोजकः *m∘ viniyojakaḥ*
Customer	क्रेता, ग्राहकः *m∘ kretā, grāhakaḥ*
Credit	प्रतिष्ठा, विश्वासः *f∘ pratiṣṭhā, m∘ viśvāsaḥ*
Creditor	उत्तमर्णः, ऋणदाता, धनिकः *m∘ uttamarṇaḥ, ṛṇadātā, dhanikaḥ*
Current	प्रचलित, वर्तमान, विद्यमान *adj∘ prachalita, vartamāna, vidyamāna*
Currency	प्रचलनं, प्रचलितमुद्रा *n∘ praćalanam, f∘ praćalitmudrā*
Daily	दैनिक *adj∘ dainik*
Debt	ऋणं *n∘ ṛṇam*
Demand	अभियोगः, याचना *m∘ abhiyogaḥ, f∘ yāćnā*
Deposit	निक्षेपः *m∘ nikṣepaḥ* (ii) a deposit as an advance उपनिधिः *m∘ upanidhiḥ*
Depreciation	अपकर्षः, अवमानता *m∘ apakarṣaḥ, f∘ avamānatā*
Discount	उद्धृतभागः *m∘ uddhṛtabhāgaḥ*
Document	पत्रं, लेखः *n∘ patram, m∘ lekhaḥ*

Draft	आलेख्यं	*n◦ ālekhyam*
Duty	करः, तार्यं, शुल्कः	*m◦ karaḥ, n◦ tāryam, m◦ śulkaḥ*
Earnings	वेतनं	*m◦ vetanam*
Economy	अर्थशास्त्रं, वित्तशास्त्रं	*m◦ arthaśāstram, vittaśāstram*
Electricity	विद्युत्	*f◦ vidyut*
Employee	अधिकृतः	*m◦ adhikṛtah:*
Employer	अधिकारी	*m◦ adhikārī*
Endowment	वृत्तिः	*f◦ vṛttiḥ*
Exchange	परिवर्तनं, विनिमयः	*n◦ parivartanam, m◦ vinimayaḥ*
Expense	व्ययः	*m◦ vyayaḥ*
Export	निर्गमनं	*n◦ nirgamanam*
Factory	कर्मशाला	*f◦ karmaśalā*
Finance	धनागमः	*m◦ dhanāgamaḥ*
Financier	कोशाध्यक्षः, धनाधिकारी	*m◦ kośādhyakṣaḥ, dhanādhikārī*
Fixed	निश्चित	*adj◦ niścita*
Foreign	विदेशीय	*adj◦ videśīya*
Fraud	कैतवं, व्याजः	*n◦ kaitavam, m◦ vyājaḥ*
Freight	तार्यं	*n◦ tāryam*
Fund	पुञ्जः, राशिः	*m◦ puñjaḥ. rāśiḥ*
Goods	द्रव्यं, पण्यं, सामग्री	*n◦ dravyam, paṇyam, f◦ sāmagrī*
Gross	स्थूल	*adj◦ sthūla*
Import	आवहः	*m◦ āvaḥ*
Income	आयः, धनागमः, वेतनं	*m◦ āyaḥ, dhanāgamaḥ, n◦ vetanam*
Industry	उद्योगः, व्यवसायः	*m◦ udyogaḥ, vyavasāyaḥ*
Inflation	आध्मानं	*n◦ ādhmānam*

Insurance	योगक्षेमः, रक्षणं	*m◦ yogakṣemaḥ, n◦ rakṣaṇam*
Job	कर्म	*n◦ karma*
Joint	सन्धिः	*f◦ sandhiḥ*
Labour	उद्यमः, श्रमः	*m◦ udyamaḥ, śramaḥ*
Labourer	कर्मकरः, कर्मकारः, भृतकः	*m◦ karmakaraḥ, karmakāraḥ, bhṛtakaḥ*
Land	भूः, भूमिः	*f◦ bhūḥ, bhūmiḥ*
Ledger	गणनापुस्तकं	*n◦ gaṇanāpustakam*
Legal	धर्म्य, न्याय्य	*adj◦ dharmya, nyāyya*
Letter	पत्रं, लेखः	*n◦ patram, m◦ lekhaḥ*
Loan	ऋणं	*n◦ ṛṇam*
Lock	तालः	*m◦ tālaḥ*
Locker	कोष्ठः, सपुटकः	*m◦ koṣṭhaḥ, sapuṭakaḥ*
Loss	अपचयः, हानिः	*m◦ apaćayaḥ, f◦ hāniḥ*
Management	चालनं, विनिमयः, शासनं	*n◦ ćālanam, m◦ vinimayaḥ, n◦ śāsanam*
Manipulation	हस्तव्यापारः	*m◦ hastvyāpāraḥ*
Market	आपणः, निगमः	*m◦ āpaṇaḥ, nigamaḥ*
Merchandise	वाणिज्यं	*n◦ vāṇijyam*
Merchant	आपणिकः, वाणिजः	*m◦ āpaṇikaḥ, vāṇijaḥ*
Mint	टङ्कशाला	*f◦ ṭaṅkśālā*
Mobile phone	जङ्गमदूरवाणी	*f◦ jaṅgamadūravāṇī*
Money	अर्थः, धनं, द्रव्यं, वित्तं	*m◦ arthaḥ, n◦ dhanam, dravyam, vittam*
Moneyless	धनहीन, निर्धन	*adj◦ dhanahīna, nirdhana*
Monthly	मासिक	*adj◦ māsik*
Net	अशेष	*adj◦ aśeṣa*
Notice	निर्देशः, सूचना	*m◦ nirdeśaḥ, f◦ sūćanā*

Occupation	नियोगः, वृत्तिः *m◦ niyogaḥ, f◦ vṛttiḥ*
Office	कार्यालयं *n◦ kāryālayam*
Officer	अधिकारी *m◦ adhikārī*
Owner	स्वामी *m◦ swāmī*
Partner	सहभागी *m◦ sahabhāgī*
Phone	दूरवाणी *f◦ dūravāṇī*
Price	मूल्यं *n◦ mūlyam*
Private	आत्मीय, स्व *adj◦ ātmīya, sva*
Profit	आयः, लाभः, हितं *m◦ āyaḥ, lābhaḥ, n◦ hitam*
Public	गण, जन, लोक *adj◦ gaṇa, jana, loka*
Publication	प्रकाशनं *n◦ prakāśanam*
Rate	गतिः, मानं *f◦ gatiḥ, n◦ mānam*
Receipt	स्वीकारपत्रं *n◦ svīkārapatram*
Rent	करः, भाटकं *m◦ kraḥ, n◦ bhāṭakam*
Sale	पणनं, विक्रयः *n◦ paṇanam, m◦ virayaḥ*
Saving	सञ्चयः, संग्रहः *m◦ sañćayaḥ, saṁgrahaḥ*
Seal	मुद्रा *f◦ mudrā*
Secretary	सचिवः *m◦ saćivaḥ*
Servant	कर्मकरी, सेवकः *m◦ karmakaraḥ, sevakaḥ*
Shop	आपणः, विपणिः *m◦ āpaṇaḥ, vipaṇiḥ*
Sign	अभिज्ञानफलकं *n◦ abhijñānafalakam*
Signature	स्वाक्षरं, स्वहस्ताक्षरं *n◦ svākṣaram, svahastākṣaram*
Stamp	मुद्रा *f◦ mudrā*
Stock	सञ्चयः, सम्भारः *m◦ sañćayaḥ, sambhāraḥ*
Store, shop	आपणः *m◦ āpaṇaḥ;*

Store, warehouse	निधानं, सञ्चयः, सम्भारः *n◦ nidhānam, m◦ sañćayaḥ, sambhāraḥ*
Trade	वाणिज्यं, व्यवसायः, व्यापारः *n◦ vāṇijyam, m◦ vyavasāyaḥ, vyāpāraḥ*
Telephone	दूरवाणी *f◦ dūravāṇī*
Treasury	कोषः कोषागारं, भाण्डागारं *m◦ koṣaḥ, n◦ koṣāgāram, bhāṇḍāgāram*
Warehouse	कोषः, कोषागारं, भाण्डागारं *m◦ koṣaḥ, n◦ koṣāgāram, bhāṇḍāgāram*
Wholesale	स्तूपविक्रयः *m◦ stūpavikrayaḥ*
Work	कर्म, नियोगः, व्यापारः *n◦ karma, m◦ niyogaḥ, vyāpāraḥ*

4.21 WARFARE युद्धं yuddham

Aggression	अतिक्रमणं, आक्रमणं, लङ्घनं *n◦ atikramaṇam, ākramaṇam, laṅghanam*
Aggressor	अतिक्रमकः, आक्रमकः *m◦ atikramakaḥ, ākramakaḥ*
Airforce	वायुसेना *f◦ vāyusenā*
Arm	अस्त्रं, आयुधं, शस्त्रं, शस्त्रास्त्रं *n◦ astram, āyudham, śastram, śastrāstram*
Armless	अनायुध, अभुज, अशस्त्र, निःशस्त्र *adj◦ anāyudh, abhuj, aśastra, niḥśastra*
Army	अनीकं, आनीकं, चमूः, दण्डं, दलं, पृतना, बलं, वाहिनी, सेना, सैन्यं *n◦ anīkam, ānīkam, f◦ ćamūḥ, n◦ daṇḍam, dalam, f◦ pṛtanā, n◦ balam, f◦, vāhinī, senā, n◦ sainyam*
Armament	युद्धोपकरणं *n◦ yuddhopakaraṇam*
Armour	कवचं, कञ्चुकः, तनुत्रं, तनुत्राणं, वर्म *n◦ kavaćam, kañćukam, tanutram, tanutrāṇam, varma*
Armour, head	शिरस्त्राणं *n◦ śirastrāṇam*
Armoury	शस्त्रागारं *n◦ śastrāgāram*
Arrow	इषुः, काण्डं, नाराचः, बाणः, मार्गणः, विशिखः, शरः, शीलीमुखः, सायकः *m◦ iṣuḥ, n◦ kāṇḍam, m◦ nārāćaḥ, bāṇaḥ, mārgaṇaḥ, viśikhaḥ, śaraḥ, śīlīmukhaḥ, sāyakaḥ*
Atom bomb	अण्वास्त्रं *n◦ aṇvāstram*

Attack	अभियोगः अवस्कंदः, आक्रमः, आपातः
	m◦ abhiyogaḥ, avaskandaḥ, ākramaḥ, āpātaḥ
Battle	आहवः, आजिः, द्वन्द्वं, युध्, युद्धं, प्रधनं, रणः, रणं, समरः, संख्यं, संग्रामः, समितिः
	m◦ āhavaḥ, ājiḥ, n◦ dvandvam, f◦ yudh, n◦ yuddham, pradhanam, m◦ raṇaḥ, n◦ raṇam, m◦ samaraḥ, n◦, saṅkhyam, m◦ sangrāmaḥ, f◦ samitiḥ
Battle array	विन्यासः, व्यूहः *m◦ vinyāsaḥ, vyūhaḥ*
Battle cry	क्ष्वेडितं, सिंहनादः *n◦ kṣveḍitam, m◦ simhanādaḥ*
Battle field	रणः, रणभूमिः, रणाङ्गणं, समरः
	m◦ raṇaḥ, f◦ raṇabhūmiḥ, n◦ raṇāṅgaṇam, m◦ samaraḥ
Blockade	अवरोधः, परिवेष्टनं *m◦ avarodhaḥ, n◦ pariveṣṭanam*
Bomb	अग्न्यस्त्रं *n◦ agnyastram*
Bloodshed	नृहत्या, रक्तपातः *f◦ nṛhatyā, m◦ raktapātaḥ*
Blow	आघातः, प्रहारः *m◦ āghātaḥ, prahāraḥ*
Blunder	अनवधानं, प्रमादः *n◦ anavadhānam, m◦ pramādaḥ*
Bow	इष्वासः, कार्मुकं, कोदण्डं, चापं, धनुः, शरावापः, शरासनं
	m◦ iśvāsaḥ, n◦ kārmukam, kodaṇḍam, ćāpam, dhanuḥ, m◦ śarāvāpaḥ, n◦ śarāsanam
Bow-man	धनुर्धरः, धनुर्भृत्, धनुष्मत्, धानुष्कः, धन्वी, निषंगी
	m◦ dhanurdharaḥ, dhanurbhṛt, dhanuṣmat, dhānuṣkaḥ, dhanvī, niṣaṅgī
Bow string	गुणः, ज्या, मौर्वी, शिञ्जिनी *m◦ guṇaḥ, f◦ jyā, maurvī, śiñjinī*
Brave	धीर, पराक्रमी, विक्रांत, वीर, शूर, साहसिक
	adj◦ dhīra, parākramī, vikrānt, vīra, śūra, sāhasika
Bull's eye	लक्ष्यं *n◦ lakṣyam*
Bullet	गुलिः, गुलिका, प्रक्षेपिणी *f◦ guliḥ, gulikā, prakṣepiṇī*

Campaign	युद्धप्रवृत्तिः *f∘ yuddhapravṛttiḥ*
Cannon	गुलिप्रक्षेपणी *f∘ guliprakṣepaṇī*
Cannon ball	रणगुलिः *f∘ raṇaguliḥ*
Cartridge	गुलिः *f∘ guliḥ*
Cavalry	तुरगबलं, सादिगणः *n∘ turagbalam, m∘ sādigaṇaḥ*
Chariot	रथः, स्यन्दनः *m∘ rathaḥ, syandanaḥ*
Civil-war	जनप्रकोपः *m∘ janaprakopaḥ*
Cold war	शीतयुद्धं *n∘ śītayuddham*
Colonel	गुल्मपति, सेनाध्यक्षः *m∘ gulmapatiḥ, senādhyakṣaḥ*
Colony	अधिनिवेशः *m∘ adhiniveśaḥ*
Combat	आहवः, आजिः, द्वन्द्वं, युध्, युद्धं, प्रधनं, रणः, रणं, समरः, संख्यं, संग्रामः, समितिः *m∘ āhavaḥ, ājiḥ, n∘ dvandvam, f∘ yudh, n∘ yuddham, pradhanam, m∘ raṇaḥ, n∘ raṇam, m∘ samaraḥ, n∘, saṅkhyam, m∘ sangrāmaḥ, f∘ samitiḥ*
Combatant	भटः, योधः, योद्धा, वीरः *m∘ bhaṭaḥ, yodhaḥ, yoddhā, vīraḥ*
Combative	कलहप्रियः *m∘ kalahapriyaḥ*
Command	अधिकारः, अधिपत्यं, प्रभुत्वं *m∘ adhikāraḥ, n∘ adhipatyam, prabhutvam*
Commander	चमूपतिः, सेनाध्यक्षः, सेनानायकः, सेनानीः *m∘ ćamūpatiḥ, senādhyakṣaḥ, senānāyakaḥ, senānīḥ*
Death	अन्तः, उपरमः, निधनं, मरणं, पञ्चत्वं, संस्थितिः *m∘ antaḥ, uparamaḥ, n∘ nidhanam, maraṇam, pañćatvam, f∘ saṁsthitiḥ*
Defeat	अभिभवः, पराजयः, पराभवः, परिभवः *m∘ abhibhavaḥ, parājayaḥ, parābhavaḥ, paribhavaḥ*
Defence	त्राणं, रक्षणं, रक्षा, संरक्षणं *n∘ trāṇam, rakṣaṇam, f∘ rakṣā, n∘ saṁrakṣaṇam*
Democracy	प्रजातन्त्रं, लोकतन्त्रं *n. prajātantram, loktantram*

Destroyer ध्वंसकः, नाशकः *m∘ dhvaṁsakaḥ, nāśakaḥ*

Dictator एकाधिपतिः *m∘ ekādhipatiḥ*

Enemy अरातिः, अरिः, रिपुः, वैरी, शत्रुः *m∘ arātiḥ, ariḥ, ripuḥ, vairī, śatruḥ*

Expedition प्रयाणं, यात्रा *n∘ prayāṇam, f∘ yātrā*

Fight आहवः, आजिः, द्वन्द्वं, युध्, युद्धं, प्रधनं, रणः, रणं, समरः, संख्यं, संग्रामः, समितिः *m∘ āhavaḥ, ājiḥ, n∘ dvandvam, f∘ yudh, n∘ yuddham, pradhanam, m∘ raṇaḥ, n∘ raṇam, m∘ samaraḥ, n∘, saṅkhyam, m∘ saṅgrāmaḥ, f∘ samitiḥ*

Fighter plane युद्धविमानं *n∘ yuddhavimānam*

Fist fight मुष्टियुद्धं *n∘ muṣṭiyuddham*

Foot soldier पत्तिः, पदातिः, पदिकः *m∘ pattiḥ, padātiḥ, padikaḥ*

Fort कोटः, दुर्गं *m∘ koṭaḥ, n∘ durgam*

Fortification कूटः, कोटः, दुर्गं, परिखा, प्राचीरं *m∘ kūṭaḥ, koṭaḥ, n∘ dūrgam, f∘ parikhā, n∘ prācīram*

Freedom स्वातन्त्र्यं *n∘ svātantryam*

Gun गुलिप्रक्षेपणी, भुशुण्डी *f∘ guliprakṣepaṇī, bhuśuṇḍī*

Gunpowder आग्नेयचूर्णं *n∘ āgneyacūrṇam*

Hand-to-hand fight बाहुयुद्धं *n∘ bāhuyuddham*

Helmet शिरस्त्राणं *n∘ śirastrāṇam*

Hostage विश्वासस्थानं *n∘ viśvāsasthānam*

Human shield मनुष्याश्रयः *m∘ manuṣyāśrayaḥ*

Indemnity प्रतिफलं, हानिपूरणं *n∘ pratiphalam, hānipūraṇam*

Marine fight नौयुद्धं *n∘ nauyuddham*

Mariner नाविकः, पोतवाहः *m∘ nāvikaḥ, potvāhaḥ*

Maritime समुद्रीय *adj∘ samudrīya*

Medal पदकं, मुद्रा *n∘ padakam, f∘ mudrā*

Melee	तुमुलं, रणसंकुलं	*n∘ tumulam, raṇasaṅkulam*
Mutiny	द्रोहः, व्युत्थानं, संक्षोभः	*m∘ drohaḥ, n∘ vyutthānam, m∘ saṅkṣobhaḥ*
Navy	जलसेना, नौसेना	*f∘ jalasenā, nausenā*
Non-violence	अहिंसा, शान्तिः	*f∘ ahiṃsā, śāntiḥ*
Occupation	व्याप्तिः	*f∘ vyāptiḥ*
Peace	शांतिः	*f∘ śāntiḥ*
Plan of action	प्रयुक्तिः	*f∘ prayuktiḥ*
Prisoner of war	युद्धबन्दिः	*m∘ yuddhabandiḥ*
Provision	उपपादनं, परिकल्पनं	*upapādanam, parikalpanam*
Recruit	नवसैनिकः	*m∘ navasainikaḥ*
Sacrifice	त्यागः	*m∘ tyāgaḥ*
Secret	गुह्यं, गौप्यं, रहस्यं	*n∘ guhyam, gaupyam, rahasyam*
Service	सेवा	*f∘ sevā*
Ship	जलयानं, पोतः	*n∘ jalayānam, m∘ potaḥ*
Signal	सङ्केतः	*m∘ saṅketaḥ*
Shot	अस्त्रपातः, क्षेपः	*m∘ astrapātaḥ, kṣepaḥ*
Siege	परिवेष्टनं	*n∘ pariveṣṭanam*
Slaughter	कन्दनं, घातनं, विशंसनं, वैशंसं, संहारः	*n∘ kandanam, ghātanam, viśasaṃsanam, vaiśaṃsaḥ, m∘ saṃhāhāraḥ*
Strategy	युद्धकौशलं, समरपाटवं	*n∘ yuddhakauśalam, samarapāṭavam*
Spear	कुन्तः, शूलः	*m∘ kuntaḥ, śūlaḥ*
Spy	अपसर्पः, गुप्तचरः, चरः	*m∘ apasarpaḥ, guptaćaraḥ, ćaraḥ*
Sword	असिः, कृपाणः, खड्गः,	*f∘ asiḥ, m∘ kṛpāṇaḥ, khaḍgaḥ*
Traitor	राजद्रोही	*m∘ rājdrohī*
Treaty	सन्धानं, सन्धिः	*n∘ sandhānam, f∘ sandhiḥ*
Trechery	द्रोहः	*m∘ drohaḥ*

Trench	खातं *n◦ khātam*
Troops	पदातयः, सैनिकाः, सैन्यं *m◦ padātayaḥ, sainikāḥ, n◦ sainyam*
Victor	जिष्णुः, जेता, विजेता *m◦ jiṣṇuḥ, jetā, vijetā*
Victory	जयः, विजयः *m◦ jayaḥ, vijayaḥ*
War	आहवः, आजिः, द्वन्द्वं, युध्, युद्धं, प्रधनं, रणः, रणं, समरः, संख्यं, संग्रामः, समितिः *m◦ āhavaḥ, ājiḥ, n◦ dvandvam, f◦ yudh, n◦ yuddham, pradhanam, m◦ raṇaḥ, n◦ raṇam, m◦ samaraḥ, n◦, saṅkhyam, m◦ saṅgrāmaḥ, f◦ samitiḥ*
Warfare	युद्धं, वैरं, संप्रहारः *n◦ yuddham, vairam, m◦ samprahāraḥ*
War time	युद्धकालः *n◦ yuddhakālaḥ*
World war	महायुद्धं, विश्वयुद्धं *n◦ mahāyuddham, viśvayuddham*

4. 22 TIME समयः samayaḥ

1. COUNTING THE TIME

Second	क्षणः, निमिषः, विपलम्। *m◦ kṣaṇaḥm nimiṣaḥ n◦ vipalam*
Minute	पलम्, कला। *n◦ palam, f◦ kalā*
Hour	घटी। *f◦ ghaṭī*
Day	अहन्, दिनम्, दिवसः, वारः, वासरः, तिथिः। *n◦ ahan, dinam, m◦ divasaḥ, vāraḥ, vāsaraḥ, f◦ tithiḥ*
Night	रात्रिः, रात्री, निशा। *f◦ rātriḥ, rātrī, niśā*
Dawn	उषः, उषा, प्रभातम्। *n◦ uṣaḥ, f◦ uṣā, n◦ prabhātam*
Noon	मध्यदिनम्, मध्याह्नः। *n◦ madhyadinam, m◦ madhyanhaḥ*
Afternoon	अपराह्नः, पराह्नः, विकालः। *m◦ aparānhaḥ, parānhaḥ, vikālaḥ*
Midnight	मध्यरात्रिः, अर्धरात्रिः। *m◦madhyarātriḥ, ardharātriḥ,*
Week	सप्ताहः, सप्तदिनम्। *saptāhaḥ, n◦ saptadinam*

Year	वर्षः, वत्सरः, अब्दः, समा।	*m◦ varṣaḥ, vatsaraḥ, sbdaḥ, f◦ samā*
Age	कल्पः, युगम्।	*n◦ kalpam, yugam*
Time	समयः, कालः, वेला।	*m◦ samayaḥ, kālaḥ, velā*
Day-before-yesterday	परह्यः।	*adv◦ parahyaḥ*
Yesterday	ह्यः, पूर्वेद्युः।	*adv◦ hyaḥ, pūrvedyuḥ*
Today	अद्य।	*adv◦ adya*
Now	अधुना, इदानीम्, सम्प्रति।	*adv◦ adhūnā, idānīm, samprati*
Tomorrow	श्वः, परेद्युः।	*adv◦ śvaḥ, paredyuḥ*
Day-after-tomorrow	परश्वः।	*adv◦ paraśvaḥ*
Always	अनीशं, सदा, सर्वदा, सततम्, निरन्तरम्।	*adv◦ anīśam, sadā, sarvadā, satatam, nirantaram*
Periodically	समयतः, काले काले।	*adv◦ samayataḥ, kāle kāle*
Sometime	एकदा, पुरा, प्राक्।	*adv◦ ekadā, purā, prāk*
Sometimes	क्वचित्, कदाचित्।	*adv◦ kvachit, kadāchit*
Maybe	कदाचित्।	*adv◦ kadāchit*
Never	न कदापि, न जातु।	*adv◦ na kadāpi, na jātu*
Eever	जातु, एकदा।	*n◦ jātu, ekadā*

2. NAMES OF THE DAYS OF THE WEEK

(1) Sunday	*ravivāraḥ, ravivāsaraḥ*	रविवारः, रविवासरः
(2) Monday	*somavāraḥ, somavāsaraḥ*	सोमवारः, सोमवासरः
(3) Tuesday	*maṅgalvāraḥ, maṅgalvāsaraḥ*	मंगलवारः, मंगलवासरः
(4) Wednesday	*budhavāraḥ, budhavāsaraḥ*	बुधवारः, बुधवासरः
(5) Thursday	*guruvāraḥ, guruvāsaraḥ*	गुरुवारः, गुरुवासरः
(6) Friday	*śukravāraḥ, śukravāsaraḥ*	शुक्रवारः, शुक्रवासरः
(7) Saturday	*śanivāraḥ, śanivāsaraḥ*	शनिवारः, शनिवासरः

There are 30 days in a month. मासे त्रिंशत् दिनानि सन्ति। There are two bi-weekly periods in each month, namely Kṛṣṇa-pakṣaḥ and Śukla-pakṣaḥ. प्रतिमासे द्वौ पक्षौ भवतः नामनी कृष्णपक्षः शुक्लपक्षः च। In each biweekly period there are 15 days. प्रतिपक्षे पञ्चदश तिथयः भवन्ति।

Their names :

(1) प्रतिपदा (2) द्वितीया (3) तृतीया (4) चतुर्थी (5) पञ्चमी (6) षष्ठी (7) सप्तमी (8) अष्टमी (9) नवमी (10) दशमी (11) एकादशी (12) द्वादशी (13) त्रयोदशी (14) चतुर्दशी (15) अमावस्या अथवा पौर्णिमा।

3. NAMES OF THE MONTHS

(1) March-April	*Caitraḥ*	चैत्रः
(2) April-May	*Vaiśākhaḥ*	वैशाखः
(3) May-June	*Jyeṣṭhaḥ*	ज्येष्ठः
(4) June-July	*Āṣāḍhaḥ*	आषाढः
(5) July-August	*Śrāvaṇaḥ*	श्रावणः
(6) Aug.-Sept.	*Bhādrapadaḥ*	भाद्रपदः
(7) Sept.- Oct.	*Āśvinaḥ*	आश्विनः
(8) Oct.-Nov.	*Kārtikaḥ*	कार्तिकः
(9) Nov.-Dec.	*Mārgaśīrṣaḥ*	मार्गशीर्ष
(10) Dec.-Jan.	*Pauṣaḥ*	पौषः
(11) Jan.-Feb.	*Māghaḥ*	माघः
(12) Feb.-March	*Phālgunaḥ*	फाल्गुनः

4. NAMES OF THE SEASONS

(1) Spring	*Vasantaḥ*	वसन्तः	(2) Summer	*Grīṣmaḥ*	ग्रीष्मः
(3) Rainy-season	*Varṣā*	वर्षा	(4) Autumn	*Sharad*	शरद्
(5) Winter	*Hemantaḥ*	हेमन्तः	(6) Winter	*Śiśiraḥ*	शिशिरः

CHAPTER 5

THE SIX TENSES

1. THE PRESENT TENSE : *laṭ lakārah* लट् लकार:।

TYPICAL SUFFIXES OF THE PRESENT TENSE:

All three genders - m∘, f∘ and n∘

Person	Singular	Dual	Plural
1st p∘	मि (mi)	व: (vaḥ)	म: (maḥ)
2nd p∘	सि (si)	थ: (thaḥ)	थ (tha)
3rd p∘	ति (ti)	त: (taḥ)	अन्ति (anti)

USE OF PARTICLE *sma* स्म

WITH A PRESENT TENSE

When the particle *sma* स्म is added to a लट् Present Tense or to a Present Participle, the action is converted into Past Tense. Note that स्म could be anywhere in the sentence.

(1) Present Tense (habitual or continuous) : I eat, I am eating. *ahaṁ khādāmi* अहं खादामि।

(2) Past Tense : (habitual or continuous) : I used to eat, I was eating. *ahaṁ khādāmi sma* अहं खादामि स्म।

2. THE (PAST) IMPERFECT TENSE : *laṅ lakārah* लङ् लकार:।

This tense is one of the three Saṁskrit Past Tenses (लङ्, लिट्, लुङ्).

CHARACTERISTICS :

(1) लङ् (imperfect) represents an action not prformed today, not seen by the speaker, but is qualified by an adjective.

(2) लिट् (perfect) represents an action not prformed today, not seen by the speaker, and not qualified by an adjective.

(3) लुङ् (indfinite) represents actions prformed today or actions seen by the speaker. For details, see the unique Flow Chart of Tenses, at the end of Chapter 22.

For our purpose, the IMPERFECT लङ् tense may approximately be considered almost same as the PAST INDEFINITE TENSE in English. The SUFFIXES of the Imperfect tense are : (same chart for all three genders - m∘, f∘ and n∘)

TYPICAL SUFFIXES OF THE PAST IMPERFECT (INDEFINITE लङ्) TENSE

Person	Singular	Dual	Plural
1st p∘	अम् (am)	व (va)	म (ma)
2nd p∘	:	तम् (tam)	त (त)
3rd p∘	त् (t)	ताम् (tām)	अन्, उः (an, uḥ)

(1) Augment अ (*a*) is added to the root before attaching any Past Imperfect suffix (shown in the chart given above). e.g. √वद् → अ + √वद् + अत् = अवदत्

(2) If the √verb is preceded by a prefix (preposition), the augment अ is inserted between the preposition and the √verb. Then, if applicable, follow the sandhi rules also.
e.g. √वद् → अवदत्। प्र√वद् → प्र + अ + वदत् → प्रावदत्।

(3) If the √verb begins with a vowel, the augment अ forms *sandhi* with it. e.g. √इष् → अ + इच्छत् → ऐच्छत्

NOTE : **When *ma sma* मा स्म phrase is prefixed** to a लङ् verb, the लङ् prefix अ (अट्) or आ (आट्) is dropped, and **the verb is no more a past tense. It now indicates the meaning of 'do not.'** e.g.

You became a fool. *tvaṁ mūrkhaḥ abhavaḥ* त्वं मूर्खः अभवः। Don't you be a fool. *tvaṁ mūrkhaḥ mā sma bhavaḥ* त्वं मूर्खः मा स्म भवः। See end of Chapter 20, item (A).

3. THE (PAST) PERFECT TENSE : *liṭ lakāraḥ* लिट् लकारः।

CHARACTERISTICS :

(1) The Perfect tense (लिट् लकार) is the action concluded in absolute or remote past.

(2) It includes an action that is out of sight (*parokṣa* परोक्ष) of the person who is talking about that past event.

e.g. Gītā 1.44 अर्जुनः उवाच। उत्सन्नकुलधर्माणां मनुष्याणां नरके अनियतं वासः भवति इति अनुशुश्रुम।। Arjuna said, those who have lost their family traditions have to stay in the hell forever, so we had heard.

(3) (i) लङ् represents actions not prformed today, not seen by the speaker, but is qualified by an adjective. (ii) लिट् represents actions not prformed today, not seen by the speaker, and not qualified by an adjective. (iii) लुङ् represents actions prformed today, and actions seen by the speaker. See the Flow Chart of Tenses, Chapter 22.

(4) The Perfect tense (लिट्) is rarely used in the first person. And even in most other cases, in classical Saṁskrit, the Imperfect (लङ्) is used in place of the Perfect (लिट्).

THE TYPICAL SUFFIXES OF THE PERFECT TENSE (लिट्)

(All three genders - m∘ f∘ and n∘)

Person	Singular	Dual	Plural
1p∘	**अ (a)**	**व (va)**	**म (ma)**
2p∘	**थ (tha)**	**अथुः (athuḥ)**	**अ (a)**
3p∘	**अ (a)**	**अतुः (atuḥ)**	**उः (uḥ)**

4. THE AORIST (INDEFINITE) TENSE : *luṅ lakāraḥ* लुङ् लकारः।

CHARACTERISTICS :

(i) It usually indicates an action performed or (ii) happened at a remote past time, (iii) but it is sometimes used for an action performed today or at any past period.

e.g. एकदा एकः राजा आसीत्। Once upon a time there was a king. Or Gītā 18.74 संवादम् अश्रौषम् अद्भुतम्। I heard the wonderful dialogue.

COMPARISON :

(i) लङ् represents actions not prformed today, not seen by the speaker, but is qualified by an adjective.

(ii) लिट् represents actions not prformed today, not seen by the speaker, and not qualified by an adjective.

(iii) लुङ् represents actions prformed today or actions seen by the speaker and not specified by an adjective. It also includes actions witnessed, experienced or heard from someone else by the speaker.

NOTE : For details see the unique Flow Chart of Tenses, given at the end of the chapter.

TYPICAL SUFFIXES OF THE INDEFINITE PAST TENSE (लुङ्)

Person	Singular	Dual	Plural
1st person	**सम् (sam)**	**स्व (sva)**	**स्म (sma)**
2nd per॰	**सः (saḥ)**	**स्तम् (stam)**	**स्त (sta)**
3rd person	**ईत् (īt)**	**स्ताम् (stām)**	**सुः न् (suḥ, n)**

NOTE: Prefix अ is prefixed to the verb of लुङ् Indefinite past tense (similar to the Imperfect लङ् past tense).

SIMILARITY BETWEEN

INDEFINITE PAST TENSE लुङ् AND IMPERFECT PAST TENSE लङ्

For comparison, see Chapter 17, attachment of particle *sma* स्म।

(A) When *mā* मा particle is attached to a लुङ् verb :

1. the लुङ् prefix अ (अट्) or आ (आट्) is dropped, now
2. the verb is no more a past tense.
3. Now it is an expression of imperative 'do not.'

(B) When *ma sma* मा स्म phrase is attached to the लङ् verb :

1. the लङ् prefix अ (अट्) or आ (आट्) is dropped, and
2. the verb is no more a past tense.
3. now it indicates the meaning of 'do not.'

5. INDEFINITE FUTURE TENSE : *lṛṭ lakāraḥ* लृट् लकारः।

THE SIMPLE FUTURE TENSE

This is the most commonly used Future Tense in Saṁskrit.

CHARACTERISTICS :

(i) The action that will be performed at some unspecified future time, immediate or remote, or

(ii) the action that is contingent up on some future event, is the FUTURE INDEFINITE TENSE लृट्.

NOTE : This tense is also called the 'Simple Future Tense.'

TYPICAL SUFFIXES OF THE INDEFINITE FUTURE लृट्

Person	Singular	Dual	Plural
1p∘	**स्यामि (syāmi)**	**स्यावः (syāvaḥ)**	**स्यामः (syāmaḥ)**
2p∘	**स्यसि (syasi)**	**स्यथः (syathaḥ)**	**स्यथ (syatha)**
3p∘	**स्यति (syati)**	**स्यतः (syataḥ)**	**स्यन्ति (syanti)**

6. THE DEFINITE FUTURE TENSE : *luṭ lakāraḥ* लुट् लकारः।

CHARACTERISTICS :

(1) The Definite Future tense लुट् represents actions not prformed today, but qualified by an adjective. The Indefinite Future tense लृट् (which is given earlier) represents actions prformed today, but not qualified by an adjective. See the Flow Chart of Tenses at the end of this chapter.

(2) The लुट् tense denotes an action that will take place at a definite future time (including today), but neither immediate nor at remote time. e.g. Gītā 2.52 तदा गन्तासि निर्वेदम्। Then you will attain detachment.

TYPICAL SUFFIXES OF THE DEFINITE FUTURE लुट्

Person	Singular	Dual	Plural
1p∘	**तास्मि *(tāsmi)***	**तास्वः *(tāsvaḥ)***	**तास्मः *(tāsmaḥ)***
2p∘	**तासि *(tāsi)***	**तास्थः *(tāsthaḥ)***	**तास्थ *(tāstha)***
3p∘	**ता *(tā)***	**तारौ *(tārau)***	**तारः *(tāraḥ)***

RATNAKAR'S FLOWCHART FOR - WHICH TENSE TO USE?

(1) Has the action started? Is it a habitual action? YES : Go to 2↓
NO : Go to 10↓

(2) Has the action finished? YES : Go to 4↓
NO : Go to 3↓

(3) This action is a **Present** tense (लट्)

(4) Was it a today's event? YES : Go to 5↓
NO : Go to 6↓

(5) This action is a **Past Indefinite** tense (लुङ्)

(6) Was it witnessed by the speaker? YES : Go to 5↑
NO : Go to 7↓

(7) Is there an adjective such as 'today, yesterday, last year' ...etc. attached to the action?
YES : Go to 8↓
NO : Go to 9↓

(8) This action is a **Past Imperfect** tense (लङ्)

(9) This action is a **Past Perfect** tense (लिट्)

(10) Will this be a today's action? YES : Go to 11↓
NO : Go to 12↓

(11) This action is an **Indefinite Future** tense (लृट्)

(12) Is there an adjective such as today, tomorrow, next year ...etc. attached to the action?
YES : Go to 13↓
NO : Go to 11↑

(13) This action is a **Definite Future** tense (लुट्)

(14) Is the action specified with particle *mā* (मा)? Go to 5↑
Is it specified with the phrase *mā sma* (मा स्म)? Go to 8↑

CHAPTER 6

PRAKRIYA

1. PARASMAIPADĪ AND ĀTMANEPADĪ VERBS

parasmaipadī ātmanepadī ća परस्मैपदी आत्मनेपदी च।

Unique of the Sanskṛt language, the *ātmanepada* and *parasmaipada* denote :

To whom the fruit of an action accrues?

or who is the intended victim of the action?

(1) *ātmanepada* of a verb indicates that the fruit of an action accrues to the doer (*ātma* आत्म) of action, and thus the action is *ātmanepadī*, e.g. *nirīkṣe* (Gītā 1.22) 1st∘ sing∘, 'I observe for myself,' (*nirīkṣe;* निरीक्षे, उत्तमपुरुष: एकवचनं लट् भ्वादि: आत्मनेपदी ←निर्√ईक्ष्).

(2) *parasmaipada* of a verb indicates that the fruit of an action accrues to someone other (*para* पर) than the doer of that action. e.g. *bravīmi* Gītā 1.7, 1st∘ sing∘, 'I am telling you,' (*bravīmi;* ब्रवीमि, उत्तमपुरुष: एकवचनं लट् अदादि: परस्मैपदी ←√ब्रू).

BE CAREFUL :

In order to avoid the very common errors, care must be taken not to mix up the distinction between *Parasmaipadī* and Ātmanepadī with :

(1) the passive (*karmaṇi* कर्मणि) and active (*kartari* कर्तरि) characteristics of the voices (*prayogāḥ* प्रयोगा:)

(2) with the intransitive (*akarmakam* अकर्मकम्) and transitive (*sakarmakam* सकर्मकम्) attributes of the verbs (क्रियापदानि)

(3) Many times Ātmanepadī is confused and translated as Middle Voice, but Ātmanepadī is not a voice. The voices are : कर्तरि, कर्मणि and भावे *kartari, karmaṇi* and *bhāve.* They

are discribed in Chapter 26.

(i) The verbs such as अटति, करोति, पचति, याचति are transitive of the *parasmaipadī* Active voice (कर्तरि: प्रयोग:)

(ii) the verbs अटते, कुरुते, ईक्षते, पचते, लभते, याचते are intransitive of the *ātmanepadī* Active voice

(iii) and the verbs अट्यते, ईक्ष्यते, पच्यते, लभ्यते, याच्यते are transitive-intransitive *ātmanepadī* of the Passive voice (कर्मणि प्रयोग:)

In the Active voice, both Transitive and Intransitive verbs are used. But, in the Passive voice only Transitive verbs are used, and therefore, many people misunderstand *ātmanepadī* as 'passive voice.' In the *Bhāve* voice, only Intransitive verbs are used).

TYPICAL SUFFIXES OF THE ĀTMANEPADĪ PRESENT TENSE (लट्)

(All three genders - m∘, f∘ and n∘)

Person	Singular	Dual	Plural
1p∘	**ए. ई *e, ī***	**आवहे, वहे *āvahe, vahe***	**आमहे, महे *āmahe, mahe***
2p∘	**से *se***	**आथे, इथे *āthe, ithe***	**ध्वे *dhve***
3p∘	**ते *te***	**आते, इते *āte, ite***	**अते, अन्ते *ate, ante***

2. THE DESIDERATIVE VERBS

sannanta-iććhārtha-prakriyā सन्नन्त-इच्छार्थक-प्रक्रिया।

Grammatically they are सन्नन्त *(sannant)* verbs, because they are formed by adding सन् *(san)* suffix to the √root verbs (सन् अन्त = सन्नन्त).

NOTE : A verb receives the *san* सन् suffix, **only when the doer of that verb is the same as the doer of the desire.**

CHARACTERISTICS :

(i) When *san* सन् suffix is attached to a verb, the first letter of that verb gets doubled and only *sa* स of the *san* सन् gets added to this modified verb.

(ii) All कृत् suffixes given in Chapter 28 (तव्यत्, अनीयर, यत्, क्त, क्तवतु, क्त्वा, णमुल, णिनि, तुमुन् ...) can form desiderative verbs.

(iii) Desiderative verbs are formed from both *parasmaipadī* and *ātmanepadī* verbs.

(iv) The two specific forms of desiderative verbs formed with सन् suffix are :

(a) ADJECTIVES formed with particle *u* उ

To read √पठ् + सन् = पिपठिष् = desire of reading;

पिपठिष् + उ = पिपठिषु = One who desires to read.(adjective)

(b) FEMININE NOUNS formed with particle अ *a*

To read √पठ् + सन् = पिपठिष् = desire of reading;

पिपठिष् + अ = पिपठिषा = f∘ the desire to read. (noun)

3. THE FREQUENTATIVE VERBS

yaṅanta-yaṅluganta-prakriye यङन्त-यङ्लुगन्त-प्रक्रिये।

When a verb indicates repetition or excess of an action, the verb is frequentative. The frequentative अतिरेकार्थक *(atirekārthak)* verbs are called यङन्त *(yaṅant)* or यङ्लुगन्त *(yaṅlugant)* verbs, because they are formed by adding यङ् *(yaṅ)* or यङ्लुक् *(yaṅ-luk)* suffixes to the √root verbs (यङ् अन्त = यङन्त। यङ्लुक + अन्त = यङ्लुगन्त).

While यङ् is used as an *ātmanepadi* suffix, and यङ्लुक् is used as a *parasmaipadī* suffix, both of these suffixes impart same meaning to the verb.

All the कृत् suffixes given in Chapter 28 (तव्यत्, अनीयर, यत्, क्त, क्तवतु, क्त्वा, णमुल, णिनि, तुमुन् ..) can form the frequentive verbs.

HOW TO MAKE A यङन्त FREQUENTIVE VERB

(1) The initial letter of the verb root is doubled, (2) letter अ is added to the initial letter, (3) य is suffixed to form a यङन्त frequentive verb, (4a) to this frequentive verb, either

tense suffixes are attached, after step 3. (4b) or a *kṛt* कृत् suffix is added, after the step 2.

i. to learn √पठ् → पपठ् + अ = पापठ् + य = पापठ्य to read over and over or to read a lot.

ii. पापठ्य + ए = पापठ्ये	I read over and over
पापठ्य + से = पापठ्यसे	You read over and over
पापठ्य + ते = पापठ्यते	He, she reads over and over सः, सा, भवान् पापठ्यते।
पापठ्य + अन्ते = पापठ्यन्ते	They read over and over
iii. पापठ् + तव्यत् = पापठितव्य	Ought to read over and over
पापठ् + यत् = पापठ्य	Must be read over and over
पापठ् + अनीयर् = पापठनीय	Worth reading over and over
पापठ् + क्त्वा = पापठित्वा	Having read over and over
परि-पापठ् + य = परिपापठ्य	Having read again and again
पापठ् + इट् + क्त = पापठित	Read over and over!
पापठ् + इट् + क्तवतु = पापठितवत्	Read over and over
पापठ् + णमुल् = पापठं पापठम्	Reading over and over, again and again
पापठ् + तृच् = पापठितृ	One who reads over and over
पापठ् + ण्वुल् = पापठक	Makes read over and over
पापठ् + इट् + तुमुन् = पापठितुम्	For reading over and over
पापठ् + अ = पापठा (noun)	Reading over and over
पापठ्+शानच्=पापठ्यमान (Gerund)	While reading over and over

HOW TO MAKE A यङ्लुगन्त FREQUENTIVE VERB

(1) While adding the यङ्-लुक् suffix, the initial letter of the root verb is doubled and अ is added to the first letter of this modified verb.

(2) If it is a सेट् verb, then इ is optionally added to form a यङ्लुगन्त frequentive verb. Tense suffixs are then attached to this modified verb. (for सेट्-अनिट् verbs, see 28.6↓)

(i) To learn √पठ् → पपठ् + अ = पापठ् + इ = पापठि to read over and over or to read a lot.

(ii) पापठि + मि = पापठीमि, पापढ्मि   I read over and over

पापठि + सि = पापठीषि, पापट्षि	You read a lot		
पापठि + ति = पापठीति, पापट्टि	He she reads a lot	सः, सा, भवान् पापठीति, पापट्टि।	
पापठि + अन्ते = पापठयन्ते	They read a lot		

FORMATION OF TENSES AND MOODS

From a frequentive verb (*pāpaṭhi* पापठि), all tenses, moods and participles can be formed. (लिट्) पापठाञ्चकार, (लुट्) पापठिता, (लृट्) पापठिष्यति, (लङ्) अपापठीत्, (लुङ्) अपपाठीत्, (लृङ्) अपापठिष्यत्; (लोट्) पापठितु; (तव्यत्) पापठितव्य, (अनीयर्) पापठनीय, (क्त्वा) पापठित्वा, (तुमुन्) पापठितुम्, (शतृ) पापठितवत्, (क्त) पापठित ...etc.

4. THE CAUSATIVE VERBS

nijayant-prakriye णिजन्त-प्रक्रिया।

When a verb is performed through someone else, the verb is causative.

Causative means 'getting the work done,' as against 'doing' the work. Generally the causative (ण्यन्त *ṇyanta*) verbs are called णिजन्त *ṇijanta* or प्रयोजक *prayojak* verbs.

Grammatically the causative verbs are णिजन्त *(ṇijanta)* verbs, because they are formed by dding णिच् *(ṇić)* suffix to the √root verbs (णिच् अन्त = णिजन्त).

e.g. *√paṭh* √पठ् to learn. *paṭhati* पठति learns. *pāṭhayati* पाठयति teaches = causes to learn.

(i) (√*paṭh*)	√पठ् + णिच् + वृद्धिः	= पाठि teaching	
(ii)	पाठि + विकरण अ	= **पाठय to teach**	अहं पाठयामि।
(iii)	पाठय + आमि	= पाठयामि I teach	
	पाठय + आमः	= पाठयामः We teach	
	पाठय + सि	= पाठयसि You teach	त्वं पाठयसि।
	पाठय + ति	= पाठयति He-she teaches	सः, सा, भवान् पाठयति।
	पाठय + न्ति	= पाठयन्ति They teach	ते, ताः, भवन्तः पाठयन्ति।

CHAPTER 7

THE ELEVEN CLASSES OF VERBS

gaṇāḥ गणाः ।

Laghu Siddhānta Kaumudi has divided the 2200 verb √roots into eleven classes (एकादशगणाः *ekādaśagaṇāḥ*). धातुएँ भ्वादि–अदादि, जुहो–दिवा–स्वा–तुदादि। रुधा–तना–क्र्या–चुरादि, होती हैं शेष कण्ड्वादि।। (Gītā Kā Śabdakośa pp. 376)

The कण्ड्वादि *kaṇḍvādi* class is ignored by most grammarians. The remaining group of ten classes (गणाः *gaṇāḥ*) is : भ्वाद्यदादिजुहोत्यादिर्दिवादिः स्वादिरेव च।
तुदादिश्च रुधादिश्च तनादिक्रीचुरादयः।।30।।
bhvādyadādijuhotyādirdivādiḥ svādireva ća,
tudādiśća rudhādiśća tanādikrīćurādayaḥ

*	1st	भ्वादि	**bhvādi*	√भू–आदि	√*bhū*	(to be)	भवामि, भवसि, भवति
	2 nd	अदादि	*adādi*	√अद्–आदि	√*ad*	(to eat)	अद्मि, अत्सि, अत्ति
	3 rd	जुहोत्यादि	*juhotyāi*	√हु–आदि	√*hu*	(to offer)	जुहोमि, जुहोषि, जुहोति
*	4th	दिवादि	**divādi*	√दिव्–आदि	√*div*	(to shine)	दीव्यामि, दीव्यसि, दीव्यति
	5 th	स्वादि	*svādi*	√सु–आदि	√*su*	(to bathe)	सुनोमि, सुनोषि, सुनोति
*	6th	तुदादि	**tudādi*	√तुद्–आदि	√*tud*	(to hurt)	तुदामि, तुदसि, तुदति
	7 th	रुधादि	*rudhādi*	√रुध्–आदि	√*rudh*	(to inhibit)	रुणध्मि, रुणत्सि, रुणद्धि
	8 th	तनादि	*tanādi*	√तन्–आदि	√*tan*	(to spread)	तनोमि, तनोषि, तनोति
	9 th	क्र्यादि	*kryādi*	√क्री–आदि	√*krī*	(to buy)	क्रीणामि, क्रीणासि, क्रीणाति
*	10th	चुरादि	**ćurādi*	√चुर्–आदि	√*ćur*	(to steal)	चोरयामि, चोरयसि, चोरयति

NOTES : Some people prefer using the numerical order (1st, 2nd, etc.) for identifying the *gaṇa*s, while others prefer their nominclature (भ्वादि, अदादि, etc.)

(i) The popular 10 classes of conjugations are divided in two GROUPS.

(ii) roots of 1st, 4th, 6th and 10th class marked with * fall under the **FIRST GROUP** and

(iii) the remaining roots of the 2nd, 3rd, 5th, 7th, 8th and 9th class fall under **SECOND GROUP** of conjugations.

(iv) Amost all roots are monosyllables, some of them are even uniletters (e.g. √i, √ī, √u, √ṛ, √ṝ), most of them end in a consonant. Only just over a dozen are ploysyllabelic. e.g. √apās, √āndol, √bhiṣaj, √ćakās, √ćulump, √daridrā, √gaveśa, √hillol, √kumār, √kuṭumb, √lumāl, √oland, √palyul, √pampas, √prenkhol, √sabhaj, √sangrām, √viḍamb.

THE PROCESS OF CONGUGATION

(i) The process of attaching a tense conjugation (लकार:) to an original basic verb root, to form a single worded verb, is called **congugation**. The original basic form of the verb is called the **Verbal-root** or **Root-verb** (*dhātuḥ* धातु:) e.g. √*bhū* (√भू) to become.

(ii) A √verb undergoes modification before it takes a conjugational suffix (लकार:). The form of the √verb before it takes a suffix, is called **Verbal Base** (*angam* अङ्गम्)

(iii) The initial vowel of the root verb is called the **Radical Vowel** (*maulik-svaraḥ* मौलिकस्वर:). e.g. ई of √ई; अ of √अद्

(iv) The end vowel of the √verb is **Final Vowel** (*antya-svaraḥ* अन्त्यस्वर:) e.g. ऊ of √भू

(v) The vowel between two consonants of a √verb is **Medial Vowel** *madhya-svaraḥ* मध्यस्वर:

e.g. the short vowel अ between consonants ग् and म् in √गम्; or long vowel आ in √खाद्

(vi) The vowel that is followed by a compound consonants is counted as a **Long Vowel**. e.g. NOTE : the अ in √रक्ष् (र् + अ + क् + ष्) is considered as the long vowel आ (ā).

(vII) The First Degree of modification (strengthening) of the vowel is called ***guṇaḥ*** (गुण:), First degree = the addition of अ, ए, ओ

(viii) Second Degree of modification (strengthening) of the vowel is called ***vṛddhiḥ*** (वृद्धि:), Second degree = the addition of आ, ऐ, औ

(ix) Simple vowels (short + long) of the √root take **Two-fold Strengthening** with *guṇa* and *vṛddhi*

THE SCHEME OF TWO FOLD STRENGTHENING

Simple vowels	अ, आ	इ, ई	उ, ऊ	ऋ, ॠ	ऌ
1. guṇaḥ	**अ**	**ए**	**ओ**	**अर्**	**अल्**
2. vṛddhiḥ	**आ**	**ऐ**	**औ**	**आर्**	**आल्**

(x) The specific letter that is added to the verbal base before attachment of a tense suffix is called ***vikaraṇam*** (विकरणम्). Each class of the verbs has its own characteristic *vikaraṇam*. A *vikaraṇam* is added to the verbal base **only in** the Present tense (लट्), Imperfect past tense (लङ्), Imperative mood (लोट्) and the Potential mood (विधिलिङ्)

THE SCHEME OF VIKARAṆA

Class	Class-name	√root	*vikaraṇam*	Present-tense
1*	भ्वादि:	√भू	अ	भवामि
2	अदादि:	√अद्	–	अद्मि
3	जुहोत्यादि:	√हु	द्वित्व	जुहोमि
4*	दिवादि :	√दिव्	य (य्)	दीव्यामि
5	स्वादि :	√सु	नु (नो)	सुनोमि
6*	तुदादि:	√तुद्	अ	तुदामि
7	रुधादि:	√रुध्	न (न्)	रुणध्मि
8	तनादि:	√तन्	उ (ओ)	तनोमि
9	क्र्यादि:	√क्री	ना	क्रीणामि
10*	चुरादि:	√चुर्	अय	चोरयामि

NOTE : You will need this information (i-v) ahead :

(i) Present tense suffixes are मि व: म: सि थ: थ ति त: अन्ति। (ii) The suffixes begining with म् are मि and म:। (iii) The suffix ending in व् is व:। (iv) The suffix beginning in अ is अन्ति। (v) The अङित suffixes are मि, सि, ति, अस्, अत् and तु।

1. THE FIRST CLASS

bhvādiḥ gaṇaḥ भ्वादि: गण:।

The first and the biggest of the eleven classes of the verbs is the भ्वादि: *(bhvādi)* class. It includes 1035 of the 2000 verbs of Saṁskrit language. The most typical example of this class is the verb √भू (√*bhū* to become), therefore, this class is called *bhvādiḥ gaṇaḥ* भ्वादि: गण: (भू + आदि = भ्वादि '*bhū* etc.' class).

FORMATION OF THE **VERBAL BASE** for भ्वादि: गण:।

1. The Final vowel (ऊ in √भू) and the short Medial vowel (अ in √गम्) take *guṇa.*
   e.g. √भू → भ् + ऊ + अ = भो; and √बुध् → ब + उ + अ + ध् = बोध्। etc॰
2. *Vikaraṇa* अ is added to this **verbal base** before adding any tense suffix.
   e.g. भो + अ = भव। बोध् + अ = बोध। etc॰
3. This *vikaraṇa* अ becomes आ before the tense suffixes that begin with म् or व्।
   e.g. भव + आ + मि = भवामि; भव् + आ + म: = भवाम:। बोध + आ + मि = बोधामि, बोध् + आ + म: = बोधाम:। etc.
4. This *vikaraṇa* अ is dropped before tense suffixes that begin with अ।
   e.g. भव् + अ – अ + अन्ति = भवन्ति। बोध् + अ – अ + अन्ति = बोधन्ति। etc॰

Scheme of Conjugations for the First Class

Root √भू to become

(1) Present Tense : लट् (सामान्य-वर्तमाने) *Parasmaipadī*

	Singular	Dual	Plural	Meaning
1p॰	भवामि (आमि)	भवाव: (आव:)	भवाम: (आम:)	I become
	bhavāmi	*bhavāvaḥ*	*bhavāmaḥ*	
2p॰	भवसि (सि)	भवथ: (थ:)	भवथ (थ)	You become
	bhavasi	*bhavathaḥ*	*bhavatha*	

3p◦ भवति (ति)	भवत: (त:)	भवन्ति (अन्ति)	He becomes
bhavati	*bhavataḥ*	*bhavanti*	

(2) Past imperfect Tense : लङ् (अनद्यतन-भूते) *Parasmaipadī*

1p◦ अभवम्	अभवाव	अभवाम	I became
abhavam	*abhavāva*	*abhavāma*	
2p◦ अभव:	अभवतम्	अभवत	You became
abhavaḥ	*abhavatam*	*abhavata*	
3p◦ अभवत्	अभवताम्	अभवन्	He became
abhavat	*abhavatām*	*abhavan*	

(3) Perfect Past Tense : लिट् (परोक्ष-भूते) *Parasmaipadī*

1p◦ बभूव	बभूविव	बभूविम	I had become
babhūva	*babhūviva*	*babhūvima*	
2p◦ बभूविथ	बभूवथु:	बभूव	You had become
babhūvitha	*babhūvathuḥ*	*babhūva*	
3p◦ बभूव	बभूवतु:	बभूवु:	He, she, it had become
babhūva	*babhūvatuḥ*	*babhūvuḥ*	

(4) Indefinite Past Tense : लुङ् (दूरवर्ति-भूते) *Parasmaipadī*

1p◦ अभूवम्	अभूव	अभूम	I had become
abhūvam	*abhūva*	*abhūma*	
2p◦ अभू:	अभूतम्	अभूत	You had become
abhūḥ	*abhūtam*	*abhūta*	
3p◦ अभूत्	अभूताम्	अभूवन्	He,she,it had become
abhūt	*abhūtām*	*abhūvan*	

(5) Definite Future : लुट् (सामान्य-भविष्यति) *Parasmaipadī*

1p◦ भवितास्मि	भवितास्व:	भवितास्म:	I will become

	bhavitāsmi	*bhavitāsvaḥ*	*bhavitāsmaḥ*	
2p◦	भवितासि	भवितास्थः	भवितास्थ	You will become
	bhavitāsi	*bhavitāsthaḥ*	*bhavitāstha*	
3p◦	भविता	भवितारौ	भवितारः	Hewill become
	bhavitā	*bhavitārau*	*bhavitāraḥ*	

(6) Indefinite Future : लृट् (अपूर्ण-भविष्यति) *Parasmaipadī*

1p◦	भविष्यामि	भविष्यावः	भविष्यामः	I shall become
	bhaviṣyāmi	*bhaviṣyāvaḥ*	*bhaviṣyāmaḥ*	
2p◦	भविष्यसि	भविष्यथः	भविष्यथ	You shall become
	bhaviṣyasi	*bhaviṣyathaḥ*	*bhaviṣyatha*	
3p◦	भविष्यति	भविष्यतः	भविष्यन्ति	He shall become
	bhaviṣyati	*bhaviṣyataḥ*	*bhaviṣyanti*	

(7) Conditional Mood : लृङ् (भविष्यति क्रियातिपत्तौ) *Parasmaipadī*

1p◦	अभविष्यम्	अभविष्याव	अभविष्याम	If I become
	abhaviṣyam	*abhaviṣyāva*	*abhaviṣyāma*	
2p◦	अभविष्यः	अभविष्यतम्	अभविष्यत	If you become
	abhaviṣyaḥ	*abhaviṣyatam*	*abhaviṣyata*	
3p◦	अभविष्यत्	अभविष्यताम्	अभविष्यन्	If he becomes
	abhaviṣyat	*abhaviṣyatām*	*abhaviṣyan*	

(8) Imperative Mood : लोट् (आज्ञार्थे; प्रश्नार्थे; विध्यादौ) *Parasmaipadī*

1p◦	भवानि	भवाव	भवाम	Should I become?
	bhavāni	*bhavāva*	*bhavāma*	
2p◦	भव	भवतम्	भवत	Please become!
	bhava	*bhavatam*	*bhavata*	
3p◦	भवतु	भवताम्	भवन्तु	He should become!
	bhavatu	*bhavatām*	*bhavantu*	

(9) Potential or Subjunctive Mood : विधिलिङ् (विध्यादौ) *Parasmaipadī*

1p॰	भवेयम्	भवेव	भवेम	I may become
	bhaveyam	*bhaveva*	*bhavema*	
2p॰	भवे:	भवेतम्	भवेत	You may become
	bhaveḥ	*bhavetam*	*bhaveta*	
3p॰	भवेत्	भवेताम्	भवेयु:	He may become
	bhavet	*bhavetām*	*bhaveyuḥ*	

(10) Benedictive or Optative Mood : आशीर्लिङ् (आशिषि) *Parasmaipadī*

1p॰	भूयासम्	भूयास्व	भूयास्म	May I become!
	bhūyāsam	*bhūyāsva*	*bhūyāsma*	
2p॰	भूया:	भूयास्तम्	भूयास्त	May you become!
	bhūyāḥ	*bhūyāstam*	*bhūyāsta*	
3p॰	भूयात्	भूयास्ताम्	भूयासु:	May he become!
	bhūyāt	*bhūyāstām*	*bhūyāsuḥ*	

IMPORTANT CONJUGATIONS of the भ्वादि: (1st) Class

ROOT Verb √गम् (to go)

In the Present (लट्), Imperfect past (लङ्), Imperative (लोट्) and Potential (विधि) tenses and moods (लकारा:),

(i) the म् of गम् becomes छ (paṇini 7.3.77 - √गम् √यम् √इष् इत्येतेषाम् अच् प्रत्यये परत: छकारादेश: भवति) गम् → गछ्

(ii) letter त् comes between the ग and छ् of गछ् and it then becomes च् → ग + त् + छ् = ग + च् + छ् = गच्छ्

(iii) then the tense suffixes are added, as explained above in the scheme of conjugations. गच्छ् + आ + मि = गच्छामि ...(गच्छाव:, गच्छाम: ... गच्छन्ति)

NOTE : The root √इष् (to desire) of भ्वादि: गण: becomes इच्छ्। इष् → इ + छ् → इ + त् +

छ् = इ + च् + छ् = इच्छ् → इच्छ् + अ + ति = इच्छति।

However, in the case of √इष् of he 4th रुधादि गणः (4√इष्) becomes इष्यति and in the case of the 9th क्र्यादि गणः (9√इष्) it becomes इष्णाति। See the 4th and 9th classes below, for explanations on these conjugations.

ROOT Verb √स्था (to stay) as well as roots पा, घ्रा, ध्मा, म्ना, दा, दृश्, ऋ, सद्, शद्, धाव।

In the Present (लट्), Imperfect past (लङ्), Imperative (लोट्) and Potential (विधि) tenses (लकाराः), the स्था is substituted with तिष्ठ् (paṇini 7.3.78) √स्था → तिष्ठति, अतिष्ठत्, तिष्ठतु, तिष्ठेत्।

Similarly, following substitutions take place in the cases of the roots पा → पिब (पिबति), घ्रा → जिघ्र (जिघ्रति), ध्मा → धम (धमति), म्ना → मन (मनति), दा → यच्छ (यच्छति), दृश् → पश्य (पश्यति), ऋ → ऋच्छ (ऋच्छति), सद् → सीद (सीदति), शद् → शीय (शीयते), धाव् → धौ (धावति-धावते)

ROOT √वद् (to speak)

The Past Perfect (लिट्) and Past indefinite (लुङ्) are irregular. (लिट्) उवाद्, ऊदतुः, ऊदुः। लुङ् → अवादीत्, अवादिष्टाम्, अवादिषुः।

ROOT √श्रु (to hear)

In the Present (लट्), Imperfect past (लङ्), Imperative (लोट्) and Potential (विधि) tenses (लकाराः), **the श्रु is changed to शृ** and a syllable णो or णु is attached between the this शृ (शृ) and the tense suffix. e.g. √श्रु → शृ + णो + ति = शृणोति (he hears)

Thus the conjugations are : शृणोमि, शृणुवः (शृण्वः), शृणुमः (शृण्मः)। शृणोषि, शृणुथः, शृणुथ। शृणोति, शृणुतः, शृण्वन्ति।

ROOT √जि (to win)

When prefix वि or परा comes before root √जि, the *parasmaipadi* root √जि becomes *ātmanepadī.* (pānini 1.3.19) जयामि जयावः जयामः। जयसि जयथः जयथ। जयति जयतः जयन्ति। → विजये विजयावहे विजयामहे। विजयसे विजयाथे विजयध्वे। विजयते विजयते विजयन्ते। पराजये पराजयावहे पराजयामहे। पराजयसे पराजयाथे पराजयध्वे। पराजयते पराजयते पराजयन्ते।

ROOT √भ्रम् (to wander)

In the Present (लट्), Imperfect past (लङ्), Imperative (लोट्) and Potential (विधि) tenses (लकारा:), the √भ्रम् optionally takes य *vikaraṇa* between the root and the tense suffix (लकार:). Therefore, in these four tenses two forms of verbs are optionally produced.

1. लट् – भ्रमामि भ्रमाव: भ्रमाम:। भ्रमसि भ्रमथ: भ्रमथ। भ्रमति भ्रमत: भ्रमन्ति → भ्रम्यामि भ्रम्याव: भ्रम्याम:। भ्रम्यसि भ्रम्यथ: भ्रम्यथ। भ्रम्यति भ्रम्यत: भ्रम्यन्ति।
2. लङ् – अभ्रमम् अभ्रमाव अभ्रमाम। अभ्रम: अभ्रमतम् अभ्रमत। अभ्रमत् अभ्रमताम् अभ्रमन्। → अभ्रम्यम् अभ्रम्याव अभ्रम्याम। अभ्रम्य: अभ्रमत्यम् अभ्रम्यत। अभ्रम्यत् अभ्रम्यताम् अभ्रम्यन्।
3 लोट् – भ्रमाणि भ्रमाव भ्रमाम। भ्रम भ्रमतम् भ्रमत। भ्रमतु भ्रमताम् भ्रमन्तु। → भ्रम्याणि भ्रम्याव भ्रम्याम। भ्रम्य भ्रम्यतम् भ्रम्यत। भ्रम्यतु भ्रम्यताम् भ्रम्यन्तु।
4 विधि० – भ्रमेयम् भ्रमेव भ्रमेम। भ्रमे: भ्रमेतम् भ्रमेत। भ्रमेत् भ्रमेताम् भ्रमेयु:। → भ्रम्येयम् भ्रम्येव भ्रम्येम। भ्रम्ये: भ्रम्येतम् भ्रम्येत। भ्रम्येत् भ्रम्येताम् भ्रम्येयु:।

Same holds good for the roots √क्रम् क्लम् भ्राश् भ्लाश् त्रस् तृट् लष्। → क्रामति-क्राम्यति, क्लामति-क्लाम्यति, भ्राषते-भ्राष्यते, भ्लाशते-भ्लाश्यते, त्रसति-त्रस्यति, तृटति-तृट्यति। लषति-लष्यति लषते-लष्यते etc.

ROOT √दह् (to burn)

In the Indifinite future (लृट्), Indefinite past (लुङ्) and Conditional (लृङ्) suffixes (लकारा:), when द् is followed by क्ष्, this द् changes to ध्। e.g.

1. लृट् – धक्ष्यामि धक्ष्याव: धक्ष्याम:। धक्ष्यसि धक्ष्यथ: धक्ष्यथ। धक्ष्यति धक्ष्यत: धक्ष्यन्ति।
2. लुङ् – अधाक्षम् अधाक्ष्व अधाक्ष्म। अधाक्षी: अदाग्धम् अदाग्ध। अधाक्षीत् अदाग्धाम् अधाक्षु:।
3. लृङ् – अधक्षम् अधक्षाव अधक्षाम। अधाक्ष्य: अधक्ष्यतम् अधक्षत। अधक्ष्यत् अधक्ष्यताम् अधक्ष्यन्।

ROOT √तॄ (to cross over)

In the Definite future (लुट्), Indifinite future (लृट्) and Indefinite past (लुङ्) tenses (लकारा:), the इ optionally changes to ई। Therefore, two types of verbs are optionally formed. e.g.

1. लुट् – तरिता तरितारौ तरितार:। → तरीता तरीतारौ तरीतार:।
2. लृट् – तरिष्यति तरिष्यत: तरिष्यन्ति। → तरीष्यति तरीष्यत: तरीष्यन्ति।
3. लृङ् – अतरिष्यत् अतरिष्यताम् अतरिष्यन् → अतरीष्यत् अतरीष्यताम् अतरीष्यन्।

2. THE SECOND CLASS

adādiḥ gaṇaḥ अदादिः गणः।

The second class of the verbs is अदादि *(adādi).* The typical example of this class is root √अद् (√*ad* to eat), therefore, this class is called अदादि गणः (अद् + आदि = अदादि, *ad* अद् etc. class). There are 72 verbs in the अदादि (second) class.

The conjugations of the अदादि (2nd) class are easier, because the अ विकरणम् added (between the root and tense suffix) in the भ्वादिः (1st) class is not added in this class.

Scheme of Conjugations for the Second Class - Root √अद् to eat

(1) Present Tense : लट् (सामान्य-वर्तमाने) *Parasmaipadī*

Singular	Dual	Plural	Meaning
1p◦ अद्मि (मि)	अद्वः (वः)	अद्मः (मः)	I eat
admi	*advaḥ*	*admaḥ*	
2p◦ अत्सि (सि)	अत्थः (थः)	अत्थ (थ)	
atsi	*atthaḥ*	*attha*	
3p◦ अत्ति (ति)	अत्तः (तः)	अदन्ति (अन्ति)	
atti	*attaḥ*	*adanti*	

(2) Past imperfect Tense : लङ् (अनद्यतन-भूते) *Parasmaipadī*

1p◦ आदम्	आद्व	आद्म	I ate
ādam	*ādva*	*ādma*	
2p◦ आदः	आत्तम्	आत्त	
ādaḥ	*āttam*	*ātta*	
3p◦ आदत्	आत्ताम्	आदन्	
ādat	*āttām*	*ādan*	

(3) Perfect Past Tense : लिट् (परोक्ष-भूते) *Parasmaipadī*

1p◦ जघास	जक्षिव	जक्षिम	I had eaten

	jaghās	*jakṣiva*	*jakṣima*	
2p◦	जघसिथ	जघथु:	जक्ष	
	jaghasitha	*jaghathuḥ*	*jakṣa*	
3p◦	जघास	जक्षतु:	जक्षु:	
	jaghāsa	*jakṣatuḥ*	*jakṣuḥ*	

(4) Indefinite Past Tense : लुङ् (दूरवर्ति-भूते) *Parasmaipadī*

1p◦	अघसम्	अघसाव	अघसाम	I had eaten
	aghasam	*aghasāva*	*aghasāma*	
2p◦	अघस:	अघसतम्	अघसत	
	aghasaḥ	*aghasatam*	*aghasata*	
3p◦	अघसत्	अघसताम्	अघसन्	
	aghasat	*aghasatām*	*aghasan*	

(5) Definite Future : लुट् (सामान्य-भविष्यति) *Parasmaipadī*

1p◦	अत्तास्मि	अत्तास्व:	अत्तास्म:	I will eat
	attāsmi	*attāsvaḥ*	*attāsmaḥ*	
2p◦	अत्तासि	अत्तास्थ:	अत्तास्थ	
	attāsi	*attāsthaḥ*	*attāstha*	
3p◦	अत्ता	अत्तारौ	अत्तार:	
	attā	*attārau*	*attāraḥ*	

(6) Indefinite Future : लृट् (अपूर्ण-भविष्यति) *Parasmaipadī*

1p◦	अत्स्यामि	अत्स्याव:	अत्स्याम:	I shall eat
	atsyāmi	*atsyāvaḥ*	*atsyāmaḥ*	
2p◦	अत्स्यसि	अत्स्यथ:	अत्स्यथ	
	atsyasi	*atsyathaḥ*	*atsyatha*	
3p◦	अत्स्यति	अत्स्यत:	अत्स्यन्ति	
	atsyati	*atsyataḥ*	*atsyanti*	

(7) Conditional Mood : लृङ् (भविष्यति क्रियातिपत्तौ) *Parasmaipadī*

1p॰	आत्स्यम्	आत्स्याव	आत्स्याम	If I eat
	ātsyam	*ātsyāva*	*ātsyāma*	
2p॰	आत्स्यः	आत्स्यतम्	आत्स्यत	
	ātsyaḥ	*ātsyatam*	*ātsyata*	
3p॰	आत्स्यत्	आत्स्यताम्	आत्स्यन्	
	ātsyat	*ātsyatām*	*ātsyan*	

(8) Imperative Mood : लोट् (आज्ञार्थे; प्रश्नार्थे; विध्यादौ) *Parasmaipadī*

1p॰	अदानि	अदाव	अदाम	Should I eat?
	adāni	*adāva*	*adāma*	
2p॰	अद्धि	अत्तम्	अत्त	Please eat!
	addhi	*attam*	*atta*	
3p॰	अत्तु	अत्ताम्	अदन्तु	He, she should eat!
	attu	*attām*	*adantu*	

(9) Potential or Subjunctive Mood : विधिलिङ् (विध्यादौ) *Parasmaipadī*

1p॰	अद्याम्	अद्याव	अद्याम	I may eat
	adyām	*adyāva*	*adyāma*	
2p॰	अद्याः	अद्यातम्	अद्यात	
	adyāḥ	*adyātam*	*adyāta*	
3p॰	अद्यात्	अद्याताम्	अद्युः	
	adyāt	*adyātām*	*adyuḥ*	

(10) Benedictive or Optative Mood : आशीर्लिङ् (आशिषि) *Parasmaipadī*

1p॰	अद्यासम्	अद्यास्व	अद्यास्म	May I eat!
	adyāsam	*adyāsva*	*adyāsma*	
2p॰	अद्याः	अद्यास्तम्	अद्यास्त	

adāḥ	*adyāstam*	*adyāsta*	
3p◦ अद्यात्	अद्यास्ताम्	अद्यासुः	
adyāt	*adyāstām*	*adyāsuḥ*	May he eat!

IMPORTANT VERBS : 2nd *adādi* अदादिः class

ROOT √विद् (to know) :

As seen at the end of our Dictionary of Roots, the verb √विद् falls under five different classes, with different meaning in each class.

NOTE : In the अदादि class, the Perfect tense (लिट्) suffixes अ व म, थ अथुः अ, अ अतुः उः can also optionally be used in Present tense (लट्).

Therefore in लट् we get two forms of verbs. e.g.

(1) वेद्मि	विद्वः	विद्मः।	(2) वेद	विद्व	विद्म।
वेत्सि	वित्थः	वित्थ।	वेत्थ	विदथुः	विद।
वेत्ति	वित्तः	विदन्ति।	वेद	विदतुः	विदुः।

In the case of Perfect tense (लिट्), optionally

(i) the suffix आञ् or आम्, is added in the middle and

(ii) √कृ (चकार), √भू (बभूव) or √अस् (आस) is attached at the end, of the verb.

Thus we get four forms of verbs in the Perfect tense (लिट्)

1. अ अतुः उः	विवेद	विविदतुः	विविदुः।
2. आञ् – चकार	विदाञ्चकार	विदाञ्चक्रतुः	विदाञ्चक्रुः।
3 .आम् – बभूव	विदाम्बभूव	विदाम्बभूवतुः	विदाम्बभूवुः।
4 .आम् – आस	विदामास	विदामासतुः	विदामासुः।

ROOT √अस् (to be) :

Root √भू is substituted for root √अस् in the use of the following six tenses : (1) Perfect past (लिट्), (2) Definite future (लुट्), (3) Indefinite future (लृट्), (4) Indefinite past (लुङ्), (5) Conditional (लृङ्) and (6) Benedictive (आशि◦). These verb forms for the root √भू are given in the Appendix 1.

ROOT रुद् (to cry)

In the Present (लट्), Imperfect past (लङ्) and Imperative (लोट्) particle इ is added. e.g.

(लट्)	रोदिमि	रुदिव:	रुदिम:।	(लङ्)	अरोदम्	अरुदिव	अरुदिम।
	रोदिषि	रुदिथ:	रुदिथ।		अरोदी:	अरुदितम्	अरुदित।
	रोदिति	रुदित:	रुदन्ति।		अरोदीत्	अरुदिताम्	अरुदन्।
(लोट्)	रोदानि	रोदाव	रोदाम।				
	रुदिहि	रुदितम्	रुदित।				
	रोदितु	रुदिताम्	रुदन्तु।				

ROOT √इण् (to go)

In Indefinite Past tense (लुङ्), √गा comes in place of root √इण्। e.g. अगाम् अगाव अगाम। अगा: अगातम् अगात। अगात् अगाताम् अगु:।

ROOT √ब्रू (to speak)

This is a dual (*parasmaipadī and ātmanepadī*) root.

(1) In Present tense (लट्) *parasmaipadī* form, आह् comes optionally in place of √ब्रू at five places, as shown with underlines below.

1.	ब्रवीमि	ब्रूव:	ब्रूम:।	ब्रवीमि	ब्रूव:	ब्रूम:।
2.	ब्रवीषि	ब्रूथ:	ब्रूथ।	<u>आत्थ</u>	<u>आहथु:</u>	ब्रूथ।
3.	ब्रवीति	ब्रूत:	ब्रुवन्ति।	<u>आह</u>	<u>आहतु:</u>	<u>आहु:</u>।

(2) Root √वच् is used in place of √ब्रू in the applications of five *parasmaipadī* and *ātmanepadi* tenses of (i) Past perfect (लिट्), (ii) Definite future (लुट्), (iii) Indefinite future (लृट्), (iv) Indefinite past (लुङ्) and (v) Conditional (लृङ्).

	PARASMAIPADI			ATMANEPADI		
(i) Past perfect (लिट्)	उवाच	ऊचतु:	ऊचु:	ऊचे	ऊचाते	ऊचिरे
(ii) Definite future (लुट्)	वक्ता	वक्तारौ	वक्तार:	वक्ता	वक्तारौ	वक्तार:
(iii) Indefinite future (लृट्)	वक्ष्यति	वक्ष्यत:	वक्ष्यन्ति	वक्ष्यते	वक्ष्येते	वक्ष्यन्ते
(iv) Indefinite past (लुङ्)	अवोचत्	अवोचताम्	अवोचन्	अवोचत	अवोचेताम्	अवोचन्त
(v) Conditional (लृङ्)	अवक्ष्यत्	अवक्ष्यताम्	अवक्ष्यन्	अवक्ष्यत	अवक्ष्येताम्	अवक्ष्यन्त

3. THE THIRD CLASS

juhotyādiḥ जुहोत्यादिः गणः।

The third class of the verbs is जुहोत्यादि or हुवादि class. The typical example of this class is the verb root √हु (√*hu* to offer oblation). There are 24 verbs in the जुहोत्यादि (third) class.

(i) The अ विकरणम् that comes between the root verb and the tense suffix of the Present (लट्), Imperfect past (लङ्), Imperative (लोट्) and Potential (विधि) tenses in the भ्वादिः class, gets negated in the जुहोत्यादिः (3rd) class. हु + अ – अ = हु

(ii) And, in stead, in this (3rd) class, duplication and modification of the root takes place. e.g. हु + हु + आ + मि = जु + हु + आ + मि → जुहोमि, जुहोषि, जुहोति।

Scheme of Conjugations for the Third Class - Root √अद् to eat

(1) Present Tense : लट् (सामान्य-वर्तमाने) *Parasmaipadī*

	Singular	Dual	Plural	Meaning
1p∘	जुहोमि (ओमि)	जुहुवः (वः)	जुहुमः (मः)	I sacrifice
	juhomi	*juhuvaḥ*	*juhumaḥ*	
2p∘	जुहोषि (सि)	जुहुथः (थः)	जुहुथ (थ)	
	juhoṣi	*juhuthaḥ*	*jihutha*	
3p∘	जुहोति (ति)	जुहुतः (तः)	जुह्वति (ति)	
	juhoti	*juhutaḥ*	*juhvati*	

(2) Past imperfect Tense : लङ् (अनद्यतन-भूते) *Parasmaipadī*

1p∘	अजुहवम्	अजुहुव	अजुहुम	I sacrificed
	ajuhavam	*ajuhuva*	*ajuhuma*	
2p∘	अजुहोः	अजुहुतम्	अजुहुत	
	ajuhoḥ	*ajuhutam*	*ajuhuta*	
3p∘	अजुहोत्	अजुहुताम्	अजुहवुः	

ajuhot *ajuhutām* *ajuhavuḥ*

(3) Perfect Past Tense : लिट् (परोक्ष-भूते) *Parasmaipadī*

1p॰ जुहाव	जुहुविव	जुहुविम	I had sacrificed
juhāva	*juhuviva*	*juhuvima*	
2p॰ जुहुविथ	जुहुवथुः	जुहुव	
juhuvitha	*juhuvathuḥ*	*juhuva*	
3p॰ जुहाव	जुहुवतुः	जुहुवुः	
juhāva	*juhuvatuḥ*	*juhuvuḥ*	

(4) Indefinite Past Tense : लुङ् (दूरवर्ति-भूते) *Parasmaipadī*

1p॰ अहौषम्	अहौष्व	अहौष्म	I had sacrificed
ahauṣam	*ahauṣva*	*ahauṣma*	
2p॰ अहौषीः	अहौष्टम्	अहौष्ट	
ahauṣīḥ	*ahauṣṭam*	*ahauṣṭa*	
3p॰ अहौषीत्	अहौष्टाम्	अहौषुः	
ahauṣīt	*ahauṣṭām*	*ahauṣuḥ*	

(5) Definite Future : लुट् (सामान्य-भविष्यति) *Parasmaipadī*

1p॰ होतास्मि	होतास्वः	होतास्मः	I will sacrifice
hotāsmi	*hotāsvaḥ*	*hotāsmaḥ*	
2p॰ होतासि	होतास्थः	होतास्थ	
hotāsi	*hotāsthaḥ*	*hotāstha*	
3p॰ होता	होतारौ	होतारः	
hotā	*hotārau*	*hotāraḥ*	

(6) Indefinite Future : लृट् (अपूर्ण-भविष्यति) *Parasmaipadī*

1p॰ होष्यामि	होष्यावः	होष्यामः	I shall sacrifice
hoṣyāmi	*hoṣyāvaḥ*	*hoṣyāmaḥ*	

2p◦	होष्यसि	होष्यथ:	होष्यथ	
	hoṣyasi	*hoṣyathaḥ*	*hoṣyatha*	
3p◦	होष्यति	होष्यत:	होष्यन्ति	
	hoṣyati	*hoṣyataḥ*	*hoṣyanti*	

(7) Conditional Mood : लृङ् (भविष्यति क्रियातिपत्तौ) *Parasmaipadī*

1p◦	अहोष्यम्	अहोष्याव	अहोष्याम	If I sacrifice
	ahoṣyam	*ahoṣyāva*	*ahoṣyāma*	
2p◦	अहोष्य:	अहोष्यतम्	अहोष्यत	
	ahoṣyaḥ	*ahoṣyatam*	*ahoṣyata*	
3p◦	अहोष्यत्	अहोष्यताम्	अहोष्यन्	
	ahoṣyat	*ahoṣyatām*	*ahoṣyan*	

(8) Imperative Mood : लोट् (आज्ञार्थे; प्रश्नार्थे; विध्यादौ) *Parasmaipadī*

1p◦	जुहवानि	जुहवाव	जुहवाम	Should I sacrifice?
	juhavāni	*juhavāva*	*juhavāma*	
2p◦	जुहुधि	जुहुतम्	जुहुत	Please sacrifice!
	juhudhi	*juhutam*	*juhuta*	
3p◦	जुहोतु	जुहुताम्	जुह्वतु	He she should sacrifice!
	juhotu	*juhutām*	*juhvatu*	

(9) Potential or Subjunctive Mood : विधिलिङ् (विध्यादौ) *Parasmaipadī*

1p◦	जुहुयाम्	जुहुयाव	जुहुयाम	I may sacrifice
	juhuyām	*juhuyāva*	*juhuyāma*	
2p◦	जुहुया:	जुहुयातम्	जुहुयात	
	juhuyāḥ	*juhuyātam*	*juhuyāta*	
3p◦	जुहुयात्	जुहुयाताम्	जुहुयु:	
	juhuyāt	*juhuyātām*	*juhuyuḥ*	

(10) Benedictive or Optative Mood : आशीर्लिङ् (आशिषि) *Parasmaipadī*

1p◦ हूयासम्	हूयास्व	हूयास्म	May I sacrifice!
hūyāsam	*hūyāsva*	*hūyāsma*	
2p◦ हूया:	हूयास्तम्	हूयास्त	
hūyāḥ	*hūyāstam*	*hūyāsta*	
3p◦ हूयात्	हूयास्ताम्	हूयासु:	
hūyāt	*hūyāstām*	*hūyāsuḥ*	

IMPORTANT ROOTS of the 3rd, जुवादि class

ROOT √दा (to give) :

(i) दा + अ - अ = दा (ii) दा + दा + मि = द + दा + मि → ददामि, ददासि, ददाति।

PARASMAIPADI			ATMANEPADI		
ददामि	दद्व:	दद्म:	ददे	दद्वहे	दद्महे
ददासि	दत्थ:	दत्थ	दत्से	ददाथे	दद्ध्वे
ददाति	दत्त:	ददति	दत्ते	ददाते	ददते

In the *ātmanepadī* Past indefinite (लुङ्) the आ of √दा changes to इ and thus the verbs become :

अदिषि	अदिष्वहि	अदिष्महि।
अदिथा:	अदिषाथाम्	अदिढ्वम्।
अदित	अदिषाताम्	अदिषत।

ROOT √धा (to bear)

(i) धा + अ - अ = धा

(ii) धा + दा + मि = द + धा + मि → दधामि, दधासि, दधाति।

PARASMAIPADI			ATMANEPADI		
दधामि	दध्व:	दध्म:	दधे	दध्वहे	दध्महे
दधासि	धत्थ:	धत्थ	धत्से	दधाथे	धद्ध्वे
दधाति	धत्त:	दधति	धत्ते	दधाते	दधते

4. THE FOURTH CLASS

divādi gaṇaḥ दिवादिः गणः।

The fourth class of the verbs is दिवादि *divādi* class. The typical example of this class is the verb √दिव् (√*div* to shine). There are 140 verbs in the दिवादि (fourth) class.

Like the *parasmaipadī* Present (लट्), Imperfect past (लङ्), Imperative (लोट्) and Potential (विधि) tenses of the भ्वादिः (1st) class, the दिवादिः (4th) class also has विकरणम् अ between the √verb and tense suffixes. In addition, in the दिवादिः class, य् is also added to this अ

1. *Vikaraṇa* य् and अ are added to the verbal base before adding the tense suffix. दिव् + य् + अ = दिव्य
2. This *vikaraṇa* अ becomes आ before the tense suffixes that begin with म् or व्। → दिव्य + आ + मि = दिव्यामि, दिव्यावः, दिव्यामः।
3. The इ in दिव्यामि becomes ई because it is followed by the ङित् हलादि suffix य। Thus, दिव्यामि → दीव्यामि, दीव्यावः, दीव्यामः।
4. *Vikaraṇa* अ is dropped before the tense suffixes that begin with अ। and the इ is changed to ई। Thus, दिव् + अ - अ + य + अन्ति = दिव्यन्ति → दीव्यन्ति।

Scheme of Conjugations for the Fourth Class : Root √दिव् to shine, to play

(1) Present Tense : लट् (सामान्य-वर्तमाने) *Parasmaipadī*

	Singular	Dual	Plural	Meaning
1p∘	दीव्यामि (आमि)	दीव्यावः (वः)	दीव्यामः (मः)	I play
	dīvyāmi	*dīvyāvaḥ*	*dīvyāmaḥ*	
2p∘	दीव्यसि (सि)	दीव्यथः (थः)	दीव्यथ (थ)	
	dīvyasi	*dīvyathaḥ*	*dīvyatha*	
3p∘	दीव्यति (ति)	दीव्यतः (तः)	दीव्यन्ति (अन्ति)	
	dīvyati	*dīvyataḥ*	*dīvyanti*	

(2) Past imperfect Tense : लङ् (अनद्यतन-भूते) *Parasmaipadī*

1p◦	अदीव्यम्	अदीव्याव	अदीव्याम	I played
	adīvyam	*adīvyāva*	*adīvyāma*	
2p◦	अदीव्य:	अदीव्यतम्	अदीव्यत	
	adīvyaḥ	*adīvyatam*	*adīvyata*	
3p◦	अदीव्यत्	अदीव्यताम्	अदीव्यन्	
	adīvyat	*adīvyatām*	*adīvyan*	

(3) Perfect Past Tense : लिट् (परोक्ष-भूते) *Parasmaipadī*

1p◦	दिदेव	दिदिविव	दिदिविम	I had played
	dideva	*didiviva*	*didivima*	
2p◦	दिदेविथ	दिदिवथु:	दिदिव	
	didevitha	*didivathuḥ*	*didiva*	
3p◦	दिदेव	दिदिवतु:	दिदिवु:	
	dideva	*didivatuḥ*	*didivuḥ*	

(4) Indefinite Past Tense : लुङ् (दूरवर्ति-भूते) *Parasmaipadī*

1p◦	अदेविषम्	अदेविष्व	अदेविष्म	I had played
	adeviṣam	*adeviṣva*	*adeviṣma*	
2p◦	अदेवी:	अदेविष्टम्	अदेविष्ट	
	adevīḥ	*adeviṣṭam*	*adeviṣṭa*	
3p◦	अदेवीत्	अदेविष्टाम्	अदेविषु:	
	adevīt	*adeviṣṭām*	*adeviṣuḥ*	

(5) Definite Future : लुट् (सामान्य-भविष्यति) *Parasmaipadī*

1p◦	देवितास्मि	देवितास्व:	देवितास्म:	I will play
	deviāsmi	*devitāsvaḥ*	*devitāsmaḥ*	
2p◦	देवितासि	देवितास्थ:	देवितास्थ	
	devitāsi	*devitāsthaḥ*	*devitāstha*	
3p◦	देविता	देवितारौ	देवितार:	

	devitā	*devitārau*	*devitāraḥ*	

(6) Indefinite Future : लृट् (अपूर्ण-भविष्यति) *Parasmaipadī*

1p◦	देविष्यामि	देविष्याव:	देविष्याम:	I shall play
	deviṣyāmi	*deviṣyāvaḥ*	*deviṣyāmaḥ*	
2p◦	देविष्यसि	देविष्यथ:	देविष्यथ	
	deviṣyasi	*deviṣyathaḥ*	*deviṣyatha*	
3p◦	देविष्यति	देविष्यत:	देविष्यन्ति	
	deviṣyati	*deviṣyataḥ*	*deviṣyanti*	

(7) Conditional Mood : लृङ् (भविष्यति क्रियातिपत्तौ) *Parasmaipadī*

1p◦	अदेविष्यम्	अदेविष्याव	अदेविष्याम	If I play
	adeviṣyam	*adeviṣyāva*	*adeviṣyāma*	
2p◦	अदेविष्य:	अदेविष्यतम्	अदेविष्यत	
	adeviṣyaḥ	*adeviṣyatam*	*adeviṣyata*	
3p◦	अदेविष्यत्	अदेविष्यताम्	अदेविष्यन्	
	adeviṣyat	*adeviṣyatām*	*adeviṣyan*	

(8) Imperative Mood : लोट् (आज्ञार्थे; प्रश्नार्थे; विध्यादौ) *Parasmaipadī*

1p◦	दीव्यानि	दीव्याव	दीव्याम	Should I play?
	dīvyāni	*dīvyāva*	*dīvyāma*	
2p◦	दीव्य	दीव्यतम्	दीव्यत	Please play!
	dīvya	*dīvyatam*	*dīvyata*	
3p◦	दीव्यतु	दीव्यताम्	दीव्यन्तु	He, she should play!
	dīvyatu	*dīvyatām*	*dīvyantu*	

(9) Potential or Subjunctive Mood : विधिलिङ् (विध्यादौ) *Parasmaipadī*

1p◦	दीव्येयम्	दीव्येव	दीव्येम	I may play
	dīvyeyam	*dīvyeva*	*dīvyema*	

2p◦ दीव्ये:	दीव्येतम्	दीव्येत
dīvyeḥ	*dīvyetam*	*dīvyeta*
3p◦ दीव्येत्	दीव्येताम्	दीव्येयु:
dīvyet	*dīvyetām*	*dīvyeyuḥ*

(10) Benedictive or Optative Mood : आशीर्लिङ् (आशिषि) *Parasmaipadī*

1p◦ दीव्यासम्	दीव्यास्व	दीव्यास्म	May I play!
dīvyāsam	*dīvyāsva*	*dīvyāsma*	
2p◦ दीव्या:	दीव्यास्तम्	दीव्यास्त	
dīvyāḥ	*dīvyāstam*	*dīvyāsta*	
3p◦ दीव्यात्	दीव्यास्ताम्	दीव्यासु:	
dīvyāt	*dīvyāstām*	*dīvyāsuḥ*	

IMPORTANT ROOTS of the 4th दिवादि: class

ROOT √सिव् (to sew) *Parasmaipadī*

सीव्यामि	सीव्याव:	सीव्याम:
सीव्यसि	सीव्यथ:	सीव्यथ
सीव्यति	सीव्यत:	सीव्यन्ति

ROOT √मन् (to know) *Atmanepadī*

मन्ये	मन्यावहे	मन्यामहे
मन्यसे	मन्येथे	मन्यध्वे
मन्यते	मन्येते	मन्यन्ते

5. THE FIFTH CLASS

svādiḥ gaṇaḥ स्वादि: गण:।

The fifth class of the verbs is the स्वादि: (*svādi*) class. The most typical example of this class is the verb root √सु (√*su* to bathe). There are 35 verbs in the स्वादि (fifth) class.

The स्वादि: (5th) class takes न and उ विकरण, as well as it takes अ *guṇaḥ* (गुण:) before the अङित् suffixes of Present (लट्), Imperfect past (लङ्), Imperative (लोट्) and Potential (विधि) tenses. e.g.

सु + न + उ + अ + मि = सुनोमि, सुनोषि, सुनोति।

su + na + u + a + mi = sunomi, sunoṣi, sunoti.

Scheme of Conjugations for the Fifth Class : Root √सु (to bathe)

(1) Present Tense : लट् (सामान्य-वर्तमाने) *Parasmaipadī*

	Singular	Dual	Plural	Meaning
1p∘	सुनोमि (मि)	सुनुवः (वः)	सुनुमः (मः)	I bathe
	sunomi	*sunuvaḥ*	*sunumaḥ*	
2p∘	सुनोषि (सि)	सुनुथः (थः)	सुनुथ (थ)	
	sunoṣi	*sunuthaḥ*	*sunutha*	
3p∘	सुनोति (ति)	सुनुतः (तः)	सुन्वन्ति (अन्ति)	
	sunoti	*sunutaḥ*	*sunvanti*	

(2) Past imperfect Tense : लङ् (अनद्यतन-भूते) *Parasmaipadī*

1p∘	असुनवम्	असुनवाव	असुनवाम	I bathed
	asunavam	*asunavāva*	*asunavāma*	
2p∘	असुनोः	असुनुतम्	असुनुत	
	asunoḥ	*asunutam*	*asunuta*	
3p∘	असुनोत्	असुनुताम्	असुन्वन्	
	asunot	*asunutām*	*asunvan*	

(3) Perfect Past Tense : लिट् (परोक्ष-भूते) *Parasmaipadī*

1p∘	सुषाव	सुषुविव	सषुविम	I had bathed
	suṣāva	*suṣuviva*	*suṣuvima*	
2p∘	सुषुविथ	सुषुवथुः	सुषुव	
	saṣuvitha	*suṣuvathuḥ*	*suṣuva*	
3p∘	सुषाव	सुषुवतुः	सुषुवुः	
	suṣāva	*suṣuvatuḥ*	*suṣuvuḥ*	

(4) Indefinite Past Tense : लुङ् (दूरवर्ति-भूते) *Parasmaipadī*

1p∘	असाविषम्	असाविष्व	असाविष्म	I had bathed
	asāviṣam	*asāviṣva*	*asāviṣma*	

2p◦ असावी:	असाविष्टम्	असाविष्ट	
asāvīḥ	*asāviṣṭam*	*asāviṣṭa*	
3p◦ असावीत्	असाविष्टाम्	असाविषु:	
asāvīt	*asāviṣṭām*	*asāviṣuḥ*	

(5) Definite Future : लुट् (सामान्य-भविष्यति) *Parasmaipadī*

1p◦ सोतास्मि	सोतास्व:	सोतास्म:	I will bathe
sotāsmi	*sotāsvaḥ*	*sotāsmaḥ*	
2p◦ सोतासि	सोतास्थ:	सोतास्थ	
sotāsi	*sotāsthaḥ*	*sotāstha*	
3p◦ सोता	सोतारौ	सोतार:	
sotā	*sotārau*	*sotāraḥ*	

(6) Indefinite Future : लृट् (अपूर्ण-भविष्यति) *Parasmaipadī*

1p◦ सोष्यामि	सोष्याव:	सेष्याम:	I shall bathe
soṣyāmi	*soṣyāvaḥ*	*soṣyāmaḥ*	
2p◦ सोष्यसि	सोष्यथ:	सोष्यथ	
soṣyasi	*soṣyathaḥ*	*soṣyatha*	
3p◦ सोष्यति	सोष्यत:	सोष्यन्ति	
soṣyati	*soṣyataḥ*	*soṣyanti*	

(7) Conditional Mood : लृङ् (भविष्यति क्रियातिपत्तौ) *Parasmaipadī*

1p◦ असोष्यम्	असोष्याव	असोष्याम	If I bathe
asoṣyam	*asoṣyāva*	*asoṣyāma*	
2p◦ असोष्य:	असोष्यतम्	असोष्यत	
asoṣyaḥ	*asoṣyatam*	*asoṣyata*	
3p◦ असोष्यत्	असोष्यताम्	असोष्यन्	
asoṣyat	*asoṣyatām*	*asoṣyan*	

(8) Imperative Mood : लोट् (आज्ञार्थे; प्रश्नार्थे; विध्यादौ) *Parasmaipadī*

1p◦	सुनवानि	सुनवाव	सुनवाम	Should I bathe?
	sunavāni	*sunavāva*	*sunavāma*	
2p◦	सुनु	सुनुतम्	सुनुत	Please bathe!
	sunu	*sunutam*	*sunuta*	
3p◦	सुनोतु	सुनुताम्	सुन्वन्तु	He should bathe!
	sunotu	*sunutām*	*sunvantu*	

(9) Potential or Subjunctive Mood : विधिलिङ् (विध्यादौ) *Parasmaipadī*

1p◦	सुनुयाम्	सुनुयाव	सुनुयाम	I may bathe
	sunuyām	*sunuyāva*	*sunuyāma*	
2p◦	सुनुयाः	सुनुयातम्	सुनुयात	
	sunuyāḥ	*sunuyātam*	*sunuyāta*	
3p◦	सुनुयात्	सुनुयाताम्	सुनुयुः	
	sunuyāt	*sunuyātām*	*sunuyuḥ*	

(10) Benedictive or Optative Mood : आशीर्लिङ् (आशिषि) *Parasmaipadī*

1p◦	सूयासम्	सूयास्व	सूयास्म	May I bathe!
	sūyāsam	*sūyāsva*	*sūyāsma*	
2p◦	सूयाः	सूयास्तम्	सूयास्त	
	sūyāḥ	*sūyāstam*	*sūyāsta*	
3p◦	सूयात्	सूयास्ताम्	सूयासुः	
	sūyāt	*sūyāstām*	*sūyāsuḥ*	

6. THE SIXTH CLASS

tudādiḥ gaṇaḥ तुदादिः गणः ।

The sixth class of the verbs is the तुदादिः (*tudādi*) class. The most typical example of this class is the verb root √तुद् (√*tud* to inflict). There are 157 verbs in तुदादि (sixth) class.

Like the भ्वादि: (1st) class, the तुदादि: (6th) class also takes अ विकरण in the Present (लट्), Imperfect past (लङ्), Imperative (लोट्) and Potential (विधि) tenses. e.g. तुद् + अ + अ + मि = तुदामि, तुदाम:, तुदाम:।

Scheme of Conjugations for the Sixth Class : Root √तुद् (to inflict, to hurt)

(1) Present Tense : लट् (सामान्य-वर्तमाने) *Parasmaipadī*

	Singular	Dual	Plural	Meaning
1p∘	तुदामि (आमि)	तुदाव: (आव:)	तुदाम: (आम:)	I inflict
	tudāmi	*tudāvaḥ*	*tudāmaḥ*	
2p∘	तुदसि (सि)	तुदथ: (थ:)	तुदथ (थ)	
	tudasi	*tudathaḥ*	*tudatha*	
3p∘	तुदति (ति)	तुदत: (त:)	तुदन्ति (अन्ति)	
	tudati	*tudataḥ*	*tudanti*	

(2) Past imperfect Tense : लङ् (अनद्यतन-भूते) *Parasmaipadī*

1p∘	अतुदम्	अतुदाव	अतुदाम	I inflicted
	atudam	*atudāva*	*atudāma*	
2p∘	अतुद:	अतुदतम्	अतुदत	
	atudaḥ	*atudatam*	*atudata*	
3p∘	अतुदत्	अतुदताम्	अतुदन्	
	atudat	*atudatām*	*atudan*	

(3) Perfect Past Tense : लिट् (परोक्ष-भूते) *Parasmaipadī*

1p∘	तुतोद	तुतुदिव	तुतुदिम	I had inflicted
	tutoda	*tutudiva*	*tutudima*	
2p∘	तुतोदिथ	तुतुदथु:	तुतुद	
	tutoditha	*tutudathuḥ*	*tutuda*	
3p∘	तुतोद	तुतुदतु:	तुतुदु:	

	tutoda	*tutudatuḥ*	*tutuduḥ*

(4) Indefinite Past Tense : लुङ् (दूरवर्ति-भूते) *Parasmaipadī*

1p∘	अतौत्सम्	अतौत्स्व	अतौत्स्म	I had inflicted
	atautsam	*atautsva*	*atautsma*	
2p∘	अतौत्सी:	अतौत्तम्	अतौत्त	
	atautsīḥ	*atauttam*	*atautta*	
3p∘	अतौत्सीत्	अतौत्ताम्	अतौत्सु:	
	atautsīt	*atauttām*	*atautsuḥ*	

(5) Definite Future : लुट् (सामान्य-भविष्यति) *Parasmaipadī*

1p∘	तोत्तास्मि	तोत्तास्व:	तोत्तास्म:	I will inflict
	tottāsmi	*tottāsvaḥ*	*tottāsmaḥ*	
2p∘	तोत्तासि	तोत्तास्थ:	तोत्तास्थ	
	tottāsi	*tattāsthaḥ*	*tottāstha*	
3p∘	तोत्ता	तोत्तारौ	तोत्तार:	
	tottā	*tottārau*	*tottāraḥ*	

(6) Indefinite Future : लृट् (अपूर्ण-भविष्यति) *Parasmaipadī*

1p∘	तोत्स्यामि	तोत्स्याव:	तोत्स्याम:	I shall inflict
	totsyāmi	*totsyāvaḥ*	*totsyāmaḥ*	
2p∘	तोत्स्यसि	तोत्स्यथ:	तोत्स्यथ	
	totsyasi	*totsyathaḥ*	*totsyatha*	
3p∘	तोत्स्यति	तोत्स्यत:	तोत्स्यन्ति	
	totsyati	*totsyataḥ*	*totsyanti*	

(7) Conditional Mood : लृङ् (भविष्यति क्रियातिपत्तौ) *Parasmaipadī*

1p∘	अतोत्स्यम्	अतोत्स्याव	अतोत्स्याम	If I inflict
	atotsyam	*atotsyāva*	*atotsyāma*	

2p◦ अतोत्स्यः	अतोत्स्यतम्	अतोत्स्यत	
atotsyaḥ	*atotsyatam*	*atotsyata*	
3p◦ अतोत्स्यत्	अतोत्स्यताम्	अतोत्स्यन्	
atotsyat	*atotsyatām*	*atotsyan*	

(8) Imperative Mood : लोट् (आज्ञार्थे; प्रश्नार्थे; विध्यादौ) *Parasmaipadī*

1p◦ तुदानि	तुदाव	तुदाम	Should I inflict?
tudāni	*tudāva*	*tudāma*	
2p◦ तुद	तुदतम्	तुदत	Please inflict!
tuda	*tudatam*	*tudata*	
3p◦ तुदतु	तुदताम्	तुदन्तु	He, she should inflict!
tudatu	*tudatām*	*tudantu*	

(9) Potential or Subjunctive Mood : विधिलिङ् (विध्यादौ) *Parasmaipadī*

1p◦ तुदेयम्	तुदेव	तुदेम	I may inflict
tudeyam	*tudeva*	*tudema*	
2p◦ तुदेः	तुदेतम्	तुदेत	
tudeḥ	*tudetam*	*tudeta*	
3p◦ तुदेत्	तुदेताम्	तुदेयुः	
tudet	*tudetām*	*tudeyuḥ*	

(10) Benedictive or Optative Mood : आशीर्लिङ् (आशिषि) *Parasmaipadī*

1p◦ तुद्यासम्	तुद्यास्व	तुद्यास्म	May I inflict!
tudyāsam	*tudyāsva*	*tudyāsma*	
2p◦ तुद्याः	तुद्यास्तम्	तुद्यास्त	
tudyāḥ	*tudyāstam*	*tudyāsta*	
3p◦ तुद्यात्	तुद्यास्ताम्	तुद्यासुः	
tudyāt	*tudyāstām*	*tudyāsuḥ*	

THE IMPORTANT ROOTS of the 6th, तुदादि: class

ROOT √इष् (to desire)

In the Present (लट्), Imperfect past (लङ्), Imperative (लोट्) and Potential (विधि) tenses of √इष्, prefix त् appeares befor ष् and then this ष् changes to छ्। According to the *sandhi* rule त् + छ् = च्छ्। Therefore, √इष् → इ + त् + छ् = इ + च् + छ् = इच्छ्

इच्छामि इच्छाव: इच्छाम:। इच्छसि इच्छथ: इच्छथ। इच्छति इच्छत: इच्छन्ति।

ROOT √मस्ज् (to purify) :

In the Present (लट्), Imperfect past (लङ्), Imperative (लोट्), Perfect past (लिट्) and Potential (विधि०) tenses of √मस्ज्, when झलादि (any consonant other than the nasals and the semi-vowels : ङ, ञ, ण, न, म, य, र, ल, व) letter is not ahead, the स् of मस्ज् changes to द् and then this द् changes to ज् (pāṇini 8.4.53,40). Thus,

म + स् + ज् → म + द् + ज् → म + ज् + ज् + = मज्ज् and then the Present tense is मज्जामि मज्जाव: मज्जाम:। मज्जसि मज्जथ: मज्जथ। मज्जति मज्जत: मज्जन्ति।

(1) Present (लट्)	मज्जति	मज्जत:	मज्जन्ति।
(2) Imperfect past (लङ्)	अमज्जत्	अमज्जताम्	अमज्जन्।
(3) Future (लृट्)	मङ्क्ष्यति	मङ्क्ष्यत:	मङ्क्ष्यन्ति।
(4) Imperative (लोट्)	मज्जतु	मज्जताम्	मज्जन्तु।
(5) Potential (विधि०)	मज्जेत्	मज्जेताम्	मज्जेयु:।

ROOT √विज् (to tremble) :

The *ātmanepadī* verb √विज् is primarily used with the prefix उद्।

Thus, उद्√विज् = to agitate. उद्विजते उद्विजेते उद्विजन्ते।

ROOT √मृ (to die) : The root √मृ forms :

(a) *ātmanepadī* verbs in (i) Present tense (लट्), (ii) Past imperfect (लङ्), (iii) Past indefinite (लुङ्), (v) Imperative (लोट्), (v) Benedictive (आशि०), and (vi) Potential (विधि०) tenses, and it forms

(b) *parasmaipadī* verbs in (vii) Past perfect (लिट्), (viii) Indefinite future (लुट्), (ix)

Indefinite future (लृट्), and (x) Conditional (लृङ्) tenses. Therefore,

(1) The *ātmanepadī* verbs from √मृ :

(i) Present tense (लट्)

म्रिये म्रियावहे म्रियामहे। म्रियसे म्रियेथे म्रियध्वे। म्रियते म्रियेते म्रियन्ते।

(ii) Past imperfect (लङ्)

अम्रिये अम्रियावहि अम्रियामहि। अम्रियथाः अम्रियेथाम् अम्रियध्वम्। अम्रियत अम्रियेताम् अम्रियन्त।

(iii) Past indefinite (लुङ्)

अमृषि अमृष्वहि अमृष्महि। अमृथाः अमृषाथाम् अमृढ्वम्। अमृत अमृषाताम् अमृषत।

(iv) Imperative (लोट्)

म्रियै म्रियावहै म्रियामहै। म्रियस्व म्रियेथाम् म्रियध्वम्। म्रियताम् म्रियेताम् म्रियन्ताम्।

(v) Benedictive (आशि॰)

मृषीय मृष्वीवहि मृषीमहि। मृषीष्ठाः मृषीयास्थां मृषीढ्वम्। मृषीष्ट मृषीयास्तां मृषीरन्।

(vi) Potential (विधि॰)

म्रियेय म्रियावहि म्रियामहि। म्रियेथाः म्रियेयाथाम् म्रियेध्वम्। म्रियेत म्रियेयाताम् म्रियेरन्।

(2) The *parasmaipadī* verbs fro √मृ :

(vii) Past perfect (लिट्)

ममार मम्रिव मम्रिम। ममर्थ मम्रथुः मम्र। ममार मम्रतुः मम्रुः।

(viii) Indefinite future (लुट्)

मर्तास्मि मर्तास्वः मर्तास्मः। मर्तासि मर्तास्थः मर्तास्थ। मर्ता मर्तारौ मर्तारः।

(ix) Indefinite future (लृट्)

मरिष्यामि मरिष्यावः मरिष्यामः। मरिष्यसि मरिष्यथः मरिष्यथ। मरिष्यति मरिष्यतः मरिष्यन्ति।

(x) Conditional (लृङ्)

अमरिष्यम् अमरिष्याव अमरिष्याम। अमरिष्यः अमरिष्यतम् अमरिष्यत। अमरिष्यत् अमरिष्यताम् अमरिष्यन्।

ROOT √मुच् (to free, to become free) :

In the Present (लट्), Imperfect past (लङ्), Imperative (लोट्) and Potential (विधि) tenses of √मुच् (as well as √सिच्, लिप्, कृत्, विद ...etc),

(i) particle न् comes in the middle of the root. (ii) This न् becomes a nasal dot (अनुस्वारः)

(iii) and (following the rule of परसवर्णः) it is pronounced according to the class of the following letter. e.g. मुच् → मु + न् + च् = मुंच् = मुञ्च् → मुञ्चति। सिच् → सि + न् + च् = सिंच् = सिञ्च् → सिञ्चति। लिप् → लि + न् + प् = लिंप् = लिम्प् → लिम्पति। कृत् → कृ + न् + त् = कृंत् = कृन्त् → कृन्तति। विद् → वि + न् + द् = विंद् = विन्द् → विन्दति।

7. THE SEVENTH CLASS

rudhādiḥ gaṇaḥ रुधादिः गणः।

The seventh class of the verbs is रुधादि *(rudhādi)* class. The typical example of this class is verb root √रुध् (√*rudh* to hinder). There are 25 verbs in the रुधादि (seventh) class.

In the Present (लट्), Imperfect past (लङ्), Imperative (लोट्) and Potential (विधि) tenses of √रुध् the न विकरणम् comes in. In *parasmaipadī* Indefinite Past tense (लुङ्), two kinds of verbs are formed in this class (see below).

Scheme of Conjugations for the Seventh Class : Root √रुध् to hinder

(1) Present Tense : लट् (सामान्य-वर्तमाने) *Parasmaipadī*

	Singular	Dual	Plural	Meaning
1p∘	रुणध्मि (मि)	रुन्ध्वः (वः)	रुन्ध्मः (मः)	I hinder
	ruṇadhmi	*rundhvaḥ*	*rundhmaḥ*	
2p∘	रुणत्सि (सि)	रुन्द्धः (थः)	रुन्द्ध (थ)	
	ruṇatsi	*runddhaḥ*	*runddha*	
3p∘	रुणद्धि (ति)	रुन्द्धः (तः)	रुन्धन्ति (अन्ति)	
	ruṇaddhi	*runddhaḥ*	*rundhanti*	

(2) Past imperfect Tense : लङ् (अनद्यतन-भूते) *Parasmaipadī*

1p∘	अरुणधम्	अरुन्ध्व	अरुन्ध्म	I hindered
	aruṇadham	*arundhva*	*arundhma*	
2p∘	अरुणः	अरुन्द्धम्	अरुन्द्ध	
	aruṇaḥ	*arundhatam*	*arudha*	

3p◦ अरुणत्	अरुन्धाम्	अरुन्धन्	
aruṇat	*arundhām*	*arundhan*	

(3) Perfect Past Tense : लिट् (परोक्ष-भूते) *Parasmaipadī*

1p◦ रुरोध	रुरुधिव	रुरुधिम	I had hindered
rurodha	*rurudhiva*	*rurudhima*	
2p◦ रुरुधिथ	रुरुधिथुः	रुरुध	
rurudhitha	*rurudhithuḥ*	*rurudha*	
3p◦ रुरोध	रुरुधतुः	रुरुधुः	
rurodha	*rurudhatuḥ*	*rurudhuḥ*	

(4) Indefinite Past Tense : लुङ् (दूरवर्ति-भूते) *Parasmaipadī*

1p◦ अरुधम्	अरुधाव	अरुधाम	I had hindered
arudham	*arudhāva*	*arudhāma*	
2p◦ अरुधः	अरुधतम्	अरुधत	
arudhaḥ	*arudhatam*	*arudhata*	
3p◦ अरुधत्	अरुधताम्	अरुधन्	
arudhat	*arudhatām*	*arudhan*	

Optional : (पक्षे)

Singular	Dual	Plural	Meaning
1p◦ अरौत्सम्	अरौत्स्व	अरौत्स्म	I had hindered
arautsam	*arautsva*	*arautsma*	
2p◦ अरोत्सीः	अरौद्धम्	अरौद्ध	
arautsīḥ	*arauddham*	*arauddha*	
3p◦ अरौत्सीत्	अरौद्धाम्	अरौत्सुः	
arautsīt	*arauddhām*	*arautsuḥ*	

(5) Definite Future : लुट् (सामान्य-भविष्यति) *Parasmaipadī*

1p◦	रोद्धास्मि	रोद्धास्वः	रोद्धास्मः	I will hinder
	roddhāsmi	*roddhāsvaḥ*	*roddhāsmaḥ*	
2p◦	रोद्धासि	रोद्धास्थः	रोद्धास्थ	
	roddhāsi	*roddhāsthaḥ*	*roddhāstha*	
3p◦	रोद्धा	रोद्धारौ	रोद्धारः	
	roddhā	*roddhārau*	*roddhāraḥ*	

(6) Indefinite Future : लृट् (अपूर्ण-भविष्यति) *Parasmaipadī*

1p◦	रोत्स्यामि	रोत्स्यावः	रोत्स्यामः	I shall hinder
	rotsyāmi	*rotsyāvaḥ*	*rotsyāmaḥ*	
2p◦	रोत्स्यसि	रोत्स्यथः	रोत्स्यथ	
	rotsyasi	*rotsyathaḥ*	*rotsyatha*	
3p◦	रोत्स्यति	रोत्स्यतः	रोत्स्यन्ति	
	rotsyati	*rotsyataḥ*	*rotsyanti*	

(7) Conditional Mood : लृङ् (भविष्यति क्रियातिपत्तौ) *Parasmaipadī*

1p◦	अरोत्स्यम्	अरोत्स्याव	अरोत्स्याम	If I hinder
	arotsyam	*arotsyāva*	*arotsyāma*	
2p◦	अरोत्स्यः	अरोत्स्यतम्	अरोत्स्यत	
	arotsyaḥ	*arotsyatam*	*arotsyata*	
3p◦	अरोत्स्यत्	अरोत्स्यताम्	अरोत्स्यन्	
	arotsyat	*arotsyatām*	*arotsyan*	

(8) Imperative Mood : लोट् (आज्ञार्थे; प्रश्नार्थे; विध्यादौ) *Parasmaipadī*

1p◦	रुणधानि	रुणधाव	रुणधाम	Should I hinder?
	ruṇadhāni	*ruṇadhāva*	*ruṇadhāma*	
2p◦	रुन्द्धि	रुन्द्धम्	रुन्द्ध	Please hinder!
	runddhi	*runddham*	*runddha*	
3p◦	रुणद्धु	रुन्द्धाम्	रुन्द्धन्तु	He, she should hinder!
	ruṇaddhu	*runddhām*	*runddhantu*	

(9) Potential or Subjunctive Mood : विधिलिङ् (विध्यादौ) *Parasmaipadī*

1p∘ रुन्ध्याम्	रुन्ध्याव	रुन्ध्याम	I may hinder
rundhyām	*rundhyāva*	*rundhyāma*	
2p∘ रुन्ध्याः	रुन्ध्यातम्	रुन्ध्यात	
rundhyāḥ	*rundhyātam*	*rundhyāta*	
3p∘ रुन्ध्यात्	रुन्ध्याताम्	रुन्ध्युः	
rundhyāt	*rundhyātām*	*rundhyuḥ*	

(10) Benedictive or Optative Mood : आशीर्लिङ् (आशिषि) *Parasmaipadī*

1p∘ रुध्यासम्	रुध्यास्व	रुध्यास्म	May I hinder!
rudhyāsam	*rudhyāsva*	*rudhyāsma*	
2p∘ रुध्याः	रुध्यास्तम्	रुध्यास्त	
rudhyāḥ	*rudhyāstam*	*rudhyāsta*	
3p∘ रुध्यात्	रुध्यास्ताम्	रुध्यासुः	
rudhyāt	*rudhyāstām*	*rudhyāsuḥ*	

8. THE EIGHTTH CLASS

tanādiḥ gaṇaḥ तनादिः गणः।

The eightth class of the verbs is तनादि (*tanādi*) class. The typical example of this class is the verb √तन् (√*tan* to spread). There are only 10 verbs in the तनादि (eighth) class. The most widely used verb is √kṛ (to do) √कृ।

In the Present (लट्), Imperfect past (लङ्), Imperative (लोट्) and Potential (विधि) tenses of तनादिः class उ विकरणम् comes in. This उ then becomes ओ with *guṇa,* as explained in the भ्वादिः (1st) class.

1. *Vikaraṇa* उ is added to the verbal base before adding the tense suffixes. तन् + उ = तनु
2. This *vikaraṇa* उ becomes ओ before the (अङ्ित्) suffixes of मि, सि, ति। तनु → तनो + मि

= तनोमि, तनोषि, तनोति।

3. This *vikaraṇa* उ is optionally dropped before the suffixes of वः, मः, वहि, महि etc. तनु - उ + वः = तन्वः (तनुवः), तन्मः (तनुमः) , तन्वहे (तनुवहे), तन्महे (तनुमहे) ...etc.

Scheme of Conjugations for the Eighth Class - Root √तन् to spread

(1) Present Tense : लट् (सामान्य-वर्तमाने) *Parasmaipadī*

	Singular	Dual	Plural	Meaning
1p∘	तनोमि (ओमि)	तन्वः-तनुवः (वः)	तन्मः-तनुमः (मः)	I spread
	tanomi	*tanuvaḥ*	*tanumaḥ*	
2p∘	तनोषि (सि)	तनुथः (थः)	तनुथ (थ)	
	tanoṣi	*tanuthaḥ*	*tanutha*	
3p∘	तनोति (ति)	तनुतः (तः)	तन्वन्ति (अन्ति)	
	tanoti	*tanutaḥ*	*tanvanti*	

(2) Past imperfect Tense : लङ् (अनद्यतन-भूते) *Parasmaipadī*

1p∘	अतनवम्	अतनुव	अतनुम	I spreaded
	atanavam	*atanuva*	*atanuma*	
2p∘	अतनोः	अतनुतम्	अतनुत	
	atanoḥ	*atanutam*	*atanuta*	
3p∘	अतनोत्	अतनुताम्	अतन्वन्	
	atanot	*atanutām*	*atanvan*	

(3) Perfect Past Tense : लिट् (परोक्ष-भूते) *Parasmaipadī*

1p∘	ततान	तेनिव	तेनिम	I had spreaded
	tatāna	*teniva*	*tenima*	
2p∘	तेनिथ	तेनथुः	तेन	
	tenitha	*tenathuḥ*	*tena*	
3p∘	ततान	तेनतुः	तेनुः	

	tatāna	*tenatuḥ*	*tenuḥ*

(4) Indefinite Past Tense : लुङ् (दूरवर्ति-भूते) *Parasmaipadī*

1p◦	अतानिषम्	अतानिष्व	अतानिष्म	I had spreaded
	atāniṣam	*atāniṣva*	*atāniṣma*	
2p◦	अतानीः	अतानिष्टम्	अतानिष्ट	
	atānīḥ	*atāniṣṭam*	*atāniṣṭa*	
3p◦	अतानीत्	अतानिष्टाम्	अतानिषुः	
	atānīt	*atāniṣṭām*	*atāniṣuḥ*	

(5) Definite Future : लुट् (सामान्य-भविष्यति) *Parasmaipadī*

1p◦	तनितास्मि	तनितास्वः	तनितास्मः	I will spread
	tanitāsmi	*tanitāsvaḥ*	*tanitāsmaḥ*	
2p◦	तनितासि	तनितास्थः	तनितास्थ	
	tanitāsi	*tanitāsthaḥ*	*tanitāstha*	
3p◦	तनिता	तनितारौ	तनितारः	
	tanitā	*tanitārau*	*tanitāraḥ*	

(6) Indefinite Future : लृट् (अपूर्ण-भविष्यति) *Parasmaipadī*

1p◦	तनिष्यामि	तनिष्यावः	तनिष्यामः	I shall spread
	taniṣyāmi	*taniṣyāvaḥ*	*taniṣyāmaḥ*	
2p◦	तनिष्यसि	तनिष्यथः	तनिष्यथ	
	taniṣyasi	*taniṣyathaḥ*	*taniṣyatha*	
3p◦	तनिष्यति	तनिष्यतः	तनिष्यन्ति	
	taniṣyati	*taniṣyataḥ*	*taniṣyanti*	

(7) Conditional Mood : लृङ् (भविष्यति क्रियातिपत्तौ) *Parasmaipadī*

1p◦	अतनिष्यम्	अतनिष्याव	अतनिष्याम	If I spread
	ataniṣyam	*ataniṣyāva*	*ataniṣyāma*	

2p॰	अतनिष्य:	अतनिष्यतम्	अतनिष्यत	
	ataniṣyaḥ	*ataniṣyatam*	*ataniṣyata*	
3p॰	अतनिष्यत्	अतनिष्यताम्	अतनिष्यन्	
	ataniṣyat	*ataniṣyatām*	*atansyan*	

(8) Imperative Mood : लोट् (आज्ञार्थे; प्रश्नार्थे; विध्यादौ) *Parasmaipadī*

1p॰	तनवानि	तनवाव	तनवाम	Should I spread?
	tanavāni	*tanavāva*	*tanavāma*	
2p॰	तनु	तनुतम्	तनुत	Please spread!
	tanu	*tanutam*	*tanuta*	
3p॰	तनोतु	तनुताम्	तन्वन्तु	He, she should spread!
	tanotu	*tanutām*	*tanvantu*	

(9) Potential or Subjunctive Mood : विधिलिङ् (विध्यादौ) *Parasmaipadī*

1p॰	तनुयाम्	तनुयाव	तनुयाम	I may spread
	tanuyām	*tanuyāva*	*tanuyāma*	
2p॰	तनुया:	तनुयातम्	तनुयात	
	tanuyāḥ	*tanuyātam*	*tanuyāta*	
3p॰	तनुयात्	तनुयाताम्	तनुयु:	
	tanuyāt	*tanuyātām*	*tanuyuḥ*	

(10) Benedictive or Optative Mood : आशीर्लिङ् (आशिषि) *Parasmaipadī*

1p॰	तन्यासम्	तन्यास्व	तन्यास्म	May I spread!
	tanyāsam	*tanyāsva*	*tanyāsma*	
2p॰	तन्या:	तन्यास्तम्	तन्यास्त	
	tanyāḥ	*tanyāstam*	*tanyāsta*	
3p॰	तन्यात्	तन्यास्ताम्	तन्यासु:	
	tanyāt	*tanyāstām*	*tanyāsuḥ*	

The most important verb of this class is √kṛ (√कृ to do).

The complete chart for this verb is as follows : As said above, in the Present (लट्), Imperfect past (लङ्), Imperative (लोट्) and Potential (विधि) tenses,

(i) the √कृ take उ विकरणम्। (ii) when उ comes after कृ, the कृ takes *guṇa* and becomes अर् (रपरत्वम्). (iii) then उ विकरणम् is added, as shown in भ्वादिः (1st) class.

कृ = क् + ऋ → क् + ऋ + अ + उ = क् + अर् + उ = करु (iv). This *vikaraṇa* उ becomes ओ before the (अङित्) suffixes of मि, सि, ति। कृ → क् + ऋ + अ + ओ + मि = करोमि, करोषि, करोति। ...etc.

To do √kṛ √कृ

1. **लट्** (Present tense, action began but not complete e.g. I do, I am doing)

परस्मैपदी			आत्मनेपदी		
करोमि	कुर्वः	कुर्मः।	कुर्वे	कुर्वहे	कुर्महे।
करोषि	कुरुथः	कुरुथ।	कुरुषे	कुर्वाथे	कुरुध्वे।
करोति	कुरुतः	कुर्वन्ति।	कुरुते	कुर्वाते	कुर्वते।

2. **लङ्** (First Preterite, Imperfect Past tense, act of recent past e.g. I was doing, I did)

परस्मैपदी			आत्मनेपदी		
अकरवम्	अकुर्व	अकुर्म।	अकुर्वि	अकुर्वहि	अकुर्महि
अकरोः	अकुरुतम्	अकुरुत।	अकुरुथाः	अकुर्वाथाम्	अकुरुध्वम्
अकरोत्,	अकुरुताम्,	अकुर्वन्।	अकुरुत,	अकुर्वाताम्,	अकुर्वत।

3. **लिट्** (Second Preterite, Perfect Past tense, action of absolute past and out of sight e.g. he was, he had been)

परस्मैपदी			आत्मनेपदी		
चकार	चकृव	चकृम।	चक्रे	चकृवहे	चकृमहे।
चकर्थ	चक्रथुः	चक्र।	चकृषे	चक्राथे	चकृढ्वे।
चकार	चक्रतुः	चक्रुः।	चक्रे	चक्राते	चक्रिरे।

4. **लुङ्** (Third Preterite, Aorist or Indefinite Past tense, e.g. I had been, there was a king)

परस्मैपदी			आत्मनेपदी		
अकार्षम्	अकार्ष्व	अकार्ष्म।	अकृषि	अकृष्वहि	अकृष्महि।
अकार्षीः	अकार्ष्टम्	अकार्ष्ट।	अकृथाः	अकृषाथाम्	अकृढ्वम्।
अकार्षीत्	अकार्ष्टाम्	अकार्षुः।	अकृत	अकृषाताम्	अकृषत।

5. **लुट्** (Definite Future or First Future tense, the action that will happen after a fixed period, but not remote, although not immidiate. e.g. I will , I shall do it tommorrow)

परस्मैपदी			आत्मनेपदी		
कर्तास्मि	कर्तास्वः	कर्तास्मः।	कर्ताहे	कर्तास्वहे	कर्तास्महे।
कर्तासि	कर्तास्थः	कर्तास्थ।	कर्तासे	कर्तासाथे	कर्ताध्वे।
कर्ता	कर्तारौ	कर्तारः।	कर्ता	कर्तारौ	कर्तारः।

6. **लृट्** (Indefinite Future or Second Future tense, action is contingent up on some future event. e.g. I shall be)

परस्मैपदी			आत्मनेपदी		
करिष्यामि	करिष्यावः	करिष्यामः।	करिष्ये	करिष्यावहे	करिष्यामहे।
करिष्यसि	करिष्यथः	करिष्यथ।	करिष्यसे	करिष्येथे	करिष्यध्वे।
करिष्यति	करिष्यतः	करिष्यन्ति।	करिष्यते	करिष्येते	करिष्यन्ते।

(Imperative mood)

7. **लोट्** (Order, command, injunction, request, advice. It generally denotes or addresses second or third person e.g. you do, let me be, O God! help us)

परस्मैपदी			आत्मनेपदी		
करवाणि	करवाव	करवाम।	करवै	करवावहै	करवामहै।
कुरु	कुरुतम्	कुरुत।	कुरुष्व	कुर्वाथाम्	कुरुध्वम्।

करोतु	कुरुताम्	कुर्वन्तु।	कुरुताम्	कुर्वाताम्	कुर्वताम्।

(Subjunctive mood)

8. **विधिलिङ्** (Potential or possibility, e.g. It may happen, I may, can, would, should, ought to do)

परस्मैपदी			आत्मनेपदी		
कुर्याम्	कुर्याव	कुर्याम।	कुर्वीय	कुर्वीवहि	कुर्वीमहि।
कुर्याः	कुर्यातम्	कुर्यात।	कुर्वीथाः	कुर्वीयाथाम्	कुर्वीध्वम्।
कुर्यात्	कुर्याताम्	कुर्युः।	कुर्वीत	कुर्वीयाताम्	कुर्वीरन्।

(Precative or Benedictive mood)

9. **आशीर्लिङ्** (Optative or Benedictive mood, e.g. may you succeed)

परस्मैपदी			आत्मनेपदी		
क्रियासम्	क्रियास्व	क्रियास्म।	कृषीय	कृषीवहि	कृषीमहि।
क्रियाः	क्रियास्तम्	क्रियास्त।	कृषीष्ठाः	कृषीयास्थाम्	कृषीढ्वम्।
क्रियात्	क्रियास्ताम्	क्रियासु।	कृषीष्ठ	कृषीयास्ताम्	कृषीरन्।

10. **लृङ्** (Conditional Mood, depending upon, e.g. I should .. if)

परस्मैपदी			आत्मनेपदी		
अकरिष्यम्	अकरिष्याव	अकरिष्याम	अकरिष्ये	अकरिष्यावहि	अकरिष्यामहि
अकरिष्यः	अकरिष्यतम्	अकरिष्यत	अकरिष्यथाः	आकरिष्येथाम्	अकरिष्यध्वम्
अकरिष्यत्	अकरिष्यताम्	अकरिष्यन्	अकरिष्यत	अकरिष्येताम्	अकरिष्यन्त।

9. THE NINETH CLASS

kryādiḥ gaṇah क्र्यादिः गणः।

The nineth classe of the verbs is क्र्यादि *(kryādi)* class. The typical example of this class is the root √क्रीञ् (√*krīñ* to trade; buy or sell). There are 61 verbs in क्र्यादि (nineth) class.

In the Present (लट्), Imperfect past (लङ्), Imperative (लोट्) and Potential (विधि) tenses, this class takes ना विकरणम्।

Scheme of Conjugations for the Nineth Class - Root √क्रीञ् to trade

(1) Present Tense : लट् (सामान्य-वर्तमाने) *Parasmaipadī*

	Singular	Dual	Plural	Meaning
1p◦	क्रीणामि (आमि)	क्रीणीव: (व:)	क्रीणीम: (म:)	I trade
	krīṇāmi	*krīṇīvaḥ*	*krīṇīmaḥ*	
2p◦	क्रीणासि (सि)	क्रीणीथ: (थ:)	क्रीणीथ (थ)	
	krīṇāsi	*krīṇīthaḥ*	*krīṇītha*	
3p◦	क्रीणाति (ति)	क्रीणीत: (त:)	क्रीणन्ति (अन्ति)	
	krīṇāti	*krīṇītaḥ*	*krīṇanti*	

(2) Past imperfect Tense : लङ् (अनद्यतन-भूते) *Parasmaipadī*

1p◦	अक्रीणाम्	अक्रीणीव	अक्रीणीम	I traded
	akrīṇām	*akrīṇīva*	*akrīṇīma*	
2p◦	अक्रीणा:	अक्रीणीतम्	अक्रीणीत	
	akrīṇāḥ	*akrīṇītam*	*akrīṇīta*	
3p◦	अक्रीणात्	अक्रीणीताम्	अक्रीणन्	
	akrīṇāt	*akrīṇītām*	*akrīṇan*	

(3) Perfect Past Tense : लिट् (परोक्ष-भूते) *Parasmaipadī*

1p◦	चिक्राय	चिक्रियिव	चिक्रियिम	I had traded
	ćikrāya	*ćikriyiva*	*ćikriyima*	
2p◦	चिक्रयिथ	चिक्रियथु:	चिक्रिथ	
	ćikrayitha	*ćikriyathuḥ*	*ćikritha*	
3p◦	चिक्राय	चिक्रियतु:	चिक्रियु:	
	ćikrāya	*ćikriyatuḥ*	*ćikriyuḥ*	

(4) Indefinite Past Tense : लुङ् (दूरवर्ति-भूते) *Parasmaipadī*

1p◦	अक्रैषम्	अक्रैष्व	अक्रैष्म	I had traded

	akraiṣam	*akraiṣva*	*akraiṣma*
2p∘	अक्रैषीः	अक्रैष्टम्	अक्रैष्ट
	akraiṣīḥ	*akraiṣṭam*	*akraiṣṭa*
3p∘	अक्रैषीत्	अक्रैष्टाम्	अक्रैषुः
	akraiṣīt	*akraiṣṭām*	*akraiṣuḥ*

(5) Definite Future : लुट् (सामान्य-भविष्यति) *Parasmaipadī*

1p∘	क्रेतास्मि	क्रेतास्वः	क्रेतास्मः	I will trade
	kretāsmi	*kretāsvaḥ*	*kretāsmaḥ*	
2p∘	क्रेतासि	क्रेतास्थः	क्रेतास्थ	
	kretāsi	*kretāsthaḥ*	*kretāstha*	
3p∘	क्रेता	क्रेतारौ	क्रेतारः	
	kretā	*kretārau*	*kretāraḥ*	

(6) Indefinite Future : लृट् (अपूर्ण-भविष्यति) *Parasmaipadī*

1p∘	क्रेष्यामि	क्रेष्यावः	क्रेष्यामः	I shall trade
	kreṣyāmi	*kreṣyāvaḥ*	*kreṣyāmaḥ*	
2p∘	क्रेष्यसि	क्रेष्यथः	क्रेष्यथ	
	kreṣyasi	*kreṣyathaḥ*	*kreṣyatha*	
3p∘	क्रेष्यति	क्रेष्यतः	क्रेष्यन्ति	
	kreṣyati	*kreṣyataḥ*	*kreṣyanti*	

(7) Conditional Mood : लृङ् (भविष्यति क्रियातिपत्तौ) *Parasmaipadī*

1p∘	अक्रेष्यम्	अक्रेष्याव	अक्रेष्याम	Had I traded
	akreṣyam	*akreṣyāva*	*akreṣyāma*	
2p∘	अक्रेष्यः	अक्रेष्यतम्	अक्रेष्यत	
	akreṣyaḥ	*akreṣyatam*	*akreṣyata*	
3p∘	अक्रेष्यत्	अक्रेष्यताम्	अक्रेष्यन्	
	akreṣyat	*akreṣyatām*	*akreṣyan*	

(8) Imperative Mood : लोट् (आज्ञार्थे; प्रश्नार्थे; विध्यादौ) *Parasmaipadī*

1p∘	क्रीणानि	क्रीणाव	क्रीणाम	Should I trade?
	krīṇāni	*krīṇāva*	*krīṇāma*	
2p∘	क्रीणीहि	क्रीणीतम्	क्रीणीत	Please tread!
	krīṇīhi	*krīṇītam*	*krīṇīta*	
3p∘	क्रीणातु	क्रीणीताम्	क्रीणन्तु	He, she should tread!
	krīṇātu	*krīṇītām*	*krīṇantu*	

(9) Potential or Subjunctive Mood : विधिलिङ् (विध्यादौ) *Parasmaipadī*

1p∘	क्रीणीयाम्	क्रीणीयाव	क्रीणीयाम	I may trade
	krīṇīyām	*krīṇīyāva*	*krīṇīyāma*	
2p∘	क्रीणीयाः	क्रीणीयातम्	क्रीणीयात	
	krīṇīyāḥ	*krīṇīyātam*	*krīṇīyāta*	
3p∘	क्रीणीयात्	क्रीणीयाताम्	क्रणीयुः	
	krīṇīyāt	*krīṇīyātām*	*krīṇīyuḥ*	

(10) Benedictive or Optative Mood : आशीर्लिङ् (आशिषि) *Parasmaipadī*

1p∘	क्रीयासम्	क्रीयास्व	क्रीयास्म	May I trade!
	krīyāsam	*krīyāsva*	*krīyāsma*	
2p∘	क्रीयाः	क्रीयास्तम्	क्रीयास्त	
	krīyāḥ	*krīyāstam*	*krīyāsta*	
3p∘	क्रीयात्	क्रीयास्ताम्	क्रीयासुः	
	krīyāt	*krīyāstām*	*krīyāsuḥ*	

10. THE TENTH CLASS

ćurādiḥ gaṇah चुरादिः गणः।

The tenth class is चुरादि *(ćurādi)* class. The typical example is root √चुर् (√*ćur* to steal).

There are 411 verbs in the चुरादि (tenth) class.

CHARACTERISTICS :

(i) If the middle vowel in a चुरादि verb has a short vowel such as इ, उ or ऋ, it takes *guṇa* (= ए, ओ, अर्) e.g. (1) चुर् + गुण = च् + + उ + अ + र् = चोर्।

(ii) If the root verb ends in इ, उ or ऋ vowel, this इ उ ऋ vowel receives *vṛddhi.* e.g. (2) ली + वृद्धि = लै + इ = लाय्। (3) यु + वृद्धि = यौ + इ = याव्। (4) वृ + वृद्धि = वृ + इ = वार्।

(iii) Then all चुरादि verbs take णिच् suffix, of which ण् and च् get dropped and only इ gets added. e.g. (1) चोर् + णिच् = चोर् + णिच् – ण् – च + इ = चारि। (2) लाय् + णिच् = लायि। (3) याद् + णिच् = यादि। (4) वार् + णिच् = वारि।

(iv) This modified root verb then undergoes संज्ञा (modification) e.g. (1) चोरि = चोरय्। (2) लायि = लायय्। (3) यादि = यादय्। (4) वारि = वारय्। It forms the **verbal base.**

(v) This verbal base receives अ विकरणम् in the Present (लट्), Imperfect past (लङ्), Imperative (लोट्) and Potential (विधि) tenses. e.g. चोरय् + अ = चोरय।

(vi) But, in Past indefinite tense (लुङ्), the root undergoes duplication and modification.

(vii) *Vikaraṇa* अ is then added before adding the tense suffix. चोरय् + अ = चोरय

(viii) This *vikaraṇa* अ becomes आ before the tense suffixes that begin with चोरय → चोरया + मि = चोरयामि, चोरयावः चोरयामः।

(ix) This *vikaraṇa* अ is dropped before tense suffixes that begin with म् and व्। e.g. अ। चोरय → चोरय + अन्ति = चोरयन्ति

Scheme of Conjugations for the Tenth Class - Root √चुर् to steal

(1) Present Tense : लट् (सामान्य-वर्तमाने) *Parasmaipadī*

	Singular	Dual	Plural	Meaning
1p∘	चोरयामि (यामि)	चोरयावः (यावः)	चोरयामः (यामः)	I steal
	ćorayāmi	*ćorayāvaḥ*	*ćorayāmaḥ*	

2p◦	चोरयसि (यसि)	चोरयथः (यथः)	चोरयथ (यथ)	
	ćorayasi	*ćorayathaḥ*	*ćorayatha*	
3p◦	चोरयति (यति)	चोरयतः (यतः)	चोरयन्ति (यन्ति)	
	ćorayati	*ćorayataḥ*	*ćorayanti*	

(2) Past imperfect Tense : लङ् (अनद्यतन-भूते) *Parasmaipadī*

1p◦	अचोरयम्	अचोरयाव	अचोरयाम	I stole
	aćorayam	*aćorayāva*	*aćorayāma*	
2p◦	अचोरयः	अचोरयतम्	अचोरयत	
	aćorayaḥ	*aćorayatam*	*aćorayata*	
3p◦	अचोरयत्	अचोरयताम्	अचोरयन्	
	aćorayat	*aćorayatām*	*aćorayan*	

(3) Perfect Past Tense : लिट् (परोक्ष-भूते) *Parasmaipadī*

1p◦	चोरयामास	चोरयामासिव	चोरयामासिम	I had stolen
	ćorayāmāsa	*ćorayāmāsiva*	*ćorayāmāsima*	
2p◦	चोरयामासिथ	चोरयामासथुः	चोरयामास	
	ćorayāmāsitha	*ćorayāmāsathuḥ*	*ćorayāmāsa*	
3p◦	चोरयामास	चोरयामासतुः	चोरयामासुः	
	ćorayāmāsa	*ćorayāmāsatuḥ*	*ćorayāmāsuḥ*	

(4) Indefinite Past Tense : लुङ् (दूरवर्ति-भूते) *Parasmaipadī*

1p◦	अचूचुरम्	अचूचुराव	अचूचुराम	I had stolen
	aćūćuram	*aćūćurāva*	*aćūćurāma*	
2p◦	अचूचुरः	अचूचुरतम्	अचूचुरत	
	aćūćuraḥ	*aćūćuratam*	*aćūćurata*	
3p◦	अचूचुरत्	अचूचुरताम्	अचूचुरन्	
	aćūćurat	*aćūćuratām*	*aćūćuran*	

(5) Definite Future : लुट् (सामान्य-भविष्यति) *Parasmaipadī*

1p∘	चोरयितास्मि	चोरतितास्वः	चोरयितास्मः	I will steal
	ćorayitāsmi	*ćorayitāsvaḥ*	*ćorayitāsmaḥ*	
2p∘	चोरयितासि	चोरयितास्थः	चोरयितास्थ	
	ćorayitāsi	*ćorayitāsthaḥ*	*ćorayitāstha*	
3p∘	चोरयिता	चोरयितारौ	चोरयितारः	
	ćorayitā	*ćorayitārau*	*ćorayitāraḥ*	

(6) Indefinite Future : लृट् (अपूर्ण-भविष्यति) *Parasmaipadī*

1p∘	चोरयिष्यामि	चोरयिष्यावः	चोरयिष्यामः	I shall steal
	ćorayiṣyāmi	*ćorayiṣyāvaḥ*	*ćorayiṣyāmaḥ*	
2p∘	चोरयिष्यसि	चोरयिष्यथः	चोरयिष्यथ	
	ćorayiṣyasi	*ćorayiṣyathaḥ*	*ćorayiṣyatha*	
3p∘	चोरयिष्यति	चोरयिष्यतः	चोरयिष्यन्ति	
	ćorayiṣyati	*ćorayiṣyataḥ*	*ćorayiṣyanti*	

(7) Conditional Mood : लृङ् (भविष्यति क्रियातिपत्तौ) *Parasmaipadī*

1p∘	अचोरयिष्यम्	अचोरयिष्याव	अचोरयिष्याम	If I steal
	aćorayiṣyam	*aćorayiṣyāva*	*aćorayiṣyāma*	
2p∘	अचोरयिष्यः	अचोरयिष्यतम्	अचोरयिष्यत	
	aćorayiṣyaḥ	*aćorayiṣyatam*	*aćorayiṣyata*	
3p∘	अचोरयिष्यत्	अचोरयिष्यताम्	अचोरयिष्यन्	
	aćorayiṣyat	*aćorayiṣyatām*	*aćorayiṣyan*	

(8) Imperative Mood : लोट् (आज्ञार्थे; प्रश्नार्थे; विध्यादौ) *Parasmaipadī*

1p∘	चोरयाणि	चोरयाव	चोरयाम	Should I steal?
	ćorayāṇi	*ćorayāva*	*ćorayāma*	
2p∘	चोरय	चोरयतम्	चोरयत	Please steal!
	ćoraya	*ćorayatam*	*ćorayata*	

3p◦ चोरयतु	चोरयताम्	चोरयन्तु	He, she should steal!
ćorayatu	*ćorayatām*	*ćorayantu*	

(9) Potential or Subjunctive Mood : विधिलिङ् (विध्यादौ) *Parasmaipadī*

1p◦ चोरयेयम्	चोरयेव	चोरयेम	I may steal
ćorayeyam	*ćorayeva*	*ćorayema*	
2p◦ चोरये:	चोरयेतम्	चोरयेत	
ćorayeḥ	*ćorayetam*	*ćorayeta*	
3p◦ चोरयेत्	चोरयेताम्	चोरयेयु:	
ćorayet	*ćorayetām*	*ćorayeyuḥ*	

(10) Benedictive or Optative Mood : आशीर्लिङ् (आशिषि) *Parasmaipadī*

1p◦ चौर्यासम्	चौर्यास्व	चौर्यास्म	May I steal!
ćauryāsam	*ćauryāsva*	*ćauryāsma*	
2p◦ चौर्या:	चौर्यास्तम्	चौर्यास्त	
ćauryāḥ	*ćauryāstam*	*ćauryāsta*	
3p◦ चौर्यात्	चौर्यास्ताम्	चौर्यासु:	
ćaurÿāt	*ćauryāstām*	*ćauryāsuḥ*	

11. THE ELEVENTH CLASS

kaṇḍvādiḥ gaṇah कण्ड्वादि: गण:।

Even though this class contains more verbs than the 8th (तनादि) class, it is mostly ignored. The typical example of this class of the verbs is √कण्डू (√*kaṇḍū* to itch). The Roots (√) in the Eleventh (कण्ड्वादि) Class are : √असू √पम्पस् √पयस् √भिष् √लाट् √वेद् √सपर् √ह्रणी √हिणी।

Scheme of Conjugations for the Eleventh Class - Root √कण्डू to itch

(1) Present Tense : लट् (सामान्य-वर्तमाने) *Parasmaipadī*

Singular	Dual	Plural	Meaning

1p◦ कण्डूयामि (यामि)	कण्डूयाव: (याव:)	कण्डूयाम: (याम:)	I itch
kaṇḍūyāmi	*kaṇḍūyāvaḥ*	*kaṇḍūyāmaḥ*	
2p◦ कण्डूयसि (यसि)	कण्डूयथ: (यथ:)	कण्डूयथ (यथ)	
kaṇḍūyasi	*kaṇḍūyathaḥ*	*kaṇḍūyatha*	
3p◦ कण्डूयति (यति)	कण्डूयत: (यत:)	कण्डूयन्ति (यन्ति)	
kaṇḍūyati	*kaṇḍūyataḥ*	*kaṇḍūyanti*	

(2) Past imperfect Tense : लङ् (अनद्यतन-भूते) *Parasmaipadī*

1p◦ अकण्डूयम्	अकण्डूयाव	अकण्डूयाम	I itched
akaṇḍūyam	*akaṇḍūyāva*	*akaṇḍūyāma*	
2p◦ अकण्डूय:	अकण्डूयतम्	अकण्डूयत	
akaṇḍūyaḥ	*akaṇḍūyatam*	*akaṇḍūyata*	
3p◦ अकण्डूयत्	अकण्डूयताम्	अकण्डूयन्	
akaṇḍūyat	*akaṇḍūyatām*	*akaṇḍūyan*	

(3) Perfect Past Tense : लिट् (परोक्ष-भूते) *Parasmaipadī*

1p◦ कण्डूयाञ्चक्रे	कण्डूयाञ्चकृवहे	कण्डूयाञ्चकृमहे	I had itched
kaṇḍūyāñćakre	*kaṇḍūyāñćakṛvahe*	*kaṇḍūyāñćakṛmahe*	
2p◦ कण्डूयाञ्चकृषे	कण्डूयाञ्चक्राथे	कण्डूयाञ्चकृढ्वे	
kaṇḍūyāñćakṛṣe	*kaṇḍūyāñćakrāthe*	*kaṇḍūyāñćakṛḍhve*	
3p◦ कण्डूयाञ्चक्रे	कण्डूयाञ्चक्राते	कण्डूयाञ्चक्रिरे	
kaṇḍūyāñćakre	*kaṇḍūyāñćakrāte*	*kaṇḍūyāñćakrire*	

(4) Indefinite Past Tense : लुङ् (दूरवर्ति-भूते) *Parasmaipadī*

1p◦ अकण्डूयिषि	अकण्डूयिष्वहि	अकण्डूयिष्महि	I had itched
akaṇḍūyiṣi	*akaṇḍūyiṣvahi*	*akaṇḍūyiṣmahi*	
2p◦ अकण्डूयिष्ठा:	अकण्डूयिषाथाम्	अकण्डूयिषध्वम्	
akaṇḍūyiṣṭhāḥ	*akaṇḍūyiṣāthām*	*akaṇḍūyiṣadhvam*	
3p◦ अकण्डूयिष्ट	अकण्डूयिषाताम्	अकण्डूयिषत	

	akaṇḍūyiṣṭa	*akaṇḍūyiṣātām*	*akaṇḍūyiṣata*

(5) Definite Future : लुट् (सामान्य-भविष्यति) *Parasmaipadī*

1p∘	कण्डूयिताहे	कण्डूयितास्वहे	कण्डूयितास्महे	I will itch
	kaṇḍūyitāhe	*kaṇḍūyitāsvahe*	*kaṇḍūyitāsmahe*	
2p∘	कण्डूयितासे	कण्डूयितासाथे	कण्डूयिताध्वे	
	kaṇḍūyitāse	*kaṇḍūyitāsāthe*	*kaṇḍūyitādhve*	
3p∘	कण्डूयिता	कण्डूयितारौ	कण्डूयितारः	
	kaṇḍūyitā	*kaṇḍūyitārau*	*kaṇḍūyitāraḥ*	

(6) Indefinite Future : लृट् (अपूर्ण-भविष्यति) *Parasmaipadī*

1p∘	कण्डूयिष्ये	कण्डूयिष्यावहे	कण्डूयिष्यामहे	I will itch
	kaṇḍūyiṣye	*kaṇḍūyiṣyāvahe*	*kaṇḍūyiṣyāmahe*	
2p∘	कण्डूयिष्यसे	कण्डूयिष्येते	कण्डूयिष्यध्वे	
	kaṇḍūyiṣyase	*kaṇḍūyiṣyete*	*kaṇḍūyiṣyadhve*	
3p∘	कण्डूयिष्यते	कण्डूयिष्येते	कण्डूयिष्यन्ते	
	kaṇḍūyiṣyate	*kaṇḍūyiṣyete*	*kaṇḍūyiṣyante*	

(7) Conditional Mood : लृङ् (भविष्यति क्रियातिपत्तौ) *Parasmaipadī*

1p∘	अकण्डूयिष्ये	अकण्डूयिष्यावहि	अकण्डूयिष्यामहि	If I itch
	akaṇḍūyiṣye	*akaṇḍūyiṣyāvahi*	*akaṇḍūyiṣyāmahi*	
2p∘	अकण्डूयिष्यथाः	अकण्डूयिष्येथाम्	अकण्डूयिध्वम्	
	akaṇḍūyiṣyathāḥ	*akaṇḍūyiṣyethām*	*akaṇḍūyiṣyadhvam*	
3p∘	अकण्डूयिष्यत्	अकण्डूयिष्येताम्	अकण्डूयिष्यन्	
	akaṇḍūyiṣyat	*akaṇḍūyiṣyetām*	*akaṇḍūyiṣyan*	

(8) Imperative Mood : लोट् (आज्ञार्थे; प्रश्नार्थे; विध्यादौ) *Parasmaipadī*

1p∘	कण्डूयै	कण्डूयावहै	कण्डूयामहै	Should I itch?
	kaṇḍūyai	*kaṇḍūyāvahai*	*kaṇḍūyāmahai*	

2p◦ कण्डूयस्व	कण्डूयेथाम्	कण्डूयध्वम्	Please itch!
kaṇḍūyasva	*kaṇḍūyethām*	*kaṇḍūyadhvam*	
3p◦ कण्डूयताम्	कण्डूयेताम्	कण्डूयन्ताम्	He, she should itch!
kaṇḍūyatām	*kaṇḍūyetām*	*kaṇḍūyantām*	

(9) Potential or Subjunctive Mood : विधिलिङ् (विध्यादौ) *Parasmaipadī*

1p◦ कण्डूयेय	कण्डूयेवहि	कण्डूयेमहि	I may itch
kaṇḍūyeya	*kaṇḍūyevahi*	*kaṇḍūyemahi*	
2p◦ कण्डूयेथा:	कण्डूयेयाथाम्	कण्डूयेध्वम्	
kaṇḍūyethāḥ	*kaṇḍūyeyāthām*	*kaṇḍūyedhvam*	
3p◦ कण्डूयेत	कण्डूयेयाताम्	कण्डूयेरन्	
kaṇḍūyet	*kaṇḍūyeyātām*	*kaṇḍūyeran*	

(10) Benedictive or Optative Mood : आशीर्लिङ् (आशिषि) *Parasmaipadī*

1p◦ कण्डूयिषीय	कण्डूयिषीवहि	कण्डूयिषीमहि	May I itch!
kaṇḍūyiṣīya	*kaṇḍūyiṣīvahi*	*kaṇḍūyiṣīmahi*	
2p◦ कण्डूयिषीष्ठा:	कण्डूयिषीयास्थाम्	कण्डूयिषीध्वम्	
kaṇḍūyiṣīṣṭhā	*kaṇḍūyiṣīyāsthām*	*kaṇḍūyiṣīdhvam*	
3p◦ कण्डूयिषीष्ट	कण्डूयिषीयास्ताम्	कण्डूयिषीरन्	
kaṇḍūyiṣīṣṭa	*kaṇḍūyiṣīyāstām*	*kaṇḍūyiṣīran*	

CHAPTER 8

THE CASES

vibhaktayaḥ विभक्तयः।

KĀRAK : The relationship (*sambandhaḥ* सम्बन्धः) of the **substantives** (*saṁjñā* संज्ञाः), such as **noun** (*nāma* नाम), **pronoun** (*sarvanāma* सर्वनाम) and **adjective** (*viśaṣaṇam* विशेषणम्), with a **verb** (*kriyā* क्रिया) is called an **agent** (*kārakam* कारकम्).

कर्ता कर्म च करणं सम्प्रदानं तथैव च।
अपादानाधिकरणमित्याहुः कारकाणि षट्।।

(kartā, subject; karma, the object; karaṇa, the instrument; sampradāna, for whom; apādāna, from where; adhikaraṇa, at where, are the six kāraks)

VIBHAKTI : The suffix (*pratyayaḥ* प्रत्ययः) that imparts this relationship is called **Declensional Termination** or **Case suffix** (*vibhakti-pratyayaḥ* विभक्तिप्रत्ययः) of that agent कारकम्। For example,

(i) *arjunaḥ: uvāća* अर्जुनः उवाच। and

(ii) *arjunena kṛṣṇaḥ: uktaḥ:* अर्जुनेन कृष्णः उक्तः।

In both sentences, *arjuna* अर्जुन is *kartṛ-kārakaḥ* कर्तृकारकः (the 'doer or agent' of the action). However,

(i) in the first sentence, the word *arjunaḥ* अर्जुनः, with its affix *suḥ* (सुः), of which only *visargaḥ* विसर्गः (:) remains, is in the *prathamā vibhakti* प्रथमा विभक्तिः (1st case, Nominative Case, First Declension); and

(ii) in the second sentence, the word *arjuna,* with its affix *ena* एन (अर्जुन + एन), is in the *tṛtīyā vibhakti* तृतीया विभक्तिः (3rd case, Instrumental Case, Third Declension).

The word *vibhakti* विभक्तिः means : a complete triad (singular, dual and plural) of a Case or a Tense (त्रीणि त्रीणि विभक्ति संज्ञाश्च भवन्ति सुपश्तिङश्च । (pāṇini, aṣṭādhyāyī 1:4.104)

As Pāṇini says, there are two kinds of *vibhaktis*,

(i) Case (सुप्) *vibhakti* and

(ii) Tense or Mood (तिङ्) *vibhakti*.

By attaching a **Case suffix (सुप्प्रत्ययः)** we get a **declension (विभक्तिरूपम्)**, and

By attaching a **Tense or Mood suffix (तिङ्प्रत्ययः)** we get a **conjugation (तिङ्न्तरूपम्)**.

'Broadly' speaking, from Nominative to Locative are the seven cases. Vocative is not a separate case, but it is only a modified form of the Nominative Case. For the study of cases, the words are grouped into two categories :

(i) **Subtantives (nouns, pronouns and adjectives) ending in a vowel (अजन्त, स्वरान्त)**

(ii) **Subtantives ending in a consonant (हलन्त, व्यञ्जनान्त)**.

The 'original form' of the word (मूलप्रकृतिः), to which a case termination (विभक्तिप्रत्ययः) is attached, is called ***prātipādikam* प्रातिपादिकम्** ।

e.g. *brahman* ब्रह्मन् is *prātipādikaḥ* and *brahma* ब्रह्म (n◦), *brahmā* ब्रह्मा (m◦), *brāhmī* ब्राह्मी (f◦) are the Nominative singular word forms (of ब्रह्मन्) to be used in a sentence.

CHARACTERISTICS OF THE CASES

(1) Nominative, 1st Case (कर्तृ-कारकम्, प्रथमा-विभक्तिः)

In Active voice, the doer or subject itself; in Passive voice, the object.

(2) Accusative, 2nd Case (कर्म-कारकम्, द्वितीया-विभक्तिः)

On whom the action is performed.

Scope : to, what, to who; to where, below (अधः, अधोऽधः, अध्यधि), above (ऊर्ध्वम्), between (अन्तरा), after (अनु), along (अनु), near (निकषा, समया), towards (प्रति), in front of (अग्रे, अग्रतः, पुरः, पुरतः, समक्षम्), around (अभितः), on all sides of (परितः), on both sides of (उभयतः), verrywhere (सर्वतः), to fie on (धिक्), without (विना, ऋते, अन्तरेण), without concerning (with एनप् and विना), to go to (गति - गम्, चल्, इण्, वह्), to become, the time period (वर्षाणि, दिनानि); to sleep upon, to lie down (अधि√शी), to resort to, to reside, to dwell, to occupy (अधि√स्थ, अधि√आस्, अधि√वस्, आ√वस्, अनु√वस्, उप√वस्), following (अनु, अभि-नि√विश्) ...etc.

(3) Instrumental, 3rd Case (करण-कारकम्, तृतीया-विभक्तिः)

With or by which the (active or passive) action is done.

Scope : by, with, without (हीन, विना), because (येन), along with (सह, सार्धम्), owing to, on account of, out of-, for the reason of (प्रयोजनार्थ), by nature (स्वभाव -एन), by birth, enough, enough of (-एन अलम्), through (मध्येन, अन्तरेण, -एन), simile (सदृश), etc.

(4) Dative, 4th Case (सम्प्रदान-कारकम्, चतुर्थी-विभक्तिः)

To whom the action is directed through something.

(Scope : for, to, to give to, to owe to (धारय), to send to, to promise to, to show to, to be angry with (√क्रुध्, √कुप्, √द्रुह्, √असू), to do for the purpose of (निमित्तम्), to desire, to long for, liking (रुचि, √स्पृह्), for some one, to go to, to be (√क्लृप्), be able (समर्थ), salutation, hail to (नमः, स्वस्ति), in the meaning of the तुमुन् infinitive, etc).

(5) Ablative, 5th Case (अपादान-कारकम्, पञ्चमी-विभक्तिः)

From where to subject is moved; or a comparison between TWO things, but not more than two things.

(Scope : from, without, except (ऋते, विना), far or away (आरात्), outside, since, until, after, before (पूर्वम्), to the direction of (प्रति), to desist from (वि√रम्, नि√वृत्), to protect (√रक्ष्, त्रै), with or without motivation (अकस्मात्), in the meanings of away (पृथक्), fear (भयम्), break (विराम), accept (√ग्रह), other (अन्य), with expressions प्रभृति, आङ्, उद्भवति, प्रभवति, प्रयच्छति, प्रमाद्यति, अधीते, जुगुप्सते, निलयते, etc).

(6) Genitive, 6th Case (सम्बन्धः, षष्ठी-विभक्तिः)

Also called Possessive Case is the relation between two things; or a comparison between more than two things i.e. superlative, but not comparative.

(Scope : of, above, below, in front of, behind, beyond, away, near etc. (-स्य दूरम्, समीपम्, कृते, मध्ये, समक्षम्, अन्तरे, अन्तः), in the prepense of, for the sake of, with the subject of participles (क्त = प्रतिष्ठायाः पतनम्), words with suffix अतः, with the object of participles (पयस्य पानम्), in the use of word हेतु, in the meaning of remembering with verb √स्मृ etc.)

(7) Locative, 7th Case (अधिकरण-कारकम्, सप्तमी विभक्तिः)

To locate a relationship between two things, or a quality within a group of things.

(Scope : in, on, at, in side, under, upon, among, concerning, in the matter of, to express feelings for, to enter, to place, to fall, to send, to indicate time (दिने, प्रतःकाले, मध्याह्ने, सायङ्काले), in occurance of the first event after which some other event takes place, with the use of expressions मध्ये, कृते, समक्षम्, अन्तः, अन्तरा, etc).

(8) Vocative (सम्बोधनम्) To call or address someone.

(Scope : bho:! O' ...etc.)

RELATIONSHIPS OF THE CASES

(1st Nom◦)	the subject itself	(2nd Accu◦)	to; what?
(3rd Inst◦)	with, by	(4th Dat◦)	for, to
(5th Abl◦)	from, than	(6th Poss◦)	of
(7th loc◦)	in, on, at	(Voc◦)	the Address

Case		Singular	Dual	Plural	Sing◦	Dual	Plural
1st	**Nominative**	:	औ	अः	रामः	रामौ	रामाः
2nd	**Accusative**	म्	औ	न्	रामम्	रामौ	रामान्
3rd	**Instrumental**	एन	भ्याम्	ऐः	रामेण	रामाभ्याम्	रामैः
4th	**Dative**	ए	भ्याम्	भ्यः	रामाय	रामाभ्याम्	रामेभ्यः
5th	**Ablative**	आत्	भ्याम्	भ्यः	रामात्	रामाभ्याम्	रामेभ्यः
6th	**Posssessive**	स्य	अयोः	नाम्	रामस्य	रामयोः	रामाणाम्
7th	**Locative**	ए	अयोः	सु	रामे	रामयोः	रामेषु
-	**Vocative**	–	औ	आः	राम	रामौ	रामाः

THE MOST FAMOUS CLASSICAL EXAMPLE
SHOWING THE USE OF ALL EIGHT CASES
(श्रीरामरक्षा 37)

रामो राजमणिः सदा विजयते।	रामः	Nominative	(Rāma)	
रामं रमेशं भजे।	रामम्	Accusative	(to Rāma)	- to, what?
रामेणाभिहिता निशाचरचमू।	रामेण	Instrumental	(by Rāma)	- by, with
रामाय तस्मै नमः	रामाय	Dative	(for Rāma)	- for, to
रामान्नास्ति परायणं परतरम्।	रामात्	Ablative	(than Rāma)	- from
रामस्य दासोऽस्म्यहम्।	रामस्य	Possessive	(of Rāma)	- of
रामे चित्तलयः सदा भवतु मे।	रामे	Locative	(in Rāma)	- in, on, at
भो राम! मामुद्धर।।7।।	राम	Vocative	(O Rāma!)	

DECLENSIONS OF THE NOMINATIVE (1st) CASE

	Word ending	Gender	Word	Singular	Dual	Plural
(1)	अ	m◦	राम	रामः	रामौ	रामाः
(2)	अ	n◦	वन	वनम्	वने	वनानि
(3)	आ	f◦	माला	माला	माले	मालाः
(4)	इ	m◦	कवि	कविः	कवी	कवयः
(5)	इ	n◦	वारि	वारि	वारिणी	वारीणि
(6)	इ	f◦	मति	मतिः	मती	मतयः
(7)	ई	f◦	नदी	नदी	नद्यौ	नद्यः
(8)	उ	m◦	गुरु	गुरुः	गुरू	गुरवः
(9)	उ	n◦	मधु	मधु	मधुनी	मधूनि
(10)	उ	f◦	धेनु	धेनुः	धेनू	धेनवः
(11)	ऊ	f◦	वधू	वधू	वध्वौ	वध्वः
(12)	ऋ	m◦	पितृ	पिता	पितरौ	पितरः
(13)	ऋ	n◦	धातृ	धातृ	धातृणी	धातॄणि
(14)	ऋ	f◦	मातृ	माता	मातरौ	मातरः
(15)	च्	f◦	वाच्	वाक्	वाचौ	वाचः
(16)	ज्	m◦	राज्	राट्	राजौ	राजः
(17)	त्	m◦	मरुत्	मरुत्	मरुतौ	मरुतः
(18)	त्	n◦	जगत्	जगत्	जगती	जगन्ति
(19)	द्	m◦	सुहृद्	सुहृद्	सुहृदौ	सुहृदः
(20)	इन्	m◦	शशिन्	शशी	शशिनौ	शशिनः
(21)	न्	m◦	आत्मन्	आत्मा	आत्मानौ	आत्मानः
(22)	न्	n◦	कर्मन्	कर्म	कर्मणी	कर्माणि
(23)	श्	f◦	दिश्	दिक्	दिशौ	दिशः
(24)	स्	m◦	चन्द्रमस्	चन्द्रमाः	चन्द्रमसौ	चन्द्रमसः
(25)	स्	n◦	पयस्	पयः	पयसी	पयांसि

DECLENSIONS OF THE ACCUSATIVE (2nd) CASE

	Word ending	Gender	Word	Singular	Dual	Plural
(1)	अ	m∘	राम	रामम्	रामौ	रामान्
(2)	आ	n∘	वन	वनम्	वने	वनानि
(3)	आ	f∘	माला	मालाम्	माले	मालाः
(4)	इ	m∘	कवि	कविम्	कवी	कवीन्
(5)	इ	n∘	वारि	वारि	वारिणी	वारीणि
(6)	इ	f∘	मति	मतिम्	मती	मतीः
(7)	ई	f∘	नदी	नदीम्	नद्यौ	नदीः
(8)	उ	m∘	गुरु	गुरुम्	गुरू	गुरून्
(9)	उ	n∘	मधु	मधु	मधुनी	मधूनि
(10)	उ	f∘	धेनु	धेनुम्	धेनू	धेनूः
(11)	ऊ	f∘	वधू	वधूम्	वध्वौ	वधूः
(12)	ऋ	m∘	पितृ	पितरम्	पितरौ	पितॄन्
(13)	ऋ	n∘	धातृ	धातृ	धातृणी	धातॄणि
(14)	ऋ	f∘	मातृ	मातरम्	मातरौ	मातॄः
(15)	च्	f∘	वाच्	वाचम्	वाचौ	वाचः
(16)	ज्	m∘	राज्	राजम्	राजौ	राजः
(17)	त्	m∘	मरुत्	मरुतम्	मरुतौ	मरुतः
(18)	त्	n∘	जगत्	जगत्	जगती	जगन्ति
(19)	द्	m∘	सुहृद्	सुहृदम्	सुहृदौ	सुहृदः
(20)	इन्	m∘	शशिन्	शशिनम्	शशिनौ	शशिनः
(21)	न्	m∘	आत्मन्	आत्मानम्	आत्मानौ	आत्मनः
(22)	न्	n∘	कर्मन्	कर्म	कर्मणी	कर्माणि
(23)	श्	f∘	दिश्	दिशम्	दिशौ	दिशः
(24)	स्	m∘	चन्द्रमस्	चन्द्रमसम्	चन्द्रमसौ	चन्द्रमसः
(25)	स्	n∘	पयस्	पयः	पयसी	पयांसि

DECLENSIONS OF THE INSTRUMENTAL CASE

	Word ending	Gender	Word	Singular	Dual	Plural
(1)	अ	m◦	राम	रामेण	रामाभ्याम्	रामैः
(2)	अ	n◦	वन	वनेन	वनाभ्याम्	वनैः
(3)	आ	f◦	माला	मालया	मालाभ्याम्	मालाभिः
(4)	इ	m◦	कवि	कविना	कविभ्याम्	कविभिः
(5)	इ	n◦	वारि	वारिणा	वारिभ्याम्	वारिभिः
(6)	इ	f◦	मति	मत्या	मतिभ्याम्	मतिभिः
(7)	ई	f◦	नदी	नद्या	नदीभ्याम्	नदीभिः
(8)	उ	m◦	गुरु	गुरुणा	गुरुभ्याम्	गुरुभिः
(9)	उ	n◦	मधु	मधुना	मधुभ्याम्	मधुभिः
(10)	उ	f◦	धेनु	धेन्वा	धेनुभ्याम्	धेनुभिः
(11)	ऊ	f◦	वधू	वध्वा	वधूभ्याम्	वधूभिः
(12)	ऋ	m◦	पितृ	पित्रा	पितृभ्याम्	पितृभिः
(13)	ऋ	n◦	धातृ	धात्रा	धातृभ्याम्	धातृभिः
(14)	ऋ	f◦	मातृ	मात्रा	मातृभ्याम्	मातृभिः
(15)	च्	f◦	वाच्	वाचा	वाग्भ्याम्	वाग्भिः
(16)	ज्	m◦	राज्	राजा	राड्भ्याम्	राड्भिः
(17)	त्	m◦	मरुत्	मरुता	मरुद्भ्याम्	मरुद्भिः
(18)	त्	n◦	जगत्	जगता	जगद्भ्याम्	जगद्भिः
(19)	द्	m◦	सुहृद्	सुहृदा	सुहृद्भ्याम्	सुहृद्भिः
(20)	इन्	m◦	शशिन्	शशिना	शशिभ्याम्	शशिभिः
(21)	न्	m◦	आत्मन्	आत्मना	आत्मभ्याम्	आत्मभिः
(22)	न्	n◦	कर्मन्	कर्मणा	कर्मभ्याम्	कर्मभिः
(23)	श्	f◦	दिश्	दिशा	दिग्भ्याम्	दिग्भिः
(24)	स्	m◦	चन्द्रमस्	चन्द्रमसा	चन्द्रमोभ्याम्	चन्द्रमोभिः
(25)	स्	n◦	पयस्	पयसा	पयोभ्याम्	पयोभिः

DECLENSIONS OF THE DATIVE (4th) CASE

	Word ending	Gender	Word	Singular	Dual	Plural
(1)	अ	m◦	राम	रामाय	रामाभ्याम्	रामेभ्यः
(2)	अ	n◦	वन	वनाय	वनाभ्याम्	वनेभ्यः
(3)	आ	f◦	माला	मालायै	मालाभ्याम्	मालाभ्यः
(4)	इ	m◦	कवि	कवये	कविभ्याम्	कविभ्यः
(5)	इ	n◦	वारि	वारिणे	वारिभ्याम्	वारिभ्यः
(6)	इ	f◦	मति	मत्यै	मतिभ्याम्	मतिभ्यः
(7)	ई	f◦	नदी	नद्यै	नदीभ्याम्	नदीभ्यः
(8)	उ	m◦	गुरु	गुरवे	गुरुभ्याम्	गुरुभ्यः
(9)	उ	n◦	मधु	मधुने	मधुभ्याम्	मधुभ्यः
(10)	उ	f◦	धेनु	धेन्वै	धेनुभ्याम्	धेनुभ्यः
(11)	ऊ	f◦	वधू	वध्वै	वधूभ्याम्	वधूभ्यः
(12)	ऋ	m◦	पितृ	पित्रे	पितृभ्याम्	पितृभ्यः
(13)	ऋ	n◦	धातृ	धात्रे	धातृभ्याम्	धातृभ्यः
(14)	ऋ	f◦	मातृ	मात्रे	मातृभ्याम्	मातृभ्यः
(15)	च्	f◦	वाच्	वाचे	वाग्भ्याम्	वाग्भ्यः
(16)	ज्	m◦	राज्	राजे	राड्भ्याम्	राड्भ्यः
(17)	त्	m◦	मरुत्	मरुते	मरुद्भ्याम्	मरुद्भ्यः
(18)	त्	n◦	जगत्	जगते	जगद्भ्याम्	जगद्भ्यः
(19)	द्	m◦	सुहृद्	सुहृदे	सुहृद्भ्याम्	सुहृद्भ्यः
(20)	इन्	m◦	शशिन्	शशिने	शशिभ्याम्	शशिभ्यः
(21)	न्	m◦	आत्मन्	आत्मने	आत्मभ्याम्	आत्मभ्यः
(22)	न्	n◦	कर्मन्	कर्मणे	कर्मभ्याम्	कर्मभ्यः
(23)	श्	f◦	दिश्	दिशे	दिग्भ्याम्	दिग्भ्यः
(24)	स्	m◦	चन्द्रमस्	चन्द्रमसे	चन्द्रमोभ्याम्	चन्द्रमोभ्यः
(25)	स्	n◦	पयस्	पयसे	पयोभ्याम्	पयोभ्यः

DECLENSIONS OF THE ABLATIVE (5th) CASE

	Word ending	Gender	Word	Singular	Dual	Plural
(1)	अ	m◦	राम	रामात्	रामाभ्याम्	रामेभ्य:
(2)	अ	n◦	वन	वनात्	वनाभ्याम्	वनेभ्य:
(3)	आ	f◦	माला	मालाया:	मालाभ्याम्	मालाभ्य:
(4)	इ	m◦	कवि	कवे:	कविभ्याम्	कविभ्य:
(5)	इ	n◦	वारि	वारिण:	वारिभ्याम्	वारिभ्य:
(6)	इ	f◦	मति	मत्या:	मतिभ्याम्	मतिभ्य:
(7)	ई	f◦	नदी	नद्या:	नदीभ्याम्	नदीभ्य:
(8)	उ	m◦	गुरु	गुरो:	गुरुभ्याम्	गुरुभ्य:
(9)	उ	n◦	मधु	मधुन:	मधुभ्याम्	मधुभ्य:
(10)	उ	f◦	धेनु	धेनो:	धेनुभ्याम्	धेनुभ्य:
(11)	ऊ	f◦	वधू	वध्वा:	वधूभ्याम्	वधूभ्य:
(12)	ऋ	m◦	पितृ	पितु:	पितृभ्याम्	पितृभ्य:
(13)	ऋ	n◦	धातृ	धातु:	धातृभ्याम्	धातृभ्य:
(14)	ऋ	f◦	मातृ	मातु:	मातृभ्याम्	मातृभ्य:
(15)	च्	f◦	वाच्	वाच:	वाग्भ्याम्	वाग्भ्य:
(16)	ज्	m◦	राज्	राज:	राड्भ्याम्	राड्भ्य:
(17)	त्	m◦	मरुत्	मरुत:	मरुद्भ्याम्	मरुद्भ्य:
(18)	त्	n◦	जगत्	जगत:	जगद्भ्याम्	जगद्भ्य:
(19)	द्	m◦	सुहृद्	सुहृद:	सुहृद्भ्याम्	सुहृद्भ्य:
(20)	इन्	m◦	शशिन्	शशिन:	शशिभ्याम्	शशिभ्य:
(21)	न्	m◦	आत्मन्	आत्मन:	आत्मभ्याम्	आत्मभ्य:
(22)	न्	n◦	कर्मन्	कर्मण:	कर्मभ्याम्	कर्मभ्य:
(23)	श्	f◦	दिश्	दिश:	दिग्भ्याम्	दिग्भ्य:
(24)	स्	m◦	चन्द्रमस्	चन्द्रमस:	चन्द्रमोभ्याम्	चन्द्रमोभ्य:
(25)	स्	n◦	पयस्	पयस:	पयोभ्याम्	पयोभ्य:

DECLENSIONS OF THE POSSESSIVE (6th) CASE

	Word ending	Gender	Word	Singular	Dual	Plural
(1)	अ	m◦	राम	रामस्य	रामयोः	रामाणाम्
(2)	अ	n◦	वन	वनस्य	वनयोः	वनानाम्
(3)	आ	f◦	माला	मालायाः	मालयोः	मालानाम्
(4)	इ	m◦	कवि	कवेः	कव्योः	कवीनाम्
(5)	इ	n◦	वारि	वारिणः	वारिणोः	वारीणाम्
(6)	इ	f◦	मति	मत्याः	मत्योः	मतीनाम्
(7)	ई	f◦	नदी	नद्याः	नद्योः	नदीनाम्
(8)	उ	m◦	गुरु	गुरोः	गुर्वोः	गुरूणाम्
(9)	उ	n◦	मधु	मधुनः	मधुनोः	मधूनाम्
(10)	उ	f◦	धेनु	धेनोः	धेन्वोः	धेनूनाम्
(11)	ऊ	f◦	वधू	वध्वाः	वध्वोः	वधूनाम्
(12)	ऋ	m◦	पितृ	पितुः	पित्रोः	पितॄणाम्
(13)	ऋ	n◦	धातृ	धातुः	धात्रोः	धातॄणाम्
(14)	ऋ	f◦	मातृ	मातुः	मात्रोः	मातॄणाम्
(15)	च्	f◦	वाच्	वाचः	वाचोः	वाचाम्
(16)	ज्	m◦	राज्	राजः	राजोः	राजाम्
(17)	त्	m◦	मरुत्	मरुतः	मरुतोः	मरुताम्
(18)	त्	n◦	जगत्	जगतः	जगतोः	जगताम्
(19)	द्	m◦	सुहृद्	सुहृदः	सुहृदोः	सुहृदाम्
(20)	इन्	m◦	शशिन्	शशिनः	शशिनोः	शशिनाम्
(21)	न्	m◦	आत्मन्	आत्मनः	आत्मनोः	आत्मनाम्
(22)	न्	n◦	कर्मन्	कर्मणः	कर्मणोः	कर्मणाम्
(23)	श्	f◦	दिश्	दिशः	दिशोः	दिशाम्
(24)	स्	m◦	चन्द्रमस्	चन्द्रमसः	चन्द्रमसोः	चन्द्रमसाम्
(25)	स्	n◦	पयस्	पयसः	पयसोः	पयसाम्

DECLENSIONS OF THE LOCATIVE (7th) CASE

	Word ending	Gender	Word	Singular	Dual	Plural
(1)	अ	m∘	राम	रामे	रामयोः	रामेषु
(2)	अ	n∘	वन	वने	वनयोः	वनेषु
(3)	आ	f∘	माला	मालायाम्	मालयोः	मालासु
(4)	इ	m∘	कवि	कवौ	कव्योः	कविषु
(5)	इ	n∘	वारि	वारिणि	वारिणोः	वारिषु
(6)	इ	f∘	मति	मत्याम्	मत्योः	मतिषु
(7)	ई	f∘	नदी	नद्याम्	नद्योः	नदीषु
(8)	उ	m∘	गुरु	गुरौ	गुर्वोः	गुरुषु
(9)	उ	n∘	मधु	मधुनि	मधुनोः	मधुषु
(10)	उ	f∘	धेनु	धेन्वाम्	धेन्वोः	धेनुषु
(11)	ऊ	f∘	वधू	वध्वाम्	वध्वोः	वधूषु
(12)	ऋ	m∘	पितृ	पितरि	पित्रोः	पितृषु
(13)	ऋ	n∘	धातृ	धातरि	धात्रोः	धातृषु
(14)	ऋ	f∘	मातृ	मातरि	मात्रोः	मातृषु
(15)	च्	f∘	वाच्	वाचि	वाचोः	वाक्षु
(16)	ज्	m∘	राज्	राजि	राजोः	राट्सु
(17)	त्	m∘	मरुत्	मरुति	मरुतोः	मरुत्सु
(18)	त्	n∘	जगत्	जगति	जगतोः	जगत्सु
(19)	द्	m∘	सुहृद्	सुहृदि	सुहृदोः	सुहृत्सु
(20)	इन्	m∘	शशिन्	शशिनि	शशिनोः	शशिषु
(21)	न्	m∘	आत्मन्	आत्मनि	आत्मनोः	आत्मसु
(22)	न्	n∘	कर्मन्	कर्मणि	कर्मणोः	कर्मसु
(23)	श्	f∘	दिश्	दिशि	दिशोः	दिक्षु
(24)	स्	m∘	चन्द्रमस्	चन्द्रमसि	चन्द्रमसोः	चन्द्रमःसु
(25)	स्	n∘	पयस्	पयसि	पयसोः	पयःसु

DECLENSIONS OF THE VOCATIVE CASE

	Word ending	Gender	Word	Singular	Dual	Plural
(1)	अ	m◦	राम	राम	रामौ	रामा:
(2)	अ	n◦	वन	वन	वने	वनानि
(3)	आ	f◦	माला	माले	माले	माला:
(4)	इ	m◦	कवि	कवे	कवी	कवय:
(5)	इ	n◦	वारि	वारि	वारिणी	वारीणि
(6)	इ	f◦	मति	मते	मती	मतय:
(7)	ई	f◦	नदी	नदि	नद्यौ	नद्य:
(8)	उ	m◦	गुरु	गुरो	गुरू	गुरव:
(9)	उ	n◦	मधु	मधु	मधुनी	मधूनि
(10)	उ	f◦	धेनु	धेनो	धेनू	धेनव:
(11)	ऊ	f◦	वधू	वधु	वध्वौ	वध्व:
(12)	ऋ	m◦	पितृ	पित:	पितरौ	पितर:
(13)	ऋ	n◦	धातृ	धात:	धातृणी	धातॄणि
(14)	ऋ	f◦	मातृ	मात:	मातरौ	मातर:
(15)	च्	f◦	वाच्	वाक्	वाचौ	वाच:
(16)	ज्	m◦	राज्	राट्	राजौ	राज:
(17)	त्	m◦	मरुत्	मरुत्	मरुतौ	मरुत:
(18)	त्	n◦	जगत्	जगत्	जगती	जगन्ति
(19)	द्	m◦	सुहृद्	सुहृद्	सुहृदौ	सुहृद:
(20)	इन्	m◦	शशिन्	शशिन्	शशिनौ	शशिन:
(21)	न्	m◦	आत्मन्	आत्मन्	आत्मानौ	आत्मान:
(22)	न्	n◦	कर्मन्	कर्म	कर्मणी	कर्माणि
(23)	श्	f◦	दिश्	दिक्	दिशौ	दिश:
(24)	स्	m◦	चन्द्रमस्	चन्द्रमा:	चन्द्रमसौ	चन्द्रमस:
(25)	स्	n◦	पयस्	पय:	पयसी	पयांसि

CHAPTER 9

THE VOICES

prayogāḥ : प्रयोगाः ।

For English verbs there are two voices, active and passive. In Saṁskrit there are three voices, कर्तरि Kartari (active), कर्मणि Karmaṇi (passive) and भावे Bhāve (abstract).

1. THE ACTIVE VOICE

Kartari-prayogaḥ कर्तरि-प्रयोगः ।

The boy writes a letter. *bālakaḥ patraṁ likhati (√likh* = to write*).* बालकः पत्रं लिखति (√लिख्) । In this sentence, बालकः (*bālakaḥ* the boy) is the subject (*kartā* कर्ता); पत्रं (a letter) is the object (*karma* कर्म) and लिखति (*likhati* writes) is the verb (*kriyāpadam* क्रियापदम्).

(i) The boy writes a letter. बालकः पत्रं लिखति । *bālakaḥ patraṁ likhati.* The subject (*bālakaḥ* बालकः) and the verb (*likhati* लिखति) are both singular.

(ii) The boys write a letter. बालकाः पत्रं लिखन्ति । *bālakāḥ patraṁ likhanti.* The verb (*likhanti* लिखन्ति) became plural with the subject.

(iii) The boy writes letters. बालकः पत्राणि लिखति । *bālakaḥ patrāṇi likhati.* The object (*patrāṇi* पत्राणि) is plural but the verb (*likhati* लिखति) is singular because the subject (*bālakaḥ* बालकः) is singular.

(iv) The boys write letters. बालकाः पत्राणि लिखन्ति । *bālakāḥ patrāṇi likhatni.* The verb (*likhanit* लिखन्ति) became plural with the subject (*bālakāḥ* बालकाः).

In above four (i-iv) examples, when the subject is singular, the verb is singular; and when the subject is plural, the verb also becomes plural. But, when the object became plural, the verb did not change.

(v) I write a letter. अहं पत्रं लिखामि। *ahaṁ patraṁ likhāmi.* The subject (*aham* अहम्) and verb (*likhāmi* लिखामि) are 1st person.

(vi) He writes a letter. सः पत्रं लिखति। *saḥ patraṁ likhati.* The subject (*saḥ* सः) and the verb (*likhanti* लिखन्ति) both are 3rd person.

(vii) I write letters. अहं पत्राणि लिखामि। *ahaṁ patrāṇi likhāmi.* The object (*patrāṇi* पत्राणि) is plural, but verb (*likhāmi* लिखामि) is singular.

(viii) He writes letters. सः पत्राणि लिखति। *saḥ patrāṇi likhati.* The verb (*likhati* लिखति) is still following the subject.

In above four (v-viii) examples, when the subject is 1st person, the verb is also 1st person; and when the subject is 3rd person, the verb also becomes 3rd person. But, when the object became plural, the verb did not become plural.

(xi) The boy writes a letter. बालकः पत्रं लिखति। *bālakaḥ patraṁ likhati.* The verb (*likhati* लिखति) is *parasmaipadī.*

(xii) The boy gets a letter. बालकः पत्रं लभते। The verb (*labhate* लभते) is *ātmanepadī.*

From above two (xi-xii) examples, we can see that : In the Active voice, the verb could be *parasmaipadī* or *ātmanepadī.* Therefore, *Ātmanepadī* does not necessarily mean Passive voice, as many times is misunderstood. THUS, from above twelve (i-xii) examples we can say that : **In the Aactive Voice (कर्तरिप्रयोगे)**

(1) The verb changes with the subject; (2) It does not change with the object;

(3) The subject is always in the Nominative case; (4) The object is always in the Accusative case; (5) The verb in Active Voice could be *Parasmaipadī* or *Ātmanepadī.*

2. THE PASSIVE VOICE

karmaṇi prayogaḥ. कर्मणि-प्रयोगः।

(i) The letter is written by a boy. *bālakena patraṁ likhyate.* बालकेन पत्रं लिख्यते।

In this sentence, बालकेन (*bālakena* by a boy) is the subject (कर्ता); पत्रम् (*patram* a letter) is the object (कर्म) and लिख्यते (*likhyate* is written) is the verb (क्रियापदम्).

Here, the subject (*bālakena* बालकेन) and verb (*likhyate* लिख्यते) are singular.

(ii) The letter is written by the boys. *bālakaiḥ patraṁ likhyate.* बालकैः पत्रं लिख्यते।

The subject (*bālakaih* बालकैः) is plural but verb (*likhyate* लिख्यते) is singular.

(iii) The letters are written by a boy. *bālakena patrāṇi likhyante.* बालकेन पत्राणि लिख्यन्ते।

The object (*patrāṇi* पत्राणि) and the verb (*likhyante* लिख्यन्ते) are plural.

In above three (i-iii) examples, when the subject is singular, the verb is singular; but when the subject is plural, the verb does not become plural. But, when the object became plural, the verb also became plural.

(iv) Letter is written by me. *mayā patraṁ likhyate.* मया पत्रं लिख्यते।

The subject (by me मया) is 1st person singular. The object (*patraṁ* पत्रम्) is Nominative singular. The verb (*likhyate* लिख्यते) is 3rd person singular.

(v) A letter is written by us. *asmābhiḥ patraṁ likhyate.* अस्माभिः पत्रं लिख्यते।

The subject (*asmābhiḥ* अस्माभिः) is 1st person plural. The object (*patram* पत्रम्), is Nominative singular. The verb (*likhyate* लिख्यते) is 3rd person singular.

(vi) The letters are written by me. *mayā patrāṇi likhyante.* मया पत्राणि लिख्यन्ते।

The subject (*mayā* मया), is 1st person singular. The object, (*patrāṇi* पत्राणि), is Nominative plural. The verb, (*likhyante* लिख्यन्ते), is 3rd person plural.

(vii) The letter is written by a boy. *bālakena patraṁ likhyate.* बालकेन पत्रं लिख्यते।

The subject (*bālakena* बालकेन) is 3rd person singular. The object (*patram* पत्रम्) is Nominative singular. The verb (*likhyate* लिख्यते) is 3rd person singular.

(viii) The letter is written by the boys. *bālakaiḥ patraṁ likhyate.* बालकैः पत्रं लिख्यते।

The subject (*bālakaih* बालकैः) is 3rd person plural. The object (*patraṁ* पत्रम्) is Nominative singular, verb (*likhyate* लिख्यते) is 3rd person singular.

(ix) The letters are written by a boy. *bālakena patrāṇi likhyante.* बालकेन पत्राणि लिख्यन्ते।

The subject (*bālakena* बालकेन) is 3rd person singular. The object (*patrāṇi* पत्राणि) is Nominative plural. The verb (*likhyante* लिख्यन्ते) is 3rd person plural.

In all nine (i-ix) cases above, when the object is singular, the verb is also singular; and when the object is plural, the verb is also plural. But, subject could be 1st person or 3rd person, the verb remains 3rd person, unchanged.

From above nine (i-ix) points, i**n Passive Voice (कर्मणिप्रयोगे)**

(1) In Passive voice, the number and person of the verb relate to the object, but not to the subject. कर्मणिप्रयोगे कर्मणः क्रियापदस्य च वचन-सम्बन्धः पुरुष-सम्बन्धः च वर्तते। कर्तुः क्रियापदस्य च वचन-सम्बन्धः पुरुष-सम्बन्धः च न वर्तते।

(2) In the Passive voice, the subject (कर्ता) is always in Instrumental (3rd) case and the object (कर्म) is always in Nominative (1st) case. कर्मणि-प्रयोगे कर्ता तृतीया-विभक्तेः कर्म च प्रथमा-विभक्तेः वर्तते।

(3) In the Passive voice, the verb is always *ātmanepadī.* कर्मणि-प्रयोगे क्रियापदं सदा आत्मनेपदी एव वर्तते।

(4) In the Active voice, the *parasmaipadī* verbs end in ति and the *ātmanepadī* verbs end in ते। In the Passive voice, the *ātmanepadī* verbs end in य+ते। कर्तरि-प्रयोगे परस्मैपदी-क्रियाणाम् अन्ताः ति इति आत्मनेपदीनां च ते इति भवन्ति। परं कर्मणि-प्रयोगे सर्वेषां धातूनाम् अन्ताः यते (य + ते) इति एव सन्ति।

SOME COMMON EXAMPLES OF PASSIVE (कर्मणि) VERBS

P∘ = parasmaipadī, A∘ ātmamepadī, U∘ ubhaypadī

1P∘√अर्च् → अर्चते, 1A∘√ईक्ष् → ईक्ष्यते, 1P∘√गै → गीयते, 1P∘√जीव् → जीव्यते, 1P∘√तॄ → तीर्यते, 1P∘√दा → दीयते, 1P∘√दृश् → दृश्यते, 1P∘√निन्द् → निन्द्यते, 1P∘√पा → पीयते, 1P∘√भू → भूयते, 1P∘√यज् → इज्यते, आ1P∘√रभ् → आरभते, 1P∘√वन्द् → वन्द्यते, 1P∘√वस् → उष्यते, 1P∘√वह् → उह्यते, 1P∘√शंस् → शस्यते, 1P∘√श्रि → श्रीयते, 1P∘√सेव् → सेव्यते, 1P∘√स्था → स्थीयते, 1P∘√स्मृ → स्मर्यते, 1P∘√हृ → ह्रियते, 1P∘√ह्वे → हूयते

2P∘√अद् → अद्यते, 2P∘√अस् → भूयते, 2P∘√आस् → आस्यते, 2U∘√ब्रू → उच्यते, प्र2A∘√सू → प्रसूयते, 2P∘√मा → मीयते, 2P∘√मृज् → मृज्यते, 2P∘√शास् → शिष्यते, 2P∘√स्तु → स्तूयते, 2P∘√स्वप् → सुप्यते, 2P∘√हन् → हन्यते

3U∘√दा → दीयते, अभि3U∘√धा → अभिधीयते, 3P∘√भा → भीयते, 3U∘√भृ → भ्रियते, 3A∘√मा → मीयते, 3P∘√हा → हीयते

4P∘√अस् → अस्यते, अनु4P∘√इष् → अन्विष्यते, 4P∘√क्षम् → क्षम्यते, 4A∘√जन् → जन्यते, 4P∘√तृप् → तृप्यते, 4P∘√शुध् → शुध्यते

5A∘√अश् → अश्यते, प्र5P∘√आप् → प्राप्यते, 5P∘√धृष् → धृष्यते, परि5P∘√वृ → परिव्रियते, 5U∘√चि → चीयते, 5P∘√शक् → शक्यते, 5P∘√साध् → साध्यते, प्र5P∘√हि → प्रहीयते

6P∘√इष् → इष्यते, 6P∘√कृष् → कृष्यते, 6P∘√प्रच्छ् → पृच्छ्यते, 6P∘√लिख् → लिख्यते, प्र6P∘√विश् → प्रविश्यते, UP∘√सिच् → सिच्यते, 6P∘√सृज् → सृज्यते, 6P∘√स्पृश् → स्पृश्यते

7U∘√छिद् → छिद्यते, 7P∘√भञ्ज् → भज्यते, 7U∘√भिद् → भिद्यते, 7U∘√भुज् → भुज्यते, 7U∘√युज् → युज्यते, 7U∘√रुध् → रुध्यते, वि7P∘√शिष् → विशिष्यते, 7P∘√हिंस् → हिंस्यते

वि8U∘√तन् → वितन्यते, 8U∘√कृ → क्रियते

9P∘√अश् → अश्यते, 9U∘√क्री → क्रीयते, 9P∘√क्लिश्→ क्लिश्यते, 9U∘√ग्रह्→ गृह्यते, 9U∘√ज्ञा → ज्ञायते, 9P∘√बन्ध्→ बध्यते, 9P∘√मन्थ्→ मथ्यते, 9P∘√ली→ लीयते

10U∘√कथ्→ कथ्यते, 10U∘√चिन्त्→ चिन्त्यते, 10U∘√चुर्→ चोर्यते, 10U∘√घुष्→ घोष्यते, 10U∘√दण्ड्→ दण्ड्यते, 10U∘√धृ→ धार्यते, 10U∘√भक्ष्→ भक्ष्यते, 10U∘√भूष्→ भूष्यते, 10A∘√मृग्→ मृग्यते, 10U∘√रच्→ रच्यते,

CONVERTING THE VOICES

paryoga-parivartanam प्रयोग-परिवर्तनम्।

(i) Act∘ The student Rāma reads a book. Pass∘ The book is read by student Rāma.
Act∘ विद्यार्थी रामः पुस्तकं पठति। Pass∘ विद्यार्थिना रामेण पुस्तकं पठ्यते।

(ii) Pas∘ A long letter is written by student Sītā. Act∘ Student Sītā writes a long letter.
Pas∘ विद्यार्थिन्या सीतया दीर्घं पत्रं लिख्यते। Act∘ विद्यार्थिनी सीता दीर्घं पत्रं लिखति।

Thus, from the above (i-ii) it can be seen that :

When converting the voices, only the subject (with its adjective), the object and the verb need conversion; other parts of the sentence remain unchanged.
प्रयोग-परिवर्तन-समये कर्तुः कर्मणः क्रियापदस्य च परिवर्तनं भवति। अन्याः पदाः पूर्ववत् एव वर्तन्ते।

3. The Bhāve voice

bhāve prayogaḥ भावे-प्रयोगः।

(THE ABSTRACT VOICE)

1. In Active voice (कर्तरि-प्रयोगः), (i) I write essays. अहं लेखान् लिखामि *ahaṁ lekhān likhāmi,* (ii) Devotees worship the Goddess. भक्ताः देवीं पूजयन्ति *bhaktāḥ devīṁ pūjayanti,*

(i) the subjects अहम् and भक्ताः are in Nominative (1st) case, f∘ or m∘, singular or plural;

(ii) the objects लेखान् and देवीं are in Accusative (2nd) case, f∘ or m∘, singular or plural;

(iii) verbs लिखामि and पूजयन्ति are transitive, sing∘ or plu∘, *parasmai∘*, 1st or 3rd person.

2. In the Passive voice (कर्मणि-प्रयोगः), e.g. (i) The essays are written by me. मया लेखाः लिख्यन्ते *mayā lekhāḥ likhyante,* (ii) The goddess is worshipped by the devotees. भक्तैः देवी पूज्यते *bhaktaiḥ devī pūjyate,*

(i) the subjects मया and भक्तैः are in Instrumental (3rd) case

(ii) the objects लेखाः and देवी are in Nominative (1st) case, m∘ or f∘, singular or plural;

(iii) the verbs लिख्यन्ते and पूज्यते are transit∘, sing∘ or plu∘, 3rd per∘ *ātmane∘,* end in य+ते

3. In **Bhave voice** (भावे-प्रयोगः) (i) The vine grows. *latayā vardhyate,* लतया वर्ध्यते। (ii)

The trees become tall. *vṛkṣaiḥ uććaiḥ bhūyate.* वृक्षैः उच्चैः भूयते।

(i) Subjects लतया and वृक्षैः are in Instrumental (3rd) case, m◦ or f◦, singular or plural;

(ii) In both sentences, there is no object, for the verbs 'to grow' (*vardhate* वर्धते), and 'to become' (*bhūyate* भूयते) are intransitive.

(iii) Both the verbs are *ātmanepadī* (ending in ते). Thus, it can be said that :

(1) In active voice (कर्तरि-प्रयोगः), the subject (कर्ता) is in Nominative (1st) case and the verb is *parasmaipadī* or *ātmanepadī*. **In Bhave voice, the subject is in Instrumental (3rd)** case, and the verb is always *ātmanepadī* singular.

(2) **In Bhave voice, the verb is always *ātmanepadī* singular, 3rd person.**

In this voice the verb is never used in dual or plural or 1st person or 2nd person. (भावे-प्रयोगे क्रियापदं सर्वदा आत्मनेपदी एकवचनान्तं प्रथमपुरुषीयं च वर्तते। अत्र क्रियापदस्य द्विवचनान्तं बहुवचनान्तम् उत्तमपुरुषीयं मध्यमपुरुषीयं वा रूपं कदापि न भवन्ति)

(3) **In Bhave voice, the verb is always intransitive** (*akarmakam* अकर्मकम्).

(4) (i) In Active voice (कर्तरि-प्रयोगः), the person and number of the subject is same as the person and number of the verb. (ii) In Passive voice (कर्मणि-प्रयोगे), there is no such relationship between the subject and the verb. (iii) In Bhave voice (भावे-प्रयोगः) also there is no such relationship between the subject (कर्ता) and the verb (क्रियापदम्). भावे-प्रयोगे (कर्मणि-प्रयोगवत्) कर्तृः क्रियापदस्य च सम्बन्धः न भवति।

NINE EXAMPLES : ACTIVE VOICE (कर्तरि-प्रयोगः)

(1) Sītā eats fruits. *Sītā phalāni khādati.* सीता फलानि खादति।

(2) Rāma reads a book. *Rāmaḥ pustakaṁ paṭhati.* रामः पुस्तकं पठति।

(3) I draw a picture. *ahaṁ ćitram abhilikhāmi.* अहं चित्रम् अभिलिखामि।

(4) He goes to school. *saḥ vidyālaṁ gaććhati.* सः विद्यालयं गच्छति।

(5) You ate the food. *tvam annam akhādaḥ.* त्वम् अन्नम् अखादः।

(6) She sings a song. *sā gītaṁ gāyati.* सा गीतं गायति।

(7) The child sees the moon. *bālakaḥ ćandramasaṁ paśyati.* बालकः चन्द्रमसं पश्यति।

(8) The child sees the toy. *bālakaḥ krīḍanakaṁ paśyati.* बालकः क्रीडनकं पश्यति।

(9) Child sees mother. *bālakaḥ mātaraṁ paśyati* बालकः मातरं पश्यति।

SAME NINE EXAMPLES : PASSIVE VOICE (कर्मणि-प्रयोगः)

(1) The fruits are eaten by Sītā. *Sītayā phalāni khādyante.* सीतया फलानि खाद्यन्ते।

(2) The book is read by Rāma. *Rāmeṇa pustakaṁ paṭhyate.* रामेण पुस्तकं पठ्यते।

(3) The picture is drawn by me. *mayā ćitraṁ likhyate.* मया चित्रं लिख्यते।

(4) The school is attained by me. *mayā vidyalaye gamyate.* मया विद्यालयः गम्यते।

(5) The food is eaten by you. *bhavataḥ-tvayā annaṁ khāditam.* भवतः-त्वया अन्नं खादितम्।

(6) The song is sung by her. *tayā gītaṁ gīyate.* तया गीतं गीयते।

(7) The moon is seen by the child. *bālakena ćandramaḥ dṛṣṭaḥ.* बालकेन चन्द्रमाः दृष्टः।

(8) The toy is seen by the boy. *bālakena krīḍanakaṁ dṛṣṭam.* बालकेन क्रीडनकं दृष्टम्।

(9) Mother is seen by child. *bālakena mātā dṛṣṭā.* बालकेन माता दृष्टा।

PLEASE NOTE : (i) खाद्यन्ते, पठ्यते, गम्यते, लिख्यते, ...etc. are verbs. They need Tense and Number terminations. (ii) दृष्टम्, दृष्टः, दृष्टा are participle adjectives. They need Number, Gender and Case Terminations. The verbs need a Tense (अस्ति, आसीत् or स्यात्) for making a sentence with a tense. If no tense termination is added, then Present tense is understood default.

SAME NINE EXAMPLES : BHAVE VOICE (भावे-प्रयोगः)

(1) He passes. *tena uttirṇaḥ bhūyate.* तेन उत्तिर्णः भूयते।

(2) Plants grow. *sasyaiḥ vardhate.* सस्यैः वर्धते।

(3) Sitā sits here. *Sītayā atra upaviṣyate.* सीतया अत्र उपविश्यते।

(4) She stays home. *tayā gṛhe sthīyate.* तया गृहे स्थीयते।

(5) The child laughs. *bālakena hasyate.* बालकेन हस्यते।

(6) You grow old. *bhavatā vṛddhaḥ bhūyate.* भवता वृद्धः भूयते।

(7) The sun shines in the sky. *sūryeṇa ākāśe tapyate.* सूर्येण आकाशे तप्यते।

(8) The thief runs way. *ćoreṇa palāyate.* चोरेण पलायते।

(9) Mother loves. *mātrā snihyate.* मात्रा स्निह्यते।

CHAPTER 10

THE FOUR MOODS

The mode or the manner in which a verb is used (such as negative, interrogative, subjunctive) is called A MOOD (अर्थः)

10.1 THE IMPERATIVE MOOD

loṭ lakāraḥ **लोट् लकारः।**

Command, request, invitation, solicitation, benidiction, ability and question.
आदेशार्थः निवेदनार्थः आमन्त्रणार्थः निमन्त्रणार्थः आशीर्वादार्थः सामर्थ्यार्थः प्रश्नार्थः।

NOTE : In Saṁskrit, a command, request, invitation, solicitation, benidiction, ability or even a question is indicated by attaching an Imperative लोट् suffix to the verb.

TYPICAL SUFFIXES : IMPERATIVE MOOD (लोट्)

Person	Singular		Dual		Plural	
1st person	आनि	(āni)	आव	(āva)	आम	(āma)
2nd person	–, हि	(-, hi)	तम्	(tam)	त, तः	(ta, taḥ)
3rd person	तु	(tu)	ताम्	(tām)	अन्तु	(antu)

10.2 THE POTENTIAL MOOD

vidhi-liṅ **विधिलिङ्।**

Possibility, advice, desire, appropriateness, notice. संभावना, उपदेशः इच्छा, कार्यम्, सूचना।

कुर्यात् क्रियेत कर्तव्यं भवेत् स्यात् इति पञ्चमम्।
एतत् स्यात् सर्ववेदेषु नियतं विधिलक्षणम्।।65।।

A potential statement, a piece of advice, an expression of desire, a saying of appropriateness, a statement that may otherwise be expressed by an imperative mood, may fall under the POTENTIAL MOOD (विधिलिङ्म्) category.

SUFFIXES OF THE POTENTIAL विधिलिङ्। m◦ f◦ and n◦

Person	Singular		Dual		Plural	
1st person	**ईयम्**	**(īyam)**	**ईव**	**(īva)**	**ईम**	**(īma)**
2nd person	**ई:**	**(īḥ)**	**ईतम्**	**(ītam)**	**ईत**	**(īta)**
3rd person	**ईत्**	**(īt)**	**ईताम्**	**(ītām)**	**ईयु:**	**(īyuḥ)**

10.3 PRECATIVE OR BENEDICTIVE MOOD

āśīrliṅ आशीर्लिङ्।

आशीर्वादः स्तुतिः च। Optative, blessings, wish.

TYPICAL SUFFIXES OF BENEDICTIVE MOOD

परस्मैपदी *Parasmaipadī*			आत्मनेपदी *Atmanepadī*		
यासम् *yāsam*	यास्व *yāsva*	यास्म *yāsma*	सीय *sīya*	सीवहि *sīvahi*	सीमहि *sīmahi*
याः *yāḥ*	यास्तम् *yāstam*	यास्त *yāsta*	सीष्ठाः *sīṣṭhāḥ*	सीयास्थाम् *sīyāsthām*	सीध्वम् *sīdhvam*
यात् *yāt*	यास्ताम् *yāstām*	यासुः *yāsuḥ*	सीष्ठ *sīṣṭha*	सीयास्ताम् *sīyāstām*	सीरन् *sīran*

For the benediction is a future event, the Benedictive mood is an extension of the Future tense (in passive form).

Sometimes imperative mood is used as benedictive mood. e.g. देवाः भावयन्तु वः *devāḥ bhāvayantu vaḥ.* May gods bless you both.

10.4 THE CONDITIONAL MOOD

lṛṅ-lakāraḥ लृङ् लकारः।

यदि, चेत् - तर्हि *yadi, ćet - tarhi*

Possibility, advice, desire, appropriateness, notice.
सम्भावना, उपदेशः, इच्छा, उचितकार्यम्, सूचना।

In Subjunctive (सङ्केतार्थः) construction, the word IF *yadi* यदि or *ćet* चेत is complemented with the word THEN *tarhi* तर्हि। *tarhi* तर्हि may not actually be written but it is implied.

NOTE : When an action could not be accomplished, then in that kind of past tense लृङ् mood is used. e.g. If I was there. *yadi aham abhaviṣyam.* यदि अहम् अभविष्यम्।

TYPICAL SUFFIXES OF CONDITIONAL MOOD

परस्मैपदी			आत्मनेपदी		
अ-ष्यम्	अ-ष्याव	अ-ष्याम	अ-ष्ये	अ-ष्यावहि	अ-ष्यामहि
अ-ष्यः	अ-ष्यतम्	अ-ष्यत	अ-ष्यथाः	अ-ष्येथाम्	अ-ष्यध्वम्
अ-ष्यत्	अ-ष्यताम्	अ-ष्यन्	अ-ष्यत	अ-ष्येताम्	अ-ष्यन्त

CHAPTER 11

THE PARTICIPLES

dhātusādhitāni धातुसाधितानि वा कृदन्तानि वा।

यल्लिङ्गं यद्वचनं या च विभक्तिर्विशेष्यस्य। तल्लिङ्गं तद्वचनं सा च विशेषणस्यापि।।

The adjective that comes straight from a root verb is a PARTICIPLE (कृदन्तम्, धातुसाधित-विशेषणम्). Even though the participles appear to be verbs, they are not verbs. Therefore, **they do not have Tenses; rather they have Cases**. e.g.

Root verb	Past Tense	Past-participle	Nominative
(to go)	went	gone	He who has gone
√*gam* (√गम्)	*agaćchat* (अगच्छत्)	*gata* (गत)	*gataḥ* (गत:)

HOW TO MAKE PARTICIPLES?

PARTICIPLES (धातुसाधितानि, कृदन्तानि) are derived directly from the verb roots (√) by attaching primary suffixes (कृत् प्रत्यया:)

Even though the words with primary suffixes indicate a meaning of some action, they are not verbs. Therefore, they do not have tenses. They are adjectives or indeclinables. And thus, as adjectives they have gender, number and cases.

11.1 ~~PAST~~ PERFECT PASSIVE PARTICIPLE (ppp∘)

kta-viśeṣaṇam क्त-विशेषणम्।

NOTE : So far the grammarians (English as well as non-English) have called ppp∘ to be PAST Passive Participle, however to me the ppp∘ actually stands for PERFECT Passive Participle. For, the ppp∘ does not necessarily mean only the PAST (tense) action, but necessarily means a PERFECT action, an action that is completed.

For Example : There are four Perect Tenses with the ppp◦ ate or eaten खादितः *khāditaḥ.*

PLEASE REMEMBER : खादितः *khāditaḥ* is neither a Verb nor a Past Tense. It is Passive Participle Adjective (of the noun समाषः *samāṣaḥ.*). All Participles are Adjectives, not verbs or Tenses.

1. Simple (indefinite) Perfect Tense : I ate a Samosā = मया समाषः खादितः *mayā samāṣaḥ khāditaḥ.* mayā (passive) samāṣaḥ (object) khāditaḥ (perfect participle)
2. Present Perfect Tense : I have eaten a Samosā = मया समाषः खादितः अस्ति *mayā samāṣaḥ khāditaḥ asti. mayā* (passive) *samāṣaḥ khāditaḥ* (Participle) *sti* (Present Tense).
3. Past Perfect Tense : I had eaten a Samosā = मया समाषः खादितः आसीत् *mayā samāṣaḥ khāditaḥ āsīt. mayā* (passive) *samāṣaḥ khāditaḥ* (Participle) *āsīt* (Past Tense).
4. Future Perfect Tense : I will have eaten a Samosā = मया समाषः खादितः स्यात् *mayā samāṣaḥ khāditaḥ syāt. mayā* (passive) *samāṣaḥ khāditaḥ* (Participle Adjective) *syāt* (Future Tense verb).

As seen above ALL are Perfect actions, but not PAST Tenses. They include Indefinite, Present and Future tenses too. Even though all are using a ppp◦ खादितः *khāditaḥ.*

THEREFORE, ppp◦ more correctly stands for PERFECT Passivce Participles, rarther than ~~PAST~~ Passive Participle (a misnomer).

HOW TO MAKE A ~~PAST~~ PERFECT PASSIVE PARTICIPLES?

The *kta* (क्त) suffix is added to verb roots (in Passive and Abstract voices in perfect tense) to make a ppp◦. While adding a *kta* क्त suffix, the *k* क is dropped and only *ta* त is attached.

NOTE : With the roots such as √री, ली, ब्ली, प्ली, धू, पू, लू, ऋ, कॄ, गॄ, जॄ, नॄ, पॄ, भॄ, वॄ, शॄ, स्तॄ and हा, the suffix *ta* (त) becomes suffix *na* (न).

Use of this *kta* (क्त) suffix produces Adjectives of the Perfect Tense.

√gam + kta (ta) = gata (gone) √गम् + क्त (त) = गत।

FOR THE COMPLETE LISTING OF PPP◦s OF ALL 2200 VERBS, SEE CHAPTER 20.

11.2 PAST ACTIVE PARTICIPLE (Past-AP)

ktavatu-viśeṣaṇam क्तवतु-विशेषणम्।

A Past Active Participle is formed by attaching वत् *vat* suffix to a Past passive participle (ppp◦). e.g. गत + वत् → गतवत्।

The Past-AP गतवत् becomes गतवान् in Nominative case.

Singular - (m◦) अहं गतवान्। त्वं गतवान्। सः गतवान्। अश्वः गतवान्। (f◦) चटिका गतवती।

Plural - (m◦) वयं गतवन्तः। यूयं गतवन्तः। ते गतवन्तः। अश्वाः गतवन्तः। (f◦) चटिकाः गतवन्त्यः।

√खाद् to eat, PAST ACTIVE PARTICIPLE

Verb	Singular		Plural	
1. I ate (m◦)	अहं खादितवान्	*aham̐ khāditavān*	वयं खादितवन्तः	*vayam̐ khāditavantaḥ*
2. You ate (m◦)	त्वं खादितवान्	*tvam̐ khāditavān*	यूयं खादितवन्तः	*yūyam̐ khāditavantaḥ*
3. He ate (m◦)	सः खादितवान्	*saḥ khāditavān*	ते खादितवन्तः	*te khāditavantaḥ*
4. She ate (f◦)	सा खादितवती	*sā khāditavatī*	ताः खादितवत्यः	*tāḥ khāditavatyaḥ*
5. It ate (n◦)	तत् खादितवत्	*tat khāditavat*	तानि खादितवन्ति	*tāni khāditavanti*

11.3 PRESENT ACTIVE PARTICIPLES

śatṛ-śānac-viśeṣaṇāni शतृ-शानच्-विशेषणानि।

There are two types of Present Active Participles.

(i) The *Parasmaipadī* Participle (शतृ विशेषणम्), and

(ii) The *Ātmanepadī* Participle (शानच् विशेषणम्).

The *Parasmaipadī* Present Active Participle (PPAP)

śatṛ viśeṣaṇam (शतृ-विशेषणम्)

The *śatṛ* (शतृ) suffix *at* अत् is added to a *parasmaipadī* root to form an adjective of Present Continuous tense. e.g.

(ii) *vi√sad + śatṛ (at) = viṣidat* (while lamenting) वि√सद् + शतृ (अत्) = विषीदत् (Gītā 1.27)

HOW TO MAKE A शतृ PPAP ADJAVTIVE FROM A VERB?

(1) first take the desired *parasmaipadī* verb (e.g. √गम्);

(2) determine the third-person, plural, present tense of that verb (e.g. गच्छन्ति);

(3) remove the last suffix (e.g. गच्छन्ति - अन्ति = गच्छ); and then to this word,

(4) attach the अत् suffix (e.g. गच्छ् + अत्), then you get PPAP गच्छत्।

The शतृ adjectives give a (gerund like) meaning with 'ing' attached to the verb. e.g.

गच्छत् = going, while going कुर्वत् = doing, while doing कथयत् = while saying ...etc.

In the Nominative (1st) case :

The Masculine forms of these words will be गच्छन्, गच्छन्तौ, गच्छन्तः। कुर्वन्, कुर्वन्तौ, कुर्वन्तः। कथयन्, कथयन्तौ, कथयन्तः। ... etc (like m॰ भगवत् शब्दः see Appendix 2)

The Feminine forms will be गच्छन्ती, गच्छन्त्यौ, गच्छन्त्यः। कुर्वन्ती, कुर्वन्त्यौ, कुर्वन्त्यः। कथयन्ती, कथयन्त्यौ, कथयन्त्यः। (like नदी शब्दः see Appendix 2), and

The Neuter gender forms will be गच्छत्, गच्छती, गच्छन्ति। कुर्वत्, कुर्वती, कुर्वन्ति। कथयत्, कथयती, कथयन्ति। (like जगत् शब्दः, see Appendix 2)

The Ātmanepadī Present Active Participles (ĀPAP)

śānac-kartari-viśeṣaṇāni शानच्-कर्तरि-विशेषणानि।

The *śānac* (शानच्) suffixes, *āna* (आन) and *māna* (मान), are added to the *ātmanepadī* roots to form adjectives of present continuous tense. e.g.

(i) *√bhuj + śānac (āna) = bhuñjāna* (enjoying) √भुज् + शानच् (आन) = भुञ्जान (Gītā 15.10)

(ii) *√yudh + śānac (māna) = yotsyamāna* (fighter) √युध् + शानच् (मान)=योत्स्यमान (Gītā 1.23)

Ātmanepadī Present Active Participle शानच् is formed by attaching आन or मान suffix to a verb.

(a) If the verb belongs to the FIRST GROUP (1st, 4th, 6th or 10th conjugation गण:), then it takes the मान (*māna*) suffix.

(b) But, if the verb belongs to the SECOND GROUP (2nd, 3rd, 5th, 7th, 8th or 9th conjugation), then it takes the आन (*āna*) suffix.

The शानच् adjectives give a (gerund like) meaning with 'ing' or 'er' attached to the verb. e.g. √लभ्→ लभमान = attaining; attainer. √कृ→ कुर्वाण = working(man); worker.

ĀPAP of the FIRST GROUP

मान-शानच्-विशेषणम्।

HOW TO KAKE A मान-शानच् ADJECTIVE?

(1) first take the desired *ātmanepadī* verb (e.g. 1√लभ् to obtain);

(2) determine the third-person, plural, present tense of that verb (e.g. लभन्ते);

(3) remove the ending न्ते-ते suffix (e.g. लभन्ते - न्ते = लभ); and then to that word,

(4) attach the मान suffix (लभ + मान → लभमान = obtaining).

The verbs belonging to the FIRST GROUP i.e. 1st, 4th, 6th or 10th conjugation गण:, take the मान suffix. e.g.

1√लभ्→ लभन्ते→ लभमान = obtaining; 4√मन्→ मन्यते→ मन्यमान = thinking; 6√दिश्→ दिश्यते→ दिश्यमान = showing; 10√गण्→ गण्यते→ गण्यमान = counting ...etc.

All these adjectives, being अकारान्त, they decline like राम in masculine, like माला in feminine and like वन in neuter gender (see Appendix 2). e.g. लभमान:, लभमानौ, लभमाना:, लभमाना, लभमाने, लभमाना:, लभमानम्, लभमाने, लभमानानि etc.

ĀPAP of the SECOND GROUP

आन-शानच्-विशेषणम्।

HOW TO MAKE AN आन-शानच् ADJECTIVE?

(1) Take the desired *ātmanepadī* verb (e.g. 9√ज्ञा to know);

(2) determine the third-person, plural, present tense (जानते);

(3) remove the ending न्ते-ते suffix (e.g. जानन्ते - न्ते = जान); and then to that word,

(4) add the *ān* आन suffix (जान + आन → जानान = knowing)

The verbs belonging to the SECOND GROUP (2nd, 3rd, 5th, 7th, 8th or 9th conjugation गण:), take आन् suffix. e.g. 2√ब्रू→ ब्रुवते→ ब्रुवाण = speaking; 3√दा→ ददते→ ददान = giving; 5√वृ→ वृण्वन्ते→ वृण्वान = choosing; 7√भुज्→ भुञ्जन्ते→ भुञ्जान = enjoying; 8√कृ→ कुर्वन्ते→ कुर्वाण doing; 9√ज्ञा→ जानन्ते→ जानान knowing ...etc.

All these participles being अकारान्त adjectives, they decline like राम in masculine, like माला in feminine and like वन in neuter gender. e.g. जानान:, जानानौ, जानाना:। जानाना, जानाने, जानाना:। जानानम्, जानाने, जानानानि। ... etc. Examples :

(1) Men doing sacrifice are rare. त्यागं कुर्वाणा: जना: दुर्लभा:।

(2) Many are men who talk too much. अतीव ब्रुवाणा: जना: सुलभा:।

11.4 The Ātmanepadī Present Passive Participles (ĀPPP)

śānac-karmaṇi-viśeṣaṇāni शानच्-कर्मणि-विशेषणानि।

Thse ĀPPP adjectives are formed from *ātmanepadī* root verbs only, and therefore, they take मान (यमान) suffix only.

HOW TO MAKE A कर्मणि यमान-शानच् ADJECTIVE?

(i) first take the desired *ātmanepadī* verb (e.g. 8√कृ to do) from any group (1st or 2nd group);

(ii) take the first part of the third person plural present tense and remove the tense suffix.

(iii) then attach the यमान suffix to it (e.g. कृ (क्रि) + यमान → क्रियमाण = is being done). e.g.
प्रकृतेः क्रियमाणानि गुणैः कर्माणि सर्वशः। (Gītā 3.27)

(1)	1√लभ् →	लभ्	+ यमान	=	लभ्यमान	being obtained
(2)	2√ब्रू →	उच्	+ यमान	=	उच्यमान	being said
(3)	5√श्रु →	श्रू	+ यमान	=	श्रूयमाण	being heard
(4)	7√छिद् →	छिद्	+ यमान	=	छिद्यमान	being cut
(5)	4√नश् →	नश्	+ यमान	=	नश्यमान	being destroyed
(6)	6√दिश् →	दिश्	+ यमान	=	दिश्यमान	being shown
(7)	9√मन्थ् →	मन्थ्	+ यमान	=	मन्थ्यमान	being chruned
(8)	3√धा →	धी	+ यमान	=	धीयमान	being borne
(9)	10√वर्ण् →	वर्ण्	+ वर्ण्यमान	=	वर्ण्यमान	being defined, being described

11.5 THE POTENTIAL PARTICIPLES (pp◦)

vidyarthī-viśeṣaṇāni विध्यर्थि-विशेषणानि।

To form these adjectives we can optionally attach either तव्य, अनीय or य suffix to the verb roots. In all three cases their meaning remains same. एकस्य धातोः एव प्रत्ययत्रयम् अपि योजयितुं शक्नुमः एतेषां प्रत्ययानाम् अर्थः समानः एव। However, use of one suffix is more popular for some roots, while the other is used for some other roots. Use of these adjectives is quite frequent and should be understood properly. Thus, please remember that :

(1) These participles are passive (कर्मणि) and never active (कर्तरि).

(2) These can be formed from almost any verb root, transitive or intransitive.

(3) Here, the subject is always in Instrumental (3rd) case and the object in Nominative (1st) case.

(4) The gender and number of the adjective follows those of the object.

(5) Sometimes, these adjectives are used as regular non-potential adjectives or as nouns

also.

(6) These are adjectives, not verbs.

(7) If this adjective is not connected with an object (intransitive), it will take neuter gender and singular number. मया/अस्माभिः तत्र गन्तव्यम् *mayā/asmābhiḥ tatra gantavyam* I/we ought to go there.

Six affixes are included in this pp◦ category of *kṛtya* suffixes, namely : *tavyat* (तव्यत्), *tavya* (तव्य), *anīyar* (अनीयर्), *yat* (यत्), *kyap* (क्यप्) and *ṇyat* (ण्यत्).

These *kṛtya* suffixes are attached to:

(i) the transitive verbs (सकर्मक-धातवः) in the Passive voice (कर्मवाच्य), and

(ii) the intransitive verbs (अकर्मक-धातवः) in the Abstract voice (भाववाच्य).

11.6 The Future Passive (Potential) Participles

tavyat (तव्यत्), *anīyar* (अनीयर्) and *tavya* (तव्य) suffixes

(A) The *tavyat* (तव्यत्) and *tavya* (तव्य) suffixes :

The *tavyat* (तव्यत्) and *tavya* (तव्य) suffixes of Future passive participles produce Potential Adjectives (विध्यर्थि-विशेषणानि). e.g.

(i) √śru + tavyat (tavya) = śrotavya (fit to be heard) √श्रु + तव्यत् (तव्य) = श्रोतव्य

(ii) √śru + anīyar (anīya) = śrvaṇīya (fit to be heard) √श्रु + अनीयर (अनीय) = श्रवणीय

(B) The *yat* (यत्), *kyap* (क्यप्) and *ṇyat* (ण्यत्) suffixes :

The *yat* (यत्), *kyap* (क्यप्) and *ṇyat* (ण्यत्) suffixes produce adjectives with a sense of ‘fit for’ or ‘ought to be’ by adding y (य) to the final root.

(i) √jñā + yat (y) = jñeya (to be known) √ज्ञा + यत् (य) = ज्ञेय

(ii) √kṛ + kyap (y) = kṛtya (to be done) √कृ+ क्यप् (य) = कृत्य

(iii) a-vi√kṛ+ ṇyat (y) = avikāraya (indistructible) अ-वि√कृ + ण्यत् (य) = अविकार्य

√kṛ (to do) → pp◦ karaṇīya, kartavya, kārya = Ought to be done, fit to be done, must be done, good to be done, should be done, worth doing.

SOME COMMON EXAMPLES OF POTENTIAL PARTICIPLES

P◦ = parasmaipadī, A◦ ātmamepadī, U◦ ubhaypadī

1A◦√ईक्ष् → ईक्षितव्य, ईक्षणीय, ईक्ष्य । 1P◦√गै → गातव्य, गानीय, गेय । 1P◦√त्यज् → त्यक्तव्य, त्यजनीय, त्याज्य । 1P◦√दह् → दग्धव्य, दहनीय, दाह्य । 1P◦√दा → दातव्य, दानीय, देय । 1P◦√दा → दातव्य, दानीय, देय । 1P◦√निन्द् → निन्दितव्य, निन्दनीय, निन्द्य । 1P◦√भू → भवितव्य, भवनीय, भाव्य । 1A◦√रम् → रन्तव्य, रमणीय, रम्य । 1A◦√वृत् → वर्तितव्य, वर्तनीय, वृत्य । 1A◦√वृध् → वर्धितव्य, वर्धनीय, वृध्य । 1A◦√वन्द् → वन्दितव्य, वन्दनीय, वन्द्य । प्र1P◦√शंस् → प्रशंसितव्य, प्रशंसनीय, प्रशंस्य । 1A◦√श्लाघ् → श्लाघितव्य, श्लाघनीय, श्लाघ्य । 1P◦√स्था → स्थातव्य, स्थानीय, स्थेय । 1P◦√स्मृ → स्मर्तव्य, स्मरणीय, स्मार्य । 1A◦√स्वाद् → स्वादितव्य, स्वादनीय, स्वाद्य । 1P◦√हृ → हर्तव्य, हरणीय, हार्य ।

2P◦√अस् → भवितव्य, भवनीय, भाव्य । अधि2A◦√इ → अध्येतव्य, अध्ययनीय, अध्येय । 2U◦√दुह् → दोग्धव्य, दोहनीय, दोह्य । 2U◦√ब्रू → वक्तव्य, वचनीय, वाच्य । 2P◦√रुद् → रोदितव्य, रोदनीय, रोद्य । 2P◦√शांस् → शासितव्य, शासनीय, शिष्य । 2P◦√श्वस् → श्वसितव्य, श्वसनीय, श्वास्य । 2P◦√स्तु → स्तोतव्य, स्तवनीय, स्तुत्य । 2P◦√हन् → हन्तव्य, हननीय, वध्य ।

3U◦√दा → दातव्य, दानीय, देय । अभि3U◦√धा → अभिधातव्य, अभिधानीय, अभिधेय । 3P◦√भी → भेतव्य, भयनीय, भेय । 3U◦√भृ → भर्तव्य, भरणीय, भृत्य ।

4P◦√क्षम् → क्षमितव्य-क्षन्तव्य, क्षमणीय, क्षम्य । 4A◦√जन् → जनितव्य, जननीय, जन्य । 4P◦√नृत् → नर्तितव्य, नर्तनीय, नृत्य । 4P◦√पुष् → पोष्टव्य, पोषणीय, पोष्य । प्र4P◦√मद् → प्रमदितव्य, प्रमदनीय, प्रमाद्य । 4A◦√मन् → मन्तव्य, मननीय, मान्य । 4P◦√शम् → शमितव्य, शमनीय, शम्य ।

प्र5P◦√आप् → प्राप्तव्य, प्रापणीय, प्राप्य । 5U◦√चि → चेतव्य, चयनीय, चेय । 5P◦√शक् → शक्तव्य, शकनीय, शक्य । 5P◦√श्रु → श्रोतव्य, श्रवणीय, श्राव्य ।

6U०√क्षिप् → क्षेप्तव्य, क्षेपणीय, क्षेप्य । 6P०√पैच्छ् → प्रष्टव्य, प्रच्छनीय, प्रच्छ्य । 6U०√मुच् → मोक्तव्य, मोचनीय, मोच्य । 6A०√मृ → मर्तव्य, मरणीय, मार्य-मर्त्य । प्र6P०√विश् → प्रवेष्टव्य, प्रवेशनीय, प्रवेश्य । 6P०√सृज् → स्रष्टव्य, सजनीय, सृज्य । 6U०√सिंच् → सेक्तव्य, सेचनीय, सेच्य ।

7U०√छिद् → छेत्तव्य, छेदनीय, छेद्य । 7U०√भिद् → भत्तव्य, भेदनीय, भेद्य । 7U०√भुज् → भेक्तव्य, भोजनीय, भोज्य । 7U०√रुध् → रोद्धव्य, रोधनीय, रोध्य ।

8U०√कृ → कर्तव्य, करणीय, कार्य । 8U०√तन् → तनितव्य, तननीय, तान्य । 8A०√मन् → मनितव्य, माननीय, मान्य ।

9U०√क्री → क्रेतव्य, क्रयणीय, क्रय । 9P०√ग्रन्थ् → ग्रन्थितव्य, ग्रन्थनीय, ग्रन्थ्य । 9U०√ग्रह् → ग्रहीतव्य, ग्रहणीय, ग्राह्य । 9P०√बन्ध् → बन्द्धव्य, बन्धनीय, बन्द्धय । 9P०√मुष् → मोषितव्य, मोषणीय, मोष्य । 9A०√वृ → वरितव्य, वरणीय, वार्य ।

प्र10A०√अर्थ् → प्रार्थयितव्य, प्रार्थनीय, प्रार्थ्य । 10U०√क्षल् → क्षलितव्य, क्षालनीय, क्षाल्य । 10U०√पूज् → पूजयितव्य, पूजनीय, पूज्य । 10U०√भक्ष् → भक्षयितव्य, भक्षणीय, भक्ष्य । 10U०√भूष् → भूषयितव्य, भूषणीय, भूष्य । 10U०√रच् → रचयितव्य, रचनीय, रच्य ।

INDECLINABLE PARTICIPLES

kṛdanta-avyayāni कृदन्त-अव्ययानि।

The word that does not have any gender, number, person, tense or case is an INDECLINABLE word (अव्ययम्)

सदृशं त्रिषु लिङ्गेषु सर्वासु च विभक्तिषु ।
वचनेषु च सर्वेषु यन्न व्येति तदव्ययम् ।।75।।

If same subject does two actions, one after other, then in that case : In order to indicate completion of a subordinate (first) action, prior to the commencement of the main (second) action, an Indeclinable Past Participle (क्त्वा or ल्यप् = having done) is used, in stead of joining two clauses with the phrase 'and then' ततः च।

These single-word participles (क्त्वा and ल्यप्) imply completion of the specific preceding subordinate action ('having done, or doing' पूर्वकालिक), before the following main action begins. **These participles are widely used in Saṁskrit.**

11.7 Indeclinable Past Participle (ktvā-ipp◦)

ktvā (क्त्वा) suffix

RULE 1 : The *tvā* त्वा of the Indeclinable Past Participle *ktvā* क्त्वा may be added only to those verb-root to which any prefix, other than अ, is NOT attached.

The त्वा participle has same nature as the त in the Past Passive Participles (ppp◦) we studied in Chapter 28.3.

√दा (*dā,* to give), दत्त (ppp◦ - *datta,* given), दत्त्वा (ipp◦ - *dattvā,* having given)

The *ktvā* suffix is used for forming a Gerund ending in suffix 'ing' that are dependent on some previous event (पूर्वकालिक-क्रिया)

√dṛś+ktvā (tvā) = dṛṣṭvā (having seen, seeing) √दृश्+ क्त्वा (त्वा) = दृष्ट्वा

RULE 2 : The *lyp* (ल्यप्) suffix is attached only to those verb-roots that have any prefix, other than *a* (अ), is attached. The meaning and the nature of a *lyp*-participle remains same as of a *ktvā*-participle. For more details see section 28.11

11.8 Indeclinable Past Participle (lyp-ipp◦)

with *lyp* (ल्यप्) Suffix

As said earlier, the suffix य or त्य of the Indeclinable Past Participle (ल्यप् lyp-ipp◦) may be added only to that verb-root to which a prefix (other than अ *a*) is already attached.

(i) आ√दा give, आदत्त ppp◦ taken, आदाय ipp◦ having taken.

(ii) *upa-sam√gam + lyp (ya) = upa-saṅgmya* (having approached) √गम् + क्त्वा (त्वा) = गत्वा having gone. उप-सम्√गम् + ल्यप् (य) = उपसङ्गम्य having approached.

11.9 THE INFINITIVE

tumun तुमुन्।

Another important Indeclinable Participle, the INFINITIVE *tumun* (तुमुन्), is formed by adding the *tum* तुम् suffix directly to any verb-root.

An infinitive gives the meaning of 'for doing or to do' the action indicated by the attached verb. e.g. √दा (to give) → दा + तुम् = दातुम् (for giving, to give).

USE OF TUMUN in place of POTENTIAL PARTICIPLE ipp◦

A *tumun* infinitive could be used in place of any of the three ipp◦ Indeclinable Potential Participles of अनीयर्, तव्यत्, य।

e.g. You should not lament. (i) tumun◦ न त्वं <u>शोचितुम्</u> अर्हसि। (Gītā 2.30). = (ii) ipp◦ त्वया शोकः न <u>करणीयः</u>। त्वया शोकः न <u>कर्तव्यः</u>। त्वया शोकः न <u>कार्यः</u>।

MISCELLANEOUS TOPICS

11.10 सेट् and अनिट् क्रियाः।

seṭ and *aniṭ* verbs

(i) The verb root (धातुः) that first takes an इट् *(iṭ)* suffix, while accepting a तुमुन् *(tumun),* तव्यत् *(tavyat),* लृट् (*lṛṭ* Indefinite future), लुट् (*luṭ* Definite future) or लृङ् (*lṛṅ* Indefinite future) suffix, is called a *seṭ* सेट् धातुः verb (स + इट् = सेट्, with *iṭ* = *seṭ*).

(ii) The root that does not take such इट् *(iṭ)* suffix, is called an अनिट् धातुः (*aniṭ* verb). Most of the roots that end in a vowel are अनिट् (*aniṭ* verbs). e.g.

(1) सेट् धातुः (*iṭ* verb) तुमुन् √*bhū* to become √भू + इट् (इ) + तुम् = भवितुम्।

तव्यत् √भू + इ + तव्य = भवितव्य *bhavitavya*

लृट् √भू भविष्यति, भविष्यतः, भविष्यन्ति।

लुङ् √भू भविता, भवितारौ, भवितारः।
लृङ् √भू अभविष्यत्, अभविष्यताम्, अभविष्यन्।

(2) अनिट् धातुः (*anit* verb) : तुमुन् √*dā* to give √दा + तुम = दातुम् *dātum*
तव्यत् √दा + तव्य = दातव्य *dātavya*
लृट् √दा दास्यति, दास्यतः, दास्यन्ति।
लुङ् √दा दाता, दातारौ, दातारः।
लृङ् √दा अदास्यत्, अदास्यताम्, अदास्यन्।

There are 102 अनिट् verbs : अद्, आप्, कृष्, क्रुध्, क्रुश्, क्षिप्, क्षुद्, क्षुध्, खिद्, गम्, घस्, छिद्, छुप्, तप्, तिप्, तुद्, तुष्, तृप्, त्यज्, त्विष्, निज्, दंश्, दह्, दिश्, दिह्, दुष्, दृप्, दृश्, दुह्, नम्, नह्, निज्, नुद्, पच्, पद्, पिष्, पुष्, प्रच्छ्, बन्ध्, बुध्, भज्, भञ्ज्, भिद्, भुज्, भृश्, भ्रस्ज्, मन्, मस्ज्, मिह्, मुच्, यज्, यभ्, यम्, युज्, युध्, रञ्ज्, रभ्, रम्, राध्, रिच्, रिश्, रुज्, रुश्, रुह्, लभ्, लिप्, लिश्, लिह्, लुप्, वच्, वप्, वस्, वह्, विच्, विज्, विद् (4,6,7), विनद्, विश्, विष्, व्यध्, शक्लृ, शद्, शप्, शिष्, शुष्, श्लिष्, सञ्ज्, सद्, साध्, सिच्, सिध्, सृज्, सृप्, स्कन्द्, स्पृश्, स्वञ्ज्, स्वप्, स्विद्, हन्, हृद्।

The Primary Derivatives कृदन्तानि

Root Verb √भू

	PPP∘	PAP∘	PPAP∘	APPP∘	FPPP∘	FPPP∘	FPPP∘	IPP∘	IPP∘	INF∘
	क्त	क्तवतु	शतृ	शानच्	अनीयर्	तव्यत्	तव्य	क्त्वा	ल्यप्	तुमुन्
1. Regular Actions	भूत	भूतवत्	भवत्	भूयमान	भवनीय	भवितव्य	भव्य	भूत्वा	संभूय	भवितुम्
2. Causatives	भावित	भावयितवत्	भावयत्	भावयमान	भावनीय	भावयितव्य	भाव्य	भावयित्वा	संभाव्य	बुभूषितुम्
3. Desideratives	बुभूषित	बुभूषितवत्	बुभूषत्	बुभूषमान	बुभीषणीय	बुभूषितव्य	बुभूतव्य	बुभूषित्वा	संबुभूष्य	बोभवितुम्
4. Frequentative										
(i) यङन्त	बोभूयित	बोभूयितवत्	बोभूयत्	बोभूयमान	बोभूयनीय	बोभूयितव्य	बोभूय्य	बोभूयित्वा	संबोभूय्य	बोभोयितुम्
(ii) यङ्लुगन्त	बोभुवित	बोभुषितवत्	बोभुवत्	बोभुवमान	बोभवनीय	बोभवितव्य	बोभव्य	बोभूत्वा	संबोभूय	बोभवितुम्

The Derivatives : भव, भवदीय, भवन, भवानी, भवित्र, भविष्णु, भविष्य, भाव, भावक, भावना, भाविक, भावुक, भुवन, भूति, भूमि, भूष्णू, प्रभव, प्रभाव, प्रभु, प्रभुत्व, प्रभू, विभु, विभुति, ...etc.

CHART OF PARTICIPLES

ADJECTIVES AND INDECLINABLES

(1) ADJECTIVE PARTICIPLES

	Participle	Suffix		Example - root verbs √कृ √लभ्	
1.	**Past Passive Participle**	त	(क्त)	कृत	(done, has been done)
2.	**Past Active Participle**	तवत्	(क्तवतु)	कृतवत्	(has done)
3.	**Present Active Participle**	अत्	(शतृ)	कुर्वत्	(doing, while doing, doer)
4.	**Present Active Participle**	आन	(शानच्)	कुर्वाण	(doing)
5.	**Present Active Participle**	मान	(शानच्)	लभमान	(getting)
6.	**Present Passive Participle**	यमान	(शानच्)	क्रियमाण	(being done)
7.	**Potential Passive Participle**	तव्य	(तव्यत्)	कर्तव्य	(ought, fit to be done)
		अनीय	(अनीयर्)	करणीय	(ought, fit to be done)
		य	(यत्)	कार्य	(ought, fit to be done)

(2) INDECLINABLE PARTICIPLES

Participle	Suffix		Example - root verbs √कृ √लभ्
8. Indeclinable Past Participle (without a prefix, Gerund)	त्वा	(क्त्वा)	कृत्वा (having done)
9. Indeclinable Past Participle (with a prefix)	य	(ल्यप्)	अनुकृत्य (having done accordingly)
10. Infinitive of Purpose	तुम्	(तुमुन्)	कर्तुम् (for doing)

11. CREATING EXISTENCE OF A NON-EXISTING THING

ćvi suffix च्वि-प्रत्ययः।

Another cool and unique single-word idea in Saṁskrit is bringing (or coming) into existence a non-existing thing, by attaching the *ćvi* (च्वि) suffix to a noun or adjective.

How the *ćvi*-nouns or adjectives are formed?

(1) Take the desired (non-existent) noun (or adjective) to be *ćvi*-ed

(2) If the (non-existent) noun ends in अ *(a), (ā)* आ or *(i)* इ, modify it to *(ī)* ई; but, if it ends in *(u)* उ, modify it to *(ū)* ऊ

(3) If the (non-existent) noun comes (by itself) into existence, attach भू *(bhū)* suffix to the noun modified in step 2. But, if the noun is to be brought into existence (by someone), attach कृ *(kṛ)* suffix.

(4) Now attach the gender, number, case and other suffixes to this *ćvi*-ed (च्विरूपितम्) noun (or adjective).

With and without the *ćvi* (च्वि), sentences will read :

(1) दुर्जनाः परदोषान् पर्वतीकुर्वन्ति → दुर्जनाः परान् दोषान् पर्वतं-पर्वतान् कुर्वन्ति।

(2) चन्द्रमसा निशा श्वेतीभवति → चन्द्रमसा निशा श्वेता भवति।

(3) गङ्गास्नानं नरं शुचीकरोति → गङ्गास्नानं नरं शुचिं करोति।

(4) तव दर्शनेन मम दुःखं लघूभवति → तव दर्शनेन मम दुःखं लघु भवति।

APPLICATION of TENSES and MOODS to *ćvi* च्वि

Full power of the *ćvi* च्वि can be seen by applying various tense and mood suffixes to above four *ćvi*-nouns and *ćvi*-adjectives for example :

(1) पर्वतीकरोमि, पर्वतीकरोषि, पर्वतीकरोति, पर्वतीकुर्वन्ति, पर्वतीकुर्वन्, पर्वतीकर्तुम्, पर्वतीकर्तव्यम्, पर्वतीकृतम्। पर्वतीभवामि, पर्वतीभवसि, पर्वतीभवति, पर्वतीभवितुम्, पर्वतीभवितव्यम्, पर्वतीभूतम्।

(2) श्वेतीकरोमि, श्वेतीकरोषि, श्वेतीकरोति, श्वेतीकुर्वन्ति, श्वेतीकुर्वन्, श्वेतीकर्तुम्, श्वेतीकर्तव्यम्,

श्वेतीकृतम्। श्वेतीभवामि, श्वेतीभवसि, श्वेतीभवति, श्वेतीभवितुम्, श्वेतीभवितव्यम्, श्वेतीभूतम्।

(3) शुचीकरोमि, शुचीकरोषि, शुचीकरोति, शुचीकुर्वन्ति, शुचीकुर्वन्, शुचीकर्तुम्, शुचीकर्तव्यम्, शुचीकृतम्। शुचीभवामि, शुचीभवसि, शुचीभवति, शुचीभवितुम्, शुचीभवितव्यम्, शुचीभूतम्।

(4) लघूकरोमि, लघूकरोषि, लघूकरोति, लघूकुर्वन्ति, लघूकुर्वन्, लघूकर्तुम्, लघूकर्तव्यम्, लघूकृतम्। लघूभवामि, लघूभवसि, लघूभवति, लघूभवितुम्, लघूभवितव्यम्, लघूभूतम्।

12. SATI -SAPTAMI
सति-सप्तमी।

In a sentence the action performed by the subject is indicated by choosing a right verb or sometimes by using a participle. However, in order to indicate that a subordinate action has occured, is occuring or will occur, **before the main action takes place**, use of 'sati saptamī' (सति सप्तमी) in one clause of the sentence is employed.

In the clause of sati saptami construction, the pair of a substantive and its related adjective, are **both kept in the Locative case** (सप्तमी विभक्तिः), and therefore this consruction is called *sati saptamī.*

The subject (doer) of the subordinate action i.e. sati saptamī, and the subject (doer) of the main action **must be different**.

We can remove the sati saptami and re-construct the sentence having the same meaning.

रामे भूमिं पालयति जनानां दुःखं कुतः भवेत्। In Rāma's ruling of the earth, where from the people will have misery? * Without sati-saptami : यावत् रामः भूमिं पालयति, तावत् जनानां दुःखं कुतः भवेत्। As long as Rāma is ruling the earth, where from the people will have misery?

CHAPTER 12

ADVERBS

kriyāviśeṣaṇāni क्रियाविशेषणानि।

An Adverb does not take any gender, number, person, tense or case. It does not change with the verb it qualifies, thus, it is an INDECLINABLE word (*avyayam* अव्ययम्)

(1) There are nouns of which one conjugation or the **Nominative Case** declension is used as an indeclinable word. e.g. अस्तम् (*astam* setting, decline), अस्ति (*asti* existence), नास्ति (*nāsti* non-existence), नमः (*namaḥ* salutation), भुवर् (*bhuvar* sky), संवत् (*saṁvat* a year), स्वर् (*svar* heaven), स्वस्ति (*svasti* greeting), etc.

(2) There are **Adjectives** of which the Accusative Neuter is indeclinable. e.g. नित्यम् (*nityam* regularly), बहु (*bahu* very), भूयः (*bhūyaḥ* again), सत्यम् (*satyam* truly), सुखम् (*sukham* happily), दुःखम् (*dukham* sadly), etc.

(3) There are **Pronouns** of which Accusative Neuter is indeclinable. e.g. किम् (*kim* what), तत् (*tat* that), यावत् (*yāvat* as long), तावत् (*tāvat* so long), etc.

(4) There are other substantive **Nouns** of which the Accusative neuter is indeclinable. e.g. स्वयम् (*svayam* oneself), दुःखम् (*duḥkham* with difficulty), etc.

(5) There are nouns and adjectives of which **Instrumental Case** is indeclinable, अशेषेण (*aśeṣeṇa* fully), उच्चैः (*uććaiḥ* loudly), चिरेण (*ćireṇa* quickly), तेन (*tena* thus), पुरा

(*purā* anciently, formerly), etc.

(6) There are words of which the **Dative Case** is indeclinable. e.g. अप्रदाय (*apradāya* without sharing), आस्थाय (*āsthāya* for staying), विज्ञाय (*vijñāya* for knowing), etc.

(7) There are nouns and pronouns of which the **Ablative Case** is indeclinable. e.g. तस्मात् (*tasmāt* therefore), बलात् (*balāt* forcibly), समन्तात् (*samantāt* around), etc.

(8) There are words of which the **Locative Case** is indeclinable. e.g. अग्रे (*agre* at first), अन्तरे (*antare* inside), ऋते (*ṛte* without), स्थाने (*sthāne* justly), etc.

(9) There are words of which a **Derivative** is indeclinable : e.g.

Affirmative : एव (*eva* only); Negative : न (*na* not), मा (*mā* don't), मा स्म (*mā sma* do not);

Interrogative : कच्चित् (*kaććit* does it), नु (*nu* is it possibe);

Comparative : इव (*iva* as if), एवम् (*evam* thus), तथैव (*tathaiva* as well);

Degree : अतीव (*atīva* very), सर्वथा (*sarvathā* by all means);

Mode : आशु (*āśu* soon), तूष्णीम् (*tūṣṇīm* quietly), नाना (*nānā* various), पुनर् (*punar* again), पृथक् (*pṛthak* differently);

Time : अद्य (*adya* today), जातु (*jātu* ever), प्राक् (*prāk* before), प्रेत्य (*pretya* in the next life), मुहुः (*muhuḥ* frequently);

Place : इह (*iha* here), तत्र (*tatra* there);

Doubt : उत (*uta* whether); Emphasis : अपि (*api* also), हि (*hi* indeed, because) etc.

DICTIONARY Of ADVERBS

kriyāviśeṣaṇa-kośaḥ क्रियाविशेषणकोशः।

A little (किंचित् kiñćit, मनाक् manāk)

Above (ūrdhvam, upari ऊर्ध्वम्, उपरि)

Abruptly (एकपदे ekapade, सहसा sahasā, अकस्मात् akasmāt)

Absolutely (सर्वथा sarvathā, सर्वशः sarvaśaḥ, केवलम् kevalam, एकान्ततः ekāntataḥ)

Absurdly (अविचारेण avićāreṇa, अनुपपन्नम् anupapannam)

After (अनन्तरम् anantaram, परम् param, पश्चात् paśćāt)

Afterwards (अनन्तरम् anantaram, परम् param)

Again (भूयः bhūyaḥ, पुनः punaḥ, पुनर् punar)

Again and again (मुहुर्मुहुः muhurmuhuḥ, वारंवारम् vāraṁvāraṁ)

Against (प्रत्युत pratyuta, pratikūlam, viruddham प्रतिकूलम्, विरुद्धम्)

All (akhilam, sarvam अखिलम्, सर्वम्)

All around (अभितः abhitaḥ, परितः paritaḥ)

Almost (प्रायः prāyaḥ, भूयिष्ठ bhūyiṣṭha, कल्प kalpa)

Already (पूर्वम् pūrvam, पुरा purā, प्राक् prāk)

Also (अपि api, च ća, पुनश्च punaśća, अपिच apića)

Alternately (पर्यायेण paryāyeṇa)

Always (सदा sadā, सर्वदा sarvadā, सततम् satatam, अभीक्ष्णम् abhīkṣanam)

All around (समन्ततः samantataḥ सर्वतः sarvataḥ)

All at once (एकपदे ekapade)

Among (अन्तरम् antaram, अन्तरे antare)

Anyhow (यथाकथम् yathākatham)

Anything (ईषदपि īṣadapi, स्तोकमपि stokamapi)

Anywhere (कुत्रापि kutrāpi)

Apart (पृथक् pṛthak)

Around (परितः paritaḥ, सर्वतः sarvataḥ, समन्ततः samantataḥ)

As (यथा yathā, यद्वत् yadvat; इव iva)

As far as (यावत् yāvat)

As much as (यावत् yāvat)
As though, as if (इव iva)
At all (किमपि kimapi, मनागपि manāgapi)
At any time (कर्हिचित् karhićit)
At night (दोषा doṣā, नक्तम् naktam)
At once (युगपत् yugpat, सपदि sapadi, सद्यः sadyaḥ)
At one time (एकदा ekadā, सहसा sahasā)
At present (अद्यत्वे adyatve)
At random (अकस्मात् akasmāt, यदृच्छया yadṛććhayā, निःसन्धानम् niḥsandhānam, अविचार्य avićārya, सहसा sahasā, असम्बद्धम् asambaddham, अनियतम् aniyatam, उच्छृंखलम् ućcharṅkhalam, अव्यवस्थया avyavasthayā, अक्रमेण akrameṇa)
At the same time (सद्यम् sadyam)
At this time (एतर्हि etarhi, सम्प्रति samprati)
At what time (कर्हि karhi)
Away (अलम् alam, दूरम् dūram)
Backwards (परा parā, प्रति prati; पृष्ठतः pṛṣṭhataḥ)
Badly (युक् yuk, युत् yut)
Because (hi, yataḥ, yena hetoḥ, yat हि, यतः, तेन हेतोः, यत्)
Before, in front (सम्मुखम् sammukham, समक्षम् samakṣam, साक्षात् sākṣāt)
Before, time-place (अर्वाक् arvāk)
Behind (pṛṣṭhataḥ पृष्ठतः)
Below (अधः adhaḥ. अधस्तात् adhastāt)
Besides (अन्यच्च anyaćća)
Between (अन्तरे antare)
Beyond (atītya, parataḥ अतीत्य, परतः)
But (किंतु kintu, परन्तु parantu; मात्रम् mātram, न वरम् na varam)
But how (किन्नु kinnu)
By day (दिवा divā)
By evening (दोषा doṣā)
By night (रात्रौ rātrau)
By that (तेन tena)
Ceaselessly (अनिशम् aniśam, सततम् satatam)
Certainly (अद्धा addhā, खलु khalu, नूनम् nūnam; नाम nāma, असंशयम् asaṁśayam, ध्रुवम् dhruvam)
Clearly (व्यक्तम् vyaktam, स्पष्टम् spaṣṭam, स्फुटम् sphuṭam)
Close by (अनितः anitaḥ)
Consequently (ततः tataḥ)
Constantly (अजस्रम् ajasram)

Conversely (प्रत्युत pratyuta)
Daily (प्रतिदिनम् pratidinam)
Day after tomorrow (परश्वः paraśvaḥ)
Day before yesterday (परह्यः parahyaḥ)
Deeply (दूरम् dūram)
Dishonestly (तिर्यक् tiryak)
Don't (मा mā, मा स्म mā sma)
Downward (अधस्तात् adhastāt, अर्वाक् avāk)
Elsewhere (अन्यत्र anyatra)
Enough (अलम् alam, कृतम् kṛtam)
Entirely (कृत्स्नशः kṛtsnaśaḥ, निखिलेन nikhilena)
Equally (समम् samam, तुल्यम् tulyam)
Eternally (नित्यम् nityam, सदा sadā, निरन्तरम् nirantaram)
Ever (कदाचन kadācana, कर्हिचित् karhicit, कदाचित् kadācit, कदापि kadāpi)
Every day (प्रतिदिनम् pratidinam)
Every time (यदा यदा yadā yadā)
Everywhere (यत्र तत्र yatra tatra, सर्वत्र sarvatra)
Evidently (नाम nām, प्रत्यक्षम् pratyakṣam, स्फुटम् sphuṭam, व्यक्तम् vyaktam)
Excellently (उत्तमम् uttamam, सुष्ठु suṣṭhu)
Except (माकिम् mākim, माकिर् mākir)
Extensively (प्रतान् pratān, प्रताम् pratām)
Falsely (अनृतम् anṛtam, असत्यम् asatyam, मिथ्या mithyā, मृषा mṛṣā)
Far (आरात् ārāt, दूरम् dūram, दूरे dūre)
Forcibly (बलात् balāt, प्रसह्य prasahya)
Formerly (पुरा purā, पूर्वतरम् pūrvataram, प्राक् prāk)
Forthwith (द्राक् drāk)
Fortunately (दिष्ट्या diṣṭyā, दैवात् daivāt, सौभाग्येन saubhāgyena)
Forward (अग्रतः agrataḥ, अग्रे agre, पुरतः purataḥ)
Frequently (पुनः पुनः, punaḥpunaḥ, मुहुर्मुहुः muhurmuhuḥ, भूयोभूयः bhūyobhūyaḥ, वारंवारम् vāramvāram)
Fully (कृत्स्नशः kṛtsnaśaḥ, अशेषेण aśeṣeṇa, अशेषतः aśeṣataḥ, साकल्येन sākalyena)
Further (अपरम् aparam, दूरतरम् dūrataram)
Gladly (समुपजोषम् samupajoṣam)
Good (बाढम् bāḍham, सम्यक् samyak, सुष्ठु suṣṭhu)
Happily (सुखेन sukhena, यथासुखम्

yathāsukham)

Hastily (सहसा sahasā; क्षिप्रम् kṣipram, आशु āśu, झटिति jhaṭiti, द्रुतम् drutam, सत्वरम् satvaram)

Hence (इत: itaḥ, अस्मात् asmāt, स्थानात् sthānāt)

Here (अत्र atra, इह iha)

Here after (अत: ataḥ, इत: परम् itaḥ param, अत: परम् ataḥ param, परत: parataḥ, अनन्तरम् anantaram)

Here before (इत: पूर्वम् itaḥ pūrvam, अत: पूर्वम् ataḥ pūrvam, प्राक् prāk)

Here and there (इतस्तत: itastataḥ)

Highly (दूरम् dūram)

How (कथम katham, केन प्रकारेण kena prakāreṇa)

How else (अथ किम् atha kim)

How many (कति kati, कतिकृत्व: katikṛtvaḥ)

How much (कियत् kiyat)

How much more (किमुत kimuta)

How now (ननु nanu)

However (यथातथा yathātathā, येनकेन प्रकारेण yenakena prakāreṇa)

However (तु tu, किंतु kintu, अपि तु api tu, तथापि tathāpi, परन्तु parantu)

Idly (वृथा vṛthā)

If (यदि yadi, चेत् ćet)

If not (नोचेत् noćet, अन्यथा anyathā, यदि-न yadi-na)

If-then (यदि-तर्हि yadi-tarhi)

Ignorantly (अज्ञानत: ajñānataḥ)

Immediately (द्राक् drāk, द्राङ् drāṅ, मंक्षु maṅkṣu)

Improperly (अनुचितम् anućitam, अयुक्तम्, ayuktam, असम्यक् asamyak, अस्थाने asthāne)

In (antare, madhye अन्तरे, मध्ये)

In a short time (aćireṇa, aćirāt अचिरेण, अचिरात्, नचिरात् naćirāt)

In as much as (yat, tataḥ, yasmāt यत्, यत: यस्मात्)

In detail (vistareṇa विस्तरेण)

In front of (अग्रत: agrataḥ, puraḥ, putataḥ पुर:, पुरत: अग्रे agre, पुरस्तात् purastāt)

In order (क्रमेण krameṇa, क्रमश: kramaśaḥ)

In heaven (अमुत्र amutra)

In short (alpaśaḥ अल्पश:)

In the evening (सायम् sāyam)

In the morning (उषा uṣā, प्रगे prage, प्रातर् prātar)
In the noon (पराह्णे parāhṇe)
In the afterworld (प्रेत्य pretya)
In this world (इह iha, अरत्र aratra)
Indeed (अद्धा addhā, किल kil, खलु khalu, नाम nām, नूनम् nūnam, वस्तुत: vastutaḥ, वै vai, हि hi)
Indirectly (भंग्युक्त्या bhaṅgyuktyā, वक्रोक्त्या vakroktyā, तिर्यक् tiryak, असरलम् asaralam)
Incessantly (अनिशम् aniśam, अविरतम् aviratam)
Into (अन्तर् antar)
Lately (अचिरम् aćiram)
Later (उत्तरम् uttaram, पश्चात् paśćāt)
Like this (ईदृश् īdṛś, इत्थम् ittham, एतादृश् etādṛś)
Like that (तादृश् tādṛś)
Like what? (कीदृश् kīdṛś)
Loudly (उच्चै: uććaiḥ)
Luckily (दिष्ट्या diṣṭyā)
Manifestly (साक्षात् sākṣāt)
Many times (असकृत् asakṛt)
Moreover (अन्यच्च anyaćća, किञ्च kiñća, अपरम् aparam, अपि तु api tu)
Mostly (प्राय: prāyaḥ, प्रायेण prāyeṇa, प्रायश: prāyaśaḥ, बहुधा bahudhā)
Most probably (नूनम् nūnam)
Much (बहु bahu, भृशम् bhṛśam, अत्यन्तम् atyantam, गाढम् gāḍham)
Mutually (अन्योन्य anyonya, मिथ: mithaḥ, परस्परम् parasparam)
Near (निकषा nikaṣā, समीपे samipe)
No, not (न na, नहि nahi, नो no)
Not at all (न किमपि na kimapi)
Not so (न किम् na kim)
Now (अधुना adhunā, इदानीम् idānīm, सम्प्रति samprati, साम्प्रतम् sāmpratam)
Now a days (अद्यत्वे adyatve)
Nowhere (न क्वचित् na kiñćit)
Often (बहुधा bahudhā, वारंवारम् vāraṁvāram, अभीक्ष्णम् abhīkṣṇam)
On, Over (upari उपरि)
On both sides (उभयत: ubhayataḥ)
On both days (उभयद्यु: ubhayadyuḥ, उभयेद्यु: ubhayedyuḥ)
On the contrary (प्रत्युत pratyuta)
On the next day (अपरेद्यु: aparedyuḥ)
Once (एकधा ekadhā, सकृत् sakṛt)

Only (एव eva, केवलम् kevalam, मात्र mātra)

Openly (आविः āviḥ, सुस्पष्टम् suspaṣṭam, व्यक्तम् vyaktam)

Or (अथवा athavā, किंवा kiṁvā, यद्वा yadvā, वा vā, अन्यथा anyathā)

Or else (अन्यथा anyathā)

Out (bahiḥ बहिः)

Outwardly (बाह्यतः bāhyataḥ, बहिः bahiḥ)

Perhaps (कदाचित् kadāćit, किंस्वित् kiṁsvit, नुवा nuvā, स्यात् syāt)

Possibly (किल kila, कदाचित् kadāćit)

Privately (उपांशु upāṁśu)

Probably (नूनम् nūnam)

Properly (युक्तम् yuktam, उचितम् ućitam, सम्यक् samyak, धर्मेण dharmeṇa, यथार्हम् yathārham)

Quickly (अरम् aram, आशु āśu, शीघ्रेण śīghreṇa, झटिति jhaṭiti, तूर्णम् tūrṇam, क्षिप्रम् kṣipram)

Quietly (शान्तम् śāntam, शान्त्या śāntyā, निराकुलम् nirākulam, अव्याकुलम् avyākulam, अक्षुब्धम् akṣubdham, स्वास्थ्येन svāsthena, अनुग्रम् anugram, अचण्डम् aćaṇḍam, तूष्णीम् tūṣṇīm, निःशब्दम् niḥśabdam)

Really! (किल kila)

Rarely (क्वचित् kvaćit, कृच्छ्रेण kṛćhreṇa, कष्टेन kaṣṭena, विरल virala)

Repeatedly (अभीक्ष्णम् abhīkṣṇam, वारंवारम् vāraṁvāram, भूयोभूयः, पुनःपुनः punaḥpunaḥ)

Rightly (अञ्जसा añjasā, यथातथा yathātathā, समीचीनम् samīćīnam, सम्यक् samyak)

Separately (पृथक् pṛthak)

Shortly (अचिरात् aćirāt, अचिरेण aćireṇa, सपदि sapadi, झटिति jhaṭiti, शीघ्रम् śīghram)

Silently (तूष्णीम् tūṣṇīm, निभृतम् nibhṛtam)

Similarly (तथैव tathaiva, तद्वत् tadvat)

Simultaneously (युगपत् yugapat)

Slightly (ईषत् īṣat)

Slowly (शनैः शनैः śanaiḥ śanaiḥ, मन्दं मन्दम् mandaṁ mandam)

So (इति iti, इत्थम् ittham, तथा tathā, तद्वत् tadvat, एवम् evam)

So be it (आम् ām, ओम् om, तथास्तु tathāstu)

So far as (तावत् tāvat)

So much (ईदृक् īdṛk, तादृक् tādṛk)

So that (यथा yathā, येन yena)

Somehow (कथमपि kathamapi, कथञ्चित् kathañćit)

Sometimes (कदाचित् kadāćit, क्वचित् kvaćit)

Somewhat (ईषत् īṣat, किंचित् kiñćit, स्तोकम् stokam)

Somewhere (कुत्रचित् kutraćit, क्वचित् kvaćit, क्वापि kvāpi)

Somewhere else (अन्यत्र anyatra)

Speedily (आशु āśu, द्राक् drāk, भाजक् bhājak, संक्षु saṅkṣu, तूर्णम् tūrṇam)

Spontaneously (स्वयम् svayam)

Steadily (अभीक्ष्णम् abhīkṣaṇam)

Suddenly (अकस्मात् akasmāt, एकपदे ekapade)

Sufficiently (पर्याप्तम् paryāptam, यथेष्टम् yatheṣṭam)

Surely (निश्चित् niśćit, नूनम् nūnam, खलु khalu, अवश्यम् avaśyam, निश्चितम् niśćitam)

Then (ततः tataḥ, तत् tat, तदा tadā, तदानीम् tadānīm)

Thence (ततः tataḥ, तस्मात् tasmāt)

There (तत्र tatra)

Therefore (अतः ataḥ, ततः tataḥ, तस्मात् tasmāt, हि hi)

Thus (इत्थम् ittham, एवम् evam)

To and fro (इतस्ततः itastataḥ)

Today (अद्य adya)

Together (एकत्र ekatra)

Tomorrow (श्वः śvaḥ)

Truly (अद्धा addhā, इद्धा iddhā, ऋधक् ṛdhak, ऋतम् ṛtam, सत्यम् satyam, वस्तुतः vastutaḥ, तत्त्वतः tattvataḥ)

Under (adhaḥ, adhastāt अधः अधस्तात्)

Universally (सर्वतः sarvataḥ, विश्वतः viśvataḥ)

Usefully (अमुधा amudhā, सफलम् saphalam)

Uselessly (वृथा vṛyhā, व्यर्थम् vyartham, मुधा mudhā, निष्फलम् niṣphalam, मोघम् mogham)

Vainly (मुधा mudhā, वृथा vṛthā)

Variously (नाम nāma, नानाविधम् nānāvidham)

Verily (खलु khalu, नाम nāma, सत्यम् satyam, वै vai)

Very (अतीव atīva, सुतराम् sutarām, भृशम्

bhṛśam)

Well (सुष्ठु suṣṭhu, सम्यक् samyak, बाढम् bāḍham; भवतु bhavatu, अस्तु astu)

What? (किम् kim)

What a pity (किंकिल kiṅkila)

What else (अथ किम् atha kim, किमुत kimuta, ननु nanu, आः āḥ)

What more (किमन्यत् kimanyat, किंबहुना kimbahunā)

When (यदा yadā)

When? (कदा kadā, कर्हि karhi, yadā, yadā yadā, yadā kadāćit यदा, यदा यदा, यदा कदाचित्)

Whence (कुतः kutaḥ, कस्मात् kasmāt, यतः yataḥ, यस्मात् yasmāt)

Where (यत्र yatra)

Where? (कुत्र kutra, क्व kva)

Wherever (यत्र यत्र, यत्र कुत्रापि yatra yatra, yatra kutrāpi)

Wherefore (यतम् yatam, येन yena)

Whether (kataraḥ, katarā, kim̃svit, katarat, कतरः कतरा, किंस्वित्, कतरत्)

Which (yaḥ, yā, yat यः या, यत्)

Which? (kaḥ? kā? kim? कः? का? किम्?)

Which of the two? (katar? yatar? कतर? यतर?)

Which of the many? (katam? yatam? कतम? यतम?)

Wholly (समग्रम् samagram, सर्वतः sarvataḥ, सर्वशः sarvaśaḥ)

Why? (किम् kim, कुतः kutaḥ, किमर्थम् kimartham, किन्निमित्तम् kinnimittam)

Widely (विपुलम् vipulam)

With (सह saha, सहितम् sahitam, साकम् sākam, सार्धम् sārdham)

Willingly (स्वेच्छया sveććhayā, कामतः kāmataḥ)

Within (अन्तर् antar, मध्ये madhye)

Without (अन्तरेण antareṇa, विना vinā, ऋते ṛte)

Yes (अथकिम् athakim, आम् ām, बाढम् bāḍham)

Yesterday (ह्यः hyaḥ, पूर्वेद्युः pūrvedyuḥ)

CHAPTER 13

THE PREPOSITIONS

aupasargika-śabdāḥ औपसर्गिकशब्दाः।

The preposition (उपसर्गः *upasargaḥ*) is an indeclinable word (*avyayam* अव्ययम्), prefixed to a verb (*kriyāpadam* क्रियापदम्) or its derivative (*sādhita-śabdaḥ* साधित-शब्दः). The 22 prepositional prefixes listed by Pāṇini and Varadāćārya do intensify, modify, alter, change or make no change in the sense of the root verb.

उपसर्गेण धात्वर्थो बलादन्यत्र नीयते। प्रहाराहारसंहारविहारपरिहारवत्।।

धात्वर्थं बाधते कश्चित्कश्चित्तमनुवर्तते। तमेव विशिनष्ट्यन्यः उपसर्गगतिस्त्रिधा।।

(1) *ati* (अति) over, beyond. (i) क्रमः a step, pace → अतिक्रमः aransgression. (ii) रिक्त empty → अतिरिक्त remaining; supreme.

(2) *adhi* (अधि) power, right. (i) कारः causer → अधिकारः the right, power. (ii) क्षिपः casting away → अधिक्षेपः censure.

(3) *anu* (अनु) along, after, behind; each, every. (i) कम्पः shaking, a tremor → अनुकम्पा compassion. (ii) √कृ to do → अनुकृतिः imitation.

(4) *antar* (अन्तर्) with interval, within, inner. (i) यामः restraint, control → अन्तर्यामः inner control. (ii) धानम् a seat → अन्तर्धानम् disappearance.

(5) *apa* (अप) away, away from. (i) शकुनम् a good omen → अपशकुनम् a bad omen. (ii) कारः doer, causer → अपकारः Harm.

(6) *api* (अपि) also; over, near, near to; indeed, also. (i) अयनम् entrance → अप्ययनम् junction, union. (ii) हितम् benefit → अपिहितम् openly, visibly.

(7) *abhi* (अभि) towards, near. (i) मुखम् mouth, face → अभिमुखम् In front of. (ii) मानः pride → अभिमानः ego, self-pride.

(8) *ava* (अव) away, off, down. (i) √स्था to stay → अवस्था condition, state. (ii) गुणः quality, character → अवगुणः a bad quality

(9) *ā* (आ) up to, towards, from, around; a little. (i) गमनम् going → आगमनम् coming. (ii) जन्म birth → आजन्म from the birth.

(10) prefixes *ut, ud* (उत्, उद्) over, superior, higher; facing. (i) √स्था to stay → उत्थानम् Getting up, rising. (ii) भवः Existence → उद्भवः Birth.

(11) *upa* (उप) secondary; towards, near to, by the side of. (i) √विश् to enter → उपविश to sit. (ii) √स्था to stay → उपस्थम् the middle part.

(12) *dur, dus,* (दुर्, दुस्) hard to do, difficult. (i) √लभ् to get, obtain → दुर्लभम् difficult to attain. (ii) बुद्धिः mind → दुर्बुद्धिः malignity, evil mind.

(13) *ni* (नि) in, into; great; opposed to, without. (i) बन्धः A bond, tie → निबन्धः an essay. (ii) दानम् a gift, giving → निदानम् a cause, diagnosis.

(14) *nir* (निर्) out of, away from, without, ◦less, un◦ (i) मलम् dirt → निर्मलम् a clean thing.

(15) *nis* (निस्) out of, away from, without, ◦less, un◦ (ii) √चल् to move → निश्चलम् steady.

(16) *parā* (परा) away, back, opposed to. (i) क्रमः a step, pace → पराक्रमः bravery. (ii) भवः existence → पराभवः Defeat.

(17) *pari* (परि) about. (i) भाषा language → परिभाषा definition. (ii) नाम name → परिणामः result.

(18) *pra* (प्र) good, opposite, excess, progress. (i) कृतिः action, doing → प्रकृतिः nature. (ii) वदनम् mouth → प्रवदनम् announcement.

(19) *prati* (प्रति) towards, back, in return, in opposition; each. (i) √ज्ञा to know → प्रतिज्ञा vow. (ii) दिनम् day → प्रतिदिनम् every day.

(20) *vi* (वि) reverse of, apart, separate from. (i) कृतिः action, doing → विकृतिः disorder. (ii) क्रमः a step, pace → विक्रमः bravery.

(21) *sam* (सम्) together with, full, excellent. (i) बन्धः A bond, tie → सम्बन्धः relationship. (ii) योगः union → संयोगः bondage.

(22) *su* (सु) very, good, well; thorough. (i) रूपम् Form → सुरूपम् beauty. (ii) कृतम् done → सुकृतम् done well.

For the use of the Prefixes with Verbs

See Chapter 20

Which Verb to Use, Part II

CHAPTER 14

COMPOUND WORDS

sāmāsāḥ समासा:।

When TWO or MORE related words compounded together with a **logical defination** to form a single MEANINGFUL word, forms a *sāmāsik-śabdaḥ* (सामासिकशब्द: compound word). अनेकपदानाम् तार्किकम् एकीभवनं समास:।

On the other hand, when TWO words are joined together purely with grammatical rules, to form a single word, it is called a *sandhi* (सन्धि:) betweeb two words.

The word *samāsa* comes from ←ind∘ *sam* (सम् equal, even) + par∘ 4√*as* (√अस् to be, unite, aggregate, combine, join, connect, compound). समसनं समास:।
Eight main *samāsas* are briefly explained below, with examples from the Gītā.

A *samāsa* can be formed in five ways. कृत्तद्धितसमासैकशेषसनाद्यन्तधातव: पञ्च वृत्तय:।

(1) By adding suffix to a verbal root;
(2) By attaching suffix to a noun stem;
(3) By joining simpler noun stems into a single word;
(4) By merging two or more nouns with a single stem;
(5) By adding desiderative or other affixes to roots.

NOTE : Before forming a *samasa* between two (or more) words, the words being compounded should generally be first rendered in their original forms, removing the case, gender, number or any other suffixes attached to them. The case, gender, number or any other suffixes are added to the compound word, after forming a *samasa.*

SAMASA CLASSIFICATION

समासाः ।

(A) विशेष-समासः (तत्पुरुष-बहुव्रीहि-द्वंद्व-अव्ययीभावादिसंज्ञायुक्तः विशेष-समासः)

(i) तत्पुरुष-समास (प्रायः उत्तरपदप्रधानः तत्पुरुष-समासः)

(a) सामान्य-समास (सामान्यरूपेण पदयोः मध्ये विभक्तेः सम्बन्धः)

(1) प्रथमा-तत्पुरुष-समास (सर्वे आरम्भाः, सर्वारम्भाः Gītā 12.16)

(2) द्वितीया-तत्पुरुष-समास (मद्भावम् आगताः, मद्भावमागताः Gītā 4.10)

(3) तृतीया-तत्पुरुष-समास (योगेन युक्तः, योगयुक्तः Gītā 5.6)

(4) चतुर्थी-तत्पुरुष-समास (मोक्षाय परायणः, मोक्षपरायणः Gītā 5.28)

(5) पंचमी-तत्पुरुष-समास (योगात् भ्रष्टः, योगभ्रष्टः Gītā 6.41)

(6) षष्ठीत-त्पुरुष-समास (धर्मयुक्त-कर्मणां क्षेत्रम्, धर्मक्षेत्रम् Gītā 1.1)

(7) सप्तमी-तत्पुरुष-समास (योगे स्थः, योगस्थः Gītā 2.48)

(b) कर्मधारय-समास (समानाधिकरणः तत्पुरुषः कर्मधारय-समासः)

(1) विशेषण-पूर्वपद-कर्मधारय-समास (महान् इष्वासाः, महेष्वासाः Gītā 1.4)

(2) विशेषणोत्तरपद-कर्मधारय-समास (रथेषु उत्तमम्, रथोत्तमम् Gītā 1.24)

(3) विशेषणोभयपद-कर्मधारय-समास (आगमाः अपायिनः, आगमापायिनः Gītā 2.14)

(4) उपमान-पूर्वपद-कर्मधारय-समास (सिंहस्य इव नादम्, सिंहनादम् Gītā 1.12)

(5) उपमानोत्तरपद-कर्मधारय-समास (नरः पुङ्गवः इव, नरपुङ्गवः Gītā 1.5)

(6) अवधारणा-पूर्वपद-कर्मधारय-समास (ज्ञानम् एव असि, ज्ञानासिना Gītā 4.42)

(7) सम्भावना-पूर्वपद-कर्मधारय-समास (संसार इव सागरः, संसारसागरात् Gītā 12.7)

(8) मध्यमपद-लोप-कर्मधारय-समास (सत्त्वेन आत्मनः संशुद्धिः, सत्त्वसंशुद्धिः Gītā 16.1)

(9) मयूरव्यंसकादि-कर्मधारय-समास (निवृत्तो निरुद्धो वा वातो यस्मात्, निवात Gītā 6.19)

(c) द्विगु-समास (सांख्यवाचकेन सुबन्तेन समस्यमानः द्विगु-समासः)

(1) समाहार-द्विगु-समास (त्रयाणां विधानां समाहारः, त्रिविध Gītā 16.21)

(2) तद्धितर्थ-द्विगु-समास (त्रिगुणेषु उत्पन्नानां विषयाः, त्रैगुण्यविषयाः Gītā 2.45)

(3) उत्तरपद-द्विगु-समास (लोकानां त्रयम्, लोकत्रयम् Gītā 11.20)

(d) नञ्-तत्पुरुष-समास (न धर्मः, अधर्मः Gītā 1.40)

(ii) बहुव्रीहि-समास (अन्यपदप्रधानः बहुव्रीहि समासः)

(a) सामान्य-बहुव्रीहि-समास (सामान्यरूपेण पदयोः मध्ये विभक्तेः सम्बन्धः)

(1) द्वितीया-बहुव्रीहि-समास (दुःखं च सुखंच समं यं सः, समदुःखसुखम् Gītā 2.15)

(2) तृतीया-बहुव्रीहि-समास (जितानि इन्द्रियाणि येन सः, जितेन्द्रियः Gītā 5.7)

(3) चतुर्थी-बहुव्रीहि-समास (मया आश्रयः दत्तः यस्मै सः, मद्व्यपाश्रयः Gītā 18.56)

(4) पञ्चमी-बहुव्रीहि-समास (गतः रसः यस्मात् तत्, गतरसम् Gītā 17.10)

(5) षष्ठी-बहुव्रीहि-समास (महान् आत्मा यस्य सः, महात्मा Gītā 7.19)

(6) सप्तमी-बहुव्रीहि-समास (नास्ति श्रद्धा यस्मिन् तत्, श्रद्धाविरहितम् Gītā 17.13)

(b) विशेष-बहुव्रीहि-समास (विशेषरूपेण पदयोः मध्ये सम्बन्धः)

(1) व्यधिकरण-बहुव्रीहि-समास (पाणिषु शस्त्राणि यस्याम् ते, शस्त्रपाणयः Gītā 1.46)

(2) संख्योत्तरपद-बहुव्रीहि-समास (मनः षष्ठं येषाम् तानि, मनःषष्ठानि Gītā 15.7)

(3) संख्योभयपद-बहुव्रीहि-समास (द्वे वा त्रिणि व यस्य, द्वित्राणि)

(4) सह-बहुव्रीहि-समास (गद्गदेन सह, सगद्गदम् Gītā 11.35)

(5) नञ्-बहुव्रीहि-समास (न भवति च्युतः यः, अच्युत Gītā 1.21)

(iii) द्वंद्व-समास (उभयपदप्रधानः द्वंद्व-समासः)

(a) इतरेतर-द्वंद्व-समास (पदयोः वा पदानां वा समाहारः)

(1) द्विपद-द्वंद्व-समास (सुघोषः च मणिपुष्पकः च, सुघोषमणिपुष्पकौ Gītā 1.16)

(2) बहुपद-द्वंद्व-समास (पणवाः आनकाः गोमुखाः च, पणवानकगोमुखाः Gītā 1.13)

(b) समाहार-द्वंद्व-समास (संज्ञानां वा परिभाषाणां वा समाहारः)

(1) समाहार-द्वंद्व-समास (गुणानां च कर्मणां च समाहारः तेषु, गुणकर्मसु Gītā 13.14)

(1) नित्यसमाहार-द्वंद्व-समास (पाणीनां पादानां समाहारः, पाणिपादम् Gītā 13.14)

(iv) अव्ययीभाव-तत्पुरुष-समास (अव्ययेन सुबन्तेन समस्यमानः अव्ययीभाव-समासः)

(1) अव्ययपूर्वपद-तत्पुरुष-समास (भागम् यथा, यथाभागम्, Gītā 1.11)

(2) अव्ययोत्तरपद-अव्ययीभाव-समास (सहस्त्रं वारम्, सहस्त्रकृत्वः Gītā 11.39)

(B) केवल-समासः (तत्पुरुष-बहुव्रीहि-द्वंद्व-अव्ययीभावादिसंज्ञाविनिमुक्तः केवल-समासः।)

(1) अलुक-समास (युधि स्थिरः, युधिष्ठिरः, Gītā 1.16)

(2) प्रादि-समास (प्रभावः Gītā 11.43)

(7) उपपद-समास (उपपदं नाम काचन संज्ञा, मम यजी, मद्याजी Gītā 9.34)

GENERAL RULES WITH EXAMPLES

परस्परान्वितयोः सुबन्तयोः समासः भवति। प्रायः तिङन्तानां समासः न भवति।

1. **Tatpuruṣa samāsa** (tat◦ तत्पुरुष–समासः), the Determinative or Dependent Compound :

In this *samāsa*, the last component-word is primary (प्रधानः) and the other words are secondary (गौणाः). Therefore, the case, number and gender of the last word dictate the case, number and gender of the entire composite word. (परस्य यल्लिङ्गं तद्भवति द्वंद्वस्य तत्पुरुषस्य च - pāṇini, *aṣṭādhyāyī* 2: 4.26).

e.g. *dharmakṣetre* धर्मक्षेत्रे n◦ loc◦ sing◦ *dharmasya kṣetre* धर्मस्य क्षेत्रे on sacred land. (Gītā 1,1)

dharma-mayam धर्ममयम् (the sacred, righteous) pos◦ sing◦ ←m◦ *dharma* धर्म (righteousness) *kṣetre* क्षेत्रे (on the land) loc◦ sing◦ ←n◦ *kṣetr* (the field).

(i) Generally, the compound words of which last component is a Past Passive Participle, such as *gata, mṛta, atíta, sthita, rata, āsakta, prāpta, mukta, stha, ja, tulya, pūrva,* etc., come under *tatpuruṣa-samāsa.*

(ii) The *karmadhāraya* and *dvigu samāsas* are subdivisions of the *tatpuruṣa-samāsa.*

2. **Bahuvrīhi samāsa** (bah◦ बहुव्रीहि–समासः), the Attributive or Relative Compound :

In this *samāsa*, any one component is not primary. The whole compound word is an epithet (adjective) of an element outside of the compound itself. (अन्यपदप्रधानः बहुव्रीहिः। अन्यपदार्थे बहुव्रीहिः। pāṇini, 2: 2: 24).

Bhīmārjaunasamāḥ भीमार्जुनसमाः nom◦ pl◦ ←adj◦ *bhīmārjaunasama, bhīmasya arjaunasya vā samaḥ yaḥ saḥ* भीमार्जुनसम, भीमस्य अर्जुनस्य वा समः यः सः। (he who is equal to *bhīma* or *arjauna*). The adjective in this *samāsa* is an epithet of some third person, (other than *bhīma* and *arjauna*), who is not mentioned in the *samāsa.*

3. **Dvandva samāsa** (dvan◦ द्वन्द्व-समास:), the Dual or Aggregative Compound.

In this *samāsa,* all component words have equal importance and they are connected together with an ind◦ copulative conjunction *ća* च (and). Though this *samāsa* is a simple aggregation of individual nouns, the case, number and gender of the whole *samāsa* is usually attached to the last element only (similar to tat◦), keeping the rest in stem form. (परवत्-लिङ्गं द्वन्द्व-तत्पुरुषयो: pāṇini, 2: 4.26) This *samasa* must always consist of words which, if uncompounded, will have same case-declensions.

e.g. *paṇavānakagomukhā:* पणवानकगोमुखा: (Gītā 1.13) ← *paṇavāḥ ća ānakāḥ ća gomukhāḥ ća* पणवा: च आनका: च गोमुखा: च *(paṇavas and anakas and gomukhas)* ← m◦ *paṇava* पणव (cymbal) + m◦ *ānaka* आनक (drum) + *gomukha* गोमुख (horn).

(i) As there are always two or more individual word elements in this *samāsa,* it is usually in dual or plural form. However, when it denotes a single collective noun, it is in singular neuter gender.

(ii) When more than two singular words are aggregated together, only the last element is pluraled and the compound word then assumes the gender of the last element. e.g. *harṣāmarṣabhayodvegaiḥ,* हर्षामर्षभयोद्वेगै: Instrumental case, (*harṣeṇa ća āmarṣeṇa ća bhayena ća udvegena ća* हर्षेण च आमर्षेण च भयेन च उद्वेगेन च). However, in a plural *dvanva* word, each individual element could be plural too, but not necessarily..

e.g. *kaṭvamlalavaṇātyuṣṇatīkṣṇarūkṣavidāhinaḥ* कट्वम्ललवणात्युष्णतीक्ष्णरूक्षविदाहिन:। *kaṭvaḥ ća amlāḥ ća lavaṇāḥ ća atyuṣṇāḥ ća tīkṣṇāḥ ća rūkṣāḥ ća vidāhinaḥ ća* कट्व: च अम्ला: च लवणा: च अति-उष्णा: च तीक्ष्णा: च रूक्षा: च विदाहिन: च। (Gītā 17.9)

(iii) When words are aggregated, the इकारान्त, ईकारान्त word should be kept first, the rest anywhere. eg. हरि: and चन्द्र: हरिश्चन्द्र, not चन्द्रहरि:। When there are many इकारान्त words, at least one इकारान्त word kept first, the rest anywhere. e.g. राम: हरि: गुरु:

हरिगुरुरामाः। Generally, the words starting with any vowel, and ending with vowel अ should be kept first. eg. इन्दुः इन्द्रः वायुः अग्निः, इन्द्रः इन्दुः अग्निः वायुः = इन्द्विन्द्रग्निवायवः। The word that has less characters should come first. हरिः केशवः, हरिकेशवौ। Normally, the **feminine name** should come first then masculine name. e.g. सीतारामौ, राधाकृष्णौ।

4. **Dvigu samāsa** (द्विगु-समासः), the Numeral or Collective Compound (dvigu◦)

In this *samāsa*, the first element is a numerical adjective (संख्या-विशेषणम्) and the entire compound word is a singular collective noun. (द्विगुरेकवचनम्। pāṇini, *aṣṭādhyāyī* 2: 4.1)

e.g. *navadvāra* नवद्वार (the aggregate of nine gates) ←num◦ adj◦ *nava* (nine) + m◦ *dvāra* (gate) Gītā 5.13. Note: This *samāsa* is always in singular number collective noun.

5. **Karmadhāraya samāsa** (कर्मधारय-समासः), Appositional Compound (kar◦)

In this *samāsa*, usually there are two component words and they are always in Nominative (1st) case. The first element is a usually an adjective (विशेषणम्) and the second word is a substantive (विशेष्यम्). Sometimes there are three words, where the middle word physically does not exist but is only understood. eg. *svabhāva* स्वभाव (the inherent nature) ←adj◦ *sva* स्व (inherent) + substantive *bhāva* भाव (nature)

6. **prādi samāsa** (प्रादि-समासः)

If the first word is an adjective-prefix indicating such meanings as- much, extreme, more, improper, opposite, etc. (प्र-, अति-, उद्-, अधि, अनु, अव-, निः-, वि, परि-, e.g. प्रगत, अत्यन्त, उद्गत, अधिक, अनुचित, अवक्रुष्ट, निर्गत, विपरीत, परिक्लान्त) then the *samasa* is known It is also used to express an opposite circumstance, e.g. prefix adj◦ *vi* वि (opposite) + substantive *sama* सम (normal circumstance) (Gītā 2.2)

The *dvigu samāsa* and the *karmadhāraya samāsa* are subdivisions of the *tatpuruṣa-samāsa* (द्विगुकर्मधारयौ तत्पुरुषभेदौ).

7. **Avyayībhāva samāsa** (अव्ययीभाव-समासः) Adverbial Compound:

In this *samāsa*, the first word is indeclinable, it is the primary term, and the whole compound word is an indeclinable adverb. (अनव्ययम् अव्ययं भवति). Sometimes, however, the first word is a noun-stem and the last word is indeclinable. e.g. in◦ *yathābhāgam* यथाभागम् (as appointed) ←in◦ *yathā* यथा (as) + m◦ *bhāgam* भागम् (appointment).

Note: (नञ्-समासः) A word with the negative prefix *nañ* नञ् is not an *ayayibhāva.* It forms negative-tat◦ *samāsa* (e.g. *aparyāpta*) or negative-bah◦ *samāsa* (e.g. *aćyuta*).

8. **Aluk samāsa** (अलुक्समासः) In this *samāsa*, the case-affixes (विभक्तिप्रत्ययाः) of the member words are not dropped, they remain intact in the compound word.

e.g. *yudhisṭhiraḥ* युधिष्ठिरः ←*yudhi* युधि + *sthiraḥ* स्थिरः ←locative of noun *yudh* (in the battle) + nom◦ adj◦ *shtiraḥ* (stable). युधिष्ठिरः ←युधि + स्थिरः ←युध् सप्तमी + वि◦ स्थिरः

THUS (mostly) : पूर्वपदार्थप्रधानोऽव्ययीभावः उत्तरपदार्थप्रधानस्तत्पुरुषः।
अन्यपदार्थप्रधानो बहुव्रीहिः उभयपदार्थप्रधानो द्वंद्वः।।86।।

(i) In an Avayībhāva samāsa (अव्ययीभाव समासः), its first member is dominant; in a Tatpuruṣa samāsa (तत्पुरुषसमासः), its last member is dominant.

(ii) In Bahuvrīhi samāsa (बहुव्रीहिसमासः) no single word is dominating. It points to a thing different from the individual meanings of any of its component members.

(iii) In a Dvandva samāsa (द्वंद्वसमासः), all words are equally dominating, and the meanings of all its members are have same importance.

CHAPTER 15

CONVERSATIONS

vārtālāpāḥ वार्तालापाः।

1. Hello! नमस्ते! नमस्कारः! स्वस्ति! जयराम! सीताराम! साईराम! हरि ओम्! *namaste! namaskāraḥ! jayarāma! sītārām! sāīrām! hari om!*

2. Good monring. सुप्रभातम्। *suprabhātam!* 3. Good night शुभरात्रिः *śubha-rātriḥ!*

4. How are you? भवान् कथम् अस्ति? त्वं कथमसि? *bhavān katham asti? tvaṁ kathamasi?*

5. Is everything ok? सर्वं कुशलं वा? *sarvaṁ kuśalaṁ vā?* Yes. *ām* आम्।

6. Sir! How are you? आर्य! भवान् कथमस्ति? *ārya! bhāvān kathamasti?*

7. Madam! How are you? आर्ये! भवती कथमस्ति? *ārye bhavatī kathamasti?*

8. Are you well (m◦)? *kuśalī vā?* (f◦) *kuśalinī vā* कुशली वा? कुशलिनी वा?

9. You are welcome (m◦f◦). स्वागतं ते/भवतः/भवत्याः। *svāgataṁ (m◦f◦) te; (m◦) bhavatḥ; (f◦) bhavatyāḥ.*

10. Please come in. कृपया अभ्यन्तरम् आगच्छतु। अन्तः आस्यताम्। *kṛpayā abhyantaram āgaćchatu. antaḥ āsyatām.*

11. Welcome. *svāgatam* स्वागतम्। 12. Have a seat. उपविशतु। *upaviśatu.*

13. Where should I sit? कुत्र उपविशानि? *kutra upaviśāni?*

14. Sit wherever you wish. यत्र इच्छसि तत्र उपविश, यत्र भवान् इच्छति तत्र उपविशतु। *yatra icchasi tatra upaviśa. yatra bhavān icćhati tatra upaviśatu.*

15. Who is he (this person)? एषः कः? *eśaḥ kaḥ?* अत्रभवान् कः? *atrabhavān kaḥ?*

16. Who is she (this lady)? एषा का? *eśā kā?* अत्रभवती का? *atrabhavatī kā?*

17. What is the news? कः समाचारः? का वार्ता? किं वृत्तम्? *kaḥ samāćāraḥ? kā vātrā? kiṁ vṛttam?*

18. I hope you are well. (m◦f◦) अपि नाम भवान्/भवती कुशली/कुशलिनी अस्ति। *api nāma bhavān/bhavatī kuśalī/kuśalinī asti.*

19. Is everything ok at home? गृहे सर्वं कुशलं वा। *gṛhe sarvaṁ kuśalaṁ vā?*

20. Are you not well? (m∘f∘) अपि भवान्/भवती न स्वस्थः/स्वस्था? *api bhavān/bhavatī na svasthaḥ/svasthā?*

21. Yes. I am alright. आम्। अहं कुशली/कुशलिनी। मम सर्वं सम्यक् अस्ति। *ām. ahaṁ kuśalī/kuśalinī. mama sarvaṁ samyak asti.*

22. Thank you very much. बहुशः धन्यवादाः। *bahuśaḥ dhanyavādāḥ.*

23. Best wishes for the New Year. नववर्षस्य शुभेच्छाः। *nava-varṣasya śubhecchāḥ.*

24. See! I brought something special for you. पश्य! मया त्वदर्थं/भवते किमपि विशेषम् आनीतम्। अहं ते किमपि विशिष्टम् आनीतवान्। *paśya mayā tvadarthaṁ kimapi ānītam. ahaṁ te kim/api viśiṣṭam ānītavān.*

25. Is it really? एवम्? *evam?* एवम् वा? *evaṁ vā?* 26. Very good. साधु साधु। *sādhu sādhu!*

27. It is really nice!. इदं शोभनं खलु श्रीमन्! श्रीमति! *idaṁ śobhanaṁ khalu, śrīman! śrīmati!.*

28. I am grateful. (m∘f∘) अहम् उपकृतः/उपकृता अस्मि। *aham upakṛtaḥ/upakṛtā asmi.*

29. Congratulations. अभिनन्दनम्। *abhinandanam.*

30. Friend! What is your name? (m∘f∘) मित्र! तव/भवतः/भवत्याः नाम किम्? *mitra! tava/bhavataḥ/bhavatyāḥ nāma kim?*

31. Sir! what is your name? आर्य/महोदय/भगवन्! भवतः शुभनाम/नामधेयं किम्? *ārya/mahodaya/bhagavan! bhavataḥ śubhanāma/nāmadheyaṁ kim?*

32. Madam! What is your name? आर्ये/महोदये/भगवति! भवत्याः शुभनाम/नामधेयं किम्? *ārye/mahaedye/bhagavati! bhavatyāḥ śubhanāma/nāmadheyaṁ kim?*

33. My name is Rāma. मम नाम रामः अस्ति। *mama nāma Rāmaḥ asti.*

34. My name is Sītā. मम नाम सीता अस्ति। *mama nāma Sītā asti.*

35. Where do you live? क्व निवससि त्वम्। क्व निवसति भवान्/भवती। कुत्र विद्यते तव (भवतः भवत्याः) निवासः? *kva nivasasi tvam? kva nivasati bhavān? kutra vidyate tava (bhavataḥ/bhavatyāḥ) nivasaḥ?*

36. I live near Modern High School. अहं नूतनविद्यालयस्य निकटे/समीपे निवसामि। *ahaṁ nūtana/vidyālayasya nikaṭe/samīpe nivasāmi.*

37. I live in Kingston. अहं किंग्स्टन-नगरे निवसामि। *aham̐ Kingston nagare nivasāmi.*

38. I live in Downtown. अहम् अध:पुरे निवसामि। *aham adhaḥpure nivasāmi.*

39. How far is it from here? इत: कियत् दूरम् अस्ति? *itaḥ kiyat dūram asti?*

40. Not far away. नाति दूरम्। समीपे एव। *nāti dūram. samīpe eva.*

41. It may be about 4 miles from here. इत: प्रायेण क्रोशद्वयं स्यात्। *itaḥ prāyeṇa krośa-dvayam̐ syāt.*

42. By car it takes only ten minutes. कारयानेन मात्रं दशक्षणानां मार्ग:। *cāra-yānena mātram̐ daśa-kṣaṇānām̐ mārgaḥ.*

43. What do you do? त्वं किम् उद्योगं करोषि? भवान्/भवती किम् उद्योगं करोति? *tvam̐ kim udyogam̐ karoṣi? bhavān/bhavatī kim udyogam̐ karoti?*

44. I am a teacher in a high school. अहं महाविद्यालये अध्यापक:/अध्यापिका अस्मि। *aham̐ mahāvidyālaye adhyāpakaḥ/adhyāpikā asmi.*

45. What do you teach there? भवान्/भवती तत्र किम् अध्यापयति? *bhavān/bhavatī tatra kim adhyāpayati?*

46. I teach Hindī there. तत्र अहं हिन्दीम् अध्यापयामि। *tarta aham̐ Hindīm adhyāpayāmi?*

47. Don't you teach Sam̐skrit also? किं भवान् संस्कृतम् अपि न अध्यापयति? *kim̐ bhavān sam̐skṛtam api na adhyāpayati?*

48. No! I don't teach Sam̐skrit there, but at my home I teach Sam̐skrit to some students. नहि। अहं तत्र संस्कृतं न अध्यापयामि परं मम गृहे एव कतिपयछात्रान् संस्कृतम् अध्यापयामि। *nahi! aham̐ tatra sam̐skṛtam̐ na adhyāpayāmi, param̐ mama gṛhe eva katipaya-ćhātrān sam̐skṛtam adhyāpayāmi.*

49. Do you like teaching Sam̐skrit? भवते/भवत्यै संस्कृताध्यापनं रोचते वा? *bhavate/bhavatyai sam̐skṛta-adhyāpanam̐ rocate vā?*

50. Yes. I like Sanskrit very much. आम्। मह्यं संस्कृतम् अतीव रोचते। *ām! mahyam̐ sam̐skṛtam atīva rocate.*

51. Why so? किमर्थम् इति? *kimartham iti?*

52. Because, of all languages, Saṁskrit language is the most poetic, sweetest and the best. यतः सर्वासु भाषासु संस्कृतभाषा काव्यमयी मधुरा मुख्या च अस्ति। *yataḥ sarvāsu bhāṣāsu saṁskṛta-bhāṣā kāvya-mayī, madhurā mukhyā ća asti.*

53. What do you want? तव/भवतः/भवत्याः किम् आवश्यकम्? *tava/bhavataḥ/bhavatyāḥ kim āvaśyakam?*

54. What does he/she want? तस्य/तस्याः किम् आवश्यकम्? *tasya/tasyāḥ kim āvaśyakam?*

55. What is he doing? सः किं करोति? सः किं कुर्वन् अस्ति? *saḥ kiṁ karoti / kurvan asti?*

56. What for? किं कारणम्? केन हेतुना? किमर्थं? *kiṁ kāraṇam? kena hetunā? kimartham?*

57. What did you say? (m∘f∘) त्वं/भवान्/भवती किम् उक्तवान्/उक्तवती? *tvaṁ/bhavān/bhavatī kim uktavān/uktavatī?*

58. What do you mean? (m∘f∘) तव/भवतः/भवत्याः कथनस्य आशयः कः अस्ति? *tava/bhavataḥ/bhavatyāḥ kathanasya āśayaḥ kaḥ asti?*

59. What do you desire? त्वं किं चिकीर्षसि? भवान्/भवती किं चिकीर्षति? *bhavān/bhavatī kiṁ ćikīrṣati?*

60. What should you do? भवान्/भवती किं कर्तुम् अर्हति? *bhavān/bhavatī kiṁ kartum arhati?* भवता/भवत्या किं करणीयम्? *bhavatā/bhavatyā kiṁ karaṇīyam?* भवान्/भवती किं कुर्यात्? *bhavān/bhavatī kiṁ kutyāt?*

61. What will you do? भवान्/भवती किं करिष्यति? *bhavān/bhavatī kiṁ kariṣyati?*

62. What happened? किं जातम्? किम् अभवत्? किं भूतम्? *kiṁ jātam? kim abhavat? kiṁ bhūtam?*

63. Nothing. न किमपि। *na kimapi*

64. What more? किंबहुना? *kiṁbahunā?*

65. Why are you quiet? (m∘f∘) त्वं/भवान्/भवती तूष्णीं किमर्थं? *tvaṁ/bhavān/bhavatī tūṣṇīṁ kimartham?*

66. Why don't you keep quiet? भवान् तूष्णीं किमर्थं न तिष्ठति? *bhavān tūṣṇīṁ kimarthaṁ na tiṣṭhati?*

67. Why don't you speak? भवान् किंकारणं न वदति? *bhavān kiṅkāraṇaṁ na vadati?*

68. Why did you not answer? त्वया/भवता/भवत्या प्रत्युत्तरं केन हेतुना न दत्तम्?
tvayā/bhavatā/bhavatyā pratyuttaraṁ kena hetunā na dattam?

69. Why should I go there? अहं तत्र किन्निमित्तं गच्छेयम्? *mayā tatra kinnimittaṁ gaćcheyam?* मया तत्र किंकारणं गन्तव्यम्? *mayā tatra kiṅkāraṇaṁ gantavyam?*

70. Why should he/she not go there? तेन/तया तत्र किं हेतुना न गन्तव्यम्/गमनीयम्/गम्यम्?
tena/tayā tatra kiṁ hetunā na gantavyaṁ/gamanīyaṁ/gamyam?

71. Why may it happen? एतत् कस्मात्/कथं भवेत्? *etat kasmāt/kathaṁ bhavet?*

72. Why may it not happen? एतत् कस्मान्न भवेत्? एतत् कुतः न भवेत्? *etat kasmānna bhavet? etat kutaḥ na bhavet?*

73. When will he/she come? सः/सा कदा आगमिष्यति? *saḥ/sā kadā āgamiṣyati?*

74. When you will give him permission, then only he/she will come here.
यदा भवान्/भवती तस्मै अनुमतिं दास्यति तदा एव सः/सा अत्र आगमिष्यति। *yadā bhavān/bhavatī tasmai anumatiṁ dāsyati tadā eva saḥ/sā atra āgamiṣyati.*

75. Whenever he comes, I become very happy. यदा यदा हि सः आगच्छति, अहम् अतीव हृष्यामि। *yadā yadā hi saḥ āgaćchati, aham atīva hṛṣyāmi.*

76. Where are you?
त्वं कुत्र असि? भवान्/भवती कुत्र अस्ति? *tvaṁ kutra asi? bhavān/bhavatī kutra asti?*

77. Where are you coming from?
भवान्/भवती कुतः आगच्छति? *bhavān/bhavatī kutaḥ āgaćchati?*

78. Wherever there is light there is shadow. यत्र कुत्रापि प्रकाशः अस्ति तत्रैव छाया अपि भवति। *yatra kutrāpi prakāśaḥ asti tatraiva ćhāyā api bhavati.*

79. Whenever you come, we feel happy. यदा कदाचित् भवान्/भवती आगच्छति वयं हृष्यामः।
yadā kadāćit bhavān/bhavatī āgaćchati vayaṁ hṛṣyāmaḥ.

80. What should we do to protect our health? अस्माकं स्वास्थ्यस्य रक्षायै वयं किं कुर्याम?
asmākaṁ svāsthyasya rakṣāyai vayaṁ kiṁ kuryāma?

81. One should exercise regularly. नियमतः व्यायामं कुर्यात्। *niyamataḥ vyāyāmaṁ kuryāt.*

82. Should the old people also exercise? किं वृद्धाः अपि व्यायामं कुर्युः? *kiṁ vṛddhāḥ api*

vyāyāmaṁ kuryuḥ?

83. Yes, as possible they should exercise too. आम्, ते अपि यथाशक्ति व्यायामं कुर्युः। *ām! te api yathā-śaktiḥ vyāyāmaṁ kuryuḥ?*

84. One should eat healthy food. स्वास्थ्यवर्धकानि खाद्यानि खादेयुः *svāsthya-vardhakāni khādyāni khādeyuḥ.*

85. And one should not eat too much, or again and again. अधिकं च मुहुर्मुहुः वा न खादेयुः। *adhikaṁ ća muhurmuhuḥ vā na khādeyuḥ.*

86. Shall I go to the market? किम् अहम् आपणं गच्छानि? *kim aham āpaṇaṁ gaććāni?* They should go. ते गच्छन्तु। *te gaććhantu.*

87. Stay in the house! *gṛhe tiṣṭha/tiṣṭhatu.* गृहे तिष्ठ/तिष्ठतु।

88. Do you remember that he was here yesterday? किं भवान्/भवती स्मरति यत् सः ह्यः अत्र आसीत्? *kiṁ bhavān/bhavatī smarati yat saḥ hyaḥ atra āsīt.*

89. Do it right now! एतत् अधुना/इदानीम् एव कुरु/करोतु। *etat adhunā/idānīm eva kuru/karotu.*

90. Be happy! सुखी/सुखिनी भवतु। *sukhī/sukhinī bhavatu.*

91. Do not talk unnecessarily! व्यर्थं मा वदतु। *vyarthaṁ mā vadatu.*

92. Excuse me. *kṣamyatām.* क्षम्यताम्।

93. Do not make noise! कोलाहलं मा करोतु। *kolāhalaṁ mā karotu.*

94. Stand properly! सम्यक् तिष्ठतु। *samyak tiṣṭhatu.*

95. Don't worry! चिन्ता मास्तु। *ćintā māstu.*

96. I do not want what you want. तत् अहं न इच्छामि यत् भवान्/भवती इच्छति। *tat ahaṁ na iććhāmi yat bhavān/bhavatī iććhati.*

97. Does any of you know her name? किं युष्मासु कोऽपि तस्याः नाम जानाति? *kiṁ yuṣmāsu ko'pi tasyāḥ nāma jānāti?*

98. She lives somewhere else. सा अन्यत्र कुत्रापि निवसति। *sā anyatra kutrāpi nivasati.*

99. Go if you want to go. गन्तुम् इच्छति चेत् गच्छतु। *gantum iććhati ćet gaććhatu.*

100. He is really a gentleman. सः नूनं भद्रपरुषः। *saḥ nūnaṁ bhadra-puruṣaḥ.*

101. I have seen you somewhere. अहं भवन्तं/भवतीं कुत्रचित् दृष्टवान्/दृष्टवती। *ahaṁ bhavantaṁ/bhavatīṁ kutraćit dṛṣṭavān/dṛṣṭavatī.*

102. Do not waste time! समयनाशं मा करोतु। समयं मा नाशयतु। *samaya-nāśaṁ mā karotu! samayaṁ mā nāśayatu!*

103. Don't try to be smart! चातुर्यं मा करोतु। *ćāturyaṁ mā karotu.*

104. Don't tease! उपहासं मा करोतु। *upahāsaṁ mā karotu.*

105. Don't shout! चीत्कारं मा करोतु। *ćītkāraṁ mā karotu.*

106. Don't be shy सङ्कोचं मा करोतु। *saṁkoćaṁ mā karotu.*

107. Don't be stubborn. हठं मा करोतु। *haṭhaṁ mā karotu.*

108. Please don't mind! मनसि मा करोतु। *manasi mā karotu.*

109. Have no doubt! सन्देहं मा धारयतु। *sandehaṁ mā dhārayatu.*

110. Help me! मम साहाय्यं कुरु/करोतु। मम सहायः/सहाया भव/भवतु। *mama sāhāyyaṁ kuru/karotu. mama sahāyaḥ/sahāyā bhava/bhavatu.*

111. It was good luck. सौभाग्यम् आसीत्। *saubhāgyam āsīt.*

112. Good idea! साधु विचारः। *sādhu vićāraḥ.*

113. Well done! साधु कृतम्। *sādhu kṛtam.*

114. Nice day! रमणीयं दिनम्। *ramaṇīyaṁ dinam.*

115. It depends. सापेक्षम् इदम्। *sāpekṣam idam.*

116. See you पुनर् दर्शनाय। *punar darśanāya.*

117. Alright, OK, Well. अस्तु। *astu.* सम्यक्! *samyak!* Good! *samīćīnam.* समीचीनम्।

118. How surprising. *aho āśćaryam.* अहो आश्चर्यम्।

119. where is my book? *mama pustakaṁ kutra asti?* मम पुस्तकं कुत्र अस्ति?

CHAPTER 16

1. Gāyatrī Chant

गायत्रीमन्त्रः।

ॐ भूर्भुवः स्वः। तत्सवितुर्वरेण्यं भर्गो देवस्य धीमहि।
धियो यो नः प्रचोदयात्॥
(ऋग्॰ मं॰ 3 सू॰ 62 मं॰ 20; यजु॰ अध्या॰ 36 मं॰ 3)

oṁ bhūrbhuvaḥ svaḥ, tatsaviturvareṇyaṁ bhargo devasya dhīmahi,
dhiyo yo naḥ: praćodayāt. (*ṛg*∘ 3:62.20; *yaju*∘ 36.3)

(1) *gāyatrī mantraḥ: oṁ bhūḥ: bhuvaḥ: svaḥ: tat savituḥ: vareṇyam bhargaḥ: devasya dhīmahi dhiyaḥ: yaḥ: naḥ: praćodayāt.*

(2) *gāyatrīmantraḥ:* (1nom∘ -sg∘ ←m∘ -tat∘ *gāyatrīmantra* ←1nom∘ -sg∘ f∘ *gāyatrī* see shloka 24↑ (one that protects while being sung) + 1nom∘ -sg∘ m∘ *mantra* (a chant ←√मन्त्र् + घञ् to say, utter, cast a spell); *om* ; **bhūḥ:* (1nom∘ -sg∘ ←adj∘ *bhū* = giver of life, propagator ←1√भू + क्विप्); **bhuvaḥ:* (=ind∘ *bhuvas* or *bhuvar* ←1√भू + असुन्-कित् = heaven); * *sva:* (1nom∘ -sg∘ ←m∘ *sva* = bestower of bliss, happiness ←1√स्वन्);

tat (to that); **savituḥ:* (6pos -sg∘ ←m∘ *savitṛ* = m∘ sun; or adj∘ n∘ procreator, सू + तृच् -to give birth); **vareṇyam* (2acc∘ -sg∘ ←pot∘ -adj∘ *vareṇya* = worthy of prayer, implore √वृ + ल्युट् -to implore); * *bhargaḥ:* (1nom∘ -sg∘ ←m∘ +*bharga* = light of sun, ray of knowledge ←1√भृज् + घञ् -to parch); * *devasya* (6pos -sg∘ of the Lord ←m∘ *deva* √दिव् + अच् to shine); * *dhīmahi* (1nom∘ -pl∘ pot∘ -ātma∘ = let us pray, may we meditate upon! ←√ध्यै -to contemplate, worship);

dhiyaḥ: (2acc∘ -pl∘ ←f∘ *dhī* = intellect ←1√ध्यै + क्विप् -to think); * *yaḥ:* (who); * *naḥ:* (our); * *praćodayāt* (per3∘ -sg∘ -ben∘ = may he inspire, motivate, prompt us ←प्र√चुद् + ल्युट् -to inspire)

CHAPTER 17

WORDS WITH AFFIXES

The primary suffixes (कृत्-प्रत्यया:) are attached only to the root verbs. Secondary suffixex (तद्धित-प्रत्यया:) are attached to words or their derivatives.

While the prefixes are attached before the root verbs and their derivatives, as prepositions, the suffixes are added after the verbs, as postpositions. For prefixes that are attached to the verb roots, see the chapter on Prepositions.

THE PRIMARY SUFFIXES (कृत्-प्रत्यया:)

(A) *kvin, kañ* and *ksa* क्विन्, कञ् and क्स suffixes : When the pronouns such as त्यद्, तद्, यद्, एतद्, इदम्, युष्मद्, अस्मद्, भवत्, किम्, समान, अन्य are prefixed to the √roots, attachment of the क्विन्, कञ् and क्स suffixes give adjectives indicating similitude.

Prefix+√root	+ *kvin* क्विन्	+ *kañ* कञ्	+ *ksa* क्स	meaning
त्यद् √दृश्	त्यादृक्	त्यादृश:	त्यादृक्ष	like that
तद् √दृश्	तादृक्	तादृश:	तादृक्ष	like that
यद् √दृश्	यादृफ्	यादृश:	यादृक्ष	as
एतद् √दृश्	एतादृक्	एतादृश:	एतादृक्ष	like this
इदम् √दृश्	ईदृक्	ईदृश:	ईदृक्ष	like this
युष्मद् √दृश्	युष्मादृक्	युष्मादृश:	युष्मादृक्ष	like you
भवत् √दृश्	भवादृक्	भवादृश:	भवादृक्ष	like you
अस्मद् √दृश्	अस्मादृक्	अस्मादृश:	अस्मादृक्ष	like me
किम् √दृश्	कीदृक्	कीदृश:	कीदृक्ष	like what
समान √दृश्	सदृक्	सदृश:	सदृक्ष	similar
अन्य √दृश्	अन्यादृक्	अन्यादृश:	अन्यादृक्ष	like other

* These adjectives decline in seven cases, in three genders and in three numbers, similar to other regular adjectives.

(B) *lyuṭ* ल्युट् : *lyuṭ* ल्युट् suffix अन (*an*) is added to a √root to form a neuter abstract noun.

to read	√पठ्	+	ल्युट् (अन)	=	पठनम्	reading
to sleep	√शी	+	ल्युट् (अन)	=	शयनम्	sleep
to become	√भू	+	ल्युट् (अन)	=	भवनम्	becoming

(C) *ṇini* णिनि (इन्) suffix : If there is a substantive prefixed to the √root verb, *ṇini* णिनि (इन्) suffix is attached to produce an adjective suggesting one's nature. e.g.

noun	+	√root	+	णिनि	=	adjective	m∘	f∘	n∘
ब्रह्मन्	+	√चर्	+	णिनि	=	ब्रह्मचारिन्	ब्रह्मचारी	ब्रह्मचारिणी	ब्रह्मचारि
सुख	+	√दा	+	णिनि	=	सुखदायिन्	सुखदायी	सुखदायिनी	सुखदायि
चिर	+	√स्था	+	णिनि	=	चिरस्थायिन्	चिरस्थायी	चिरस्थयिनी	चिरस्थायि

(D) *dhiṇun* धिणुन् (इन्) suffix : If a substantive is NOT prefixed to the √root verb, then by attaching the *dhiṇun* धिणुन् (इन्) suffix, an adjective suggesting one's nature is produced.

√root	+	इन्	=	adjective	m∘	f∘	n∘
√युज्	+	इन्	=	योगिन्	योगी,	योगिनी,	योगि
√श्रम्	+	इन्	=	श्रमिन्	श्रमी,	श्रमिनी,	श्रमि
√भज्	+	इन्	=	भागिन्	भागी,	भागिनी,	भागि

(E) *ṇamul* णमुल् suffix : When a subject performs two actions, then to indicate completion of the first (subordinate) action prior to the last (main) action, an Indeclinable Past Participle ipp∘ (क्त्वा) is used instead of a verb (see 28.6). This participle (क्त्वा) implies completion of the preceding action ('having done, or doing' पूर्वकालिक) before the following action begins.

If the action indicated by ipp∘ is repeatitive, then णमुल् suffix indicates the repitition or excess of that action.

√श्रु + क्वा	=	श्रुत्वा श्रुत्वा	having heard over and over
√श्रु + णमुल्	=	श्रावं श्रावम्	having heard over and over

(F) ***tṛṇ* and *tṛć* तृण् and तृच्** suffixes

When *tṛṇ* or *tṛć* तृण् or तृच् suffix is attached to a verb √root, it produces an adjective meaning 'having the habit that is indicated by the verb' or 'one performing the verb in the best manner.'

√भू + तृण् (तृ) = भवितृ *bhavitṛ* One who becomes

√भू + तृच् (तृ) = भवितृ *bhavitṛ* One who becomes

Both these suffixes produce same word, but they are different in sound. In Vedic Saṁskrit, where the pronunciation is an important factor, use of each of these two suffixes makes a significant difference. However, in the Classical Saṁskrit, this difference is not measurable.

√हन् + (तृ) = हन्तृ One who kills, killer

√जि + (तृ) = जेतृ One who wins, winner

NOTE : The adjective produced by तृ suffix in the Nominative case is same as the verb produced by लृट् (indefinite future) tense, third person, singular.

(G) *ṇvul* ण्वुल् (वु) suffix : When attached to a verb, it produces an adjective meaning 'doer' of that verb.

√कृ	+ ण्वुल् (अक)	=	कारक, कारिका, कारकम्	the doer
√सेव्	+ ण्वुल् (अक)	=	सेवक, सेविका, सेवकम्	the server
√गै	+ ण्वुल् (अक)	=	गायक, गायिका, गायकम्	the singer

Kṛt Suffixes and their Substitutes

कृत्-प्रत्यया: तेषां च आदेशा:।

The oroginal Kṛt Suffix	= Ramainder of the Kṛt Suffix
क्विन्, क्विप्, ण्वि, विच्	= the whole suffix disappears
अच्, अण्, अप्, क, खच्, खञ्, खल्, खश्, घञ्, ट, टक्, ड, ण, श	= अ
क्वुन्, ण्वुच्, ण्वुल्, वुञ्, वुन्, ष्वुन्	= अक
युच्, ल्यु, ल्युट्	= अन
झच्, झिच्	= अन्त्
णमुल्	= अम्
टाप्, डाप्, चाप्	= आ
षानक्	= आक्
क्तिञ्, फक्, ष्फ	= आयन्
णिच्, णिङ्	= इ
ठक्, ठञ्, ठन्	= इक
इनि, णिनि, घिनुण्	= इन्
घ	= इय्
इष्णुच्, खिष्णुच्	= इष्णु
ङीप्, ङीष्, ङीन्	= ई
ख	= ईन्
छ	= ईय्
उण्, डु	= उ
उकञ्	= उक
ऊङ्	= ऊ
ढक्, ढञ्	= एय्
कन्, कप्	= क
क्त	= त
क्तवतु	= तवत्
क्तिच्, क्तिन्	= ति
क्त्वा	= त्वा
नङ्, नन्	= न
क्वनिप्	= वन्
क्वरप्	= वर
क्यप्, यक्, यञ्, यत्, ण्य, ण्यत्, ल्यप्, ष्यञ्	= य

WORDS WITH SECONDARY SUFFIXES

taddhita-śabdāh तद्धित-शब्दाः।

The Secondary Suffixes तद्धित-प्रत्यया:।

Nouns or adjectives can be derived from primitive nouns, pronouns, adjectives and indeclinables, to imply a particular relation to a thing, action or notion that belongs (*tat-dhit* तत्-हित्) to that primitive subject itself.

The secondary suffix, that forms such a noun or adjective from a primitive subject, is called a derivative affix (तद्धित-प्रत्ययः).

Remember, that *thddhita* suffixes are never atteched to verb roots. They are only attached to subtantives (प्रातिपादिकाः) to form derivative nouns, pronouns, adjectives and indeclinable words.

For convenience, the *taddhita* suffixes can be grouped into three sections :

(A) Suffixes showing relationship of possession,

(B) suffixes forming adverbs, and

(C) miscellaneous secondary suffixes.

(A) Taddhita suffixes showing possession (मत्वर्थीय-आदेशाः)

When attached, these affixes form adjectives possessing the sense or the quality that is possessed by the noun to which they are attached. e.g.

NOTE : The words in the brackets show actual substitutes.

(1) Taddhita suffix *itać* (इतच्)

n◦ puṣpa + *itać (it)* = adj◦ puṣpita (Gītā 2.42)

∗ पुष्प + इतच् (इत) = पुष्पित। पुष्प = n◦ flower, पुष्पित = adj◦ flowery, decorated, ornamented, embellished, showey.

(2) Taddhita suffixes *ini* (इनि), *ṭhañ* (ठञ्) and *ṭhak* (ठक्)

* *jñāna + ini (in) = adj◦ jnānin* (Gītā 7.16)

ज्ञान + इनि (इन्) = ज्ञानिन्। ज्ञान = n◦ knowledge; ज्ञानिन् (ज्ञानी) = adj◦ One who possesses knowledge, wise, learned, experienced.

* *sattva + ṭhañ (ika) = sāttvika* (Gītā 1.14) सत्त्व + ठञ् (इक) = सात्त्विक (righteous),

* *ātman + ṭhak (ika) = ātmika* (Gītā 2.41) आत्मन् + ठक् (इक) = आत्मिक (own)

(3) Taddhita suffix *yap* (यप्)

* *triguṇa + yap (ya) = traiguṇya* (Gītā 2.45) त्रिगुण + यप् (य) = त्रैगुण्य (belonging to the three *gunas*); त्रिगुण = Collective noun◦ Three Guṇas; त्रैगुण्य = adj◦ that which possesses the three guṇas.

(4) Taddhita suffix *vin* (विन्)

* *medhā + vin (vin) = medhāvin* (Gītā 18.10)

मेधा + विन् (विन्) = मेधाविन्। मेधा = n◦ Intellect, intelligence; मेधाविन् (मेधावी) adj◦ Intelligent, brilliant, clever, smart, wise, astute

(B) Taddhita suffixes yield Adverbs (क्रियाविशेषणकारका:)

These suffixes produce adverbs when they are attached attached to adjectives.

(1) Taddhita suffix *ena* (एन)

* *aćira + ena (ena) = aćireṇa* (Gītā 4.39) अचिर + एन (एन) = अचिरेण। अचिर = adj◦ short, quick; अचिरेण = adv◦ shortly, quickly, fast, soon.

* *naćira + ena (ena) = naćireṇa* (Gītā 5.6) नचिर + एन (एन) = नचिरेण adv◦ shortly, quickly.

(2) Taddhita suffix *tas* (तस्)

* *parmukha + taḥ = pramukhataḥ* (Gītā 1.25)

प्रमुख + तस् (त:) = प्रमुखत:। प्रमुख = adj◦ facing; प्रमुखत: = प्रमुखे = adv◦ In front of, before, opposite to.

(3) Taddhita suffix *nā* (ना)

* *nā + nā (nā) = nānā* (various) (Gītā 1.9) ना + ना (ना) = नाना

ना = adj◦ Not that; नाना = adv◦ ind◦ in different ways, differently, variously.

* *vi + nā (nā) = vinā* (without) (Gītā 10.39) वि + ना = विना

(4) Taddhita suffix *vatup* (वतुप्)

Similitude of a noun or verb with another object.

* *āśćarya + vatup (vat) = āśćaryavat* (Gītā 2.29) आश्चर्य + वतुप् (वत्) = आश्चर्यवत्। आश्चर्य = n◦ Wonder; आश्चर्यवत् = adv◦ like a wonder, wondrously, wonderingly.

(5) Taddhita suffix *śas* (शस्)

* *sarva + śas (śaḥ) = sarvaśaḥ* (Gītā 1.18) सर्व + शस् (शः) = सर्वशः। सर्व = pron◦ all; सर्वशः = adv◦ ind◦ all together.

(C) Miscellaneous Taddhita suffixes (सङ्कीर्ण-प्रत्ययाः)

(1) Suffixes *a, i, eya, ya* (अ, इ, एय, य) = offspring of

Usually letter *a* (अ) is added to the first chararcter of the word and then the Taddhita suffix is added. e.g.

* *pāṇḍu + a = a + pāṇḍu + a = pāṇḍava* (Gītā 1.1) पाण्डु + अ = पाण्डव, पाण्डोः अपत्यम्। पाण्डु = n◦ King Pāṇḍu; पाण्डव = n◦ King Pāṇḍu's son.
* *somadatta + i = saumadatti* (Gītā 1.8) सोमदत्त + इ = सौमदत्ति, सोमदत्तस्य अपत्यम्।
* *kunti + eya = kaunteya* (Gītā 1.8) कुन्ती + एय = कौन्तेय, कुन्त्याः अपत्यम्
* *diti + ya = daitya* (Gītā 10.30) दिति + य = दैत्य, दितेः अपत्यम्

(2) Taddhita suffixes *aṇ* (अण्), *tva* (त्व), *ṇyañ* (ण्यञ्), *yak* (यक्), *tal* (तल्), and *imanić* (इमनिच्) : All these suffixes form abstract nouns.

(i) The suffixes *aṇ* (अण्), *tva* (त्व), *ṇyañ* (ण्यञ्), *yak* (यक्) form neuter nouns,

(ii) *tal* (तल्) forms feminine nouns, and

(iii) *imanić* (इमनिच्) forms masculine nouns.

* *muni + aṇ (a) = mauna* (Gītā 10.38) मुनि + अण् (अ) = मौन = मुनेः भावः
* मुनि = adj◦ The person who is holy, ascetic, saintly; मौन (मौनम्) = n◦. The attitude of silence, silence, taciturnity

* *śatru + tva (tva) = śatrutva* (Gītā 6.6) शत्रु + त्व (त्व) = शत्रुत्व
* *durbala + ṇyañ (ya) = daurbalya* (Gītā 2.3) दुर्बल + ण्यञ् (य) = दौर्बल्य
* *rājan + yak (ya) = rājya* (Gītā 1.32) राजन् + यक् (य) = राज्य
* *deva + tal (tā) = devatā* (Gītā 4.12) देव + तल् (ता) = देवता
* *mahat + imanić (iman) = mahiman* (Gītā 11.41) महत् + इमनिच् (इमन्) = महिमन्

(3) Taddhita suffixes of comparison *īyasun* (ईयसुन्), *tarap* (तरप्), *tamap* (तमप्), *iṣṭhan* (इष्ठन्)

(a) Suffix *tarap* (तरप्) is comparison between two objects, *īyasun* (ईयसुन्) is comparison between two qualities;

(b) *tamap* (तमप्) suggests comparison between more than two objects, and

(c) *iṣṭhan* (इष्ठन्) is used optionally in place of *tamap.*

* *guru + īyasun (īyas) = garīyas* (Gītā 1.32) गुरु + ईयसुन् (ईयस्) = गरीयस्। गुरु = adj∘ big, good, great; गुरु + ईयस्, गरीयस् = comparative adj∘ better, greater.
* *kṣema + tarap (tara) = kṣematara* (Gītā 1.46) क्षेम + तरप् (तर) = क्षेमतर
* *dvija + ud + tamap (tama) = dvijottama* (Gītā 1.7) द्विज + उद् + तमप् (तम) = द्विजोत्तम
* *śrī + iṣṭhan (iṣṭha) = śreṣṭha* (Gītā 3.21) श्री + इष्ठन् (इष्ठ) = श्रेष्ठ
* गुरु + इष्ठन् (इष्ठ) = गरिष्ठ = biggest, best, greatest.

(4) Taddhita suffixes *matup* (मतुप्) and *maya* (मय)

Suffixes *matup* (मतुप्) and *mayad* (मयद्) suggest inclusion of one thing into another. e.g.

* *dhī + matup (mat) = dhīmat* (Gītā 1.3) धी + मतुप् (मत्) = धीमत्। धी = Intellect, intelligence; धीमत् (धीमान्) = adj∘ Intelliogent, having intelligence.
* *mat + mayad (maya) = manmaya* (Gītā 4.10) मत् + मयद् (मय) = मन्मय

NOTE: Sometimes the *matup* (मत्) suffix undergoes a change (वत्व) and becomes a *vat* (वत्) suffix, and declines like the word भगवत्। e.g.

* *Bhaga + matup (vat) =* bhagavat (divine) (Gītā 10.14)

भग + (मतुप्) वत् = भगवत् See Appendix 2 for all Case declensions↓

(5) Taddhita suffixes *gha* (घ) and *ćh* (छ) indicating relationship

* *kṣatra + gha (iya) = kṣatriya* (Gītā 3.31) क्षत्र + घ (इय) = क्षत्रिय
* *asmad + ćh (īya) = asmadīya* (Gītā 11.26) अस्मद् + छ (ईय) = अस्मदीय
* अस्मद् = pron∘ I, we; अस्मदीय = pronominal∘ Our

(6) Other suffixes- *āmaha* (आमह), *tyul* (ट्युल्), *tal* (तल्), *tyap* (त्यप्), and *śālać* (शालच्)

* *pitṛ + āmaha (āmaha) = pitāmaha* (Gītā 1.12) पितृ + आमह (आमह) = पितामह
* *sadā + ṭyul (tana) = sanātana* (Gītā 1.40) सदा + ट्युल् (तन) = सनातन
* *sama + tal (tā) = samatā* (Gītā 10.5) सम + तल् (ता) = समता
* *ni + tyap (tya) = nitya* (Gītā 2.15) नि + त्यप् (त्य) = नित्य
* *vi + śālać (śāla) = viśāla* (Gītā 9.29) वि + शालच् (शाल) = विशाल

NOTE : The *taddhita* words may also be prepared from other taddhita words. e.g. भरत → भारत → भारतीय; पण्डा → पण्डित → पाण्डित्य। पण्डा → पाण्डु → पाण्डुपुत्र, पाण्डव → पाण्डवीय।

The Feminine Suffixes (स्त्री प्रत्यया:)

In Saṁskrit some words are feminine by nature (e.g. yudh, saṁjñā, bheri, pṛthivī, ćamū), however, the masculine words can also be converted into femine words using such suffixes as, *ā* (आ), *ī* (ई), ū (ऊ) and ti (ति). e.g.

(i) m∘ dhīmat + *ṭāp* (ā) = *dhīmatā* धीमत् + टाप् (आ) धीमता।

(ii) m∘ brahman + *ṅīp* (ī) = *brahmī* ब्रह्मन् + ङीप् (ई) ब्राह्मी।

(iii) m∘ bandh + *ūṅ* (ū) = *vadhū* बन्ध् + ऊङ् (ऊ) वधू:।

(iv) m∘ sanga + *ktin* (ti) = *saṅgati* सङ्ग + क्तिन् (ति) सङ्गति:।

IMPORTANT RULES GOVERNING THE GENDERS OF THE NOUNS

लिङ्गसमीक्षा ।

1. MASVULINE GENDER

पुँलिङ्गम् ।

1. The words ending in the suffix घञ्, अप्, घ and अच् are normally masculine. e.g. त्यागः, पाकः, भावः, विजयः, विनयः – but - मुख, दुःख, सुख, पद, भय, लिङ्ग , etc. are neuter words.
2. The words ending in न् are normally masculine. e.g. राजन्, आत्मन्, शर्मन्, युवन्, मूर्धन्, श्वन्, अश्मन् – but - कर्मन्, चर्मन्, जन्मन्, नामन्, पर्वन्, etc. are neuter gender.
3. The words related to सुर, असुर are masculine. e.g. देव, दानव, दैत्य, राक्षस, शिव, विष्णु, राम, कृष्ण ।
4. The words ending in suffix कि are normally masculine. e.g. निधि, विधि । But - इषुधि is neuter as well as feminine word.
5. The words ending in the suffix नङ् are normally masculine. e.g. प्रश्न, यत्न, प्रयत्न – but - याञ्चा is a feminine word.
6. The words ending in the suffix इमन् are normally masculine. e.g. गरिमन्, महिमन्, लघिमन् – but - प्रेमन् is a masculine as well as neuter word.
7. The words दाराः, अक्षताः, लाजाः and असवः are masculine plural.
8. The words relating to the months and seasons are masculine, but the words शरत् and वर्षा are feminine word.
9. The words खर्व, निखर्व, शङ्ख, पद्म relating to counting are masculine words.

2. FEMININE GENDER

स्त्रीलिङ्गम् ।

1. The words ending in ई are normally feminine. e.g. नदी, गौरी, लक्ष्मी – but - सुधी is a masculine word.
2. The words ending in the suffix क्तिन् (ति) are normally feminine. e.g. गति, प्रगति, मति – but - ज्ञाति is a masculine word.
3. The words ending in the suffix तल् (ता) are feminine. e.g. मृदुत, लाघुता, सुन्दरता, नम्रता ।
4. The words ending in the suffix आप् are feminine. e.g. प्रभा, विद्या, शोभा ।
5. Unilettered words ending in ई or ऊ are feminine. e.g. श्री, धी, ह्री, भू, भ्रू।
6. The words related to the dates are are feminine. e.g. प्रथमा, द्वितीया, तृतीया, पञ्चमी, प्रतिपदा ।
7. The numerals from 20 to 90 are feminine. e.g. विंशति, नवति ।

3. NEUTER GENDER

नपुंसकलिङ्गम् ।

1. The qualitative nouns formed with the अन् suffix have netuer gender. e.g. भोजन, शयन, गमन, लेखन ।
2. The qualitative nouns formed with the क्त (त) suffix have netuer gender. e.g. गीत, भूत, सङ्गीत ।
3. The qualitative nouns formed with the अनीय, तव्य, ण्यत्, यत् and क्यप् suffixs have netuer gender. e.g. भवितव्य, पानीय, शौर्य, क्रौर्य ।

4. The तद्धित words formed with the त्व and ष्यञ् suffix have netuer gender.
e.g. सुंदरत्व – सौन्दर्य, मधुरत्व-माधुर्य, कुशलत्व-कौशल्य ।

5. The words formed with the यत्, य, ढक्, अञ्, अण्, वुञ् and छ suffixs have netuer gender. e.g. पेय, सख्य, कार्पण्य, आधिपत्य, राष्ट्र ।

6. The qualitative words formed with the षण् (अ) suffix have netuer gender. e.g. लाघव, दैर्घ्य, गौरव, शैशव ।

7. The numerals such as सहस्र, अर्बुद, अब्ज are netuer gender; कोटि is feminine gender; शत, शङ्ख, अयुत, प्रयुत, खर्व, निखर्व, महापद्म are netuer gender as well as masculine words.

8. The words formed with the डयट् and तयट् suffixs have netuer gender. e.g. द्वय, द्वितीत, त्रय, तृतीय । They can be converted to feminine gender.

9. The words ending in त्र are netuer gender. e.g. पत्र, क्षेत्र, मुत्र, यन्त्र, चरित्र, गात्र, वक्त्र; etc. but छात्र, मन्त्र, पुत्र, उष्ट्र, etc. are masculine; and सूत्र, छत्र, मित्र etc. are neuter as well as masculine; यात्रा, मात्रा, etc. are feminine.

10. The सामासिक words of समाहारद्वन्द्व and अव्ययीभाव are netuer gender. e.g. पाणिपाद, अहोरात्र, ह्रस्वदैर्घ्य; यथाशक्ति, प्रतिदिन, etc.

11. The words ending in the two vowels अस्, इस्, उस् and अन् suffixes are netuer gender. e.g. पयस्, यशस्, नभस्, तेजस्; हविस्, सर्पिस्; धनुस्, वपुस्, चक्षुस्, जनुस्, अरुस्, आयुस्, यजुस्; कर्मन्, चर्मन्, दामन्, धामन्, ब्रह्मन्, मर्मन, वर्त्मन्, छद्मन्, जन्मन्, पर्वन्, etc. - but, वेधस् is masculine, and अर्चिस् is feminine.

12. The words those are not treated as masculine or femenine, are neuter gender words by default.

CHAPTER 18

THE CHARTS OF CONJUGATIONS

e.g. the verb root √*bhū* (√भू to become, to be)

(A)

ACTIVE VOICE PARASMAIPADI

1A. THE 360 PARASMAIPADI ACTIONS

from the verb √bhū (भू)

(A) REGULAR (साधारण) ACTIONS

(1) Present Tense : लट् (सामान्य-वर्तमाने) *Parasmaipadī* - e.g. I become

	Singular	Dual	Plural
1p◦	भवामि *bhavāmi*	भवाव: *bhavāvaḥ*	भवाम: *bhavāmaḥ*
2p◦	भवसि *bhvasi*	भवथ: *bhavathaḥ*	भवथ *bhavatha*
3p◦	भवति *bhavati*	भवत: *bhavataḥ*	भवन्ति *bhavanti*

(2) Past Imperfect Tense : लङ् (अनद्यतन-भूते) *Parasmaipadī* - e.g. I became

1p◦	अभवम् *abhavam*	अभवाव *abhavāva*	अभवाम *abhavāma*
2p◦	अभव: *abhavaḥ*	अभवतम् *abhavatam*	अभवत *abhavata*
3p◦	अभवत् *abhavat*	अभवताम् *abhavatām*	अभवन्*abhavan*

(3) Perfect Past Tense : लिट् (परोक्ष-भूते) *Parasmaipadī* - e.g. I had become

1p◦	बभूव *babhūva*	बभूविव *babhūviva*	बभूविम *babhūvima*
2p◦	बभूविथ *babhūvitha*	बभूवथु: *babhūvathuḥ*	बभूव *babhūva*
3p◦	बभूव *babhūva*	बभूवतु: *babhūvatuḥ*	बभूवु: *babhūvuḥ*

(4) Indefinite Past Tense : लुङ् (दूरवर्ति-भूते) *Parasmaipadī* - e.g. I had become

1p◦	अभूवम् *abhūvam*	अभूव *abhūva*	अभूम *abhūma*
2p◦	अभू: *abhūḥ*	अभूतम् *abhūtam*	अभूत *abhūta*

3p∘ अभूत् *abhūt*	अभूताम् *abhūtām*	अभूवन् *abhūvan*

(5) Definite Future : लुट् (सामान्य-भविष्यति) *Parasmaipadī* - e.g. I will become

Singular	Dual	Plural
1p∘ भवितास्मि *bhavitāsmi*	भवितास्वः *bhavitāsvaḥ*	भवितास्मः *bhavitāsmaḥ*
2p∘ भवितासि *bhavitāsi*	भवितास्थः *bhavitāsthaḥ*	भवितास्थ *bhavitāstha*
3p∘ भविता *bhavitā*	भवितारौ *bhavitārau*	भवितारः *bhavitāraḥ*

(6) Indefinite Future : लृट् (अपूर्ण-भविष्यति) *Parasmaipadī* - e.g. I shall become

1p∘ भविष्यामि *bhaviṣyāmi*	भविष्यावः *bhaviṣyāvaḥ*	भविष्यामः *bhaviṣyāmaḥ*
2p∘ भविष्यसि *bhaviṣyasi*	भविष्यथः *bhaviṣyathaḥ*	भविष्यथ *bhaviṣyatha*
3p∘ भविष्यति *bhaviṣyati*	भविष्यतः *bhaviṣyataḥ*	भविष्यन्ति *bhaviṣyanti*

(7) Conditional Mood : लृङ् (भविष्यति क्रियातिपत्तौ) *Parasmaipadī* - e.g. If I become

1p∘ अभविष्यम् *abhaviṣyam*	अभविष्याव *abhaviṣyāva*	अभविष्याम *abhaviṣyāma*
2p∘ अभविष्यः *abhaviṣyaḥ*	अभविष्यतम् *abhaviṣyatam*	अभविष्यत *abhaviṣyata*
3p∘ अभविष्यत् *abhaviṣyat*	अभविष्यताम् *abhaviṣyatām*	अभविष्यन् *abhaviṣyan*

(8) Imperative Mood : लोट् (आज्ञार्थे; प्रश्नार्थे; विध्यादौ) Parasmai∘ - e.g. May I become?

1p∘ भवानि *bhavāni*	भवाव *bhavāva*	भवाम *bhavāma*
2p∘ भव *bhava*	भवतम् *bhavatam*	भवत *bhavata*
3p∘ भवतु *bhavatu*	भवताम् *bhavatām*	भवन्तु *bhavantu*

(9) Potential or Subjunctive Mood : विधिलिङ् (विध्यादौ) *Parasmaipadī* - e.g. I may become

1p∘ भवेयम *bhaveyama*	भवेव *bhaveva*	भवेम *bhavema*
2p∘ भवेः *bhaveḥ*	भवेतम् *bhavetam*	भवेत *bhaveta*
3p∘ भवेत् *bhavet*	भवेताम् *bhavetām*	भवेयुः *bhaveyuḥ*

(10) Benedictive or Optative Mood : आशीर्लिङ् (आशिषि) *Parasmaipadī* - e.g. May I become!

1p∘ भूयासम *bhūyāsama*	भूयास्व *bhūyāsva*	भूयास्म *bhūyāsma*
2p∘ भूयाः *bhūyāḥ*	भूयास्तम् *bhūyāstam*	भूयास्त *bhūyāsta*
3p∘ भूयात् *bhūyāt*	भूयास्ताम् *bhūyāstām*	भूयासुः *bhūyāsuḥ*

(B) THE CAUSATIVE (ण्यन्त) ACTIONS

ACTIVE VOICE - PARASMAIPADI

(1) Present Tense : लट् (सामान्य-वर्तमाने) *Parasmaipadī*, Causative - e.g. I am made

	Singular	Dual	Plural
1p◦	भावयामि *bhāvayāmi*	भावयाव: *bhāvayāvaḥ*	भावयाम: *bhāvayāmaḥ*
2p◦	भावयसि *bhāvayasi*	भावयथ: *bhāvayathaḥ*	भावयथ *bhāvayatha*
3p◦	भावयति *bhāvayati*	भावयत: *bhāvayataḥ*	भावयन्ति *bhāvayanti*

(2) Past Imperfect : लङ् (अनद्यतन-भूते) *Parasmaipadī*, Causative - e.g. I was made

1p◦	अभावयम् *abhāvayam*	अभावयाव *abhāvayāva*	अभावयाम *abhāvayāma*
2p◦	अभावय: *abhāvayaḥ*	अभावयतम् *abhāvayatam*	अभावयत *abhāvayata*
3p◦	अभावयत् *abhāvayat*	अभावयताम् *abhāvayatām*	अभावयन् *abhāvayan*

(3) Perfect Past : लिट् (परोक्ष-भूते) *Parasmaipadī*, Causative - e.g. I was made

1p◦	भावयाञ्चकार *bhāvayāñćakāra*	भावयाञ्चकृव *bhāvayāñćakṛva*	भावयाञ्चकृम *bhāvayāñćakṛma*
	भावयाम्बभूवम् *bhāvayāmbabhūvam*	भावयाम्बभूव *bhāvayāmbabhūva*	भावयाम्बभूम *bhāvayāmbabhūma*
	भावयामास *bhāvayāmāsa*	भावयामासिव *bhāvayāmāsiva*	भावयामासिम *bhāvayāmāsima*
2p◦	भावयाञ्चकर्थ *bhāvayāñćakartha*	भावयाञ्चक्रथु: *bhāvayāñćakrathuḥ*	भावयाञ्चक्र *bhāvayāñćakra*
	भावयाम्बभूथ *bhāvayāmbabhūtha*	भावयाम्बभूवथु: *bhāvayāmbabhūvathuḥ*	भावयाम्बभूव *bhāvayāmbabhūva*
	भावयामासिथ *bhāvayāmāsitha*	भावयामासथु: *bhāvayāmāsathuḥ*	भावयामास *bhāvayāmāsa*
3p◦	भावयाञ्चकार *bhāvayāñćakāra*	भावयाञ्चक्रतु: *bhāvayāñćakratuḥ*	भावयाञ्चक्रु: *bhāvayāñćakruḥ*
	भावयाम्बभूव *bhāvayāmbabhūva*	भावयाम्बभूवतु: *bhāvayāmbabhūvatuḥ*	भावयाम्बभूवु: *bhāvayāmbabhūvuḥ*
	भावयामास *bhāvayāmāsa*	भावयामासतु: *bhāvayāmāsatuḥ*	भावयामासु: *bhāvayāmāsuḥ*

(4) Indefinite Past : लुङ् (दूरवर्ति-भूते) *Parasmaipadī*, Causative - e.g. I had been made

	Singular	Dual	Plural
1p◦	अभावयिष्यम् *abhāvayiṣyam*	अभावयिष्याव *abhāvayiṣyāva*	अभावयिष्याम *abhāvayiṣyāma*

2p◦ अभावयिष्य: *abhāvayiṣyaḥ*	अभावयिष्यतम् *abhāvayiṣyatam*	अभावयिष्यत *abhāvayiṣyata*
3p◦ अभावयिष्यत् *abhāvayiṣyat*	अभावयिष्यताम् *abhāvayiṣyatām*	अभावयिष्यन् *abhāvayiṣyan*

(5) Definite Future : लुट् (सामान्य-भविष्यति) *Parasmaipadī*, Causative - e.g. I will be made

1p◦ भावयितास्मि *bhāvayitāsmi*	भावयितास्व: *bhāvayitāsvaḥ*	भावयितास्म: *bhāvayitāsmaḥ*
2p◦ भावयितासि *bhāvayitāsi*	भावयितास्थ: *bhāvayitāsthaḥ*	भावयितास्थ *bhāvayitāstha*
3p◦ भावयिता *bhāvayitā*	भावयितारौ *bhāvayitārau*	भावयितार: *bhāvayitāraḥ*

(6) Indefinite Future : लृट् (अपूर्ण-भविष्यति) *Parasmaipadī*, Causative - e.g. I shall be made

1p◦ भावयिष्यामि *bhāvayiṣyāmi*	भावयिष्याव: *bhāvayiṣyāvaḥ*	भावयिष्याम: *bhāvayiṣyāmaḥ*
2p◦ भावयिष्यसि *bhāvayiṣyasi*	भावयिष्यथ: *bhāvayiṣyathaḥ*	भावयिष्यथ *bhāvayiṣyatha*
3p◦ भावयिष्यति *bhāvayiṣyati*	भावयिष्यत: *bhāvayiṣyataḥ*	भावयिष्यन्ति *bhāvayiṣyanti*

(7) Conditional Mood : लृङ् (भविष्यति क्रियातिपत्तौ) *Parasmaipadī*, Causative - e.g. If I am made

1p◦ अभावयिष्यम् *abhāvayiṣyam*	अभावयिष्याव *abhāvayiṣyāva*	अभावयिष्याम *abhāvayiṣyāma*
2p◦ अभावयिष्य: *abhāvayiṣyaḥ*	अभावयिष्यतम् *abhāvayiṣyatam*	अभावयिष्यत *abhāvayiṣyata*
3p◦ अभावयिष्यत् *abhāvayiṣyat*	अभावयिष्यताम् *abhāvayiṣyatām*	अभावयिष्यन् *abhāvayiṣyan*

(8) Imperative Mood : लोट् (आज्ञार्थे; प्रश्नार्थे; विध्यादौ) *Parasmaipadī*, Causative - May I be made?

1p◦ भावयानि *bhāvayāni*	भावयाव *bhāvayāva*	भावयाम *bhāvayāma*
2p◦ भावय *bhāvaya*	भावयतम् *bhāvayatam*	भावयत *bhāvayata*
3p◦ भावयतु *bhāvayatu*	भावयताम् *bhāvayatām*	भावयन्तु *bhāvayantu*

(9) Potential or Subjunctive Mood विधिलिङ् (विध्यादौ) *Parasmaipadī* Causative - I may be made

1p◦ भावयेयम् *bhāvayeyam*	भावयेव *bhāvayeva*	भावयेम *bhāvayema*
2p◦ भावये: *bhāvayeḥ*	भावयेतम् *bhāvayetam*	भावयेत *bhāvayeta*
3p◦ भावयेत् *bhāvayet*	भावयेताम् *bhāvayetām*	भावयेयु: *bhāvayeyuḥ*

(10) Benedictive or Optative Mood आशीर्लिङ् (आशिषि) *Parasmai◦* Causative May I be made!

Singular	Dual	Plural
1p◦ भाव्यासम् *bhāvyāsam*	भाव्यास्व *bhāvyāsva*	भाव्यास्म *bhāvyāsma*
2p◦ भाव्या: *bhāvyāḥ*	भाव्यास्तम् *bhāvyāstam*	भाव्यास्त *bhāvyāsta*
3p◦ भाव्यात् *bhāvyāt*	भाव्यास्ताम् *bhāvyāstām*	भाव्यासु: *bhāvyāsuḥ*

(C) THE DESIDERATIVE (सन्नन्त) ACTIONS

ACTIVE VOICE - PARASMAIPADI

(1) Present Tense : लट् (सामान्य-वर्तमाने) *Parasmaipadī*, Desiderative - e.g. I want to become

	Singular	Dual	Plural
1p∘	बुभूषामि *bubhūṣāmi*	बुभूषावः *bubhūṣāvaḥ*	बुभूषामः *bubhūṣāmaḥ*
2p∘	बुभूषसि *bubhūṣasi*	बुभूषथः *bubhūṣathaḥ*	बुभूषथ *bubhūṣatha*
3p∘	बुभूषति *bubhūṣati*	बुभूषतः *bubhūṣataḥ*	बुभूषन्ति *bubhūṣanti*

(2) Past Imperfect : लङ् (अनद्यतन-भूते) Parasmai∘ Desiderative - e.g. I wanted to became

1p∘	अबुभूषम् *abubhūṣam*	अबुभूषाव *abubhūṣāva*	अबुभूषाम *abubhūṣāma*
2p∘	अबुभूषः *abubhūṣaḥ*	अबुभूषतम् *abubhūṣatam*	अबुभूषत *abubhūṣata*
3p∘	अबुभूषत् *abubhūṣat*	अबुभूषताम् *abubhūṣatām*	अबुभूषन् *abubhūṣan*

(3) Perfect Past : लिट् (परोक्ष-भूते) *Parasmaipadī*, Desiderative - e.g. I had wanted to become

1p∘	बुभूषाञ्चकार *bubhūṣāñćakāra*	बुभूषाञ्चकृव *bubhūṣāñćakṛva*	बुभूषाञ्चकृम *bubhūṣāñćakṛma*
	बुभूषाम्बभूवम् *bubhūṣāmbabhūvam*	बुभूषाम्बभूव *bubhūṣāmbabhūva*	बुभूषाम्बभूम *bubhūṣāmbabhūma*
	बुभूषामास *bubhūṣāmāsa*	बुभूषामासिव *bubhūṣāmāsiva*	बुभूषामासिम *bubhūṣāmāsima*
2p∘	बुभूषाञ्चकर्थ *bubhūṣāñćakartha*	बुभूषाञ्चक्रथुः *bubhūṣāñćakrathuḥ*	बुभूषाञ्चक्र *bubhūṣāñćakra*
	बुभूषाम्बभूथ *bubhūṣāmbabhūth*	बुभूषाम्बभूवथुः *bubhūṣāmbabhūvathuḥ*	बुभूषाम्बभूव *bubhūṣāmbabhūva*
	बुभूषामासिथ *bubhūṣāmāsitha*	बुभूषामासथुः *bubhūṣāmāsathuḥ*	बुभूषामास *bubhūṣāmāsa*
3p∘	बुभूषाञ्चकार *bubhūṣāñćakāra*	बुभूषाञ्चक्रतुः *bubhūṣāñćakratuḥ*	बुभूषाञ्चक्रुः *bubhūṣāñćakruḥ*
	बुभूषाम्बभूव *bubhūṣāmbabhūva*	बुभूषाम्बभूवतुः *bubhūṣāmbabhūvatuḥ*	बुभूषाम्बभूवुः *bubhūṣāmbabhūvuḥ*
	बुभूषामास *bubhūṣāmāsa*	बुभूषामासतुः *bubhūṣāmāsatuḥ*	बुभूषामासुः *bubhūṣāmāsuḥ*

(4) Indefinite Past : लुङ् (दूरवर्ति-भूते) Parasmai∘ Desiderative - e.g. I had wanted to become

Singular	Dual	Plural
1p◦ अबुभूषिषम् *abubhūṣiṣam*	अबुभूषिष्व *abubhūṣiṣva*	अबुभूषिष्म *abubhūṣiṣma*
2p◦ अबुभूषी: *abubhūṣīḥ*	अबुभूषिष्टम् *abubhūṣiṣṭam*	अबुभूषिष्ट *abubhūṣiṣṭa*
3p◦ अबुभूषीत् *abubhūṣīt*	अबुभूषिष्टाम् *abubhūṣiṣṭām*	अबुभूषिषु: *abubhūṣiṣuḥ*

5. Definite Future लुट् (सामान्य-भविष्यति) Parasmai◦ Desiderative eg. I would want to become

1p◦ बुभूषितास्मि *bubhūṣitāsmi*	बुभूषितास्व: *bubhūṣitāsvaḥ*	बुभूषितास्म: *bubhūṣitāsmaḥ*
2p◦ बुभूषितासि *bubhūṣitāsi*	बुभूषितास्थ: *bubhūṣitāsthaḥ*	बुभूषितास्थ *bubhūṣitāstha*
3p◦ बुभूषिता *bubhūṣitā*	बुभूषितारौ *bubhūṣitārau*	बुभुषितार: *bubhūṣitāraḥ*

6. Indefinite Future लृट् (अपूर्ण-भविष्यति) Parasmai◦ Desiderative - e.g. I shall want to become

1p◦ बुभूषिष्यामि *bubhūṣiṣyāmi*	बुभूषिष्याव: *bubhūṣiṣyāvaḥ*	बुभूषिष्याम: *bubhūṣiṣyāmaḥ*
2p◦ बुभूषिष्यसि *bubhūṣiṣyasi*	बुभूषिष्यथ: *bubhūṣiṣyathaḥ*	बुभूषिष्यथ *bubhūṣiṣyatha*
3p◦ बुभूषिष्यति *bubhūṣiṣyati*	बुभूषिष्यत: *bubhūṣiṣyataḥ*	बुभूषिष्यन्ति *bubhūṣiṣyanti*

(7) Conditional Mood लृङ् (भविष्यति क्रियातिपत्तौ) *Parasmaipadī* Desiderative If I want to become

1p◦ अबुभूषिष्यम् *abubhūṣiṣyam*	अबुभूषिष्याव *abubhūṣiṣyāva*	अबुभूषिष्याम *abubhūṣiṣyāma*
2p◦ अबुभूषिष्य: *abubhūṣiṣyaḥ*	अबुभूषिष्यतम् *abubhūṣiṣyatam*	अबुभूषिष्यत *abubhūṣiṣyata*
3p◦ अबुभूषिष्यत् *abubhūṣiṣyat*	अबुभूषिष्यताम् *abubhūṣiṣyatām*	अबुभूषिष्यन् *abubhūṣiṣyan*

(8) Imperative Mood लोट् (आज्ञार्थे; प्रश्नार्थे; विध्यादौ) *Parasmaipadī* Desi◦ I should want to become!

1p◦ बुभूषाणि *baubhūṣāṇi*	बुभूषाव *bubhūṣāva*	बुभूषाम *bubhūṣāma*
2p◦ बुभूष *bubhūṣa*	बुभूषतम् *bubhūṣatam*	बुभूषत *bubhūṣata*
3p◦ बुभूषतु *bubhūṣatu*	बुभूषताम् *bubhūṣatām*	बुभूषन्तु *bubhūṣantu*

(9) Potential or Subjunctive Mood विधिलिङ् (विध्यादौ) *Parasmaipadī* Desi◦ I may want to become!

Singular	Dual	Plural
1p◦ बुभूषेयम् *bubhūṣeyam*	बुभूषेव *bubhūṣeva*	बुभूषेम *bubhūṣema*
2p◦ बुभूषे: *bubhūṣeḥ*	बुभूषेतम् *bubhūṣetam*	बुभूषेत *bubhūṣeta*
3p◦ बुभूषेत् *bubhūṣet*	बुभूषेताम् *bubhūṣetām*	बुभूषेयु: *bubhūṣeyuḥ*

(10) Benedictive or Optative Mood आशीर्लिङ् (आशिषि) *Parasmaipadī* Desiderative May I become!

1p◦ बुभूष्यासम् *bubhūṣyāsam*	बुभूष्यास्व *bubhūṣyāsva*	बुभूष्यास्म *bubhūṣyāsma*
2p◦ बुभूष्या: *bubhūṣyāḥ*	बुभूष्यास्तम् *bubhūṣyāstam*	बुभूष्यास्त *bubhūṣyāsta*
3p◦ बुभूष्यात् *bubhūṣyāt*	बुभूष्यास्ताम् *bubhūṣyāstām*	बुभूष्यासु: *bubhūṣyāsuḥ*

(D) THE REPEATETIVE or FREQUENTATIVE

(यङ्लुगन्त) ACTIONS

ACTIVE VOICE - PARASMAIPADI

(1) Present Tense : लट् (सामान्य-वर्तमाने) *Parasmaipadī*, Frequentative - e.g. I become more

	Singular	Dual	Plural
1p॰	बोभवीमि-बोभोमि *bobhavīmi-bobhomi*	बोभूव: *bobhūvaḥ*	बोभूम: *bobhūmaḥ*
2p॰	बोभवीषि-बोभोषि *bobhavīṣi-bobhoṣi*	बोभूथ: *bobhūthaḥ*	बोभूथ *bobhūtha*
3p॰	बोभवीति-बोभोति *bobhavīti-bobhoti*	बोभूत: *bobhūtaḥ*	बोभुवति *bobhuvati*

(2) Past Imperfect : लङ् (अनद्यतन-भूते) *Parasmaipadī*, Frequentative - e.g. I became more

1p॰	अबोभवम् *abobhavam*	अबोभूव *abobhūva*	अबोभूम *abobhūma*
2p॰	अबोभवी: *abobhavīh*	अबोभूतम् *abobhūtam*	अबोभूत *abobhūta*
3p॰	अबोभवीत् *abobhavīt*	अबोभूताम् *abobhūtām*	अबोभूवु: *abobhūvuḥ*

(3) Perfect Past : लिट् (परोक्ष-भूते) *Parasmaipadī*, Frequentative - e.g. I had become more

	Singular	Dual	Plural
1p॰	बोभवाञ्चकार *bobhavāñćakāra*	बोभवाञ्चकृव *bobhavāñćakṛva*	बोभवाञ्चकृम *bobhavāñćakṛma*
	बोभवाम्बभूवम् *bobhavāmbabhūvam*	बोभवाम्बभूव *bobhavāmbabhūva*	बोभवाम्बभूम *bobhavāmbabhūma*
	बोभवामास *bobhavāmāsa*	बोभवामासिव *bobhavāmāsiva*	बोभवामासिम *bobhavāmāsima*
2p॰	बोभुवाञ्चकर्थ *bobhūvāñćakartha*	बोभुवाञ्चक्रथु: *bobhūvāñćakṛthuḥ*	बोभुवाञ्चक्र *bobhūvāñćakra*
	बोभुवाम्बभूथ *bobhuvāmbabhūtha*	बोभुवाम्बभूवथु: *bobhuvāmbabhūvathuḥ*	बोभुवाम्बभूव *bobhuvāmbabhūva*
	बोभुवामासिथ *bobhuvāmāsitha*	बोभुवामासथु: *bobhuvāmāsathuḥ*	बोभुवामास *bobhuvāmāsa*
3p॰	बोभुवाञ्चकार	बोभुवाञ्चक्रतु:	बोभुवाञ्चक्रु:

bobhuvāñćakāra	*bobhuvāñćakratuḥ*	*bobhuvāñćakruḥ*
बोभुवाम्बभूव	बोभुवाम्बभूवतु:	बोभुवाम्बभूवु:
bobhuvāmbabhūva	*bobhuvāmbabhūvatuḥ*	*bobhuvāmbabhūvuḥ*
बोभुवामास	बोभुवामासतु:	बोभुवामासु:
bobhuvāmāsa	*bobhuvāmāsatuḥ*	*bobhuvāmāsuḥ*

(4) Indefinite Past : लुङ् (दूरवर्ति-भूते) *Parasmaipadī,* Frequentative - e.g. I had become more

1p◦ अबोभूवम् *abobhūvam*	अबोभूव *abobhūva*	अबोभूम *abobhūma*
2p◦ अबोभूवी: *abobhūvīḥ*	अबोभूतम् *abobhūtam*	अबोभूत *abobhūta*
3p◦ अबोभूवीत् *abobhūvīt*	अबोभूताम् *abobhūtām*	अबोभवु: *abobhavuḥ*

(5) Definite Future : लुट् (सामान्य-भविष्यति) *Parasmaipadī,* Frequentative - I will become more

1p◦ बोभवितास्मि *bobhavitāsmi*	बोभवितास्व: *bobhavitāsvaḥ*	बोभवितास्म: *bobhavitāsmaḥ*
2p◦ बोभवितासि *bobhavitāsi*	बोभवितास्थ: *bobhavitāsthaḥ*	बोभवितास्थ *bobhavitāstha*
3p◦ बोभविता *bobhavitā*	बोभवितारौ *bobhavitārau*	बोभवितार: *bobhavitāraḥ*

(6) Indefinite Future : लृट् (अपूर्ण-भविष्यति) *Parasmaipadī,* Frequentative - I will become more

Singular	Dual	Plural
1p◦ बोभविष्यामि *bobhaviṣyāmi*	बोभविष्याव: *bobhaviṣyāvaḥ*	बोभविष्याम: *bobhaviṣyāmaḥ*
2p◦ बोभविष्यसि *bobhaviṣyasi*	बोभविष्यथ: *bobhaviṣyathaḥ*	बोभविष्यथ *bobhaviṣyatha*
3p◦ बोभविष्यति *bobhaviṣyati*	बोभविष्यत: *bobhaviṣyataḥ*	बोभविष्यन्ति *bobhaviṣyanti*

(7) Conditional Mood लृङ् (भविष्यति क्रियातिपत्तौ) *Parasmaipadī* Frequentative If I become more

1p◦ अबोभविष्यम् *abobhaviṣyam*	अबोभविष्याव *abobhaviṣyāva*	अबोभविष्याम *abobhaviṣyāma*
2p◦ अबोभविष्य: *abobhaviṣyaḥ*	अबोभुविष्यतम् *abobhaviṣyatam*	अबोभविष्यत *abobhaviṣyata*
3p◦ अबोभविष्यत् *abobhaviṣyat*	अबोभविष्यताम् *abobhaviṣyatām*	अबोभविष्यन् *abobhaviṣyan*

(8) Imperative Mood लोट् (आज्ञार्थे; प्रश्नार्थे; विध्यादौ) *Parasmai◦* Frequ◦ I should become more!

1p◦ बोभवानि *bobhavāni*	बोभवाव *bobhavāva*	बोभवाम *bobhavāma*
2p◦ बोभोहि *bobhohi*	बोभूतम् *bobhūtam*	बोभूत *bobhūta*
3p◦ बोभवीतु *bobhvītu*	बोभूताम् *bobhūtām*	बोभुवतु *bobhuvatu*

(9) Potential or Subjunctive Mood विधिलिङ् (विध्यादौ) *Parasmaipadī* Frequ◦ I may become more

1p◦ बोभूयाम् *bobhūyām*	बोभूयाव *bobhūyāva*	बोभूयाम *bobhūyāma*
2p◦ बोभूया: *bobhūyāḥ*	बोभूयातम् *bobhūyātam*	बोभूयात *bobhūyāta*

3p◦ बोभूयात् *bobhūyāt*	बोभूयाताम् *bobhūyātām*	बोभूयुः *bobhūyuḥ*

(10) Benedictive or Optative Mood आशीर्लिङ् (आशिषि) *Parasmaipadī* Freq◦ May I become more!

1p◦ बोभूयासम् *bobhūyāsam*	बोभूयास्व *bobhūyāsva*	बोभूयास्म *bobhūyāsma*
2p◦ बोभूयाः *bobhūyāḥ*	बोभूयास्तम् *bobhūyāstam*	बोभूयास्त *bobhūyāsta*
3p◦ बोभूयात् *bobhūyāt*	बोभूयास्ताम् *bobhūyāstām*	बोभूयासुः *bobhūyāsuḥ*

(2)
ACTIVE VOICE ATMANEPADI
(1B) THE 360 ĀTMANEPADI SINGLE-WORD ACTIONS
e.g. from the verb √bhū (भू)

(E) REGULAR (साधारण) ACTIONS

(1) Present Tense : लट् (सामान्य-वर्तमाने) Ātmanepadī - e.g. I become

Singular	Dual	Plural
1p◦ भवे *bhave*	भवावहे *bhavāvahe*	भवामहे *bhavāmahe*
2p◦ भवसे *bhavase*	भवेथे *bhavethe*	भवध्वे *bhavadhve*
3p◦ भवते *bhavate*	भवेते *bhavete*	भवन्ते *bhavante*

(2) Past Imperfect Tense : लङ् (अनद्यतन-भूते) Ātmanepadī - e.g. I became

1p◦ अभवे *abhave*	अभवावहि *abhavāvahi*	अभवामहि *abhavāmahi*
2p◦ अभवथाः *abhavathāḥ*	अभवेथाम् *abhavethām*	अभवध्वम् *abhavadhvam*
3p◦ अभवत *abhavata*	अभवेताम् *abhavetām*	अभवन्त *abhavanta*

(3) Perfect Past Tense : लिट् (परोक्ष-भूते) Ātmanepadī - e.g. I had become

1p◦ बभूवे *babhūve*	बभूविवहे *babhūvivahe*	बभूविमहे *babhūvimahe*
2p◦ बभूविषे *babhūviṣe*	बभूवाथे *babhūvāthe*	बभूविध्वे *babhūvidhve*
3p◦ बभूवे *babhūve*	बभूवाते *babhūvāte*	बभूविरे *babhūvire*

(4) Indefinite Past Tense : लुङ् (दूरवर्ति-भूते) Ātmanepadī - e.g. I had become

1p◦ अभविषि *abhaviṣi*	अभविष्वहि *abhaviṣvahi*	अभविष्महि *abhaviṣmahi*
2p◦ अभविष्ठाः *abhaviṣṭāḥ*	अभविषाथाम् *abhaviṣāthām*	अभविध्वम् *abhavidhvam*
3p◦ अभाविष्ट *abhāviṣṭa*	अभविषाताम् *abhaviṣātām*	अभविषत *abhaviṣata*

(5) Definite Future : लुट् (सामान्य-भविष्यति) Ātmanepadī - e.g. I will become

1p◦ भविताहे *bhavitāhe*	भवितास्वहे *bhavitāsvahe*	भवितास्महे *bhavitāsmahe*
2p◦ भवितासे *bhavitāse*	भवितासाथे *bhavitāsāthe*	भविताध्वे *bhavitādhve*
3p◦ भविता *bhavitā*	भवितारौ *bhavitārau*	भवितारः *bhavitāraḥ*

(6) Indefinite Future : लृट् (अपूर्ण-भविष्यति) Ātmanepadī - e.g. I shall become

1p◦ भविष्ये *bhaviṣye*	भविष्यावहे *bhaviṣyāvahe*	भविष्यामहे *bhaviṣyāmahe*
2p◦ भविष्यसे *bhaviṣyase*	भविष्येथे *bhaviṣyethe*	भविष्यध्वे *bhaviṣyadhve*
3p◦ भविष्यते *bhaviṣyate*	भविष्येते *bhaviṣyete*	भविष्यन्ते *bhaviṣyante*

(7) Conditional Mood : लृङ् (भविष्यति क्रियातिपत्तौ) Ātmanepadī - e.g. If I become

Singular	Dual	Plural
1p◦ अभविष्ये *abhaviṣye*	अभविष्यावहि *abhaviṣyāvahi*	अभविष्यामहि *abhaviṣyāmahi*
2p◦ अभविष्यथाः *abhaviṣyathāḥ*	अभविष्येथाम् *abhaviṣyethām*	अभविष्यध्वम् *abhaviṣyadhvam*
3p◦ अभविष्यत *abhaviṣyata*	अभविष्येताम् *abhaviṣyetām*	अभविष्यन्त *abhaviṣyanta*

(8) Imperative Mood : लोट् (आज्ञार्थे; प्रश्नार्थे; विध्यादौ) Ātmanepadī - e.g. May I become?

1p◦ भवै *bhavai*	भवावहै *bhavāvahai*	भवामहै *bhavāmahai*
2p◦ भवस्व *bhavasva*	भवेथाम् *bhavethām*	भवध्वम् *bhavadhvam*
3p◦ भवताम् *bhavatām*	भवेताम् *bhavetām*	भवन्ताम् *bhavantām*

(9) Potential or Subjunctive Mood : विधिलिङ् (विध्यादौ) Ātmanepadī - e.g. I may become

1p◦ भवेय *bhaveya*	भवेवहि *bhavevahi*	भवेमहि *bhavemahi*
2p◦ भवेथाः *bhavethāḥ*	भवेयाथाम् *bhaveyāthām*	भवेध्वम् *bhavedhvam*
3p◦ भवेत *bhaveta*	भवेताम् *bhavetām*	भवेरन् *bhaveran*

(10) Benedictive or Optative Mood : आशीर्लिङ् (आशिषि) Ātmanepadī - e.g. May I become!

1p◦ भविषीय *bhaviṣīya*	भविषीवहि *bhaviṣīvahi*	भविषीमहि *bhaviṣīmahi*
2p◦ भविषीष्ठाः *bhaviṣīṣṭhāḥ*	भविषीयास्थाम् *bhaviṣīyāsthām*	भविषीध्वम् *bhaviṣīdhvam*
3p◦ भविषीष्ट *bhaviṣīṣṭa*	भविषीयास्ताम् *bhaviṣīyāstām*	भविषीरन् *bhaviṣīran*

(F) THE CAUSATIVE (णिजन्त) ACTIONS

ACTIVE VOICE - ĀTMANEPADI

(1) Present Tense : लट् (सामान्य-वर्तमाने) Ātmanepadī, Causative - e.g. I am made

Singular	Dual	Plural
1p◦ भावये *bhāvaye*	भावयावहे *bhāvayāvahe*	भावयामहे *bhāvayāmahe*
2p◦ भावयसे *bhāvayase*	भावयेथे *bhāvayethe*	भावयध्वे *bhāvayadhve*
3p◦ भावयते *bhāvayate*	भावयेते *bhāvayete*	भावयन्ते *bhāvayante*

(2) Past imperfect Tense : लङ् (अनद्यतन-भूते) Ātmanepadī, Causative - e.g. I was made

Singular	Dual	Plural
1p◦ अभावये *abhāvaye*	अभावयावहि *abhāvayāvahi*	अभावयामहि *abhāvayāmahi*
2p◦ अभावयथा: *abhāvayathāḥ*	अभावयेताम् *abhāvayetām*	अभावयध्वम् *abhāvayadhvam*
3p◦ अभावयत *abhāvayata*	अभावयेताम् *abhāvayetām*	अभावयन्त *abhāvayanta*

(3) Perfect Past Tense : लिट् (परोक्ष-भूते) Ātmanepadī, Causative - e.g. I was made

1p◦ भावयाञ्चक्रे *bhāvayāñćakre*	भावयाञ्चकृवहे *bhāvayāñćakṛvahe*	भावयाञ्चकृमहे *bhāvayāñćakṛmahe*
2p◦ भावयाञ्चकृषे *bhāvayāñćakṛṣe*	भावयाञ्चक्राथे *bhāvayāñćakrāthe*	भावयाञ्चकृढ्वे *bhāvayāñćakṛḍhve*
3p◦ भावयाञ्चक्रे *bhāvayāñćakre*	भावयाञ्चक्राते *bhāvayāñćakrāte*	भावयाञ्चक्रिरे *bhāvayāñćakrire*

(4) Indefinite Past Tense : लुङ् (दूरवर्ति-भूते) Ātmanepadī, Causative - e.g. I had been made

1p◦ अबीभवे *abībhave*	अबीभवावहि *abībhavāvahi*	अबीभवामहि *abībhavāmahi*
2p◦ अबीभवथा: *abībhavathāḥ*	अबीभवेथाम् *abībhavethām*	अबीभवध्वम् *abībhavadhvam*
3p◦ अबीभवत *abibhavata*	अबिभवेताम् *abibhavetām*	अबिभन्त *abibhavanta*

(5) Definite Future : लुट् (सामान्य-भविष्यति) Ātmanepadī, Causative - e.g. I will be made

1p◦ भावयिताहे *bhāvayitāhe*	भावयितास्वहे *bhāvayiitāsvahe*	भावयितास्महे *bhāvayiitāsmahe*
2p◦ भावयितासे *bhāvayitāse*	भावयितासाथे *bhāvayitāsāthe*	भावयिताध्वे *bhāvayitādhve*
3p◦ भावयिता *bhāvayitā*	भावयितारौ *bhāvayitārau*	भावयितार: *bhāvayitāraḥ*

(6) Indefinite Future : लृट् (अपूर्ण-भविष्यति) Ātmanepadī, Causative - e.g. I shall be made

1p◦ भावयिष्ये *bhāvayiṣye*	भावयिष्यावहे *bhāvayiṣyāvahe*	भावयिष्यामहे *bhāvayiṣyāmahe*
2p◦ भावयिष्यसे *bhāvayiṣyase*	भावयिष्येथे *bhāvayiṣyethe*	भावयिष्यध्वे *bhāvayiṣyadhve*
3p◦ भावयिष्यते *bhāvayiṣyate*	भावयिष्येते *bhāvayiṣyete*	भावयिष्यन्ते *bhāvayiṣyante*

(7) Conditional Mood : लृङ् (भविष्यति क्रियातिपत्तौ) Ātmanepadī, Causative, e.g. I had been made

1p◦ अभावयिष्ये *abhāvayiṣye*	अभावयिष्यावहि *abhāvayiṣyāvahi*	अभावयिष्यामहि *abhāvayiṣyāmahi*
2p◦ अभावयिष्यथा: *abhāvayiṣyathāḥ*	अभावयिष्येथाम् *abhāvayiṣyethām*	अभावयिष्यध्वम् *abhāvayiṣyadhvam*
3p◦ अभावयिष्यत *abhāvayiṣyata*	अभावयिष्येताम् *abhāvayiṣyetām*	अभावयिष्यन्त *abhāvayiṣyanta*

(8) Imperative Mood : लोट् (आज्ञार्थे; प्रश्नार्थे; विध्यादौ) Ātmanepadī, Causative - May I be made?

Singular	Dual	Plural
1p◦ भावयै *bhāvayai*	भावयावहै *bhāvayāvahai*	भावयामहै *bhāvayāmahai*
2p◦ भावयस्व *bhāvayasva*	भावयेयाथाम् *bhāvayeyāthām*	भावयध्वम् *bhāvayadhvam*
3p◦ भावयताम् *bhāvayatām*	भावयेताम् *bhāvayetām*	भावयन्ताम् *bhāvayantām*

(9) Potential or Subjunctive Mood विधिलिङ् (विध्यादौ) Ātmanepadī, Causative, I may be made

1p◦ भावयेय *bhāvayeya*	भावयेवहि *bhāvayevahi*	भावयेमहि *bhāvayemahi*
2p◦ भावयेथा: *bhāvayethāḥ*	भावयेथाम् *bhāvayethām*	भावयेध्वम् *bhāvayedhvam*
3p◦ भावयेत *bhāvayeta*	भावयेयाताम् *bhāvayeyātām*	भावयेरन् *bhāvayeran*

(10) Benedictive or Optative Mood आशीर्लिङ् (आशिषि) Ātmanepadī, Causative, May I be made!

1p◦ भावयिषीय *bhāvayiṣīya*	भावयिषीवहि *bhāvayiṣīvahi*	भावयिषीमहि *bhāvayiṣīmahi*
2p◦ भावयिषीष्ठा: *bhāvayiṣīṣṭhāḥ*	भावयिषीयास्थाम् *bhāvayiṣīyāsthām*	भावयिषीध्वम् *bhāvayiṣīdhvam*
3p◦ भावयिषीष्ट *bhāvayiṣīṣṭa*	भावयिषीयास्ताम् *bhāvayiṣīyāstām*	भावयिषीरन् *bhāvayiṣīran*

(G) THE DESIDERATIVE (सन्नन्त) ACTIONS

ACTIVE VOICE - ĀTMANEPADI

(1) Present Tense : लट् (सामान्य-वर्तमाने) Ātmanepadī, Desiderative - e.g. I want to become

Singular	Dual	Plural
1p◦ बुभूषे *bubhūṣe*	बुभूषावहे *bubhūṣāvahe*	बुभूषामहे *bubhūṣāmahe*
2p◦ बुभूषसे *bubhūṣase*	बुभूषेथे *bubhūṣethe*	बुभूषध्वे *bubhūṣadhve*

3p◦ बुभूषते *bubhūṣate*	बुभूषेते *bubhūṣete*	बुभूषन्ते *bubhūṣante*

(2) Past Imperfect : लङ् (अनद्यतन-भूते) Ātmanepadī, Desiderative - e.g. I wanted to became

Singular	Dual	Plural
1p◦ अबुभूषे *abubhūṣe*	अबुभूषावहि *abubhūṣāvahi*	अबुभूषामहि *abubhūṣāmahi*
2p◦ अबुभूषथा: *abubhūṣathāh*	अबुभूषेथाम् *abubhūṣethām*	अबुभूषध्वम् *abubhūṣadhvam*
3p◦ अबुभूषत *abubhūṣata*	अबुभूषेताम् *abubhūṣetām*	अबुभूषन्त *abubhūṣanta*

(3) Perfect Past Tense : लिट् (परोक्ष-भूते) Ātmanepadī, Desiderative - I had wanted to become

1p◦ बुभूषाञ्चक्रे *bubhūṣāñćakre*	बुभूषाञ्चकृवहे *bubhūṣāñćakṛvahe*	बुभूषाञ्चकृमहे *bubhūṣāñćakṛmahe*
2p◦ बुभूषाञ्चकृषे *bubhūṣāñćakṛṣe*	बुभूषाञ्चक्राथे *bubhūṣāñćakrāthe*	बुभूषाञ्चकृढ्वे *bubhūṣāñćakṛḍhve*
3p◦ बुभूषाञ्चक्रे *bubhūṣāñćakre*	बुभूषाञ्चक्राते *bubhūṣāñćakrāte*	बुभूषाञ्चक्रिरे *bubhūṣāñćakrire*

(4) Indefinite Past Tense लुङ् (दूरवर्ति-भूते) Ātmanepadī, Desiderative - I had wanted to become

1p◦ अबुभूषिषि *abubhūṣiṣi*	अबुभूषिष्वहि *abubhūṣiṣvahi*	अबुभूषिष्महि *abubhūṣiṣmahi*
2p◦ अबुभूषिष्ठा: *abubhūṣiṣṭhāḥ*	अबुभूषिषाथाम् *abubhūṣiṣāthām*	अबुभूषिढ्वम् *abubhūṣiḍhvam*
3p◦ अबुभूषिष्ठ *abubhūṣiṣṭha*	अबुभूषिषाताम् *abubhūṣiṣātām*	अबुभूषिषत *abubhūṣiṣata*

(5) Definite Future : लुट् (सामान्य-भविष्यति) Ātmanepadī, Desiderative, I will want to become

1p◦ बुभूषिताहे *bubhūṣitāhe*	बुभूषितास्वहे *bubhūṣitāsvahe*	बुभूषितास्महे *bubhūṣitāsmahe*
2p◦ बुभूषितासे *bubhūṣitāse*	बुभूषितासाथे *bubhūṣitāsāthe*	बुभूषिताध्वे *bubhūṣitādhve*
3p◦ बुभूषिता *bubhūṣitā*	बुभूषितारौ *bubhūṣitārau*	बुभूषितार: *bubhūṣitāraḥ*

(6) Indefinite Future : लृट् (अपूर्ण-भविष्यति) Ātmanepadī, Desiderative, I shall want to become

1p◦ बुभूषिष्ये *bubhūṣiṣye*	बुभूषिष्यावहे *bubhūṣiṣyāvahe*	बुभूषिष्यामहे *bubhūṣiṣyāmahe*
2p◦ बुभूषिष्यसे *bubhūṣiṣyase*	बुभूषिष्येथे *bubhūṣiṣyethe*	बुभूषिष्यध्वे *bubhūṣiṣyadhve*
3p◦ बुभूषिष्यते *bubhūṣiṣyate*	बुभूषिष्येते *bubhūṣiṣyete*	बुभूषिष्यन्ते *bubhūṣiṣyante*

(7) Conditional Mood लृङ् (भविष्यति क्रियातिपत्तौ) Ātmanepadī, Desiderative, If I want to become

1p◦ अबुभूषिष्ये *abubhūṣiṣye*	अबुभूषिष्यावहि *abubhūṣiṣyāvahi*	अबुभूषिष्यामहि *abubhūṣiṣyāmahi*
2p◦ अबुभूषिष्यथा:	अबुभूषिष्येथाम्	अबुभूषिष्यध्वम्

abubhūṣiṣyathāḥ	*abubhūṣiṣyethām*	*abubhūṣiṣyadhvam*
3p◦ अबुभूषिष्यत	अबुभूषिष्येताम्	अबुभूषिष्यन्त
abubhūṣiṣyata	*abubhūṣiṣyetām*	*abubhūṣiṣyanta*

(8) Imperative Mood लोट् (आज्ञार्थे; प्रश्नार्थे; विध्यादौ) Ātmanepadī Desi◦ I should want to become

Singular	Dual	Plural
1p◦ बुभूषै *baubhūṣai*	बुभूषावहै *bubhūṣāvahai*	बुभूषामहै *bubhūṣāmahai*
2p◦ बुभूषस्व *bubhūṣasva*	बुभूषेथाम् *bubhūṣethām*	बुभूषध्वम् *bubhūṣadhvam*
3p◦ बुभूषताम् *bubhūṣatām*	बुभूषेताम् *bubhūṣetām*	बुभूषन्ताम् *bubhūṣantām*

(9) Potential or Subjunctive Mood विधिलिङ् (विध्यादौ) Ātmanepadī Desi◦ I may want to become

1p◦ बुभूषेय *bubhūṣeya*	बुभूषेवहि *bubhūṣevahi*	बुभूषेमहि *bubhūṣemahi*
2p◦ बुभूषेथा: *bubhūṣethāḥ*	बुभूषेयाथाम् *bubhūṣeyāthām*	बुभूषेध्वम् *bubhūṣedhvam*
3p◦ बुभूषेत *bubhūṣeta*	बुभूषेयाताम् *bubhūṣeyātām*	बुभूषेरन् *bubhūṣeran*

(10) Benedictive or Optative Mood : आशीर्लिङ् (आशिषि) Ātmanepadī, Desi◦ May I become!

1p◦ बुभूषिषीय *bubhūṣiṣīya*	बुभूषिषीवहि *bubhūṣiṣīvahi*	बुभूषिषीमहि *bubhūṣiṣīmahi*
2p◦ बुभूषिषीष्ठा: *bubhūṣiṣīṣṭhāḥ*	बुभूषिषीयास्थाम् *bubhūṣiṣīyāsthām*	बुभूषिषीध्वम् *bubhūṣiṣīdhvam*
3p◦ बुभूषिषीष्ट *bubhūṣiṣīṣṭa*	बुभूषिषीयास्ताम् *bubhūṣiṣīyāstām*	बुभूषिषीरन् *bubhūṣiṣīran*

(H) THE REPEATETIVE or FREQUENTATIVE (यङन्त) ACTIONS

ACTIVE VOICE - ĀTMANEPADI

(1) Present Tense : लट् (सामान्य-वर्तमाने) Ātmanepadī, Frequentative - e.g. I become more

Singular	Dual	Plural
1p◦ बोभूय *bobhūye*	बोभूयावहे *bobhūyāvahe*	बोभूयामहे *bobhūyāmahe*
2p◦ बोभूयसे *bobhūyase*	बोभूयेथे *bobhūyethe*	बोभूयध्वे *bobhūyadhve*
3p◦ बोभूयते *bobhūyate*	बोभूयेते *bobhūyete*	बोभूयन्ते *bobhūyante*

(2) Past imperfect Tense : लङ् (अनद्यतन-भूते) Ātmanepadī, Frequentative - e.g. I became more

1p◦ अबोभूये *abobhūye*	अबोभूयावहि *abobhūyāvahi*	अबोभूयामहि *abobhūyāmahi*
2p◦ अबोभूयथा: *abobhūyathāḥ*	अबोभूयेथाम् *abobhūyethām*	अबोभूयध्वम् *abobhūyadhvam*

3p◦ अबोभूयत *abobhūyata*	अबोभूयेताम् *abobhūyetām*	अबोभूयन्त *abobhūyanta*

(3) Perfect Past Tense : लिट् (परोक्ष-भूते) Ātmanepadī, Frequentative - e.g. I had become more

	Singular	Dual	Plural
1p◦	बोभूयाञ्चक्रे *bobhavāñćakre*	बोभवाञ्चकृवहे *bobhavāñćakṛvahe*	बोभवाञ्चकृमहे *bobhavāñćakṛmahe*
2p◦	बोभुवाञ्चकृषे *bobhūvāñćakṛṣe*	बोभुवाञ्चक्राथे *bobhūvāñćakrāthe*	बोभुवाञ्चकृढ्वे *bobhūvāñćakṛḍhve*
3p◦	बोभुवाञ्चक्रे *bobhuvāñćakre*	बोभुवाञ्चक्राते *bobhuvāñćakrāte*	बोभुवाञ्चक्रिरे *bobhuvāñćakrire*

(4) Indefinite Past Tense : लुङ् (दूरवर्ति-भूते) Ātmanepadī, Frequentative e.g. I had become more

1p◦ अबोभूयिषि *abobhūyiṣi*	अबोभूयिष्वहि *abobhūyiṣvahi*	अबोभूयिष्महि *abobhūyiṣmahi*
2p◦ अबोभूयिष्ठाः *abobhūyiṣṭhāḥ*	अबोभूयिषाथाम् *abobhūyiṣāthām*	अबोभूयिध्वम् *abobhūyidhvam*
3p◦ अबोभूयिष्ट *abobhūyiṣṭa*	अबोभूयिषाताम् *abobhūyiṣātām*	अबोभूयिषत *abobhūyiṣat*

(5) Definite Future : लुट् (सामान्य-भविष्यति) Ātmanepadī, Frequentative - e.g. I will become more

1p◦ बोभूयिताहे *bobhūyitāhe*	बोभूयितास्वहे *bobhūyitāsvahe*	बोभूयितास्महे *bobhūyitāsmahe*
2p◦ बोभूयितासे *bobhūyitāse*	बोभूयितासाथे *bobhūyitāsāthe*	बोभूयिताध्वे *bobhūyitādhve*
3p◦ बोभूयिता *bobuhūyitā*	बोभूहितारौ *bobhūyitārau*	बोभूयितारः *bobhūyitāraḥ*

(6) Indefinite Future : लृट् (अपूर्ण-भविष्यति) Ātmanepadī, Frequentative, e.g. I will become more

1p◦ बोभूयिष्ये *bobhūyiṣye*	बोभूयिष्यावहे *bobhūyiṣyāsvahe*	बोभूयिष्यामहे *bobhūyiṣyāsmahe*
2p◦ बोभूयिष्यसे *bobhūyiṣyase*	बोभूयिष्येथे *bobhūyiṣyethe*	बोभूयिष्यध्वे *bobhūyiṣyadhve*
3p◦ बोभूयिष्यते *bobhūyiṣyate*	बोभूयिष्येते *bobhūyiṣyete*	बोभूयिष्यन्ते *bobhūyiṣyante*

(7) Conditional Mood : लृङ् (भविष्यति क्रियातिपत्तौ) Ātmanepadī, Frequentative, If I become more

1p◦	अबोभूयिष्ये *abobhūyiṣye*	अबोभूयिष्यावहि *abobhūyiṣyāvahi*	अबोभूयिष्यामहि *abobhūyiṣyāmahi*

2p∘ अबोभूयिष्यथा: *abobhūyiṣyathāḥ*	अबोभूयिष्येथाम् *abobhūyiṣyethām*	अबोभूयिष्यध्वम् *abobhūyiṣyadhvam*
3p∘ अबोभूयिष्यत *abobhūyiṣyata*	अबोभूयिष्येताम् *abobhūyiṣyetām*	अबोभूयिष्यन्त *abobhūyiṣyant*

(8) Imperative Mood लोट् (आज्ञार्थे; प्रश्नार्थे; विध्यादौ) Ātmanepadī, Frequ∘ I should become more!

Singular	Dual	Plural
1p∘ बोभूयै *bobhūyai*	बोभूयावहै *bobhūyāvahai*	बोभूयामहै *bobhūyāmahai*
2p∘ बोभूयस्व *bobhūyasva*	बोभूयेथाम् *bobhūyethām*	बोभूयध्वम् *bobhūyadhvam*
3p∘ बोभूयताम् *bobhūyatām*	बोभूयेताम् *bobhūyetām*	बोभूयन्ताम् *bobhūyantām*

(9) Potential or Subjunctive Mood विधिलिङ् (विध्यादौ) Ātmanepadī, Freq∘ I may become more

1p∘ बोभूयेय *bobhūyeya*	बोभूयेवहि *bobhūyevahi*	बोभूयेमहि *bobhūyemahi*
2p∘ बोभूयेथा: *bobhūyethāḥ*	बोभूयेयाथाम् *bobhūyeyāthām*	बोभूयेध्वम् *bobhūyedhvam*
3p∘ बोभूयेत *bobhūyeta*	बोभूयेयाताम् *bobhūyeyātām*	बोभूयेरन् *bobhūyeran*

(10) Benedictive or Optative Mood आशीर्लिङ् (आशिषि) Ātmane∘ Frequ∘ I should become more!

1p∘ बोभूयिषीय *bobhūyiṣīya*	बोभूयिषीवहि *bobhūyiṣīvahi*	बोभूयिषीमहि *bobhūyiṣīmahi*
2p∘ बोभूयिषीष्ठा: *bobhūyiṣīṣṭhāḥ*	बोभूयिषीयास्थाम् *bobhūyiṣīyāsthām*	बोभूयिषीढ्वम् *bobhūyiṣīḍhvam*
3p∘ बोभूयिषीष्ट *bobhūyiṣīṣṭa*	बोभूयिषीयास्ताम् *bobhūyiṣīyāstām*	बोभूयिषीरन् *bobhūyiṣīran*

(B)

THE PASSIVE VOICE

360 ĀTMANEPADI PASSIVE VERBS

(I) REGULAR ACTIONS

PASSIVE VOICE - ĀTMANEPADI

(1) Present Tense : लट् (सामान्य-वर्तमाने) Passive Voice - e.g. I become

	Singular	Dual	Plural
1p◦	भूये *bhūye*	भूयावहे *bhūyāvahe*	भूयामहे *bhūyāmahe*
2p◦	भूयसे *bhūyase*	भूयेथे *bhūyethe*	भूयध्वे *bhūyadhve*
3p◦	भूयते *bhūyate*	भूयेते *bhūyete*	भूयन्ते *bhūyante*

(2) Past Imperfect Tense : लङ् (अनद्यतन-भूते) Passive Voice - e.g. I became

	Singular	Dual	Plural
1p◦	अभूये *abhūye*	अभूयावहि *abhūyāvahi*	अभूयामहि *abhūyāmahi*
2p◦	अभूयथा: *abhūyathāḥ*	अभूयेथाम् *abhūyethām*	अभूयध्वम् *abhūyadhvam*
3p◦	अभूयत *abhūyata*	अभूयेताम् *abhūyetām*	अभूयन्त *abhūyanta*

(3) Perfect Past Tense : लिट् (परोक्ष-भूते) Passive Voice - e.g. I had become

1p◦	बभूवे *babhūve*	बभूविवहे *babhūvivahe*	बभूविमहे *babhūvimahe*
2p◦	बभूविषे *babhūviṣe*	बभूवाथे *babhūvāthe*	बभूविध्वे *babhūvidhve*
3p◦	बभूवे *babhūve*	बभूवाते *babhūvāte*	बभूविरे *babhūvire*

(4) Indefinite Past Tense : लुङ् (दूरवर्ति-भूते) Passive Voice - e.g. I had become

1p◦	अभविषि *abhaviṣi*	अभविष्वहि *abhaviṣvahi*	अभविष्महि *abhaviṣmahi*
2p◦	अभविष्ठा: *abhaviṣṭāḥ*	अभविषाथाम् *abhaviṣāthām*	अभविध्वम् *abhavidhvam*
3p◦	अभावि *abhāvi*	अभविषाताम् *abhaviṣātām*	अभविषत *abhaviṣata*

(5) Definite Future : लुट् (सामान्य-भविष्यति) Passive Voice - e.g. I will become

1p◦	भविताहे *bhavitāhe*	भवितास्वहे *bhavitāsvahe*	भवितास्महे *bhavitāsmahe*
2p◦	भवितासे *bhavitāse*	भवितासाथे *bhavitāsāthe*	भविताध्वे *bhavitādhve*
3p◦	भविता *bhavitā*	भवितारौ *bhavitārau*	भवितार: *bhavitāraḥ*

(6) Indefinite Future : लृट् (अपूर्ण-भविष्यति) Passive Voice - e.g. I shall become

1p◦ भविष्ये *bhaviṣye*	भविष्यावहे *bhaviṣyāvahe*	भविष्यामहे *bhaviṣyāmahe*
2p◦ भविष्यसे *bhaviṣyase*	भविष्येथे *bhaviṣyethe*	भविष्यध्वे *bhaviṣyadhve*
3p◦ भविष्यते *bhaviṣyate*	भविष्येते *bhaviṣyete*	भविष्यन्ते *bhaviṣyante*

(7) Conditional Mood : लृङ् (भविष्यति क्रियातिपत्तौ) Passive Voice - e.g. If I become

1p◦ अभविष्ये *abhaviṣye*	अभविष्यावहि *abhaviṣyāvahi*	अभविष्यामहि *abhaviṣyāmahi*
2p◦ अभविष्यथा: *abhaviṣyathāḥ*	अभविष्येथाम् *abhaviṣyethām*	अभविष्यध्वम् *abhaviṣyadhvam*
3p◦ अभविष्यत *abhaviṣyata*	अभविष्येताम् *abhaviṣyetām*	अभविष्यन्त *abhaviṣyanta*

(8) Imperative Mood : लोट् (आज्ञार्थे; प्रश्नार्थे; विध्यादौ) Passive Voice - e.g. May I become?

Singular	Dual	Plural
1p◦ भूयै *bhūyai*	भूयावहै *bhūyāvahai*	भूयामहै *bhūyāmahai*
2p◦ भूयस्व *bhūyasva*	भूयेथाम् *bhūyethām*	भूयध्वम् *bhūyadhvam*
3p◦ भूयताम् *bhūyatām*	भूयेताम् *bhūyetām*	भूयन्ताम् *bhūyantām*

(9) Potential or Subjunctive Mood : विधिलिङ् (विध्यादौ) Passive Voice - e.g. I may become

1p◦ भूयेय *bhūyeya*	भूयेवहि *bhūyevahi*	भूयेमहि *bhūyemahi*
2p◦ भूयेथा: *bhūyethāḥ*	भूयेयाथाम् *bhūyeyāthām*	भूयेध्वम् *bhūyedhvam*
3p◦ भूयेत *bhūyeta*	भूयेताम् *bhūyetām*	भूयेरन् *bhūyeran*

(10) Benedictive or Optative Mood : आशीर्लिङ् (आशिषि) Passive Voice - e.g. May I become!

1p◦ भविषीय *bhaviṣīya*	भविषीवहि *bhaviṣīvahi*	भविषीमहि *bhaviṣīmahi*
2p◦ भविषीष्ठा: *bhaviṣīṣṭhā*	भविषीयास्थाम् *bhaviṣīyāsthām*	भविषीध्वम् *bhaviṣīdhvam*
3p◦ भविषीष्ट *bhaviṣīṣṭa*	भविषीयास्ताम् *bhaviṣīyāstām*	भविषीरन् *bhaviṣīran*

Thus, the table continues for the Passive Voice, for Causative actions, desiderative actions and frequentive actions, as shown above for the Active voice.

CHAPTER 19

132 CHARTS of CASES

NOTE : "अचोन्त्यादि टि।" As said earlier, in any word, the group of characters from the last vowel to the end character of the word is called the टि of that word. For example : in the word राम, अ is the टि; in the word पयस्, अस् is the टि; in the word धनुस्, उस् is the टि and so on. The Case Charts are based on the टि of the words.

INDEX TO THE 132 CHARTS OF CASES

GROUP A : Words Ending in a Vowel

1. अ–कारान्त, आ–कारान्त शब्द

(1) **Masculine noun ending in** *(a)* **अ (राम)** Rāma (Gītā 10.31)

(2) **Neuter noun ending in** *(a)* **अ (वन)** forest

(3) **Masculine noun ending in** *(ā)* **आ (सोमपा)** Nectar drinker (Gītā 9.20)

(4) **Feminine noun ending in** *(ā)* **आ (माला)** necklace

2. इ–कारान्त, ई–कारान्त शब्द

(5) **Masculine noun ending in** *(i)* **इ (कवि)** poet (Gītā 10.39)

(7) **Feminine noun ending in** *(i)* **इ (मति)** mind (Gītā 6.36)

(8) **Masculine noun ending in** *(ī)* **ई (सुधी)** pundit

(9) **Feminine noun and adjective ending in** *(ī)* **ई (नदी)** river (Gītā 11.28)

3. उ–कारान्त, ऊ–कारान्त शब्द

(10) **Masculine noun ending in** *(u)* **उ (गुरु)** teacher (Gītā 2.5)

(11) **Neuter noun nad adjective ending in** *(u)* **उ (मधु)** honey

(12) **Feminine noun ending in** *(u)* **उ (धेनु)** cow (Gītā 10.28)

(13) **Masculine noun ending in** *(ū)* **ऊ (स्वभू)** brahmā

(14) Feminine noun ending in *(ū)* **ऊ (वधू)** bride

4. ऋ-कारान्त, ए-कारान्त शब्द

(15) Masculine noun ending in *(ṛ)* **ऋ (पितृ)** father (Gītā 1.26)

(16) Masculine noun and adjective ending in *(ṛ)* **ऋ (कर्तृ)** doer (Gītā 3.24)

(17) Neuter noun and adjective ending in *(ṛ)* **ऋ (धातृ)** supporter (Gītā 9.17)

(18) Feminine noun ending in *(ṛ)* **ऋ (मातृ)** mother (Gītā 9.17)

(19) Masculine noun ending in *(e)* **ए (से)** self starter

5. ऐ-कारान्त, ओ-कारान्त, औ-कारान्त शब्द

(20) Masculine and feminine noun ending in *(ai)* **ऐ (रै)** wealth

(21) Masculine and feminine noun ending in *(o)* **ओ (गो)** cow, bull (Gītā 5.18)

(22) MAsculine noun ending in *(au)***औ (ग्लौ)** moon

(23) Feminine noun ending in *(au)* **औ (नौ)** boat (Gītā 2.67)

GROUP B : Words Ending in a Consonant

6. क्-कारान्त, ख्-कारान्त शब्द

(24) Masculine and neuter noun ending in *(k)* **क् (शक्)** an able man

(25) Masculine noun ending in *(kh)* **ख् (लिख्)** a writer

(26) Neuter noun ending in *(kh)* **ख् (लिख्)** a writing tool

7. च्-कारान्त, छ्-कारान्त, ज्-कारान्त शब्द

(27) Feminine noun ending in *(ć)* **च् (वाच्)** speech (Gītā 2.42)

Masculine noun ending in *(ć)* **च् (सत्यवाच्)** truth speeker

(28) Masculine noun ending in *(j)* **ज् (राज्)** king

Masculine noun ending in *(j)* **ज् (वणिज्)** *merchant*

(29) Masculine noun ending in *(j)* **ज् (भृस्ज्)** roaster

(30) Neuter noun ending in *(j)* **ज् (ऊर्ज्)** power

(31) Feminine noun ending in *(j)* **ज् (स्रज्)** necklace

(32) Masculine noun ending in *(ñć)* **ञ्च् (प्राञ्च्)** East

(33) Masculine noun ending in *(ñj)* **ञ्ज् (खञ्ज्)** lame

8. त्-कारान्त, थ्-कारान्त शब्द

(34) **Masculine noun ending in** *(t)* **त् (मरुत्)** wind (Gītā 10.21)

(35) **Masculine adjective ending in** *(t)* **त् (भगवत्)** divine (Gītā 10.14)

(37) **Masculine participle ending in** *(t)* **त् (कुर्वत्)** while doing, doer (Gītā 4.21)

(38) **Neuter noun ending in** *(t)* **त् (जगत्)** world (Gītā 7.6)

(39) **Neuter adjective ending in** *(t)* **त् (महत्)** great (Gītā 1.14)

(40) **Feminine adjective ending in** *(t)* **त् (सरित्)** river

(41) **Masculine noun ending in** *(d)* **थ् (दधिमथ्)** churner

9. द्-कारान्त, ध्-कारान्त शब्द

(42) **Masculine noun ending in** *(d)* **द् (सुहृद्)** friend (Gītā 1.26)

(43) **Neuter noun ending in** *(d)* **द् (कुमुद्)** lotus

(44) **Feminine noun ending in** *(d)* **द् (ककुद्)** summit, peak

(45) **Masculine noun ending in** *(dh)* **ध् (बुध्)** knower

(46) **Feminine noun ending in** *(dh)* **ध् (क्षुध्)** hunger

10. न्-कारान्त, प्-कारान्त शब्द

(47) **Masculine noun and adjective ending in** *(an)* **न् (आत्मन्)** soul (Gītā 6.5)

(48) **Masculine noun ending in** *(an)* **न् (राजन्)** king (Gītā 1.2)

(49) **Neuter noun ending in** *(an)* **न् (कर्मन्)** deed (Gītā 2.49)

(50) **Feminine noun ending in** *(an)* **न् (सीमन्)** limit

(51) **Masculine noun ending in** *(in)* **इन् (शशिन्)** moon (Gītā 10.21)

(52) **Neuter adjective ending in** *(in)* **इन् (भाविन्)** future

(53) **Masculine and feminine noun ending in** *(p)* **प् (गुप्)** defender

Feminine nouns ending in *(p)* **प् (आप्)** water, Plural only (Gītā 2.23)

11. भ्-कारान्त, र्-कारान्त शब्द

(54) **Masculine and feminine noun ending in** *(bh)* **भ् (लभ्)** finder

(55) **Masculine noun ending in** *(r)* **र् (चर्)** mover (Gītā 13.15)

(56) **Neuter noun ending in** *(r)* **र् (वार्)** water

(57) **Feminine noun ending in** *(r)* र् (गिर्) speech (Gītā 10.25)

Feminine noun ending in *(r)* र् (पुर्) city, town

12. व्-कारान्त, श्-कारान्त, ष्-कारान्त शब्द

(58) **Feminine noun ending in** *(v)* व् (दिव्) sky (Gītā 9.20)

(59) **Masculine noun ending in** *(ś)* श् (नश्) ruin

Masculine noun ending in *(ś)* श् (विश्) merchant (Gītā 18.41)

(60) **Masculine adjective ending in** *(ś)* श् (मादृश्) like me

(61) **Neuter adjective ending in** *(ś)* श् (तादृश्) like that

(62) **Feminine noun ending in** *(ś)* श् (दिश्) direction (Gītā 6.13)

(63) **Feminine noun ending in** *(ś)* श् (निश्) night (Gītā 2.39)

(64) **Masculine noun ending in** *(ṣ)* ष् (द्विष्) a desirer

(65) **Masculine adjective ending in** *(ṣ)* ष् (चिकीर्ष्) a desirer

13. स्-कारान्त, ह्-कारान्त शब्द

(66) **Masculine noun ending in** *(s)* स् (चन्द्रमस्) moon (Gītā 15.12)

(67) **Masculine adjective ending in** *(s)* स् (श्रेयस्) better (Gītā 3.35)

(68) **Masculine adjective ending in** *(s)* ईयस् (गरीयस्) superior (Gītā 11.43)

(69) **Neuter noun ending in** *(s)* स् (पयस्) water, milk

(70) **Neuter noun ending in** *(us)* उस् (धनुस्) bow (Gītā 1.20)

(71) **Neuter adjective ending in** *(s)* स् (श्रेयस्) better (Gītā 1.31)

(72) **Neuter adjective ending in** *(īyas)* ईयस् (गरीयस्) superior (Gītā 2.6)

(73) **Feminine noun ending in** *(s)* स् (आशिस्) blessing

(74) **Feminine adjective ending in** *(īyas)* ईयस् (गरीयस्) superior

(75) **Masculine noun ending in** *(m̐s)* ंस् (पुंस्) man (Gītā 2.71)

(76) **Masculine noun ending in** *(h)* ह् (मुह्) charmer

(77) **Feminene noun ending in** *(h)* ह् (उपानह्) shoe

GROUP C : IRREGULAR WORDS

(78) Masculine noun ending in *(i)* **इ (सखि)** friend (Gītā 4.3)

(79) Masculine noun ending in *(i)* **इ (पति)** husband (Gītā 1.18)

(80) Neuter noun ending in *(i)* **इ (अक्षि)** eye (Gītā 13.14)

(81) Neuter noun ending in *(i)* **इ (दधि)** curd

(82) Neuter adjective ending in *(i)* **इ (शुचि)** pure, holy

(83) Feminine noun ending in *(ī)* **ई (स्त्री)** woman (Gītā 1.41)

(84) Feminine noun ending in *(ī)* **ई (स्त्री)** woman (Gītā 1.41)

(85) Feminine noun ending in *(ī)* **ई (लक्ष्मी)** Wealth

(86) Feminine noun ending in *(ū)* **ऊ (भू)** earth (Gītā 2.47)

(87) Masculine noun ending in *(s)* **स् (विद्वस्)** learned (Gītā 3.25)

(88) Masculine noun ending in *(in)* **इन् (पथिन्)** way (Gītā 6.38)

(89) Feminine noun ending in *(ā)* **आ (जरा)** old age (Gītā 2.13)

(90) Feminine noun ending in *(ā)* **आ (निशा)** night (Gītā 2.69)

(91) Feminine noun ending in *(ā)* **आ (नासिका)** nose (Gītā 6.13)

(92) Masculine noun ending in *(a)* **अ (पाद)** foot (Gītā 13.13)

(93) Neuter noun ending in *(a)* **अ (हृदय)** heart (Gītā 1.19)

(94) Neuter noun ending in *(a)* **अ (उदक)** water (Gītā 1.42)

(95) Masculine noun ending in *(a)* **अ (मास)** month (Gītā 10.35)

GROUP D : PRONOUNS

(96) First person, masculine feminine pronoun : I (अस्मद्) *asmaḍ*

(97) Second person, masculine feminine pronoun : You (युष्मद्) *yuṣmaḍ*

(98) Second person, honorific masculine pronoun : You (भवत्) (Gītā 1.8)

(99) Third person, masculine pronoun : away from the speaker : He (तद्) *taḍ*

(100) Third person, neuter pronoun : away from the speaker : That (तद्) *taḍ*

(101) Third person, pronoun : far away : That (त्यद्) *tyaḍ*

(102) Third person, feminine pronoun : away from the speaker : She (तद्) *taḍ*

(103) Relative masculine pronoun : Which (यद्) *yaḍ*

(104) Relative nueter pronoun : Which (यद्) *yaḍ*

(105) Relative femine pronoun : Which (यद्) *yaḍ*

(106) Relative masculine pronoun : near or at hand : This (इदम्) *idaṃ*

(107) Relative, neuter pronoun : near or at hand : This (इदम्) *idaṃ*

(108) Relative feminine pronoun : near or at hand : This (इदम्) *idaṃ*

(109) Relative masculine pronoun : near the speaker : This (एतद्) *etaḍ*

(110) Relative masculine pronoun : near the speaker : This (एतद्) *etaḍ*

(111) Relative feminine pronoun : near the speaker : This (एतद्) *etaḍ*

(112) Relative masculine pronoun : away from the speaker : That (अदस्) *adaṣ*

(113) Relative neuter pronoun : away from the speaker : That (अदस्) *adaṣ*

(114) Relative feminine pronoun : away from the speaker : That (अदस्) *adaṣ*

(115) Relative masculine pronoun : All (सर्व) *sarva*

(116) Relative neuter pronoun : All (सर्व) *sarva*

(117) Relative feminine pronoun : All (सर्व) *sarva*

(118) Interrogative masculine pronoun : (what, who?) (किम्) *kiṃ?*

(119) Interrogative neuter pronoun : (what, who?) (किम्?) *kiṃ?*

(120) Interrogative feminine pronoun : (what, who?) (किम्?) *kiṃ?*

(121) Quantitative pronoun : (As much यति, How much कति? That much तति)

(122) Dual pronoun : (Both उभ) *ubha*

(123) Relative masculine pronoun : Someone (कश्चित्) *kaṣ́ciṭ*

(124) Relative neuter pronoun : Someone (कश्चित्) *kaṣ́ciṭ*

(125) RELATIVE FEMININE PRONOUN : Someone (कश्चित्) *kaṣ́ciṭ*

GROUP E : NUMERICAL WORDS

(126) Numerical Adjective : ONE **(एक)**

(127) Numerical Adjective : TWO (द्वि)

(128) Numerical Adjective : THREE (त्रि)

(129) Numerical Adjective : FOUR (चतुर्)

(130) Numerical Adjectives : FIVE, SIX, SEVEN, EIGHT, NINE

(131) Neuter comparative एकतर One among two

(132) Neuter superlative एकतम One among many

GROUPS A, B, C, D, E

Group (A) M∘ F∘ N∘ NOUNS and ADJECTIVES ENDING IN VOWELS

(1) MASCULINE NOUN ENDING IN *(a)* अ (राम) Rāma (Gītā 10.31)

CASE–विभक्ति	Singular	Dual	Plural
(1st) Nominative -	रामः	रामौ	रामाः
(2nd) Accusative (to, what?)	रामम्	रामौ	रामान्
(3rd) Instrumental (with, by)	रामेण	रामाभ्याम्	रामैः
(4th) Dative (for, to)	रामाय	रामाभ्याम्	रामेभ्यः
(5th) Ablative (from, than)	रामात्	रामाभ्याम्	रामेभ्यः
(6th) Possessive (of)	रामस्य	रामयोः	रामाणाम्
(7th) Locative (in, on, at)	रामे	रामयोः	रामेषु
Vocative (address)	राम	रामौ	रामाः

Similarly : अंश, अग्नि, अघोर, अङ्क, अत्याचारा, अध्यापक, अनल, अनिल, अब्द, अर्थ, अश्व, आकाश, आचार्य, आदर, आदेश, आधार, आनन्द, आर्य, आश्रम, इतिहास, इन्दु, इन्द्र, ईश, उकुण (bed-bug), उपदेश, उपहार, उष्ट्र, ऊर्ज, ऋद्ध, एतन, एतादृश, ऐरावत, ओङ्कार, औत्पत्तिक, कक्ष, कर, कर्क, कर्ण, काक, काम, काल, किरण, किरीट, कीट, कुमार, कूप, कूर्म, कृष्ण, केशव, कैकेय, कोदण्ड, कोप, कौन्तेय, क्रम, क्रय, क्षण, क्षत्रिय, क्षय, खग, खण्ड, गज, गुण, ग्रह, ग्रास, गणेश, ग्रन्थ, ग्राम, घट, घाट, घोष, चक्र, चटक, चन्द्र, चम्पक, चाणक्य, चोर, छन्द, जन, जनक, जप, जय, जीव, ज्वर, झणत्कार, टिटिभ, ठक्कुर, डालिम, ढोल, तडाग, तर्क, तादृश, ताप, तार, तिमिर, तुषार, त्याग, त्रास, त्रिलोक, त्वादृश, थुत्कार, दंश, दण्ड, दन्त, दम, दशरथ, दास, दीप, दूत, देव, देश, दैत्य, द्रुम, द्वीप, धर्म, धूर्त, ध्रुव, ध्वंस, ध्वज, नकुल, नक्र, नख, नर, नाश, निग्रह, निदेश, नियम, निरोध, निलय,

निषाद, निसर्ग, नील, नूपुर, नृप, न्याय, न्यास, पट, पक्ष, पङ्क, पद, पर्वत, पराशर, पाण्डव, पाद, पामर, पारद, पाश, पिक, पिङ्गल, पीयूश, पुत्र, परुष, पोत, प्रकाश, प्रदेश, प्रश्न, प्रसाद, प्रहार, प्राण, प्राश, प्रासाद, प्रेक्षक, प्रौढ, फाल्गुन, बक, बाल, बालक, भक्त, भरत, भवादृश, भार्गव, भाव, भास, भीम, भ्रम, भ्रमर, भ्रूण, मत्कुण, मद, मनुष्य, मयूर, मत्स्य, मादृश, माधव, मुकुन्द, मृग, मेघ, मोहन, यत्न, यम, यादृश, युधिष्ठिर, युवक, योग, रंग, रण, रत्नाकर, रथ, रव, रस, राघव, रासभ, रोष, लक्ष्मण, लय, लिङ्ग, लोक, लोह, वत्स, वर्ण, वल्लभ, वात, वानर, विकल्प, वीर, वंश, वरुण, वृक, वृक्ष, वृषण, व्याघ्र, शब्द, शिव, शाक, शिष्य, शुक्र, शृगाल, श्याम, श्वशुर, षण्ढ, षाडव, संसर्ग, संसार, संस्कार, सङ्गम, सचिव, सदृश, समय, समुद्र, सिंह, सुत, सुर, सूर्य, सोम, स्वर, स्कंद, स्कंध, स्फटिक, स्यन्दन, स्वर, स्वर्ग, स्वेद, हंस, हर, हस्त, हास, हिन्दु, हीर, होम, ह्राद, etc.

(2) NEUTER NOUN ENDING IN *(a)* **अ (वन)** forest

(1st) Nominative -	वनम्	वने	वनानि
(2nd) Accusative (to, what?)	वनम्	वने	वनानि
(3rd) Instrumental (with, by)	वनेन	वनाभ्याम्	वनैः
(4th) Dative (for, to)	वनाय	वनाभ्याम्	वनेभ्यः
(5th) Ablative (from, than)	वनात्	वनाभ्याम्	वनेभ्यः
(6th) Possessive (of)	वनस्य	वनयोः	वनानाम्
(7th) Locative (in, on, at)	वने	वनयोः	वनेषु
Vocative (address)	वन	वने	वनानि

Similarly : अक्षर, अङ्ग, अज्ञान, अण्ड, अन्तराल, अपत्य, अमृत, अरण्य, अस्तित्व, अस्त्र, आनन, आसन, इन्दीवर, इन्धन, इन्द्रिय, ईक्षण, उच्चारण, उत्थापन, उद्धरण, औचित्य, ऊर्ण, ऋण, ऐक्य, ऐश्वर्य, कण्टक, कमल, कर्तन, कल्मष, कारण, कार्य, कुल, कुसुम, केन्द्र, कैतव, क्रमण, क्षण, क्षेत्र, खण्डन, गगन, गणित, गमन, गीत, गृह, गोमय, घर्षण, घृत, चरण, चरित्र, चलन, चित्र, चिन्तन, छत्र, छलन, छिद्र, जङ्गल, जनन, जल, ज्ञान, झष, टङ्क, डयन, ढाल, तन्त्र, तिलक, तुन्द, तृण, दमन, दर्शन, दशन, दान, दिन, दुःख, दुग्ध, दैन्य, दौत्य, द्वन्द्व, द्वार, द्वीप, धन, ध्वान्त, नक्षत्र, नख, नगर, नयन, नर्तन, निमन्त्रण, नृत्य, नेत्र, नैवेद्य, पट, पद्य, परोक्ष, पर्ण, पात्र, पाप, पीठ, पुष्प, पुस्तक, पूजन, पूरण, प्रमाण, फल, बन्धन, बल, बीज, भय, भारत, भूत, भोजन, भ्रमण, मन्थन, मस्तक, मित्र, मुख, मूल, यन्त्र, यान, यौवन, रक्त, रण, लक्ष, लग्न, ललाट, लवण, लोचन, लोह, वचन, वदन, वन्दन, व्रण, वादन, विश्व, वीर्य, वृन्द, शरीर, शष्प, शस्य, शास्त्र, सुख, सूत्र, सेवन, स्थान, स्वर्ण, हनन, हरिण, हवन, हिम, ह्रान etc.

(3) MASCULINE NOUN ENDING IN *(ā)* आ (सोमपा) Nectar drinker (Gītā 9.20)

(1st) Nominative -	सोमपा:	सोमपौ	सोमपा:
(2nd) Accusative (to, what?)	सोमपाम्	सोमपौ	सोमप:
(3rd) Instrumental (with, by)	सोमपा	सोमपाभ्याम्	सोमपाभि:
(4th) Dative (for, to)	सोमपे	सोमपाभ्याम्	गोपाभ्य:
(5th) Ablative (from, than)	गोप:	गोपाभ्याम्	सोमपाभ्य:
(6th) Possessive (of)	सोमप:	सोमपो:	सोमपाम्
(7th) Locative (in, on, at)	सोमपि	सोमपो:	सोमपासु
Vocative (address)	सोमपा:	सोमपौ	सोमपा:

Similarly : धूम्रपा, गोपा, प्राणदा, बलदा, विश्वपा, शङ्खध्मा, हाहा etc.

(4) FEMININE NOUN ENDING IN *(ā)* आ (माला) necklace

CASE–विभक्ति	Singular	Dual	Plural
(1st) Nominative -	माला	माले	माला:
(2nd) Accusative (to, what?)	मालाम्	माले	माला:
(3rd) Instrumental (with, by)	मालया	मालाभ्याम्	मालाभि:
(4th) Dative (for, to)	मालायै	मालाभ्याम्	मालाभ्य:
(5th) Ablative (from, than)	मालाया:	मालाभ्याम्	मालाभ्य:
(6th) Possessive (of)	मालाया:	मालयो:	मालानाम्
(7th) Locative (in, on, at)	मालायाम्	मालयो:	मालासु
Vocative (address)	माले	माले	माला:

Similarly : अक्का, अङ्गना, अम्बा, अहिंसा, आशा, इच्छ, उर्जा, उल्का, कथा, कन्या, कला, कृपा, कृष्णा, कौसल्या, क्षपा, क्षमा, चम्पा, चिन्ता, गंगा, गोपा, ग्रीवा, चञ्चला, चन्द्रिका, छाया, जाया, ज्ञानदा, ज्योत्स्ना, तारा, दया, दुर्गा, दोला, धारा, नासा, नासिका, निशा, पूजा, पृतना, प्रभा, प्रार्थना, बडवा, बाला, बालिका, भार्या, भाषा, माया, मुक्ता, यमुना, यशोदा, रक्षा, रमा, रसना, राधा, लज्जा, लता, ललना, वनिता, वसुधा, वाञ्छा, विद्या, वीणा, शाखा, शारदा, शाला, शिक्षा, शोभा, सन्ध्या, सभा,

सीता, सुमित्रा, स्वरदा, हिंसा etc.

(5) MASCULINE NOUN ENDING IN *(i)* इ (कवि) poet (Gītā 10.39)

(1st) Nominative -	कविः	कवी	कवयः
(2nd) Accusative (to, what?)	कविम्	कवी	कवीन्
(3rd) Instrumental (with, by)	कविना	कविभ्याम्	कविभिः
(4th) Dative (for, to)	कवये	कविभ्याम्	कविभ्यः
(5th) Ablative (from, than)	कवेः	कविभ्याम्	कविभ्यः
(6th) Possessive (of)	कवेः	कव्योः	कवीनाम्
(7th) Locative (in, on)	कवौ	कव्योः	कविषु
Vocative (address)	कवे	कवी	कवयः

Similarly : अतिथि, अधिपति, अन्तर्धि, अरि, असि, आदि, आधि, उदधि, उपाधि, ऋषि, कपि, गणपति, गिरि, ध्वनि, निधि, नीरधि, नृपति, पति, पाणि, प्रजापति, प्रभृति, बृहस्पति, भूपति, मणि, मरिचि, महीपति, मारुति, मुनि, यति, रघुपति, रवि, राशि, लक्ष्मीपति, वह्नि, विधि, विरञ्चि, व्याधि, श्रीपति, समाधि, सारथि, सुरपति, सेनापति, हरि, etc.

(6 A) NEUTER NOUN ENDING IN *(i)* इ (वारि) water

CASE–विभक्ति	Singular	Dual	Plural
(1st) Nominative -	वारि	वारिणी	वारीणि
(2nd) Accusative (to, what?)	वारि	वारिणी	वारीणि
(3rd) Instrumental (with, by)	वारिणा	वारिभ्याम्	वारिभिः
(4th) Dative (for, to)	वारिणे	वारिभ्याम्	वारिभ्यः
(5th) Ablative (from, than)	वारिणः	वारिभ्याम्	वारिभ्यः
(6th) Possessive (of)	वारिणः	वारिणोः	वारीणाम्
(7th) Locative (in, on)	वारिणि	वारिणोः	वारिषु
Vocative (address)	वारे, वारि	वारिणी	वारीणि

Similarly : अनादि, आदि, भूरि, शुचि, सुरभि etc.

NOTE : For अक्षि, अस्थि, दधि, सक्थि please see under "Irregular Words" अक्षि↓

(7) FEMININE NOUN ENDING IN *(i)* इ (मति) mind (Gītā 6.36)

(1st) Nominative -	मतिः	मती	मतयः
(2nd) Accusative (to, what?)	मतिम्	मती	मतीः
(3rd) Instrumental (with, by)	मत्या	मतिभ्याम्	मतिभिः
(4th) Dative (for, to)	मत्यै, मतये	मतिभ्याम्	मतिभ्यः
(5th) Ablative (from, than)	मत्याः, मतेः	मतिभ्याम्	मतिभ्यः
(6th) Possessive (of)	मत्याः, मतेः	मत्योः	मतीनाम्
(7th) Locative (in, on)	मत्याम्, मतौ	मत्योः	मतिषु
Vocative (address)	मते	मती	मतयः

Similarly : अनुमति, उन्नति, ऋद्धि, कान्ति, कीर्ति, केलि, कृति, कृषि, क्षान्ति, क्षिति, गति, गीति, छवि, जाति, धूलि, तिथि, दीप्ति, धृति, नीति, प्रकृति, बुद्धि, पङ्क्ति, प्रीति, भक्ति, भीति, भूति, भूमि, रात्रि, राशि, रीति, रुचि, वृष्टि, शक्ति, शुद्धि, स्मृति etc.

(8) MASCULINE NOUN ENDING IN *(ī)* ई (सुधी) pundit

(1st) Nominative -	सुधीः	सुधियौ	सुधियः
(2nd) Accusative (to, what?)	सुधियम्	सुधियौ	सुधियः
(3rd) Instrumental (with, by)	सुधिया	सुधिभ्याम्	सुधिभिः
(4th) Dative (for, to)	सुधियै	सुधिभ्याम्	सुधिभ्यः
(5th) Ablative (from, than)	सुधियः	सुधिभ्याम्	सुधिभ्यः
(6th) Possessive (of)	सुधियः	सुधियोः	सुधियाम्
(7th) Locative (in, on)	सुधियि	सुधियोः	सुधीषु
Vocative (address)	सुधीः	सुधियौ	सुधियः

Similarly : उन्नी, कुधी, कुशाग्रधी, ग्रामणी, पक्की, परमधी, प्रधी, मन्दधी, वपेतभी, शुद्धधी, शुष्की, सुधी, सेनानी, etc.

Note : In 7ht case : उन्याम्, ग्रामण्याम्, सेनान्याम्।

(9) FEMININE NOUN and ADJECTIVE ENDING IN *(ī)* ई (नदी) river (Gītā 11.28)

CASE–विभक्ति	Singular	Dual	Plural
(1st) Nominative -	नदी	नद्यौ	नद्यः
(2nd) Accusative (to, what?)	नदीम्	नद्यौ	नदीः
(3rd) Instrumental (with, by)	नद्या	नदीभ्याम्	नदीभिः
(4th) Dative (for, to)	नद्यै	नदीभ्याम्	नदीभ्यः
(5th) Ablative (from, than)	नद्याः	नदीभ्याम्	नदीभ्यः
(6th) Possessive (of)	नद्याः	नद्योः	नदीनाम्
(7th) Locative (in, on)	नद्याम्	नद्योः	नदीषु
Vocative (address)	नदि	नद्यौ	नद्यः

Similarly : अञ्जनी, अटवी, अनुसूची, अन्यादृशी, अभिनेत्री, अमूदृशी, अरुन्धती, अवाची, अस्मादृशी, आयुष्मती, ईदृशी, उदीची, एतादृशी, कनीयसी, कमलिनी, कर्त्री, कादम्बरी, कामिनी, कीदृशी, कुन्ती, कुपी, कुमारी, कैकेयी, कौमुदी, गरीयसी, गान्धारी, गायत्री, गुणवती, गृहिणी, गौरी, घटी, घोटी, चण्डी, जजनी, जनित्री, जानकी, ज्योतिष्मती, तन्त्री, तपस्विनी, तरंगिणी, तादृशी, तापी, त्यागिनी, त्रिलोकी, त्वादृशी, दमयन्ती, दासी, देवकी, देवी, द्रोणी, द्रौपदी, धीमती, नगरी, नटी, नन्दिनी, नलिनी, नारी, नीची, निर्मात्री, पाञ्चाली, पार्वती, पिण्डी, पुरी, पृथ्वी, पृथिवी, प्रतीची, प्राची, प्रेयसी, बुद्धिमती, भगवती, भगिनी, भवती, भवादृशी, भागिनी, भामिनी, भारती, भोगिनी, महती, मही, माद्री, मेधाविनी, यादृशी, युवती, युष्मादृशी, रजनी, राज्ञी, लघीयसी, लेखनी, वाणी, वापी, विधात्री, विपणि, विदुषी, विलासिनी, विवेकिनी, व्यतिरेकिनी, व्यभिचारिणी, व्यवसायिनी, व्यवहारिणी, शर्वरी, शालिनी, शिखरिणी, श्रीमती, शृङ्गिणी, श्रेणी, श्रोणी, समीची, सरस्वती, सुदर्शनी, सुन्दरी, सावित्री, स्वामिनी etc.

NOTE : For अवी, तरी, तन्त्री, धी, भी, सुश्री, स्तरी, ह्री, please see under "Irregular Words" श्री and लक्ष्मी↓

(10) MASCULINE NOUN ENDING IN *(u)* उ (गुरु) teacher (Gītā 2.5)

(1st) Nominative -	गुरुः	गुरू	गुरवः
(2nd) Accusative (to, what?)	गुरुम्	गुरू	गुरून्
(3rd) Instrumental (with, by)	गुरुणा	गुरुभ्याम्	गुरुभिः

(4th) Dative (for, to)	गुरवे	गुरुभ्याम्	गुरुभ्य:
(5th) Ablative (from, than)	गुरो:	गुरुभ्याम्	गुरुभ्य:
(6th) Possessive (of)	गुरो:	गुर्वो:	गुरूणाम्
(7th) Locative (in, on)	गुरौ	गुर्वो:	गुरुषु
Vocative (address)	गुरो	गुरू	गुरव:

Similarly : अघायु, आयु, इक्षु, ऊरु, ऋतु, कृशानु, पांशु, प्रभु, बन्धु, बाहु, भानु, मृत्यु, रिपु, रेणु, वायु, विधु, विष्णु, वेणु, शत्रु, शम्भु, शिशु, साधु, सानु, etc.

(11) NEUTER NOUN nad ADJECTIVE ENDING IN *(u)* उ (मधु) honey

CASE–विभक्ति	Singular	Dual	Plural
(1st) Nominative -	मधु	मधुनी	मधूनि
(2nd) Accusative (to, what?)	मधु	मधुनी	मधूनि
(3rd) Instrumental (with, by)	मधुना	मधुभ्याम्	मधुभि:
(4th) Dative (for, to)	मधुने	मधुभ्याम्	मधुभ्य:
(5th) Ablative (from, than)	मधुन:	मधुभ्याम्	मधुभ्य:
(6th) Possessive (of)	मधुन:	मधुनो:	मधूनाम्
(7th) Locative (in, on)	मधुनि	मधुनो:	मधुषु
Vocative (address)	मधो–मधु	मधुनी	मधूनि

Similarly : अम्बु, अश्रु, कटु, जतु, जत्रु, जानु, तालु, दारु, द्रु, पटु, मृदु, लघु, वसु, वस्तु, शीधु, श्मश्रु, सानु, etc.

(12) FEMININE NOUN ENDING IN *(u)* उ (धेनु) cow (Gītā 10.28)

(1st) Nominative -	धेनु:	धेनू	धेनव:
(2nd) Accusative (to, what?)	धेनुम्	धेनू	धेनू:
(3rd) Instrumental (with, by)	धेन्वा	धेनुभ्याम्	धेनुभि:
(4th) Dative (for, to)	धेन्वै	धेनुभ्याम्	धेनुभ्य:
(5th) Ablative (from, than)	धेनो:	धेनुभ्याम्	धेनुभ्य:

(6th) Possessive (of)	धेनोः	धेन्वोः	धेनूनाम्
(7th) Locative (in, on)	धेन्वाम्	धेन्वोः	धेनुषु
Vocative (address)	धेनो	धेनू	धनवः

Similarly : आखु, कन्दु, चञ्चु, तनु, रज्जु, रेणु, शतद्रु, हनु etc.

(13) MASCULINE NOUN ENDING IN *(ū)* ऊ (स्वभू) brahmā

(1st) Nominative -	स्वभूः	स्वभुवौ	स्वभुवः
(2nd) Accusative (to, what?)	स्वभुवम्	स्वभुवौ	स्वभुवः
(3rd) Instrumental (with, by)	स्वभुवा	स्वभुभ्याम्	स्वभुभिः
(4th) Dative (for, to)	स्वभुवे	स्वभुभ्याम्	स्वभुभ्यः
(5th) Ablative (from, than)	स्वभुवः	स्वभुभ्याम्	स्वभुभ्यः
(6th) Possessive (of)	स्वभुवः	स्वभुवोः	स्वभुवाम्
(7th) Locative (in, on)	स्वभुवि	स्वभुवोः	स्वभुषु
Vocative (address)	स्वभूः	स्वभुवौ	स्वभुवः

Similarly : अधिभू, अनाभू, खलपू, जितभू, प्रतिभू, मनोभू, लू, सुभ्रू, etc.

(14) FEMININE NOUN ENDING IN *(ū)* ऊ (वधू) bride

CASE-विभक्ति	Singular	Dual	Plural
(1st) Nominative -	वधूः	वध्वौ	वध्वः
(2nd) Accusative (to, what?)	वधूम्	वध्वौ	वधूः
(3rd) Instrumental (with, by)	वध्वा	वधूभ्याम्	वधूभिः
(4th) Dative (for, to)	वध्वै	वधूभ्याम्	वधूभ्यः
(5th) Ablative (from, than)	वध्वाः	वधूभ्याम्	वधूभ्यः
(6th) Possessive (of)	वध्वाः	वध्वोः	वधूनाम्
(7th) Locative (in, on)	वध्वाम्	वध्वोः	वधूषु
Vocative (address)	वधु	वध्वौ	वध्वः

Similarly : कर्कन्धू, चञ्चू, चमू, चम्पू, जम्बू, तनू, दृम्भू, भ्रू, रज्जू, श्वश्रू, etc.

(15) MASCULINE NOUN ENDING IN *(ṛ)* ऋ (पितृ) father (Gītā 1.26)

(1st) Nominative -	पिता	पितरौ	पितरः
(2nd) Accusative (to, what?)	पितरम्	पितरौ	पितॄन्
(3rd) Instrumental (with, by)	पित्रा	पितृभ्याम्	पितृभिः
(4th) Dative (for, to)	पित्रे	पितृभ्याम्	पितृभ्यः
(5th) Ablative (from, than)	पितुः	पितृभ्याम्	पितृभ्यः
(6th) Possessive (of)	पितुः	पित्रोः	पितॄणाम्
(7th) Locative (in, on)	पितरि	पित्रोः	पितृषु
Vocative (address)	पितः	पितरौ	पितरः

Similarly : जामातृ, देवृ, नृ, etc.

(16) MASCULINE NOUN and ADJECTIVE ENDING IN *(ṛ)* ऋ (कर्तृ) doer (Gītā 3.24)

CASE–विभक्ति	Singular	Dual	Plural
(1st) Nominative -	कर्ता	कर्तारौ	कर्तारः
(2nd) Accusative (to, what?)	कर्तारम्	कर्तारौ	कर्तॄन्
(3rd) Instrumental (with, by)	कर्त्रा	कर्तृभ्याम्	कर्तृभिः
(4th) Dative (for, to)	कर्त्रे	कर्तृभ्याम्	कर्तृभ्यः
(5th) Ablative (from, than)	कर्तुः	कतृभ्याम्	कर्तृभ्यः
(6th) Possessive (of)	कर्तुः	कर्त्रोः	कर्तॄणाम्
(7th) Locative (in, on)	कर्तरि	कर्त्रोः	कर्तृषु
Vocative (address)	कर्तः	कर्तारौ	कर्तारः

Similarly : कर्तृ, गन्तृ, जेतृ, त्वष्टृ, दातृ, द्रष्टृ, नप्तृ, नेतृ, पक्तृ, पठितृ, भर्तृ, भ्रातृ, वक्तृ, विमातृ, श्रोतृ, सवितृ, स्वसृ, होतृ, दातृ, रक्षितृ, सव्येष्टृ हर्तृ, etc.

(17) NEUTER NOUN and ADJECTIVE ENDING IN *(ṛ)* ऋ (धातृ) supporter (Gītā 9.17)

(1st) Nominative -	धातृ	धातृणी	धातॄणि

(2nd) Accusative (to, what?)	धातृ	धातृणी	धातॄणि
(3rd) Instrumental (with, by)	धात्रा	धातृभ्याम्	धातृभिः
(4th) Dative (for, to)	धात्रे	धातृभ्याम्	धातृभ्यः
(5th) Ablative (from, than)	धातुः	धातृभ्याम्	धातृभ्यः
(6th) Possessive (of)	धातुः	धात्रोः	धातॄणाम्
(7th) Locative (in, on)	धातरि	धात्रोः	धातृषु
Vocative (address)	धातृ–धातः	धातृणी	धातॄणि

Similarly : कर्तृ, नेतृ, etc.

(18) FEMININE NOUN ENDING IN *(ṛ)* ऋ (मातृ) mother (Gītā 9.17)

(1st) Nominative -	माता	मातरौ	मातरः
(2nd) Accusative (to, what?)	मातरम्	मातरौ	मातॄः
(3rd) Instrumental (with, by)	मात्रा	मातृभ्याम्	मातृभिः
(4th) Dative (for, to)	मात्रे	मातृभ्याम्	मातृभ्यः
(5th) Ablative (from, than)	मातुः	मातृभ्याम्	मातृभ्यः
(6th) Possessive (of)	मातुः	मात्रोः	मातॄणाम्
(7th) Locative (in, on)	मातरि	मात्रोः	मातृषु
Vocative (address)	मातः	मातरौ	मातरः

Similarly : दुहितृ, ननान्दृ, यातृ, etc.

(19) MASCULINE NOUN ENDING IN *(e)* ए (से) self starter

CASE–विभक्ति	Singular	Dual	Plural
(1st) Nominative -	सेः	सयौ	सयः
(2nd) Accusative (to, what?)	सयम्	सयौ	सयः
(3rd) Instrumental (with, by)	सया	सेभ्याम्	सेभिः
(4th) Dative (for, to)	सये	सेभ्याम्	सेभ्यः
(5th) Ablative (from, than)	सेः	सेभ्याम्	सेभ्यः

(6th) Possessive (of)	से:	सयो:	सयाम्
(7th) Locative (in, on)	सयि	सयो:	सेषु
Vocative (address)	से	सयौ	सय:

(20) MASCULINE AND FEMININE NOUN ENDING IN *(ai)* ऐ (रै) m◦ f◦ wealth

CASE–विभक्ति	Singular	Dual	Plural
(1st) Nominative -	रा:	रायौ	राय:
(2nd) Accusative (to, what?)	रायम्	रायौ	राय:
(3rd) Instrumental (with, by)	राया	राभ्याम्	राभि:
(4th) Dative (for, to)	राये	राभ्याम्	राभ्य:
(5th) Ablative (from, than)	राय:	राभ्याम्	राभ्य:
(6th) Possessive (of)	राय:	रायो:	रायाम्
(7th) Locative (in, on)	रायि	रायो:	रासु
Vocative (address)	रा:	रायौ	राय:

(21) MASCULINE AND FEMININE NOUN ENDING IN *(o)* ओ (गो) cow, bull (Gītā 5.18)

(1st) Nominative -	गौ:	गावौ	गाव:
(2nd) Accusative (to, what?)	गाम्	गावौ	गाव:
(3rd) Instrumental (with, by)	गवा	गोभ्याम्	गोभि:
(4th) Dative (for, to)	गवे	गोभ्याम्	गोभ्य:
(5th) Ablative (from, than)	गो:	गोभ्याम्	गोभ्य:
(6th) Possessive (of)	गो:	गवो:	गवाम्
(7th) Locative (in, on)	गवि	गवो:	गोषु
Vocative (address)	गौ:	गावौ	गाव:

Similarly : द्यो, etc.

(22) MASCULINE NOUN ENDING IN *(au)* औ (ग्लौ) moon

(1st) Nominative -	ग्लौः	ग्लावौ	ग्लावः
(2nd) Accusative (to, what?)	ग्लावम्	ग्लावौ	ग्लावः
(3rd) Instrumental (with, by)	ग्लावा	ग्लौभ्याम्	गौभिः
(4th) Dative (for, to)	ग्लावे	ग्लौभ्याम्	गौभ्यः
(5th) Ablative (from, than)	ग्लावः	ग्लौभ्याम्	गौभ्यः
(6th) Possessive (of)	ग्लावः	ग्लावोः	ग्लावाम्
(7th) Locative (in, on)	ग्लावि	ग्लावोः	ग्लौषु
Vocative (address)	ग्लौः	ग्लावौ	ग्लावः

(23) FEMININE NOUN ENDING IN *(au)* औ (नौ) boat (Gītā 2.67)

CASE-विभक्ति	Singular	Dual	Plural
(1st) Nominative -	नौः	नावौ	नावः
(2nd) Accusative (to, what?)	नावम्	नावौ	नावः
(3rd) Instrumental (with, by)	नावा	नौभ्याम्	नौभिः
(4th) Dative (for, to)	नावे	नौभ्याम्	नौभ्यः
(5th) Ablative (from, than)	नावः	नौभ्याम्	नौभ्यः
(6th) Possessive (of)	नावः	नावोः	नावाम्
(7th) Locative (in, on)	नावि	नावोः	नौषु
Vocative (address)	नौः	नावौ	नावः

Group (B) NOUNS and ADJECTIVES ENDING IN CONSONANTS

(24) MASCULINE and NEUTER NOUN ENDING IN *(k)* क् (शक्) an able man

(1st) Nominative -	शक्	शकौ	शकः
(2nd) Accusative (to, what?)	शकम्	शकौ	शकः
(3rd) Instrumental (with, by)	शका	शग्भ्याम्	शग्भिः
(4th) Dative (for, to)	शके	शग्भ्याम्	शग्भ्यः
(5th) Ablative (from, than)	शकः	शग्भ्याम्	शग्भ्यः
(6th) Possessive (of)	शकः	शकोः	शकाम्
(7th) Locative (in, on)	शकि	शकोः	शक्षु
Vocative (address)	शक्	शकौ	शकः

Similarly : भुक् etc.

(25) MASCULINE NOUN ENDING IN *(kh)* ख् (लिख्) a writer

CASE-विभक्ति	Singular	Dual	Plural
(1st) Nominative -	लिक्	लिखौ	लिखः
(2nd) Accusative (to, what?)	लिखम्	लिखौ	लिखः
(3rd) Instrumental (with, by)	लिखा	लिग्भ्याम्	लिग्भिः
(4th) Dative (for, to)	लिखे	लिग्भ्याम्	लिग्भ्यः
(5th) Ablative (from, than)	लिखः	लिग्भ्याम्	लिग्भ्यः
(6th) Possessive (of)	लिखः	लिखोः	लिखाम्
(7th) Locative (in, on)	लिखि	लिखोः	लिक्षु
Vocative (address)	लिक्	लिखौ	लिखः

Similarly : चित्रलिख्, etc.

(26) NEUTER NOUN ENDING IN *(kh)* ख् (लिख्) a writing tool

(1st) Nominative -	लिख्	लिखी	लिङ्खि

(2nd) Accusative (to, what?)	लिख्	लिखी	लिङ्खि
(3rd) Instrumental (with, by)	लिखा	लिग्भ्याम्	लिग्भिः
(4th) Dative (for, to)	लिखे	लिग्भ्याम्	लिग्भ्यः
(5th) Ablative (from, than)	लिखः	लिग्भ्याम्	लिग्भ्यः
(6th) Possessive (of)	लिखः	लिखोः	लिखाम्
(7th) Locative (in, on)	लिखि	लिखोः	लिक्षु
Vocative (address)	लिख्	लिखी	लिङ्खि

(27) FEMININE NOUN ENDING IN *(ć)* **च् (वाच्)** speech (Gītā 2.42)

MASCULINE NOUN ENDING IN *(ć)* **च् (सत्यवाच्)** truth speeker

(1st) Nominative -	(सत्य)वाक्	वाचौ	वाचः
(2nd) Accusative (to, what?)	वाचम्	वाचौ	वाचः
(3rd) Instrumental (with, by)	वाचा	वाग्भ्याम्	वाग्भिः
(4th) Dative (for, to)	वाचे	वाग्भ्याम्	वाग्भ्यः
(5th) Ablative (from, than)	वाचः	वाग्भ्याम्	वाग्भ्यः
(6th) Possessive (of)	वाचः	वाचोः	वाचाम्
(7th) Locative (in, on)	वाचि	वाचोः	वाक्षु
Vocative (address)	वाक्-वाग्	वाचौ	वाचः

Similarly : अपशुच्, असत्यवाच्, ऋच्, कटुवाच्, गवाच्, क्षीणरुच्, जलमुच्, त्वच्, घृतत्वच्, नष्टशुच्, रुच्, वारिमुच्, शुच्, etc.

(28) MASCULINE NOUN ENDING IN *(j)* **ज् (राज्)** king

***MASCULINE NOUN ENDING IN** (j)* **ज् (वणिज्)** *merchant*

CASE–विभक्ति	Singular	Dual	Plural
(1st) Nominative -	राट्–ड्	राजौ	राजः
(1st) Nominative -	*वणिक्–ग्*	*वणिजौ*	*वणिजः*
(2nd) Accusative (to, what?)	राजम्	राजौ	राजः

(3rd) Instrumental (with, by)	राजा	राड्भ्याम्	राड्भिः
(4th) Dative (for, to)	राजे	राड्भ्याम्	राड्भ्यः
(5th) Ablative (from, than)	राजः	राड्भ्याम्	राड्भ्यः
(6th) Possessive (of)	राजः	राजोः	राजाम्
(7th) Locative (in, on)	राजि	राजोः	राट्सु
Vocative (address)	राट्-राड्	राजौ	राजः

Similarly : ऋत्विज्, देवराज्, नागभुज, परिव्राज्, बलिभुज्, भिषज्, भूभुज्, विभ्राज्, विराज्, विश्वसृज्, सम्राज्, हतभुज् etc.

(29) MASCULINE NOUN ENDING IN *(j)* ज् (भृस्ज्) roaster

CASE–विभक्ति	Singular	Dual	Plural
(1st) Nominative -	भृट्-ड्	भृज्जौ	भृज्जः
(2nd) Accusative (to, what?)	भृज्जम्	भृज्जौ	भृज्जः
(3rd) Instrumental (with, by)	भृज्जा	भृड्भ्याम्	भृड्भिः
(4th) Dative (for, to)	भृज्जे	भृड्भ्याम्	भृड्भ्यः
(5th) Ablative (from, than)	भृज्जः	भृड्भ्याम्	भृड्भ्यः
(6th) Possessive (of)	भृज्जः	भृज्जोः	भृज्जाम्
(7th) Locative (in, on)	भृज्जि	भृज्जोः	भृट्सु-भृटत्सु
Vocative (address)	भृट्-राड्	भृज्जौ	भृज्जः

(30) NEUTER NOUN ENDING IN *(j)* ज् (ऊर्ज्) power

(1st) Nominative -	ऊर्क्-र्ग्	ऊर्जौ	ऊर्जः
(2nd) Accusative (to, what?)	ऊर्क्-र्ग्	ऊर्जौ	ऊर्जः
(3rd) Instrumental (with, by)	ऊर्जा	ऊर्ग्भ्याम्	ऊर्ग्भिः
(4th) Dative (for, to)	ऊर्जे	ऊर्ग्भ्याम्	ऊर्ग्भ्यः
(5th) Ablative (from, than)	ऊर्जः	ऊर्ग्भ्याम्	ऊर्ग्भ्यः
(6th) Possessive (of)	ऊर्जः	ऊर्जोः	ऊर्जाम्

(7th) Locative (in, on)	ऊर्जि	ऊर्जोः	ऊर्क्षु
Vocative (address)	ऊर्क्-र्ग्	ऊर्जौ	ऊर्जः

Similarly : असृज्, रुज्, स्रज्, etc.

(31) FEMININE NOUN ENDING IN *(j)* ज् (स्रज्) necklace

(1st) Nominative -	स्रक्-ग्	स्रजौ	स्रजः
(2nd) Accusative (to, what?)	स्रक्-ग्	स्रजौ	स्रजः
(3rd) Instrumental (with, by)	स्रजा	स्रग्भ्याम्	स्रग्भिः
(4th) Dative (for, to)	स्रजे	स्रग्भ्याम्	स्रग्भ्यः
(5th) Ablative (from, than)	स्रजः	स्रग्भ्याम्	स्रग्भ्यः
(6th) Possessive (of)	स्रजः	स्रजोः	स्रजाम्
(7th) Locative (in, on)	स्रजि	स्रजोः	स्रक्षु
Vocative (address)	स्रक्	स्रजौ	स्रजः

Similarly : ऋत्विज्, भिषज्, रुज्, वणिज् (speech), etc.

(32) MASCULINE NOUN ENDING IN *(ñć)* ञ्च् (प्राञ्च्) East

CASE–विभक्ति	Singular	Dual	Plural
(1st) Nominative -	प्राङ्	प्राञ्चौ	प्राञ्चः
(2nd) Accusative (to, what?)	प्राञ्चम्	प्राञ्चौ	प्राञ्चः
(3rd) Instrumental (with, by)	प्राचा	प्राङ्भ्याम्	प्राङ्भिः
(4th) Dative (for, to)	प्राचे	प्राङ्भ्याम्	प्राङ्भ्यः
(5th) Ablative (from, than)	प्राचः	प्राङ्भ्याम्	प्राङ्भ्यः
(6th) Possessive (of)	प्राचः	प्राञ्चोः	प्राञ्चाम्
(7th) Locative (in, on)	प्राचि	प्राञ्चोः	प्राङ्क्षु
Vocative (address)	प्राङ्	प्राञ्चौ	प्राञ्चः

Similarly : अञ्च्, अन्वञ्च्, अवाञ्च्, उदञ्च्, क्रुञ्च्, तिर्यञ्च्, प्रत्यञ्च्, प्राञ्च्, विश्वञ्च्, श्यञ्च्, सध्र्यञ्च्, सम्यञ्च्, etc.

(33) MASCULINE NOUN ENDING IN *(ñj)* **ञ्ज् (खञ्ज्)** lame

(1st) Nominative -	खन्	खञ्जौ	खञ्जः
(2nd) Accusative (to, what?)	खञ्जम्	खञ्जौ	खञ्जः
(3rd) Instrumental (with, by)	खञ्जा	खन्भ्याम्	खन्भिः
(4th) Dative (for, to)	खञ्जे	खन्भ्याम्	खन्भ्यः
(5th) Ablative (from, than)	खञ्जः	खन्भ्याम्	खन्भ्यः
(6th) Possessive (of)	खञ्जः	खञ्जोः	खञ्जाम्
(7th) Locative (in, on)	खञ्जि	खञ्जोः	खन्सु
Vocative (address)	खन्	खञ्जौ	खञ्जः

Similarly : रञ्ज्, etc.

(34) MASCULINE NOUN ENDING IN *(t)* **त् (मरुत्)** wind (Gītā 10.21)

(1st) Nominative -	मरुत्	मरुतौ	मरुतः
(2nd) Accusative (to, what?)	मरुतम्	मरुतौ	मरुतः
(3rd) Instrumental (with, by)	मरुता	मरुद्भ्याम्	मरुद्भिः
(4th) Dative (for, to)	मरुते	मरुद्भ्याम्	मरुद्भ्यः
(5th) Ablative (from, than)	मरुतः	मरुद्भ्याम्	मरुद्भ्यः
(6th) Possessive (of)	मरुतः	मरुतोः	मरुताम्
(7th) Locative (in, on)	मरुति	मरुतोः	मरुत्सु
Vocative (address)	मरुत्	मरुतौ	मरुतः

Similarly : भूभृत्, etc.

(35) MASCULINE ADJECTIVE ENDING IN *(t)* **त् (भगवत्)** divine (Gītā 10.14)

CASE–विभक्ति	Singular	Dual	Plural
(1st) Nominative -	भगवान्	भगवन्तौ	भगवन्तः
(2nd) Accusative (to, what?)	भगवन्तम्	भगवन्तौ	भगवतः

(3rd) Instrumental (with, by)	भगवता	भगवद्भ्याम्	भगवद्भिः
(4th) Dative (for, to)	भगवते	भगवद्भ्याम्	भगवद्भ्यः
(5th) Ablative (from, than)	भगवतः	भगवद्भ्याम्	भगवद्भ्यः
(6th) Possessive (of)	भगवतः	भगवतोः	भगवताम्
(7th) Locative (in, on)	भगवति	भगवतोः	भगवत्सु
Vocative (address)	भगवन्	भगवन्तौ	भगवन्तः

Similarly : अभिजनवत्, आयुष्मत्, ऊर्जस्वत्, गतवत्, गणिवत्, चक्षुष्मत्, जातिमत्, जाम्बुवत, ज्योतिष्मत्, देहवत्, द्रव्यवत्, धनवत्, धीमत्, परवत्, पुत्रवत्, प्रजावत्, प्रतापवत्, बलवत्, बुद्धिमत्, भानुमत्, भूतवत्, भ्रान्तिमत्, मणिमत्, माल्यवत्, मूर्तिमत्, यशस्वत्, लक्ष्मीवत्, वसुमत्, श्रीमत्, श्रुतिमत्, सरस्वत्, स्फूर्तिमत्, हनुमत् etc.

(37) MASCULINE PARTICIPLE ENDING IN *(t)* त् (कुर्वत्) while doing, doer (Gītā 4.21)

CASE–विभक्ति	Singular	Dual	Plural
(1st) Nominative -	कुर्वन्	कुर्वन्तौ	कुर्वन्तः
(2nd) Accusative (to, what?)	कुर्वन्तम्	कुर्वन्तौ	कुर्वतः
(3rd) Instrumental (with, by)	कुर्वता	कुर्वद्भ्याम्	कुर्वद्भिः
(4th) Dative (for, to)	कुर्वते	कुर्वद्भ्याम्	कुर्वद्भ्यः
(5th) Ablative (from, than)	कुर्वतः	कुर्वद्भ्याम्	कुर्वद्भ्यः
(6th) Possessive (of)	कुर्वतः	कुर्वतोः	कुर्वताम्
(7th) Locative (in, on)	कुर्वति	कुर्वतोः	कुर्वत्सु
Vocative (address)	कुर्वन्	कुर्वन्तौ	कुर्वन्तः

Similarly : अदत्, अवत्, क्रीणत्, खादत्, गृह्णत्, चरत्, चलत्, चोरयत्, घ्नत्, जयत्, जहत्, जानत्, जुह्वत्, तन्वत्, तरत्, तिष्ठत्, तुदत्, त्यजत्, ददत्, दमत्, दीव्यत्, धरत्, धावत्, नदत्, नयत्, पचत्, पठत्, पतत्, पश्यत्, पिबत्, बिभ्यत्, बिभ्रत्, भवत्, भात्, रक्षत्, रुन्धत्, लिखत्, वदत्, शासत्, शोचत्, श्रुण्वत्, सुन्वत्, etc.

(38) NEUTER NOUN ENDING IN *(t)* त् (जगत्) world (Gītā 7.6)

(1st) Nominative -	जगत्	जगती	जगन्ति

(2nd) Accusative (to, what?)	जगत्	जगती	जगन्ति
(3rd) Instrumental (with, by)	जगता	जगद्भ्याम्	जगद्भिः
(4th) Dative (for, to)	जगते	जगद्भ्याम्	जगद्भ्यः
(5th) Ablative (from, than)	जगतः	जगद्भ्याम्	जगद्भ्यः
(6th) Possessive (of)	जगतः	जगतोः	जगताम्
(7th) Locative (in, on)	जगति	जगतोः	जगत्सु
Vocative (address)	जगत्	जगती	जगन्ति

Similarly : पृषत्, यकृत्, विधत् (sky), शकृत्, हरित्, etc.

(39) NEUTER ADJECTIVE ENDING IN *(t)* त् (महत्) great (Gītā 1.14)

(1st) Nominative -	महत्	महती	महान्ति
(2nd) Accusative (to, what?)	महत्	महती	महान्ति
(3rd) Instrumental (with, by)	महता	महद्भ्याम्	महद्भिः
(4th) Dative (for, to)	महते	महद्भ्याम्	महद्भ्यः
(5th) Ablative (from, than)	महतः	महद्भ्याम्	महद्भ्यः
(6th) Possessive (of)	महतः	महतोः	महताम्
(7th) Locative (in, on)	महति	महतोः	महत्सु
Vocative (address)	महत्	महती	महान्ति

Similarly : गणवत्, श्रुतिमत्, etc.

(40) FEMININE ADJECTIVE ENDING IN *(t)* त् (सरित्) river

(1st) Nominative -	सरित्	सरितौ	सरितः
(2nd) Accusative (to, what?)	सरितम्	सरितौ	सरितः
(3rd) Instrumental (with, by)	सरिता	सरिद्भ्याम्	सरिद्भिः
(4th) Dative (for, to)	सरिते	सरिद्भ्याम्	सरिद्भ्यः
(5th) Ablative (from, than)	सरितः	सरिद्भ्याम्	सरिद्भ्यः
(6th) Possessive (of)	सरितः	सरितोः	सरिताम्

(7th) Locative (in, on)	सरिति	सरितोः	सरित्सु
Vocative (address)	सरित्	सरितौ	सरितः

Similarly : तडित्, योषित्, विद्युत्, हरित् (direction), etc.

(41) MASCULINE NOUN ENDING IN *(d)* थ् (दधिमथ्) churner

(1st) Nominative -	दधिमतद्	दधिमथौ	दधिमथः
(2nd) Accusative (to, what?)	दधिमथम्	दधिमथौ	दधिमथः
(3rd) Instrumental (with, by)	दधिमथा	दधिमद्भ्याम्	दधिमद्भिः
(4th) Dative (for, to)	दधिमथे	दधिमद्भ्याम्	दधिमद्भ्यः
(5th) Ablative (from, than)	दधिमथः	दधिमद्भ्याम्	दधिमद्भ्यः
(6th) Possessive (of)	दधिमथः	दधिमथोः	दधिमथाम्
(7th) Locative (in, on)	दधिमथि	दधिमथोः	दधिमत्सु
Vocative (address)	दधिमत्-द्	दधिमथौ	दधिमथः

(42) MASCULINE NOUN ENDING IN *(d)* द् (सुहृद्) friend (Gītā 1.26)

CASE-विभक्ति	Singular	Dual	Plural
(1st) Nominative -	सुहृद्	सुहृदौ	सुहृदः
(2nd) Accusative (to, what?)	सुहृदम्	सुहृदौ	सुहृदः
(3rd) Instrumental (with, by)	सुहृदा	सुहृद्भ्याम्	सुहृद्भिः
(4th) Dative (for, to)	सुहृदे	सुहृद्भ्याम्	सुहृद्भ्यः
(5th) Ablative (from, than)	सुहृदः	सुहृद्भ्याम्	सुहृद्भ्यः
(6th) Possessive (of)	सुहृदः	सुहृदोः	सुहृदाम्
(7th) Locative (in, on)	सुहृदि	सुहृदोः	सुहृत्सु
Vocative (address)	सुहृद्	सुहृदौ	सुहृदः

Similarly : अरुन्तुद्, गोत्रभिद्, तमोनुद्, दुर्हृद्, धर्मविद्, विधिवद्, सभासद्, सम्पद्, हृदतच्छिद्, etc.

(43) NEUTER NOUN ENDING IN *(d)* द् (कुमुद्) lotus

CASE–विभक्ति	Singular	Dual	Plural
(1st) Nominative -	कुमुद्	कुमुदी	कुमुन्दि
(2nd) Accusative (to, what?)	कुमुद्	कुमुदी	कुमुन्दि
(3rd) Instrumental (with, by)	कुमुदा	कुमुद्भ्याम्	कुमुद्भिः
(4th) Dative (for, to)	कुमुदे	कुमुद्भ्याम्	कुमुद्भ्यः
(5th) Ablative (from, than)	कुमुदः	कुमुद्भ्याम्	कुमुद्भ्यः
(6th) Possessive (of)	कुमुदः	कुमुदोः	कुमुदाम्
(7th) Locative (in, on)	कुमुदि	कुमुदोः	कुमुत्सु
Vocative (address)	कुमुद्	कुमुदौ	कुमुहृदः

Similarly : हृद्, etc.

(44) FEMININE NOUN ENDING IN *(d)* द् (ककुद्) summit, peak

CASE–विभक्ति	Singular	Dual	Plural
(1st) Nominative -	ककुत्	ककुदी	ककुन्दि
(2nd) Accusative (to, what?)	ककुत्	ककुदी	ककुन्दि
(3rd) Instrumental (with, by)	ककुदा	ककुद्भ्याम्	ककुद्भिः
(4th) Dative (for, to)	ककुदे	ककुद्भ्याम्	ककुद्भ्यः
(5th) Ablative (from, than)	ककुदः	ककुद्भ्याम्	ककुद्भ्यः
(6th) Possessive (of)	ककुदः	ककुदोः	ककुदाम्
(7th) Locative (in, on)	ककुदि	ककुदोः	ककुत्सु
Vocative (address)	ककुद्	ककुदौ	ककुदः

Similarly : आपद्, उपनिषद्, दृषद् (rock), परिषद्, प्रतिपद्, मृद्, विपद्, शरद्, संविद्, संसद् etc.

(45) MASCULINE NOUN ENDING IN *(dh)* ध् (बुध्) knower

(1st) Nominative -	भुत्-भुद्	बुधौ	बुधः
(2nd) Accusative (to, what?)	बुधम्	बुधौ	बुधः
(3rd) Instrumental (with, by)	बुधा	बुद्भ्याम्	बुद्भिः

(4th) Dative (for, to)	बुधे	क्षुद्भ्याम्	बुद्भ्यः
(5th) Ablative (from, than)	बुधः	बुद्भ्याम्	बुद्भ्यः
(6th) Possessive (of)	बुधः	बुधोः	बुधाम्
(7th) Locative (in, on)	बुधि	बुधोः	भुत्सु
Vocative (address)	भुत्-भुद्	बुधौ	क्षुधः

Similarly : रुध्, शुध्, सुयुध्, etc.

(46) FEMININE NOUN ENDING IN *(dh)* **ध् (क्षुध्)** hunger

(1st) Nominative -	क्षुत्-क्षुद्	क्षुधौ	क्षुधः
(2nd) Accusative (to, what?)	क्षुधम्	क्षुधौ	क्षुधः
(3rd) Instrumental (with, by)	क्षुधा	क्षुद्भ्याम्	क्षुद्भिः
(4th) Dative (for, to)	क्षुधे	क्षुद्भ्याम्	क्षुद्भ्यः
(5th) Ablative (from, than)	क्षुधः	क्षुद्भ्याम्	क्षुद्भ्यः
(6th) Possessive (of)	क्षुधः	क्षुधोः	क्षुधाम्
(7th) Locative (in, on)	क्षुधि	क्षुधोः	क्षुत्सु
Vocative (address)	क्षुत्-क्षुद्	क्षुधौ	क्षुधः

Similarly : क्रुध्, क्षुध्, युध्, वीरुध् (vine), समिध्, etc.

(47) MASCULINE NOUN and ADJECTIVE ENDING IN *(an)* **न् (आत्मन्)** soul (Gītā 6.5)

(1st) Nominative -	आत्मा	आत्मानौ	आत्मानः
(2nd) Accusative (to, what?)	आत्मानम्	आत्मानौ	आत्मनः
(3rd) Instrumental (with, by)	आत्मना	आत्मभ्याम्	आत्मभिः
(4th) Dative (for, to)	आत्मने	आत्मभ्याम्	आत्मभ्यः
(5th) Ablative (from, than)	आत्मनः	आत्मभ्याम्	आत्मभ्यः
(6th) Possessive (of)	आत्मनः	आत्मनोः	आत्मनाम्
(7th) Locative (in, on)	आत्मनि	आत्मनोः	आत्मसु

Vocative (address)	आत्मन्	आत्मानौ	आत्मन:

Similarly : अणिमन्, अध्वन्, अर्यमन्, अर्वन्, अश्मन्, अश्वत्थामन्, ऊष्मन्, कालिमन्, कृतवर्मन्, गरिमन्, तनिमन्, द्विजन्मन्, द्रढिमन्, परिमन्, पूषन्, ब्रह्मन्, भ्रशिमन्, मघवन्, महात्मन्, महिमन्, मूर्धन्, यज्वन्, युवन्, रक्तिमन्, राजन्, लघिमन्, वृत्रहन्, श्वन्, शुक्लिमन्, सुशर्मन्, etc.

(48) MASCULINE NOUN ENDING IN *(an)* न् (राजन्) king (Gītā 1.2)

(1st) Nominative -	राजा	राजानौ	राजान:
(2nd) Accusative (to, what?)	राजानम्	राजानौ	राज्ञ:
(3rd) Instrumental (with, by)	राज्ञा	राजभ्याम्	राजभि:
(4th) Dative (for, to)	राज्ञे	राजभ्याम्	राजभ्य:
(5th) Ablative (from, than)	राज्ञ:	राजभ्याम्	राजभ्य:
(6th) Possessive (of)	राज्ञ:	राज्ञो:	राज्ञाम्
(7th) Locative (in, on)	राज्ञि, राजनि	राज्ञो:	राजसु
Vocative (address)	राजन्	राजानौ	राजान:

Similarly : यज्वन्, ब्रह्मन्, वृत्रहन्, मघवन्, श्वन्, युवन्, अर्वन्, पथिन्, मूर्धन्, etc.

(49) NEUTER NOUN ENDING IN *(an)* न् (कर्मन्) deed (Gītā 2.49)

CASE–विभक्ति	Singular	Dual	Plural
(1st) Nominative -	कर्म	कर्मणी	कर्माणि
(2nd) Accusative (to, what?)	कर्म	कर्मणी	कर्माणि
(3rd) Instrumental (with, by)	कर्मणा	कर्मभ्याम्	कर्मभि:
(4th) Dative (for, to)	कर्मणे	कर्मभ्याम्	कर्मभ्य:
(5th) Ablative (from, than)	कर्मण:	कर्मभ्याम्	कर्मभ्य:
(6th) Possessive (of)	कर्मण:	कर्मणो:	कर्मणाम्
(7th) Locative (in, on)	कर्मणि	कर्मणो:	कर्मसु
Vocative (address)	कर्म	कर्मणी	कर्माणि

Similarly : उदन्, चर्मन्, जन्मन्, छद्मन्, दामन्, धामन्, नामन्, पर्वन्, ब्रह्मन्, भस्मन्, प्रेमन्, मर्मन्,

वर्त्मन्, वर्मन्, वेश्मन्, व्योमन, शर्मन्, श्लेष्मन्, सामन्, हेमन्, etc.

(50) FEMININE NOUN ENDING IN *(an)* न् (सीमन्) limit

(1st) Nominative -	सीमा	सीमानौ	सीमान:
(2nd) Accusative (to, what?)	सीमानम्	सीमानौ	सीम्न:
(3rd) Instrumental (with, by)	सीम्ना	सीमभ्याम्	सीमभि:
(4th) Dative (for, to)	सीम्ने	सीमभ्याम्	सीमभ्य:
(5th) Ablative (from, than)	सीम्न:	सीमभ्याम्	सीमभ्य:
(6th) Possessive (of)	सीम्न:	सीम्नो:	सीम्नाम्
(7th) Locative (in, on)	सीम्नि, सीमनि	सीम्नो:	सीमसु
Vocative (address)	सीमन्	सीमानौ	सीमन:

(51) MASCULINE NOUN ENDING IN *(in)* इन् (शशिन्) moon (Gītā 10.21)

CASE–विभक्ति	Singular	Dual	Plural
(1st) Nominative -	शशी	शशिनौ	शशिन:
(2nd) Accusative (to, what?)	शशिनम्	शशिनौ	शशिन:
(3rd) Instrumental (with, by)	शशिना	शशिभ्याम्	शशिभि:
(4th) Dative (for, to)	शशिने	शशिभ्याम्	शशिभ्य:
(5th) Ablative (from, than)	शशिन:	शशिभ्याम्	शशिभ्य:
(6th) Possessive (of)	शशिन:	शशिनो:	शशिनाम्
(7th) Locative (in, on)	शशिनि	शशिनो:	शशिषु
Vocative (address)	शशिन्	शशिनौ	शशिन:

Similarly : अनुजीविन्, अनुजन्मन्, अन्यायिन्, एकाकिन्, एषिन्, करिन्, कारिन्, केसरिन्, गणिन्, गमिन्, गुणिन्, गेहिन्, ग्रन्थिन्, घटिन्, चर्मिन्, जन्मिन्, छद्मिन्, तपस्विन्, तापिन्, तुण्डिन्, त्यागिन्, दंशिन, दण्डिन्, दर्शिन्, दुःखिन्, देहिन्, दोषिन्, द्वारिन्, द्वेषिन्, धनिन्, धन्विन्, धर्मिन्, ध्वजिन्, पक्षिन्, पतङ्गिन्, पताकिन्, पत्तिन्, पत्रिन्, पुथन्, पराशरिन्, परिमोषिन्, परिवर्तिन्, प्रकाशिन्, प्रत्ययिन्, प्राणिन्, भागिन्, भाविन्, भोगिन्, भ्रजिन्, मनस्विन्, मन्त्रिन्, पापिन्, मरीचिन्, मालिन्, मुण्डिन्, मेधाविन्, मौनिन्, यमिन्, योधिन्, योगिन्, लोपिन्, वशिन्, वाजिन्, विक्रयिन्, विजयिन्, विटपिन्, विराणिन्, विलासिन्, विवादिन्,

विवेकिन्, विषाणिन्, विषादिन्, विसारिन्, व्यतिरेकिन्, व्यभिचारिन्, व्यवसायिन्, व्यवहारिन्, व्यसनिन्, शल्किन्, शस्त्रिन्, शालिन्, शास्त्रिन्, शिखण्डिन्, शिखरिन्, शिखिन्, शिल्पिन्, शृङ्गिन्, शैलालिन्, शोषिन्, शौण्डिन्, श्वासिन्, संविभागिन्, संसर्पिन्, संसारिन्, सञ्चारिन्, सत्यवादिन्, समवायिन्, साक्षिन्, सादिन्, सुखिन्, सूचिन्, सेविन्, स्कविन्, स्तम्भिन्, स्तेयिन्, स्थायिन्, स्वामिन्, हस्तिन्, हेवाकिन, ह्रादिन्, ह्लादिन्, etc.

(52) NEUTER ADJECTIVE ENDING IN *(in)* इन् (भाविन्) future

(1st) Nominative	भावि	भाविनी	भावीनि
(2nd) Accusative (to, what?)	भावि	भाविनी	भावीनि
(3rd) Instrumental (with, by)	भाविना	भाविभ्याम्	भाविभिः
(4th) Dative (for, to)	भाविने	भाविभ्याम्	भाविभ्यः
(5th) Ablative (from, than)	भाविनः	भाविभ्याम्	भाविभ्यः
(6th) Possessive (of)	भाविनः	भाविनोः	भाविनाम्
(7th) Locative (in, on)	भाविनि	भाविनोः	भाविषु
Vocative (address)	भावि	भाविनी	भावीनि

Similarly : तेजस्विन्, मनोहारिन्, etc.

(53) MASCULINE AND FEMININE NOUN ENDING IN *(p)* प् (गुप्) defender

FEMININE NOUNS ENDING IN *(p)* प् (आप्) water, Plural only (Gītā 2.23)

(1st) Nominative -	गुप्-भ्	गुपौ	गुपः	आपः
(2nd) Accusative (to, what?)	गुपम्	गुपौ	गुपः	अपः
(3rd) Instrumental (with, by)	गुपा	गुब्भ्याम्	गुब्भिः	अद्भिः
(4th) Dative (for, to)	गुपे	गुब्भ्याम्	गुब्भ्यः	अद्भ्यः
(5th) Ablative (from, than)	गुपः	गुब्भ्याम्	गुब्भ्यः	अद्भ्यः
(6th) Possessive (of)	गुपः	गुपोः	गुपाम्	अपाम्
(7th) Locative (in, on)	गुपि	गुपोः	गुप्सु	अप्सु
Vocative (address)	गुप्-भ्	गुपौ	गुपः	आपः

Similarly : अनुष्टुप्, etc.

(54) MASCULINE AND FEMININE NOUN ENDING IN *(bh)* भ् (लभ्) finder

(1st) Nominative -	लभ्	लभौ	लभ:
(2nd) Accusative (to, what?)	लभम्	लभौ	लभ:
(3rd) Instrumental (with, by)	लभा	लग्भ्याम्	लग्भि:
(4th) Dative (for, to)	लभे	लग्भ्याम्	लग्भ्य:
(5th) Ablative (from, than)	लभ:	लग्भ्याम्	लग्भ्य:
(6th) Possessive (of)	लभ:	लभो:	लभाम्
(7th) Locative (in, on)	लभि	लभो:	लप्सु
Vocative (address)	लभ्	लभौ	लभ:

Similarly : ककुभ्, etc.

(55) MASCULINE NOUN ENDING IN *(r)* र् (चर्) mover (Gītā 13.15)

CASE–विभक्ति	Singular	Dual	Plural
(1st) Nominative -	चर्	चरौ	चर:
(2nd) Accusative (to, what?)	चरम्	चरौ	चर:
(3rd) Instrumental (with, by)	चरा	चर्भ्याम्	चर्भि:
(4th) Dative (for, to)	चरे	चर्भ्याम्	चर्भ्य:
(5th) Ablative (from, than)	चर:	चर्भ्याम्	चर्भ्य:
(6th) Possessive (of)	चर:	चरो:	चराम्
(7th) Locative (in, on)	चरि	चरो:	चर्षु
Vocative (address)	चर्	चरौ	चर:

Similarly : अनल, etc.

(56) NEUTER NOUN ENDING IN *(r)* र् (वार्) water

(1st) Nominative -	वा:	वारी	वारि

(2nd) Accusative (to, what?)	वा:	वारी	वारि
(3rd) Instrumental (with, by)	वारा	वार्भ्याम्	वार्भिः
(4th) Dative (for, to)	वारे	वार्भ्याम्	वार्भ्यः
(5th) Ablative (from, than)	वारः	वार्भ्याम्	वार्भ्यः
(6th) Possessive (of)	वारः	वारोः	वाराम्
(7th) Locative (in, on)	वारि	वारोः	वार्षु
Vocative (address)	वा:	वारी	वारि

(57) FEMININE NOUN ENDING IN *(r)* **र् (गिर्)** speech (Gītā 10.25)

FEMININE NOUN ENDING IN *(r)* **र् (पुर्)** city, town

(1st) Nominative -	गीः	गिरौ	गिरः
(1st) Nominative -	पूः	पुरौ	पुरः
(2nd) Accusative (to, what?)	गिरम्	गिरौ	गिरः
(3rd) Instrumental (with, by)	गिरा	गीर्भ्याम्	गीर्भिः
(4th) Dative (for, to)	गिरे	गीर्भ्याम्	गीर्भ्यः
(5th) Ablative (from, than)	गिरः	गीर्भ्याम्	गीर्भ्यः
(6th) Possessive (of)	गिरः	गिरोः	गिराम्
(7th) Locative (in, on)	गिरि	गिरोः	गीर्षु
Vocative (address)	गीः	गिरौ	गिरः

Similarly : धुर्, etc.

(58) FEMININE NOUN ENDING IN *(v)* **व् (दिव्)** sky (Gītā 9.20)

CASE-विभक्ति	Singular	Dual	Plural
(1st) Nominative -	द्यौः	दिवौ	दिवः
(2nd) Accusative (to, what?)	दिवम्	दिवौ	दिवः
(3rd) Instrumental (with, by)	दिवा	द्युभ्याम्	द्युभिः
(4th) Dative (for, to)	दिवे	द्युभ्याम्	द्युभ्यः

(5th) Ablative (from, than)	दिव:	द्युग्भ्याम्	द्युग्भ्य:
(6th) Possessive (of)	दिव:	दिवो:	दिवाम्
(7th) Locative (in, on)	दिवि	दिवो:	द्युषु
Vocative (address)	द्यौ:	दिवौ	दिव:

Similarly : अनल, etc.

(59) MASCULINE NOUN ENDING IN *(ś)* श् (नश्) ruin

MASCULINE NOUN ENDING IN *(ś)* श् (विश्) merchant (Gītā 18.41)

(1st) Nominative -	नक्-ग्	नशौ	नश:
(1st) Nominative -	विट्	विशौ	विश:
(2nd) Accusative (to, what?)	नशम्	नशौ	नश:
(3rd) Instrumental (with, by)	नशा	नग्भ्याम्	नग्भि:
(4th) Dative (for, to)	नशे	नग्भ्याम्	नग्भ्य:
(5th) Ablative (from, than)	नश:	नग्भ्याम्	नग्भ्य:
(6th) Possessive (of)	नश:	नशो:	नशाम्
(7th) Locative (in, on)	नशि	नशो:	नक्षु
Vocative (address)	नक्-ग्	नशौ	नश:

Similarly : अनल, etc.

(60) MASCULINE ADJECTIVE ENDING IN *(ś)* श् (मादृश्) like me

(1st) Nominative -	मादृक्	मादृशौ	मादृश:
(2nd) Accusative (to, what?)	मादृशम्	मादृशौ	मादृश:
(3rd) Instrumental (with, by)	मादृशा	मादृग्भ्याम्	मादृग्भि:
(4th) Dative (for, to)	मादृशे	मादृग्भ्याम्	मादृग्भ्य:
(5th) Ablative (from, than)	मादृश:	मादृग्भ्याम्	मादृग्भ्य:
(6th) Possessive (of)	मादृश:	मादृशो:	मादृशाम्

(7th) Locative (in, on)	मादृशि	मादृशोः	मादृक्षु

Similarly : अन्यादृश्, अमूदृश्, अस्मादृश्, ईदृश्, एतादृश्, कीदृश्, तादृश्, त्वादृश्, दोषस्पृश्, भवादृश्, यादृश्, युष्मादृश्, etc.

(61) NEUTER ADJECTIVE ENDING IN *(ś)* **श् (तादृश्)** like that

(1st) Nominative -	तादृक्	तादृशी	तादृंशी
(2nd) Accusative (to, what?)	तादृक्	तादृशी	तादृंशी

Rest of the Cases are like the Masculne Adjective shown above.

(62) FEMININE NOUN ENDING IN *(ś)* **श् (दिश्)** direction (Gītā 6.13)

(1st) Nominative -	दिक्-दिग्	दिशौ	दिशः
(2nd) Accusative (to, what?)	दिशम्	दिशौ	दिशः
(3rd) Instrumental (with, by)	दिशा	दिग्भ्याम्	दिग्भिः
(4th) Dative (for, to)	दिशे	दिग्भ्याम्	दिग्भ्यः
(5th) Ablative (from, than)	दिशः	दिग्भ्याम्	दिग्भ्यः
(6th) Possessive (of)	दिशः	दिशोः	दिशाम्
(7th) Locative (in, on)	दिशि	दिशोः	दिक्षु
Vocative (address)	दिक्-दिग्	दिशौ	दिशः

(63) FEMININE NOUN ENDING IN *(ś)* **श् (निश्)** night (Gītā 2.39)

(3rd) Instrumental (with, by)	निशा	निज्भ्याम्, निड्भ्याम्	निज्भिः, निड्भिः
(4th) Dative (for, to)	निशे	निज्भ्याम्, निड्भ्याम्	निज्भ्यः, निड्भ्यः
(5th) Ablative (from, than)	निशः	निज्भ्याम्, निड्भ्याम्	निज्भ्यः, निड्भ्यः
(6th) Possessive (of)	निशः	निशोः	निशाम्
(7th) Locative (in, on)	निशि	निशोः	निच्सु, निट्सु, निटत्सु

(64) MASCULINE NOUN ENDING IN *(ṣ)* **ष् (द्विष्)** a desirer

(1st) Nominative -	द्विट्	द्विषौ	द्विषः
(2nd) Accusative (to, what?)	द्विषम्	द्विषौ	द्विषः
(3rd) Instrumental (with, by)	द्विषा	द्विड्भ्याम्	द्विड्भिः
(4th) Dative (for, to)	द्विषे	द्विड्भ्याम्	द्विड्भ्यः
(5th) Ablative (from, than)	द्विषः	द्विड्भ्याम्	द्विड्भ्यः
(6th) Possessive (of)	द्विषः	द्विषोः	द्विषाम्
(7th) Locative (in, on)	द्विषः	द्विषोः	द्विट्सु
Vocative (address)	द्विट्	द्विषौ	द्विषः

Similarly : दधृष्, प्रावृष् etc.

(65) MASCULINE ADJECTIVE ENDING IN *(ṣ)* ष् (चिकीर्ष्) a desirer

(1st) Nominative -	चिकीः	चिकीर्षौ	चिकीर्षः
(2nd) Accusative (to, what?)	चिकीर्षम्	चिकीर्षौ	चिकीर्षः
(3rd) Instrumental (with, by)	चिकीर्षा	चिकीर्भ्याम्	चिकीर्भिः
(4th) Dative (for, to)	चिकीर्षे	चिकीर्भ्याम्	चिकीर्भ्यः
(5th) Ablative (from, than)	चिकीर्षः	चिकीर्भ्याम्	चिकीर्भ्यः
(6th) Possessive (of)	चिकीर्षः	चिकीर्षोः	चिकीर्षाम्
(7th) Locative (in, on)	चिकीर्षः	चिकीर्षोः	चिकीर्षु
Vocative (address)	चिकीः	चिकीर्षौ	चिकीर्षः

(66) MASCULINE NOUN ENDING IN *(s)* स् (चन्द्रमस्) moon (Gītā 15.12)

(1st) Nominative -	चन्द्रमाः	चन्द्रमसौ	चन्द्रमसः
(2nd) Accusative (to, what?)	चन्द्रमसम्	चन्द्रमसौ	चन्द्रमसः
(3rd) Instrumental (with, by)	चन्द्रमसा	चन्द्रमोभ्याम्	चन्द्रमोभिः
(4th) Dative (for, to)	चन्द्रमसे	चन्द्रमोभ्याम्	चन्द्रमोभ्यः
(5th) Ablative (from, than)	चन्द्रमसः	चन्द्रमोभ्याम्	चन्द्रमोभ्यः

(6th) Possessive (of)	चन्द्रमसः	चन्द्रमसोः	चन्द्रमसाम्
(7th) Locative (in, on)	चन्द्रमसि	चन्द्रमसोः	चन्द्रमःसु
Vocative (address)	चन्द्रमः	चन्द्रमसौ	चन्द्रमसः

Similarly : दिवौकस्, दुर्वासस्, प्रचेतस्, महातेजस्, महायशस्, महौजस्, वनौकस्, विशालवक्षस्, वेधस्, सुमनस्, etc.

Note : f∘ अप्सरस् declines like m∘ चन्द्रमस्

(67) MASCULINE ADJECTIVE ENDING IN *(s)* स् (श्रेयस्) better (Gītā 3.35)

(1st) Nominative -	श्रेयान्	श्रेयांसौ	श्रेयांसः
(2nd) Accusative (to, what?)	श्रेयांसम्	श्रेयांसौ	श्रेयसः
(3rd) Instrumental (with, by)	श्रेयसा	श्रेयोभ्याम्	श्रेयोभिः
(4th) Dative (for, to)	श्रेयसे	श्रेयोभ्याम्	श्रेयोभ्यः
(5th) Ablative (from, than)	श्रेयसः	श्रेयोभ्याम्	श्रेयोभ्यः
(6th) Possessive (of)	श्रेयसः	श्रेयसोः	श्रेयसाम्
(7th) Locative (in, on)	श्रेयसि	श्रेयसोः	श्रेयःसु
Vocative (address)	श्रेयान्	श्रेयांसौ	श्रेयांसः

Similarly : प्रेयस्, भूयस्, विद्वस्, etc.

(68) MASCULINE ADJECTIVE ENDING IN *(s)* ईयस् (गरीयस्) superior (Gītā 11.43)

CASE-विभक्ति	Singular	Dual	Plural
(1st) Nominative -	गरीयान्	गरीयांसौ	गरीयांसः
(2nd) Accusative (to, what?)	गरीयांसम्	गरीयांसौ	गरीयसः
(3rd) Instrumental (with, by)	गरीयसा	गरीयोभ्याम्	गरीयोभिः
(4th) Dative (for, to)	गरीयसे	गरीयोभ्याम्	गरीयोभ्यः
(5th) Ablative (from, than)	गरीयः	गरीयोभ्याम्	गरीयोभ्यः
(6th) Possessive (of)	गरीयः	गरीयसोः	गरीयसाम्
(7th) Locative (in, on)	गरीयसि	गरीयसोः	गरीयसु

Vocative (address)	गरीयन्	गरीयांसौ	गरीयांस:

Similarly : कनीयस्, प्रथीयस्, प्रेयस्, लघीयस्, etc.

(69) NEUTER NOUN ENDING IN *(s)* **स् (पयस्)** water, milk

(1st) Nominative -	पय:	पयसी	पयांसि
(2nd) Accusative (to, what?)	पय:	पयसी	पयांसि
(3rd) Instrumental (with, by)	पयसा	पयोभ्याम्	पयोभि:
(4th) Dative (for, to)	पयसे	पयोभ्याम्	पयोभ्य:
(5th) Ablative (from, than)	पयस:	पयोभ्याम्	पयोभ्य:
(6th) Possessive (of)	पयस:	पयसो:	पयसाम्
(7th) Locative (in, on)	पयसि	पयसो:	पय:सु
Vocative (address)	पय:	पयसी	पयांसि

Similarly : अम्भस्, अयस्, आगस्, उरस्, छन्दस्, तपस्, तमस्, तेजस्, नभस्, ज्योतिस्, बर्हिस्, मनस्, यशस्, रजस्, रोचिस्, वक्षस्, वचस्, वयस्, वासस्, शिरस्, सरस्, सर्पिस्, स्रोतस्, हविस्, etc.

(70) NEUTER NOUN ENDING IN *(us)* **उस् (धनुस्)** bow (Gītā 1.20)

(1st) Nominative -	धनु:	धनुषी	धनूंषि
(2nd) Accusative (to, what?)	धनु:	धनुषी	धनूंषि
(3rd) Instrumental (with, by)	धनुषा	धनुर्भ्याम्	धनुर्भि:
(4th) Dative (for, to)	धनुषे	धनुर्भ्याम्	धनुर्भ्य:
(5th) Ablative (from, than)	धनुष:	धनुर्भ्याम्	धनुर्भ्य:
(6th) Possessive (of)	धनुष:	धनुषो:	धनुषाम्
(7th) Locative (in, on)	धनुषि	धनुषो:	धनु:षु
Vocative (address)	धनु:	धनुषी	धनूंषि

Similarly : अरुस्, आयुस्, चक्षुस्, जनुस्, यजुस्, वपुस्, etc.

(71) NEUTER ADJECTIVE ENDING IN *(s)* **स् (श्रेयस्)** better (Gītā 1.31)

(1st) Nominative -	श्रेय:	श्रेयसी	श्रेयांसि
(2nd) Accusative (to, what?)	श्रेय:	श्रेयसी	श्रेयांसि
(3rd) Instrumental (with, by)	श्रेयसा	श्रेयोभ्याम्	श्रेयोभि:
(4th) Dative (for, to)	श्रेयसे	श्रेयोभ्याम्	श्रेयोभ्य:
(5th) Ablative (from, than)	श्रेयस:	श्रेयोभ्याम्	श्रेयोभ्य:
(6th) Possessive (of)	श्रेयस:	श्रेयसो:	श्रेयसाम्
(7th) Locative (in, on)	श्रेयसि	श्रेयसो:	श्रेय:सु
Vocative (address)	श्रेय:	श्रेयसी	श्रेयांसि

Similarly : प्रेयस्, भूयस्, etc.

(72) NEUTER ADJECTIVE ENDING IN *(īyas)* स् (गरीयस्) superior (Gītā 2.6)

(1st) Nominative -	गरीय:	गरीयांसौ	गरीयांसि
(2nd) Accusative (to, what?)	गरीय:	गरीयांसौ	गरीयांसि

Remaining same as masculine forms

Similarly : कनीयस्,लघीयस्, etc.

(73) FEMININE NOUN ENDING IN *(s)* स् (आशिस्) blessing

CASE–विभक्ति	Singular	Dual	Plural
(1st) Nominative -	आशी:	आशिषौ	आशिष:
(2nd) Accusative (to, what?)	आशिषम्	आशिषौ	आशिष:
(3rd) Instrumental (with, by)	आशिषा	आशीर्भ्याम्	आशीर्भि:
(4th) Dative (for, to)	आशिषे	आशीर्भ्याम्	आशीर्भ्य:
(5th) Ablative (from, than)	आशिष:	आशीर्भ्याम्	आशीर्भ्य:
(6th) Possessive (of)	आशिष:	आशिषो:	आशिषाम्
(7th) Locative (in, on)	आशिषि	आशिषो:	आशी:षु
Vocative (address)	आशी:	आशिषौ	आशिष:

(74) FEMININE ADJECTIVE ENDING IN *(īyass)* **ईयस् (गरीयस्)** superior

(1st) Nominative -	गरीयसी	गरीयांस्यौ	गरीयस्य:

Remaining same as masculine forms

(75) MASCULINE NOUN ENDING IN *(m̃s)* **न्स् (पुंस्)** man (Gītā 2.71)

(1st) Nominative -	पुमान्	पुमांसौ	पुमांस:
(2nd) Accusative (to, what?)	पुमांसम्	पुमांसौ	पुंस:
(3rd) Instrumental (with, by)	पुंसा	पुम्भ्याम्	पुम्भि:
(4th) Dative (for, to)	पुंसे	पुम्भ्याम्	पुम्भ्य:
(5th) Ablative (from, than)	पुंस:	पुम्भ्याम्	पुम्भ्य:
(6th) Possessive (of)	पुंस:	पुंसो:	पुंसाम्
(7th) Locative (in, on)	पुंसि	पुंसो:	पुंसु
Vocative (address)	पुमान्	पुमांसौ	पुमांस:

(76) MASCULINE NOUN ENDING IN *(h)* **ह् (मुह्)** charmer

(1st) Nominative -	मुक्-ग्	मुहौ	मुह:
(2nd) Accusative (to, what?)	मुहम्	मुहौ	मुह:
(3rd) Instrumental (with, by)	मुहा	मुग्भ्याम्	मुग्भि:
(4th) Dative (for, to)	मुहे	मुग्भ्याम्	मुग्भ्य:
(5th) Ablative (from, than)	मुह:	मुग्भ्याम्	मुग्भ्य:
(6th) Possessive (of)	मुह:	मुहो:	मुहाम्
(7th) Locative (in, on)	मुहि	मुहो:	मुक्षु, मुट्सु
Vocative (address)	मुक्-ग्	मुहौ	मुह:

(77) FEMINENE NOUN ENDING IN *(h)* **ह् (उपानह्)** shoe

(1st) Nominative -	उपानत्-द्	उपानहौ	उपानह:
(2nd) Accusative (to, what)	उपानहम्	उपानहौ	उपानह:

(3rd) Instrumental (with, by)	उपानहा	उपानद्भ्याम्	उपानद्भिः
(4th) Dative (for, to)	उपानहे	उपानद्भ्याम्	उपानद्भ्यः
(5th) Ablative (from, than)	उपानहः	उपानद्भ्याम्	उपानद्भ्यः
(6th) Possessive (of)	उपानहः	उपानहोः	उपानहाम्
(7th) Locative (in, on)	उपानहि	उपानहोः	उपानत्सु
Vocative (address)	उपानत्-द्	उपानहौ	उपानहः

Group (C) ECLENSIONS OF THE **IRREGULAR** WORDS

Note : The words that do not strictly follow the above given charts, are here classified as "Irregular Words." They include the words such as : अक्षि, गो, दिव्, पति, पथिन्, भू, लक्ष्मी, श्री, सखि, स्त्री, etc.

(78) MASCULINE NOUN ENDING IN *(i)* इ (सखि) friend (Gītā 4.3)

(1st) Nominative -	सखा	सखायौ	सखायः
(2nd) Accusative (to, what?)	सखायम्	सखायौ	सखीन्
(3rd) Instrumental (with, by)	सख्या	सखिभ्याम्	सखिभिः
(4th) Dative (for, to)	सख्ये	सखिभ्याम्	सखिभ्यः
(5th) Ablative (from, than)	सख्युः	सखिभ्याम्	सखिभ्यः
(6th) Possessive (of)	सख्युः	सख्योः	सखीनाम्
(7th) Locative (in, on)	सख्यौ	सख्योः	सखिषु
Vocative (address)	सखे	सखायौ	सखायः

(79) MASCULINE NOUN ENDING IN *(i)* इ (पति) husband (Gītā 1.18)

(3rd) Instrumental (with, by)	पत्या	पतिभ्याम्	पतिभिः
(4th) Dative (for, to)	पत्ये	पतिभ्याम्	पतिभ्यः
(5th) Ablative (from, than)	पत्युः	पतिभ्याम्	पतिभ्यः
(6th) Possessive (of)	पत्युः	पत्योः	पतीनाम्

(7th) Locative (in, on)	पत्यौ	पत्योः	पतिषु

(80) NEUTER NOUN ENDING IN *(i)* **इ (अक्षि)** eye (Gītā 13.14)

(3rd) Instrumental (with, by)	अक्ष्णा	अक्षिभ्याम्	अक्षिभिः
(4th) Dative (for, to)	अक्ष्णे	अक्षिभ्याम्	अक्षिभ्यः
(5th) Ablative (from, than)	अक्ष्णः	अक्षिभ्याम्	अक्षिभ्यः
(6th) Possessive (of)	अक्ष्णः	अक्ष्णोः	अक्ष्णाम्
(7th) Locative (in, on)	अक्ष्णि, अक्षणि	अक्ष्णोः	अक्षिषु

(81) NEUTER NOUN ENDING IN *(i)* **इ (दधि)** curd

CASE-विभक्ति	Singular	Dual	Plural
(1st) Nominative -	दधि	दधिनि	दधीनि
(2nd) Accusative (to, what?)	दधि	दधिनि	दधीनि
(3rd) Instrumental (with, by)	दध्ना	दधिभ्याम्	दधिभिः
(4th) Dative (for, to)	दध्ने	दधिभ्याम्	दधिभ्यः
(5th) Ablative (from, than)	दध्नः	दधिभ्याम्	दधिभ्यः
(6th) Possessive (of)	दध्नः	दध्नोः	दध्नाम्
(7th) Locative (in, on)	दधिनि	दध्नोः	दधिषु
Vocative (address)	दधि, दधे	दधिनि	दधीनि

(82) NEUTER ADJECTIVE ENDING IN *(i)* **इ (शुचि)** pure, holy

CASE-विभक्ति	Singular	Dual	Plural
(1st) Nominative -	शुचि	शुचिनी	शुचीनि
(2nd) Accusative (to, what?)	शुचि	शुचिनी	शुचिनि
(3rd) Instrumental (with, by)	शुचिना	शुचिभ्याम्	शुचिभिः
(4th) Dative (for, to)	शुचये, शचिने	शुचिभ्याम्	शुचिभ्यः
(5th) Ablative (from, than)	शुचेः, शुचिनः	शुचिभ्याम्	शुचिभ्यः

(6th) Possessive (of)	शुचेः, शुचिनः	शुच्योः, शुचिनोः	शुचीनाम्
(7th) Locative (in, on)	शुचौ, शुचिनि	शुच्योः, शुचिनोः	शुचिषु
Vocative (address)	शुचे, शुचि	शुचिनी	शुचीनि

Similarly : अस्थि, सक्थि etc.

(83) FEMININE NOUN ENDING IN *(ī)* ई (श्री) wealth (Gītā 10.34)

(1st) Nominative -	श्रीः	श्रियौ	श्रियः
(2nd) Accusative (to, what?)	श्रियम्	श्रियौ	श्रियः
(3rd) Instrumental (with, by)	श्रिया	श्रीभ्याम्	श्रीभिः
(4th) Dative (for, to)	श्रियै, श्रिये	श्रीभ्याम्	श्रीभ्यः
(5th) Ablative (from, than)	श्रियाः, श्रियः	श्रिभ्याम्	श्रीभ्यः
(6th) Possessive (of)	श्रियाः, श्रियः	श्रियोः	श्रियाम्, श्रीणाम्
(7th) Locative (in, on)	श्रियाम्, श्रियि	श्रियोः	श्रीषु
Vocative (address)	श्रीः	श्रियौ	श्रियः

(84) FEMININE NOUN ENDING IN *(ī)* ई (स्त्री) woman (Gītā 1.41)

(2nd) Accusative (to, what?)	स्त्रियम्, स्त्रीम्	स्त्रियौ	स्त्रीयः

Rest of the forms like श्री↑

(85) FEMININE NOUN ENDING IN *(ī)* ई (लक्ष्मी) Wealth

(1st) Nominative -	लक्ष्मीः	लक्ष्म्यौ	लक्ष्म्यः
(2nd) Accusative (to, what?)	लक्ष्मीम्	लक्ष्म्यौ	लक्ष्मीः
Vocative (address)	लक्ष्मि	लक्ष्म्यौ	लक्ष्म्यः

(86) FEMININE NOUN ENDING IN *(ū)* ऊ (भू) earth (Gītā 2.47)

(2nd) Accusative (to, what?)	भूवम्	भुवौ	भुवः
(4th) Dative (for, to)	भुवै, भुवे	भूभ्याम्	भूभ्यः
(5th) Ablative (from, than)	भुवाः, भुवः	भूभ्याम्	भूभ्यः

(6th) Possessive (of)	भुवाः, भुवः	भुवोः	भुवाम्, भूनाम्
(7th) Locative (in, on)	भुवाम्, भुवि	भुवोः	भूषु

(87) MASCULINE NOUN ENDING IN *(s)* स् (विद्वस्) learned (Gītā 3.25)

(1st) Nominative -	विद्वान्	विद्वांसौ	विद्वांसः
(2nd) Accusative (to, what?)	विद्वांसम्	विद्वांसौ	विदुषः
(3rd) Instrumental (with, by)	विदुषा	विद्वद्भ्याम्	विद्वद्भिः
(4th) Dative (for, to)	विदुषे	विद्वद्भ्याम्	विद्वद्भ्यः
(5th) Ablative (from, than)	विदुषः	विद्वद्भ्याम्	विद्वद्भ्यः
(6th) Possessive (of)	विदुषः	विदुषोः	विदुषाम्
(7th) Locative (in, on)	विदुषि	विदुषोः	विद्वत्सु
Vocative (address)	विद्वान्	विद्वांसौ	विद्वांसः

(88) MASCULINE NOUN ENDING IN *(in)* इन् (पथिन्) way (Gītā 6.38)

(1st) Nominative -	पन्थाः	पन्थानौ	पन्थानः
(2nd) Accusative (to, what?)	पन्थानम्	पन्थानौ	पथः
(3rd) Instrumental (with, by)	पथा	पथिभ्याम्	पथिभिः
(4th) Dative (for, to)	पथे	पथिभ्याम्	पथिभ्यः
(5th) Ablative (from, than)	पथः	पथिभ्याम्	पथिभ्यः
(6th) Possessive (of)	पथः	पथोः	पथाम्
(7th) Locative (in, on)	पथिः	पथोः	पथिषु
Vocative (address)	पन्थाः	पन्थानौ	पन्थानः

(89) FEMININE NOUN ENDING IN *(ā)* आ (जरा) old age (Gītā 2.13)

(1st) Nominative -	जरा	जरे, जरसौ	जराः, जरसः
(2nd) Accusative (to, what?)	जराम्, जरसम्	जरे, जरसौ	जराः, जरसः
(3rd) Instrumental (with, by)	जरया, जरसा	जराभ्याम्	जराभिः

(4th) Dative (for, to)	जरायै, जरसे	जराभ्याम्	जराभ्य:
(5th) Ablative (from, than)	जराया:, जरस:	जराभ्याम्	जराभ्य:
(6th) Possessive (of)	जराया:, जरस:	जरयो:, जरसो:	जराणाम्, जरसाम्
(7th) Locative (in, on)	जरायाम्, जरसि	जरयो:, जरसो:	जरासु
Vocative (address)	जरे	जरे, जरसौ	जरा:, जरस:

(90) FEMININE NOUN ENDING IN *(ā)* आ (निशा) night (Gītā 2.69)

(1st) Nominative -	निशा	निशे	निशा:
(2nd) Accusative (to, what?)	निशाम्	निशे	निशा:, निश:
(3rd) Instrumental (with, by)	निशया, निशा	निशाभ्याम्, निज्भ्याम्, निड्भ्याम्	निशाभि:, निज्भि:, निड्भि:
(4th) Dative (for, to)	निशायै, निशे	निशाभ्याम्, निज्भ्याम्, निड्भ्याम्	निशाभ्य:, निज्भ्य: निड्भ्य:
(5th) Ablative (from, than)	निशाया:, निश:	निशाभ्याम्, निज्भ्याम्, निड्भ्याम्	निशाभ्य:, निज्भ्य: निड्भ्य:
(6th) Possessive (of)	नशाया:, निश:	निशायो:, निशो:	निशानाम्, निशाम्
(7th) Locative (in, on)	निशायाम्, निशि	निशायो:, निशो:	निशासु, निच्सु, निट्सु, निटत्सु
Vocative (address)	निशा	निशे	निशा:

(91) FEMININE NOUN ENDING IN *(ā)* आ (नासिका) nose (Gītā 6.13)

(2nd) Accusative (to, what?)	नासिका	नासिके	नासिका:, नस:
(3rd) Instrumental (with, by)	नासिकया, नसा	नासिकाभ्याम्, नोभ्याम्	नासिकाभि:, नोभि:
(7th) Locative (in, on)	नास्किायाम्, नसि	नासिकयो:, नसो:	नासिकासु, न:सु, नस्सु

(92) MASCULINE NOUN ENDING IN *(a)* अ (पाद) foot (Gītā 13.13)

(2nd) Accusative (to, what?)	पादम्	पादौ	पादान्, पद:
(3rd) Instrumental (with, by)	पादेन, पदा	पादाभ्याम्, पद्भ्याम्	पादै:, पद्भि:
(7th) Locative (in, on)	पादे, पदि	पादयो:, पदो:	पदेषु, पत्सु

(93) NEUTER NOUN ENDING IN *(a)* अ (हृदय) heart (Gītā 1.19)

(2nd) Accusative (to, what?)	हृदयम्	हृदये	हृदयानि, हृन्दि
(3rd) Instrumental (with, by)	हृदयेन	हृदयाभ्याम्, हृद्भ्याम्	हृदयैः, हृद्भिः
(7th) Locative (in, on)	हृदये, हृदि	हृदयोः, हृदोः	हृदयेषु, हृत्सु

(94) NEUTER NOUN ENDING IN *(a)* **अ (उदक)** water (Gītā 1.42)

(2nd) Accusative (to, what?)	उदकम्	उदके	उदकानि, उदानि
(3rd) Instrumental (with, by)	उदकेन, उद्ना	उदकाभ्याम्, उद्भ्याम्	उदकैः, उदभिः
(7th) Locative (in, on)	उदके, उद्नि, उदनि	उदकयोः, उदोः	उदकेषु, उदसु

(95) MASCULINE NOUN ENDING IN *(a)* **अ (मास)** month (Gītā 10.35)

(2nd) Accusative (to, what?)	मासम्	मासौ	मासान्, मासः
(3rd) Instrumental (with, by)	मासेन, मासा	मासाभ्याम्, माभ्याम्	मासैः, माभिः
(7th) Locative (in, on)	मासे, मासि	मासयोः, मासोः	मासेषु, माःसु, मास्सु

Group (D) M∘ F∘ N∘ PRONOUNS

NOTE : Personal pronoun अस्मद् refers to a first person (m∘f∘n∘), युष्मद् to the second person (m∘f∘n∘) and तद् refers to a third person, genfer specific.

(96) FIRST PERSON, MASCULINE FEMININE PRONOUN : I (अस्मद्) *asmaḍ*

CASE–विभक्ति	Singular	Dual	Plural
(1st) Nominative	अहम्	आवाम्	वयम्
(2nd) Accusative (to, what?)	माम्, मा	आवाम् , नौ	अस्मान्, नः
(3rd) Instrumental (with, by)	मया	आवाभ्याम्	अस्माभिः
(4th) Dative (for, to)	मह्यम्, मे	आवाभ्याम्, नौ	अस्मभ्यः, नः
(5th) Ablative (from, than)	मत्	आवाभ्याम्	अस्मत्
(6th) Possessive (of)	मम, मे	आवयोः, नौ	अस्माकम्, नः
(7th) Locative (in, on, at)	मयि	आवयोः	अस्मासु

Pronouns derived from अस्मद् with छ, अण् and खञ् suffixes :

छ	m∘ (my) मदीय	m∘ (our) अस्मदीय	f∘ (my) मदीया	f∘ (our) अस्मदीया
अण्	m∘ (my) मामक	m∘ (our) आस्मक	f∘ (my) मामिका	f∘ (our) आस्माकी
खञ्	m∘ (my) मामकीन	m∘ (our) आस्माकीन	f∘ (my) मामकीना	f∘ (our) आस्माकीना

(97) SECOND PERSON, MASCULINE FEMININE PRONOUN : You (युष्मद्) *yuṣmaḍ*

(1st) Nominative	त्वम्	युवाम्	यूयं
(2nd) Accusative (to, what?)	त्वाम्, त्वा	युवाम्, वां	युष्मान्, वः
(3rd) Instrumental (with, by)	त्वया	युवाभ्यां	युष्माभिः
(4th) Dative (for, to)	तुभ्यम्, ते	युवाभ्या, वां	युष्मभ्यः, वः
(5th) Ablative (from, than)	त्वत्	युवाभ्यां	युष्मत्
(6th) Possessive (of)	तव, ते	युवयोः, वां	युष्माकं, वः
(7th) Locative (in, on, at)	त्वयि	युवयोः	युष्मासु

Pronouns derived from युष्मद् with छ, अण् and खञ् suffixes :

छ	m∘ (your)	त्वदीय	m∘ (pl∘)	युष्मदीय	f∘ (your)	त्वदीया	f∘ (pl∘)	युष्मदीया
अण्	m∘ (your)	तावक	m∘ (pl∘)	यौष्माक	f∘ (your)	तावकी	f∘ (pl∘)	यौष्माकी
खञ्	m∘ (your)	तावकीन	m∘ (pl∘)	यौष्माकीण	f∘ (your)	तावकीना	f∘ (pl∘)	यौष्माकीणा

(98) SECOND PERSON, HONORIFIC MASCULINE PRONOUN : You (भवत्) (Gītā 1.8)

(1st) Nominative	भवान्	भवन्तौ	भवन्त:
(2nd) Accusative (to, what?)	भवन्तम्	भवन्तौ	भवत:
(3rd) Instrumental (with, by)	भवता	भवद्भ्याम्	भवद्भि:
(4th) Dative (for, to)	भवते	भवद्भ्याम्	भवद्भ्य:
(5th) Ablative (from, than)	भवत:	भवद्भ्याम्	भवद्भ्य:
(6th) Possessive (of)	भवत:	भवतो:	भवताम्
(7th) Locative (in, on, at)	भवति	भवतो:	भवत्सु
Vocative (address)	भवन्	भवन्तौ	भवन्त:

Similarly : तावत्, महत्, यावत्, etc.

NOTE : Honorific Feminine Pronoun (भवती) you, will decline like (नदी) shown above

(99) THIRD PERSON, MASCULINE PRONOUN : away from the speaker : He (तद्) *taḍ*

(1st)	Nominative	स:	तौ	ते
(2nd)	Accusative (to, what?)	तम्	तौ	तान्
(3rd)	Instrumental (with, by)	तेन	ताभ्याम्	तै:
(4th)	Dative (for, to)	तस्मै	ताभ्याम्	तेभ्य:
(5th)	Ablative (from, than)	तस्मात्	ताभ्याम्	तेभ्य:
(6th)	Possessive (of)	तस्य	तयो:	तेषाम्
(7th)	Locative (in, on, at)	तस्मिन्	तयो:	तेषु

(100) THIRD PERSON, NEUTER PRONOUN : away from the speaker : That (तद्) *taḍ*

(1st)	Nominative	तत्-तद्	ते	तानि
(2nd)	Accusative (to, what?)	तत्-तद्	ते	तानि

The rest is same as MASCULINE↑

(101) THIRD PERSON, PRONOUN : far away : That (त्यद्) *tyaḍ*

(1st) Nominative

Masculine	स्य:	त्यौ	त्ये
Neuter	स्या	त्ये	त्या:
Feminine	त्यत्	त्ये	त्यानि

The rest is same as (तद्) *taḍ*↑

(102) THIRD PERSON, FEMININE PRONOUN : away from the speaker : She (तद्) *taḍ*

(1st)	Nominative	सा	ते	ता:
(2nd)	Accusative (to, what?)	ताम्	ते	ता:
(3rd)	Instrumental (with, by)	तया	ताभ्याम्	ताभि:
(4th)	Dative (for, to)	तस्यै	ताभ्याम्	ताभ्य:
(5th)	Ablative (from, than)	तस्या:	ताभ्याम्	ताभ्य:
(6th)	Possessive (of)	तस्या:	तयो:	तासाम्
(7th)	Locative (in, on, at)	तस्याम्	तयो:	तासु

(103) RELATIVE MASCULINE PRONOUN : Which (यद्) *yaḍ*

(1st)	Nominative	य:	यौ	ये
(2nd)	Accusative (to, what?)	यम्	यौ	यान्
(3rd)	Instrumental (with, by)	येन	याभ्याम्	यै:
(4th)	Dative (for, to)	यस्मै	याभ्याम्	येभ्य:
(5th)	Ablative (from, than)	यस्मात्	याभ्याम्	येभ्य:
(6th)	Possessive (of))	यस्य	ययो:	येषाम्

(7th)	Locative (in, on, at)	यस्मिन्	ययो:	येषु

(104) RELATIVE NUETER PRONOUN : Which (यद्) *yaḍ*

(1st)	Nominative	यत्-यद्	ये	यानि
(2nd)	Accusative (to, what?)	यत्-यद्	ये	यानि

The rest is same as MASCULINE↑

(105) RELATIVE FEMINE PRONOUN : Which (यद्) *yaḍ*

(1st)	Nominative	या	ये	या:
(2nd)	Accusative (to, what?)	याम्	ये	या:
(3rd)	Instrumental (with, by)	यया	याभ्याम्	याभि:
(4th)	Dative (for, to)	यस्यै	याभ्याम्	याभ्य:
(5th)	Ablative (from, than)	यस्या:	याभ्याम्	याभ्य:
(6th)	Possessive (of)	यस्या:	ययो:	यासाम्
(7th)	Locative (in, on, at)	यस्याम्	ययो:	यासु

PLASE REMBER : Pronoun (i) इदम् refers to a thing at hand,

(ii) एतद् refersto the one still nearer,

(iii) अदस् refers to a thing at a distance, and

(iv) तद् refers to the the third person that is absent.

इस्मस्तु सन्निकृष्टं समीपतरवर्ति चैतरो रूपम्।
अदस्तु विप्रकृष्टं तदिति परोक्षे विजानियात्।।

(106) RELATIVE MASCULINE PRONOUN : near or at hand : This (इदम्) *idaṃ*

(1st)	Nominative	अयम्	इमौ	इमे
(2nd)	Accusative (to, what?)	इमम्, एनम्	इमौ, एनौ	इमान्, एनान्
(3rd)	Instrumental (with, by)	अनेन	आभ्याम्	एभि:
(4th)	Dative (for, to)	अस्मै	आभ्याम्	एभ्य:

(5th)	Ablative (from, than)	अस्मात्	आभ्याम्	एभ्यः
(6th)	Possessive (of)	अस्य	अनयोः	एषाम्
(7th)	Locative (in, on, at)	अस्मिन्	अनयोः	एषु

(107) RELATIVE, NEUTER PRONOUN : near or at hand : This (इदम्) *idam*

(1st)	Nominative	इदम्	इमे	इमानि
(2nd)	Accusative (to, what?)	इदम्	इमे	इमानि

The rest is same as MASCULINE↑

(108) RELATIVE FEMININE PRONOUN : near or at hand : This (इदम्) *idam*

(1st)	Nominative	इयम्	इमे	इमाः
(2nd)	Accusative (to, what?)	इमाम्, एनाम्	इमे, एने	इमाः, एनाः
(3rd)	Instrumental (with, by)	अनया, एनया	आभ्याम्	आभिः
(4th)	Dative (for, to)	अस्यै	आभ्याम्	आभ्यः
(5th)	Ablative (from, than)	अस्याः	आभ्याम्	आभ्यः
(6th)	Possessive (of)	अस्याः	अनयोः	आसाम्
(7th)	Locative (in, on, at)	अस्याम्	अनयोः	आसु

(109) RELATIVE MASCULINE PRONOUN : near the speaker : This (एतद्) *etad*

(1st)	Nominative	एषः	एतौ	एते
(2nd)	Accusative (to, what?)	एतम्, एनम्	एतौ, एनौ	एतान्, एनान्
(3rd)	Instrumental (with, by)	एतेन, एनेन	एताभ्याम्	एतैः
(4th)	Dative (for, to)	एतस्मै	एताभ्याम्	एतेभ्यः
(5th)	Ablative (from, than)	एतस्मात्	एताभ्याम्	एतेभ्यः
(6th)	Possessive (of)	एतस्य	एतयोः	एतेषाम्
(7th)	Locative (in, on, at)	एतस्मिन्	एतयोः	एतेषु

(110) <u>RELATIVE MASCULINE PRONOUN</u> : near the speaker : This (एतद्) *etaḍ*

(1st)	Nominative	एतत्	एते	एतानि
(2nd)	Accusative (to, what?)	एतत्, एनत्	एते, एने	एतानि, एनानि

The rest is same as MASCULINE↑

(111) <u>RELATIVE FEMININE PRONOUN</u> : near the speaker : This (एतद्) *etaḍ*

(1st)	Nominative	एषा	एते	एता:
(2nd)	Accusative (to, what?)	एताम्, एनाम्	एते, एन्	एता:, एना:
(3rd)	Instrumental (with, by)	एतया	एताभ्याम्	एताभि:
(4th)	Dative (for, to)	एतस्यै	एताभ्याम्	एताभ्य:
(5th)	Ablative (from, than)	एतस्या:	एताभ्याम्	एताभ्य:
(6th)	Possessive (of)	एतस्या:	एतयो:	एतासां
(7th)	Locative (in, on, at)	एतस्याम्	एतयो:	एतासु

(112) <u>RELATIVE MASCULINE PRONOUN</u> : away from the speaker : That (अदस्) *adaṣ*

(1st)	Nominative	असौ	अमू	अमी
(2nd)	Accusative (to, what?)	अमूम्	अमू	अमून्
(3rd)	Instrumental (with, by)	अमुना	अमूभ्याम्	अमीभि:
(4th)	Dative (for, to)	अमुष्मै	अमूभ्याम्	अमीभ्य:
(5th)	Ablative (from, than)	अमुष्मात्	अमूभ्याम्	अमीभ्य:
(6th)	Possessive (of)	अमुष्य	अमुयो:	अमीषाम्
(7th)	Locative (in, on, at)	अमुष्मिन्	अमुयो:	अमीषु

(113) <u>RELATIVE NEUTER PRONOUN</u> : away from the speaker : That (अदस्) *adaṣ*

(1st)	Nominative	अद:	अमू	अमूनि
(2nd)	Accusative (to, what?)	अद:	अमू	अमूनि

The rest is same as MASCULINE↑

(114) RELATIVE FEMININE PRONOUN : away from the speaker : That (अदस्) *adaṣ*

(1st)	Nominative	असौ	अमू	अमू:
(2nd)	Accusative (to, what?)	अमूम्	अमू	अमू:
(3rd)	Instrumental (with, by)	अमुया	अमूभ्याम्	अमूभि:
(4th)	Dative (for, to)	अमुष्यै	अमूभ्याम्	अमूभ्य:
(5th)	Ablative (from, than)	अमुष्या:	अमूभ्याम्	अमूभ्य:
(6th)	Possessive (of)	अमुष्या:	अमुयो:	अमूषाम्
(7th)	Locative (in, on, at)	अमुष्याम्	अमुयो:	अमुषु

(115) RELATIVE MASCULINE PRONOUN : All (सर्व) *sarva*

CASE-विभक्ति	Singular	Dual	Plural
(1st) Nominative -	सर्व:	सर्वौ	सर्वे
(2nd) Accusative (to, what?)	सर्वम्	सर्वौ	सर्वान्
(3rd) Instrumental (with, by)	सर्वेण	सर्वाभ्याम्	सर्वै:
(4th) Dative (for, to)	सर्वस्मै	सर्वाभ्याम्	सर्वेभ्य:
(5th) Ablative (from, than)	सर्वस्मात्	सर्वाभ्याम्	सर्वेभ्य:
(6th) Possessive (of)	सर्वस्य	सर्वयो:	सर्वेषाम्
(7th) Locative (in, on)	सर्वस्मिन्	सर्वयो:	सर्वेषु
Vocative	सर्व	सर्वौ	सर्वे

Similarly : अन्तर (inner, closer, outer), अन्यत् (another, second), अन्यतर (the one that has been referred), इतर (other, else), कतम (which one among many?), कतर (which one among two?), ततम (that one among the many), ततर (that one among the two), यतम (the one among many), यतर (the one among the two), etc. Also, अधर (the one below), अपर (other), अवर (the one after, later), उत्तर, दक्षिण, पर (other, other than this), पूर्व (earlier), etc.

NOTE : Alternate case inflections for the pronoun पूर्व are (i) Nominative Plural : पूर्वे, पूर्वा: (ii) Ablative पूर्वात्, पूर्वस्मात् and Locative Singular : पूर्वे, पूर्वस्मिन् ।

(116) RELATIVE NEUTER PRONOUN : All (सर्व) *sarva*

(1st)	सर्वम्	सर्वे	सर्वाणि
(2nd)	सर्वम्	सर्वे	सर्वाणि

The rest is same as MASCULINE↑

(117) RELATIVE FEMININE PRONOUN : All (सर्व) *sarva*

(1st) Nominative -	सर्वा	सर्वे	सर्वाः
(2nd) Accusative (to, what?)	सर्वाम्	सर्वे	सर्वाः
(3rd) Instrumental (with, by)	सर्वया	सर्वाभ्याम्	सर्वाभिः
(4th) Dative (for, to)	सर्वस्यै	सर्वाभ्याम्	सर्वाभ्यः
(5th) Ablative (from, than)	सर्वस्याः	सर्वाभ्याम्	सर्वाभ्यः
(6th) Possessive (of)	सर्वस्याः	सर्वयोः	सर्वासाम्
(7th) Locative (in, on)	सर्वस्याम्	सर्वयोः	सर्वासु
Vocative	सर्वे	सर्वे	सर्वाः

(118) INTERROGATIVE MASCULINE PRONOUN : (what, who?) (किम्) *kiṃ?*

CASE–विभक्ति	Singular	Dual	Plural
(1st) Nominative -	कः	कौ	के
(2nd) Accusative (to, what?)	कम्	कौ	कान्
(3rd) Instrumental (with, by)	केन	काभ्याम्	कैः
(4th) Dative (for, to)	कस्मै	काभ्याम्	केभ्यः
(5th) Ablative (from, than)	कस्मात्	काभ्याम्	केभ्यः
(6th) Possessive (of)	कस्य	कयोः	केषाम्
(7th) Locative (in, on, at)	कस्मिन्	कयोः	केषु

(119) INTERROGATIVE NEUTER PRONOUN : (what, who?) (किम्?) *kiṃ?*

(1st)	Nominative	किम्	के	कानि
(2nd)	Accusative (to, what?)	किम्	के	कानि

The rest is same as MASCULINE↑

(120) INTERROGATIVE FEMININE PRONOUN : (what, who?) (किम्?) *kim?*

(1st) Nominative -	का	के	काः
(2nd) Accusative (to, what?)	काम्	के	काः
(3rd) Instrumental (with, by)	कया	काभ्याम्	काभिः
(4th) Dative (for, to)	कस्यै	काभ्याम्	काभ्यः
(5th) Ablative (from, than)	कस्याः	काभ्याम्	काभ्यः
(6th) Possessive (of)	कस्याः	कयोः	कासाम्
(7th) Locative (in, on)	कस्याम्	कयोः	कासु

(121) QUANTITATIVE PRONOUN : (As much यति, How much कति? That much तति)

(M∘F∘N∘) ALWAYS PLURAL	As much यति	How much कति?	That much तति
(1st) Nominative -	कति	यति	तति
(2nd) Accusative (to, what?)	कति	यति	तति
(3rd) Instrumental (with, by)	कतिभि	यतिभि	ततिभि
(4th) Dative (for, to)	कतिभ्यः	यतिभ्यः	ततिभ्यः
(5th) Ablative (from, than)	कतिभ्यः	यतिभ्यः	ततिभ्यः
(6th) Possessive (of)	कतीनाम्	यतीनाम्	ततीनाम्
(7th) Locative (in, on)	कतिषु	यतिषु	ततिषु

(122) DUAL PRONOUN : (Both उभ) *ubha*

ALWAYS DUEL	MASCULINE	NEUTRE	HEMININEт
(1st) Nominative -	उभौ	उभे	उभे
(2nd) Accusative (to, what?)	उभौ	उभे	उभे

(3rd) Instrumental (with, by)	उभाभ्याम्	उभाभ्याम्	उभाभ्याम्
(4th) Dative (for, to)	उभाभ्याम्	उभाभ्याम्	उभाभ्याम्
(5th) Ablative (from, than)	उभाभ्याम्	उभाभ्याम्	उभाभ्याम्
(6th) Possessive (of)	उभयो:	उभयो:	उभयो:
(7th) Locative (in, on)	उभयो:	उभयो:	उभयो:

(123) RELATIVE MASCULINE PRONOUN : Someone (कश्चित्) *kaṣćiṭ*

(1st) Nominative -	कश्चित्	कौचित्	केचित्
(2nd) Accusative (to, what?)	कञ्चित्	कौचित्	कांश्चित्
(3rd) Instrumental (with, by)	केनचित्	काभ्याञ्चित्	कैश्चित्
(4th) Dative (for, to)	कस्मैचित्	काभ्याञ्चित्	केभ्यश्चित्
(5th) Ablative (from, than)	कस्माश्चित्	काभ्याञ्चित्	केभ्यश्चित्
(6th) Possessive (of)	कस्यचित्	कयोश्चित्	केषाञ्चित्
(7th) Locative (in, on)	कस्मिंश्चित्	कयोश्चित्	केषुचित्

(124) RELATIVE NEUTER PRONOUN : Someone (कश्चित्) *kaṣćiṭ*

(1st) किञ्चित् केचित् कानिचित्

(2nd) किञ्चित् कचिेत् कानिचित् The rest is same as MASCULINE↑

(125) RELATIVE FEMININE PRONOUN : Someone (कश्चित्) *kaṣćiṭ*

(1st) Nominative -	काचित्	केचित्	काश्चित्
(2nd) Accusative (to, what?)	काञ्चित्	केचित्	काशित्
(3rd) Instrumental (with, by)	कयाचित्	काभ्यांचित्	काभिश्चित्
(4th) Dative (for, to)	कस्यैचित्	काभ्यांचित्	काभ्याश्चित्
(5th) Ablative (from, than)	कस्याश्चित्	काभ्यांचित्	काभ्याश्चित्
(6th) Possessive (of)	कस्याश्चित्	कयोश्चित्	कासाञ्चित्
(7th) Locative (in, on)	कस्यांञ्चित्	कयोश्चित्	कासुचित्

Group (E) NUMERICAL DJECTIVES

(126) Numerical Adjective : ONE (एक)

Always Singular

CASE	Masculine	Neuter	Feminine
(1st)	एक:	एकम्	एका
(2nd)	एकम्	एकम्	एकाम्
(3rd)	एकेन	एकेन	एकया
(4th)	एकस्मै	एकस्मै	एकस्यै
(5th)	एकस्मात्	एकस्मात्	एकस्या:
(6th)	एकस्य	एकस्य	एकस्या:
(7th)	एकस्मिन्	एकस्मिन्	एकस्याम्
(Voc)	एक	एके	एक

(127) Numerical Adj∘ : TWO (द्वि)

Always Dual

Masculine	Neuter	Feminine
द्वौ	द्वे	द्वे
द्वौ	द्वे	द्वे
द्वाभ्याम्	द्वाभ्याम्	द्वाभ्याम्
द्वाभ्याम्	द्वाभ्याम्	द्वाभ्याम्
द्वाभ्याम्	द्वाभ्याम्	द्वाभ्याम्
द्वयो:	द्वयो:	द्वयो:
द्वयो:	द्वयो:	द्वयो:
द्वौ	द्वे	द्वे

(128) Numerical Adjective : THREE (त्रि)

Always Plural

CASE	Masculine	Neuter	Feminine
(1st)	त्रय:	त्रीणि	तिस्र:
(2nd)	त्रीन्	त्रीणि	तिस्र:
(3rd)	त्रिभि:	त्रिभि:	तिसृभि:
(4th)	त्रिभ्य:	त्रिभ्य:	तिसृभ्य:
(5th)	त्रिभ्य:	त्रिभ्य:	तिसृभ्य:
(6th)	त्रयाणाम्	त्रयाणाम्	तिसृणाम्
(7th)	त्रिषु	त्रिषु	तिसृषु
(Voc)	त्रय:	त्रीणि	तिस्र:

(129) Numerical Adj∘ : FOUR (चतुर्)

Always Plural

	Masculine	Neuter	Feminine
(1st)	चत्वार:	चत्वारि	चतस्र:
(2nd)	चतुर:	चत्वारि	चतस्र:
(3rd)	चतुर्भि:	चतुर्भि:	चतसृभि:
(4th)	चतुर्भ्य:	चतुर्भ्य:	चतसृभ्य:
(5th)	चतुर्भ्य:	चतुर्भ्य:	चतसृभ्य:
(6th)	चतुर्णाम्	चतुर्णाम्	चतसृणाम्
(7th)	चतुर्षु	चतुर्षु	चतसृषु
(Voc)	चत्वार:	चत्वारि	चतस्र:

(130) FIVE पञ्चन् | **SIX** षष् | **SEVEN** सप्तन् | **EIGHT** अष्टन् | **NINE** नवन्

SAME IN ALL THREE GENDERS; ALWAYS PLURAL

5.	6.	7.	8.	9.
पञ्च	षट्-षड्	सप्त	अष्ट-अष्टौ	नव
पञ्च	षट्-षड्	सप्त	अष्ट-अष्टौ	नव
पञ्चभि:	षड्भि:	सप्तभि:	अष्टभि:	नवभि:
पञ्चभ्य:	षड्भ्य:	सप्तभ्य:	अष्टभ्य:	नवभ्य:
पञ्चभ्य:	षड्भ्य:	सप्तभ्य:	अष्टभ्य:	नवभ्य:
पञ्चानाम्	षण्णाम्	सप्तानाम्	अष्टानाम्	नवानाम्
पञ्चसु	षट्सु	सप्तसु	अष्टसु	नवसु
पञ्च	षट्-षड्	सप्त	अष्ट-अष्टौ	नव

NOTES:

(i) Numerals from दशन् to नवदशन् decline same as नवन्।

(ii) एकोनविंशति, ऊनविंशति and विंशति are feminine words and they decline like the word मति given in (7) above.

EXAMPLES :

ईश्वर: एक: अस्ति हस्तौ पादौ च द्वौ भवत:। महादेवा: त्रय: कथ्यन्ते वेदा: चत्वार: सन्ति। पाण्डवा: पञ्च आसन् ऋतव: षट् भवन्ति। सप्ताहे सप्त वासरा:लूताया: अष्ट पादा: वै। ग्रहा: तु नव ज्ञाता: रावणस्य मुखानि दश।।

SPECIAL NUMERICAL EXPRESSIONS : (बहुव्रीहि adjectives)

1. One or two एको वा द्वौ, एकद्वा:।
2. Two or three द्वौ वा त्रयो, द्वित्रा:।
3. Three or four त्रयो वा चत्वार:, त्रिचतुरा:।
4. Four or five चत्वारो वा पञ्च, चतु:पञ्च:।
5. Five or six पञ्च वा षट्, पञ्चषा:।
6. Group of two, a pair द्वय, युगल, युग्म।
7. Two opposites, opposite pair द्वंद्व, दम्पती।
8. Group of three त्रय, त्रिक।
9. Group of four चतुष्टय, चतुष्टक।
10. Group of five पञ्चतय, पञ्चक।
11. Group of six षष्टक।
12. Group of seven सप्तक।

13. Group of eight अष्टक। 14. Group of nine नवक।

15. Group of ten दशक। 16. Group of hundred शतक।

(131) NEUTER COMPARATIVE एकतर One among two

CASE-विभक्ति	Singular	Dual	Plural
(1st) Nominative -	एकतरम्	एकतरे	एकतराणि
(2nd) Accusative (to)	एकतरम्	एकतरे	एकतराणि
(3rd) Instrumental (with)	एकतरेण	एकतराभ्याम्	एकतरैः
(4th) Dative (for, to)	एकतरस्मै	एकतराभ्याम्	एकतरेभ्यः
(5th) Ablative (from)	एकतरस्मात्	एकतराभ्याम्	एकतरेभ्यः
(6th) Possessive (of)	एकतरस्य	एकतरयोः	एकतरेषाम्
(7th) Locative (in, on)	एकतरस्मिन्	एकतरयोः	एकतरेषु
Vocative (address)	एकतर	एकतरे	एकतराणि

(132) NEUTER SUPERLATIVE एकतम One among many

(1st) Nominative -	एकतमम्	एकतमे	एकतमानि
(2nd) Accusative (to)	एकतमम्	एकतमे	एकतमानि
(3rd) Instrumental (with)	एकतमेन	एकतमाभ्याम्	एकतमैः
(4th) Dative (for, to)	एकतमस्मै	एकतमाभ्याम्	एकतमेभ्यः
(5th) Ablative (from)	एकतमस्मात्	एकतमाभ्याम्	एकतमेभ्यः
(6th) Possessive (of)	एकतमस्य	एकतमयोः	एकतमेषाम्
(7th) Locative (in, on)	एकतमस्मिन्	एकतमयोः	एकतमेषु
Vocative (address)	एकतर	एकतरे	एकतराणि

CHAPTER 20

THE DICTIONARY OF THE 2200 SANSKRIT VERBS

THE ELEVEN CLASSES OF THE VERBS ROOTS

बृहद्धातुपाठः ।

With just some exceptions, almost all verbs are monosyllables,
most of them ending in a consonant (हलन्त), some of them even uni-letters.

NOTE : * = ppp◦ Perftct tense adjective (क्त विशेषणम्), followed by other participles.
(लट् = present◦, लृट् = indefinite future, लङ् = imperfect past◦ लोट् = imperative◦. विधि◦ = potential)

(अ) (a)

अक् *1√ak* (to walk in circular motion like a snake) अकति अकिष्यति आकत् अकतु अकेत् *अकित अकनीय
अक्ष् *5√akṣ* (to occupy, pervade; to collect) अक्षणोति अक्षिष्यति अक्ष्णोतु आक्षणोत् अक्ष्णुयात् *अष्ट अक्षि अक्षणा
अग् *1√ag* (to walk in zigzag way like a snake, to curl, wind) अगति अगिष्यति आगत् अगतु अगेत् *अगित
अघ् *10√agh* (to sin, err, act improperly) अघयति-ते अघयिष्यति-ते आघयत्-त अघयतु-ताम् अघयेत्-त *अघित
अङ्क् *1√aṅk* (to aim, mark, stamp; to walk crooked) अङ्कते अङ्किष्यते आङ्कत अङ्कताम् अङ्केत *अङ्कित अङ्कनीय
अङ्क् *10√aṅk* (to count, mark, aim) अङ्कयति-ते अङ्कयिष्यति-ते आङ्कयत्-त अङ्कयतु-ताम् अङ्कयेत्-त *अङ्कित अङ्क
अङ्ख् *10√aṅkh* (to crawl, walk on knees) अङ्खयति-ते अङ्खयिष्यति-ते आङ्खयत्-त अङ्खयतु-ताम् अङ्खयेत्-त *अङ्खित
अङ्ग् *1√aṅg* (to wander, stamp, count) अङ्गति अङ्गिष्यति आङ्गत् अङ्गतु अङ्गेत् *अङ्गित अङ्गनीय अङ्गित्वा अङ्गितुम्
अङ्ग् *10√aṅg* (to circle, to mark, count) अङ्गयति-ते अङ्गयिष्यति-ते आङ्गयत्-त अङ्गयतु-ताम् अङ्गयेत्-त *अङ्गित
अङ्घ् *1√aṅgh* (to walk, start, rush, scold, blame) अङ्घते अङ्घिष्यते आङ्घत अङ्घताम् अङ्घेत *अङ्घित अङ्घित्वा
अच् *1√ać* (to request, honor, move) अचते अचिष्यति-ते आचत्-त अचतु-ताम् अचेत्-त *अक्त अचित्वा अचितुम्
अज् *1√aj* (to drive, go, lead, throw, cast) अजति अजिष्यति आजत् अजतु अजेत् *अजित अजनीय अजितव्य
अञ्च् *1√añć* (to worship, beg, bend) अञ्चति-ते अञ्चिष्यति-ते आञ्चत्-त अञ्चतु-ताम् अञ्चेत्-त *अञ्चित, अक्त
अञ्च् *10√añć* (to respect, worship) अञ्चयति-ते अञ्चयिष्यति-ते आञ्चयत्-त आञ्चयतु-ताम् आञ्चयेत् *अञ्चित
अञ्ज् *7√añj* (to anoint, make, show, represent) अनक्ति अङ्क्ष्यति-अञ्जिष्यति आनक् अनक्तु अञ्ज्यात् *अक्त-अङ्क्त
अञ्ज् *10√añj* (to say, speak) अञ्जयति-ते अञ्जयिष्यति-ते आञ्जयत्-त अञ्जयातु-ताम् अञ्जयेत् *अञ्जित अञ्जितुम्
अट् *1√aṭ* (to roam about, wander) अटति अटिष्यति आट अटतु अटेत् अट्यते *अटित अटनीय अटित्वा अटितुम्
अट्ट् *1√aṭ* (to go beyond, transgress, diminish, lessen, kill) अट्टते अट्टिष्यते आट्टत अट्टताम् अट्टेत *अट्टित
अट्ट् *10√aṭ* (to despise, dishonor, reduce) अट्टयति-ते अट्टयिष्यति-ते आट्टयत्-त अट्टयतु-ताम् अट्टयेत्-त *अट्टित
अठ् *1√aṭh* (to go) अठति-ते अठिष्यते आठत अठताम् अठेत *अठित अठत् अठनीय अठितव्य अठित्वा अठितुम्

अड् *1√aḍ* (to work, trade, try, attempt, exert) अडति अडिष्यति अडत् अडतु अडेत् *अडित अडनीय अडितव्य अड् *5√aḍ* (to spread, pervade, attain) अड्णोति अडिष्यति आड्नोत् अड्नोतु अड्नुयात् *अडित अडत् अडितुम्

अड्ड् *1√aḍ* (to attack, to meditate, argue, infer, discern) अड्डति अड्डिष्यति आडत् अड्डतु अड्डेत् *अड्डित

अण् *1√aṇ* (to sound, breathe) अणति अणिष्यति आणत् अणतु अणेत् *आण अणनीय अणितव्य अणित्वा अणितुम्

अण् *4√aṇ* (to live, breathe) अण्यते अणिष्यते आण्यत अण्यताम् अण्येत आणयत् *आण अणत् प्राण प्राणिन्

अण्ड् *1√aṇṭh* (go) अण्डते अण्डिष्यते आण्डत अण्डताम् अण्डेत *अण्डित अण्डनीय अण्डितव्य अण्डित्वा अण्डितुम्

अत् *1√at* (to wander, walk constantly) अतति अतिष्यति आतत् अततु अतेत् *अतित अतनीय अतित्वा अतितुम्

अथ् *10√at* (to be weak) अथयति-ते अथयिष्यति-ते आथयत्-त अथयतु अथयेत् *अथित अथयित्वा अथयितुम्

अद् *2√ad* (to eat) अत्ति अत्स्यति आदत् अत्तु अद्यात् अद्यते *जग्ध-अन्न अदनीय अत्तव्य आद्य जग्ध्वा अन्नवान् अत्तुम्

अन् *2√an* (to breathe, live) अनिति अनिष्यति आनीत-आनत् अनितु अन्यात् *अनित अनत् अनित्वा अनितुम् आनन

अन् *4√an* (to live, to take birth, move, go about) अन्यते अनिष्यते आन्यत अन्यताम् अन्येत *अनित अनितव्य

अन्त् *1√ant* (to tie, fasten, get) अन्तति अन्तिष्यति आन्तत् अन्ततु अन्तेत् *अन्त अन्तत् अन्तनीय अन्तित्वा अन्तितुम्

अन्द् *1√and* (to bind, fasten) अन्दति अन्दिष्यति आन्दत् अन्दतु अन्देत् *अन्दित अन्दत् अन्दनीय अन्नवत्

अन्ध् *10√andh* (be become make - blind) अन्धयति-ते अन्धयिष्यति-ते आन्धयत्-त अन्धयतु-तां अन्धयेत्-त *अन्धित

अपास् *4√apās* (to cast, fling, reject, discard) अपास्यति अपासिष्यति अपास्यत् अपास्यतु अपास्येत् * अपास्त

अभ्र् *1√abhr* (to go, wander about) अभ्रति अभ्रिष्यति आभ्रत् अभ्रतु अभ्रेत् *अभ्रित अभ्रणीय अभ्रितव्य अभ्रित्वा

अम् *1√am* (to sound, go, serve, honor, eat) अमति अमिष्यति आमत् अमतु अमेत् *अमित-आन्त अमनीय अमितव्य

अम् *10√am* (to hurt, attack, afflict) आमयति-आमयते आमयिष्यति-ते आमयत्-त आमयतु-ताम् आमयेत्-त *अमित

अम्ब् *1√amb* (to go; sound) अम्बति-ते अम्बिष्यते आम्बत अम्बताम् अम्बेत *अम्बित अम्बनीय अम्बितव्य अम्बितुम्

अम्भ् *1√ambh* (to sound) अम्भते अम्भिष्यते आम्भत अम्भताम् अम्भेत *अब्ध अब्धवत् अम्भनीय अब्ध्वा

अय् *1√ay* (to go) अयते अयिष्यते आयत अयताम् अयेत अय्यते *अयित अयनीय अयितव्य अयित्वा अयितुम् अयमान

अर्क् *10√ark* (to praise, heat, warm) अर्कयति-ते अर्कयिष्यति-ते आर्कयत्-त अर्कयतु-ताम् अर्कयेत्-त *अर्कित

अर्घ् *1√argh* (to be valuable, be worth, cost) अर्घति अर्घिष्यति आर्घत् अर्घतु अर्घेत् *अर्घित अर्घनीय अर्घितव्य

अर्च् *1√arć* (to worship, adore, salute) अर्चति अर्चिष्यति आर्चत् अर्चतु अर्चेत् *अर्चित अर्चित्वा अर्चितुम् अर्चा

अर्च् *10√arć* (to honor, sing praises) अर्चयति-ते अर्चयिष्यति-ते आर्चयत्-त अर्चयतु-ताम् अर्चयेत्-त *अर्चित

अर्ज् *1√arj* (to earn, gain) अर्जति अर्जिष्यति आर्जत् अर्जतु अर्जेत् *अर्जित अर्जनीय अर्जितव्य अर्जित्वा अर्जितुम्

अर्ज् *10√arj* (to procure, make, prepare) अर्जयति-ते अर्जयिष्यति-ते आर्जयत्-त अर्जयतु-ताम् अर्जयेत्-त *अर्जित

अर्थ् *10√arth* (to want, beg, request) अर्थयते अर्थयिष्यते आर्थयत अर्थयताम् अर्थयेत *अर्थित अर्थयित्वा अर्थयितुम्

अर्द् *1√ard* (to demand, go) अर्दति अर्दिष्यति आर्दत् अर्दतु अर्देत् *अर्दित अर्दत् अर्दनीय अर्दित्वा अर्दितुम् अर्द्यमान

अर्द् *10√ard* (to kill, afflict, torment) अर्दयति-अर्दयिष्यते आर्दयत्-त अर्दयतु-ताम् अर्दयेत्-त *अर्दित-अर्ण अर्दयत्

अर्ब् *1√arb* (to kill, go one side) अर्बति अर्बिष्यति आर्बत् अर्बतु अर्बेत् *अर्बित अर्बत् अर्बनीय अर्बितव्य अर्बित्वा

अर्व् *1√arv* (to inflict, to go towards) अर्वति अर्विष्यति आर्वत् अर्वतु अर्वेत् *अर्वित अर्वणीय अर्वितव्य अर्वित्वा

अर्ह् *1√arh* (to be fit, deserve; worship) अर्हति अर्हिष्यति आर्हत् अर्हतु अर्हेत् *अर्हित अर्हनीय अर्हितव्य अर्हित्वा

अर्ह् *10√arh* (to deserve, be suitable) अर्हयति-ते अर्हयिष्यति-ते आर्हयत्-त अर्हयतु-ताम् अर्हयेत्-त *अर्हित अर्ह्य

अल् *1√al* (to save, adorn, prevent) अलति-ते अलिष्यति आलत् अलतु अलेत् *अलित अलनीय अलितव्य अलित्वा

अव् *1√av* (to please, protect, defend, do good) अवति अविष्यति आवत् अवतु अवेत् *अवित अवनीय अवित्वा

अंश् *10√aṁś* (to divide, apportion) अंशयति अंशयिष्यति-ते आंशयत्-त अंशयतु-ताम् अंशयेत्-त *अंशित

अश् *5√aś* (to occupy, penetrate, pervade, fill) अश्नुते अशिष्यते अश्नुवीत अश्नुताम् आश्नुत अश्यते *अशित-अष्ट अशनीय अशितव्य-अष्टव्य आश्य अशित्वा-अष्ट्वा अशितुम्-आष्टुम् अश्यमान अशन अश्व अक्ष अक्षर अक्षि

अश् *9√aś* (to eat, consume, enjoy) अश्नाति अशिष्यति अश्नात् अश्नातु अश्नियात् *अशित-अष्ट अशनीय अशितुम्

अष् *1√aṣ* (to shine, go, move, receive, take) अषति-ते अषिष्यति-ते आषित्-त अषतु-ताम् अषेत्-त *अषित-अहेष्ट

अंस् *10√aṁs* (to divide, apportion) अंसयति-ते अंसयिष्यति-ते आंसयत्-त अंसयतु-ताम् अंसयेत्-त *अंसित

अस् *1√as* (to go, take) असति-ते असिष्यति-ते आसित्-त असतु-ताम् असेत्-त *असित असनीय असितव्य असितुम्

अस् *2√as* (to be, exist, live) अस्ति भविष्यति आसीत् अस्तु स्यात् *भूत भवनीय भवितव्य भाव्य भूत्वा भवितुम् भूति

अस् *4√as* (to throw) अस्यति असिष्यति आस्यत् अस्यतु अस्येत् *असित असनीय असितव्य आस्य असित्वा-अस्त्वा असितुम् अस्यमान अस्तित्व उपास्ति आस आसक असित-देवल व्यास निरासन समस्या असुर असि अस्त्र इष्वास

असू *11√asū* (to be jealous) असूयति असूयिष्यति आसूयत् असूयतु असूयेत् असूयाञ्चकार असूयिता *असूयित

अंह् *1√aṁh* (to reach, approach, start, set out) अंहते अंहिष्यते आहत अंहताम् अंहेत *अंहित-ओढ अंहनीय

अंह् *10√aṁh* (to send, speak) अंहयति-ते अंहयिष्यति-ते आंहयत्-त अंहयतु-ताम् अंहयेत्-त *अंहित अंहयितुम्

अह् *1√ah* (to say, compose) only 5 forms आत्थ आहथुः आह आहतुः आहुः the rest from the root 2√ब्रू ↓

अह् *5√ah* (to pervade) अह्नोति अहिष्यति आह्नोत् अह्नोतु अह्नुयात् this verb belongs to the vaidic Saṁskrit.

<u>(आ) (ā)</u>

आञ्छ् *1√āñćh* (to stretch, lengthen) आञ्छति आञ्छिष्यति आञ्छत् आञ्छतु आञ्छेत् *आञ्छित आच्छनीय

आन्दोल् *10√āndol* (to swing) आन्दोलयति-ते आन्दोलयिष्यति-ते आन्दोलयत्-त आन्दोलयतु-ताम् आन्दोलयेत्-त *आन्दोलित आन्दोलयत् आन्दोलयनीय आन्दोलयितव्य आन्दोलयित्वा आन्दोलयितुम् आन्दोलयमान आन्दोलन

आप् *1√āp* (to obtain, attain, pervade, catch) आपति आप्स्यति आपत् आपतु आपेत् *आप्त आप्त्वा आप्तुम्

आप् *5√āp* (to obtain, attain, reach, pervade, catch) आप्नोति आप्स्यति आप्नोत् आप्नोतु आप्नुयात् *आप्त आपनीय-ईप्सनीय आप्तव्य-ईप्सितव्य आप्य-ईप्स्य आप्तव्य-ईप्सितव्य आप्त्वा-ईप्सित्वा आप्तुम्-ईप्सितुम् आप्ति-ईप्सा

आप् *10√āp* (to get) आपयति-ते आपयिष्यति-ते आपयत्-त आपयतु-ताम् आपयेत्-त *आपित आपयित्वा आपयितुम्

आंस् *10√āṁs* (to march) आसादयति आसादयिष्यति आसादयत् आसादयतु आसादयेत् *आसादित आसादयितुम्

आस् *2√ās* (to sit, stay, rest, live, be, exist) आस्ते आसिष्यते आस्त आस्ताम् आसीत् *आसित आसितवान् आसनीय आसितव्य आस्य आसित्वा आसितुम् आसयितुम् आसीन आस आसक आसन कैलास उपास उपासना समास अध्यास

<u>(इ) (i)</u>

इ *1√i* (to go, enter, reach, attain, get, obtain, come, come to) अयति एष्यति ऐत् एतु ऐषीत् *इत एतुम्

इ *2√i* (to learn) एति-अधीते एष्यति-अध्येष्यते ऐत्-अध्यैत एतु-अधीताम् इयात्-अधीयीत *इत इत्वा एतुम् ईयमान

इक् *2√i* (to remember, have down pat, learn) अध्येति अध्येष्यति अध्यैत् अध्येतु अधीयात् *अधीत अध्येतव्य
इख् *1√ikh* (to go) एखति एखिष्यति ऐखत् एखतु एखेत् *इङ्खित इङ्खत् इङ्खनीय इङ्खित्वा इङ्खितुम् इङ्ख्यमान
इङ्ख् *1√iṅkh* (to come) इङ्खति इङ्खिष्यति ऐङ्खत् इङ्खतु इङ्खेत् *इङ्खित इङ्खत् इङ्खनीय इङ्खित्वा इङ्खितुम् इङ्ख्यमान
इङ् *2√iṅ* (to read, study, go) अधीते अध्येष्यते अध्यैत अधीताम् अधीयीत *अधीत अध्येतुम् अध्यापक अध्याय
इङ् *4√iṅ* (to go) ईयते एष्यते ऐयत ईयताम् ईयेत *ईत अयनीय एतव्य एय ईत्वा एतुम् ईयमान अयन परायण
इङ्ग् *1√iṅg* (to shake, move, be agitated) इङ्गति इङ्गिष्यति ऐङ्गत् इङ्गतु इङ्गेत् *इङ्गित इङ्गत् इङ्गनीय इङ्गित्वा
इट् *1√iṭ* (to go, go to, go towards) एटति एटिष्यति ऐटत् एटतु एटेत् *इटित इटनीय इटितव्य इटित्वा इटितुम्
इण् *2√iṇ* (to go, go to go towards, come to, come near) एति एष्यति ऐत एतु इयात् अगात् *इत एतव्य एतुम्
इन्द् *1√ind* (to be powerful) इन्दति इन्दिष्यति ऐन्दत् इन्दतु इन्देत् *इन्दित इन्दत् इन्दनीय इन्दितव्य इन्दित्वा इन्दितुम्
इन्ध् *7√indh* (to shine, kindle, light, set on fire) इन्धे इन्धिष्यते ऐन्ध इन्धाम् इन्धीत *इद्ध इन्धनीय इन्धितुम् इन्धन
इन्व् *1√inv* (to pervade) इन्वति इन्विष्यति ऐन्वत् इन्वतु इन्वेत् *इन्वित इन्वनीय इन्वितव्य इन्वित्वा इन्वितुम्
इल् *6√il* (to be quiet, sleep; throw, cast) इलति एलिष्यति ऐलत् इलतु इलेत् *इलित एलितव्य एलित्वा एलितुम्
इल् *10√il* (to encourage, inspire) एलयति-ते इलयिष्यति ऐलयत् एलयतु एलयेत् *एलित एलनीय एलयितव्य
इष् *4√iṣ* (to go) इष्यति एषिष्यति ऐष्यत् इष्यतु इष्येत् *इषित-इष्ट एषणीय एषितव्य एष्य एषित्वा एषितुम् एषण अन्वेषण
इष् *6√iṣ* (to desire, like, want) इच्छति एषिष्यति ऐच्छत् इच्छतु इच्छेत् *इष्ट एधनीय एधितव्य एषित्वा-इष्ट्वा एष्टुम्
इष् *9√iṣ* (to repeat) इष्णाति एषिष्यति ऐष्णात् इष्णातु ऐष्ण्यात् *इष्ट एषितव्य-इष्टव्य एषित्वा-इष्ट्वा एषितुम्-एष्टुम्

(ई) (ī)

ई *2√ī* (to go, depart, shine, pervade, want, desire, wish) एति एष्यति अयेत् एतु ईयात् *ईत ईत्वा एतुम्
ई *4√ī* (to go) ईयते एष्यते ऐयत ईयताम् ईयेत *ईत
ईक्ष् *1√īkṣ* (to see, stare, know, think) ईक्षते ईक्षिष्यते ऐक्षत ईक्षताम् ईक्षेत *ईक्षित ईक्षणीय ईक्ष्य ईक्षितुम् ईक्षण ईक्षा
ईङ् *4√īṅ* (to go, enter) ईयते एष्यते ऐयत ईयताम् ईयेत *ईत एतव्य अयनीय एय एतुम् ईत्वा ईयमान अयन
ईङ्ख् *1√īṅ* (to swing) ईङ्खति ईङ्खिष्यति ऐङ्खत् ईङ्गतु ईङ्गेत् *ईङ्गित-ईत ईङ्गत् ईङ्गनीय ईङ्गित्वा ईङ्गितुम् ईङ्गमान
ईज् *1√īj* (to blame, go, blemish, censure) ईजते ईजिष्यते ऐजत ईजताम् ईजेत *ईजित ईजनीय ईजित्वा ईजितुम्
ईञ्ज् *1√īj* (to blame, go, blemish, censure) ईञ्जते ईञ्जिष्यते ऐञ्जत ईञ्जताम् ईञ्जेत *ईञ्जित ईञ्जनीय ईञ्जितुम्
ईट् *1√īṭ* (go) एटति एटिष्यति ऐटत् एटतु-एटतात् एटेत् *इटित-एटित एटत् एटनीय एटितव्य एटित्वा एटितुम् एटयमान
ईड् *2√īḍ* (to praise) ईट्टे-ईडे ईडिष्यते ऐट्ट ईट्टाम्-ईडाम् ईडीत ईड्यते *ईडित ईड्य ईडनीय ईडितव्य ईडित्वा ईडितुम्
ईड् *10√īḍ* (to praise) ईडयति-ते ईडयिष्यति-ते ऐडयत्-त ईडयतु-ताम् ईडयेत्-त *ईडित ईडयितव्य ईडयित्वा इडयितुम्
ईर् *2√īr* (to go, tremble) ईर्ते ईरिष्यते ऐर्त ईर्ताम् ईरीत *ईरित ईरणीय ईरितव्य ईर्य ईरित्वा ईरितुम् समीरण स्वैरिन्
ईर् *10√īr* (to set in motion, go, shake) ईरयति-ते ईरयिष्यति-ते ऐरयत्-त ईरयतु-ताम् ईरयेत्-त ईर्यते *ईरित ईरयितुम्
ईर्क्ष्य् *1√īrkṣy* (to envy, be jealous) ईर्क्ष्यति ईर्क्षिष्यति ऐर्क्ष्यीत् ईर्क्ष्यतु ईर्क्ष्येत् *ईर्क्षित ईर्क्ष्यणीय ईर्क्ष्य ईर्क्ष्यमाण
ईर्ष्य् *1√īrṣy* (to be jealous) ईर्ष्यति ईर्ष्यिष्यति ऐर्ष्यत् ईर्ष्यतु ईर्ष्येत् ईर्ष्याञ्चकार *ईर्ष्यित ईर्ष्यणीय ईर्ष्य ईर्ष्यमाण ईर्ष्या
ईश् *2√īś* (to rule, prosper, be able) ईष्टे ईशिष्यते ऐष्ट ईष्टाम् ईशीत *ईशित-ईष्ट ईशितव्य ईशित्वा ईशितुम् ईशः

ईष् *1√īṣ* (to fly away, see, give, kill) ईषति ईषिष्यति ऐषत् ईषतु ईषेत् *ईष्ट ईष्यत् ईषणीय ईषितव्य ईष्य ईषित्वा

ईह् *1√īh* (to want, wish, desire, long for) ईहते ईहिष्यते ऐहत ईहताम् ईहेत *ईढ ईहितुम् ईहणीय समीह्य ईहमान

(उ) (u)

उ *1√u* (to proclaim) अवते ओष्यते आवत अवताम् आवत *उत अवितुम्

उ *5√u* (to ask, demand, claim) उनोति ओष्यति उनोत् उनोतु ऊयात् *उत

उक्ष् *1√ukṣ* (to sprinkle, moisten, remove, let go) उक्षति उक्षिष्यति औक्षत् उक्षतु उक्षेत् *उक्षित उक्षितुम् उक्षण

उक्ष् *6√ukṣ* (to sprinkle, pour down up on, emit) उक्षति उक्षिष्यति औक्षत् उक्षतु उक्षेत् *उक्षित उक्षणीय उक्षितव्य

उख् *1√ukh* (to go, move) ओखति ओखिष्यति औखत् ओखतु ओखेत् *उखित ओखत् ओखनीय ओखित्वा ओखितुम्

उङ्क् *1√uṅk* (to go) उङ्कति उङ्किष्यति औङ्कत् उङ्कतु उङ्केत् *उङ्कित उङ्कत् उङ्कनीय उङ्कितव्य उङ्कित्वा उङ्कितुम्

उङ्ख् *1√uṅkh* (to go) उङ्खति उङ्खिष्यति औङ्खत् उङ्खतु उङ्खेत् *उङ्खित उङ्खत् उङ्खनीय उङ्खितव्य उङ्खित्वा उङ्खितुम्

उच् *4√uć* (to be pleased, be useful) उच्यति ओचिष्यति औच्यत् उच्यतु उच्येत् *उचित ओचनीय ओचित्वा ओचितुम्

उच्छ् *1√uććh* (to end, tie, let go) उच्छति उच्छिष्यति औच्छत् उच्छतु उच्छेत् *उच्छित उच्छनीय उच्छितव्य उच्छित्वा

उच्छ् *6√uććh* (to end, finish off, tie, let go) उच्छति उच्छिष्यति औच्छत् उच्छतु उच्छेत् *उच्छित-उच्छन्न उच्छितुम्

उछ् *6√ućh* (to end, finish, stop) उच्छति उच्छिष्यति औच्छत् उच्छतु उच्छेत् *उच्छित-उच्छन्न उच्छनीय उच्छितुम्

उञ्छ् *1,6√uñćh* (to pick grains) उञ्छति उञ्छिष्यति औञ्छत् उञ्छतु उञ्छेत् *उञ्छित उञ्छनीय उञ्छित्वा

उझ् *6√ujh* (to forsake) उझति उझिष्यति औझत् उझतु उझेत् *उझित उझत् उझनीय उझितव्य उझित्वा उझितुम्

उञ्झ् *6√uñjh* (to let go, drive away) उञ्झति उञ्झिष्यति औञ्झत् उञ्झतु उञ्झेत् *उञ्झित उञ्झनीय उञ्झितुम्

उठ् *1√uṭh* (to hit, strike down, go) ओठति ओठिष्यति औठत् ओठतु ओठेत् *उठित उठनीय उठितव्य उठितुम्

उड् *1√uḍ* (to collect) ओडति ओडिष्यति औडत् ओडतु ओडेत् *उडित उडत् उडनीय उदितव्य उडित्वा उडितुम्

उन्द् *7√und* (to wet, bathe, water) उनत्ति उन्दिष्यति औनत् उनत्तु उन्द्यात् *उन्दित उन्दनीय उन्दितव्य उन्द्य उन्दितुम्

उब्ज् *6√ubj* (to press down, bring under control, streighten) उब्जति उब्जिष्यति औब्जित् उब्जतु उब्जेत् *उब्जित

उभ् *6√ubh* (to join two, complete, cover) उभति ओभिष्यति औभत् उभतु ऊभेत् *उब्ध उभनीय उब्ध्वा उब्धुम्

उम्भ् *6√umbh* (to join two, confine) उम्भति उम्भिष्यति औम्भित् उम्भतु ऊम्भेत् *उब्ध उम्भनीय

उर् *1√ur* (to go) ओरति ओरिष्यति औरत् ओरतु ओरेत् *उरित उरणीय उरितव्य उरित्वा उरितुम् उर

उर्द् *1√urd* (to play, taste, grant, give, measure) ऊर्दते ऊर्दिष्यते और्ददत ऊर्दताम् ऊर्देत *ऊर्दित ऊर्दनीय ऊर्दित्वा

उर्व् *1√urv* (to hurt, hit, kill) ऊर्वति ऊर्विष्यति और्वत् ऊर्वतु ऊर्वेत् *ऊर्ण-ऊर्वित ऊर्वणीय ऊर्वितव्य ऊर्वितुम्

उल् *1√ul* (to give) ओलति ओलिष्यति औलत् ओलतु ओलेत् *उलित उलनीय उलितव्य उलित्वा उलितुम् उलुक

उष् *1√uṣ* (to burn, punish, be sick) ऊषति-ओषति ओ-ऊषिष्यति औषत् ऊषतु ऊषेत् *ऊषित-उष्ट ऊष्मा ऊषण

उह् *1√uh* (to destroy, hurt) ओहति-ऊहते ओहिष्यति-ऊहिष्यते औहत्-त ऊहतु-ताम् ऊहेत्-त उह्यते *उहित ओह्य

(ऊ) (ū)

ऊन् *10√ūn* (to reduce, lessen) ऊनयति-ते ऊनयिष्यति-ते औनयत्-त ऊनयतु-ताम् ऊनयेत्-त *ऊनित ऊनयितुम्

ऊय् *1√ūy* (to knit, sew) ऊयते ऊयिष्यते औयत ऊयताम् ऊयेत *ऊत-ऊयित ऊयनीय ऊयितव्य ऊय्य ऊयित्वा ऊयमान

ऊर्ज् *10√ūrj* (to live, be strong) ऊर्जयति-ते ऊर्जयिष्यति-ते और्जयत्-त ऊर्जयतु-ताम् ऊर्जयेत्-त *ऊर्जित

ऊर्णु *2√ūrṇu* (to cover) ऊर्णौति-ऊर्णोति-ऊर्णुत ऊर्णविष्यति-ते और्णोत्-त ऊर्णौतु-ऊर्णोतु-ताम् ऊर्णुयात्-त *ऊर्णुत

ऊर्द् *1√ūrd* (to play, play, taste, grant, give) ऊर्दते ऊर्दिष्यते और्दत ऊर्दताम् ऊर्देत *ऊर्दित उर्दितव्य ऊर्दितुम्

ऊष् *1√ūṣ* (to fall sick) ऊषति ऊषिष्यति औषत् ऊषतु ऊषेत् *ऊषित-ऊष्ट ऊषित्वा-ऊष्ट्वा ऊषितुम्-ऊष्टुम्

ऊह् *1√ūh* (to argue, mark, understand, know, expect) ऊहते उहिष्यते ऊहताम् औहत ऊहेत ऊह्यते *ऊढ समूह्य

(ऋ) (ṛ)

ऋ *1√ṛ* (to get, attain, reach, display) ऋच्छति अरिष्यति आर्च्छत् ऋच्छतु ऋच्छेत् आर अर्ता *ऋत ऋतु ऋण अरुण

ऋ *3√ṛ* (to get, go, reach, meet, sow, keep, give, shake) इयर्ति अरिष्यति ऐयः इयर्तु इयृयात् आरत् *ऋत-ऋण-ईर्ण

ऋ *5√ṛ* (to get, attack, hurt, inspire, encourage) ऋणोति अरिष्यति आर्णोत् ऋणोतु ऋणुयात् आर्षीत *ऋत

ऋच् *6√ṛć* (to praise, cover) ऋचति अर्चिष्यति आर्चत् ऋचतु ऋचेत् *ऋचित अर्चनीय अर्चित्वा अर्चितुम् ऋचा अर्चना

ऋच्छ् *6√ṛććh* (to go, be hard) ऋच्छति ऋच्छिष्यति आर्च्छत् ऋच्छतु ऋच्छेत् *ऋच्छित ऋच्छनीय ऋच्छितव्य ऋच्छितुम्

ऋज् *1√ṛj* (to attain, acquire, go, be firm) अर्जते अर्जिष्यते आर्जत अर्जताम् अर्जेत *ऋजित-ऋष्ट अर्जनीय अर्जित्वा

ऋञ्ज् *1√ṛñj* (to spring forward, strive, decorate, roast) ऋञ्जते ऋञ्जिष्यते अऋञ्जत ऋञ्जताम् ऋञ्जेत *ऋञ्जित

ऋण् *8√ṛṇ* (to go) ऋणोति-ते अर्णोति-ऋणुते अर्णिष्यति-ते आर्णुत ऋणुताम् ऋण्वीत *अर्ण अर्णनीय अर्णितुम् वर्ण सुवर्ण

ऋत् *10√ṛt* (to reproach, censure, pity, rival) ऋतियते अर्तीयत ऋतीयताम् ऋतीयेत * ऋतित अर्तित्वा अर्तितुम्

ऋध् *4√ṛdh* (to grow, prosper) ऋध्यति अर्धिष्यति आर्ध्यत् ऋध्यतु ऋध्येत् *ऋत्-ऋद्ध-अर्धित अर्धनीय अर्धितव्य ऋद्ध्वा

ऋध् *5√ṛdh* (to please) ऋध्नोति अर्धिष्यति आर्ध्नोत् ऋध्नोतु ऋध्नुयात् *ऋद्ध अर्धनीय ऋध्य ऋद्ध्वा अर्धितुम् समृद्धि

ऋफ् *6√ṛph* (to give, hit, kill, injure, criticize, fight) ऋफति अर्फिष्यति आर्फत् ऋफतु ऋफेत् आर्फीत् *ऋफित

ऋम्फ् *6√ṛmpf* (to criticize, rebuke) ऋम्फति ऋम्फिष्यति आर्म्फत् ऋम्फतु ऋम्फेत् आर्म्फीत् *ऋम्फित

ऋश् *6√ṛṣ* (to think, ponder, go, kill) ऋशति अर्शिष्यति आर्शत् ऋशतु ऋशेत् *ऋशित-ऋष्ट

ऋष् *6√ṛṣ* (to go,) ऋषति अर्षिष्यति आर्षत् ऋषतु ऋषेत् *ऋष्ट अर्षणीय अर्षितव्य अर्ष्य अर्षित्वा अर्षितुम् ऋषि आर्ष

ॠ *9√ṝ* (to go) ऋषाति-ऋणाति अरिष्यति-अरीष्यति आर्णात् ऋणातु ऋणीयात *अर अरणीय अरितव्य अर्य ईर्त्वा अरितुम्

(ए) (e)

एज् *1√ej* (to tremble, shake, move, stir) एजति-ते एजिष्यति-ते ऐजत्-त एजतु-ताम् एजेत्-त *एजित एजनीय

एठ् *1√eṭh* (to tease annoy resist oppose face) एठते एठिष्यते ऐठत एठताम् एठेत *एठित एठनीय एठितव्य एठित्वा

एध् *1√edh* (to grow, increase, prosper, live in comfort) एधते एधिष्यते ऐधताम् ऐधत एधताम् एधेत *एधित

एष् *1√eṣ* (to hasten, go, approach, request) एषते एषिष्यते ऐषत एषताम् एषेत *एषित एषणीय एषित्वा एषितुम्

(ओ) (o)

ओख् *1√okh* (to be fit, able, dry; to refuse, prevent, adorn) ओखति ओखिष्यति औखत् ओखतु ओखेत् *ओखित

ओण् *1√oṇ* (to remove, take or drag along) ओणति ओणिष्यति औणत् ओणतु ओणेत् *ओणित ओणित्वा ओणितुम्

ओलण्ड् *10√olaṇḍ* (to bounce) ओलण्डयति-ते ओलण्डयिष्यति-ते ओलण्डयत्-त ओलण्डयतु-ताम् ओलण्डयेत्-त

(क) (k)

कक् *1√kak* (to want, wish, be proud, be unsteady) ककते ककिष्यते अककत ककताम् ककेत *ककित ककितुम्

कक्क् *1√kakk* (to laugh at, deride) कक्कति कक्किष्यति अकक्कत् कक्कतु कक्केत् *कक्कित कक्कितुम्

कक्ख् *1√kakkh* (to laugh at, deride) कक्खति कक्खिष्यति अकक्खत् कक्खतु कक्खेत् *कक्खित कक्खितुम्

कख् *1√kakh* (to laugh) कखति कखिष्यति अकखत् कखतु कखेत् *कखित कखनीय कखित्वा कखितुम्

कग् *1√kag* (to hide) कगति कगिष्यति अकगत् कगतु कगेत् *कगित कगनीय कगितव्य कगित्वा कगितुम्

कङ्क् *1√kaṅk* (to go) कङ्कते कङ्किष्यते अकङ्कत कङ्कताम् कङ्केत *कङ्कित कङ्कनीय कङ्कितव्य कङ्कित्वा कङ्कितुम्

कच् *1√kać* (to shout, shine, bind, fasten) कचति-ते कचिष्यते अकचत कचताम् कचेत *कचित कचनीय कचित्वा

कञ्च् *1√kañć* (to shine, bind, tie) कञ्चते कञ्चिष्यते अकञ्चत कञ्चताम् कञ्चेत *कञ्चित कञ्चनीय कञ्चित्वा

कट् *1√kaṭ* (to rain, go, cover, screen, surround, encompass) कटति कटिष्यति अकटत् कटतु कटेत् *कटित

कठ् *1√kaṭh* (to live in distress) कठति कठिष्यति अकठत् कठतु कठेत् *कठित कठनीय कठितव्य कठित्वा कठितुम्

कड् *1√kaḍ* (to un-husk, be pleased, be proud) कडति कडिष्यति अकडत् कडतु कडेत् *कडित कडनीय कडितव्य

कड् *6√kaḍ* (to protect, detach, tear, break) कडति कडिष्यति अकडत् कडतु कडेत् *कडित कडत् कडित्वा कडन

कड् *10√kaḍ* (to protect, husk, detach, tear) कडयति-ते कडयिष्यति-ते अकडयत्-त कडयतु-ताम् कडयेत्-त *कडित

कड्ड् *1√kaḍḍ* (to be firm, hard, harsh, severe) कड्डति कड्डिष्यति अकड्डत् कड्डतु कड्डेत् *कड्डित कड्डनीय कड्डितुम्

कण् *1√kaṇ* (to moan, cry, go, become small) कणति कणिष्यति अकणत् कणतु कणेत् *कणित कणनीय कणितव्य

कण् *10√kaṇ* (to wink, sigh, sound) काणयति-ते काणयिष्यति-ते अकाणयत्-त काणयतु-ताम् काणयेत्-त * काणित

कण्ट् *1√kaṇṭ* (to go, move) कण्टति कण्टिष्यति अकण्टत् कण्टतु कण्टेत् *कण्टित कण्टनीय कण्टितव्य कण्टित्वा

कण्ट् *10√kaṇṭ* (to go, move) कण्टयति-ते कण्टयिष्यति-ते अकण्टयत्-त कण्टयतु-ताम् कण्टयेत्-त *कण्टित कण्टनीय

कण्ठ् *1√kaṇṭh* (to lament, grieve for) कण्ठते कण्ठिष्यते अकण्ठत कण्ठताम् कण्ठेत *कण्ठित कण्ठनीय कण्ठित्वा

कण्ठ् *10√kaṇṭh* (to remorse, long for) कण्ठयति-ते कण्डयिष्यति-ते अकण्ठयत्-त कण्ठयतु-तां कण्ठयेत्-त * कण्ठित

कण्ड् *1√kaṇḍ* (to boast, be proud, satisfied) कण्डति-ते कण्डिष्यते अकण्डत कण्डताम् कण्डेत *कण्डित कण्डितुम्

कण्ड् *10√kaṇḍ* (to defend, unhusk) कण्डयति-ते कण्डयिष्यति-ते अकण्डयत्-त कण्डयतु-ताम् कण्डयेत्-त *कण्डित

कण्डू *11√kaṇḍū* (to itch, scratch, rub slowly) कण्डूयति-ते कण्डूयिष्यति-ते अकण्डूयत्-त कण्डूयतु-ताम् कण्डूयेत्-त

कत्थ् *1√katth* (to boast, praise, rebuke) कत्थते कत्थिष्यते अकत्थत कत्थताम् कत्थेत *कत्थित कत्थनीय कत्थित्वा

कत्र् *10√katr* (to loosen, slacken, remove) कत्रयति-ते कत्रयिष्यति-ते अकत्रयत्-त कत्रयतु-ताम् कत्रयेत्-त *कत्रित

कथ् *10√kath* (to tell, narrate, communicate) कथयति-ते कथयिष्यति-ते अकथयत्-त कथयतु-ताम् कथयेत्-त

कद् *1√kad* (to cry, grieve, be confounded, be confused) कद्यते कद्यिष्यते अकद्यत कद्यताम् कद्येत *कत्त

कन् *1√kan* (to enjoy, love, wish, be contented) कनति कनिष्यति अकनत् कनतु कनेत् *कान्त कननीय कनित्वा

कन्द् *1√kand* (to cry, lament, be perplexed) कन्दति कन्दिष्यति अकन्दत् कन्दतु कन्देत् *कन्दित कन्दनीय

कप् *1√kap* (to shake, move) कपते कपिष्यते अकपत कपताम् कपेत *कपित-कप्त कपनीय कपितव्य कपित्वा

कब् *1√kab* (to color, praise) कबति-ते कबिष्यते अकबत कबताम् कबेत *कबित कबनीय कबितव्य कबित्वा कबितुम्

कम् *1√kam* (to desire, be enamored) कामयते कामयिष्यते अकामयत कामयताम् कामयेत *कान्त-कमित काम्य

कम्प् *1√kamp* (to tremble, move about) कम्पते कम्पिष्यते अकम्पत कम्पताम् कम्पेत *कम्पित कम्पनीय कम्प

कम्ब् *1√kamb* (to go, move) कम्बति कम्बिष्यति अकम्बत् कम्बतु कम्बेत् *कम्बित कम्बनीय कम्बितव्य कम्बित्वा

कर्क् *1√kark* (to laugh) कर्कति कर्किष्यति अकर्कत् कर्कतु कर्केत् *कर्कित कर्कणीय कर्कितव्य कर्कित्वा कर्कितुम्

कर्ज् *1√karj* (to bother, pain, make uneasy, distress) कर्जति कर्जिष्यति अकर्जत् कर्जतु कर्जेत् *कर्जित कर्जनीय

कर्ण् *10√karṇ* (to pierce; with preposition ā : to hear) कर्णयति-ते कर्णयिष्यते अकर्णयत् कर्णयतु कर्णयेत् *कर्णित

कर्त् *10√kart* (to be loose, slacken, remove) कर्तयति-ते कर्तयिष्यति-ते अकर्तयत्-त कर्तयतु-ताम् कर्तयेत्-त *कर्तित

कर्द् *1√kard* (to rebuke, rumble, caw like a crow) कर्दति कर्दिष्यति अकर्दत् कर्दतु कर्देत् *कर्दित कर्दनीय कर्दित्वा

कर्व् *1√karv* (to move, approach) कर्वति कर्विष्यति अकर्वत् कर्वतु कर्वेत् *कर्वित कर्वणीय कर्वितव्य कर्वित्वा

कल् *1√kal* (to sound, count) कलते कलिष्यते अकलत कलेत् *कलित कलनीय कलितव्य कलित्वा कलितुम्

कल् *10√kal* (to hold, bare, carry, have, put on) कलयति-ते कलयिष्यति-ते अकलयत्-त कलयतु-ताम् कलयेत्-त

कल्ल् *1√kall* (to shout) कल्लते कल्लिष्यते अकल्लत *कल्लित कल्लनीय कल्लितव्य कल्लित्वा कल्लितुम्

कव् *1 √kav* (to describe, compose, paint, picture) कवते कविष्यते अकवत कवताम् कवेत *कवित कवनीय

कश् *1√kaś* (to sound) कशति कशिष्यति अकशत् कशतु कशेत् *कशित-कष्ट कशनीय कशितव्य कशित्वा कशितुम्

कश् *2√kaś* (to punish, go) कष्टे कशिष्यते अकष्ट कष्टाम् कशीत *कशित-कष्ट कशनीय कशितव्य कशित्वा कशितुम्

कष् *1√kaṣ* (to scratch, scrape, rub,) कषति कषिष्यति अकषत् कषतु कषेत् *कषित-कष्ट कषणीय कषितव्य कषित्वा

कंस् *2√kas* (to go, destroy) कंस्ते कंसिष्यते अकंस्त कंस्ताम् कंसीत *कंसित कंसनीय कंसितव्य कंसित्वा कंसितुम्

कस् *1√kas* (to go, move, approach) कसति कसिष्यति अकसत् कसतु कसेत् *कसित कसनीय कसितव्य कसित्वा

काङ्क्ष् *1√kāṅkṣ* (to desire, wish, want) काङ्क्षति काङ्क्षिष्यति अकाङ्क्षत् काङ्क्षतु काङ्क्षेत् *काङ्क्षित काङ्क्षितुम् काङ्क्षा

काञ्च् *1√kāñć* (to glitter, bind) काञ्चते काञ्चिष्यते अकाञ्चत काञ्चताम् काञ्चेत *काञ्चित काञ्चनीय काञ्चित्वा

काश् *1√kāś* (to look beautiful) काशते काशिष्यते अकाशत काशताम् काशेत *काशित प्रकाशित काशनीय काशितव्य

काश् *4√kāś* (to appear, shine) काश्यते काशिष्यते अकाश्यत काश्यताम् काश्येत *काशित-काष्ट काशित्वा प्रकाश्य

कास् *1√kās* (to cough, make sound) कासते कासिष्यते अकासत कसताम् कासेत *कासित कासनीय कासितव्य

कि *3√ki* (to know, have knowledge of) चिकेति चिकिष्यति अचिकेत् चिकेतु चिकियात् *चिकित चिकितुम्

किट् *1√kiṭ* (to fear, terrify, dread, approach) केटति केटिष्यति अकेटत् केटतु केटेत् *केटित केटनीय केटित्वा

कित् *1√kit* (to live; with *prefix* चि = examine, operate on) केतति-चिकित्सति चिकित्सिष्यति अचिकित्सत्
चिकित्सतु चिकित्सेत् *चिकित्सित चिकित्सनीय चिकित्सितव्य चिकित्सित्वा चिकित्सितुम् चिकित्सक चिकित्सा

कित् *3√kit* (to know) चिकेति चिकित्स्यति अचिकेत् चिकेतु चिकियात् अकेतीत् *चिकित चिकित्वा चिकितुम्

कित् *10√kit* (to dwell) केतयति केतयिष्यति अकेतयत् केतयतु केतयेत् अचिकियत् *केतित केतयित्वा केतयितुम्

किर् *2√kir* (to scatter, spread out, distribute) कीर्ते करिष्यते अकीर्त कीर्ताम् कीरीत *कीर्ण किरात, किराताशिन्

किल् *6√kil* (to freeze, become white, play, sport) किलति किलति किलिष्यति अकिलत् किलतु किलेत् *किलित

कीट् *10√kīṭ* (to tinge, color, fasten) कीटयति-ते कीटयिष्यति-ते अकीटयत्-त कीटयतु-ताम् कीटयेत्-त *कीटित

कील् *1√kīl* (to pin, stake, bind) कीलति कीलिष्यति अकीलत् कीलतु कीलेत् *कीलित कीलनीय कीलित्वा कीलितुम्

कु *1√ku* (to make sound, moan, groan, cry) कवते कोष्यते अकवत् कवताम् कवेत अकोष्ट *कवित

कु *2√ku* (to make sound, hum, coo, tut, cluck) कौति कोष्यति अकौत् कौतु कुयात् कूयते *कूत कु कुतन्त्रिन्

कु *6√ku* (to groan) कुवते कोष्यते अकवत कुवताम् कुवेत *कुत कुवनीय कुवितव्य कुत्वा कवितुम् कुवन

कुच् *1√kuć* (to shout, shrink, contract, lessen, bend) कोचति कोचिष्यति अकोचत् कोचतु कोचेत् *कुचित सङ्कोच

कुच् *6√kuć* (to shrink, stop, impede) कुचति कुचिष्यति अकुचत् कुचतु कुचेत् *कुचित कुचनीय कुचित्वा कोचितुम्

कुज् *1√kuj* (to steal) कोजति कोजिष्यति अकोजत् कोजतु कोजेत् *कोजित कोजनीय कोजितव्य कोजित्वा कोजितुम्

कुञ्च् *1√kuñć* (to bow) कुञ्चति कुञ्चिष्यति अकुञ्चत् कुञ्चतु कुञ्चेत् *कुञ्चित कुञ्चितव्य कुञ्चित्वा कुञ्चितुम्

कुञ्ज् *10√kuñj* (to murmur) कुञ्जति-ते कुञ्जयिष्यति-ते अकुञ्जयत्-त कुञ्जयतु-ताम् कुञ्जयेत्-त *कुञ्जित

कुट् *4√kuṭ* (to divide, break to pieces, split, speak unclear) कुट्यति कुटिष्यति अकुट्यत् कुट्यतु कुट्येत्

कुट् *6√kuṭ* (to cheat, be cunning, crooked, curved) कुटति कुटिष्यति अकुटत् कुटतु कुटेत् *कुटित कुटितुम्

कुट् *10√kuṭ* (to cut) कोटयते कोटयिष्यति अकोटयत्-त कोटयतु-ताम् कोटयेत् *कुटित कुटयित्वा कुटयितुम्

कुटुम्ब् *10√kuṭumb* (to bear) कुटुम्बयते कुटुम्बयिष्यते अकुटुम्बयत कुटुम्बयताम् कुटुम्बयेत *कुटुम्बित कुटुम्ब

कुट्ट् *10√kuṭṭ* (to divide, cut, grind, blame) कुट्टयति-ते कुट्टयिष्यति-ते अकुट्टयत्-त कुट्टयतु-ताम् कुट्टयेत्-त *कुट्टित

कुड् *6√kuḍ* (to trifle, play or act as a child) कुडति कुडिष्यत अकुडत् कुडतु कुडेत् *कुडित कुडितव्य कुडितुम्

कुण् *6√kuṇ* (to aid, make sound) कुणति कुणिष्यति अकुणत् कुणतु कुणेत् *कुणित कुणनीय कुणितव्य कुणितुम्

कुण् *10√kuṇ* (to summon, order) कुणयति-ते कुणयिष्यति-ते अकुणयत्-त कुणयतु-ताम् कुणयेत्-त *कुणित

कुण्ठ् *1√kuṇṭh* (to be dulled, blunted, idle, stupid) कुण्ठति-ते कुण्ठिष्यते अकुण्ठत कुण्ठताम् कुण्ठेत *कुण्ठित

कुण्ठ् *10√kuṇṭh* (to hide, cover) कुण्ठयति-ते कुण्ठयिष्यति-ते अकुण्ठयत्-त कुण्ठयतु-ताम् कुण्ठयेत्-त *कुण्ठित

कुण्ड् *1√kuṇḍ* (to burn, eat, mutilate) कुण्डति-ते कुण्डिष्यति-ते अकुण्डयत्-त कुण्डयतु-ताम् कुण्डयेत्-त *कुण्डित

कुण्ड् *10√kuṇḍ* (to rescue, protect) कुण्डयति-ते कुण्डयिष्यति-ते अकुण्डयत्-त कुण्डयतु-ताम् कुण्डयेत *कुण्डित

कुत्स् *10√kuts* (to castigate, condemn, censure) कुत्सयते कुत्सयिष्यते अकुत्सयत कुत्सयताम् कुत्सयेत *कुत्सित

कुथ् *4√kuth* (to whimper, stink, become putrid) कुथ्यति कोथिष्यति अकुथ्यत् कुथ्यतु कुथ्येत् *कोथित कोथनीय

कुन्थ् *1√kunth* (to molest, hurt, suffer pain, cling to) कुन्थति कुन्थिष्यति अकुन्थत् कुन्थतु कुन्थेत् *कुन्थित

कुन्थ् *9√kunth* (to hurt, cause trouble) कुथ्नाति कुन्थिष्यति अकुन्थात् कुथ्नातु कुथ्नीयात् *कुन्थित कुन्थनीय कुन्थितुम्

कुन्द्र् *10√kundr* (to lie) कुन्द्रयति-ते कुन्द्रयिष्यति-ते अकुन्द्रयत्-त कुन्द्रयतु-ताम् कुन्द्रयेत्-त *कुन्द्रित कुन्द्रयितुम्

कुप् *4√kup* (to agitate) कुप्यति कोपिष्यति अकुप्यत् कुप्यतु कुप्येत् *कुपित कोपनीय कोपितव्य कुपित्वा कोपितुम् कोप

कुप् *10√kup* (to speak, shine) कोपयति-ते कोपयिष्यति-ते अकोपयत्-त कोपयतु-ताम् कोपयेत्-त *कोपित

कुमार् *10√kumār* (to play as a child) कुमारयति कुमारिष्ययति अकुमारयत् कुमारयतु कुमारयेत् *कुमारित

कुम्ब् *1√kumb* (to cover) कुम्बति कुम्बिष्यति अकुम्बित् कुम्बतु कुम्बेत् *कुम्बित कुम्बितव्य कुम्बित्वा कुम्बितुम्

कुम्ब् *10√kumb* (to cover) कुम्बयति-ते कुम्बयिष्यति-ते अकुम्बयत्-त कुम्बयतु-ताम् कुम्बयेत्-त *कुम्बित

कुम्भ् *10√kumbh* (to cover) कुम्भयति-ते कुम्भिष्यति-ते अकुम्भयत्-त कुम्भयतु-ताम् कुम्भयेत्-त *कुम्भित-कुब्ध

कुर् *6√kur* (to resound) कुरति कोरिष्यति अकोरत् कुरतु कुरेत् *कुरित कुरणीय कुरितव्य कुरित्वा कुरितुम्

कुर्द् *1√kurd* (to play) कूर्दते कूर्दिष्यते अकूर्दत कूर्दताम् कुर्देत *कूर्दित कूर्दयत् कूर्दनीय कूर्दित्वा कूर्दितुम् कूर्दयमान

कुल् *1√kul* (to connect, accumulate, be related, be kinsman) कोलति कोलिष्यति अकोलत् कोलतु कोलेत्

कुंश् *10√kuṁś* (to speak, shine) कुंशयति-ते कुंशयिष्यति-ते अकुंशयत्-त कुंशयतु-ताम् कुंशयेत्-त *कुंशित

कुष् *9√kuṣ* (to tear, pull out, test, examine, shine) कुष्णाति कोषिष्यति अकुष्णात् कुष्णातु कुष्णीयात् *कुष्ट

कुंस् *1√kuṁs* (to speak) कुंसति कुंसिष्यति अकुंसत् कुंसतु कुंसेत् *कुंसित कुंसनीय कुंसितव्य कुंसित्वा कुंसितुम

कुंस् *10√kuṁs* (to speak, shine) कुंसयति-ते कुंसयिष्यति-ते अकुंसयत्-त कुंसयतु-ताम् कुंसयेत्-त *कुंसित

कुस् *4√kus* (to hug, embrace, surround) कुस्यति कोसिष्यति अकुस्यत् कुस्यतु कुस्येत् *कुसित कुसनीय कुसितुम्

कुस्म् *10√kusm* (to laugh improperly) कुस्म्यते कुस्मयिष्यते अकुस्मयत कुस्मयताम् कुस्मयेत *कुस्मित

कुह् *10√kuh* (to surprise, cheat, deceive) कुहयति-ते कुहयिष्यति-ते अकुहयत्-त कुहयतु-ताम् कुहयेत्-त *कूढ

कू *6√kū* (to design, cry out in distress) कवते-कुवते कविष्यति अकूवत कवताम् कवेत *कवित कू कूच कूचिका

कू *9√kū* (to wail) कुनाति-कुनीते-कूनाति-कूनीते कविष्यति-ते अकूनात्-नीत कूनातु-कूनीताम् कूनीयात्-कुनीत *कून

कूज् *1√kūj* (to chirp, hum, coo, moan, groan) कूजति कूजिष्यति अकूजत् कूजतु कूजेत् *कूजित कूजनीय कूजित्वा

कूट् *10√kūṭ* (to hide, censure, invite, call, burn, counsel) कूटयति-ते कूटयिष्यति अकूटयत् कूटयतु कूटयेत् *कूटित

कूड् *6√kūḍ* (to graze, become firm or solid or fat) कूडति कूडिष्यति अकूडत् कूडतु कूडेत् *कूडित कूडितुम्

कूण् *1√kūṇ* (to shrink, converse, speak) कूणति कूणिष्यति अकूणत् कूणतु कूणेत् *कूणित कूणनीय कूणित्वा कूणितुम्

कूण् *10√kūṇ* (to talk) कूणयति-ते कूणयिष्यति-ते अकूणयत्-त कूणयतु-ताम् कूणयेत्-त *कूणित कूणितव्य कूणितुम्

कूप् *10√kūp* (to be weak) कूपयति-ते कूपयिष्यति-ते अकूपयत्-त कूपयतु-ताम् कूपयेत्-त *कूपित कूपित्वा कूपितुम्

कूर्द् *1√kūrd* (to leap, jump, frolic) कूर्दति-ते कूर्दिष्यति-ते अकूर्दत्-त कूर्दतु-ताम् कूर्देत्-त *कुर्दित कुर्दित्वा कुर्दितुम्

कूल् *1√kūj* (to cover, screen, protect, enclose) कूलति कूलिष्यति अकूलत् कूलतु कूलेत् *कूलित कूलितुम् कूलित्वा

कृ *5√kṛ* (to ravish, hurt kill) कृणोति-कुणुते करिष्यति-ते अकृणोत्-अकृणुत कृणोतु-ताम् कृणुयात्-कृण्वीत *कृत

कृ *6√kṛ* (to scatter) किरति करिष्यति अकिरत् किरतु किरेत् *कीर्ण करणीय करितव्य कीर्त्वा करितुम् अवकर उपस्कर

कृ *8√kṛ* (to do) करोति-कुरुते करिष्यति-ते अकरोत्-अकुरुत करोतु-कुरुताम् कुर्यात्-कुर्वीत *कृत कुर्वत् कृतवत् करणीय कर्तव्य कार्य कृत्वा कर्तुम् कुर्वाण क्रियमाण कर्मकृत् सुकृत् तस्कर भास्कर भयङ्कर कर्मकार अन्धकार संस्कार चिकीर्षा

कृ *9√kṛ* (to ravish) कृणाति-कुणीते करिष्यति-ते अकृणात्-अकृणीत कृणातु-कृणीताम् कृणीयात्-कृणीत कीर्यते *कृत

कृड् *6√kṛḍ* (to become dense or solid) कृडति कृडिष्यति अकृडत् कृडतु कृडेत् *कृडित कृडनीय कृडितव्य कृडितुम्

कृत् *6√kṛt* (to cut) कृन्तति कर्तिष्यति-कर्त्स्यति अकर्तत् कृन्ततु कृन्तेत् *कृत्त कर्तनीय कर्तितव्य कर्तित्वा कर्तितुम् कर्तन

कृत् *7√kṛt* (to spin, surround, encompass, attire) कृणत्ति कर्तिष्यति-कर्त्स्यति अकृणत् कृणतु कृन्त्यात् *कृत्त

कृप् *1√kṛp* (to imagine, to be able : उभयपदी in लुङ्, लुट्, लृट् and लृङ्) कल्पते कल्पिष्यते अकल्पत कल्पताम् कल्पेत क्लृप्यते *क्लृप्त क्लृप्तवत् कल्पनीय कल्पितव्य कल्प्य कल्पित्वा कल्पितुम् कल्पमान कल्प कल्पना क्लृप्ति कृपा कृपालु कृपाचार्य कृपण कृपाण कल्पना विकल्प प्रकल्प

कृप् *10√kṛp* (to be weak; to think, imagine) कृपयति-ते कृपयिष्यति-ते अकृपयत्-त कृपयतु-ताम् कृपयेत्-त कल्पयति-ते क्ल्पयिष्यति-ते अकल्पयत्-त कल्पयतु-ताम् कल्पयेत्-त कल्प्यते *कृप्त-कल्पित कल्पयितुम् कल्पन

कृश् *4√kṛś* (to be lean, emaciated, to wane) कृश्यति कर्शिष्यति अकृश्यत् कृश्यतु कृश्येत् *कृशित-कृष्ट कर्षितुम्

कृष् *1√kṛṣ* (to drag, pull, draw towards, attract) कर्षति कर्क्ष्यति अकर्षत् कर्षतु कर्षेत् *कृष्ट-कर्षित आकर्षण

कृष् *6√kṛṣ* (to plough, make furrows, cultivate) कृषति-ते क्रक्ष्यति-ते अकृषत्-त कृषतु-ताम् कृषेत्-त *कृष्ट कृषि

कॄ *6√kṝ* (to disperse, throw, cast, pour out) किरति करिष्याति-करीष्यति अकिरत् किरतु किरेत् कीर्यते *कीर्ण कीर्त्वा

कॄ *9√kṝ* (to injure; know, inform) कृणाति-कृणीते करीष्यति-ते अकृणात्-अकृणीत कृणातु-कृणीताम् कृणीयात्-कृणीत

कॄत् *10√kṝt* (to announce, declare, tell) कीर्तयति-ते कीर्तयिष्यति-ते कीर्तयेत्-त कीर्तयतु-ताम् कीर्तयेत्-त *कीर्तित

क्लृप् *1√klṛp* (to be fit, accomplish, produce) कल्पते कल्पिष्यते अकल्पत कल्पताम् कल्पेत *क्लृप्त-कल्पित

कृप् *10√kṛp* (to imagine, picture) कल्पयति-ते कल्पयिष्यति-ते अकल्पयत्-त कल्पयतु-ताम् कल्पयेत्-त *कल्पित

केत् *10√ket* (to invite, listen, call) केलयति-ते केतयिष्यति अकेतयत केतयताम् केतयेत् *केतित केतनीय केतयितव्य

केप् *1√kep* (to shake, tremble) केपते केप्स्यते अकेप्त केपताम् केपेत *केप्त केपनीय केपितव्य केप्त्वा केप्तुम्

केल् *1√kel* (to play, sport be frolicsome) केलति केलिष्यति अकेलत केलताम् केलेत् *केलित केलनीय केलितव्य

केव् *1√kev* (to render service) केवते केविष्यते अकेवत केवताम् केवेत *केवित केवनीय केवितव्य केवित्वा केवितुम्

कै *1√kai* (to clatter, sound) कायति कास्यति अकायत् कायतु कायेत् अकासीत् *कायित-कान कातव्य कीत्वा कातुम्

क्नथ् *1√knath* (to hurt, injure, kill) क्नथति क्नथिष्यति अक्नथत् क्नथतु क्नथेत् *क्नथित क्नथित्वा क्नथितुम्

क्नथ् *10√knath* (to hurt, injure, kill) क्नथयति-ते क्नथयिष्यति-ते अक्नथयत्-त क्नथयतु-ताम् क्नथयेत्-त *क्नथित

क्नस् *4, 10√knas* (to be crooked, speak, shine) क्नस्यति क्नसिष्यति अक्नस्यत् क्नस्यतु क्नस्येत् *क्नस्त क्नस्त्वा

क्नू *9√knū* (to make noise) क्नूनाति-क्नूनीते क्नविष्यति अक्नूनात् क्नूनातु क्नूनीयात् अक्नावीत्-अक्नविष्ट *क्नूत

क्नूय् *1√knūy* (to become wet, stink, make sound) क्नूयते क्नूयिष्यते अक्नूयत क्नूयताम् क्नूयेत *क्नूत

क्मर् *1√kmar* (to warp) क्मरति क्मरिष्यति अक्मरत् क्मरतु क्मरेत् *क्मरित क्मरणीय क्मरित्वा क्मरितुम् क्मरमाण

क्रथ् *1√krath* (to injure, hurt, kill) क्रथति क्रथिष्यति अक्रथत्-अक्राथत् क्रथतु क्रथेत् *क्रथित क्रथितुम्

क्रथ् *10√krath* (to delight, be enjoy) क्रथयति-ते क्रथयिष्यति-ते अक्रथयत्-त क्रथयतु-ताम् क्रथयेत्-त *क्रथित

क्रन्द् *1√krand* (to cry, shade tears, be sad) क्रन्दते क्रन्दिष्यति अक्रन्दत् क्रन्दतु क्रन्देत् क्रन्दते *क्रन्दित क्रन्दन

क्रन्द् *10√krand* (to cry out continuously, roar, rave) क्रन्दयति-ते क्रन्दयिष्यति अक्रन्दयत क्रन्दयताम् क्रन्दयेत

क्रप् *1√krap* (to pity, lament, moan, long for, desire) क्रपते क्रपिष्यते अक्रपत क्रपताम् क्रपेत *क्रप्त क्रपनीय कृपा

क्रम् *1√kram* (to climb, walk, step, leap, jump) क्रामति-ते क्रमिष्यति-ते अक्रामत्-त क्राम(म्य)तु-ताम् क्रामेत्-त *क्रान्त

क्रम् *4√kram* (to stride, march, stomp) क्राम्यति क्रमिष्यति अक्राम्यत् क्राम्यतु क्राम्येत् *क्रान्त् क्रान्ति क्रान्तिकारिन्

क्री *9√krī* (to buy) क्रीणाति-क्रिणीते क्रेष्यति-ते अक्रीणात्-अक्रणीत क्रीणातु-क्रीणीताम् क्रीणीयात्-क्रीणीत क्रीयते *क्रीत क्रयणीय क्रेतव्य क्रेय विक्रीय क्रीत्वा क्रेतुम् क्रय क्रयण विक्रय क्रयविक्रय विंक्रेतृ

क्रीड् *1√krīḍ* (to play, amuse oneself) क्रीडति क्रीडिष्यति अक्रीडत् क्रीडतु क्रीडेत् *क्रीडित क्रीडनीय क्रीडितुम् क्रीडा

क्रुञ्च् *1√kruñć* (to dishonor, be crooked) क्रुञ्चति क्रुञ्चिष्यति अक्रुञ्चत् क्रुञ्चतु क्रुञ्चेत् अक्रुञ्चीत् *क्रुञ्चित

क्रुड् *6√kruḍ* (to dive) क्रुडति क्रुडिष्यति अक्रुडत् क्रुडतु क्रुडेत् *क्रुडित क्रुडनीय क्रुडितव्य क्रुडित्वा क्रुडितुम् क्रोड:

क्रुड् *9√kruḍ* (to slay) क्रुड्नाति क्रुडनिष्यति अक्रुड्नात् क्रुड्नातु क्रुड्नीयात् *क्रुडित क्रुडनीय क्रुडितव्य क्रुडित्वा क्रुडितुम्

क्रुध् *4√krudh* (to be angry) क्रुध्यति क्रुत्स्यति अक्रुधत् क्रुध्यतु क्रुध्येत् *क्रुद्ध क्रोधनीय क्रोद्धव्य क्रोध्य क्रुद्ध्वा क्रोद्धुम् क्रोध

क्रुन्थ् *9√krunth* (to embrace, be distracted) क्रुथ्नाति क्रुथ्नाति क्रुन्थिष्यति अक्रुन्थात् क्रुथ्नातु क्रुथ्नीयात् क्रश्यते *क्रुन्थित

क्रुश् *1√kruś* (to cry, weep, lament, moan, yell) क्रोशति क्रोक्ष्यति अक्रोशत् क्रोशतु क्रोशेत् *क्रुष्ट क्रोष्टुम् आक्रोश

क्रेव् *1√krev* (to serve, wait) क्रेवते क्रेविष्यते अक्रेवत क्रेवताम् क्रेवेत *क्रेवित क्रेवनीय क्रेवितव्य क्रेवित्वा क्रेवितुम्

क्रोड् *1√kroḍ* (to gamble) क्रोडति क्रोडिष्यति अक्रोडत् क्रोडतु क्रोडेत् *क्रोडित क्रोडनीय क्रोडितव्य क्रोडित्वा क्रोडितुम्

क्लथ् *1√klath* (to revolve, turn round and round, hurt) क्लथति क्लथिष्यति अक्लथत् क्लथतु क्लथेत् *क्लथित

क्लथ् *9√klath* (to revolve) क्लथ्नाति क्लथ्निष्यति अक्लन्थात् क्लथ्नातु क्लथ्नीयात् *क्लथित क्लथितव्य क्लथितुम्

क्लद् *4√klad* (to confuse, delude, be confused) क्लद्यते क्लदिष्यते अक्लद्यत क्लद्यताम् क्लद्येत *क्लिन्न

क्लन्द् *1√kland* (to lament, be confused) क्लन्दति क्लन्दिष्यति अक्लन्दत् क्लन्दतु क्लन्देत् *क्लन्दित क्लन्दनीय

क्लप् *10√klap* (to worship) क्लपयति-ते क्लपयिष्यति-ते अक्लपयत्-त क्लपयतु-ताम् क्लपयेत्-त *क्लपित

क्लब् *4√klab* (to fear, be afraid) क्लब्यते क्लबिष्यते अक्लब्यत क्लब्यताम् क्लब्येत *क्लबित क्लबितव्य क्लबितुम्

क्लम् *4√klam* (to be fatigued, depressed) क्लाम्यति क्लमिष्यति अक्लाम्यत् क्लाम्यतु क्लाम्येत् *क्लिष्ट-क्लमित

क्लिद् *4√klid* (to become wet, damp, moist) क्लिद्यति क्लेदिष्यति अक्लिद्यत् क्लिद्यतु क्लिद्येत् *क्लिन्न क्लेद्य

क्लिन्द् *1√klind* (to lament) क्लिन्दते क्लिन्दिष्यते अक्लिन्दत क्लिन्दताम् क्लिन्देत *क्लिन्दित क्लिन्द्य क्लिन्दित्वा

क्लिश् *4√kliś* (to be distressed, afflicted) क्लिश्यते क्लेशिष्यते अक्लिश्यत क्लिश्यताम् क्लिश्येत क्लिश्यते *क्लिष्ट-क्लिशित क्लिश्यत् क्लेशनीय क्लेशितव्य क्लिश्य क्लिष्ट्वा क्लेशितुम् क्लेश क्लिष्टि

क्लिश् *9√kliś* (to vex, torment, molest) क्लिश्नाति क्लेशिष्यति अक्लिश्नात् क्लिश्नातु क्लिश्नीयात् *क्लिष्ट

क्लीब् *1√klīb* (to be weak, shy, impotant) क्लीबते क्लीबिष्यते क्लीबताम् क्लीबेत * क्लीबित क्लीब क्लैब्य

क्लु *1√klu* (to move, go) क्लवते क्लविष्यते अक्लवत क्लवताम् क्लवेत *क्लवित क्लवनीय क्लवितव्य क्लवित्वा

क्लेश् *1√kleś* (to impede, hinder, strike) क्लेशते क्लेशिष्यते अक्लेशत क्लेशताम् क्लेशेत *क्लेशित क्लेशनीय

क्वण् *1√kwaṇ* (to clank, jingle, tinkle) क्वणति क्वणिष्यति अक्वणत् क्वणतु क्वणेत् *क्वाण क्वणनीय क्वणित्वा

क्वथ् *1√kwath* (to boil, decoct, digest) क्वथति क्वथिष्यति अक्वथत् क्वथतु क्वथेत् *क्वथित क्वथनीय क्वथित्वा

(क्ष) (kṣ)

क्षज् *1√kṣaj* (to live in pain or distress) क्षञ्जते क्षञ्जिष्यते अक्षञ्जत क्षञ्जतु क्ष्ञ्जेत *क्षञ्जित क्षञ्जित्वा क्षञ्जन

क्षज् *10√kṣaj* (to live in pain) क्षजयति-ते क्षजयिष्यति-ते अक्षजयत्-त क्षजयतु-ताम् क्षजयेत्-त *क्षजित

क्षञ्ज् *1√kṣañj* (to live in pain) क्षञ्जते क्षञ्जिष्यते अक्षञ्जत क्षञ्जताम् क्षञ्जेत *क्षञ्जित क्षञ्जनीय क्षञ्जितव्य

क्षञ्ज् *10√kṣañj* (to suffer) क्षञ्जयति-ते क्षञ्जयिष्यति-ते अक्षञ्जयत्-त क्षञ्जयतु-ताम् क्षञ्जयेत्-त *क्षञ्जित

क्षण् *8√kṣaṇ* (to wound) क्षणोति-क्षणुते क्षणिष्यति-ते अक्षणोत्-अक्षणुत क्षणोतु-क्षणुताम् क्षणुयात्-क्षण्वीत *क्षत

क्षद् *1√kṣad* (to divide, cut, kill, consume, cover, protect) क्षदते क्षदिष्यते अक्षदत क्षदताम् क्षदेत *क्षण्ण क्षदनीय

क्षप् *1√kṣap* (to be obstinate, to fast) क्षपति-ते क्षपिष्यते अक्षपत क्षपताम् क्षपेत *क्षपित क्षपनीय क्षपितव्य

क्षम्प् *10√kṣamp* (to throw, pardon) क्षम्पयति-ते क्षपयिष्यति-ते अक्षम्पयत्-त क्षम्पयतु-ताम् क्षम्पयेत्-त *क्षम्पित

क्षम् *1√kṣam* (to bare, pardon, forgive, permit) क्षमते क्षमिष्यते अक्षमत क्षमताम् क्षमेत *क्षान्त-क्षमित क्षम्य क्षमा

क्षम् *4√kṣam* (to endure, tolerate) क्षाम्यति क्षमिष्यति अक्षाम्यत् क्षाम्यतु क्षाम्येत् *क्षत क्षमणीय क्षमितव्य क्षमितुम्

क्षर् *1√kṣar* (to peish, wane, flow, glide, emit) क्षरति-ते क्षरिष्यति-ते अक्षरत्-त क्षरतु-ताम् क्षरेत्-त *क्षरित क्षरणीय

क्षल् *10√kṣal* (to wash, cleanse; *+ preffix pra*) प्र-क्षालयति-ते क्षालयिष्यति अक्षालयत् क्षालयतु क्षालयेत् *क्षालित

क्षि *1√kṣi* (to wane, reduce, decay, to govern, rule) क्षयति क्षेष्यति अक्षयत् क्षयतु क्षयेत् *क्षीण क्षयनीय क्षय

क्षि *2√kṣi* (to possess) क्षेति क्षेष्यति अक्षेत् क्षेतु क्षीयात् अक्षैषीत् क्षीयते *क्षीण

क्षि *5√kṣi* (to hurt, kill) क्षिणोति क्षेष्यति अक्षिणोत् क्षिणोतु क्षिणुयात् अक्षैषीत् *क्षिण

क्षि *6√kṣi* (to stay) क्षियति क्षेष्यति अक्षियत् क्षियतु क्षियेत् अक्षैषीत् *क्षिण-क्षित क्षेतव्य क्षित्वा क्षेतुम्

क्षि *9√kṣi* (to kill) क्षिणाति क्षेष्यति अक्षीणात् क्षिणातु क्षिणीयात् अक्षैषीत् *क्षित क्षेतम् क्षेतव्य क्षित्वा

क्षिण् *5√kṣiṇ* (to weaken, hurt, injure) क्षिणोति अक्षिणोत् क्षिणोतु क्षिणुयात् *क्षित

क्षिण् *6√kṣiṇ* (to weaken) क्षिणुते क्षेणिष्यते अक्षिणत क्षिणताम् क्षिणेत

क्षिण् *8√kṣiṇ* (to smite) (क्षे)क्षिणोति-क्षेणुते क्षेणिष्यति-ते अक्षिणोत्-अक्षिणुत क्षिणोतु-क्षिणुताम् क्षिणुयात्-क्षिण्वीत *क्षित

क्षिद् *1√kṣid* (to moisten, dampen, make wet) क्षिदति क्षेदिष्यते अक्षिदत क्षिदताम् क्षिदेत *क्षिदित-क्षिन्न क्षिदनीय

क्षिप् *4√kṣip* (to throw, cast, send, discharge, let go) क्षिप्यते क्षिपिष्यते अक्षिप्यत क्षिप्यताम् क्षिप्येत क्षिप्यते *क्षिप्त

क्षिप् *6√kṣip* (to drop) क्षिपति-ते क्षेप्स्यति-ते अक्षिपत्-त क्षिपतु-ताम् क्षिपेत्-त *क्षिप्त क्षेपणीय क्षिप्त्वा क्षिप्तुम् क्षेपण

क्षिप् *10√kṣip* (to throw, cast away) क्षिपयति-ते क्षेपयिष्यति-ते अक्षेपयत्-त क्षिपयतु-ताम् क्षिपयेत्-त *क्षिपित

क्षिव् *1√kṣiv* (to push away) क्षेवति क्षेविष्यति अक्षेवत् क्षेवतु क्षेवेत् अक्षीविष्ट *क्षिवित क्षिवितव्य क्षिवित्वा क्षिवितुम्

क्षिव् *4√kṣiv* (to spit out, vomit) क्षीव्यति क्षेविष्यति अक्षिव्यत् क्षिव्यतु क्षिव्येत् *क्षिवित क्षिवितव्य क्षिवित्वा क्षिवितुम्

क्षी *1√kṣī* (to decay, wear out) क्षयति-ते क्षयिष्यति अक्षयत्-त क्षयतु-ताम् क्षयेत्-त *क्षीत क्षीत्वा क्षयितुम्

क्षी *4√kṣī* (to weaken) क्षीयते क्षयिष्यते अक्षीयत क्षीयतु क्षीयेत *क्षीत

क्षी *5√kṣī* (to destroy, hurt, injure) क्षिणोति क्षेष्यति अक्षीणोत् क्षीणोतु क्षीणुयात् *क्षीत

क्षी *6√kṣī* (to go, live, stay) क्षीयते क्षेष्यति अक्षीयत क्षीयताम् क्षीयेत् *क्षीत

क्षी *9√kṣī* (to kill) क्षीणाति क्षेष्यति अक्षीणात् क्षीणातु क्षीणीयात् *क्षीण-क्षीत क्षयणीय क्षेतव्य क्षीत्वा क्षेतुम्

क्षीज् *1√kṣīj* (to whisper, sound indistinctly, murmer) क्षीजति, क्षीजिष्यति अक्षीजदत् क्षीजतु क्षीजेत् *क्षीजित

क्षीब् *1√kṣīv* (to be intoxicated) क्षीबते क्षेबिष्यते अक्षिबत क्षिबताम् क्षिबेत *क्षिबित क्षिबनीय क्षिबितव्य क्षिबितुम्

क्षीब् *4√kṣīv* (to be intoxicated) क्षीब्यते क्षेबिष्यते अक्षिब्यत क्षिब्यताम् क्षिब्येत *क्षिबित क्षिबयत् क्षिबयित्वा

क्षीव् *1√kṣīv* (to be intoxicated) क्षीवते क्षीविष्यते अक्षीवत क्षीवताम् क्षीवेत *क्षीवित क्षीवनीय क्षीवितव्य

क्षीव् *4√kṣīv* (to spit) क्षीव्यते क्षेविष्यते अक्षिव्यत क्षिव्यताम् क्षिव्येत *क्षीवित क्षीवित्वा क्षीवितुम् क्षीव

क्षु *2√kṣu* (to sneeze, cough) क्षौति क्षविष्यति अक्षौत् क्षौतु क्षुयात् अक्षावीत् *क्षुत क्षवणीय क्षुत्वा क्षवितुम्

क्षुद् *7√kṣud* (to crush under feet, trample up on) क्षुणत्ति क्षोत्स्यति अक्षुणत् क्षुणतु क्षुन्द्यात् क्षुद्यते *क्षुत्त क्षेदनीय

क्षुध् *4√kṣudh* (to be hungry, starve) क्षुध्यति क्षोत्स्यति अक्षुध्यत् क्षुध्यतु क्षुध्येत् *क्षुधित क्षोधनीय क्षुद्ध्वा क्षोद्धुम् क्षुधा

क्षुप् *6√kṣup* (to be startled, be taken aback) क्षुपति क्षुपिष्यति अक्षुपत् क्षुपतु क्षुपेत् *क्षुप्त क्षुप्तव्य क्षुप्तुम् क्षुप

क्षुभ् *1√kṣubh* (to be agitated, disturbed; to tremble) क्षोभते क्षोभिष्यते अक्षोभत क्षोभताम् क्षोभेत *क्षुब्ध क्षोभनीय

क्षुभ् *4√kṣubh* (to tremble, be unsteady) क्षुभ्यति क्षोभिष्यति अक्षुभ्यत् क्षुभ्यतु क्षुभ्येत् *क्षुब्ध-क्षुभित क्षोभनीय

क्षुभ् *9√kṣubh* (to tremble, stir up, exite, pertrub) क्षुभ्नाति क्षोभिष्यति अक्षुभ्नात् क्षुभ्नातु क्षुभ्यात् *क्षुब्ध

क्षुर् *6√kṣur* (to scratch, cut, make lines, make furrows) क्षुरति क्षुरिष्यति अक्षुरत् क्षुरतु क्षुरेत् *क्षुरित क्षुरणीय

क्षै *1√kṣai* (to taper off, waste away, wane, decay, wear) क्षायति क्षास्यति अक्षायत् क्षायतु क्षायेत् क्षायते *क्षाम

क्षोट् *10√kṣoṭ* (to send, throw) क्षोटयति क्षोटयिष्यति अक्षोटयत् क्षोटयतु क्षोटयेत् *क्षोटित क्षोटयित्वा क्षोटयितुम्

क्ष्णु *2√kṣṇu* (to whet, sharpen) क्ष्णौति क्ष्णविष्यति अक्ष्णौत् क्ष्णौतु क्ष्णुयात् अक्ष्णावीत् *क्ष्णुत क्ष्णवित्वा क्ष्णवितुम्

क्ष्माय् *1√kṣmāy* (to tremble, shake) क्ष्मायते क्ष्मायिष्यते क्ष्मायताम् क्ष्मायेत *क्ष्मात क्ष्मायनीय क्ष्मायित्वा क्ष्मायितुम्

क्ष्मील् *1√kṣmil* (to wink, close the eyelids) क्ष्मीलति क्ष्मीलिष्यति अक्ष्मेलत् क्ष्मीलतु क्ष्मिलेत *क्ष्मिलित क्ष्मीलनीय

क्ष्विड् *1√kṣviḍ* (to hum, murmer) क्ष्वेडति-ते क्ष्वेडिष्यते अक्ष्वेडत्-त क्ष्वेडतु-ताम् क्ष्वेडेत्-त अक्ष्वेडिष्ट *क्ष्विण्ण

क्ष्विद् *1√kṣvid* (to milk) क्ष्वेदति-ते क्ष्वेदिष्यति-ते अक्ष्विदत्-त क्ष्वेदतु-ताम् क्ष्वेदेत्-त अक्ष्वेदिष्ट *क्ष्विण्ण-क्ष्वेदित

क्ष्विद् *4√kṣvid* (to milk, become wet) क्ष्वेद्यति क्ष्वेदिष्यति अक्ष्वदत् क्ष्वेद्यतु क्ष्वेद्येत् अक्ष्वेदिष्ट *क्ष्विण्ण

क्ष्वेल् *1√kṣvel* (to play, leap, jump) क्ष्वेलति क्ष्वेलिष्यति अक्ष्वेलत् क्ष्वेलतु क्ष्वेलेत् *क्ष्वेलित क्ष्वेलनीय क्ष्वेलित्वा

<u>(ख) (kh)</u>

खक्ख् *1√khakkh* (to laugh, ridicule, deride) खक्खति खक्खिष्यति अखक्कत् खक्कतु खक्केत् *खक्कित

खच् *1√khać* (to purify) खचति खचिष्यति अखचत् खचतु खचेत् *खचित खचनीय खचितव्य खचित्वा खचितुम्

खच् *9√khać* (to re-appear, come forth, be reborn) खच्ञाति खचिष्यति अखच्ञात् खच्ञातु खच्ञीयात् *खचित

खच् *10√khać* (to tie, bind, inlay, set) खचयति-ते खचयिष्यति-ते अखचयत्-त खचयतु-ताम् खचयेत्-त *खचित

खज् *1√khaj* (to churn, agitate) खजति खजिष्यति अखजत् खजतु खजेत् *खजित खजनीय खजित्वा खजितुम्

खञ्ज् *1√khañj* (to limp, walk lame) खञ्जति खञ्जिष्यति अखञ्जत् खञ्जतु खञ्जेत् *खञ्जित खञ्जनीय खञ्जित्वा

खट् *1√khaṭ* (to like, desire, wish) खटति खटिष्यति अखटत्-अखाटत् खटतु खटेत् *खटित खटनीय खटितव्य

खट्ट् *10√khaṭṭ* (to encircle, envelop) खट्टयति-ते खट्टयिष्यति-ते अखट्टयत्-त खट्टयतु-ताम् खट्टयेत्-त *खट्टित

खड् *10√khaḍ* (to cut, break,sever, crack) खाडयति-ते खाडयिष्यति अखाडयत् खाडयतु खाडयेत् *खाडित

खण्ड् *1√khaṇḍ* (to break) खण्डते खण्डिष्यते अखण्डत खण्डताम् खण्डेत खण्ड्यते *खण्डित खण्डनीय खण्डितव्य

खण्ड् *10√khaṇḍ* (to break, cut to pieces, tear) खण्डयति-ते खण्डयिष्यति अखण्डयत् खण्डयतु खण्डयेत् *खण्डित

खद् *1√khad* (to injure, strike, hurt, be steady, firm) खदति खदिष्यति अखदत् खदतु खदेत् *खत्त खदनीय

खन् *1√khan* (to dig up, delve, excavate) खनति-ते खनिष्यति अखनत् खनतु खनेत् *खात खननीय खनितव्य खनन

खर्ज् *1√kharj* (to hurt, make uneasy) खर्जति खर्जिष्यति अखर्जत् खर्जतु खर्जेत् *खर्जित खर्जनीय खर्जित्वा

खर्द् *1√khard* (to bite, sting) खर्दति खर्दिष्यति अखर्दत् खर्दतु खर्देत् *खर्दित खर्दत् खर्दनीय खर्दित्वा खर्दितुम्

खर्ब् *1√kharb* (to stiffen) खर्बति खर्बिष्यति अखर्बत् खर्बतु खर्बेत् *खर्बित खर्बनीय खर्बितव्य खर्बित्वा खर्बितुम्

खर्व् *1√kharv* (to go) खर्वति खर्विष्यति अखर्वत् खर्वतु खर्वेत् *खर्वित खर्वणीय खर्वितव्य खर्वित्वा खर्वितुम्

खल् *1√khal* (to gather, collect, move, shake) खलति खलिष्यति अखलत् खलतु खलेत् *खलित खलनीय खलित्वा

खल्ल् *1√khall* (to be relaxed) खल्लते खल्लिष्यते अखल्लत् खल्लतु खल्लेत् *खल्लित खल्लनीय खल्लित्वा

खव् *9√khav* (to enrich, cause prosperity, purify) खव्नाति खविष्यति अखव्नात् खव्नातु खव्नीयात् *खवित

खष् *1√khaṣ* (to hurt, injure) खषति खषिष्यति अखषत् खषतु खषेत् *खषित-खष्ट खषनीय खषित्वा खषितुम्

खाद् *1√khād* (to eat, consume, feed) खादति खादिष्यति अखादत् खादतु खादेत् *खादित खादनीय खाद्य खादित्वा

खिट् *1√khiṭ* (to fear, dread, surprise, be terrified, freightened) खेटति खेटिष्यति अखेटत् खेटतु खेटेत् *खेटित

खिद् *4√khid* (to suffer pain or misery) खिद्यते खेत्स्यते अखिद्यत खिद्यताम् खिद्येत खिद्यते *खिन्न खिद्य खेतुम् खेद

खिद् *6√khid* (to cause pain) खिन्दति खेत्स्यति अखिनदत् खिन्दतु खिन्देत *खिन्न खेदनीय खेतव्य खेद्य खित्वा खेत्तुम्

खिद् *7√khid* (to strike, assult, press down, afflict) खिन्ते खेत्स्यते अखिन्त खिन्ताम् खिन्दीत *खिन्न खेदनीय

खिल् *6√khil* (to pick, pick grains) खिलति खेलिष्यति अखिलत् खिलतु खिलेत् *खिलित खिलनीय खिलितुम्

खु *1√khu* (to make sound) खवते खोष्यते अखवत् खवतु खवेत् अखोष्ट *खवित खवनीय खवितव्य खवितुम्

खुच् *1√khuć* (to steal) खोचति खोचिष्यति अखोचत् खोचतु खोचेत् *खोचित खोचनीय खोचितव्य खोचित्वा खोचितुम्

खुज् *1√khuj* (to rob, steal) खोजति खोजिष्यति अखोजत् खोजतु खोजेत् *खोजित खोजनीय खोजितव्य खोजित्वा

खुड् *10√khuḍ* (to rip, cut up, divide in pieces) खोडयति-ते खोडयिष्यति अखोडयत् खोडयतु खोडयेत् *खोडित

खुण्ड *1√khuṇḍ* (to break, cut) खुण्डते खुण्डिष्यते अखुण्डत खुण्डताम् खुण्डेत अचुखुण्डत् *खुण्डित खुडितव्य

खुर् *1√khur* (to cut) खुरति खुरिष्यति अखुरत् खुरतु खुरेत् अखोरीत् *खुरित खुरणीय खुरित्वा खुरितुम् खर प्रखर

खुर् *6√khur* (to shine, be rich) खुरति खुरिष्यति अखुरत् खुरतु खुरेत् *खुरित खुरणीय खुरित्वा खुरितुम्

खुर्द *1√khurd* (to play) खूर्दते खूर्दिष्यते अखूर्दत खूर्दताम् खूर्देत *खूर्दित खूर्दयत् खूर्दनीय खूर्दित्वा खूर्दितुम्

खूर्द *1√khūrd* (to play) खूर्दते खूर्दिष्यते अखूर्दत खूर्दताम् खूर्देत *खूर्दित खूर्दितव्य खूर्दित्वा खूर्दनीय

खे *1√khe* (to play) खेलति खेलिष्यति अखेलत् खेलतु खेलेत् अखेलीत् *खेलित खेलनीय खेलितुम् खेलन

खेट् *10√kheṭ* (to eat, consume) खेटयति खेटयिष्यति-ते अखेटयत्-त खेटयतु-ताम् खेटयेत्-त *खेटित खेटयितुम्

खेल् *1√khel* (to play, sport) खेलति खेलिष्यति अखेलत् खेलतु खेलेत् खेल्यते *खेलित खेलनीय खेलित्वा खेलितुम्

खेव् *1√khev* (to serve, wait up on) खेवते खेविष्यते अखेवत खेवताम् खेवेत अखेविष्ट *खेवित खेवितुम् खेवन

खै *1√khai* (to eat, cause harm) खायति ख्यास्यति अखासत् खायतु खायेत् *खात खातव्य खीत्वा खातुम् खीयमान

खोट् *10√khoṭ* (to eat) खोटयति-ते खोटयिष्यति-ते अखोटयत्-त खोटयतु-ताम् खोटयेत्-त अचुखोटत्-त *खोटित

खोड् *1√khoḍ* (to be hindered) खोडति खोडिष्यति अखोडत् खोडतु खोडेत् *खोडित खोडनीय खोडित्वा खोडितुम्

खोर् *1√khor* (to be obstructed) खोरति खोरिष्यति अखोरत् खोरतु खोरेत् *खोरित खोरणीय खोरित्वा खोरितुम्

खोल् *1√khol* (to limp) खोलति खोलिष्यति अखोलत् खोलतु खोलेत् *खोलित खोलनीय खोलित्वा खोलितुम्

ख्या *2√khyā* (to be famous or known, to tell, declare) ख्याति ख्यास्यति अख्यात् ख्यातु ख्यायात् *ख्यात ख्यानीय

(ग) (g)

गज् *1√gaj* (to roar, sound, be drunk) गजति गजिष्यति अगाजत् गजतु गजेत् *गजित गजनीय गजित्वा गजितुम्

गज् *10√ gaj* (to make sound) गाजयति गाजयिष्यति अगाजयत् गाजयतु गाजयेत् *गाजित गाजनीय गाजयित्वा

गञ्ज् *1√gañj* (to resound) गञ्जति गञ्जिष्यति अगञ्जत् गञ्जतु गञ्जेत् *गञ्जित गञ्जनीय गञ्जित्वा गञ्जितुम्

गड् *1√gaḍ* (to pull, distill, draw out, run) गडति गडिष्यति अगडत् गडतु गडेत् *गडित गडनीय गडित्वा गडितुम्

गण् *10√gaṇ* (to count, calculate, compute, enumerate) गणयति-ते गणयिष्यति अगणयत् गणयतु गणयेत् *गणित

गण्ड् *1√gaṇḍ* (to be sour) गण्डति जगण्ड गण्डिष्यति अगण्डत् गण्डतु गण्डेत् *गण्डित गण्डनीय गण्डित्वा गण्डितुम्

गद् *1√gad* (to speak, say, relate) गदति गदिष्यति अगदत् गदतु गदेत् निगद्यते *गदित गदनीय गदित्वा गदितुम्

गद् *10√gad* (to thunder) गदयति-ते गदयिष्यति-ते अगदयत्-त गदयतु-ताम् गदयेत्-त गद्यते *गदित गदयितव्य गद्य

गन्द् *10√gand* (to hurt, put to shame) गन्दयते गन्दयिष्यते अगन्दयत गन्दयताम् गन्दयेत *गन्दित गन्दितव्य

गध् *4√gadh* (to be mixed) गध्यति गधिष्यति अगध्यत् गध्यतु गध्येत् *गद्ध गधनीय गधितव्य गद्ध्वा गद्धुम्

गध् *10√gadh* (to beg, move, adorn, hurt) गधयति-ते गधयिष्यति-ते अगधयत्-त गधयतु-ताम् गधयेत्-त *गद्ध

गन्ध् *10√gandh* (to ask, go) गन्धयते गन्धयिष्यते अगन्धयत गन्धयताम् गन्धयेत अजगन्धत *गन्धित सुगन्धित

गम् *1√gam* (to go, move, depart, arrive, approach) गच्छति गमिष्यति अगच्छत् गच्छतु गच्छेत् गम्यते *गत गमनीय गन्तव्य गम्य गत्वा गच्छत् गन्तुम् गम्यमान गम्यते संगम्य गतवत् ग गम गामी गमन गति खग पन्नग विहग

गर्ज् *1√garj* (to roar, growl) गर्जति गर्जिष्यति अगर्जत् गर्जतु गर्जेत् *गर्जित गर्जनीय गर्जितव्य गर्जित्वा गर्जितुम्

गर्ज् *10√garj* (to thunder) गर्जयति-ते गर्जयिष्यति-ते अगर्जयत्-त गर्जयतु-ताम् गर्जयेत्-त *गर्जित गर्जयितुम् गर्जना

गर्द् *1,10√gard* (to sound, roar) गर्दति-गर्दयति-ते गर्दिष्यति अगर्दत् गर्दतु गर्देत् *गर्दित गर्दनीय गर्दित्वा गर्दितुम्

गर्ध् *10√gardh* (to like) गर्धयति-ते गर्धयिष्यति-ते अगर्धयत्-त गर्धयतु-ताम् गर्धयेत्-त अजगर्धत्-त *गर्धित गर्ध

गर्व् *1√garv* (to be proud or haughty) गर्वति गर्विष्यति अगर्वत् गर्वतु गर्वेत् *गर्वित गर्वणीय गर्वित्वा गर्वितुम् गर्व

गर्व् *10√garv* (to possess ego, show pride) गर्वयते गर्वयिष्यते अगर्वयत गर्वयताम् गर्वयेत *गर्वित गर्वयितुम्

गर्ह् *1√garh* (to ridicule, reproach) गर्हते गर्हिष्यते अगर्हत गर्हताम् गर्हेत *गर्हित गर्हणीय गर्ह्य गर्हित्वा गर्हितुम्

गर्ह् *10√garh* (to ridicule) गर्हयति-ते गर्हयिष्यति-ते अगर्हयत्-त गर्हयतु-ताम् गर्हयेत्-त गर्हयाञ्चकार *गर्हित गर्हा

गल् *1√gal* (to drop, trocle, drip, ooze) गलति गलिष्यति अगलत् गलतु गलेत् *गलित गलनीय गलित्वा गलितुम्

गल् *10√gal* (to filter, strain, flow, liquify, dissolve) गालयते गालयिष्यते अगालयत गालयताम् गालयेत *गालित

गल्भ् *1√galbh* (to dare, be bold or confident) गल्भते गल्भिष्यते अगल्भत गल्भताम् गल्भेत *गल्भित गल्भनीय

गल्ह् *1√galh* (to blame, censure) गल्हते गल्हिष्यते अगल्हत गल्हताम् गल्हेत *गल्हित गल्हनीय गल्हित्वा गल्हितुम्

गवेष् *10√gaveṣ* (to search, seek, inquire, hunt for) गवेषयति गवेषयिष्यति अगवेषयत् गवेषयतु गवेषयेत् *गवेषित

गह् *10√gah* (to be dense, thick, impervious) गहयति-ते गहयिष्यति-ते अगहयत्-त गहयतु-ताम् गहयेत्-त *गाढ

गा *1√gā* (to go, see) गाते गास्यते अगात् गातु गायेत् अगास्त *गात गानीय गातव्य गात्वा गातुम् गान

गा *2√gā* (to go, see) गाति गास्यति अगात् गातु गायात् *गात गानीय गातव्य गात्वा गातुम्

गा *3√gā* (to praise, sing, praise in song) जिगाति गास्यति अगासत् गायतु गायात् अगासीत् *गात गानीय गातुम्

गा *4√gā* (to sing) गायति गास्यति अगायत् गायतु गायेत् *गात गानीय गातव्य गात्वा गातुम्

गाध् *1√gādh* (to pause, stand, stay, remain, seek) गाधते गाधिष्यते अगाधत गाधताम् गाधेत *गाधित गाधनीय

गाह् *1√gāh* (to plunge, dive, immerse, bathe) गाहते गाहिष्यते अगाहत गाहताम् गाहेत गाह्यते *गाढ गाहनीय गाढ्वा

गिल् *6√gil* (to swallow, gulp) गिलति गेलिष्यति अगिलत गिलतु गिलेत् *गिलित गीर्णवान् गिलनीय गिलितुम्

गु *1√gu* (to sound, hum, speak indistinctly, whisper) गवते गोष्यते अगवत गवताम् गवेत अगोष्ट *गून

गु *6√gu* (to excrete, pass by stool) गुवति गुष्यति अगुषत् गुवतु गुवेत् *गून गुवत् गुवनीय गुवितव्य गुत्वा गुतुम्

गुज् *1,6√gu* (to make sound) गुजति गुजिष्यति अगुजत् गुजतु गुजेत् *गुजित गुजनीय गुजितव्य गुजित्वा *गुजित

गुञ्ज् *1√guñj* (to murmer, hum) गुञ्जति गुञ्जिष्यति अगुञ्जत् गुञ्जतु गुञ्जेत् गुञ्जते *गुञ्जित गुञ्जनीय गुञ्जित्वा

गुड् *6√guḍ* (to save, preserve, defend) गुडति गुडिष्यति अगुडत् गुडतु गुडेत् *गुडित गुडितव्य गुडित्वा गुडितुम्

गुण् *10√guṇ* (to multiply, advise, invite) गुणयति-ते गुणयिष्यति-ते अगुणयत्-त गुणयतु-ताम् गुणयेत्-त *गुणित

गुण्ठ् *10√guṇṭh* (to surround, encircle, envelop) गुण्ठयति गुण्ठयिष्यति अगुण्ठयत् गुण्ठयतु गुण्ठयेत् *गुण्ठित

गुण्ड् *10√guṇḍ* (to cover, pound, make powder) गुण्डयति गुण्डयिष्यति अगुण्डयत् गुण्डयतु गुण्डयेत् *गुण्डित

गुद् *1√gud* (to play) गोदते गोदिष्यते अगोदत गोदताम् गोदेत *गुदित गुदनीय गुदितव्य गुदित्वा गुदितुम्

गुद्र् *10√gudr* (to tie) गुद्रयति-ते गुद्रयिष्यति-ते अगुद्रयत्-त गुद्रयतु-ताम् गुद्रयेत्-त *गुद्रित गुद्रयितव्य गुद्रयित्वा

गुध् *1√gudh* (to play, sport) गोधते गोधिष्यते अगोधत गोधताम् गोधेत अगोधिष्ट गुध्यते *गोधित-गुद्ध गोधितुम्

गुध् *4√gudh* (to wrap up, envelop, clothe) गुध्यति गोधिष्यति अगुध्यत् गुध्यतु गुध्येत् अगोधीत् *गुधित-गुद्ध

गुध् *9√gudh* (to be angry, hinder, stop) गुध्नाति गोधिष्यति अगुध्नात् गुध्नातु गुध्नीयात् अगोधीत् *गुद्ध

गुप् *1 √gup* (to protect) गोपते-जुगुप्सते गोपिष्यते-जुगुप्सिष्यते अगुपत- अजुगुप्सत गुपताम्-जुगुप्सताम् गुपेत-जुगुप्सेत जुगुप्स्यते *जुगुप्सित-गुपित गोपनीय गोपितव्य गोप्य गोप्त्वा गोप्तुम् जुगुप्स्य जुगुप्सितुम् जुगुप्सा

गुप् *4√gup* (to chide) गुप्यति गोपिष्यति अगुप्यत् गुप्यतु गुप्येत् *गुप्त गुप्त्वा गुप्तुम् गुप्तक गुप्ति गोप

गुप् *10√gup* (to chide) गोपायति गोपायिष्यति अगोपायत् गोपायतु गोपायेत् जुगोप गोपिता गुप्यात् गुप्यते *गोपित

गुफ् *6√guph* (to twine, string, weave, wind round) गुफति गुफिष्यति अगुफत् गुफतु गुफेत् गुफ्यते *गुफित

गुम्फ् *6√gumph* (to weave) गुम्फति गुम्फिष्यति अगुम्फत् गुम्फतु गुम्फेत् *गुम्फित गुम्फनीय गुम्फितव्य गुम्फितुम्

गुर् *1√gur* (to extend) गुरते गूरिष्यते अगूरत गूरताम् गूरेत *गूर्ण

गुर् *4√gur* (to injure, hurt, go) गुर्यते गूरयिष्यते अगूर्यत गूर्यताम् गूर्येत गूर्यते अगुरिष्ट *गुर्ण

गुर् *6√gur* (to greet, try, endeavor, make an effort or exertion) गुरते गुरिष्यते अगुरत गुरताम् गुरेत *गूर्ण

गुर् *10√gur* (to do business) गुरयते गूरयिष्यते अगूरयत गूरयताम् गूरयेत अजूगुरत *गुरित गुरयितुम्

गुर्द् *1√gurd* (to play) गूर्दते गूर्दते गूर्दिष्यते अगूर्दत गूर्दताम् गूर्दते *गूर्दित गूर्दत् गूर्दनीय गूर्दित्वा गूर्दितुम्

गुर्द् *10√gurd* (to sport) गूर्दयति-ते गूर्दयिष्यति-ते अगूर्दयत्-त गूर्दयतु-ताम् गूर्दयेत्-त *गूर्दित गूर्दितव्य गूर्दितुम्

गुर्व् *1√gurv* (to endavor, elevate) गुर्वति गुर्विष्यति अगुर्वत् गुर्वतु गुर्वेत् *गुर्वित गुर्वणीय गुर्वितव्य गुर्वित्वा गुर्वितुम्

गुह् *1√guh* (to conceal, hide, cover, keep secret) गूहति-ते गूहिष्यति अगूहत् गूहतु गूहेत् *गूढ गोढुम् गुह्य गूह्य गूहा

गू *6√gū* (to pass stool) गवति गविष्यति अगवत् गवत गवेत् *गूत गवितुम् गवित्वा गव:

गूर् *4√gūr* (to go) गूर्यते गूरिष्यते अगूर्यत गूर्यताम् गूर्येत *गूर्ण

गूर् *10√gūr* (to struggle) गूरयते गूरयिष्यते अगूरयत गूरयताम् गूरयेत *गूरित गूरयित्वा गूरयितुम्

गूर्द् *1√gūrd* (to sport) गु-गूर्दते गूर्दिष्यते अगूर्दत गूर्दताम् गुर्देत *गूर्दित गूर्दनीय गूर्दित्वा गूर्दितुम्

गूर्द् *10√gūrd* (to sport) गूर्दयति-ते गूर्दयिष्यति-ते अगूर्दयत्-त गूर्दयतु-ताम् गूर्दयेत्-त *गूर्दित गूर्दयित्वा गूर्दयितुम्

गूर्ध् *10√gūrdh* (to extole) गूर्धयति गीर्धयिष्यति-ते अगूर्धयत्-त गूर्धयतु-ताम् गूर्धयेत्-त *गूर्धित गूर्धयित्वा गूर्धयितुम्

गॄ *1√gṝ* (to sprinkle, moisten, wet, grant) गरति गरिष्यति अगरत् गरतु गरेत् अगार्षीत् *गरित गरणीय गरितुम्-गरीतुं

गॄ *10√gṝ* (to know properly) गारयते गारयिष्यते अगारयत गारयताम् गारयेत *गारित गारणीय गारयित्वा गारयितुम्

गृज् *1√gṛj* (to blare) गर्जति गर्जिष्यति अगर्जत् गर्जतु गर्जेत् *गर्जित गर्जनीय गर्जितव्य गर्जित्वा गर्जितुम् गर्जना

गृञ्ज् *1√gṛñj* (to clamor) गृञ्जति गृञ्जिष्यति अगृञ्जत् गृञ्जतु गृञ्जेत् *गृञ्जित गृञ्जनीय गृञ्जित्वा गृञ्जितुम्

गृध् *4√gṛdh* (to covet, desire, strive, long for, be greedy) गृध्यति गर्धिष्यति अगृध्यत् गृध्यतु गृध्येत् *गृद्ध गृद्ध्वा

गृह् *1√gṛh* (to accept) गर्हते गर्हिष्यते-घर्क्ष्यते अगर्हत गर्हताम् गर्हेत *गर्हित-गृढ विगृह्य गर्हित्वा-गृढ्वा गर्हितुम्-गर्ढुम्

गृह् *10√gṛh* (to accept, bear) गृह्यते गृहयिष्यते अगृह्यत गृह्यताम् गृह्येत अजगृहत *गृहित-गृढ ग्रहणीय ग्रहितव्य

गॄ *6√gṝ* (to swallow) गिरति गरिष्यति अगिरत् गिरतु गिरेत् *गीर्ण गिरत् गरणीय गीर्त्वा गरितुम् ग्रीवा उद्गार गरिमा गर्भ

गॄ *9√gṝ* (to praise, utter, utter praises) गृणाति गरिष्यति-गरीष्यति अगृणात् गृणातु गृणीयात् आगारीत गीर्यते *गीर्ण

गेप् *1√gep* (to shake, tremble, be unstable) गेपते गेपिष्यते अगेपत गेपताम् गेपेत *गेप्त गेप्तव्य गेप्त्वा गेप्तुम्

गेव् *1√gev* (to serve, wait up on) गेवते गेविष्यते अगेवत गेवताम् गेवेत अगेविष्ट *गेवित गेवनीय गेवित्वा गेवितुम्

गेष् *1√geṣ* (to search, do research) गेषते गेषिष्यते अगेषत गेषताम् गेषेत *गेषित गेषणीय गेषित्वा गेषितुम् गेषणा

गै *1√gai* (to sing) गायति गास्यति अगायत् गायतु गायेत् गीयते *गीत गानीय गातव्य गातुम् गेय गान गीता

गोष्ट् *1√goṣṭ* (to collect) गोष्टते गोष्टिष्यते अगोष्टत गोष्टताम् गोष्टेत *गोष्टित गोष्टनीय गोष्टितव्य गोष्टित्वा गोष्टितुम्

गोम् *10√gom* (to smear) गोमयति गोमयिष्यति अगोमयत् गोमयतु गोमयेत् *गोमयित गोमयितव्य गाम्य गोमयितुम् गोमन

ग्रथ् *1√grath* (to bend) ग्रथते ग्रथिष्यते अग्रथत ग्रथताम् ग्रथेत अग्रथीत *ग्रथित ग्रथनीय ग्रथितव्य ग्रथित्वा ग्रथितुम् ग्रन्थ

ग्रध् *1√gradh* (to be wicked) ग्रधते ग्रधिष्यते अग्रधत ग्रधताम् ग्रधेत *ग्रधित ग्रधनीय ग्रधितव्य ग्रधित्वा ग्रधितुम्

ग्रन्थ् *1√granth* (to bend, form, make, produce) ग्रन्थते ग्रन्थिष्यते अग्रन्थत ग्रन्थताम् ग्रन्थेत *ग्रथित ग्रन्थनीय

ग्रन्थ् *9√granth* (to compose, write, thread) ग्रथ्नाति ग्रथिष्यति अग्रथ्नात् ग्रथ्नातु ग्रथ्नीयात् *ग्रन्थित ग्रन्थ

ग्रन्थ् *10√granth* (to string together) ग्रन्थयति-ते ग्रन्थयिष्यति-ते अग्रन्थयत्-त ग्रन्थयतु-ताम् ग्रन्थयेत्-त *ग्रन्थित

ग्रभ् *1√grabh* (take) गृभ्णाति-गृभ्णीते ग्रभीष्यति-ते अगृभ्णात्-अगृभ्णीत गभ्णातु-गृभ्णीता गृभ्णीयात्-गृभ्णीत*गृभित-ग्रब्ध

ग्रस् *1√gras* (to sulrp, swallow, devour, eat up, consume) ग्रसते ग्रसिष्यते अग्रसत ग्रसताम् ग्रसेत *ग्रस्त ग्रसनीय

ग्रस् *10√gras* (to take, eat, gulp) ग्रासयति-ते ग्रासयिष्यति-ते अग्रासयत्-त ग्रासयतु-ताम् ग्रासयेत्-त ग्रस्यते *ग्रासित

ग्रह् *9√grah* (to take) गृह्णाति-गृह्णीते ग्रहीष्यति-ते अगृह्णात्-अगृह्णीत गृह्णातु-गृह्णीताम् गृह्णीयात्-गृह्णीत गृह्यते *गृहित गृह्णत्
ग्रहणीय ग्रहीतव्य ग्राह्य गृहीत्वा ग्रहीतुम् ग्रह ग्रहण ग्राहिन् गृह आग्रह निग्रह

ग्रुच् *1√gruć* (to steal) ग्रोचति ग्रोचिष्यति अग्रोचत् ग्रोचतु ग्रोचेत् *ग्रोचित-ग्रुक्त ग्रोचनीय ग्रोचितव्य ग्रोचित्वा ग्रुक्त्वा

ग्लस् *1√glas* (to devour, eat, gulp) ग्लसते ग्लसिष्यते अग्लसत ग्लसताम् ग्लसेत अग्लसिष्ट *ग्लस्त ग्लसनीय

ग्लह् *1√glah* (to move, steal, rob, deprive, take) ग्लहति-ते ग्लहिष्यति-ते अग्लत्-त ग्लहतु-ताम् ग्लहेत्-त *ग्लहित

ग्लह् *10√glah* (to gamble) ग्लाहयति-ते ग्लाहयिष्यति-ते अग्लाहयत्-त ग्लाहयतु-ताम् ग्लाहयेत्-त *ग्लाहित

ग्ला *4√glā* (to be weary) ग्लायति ग्लायिष्यति अग्लायत् ग्लायतु ग्लायेत् *ग्लात ग्लानीय ग्लातव्य ग्लात्वा ग्लातुम्

ग्लुच् *1√gluć* (to steal, rob) ग्लोचति ग्लोचिष्यति अग्लोचत् ग्लोचतु ग्लोचेत् *ग्लुक्त ग्लोचनीय ग्लोचित्वा-ग्लुक्त्वा

ग्लुञ्च् *1√gluñć* (to steal) ग्लुञ्चति ग्लुञ्चिष्यति अग्लुञ्चत् ग्लुञ्चतु ग्लुञ्चेत् *ग्लुङ्क्त ग्लुञ्चनीय ग्लुञ्चित्वा ग्लुञ्चितुम्

ग्लेप् *1√glep* (to shiver, be poor, miserable) ग्लेपते ग्लेपिष्यते अग्लेपत ग्लेपताम् ग्लेपेत *ग्लिप्त ग्लिप्त्वा ग्लिप्तुम्
ग्लेव् *1√glev* (to worship, serve) ग्लेवते ग्लेविष्यते अग्लेवत ग्लेवताम् ग्लेवेत *ग्लेवित ग्लेवनीय ग्लेवित्वा ग्लेवितुम्
ग्लेष् *1√gleṣ* (to search for, seek, find out) ग्लेषते ग्लेषिष्यते अग्लेषत ग्लेषताम् ग्लेषेत अग्लेषिष्ट *ग्लेषित-ग्लिष्ट
ग्लै *1√glai* (to fall, fade) ग्लायति ग्लास्यति अग्लायत् ग्लायतु ग्लायेत् *ग्लान ग्लातव्य ग्लानीय ग्लानि ग्लौ ग्लानि
(घ) (gh)
घङ्घ् *1√ghaṅgh* (to flow, stream, loose luster,) घङ्घते घङ्घिष्यते अघङ्घत घङ्घताम् घङ्घेत *घङ्घित घङ्घितुम्
घंष् *1√ghaṁṣ* (to stream) घंषते घंषिष्यते अघंषत घंषताम् घंषेत *घंषित-घष्ट घंषणीय घंषितव्य घंषित्वा घंषितुम्
घग्घ् *1√ghaggh* (to laugh, laugh at) घग्घते घग्घिष्यते अघग्घत घग्घताम् घग्घेत *घग्घित घग्घनीय घग्घितव्य
घघ् *1√ghagh* (to laugh) घघति-ते घघिष्यति अघघत्-अघाघत् घघतु घघेत् *घघित घघनीय घघित्वा घघितुम्
घट् *1√ghaṭ* (to happen, take place) घटते घटिष्यते अघटत घटताम् घटेत *घटित घटनीय घटित्वा घटितुम् घटना
घट् *10√ghaṭ* (to speak, unite, join, shine) घाटयति-ते घाटयिष्यति-ते अघाटयत्-त घाटयतु-ताम् घाटयेत्-त *घाटित
घट्ट् *1√ghaṭṭ* (to rub, touch, move, smoothen, rebuke) घट्टयते घट्टयिष्यते अघट्टयत घट्टयताम् घट्टयेत *घट्टित
घट्ट् *10√ghaṭṭ* (to shake, stir, disturb) घट्टयति-ते घट्टयिष्यति-ते अघट्टयत्-त घट्टयतु-ताम् घट्टयेत्-त *घट्टित
घण् *6√ghaṇ* (to shine, glitter) घणोति-घणुते घणिष्यति-ते अघणत्-त घणतु-ताम् घणेत्-त अघणिष्ट *घणित
घण्ट् *10√ghaṇṭ* (to ring, make sound) घण्टयति-ते घण्टयिष्यति-ते अघण्टयत्-त घण्टयतु-ताम् घण्टयेत्-त *घण्टित
घम्ब् *1√ghamb* (to move) घम्बति घम्बिष्यति अघम्बत् घम्बतु घम्बेत् *घम्बित घम्बनीय घम्बित्वा घम्बितुम्
घर्व् *1√gharv* (to go) घर्वति घर्विष्यति अघर्वत् घर्वतु घर्वेत् *घर्वित घर्वणीय घर्वितव्य घर्वित्वा घर्वितुम्
घस् *1√ghas* (to eat more) घसति-घस्ति घस्यति अघसत् घसतु घसेत् *घस्त घस्तव्य घस्तव्य घस्त्वा घस्तुम् घस्मर
घिण्ण् *1√ghiṇṇ* (to take) घिण्णते घिण्णिष्यति अघिण्णत घिण्णताम् घिण्णेत *घिण्णित घिण्णनीय घिण्णितव्य घिण्णित्वा
घु *1√ghu* (to murmur, hum, chatter, garble, make indistinct sound) घवते घोष्यते अघवत घवताम् घवेत *घुत
घुट् *1√ghuṭ* (to move back, come back, return) घोटते घोटिष्यते अघोटत घोटताम् घोटेत *घुटित घोटनीय घोटितुम्
घुट् *6√ghuṭ* (to fight back, retaliate, protect) घुटति घुटिष्यति अघुटत् घुटतु घुटेत् *घुटित घुटनीय घुटित्वा घुटितुम्
घुड् *6√ghuḍ* (to prevent, defend) घुडति घुडिष्यति अघुडत् घुडतु घुडेत् *घुडित घुडनीय घुडित्वा घुडितुम्
घुण् *1√ghuṇ* (to take, receive) घुणते घुणिष्यति अघुणत घुणताम् घुणेत *घुणित घुणनीय घुणितव्य घुणित्वा घुणितुम्
घुण् *6√ghuṇ* (to return, stagger, reel, whirl) घुणति घुणिष्यति अघुणत् घुणतु घुणेत् *घुणित घुणनीय घुणित्वा
घुण्ण् *1√ghuṇṇ* (to receive) घुण्णते घुण्णिष्यते अघुण्णत घुण्णताम् घुण्णेत *घुण्णित घुण्णनीय घुण्णितव्य घुण्णित्वा
घुर् *1,6√ghur* (to snore) घुरति घोरिष्यति अघुरत् घुरतु घुरेत् अघूरिष्ट-अघूर्णीत् *घूरित घूरणीय घूरितव्य घूरित्वा घूरितुम्
घुर् *4√ghur* (to hurt, grow old, get old, age) घूर्यते घूर्यत् घूरिष्यते अघूर्यत घूर्यताम् घूर्येत अघूरिष्ट *घूर्ण
घुष् *1√ghuṣ* (to make noise) घोषति घोषिष्यति अघोषत् घोषतु घोषेत् घोष्यते *घोषित घोषणीय घोषितुम् घोष घोषणा
घुष् *10√ghuṣ* (to make noise) घोषयति-ते घोषयिष्यति अघोषयत् घोषयतु घोषयेत् *घोषित घोषयित्वा घोषयितुम्
धूप् *10√dhūp* (to be hot) धूपयति-ते धूपयिष्यति-ते अधूपयत्-त धूपयतु-ताम् धूपयेत्-त *धूपित or धूप्त
घूर् *4√ghūr* (to become old) घूर्यते घूरिष्यते अघूर्यत घूर्यताम् घूर्येत *घूरित घूरणीय घूरितव्य घूरित्वा घूरितुम् घोर

घूर्ण् *1√ghūrṇ* (to wander, go around) घूर्णते घूर्णिष्यते अघूर्णत घूर्णताम् घर्णेत अघूरिष्ट *घूर्णित घूर्णितव्य घूर्णितुम्
घूर्ण् *6√ghūrṇ* (to waver) घूर्णति घूर्णिष्यति अघूर्णत् घूर्णतु घुर्णेत् अघूर्णीत् *घूर्णित-घूर्ण घूर्णितव्य घूर्णितुम्
घृ *1√ghṛ* (to give water, irrigate, drip, reel, whirl) घरति घरिष्यति अघरत् घरतु घरेत् अघार्षीत् *घृत
घृ *3√ghṛ* (to shine, drip) जिघर्ति घरिष्यति जिघर्तु जिघृयात् *घृत घर्तव्य घर्त्वा घर्तुम् घृणा घृणि घृत
घृ *10√ghṛ* (to give water, irrigate, drip, reel, whirl) घारयति घारयिष्यति अघर्षयत् घर्षयतु घर्षयेत् *घारित
घृण् *8√ghṛṇ* (to shine) घृणोति-घर्णोति-घृणते-घर्णुते घर्णिष्यति अघृणोत् घृणोतु घृणुयात् अघर्णिष्ट *घृत
घृण्ण् *1√ghṛṇṇ* (to take) घृण्णते घृण्णिष्यते अघृण्णत घृण्णताम् घृण्णेत *घृण्णित घृण्णनीय घृण्णितव्य घृण्णित्वा
घृष् *1√ghṛṣ* (to rub, crash, pound, grind) घर्षति-ते घर्षिष्यति अघर्षत् घर्षतु घर्षेत् *घृष्ट-घर्षित घर्षणीय
घ्रा *1√ghrā* (to smell, smell at, kiss) जिघ्रति घ्रास्यति अजिघ्रत् जिघ्रतु जिघ्रेत् *घ्रात-घ्राण घ्राणीय घ्रातव्य घ्रेय घ्रात्वा

(ङ) (ṅ)

ङु *1√ṅu* (to sound) ङवते ङविष्यते अङवत ङवतु ङवेत *ङवित ङवितुम्

(च) (ć)

चक् *1√ćak* (to cheat, be satisfied) चकति-ते चकिष्यते अचकत चकताम् चकेत *चकित चकनीय चाक्य चकित्वा
चकास् *2√ćakās* (to glitter, shine, be bright) चकास्ति चकात्स्यति अचकात् चकातु चकास्यात् *चकासित चकास्य
चक्क् *10√ćakk* (to inflict pain or trouble, be unhappy) चक्कयति-ते चक्कयिष्यति अचक्कयत् चक्कयतु चक्कयेत्
चक्ष् *2√ćakṣ* (to see, recognize, perceive) चष्टे ख्यास्यते अचष्ट चष्टाम् चक्षीत *ख्यात-क्शात आख्या व्याख्या चक्षु
चञ्च् *1√ćañć* (to droop, move, wave, shake, leap, jump) चञ्चति चञ्चिष्यति अचञ्चत् चञ्चतु चञ्चेत् *चञ्चित
चट् *1√ćaṭ* (to rain, break, fall off, separate) चटति चटिष्यति अचटत् चटतु चटेत् *चटित चटनीय चटित्वा चटितुम्
चट् *10√ćaṭ* (to hit, break, pierce, injure) चाटयति-ते चाटयिष्यति-ते अचाटयत्-त चाटयतु-ताम् चाटयेत्-त *चाटित
चण् *1√ćaṇ* (to go, give, sound, go, injure, hurt, kill) चणति चणिष्यति अचणत् चणतु चणेत् *चणित चणनीय चण्ड्
1√ćaṇḍ (to agitate, be angry) चण्डते चण्डिष्यते अचण्डत चण्डताम् चण्डेत *चण्डित चण्डनीय चण्डितव्य चण्ड्
10√ćaṇḍ (to disturb) चण्डयति-ते चण्डयिष्यति-ते अचण्डयत्-त चण्डयतु-ताम् चण्डयेत्-त *चण्डित चण्डी
चत् *1√ćat* (to demand) चतति-ते चतिष्यति अचतत् चततु चतेत् *चतित चतनीय चतितव्य चतित्वा चतितुम्
चद् *1√ćad* (to beg, ask, request) चदति चदिष्यति अचदत् चदतु चदेत् *चदित चदनीय चदितव्य चदित्वा चदितुम्
चन् *1√ćan* (to injure, make sound) चनति चनिष्यति अचनत्-अचानत् चनतु चनेत् *चनित चननीय चनितव्य चनित्वा
चन् *10√ćan* (to believe) चानयति-ते चानयिष्यति-ते अचानयत्-त चानयतु-ताम् चानयेत्-त *चानित चनयितुम्
चन्द् *1√ćand* (to shine, be pleased) चन्दति चन्दिष्यति अचन्दत् चन्दतु चन्देत् *चन्दित चन्दनीय चन्दित्वा चन्दितुम्
चप् *1√ćap* (to encourage, console, soothe) चपति चपयिष्यति अचपत् चपतु चपेत् *चप्त-चपित चपनीय
चप् *10√ćap* (to grind, kneed, pound; cheat) चपयति-ते चपयिष्यति-ते अचपयत्-त चपयतु-ताम् चपयेत्-त *चपित
चम् *1√ćam* (to sip, drink, eat) आ-चमति चमिष्यति अचमत् चमतु चमेत् आ-चम्यते *चान्त चाम्य चान्त्वा चमितुम्
चम् *5√ćam* (to eat) चम्नोति चमिष्यति अचम्नोत् चम्नोतु चम्नुयात् *चान्त चान्तव्य चान्त्वा चान्तुम् चान्त्वा-चमित्वा
चम्प् *10√ćamp* (to go, move) चम्पयति-ते चम्पयिष्यति-ते अचम्पयत्-त चम्पयतु-ताम् चम्पयेत्-त *चम्पित

चम्ब् *1√ćamb* (to move, go) चम्बति चम्बिष्यति अचम्बत् चम्बतु चम्बेत् *चम्बित चम्बितव्य चम्बितुम्

चय् *1√ćay* (to go, go towards) चयते चयिष्यते अचयत चयताम् चयेत *चयित चयनीय चयितव्य चयित्वा चयितुम्

चर् *1√ćar* (to move) चरति-ते चरिष्यते अचरत् चरतु चरेत् *चरित चरणीय चरितव्य चरितुम् चर चरित्र चराचर चरिष्णु

चर् *10√ćar* (to doubt) वि-चारयति-ते चारयिष्यति-ते अचारयत्-त चारयतु-ताम् चारयेत्-त *वि-चारित विचार

चर्च् *1√ćarć* (to talk, hurt, injure, hit) चर्चति चर्चिष्यति अचर्चत् चर्चतु चर्चेत् *चर्चित चर्चितव्य चर्चितुम्

चर्च् *6√ćarć* (to talk, rebuke, abuse, condemn, menace) चर्चति चर्चिष्यति अचर्चत् चर्चतु चर्चेत् *चर्चित चर्चा

चर्च् *10√ćarć* (to read carefully, do study) चर्चयति-ते चर्चयिष्यति-ते अचर्चयत्-त चर्चयतु-ताम् चर्चयेत्-त *चर्चित

चर्ब् *1√ćarb* (to eat, chew; go, move) चर्बति चर्बिष्यति अचर्बत् चर्बतु चर्बेत् *चर्बित चर्बितव्य चर्बित्वा चर्बितुम्

चर्व् *1√ćarv* (to chew, chop, eat, bite) चर्वति चर्विष्यति अचर्वत् चर्वतु चर्वेत् *चर्वित चर्वितव्य चर्वित्वा चर्वितुम्

चल् *1√ćal* (to move, shake, throb, palpitate, stir) चलति चलिष्यति अचलत् चलतु चलेत् अचालीत् *चलित

चल् *6√ćal* (to frolic, sport, play) चलति चीलष्यति अचलत् चलतु चलेत् चल्यते *चलित चलनीय चलित्वा चलितुम्

चल् *10√ćal* (to foster) चालयति-ते चालयिष्यति-ते अचालयत्-त चालयतु-ताम् चालयेत्-त *चालित चालयितुम्

चष् *1√ćaṣ* (to eat, injure, hurt, kill) चषति-ते चषिष्यति-ते अचषत्-त चषतु-ताम् चषेत्-त *चष्ट चषितव्य चषितुम्

चह् *1√ćah* (to cheat, deceive, be proud or haughty) चहति चहिष्यते अचहत चहताम् चहेत चह्यते *चहित-चाढ

चह् *10√ćah* (to be evil) चहयति-ते चहयिष्यति-ते अचहयत्-त चहयतु-ताम् चहयेत्-त *चहित-चाढ चहनीय चहयितुम्

चाय् *1√ćāy* (to discern, see, observe) चायति-ते चायिष्यति अचायत् चायतु चायेत् अचायीत्-अचायिष्ट *चायित

चि *5√ći* (to gather) चिनोति-चिनुते चेष्यति-ते अचिनोत्-अचिनुत चिनोतु-चिनुताम् चिनुयात्-चिन्वीत *चित चयनीय

चि *10√ći* (to gather) चयति-चपयति-चययति-ते चप-चययिष्यति-ते अचपयत्-त चपयतु-ताम् चपयेत्-त चीयते *चित

चिक्क् *10√ćikk* (to harass) चिक्कयति-ते चिक्कयिष्यति-ते अचिक्कयत्-त चिक्कयतु-ताम् चिक्कयेत्-त *चिक्कित

चिट् *1√ćiṭ* (to send forth someone) चेटति चेटिष्यति अचेटत् चेटतु चेटेत् *चेटित चेटनीय चेटितव्य चेटित्वा चेटितुम्

चिट् *10√ćiṭ* (to dispatch) चेटयति-ते चेटयिष्यति-ते अचेटयत्-त चेटयतु-ताम् चेटयेत्-त अचेटीत् *चेटित चेटितुम्

चित् *1√ćit* (to perceive, notice, observe, aim, intend) चेतति चेतिष्यति अचेतत् चेततु चेतेत *चित्त चेतनीय

चित् *10√ćit* (to be aware) चेतयते चेतयिष्यते अचेतयत चेतयताम् चेतयेत चेतयाञ्चक्रे चेतयिता चेतयिषीष्ट चेत्यते

चित्र् *10√ćit* (to draw, sketch) चित्रयति-ते चित्रयिष्यति-ते अचित्रयत्-त चित्रयतु-ताम् चित्रयेत्-त *चित्रित चित्रणीय चित्र

चिन्त् *10√ćint* (to think, reflect) चिन्तयति-ते चिन्तयिष्यति-ते अचिन्तयत्-त चिन्तयत्-ताम् चिन्तयेत्-त *चिन्तित

चिल् *6√ćil* (to wear, put on clothes) चेलति चेलिष्यति अचेलत् चेलतु चेलेत् *चेलित चेलितव्य चेलितम्

चिल्ल् *1√ćill* (to be loose, slack, flaccid, act wantonly) चिल्लति चिल्लिष्यति अचिल्लत् चिल्लतु *चिल्लित

चिह्न् *10√ćihn* (to aim, mark, stamp) चिह्नयति-ते चिह्नयिष्यति-ते अचिह्नयत्-त चिह्नयत्-ताम् चिह्नयेत्-त *चिह्नित

चीक् *1√ćik* (to suffer, endure, bear; touch) चीकति चीकिष्यति अचीकत् चीकतु चीकेत् *चीकित चीकितुम्

चीक् *10√ćik* (to suffer) चीकयति-ते चीकयिष्यति-ते अचीकयत्-त चीकयतु-ताम् चीकयेत्-त *चीकित चीकयितव्य

चीभ् *1√ćibh* (to brag, swagger, coax, wheedle, flatter) चीभते चीभिष्यति अचीभत् चीभतु चीभेत् *चीब्ध

चीव् *1√ćiv* (to wear cover, take, receive, seize) चीवति-ते अचीवत् चीवतु चीवेत् *चीवित चीवनीय चीवित्वा

चीव् *10√ćiv* (to speak, shine) चीवयति-ते चीवयिष्यति-ते अचीवयत्-त चीवयतु-ताम् चीवयेत्-त *चीवित

चुक्क् *10√ćukk* (to inflict or suffer pain) चुक्कयति-ते चुक्कयिष्यति अचुक्कयत् चुक्कयतु चुक्कयेत् *चुक्कित

चुच्य् *1√ćućy* (to bathe) चुच्यति चुच्यिष्यति अचुच्यत् चुच्यतु चुच्येत् *चुच्यित चुच्यनीय चुच्यितव्य चुच्यित्वा

चुट् *6√ćuṭ* (to cut off, divide) चुटति चुटिष्यति अचुटत् चुटतु चुटेत् *चुटित चुटनीय चुटितव्य चुटित्वा चुटितुम्

चुट् *10√ćuṭ* (to become diminished, wane) चोटयति चोटयिष्यति-ते अचोटयत्-त चोटयतु-ताम् चोटयेत्-त

चुट्ट् *10√ćuṭṭ* (to go short, become small) चुट्टयति-ते चुट्टयिष्यति-ते अचुट्टयत्-त चुट्टयतु-ताम् चुट्टयेत्-त *चुट्टित

चुड् *6√ćuḍ* (to conceal, hide) चुडति चुडिष्यति अचुडत् चुडतु चुडेत् *चुडित चुडनीय चुडितव्य चुडितुम्

चुड्ड् *1√ćuḍḍ* (to do, act, dally) चुड्डति चुड्डिष्यति अचुड्डत् चुड्डतु चुड्डेत् *चुड्डित चुड्डनीय चुड्डितव्य चुड्डित्वा चुड्डितुम्

चुण् *6√ćuṇ* (to cut off) चुणति चुणिष्यति अचुणत चुणतु चुणेत् *चुणित चुणितव्य चुणित्वा चुणितुम्

चुण्ट् *1√ćuṇṭ* (to cut) चुण्टति चुण्टिष्यति अचुण्टत् चुण्टतु चुण्टेत् *चुण्टित चुण्टनीय चुण्टितव्य चुण्टित्वा चुण्टितुम्

चुण्ट् *10√ćuṇṭ* (to cut, become small) चुण्टयति चुण्टयिष्यति अचुण्टयत् चुण्टयतु चुण्टयेत् *चुण्टित चुण्टितुम्

चुण्ड् *1√ćuṇḍ* (to go short) चुण्डति चुण्डिष्यति अचुण्डत् चुण्डतु चुण्डेत् *चुण्डित चुण्डनीय चुण्डितव्य चुण्डित्वा

चुत् *1√ćut* (to ooze, leak, trickle) चोतति चोतिष्यति अचोतत् चोततु चोतेत् *चोतित चोतनीय चोतितव्य चोतित्वा

चुद् *1√ćud* (to impel, inspire, excite, enjoin, solicit) चोदति चोदिष्यति अचोदत् चोदतु चोदेत् *चोदित चोदनीय

चुद् *10√ćud* (to send, suggest, instigate, inspire) चोदयति-ते चोदयिष्यति-ते अचोदयत्-त चोदयतु-ताम् चोदयेत्-त

चुप् *1√ćup* (to stir, crawl, move slowly) चोपति चोपिष्यति अचोपत् चोपतु चोपेत् *चोपित चोप्य चोपित्वा

चुम्ब् *1√ćumb* (to kiss, touch softly) चुम्बति चुम्बिष्यति अचुम्बत् चुम्बतु चुम्बेत् *चुम्बित चुम्बनीय चुम्बितुम् चुम्बन

चुम्ब् *10√ćumb* (to strike) चुम्बयति-ते चुम्बयिष्यति-ते अचुम्बयत्-त चुम्बयतु-ताम् चुम्बयेत्-त *चुम्बित चुम्बितुम्

चुर् *10√ćur* (to steal, rob; take, have, possess) चोरयति-ते चोरयिष्यति-ते अचोरयत्-त चोरयत्-ताम् चोरयेत्-त चोरयते *चोरित चोरयत् चोरणीय चोरितव्य चोर्य चोरयित्वा चोरयितुम् चोर्यमाण चौर चोर चोरण-चोरणा

चुल् *10√ćul* (to grow) चोलयति-ते चोलिष्यति-ते अचोलयत्-त चोलयतु-ताम् चोलयेत्-त *चोलित चोलित्वा चोलितुम्

चुलुम्प् *1√ćulump* (to swing) चुलुम्पति चुलुम्पिष्यति अचुलुम्पत् चुलुम्पतु चुलुम्पेत् *चुलुम्पित चुलुम्पितुम्

चुल्ल् *1√ćull* (to play, sport, conjecture) चुल्लति चुल्लिष्यति अचुल्लत् चुल्लतु चुल्लेत् *चुल्लित चुल्लितुम्

चूण् *10√ćūṇ* (to contract, close, shrink) चूणयति-ते चूणयिष्यति-ते अचूणयत्-त चूणयतु-ताम् चूणयेत्-त *चूणित

चूर् *4√ćūr* (to burn) चूर्यते चूरिष्यते अचूर्यत चूर्यताम् चूर्येत अचूरिष्ट *चूरित चूरणीय चूरितव्य चूरित्वा चूरितुम्

चूर्ण् *10√ćūrṇ* (to pound, pulverize) चूर्णयति-ते चुर्णयिष्यति-ते अचुर्णयत्-त चुर्णयत्-ताम् चुर्णयेत्-त *चूर्णित चूर्ण

चूष् *1√ćūṣ* (to suck, drink) चूषति चूषिष्यति अचूषत् चूषतु चूषेत् *चूषित-चूष्ट चूषत् चूषितव्य चूषितुम् चूषण चूषा

चृत् *6√ćṛt* (to bind, hurt) चृतति चर्तिष्यति अचृतत् चृततु चृतेत् *चृत चर्तनीय चर्तितव्य चर्त्य चर्तित्वा चर्तितुम्

चृत् *10√ćṛt* (to kindle, light) चर्तयति-ते चर्तयिष्यति-ते अचर्तयत्-त चर्तयतु-ताम् चर्तयेत्-त *चर्तित चर्तयितुम्

चेल् *1√ćel* (to walk, go, move, be disturbed, shake) चेलति चेलिष्यति अचेलत् चेलतु चेलेत् *चेलित चेलनीय

चेष्ट् *1√ćeṣṭ* (to try, make effort, endeavor, struggle) चेष्टते चेष्टिष्यते अचेष्टत चेष्टताम् चेष्टेत *चेष्टित चेष्टा

च्यु *1√ćyu* (to ooze, flow, come out, trickle, drop) च्यवति-ते च्यविष्यते अच्यवत च्यवताम् च्यवेत *च्युत च्यवनीय

च्यु *10√ćyu* (to tolerate, endure) च्यावयति-ते च्यावयिष्यते अच्यावयत्-त च्यावयतु-ताम् च्यावयेत्-त *च्यावित

च्युत् *1√ćyut* (to drip, stream forth, fall) च्योतति च्योतिष्यति अच्योतत् च्योततु च्योतेत *च्युतित च्योतनीय च्योतित्वा

च्युस् *10√ćyus* (to laugh, hurt) च्योसयति-ते च्योसयिष्यति-ते अच्योसयत्-त च्योसयतु-ताम् चोसयेत्-त *त *च्योसित

<u>(छ) (ćh)</u>

छद् *1√ćhad* (to hide, veil, cover, conceal, spread, eat) छदति छदिष्यति अछदत् छदतु छदेत् छाद्यते *छत्त-छादित

छद् *10√ćhad* (to hide) आ+छादयति-ते आच्छादति-ते छादयिष्यति-ते अछादयत्-त छादयत्-ताम् छादयेत्-त *छादित

छन्द् *10√ćhand* (to please, gratify; persuade) छन्दयति-ते छन्दयिष्यति अछन्दयत् छन्दयतु छन्दयेत् *छन्दित

छम् *1√ćham* (to eat, consume) छमति छमिष्यति अछमत् छमतु छमेत् *छान्त छमनीय छमितव्य छमित्वा छमितुम्

छम्प् *1√ćhamp* (to go, move) छम्पति छम्पिष्यति अछम्पत् छम्पतु छम्पेत् *छम्पित छम्पनीय छम्पितव्य छम्पित्वा

छम्प् *10√ćhamp* (to move) छम्पयति-ते छम्पयिष्यति-ते अछप्मयत्-त छम्पयतु-ताम् छम्पयेत्-त *छम्पित

छर्द् *10√ćhard* (to vomit, throw up) छर्दयति-ते छर्दयिष्यति अछर्दयत् छर्दयतु छर्दयेत् *छर्दित छर्दयितुम्

छष् *1√ćhaṣ* (to injure, hurt, kill) छषति-ते छषिष्यति अछषत् छषतु छषेत् *छषित-छष्ट छषनीय छषितव्य छषितुम्

छा *1√ćhā* (to cut up, chop, mow, reap) छाति छायिष्यति अछायत् छायतु छायेत् *छात-छित छात्वा छातुम्

छिद् *7√ćhid* (to cut off, lop off) छिनत्ति-छिन्ते छेत्स्यति-ते अछिनत्-त छिनत्तु-ताम् छिन्द्यात्-त *छिन्न छेदनीय छेत्तुम्

छिद्र् *10√ćhid* (to bore) छिद्रयति-ते छिद्रयिष्यति-ते अछिद्रयत्-त छिद्रयतु-ताम् छिद्रयेत्-त *छिद्रित छिद्रयितुम् छिद्र

छुट् *6√ćhuṭ* (to cut, clip off) छुटति छुटिष्यति अछुटत् छुटतु छुटेत् *छुटित छुटनीय छुटितव्य छुटित्वा छुटितुम् छोटिका

छुट् *10√ćhuṭ* (to cut) छोटयति-ते छोटयिष्यति-ते अछोटयत्-त छोटयतु-ताम् छोटयेत्-त *छुटित छोटयित्वा छोटयितुम्

छुड् *6√ćhuḍ* (to hide, screen, cover) छुडति छुडिष्यति अछुडत् छुडतु छुडेत् *छुडित छुडितव्य छुडितुम्

छुप् *6√ćhup* (to touch, make contact) छुपति छोप्स्यति अछुपत् छुपतु छुपेत् अच्छौप्सीत *छुपित-छुप्त

छुर् *6√ćhur* (to cut, divide, engrave, smear, coat) छुरति छुरिष्यति अछुरत् छुरतु छुरेत् चुछोर छुर्यते *छुर्ण छुरितुम्

छृ *7√ćhṛ* (to shine, glitter, play, sport) छृणत्ति-छृन्ते छर्दिष्यति-ते छर्त्स्यति-ते अछर्दत् छर्दतु छर्देत् *छृत

छृद् *10√ćhṛd* (to spew, vomit, pour out) छर्दयति-ते छर्दयिष्यति-ते अछर्दयत्-त छर्दयतु-ताम् छर्दयेत्-त *छर्दित

छृद् *7√ćhṛd* (to spew) छृणाति छर्दिष्यति अच्छृणत् छृणत्तु छृन्द्यात् *च्छृण्ण छर्दनीय छर्दितव्य छर्दयित्वा छर्दयितुम्

छृष् *10√ćhṛṣ* (to request, beg, ask) छर्षयति-ते छर्षयिष्यति-ते अछर्षयत्-त छर्षयतु-ताम् छर्षयेत्-त *छर्षित-छृष्ट

छेद् *10√ćhed* (to divide, severe, cut) छेदयति-ते छेदयिष्यति-ते अछेदयत्-त छेदयतु-ताम् छेदयेत्-त *छिन्न

छो *4√ćho* (to cut, chop, mow, reap) छ्यति छास्यति अच्छ्यत् छ्यतु छ्येत् अच्छासीत् *छात-छित छात्वा-छित्वा

छ्यु *1√ćhyu* (to approach, go, move) छ्यवते छ्योष्यते-छ्यविष्यते अछ्यवत छ्यवताम् छ्यवेत *छ्यवित

<u>(ज) (j)</u>

जंस् *10√jaṁs* (to protect) जंसयति जंसयिष्यति-ते अजंसयत्-त जंसयतु-ताम् जंसयेत्-त *जंसित जंसयितुम् जंसनीय

जक्ष् *2√jakṣ* (to eat, eat up, consume, destroy) जष्टे जक्षिष्यते अजष्ट जष्टाम् जक्षीत *जक्षित जक्षणीय जक्ष्य

जज् *1√jaj* (to fight, battle) जजति जजिष्यति अजाजत्-अजजत् जजतु जजेत् *जजित जजनीय जजित्वा जजितुम्

जञ्ज् *1√jañj* (to fight) जञ्जति जञ्जिष्यति अञ्जजत् जञ्जतु जञ्जेत् *जञ्जित जञ्जनीय जञ्जितव्य जञ्जित्वा

जञ्झ् *1√jañjh* (to bang, make a dashing sound) जञ्झति जञ्झिष्यति अजञ्झत् जञ्झतु जञ्झेत् *जञ्झित

जट् *1√jaṭ* (to tangle) जटति जटिष्यति अजाटत्-अजटत् जटतु जटेत् *जटित जटनीय जटितव्य जटित्वा जटितुम्

जड् *1√jaḍ* (to join) जडति जडिष्यति अजाडत्-अजडत् जडतु जडेत् *जडित जडनीय जडित्वा जडितुम्

जन् *3√jan* (to give birth, beget) जजन्ति जनिष्यति अजजत् जजन्तु जिजायात् अजनीत्-अजानीत् *जात

जन् *4√jan* (to be born, produced, give birth, beget) जायते जनिष्यते अजायत जायताम् जायेत् जन्यते *जात-जनित जायमान जननीय जनितव्य जन्य जनित्वा जनितुम् जन्म जन जनक जाया जठर अज द्विज बीज जन्तु जाति प्रजन प्रजा

जप् *1√jap* (to repeat internally, utter in low voice) जपति जपिष्यति अजपत् जपतु जपेत् *जपित-जप्त जाप्य जप

जभ् *1√jabh* (to copulate, yawn, gape, snap) जम्भते जम्भिष्यते अजम्भत जम्भताम् जम्भेत *जब्ध जम्भनीय जम्भित्वा

जम् *1√jam* (to eat) जमति जमिष्यति अजमत् जमतु जमेत् *जान्त जमनीय जाम्य जमित्वा-जान्त्वा जमितुम्

जम्भ् *1√jambh* (to yawn) जम्भते जम्भिष्यते अजम्भत् जम्भतु जम्भेत् *जम्भित-जब्ध जम्भनीय जम्भा

जम्भ् *10√jambh* (to destroy) जम्भयति-ते जम्भयिष्यति-ते अजम्भयत्-त जम्भयतु-ताम् जम्भयेत्-त *जम्भित-जब्ध

जर्च् *1√jarć* (to say, speak, blame, reprove, censure, threaten) जर्चति जर्चिष्यति अजर्चत् जर्चतु जर्चेत् *जर्चित

जर्च् *6√jarć* (to say, menace) जर्चति जर्चिष्यति अजर्चत् जर्चतु जर्चेत् *जर्चित जर्चितव्य जर्चित्वा जर्चितुम्

जर्छ् *1√jarćh* (to say) जर्छति जर्छिष्यति अजर्छत् जर्छतु जर्छेत् *जर्छित जर्छनीय जर्छितव्य जर्छित्वा जर्छितुम्

जर्छ् *6√jarćh* (to say) जर्छति जर्छिष्यति अजर्छत् जर्छतु जर्छेत् *जर्छित जर्छनीय जर्छितव्य जर्छित्वा जर्छितुम्

जर्ज् *1√jarj* (to slap) जर्जति जर्जिष्यति अजर्जत् जर्जतु जर्जेत् *जर्जित जर्जितव्य जर्जित्वा जर्जितुम्

जर्ज् *6√jarj* (to criticize) जर्जति जर्त्स्यति अजर्जत् जर्जतु जर्जेत् *जर्जित जर्जितव्य जर्जित्वा जर्जितुम्

जर्झ् *6√jarjh* (to say, blame, threaten) जर्झति जर्झिष्यति अजर्झत् जर्झतु जर्झेत् *जर्झित जर्झितव्य जर्झितुम्

जर्त्स् *6√jarts* (to abuse, criticize) जर्त्सति जर्त्सिष्यति अजर्त्सत् जर्त्सतु जर्त्सेत् *जर्त्सित जर्त्सितव्य जर्त्सितुम्

जल् *1√jal* (to be bright, wealthy, rich; to encircle, entangle) जलति जलिष्यति अजलत् जलतु जलेत् *जलित

जल् *10√jal* (to cover, screen) जालयति-ते जालयिष्यति-ते अजालयत्-त जालयतु-ताम् जालयेत्-त *जालित

जल्प् *1√jalp* (to talk, murmur chatter, babble, prattle)जल्पति जल्पिष्यति अजल्पत् जल्पतु जल्पेत् *जल्पित जल्प

जष् *1√jaṣ* (to injure, hurt, kill) जषति जषिष्यति अजषत् जषतु जषेत् अजषीत् *जषित-जष्ट जष्टव्य जष्ट्वा

जंस् *10√jaṁs* (to protect, save) जंसयति-ते जंसयिष्यति-ते अजंसयत्-त जंसयतु-ताम् जंसयेत्-त *जंसित

जस् *4√jas* (to liberate, set free, release) जस्यति जसिष्यति अजस्यत् जस्यतु जस्येत् *जसित जसनीय जसितुम्

जस् *10√jas* (to hate, hurt, disregard) जासयति-ते जासयिष्यति-ते अजासयत्-त जासयतु-ताम् जासयेत्-त *जासित

जागृ *2√jāgṛ* (to stay awake) जागर्ति जागरिष्यति अजागः जागर्तु जागृयात् *जागरित जागरणीय जागरितुम् जागरुक

जि *1√ji* (to win, conquer, defeat, vanquish, control) जयति जेष्यति अजयत् जयतु जयेत् जीयते *जीत-विजित-पराजित जयत् जयनीय जेतव्य जय्य जित्वा विजित्य जीयमान जापयितुम् जिगीषा जिष्णु जय पराजय जयी जयिनी जेय

जि *10√ji* (to win) जापयति-ते जापयिष्यति-ते अजापयत्-त जापयतु-ताम् जापयेत्-त *जापित जापयित्वा जापयितुम्

जिन्व् *1√jinv* (to please) जिन्वति जिन्विष्यति अजिन्वत् जिन्वतु जिन्वेत् *जिन्वित जिन्वितव्य जिन्वित्वा जिन्वितुम्

जिन्व् *10√jinv* (to speak, confer) जिन्वयति-ते जिन्वयिष्यति-ते अजिन्वयत्-त जिन्वयतु-ताम् जिन्वयेत्-त *जिन्वित

जिम् *1√jim* (to eat, consume) जेमति जेमिष्यति अजेमत् जेमतु जेमेत् *जेमित जेमनीय जेमितव्य जेमित्वा जेमितुम्

जिरि *5√jiri* (to hurt, kill) जिरिणोति जेरिष्यति अजिरिणोत् जिरिणोतु जिरिणुयात् *जिरित जिरितव्य जिरितुम्

जिष् *1√jiṣ* (to spray, sprinkle) जेषति जेषिष्यति अजेषत् जेषतु जेषेत् अजैषीत् *जेषित-जिष्ट जेषितव्य जेषितुम्

जीव् *1√jīv* (to live, be alive, come to life, revive) जीवति जीविष्यति अजीवत् जीवतु जीवेत् *जीवित जीव्य जीव

जु *1√ju* (to walk fast) जवति जविष्यति अजवत् जवतु जवेत् अजवीत् *जवित जवनीय जवितव्य जवित्वा जवितुम्

जु *9√ju* (to be swift) जुनाति-जुनीते जविष्यति-ते अजुनात्-नीत जुनातु-जुनीताम् जुनीयात्-जुनीत *ववित-जुन

जुङ्ग् *1√juṅg* (to sacrifice, abandon, set aside, exclude) जुङ्गति जुङ्गिष्यति अजुङ्गत् जुङ्गतु जुङ्गेत् *जुङ्गित जुङ्गित्वा

जुट् *6√juṭ* (to bind, tie together) जुटति जुटिष्यति अजुटत् जुटतु जुटेत् *जुटित जुटनीय जुटितव्य जुटित्वा जुटितुम्

जुड् *6√juḍ* (to send) जुडति जोडिष्यति अजोडत् जुडतु जुडेत् *जुडित जुडत् जुडनीय जुडितव्य जुडित्वा जुडितुम्

जुड् *10√juḍ* (to throw, cast; grind) जुडयति जोडयिष्यति अजुडयत्-त जुडयतु-ताम् जुडयेत्-त *जुडित जुडितुम्

जुत् *1√jut* (to shine, give out light) जोतते जोतिष्यते अजोतत जोतताम् जोतेत अजोतिष्ट जोत्यते *जुतित

जुन् *6√jun* (to move) जुनति जुनिष्यति अजुनत् जुनोतु जुनेत् *जुनित जुनितव्य जुनित्वा जुनितुम्

जुर् *1,6√jur* (to consume) जुर्वति जुर्विष्यति अजुर्वत् जर्वतु जुर्वेत् *जूर्ण जुरितुम् जुरणीय जुर्य

जुर् *4√jur* (to decay, become or grow old, perish) जुर्यते जूरिष्यते अजूर्यत जूर्यताम् जूर्येत *जूर्ण

जुल् *10√jul* (to grind, reduce to powder) जुलयति-ते जुलयिष्यति-ते अजुलयत्-त जुलयतु-ताम् जुलयेत्-त *जुलित

जुष् *1√juṣ* (to be pleased, be satisfied) जोषति जोषिष्यते अजोषत् जोषतु जोषेत् जोष्यते *जोषित-जुष्ट जुष्टव्य जुष्ट्वा

जुष् *6√juṣ* (to cheer up, inspire) जूषते जोषिष्यते अजुषत जुषताम् जुषेत *जुष्ट जोषणीय जोषितव्य जोषित्वा जोषितुम्

जुष् *10√juṣ* (to be pleased) जोषयति जाषयिष्यते अजोषयत् जोषयतु जोषयेत् अजूषीत् *जुष्ट-जोषित

जुष् *10√juṣ* (to examine) जोषयति-ते जोषयिष्यति-ते अजोषयत्-त जोषयतु-ताम् जोषयेत्-त *जोषित-जुष्ट

जूर् *6√jūr* (to become old, decay, wear out) जुरति जुरिष्यति अजुरत् जुरतु जुर्येत् *जूर्ण जुरा

जूष् *1√jūṣ* (to hurt, injure, hit, kill) जूषति जूषिष्यति अजूषत् जूषतु जूषेत् अजूषीत् *जूष्ट

जृभ् *1√jṛbh* (to yawn, gape; open, expand) जृभते *जृभित-जृब्ध जृम्भितव्य जृब्ध्वा जृब्धुम्

जृम्भ् *1√jṛmbh* (to yawn) जृम्भते जृभिष्यते अजृम्भत जृम्भताम् जृम्भेत जम्भ्यते *जृम्भित-जृब्ध

जॄ *1√jṝ* (to grow old, ware out, decay) जरति जरिष्यति अजरत् जरतु जरेत् *जीर्ण जरणीय जीर्णवत् जरितव्य

जॄ *4√jṝ* (to grow old) जीर्यते जरिष्यति-जरीष्यति अजीर्यत् जीर्यतु जीर्येत् जीर्यते *जीर्ण जीर्णवत् जरणीय जरितुम् जरा

जॄ *9√jṝ* (to grow old) जृणाति जरिष्यति-जरीष्यति अजृणात् जृणातु जृणीयात् *जीर्ण जीर्णवत् जरणीय जरितव्य जरितुम्

जॄ *10√jṝ* (to grow old) जारयति-ते जारयिष्यति-ते अजारयत्-त जारयतु-ताम् जारयेत्-त *जीर्ण-जारित जरित्वा-जरीत्वा

जेष् *1√jeṣ* (to go, move) जेषते जेषिष्यते अजेषत जेषताम् जेषेत *जेषित-जेष्ट जेषणीय जेषित्वा जेषितुम्

जेह् *1√jeh* (to try, reach, go towards, exert, gasp, pant) जेहते जेहिष्यते अजेहत जेहताम् जेहेत *जेहित

जै *1√jai* (to wane, perish, decline, decay) जायति जायिष्यति अजायत् जायतु जायेत् *जायित

ज्ञप् *10√jñap* (to know, tell, praise) ज्ञपयति-ते ज्ञपयिष्यति-ते अज्ञपयत्-त ज्ञपयतु-ताम् ज्ञपयेत्-त *ज्ञपित-ज्ञप्त ज्ञप्ति

ज्ञा *9√jñā* (to know) जानाति-जानीते ज्ञास्यति-ते अजानात्-अजानीत जानातु-जानीताम् जानीयात्-जानीत ज्ञायते-ज्ञाप्यते

*ज्ञात-ज्ञापित-ज्ञप्त ज्ञानीय-ज्ञापनीय ज्ञातव्य-ज्ञाप्तव्य ज्ञेय-ज्ञाप्य ज्ञात्वा-ज्ञापयित्वा ज्ञातुम्-ज्ञापयितुम् ज्ञान ज्ञानिन् प्रज्ञा संज्ञा

ज्ञा *10√jñā* (to direct, request) आ+ज्ञापयति-ते ज्ञापयिष्यति-ते अज्ञापयत्-त ज्ञापयतु-ताम् ज्ञापयत्-त *ज्ञापित ज्ञापयत्

ज्या *9√jyā* (to grow old) जिनाति ज्यास्यति अजिनात् जिनातु जिनीयात् *जीन ज्यानीय ज्यातव्य ज्येय जीत्वा ज्यातुम्

ज्यु *1√jyu* (to live, approach, go near) ज्यवते ज्यविष्यते अज्यवत ज्यवताम् ज्यवेत *ज्युत-ज्यवित ज्यवनीय

ज्युत् *1√jyut* (to shine, light) ज्योतति-ते ज्योतिष्यति-ते अज्योतत्-त ज्योततु-ताम् ज्योतेत्-त *ज्योतित

ज्यो *1√jyo* (to give advise, instruct) ज्यवते ज्योष्यते अज्यवत ज्यवताम् ज्यवेत *जीत ज्यवनीय

त्रि *1√jri* (to press, supress, press deown) त्रयति त्रेष्यति अत्रयत् त्रयतु त्रयेत् अत्रैषीत् *त्रयित त्रयनीय त्रयितुम्

त्रि *10√jri* (to grow old) त्रायति त्राययिष्यति-ते अत्राययत्-त त्राययतु-ताम् त्राययेत्-त *त्रायित

ज्वर् *1√jwar* (to be sick, feverish) ज्वरति ज्वरिष्यति अज्वरत् ज्वरतु ज्वरेत् *ज्वरित ज्वरणीय ज्वर्यमाण ज्वरितुम् ज्वर

ज्वल् *1√jwal* (to blaze, glow) ज्वलति ज्वलिष्यति अज्वलत् ज्वलतु ज्वलेत् ज्वल्यते *ज्वलित ज्वलितुम् ज्वलन ज्वाला

ज्वल् *10√jwal* (to blaze) ज्वलयति-ते ज्वलयिष्यति-ते अज्वलयत्-त ज्वलयतु-ताम् ज्वलयेत्-त *ज्वालित-ज्वलित

(झ) (jh)

झट् *1√jhaṭ* (to become tangled, matted, interlocked) झटति झटिष्यति अझटत् झटतु झटेत् *झटित झटनीय झटित्वा

झम् *1√jham* (to eat, consume) झमति झमिष्यति अझमत् झमतु झमेत् *झान्त झाम्य झमनीय झमितव्य झमित्वा झमितुम्

झर्च् *6√jharć* (to speak, blame, censure, threaten) झर्चति झर्चिष्यति अझर्चत् झर्चतु झर्चेत् *झर्चित

झर्झ् *1,6√jharjh* (to hit, shout at) झर्झति झर्झिष्यति अझर्झत् झर्झतु झर्झेत् *झर्झित झर्झनीय झर्झितव्य झर्झित्वा

झष् *1√jhaṣ* (to put on, wear, kill) झषति-ते झषिष्यति अझषत् झषतु झषेत् *झषित-झष्ट झषणीय झषितव्य झष

झृ *4√jhṛ* (to grow old) झीर्यति झरिष्यति-झरीष्यति अझीर्यत् झीर्यतु झीर्येत् झीर्यते *झीर्ण झीर्णवत् झरणीय झरितुम्

झॄ *9√jhṛ* (to grow old, age) झृणाति झरिष्यति-झरीष्यति अझृणात् झृणातु झृणीयात् *झीर्ण

झ्यु *1√jhyu* (to move) झ्यवति झ्यविष्यते अझ्यवत झ्यवताम् झ्यवेत *झ्यवित झ्यवनीय झ्यवितुम्

(ट) (ṭ)

टङ्क् *10√ṭaṅk* (to cover, wrap, cover, tie, bind) टङ्कयति टङ्कयिष्यति अटङ्कयत् टङ्कयतु टङ्कयेत् *टङ्कित टङ्कितुम्

टल् *1√ṭal* (to be uneasy, confused, uneasy) टलति टलिष्यति अटलत् टलतु टलेत् *टलित टालनीय टलितव्य टलित्वा

टिक् *1√ṭik* (to go, move) टेकते टेकिष्यते अटेकत टेकताम् टेकेत *टेकित टेकनीय टेकितव्य टेकित्वा टेकितुम्

टिप् *10√ṭip* (to inspire, direct, throw, cast) टेपयति-ते टेपयिष्यति-ते अटेपयत्-त टेपयतु-ताम् टेपयेत्-त *टेपित-टिप्त

टीक् *1√ṭīk* (to go, resort to) टीकते टीकिष्यते अटीकत टीकताम् टीकेत *टीकित टीकनीय टीकित्वा टीकितुम् टीका

ट्वल् *1√ṭval* (to be uneasy, become disturbed) ट्वलति ट्वलिष्यति अट्वलत् ट्वलतु ट्वलेत् *ट्वलित ट्वलितुम्

(ड) (ḍ)

डप् *10√ḍap* (to collect, amass, heap together) डापयते डापयिष्यते अडापयत डापयताम् डापयेत *डापित

डम् *1√ḍam* (to sound) डमति डमिष्यति अडमत् डमतु डमेत् *डमित डमनीय डमितव्य डमित्वा डमितुम्

डम्प् *10√ḍamp* (to see, order, throw) डम्पयति-ते डम्पयिष्यति-ते अडम्पयत्-त डम्पयतु-ताम् डम्पयेत्-त *डम्पित

डम्ब् *10√ḍamb* (to send, confer, inspire) डम्बयति-ते डम्बयिष्यति-ते अडम्बयत्-त डम्बयतु-ताम् डम्बयेत्-त *डम्बित

डम्भ् *10√ḍambh* (to collect) डम्भयति-ते डम्भयिष्यति-ते अडम्भयत्-त डम्भयतु-ताम् डम्भयेत्-त *डम्भित

डिप् *4√ḍip* (to criticize, throw, cast) डिप्यति डेपिष्यति अडिप्यत् डिप्यतु डिप्येत् *डिप्त डेपयितुम्

डिप् *6√ḍip* (to gather, direct) डिपति डिपिष्यति अडिपत् डिपतु डिपेत् *डिपित डिपितव्य डिपित्वा डिपितुम्

डिप् *10√ḍip* (to gather, heap, collect) डेपयते डेपयिष्यते अडेपयत डेपयताम् डेपयेत *डेपित

डिम्प् *10√ḍimp* (to collect) डिम्पयति-ते डिम्पयिष्यति-ते अडिम्पयत्-त डिम्पयतु-ताम् डिम्पयेत्-त *डिम्पित

डिम्भ् *10√ḍimbh* (to inspire) डिम्भयति-ते डिम्भयिष्यति-ते अडिम्भयत्-त डिम्भयतु-ताम् डिम्भयेत्-त *डिम्भित

डी *1√ḍī* (to fly, fly away, go) डयते डयिष्यते अडयत डीयताम् डीयेत *डीन-डयित डयनीय डयित्वा डयितुम डयन

डी *4√ḍī* (to fly, fly away) उत्+डीयते उड्डयिष्यते अडीयत डीयताम् डीयेत डीयते *डीन डयितुम् उड्डयन

डुल् *10√ḍul* (to throw) डोलयति-ते डोलयिष्यति-ते अडोलयत्-त डोलयतु-ताम् डोलयेत्-त *डोलित डोलयितुम्

ड्वल् *10√ḍval* (to mix) ड्वालयति-ते ड्वालयिष्यति-ते अड्वालयत्-त ड्वालयतु-ताम् ड्वालयेत्-त *ड्वालित

(ढ) (ḍh)

ढुण्ढ् *1√ḍhuṇḍh* (to search) ढुण्ढति ढुण्ढिष्यति अढुण्ढत् ढुण्ढतु ढुण्ढेत् *ढुण्ढित ढुण्ढितव्य ढुण्ढित्वा ढुण्ढितुम्

ढौक् *1√ḍhauk* (to approach, bring near, present, offer) ढौकते ढौकिष्यते अढौकत ढौकताम् ढौकेत *ढौकित

(ण) (ṇ)

णय् *1√ṇay* (go) णयते णयिष्यते अणयत णयताम् णयेत *णयित णयनीय णयितव्य णयित्वा णयितुम् णयमान

(त) (t)

तक् *1√tak* (to fly, dart, rush; scoff at, laugh at) तकति तकिष्यति अतकत् तकतु तकेत् *तकित तकनीय तकित्वा

तक् *2√tak* (to laugh, bare, endure) तक्ति तक्ष्यति अताक् तक्तु तक्यात् अतकीत्-अताकीत् *तक्त तक तकाट तक्र

तक्ष् *1√takṣ* (to chop, cut, pare, chisel, slice, split) तक्षति तक्षिष्यति तक्षतु अतक्षत् तक्षेत् *तष्ट तष्टव्य-तक्षितव्य

तक्ष् *5√takṣ* (to chop, carve, chisel, make) तक्ष्णोति तक्षिष्यति अतक्ष्णोत् तक्ष्णोतु अक्ष्णुयात् *तष्ट तष्ट्वा तष्टुम्

तङ्क् *1√taṅk* (to tolerate, endure, bare) तङ्कति तङ्किष्यति अतङ्कत् तङ्कतु तङ्केत् *तङ्कित तङ्कनीय तङ्कित्वा तङ्कितुम्

तङ्ग् *1√taṅg* (to shiver, tremble, stumble) तङ्गति तङ्गिष्यति अतङ्गत् तङ्गतु तङ्गेत् *तङ्गित तङ्गनीय तङ्गित्वा तङ्गितुम्

तञ्च् *1√tañć* (to shrink, contract) तञ्चति तञ्चिष्यति अतञ्चत् तञ्चतु तञ्चेत् *तक्त तञ्चनीय तञ्चित्वा तञ्चितुम्

तञ्च् *7√tañć* (to shrink) तनक्ति तञ्चिष्यति-तङ्क्ष्यति अतनक् तनक्तु तञ्च्यात् *तञ्चित-तक्त तञ्चनीय तञ्चितुम्

तञ्ज् *7√tañj* (to shine, give out lighrt) तनक्ति तञ्जिष्यति-तङ्क्ष्यति अतनक् तनक्तु तञ्ज्यात् *तङ्क तञ्जिता

तट् *1√taṭ* (to rise, be raised, elevated; groan) तटति तटिष्यति अतटत्-अताटत् तटतु तटेत् *तटित तटनीय तटित्वा

तट् *10√taṭ* (to strike, beat) ताटयति-ते ताटयिष्यति-ते अताटयत्-त ताटयतु-ताम् ताटयेत्-त *ताटित

तड् *10√taḍ* (to clink, dash against, beat, strike) ताडयति-ते ताडयिष्यति अताडयत् ताडयतु ताडयेत् *ताडित

तण्ड् *1√taṇḍ* (to hit) तण्डते तण्डिष्यते अतण्डत तण्डताम् तण्डेत *तण्डित तण्डनीय तण्डितव्य तण्डित्वा तण्डितुम्

तन् *1√tan* (to stretch, spread, cover) तनति तनिष्यति अतनत् तनतु तनेत् *तत तानितुम्

तन् *8√tan* (to spread) तनोति-तनुते तनिष्यति-ते अतनोत्-अतनुत तनोतु-तनुताम् तनुयात्-तन्वीत तन्यते *तत तन्वत् तननीय तनितव्य वितन्य तान्य तनित्वा-तत्वा तानयित्वा तनितुम् तानयमान तनन तनु तन्तु तन्ति सन्तति सन्तान तनय

तन् *10√tan* (to believe, confide, assist, aid) तानयति-ते तानयिष्यति-ते अतानयत्-त तानयतु-ताम् तानयेत्-त *तानित

तन्त्र् *10√tantr* (to govern, control, rule, maintain, support) तन्त्रयते तन्त्रयिष्यते अतन्त्रयत तन्त्रताम् तन्त्रयेत *तन्त्रित तन्त्रणीत तन्त्रयितव्य तन्त्र्य तन्त्रयित्वा तन्त्रयितुम् तन्त्रयमाण तन्त्रणा तन्त्र तन्त्रिन् तन्त्रक स्वतन्त्र स्वातन्त्र्य तान्त्रिक

तप् *1√tap* (to blaze, heat, make warm) तपति तप्स्यति अतपत् तपतु तपेत् *तप्त तपनीय तप्तव्य तप्त्वा तप्तुम् ताप

तप् *4√tap* (to mortify the body, do penance, suffer pain) तप्यते तप्स्यते अतप्यत तप्यताम् तप्येत *तप्त तप्तुम्

तप् *10√tap* (to burn, give out heat, make warm) तापयति-ते तापयिष्यति-ते अतापयत्-त तापयतु-ताम् तापयेत्-त

तम् *4√tam* (to choke, faint, be fatigued, fained) ताम्यति तामिश्यति अताम्यत् ताम्यतु ताम्येत् *तान्त तान्त्वा-तनित्वा

तय् *1√tay* (to protect, guard, go, move) तयते तयिष्यते अतयत तयताम् तयेत *तयित तयनीय तयितव्य तयित्वा

तर्क् *10√tark* (to guess, suspect, infer, think) तर्कयति तर्कयिष्यति अतर्कयत् तर्कयतु तर्कयेत् तर्क्यते *तर्कित तर्कः

तर्ज् *1√tarj* (to threaten, terrify) तर्जति तर्जिष्यति अतर्जत् तर्जतु तर्जेत् *तर्जित तर्जनीय तर्जितव्य तर्जित्वा तर्जितुम्

तर्ज् *10√tarj* (to scare) तर्जयते तर्जयिष्यते अतर्जयत तर्जयताम् तर्जयेत् तर्ज्यते *तर्जित तर्जितव्य तर्जित्वा तर्जितुम्

तर्द् *1√tard* (to strike, injure, cut through) तर्दति तर्दिष्यति अतर्दत् तर्दतु तर्देत् *तर्दित तर्दनीय तर्दित्वा तर्दितुम्

तर्व् *1√tarv* (to move) तर्वति तर्विष्यति अतर्वत् तर्वतु तर्वेत् तर्व्यते *तर्वित तर्वणीय तर्वितव्य तर्वित्वा तर्वितुम्

तल् *1√tal* (to be complete, full, fixed) तलति-ते तलिष्यति-ते तलतु-ताम् तलेत्-त *तलित तलितुम् तलनीय

तल् *10√tal* (to be full, be fixed) तालयति-ते तालयिष्यति-ते अतालयत्-त तालयतु-ताम् तालयेत्-त *तालित

तंस् *1√taṁs* (to shake, pour, beg, request) तंसति-ते तंसिष्यति-ते अतंसत्-त तंसतु-ताम् तंसेत्-त *तंसित-तंस्त

तंस् *10√taṁs* (to decorate) तंसयति-ते तंसयिष्यति-ते अतंसयत्-त तंसयतु-ताम् तंसयेत्-त तंस्यते *तंसित-तंस्त

तस् *4√tas* (to toss, reject, cast, fade away) तस्यति तसिष्यति अतस्यत् तस्यतु तस्येत् *तसित-तस्त तसनीय तसितुम्

ताय् *1√tāy* (to grow, spread, extend, protect, preserve) तायते तायिष्यते तायताम् तायेत *तीत तीतवान् तायित्वा

तिक् *1√tik* (to go or move) तेकते तेकिष्यति अतेकत तेकताम् तेकेत *तेकित तेकनीय तेकित्वा तेकितुम्

तिक् *5√tik* (to attack, assail, assult, wound, challenge) तिक्नोति तिकिष्यति अतिक्नोत् तिक्नोतु तिक्नुयात् *तिक्त

तिग् *5√tig* (to go, move, leave) तिग्नोति तिगिष्यति अतिग्नोत् तिग्नोतु तिग्नुयात् अतेगीत् *तिक्त

तिघ् *5√tigh* (to hurt) तिघ्नोति तेघिष्यति तिघ्नोत् तिघ्नोतु तिघ्नुयात् *तिघित-तिघ्न विघ्नितव्य तिघ्नित्वा तिघ्नितुम्

तिज् *1√tij* (to endure, bear) तेजते, अतेजत् तेजताम् तेजेत * तेजित तिजित्वा (desiderative सन्)तितिक्षते तितिक्षिष्यते अतितिक्षत तितिक्षताम् तितिक्षेत *तितिक्षित तितिक्षितुम् तितिक्षा तीतिक्षु

तिज् *10√tij* (to sharpen, instigate, stir up) तेजयति-ते तेजयिष्यति-ते अतेजयत्-त तेजयतु-ताम् तेजयेत्-त *तिक्त

तिप् *1√tip* (to drop, distill, ooze, leak) तेपते तेपिष्यते अतेपत तेपताम् तेपेत *तेपित तेपनीय तेपित्वा तेपतुम् तेपमान

तिम् *1√tim* (to moisten, make damp, make wet) तेमति तेमिष्यति अतेमत् तेमतु तेमेत् *तिमित तिमितव्य तिमितुम्

तिम् *4√tim* (to become wet, become quiet, tranquil, calm) तिम्यति तेम्ष्यति अतिम्यत् तिम्यतु तिम्येत् *तिमित

तिल् *1√til* (to go, move) तेलति तेलिष्यति अतेलत तेलतु तेलेत् *तेलित तेलनीय तेलितव्य तेलित्वा तेलितुम्

तिल् *6√til* (to go, move) तिलति तिलिष्यति अतिलत् तिलतु तिलेत् *तिलित तिलनीय तिलितव्य तिलितुम्

तिल् *10√til* (to be unctuous, greasy, anoint, smear with oil) तेलयति-ते तेलयिष्यति अतेलयत् तेलयतु तेलयेत्

तीक् *1√tīk* (to go) तीकते तीकिष्यते अतीकत तीकताम् तीकेत *तीकित तीकनीय तीकित्वा तीकितुम्

तीम् *4√tīm* (to become wet, moist) तीम्यति तीमिष्यति अतीम्यत् तीम्यतु तीम्येत् *तीमित

तीर् *10√tīr* (to cross over, get through) तीरयति-ते तीरयिष्यति-ते अतीरयत्-त तीरयतु-ताम् तीरयेत्-त *तीरित

तीव् *1√tīv* (to fatten, be large) तीवति तीविष्यति अतीवत् तीवतु तीवेत् *तीवित तीवितव्य तीवित्वा तीवितुम्

तु *2√tu* (to thrive, be strong, have power, authority) तौति तविष्यति अतौत् तौतु तुयात् *तुत

तुज् *1√tuj* (to violate, injure) तोजति तोजिष्यति अतोजत् तोजतु तोजेत् *तोजित तोजनीय तोजितव्य तोजित्वा

तुञ्ज् *1√tuñj* (to reach, convey, live, emit, incite) तुञ्जति तुञ्जिष्यति अतुञ्जत् तुञ्जतु तुञ्जेत् *तुञ्जित तुञ्जनीय

तुञ्ज् *10√tuñj* (to energize) तुञ्जयति-ते तुञ्जयिष्यति-ते अतुञ्जयत्-त तुञ्जयतु-ताम् तुञ्जयेत्-त *तुञ्जित तुञ्जयितुम्

तुट् *6√tuṭ* (to quarrel, dispute, injure) तुटति तुटिष्यति अतुटत् तुटतु तुटेत् अतुटीत् *तुटित तुटितव्य तुटितुम्

तुड् *1√tuḍ* (to break, split, rend) तुडते तुडष्यते अतुडत तुडताम् तुडेत *तुडित तुडत् तुडनीय तुडित्वा तुडितुम्

तुड् *6√tuḍ* (to break, cut) तुडति तुडिष्यति अतुडत् तुडतु तुडेत् *तुडित तुडनीय तुडितव्य तुडित्वा तुडितुम्

तुड्ड् *1√tuḍḍ* (to disregard) तुड्डति तुड्डिष्यति अतुड्डत् तुड्डतु तुड्डेत् *तुड्डित तुड्डितव्य तुड्डित्वा तुड्डितुम्

तुण् *6√tuṇ* (to cheat, deceive) तुणति तुणिष्यति अतुणत् तुणतु तुणेत् *तुणित तुणनीय तुणितव्य तुणित्वा तुणितुम्

तुण्ड् *1√tuṇḍ* (to break, press out) तुण्डते तुण्डिष्यते अतुण्डत तुण्डताम् तुण्डेत *तुण्डित तुण्डनीय तुण्डितव्य तुण्डित्वा

तुत्थ् *10√tutth* (to praise, screen, spread) तुत्थयति-ते तुत्थयिष्यति-ते अतुत्थयत्-त तुत्थयतु-ताम् तुत्थयेत्-त *तुत्थित

तुद् *6√tud* (to thrust, strike, wound, hit, goad, afflict) तुदति-ते तोत्स्यति अतुदत् तुदतु तुदेत् तुतोद तोत्ता अतौत्सीत-अतुत्त तुद्यते *तुत्त तोदनीय तोत्तव्य तोद्य तुत्त्वा तोत्तुम् तुद्यमान ततुत्सा तोदक

तुन्द् *1√tund* (to search) तुन्दति तुन्दिष्यति अतुन्दत् तुन्दतु तुन्देत् *तुन्दित तुन्दनीय तुन्दितव्य तुन्दित्वा तुन्दितुम्

तुप् *1√tup* (to violate, injure) तोपति तोपिष्यति अतोपत् तोपतु तोपेत् अतोपीत् *तुप्त-तुपित-तोपित

तुप् *6√tup* (to violate) तुपति तुपिष्यति अतुपत् तुपतु तुपेत् *तुप्त तुप्तव्य तुप्त्वा तुप्तुम्

तुफ् *1√tuph* (to violate) तोफति तोफिष्यति अतोफत् तोफतु तोफेत् *तोफित तोफितव्य तोफित्वा तोफितुम्

तुफ् *6√tuph* (to violate) तुफति तुफिष्यति अतुफत् तुफतु तुफेत् *तुफित तुफितव्य तुफित्वा तुफितुम्

तुभ् *1√tubh* (to hurt) तोभते तोभिष्यते अतोभत तोभताम् तोभेत अतोभीत् *तोभित-तुब्ध तुब्धव्य तुब्ध्वा तब्धुम्

तुभ् *4√tubh* (to violate) तुभ्यति तुभिष्यति अतुभ्यत् तुभ्यतु तुभ्येत् अतोभीत् *तुब्ध तुभ्य तोभनीय तुभ्यते

तुभ् *9√tubh* (to violate) तुभ्नाति तुभिष्यति अतुभ्नात् तुभ्नातु तुभ्नीयात् *तुब्ध

तुम्प् *1√tump* (to hurt) तुम्पति तुम्पिष्यति अतुम्पत् तुम्पतु तुम्पेत् *तुम्पित तुम्पितव्य तुम्पित्वा तुम्पितुम्

तुम्प् *6√tump* (to hurt) तुम्पति तुम्पिष्यति अतुम्पत् तुम्पतु तुम्पेत् *तुम्पित तुम्पनीय तुम्पितव्य तुम्पितुम्

तुम्फ् *1√tumph* (to hurt) तुम्फति तुम्फिष्यति अतुम्फत् तुम्फतु तुम्फेत् *तुम्फित तुम्फितव्य तुम्फित्वा तुम्फितुम्

तुम्फ् *6√tumph* (to hurt) तुम्फति तुम्फिष्यति अतुम्फत् तम्फतु तुम्फेत् *तुम्फित तुम्फितव्य तुम्फित्वा तुम्फितुम्

तुम्ब् *1,10√tumb* (to hurt, trouble) तुम्बति-तुम्बयति-ते तुम्बिष्यति अतुम्बत् तुम्बतु तुम्बेत् *तुम्बित तुम्बितुम्

तुर् *3√tur* (to rush, run) तुतोर्ति तोरिष्यति अतोरीत् तुरतु तुरेत् *तुर्ण

तुर् *6√tur* (to rush) तुरति तुरिष्यति अतुरत् तुरतु तुरेत् *तुर्ण तुर्य

तुर्व् *1√turv* (to remove) तूर्वति तूर्विष्यति अतूर्वत् तूर्वतु तूर्वेत् *तूर्ण तूर्वित्वा तूर्वितुम्

तुल् *1√tul* (to weigh, measure) तूलति-तोलति तुलिष्यति अतूलत् तूलतु तूलेत् *तूलित तुलनीय तुल्य तूलितुम् तूलित्वा

तुल् *10√tul* (to weigh, weigh in mind, compare) तोलयति-ते तोलयिष्यति-ते अतोलयत्-त तोलयतु-ताम् तोलयेत्-त

तुश् *1√tuś* (to drip, trickle, be pressed out) तोशते ताशिष्यते अतोशत तोशताम् ताशेत *तुशित-तुष्ट

तुष् *4√tuṣ* (to be content, satisfied) तुष्यति तोक्ष्यति अतुष्यत् तुष्यतु तुष्येत् *तुष्ट तोषणीय तोषित्वा तोष्टव्य तोष्टुम्

तुस् *1√tus* (to sound) तोसति तोसिष्यति अतोसत् तोसतु तोसेत् *तुस्त तुस्य तोसनीय

तुह् *1√tuh* (to hurt, harm, injure, slaughter, murder) तोहति तोहिष्यति अतुहत् तोहतु तोहेत् *तूढ तुहनीय तूढ्वा

तूड् *1√tūḍ* (to disrespect, contemn) तूडति तूडिष्यति अतूडत् तूडतु तूडेत् *तूडित तूडितव्य तूडितुम्

तूण् *10√tūṇ* (to complete, fill, fill up) तूणयते तूणयिष्यते अतूणयत तूणयताम् तूणयेत *तूणित तूणितव्य तूणितुम्

तूर् *4√tūr* (to rush, make haste, go quickly) तूर्यते तूरिष्यते अतूर्यत तूर्यताम् तूर्येत *तूर्ण

तूल् *1√tūl* (to weigh, ascertain, measure) तूलति तूलिष्यति अतूलत् तूलतु तूलत् *तूलित तूलितव्य तूलितुम्

तूल् *10√tūl* (to fill) तूलयति-ते तूलयिष्यति-ते अतूलयत्-त तूलयतु-ताम् तूलयेत्-त *तूलित तूलनीय तूलित्वा

तूष् *1√tūṣ* (to be pleased, pleased) तूषति तूषिष्यति अतूषत् तूषतु तूषेत् *तूष्ट-तुष्ट तुष्टव्य तुष्ट्वा तुष्टुम्

तृक्ष् *1√tṛkṣ* (to go) तृक्षति तृक्षिष्यति अतृक्षत् तृक्षतु तृक्षेत् *तृक्षित-तृष्ट

तृण् *8√tṛṇ* (to eat grass, graze) तृणोति-तर्णोति or तृणते-तर्णुते तर्णिष्यति अतृणोत् तृणोतु तृणुयात् *तृत

तृद् *1√tṛd* (to split) तर्दति तर्दिष्यति अतर्दत् तर्दतु तर्देत् *तर्दित तर्दनीय तर्दितव्य तर्दित्वा तर्दितुम्

तृद् *7√tṛd* (to split, cleave, pierce) तृणत्ति-तृन्ते तर्दिष्यति-तर्त्स्यति-तर्दिष्यते-तर्त्स्यते अतृन्त तृन्ताम् तृन्दीत *तृण्ण

तृप् *1√tṛp* (to kindle) तर्पति तर्पिष्यति अतृपत् तृपतु तृपेत् तृप्यते *तर्पित तर्पणीय तर्पितव्य तर्पित्वा तर्पितुम् तृप्त्वा

तृप् *4√tṛp* (to be satisfied) तृप्यति तर्पिष्यति-तर्पस्यति-त्रप्स्यति अतर्प्यत तर्प्यतु तर्प्येत *तृप्त-तर्पित तर्पणीय तर्पितुम्

तृप् *5√tṛp* (to be pleased, satisfied, contented) तृप्नोति तर्पिष्यति अतृप्नोत् तृप्नोतु तृप्नुयात् *तृप्त तृप्त्वा-तर्पित्वा

तृप् *6√tṛp* (to be pleased) तृपति तर्पिष्यति अतृपत् तृपतु तृपेत् *तृप्त तर्पणीय तर्पितव्य तर्पित्वा तर्पितुम् तर्पण

तृप् *10√tṛp* (to kindle) तर्पयति-ते तर्पयिष्यति-ते अतर्पयत्-त तर्पयपतु-ताम् तर्पयेत्-त *तर्पित तर्पयित्वा तर्पयितुम्

तृम्प् *6√tṛmp* (to be pleased) तृम्पति तर्पिष्यति अतृपत् तृपतु तृपेत् *तर्पित तर्पणीय तर्पितव्य तर्पित्वा तर्पितुम्

तृम्फ् *6√tṛmph* (to be pleased) तृम्फति तृम्फिष्यति अतृम्फत् तृम्फतु तम्फेत् *तृम्फित तृम्फितव्य तृम्फितुम्

तृष् *4√tṛṣ* (to be thirsty) तृष्यति तर्षिष्यति अतृष्यत् तृष्यतु तृष्येत् *तृषित-तुष्ट तर्षणीय तर्षितव्य तर्षित्वा-तृषित्वा तृष्णा

तृंह् *6√tṛm̐h* (to strike) तृंहति तृंहिष्यति-तङ्क्ष्यति अतृंहत्-अताङ्क्षत् तृंहतु तृंहेत् *तृंहित-तृढ

तृह् *6√tṛh* (to strike) तृहति तर्हिष्यति-तर्क्ष्यति अतर्हत् तर्हतु तर्हेत् *तृढ तृहत् तर्हणीय तर्हितव्य तृहित्वा-तृढ्वा तर्हितुम्

तृह् *7√tṛh* (to strike) तृणेढि तर्हिष्यति अतृणेट्-ड् तृणेढु तृह्यात् *तृढ तर्हितवत् तर्हणीय तर्हितव्य तर्ह्य तर्हित्वा तर्हितुम्

तॄ *1√tṝ* (to swim across) तरति तरीष्यति-तरिष्यति अतरत् तरतु तरेत् *तीर्ण तरितव्य तरणीय तीर्त्वा तरणी तारण तरुण

तेज् *1√tej* (to obey, protect) तेजति तेजिष्यति अतेजत् तेजतु तेजेत् *तेजित तेजनीय तेजितव्य तेजित्वा तेजितुम्

तेप् *1√tep* (to flow, sprinkle, ooze, shake, tremblee) तेपते तेप्ष्यते अतेपत तेपताम् तेपेत * तेप्त तेप्तव्य तेपनीय

तेव् *1√tev* (to play, sport, weep, lament) तेवते तेविष्यते अतेवत तेवताम् तेवेत *तेवित तेवनीय तेवित्वा तेवितुम्

तोड् *1√toḍ* (to breal, disrespect) तोडति तोडिष्यति अतोडत् तोडतु तोडेत् *तोडित तोडितव्य तोडित्वा तोडितुम्

त्यज् *1√tyaj* (to forsake, leave) त्यजति त्यक्षति अत्यजत् त्यजतु त्यजेत् त्यज्यते *त्यक्त त्याज्य त्यक्त्वा त्यक्तुम् त्याग

त्रङ्क् *1√traṅk* (to go) त्रङ्कते त्रङ्किष्यते अत्रङ्कत त्रङ्कताम् त्रङ्केत *त्रङ्कित त्रङ्कनीय त्रङ्कितव्य त्रङ्क्य त्रङ्कित्वा त्रङ्कितुम्

त्रङ्ख् *1√traṅkh* (to go) त्रङ्खति त्रङ्खिष्यति अत्रङ्खत् त्रङ्खतु त्रङ्खेत् *त्रङ्खित त्रङ्ख्य त्रङ्खित्वा

त्रङ्ग् *1√traṅg* (to move) त्रङ्गति त्रङ्गिष्यति अत्रङ्गत् त्रङ्गतु त्रङ्गेत् *त्रङ्गित त्रङ्गित्वा

त्रन्द् *1√trand* (to try) त्रन्दति-ते त्रन्दिष्यति अत्रन्दत् त्रन्दतु त्रन्देत् *त्रन्दित त्रन्दनीय त्रन्दितव्य त्रन्दित्वा त्रन्दितुम्

त्रप् *1√trap* (to be ashamed, embarrassed) त्रपते त्रपिष्यते अत्रपत त्रपताम् त्रपेत त्रप्यते *त्रप्त त्रप्त्वा-त्रपित्वा

त्रंस् *1√traṁs* (to speak) त्रंसति त्रंसिष्यति अत्रंसत् त्रंसतु त्रंसेत् *त्रंसित-त्रंस्त

त्रंस् *10√traṁs* (to speak) त्रंसयति-ते त्रंसयिष्यति-ते अत्रंसयत्-त त्रंसयतु-ताम् त्रंसयेत्-त *त्रंसित-त्रंस्त

त्रस् *1√tras* (to be terrified, shaken) त्रसति-ते त्रसिष्यति-ते अत्रसत्-त त्रसतु-ताम् त्रसेत्-त त्रस्यते *त्रस्त

त्रस् *4√tras* (to fear) त्रस्यति त्रसिष्यति अत्रस्यत् त्रस्यतु त्रस्येत् *त्रस्त त्रसनीय त्रसितव्य त्रसित्वा त्रसितुम् त्रस्यमान त्रास

त्रस् *10√tras* (to oppose) त्रासयति-ते त्रासयिष्यति-ते अत्रासयत्-त त्रासयतु-ताम् त्रासयेत्-त *त्रासित

त्रिङ्ख् *1√triṅkh* (to go) त्रिङ्खति त्रिङ्खिष्यति अत्रिङ्खत् त्रिङ्खतु त्रिङ्खेत् *त्रिङ्खित

त्रा *2√trā* (to rescue) त्राति त्रास्यति अत्रात् त्रातु त्रायात् *त्रात त्राण त्राता गोत्र मन्त्र कलत्र

त्रा *4√trā* (to rescue) त्रायते त्रायिष्यते अत्रायत त्रायताम् त्रायेत *त्रात त्रातृ

त्रु *4√tru* (to tear) त्रुट्यति त्रुटिष्यति अत्रुट्यत् तुट्यतु त्रुट्येत् *त्रुटित त्रुट्यते त्रुट्य त्रोटनीय

त्रु *6√tru* (to tear) त्रुटति त्रुटिष्यति अत्रुटते त्रुटतु त्रुटेत् *त्रुटित

त्रुट् *6√truṭ* (to cut) त्रुट्यति-त्रुटति त्रुटिष्यति अत्रुटत्-अत्रुट्यत् त्रुटतु त्रुटेत्-त्रुट्येत् *त्रुटित त्रुटनूय त्रुटितव्य त्रुटित्वा त्रुटितुम्

त्रुट् *10√truṭ* (to cut) त्रोटयते त्रोटिष्यते अत्रोटयत त्रोटयताम् त्रोटयेत *त्रोटित त्रोटनीय त्रोटयितव्य त्रोटयित्वा त्रोटयितुम्

त्रुप् *1√trup* (to hurt) त्रुपति त्रुपिष्यति अत्रुपत् त्रुपतु त्रुपेत् *त्रुप्त

त्रुफ् *1√truph* (to hurt) त्रुफति त्रुफिष्यति अत्रुफत् त्रुफतु त्रुफेत् *त्रुफित त्रुफितव्य त्रुफित्वा त्रुफितुम्

त्रुम्फ् *1√trumph* (to hurt) त्रुम्फति त्रुम्फिष्यति अत्रुम्फत् त्रुम्फतु त्रुम्फेत् *त्रुम्फित त्रुम्फितव्य त्रुम्फित्वा त्रुम्फितुम्

त्रै *1√trai* (to protect, rescue) त्रायते त्रास्यते अत्रायत त्रायताम् त्रायेत् त्रायते *त्रात-त्राण त्रातव्य त्रात्वा त्रातुम् त्रातृ मन्त्र

त्रौक् *1√trauk* (to go) त्रौकते त्रौकिष्यते अत्रौकत त्रौकताम् त्रौकेत *त्रौकित त्रौकनीय त्रौकितव्य त्रौकित्वा त्रौकितुम्

त्वक्ष् *1√tvakṣ* (to hew, make thin, peel) त्वक्षति त्वक्षिष्यति अत्वक्षत् त्वक्षतु त्वक्षेत् अत्वक्षीत् त्वक्ष्यते *त्वष्ट

त्वङ्ग् *1√tvaṅg* (to leap, gallop, move, go) त्वङ्गति त्वङ्गिष्यति अत्वङ्गत् त्वङ्गतु त्वङ्गेत् *त्वङ्गित त्वङ्गनीय त्वङ्गित्वा

त्वच् *6√tvać* (to cover) त्वचति त्वचिष्यति अत्वचत् त्वचतु त्वचेत अत्वचीत्-अत्वाचीत् *त्वक्त त्वचा

त्वञ्च् *6√tvañć* (to go) त्वञ्चति त्वञ्चिष्यति अत्वञ्चत् त्वञ्चतु त्वञ्चेत् *त्वञ्चित त्वञ्चनीय त्वञ्चित्वा त्वञ्चितुम्

त्वर् *1√tvar* (to hasten, haste, hurry, rush) त्वरते त्वरिष्यते अत्वरत त्वरताम् त्वरेत *त्वरित-तूर्ण त्वरमाण त्वरा सत्वर

त्विष् *1√tviṣ* (to brighten, shine, glitter, blaze, sparkle) त्वेषति-ते त्वेक्ष्यति अत्वषत् त्वेषतु त्वेषेत त्विष्यते *त्विष्ट

त्सर् *1√tsar* (to creep, approach slowly, approach stealthily) त्सरति त्सरिष्यति अत्सरत् त्सरतु त्सरेत् *त्सरित

(थ) (th)

थर्व् *1√tharv* (to go, move) थर्वति थर्विष्यति अथर्वत् थर्वतु थर्वत् *थर्वित थर्वनीय थर्वितव्य थर्वित्वा थर्वियुम्

थुड् *6√thuḍ* (to hide, cover) थुडति थुडिष्यति अथुडत् थुडतु थुडेत् *थुडित थुडनीय थुडितव्य थुडित्वा थुडितुम्

थुर्व् *1√thurv* (to injure, hurt, violate) थूर्वति थूर्विष्यति अथूर्वत् थूर्वतु थूर्वेत् *थूर्ण थूवितव्य थूर्वित्वा थूर्वितुम्

(द) (d)

दक्ष् *1√dakṣ* (to be smart, able, competent) दक्षते दक्षिष्यते अदक्षत दक्षताम् दक्षेत *दष्ट दक्ष दक्षिण दक्षिणा

दघ् *4√dagh* (to reach, attain, go away) दघ्यति दघिष्यति अदघ्यत् दघ्यतु दघ्येत् *दघित

दघ् *5√dagh* (to hurt, go, leap) दघ्नोति दघिष्यति अदघ्नोत् दघ्नोतु दघ्नुयात् *दघित-दघ्न

दङ्घ् *1√daṅgh* (to abandon, leave; protect, cherish) दङ्घति दङ्घिष्यति अदङ्घत् दङ्घतु दङ्घत् *दङ्घित

दण्ड् *10√daṇḍ* (to punish, fine, chastise) दण्डयति दण्डयिष्यति अदण्डयत् दण्डयतु दण्डयेत् **दण्डित दण्ड

दद् *1√dad* (to give, offer, present) ददते ददिष्यते अददत ददताम् ददेत *ददित ददित्वा ददितुम्

दध् *1√dadh* (to have, hold, possess) दधते दधिष्यते अदधत दधिष्यते *धत्त-दधित दधनीय दाध्य दधित्वा दधितुम्

दध् *5√dadh* (to hurt, protect) दध्नोति दधिष्यति अदध्नोत दध्नोतु दध्नुयात् *धत्त

दम् *4√dam* (to be quie, tamed, calm, tranquil) दाम्यति दमिष्यति अदाम्यत् दाम्यतु दाम्येत् ददाम दम्यते *दमित-दान्त दमयत् दमनीय दमितव्य दम्य दमित्वा-दान्त्वा दमितुम् दम दमन दमक दमयितृ दमयन्ती दम्पती

दम्भ् *5√dambh* (to deceive) दभ्नोति दम्भिष्यति अदभ्नोत् दभ्नोतु दभ्नुयात् *दब्ध दब्ध्वा दम्भितुम् दम्भ

दम्भ् *10√dambh* (to send, collect) दम्भयति-ते दम्भयिष्यति-ते अदम्भयत्-त दम्भयतु-ताम् दम्भयेत्-त *दम्भित

दय् *1√day* (to be merciful, passionate, have sympathy) दयते दयिष्यते अदयत दयताम् दयेत *दयित दयनीय

दरिद्रा *2√daridrā* (to be poor) दरिद्राति दरिद्रिष्यति अदरिद्रात् दरिद्रातु दरिद्रियात् *दरिद्रित दरिद्रणीय दरिद्रितुम् दरिद्र

दल् *1√dal* (to burst open, split, cleave, crack) दलति दलिष्यति अदलत् दलतु दलेत् *दलित दलनीय दलितुम्

दल् *10√dal* (to tear) दालयति दालयिष्यति-ते अदालयत्-त दालयतु-ताम् दालयेत्-त *दालित

दंश् *1√daṁś* (to sting) दशति दङ्क्ष्यति अदशत् दशतु दशेत् *दष्ट दष्टवान् दष्ट्वा दंशनीय दंष्टुम् दंशमान दशन

दंश् *10√daṁś* (to bite, destroy, overpower) दंशयति-ते दंशयिष्यति-ते अदंशयत्-त दंशयतु-ताम् दंशयेत्-त *दष्ट

दंस् *10√daṁś* (to bite) दंसयति-ते दंसयिष्यति-ते अदंसयत्-त दंसयतु-ताम् दंसयेत्-त *दंसित-दंस्त

दस् *4√das* (to rob, throw, toss, perish) दस्यति दसिष्यति अदस्यत् दस्यतु दस्येत् *दसित-दस्त दसनीय दसितुम्

दह् *1√dah* (to burn, scorch, consume) दहति धक्ष्यति अदहत् दहतु दहेत् *दग्ध दहनीय दग्ध्वा दग्धुम् दहन दाहक

दा *1√dā* (to give, grant, bestow, yield) यच्छति दास्यति अयच्छत् यच्छतु यच्छेत् *दत्त दानीय देय दत्त्वा दान दातृ

दा *2√dā* (to cut) दाति-दत्ते दास्यति अदात दातु दायात् दीयते *दात दानीय देय दात्वा दातुम्

दा *3√dā* (to give) ददाति-दत्ते दास्यति-ते अददात्-अदित ददातु-दत्ताम् दद्यात्-ददीत *दत्त दानीय दातुम् दारु सुदामा

दा *4√dā* (to bind) दायति दायिष्यति अदायत् दायतु दायेत् दीयते *दात दातव्य दात्वा दातुम्

दान् *1√dān* (to divide, cut) दी+दांसते दांसिष्यते अदांसत् दांसताम् दांसेत् *दांसित दांसनीय दांसितव्य दांसितुम्

दाय् *1√dāy* (to give) दायते दायिष्यते अदायत दायताम् दायेत *दायित दायनीय दायितव्य दायित्वा दायितुम्

दाश् *1√dāś* (to make offering) दाशति-ते दाशिष्यते अदाशत दाशताम् दाशेत *दाशित दाशितव्य दाशित्वा दाशितुम्

दाश् *2√dāś* (to make offering) दाष्टे दाशिस्ष्यति अदाष्ट दाष्टाम् दाशीत *दाशित-दाष्ट दाशितुम् दाश दाश्य
दाश् *1,10√dāś* (to offer, give, grant) दाशयति-ते दाशयिष्यति-ते अदाशयत्-त दाशयतु-ताम् दाशयेत्-त *दाशित
दाश् *5√dāś* (to hurt, injure) दाश्नोति दाशिष्यति अदाश्नोत् दाश्नोतु दाश्नुयात् *दाशित-दाष्ट
दास् *1√dās* (to give, grant, offer) दासति दासिष्यति अदासत् दासतु दासेत् *दासित दास्य दासितुम् दास दासी
दिन्व् *1√dinv* (to be glad, happy, pleased, to please) दिन्वति दिन्विष्यति अदिन्वत् दिन्वतु दिन्वेत् *दिन्वित दिन्वनीय
दिम्प् *10√dimp* (to order, accumulate) दिम्पयते दिम्पयिष्यति-ते अदिम्पयत्-त दिम्पयतु-ताम् दिम्पयेत्-त *दिम्पित
दिव् *1√div* (to shine, throw, play) देवति देविष्यति अदेवत् देवतु देवेत् दीव्यते *द्यूत-द्यून
दिव् *4√div* (to play) दीव्यति देविष्यति अदीव्यत् दीव्यतु दीव्येत् *द्यूत देवनीय देवितव्य देव्य देवित्वा-द्यूत्वा द्यौ देव
दिव् *10√div* (to rub) देवयते देवयिष्यते अदेवयत देवयताम् देवयेत देव्यते *द्यूत देवितुम्
दिश् *6√diś* (to point out, show) दिशति-ते देक्ष्यति-ते अदिशत्-त दिशतु-ताम् दिशेत-त *दिष्ट देशनीय देष्टुम् सन्देश
दिह् *2√dih* (to smear) दोग्धि-दिग्धे धेक्ष्यति-ते अधेक्-अदिग्ध देग्धु-दिग्धाम् दिह्यात्-दिहीत *दिग्ध-दीढ
दी *3√dī* (to shine, please, appear good, be admired) दिधेति दास्यति अदिधेत् दिधेतु दिधियात् *दीत-दीन
दी *4√dī* (to perish, die, waste) दीयति-ते दास्यते अदीयत दीयताम् दीयेत *दीन दापनीय देय प्रदाय दत्त्वा दातुम्
दीक्ष् *1√dīkṣ* (to anoint, consecrate, initiate, be shaved) दीक्षते दीक्षिष्यते अदीक्षत दीक्षताम् दीक्षेत *दीक्षित
दीधी *2√dīdhī* (to appear, seem; shine) दीधीते दीधिष्यते अदीधीत दीधीताम् दीधीत *दीधित दीध्यनीय दीधयितुम्
दीप् *4√dīp* (to shine, blaze) दीप्यते दीपिष्यते अदीप्यत दीप्यताम् दीप्येत अदीपिष्ट *दीप्त दीप्तव्य दीप्त्वा दीप्तुम्
दु *1√du* (to move, burn, cause pain) दवति दोष्यति अदवत् दवतु दवेत् *दूत-दून दवितुम्
दु *5√du* (to consume, burn, torture) दुनोति दोष्यति अदुनोत् दुनोतु दुनुयात् दुदाव दूयते अदौषीत् *दूत-दून
दुःख् *10√duḥkh* (to pain, afflict) दुःखयति-ते दुःखयिष्यति-ते अदुःखयत्-त दुःखयतु-ताम् दुःखयेत्-त *दुःखित
दुर्व् *1√durv* (to hurt) दूर्वति दूर्विष्यति अदूर्वत् दूर्वतु दूर्वेत् *दूर्ण दूवितव्य दूर्वित्वा दूर्वितुम्
दुल् *10√dul* (to swing, oscillate, move about) दोलयति-ते दोलयिष्यति-ते अदोलयत्-त दोलयतु-ताम् दोलयेत्-त
दुष् *4√duṣ* (to spoil, be bad, corrupted) दुष्यति दोक्ष्यति अदुष्यत् दुष्यतु दुष्यात् *दुष्ट दोषनीय दोषयित्वा दोषयितुम्
दुह् *1√duh* (to hurt, pain, distress) दोहति-दुग्धे धोक्ष्यति-ते अधोक्-अदुग्ध दोग्धु-दुग्धाम् दुह्यात्-दुहीत दुह्यते *दुग्ध
दुहत् दुहन्ती दोहनीय दोग्धव्य दुह्य दोह्य दुग्ध्वा दोग्धुम् दोदुह्यमान दोहन दोहक दोही दुधुक्षा दुधुक्षु गोधुक् कामधुक्
दुह् *2√duh* (to milk, squeeze out, extract) दोग्धि-दुग्धे धोक्ष्यति-ते अधोक्-अदुग्ध दोग्धु-दुग्धाम् दुह्यात्-दुहीत *दुग्ध
दू *4√dū* (to pain, be afflicted, suffer pain, be sorry) दूयते दविष्यते अदूयत दूयताम् दूयेत अदविष्ट दूयते *दून
दृ *1,6√dṛ* (to honor, respect, worship, revere) आ+द्रियते दरिष्यते अद्रियत द्रियताम् द्रियेत *दृत दरणीय दृत्वा दर्तुम्
दृ *5√dṛ* (to hurt) दृणोति दरिष्यति अदृणोत् दृणोतु दृणुयात् *दृण दृणनीय दृणितव्य दृणितुम् दीर्यते
दृ *10√dṛ* (to tear, fear) दरयति-ते दरयिष्यति-ते अदरयत्-त दरयतु-ताम् दरयेत्-त *दीर्ण
दृप् *1√dṛp* (to kindle) दर्पति दर्पिष्यति अदर्पत् दर्पतु दर्पेत् दृप्यते *दर्पित दर्पणीय दर्पितव्य दर्पितुम् दर्प
दृप् *4√dṛp* (to be proud) दृप्यति दर्पिष्यति अदृप्यत् दृप्यतु दृप्येत् *दृप्त दर्पणीय दर्पितव्य दृप्त्वा दर्पितुम् दर्प दर्पण
दृप् *6√dṛp* (to torture) दृपति दर्पिष्यति अदर्पत् दर्पतु दर्पेत् *दर्पित दर्पणीय दर्पितव्य दर्पित्वा दर्पितुम् दर्प

दृप् *10√dṛp* (to be arrogant) दर्पयति-ते दर्पयिष्यति-ते अदर्पयत्-त दर्पयतु-ताम् दर्पयेत्-त *दर्पित दर्पयित्वा दर्पयितुम्

दृभ् *1√dṛbh* (to fasten, bind, tie) दर्भति दर्भिष्यति अदर्भत् दर्भतु दर्भेत् *दृब्ध द्रब्धुम् सन्दर्भ

दृभ् *6√dṛbh* (to tie, string) दृभति दर्भिष्यति अदर्भत् दर्भतु दर्भेत् अदभीत् *दृब्ध

दृभ् *10√dṛbh* (to relate) दर्भयति-ते दर्भयिष्यति-ते अदर्भयत्-त दर्भयतु-ताम् दर्भयेत्-त *दृब्ध

दृम्फ् *6√dṛmph* (to afflict) दृम्फति दृम्फिष्यति अदृम्फत् दृम्फतु दृम्फेत् *दृम्फित दृम्फितव्य दृम्फित्वा दृम्फितुम्

दृम्भ् *10√dṛmbh* (to relate to) दर्भयति-ते दर्भयिष्यति-ते अदर्भयत्-त दर्भयतु-ताम् दर्भयेत्-त *दृब्ध

दृश् *1√dṛś* (to see) पश्यति द्रक्ष्यति अपश्यत् पश्यतु पश्येत् दृश्यते *दृष्ट-दर्शित दर्शनीय दृष्ट्वा दृश्य द्रष्टुम् दर्शन दृष्टि

दृंह् *1√dṛṁh* (to make firm, strengthen, fasten, fortify) दृंहति-ते दृंहिष्यति-ते अदृंहत्-त दृंहतु-ताम् दृंहेत्-त *दृढ

दृह् *1√dṛh* (to grow, increase, be fixed, firm, tie firmly) दर्हति दर्हिष्यति अदर्हत् दर्हतु दर्हेत् अदर्हीत् *दृढ

दृह् *4√dṛh* (to hate, be a traitor) दृह्यति द्रोहिष्यति अदृह्यत् द्रुह्यतु दृह्येत् *दृढ द्रोहणीय द्रोह्य दृढ्वा द्रोढुम् द्रोह द्राहिन्

दॄ *1√dṝ* (to fear, be afraid) दरति दरिष्यति अदरत् दरतु दरेत् अदारीत् दीर्यते *दीर्ण दरणीय दरितुम्

दॄ *9√dṝ* (to rip, tear, break) दृणाति दरिष्यति-दरीष्यति अदृणात् दृणातु दृणीयात् अदारीत् *दीर्ण दरणीय दरितुम्

दे *1√de* (to protect, cherish) दयते दास्यते अदायत दायताम् दायेत *दित दातव्य दित्वा देय दातुम् दयमान *दात

देव् *1√dev* (to shine, sport, play, gamble, throw, lament) देवते, देविष्यते अदेवत देवताम् देवेत *देवित देवनीय

दै *1√dai* (to purify, sanctify, cleanse) दायति दास्यति अदायत् दायतु दायेत् अदासीत् *दात

दो *4√do* (to cut, divide, reap) द्यति दास्यति अद्यत् द्यतु द्येत् दीयते *दात-दीत दानीय देय दातव्य दात्वा-दत्वा दातुम्

द्यु *2√dyu* (to attack, encounter, assail, advance) द्यौति द्योष्यति अद्यौत द्योतु द्युयात *द्युत द्यवनीय द्योतव्य द्योतुम्

द्युत् *1√dyut* (to shine, be brilliant) द्योतते द्योतिष्यते अद्योतत द्योतताम् द्योतेत *द्युतित-द्योतित द्योत्य द्योतमान खद्योत

द्यै *1√dyai* (to abhore, look down up on) द्यायति द्यास्यति अद्यायत् द्यायतु द्यायेत् *द्यान द्यातुम्

द्रम् *1√dram* (to go about) द्रमति द्रमिष्यति अद्रमत् द्रमतु द्रमेत् *द्रमित द्रमत् द्रमनीय द्रमित्वा द्रमितुम् द्रम्यमान

द्रा *2√drā* (to sleep; fly, run away, run) नि+द्राति द्रास्यति द्रात् द्रातु द्रयात् *द्राण द्राणीय द्रेय द्रात्वा द्रातुम् निद्रा तन्द्रा

द्राख् *1√drākh* (to dry out, prohibit, prevent, be able) द्राखति द्राखिष्यति अद्राखत् द्राखतु द्राखेत् *द्राखित द्राखित्वा

द्राघ् *1√drāgh* (to increase, stretch, exert, be fatigued) द्राघति-ते द्राघिष्यते अद्राघत द्राघताम् द्राघेत *द्राघित द्राघ्य

द्राङ्क्ष् *1√drāṅkṣ* (to want, desire) द्राङ्क्षति द्राङ्क्षिष्यति अद्राङ्क्षत् द्राङ्क्षतु द्राङ्क्षेत् *द्राङ्क्षित द्राङ्क्षितुम्

द्राड् *1√drāḍ* (to divide, cut, split) द्राडते द्राडिष्यते अद्राडत द्राडताम् द्राडेत *द्राड द्राडनीय द्राडितव्य द्राडित्वा

द्राह् *1√drāh* (to wake) द्राहते द्रहिष्यते अद्राहत द्राहताम् द्राहेत *द्राढ द्राहणीय द्राहितव्य द्राहित्वा द्राहितुम्

द्रु *1√dru* (to melt, flow, run away, fly, rush) द्रवति द्रोष्यति अद्रवत् द्रवतु द्रवेत् *द्रुत द्रवणीय द्रव उपद्रव

द्रु *5√dru* (to injure) द्रुणोति दरिष्यति अद्रुणोत् द्रुणोतु द्रुणुयात् द्रूयते *द्रुण द्रवितुम्

द्रुड् *1√druḍ* (to sink, perish) द्रोडति द्रोडिष्यति अद्रोडत् द्रोडतु द्रोडेत् *द्रुडित द्रुडितव्य द्रुडित्वा द्रुडितुम्

द्रुड् *6√druḍ* (to sink) द्रुडति द्रुडिष्यति अद्रुडत् द्रुडतु द्रुडेत् *द्रुडित द्रुडनीय द्रुडितव्य द्रुडित्वा द्रुडितुम्

द्रुण् *6√druṇ* (to bend, make crooked) द्रुणति द्रोणिष्यति अद्रोणत् द्रोणतु द्रोणेत् *द्रुणित द्रुणितव्य द्रुणित्वा द्रुणितुम्

द्रुह् *4√druh* (to be hostile, be a traitor, tu turn against) द्रुह्यति द्रोहिष्यति-ध्रोक्ष्यति अद्रूह्यत् द्रुह्यतु द्रुह्येत् *द्रुग्ध-द्रूढ

द्रू *5√drū* (to injure) द्रूणोति दरिष्यति अद्रूणोत् द्रूणोतु द्रूणुयात् *द्रूण

द्रू *9√drū* (to injure) द्रूणाति-द्रूणिते द्रविष्यति अदूनात् द्रूनातु द्रूणीयात् *द्रण

द्रेक् *1√drek* (to grow, increase, sound, show) द्रेकते द्रेकिष्यते अद्रेकत द्रेकताम् द्रेकेत *द्रेकित द्रेकनीय द्रेकित्वा

द्रै *1√drai* (to sleep, lie down, rest) द्रायति द्रास्यति अद्रायत् द्रायतु द्रायेत् अद्रासीत् *द्रात

द्विष् *2√dviṣ* (to dislike, hate) द्वेष्टि-द्विष्टे द्वेक्ष्यति-ते अद्वेट्-अद्विष्ट द्वेष्टु-द्विष्टाम् द्विष्यात्-द्विषीत *द्विष्ट द्वेष्य द्वेष्टुम् द्वेष

द्वृ *1√dvṛ* (to hinder, disregard) द्वरति द्वरिष्यति अद्वरत् द्वरतु द्वरेत् *द्वरित

(ध) (dh)

धक्क् *10√dhakk* (to destroy) धक्कयति-ते धक्कयिष्यति-ते अधक्कयत् धक्कयतु धक्कयेत् *धक्कित धक्कितुम्

धण् *1√dhaṇ* (to sound) धणति धणिष्यति अधणत् धणतु धणेत् *धणित धणनीय धणितव्य धणित्वा धणितुम्

धन् *1√dhan* (to run, scurry) धनति धनिष्यति अधानत्-अधनत् धनतु धनेत् *धनित धननीय धनितव्य धनित्वा धनितुम्

धन्व् *1√dhanv* (to go, run, scurry) धन्वति धन्विष्यति अध्वनत् धन्वतु धन्वेत् *धन्वित धन्वनीय धन्वितव्य धन्वितुम्

धम् *1√dham* (to make sound) धमति धमिष्यति अधमत् धमतु धमेत् *धमित धमनीय धमितव्य धमित्वा धमितुम्

धव् *1√dhav* (to flow) धवते धविष्यते अधवत धवताम् धवेत *धौत धाव्य धवितुम्

धा *3√dhā* (to put) दधाति-धत्ते धास्यति-ते अदधात्-अधत्त दधातु-अत्ताम् दध्यात्-अधत्त *हित हित्वा धातुम् धान्य श्रद्धा

धाख् *1√dhākh* (to dry) धाखति धाखिष्यति अधालाखत् धाखतु धाखेत् *धाखित धाखनीय धाखित्वा धाखितुम्

धाव् *1√dhāv* (to run, glide, flow, stream) धावते-ति धाविष्यति अधावत् धावतु धावेत् *धावित-धौत धावनीय

धि *5√dhi* (to nourish, hold, get, have, catch, possess) धिनोति धेष्यति अधिनोत् धिनोतु धिनुयात् *धित

धि *6√dhi* (to have) धियति धेष्यति अधियत् धियतु धियेत् अधैषीत् *धित धीयात्

धिक्ष् *1√dhikṣ* (to kindle, live, be harassed) धिक्षते धिक्षिष्यते अधिक्षत धिक्षताम् धिक्षेत *धिक्षित

धिन्व् *1√dhinv* (to be pleased) धिन्वति धिन्विष्यति अधिन्वत् धिन्वतु धिन्वेत् *धिन्वित धिन्वनीय धिन्वित्वा धिन्वितुम्

धिष् *3√dhiṣ* (to sound) दिधेष्टि *धिष्ट this verb is used in the vaidic Saṁskrit.

धी *4√dhī* (to propitiate, bear) धीयते धेष्यते अधीयत धीयताम् धीयेत *धीन धयनीय धेतव्य धेय धीत्वा धेतुम्

धु *5√dhu* (to tremble, shake, be unstable) धुनोति-धुनुते धाष्यति-ते अधुनोत् धुनोतु धुनुयात् धूयते *धुत

धुक्ष् *1√dhukṣ* (to kindle) धुक्षते धुक्षिष्यते अधुक्षत धुक्षताम् धुक्षेत अधुक्षिष्ट *धुक्षित

धुर्व् *1√dhūrv* (to injure) धूर्वति धूर्विष्यति अधूर्वत् धूर्वतु धूर्वेत् *धूर्ण धूर्वितव्य धूर्वित्वा धूर्वितुम्

धू *1√dhū* (to shake, tremble) धवति-ते धविष्यति-ते अधवत्-त धवतु-ताम् धवेत्-त *धूत-धून

धू *5√dhū* (to shake, move, tremble) धुनोति-धूनुते धोष्यति-धविष्यते अधूनोत-अधीनुत् धुनोतु-धूनुताम् धूनुयात्-धून्वीत धूयते *धून धवनीय धोतव्य धूत्वा धोतुम् धूयमान धवन

धू *6√dhū* (to shake, tremble) धूवति धुविष्यति अधुवत् धुवतु धुवेत् *धूत धूतवान् धुवनीय धुवितव्य धुवितुम्

धू *9√dhū* (to shake) धुनाति-धुनीते धविष्यति-ते अधुनात्-नीत धुनातु-धुनीताम् धुनीयात्-धुनीत *धुन धवनीय धवितुम्

धू *10√dhū* (to shake) धूनयति-ते धुनयिष्यति-ते अधूनयत्-त धूनयतु-ताम् धूनयेत्-त *धून विधूनन

धूप् *1√dhūp* (to warm up) धूपायति धूपायिष्यति अधूपायत् धूपायतु धूपायेत् धूपाय्यते *धूप्त

धूप् *10√dhūp* (to warm up) धूपयति-ते धूपयिष्यतिते अधूपयत्-त धूपयतु-ताम् धूपयेत्-त *धूपित धूपयित्वा धूपयितुम्

धूर् *4√dhūr* (to go, move about) धूर्यते धूरिष्यते अधूर्यत धूर्यताम् धूर्येत *धूर्ण धूरितुम् धूर्य

धूर्व् *1√dhurv* (to injure) धूर्वति धूर्विष्यति अधूर्वत् धूर्वतु धूर्वेत् *धूर्ण

धूश् *10√dhūś* (to adorn, decorate) धूशयति-ते धूशयिष्यति-ते अधूशयत्-त धूशयतु-ताम् धूशयेत्-त *धृष्ट

धूष् *10√dhūṣ* (to adorn) धूषयति-ते धूषयिष्यति-ते अधूषयत्-त धूषयतु-ताम् धूषयेत्-त *धूषित-धूष्ट

धूस् *10√dhūs* (to adorn) धूसयति-ते धूसयिष्यति-ते अधूसयत्-त धूसयतु-ताम् धूसयेत्-त *धूसित

धृ *1√dhṛ* (to bear) धरति-ते धरिष्यति-ते अधरत्-त धरतु-ताम् धरेत्-त *धृत धरणीय धार्य धृत्वा धरण धर्म आधार

धृ *6√dhṛ* (to stay, wait, stop) ध्रियते धरिष्यते अध्रियत ध्रियताम् ध्रियेत अधृत ध्रियते *धृत

धृ *9√dhṛ* (to stay) धृणाति धरिष्यति अधृणात् धृणातु धृणीयात् *धृत धर्तुम्

धृ *10√dhṛ* (to bear, hold, carry) धारयति-ते धारयिष्यति-ते अधारयत्-त धारयतु-ताम् धारयेत्-त धार्यते *धृत-धारित

धृज् *1√dhṛj* (to go) धर्जति धर्जिष्यति अधर्जत् धर्जतु धर्जेत् *धर्जित धर्जनीय धर्जितव्य धर्जित्वा धर्जितुम्

धृञ्ज् *1√dhṛñj* (to go) धृञ्जति धृञ्जिष्यति अधृञ्जत् धृञ्जतु धृञ्जेत् *धृञ्जित धृञ्जनीय धृञ्जितव्य धृञ्जित्वा धृञ्जितुम्

धृष् *1√dhṛṣ* (to dare, come together, become compact) धर्षति धर्षिष्यति अधर्षत् धर्षतु धर्षेत् *धर्षित-धृष्ट

धृष् *5√dhṛṣ* (to be proud) धृष्णोति धर्षिष्यति अधृष्णोत् धृष्णोतु धृष्णुयात् *धृष्ट धर्षणीय धर्षितव्य धृष्ट्वा धर्षितुम धर्षण

धृष् *10√dhṛṣ* (to attack) धर्षयति-ते धर्षयिष्यते अधर्षयत धर्षयताम् धर्षयेत धर्षयाञ्चकार धर्षयिता *धर्षित-धृष्ट

धॄ *9√dhṝ* (to grow old, age) धृणाति धरिष्यति अधृणात् धृणातु धृणीयात् अधारीत *धूर्ण

धे *1√dhe* (to suck, drink) धयति धास्यति अधयत् धयतु धयेत् धीयते *धीत धातुम् धातव्य प्रधाय सुधा धेनु सन्धि

धेक् *10√dhek* (to see) धेकयति-ते धेकयिष्यति-ते अधेकयत्-त धेकयतु-ताम् धेकयेत्-त *धेकित

धेट् *1√dheṭ* (to drink) धयति धास्यति अधात् धयतु धयेत् *धीत धयनीय धयित्वा धयितुम् स्तनन्धय

धोर् *1√dhor* (to go quickly, walk properly) धोरति धोरिष्यति अधोरीत् दुधोर धोरतु धोरेत् *धोरित धोरितुम्

ध्मा *1√dhmā* (to blow, exhale) धमति ध्मास्यति अधमत् धमतु धमेत् *ध्मात ध्मानीय ध्मेय ध्मात्वा ध्मायमान धमनि

ध्माङ्क्ष् *1√dhmāṅkṣ* (to crow, caw) ध्माङ्क्षति ध्माङ्क्षिष्यति अध्माङ्क्षत् ध्माङ्क्षतु ध्माङ्क्षेत् *ध्माङ्क्षित

ध्या *4√dhyā* (to think) ध्यायति ध्यायिष्यति अध्यायत् ध्यायतु ध्यायेत् *ध्यात

ध्यै *1√dhyai* (to meditate) ध्यायति ध्यास्यति अध्यायत् ध्यायतु ध्यायेत् ध्यायते *ध्यात ध्यानीय ध्यात्वा ध्यातुम् ध्यान

ध्रज् *1√dhraj* (to sweep) ध्रजति ध्रजिष्यति अध्राजत्-अध्रजत् ध्रजतु ध्रजेत् *ध्रजित ध्रजनीय ध्रजितव्य ध्रजित्वा ध्रजितुम्

ध्रञ्ज् *1√dhrañj* (to) ध्रञ्जति ध्रञ्जिष्यति अध्रञ्जत् ध्रञ्जतु ध्रञ्जेत् *ध्रञ्जित ध्रञ्जनीय ध्रञ्जितव्य ध्रञ्जित्वा ध्रञ्जितुम्

ध्रण् *1√dhraṇ* (to sound) ध्रणति ध्रणिष्यति अध्राणत्-अध्रणत् ध्रणतु ध्रणेत् *ध्राण ध्रणनीय ध्रणितव्य ध्रणित्वा ध्रणितुम्

ध्रल् *9√dhral* (to glean) ध्रलति ध्रलिष्यति अध्रल्नात् ध्रल्नातु ध्रल्नीयात् *ध्रलित ध्रलितुम् ध्रलित्वा

ध्रस् *10√dhras* (to throw, toss up) उद्+ध्रासयति-ते ध्रासयिष्यति-ते अध्रासयत्-त ध्रासयतु-ताम् ध्रासयेत्-त *ध्रासित

ध्रा *1√dhrā* (to go) ध्राति ध्रायिष्यति अध्रायत् ध्रायतु ध्रायेत् *ध्रात धात्वा धातुम्

ध्राक्ष् *1√dhrākṣ* (to wish) ध्राक्षति ध्राक्षिष्यति अध्राक्षत् ध्राक्षतु ध्राक्षेत् *ध्राक्षित ध्राक्षनीय ध्राक्षित्वा ध्राक्षितुम्

ध्राख् *1√dhrākh* (to dry) ध्राखति ध्राखिष्यति अध्राखत् ध्राखतु ध्राखेत् *ध्राखित ध्राखनीय ध्राखित्वा ध्राखितुम्

ध्राघ् *1√dhrāgh* (to be able) ध्राघते ध्राघिष्यते अध्राघत ध्राघताम् ध्राघत *ध्राघित

ध्राड् *1√dhrāḍ* (to divide, split, tear) ध्राडते ध्राडिष्यते अध्राडत ध्राडतु ध्राडेत् *ध्राडित ध्राडनीय ध्राडितव्य

ध्रिज् *1√dhrij* (to go, move, move about) ध्रेजति ध्रेजिष्यति अध्रेजत् ध्रेजतु ध्रेजेत् *ध्रेजित

ध्राङ्क्ष् *1√dhrāṅkṣ* (to caw) ध्राङ्क्षति ध्राङ्क्षिष्यति अध्रकाङ्क्षत् ध्राङ्क्षतु ध्राङ्क्षेत् *ध्राङ्क्षित ध्राङ्क्षितुम्

ध्रु *1√dhru* (to be steady) ध्रवति ध्रोष्यति अध्रवत् ध्रवतु ध्रवेत् *ध्रुण

ध्रु *6√dhru* (to be steady) ध्रुवति ध्रुष्यति अध्रुषत् ध्रुवतु ध्रुवेत् *ध्रुण

ध्रुव् *6√dhruv* (to be steady) ध्रुवति ध्रुविष्यति अध्रुवत् ध्रुवतु ध्रुवेत्

ध्रै *1√dhrai* (to be satisfied) ध्रायति ध्रायिष्यति अध्रायत् ध्रायतु ध्रायेत् *ध्रात

ध्रेक् *1√dhrek* (to sound, rejoice) ध्रेकते ध्रेकिष्यते अध्रेकत ध्रेकताम् ध्रेकेत *ध्रेकित ध्रेकनीय ध्रेकित्वा ध्रेकितुम्

ध्वज् *1√dhvaj* (to move) ध्वजति ध्वजिष्यति अध्वाजत्-अध्वजत् ध्वजतु ध्वजेत् *ध्वजित ध्वजनीय ध्वजितव्य ध्वजित्वा

ध्वञ्ज् *1√dhvañj* (to go) ध्वञ्जति ध्वञ्जिष्यति अध्वञ्जत् ध्वञ्जतु ध्वञ्जेत् *ध्वञ्जित ध्वञ्जनीय ध्वञ्जित्वा ध्वञ्जितुम्

ध्वण् *1√dhvaṇ* (to sound) ध्वणति ध्वणिष्यति अध्वणत् ध्वणतु ध्वणेत् *ध्वाण ध्वणनीय ध्वणितव्य ध्वणित्वा

ध्वन् *1√dhvan* (to sound) ध्वनति ध्वनिष्यति अध्वनत् ध्वनतु ध्वनेत् *ध्वनित-ध्वान्त ध्वननीय ध्वनितव्य ध्वनितुम् ध्वनि

ध्वन् *10√dhvan* (to sound) ध्वनयति-ते ध्वनयिष्यति-ते अध्वनयत्-त ध्वनयतु-ताम् ध्वनयेत्-त *ध्वनित ध्वन्य ध्वानि

ध्वंस् *1√dhvaṁs* (to vanish, be destroyed ruined) ध्वंसते ध्वंसिष्यते अध्वंसत ध्वंसताम् ध्वंसेत ध्वस्यते *ध्वस्त

ध्वाङ्क्ष् *1√dhvāṅkṣ* (to resound, crow, caw) ध्वाङ्क्षति ध्वाङ्क्षिष्यति अध्वकाङ्क्षत् ध्वाङ्क्षतु ध्वाङ्क्षेत् *ध्वाङ्क्षित

ध्वृ *1√dhvṛ* (to bend) ध्वरति ध्वरिष्यति अध्वरत् अध्वार्षित् ध्वरतु ध्वरेत् *ध्वरित

(न) (n)

नक्क् *10√nakk* (to destroy) नक्कयति-ते नक्कयिष्यति अनक्कयत् नक्कयतु नक्कयेत् *नक्कित नक्कितव्य नक्कितुम्

नक्ष् *1√nakṣ* (to attain, come near, approach) नक्षति नक्षिष्यति अनक्षत् नक्षतु नक्षेत् *नक्षित नक्षितव्य नक्षितुम्

नख् *1√nakh* (to go, move) नखति नखिष्यति अनाखत्-अनखत् नखतु नखेत् *नखित नखत् नखनीय नखित्वा नखितुम्

नङ्ख *1√nakh* (to go, move) नङ्खति-ते नङ्खिष्यति नङ्खतु नङ्खेत *नङ्खित नङ्खत् नङ्खनीय नङ्खितव्य नङ्खित्वा नङ्खितुम्

नज् *1√naj* (to be shy, ashamed, bashful) नजते नजिष्यते अनजत जनताम् नजेत *नजित नजनीय नजितव्य

नट् *1√naṭ* (to dance, act, gesticulate) नटति नटिष्यति अनाटत्-अनटत् नटतु नटेत् *नटित नटनीय नटितव्य नटित्वा

नट् *10√naṭ* (to speak, drop, fall) नाटयति-ते नाटयिष्यति-ते अनाटयत्-त नाटयतु-ताम् नाटयेत्-त *नाटित

नण्ट् *10√naṇṭ* (to speak, drop, fall) नण्टयति-ते नण्टयिष्यति-ते अनण्टयत्-त नण्टयतु-ताम् नण्टयेत्-त *नण्टित

नद् *1√nad* (to echo, resound) नदति नदिष्यति अनदत् नदतु नदेत् नद्यते *नत्त नत्तवत् नदनीय नदितव्य नाद

नद् *10√nad* (to speak) नादयति-ते नादयिष्यति-ते अनादयत्-त नादयतु-ताम् नादयेत्-त नन्द्यते *नादित

नन्द् *1√nand* (to rejoice) नन्दति नन्दिष्यति अनन्दत् नन्दतु नन्देत् *नन्दित नन्दनीय नन्दित्वा नन्दितुम् नन्द नन्दिन्

नभ् *1√nabh* (not to be) नभते नभिष्यते अनभत नभताम् नभेत *नभित-नब्ध नभनीय नभितव्य नभित्वा नभितुम्

नभ् *4√nabh* (to violate) नभ्यति नभिष्यति अनभ्यत् नभ्यतु नभ्येत् *नब्ध नब्धुम् नब्धव्य

नभ् *9√nabh* (to violate) नभ्नाति नभिष्यति अनभ्नात् नभ्नातु नभ्नीयात् *नब्ध नब्धव्य नब्ध्वा नब्धुम्

नम् *1√nam* (to greet, bow) नमति नंस्यति अनमत् नमतु नमेत् *नत नतनीय नतितव्य प्रणम्य नतित्वा नमन प्रणाम

नय् *1√nay* (to go, protect) नयते नयिष्यते अनयत नयताम् नयेत *नयित नयनीय नयितव्य नयित्वा नयितुम्

नर्द् *1√nard* (to roar, bellow) नर्दति नर्दिष्यति अनर्दत् नर्दतु नर्देत् *नर्दित नर्दत् नर्दनीय नर्दित्वा नर्दितुम् नर्द्यमान

नर्ब् *1√narb* (to go, move) नर्बति नर्बिष्यति अनर्बत् नर्बतु नर्बेत् *नर्बित नर्बत् नर्बनीय नर्बित्वा नर्बितुम् नर्बदा

नल् *1√nal* (to smell) नलति नलिष्यति अनलत्–अनालत् नलतु नलेत् *नलित नलनीय नलितव्य नलित्वा नलितुम् नल

नल् *10√nal* (to smell) नालयति–ते नालयिष्यति–ते अनालयत्–त नालयतु–ताम् नालयेत्–त *नालित नलनीय नलितव्य

नश् *4√naś* (to ruin, be lost) नश्यति नशिष्यति अनश्यत् नशतु नश्येत् *नष्ट नाशनीय नष्टव्य नष्ट्वा नष्टुम् नाश नश्वर

नस् *1√nas* (to approach) नसते नसिष्यते अनसत नसताम् नसेत *नसित–नस्त नसनीय नसितव्य नसित्वा नसितुम्

नह् *4√nah* (to tie, bind, grid) नह्यति–ते नत्स्यति अनह्यत् नह्यतु नह्येत *नद्ध नाहनीय नद्धव्य नाह्य नद्ध्वा नद्धुम् नह्यमान

नाथ् *1√nāth* (to beg) नाथते नाथिष्यते अनाथत् नाथताम् नाथेत *नाथित नाथनीय नाथितव्य नाथित्वा नाथितुम् नाथमान

नाध् *1√nādh* (to beg) नाधते नाधिष्यते अनाधत नाधताम् नाधेत *नाधित–नद्ध नाधनीय नाधितव्य नाधितुम्

नास् *1√nās* (to sound) नासते नासिष्यते अनासत नासताम् नासेत *नासित नासितव्य नासित्वा नासितुम्

निक्ष् *1√nikṣ* (to pierce, kiss) निक्षति निक्षिष्यति अनिक्षत् निक्षतु निक्षेत् *निक्षित निक्षितव्य निक्षित्वा निक्षितुम्

निज् *3√nij* (to wash, cleanse) नेनेक्ति–क्ते नेक्ष्यति अनेनक् नेनेक्तु नेनिज्यात् *निक्त नेजनीय नेक्तव्य नेज्य निक्त्वा नेक्तुम्

निञ्ज् *2√niñj* (to purify, cleanse, clean) निङ्क्ते निञ्जिष्यते अनिङ्क्त निङ्क्ताम् निञ्जीत *निञ्जित निञ्जित्वा निञ्जितुम्

निद् *1√nid* (to approach, be near; blame, criticize) नेदति–नेदते नेदिष्यति–ते अनेदत्–त नेदतु–ताम् निद्यात्–त *निन्न

निन्द् *1√nind* (to revile, find fault, reproach, condemn) निन्दति निन्दिष्यति अनिन्दत् निन्दतु निन्देत् निनिन्द निन्दिता निन्द्यते *निन्दित निन्दत् निन्दनीय निन्दितव्य निद्य निन्दित्वा निन्दितुम् निन्द्यमान निन्दन निन्दा निन्दक निन्दिन्

निन्व् *1√ninv* (to water) निन्वति निन्विष्यति अनिन्वत् निन्वतु निन्वेत् *निन्वित निन्वनीय निन्वित्वा निन्वितुम्

निल् *6√nil* (to fatten) निलति नेलिष्यति अनेलत् नेलतु नेलेत् *नेलित नेलनीय नेलितव्य नेल्य नेलित्वा नेलितुम्

निश् *1√niś* (to concentrate) नेशति नेशिष्यति अनेशत् नेशतु नेशेत् *नेशित नेशत् नेशनीय नेशितव्य नेशितुम्

निष् *1√niṣ* (to moisten, wet) नेषति नेषिष्यति अनेषत् नेषतु नेषेत् *निष्ट

निष्क् *10√niṣk* (to balance, weigh, measure) निष्कयते निष्कयिष्यते अनिष्कयत निष्कयताम् निष्कयेत *निष्कित

निंस् *2√niṁs* (to kiss, touch closely, salute) निंस्ते निंसिष्यते अनिंस्त निंस्ताम् निंसीत *निंसित–निंस्त निंसितुम्

नी *1√nī* (to take, carry, conduct) नयति–ते नेष्यति–ते अनयत्–त नयतु–ताम् नयेत्–त *नीत नेतुम् नयनीय नेतव्य नेय

नील् *1√nīl* (to color) नीलति नीलिष्यति अनीलत् नीलतु नीलेत् *नीलित नीलनीय नीलितव्य नीलित्वा निलितुम्

नीव् *1√nīv* (to be steady) नीवति नीविष्यति अनीवत् नीवतु नीवेत् *नीवित नीवनीय नीवितव्य नीवित्वा निवितुम्

नु *2√nu* (to praise, extol, commend) नौति नविष्यति अनौत् नौतु नुयात् *नुत नवितव्य नुत्वा नवितुम् प्रणव

नुड् *6√nuḍ* (to hurt, injure) नुडति नुडिष्यति अनुडत् नुडतु नुडेत् *नुडित नुडनीय नुडितव्य नुडितुम्

नुद् *6√nud* (to push) नुदति–ते नोत्स्यति–ते अनुदत्–ते नुदतु–ताम् नुदेत्–त *नुत्त–नुन्न नोदनीय नोत्तव्य नुत्वा नोत्तुम् विनोद

नू *6√nū* (to praise) नुवति नुविष्यति अनुवत् नुवतु नुवेत् *नुत–नूत नूतवान् नुवनीय नुवितव्य नुवितुम्

नृत् *4√nṛt* (to dance) नृत्यति नर्तिष्यति–नर्त्स्यति अनृत्यत् नृत्यतु नृत्येत् नृत्यते *नृत्त नर्तनीय नर्तित्वा नर्तितुम् नृत्य

नॄ *9√nṝ* (to carry away, take away) नृणाति नरिष्यति अनृणात् नृणातु नृणीयात् *नीर्ण

नेद् *1√ned* (to censure, bring near, go) नेदति नेदिष्यति अनेदत् नेदतु नेदेत् *नेदित

नेष् *1√neṣ* (to go, move) नेषते नेषिष्यते अनेषत नेषताम् नेषेत *नेष्ट-नेषित नेषणीय नेषितव्य नेषित्वा नेषित्वा नेषितुम्

न्यज् *7√nyaj* (to besmear, anoint) न्यनक्ति न्यङ्क्ष्यति अन्यक् न्यक्तु न्यञ्ज्यात् *न्यक्त न्यजनीय न्यक्त्वा न्यक्तुम्

न्युच् *4√nyuć* (to assent, agree to, rejoice, delight, be pleased) न्योच्यति न्योचिष्यति अन्योच्यत् न्योच्यतु न्योच्येत्

न्युब्ज् *6√nyubj* (to drop, throw, press, bend, droop) न्युब्जति न्युब्जिष्यति अन्युब्जत् न्युब्जतु न्युब्जेत्

(प) (p)

पक्ष् *1√pakṣ* (to take, hold, seize, accept, side with) पक्षति पक्षिष्यति अपक्षत् पक्षतु पक्षेत् *पक्षित

पक्ष् *10√pakṣ* (to take, take a side) पक्षयति-ते पक्षयिष्यति अपक्षयत्-त पक्षयतु-ताम् पक्षयेत्-त *पक्षित पक्षयितुम्

पच् *1√pać* (to cook roast bake digest) पचति-ते पक्ष्यति-ते अपचत्-त पचतु-ताम् पचेत्-त *पक्व पक्ववान् पक्त्वा

पञ्च् *1√pañć* (to reveal) पञ्चते पञ्चिष्यते अपञ्चत पञ्चताम् पञ्चेत *पङ्क पञ्चनीय पञ्चित्वा पञ्चितुम्

पञ्च् *10√pañć* (to nerrate) पञ्चयति-ते पञ्चियिष्यति-ते अपञ्चयत्-त पञ्चयतु-ताम् पञ्चयेत्-त *पङ्क

पट् *1√paṭ* (to fall, go) पटति पटिष्यति अपाटत्-अपटत् पटतु पटेत् *पटित पटनीय पटितव्य पटित्वा पटितुम् पेटु

पट् *10√paṭ* (to envelop, speak, split, cut, break) पटयति-ते पटयिष्यति-ते अपटयत्-त पटयतु-ताम् पटयेत्-त *पटित

पठ् *1√paṭh* (to study, read, read aloud, recite, reherse) पठति पठिष्यति अपठत् पठतु पठेत् *पठित पठनीय पाठ

पण् *1√paṇ* (to bargain, deal, barter, purchase, buy, bet) पणते पणिष्यते अपणत पणताम् पणेत *पणित पणनीय

पण् *10√paṇ* (to sell, bargain, stake) पणयति-ते पणयिष्यति अपणयत् पणयतु-ताम् पणयेत्-त पण्यते *पणित

पण्ड् *1√paṇḍ* (to go, go wise) पण्डते पण्डिष्यते अपण्डत पण्डताम् पण्डेत *पण्डित पण्डनीय पण्डितव्य पण्डित्वा

पण्ड् *10√paṇḍ* (to collect, pile up) पण्डयति-ते पण्डयिष्यति-ते अपण्डयत्-त पण्डयतु-ताम् पण्डयेत्-त *पण्डित

पत् *1√pat* (to fall, descend, drop, alight) पतति पतिष्यति अपतत् पततु पतेत् *पतित पतनीय पतितव्य पतितुम् पत्र

पत् *4√pat* (to rule, master, govern, control, possess) पत्यते पत्स्यते अपत्यत पत्यताम् पत्येत *पतित पतित्वा

पत् *10√pat* (to be master of - intransitive; fly, fall) पतयति-ते पतयिष्यति-ते अपतयत्-त पतयतु-ताम् पतयेत्-त

पथ् *1√path* (to go) पथति पथिष्यति अपथत् पथतु पथेत् *पथित पथनीय पथितव्य पथित्वा पथितुम् पथ पथक पथिक

पथ् *10√path* (to send, throw, cast) पथयति-ते पथयिष्यति अपथयत् पथयतु पथयेत् *पन्थ पन्थनीय पन्थयितुम् पन्थन

पद् *4√pad* (to go, roam, attain, study) पद्यते पत्स्यते अपद्यत पद्यताम् पद्येत *पन्न पदनीय सम्पाद्य पत्तुम् पद पादुका

पद् *10√pad* (to go, move) पदयते पदयिष्यते अपदयत पदयताम् पदयेत पद्यते *पदित पदयितव्य पदयित्वा पदयितुम्

पन् *10√pan* (to admire) पनयति-ते पनयिष्यति-ते अपनयत्-त पनयतु-ताम् पनयेत्-त *पनित

पन्थ् *10√panth* (to go) पन्थयति-ते पन्थयिष्यति-ते अपन्थयत्-त पन्थयतु-ताम् पन्थयेत्-त *पन्थित पन्थयित्वा पन्थयितुम्

पम्पस् *11√pampas* (to go) पम्पस्यति-ते पम्पस्यिष्यति-ते अपम्पस्यत्-त पम्पस्यतु-ताम् पम्पस्येत्-त *पम्पसित

पय् *1√pay* (to go, move about) पयते पयिष्यते अपयत पयताम् पयेत *पयित पयनीय पयितव्य पयित्वा पयितुम्

पयस् *11√payas* (to spread) पयस्यति-ते पयस्यिष्यति-ते अपयस्यत्-त पयस्यतु-ताम् पयस्येत्-त *पयसित

पर्ण् *10√parṇ* (to make green) पर्णयति-ते पर्णयिष्यति-ते अपर्णयत्-त पर्ण्अयतु-ताम् पर्णयेत्-त *पर्णित पर्णयितुम् पर्ण

पर्द् *1√pard* (to fart, pass wind) पर्दते पर्दिष्यते अपर्दत पर्दताम् पर्देत *पर्दित पर्दनीय पर्दितव्य पर्द्य पर्दित्वा पर्दितुम्

पर्प् *1√parp* (to move) पर्पति पर्पिष्यति अपर्पत् पर्पतु पर्पेत् *पर्पित पर्पणीय पर्पितव्य पर्पित्वा पर्पितुम्

पर्ब् *1√parb* (to go) पर्बति पर्बिष्यति अपर्बत् पर्बताम् पर्बेत *पर्बित पर्बणीय पर्बितव्य पर्बितुम्

पर्व् *1√parv* (to complete, fill) पर्वति पर्विष्यति अपर्वत् पर्वतु पर्वेत् *पर्वित पर्वितव्य पर्वित्वा पर्वितुम् पर्व

पल् *1√pal* (to go) पलति पलिष्यति अपलत्-अपालत् पलतु पलेत् *पलित पलनीय पलितव्य पलित्वा पलितुम्

पल्यूल् *10√palyūl* (to sanctify) पल्यूलयति पल्यूलयिष्यति अपल्यूलयत्-त पल्यूलयतु-ताम् पल्यूलयेत्-त *पल्यूलित

पल्ल् *1√pall* (to go) पल्लति पल्लिष्यति अपल्लत् पल्लतु पल्लेत् *पल्लित पल्लनीय पल्लितव्य पल्लित्वा पल्लितुम्

पश् *10√paś* (to bind, tie) पाशयति-ते पाशयिष्यति-ते अपाशयत्-त पाशयतु-ताम् पाशयेत्-त *पाशित पाशितवत् पाश

पष् *10√paṣ* (to go) पषयति पषयिष्यति-ते अपषयत्-त पषयतु-ताम् पषयेत्-त *पषित-पष्ट पषयितुम्

पा *1√pā* (to drink) पिबति पास्यति अपिबत् पिबतु पिबेत् *पीत पानीय पेय पातव्य पीत्वा पातुम् पान पिपासा पयस्

पा *2√pā* (to rescue) पाति पास्यति अपात् पातु पायात् *पात पातव्य पात्वा पातुम् पिता पति पुमान् पिपासा पिपासु

पार् *10√pār* (to finish, end, complete) पारयति-ते पारयिष्यति-ते अपारयत्-त पारयतु-ताम् पारयेत्-त *पारित

पाल् *10√pāl* (to protect) पालयति-ते पलयिष्यति अपालयत् पालयतु पालयेत् *पालित पालितव्य पालयित्वा पालियितुम्

पि *6√pi* (to shake, move, go, depart) पियति पेष्यति अपियत् पियतु पियेत् अपैषीत् *पित

पिंस् *1 √piṁs* (to speak, shine) पिंसति पिसिष्यति अपिंसत् पिंसतु पिंसेत् *पिंसित-पिंस्त

पिंस् *10√piṁs* (to speak, shine) पिंसयति पिसयिष्यति अपिंसयत् पिंसयतु पिंसयेत् *पिंसित

पिच्च् *10√picc* (to cut, divide) पिच्चयति-ते पिच्चयिष्यति-ते अपिच्चयत्-त पिच्चयतु-ताम् पिच्चयेत्-त *पिच्चित

पिच्छ् *6√picch* (to afflict, torment, trouble, hinder, obstruct) पिच्छति पिच्छिष्यति अपिच्छत् पिच्छतु पिच्छेत्

पिच्छ् *10√picch* (to cut, divide) पिच्छयति-ते पिच्छयिष्यति अपिच्छयत् पिच्छयतु पिच्छयेत् *पिच्छित

पिञ्ज् *2√piñj* (to dye, touch, decorate) पिङ्क्ते पिञ्जिष्यते अपिङ्क्त पिङ्क्ताम् पिञ्जित * पिङ्क्त-पिञ्जित

पिञ्ज् *10√piñj* (to give) पिञ्जयति पिञ्जयिष्यति अपिञ्जयत् पिञ्जयतु पिञ्जयेत् *पिञ्जित

पिट् *1√piṭ* (to gather, collect, heap together) पेटति पेटिष्यति अपेटत् पेटतु पेटेत् *पेटित पेटनीय पेटितव्य पेटित्वा

पिठ् *1√piṭh* (to hurt, injure, suffer, feel pain) पेठति पेठिष्यति अपेठत् पेठतु पेठेत् *पेठित पेठनीय पेठितव्य

पिण्ड् *1√piṇḍ* (to join, unite, roll together) पिण्डते पिण्डिष्यते अपिण्डत पिण्डताम् पिण्डेत *पिण्डित पिण्डनीय

पिण्ड् *10√piṇḍ* (to join, unite) पिण्डयते पिण्डयिष्यते अपिण्डयत पिण्डयताम् पिण्डयेत *पिण्डित पिण्डयित्वा

पिन्व् *1√pinv* (to water) पीन्वति पीन्विष्यति अपीन्वत् पीन्वतु पीन्वेत् *पीन्वित पीन्वितव्य पीन्वित्वा पीन्वितुम्

पिल् *1√pil* (to obstruct) पिलति पिलिष्यति अपिलत् पिलतु पिलेत् *पिलित पिलनीय पिलितव्य पिलित्वा पिलितुम्

पिल् *10√pil* (to throw, cast away) पेलयति-ते पेलयिष्यति-ते अपिलयत्-त पिलयतु-ताम् पिलयेत्-त *पिलित

पिश् *6√piś* (to shape, form, be organized, divide, share) पिशति पेशिष्यति अपिशत पिशतु पिशेत् *पेशित-पिष्ट

पिष् *7√piṣ* (to grind, make powder) पिनष्टि पेक्ष्यति अपिनट् पिनष्टु पिंष्यात् *पिष्ट पेषणीय पेष्टव्य पिष्ट्वा पेष्टुम्

पिस् *1√pis* (to give; take) पेसति पेसिष्यति अपेसत् पेसतु पेसेत् *पेसित-पिस्त

पिस् *10√pis* (to go, dwell) पेसयति-ते पेसयिष्यति-ते अपेसयत्-त पेसयतु-ताम् पेसयेत्-त *पिसित पिसयितुम्

पी *4√pī* (to drink) पीयते पेष्यते अपीयत पीयताम् पीयेत *पीन पयनीय पेतव्य पेय पेतुम्

पीड् *10√pīḍ* (to trouble, torment, harm, molest) पीडयति-ते पीडयिष्यति अपीडयत् पीडयतु पीडयेत् *पीडित पीडा

पीय् *1√pīy* (to abuse) पीयति पीयिष्यति अपीयत् पीयतु पीयेत् *पीयित पीयनीय पीयितव्य पीयित्वा पीयितुम्

पील् *1√pīl* (to check, obstruct, hinder) पीलति पीलिष्यति अपीलत् पीलतु पीलेत *पीलित पीलत् पीलनीय

पीव् *1√pīv* (to fatten, become large) पीवति पीविष्यति अपीवत् पीवतु पीवेत् अपीवीत् *पीवित

पुंस् *10√puṁs* (to grind, punish) पुंसयति-ते पुंसयिष्यति-ते अपुंसयत्-त पुंसयतु-ताम् पुंसयेत्-त *पुंसित-पुंस्त

पुच्छ् *1√pucćh* (to measure) पुच्छति पुच्छिष्यति अपुच्छत् पुच्छतु पुच्छेत् अपुच्छीत् *पुच्छित

पुट् *1√puṭ* (to grind, rub) पोटति पोटिष्यति अपोटत् पोटतु पोटेत् *पोटित पोटनीय पोटितव्य पोटित्वा पोटितुम्

पुट् *6√puṭ* (to embrace, clasp, intertwine) पुटति-ते पुटिष्यति-ते अपुटत्-त पुटतु-ताम् पुटेत्-त *पुटित पुटनीय

पुट् *10√puṭ* (to join, fasten, grind, speak, shine) पुटयति-ते पुटियिष्यति अपुटयत्-त पुटयतु-ताम् पुटयेत् *पुटित

पुट्ट् *10√puṭṭ* (to shrink, become small, diminish) पुट्टयति-ते पुट्टयिष्यति अपुट्टयत्-त पुट्टयतु-ताम् पुट्टयेत् *पुट्टित

पुड् *6√puḍ* (to leave, quit, abandon) पुडति पुडिष्यति अपुडत् पुडतु पुडेत् *पुडित पुडनीय पुडितव्य पुडितुम्

पुण् *6√puṇ* (to be virtuous) पुणति पुणिष्यति अपुणत् पुणतु पुणेत् *पुणित पुणनीय पुणितव्य पुणित्वा पुणितुम् पुण्य

पुण्ट् *10√puṇṭ* (to spark, shine) पुण्टयति-ते पुण्ट्टियिष्यति अपुण्ट्टयत्-त पुण्ट्टयतु-ताम् पुण्ट्टयेत् *पुण्ट्टित

पुण्ड् *1√puṇḍ* (to grind, reduce to powder) पुण्डति पुण्डिष्यति अपुण्डत् पुण्डतु पुण्डेत् *पुण्डित पुण्डनीय पुण्डितुम्

पुथ् *4√puth* (to crush, annihilate, overpower, drown) पुन्थति पुन्थिष्यति अपुन्थत् पुन्थतु पुन्थयेत् *पुत्थित पुन्थनीय

पुथ् *10√puth* (to speak, shine) पोथयति-ते पोथयिष्यति-ते अपोथयत्-त पोथयतु-ताम् पोथयेत्-त *पोथित

पुन्थ् *1√punth* (to hurt) पुन्थति पुन्थिष्यति अपुन्थित् पुन्थतु पुन्थेत् *पुन्थित पुन्थनीय पुन्थितव्य पुन्थित्वा पुन्थितुम्

पुर् *6√pur* (to go ahead, go forward) पुरति पुरिष्यति अपुरत् पुरतु पुरेत् *पूर्त-पूर्ण पुरणीय पुरित्वा पुरितुम्

पूर्व् *1√purv* (to fill, dwell, invite) पूर्वति पूर्विष्यति अपूर्वत् पूर्वतु पूर्वेत् *पूर्ण पूर्वितव्य पूर्वित्वा पूर्वितुम् सम्पूर्ण

पूर्व् *10√purv* (to dwell, invite) पूर्वयति-ते पूर्वयिष्यति-ते अपूर्वयत्-त पूर्वयतु-ताम् पूर्वयेत्-त *पूर्वित

पुल् *1√pul* (to grow, draw, pull out) पोलति पोलयिष्यति अपोलत् पोलतु पोलेत् *पोलित पोलनीय पोलितव्य पुलिन

पुल् *10√pul* (to grow) पोलयति-ते पोलयिष्यति-ते अपोलयत्-त पोलयतु-ताम् पोलयेत्-त *पोलित

पुष् *1√puṣ* (to nourish) पोषति पोषिष्यति अपोषत् पोषतु पोषेत् पुष्यते *पोषित-पुष्ट पोषणीय पाषित्वा पुष्यमाण पोषण

पुष् *4√puṣ* (to thrive) पुष्यति पोक्ष्यति अपुष्यत् पुष्यतु पुष्येत् *पुष्ट पोषणीय पोष्टव्य पुष्य पुष्ट्वा पोष्टुम् पुष्टि पोषण

पुष् *9√puṣ* (to thrive, nurture, foster, nourish, support) पुष्णाति पोषिष्यति अपुष्णात् पुष्णातु पुष्णीयात् *पुष्ट

पुष् *10√puṣ* (to nourish, bear) पोषयति-ते पोषयिष्यति-ते अपोषयत्-त पोषयतु-ताम् पोषयेत्-त पोष्यते *पोषित-पुष्ट

पुष्प् *4√puṣp* (to blossom, bloom, open, blow, expand) पुष्प्यति पुष्पिष्यति अपुष्प्यत् पुष्प्यतु पुष्प्येत् *पुष्पित पुष्प

पुस् *10√pus* (to rub, decrease, lessen) पोसयति-ते पोसयिष्यति अपोसयत् पोसयतु पोसयेत्

पुस्त् *10√pust* (to tie, bind) पुस्तयति-ते पुस्तयिष्यति अपुस्तयत् पुस्तयतु पुस्तयेत् *पुस्तित

पू *1√pū* (to cleanse) पवते पविष्यते अपवत पवताम् पवेत *पूत पवनीय पव्य पूत्वा-पवित्वा पवितुम् पवन पावन पूति

पू *4√pū* (to cleanse) पूयते पूयिष्यते अपूयत पूयताम् पूयेत पूयते *पूत-पवित पवनीय पवितव्य पवित्वा-पूत्वा पवितुम्

पू *9√pū* (to cleanse) पुनाति-पुनीते पविष्यति-ते अपुनात्-अपुनीत पुनातु-पुनीताम् पुनीयात्-पुनीत पूयते *पूत-पून पुनत् पूनवत् पवनीय पवितव्य पव्य पूत्वा पवितुम् पवन पान पावन पावक पवि पवित्र पूति पुत्र

पूज् *10√pūj* (to worship, revere, adore) पूजयति-ते पूजयिष्यति-ते अपूजयत्-त पूजयतु-ताम् पूजयेत्-त *पूजित पूजा

पूण् *10√pūṇ* (to gather, collect, amass) पूणयति-ते पूणयिष्यति-ते अपूणयत्-त पूणयतु-ताम् पूणयेत्-त *पूणित

पूय् *1√pūy* (to stink, putrefy, rot) पूयते पूयिष्यते अपूयत पूयताम् पूयेत *पूत पूयनीय पूयितव्य पूय्य पूयित्वा

पूर् *4√pūr* (to fill, please, satisfy) पूर्यते पूरिष्यते अपूर्यत पूर्यताम् पूर्येत पूर्यते *पूर्ण-पूरित पूरितव्य पूरितुम्

पूर् *10√pūr* (to fill) पूरयति-ते पूरयिष्यति-ते अपूरयत्-त पूरतु-ताम् पूरयेत्-त *पूरित पूरणीय पूर्य पूरयितुम् पूर्यमाण

पूर्ण् *10√pūrṇ* (to assemble, fill) पूर्णयति-ते पूर्णयिष्यति-ते अपूर्णयत्-त पूर्णयतु-ताम् पूर्णयेत्-त *पूर्णित पूर्णयित्वा

पूर्व् *10√pūrv* (to live, dwell) पूर्वयति-पूर्वति पूर्वयिष्यति-ते अपूर्वयत्-त पूर्वयतु-ताम् पूर्वयेत्-त *पूर्वत पूर्वयितुम्

पूल् *1√pūl* (to heap up) पूलति पूलिष्यति अपूलत् पूलतु पूलेत् अपूलीत् *पूलित पूलितव्य पूलित्वा पूलितुम्

पूल् *10√pūl* (to heap, collect, gather) पूलयति-ते पूलयिष्यति-ते अपूलयत्-त पूलयतु-ताम् पूलयेत्-त *पूलित

पूष् *1√pūṣ* (to grow, increase, nourish) पूषति पूषिष्यति अपूषत् पूषतु पूषेत् *पूष्ट पूषणीय पूष्ट्वा

पृ *3√pṛ* (to protect) पिपर्ति परिष्यति अपिपः पिपर्तु पिपूर्यात् पपार परिता पूर्यते पार्यते *पृत पृत्वा पर्तुम्

पृ *5√pṛ* (to be pleased) पृणोति परिष्यति अप्रणोत् पृणोतु पृणुयात् *पृत पृण्वत् परणीय पर्तव्य समृत्य पार्य पर्तुम्

पृ *6√pṛ* (to be pleased, be busy, active) प्रियते परिष्यते अप्रियत् प्रियताम् प्रियेत *पृत-परित परिणीय पर्तव्य पर्तुम्

पृ *10√pṛ* (to raise, support) पारयति-ते पारयिष्यति-ते अपारयत्-त पारयतु-ताम् पारयोत्-त *पारित

पृच् *1√pṛć* (to touch, hang, restrain) पर्चति-ते पर्चिष्यति-ते अपर्चत्-त पर्चतु-ताम् पर्चेत्-त *पृक्ण

पृच् *2√pṛć* (to mix, mingle, come in contact with something) पृक्ते पर्चिष्यते अपृक्त पर्चिषिष्ट *पृक्ण पृचीत

पृच् *7√pṛć* (to merge) पृणक्ति पर्चिष्यति अपृणक् पृणक्तु पृञ्च्यात् *पृक्त पर्चनीय पर्चितव्य पर्चित्वा पर्चितुम् सम्पृक्त

पृच् *10√pṛć* (to join, satisfy) पर्चयति-ते पर्चयिष्यति-ते अपर्चयत्-त पर्चयतु-ताम् पर्चयेत्-त *पृक्ण

पृञ्ज् *2√pṛñj* (to come in contact) पृङ्क्ते पृञ्जिष्यते अपृङ्क्त पृङ्क्ताम् पृञ्जीत *पृञ्जित पृञ्जनीय पृञ्जित्वा पृञ्जितुम्

पृड् *6√pṛḍ* (to make happy) पृडति पर्डिष्यति अपर्डत् पर्डतु पर्डेत् आपर्डीत *पृडित गृडितव्य गृडित्वा गृडितुम्

पृण् *6√pṛṇ* (to make happy, delight) पृणति पर्णिष्यति अपर्णत् पुणतु पृणेत् अपर्णीत *पृणितव्य पृणित्वा पृणितुम्

पृथ् *10√pṛth* (to send, direct, extend, cast, throw) पर्थयति-ते पर्थयिष्यति-ते अपर्थयत्-त पर्थयतु-ताम् पर्थयेत्-त

पृष् *1√pṛṣ* (to sprinkle, give, vex, pain, weary, injure) पर्षति पर्षिष्यति अपर्षत् पर्षतु पर्षेत् *पृष्ट

पॄ *1√pṝ* (to fill) परति परिष्यति अपरत् परतु परेत् *पूर्ण

पॄ *3√pṝ* (to fill) पिपर्ति परिष्यति अपिपः पिपर्तु पिपूर्यात *पूर्ण परणीय परितव्य पार्य आपूर्य पूर्त्वा परितुम् पुर पर्व

पॄ *9√pṝ* (to fill) पृणाति परिष्यति अपृणात् पृणातु पृणीयात् *पूर्ण पृणत् परणीय परितव्य पूर्य पूर्त्वा परितुम् परण

पॄ *10√pṝ* (to fill) पारयति पारयिष्यति-ते अपारयत्-त पारयतु-ताम् पारयेत्-त *पूर्ण-पारित

पेल् *1√pel* (to go, shake, tremble) पेलति पेलिष्यति अपेलत् पेलतु पेलेत् *पेलित पेलनीय पेलितव्य पेलित्वा

पेल् *10√pel* (to go) पेलयति पेलयिष्यति-ते अपेलयत्-त पेलयतु-ताम् पेलयेत्-त *पेलित

पेव् *1√pev* (to serve) पेवते पेविष्यते अपेवत पेवताम् पेवेत *पेवित पेवनीय पेवितव्य पेवित्वा पेवितुम् पेवमान

पेष् *1√peṣ* (to make effort, resolve up on) पेषते पेषिष्यते अपेषत पेषताम् पेषेत *पेषित पेषणीय पेषित्वा पेषितुम्

पेस् *1√pes* (to go, move) पेसति पेसिष्यति अपेसत् पेसतु पेसेत् *पेसित

पै *1√pai* (to dry, wither) पायति पास्यति अपायत् पायतु पायेत् पायते *पात-पायित-पान पातव्य पानीय पाय्य पात्वा

पैण् *1√paiṇ* (to inspire, motivate) पैणति पैणिष्यति अपैणत् पैणतु पैणेत् *पैणित पैणनीय पैणितव्य पैणित्वा पैणितुम्

प्याय् *1√pyāy* (to grow, swell, become big) प्यायते प्यायिष्यते प्यायताम् प्यायेत *पीन-पीत

प्यै *1√pyai* (to grow, increase, grow fat) आ+प्यायते प्यास्यते अप्यायत प्यायतु प्यायेत प्यायते *प्यान

प्रच्छ् *6√pracćh* (to ask, question) पृच्छति प्रक्ष्यति अपृच्छत् पृच्छतु पृच्छेत् *पृष्ट प्रच्छनीय पृष्ट्वा पृष्टुम् पृच्छा प्रश्न

प्रथ् *1√prath* (to spread, grow) प्रथते प्रथिष्यते अप्रथत प्रथताम् प्रथेत *प्रथित प्रथनीय प्रथा पृथा पृथिवी प्रथम पृथु

प्रथ् *10√prath* (to shine) प्रथयति-ते प्रथयिष्यति-ते अप्रथयत्-त प्रथयतु-ताम् प्रथयेत्-त *प्रथित प्रथयित्वा प्रथयितुम्

प्रस् *1√pras* (to spread, make) प्रसते प्रसिष्यते अप्रसत प्रसतु प्रसेत *प्रसित प्रसनीय प्रसितव्य प्रसितुम्

प्रस् *4√pras* (to spread) प्रस्यते अप्रस्यत प्रस्यताम् प्रस्येत *प्रस्त

प्रा *2√prā* (to complete, fill) प्राति प्रास्यति अप्रात् प्रातु प्रायात् *पूर्त-प्रीत

प्री *4√prī* (to please, gladden, delight) प्रीयते प्रेष्यते अप्रीयत प्रीयताम् प्रीयेत *प्रीत प्रयणीय प्रेतव्य प्रीत्वा प्रेतुम्

प्री *9√prī* (to please) प्रीणाति-पीणीते प्रेष्यति अप्रीणात् प्रीणातु प्रीणीयात् प्रीण्यते *प्रीण-पीत प्रीति प्रिय प्रेमन् प्रेमिन्

प्री *10√prī* (to please) प्रीणयति प्रीणयिष्यति अप्रणयत् प्रीणयतु प्रीणयेत् *प्रीणित प्रीणनीय प्रीणयितव्य प्रीणयितुम्

प्रु *1√pru* (to flow) प्रवते प्रोष्यते अप्रवत् प्रवतु प्रवेत् अप्रोष्ट *प्रवित

प्रुट् *1√pruṭ* (to rub, grind) प्रोटति प्रोटिष्यति अप्रोटत् प्रोटतु प्रोटेत् *प्रोटित प्रोटनीय प्रोटितव्य प्रोटित्वा प्रोटितुम्

प्रुष् *1√pruṣ* (to burn, put fire to) प्रोषति प्रोषिष्यति अप्रोषत् प्रोषतु प्रोषेत् *प्रुष्ट प्रोषणीय प्रोषितव्य प्रोषित्वा प्रोषितुम्

प्रुष् *9√pruṣ* (to moisten, get wet) प्रुष्णाति प्रोषिष्यति अप्रुष्णात् प्रुष्णातु प्रुष्णीयात् *प्रुष्ट प्रोषणीय प्रोषितव्य प्रोशितुम्

प्रेक्ष् *1√prekṣ* (to behold, see, watch, look, perceive) प्रेक्षते प्रेक्षिष्यते अप्रेक्षत प्रेक्षतु प्रेक्षेत् *प्रेक्षित

प्रेङ्ख् *1√preṅkh* (to vibrate, shake, tremble, go too and fro) प्रेङ्खति प्रेङ्खिष्यति अप्रेङ्खत् प्रेङ्खतु प्रेङ्खेत् *प्रेङ्खित

प्रेङ्खोल् *10√preṅkhol* (to swing, oscillate) प्रेङ्खोलयति-ते प्रेङ्खोलयिष्यति-ते अप्रेङ्खोलयत्-त प्रेङ्खोलयतु-ताम् प्रेङ्खोलयेत्-त *प्रेङ्खोलित प्रेङ्खोलयत् प्रेङ्खोलनीय प्रेङ्खोलयितव्य प्रेङ्खोलयित्वा प्रेङ्खोलयितुम्

प्रेष् *1√preṣ* (to move, send) प्रेषते प्रेषिष्यते अप्रेषत प्रेषताम् प्रेषेत *प्रेष्ट-प्रेषित प्रेषणीय प्रेषित्वा प्रेषितुम्

प्रेष् *4√preṣ* (to move, send) प्रेष्यति प्रेषिष्यति अप्रेष्यत् प्रेष्यतु प्रेष्येत् *प्रेष्ट

प्रोक्ष् *6√prokṣ* (to consecrate, sprinkle up on) प्रोक्षति प्रोक्षिष्यति अप्रोक्षत् प्रोक्षतु प्रोक्षेत् *प्रोक्षित

प्रोथ् *1√proth* (to be equal) प्रोथति-ते प्रोथिष्यति अप्रोथत् प्रोथतु प्रोथेत् *प्रोथित प्रोथनीय प्रोथित्वा प्रोथितुम् प्रोथमान

प्लक्ष् *1√plakṣ* (to eat, consume) प्लक्षति प्लक्षिष्यति अप्लाक्षत् प्लक्षतु प्लक्षेत् *प्लाक्षित

प्लिह् *1√plih* (to go) प्लेहते प्लेहिष्यते अप्लेहत प्लेहताम् प्लेहेत् *प्लिहिति-प्लीढ

प्ली *9√plī* (to go, move) प्लिनाति-प्लीनाति प्लेष्यति अप्लीनात् प्लीनातु प्लीनीयात् *प्लीन

प्लु *1√plu* (to float, swing, swim) प्लवते प्लोष्यते अप्लवत प्लवताम् प्लवेत प्लुयते *प्लुत

प्लुष् *1√pluṣ* (to burn, scorch) प्लोषति प्लोषिष्यति अप्लुषत् प्लुषतु प्लुषेत् प्लुष्यते *प्लुष्ट

प्लुष् *4√pluṣ* (to burn) प्लुष्यति प्लोषिष्यति अप्लुष्यत् प्लुष्यतु प्लुष्येत *प्लुष्ट

प्लुष् *9√pluṣ* (to spray, sprinkle, wet, fill, anoint) प्लुष्णाति प्लविष्यति अप्लुनात् प्लुनातु प्लुनीयात् *प्लुष्ट

प्लुस् *4√plus* (to burn, shake) प्लुस्यति प्लोसिष्यति अप्लुष्यत् प्लुष्यतु प्लुष्येत *प्लुस्त

प्लेव् *4√plev* (to serve, attend, wait up on) प्लेवते प्लेविष्यते अप्लेव्यत प्लेव्यताम् प्लेव्येत

प्सा *2√psā* (to devour, eat) प्साति प्सास्यति अप्सात् प्सातु प्सायात् *प्सात

(फ) (ph)

फक्क् *1√phakk* (to go slowly, have preconceived opinion) फक्कति फक्किष्यति अफक्कत् फक्कतु फक्केत्

फण् *1√phaṇ* (to move about, spring) फणति फणिष्यति अफणत् फणतु फणेत् *फणित-फाण्ट फणनीय फणितव्य

फल् *1√phal* (to bare fruit, yield or produce) फलति फलिष्यति अफलत् फलतु फलेत् *फलित-फूल्ल फलितव्य

फुल्ल् *1√phull* (to bloom) फुल्लति फुल्लिष्यति अफुल्लत् अफुल्लत् फुल्लतु फुल्लेत् *फुल्लित फुल्लनीय फुल्लितव्य

फेल् *1√phel* (to move, go) फेलति फेलिष्यति अफेलत् फेलतु फेलेत् *फेलित फेलनीय फेलितव्य फेलित्वा फेलितुम्

(ब) (b)

बंह् *1√baṁh* (to make firm) बंहते बंहिष्यते अबंहत बंहताम् बंहेत *बंहित-बाढ

बठ् *1√baṭh* (to grow, increase) बठति बठिष्यति अबठत् बठतु बठेत् *बठित बठितव्य बठितुम्

बण् *1√baṇ* (to speak) बणति बणिष्यति अबाणत्-अबणत् बणतु बणेत् *बाण बणनीय बणितव्य बणित्वा बणितुम्

बद् *1√bad* (to be steady) बदति बदिष्यति अबादत्-अबदत् बदतु बदेत् *बदित-बत्त बदनीय

बध् *1√badh* (to abhor) बिभित्सते बिभत्सिष्यते अबीभत्सत बीभत्सताम् बीभत्सेत *बिभत्सित बीभत्सित्वा बीभत्सा

बध् *10√badh* (to bind, tie) बाधयति बाधयिष्यति अबाधयत् बाधयतु बाधयेत् बाध्यते *बद्ध-बाधित बाध्य

बन्ध् *9√bandh* (to tie) बध्नाति भन्त्स्यति अबध्नात् बध्नातु बध्नीयात् *बद्ध बन्धनीय बन्धव्य बद्ध्वा बन्धुम् बन्धन बन्धु

बन्ध् *10√bandh* (to bind) बन्धयति-ते बन्धयिष्यति-ते अबन्धयत्-त बन्धयतु-ताम् बन्धयेत्-त *बन्धित-बद्ध बन्धयितुम्

बर्ब् *1√barb* (to go) बर्बति बर्बिष्यति अबर्बत् बर्बतु बर्बेत् *बर्बित बर्बितव्य बर्बित्वा बर्बितुम्

बर्ह् *1√barh* (to speak, give, cover, spread) बर्हते बर्हिष्यते अबर्हत बर्हताम् बर्हेत *बर्हित

बर्ह् *10√barh* (to hurt, injure, destroy) बर्हयति-ते बर्हयिष्यति-ते अबर्हयत्-त बर्हयतु-ताम् बर्हयेत्-त *बर्हित

बल् *1√bal* (to give, hurt) बलति-ते बलिष्यति-ते अबलत्-त बलतु-ताम् बलेत्-त *बलित वलित्वा बलवत् बाल बाला

बल् *10√bal* (to support, live, describe) बलयति-ते बलयिष्यति-ते अबलयत्-त बलयतु-ताम् बलयेत्-त *बलित

बल्ह *1 √balh* (to superior) बल्हते बल्हिष्यते अबल्हत बल्हताम् बल्हेत *बल्हित

बल्ह *10√balh* (to speak) बल्हयति-ते बल्हयिष्यति-ते अबल्हयत्-त बल्हयतु-ताम् बल्हयेत्-त *बल्हित

बस् *9√bas* (to hurt) बस्नाति बसिष्यति अबस्नात् बस्नातु बस्नीयात् *बस्त

बस्त् *10√bast* (to go, hurt, kill) बस्तयते बस्तयिष्यते अबस्तयत बस्तयताम् बस्तयेत *बस्तित

बाड् *1√bāḍ* (to bathe) बाडते बाडिष्यते अबाडत बाडतु बाडेत् *बाडित बाडनीय बाडितव्य बाडित्वा बाडितुम्

बाध् *1√bādh* (to oppress) बाधते बाधिष्यते अबाधत बाधताम् बाधेत *बाधित बाधनीय बाधित्वा बाधितुम् बाध्य

बाह *1√bāh* (to attempt) बाहते बाहिष्यते अबाहत बाहताम् बाहेत *बाढ

बिट् *1√bit* (to swear, curse, rebuke) बेटति बेटिष्यति अबेटत् बेटतु बेटेत् *बेटित बेटनीय बेटितव्य बेटित्वा बेटितुम्

बिन्द् *1√bind* (to divide, split, dissect) बिन्दति बिन्दिष्यति अबिन्दत् बिन्दतु बिन्देत् *बिन्दित बिन्दनीय बिन्दितुम्

बिल् *6√bil* (to cut, split, cleave, divide) बेलति बेलिष्यति अबेलत् बेलतु बेलेत् *बेलित

बिल् *10√bil* (to cut) बेलयति बेलिष्यति अबेलयत्-त बेलयतु-ताम् बेलयेत्-त *बेलित

बिस् *4√bis* (to instigate) बिश्यति बेशिष्यति अबिश्यत् बिश्यतु बिश्येत्

बुक्क् *1√bukk* (to bark, speak, talk) बुक्कति बुक्किष्यति अबुक्कित् बुक्कतु बुक्केत् *बुक्कित

बुक्क् *10√bukk* (to bark) बुक्कयति-ते बुक्कयिष्यति-ते अबुक्कयत्-त बुक्कयतु-ताम् बुक्कयेत्-त *बुक्कित

बुङ्ग् *1√buṅg* (to renounce, abandon) बुङ्गति बुङ्गिष्यति अबुङ्गत् बुङ्गतु बुङ्गेत् *बुङ्ग

बुड् *1√buḍ* (to hide, cover, conceal) बुडति बुडिष्यति अबुडत् बुडतु बुडेत् *बुडित

बुद् *1√bud* (to perceive, discern, understand, know) बोदति-ते बोदिष्यति-ते अबोदत्-त बोदतु-ताम् बोदेत्-त *बुद्ध

बुध् *1√budh* (to understand, know, comprehend) बोधति-ते बोधिष्यति-ते अबोधत्-त बोधतु-ताम् बोधेत्-त *बुधित-बोधित बोधितव्य बोधनीत बोध्य बुध्यमान बोधितुम् बुधित्वा-बोधित्वा बोध बोधन बोधक बोधयत् बोधिता

बुध् *4√budh* (to understand) बुध्यते भोत्स्यते अबुध्यत बुध्यताम् बुध्येत *बुद्ध बोधनीय बोधितव्य बोध्य बुद्ध्वा बोद्धुम्

बुन्द् *1√bund* (to understand, descry, reflect) बुन्दति बुन्दिष्यति अबुन्दित् बुन्दतु बुन्देत् *बुन्द्य-बुन्न बुन्द्यमान बुन्नवान्

बुन्ध् *1√bundh* (to perceive, discern, see) बुन्धति बुन्धिष्यति अबुन्धित् बुन्धतु बुन्धेत् *बुन्धित बुन्धनीय बुन्धित्वा

बुल् *10√bul* (to submerge, sink, plunge) बोलयति-ते बोलयिष्यति-ते अबोलयत्-त बोलयतु-ताम् बोलयेत्-त *बोलित

बुस् *4√bus* (to let go, renounce) बुस्यति बुसिष्यति अबुस्यत् बुस्यतु बुस्येत् *बुस्त

बुस्त् *10√bust* (to respect) बुस्तयति बुस्तयिष्यति बुस्तयति-ते बुस्तयिष्यति अबुस्तयत् बुस्तयतु बुस्तयेत् *बुस्तित

बृंह् *1√bṛṁh* (to grow) बृंहति बृंहिष्यति अबृंहत् बृंहतु बृहेत् *बृंहित बृंहितव्य बृंहणीय बृंह्य बृंहित्वा बृंहितुम् परिबृढ

बृंह् *10√bṛṁh* (to grow) बृंहयति-ते बृंहयिष्यति-ते अबृंहयत्-त बृंहयतु-ताम् बृंहयेत्-त *बृंहित-बृढ

बृह् *1√bṛh* (to expand, grow, expand, be nourished) बर्हति बर्हिष्यति अबर्हत् बर्हतु बर्हेत् *बृढ

बृह् *6√bṛh* (to increase) बृहति बर्हिष्यति अबर्हत् बर्हतु बर्हेत् *बृढ बर्हित्वा बर्हितुम्

बेह् *1√beh* (to make an attempt) बेहते बेहिष्यते अबेहत बेहताम् बेहेत *बेहित

ब्रू *2√brū* (to speak) ब्रवीति-आह-ब्रूते वक्ष्यति-ते अब्रवीत्-अब्रूत ब्रवीतु-ब्रूताम् ब्रूयात्-ब्रूवीत उच्यते *उक्त-वाचित ब्रुवत्-उक्तवत् वचनीय वक्तव्य उक्त्वा वक्तुम् वाच्य प्रोच्य सुवाच्य वाक्य ब्रुवाण-उच्यमान-वाच्यमान वाक्-वाच वाक्पटु अवाच्य अनुवाच् उक्ति निरुक्त वच वचन वाचन वाचा वाचाल वाग्मिन् वागीश वाग्देवी विवक्षु वक्तृ वक्त्र वचन प्रवचन

ब्रूस् *10√brūs* (to kill) ब्रूसयति-ते ब्रूसयिष्यति-ते अब्रूसयत्-त ब्रूसयतु-ताम् ब्रूसयेत्-त *ब्रूसित

ब्ली *9√blī* (to choose) ब्लिनाति-ब्लीनाति ब्लेष्यति अब्लीनात् ब्लीनातु ब्लीनीयात् *ब्लीन

(भ) (bh)

भक्ष् *10√bhakṣ* (to eat, devour) भक्षयति-ते भक्षयिष्यति-ते अभक्षयत्-त भक्षयतु-ताम् भक्षयेत्-त *भक्षित भक्ष भक्षण

भज् *1√bhaj* (to divide; adore) भजति-ते भक्ष्यति-ते अभजत्-त भजतु-ताम् भजेत्-त *भक्त भजनीय भजन विभक्ति

भज् *10√bhaj* (to roast, cook, give) भाजयति-ते भाजयिष्यति-ते अभाजयत्-त भाजयतु-ताम् भाजयेत्-त *भाजित

भञ्ज् *7√bhañj* (to break) भनक्ति भङ्क्ष्यति अभनक् भनक्तु भञ्जात् *भग्न भञ्जनीय भङ्क्तव्य भङ्क्त्वा भङ्क्तुम् भङ्ग
भञ्ज् *10√bhañj* (to speak) भञ्जयति-ते भञ्जयिष्यति-ते अभञ्जयत्-त भञ्जयतु-ताम् भञ्जयेत्-त *भञ्जित
भट् *1√bhaṭ* (to foster, maintain) भटति भटिष्यति अभटत् भटतु भटेत् *भटित भटनीय भटितव्य भटित्वा भटितुम् भट
भट् *10√bhaṭ* (to converse, speak, yap) भटयति-ते भटयिष्यति-ते अभटयत्-त भटयतु-ताम् भटयेत्-त *भटित
भण् *1√bhaṇ* (to say, speak, describe) भणति भणिष्यति अभणत् भणतु भणेत् *भणित-भाण भणनीय भणितव्य
भण्ड् *1√bhaṇḍ* (to quarrel, mock, chide) भण्डते भण्डिष्यते अभण्डत भण्डताम् भण्डेत *भण्डित भण्डित्वा भण्डितुम्
भण्ड् *10√bhaṇḍ* (to cheat) भण्डयति-ते भण्डयिष्यति अभण्डयत् भण्डयतु भण्डयेत् *भण्डित
भन् *1√bhan* (to worship; cry, shout, resound) भनति भनिष्यति अभनत् भनतु भनेत् *भनित भननीय भनितव्य
भन्द् *1√bhand* (to tell a good news, be fortunate, honor) भन्दते भन्दिष्यते अभन्दत भन्दताम् भन्देत *भन्दित भन्द्य
भन्द् *10√bhand* (to do an auspicious act) भन्दयति-ते भन्दयिष्यति-ते अभन्दयत्-त भन्दयतु-ताम् भन्दयेत्-त *भन्दित
भर्त्स् *10√bharts* (to deride, revile, reproach) भर्त्सयते भर्त्सयिष्यते अभर्त्सयत भर्त्सयताम् भर्त्सयेत्-त *भर्त्सित
भर्व् *1√bharv* (to violate) भर्वति भर्विष्यति अभर्वत् भर्वतु भर्वेत् *भर्वित भर्वितव्य भर्वित्वा भर्वितुम्
भल् *1√bhal* (to describe, expound, explain) भलते भलिष्यते अभलत भलताम् *भलित भलनीय भलितुम्
भल् *10√bhal* (to see, behold) नि-भालयते भालयिष्यते अभालयत भालयताम् भालयेत *भालित
भल्ल् *1√bhall* (to narrate, tell; hurt, give) भल्लते भल्लिष्यते अभल्लत भल्लताम् *भल्लित भल्लनीय भल्लितुम्
भष् *1√bhaṣ* (to bark, growl, rail at) भषति भषिष्यति अभषत् भषतु भषेत् *भषित-भष्ट भषितुम्
भा *2√bhā* (to appear, shine, be splendid) भाति भास्यति अभात् भातु भायात् भायते *भात भानीय भेय भात्वा भातुम्
भाज् *10√bhāj* (to divide, distribute) भाजयति-ते भाजयिष्यति-ते अभाजयत्-त भाजयतु-ताम् भाजयेत्-त *भाजित
भाम् *1√bhām* (to get angry) भामते भामयिष्यति अबभामत् भामतु भामेत् *भामित भामितव्य भामित्वा भामितुम्
भाम् *10√bhām* (to get angry) भामयते भामयिष्यति-ते अभामयत्-त भामयतु-ताम् भामयेत्-त *भामित
भाष् *1√bhāṣ* (to speak, say, utter) भाषते भाषिष्यते अभाषत भाषताम् भाषेत *भाषित भाषणीय भाषितव्य भाषा भाषण
भास् *1√bhās* (to shine; appear) भासते भासिष्यते अभासत भासताम् भासेत भास्यते *भासित भासितव्य भासितुम् भास
भिक्ष् *1√bhikṣ* (to beg, ask for) भिक्षते भिक्षिष्यते अभिक्षत भिक्षताम् भिक्षेत *भिक्षित भिक्षितुम् भिक्षा भिक्षु भिक्षुक
भिद् *1√bhid* (to divide, cut into parts) भिन्दति भिन्दिष्यति अभिन्दत् भिन्दतु भिन्देत् भिद्यते *भिन्न
भिद् *7√bhid* (to break, split) भिनत्ति-भिन्ते भेत्स्यति-ते अभिनत्-अभिन्त भिनत्तु-भिन्ताम् भिन्द्यात्-भिन्दीत *भिन्न भेदनीय
भिन्द् *1√bhind* (to break) भिन्दति भिन्दिष्यति अभिन्दत् भिन्दतु भिन्दत् भिन्द्यते *भग्न
भिल् *6√bhil* (to cut) भिलति भेलिष्यति अभेलत् भेलतु भेलेत् *भिलित भिलितव्य भिलित्वा भिलितुम्
भिषज् *11√bhiṣaj* (to prevent or treat a diseases) भिषज्यति भिषज्यिष्यति अभिषज्यत् भिषज्यतु भिषज्येत् *भिषजित
भी *3√bhī* (to fear, dread, be afraid of) बिभेति भेष्यति अबिभेत् बिभेतु बिभीयात् *भीत भेय भेतव्य भेतुम् भय भीति
भुज् *6√bhuj* (to crooked) भुजति भोक्ष्यति अभुजत् भुजतु भुजेत् भुज्यते *भुग्न भोजनीय भोक्तव्य भुक्त्वा भोक्तुम्
भुज् *7√bhuj* (to eat, enjoy) भुनक्ति-भुङ्क्ते भोक्ष्यति-ते अभुनक्-अभुङ्क्त भुनक्तु-भुङ्क्ताम् भुञ्ज्यात्-भुञ्जीत भुज्यते *भुक्त भुक्तवत् भोजनीय भोक्तव्य भोज्य भुक्त्वा भोक्तुम् भुज्यमान भोज भोजन भोजक भोग उपभोग

भुण्ड् *1√bhuṇḍ* (to maintain) भुण्डते भुण्डिष्यते अभुण्डत भुण्डताम् भुण्डेत *भुण्डित भुण्डनीय भुण्डितव्य भुण्डितुम्

भुरण् *11√bhuraṇ* (to bear) भुरण्ड्यते भुरण्डियष्यते अभुरण्ड्यत भुरण्ड्यताम् भुरण्ड्येत *भुरण्डित

भू *1√bhū* (to become, be) भवति-ते भविष्यति-ते अभवत्-त भवतु-ताम् भवेत्-त बभूव भविता भूयते *भूत भवत् भूतवत् भवनीय भूत्वा भाव्य भवितुम् भव भवन भुवन

भू *10√bhū* (to get) भावयति-ते भावयिष्यति-ते अभावयत्-त भावयतु-ताम् भावयेत्-त भाव्यते *भावित भावयितुम् भाव

भूष् *1√bhūṣ* (to decorate, adorn) भूषति भूषिष्यति अभूषत् भूषतु भूषेत् *भूषित भूषितव्य भूषित्वा भूषणीय भूषण

भूष् *1√bhūṣ* (to decorate) भूषयति-ते भूषयति-ते अभुषत्-त भूषतु-ताम् भूषेत्-त *भूषित भूषणिय भूषितुम् भूषण भूषा

भूष् *10√bhūṣ* (to decorate, adorn) भूषयति-ते भूषयिष्यति-ते अभूषयत्-त भूषयतु-ताम् भूषयेत्-त *भूषित

भृ *1√bhṛ* (to foster, support, fill) भरति-ते भरिष्यति-ते अभरत्-त भरतु-ताम् भरेत-त भ्रियते *भृत भरत् भरणीय भर्तव्य भृत्वा भर्तुम् भरमाण भरण भर्म भृत्य भरत भर्ता भार भार्या

भृ *3√bhṛ* (to fill, pervade) बिभर्ति-बिभृते भरिष्यति-ते अबिभः-अबिभृत बिभर्तु-बिभृताम् बिभृयात्-बिभ्रीत *भृत भार्य

भृज् *1√bhṛj* (to roast) भर्जते भर्जिष्यते अभर्जत भर्जताम् भर्जेत *भृक्त भर्जनीय भृज्य भर्जितव्य भृक्त्वा-भर्जित्वा

भृञ्ज् *1√bhṛñj* (to roast, fry) भृञ्जति-ते भृञ्जिष्यति अभृञ्जत् भृञ्जतु भृञ्जेत् *भृङ्क

भृड् *6√bhṛḍ* (to dip) भृडति भृडिष्यति अभृडत् भृडतु भृडेत् *भृडित

भृंश् *10√bhṛṁś* (to fall down, say) भृंशयति भृंशयिष्यति अभृंशयत् भृंशयतु भृंशयेत् *भृंशित-भृंष्ट

भृश् *4√bhṛś* (to fall down) भृश्यति भर्शिष्यति अभृश्यत् भृश्यतु भृश्येत् *भ्रष्ट भ्रंशनीय भ्रंशितव्य भ्रष्ट्वा भ्रंशितुम् भ्रंश

भॄ *9√bhṝ* (to support, maintain, nourish; to blame, censure) भृणाति भरिष्यति अभृणात् भृणातु भृणीयात् *भूर्ण भेष्

1√bheṣ (to fear, dread, be afraid) भेषति-ते भेषिष्यति-ते अभेषत्-त भेषतु-ताम् भेषेत्-त *भेष्ट

भ्यस् *1√bhyas* (to fear) भ्यसते भ्यसिष्यते अभ्यसत भ्यसताम् भ्यसेत *भ्यसित-भ्यस्त

भ्रक्ष् *1√bhrakṣ* (to eat) भ्रक्षति-ते भ्रक्षिष्यति-ते भ्रक्षिष्यति-ते अभ्रक्षत्-त भ्रक्षतु-ताम् भ्रक्षेत्-त *भ्रक्षित

भ्रण् *1√bhraṇ* (to talk) भ्रणति भ्रणिष्यति अभ्रणत्-अभ्राणत् भ्रणतु भ्रणेत् *भ्राण भ्रणनीय भ्रणितव्य भ्रणित्वा भ्रणितुम्

भ्रम् *1√bhram* (to roam) भ्रमति-म्यति भ्रमिष्यति अभ्रमत् भ्रमतु भ्रमेत् *भ्रान्त भ्रमणीय भ्रमितव्य भ्रमित्वा भ्रमितुम् भ्रान्ति

भ्रम् *4√bhram* (to roam) भ्राम्यति भ्रमिष्यति अभ्राम्यत् भ्राम्यतु भ्राम्येत् भ्रम्यते *भ्रान्त भ्रमित्वा-भ्रन्त्वा

भ्रंश् *1√bhṛṁś* (to fall, tumble) भ्रंशते भ्रंशिष्यते अभ्रंशत भ्रंशताम् भ्रंशेत भ्रश्यते *भ्रष्ट

भ्रंश् *4√bhṛṁś* (to fall) भ्रश्यति भ्रंशिश्यति अभ्रंश्यत् भ्रंश्यतु भ्रंश्येत् *भ्रष्ट भ्रंशित्वा-भ्रष्ट्वा

भ्रश् *1√bhraś* (to fall) भ्रशते भ्रशिष्यते अभ्रषत भ्रशताम् भ्रशेत *भ्रशित-भ्रष्ट

भ्रंस् *1√bhṛṁs* (to vanish) भ्रंसते भ्रंसिश्यते अभ्रंसत भ्रंसताम् भ्रंसेत *भ्रष्ट भ्रंसितुम् भ्रष्ट्वा भ्रंश

भ्रस्ज् *6√bhrasj* (to roast, parch, broil, fry) भृज्जति-ते भ्रक्ष्यति अभृज्जत् भृज्जतु भृज्जेत् भृज्यते *भ्रष्ट भ्रष्ट्वा भ्रष्टुम्

भ्राज् *1√bhrāj* (to flash, gleam, glitter, shine) भ्राजते भ्राजिष्यते अभ्राजत भ्राजताम् भ्राजेत *भ्राजित भ्राजित्वा भ्राता

भ्राश् *1√bhrāś* (to glitter) भ्राशते भ्राशिष्यते अभ्राशत भ्राशताम् भ्राशेत् *भ्राशित

भ्राश् *4√bhrāś* (to glitter) भ्राश्यते भ्राशिष्यते अभ्राश्यत भ्राश्यताम् भ्राश्येत *भ्राशित

भ्री *9√bhrī* (to fear) भ्रिणाति भ्रेष्यति अभ्रीणात् भ्रीणातु भ्रीणीयात् *भ्रीण-भ्रीत भ्रयणीय भ्रेतव्य भ्रीत्वा भ्रेतुम्

भ्रुच् *1√bhruć* (to go) भ्रोचति भ्रोचिष्यति अभ्रोचत् भ्रोचतु भ्रोचेत् *भ्रोचित भ्रोचनीय भ्रोचित्वा भ्रोचितुम्
भ्रूड् *6√bhrḍ* (to cover) भ्रुडति भ्रूडिष्यति अभ्रुडत् भ्रुडतु भ्रुडेत् *भ्रुडित भ्रुडितव्य भ्रुडित्वा भ्रुडितुम्
भ्रूण् *10√bhrūṇ* (to expect) भ्रूणयते भ्रूणयिष्यते अभ्रूणयत भ्रूणयताम् भ्रूणयेत *भ्रूणित भ्रूणनीय भ्रूणयित्वा भ्रूणयितुम्
भ्रेज् *1√bhrej* (to shine) भ्रेजते भ्रेजिष्यते अभ्रेजत भ्रेजताम् भ्रेजेत *भ्रेजित भ्रेजनीय भ्रेजितव्य भ्रेजित्वा भ्रेजितुम्
भ्रेष् *1√bhreṣ* (to dangle) भ्रेषति-ते भ्रेषिष्यते अभ्रेषत भ्रेषताम् भ्रेषेत *भ्रेष्ट भ्रेषनीय भ्रेषितव्य भ्रेषित्वा भ्रेषितुम्
भ्लक्ष् *1√bhlakṣ* (to eat) भ्लक्षति-ते भ्लक्षिष्यति-ते भ्लक्षिष्यति-ते अभ्लक्षत्-त भ्लक्षतु-ताम् भ्लक्षेत्-त *भ्लक्षित
भ्लाश् *1√bhlāś* (to glitter) भ्लाशते भ्लाशिष्यते अभ्लाशत भ्लाशताम् भ्लाशेत *भ्लाशित-भ्लाष्ट
भ्लाश् *4√bhlāś* (to glitter) भ्लाश्यते भ्लाशिष्यते अभ्लाश्यत भ्लाश्यताम् भ्लाश्येत *भ्लाशित-भ्लाष्ट
भ्लेष् *1√bhleṣ* (to be scared) भ्लेषति-ते भ्लेषिष्यति-ते अभ्लेषत्-त भ्लेषतु-ताम् भ्लेषेत्-त *भ्लेषित-भ्लेष्ट

(म) (m)

मंह् *10√maṁh* (to grow, increase) मंहयति-ते मंहयिष्यति-ते अमंहयत्-त मंफयतु-ताम् मंहयेत्-त *मंहित-माढ
मक्क् *1√makk* (to go) मक्कते मक्किष्यते अमक्कत मक्कताम् मक्केत *मक्कित मक्कितव्य मक्कित्वा मक्कितुम्
मक्ष् *1√makṣ* (to collect) मक्षति मक्षिष्यति अमक्षत् मक्षतु मक्षेत् *मक्षित-मष्ट
मख् *1√makh* (to crawl) मखति मखिष्यति अमाखत्-अमखत् मखतु मखेत् *मखित मखत् मखनीय मखित्वा मखितुम्
मगध् *11√magadh* (to wind, encircle) मगध्यति-ते मगध्यिष्यति-ते अमगध्यत्-त मगध्यतु-ताम् मगध्येत्-त *मगध
मङ्क् *1√maṅk* (to beautify, decorate, adorn) मङ्कते मङ्किष्यते अमङ्कत मङ्कताम् मङ्केत *मङ्कित
मङ्ख् *1√maṅkh* (to go) मङ्खति-ते मङ्खिष्यति अमङ्खत् मङ्खतु मङ्खेत् *मङ्खित मङ्खत् मङ्खनीय मङ्खितव्य मङ्खित्वा मङ्खितुम्
मङ्ग् *1√maṅg* (to go) मङ्गति-ते मङ्गिष्यति अमङ्गत् मङ्गतु मङ्गेत् *मङ्गित मङ्गत् मङ्गनीय मङ्गितव्य मङ्गित्वा मङ्गितुम्
मङ्घ् *1√maṅgh* (to decorate, begin, cheat, move) मङ्घति-ते मङ्घिष्यति-ते अमङ्घत्-त मङ्घतु-ताम् मङ्घेत्-त *मङ्घित
मच् *1√mać* (to boast, deceive, grind, be wicked) मचते मचिष्यते अमचत मचताम् मचेत *मचित मचनीय मचितुम्
मज्ज् *1√majj* (to sink, go down) मज्जति-ते मज्जिष्यति-ते अमज्जत्-त मज्जतु-ताम् मज्जेत्-त *मज्जित
मञ्च् *1√mañć* (to hold, bear, worship) मञ्चते मञ्चिष्यते अमञ्चत मञ्चताम् मञ्चेत *मञ्चित मञ्चनीय मञ्चित्वा
मञ्ज् *10√mañj* (to clean, wipe off) मञ्जयति-ते मञ्जयिष्यति-ते अमञ्जयत्-त मञ्जयतु-ताम् मञ्जयेत्-त *मञ्जित
मट् *1√maṭ* (to live, inhibit, grind) मटति मटिष्यति अमटत् मटतु मटेत् *मटित मटनीय मटितव्य मटित्वा मटितुम्
मठ् *1√maṭh* (to stay) मठति मठिष्यति अमठत्-अमाठत् मठतु मठेत् *मठित मठनीय मठितव्य मठित्वा मठितुम्
मण् *1√maṇ* (to chatter, murmur) मणति मणिष्यति अमणत्-अमाणत् मणतु मणेत् *माण मणनीय मणितव्य मणित्वा
मण्ठ् *1√maṇṭh* (to long for, think sadly) मण्ठते मण्ठिष्यते अमण्ठत मण्ठताम् मण्ठेत *मण्ठित मण्ठनीय मण्ठित्वा
मण्ड् *1√maṇḍ* (to decorate, adorn) मण्डते मण्डिष्यते अमण्डत मण्डताम् मण्डेत *मण्डित मण्डनीय मण्डित्वा मण्डितुम्
मण्ड् *10√maṇḍ* (to adorn, rejoice, distribute) मण्डयति-ते मण्डयिष्यति अमण्डयत् मण्डयतु मण्डयेत् *मण्डित
मथ् *1√math* (to churn) मथति मथिष्यति अमथत् मथतु मथयेत् *मथित मथनीय मथितव्य मथित्वा मथितुम् मथन प्रमथ
मद् *1√mad* (to be proud, crazy, make noise) मदति मदिष्यति अमदत् मदतु मदेत् *मत्त मदनीय मत्त्वा मत्तुम् मत्सर
मद् *4√mad* (to intoxicate, be drunk, pleased) माद्यति मदिष्यति अमाद्यत माद्यतु माद्येत् *मत्त मत्तव्य मद मदन

मद् *10√mad* (to please, gratify) मादयते मादयिष्यते अमादयत मादयताम् मादयेत *मत्त-मादित मादयित्वा मादयितुम्

मन् *1√man* (to be proud, worship) मनति मनिष्यति अमनत् मनतु मनेत् *मनित मननीय मनितव्य मनित्वा मनितुम्

मन् *4√man* (to think, believe, imagine) मन्यते मंस्यते अमन्यत मन्यताम् मन्येत मन्यते मेने मन्ता *मत मननीय मन्तव्य मान्य मत्वा अनुमत्य मन्तुम् मनन मनस् मनु मुनि मौन मेनका मनोगत मनोज मनोहर मन्यु मनुष्य

मन् *8√man* (to think, suppose, conceive, fancy, consider, regard) मनुते मनिष्यते अमनुत मनुताम् मन्वीत

मन् *10√man* (to be proud) मानयति-ते मानयिष्यति-ते अमानयत्-त मानयतु-ताम् मानयेत्-त *मानित माननीय

मन्त्र् *10√mantr* (to advise, counsel) मन्त्रयते मन्त्रयिष्यते अमन्त्रयत मन्त्रयताम् मन्त्रयेत मन्त्र्यते *मन्त्रित मन्त्रणीत मन्त्रयितव्य मन्त्र्य मन्त्रयित्वा मन्त्रयितुम् मन्त्रयमाण मन्त्रण मन्त्रणा मन्त्र मन्त्रिन् मन्त्रोदक मन्त्रकृत् बीजमन्त्र मान्त्रिक

मन्थ् *1√manth* (to churn, disturb, torture) मन्थति मन्थिष्यति अमथ्नात् मथ्नातु मथ्नीयात् अमन्थीत् *मन्थित

मन्थ् *9√manth* (to churn, make by churning) मथ्नाति मन्थिष्यति अमन्थात् मथ्नातु मथ्नीयात् *मथित मन्थनीय मन्थन

मन्द् *1√mand* (to slow down, sleep, be drunk) मन्दते मन्दिष्यते अमन्दत मन्दताम् मन्देत *मन्दित मन्दनीय मन्दित्वा

मभ्र् *1√mabhr* (to go) मभ्रति मभ्रिष्यति अमभ्रत् अमभ्रत् मभ्रतु मभ्रेत् *मभ्रित मभ्रणीय मभ्रितव्य मभ्रित्वा मभ्रमाण

मय् *1√may* (to move, go) मयते मयिष्यते अमयत मयताम् मयेत *मयित मयनीय मयितव्य मयित्वा मयितुम् मयमान

मर्क् *1√mark* (to go) मर्कति मर्किष्यति अमर्कत् मर्कतु मर्केत् अमर्कीत् *मर्कित मर्कितव्य मर्कित्वा मर्कितुम्

मर्च् *10√marć* (to cleanse, take, injure, threaten, endanger) मर्चयति-ते मर्चयिष्यति अमर्चयत् मर्चयतु मर्चयेत्

मर्ब् *1√marb* (to go) मर्बति मर्बिष्यति अमर्बत् मर्बतु मर्बेत् अमर्बीत् *मर्बित मर्बितव्य मर्बित्वा मर्बितुम्

मर्व् *1√marv* (to fill) मर्वति मर्विष्यति अमर्वत् मर्वतु मर्वेत् अमर्वीत् *मर्वित मर्वितव्य मर्वित्वा मर्वितुम्

मल् *1√mal* (to occupy) मलते मलिष्यते अमलत मलताम् मलेत *मलित मलनीय मलितव्य मलितुम्

मल् *10√mal* (to occupy) मलयते मलयिष्यते अमलयत मलयताम् मलयेत *मलित मलयनीय मलयित्वा मलयितुम्

मल्ल् *1√mall* (to take, hold, possess) मल्लते मल्लिष्यते अमल्लत मल्लताम् मल्लेत *मल्लित मल्लनीय मल्लितुम्

मव् *1√mav* (to tie, fasten, bind) मवति मविष्यति अमवत्-अमावत् मवतु मवेत् अमवीत्-अमावीत् *मवित

मव्य् *1√mavy* (to tie, bind) मव्यति मव्यिष्यति अमव्यत् मव्यतु मव्येत् अमव्यीत् *मव्यित

मश् *1√maś* (to hum, buzz, sound) मशति मशिष्यति अमशत् मशतु मशेत् *मष्ट मष्टव्य मष्ट्वा मष्टुम्

मष् *1√maṣ* (to destroy, hurt, kill) मषति मषिष्यति अमषत् मषतु मषेत् *मष्ट मष्टव्य मष्ट्वा मष्टुम्

मस् *4√mas* (to alter; weigh, measure, mete) मस्यति मसिष्यति अमस्यत् मस्यतु मस्येत् *मसित-मस्त मसितुम्

मस्क् *1√mask* (to go) मस्कति-ते मष्किष्यते अमष्कत मष्कताम् मष्केत *मष्कित मष्कनीय मष्कित्वा मष्कितुम्

मस्ज् *6√masj* (to sink, plunge, dip) मज्जति मङ्क्ष्यति अमज्जत् मज्जतु मज्जेत *मग्न मज्जनीय मङ्क्त्वा मङ्क्तुम्

मह् *1√mah* (to honor, respect, regard) महति महिष्यति अमहत् महतु महेत् *माढ महनीय मह्यमान महितुम् मघवन्

मह् *10√mah* (to honor) महयति-ते महयिष्यति-ते अमहयत्-त महयतु-ताम् महयेत्-त मह्यते *महित-माढ

मा *2√mā* (to measure) माति मास्यति अमात् मातु मायात् *मित मानीय मातव्य मेय मात्वा मातुम् उपमा मात्रा

मा *3√mā* (to sound; measure) मिमिते मास्यते अमिमीत मिमीताम् मिमीत *मित मानीय मातव्य मातुम चन्द्रमा व्योम

मा *4√mā* (to exchange, balance) मायते मास्यते अमायत मायताम् मायेत *मित मानीय मातव्य मित्वा मातुम् मायमान

माङ्क्ष् *1√māṅkṣ* (to desire, desire, long for) माङ्क्षति माङ्क्षिष्यति अमाङ्क्षत् माङ्क्षतु माङ्क्षेत् *माङ्क्षित

मान् *1√mān* (to think) मीमांसते मीमांसिष्यते अमीमांसत् मीमांसताम् मीमांसेत् मीमांसते *मीमांसित मीमांसनीय मीमांसा

मान् *10√mān* (to worship) मानयते मानयिष्यते अमानयत मानयताम् मानयेत मान्यते *मानित माननीय मान्य अपमान

मान्थ् *1√mānth* (to worship) मान्थति मान्थिष्यति अमान्थत् मान्थतु मान्थेत् *मान्थित मान्थनीय मान्थितव्य मान्थित्वा

मार्ग् *1√mārg* (to search, seek for, look out for, hunt after) मार्गति मार्गिष्यति अमार्गत् मार्गतु मार्गेत् *मार्गित

मार्ग् *10√mārg* (to search) मार्गयति-ते मार्गयिष्यति अमार्गयत् मार्गयतु मार्गयेत् *मार्गित मार्गयितव्य मार्ग पन्था

मार्ज् *10√mārj* (to cleanse) मार्जयति-ते मार्जयिष्यति अमार्जयत् मार्जयतु मार्जयेत् मार्ज्यते *मार्जित

माह् *1√māh* (to measure) माहति-ते माहिष्यति अमाहत् माहतु माहेत् *माढ माहनीय माह्यमान माह्य

मि *5√mi* (to throw, scatter) मिनोति-मिनुते मास्यति-ते अमिनोत्-अमिनुत मिनुयाताम् मिनुयात्-मिन्वीत *मित-मिन मित्सत् मित्सनीय मातव्य मेय मित्वा मातुम् माप मान जामाता प्रमेय

मिच्छ् *6√micch* (to hinder, obstruct) मिच्छति मिच्छिष्यति अमिच्छत् मिच्छतु मिच्छेत् *मिच्छ मिच्छनीय मिच्छितव्य

मिञ्ज् *10√miñj* (to talk, speak) मिञ्जयति-ते मिञ्जयिष्यति-ते अमिञ्जयत्-त मिञ्जयतु-ताम् मिञ्जयेत्-त *मिञ्जित

मिथ् *1√mith* (to associate with) मेथति-ते मेथिष्यति-ते अमेथत्-त मेथतु-ताम् मेथेत्-त *मिथित

मिद् *1√mid* (to melt, feel love) मेदति-ते मेदिष्यति-ते अमेदत्-त मेदतु-ताम् मेदेत्-त *मिन्न मेदत् मेदित्वा मेदितुम्

मिद् *4√mid* (to melt, be soft) मेद्यति मेदिष्यति अमेद्यत् मेद्यताम् मेद्येत अमिदत् *मिन्न मेदितव्य

मिद् *10√mid* (to melt) मेदयति-ते मेदयिष्यति-ते अमेदयत्-त मेदयतु-ताम् मेदयेत्-त *मिन्न मेदयत् मेदयित्वा मेदितुम्

मिन्द् *10√mind* (to be unctuous, soft) मिन्दयति-ते मिदयिष्यति-ते अमिन्दयत्-त मिन्दयतु-ताम् मिन्दयेत्-त *मिन्दित

मिन्ध् *1√mindh* (to sprinkle water, honor) मिन्धति मिन्धिष्यति अमिन्धत् मिन्धतु मिन्धेत् *मिन्धित

मिन्व् *1√minv* (to soak, make wet, moisten, water) मिन्वति मिन्विष्यति अमिन्वत् मिन्वतु मिन्वेत् *मिन्वित मिन्वितव्य

मिल् *1,6√mil* (to meet, join) मिलति-ते मिलिष्यति अमिलत् मिलतु मिलेत *मिलित मिलनीय मिलितव्य मिलित्वा मिलन

मिश् *1√miś* (to shout, make sound, be angry) मेशति मेशिष्यति अमेशत् मेशतु मेशेत् *मेशित

मिश्र् *10√miśr* (to mix, mingle, blend, add) मिश्रयति-ते मिश्रयिष्यति-ते अमिश्रयत्-त मिश्रयतु-ताम् मिश्रेत्-त *मिश्रित

मिष् *1√miṣ* (to wink, gaze, stare) मिषति-मेषति मेषिष्यति अमेषत् मेषतु मेषेत् *मिष्ट

मिष् *6√miṣ* (to wink) मिषति मेषिष्यति अमेषत् मिषतु मिषेत् *मिषित-मिष्ट मेषणीय मेषितव्य मिषित्वा मेष्य मेषितुम्

मिह् *1√mih* (to urinate, water, sprinkle, ejaculate) मेहति मेक्ष्यति अमेहत् मेहतु मेहेत् *मीढ मेढव्य मेहनीय मीढ्वा

मी *4√mī* (to die, perish) मीयते मेष्यते अमीयत मीयताम् मीयेत *मीन मयनीय मेतव्य मीत्वा मेतुम्

मी *9√mī* (to damage) मिनाति-मिनीते मास्यति-ते अमीनात्-अमीनीत मीनातु-मीनीताम् मीनीयात्-मीनीत *मीत मातुम्

मी *10√mī* (to damage) माययति-ते माययिष्यति-ते अमाययत्-त माययतु-ताम् माययेत्-त *मायित

मीम् *1√mīm* (to sound, move) मीमति मीमीष्यति अमीमत् मीमतु मीमेत् * मीमित मीमनीय मीम्य मीमित्वा मीमितुम्

मील् *1√mīm* (to wilt, wink, close) मीलति मीलिष्यति अमीलत् मीलतु मीलेत् *मीलित मीलत् मीलनीय मीलित्वा

मीव् *1√mīv* (to fatten, go, move) मीवति मीविष्यति अमीवत् मीवतु मीवेत् *मीवित मीवितव्य मीवित्वा मीवितुम्

मुच् *1√muć* (to deceive, cheat) मोचते मोचिष्यते अमोचत मोचताम मोचेत *मुक्त मोचनीय मुक्त्वा

मुच् *6√muć* (to release) मुञ्चति अमुञ्चत् मुञ्चतु मुञ्चेत् *मुक्त मुञ्चत् मोचनीय मोक्तव्य मुक्त्वा मोक्तुम् मोचन मुक्ति

मुच् *10√muć* (to free) मोचयति मोचयिष्यति अमोचयत् मोचयतु मोचयेत *मोचित मोचयितव्य मोचयित्वा मोचयितुम्

मुज् *1√muj* (to clean) मोजति मोजिष्यति अमोजत् मोजतु मोजेत् *मोजित मोजनीय मोजितव्य मोजित्वा मोजितुम्

मुज् *10√muj* (to clean) मोजयति-ते मोजयिष्यति-ते अमोजयत्-त मोजयतु-ताम् मोजयेत्-त *माजित मोजयितुम्

मुञ्च् *1√muñć* (to be cunning) मुञ्चते मुञ्चिष्यते अमुञ्चत मुञ्चताम् मुञ्चेत *मुञ्चित मुञ्चनीय मुञ्चित्वा मुञ्चितुम्

मुञ्ज् *1√muñj* (to clean) मुञ्जति मुञ्जिष्यति अमुञ्जत् मुञ्जतु मुञ्जेत् *मुञ्जित मुञ्जनीय मुञ्जितव्य मुञ्जित्वा

मुञ्ज् *10√muñj* (to clean) मुञ्जयति-ते मुञ्जयिष्यति-ते अमुञ्जयत्-त मुञ्जयतु-ताम् मुञ्जयेत्-त *मुञ्जित

मुट् *1,6√muṭ* (to crush, make powder) मोटति मुटिष्यति अमुटत् मुटतु मुटेत् *मुटित मुटनीय मुटितव्य मुटित्वा मुटितुम्

मुट् *10√muṭ* (to pound) मोटयति-ते मोटयिष्यति-ते अमोटयत्-त मोटयतु-ताम् मोटयेत्-त *मुटित मुटित्वा मुटितुम्

मुड् *1√muḍ* (to grind, crush) मुडति मोडिष्यति अमोडत् मोडितु मोडेत् *मुडित मुडनीय मुडितव्य मुडित्वा मुडितुम्

मुण् *6√muṇ* (to vow, promise) मुणति मुणिष्यति अमुणत् मुणतु मुणेत् *मुणित मुणनीय मुणितव्य मुणित्वा मुणितुम्

मुण्ट् *1√muṇṭ* (to crush, grind) मुण्टति मुण्टिष्यति अमुण्टत् मुण्टतु मुण्टेत् *मुण्टित मुण्टनीय मुण्टितव्य मुण्टित्वा

मुण्ठ् *1√muṇṭh* (to run away) मुण्ठते मुण्ठिष्यते अमुण्ठत मुण्टताम् मुण्ठेत *मुण्ठित मुण्ठनीय मुण्ठित्वा मुण्ठितुम्

मुण्ड् *1,6√muṇḍ* (to shave) मुण्डति मुण्डिष्यति अमुण्डत् मुण्डताम् मुण्डेत *मुण्डित मुण्डनीय मुण्डितव्य मुण्डित्वा

मुन्थ् *1√munth* (to move) मुन्थति मुन्थिष्यति अमुन्थत् मुन्थतु मुन्थेत् *मुन्थित मुन्थितव्य मुन्थित्वा मुन्थितुम्

मुद् *1√mud* (to be merry, be glad, rejoice) मोदते मोदिष्यते अमोदत मोदताम् मोदेत *मुदित-मुत्त मोदनीय मोदित्वा

मुद् *10√mud* (to be happy) मोदयति-ते मोदयिष्यति-ते अमोदयत्-त मोदयतु-ताम् मोदयेत्-त मुद्यते *मुदित-मुत्त

मुर् *6√mur* (to encircle, entwine, surround) मुरति मोरिष्यति अमुरत् मुरतु मुरेत् *मुरित-मूर्ण मुरणीय

मुर्च्छ् *1√murćh* (to faint, swoon) मूर्च्छति मूर्च्छिष्यति अमूर्च्छत् मूर्च्छतु मूर्च्छेत् *मूर्च्छित मूर्छा

मुर्व् *1√murv* (to tie, bind) मूर्वति मूर्विष्यति अमूर्वत् मूर्वतु मूर्वेत् *मूर्ण मूवितव्य मूर्वित्वा मूर्वितुम्

मुल् *1,10√mul* (to plant) मूलति मूलिष्यति अमूलत् मूलतु मूलेत् *मूलित मूलनीय मूलितव्य मूल्य मूलितुम् मूलित्वा

मुष् *9√muṣ* (steal, filch, plunder) मुष्णाति मोषिष्यति अमुष्णात् मुष्णातु मुष्णीयात् *मुषित-मुष्ट मोषितव्य मोषणीय

मुस् *4√mus* (to split, divide, cleave) मुस्यति मोसिष्यति अमुस्यत् मुस्यतु मुस्येत् *मुसित मुसनीय मुसितव्य मुसितुम्

मुस्त् *10√must* (to pile up, collect) मुस्तयति-ते मुस्तयिष्यति-ते अमुस्तयत्-त मुस्तयतु-ताम् मुस्तयेत्-त *मुसित

मुह् *4√muh* (to delude) मुह्यति मोहिष्यति अमुह्यत् मुह्यतु मुह्येत् *मुग्ध-मूढ मोहनीय मोह्य मुढ्वा मोढुम् मोह मोहनी मूर्ख

मू *1√mū* (to tie, bind, fasten, anchor) मवते मविष्यते अमवत मवताम् मवेत *मूत मवनीय मूतव्य मूत्वा मूतुम्

मूत्र *10√mūtr* (to urinate) मूत्रयति-ते मूत्रयिष्यति-ते अमूत्रयत्-त मूत्रयतु-ताम् मूत्रयेत्-त *मूत्रित मूत्रितव्य मूत्रितुम् मूत्र

मूर्च् *1√mūrć* (to thicken) मूर्चति मूर्चिष्यति अमूर्चत् मूर्चतु मूर्चेत् *मूर्चित मूर्चितव्य मूर्चित्वा मूर्चितुम्

मूर्छ् *1√mūrćh* (to faint) मूर्च्छति मूर्च्छिष्यति अमूर्च्छत् मूर्च्छतु मूर्च्छेत् *मूर्च्छित-मूर्त मूर्च्छनीय मूर्च्छित्वा मूर्च्छितुम्

मूल् *1√mūl* (to root, grow roots) मूलति-ते मूलिष्यति-ते अमूलत्-त मूलतु-ताम् मूलेत्-त *मूलित मूल निर्मूल

मूल् *10√mūl* (to root) मूलयति-ते मूलयिष्यति-ते अमूलयत्-त मूलयतु-ताम् मूलयेत्-त *मूलित मूलितव्य मूलितुम्

मूष् *1√mūṣ* (to rob, steal, plunder) मूषति मूषिष्यति अमूषत् मूषतु मूषेत् *मूष्ट मूषणीय मूष्टव्य मूष्ट्वा मूष्टुम्

मृ *1√mṛ* (to die) मरति-ते मरिष्यति-ते अमरत्-त मरतु-ताम् मरेत्-त म्रियते *मृत

मृ *6√mṛ* (to die, perish, depart) म्रियते मरिष्यति अम्रियत म्रियताम् म्रियेत *मृत मरणीय मर्तव्य मर्त्य मर्तुम् मरण मृत्यु

मृक्ष् *1√mṛkṣ* (to heap, accumulate, collect, heap together; rub) मृक्षति मृक्षिष्यति अमृक्षत् मृक्षतु मृक्षेत् *मृक्षित

मृग् *10√mṛg* (to hunt) मृगयते मृगयिष्यते अमृगयत मृगयताम् मृगयेत मृगयते *मृगित मृगयित्वा मृगयितुम् मृग मृगया

मृज् *1√mṛj* (to sound) मार्जति मार्क्ष्यति अमार्जत् मार्जतु मार्जेत् मृज्यते *मार्जित-मृष्ट

मृज् *2√mṛj* (to purify) मार्ष्टि मार्जिष्यति-मार्क्ष्यति अमार्ट्-अमार्क्षत् मार्ष्टु मृज्यात् *मृष्ट मार्जनीय मार्जित्वा-मृष्ट्वा मार्जार

मृज् *10√mṛj* (to cleanse, wipe off) मार्जयति-ते मार्जयिष्यति अमार्जयत् मार्जयसु मार्जयेत् मार्ज्यते *मार्जित-मृष्ट

मृड् *6√mṛḍ* (to make happy, be gracious) मृडति मर्डिष्यति अमृड्नात् मृड्नातु मृड्नीयात् *मृडित मर्डनीय मर्डितुम्

मृड् *9√mṛḍ* (to forgive, pardon, be happy) मृड्नाति मृड्निष्यति अमृड्नात् मृड्नातु मृड्नीयात् *मृडित

मृण् *6√mṛṇ* (to kill, slaughter, murder) मृणति मर्णिष्यति अमर्णत् मृणतु मृणेत् अमर्णीत् *मृणित

मृद् *9√mṛd* (to squeeze, rub, press) मृद्नाति मर्दिष्यति अमृद्नात् मृद्नातु मृद्नीयात् *मृदित-मृत्त मर्दनीय मर्दन

मृध् *1√mṛdh* (to wet, neglect) मर्धति-ते मर्धिष्यति-ते अमर्धत्-त मर्धतु-ताम् मर्धेत्-त *मृद्ध

मृश् *4√mṛś* (to tolerate, bear, excuse) मृष्यति मर्षिष्यति अमृष्यत् मृष्यतु मृष्येत् *मृष्ट मर्षणीय मृषित्वा मर्षितुम्

मृश् *6√mṛś* (to touch, feel) मृशति म्रक्ष्यति-मर्क्ष्यति अम्राक्षत्-अमार्क्षत् *मृष्ट मर्क्ष्यत् मर्शनीय म्रष्टव्य-मर्ष्टव्य समृश्य मृष्ट्वा मृष्टुम्-म्रर्ष्टुम् मृश्यमान मर्शन मर्शिन् म्रष्टृ-मर्ष्टृ विमर्श परामर्श

मृष् *1√mṛṣ* (to bear, endure) मर्षति-ते मर्षिष्यति अमर्षत् मर्षयु मर्षेत् मर्ष्यते *मृष्ट मर्षणीय मृष्टव्य मृष्ट्वा मृष्टुम्

मृष् *4√mṛṣ* (to bear, suffer, put up with) मृष्यति मर्षिष्यति अमृष्यत् मर्ष्यतु मृष्येत् *मृष्ट मर्षणीय मर्षितुम् मृषा

मृष् *10√mṛṣ* (to bear) मर्षयति-ते मर्षयिष्यति-ते अमर्षयत्-त मर्षयतु-ताम् मर्षयेत्-त *मर्षित-मृष्ट मर्षित्वा मर्षयितुम् मृष

मॄ *9√mṝ* (to kill, slay) मृणाति मरिष्यति अमृणात् मृणातु मृणीयात् अमारीत् *मूर्ण मूर्णवत् मरणीय मृण्वा

मे *1√me* (to exchange, barter) मयते मास्यते अमायत मायताम् मायेत *मित मातव्य मित्वा मेय मातुम् मयमान

मेट् *1√meṭ* (to be mad, angry) मेटति मेटिष्यति अमेटत् मेटति मेटिष्यति अमेटत् मेटतु मेटेत् *मेटित मेटनीय मेटित्वा

मेड् *1√meḍ* (to be mad) मेडति मेडिष्यति अमेडत् मेडतु मेडेत् *मेटित मेटितव्य मेटित्वा मेडितुम्

मेथ् *1√meth* (to embrace, hold, hug, meet) मेथति-ते मेथिष्यति-ते अमेथत्-त मेथतु-ताम् मेथेत्-त *मेथित

मेद् *1√med* (to know) मेदति-ते मेदिष्यति-ते अमेदत्-त मेदतु-ताम् मेदेत्-त *मेदित

मेद् *4√med* (to be fat) मेद्यति मेदिष्यति अमेद्यत् मेद्यतु मेद्येत् *मेदित मेदितुम् मेदस्

मेध् *1√medh* (to meet) मेधति-ते मेधिष्यति-ते अमेधत् मेधतु-ताम् मेधेत्-त *मेधित

मेप् *1√mep* (to go, move) मेपते मेपिष्यते अमेपत मेपताम् मेपेत *मेपित

मेव् *1√mev* (to worship, attend up on, serve) मेवते मेविष्यते अमेवत मेवताम् मेवेत *मेवित मेवनीय मेवित्वा मेवा

मोक्ष् *1√mokṣ* (to release, liberate) मोक्षति मोक्षिष्यति अमोक्षत् मोक्षतु मोक्षेत् *मोचित-मुक्त मोक्ष मुमुक्षा

मोक्ष् *10√mokṣ* (to release) मोक्षयति-ते मोक्षयिष्यति-ते अमोक्षयत्-त मोक्षयतु-ताम् मोक्षयेत्-त *मोक्षित मोक्षयितुम्

म्ना *1√mnā* (to repeat, remember) मनति म्नास्यति अमनत् मनतु मनेत् म्नायते *म्नात म्नातव्य म्नातुम् निम्न द्युम्न

म्रक्ष् *1√mrakṣ* (to heap, collect, gather) म्रक्षति म्रक्षिष्यति अम्रक्षत् म्रक्षतु म्रक्षेत् *म्रक्षित

म्रक्ष् *10√mrakṣ* (to heap) म्रक्षयति-ते म्रक्षयिष्यति-ते अम्रक्षयत्-त म्रक्षयतु-ताम् म्रक्षयेत्-त *म्रक्षित

म्रद् *1√mrad* (to pound, grind, trample up on) म्रदते म्रदिष्यते म्रदतु म्रदेत् *म्रदित-म्रत्त म्रदनीय मृदु

म्रुच् *1√mruć* (to go, move) म्रोचति म्रोचिष्यति अम्रोचत् म्रोचतु म्रोचेत् *म्रोचित म्रोचनीय म्रोचित्वा म्रोचितुम्

म्रुञ्च् *1√mruć* (to move) म्रुञ्चति म्रुञ्चिष्यति अम्रुञ्चत् म्रुञ्चतु म्रुञ्चेत् *म्रुञ्चित म्रुञ्चनीय म्रुञ्चित्वा म्रुञ्चितुम्

म्रेट् *1√mreṭ* (to be mad, crazy) म्रेटति म्रेटिष्यति अम्रेटत् म्रेटतु म्रेटेत् *म्रेटित म्रेटनीय म्रेटितव्य म्रेटित्वा म्रेटितुम्

म्रेड् *1√mreḍ* (to gratify, oblige) म्रेडति म्रेडिष्यति अम्रेडत् म्रेडतु म्रेडेत् *म्रेडित म्रेडनीय म्रेडितव्य म्रेडित्वा म्रेडितुम्

म्लक्ष् *10√mlakṣ* (to divide, cut) म्लक्षयति-ते म्लक्षयिष्यति-ते अम्लक्षयत्-त म्लक्षयतु-ताम् म्लक्षयेत्-त *म्लक्षित

म्लव् *1√mlav* (to worship) म्लवते म्लविष्यते अम्लवत म्लवताम् म्लवेत *म्लवित

म्ला *1√mlā* (to relax) म्लायति-ते म्लायिष्यति-ते अम्लायत्-त म्लायतु-ताम् म्लायेत्-त म्लायते *म्लात-म्लान

म्लुच् *1√mluć* (to set) म्लोचति म्लोचिष्यति अम्लोचत् म्लोचतु म्लोचेत् *म्लोचित म्लोचनीय म्लोचित्वा म्लोचितुम्

म्लेच्छ् *1√mleććh* (to talk wildly) म्लेच्छति म्लेच्छिष्यति अम्लेच्छत् म्लेच्छतु म्लेच्छेत् *म्लिष्ट म्लेच्छनीय म्लेच्छित्वा

म्लेच्छ् *10√mleććh* (to talk wildly) म्लेच्छयति-ते म्लेच्छयिष्यति-ते अम्लेच्छयत्-त म्लेच्छयतु-ताम् म्लेच्छयेत्-त

म्लेछ् *1√mlećh* (to talk wildly) म्लेछति म्लेछिष्यति अम्लेछत् म्लेछतु म्लेछेत् *म्लेछित-म्लिष्ट

म्लेट् *1√mleṭ* (to be crazy) म्लेटति म्लेटिष्यति अम्लेटत् म्लेटतु म्लेटेत् *म्लेटित म्लेटनीय म्लेटितव्य म्लेटित्वा म्लेटितुम्

म्लेव् *1√mlv* (serve) म्लेवते म्लेविष्यते अम्लेवत म्लेवताम् म्लेवेत *म्लेवित म्लेवनीय म्लेवितव्य म्लेवित्वा म्लेवमान

म्लै *1√mlai* (to droop, wilt, fade) म्लायति म्लास्यति अम्लायत् म्लायतु म्लायेत् *म्लान म्लायनीय

(य) (y)

यक्ष् *1√yakṣ* (to stir, move) यक्षति यक्षिष्यति अयक्षत् यक्षतु यक्षेत् *यक्षित-यष्ट

यक्ष् *10√yakṣ* (to worship) यक्षयते यक्षयिष्यते अयक्षयत यक्षयताम् यक्षयेत *यक्षित

यछ् *1√yaćh* (to reach) यच्छति-ते यच्छिष्यति-ते अयच्छत्-त यच्छतु-ताम् यच्छेत्-त *यष्ट

यज् *1√yajñ* (to offer) यजति-ते यक्ष्यति-ते अयजत्-त यजतु-ताम् यजेत्-त *इष्ट यजनीय यष्टव्य यष्टुम् यजमान यज्ञ

यत् *1√yat* (to strive, endeavor, attempt) यतते यतिष्यते अयतत यतताम् यतेत *यत्त यतनीय यतित्वा यतितुम् यत्न

यत् *10√yat* (to injure) यातयति-ते यातयिष्यति-ते अयातयत्-त यातयतु-ताम् यातयेता-त यत्यते *यात-यातित

यन्त्र् *1√yantr* (to regulate) यन्त्रति-ते यन्त्रिष्यति-ते अयन्त्रत्-त यन्त्रतु-ताम् यन्त्रेत्-त *यन्त्रित यन्त्रणीय यन्त्र यन्त्रणा

यन्त्र् *10√yantr* (to regulate) यन्त्रयति-ते यन्त्रयति-ते यन्त्रयिष्यति-ते अयन्त्रयत्-त यन्त्रयतु-ताम् यन्त्रयेत्-त *यन्त्रित

यभ् *1√yabh* (to indulge, cohabit) यभति यप्स्यति अयभत् यभतु यभेत् यभ्यते *यब्ध

यम् *1√yam* (to control, restrain) यच्छति यंस्यति अयच्छत् यच्छतु यच्छेत् *यत यतवान् यमनीय यम्य यति नियम

यम् *10√yam* (to surround) यमयति-ते यमयिष्यति-ते अयमयत्-त यमयतु-ताम् यमयेत्-त यम्यते *यत

यस् *1√yas* (to strive, labor) यसति यसिष्यति अयसत् यसतु यसेत् यस्यते *यस्त

यस् *4√yas* (to strive, endeavor, labor) यस्यति यसिष्यति अयस्यत् यस्यतु यस्येत् *यसित यसनीय यसितव्य यसितुम्

या *2√yā* (to go) याति यास्यति अयात् यातु यायात् *यात यानीय येय यात्वा यातुम् अनुयायिन् याम यात्रा ययाति

याच् *1√yāć* (to beg) याचति-ते याचिष्यति-ते अयाचत्-त याचतु-ताम् याचेत्-त *याचित याचित्वा याचितुम् याचना

याप् *1√yāp* (to spend) यापयति-ते यापयिष्यति-ते अयापयत्-त यापयतु-ताम् यापयेत्-त याप्यते *यापयित

यु *2√yu* (to join, unite, combine) यौति यविष्यति अयौत् यौतु युयात् *युत यवनीय युत्वा यवितुम् यवन योनि यूथ

यु *3√yu* (to detach, separate) युयोति यविष्यति अयुयोत् युयोतु युयुयात् *युत

यु *9√yu* (to join, bind, fasten) युनाति-युनिते योष्यति-ते अयौषीत्-त युनातु-युनीताम् युनीयात्-युनीत *युत यवनीय

यु *10√yu* (to censure) यावयते यावयिष्यते अयावयत यावयताम् यावयेत *यावित

युङ् *1√yuṅg* (to renounce) युङ्गति युङ्गिष्यति अयुङ्गत् युङ्गतु युङ्गेत् *युङ्गित युङ्गत् युङ्गनीय युङ्गितव्य युङ्गित्वा युङ्गितुम्

युच्छ् *1√yućć* (to err) युच्छति युच्छिष्यति अयुच्छत् युच्छतु युच्छेत् *युच्छित-युष्ट

युज् *1√yuj* (to unite, join, attach, connect, add) योजति योजिष्यति अयोजत् योजतु योजेत् युज्यते *युक्त युक्त्वा

युज् *4√yuj* (to concentrate or focus the mind) युज्यते योक्ष्यते अयुज्यत् युज्यताम् युज्येत *युक्त योजनीय योक्तव्य

युज् *7√yuj* (to unite) योक्ष्यते अयुङ्क्त युङ्क्ताम् युञ्जीत *युक्त योजनीय योक्तव्य प्रयुज्य युक्त्वा योक्तुम् योग योगिन्

युज् *10√yuj* (to unite) योजयति-ते योजयिष्यति-ते अयोजयत्-त योजयतु-ताम् योजयेत्-त *योजित

युत् *1√yut* (to shine) योतते योतिष्यते अयोतत योतताम् योतेत *युत-योतित योतत् योतनीय योतितव्य योतित्वा योतितुम्

युध् *4√yudh* (to fight, struggle, wage war, battle) युध्यते योत्स्यते अयुध्यत युध्यताम् युध्येत युध्यते *युद्ध योद्धव्य योध्य युद्ध्वा योद्धुम् योत्स्यमान युयुत्सा युयुत्सु युधिष्ठिर युयुधान दुर्योधन आयुध युद्ध योद्धा युद्धावसान युद्धभूमि

युप् *4√yudh* (to obstruct, efface, blot out) युप्यति योपिष्यति अयुप्यत् युप्यतु युप्येत् *युप्त

यूष् *1√yūṣ* (to injure) यूषति योषिष्यति अयोषत् योषतु योषेत् *यूषित-यूष्ट

येष् *1√yeṣ* (to attempt, try, strive) येषति-ते येषिष्यति-ते अयेषत्-त येषतु-ताम् येषेत्-त *येषित

यौट् *1√yauṭ* (to connect, loin) यौटति यौटिष्यति अयौटत् यौटतु यौटेत् *यौटित यौटनीय यौटितव्य यौटित्वा यौटितुम्

यौड् *1√yauḍ* (to join together) यौडति यौडिष्यति अयौडत् यौडतु यौडेत् *यौडित यौडनीय यौडितव्य यौडित्वा

(र) (r)

रक् *10√rak* (to taste, get, obtain) राकयति-ते राकयिष्यति-ते अराकयत्-त राकयतु-ताम् राकयेत्-त *राकित

रक्ष् *1√rakṣ* (to protect, guard, watch) रक्षति रक्षिष्यति अरक्षत् रक्षतु रक्षेत् *रक्षित रक्षणीय रक्षित्वा रक्षण रक्षा

रख् *1√rakh* (to go) रखति रखिष्यति अरखत्-अराखत् रखतु रखेत् *रखित रखत् रखनीय रखितव्य रखित्वा रखितुम्

रग् *1√rag* (to doubt, distrust) रगति रगिष्यति अरगत् रगतु रगेत् *रगित रगनीय रगितव्य रगित्वा रगितुम् रगन

रङ्ख् *1√raṅkh* (to move) रङ्खति-ते रङ्खिष्यति अरङ्खत् रङ्खतु रङ्खेत *रङ्खित रङ्खत् रङ्खनीय रङ्खितव्य रङ्खित्वा रङ्खितुम्

रङ्ग् *1√raṅg* (to go, dye, colour) रङ्गति रङ्गिष्यति अरङ्गत् रङ्गतु रङ्गेत् *रङ्गित रङ्गनीय रङ्गितव्य रङ्गित्वा रङ्गितुम् रङ्ग

रङ्घ् *1,10√raṅgh* (to move) रङ्घति-ते रङ्घयति-ते रङ्घिष्यति अरङ्घत् रङ्घतु रङ्घेत *रङ्घित रङ्घनीय रङ्घित्वा रङ्घितुम् रङ्घन

रच् *10√rać* (to arrange, plan) रचयति-ते रचयिष्यति अरचयत् रचयतु रचयेत रच्यते *रचित रचनीय रचयितुम् रचना

रज् *4√raj* (to color) रज्यति रजिष्यति अरज्यत् रज्यतु रज्येत् *रक्त रक्तुम् रक्त रङ्ग

रञ्ज् *1√rañj* (to be colored) रजति-ते रङ्क्ष्यति अराङ्क्षत् अरजत् रजेत् *रक्त रक्त्वा रक्तव्य रजनीय रञ्जन रजनी

रञ्ज् *4√rañj* (to be red, be colored) रज्यति-ते रज्यिष्यति-ते अरज्यत्-त रज्यतु-ताम् रज्येत्-त *रक्त रज्यनीय रक्तुम्

रट् *1√raṭ* (to howl, shout) रटति रटिष्यति अरटत्-अराटत् रटतु रटेत् *रटित रटनीय रटितव्य रटित्वा रटितुम् रट रटन

रठ् *1√raṭh* (to speak) रठति रठिष्यति अरठत्-अराठत् रठतु रठेत् *रठित रठितव्य रठित्वा रठितुम्

रण् *1√raṇ* (to rattle, tinkle, jingle) रणति रणिष्यति अरणत् रणतु रणेत् *राण रणत् रणनीय रणितव्य रणित्वा रण

रद् *1√rad* (to uproot) रदति रदिष्यति अरदत्-अरादत् रदतु रदेत् *रद्द रदत् रदनीय रदितव्य रदित्वा रदितुम् रद्यमान

रध् *4√radh* (to torment) रध्यति-ते रधिष्यति-रत्स्यति अरध्यत् रध्यतु रध्येत् *रद्ध-रन्ध रन्धनीय रान्ध्य रद्धव्य रद्ध्वा रद्धुम्

रन्ध् *4√randh* (to torment) रन्ध्यति रन्धिष्यति-रन्स्यति अरन्ध्यत् रन्ध्यतु रन्ध्येत् *रन्ध

रन्ध् *10√randh* (to torment) रन्धयति रन्धयिष्यति अरन्धयत् रन्धयतु रन्धयेत् अरन्धत् *रन्धित

रप् *1√rap* (to chatter, prattle, babble) रपति रपिष्यति अरापत्-अरपत् रपतु रपेत् *रप्त रपनीय रपितव्य रप्त्वा रप्तुम्

रफ् *1√raph* (to go) रफति रफिष्यति अरफत् रफतु रफेत् *रफित रफितव्य रफित्वा रफितुम्

रम्फ् *1√ramph* (to go) रम्फिति रम्फिष्यति अरम्फत् रम्फतु रम्फेत् *रम्फित रम्फितव्य रम्फित्वा रम्फितुम्

रम्ब् *1√ramb* (to hang down) रम्बते रम्बिष्यते अरम्बत रम्बताम् रम्बेत *रम्बित रम्बितव्य रम्बित्वा रम्बितुम् हेरम्ब

रभ् *1√rabh* (to start, begin) आ+रभते रम्भिष्यते रप्स्यते अरभत रभताम् रभेत *रब्ध आरभ्य रिप्सितुम् रब्ध्वा आरम्भ

रम् *1√ram* (rejoice)रमते रंस्यते अरमत रमताम् रमेत विरमति विरंस्यति व्यरमत् विरमतु विरमेत् *रत रमणीय रन्तव्य राम

रम्भ् *1√rambh* (to sound) आ+रम्भते रम्भिष्यते अरम्भत रम्भताम् रम्भेत *रब्ध रम्भितव्य रम्भित्वा रम्भितुम्

रय् *1√ray* (to roam) रयते रयिष्यते अरयत रयताम् रयेत *रयित रयनीय रयितव्य रयित्वा रयितुम् रयमाण

रस् *1√ras* (to shout, scream, yell, cry) रसति रसिष्यति अरसत् रसतु रसेत् *रसित रसनीय रसित्वा रसितुम् रस रसना

रस् *10√ras* (to taste) रसयति-ते रसयिष्यति अरसयत् रसयतु रसयेत् *रसित रसनीय रसयितव्य रसयित्वा रसयितुम्

रंह् *1√raṁh* (to go with speed, hasten, flow) रंहति रहिष्यति अरंहत् रंहतु रंहेत् *रंहित-राढ

रह् *1√rah* (to desert, leave, forsake) रहति रहिष्यति अरहत् रहतु रहेत् *रहित रहणीय रहित्वा रह्यमान रहितुम्

रह् *10√rah* (to renounce, quit) रहयति रहयिष्यति अरहयत् रहयतु रहयेत् *रहित रहणीय रहयितव्य रह्य रहयितुम्

रा *2√rā* (to bestow, grant, give) राति रास्यति अरात् रातु रायात् *रात-रापित राणीय रेय रात्वा रातुम् रात्रि सुर धीर

रा *4√rā* (to bark) रायते रायिष्यते अरायत रायताम् रायेत *रात

राख् *1√rākh* (to prevent, ward off; suffice, be dry) राखति राखिष्यति अराखत् राखतु राखेत् *राखित राखित्वा

राघ् *1√rāgh* (to be able) राघते राघिष्यते अराघत राघताम् राघेत *राघित राघनीय राघित्वा राघितुम्

राज् *2√rāj* (to rule, glitter, be eminent) राजति-ते राजिष्यति-ते अराजत्-त राजतु-ताम् राजेत्-त *राजित राज्य राजन्

राध् *4√rādh* (to conciliate, propitiate) आ+राध्यति रात्स्यति अराध्यत् राध्यतु राध्येत् राध्यते *राद्ध राधनीय राध्य

राध् *5√rādh* (to accomplish, complete, perform, achieve) राध्नोति रात्स्यति अराध्नोत् राध्नोतु अराध्नुयात् *राद्ध

रास् *1√rās* (to chirp, bark, howl, yell) रासते रासिष्यते अरासत रासताम् रासेत *रास्त

रि *5√ri* (to hurt, kill, slaughter, murder) रिणोति रेष्यति अरिणोत् रिणोतु रिणुयात् अरैषीत् *रीण

रि *6√ri* (to move, go) रियति रेष्यति अरियत् रियतु रियेत् अरैषीत् *रीण-रीत रित्वा रेतुम्

रि *9√ri* (to expel, drive out) रिणाति रेष्यति अरिणात् रिणातु रिणीयात् *रीण

रिख् *1√rikh* (to go) रेखति रेखिष्यति अरेखत् रेखतु रेखेत् *रिखित रिखितव्य रिखितुम्

रिङ्ख् *1√riṅkh* (to crawl) रिङ्खति रिङ्खिष्यति अरिङ्खत् रिङ्खतु रिङ्खत् *रिङ्खित रिङ्खितव्य रिङ्खितुम्

रिङ्ग् *1√riṅg* (to crawl) रिङ्गति रिङ्गिष्यति अरिङ्गत् रिङ्गतु रिङ्गत् *रिङ्गित रिङ्गित्वा रिङ्गितुम्

रिच् *1√riĉ* (to leave, empty, evacuate, clear, purge) रेचति रेचिष्यति अरेचत् रोचतु रेचेत् *रिक्त

रिच् *7√riĉ* (to leave) रिणक्ति-रिङ्क्ते रेक्ष्यति-ते अरिणक्-अरिङ्क्त रिणक्तु-रिङ्क्ताम् रिञ्च्यात्-रिञ्चीत *रिक्त रेचनीय रेक्तुम् रिक्त

रिच् *10√riĉ* (to leave) रेचयति-ते रेचयिष्यति-ते अरेचयत्-त रेचयतु-ताम् रेचयेत्-त *रेचित

रिज् *1√rij* (to fry, parch, roast) रेजते रेजिष्यते अरेजत रेजताम् रेजेत् *रिक्त उद्रेक

रिणि *1√riṇi* (to go) रिण्वति रिण्विष्यति अरिण्वत् रिण्वतु रिण्वेत् अरिण्वीत् *रिण्वित

रिफ् *6√riph* (to scold, revile, blame) रिफति रेफिष्यति अरेफत् रेफतु रेफेत् *रेफित

रिभ् *1√ribh* (to crackle, creak, murmur, chatter) रेभति-ते रेभिष्यति-ते अरेभत्-त रेभतु-ताम् रेभेत्-त *रीब्ध

रिम्फ् *1√rimph* (to hurt) रिम्फति रेफिष्यति अरेफत् रेफतु रेफेत् *रिम्फित रिम्फितव्य रिम्फितुम्

रिम्फ् *6√rimph* (to hurt) रिम्फति रेम्फिष्यति अरिम्फत् रिम्फतु रिम्फेत् *रिम्फित रिम्फित्वा रिम्फितुम

रिश् *6√riś* (to tear, rend, eat, hurt) रिशति रेक्ष्यति अरेक्षत् रिक्षतु रिक्षेत् *रिष्ट अरिष्ट

रिष् *1,6√riṣ* (to cause harm, do damage, do unwanted thing) रेषति रेषिष्यति-रेक्ष्यति अरिषत् रिषतु रिषेत् *रिष्ट

रिष् *4√riṣ* (to hurt, injure, kill, destroy) रिष्यति रेषिष्यति अरिष्यत् रिष्यतु रिष्येत् अरिषत् *रिष्ट रिष्टव्य रिष्ट्वा-रेषित्वा

रिह् *2√rih* (to hurt) रेहति रेक्ष्यति अरेहत् रेहतु रेहेत *रीढ रीढव्य रीढ्वा रीढुम् रीढा

री *4√rī* (to drip, distill, trickle) रीयते-रेष्यते राष्यते अरीयत रीयताम् रीयेत *रीण रापणीय रेय रातुम्

री *9√rī* (to howl) रीणाति रेष्यति अरीणात् रीणातु रीणीयात् *रीण रीणनीय रीणव्य रीण्वा रीणुम्

रीष् *1√rīṣ* (to take) रीषति-ते रीषिष्यति अरीषत् रीषतु रीषत् *रीष्ट रीष्टव्य रीष्ट्वा रीष्टुम्

रु *1√ru* (to get killed) रवते रविष्यते अरवत रवताम् रवेत अरविष्ट रूयते *रुत रुत्वा रुत्तुम्

रु *2√ru* (to cry) रवीति-रौति रविष्यति अरौत् रौतु रुयात् *रुत रवणीय रवितव्य रुत्वा रवितुम् रव आरव संराव रवि मयूर

रुच् *1√ruĉ* (to like, be pleased) रोचते रोचिष्यते अरोचत रोचताम् रोचेत *रुचित रोचनीय रोचितव्य रुचित्वा रोचितुम्

रुज् *6√ruj* (to destroy, break) रुजति रोक्ष्यति अरुजत् रुजतु रुजेत् *रुग्ण रुग्णवान् रोग

रुज् *10√ruj* (to ravish, hurt) रोजयति रोजयिष्यति अरोजयत्-त रोजयतु-ताम् रोजयेत्-त *रोजित

रुट् *1√ruṭ* (to strike down, resist, oppose) रोटति रोटिष्यति अरोटत् रोटतु रोटेत् *रोटित रोटनीय रोटितव्य रोटित्वा

रुट् *10√ruṭ* (to resist) रोटयति-ते रोटयिष्यति-ते अरोटयत्-त रोटयतु-ताम् रोटयेत्-त *रोटित

रुठ् *1√ruṭh* (to torment) रोठति-ते रोठिष्यति अरोठत् रोठतु रोठेत् *रोठित रोठनीय रोठितव्य रोठित्वा रोठितुम्

रुण्ट् *1√ruṇṭ* (to steal) रुण्टति रुण्टिष्यति अरुण्टत् रुण्टतु रुण्टेत् *रुण्टित रुण्टनीय रुण्टितव्य रुण्टित्वा रुण्टितुम्

रुण्ठ् *1√ruṇṭh* (to be lame) रुण्ठति रुण्ठिष्यति अरुण्ठत् रुण्ठतु रुण्ठेत् *रुण्ठित रुण्ठितव्य रुण्ठित्वा रुण्ठितुम्

रुण्ड् *1√ruṇḍ* (to steal) रुण्डति रुण्डिष्यति अरुण्डत् रुण्डताम् रुण्डेत *रुण्ण रुण्डनीय रुण्डितव्य रुण्डित्वा रुण्डितुम्

रुद् *2√rud* (to weep, cry, mourn) रोदिति रोदिष्यति अरोदीत् रोदितु रुद्यात् *रुदित रुदत् रोदनीय रुदित्वा रोदितुम् रुद्र

रुध् *1√rudh* (to grow) रोधति रोधिष्यति अरोधत् रोधतु रोधेत् *रुद्ध न्यग्रोध

रुध् *4√rudh* (to obey) रुध्यते रोत्स्यते अरुध्यत रुध्यताम् रुध्येत *रुद्ध

रुध् *7√rudh* (to stop) रुणद्धि-रुन्द्धे रोत्स्यति-ते अरुणत्-अरुन्ध रुणद्धु-रुन्धाम् रुन्ध्यात्-अरुन्ध रुध्यते *रुद्ध रुन्धत्

रोधनीय रोद्धव्य रुद्ध्वा उपरुध्य रोद्धुम् रोधन विरोध अनुरोध विरुद्ध

रुप् *4√rup* (to be annoyed) रुप्यति-ते रोपिष्यति अरुप्यत् रुप्यतु रुप्येत् *रुप्त

रुंश् *1√ruṁś* (to shine) रुंशति रुंशिष्यति अरुंशत् रुंशतु रुंशेत् *रुंशित-रुष्ट

रुंश् *10√ruṁś* (to shine) रुंशयति-ते रुंशयिष्यति-ते अरुंशयत्-त रुंशयतु-ताम् रुंशयेत्-त *रुंशित-रुष्ट

रुश् *6√ruś* (to wound, vex) रुशति रोक्ष्यति अरुष्यत् रुष्यतु रुष्येत् *रुष्ट रुष्यत् रोषणीय रुषित्वा रुष्ट्वा रोष्टुम् रोष

रुष् *1,6√ruṣ* (to be angry, hurt) रुषति रुक्ष्यति अरुशत् रुषतु रुषेत् *रुष्ट-रुषित रोषितव्य

रुष् *4√ruṣ* (to be angry, vexed) रुष्यति रोषिष्यति अरुष्यत् रुष्यतु रुष्येत् रुष्यते *रुष्ट-रुषित रुष्ट्वा-रोषित्वा

रुष् *10√ruṣ* (to be angry) रोषयिष्यति-ते अरोषयत्-त रोषयतु-ताम् रोषयेत्-त *रुष्ट रोषनीय रोषयित्वा रोषयितुम्

रुह् *1√ruh* (to ascend, climb, rise) रोहति रोक्ष्यति अरोहत् रोहतु रोहेत् *रूढ रोढव्य रुह्य रोढुम् रुढ्वा आरोहण आरुरुक्षा

रूक्ष् *10√rūkṣ* (to be harsh) रुक्ष्ययति-ते रुक्षयिष्यति-ते अरूक्षयत्-त रूक्षयतु-ताम् रूक्षयेत्-त *रूक्षित रूक्षयितुम् रूक्ष

रूप् *1√rūp* (to adorn, fashion) रूपति रूपिष्यति अरूपत् रूपतु रूपेत् *रूपित-रूप्त रूप्य रूपिन्

रूप् *10√rūp* (to mark, give shape, appoint) रूपयति-ते रूपयिष्यति-ते अरूपयत्-त रूपयतु-ताम् रूपयेत्-त *रूपित

रूष् *1√rūṣ* (to beautify, adorn) रूषति रूषिष्यति अरूषत् रूषतु रूष्यात् *रूषित-रूष्ट

रूष् *10√rūṣ* (to tremble, hurt) रूषयति-ते रूषयिष्यति-ते अरूषयत्-त रूषयतु-ताम् रूषयेत्-त *रूषित-रूष्ट

रेक् *1√rek* (to doubt, suspect) रेकते रेकिष्यते अरेकत रेकताम् रेकेत *रेकित रेकनीय रेक्तव्य रेकित्वा रेकितुम् रेकमान

रेज् *1√rej* (to shine, shake, tremble) रेजते रेजिष्यते अरेजत रेजताम् रेजेत *रेजित

रेट् *1√reṭ* (to memorize, request) रेटति-ते रेटिष्यति अरेत् रेटतु रेटेत् *रेटित रेनीय रेटितव्य रेटित्वा रेटितुम्

रेप् *1√rep* (to go, move, sound) रेपते रेपिष्यते अरेपत रेपताम् रेपेत *रेपित-रेप्त

रेब् *1√reb* (to jump, leap, go) रेबते रेबिष्यते अरेबत रेबताम् रेबेत *रिब्द रेबनीय रेबित्वा रेबितुम्

रेभ् *1√rebh* (to sound, make noise) रेभते रेभिष्यते अरेभत रेभताम् रेभेत *रीब्ध रेपनीय रेप्तव्य रेप्य रेभित्वा रेभितुम्

रेव् *1√rev* (to hop, leap, jump) रेवते रेविष्यते अरेवत रेवताम् रेवेत *रेवित रेवणीय रेवितव्य रेवित्वा रेवमाण रेवा

रेष् *1√reṣ* (to bellow, neigh, howl, yell) रेषते रेषिष्यते अरेषत रेषताम् रेषेत *रेषित

रै *1√rai* (to make sound, bark) रायति रास्यति अरयत् रायतु रायेत् *रात रातव्य रात्वा रातुम्

रोड् *1√roḍ* (to go mad, despise) रोडति रोडिष्यति अरोडत् रोडतु रोडेत् *रोडित रोडितव्य रोडित्वा रोडितुम्

रौट् *1√rauṭ* (to despise, abhore, hate) रौटति रौटिष्यति अरौटत् रौटतु रौटेत् *रौटित रौटनीय रौटितव्य रौटित्वा रौटितुम्

रौड् *1√rauḍ* (to despise) रौडति रौडति रौडिष्यति अरौडत् रौडतु रौडेत् *रौडित रौडनीय रौडितव्य रौडित्वा रौडितुम्

<u>(ल) (l)</u>

लक् *10√lak* (to get; taste) लकयति-ते लकयिष्यति-ते अलकयत्-त लकयतु-ताम् लकयेत्-त *लकित

लक्ष् *1√lakṣ* (to mark, aim, perceive, observe) लक्षति-ते लक्षिष्यति अलक्षत् लक्षतु लक्षेत् लक्ष्यते *लक्षित लक्षणीय लक्षित्वा लक्षितुम् लक्ष लक्ष्य लक्षण लक्ष्मण

लक्ष् *10√lakṣ* (to see, notice, find) लक्षयते लक्षयिष्यते अलक्षयत लक्षयताम् लक्षयेत *लक्षित

लख् *1√lakh* (to go) लखति लखिष्यति अलखत्-अलाखत् लखतु लखेत् *लखित लखत् लखनीय लखित्वा लखितुम्

लग् *1√lag* (to touch) लगति लगिष्यति अलगत् लगतु लगेत् *लग्न-लगित लगनीय लगितुम् लगितव्य रगित्वा लगितुम्

लग् *10√lag* (to touch) लागयति-ते लागयिष्यति-ते अलागयत्-त लागयतु-ताम् लागयेत्-त *लागित

लङ्ख् *1√laṅkh* (to go) लङ्खति लङ्खिष्यति अलङ्खत् लङ्खतु लङ्खेत् *लङ्खित लङ्खनीय लङ्खित्वा लङ्खितुम् लङ्खन

लङ्ग् *1√laṅg* (to go lame) लङ्गति लङ्गति लङ्गिष्यति अलङ्गत् लङ्गतु लङ्गेत् *लङ्गित लङ्गनीय लङ्गित्वा लङ्गितुम्

लङ्घ् *1√laṅgh* (to leap) लङ्घते लङ्घिष्यते अलङ्घत लङ्घताम् लङ्घेत *लङ्घित लङ्घनीय लङ्घितव्य लङ्घित्वा लङ्घितुम् लङ्घन

लङ्घ् *10√laṅgh* (to pass over, go beyond) लङ्घयति-ते लङ्घयिष्यति-ते अलङ्घयत्-त लङ्घयतु-ताम् लङ्घयेत्-त *लङ्घित

लच्छ् *1√lac̒ch* (to mark) लच्छति लच्छिष्यति अलच्छत् लच्छतु लच्छेत् *लच्छित लच्छनीय लच्छित्वा लच्छितुम्

लज् *1√laj* (to blame) लजति लजिष्यति अलजत्-अलाजत् लजतु लजेत् *लजित लजनीय लजितव्य लजित्वा लजितुम्

लज् *6√laj* (to be ashamed) लजति-ते लजिष्यति-ते अलजत्-त लजतु-ताम् लजेत्-त *लजित-लग्न

लज् *10√laj* (to cover, conceal) लजयति-ते लजयिष्यति-ते अलजयत्-त लजयतु-ताम् लजयेत्-त *लजित

लज्ज् *6√lajj* (to blush) लज्जते लज्जिष्यते अलज्जत लज्जताम् लज्जेत *लज्जित लज्जनीय लज्जित्वा लज्जितुम् लज्जा

लञ्ज् *1√lañj* (to blame) लञ्जति लञ्जिष्यति अलञ्जत् लञ्जतु लञ्जेत् *लज्जित लज्जनीय

लञ्ज् *10√lañj* (to blame) लञ्जयति-ते लञ्जयिष्यति-ते अलञ्जयत्-त लञ्जयतु-ताम् लञ्जयेत्-त *लञ्जित

लट् *1√laṭ* (to prattle, be a baby) लटति लटिष्यति अलटत्-अलाटत् लटतु लटेत् *लटित लटनीय लटितव्य लटित्वा

लड् *1√laḍ* (to play, dally) लडति लडिष्यति अलाडत्-अलडत् लडतु लडेत् *लडित लडनीय लडितव्य लडित्वा लडितुम्

लड् *10√laḍ* (to tease, fondle, caress) लाडयति-ते लाडयिष्यति-ते अलाडयत्-त लाडयतु-ताम् लाडयेत्-त *लाडित

लण्ड् *10√laṇḍ* (to speak) लण्डयति-ते लण्डयिष्यति-ते अलण्डयत्-त लण्डयतु-ताम् लण्डयेत्-त

लप् *1√lap* (to prate, whisper) लपति लपिष्यति अलपत् लपतु लपेत् लप्यते *लप्त लपनीय लपितव्य लपित्वा

लभ् *1√labh* (to obtain, get, attain, gain) लभते लप्स्यते अलभत लभताम् लभेत *लब्ध लधुम् लब्ध्वा लाभ दुर्लभ

लम्ब् *1√lamb* (to hang, dangle) लम्बते लम्बिष्यते अलम्बत लम्बताम् लम्बेत *लम्बित लम्बनीय लम्बितव्य लम्बितुम्

लय् *1√lay* (to return, go, go down) लयते लयिष्यते अलयत लयताम् लयेत *लयित

लर्ब् *1√larb* (to go) लर्बति लर्बिष्यति अलर्बत् लर्बतु लर्बेत् *लर्बित लर्बितव्य लर्बित्वा लर्बितुम्

लल् *1√lal* (to play) ललति-ते ललिष्यति-ते अललत्-त ललतु-ताम् ललेत्-त *ललित ललिता

लल् *10√lal* (to sport, frolic) लालयते लालयिष्यते अलालयत लालयताम् लालयेत *लालित

लश् *10√laś* (to learn or practice an art) लशयति-ते लशयिष्यति-ते अलशयत्-त लशयतु-ताम् लशयेत्-त *लशित

लष् *1√laṣ* (to want, desire) लषति-ते लषिष्यति-ते अलयत्-त लषतु-ताम् लषेत्-त *लषित-लष्ट अभिलाषा लशुन

लष् *4√laṣ* (to want) लष्यति लषिष्यति अलष्यत् लष्यतु लष्येत् लष्यते *लष्ट-लषित लष्टव्य लष्ट्वा

लष् *10√laṣ* (to want) लषयति-ते लषयिष्यति-ते अलषयत्-त लषयतु-ताम् लषयेत्-त *लषित-लष्ट

लंस् *1√laṁs* (to embrace) लसति लंसिष्यति-ते अलंसत् लंसतु लंसेत् *लंसित-लस्त

लस् *1√las* (to learn exercise an art, look good) वि+लसति लसिष्यति अलसत् लसतु लसेत् *लसित-लस्त

लस् *10√las* (to learn, be good) लासयति-ते लासयिष्यति-ते अलासयत्-त लासयतु-ताम् लासयेत्-त *लसित-लस्त

लस्ज् *1√lasj* (to be ashamed) लस्जते लज्जिष्यते अलज्जत लज्जताम् लज्जेत लज्ज्यते *लग्न-लज्जित लज्जितुम्

ला *2√lā* (to grasp) लाति लास्यति अलात् लातु लायात् *लात लानीय लेय लात्वा लातुम् व्याल बहुल लाल कृपालु
लाख् *2√lākh* (to dry up) लाखति लाखिष्यति अलाखत् लाखतु लाखेत् *लाखित लाखनीय लाखित्वा लखितुम्
लाघ् *1√lāgh* (to be competent) लाघते लाघिष्यते अलाघत लाघताम् लाघेत *लाघित लाघनीय लाघित्वा लाघितुम्
लाज् *1√lāñj* (to blemish) लाजति लाजिष्यति अलाजत् लाजतु लाजेत् *लाजित लाजनीय लाजित्वा लाजितुम्
लाञ्ज् *1√lāñj* (to blemish) लाञ्जति लाञ्जिष्यति अलाञ्जत् लाञ्जतु लाञ्जेत् *लाञ्जित लाञ्जनीय लाञ्जित्वा
लाञ्छ् *1√lāñćh* (to blemish) लाञ्छति लाञ्छिष्यति अलाञ्छत् लाञ्छतु लाञ्छेत् *लाञ्छित लाञ्छनीय लाञ्छित्वा
लाट् *11√lāṭ* (to live) लाटयति-ते लाटयिष्यति-ते अलाटयत्-त लाटयतु-ताम् लाटयेत्-त *लाटित
लाड् *10√lāḍ* (to fondle, caress) लाडयति-ते लाडयिष्यति-ते अलाडयत्-त लाडयतु-ताम् लाडयेत्-त *लाडित
लिख् *6√likh* (to write, draw) लिखति लेखिष्यति अलिखत् लिखतु लिखेत् *लिखित लेखनीय लिखित्वा लेखितुम् लेख
लिङ्ग् *1√liṅg* (to paint) आ+लिङ्गति आ-लिङ्गिष्यति आलिङ्गत् आ-लिङ्गतु आ-लिङ्गेत *आ-लिङ्गित आलिङ्गन
लिङ्ग् *10√liṅg* (to draw, sketch, write) लिङ्गयति-ते लिङ्गयिष्यति अलिङ्गयत्-त लिङ्गयतु-ताम् लिङ्गयेत्-त
लिङ्ख् *1√liṅkh* (to move) लिङ्खति लिङ्खिष्यति अलिङ्खत् लिङ्खतु लिङ्खेत् *लिङ्खित
लिप् *6√lip* (to besmear) लिम्पति-ते लेप्स्यति अलिम्पत् लिम्पतु लिम्पेत् *लिप्त लेपनीय लिप्तव्य लिप्त्वा लिप्तुम्
लिश् *4√liś* (to tear) लिश्यते लेक्ष्यते अलिश्यत लिश्यताम् लिश्येत *लिष्ट
लिश् *6√liś* (to go) लिशति लेक्ष्यति अलिशत् लिषतु लिषेत् *लिष्ट
लिह् *2√lih* (to lick) लेढि-लीढे लेक्ष्यति-ते अलेट्-अलीढ लेढु-लीढाम् लिह्यात्-लिहीत *लीढ-लेहित लेढुम् लेहन लेह्य
ली *1√lī* (to dissolve, melt) लयते लेष्यते-लास्यते अलीयत लीयताम् लीयेत *लीन लयनीय लेय लीत्वा लेतुम्
ली *4√lī* (to cling, adhere) लीयते लेष्यते अलीयत लीयताम् लीयेत *लीन
ली *9√lī* (to join) लिनाति लेष्यति अलिनात् लिनातु लिनीयात् *लीन
ली *10√lī* (to speak) लाययति-ते लीनयिष्यति-ते अलीनयत्-त लीनयतु-ताम् लीनयेत्-त *लीन-लायित
लुञ्च् *1√luñć* (to uproot) लुञ्चति लुञ्चिष्यति अलुञ्चत् लुञ्चतु लुञ्चेत् *लुञ्चित लुञ्चितव्य लुञ्चित्वा लुञ्चितुम्
लुञ्ज् *1√luñj* (to kill) लुञ्जति लुञ्जिष्यति अलुञ्जत् लुञ्जतु लुञ्जेत् *लुञ्जित लुञ्जितव्य लुञ्जित्वा लुञ्जितुम्
लुञ्ज् *10√luñj* (to kill) लुञ्जयति-ते लुञ्जयिष्यति-ते अलुञ्जयत्-त लुञ्जयतु-ताम् लुञ्जयेत्-त *लुञ्जित
लुट् *1√luṭ* (to repel) लोटति लोटिष्यति अलोटत् लोटतु लोटेत् *लोटित लोटनीय लोटितव्य लोटित्वा लोटितुम्
लुट् *4√luṭ* (to roll) लुट्यति लोटिष्यति अलुट्यत् लुट्यतु लुट्येत् अलुटीत् *लुटित लुटितव्य लुटित्वा लुटितुम्
लुट् *6√luṭ* (to plunder) लुटति लुटिष्यति अलुटत् लुटतु लुटेत् लुट्यते *लुटित लुटितव्य लुटित्वा लुटितुम्
लुट् *10√luṭ* (to wallow) लोटयति-ते लोटयिष्यति-ते अलोटयत्-त लोटयतु-ताम् लोटयेत्-त *लोटित
लुठ् *1√luṭh* (to wallow) लोठते लोठिष्यते अलोठत लोठताम् लोठेत *लुठित लुठितव्य लुठित्वा लुठितुम्
लुठ् *6√luṭh* (to rob) लुठति लुठिष्यति अलुठत् लुठतु लुठेत् लुठ्यते *लुठित लुठितव्य लुठित्वा लुठितुम्
लुड् *1√luḍ* (to stir) लोडति लोडिष्यति अलोडत् लोडतु लोडेत् लुड्यते *लुडित लुडितव्य लुडित्वा लुडितुम्
लुड् *6√luḍ* (to adhere) लुडति लुडिष्यति अलुडत् लुडतु लुडेत् *लुडित लुडितव्य लुडित्वा लुडितुम्
लुण्ट् *1√luṇṭ* (to rob) लुण्टति-ते लुण्टिष्यति अलुण्टत् लुण्टतु लुण्टेत् *लुण्टित लुण्टनीय लुण्टितव्य लुण्टित्वा लुण्टितुम्

लुण्ट् *10√lunṭ* (to rob) लुण्टयति-ते लुण्टयिष्यति अलुण्टयत्-त लुण्टयतु-ताम् लुण्टयेत् *लुण्टित लुण्टित्वा लुण्टितुम्

लुण्ठ् *1√lunṭh* (to go) लुण्ठति लुण्ठिष्यति अलुण्ठत् लुण्ठतु लुण्ठेत् *लुण्ठित लुण्ठनीय लुण्ठितव्य लुण्ठित्वा लुण्ठितुम्

लुण्ठ् *10√lunṭh* (to steal, rob, plunder, cheat) लुण्ठयति लुण्ठयिष्यति अलुण्ठयत् लुण्ठयतु लुण्ठयेत् *लुण्ठित

लुण्ड् *10√lunḍ* (to pillage) लुण्डयति-ते लुण्डयति-ते लुण्डियिष्यति अलुण्डयत्-त लुण्डयतु-ताम् लुण्डयेत् *लुण्डित

लुथ् *1√luth* (to strike) लुन्थति लुन्थिष्यति अलुन्थत् लुन्थतु लुन्थेत् *लुन्थित लुन्थनीय लुन्थितव्य लुन्थित्वा लुन्थितुम्

लुप् *1√lup* (to vanish, confound) लुप्यति लोपिष्यति अलुप्यत् लुप्यतु लुप्येत् *लुप्त लोपनीय लुप्वा

लुप् *6√lup* (to cut) लुम्पति-ते लोप्स्यति-ते अलुम्पत्-त लुम्पतु-ताम् लुम्पेत्-त *लुप्त

लुभ् *4√lubh* (to covet, bewilder) लुभ्यति लोभिष्यति अलुभ्यत् लुभ्यतु लुभ्येत् *लुब्ध लुभ्यत् लुब्ध्वा लुभित्वा लब्धुम्

लुभ् *6√lubh* (bewilder, confound) लुभ्यति लोभिष्यति अलुभ्यत् लुभ्यतु लुभ्येत् *लुब्ध-लुभित लुभित्वा लोभितुम् लोभ

लुम्ब् *1√lubmb* (to torment, harass) लुम्बति लुम्बिष्यति अलुम्बत् लुम्बतु लुम्बेत् *लुम्बित

लुम्ब् *10√lubmb* (to vanish, get ruined) लुम्बयति-ते लुम्बयिष्यति-ते अलुम्बयत्-त लुम्बयतु-ताम् लुम्बयेत्-त *लुम्बित

लुल् *1√lul* (to roll over) लोलति लोलिष्यति अलोलत् लोलतु लोलेत् *लोलित लोलितव्य लोलित्वा लोलितुम्

लुह् *1√luh* (to covet, desire, long for) लोहति लोहिष्यति अलोहत् लोहतु लोहेत् *लोहित-लूढ लूढ्वा

लू *9√lū* (to cut) लुनाति-लुनीते लविष्यति अलुनात् लुनातु लुनीयात् लूयते *लून

लूष् *1√lūṣ* (to adorn, decorate) लूषति लूषिष्यति अलूषत् लूषतु लूषेत् *लूष्ट

लूष् *10√lūṣ* (to plunder, hurt) लूषयति-ते लूषयिष्यति-ते अलूषयत्-त लूषयतु-ताम् लूषयेत्-त *लूषित

लेप् *10√lep* (to go) लेपति-ते लेपयिष्यति-ते अलेपयत्-त लेपयतु-ताम् लेपयेत्-त *लेपित

लैण् *1√laiṇ* (to send, dispatch, embrace, go, approach) लैणति, लैणिष्यति अलैणत् लैणतु लैणेत् *लैणित लैणनीय

लोक् *1√lok* (to see) लोकते लोकिष्यते अलोकत लोकताम् लोकेत *लोकित लोकनीय लोकित्वा लोकितुम् *लोकित

लोक् *10√lok* (to seek) आ+लोकयति-ते लोकयिष्यति-ते अलोकयत्-त लोकयतु-ताम् लोकयेत्-त *आ+लोकित

लोच् *1√loć* (to see, view, percieve, observe) लोचते लोचिष्यते अलोचत लोचताम् लोचेत *लोचित लोचनीय

लोच् *10√loć* (to speak, shine) आ+लोचयति-ते लोचयिष्यति-ते अलोचयत्-त लोचयतु-ताम् लोचयेत्-त *आ+लोचित

लोट् *1√loṭ* (to deceive) लोटति लोटिष्यति अलोटत् लोटतु लोटेत् *लोटित लोटनीय लोटितव्य लोटित्वा लोटितुम्

लोड् *1√loḍ* (to go crazy) लोडति लोडिष्यति अलोडत् लोडतु लोडेत् *लोडित लोडनीय लोडितव्य लोडित्वा लोडितुम्

लोष्ट् *1√loṣṭ* (to pile) लोष्टते लोष्टिष्यते अलोष्टत लोष्टताम् लोष्टेत *लोष्टित लोष्टनीय लोष्टितव्य लोष्टित्वा लोष्टितुम्

लौड् *1√lauḍ* (to be foolish) लौडति लौडिष्यति अलौडत् लौडतु लौडेत *लौडित लौडितव्य लौडित्वा लौडितुम्

ल्पी *9√lpī* (to meet) ल्पिनाति ल्पेष्यति अप्लीनात् प्लीनातु प्लीनीयात् *प्लीत

ल्यी *9√lyī* (to meet) ल्यिनाति ल्येष्यति अल्यीनात् ल्यीनातु ल्यीनीयात् *ल्यीत

ल्वी *9√lvī* (to move) ल्विनाति ल्वेष्यति अल्वीनात् ल्वीनातु ल्वीनीयात् *ल्वीत

(व) (v)

वक्क् *1√vakk* (to move) वक्कते वक्किष्यते अवक्कत वक्कतु वक्केत *वक्कित वक्कितव्य वक्कित्वा वक्कितुम्

वक्ष् *1√vakṣ* (to increase, grow, be powerful) वक्षति वक्षिष्यति अवक्षत् वक्षतु वक्षेत् *वक्षित-वष्ट

वख् *1√vakh* (to go crookedly) वखति वखिष्यति अवखत्-अवाखत् वखतु वखेत् *वखित वखनीय वखित्वा वखितुम्
वङ्क् *1√vaṅk* (to go , move crookedly) वङ्कते वङ्किष्यते वङ्कताम् वङ्केत *वङ्कित वङ्कनीय वङ्कितव्य वङ्कित्वा
वङ्ख् *1√vaṅkh* (to go) वङ्खति वङ्खिष्यति अवङ्खत् वङ्खतु वङ्खेत *वङ्खित वङ्खत् वङ्खनीय वङ्खितव्य वङ्खित्वा वङ्खितुम्
वङ्ग् *1√vaṅg* (to limp) वङ्गति वङ्गिष्यति अवङ्गत् वङ्गतु वङ्गेत *वङ्गित वङ्गत् वङ्गनीय वङ्गितव्य वङ्गित्वा वङ्गितुम्
वङ्घ् *1√vaṅgh* (to blame; go swiftly) वङ्घते वङ्घिष्यते वङ्घताम् वङ्घेत *वङ्घित वङ्घनीय वङ्घितव्य वङ्घित्वा
वच् *2√vać* (to speak) वक्ति वक्ष्यति अवक्-ग् वक्तु वच्यात् उच्यते *उक्त वचनीय वक्तव्य वाच्य उक्त्वा वक्तुम् उक्ति
वच् *10√vać* (to speak) वाचयति-ते वाचयिष्यति-ते अवाचयत्-त वाचयतु-ताम् वाचयेत्-त *वाचित वाचयितुम् वाचन
वज् *1√vaj* (to roam) वजति वजिष्यति अवजत्-अवाजत् वजतु वजेत् *वजित वजनीय वजितव्य वजित्वा वजितुम्
वज् *10√vaj* (to prepare, trim) वाजयति-ते वाजयिष्यति-ते अवाजयत्-त वाजयतु-ताम् वाजयेत्-त *वाजित
वञ्च् *1√vañć* (to deprive of) वञ्चति वञ्चिष्यति अवञ्चत् वञ्चतु वञ्चेत् *वञ्चित वञ्चितव्य वञ्चित्वा वञ्चितुम्
वञ्च् *10√vañć* (to cheat) वञ्चयते वञ्चयिष्यति अवञ्चयत् वञ्चयताम् वञ्चयेत *वञ्चित वञ्चितव्य वञ्चितुम्
वट् *1√vaṭ* (to surround) वटति वटिष्यति अवटत्-अवाटत् वटतु वटेत् *वटित वटनीय वटितव्य वटित्वा वटितुम् वट
वट् *10√vaṭ* (to distribute) वटयति-ते वटयिष्यति अवटयत् वटयतु वटयेत् *वटित वटयितव्य वटयित्वा वटयितुम्
वठ् *1√vaṭh* (to be strong) वठति वठिष्यति अवठत्-अवाठत् वठतु वठेत् *वठित वठनीय वठितव्य वठित्वा वठितुम्
वण् *1√vaṇ* (to sound) वणति वणिष्यति अवणत्-अवाणत् वणतु वणेत् *वाण वणनीय वणितव्य वणित्वा वणितुम्
वण्ट् *1√vaṇṭ* (to divide) वण्टति वण्टिष्यति अवण्टत् वण्टतु वण्टेत् *वण्टित वण्टनीय वण्टितव्य वण्टित्वा वण्टितुम्
वण्ट् *10√vaṇṭ* (to divide) वण्टयति वण्टियिष्यति अवण्टयत् वण्टयतु वण्टयेत् *वण्टित वण्टितव्य वण्टित्वा वण्टितुम्
वण्ठ् *1√vaṇṭh* (to go alone) वण्ठते वण्ठिष्यते अवण्ठत वण्ठताम् वण्ठेत *वण्ठित वण्ठनीय वण्ठितव्य वण्ठित्वा
वण्ड् *1√vaṇḍ* (to apportion) वण्डते वण्डिष्यते अवण्डत वण्डताम् वण्डेत *वण्डित वण्डनीय वण्डितव्य वण्डित्वा
वण्ड् *10√vaṇḍ* (to apportion) वण्डयति वण्डयिष्यति अवण्डयत् वण्डयतु वण्डयेत् *वण्डित वण्डितव्य वण्डितुम्
वद् *1√vad* (to speak) वदति वदिष्यति अवदत् वदतु वदेत् उद्यते *उदित वदनीय उदित्वा वदितव्य वद्य वक्तुम् वदन वाद
वद् *10√vad* (to speak) वादयति-ते वादयिष्यति-ते अवादयत्-त वादयतु-ताम् वादयेत्-त *वादित वादनीय वाद्य वादन
वध् *1√vadh* (to slay, kill, slaughter, murder) वधति वधिष्यति अवधत वधतु वधेत् *वधित-हत हत्वा हन्तुम्
वन् *1√van* (to honor, respect) वनति वनिष्यति अवनत् वनतु वनेत् *वनित वननीय वनितव्य वनित्वा वनितुम् वनिता
वन् *8√van* (to request, beg) वनुते वनिष्यते अवनुत वनुताम् वन्वीत *वत वननीय वनितव्य वनित्वा-वत्वा वनितुम्
वन् *10√van* (to favour) वनयति-ते वनयिष्यति-ते अवनयत्-त वनयतु-ताम् वनयेत्-त *वनित वनितव्य वनितुम्
वन्द् *1√vand* (to salute, pay homage) वन्दते वन्दिष्यते अवन्दत वन्दताम् वन्देत *वन्दित वन्दनीय वन्दित्वा वन्दितुम्
वप् *1√vap* (to sow, scatter, cast) वपति-ते वप्स्यति-ते अवपत्-त वपतु-ताम् वपेत्-त उप्यते *उप्त-वपित वपत् वप्तुम्
वभ्र् *1√vabhr* (to roam) वभ्रति वभ्रिष्यति अवभ्रत् वभ्रतु वभ्रेत् *वभ्रित वभ्रणीय वभ्रितव्य वभ्रित्वा वभ्रितुम् वभ्रमाण
वम् *1√vam* (to vomit) वमति वमिष्यति अवमत् वमतु वमेत् *वान्त-वमित वमितव्य वमितुम् वान्त्वा वान्तवान् वामन
वय् *1√vay* (to move) वयते वयिष्यते अवयत वयताम् वयेत *वयित वयनीय वयितव्य वयित्वा वयितुम् वयमान
वर् *10√var* (to choose, ask for, seek) वरयति-ते वरयिष्यति-ते अवरयत्-त वरयतु-ताम् वरयेत्-त *वरित वर वरण

वर्च् *1√varć* (to glitter, shine) वर्चते वर्चिष्यते अवर्चत वर्चताम् वर्चेत *वर्चित वर्चनीय वर्चितव्य वर्चित्वा वर्चितुम्

वर्ण् *10√varṇ* (to define, describe, relate, write) वर्णयति-ते वर्णयिष्यति-ते अवर्णयत्-त वर्णयतु-ताम् वर्णयेत्-त *वर्णित

वर्ध् *10√vardh* (to divide) वर्धयति-ते वर्धयिष्यति-ते अवर्धयत्-त वर्धयतु-ताम् वर्धयेत्-त *वृद्ध

वर्फ् *1√varṣ* (to move) वर्फते वर्फिष्यते अवर्फत वर्फताम् वर्फेत *वर्फित वर्फितव्व वर्फितुम्

वर्ष् *1√varṣ* (to love, be smooth, wet) वर्षते वर्षिष्यते अवर्षत वर्षताम् वर्षेत *वर्षित

वर्ह् *1√varh* (to speak, spread, cover, hurt) वर्हते वर्हिष्यते अवर्हत वर्हताम् वर्हेत *वर्हित

वल् *1√val* (to turn, turn round, approach) वलते वलिष्यते अवलत वलताम् वलेत *वलित वलनीय वलितुम्

वल्क् *10√valk* (to speak, see) वल्कयति-ते वल्कयिष्यति-ते अवल्कयत् वल्कयतु-ताम् वल्कयेत्-त *वल्कित

वल्ग् *1√valg* (to leap) वल्गति वल्गिष्यति अवल्गत् वल्गतु वल्गेत् *वल्गित वल्गत् वल्गनीय वल्गित्वा वल्गितुम्

वल्भ् *1√valbh* (to consume, eat, devour) वल्भते वल्भिष्यते अवल्भत वल्भताम् वल्भेत *वल्भित वल्भनीय

वल्ल् *1√vall* (to cover, be covered) वल्लते वल्लिष्यते अवल्लत वल्लताम् वल्लेत *वल्लित वल्लनीय वल्लितुम्

वल्ह् *1,10√valh* (to be excellent, to speak) वल्हते वल्हिष्यते अवल्हत वल्हताम् वल्हेत *वल्हित

वश् *2√vaś* (to long for, wish) वष्टि वशिष्यति अवट् वष्टु उश्यात् *उशित-वष्ट वशनीय वशितुम् वश वशिन् उशना

वष् *1√vaṣ* (to injure) वषति वषिष्यति अवषत् वषतु वषेत् *वष्ट

वष्क् *1√vaṣk* (to move) वष्कते वष्किष्यते अवष्कत् वष्कतु वष्केत् *वष्कित

वस् *1√vas* (to stay, reside) वसति वत्स्यति अवसत् वसतु वसेत् उष्यते *वसित वसितुम्-वस्तुम् वसितव्य उषित्वा वास

वस् *2√vas* (to clothe, cover, clad) वस्ते वसिष्यते अवस्त वस्ताम् वसीत *उषित वसनीय वसितव्य वसन वास वस्ति

वस् *4√vas* (to stop, resist) वस्यति वसिष्यति अवस्यत् वस्यतु वस्येत् *उषित वसनीय वसितव्य वसित्वा वसितुम्

वस् *10√vas* (to love; dwell) वसयति-ते वसयिष्यति-ते अवसयत्-त वसयतु-ताम् वसयेत्-त *वसित

वस्क् *1√vask* (to move, move about) मस्कति-ते वष्किष्यते वष्कताम् वष्केत *वष्कित वष्कनीय वष्कित्वा वष्कितुम्

वस्त् *10√vast* (to solicit, beg, ask for) वस्तयति-ते वस्तयिष्यति-ते अवस्तयत्-त वस्तयतु वस्तयेत् *वस्कित

वंह् *1√vaṁh* (to carry) वंहति वङ्क्ष्यति अवाङ्क्षत् वङ्क्ष्यतु वङ्क्ष्येत् *ऊढ

वंह् *10√vaṁh* (to illuminate) वंहयति वंहयिष्यति-ते अवंहयत्-त वंहयतु-ताम् वंहयेत्-त *ऊढ

वह् *1√vah* (to carry) वहति-ते वक्ष्यति-ते अवहत्-त वहतु-ताम् वहेत्-त उह्यते *ऊढ ऊढ्वा वोढुम् वह्य वहन वाहन वाह

वा *2√vā* (to blow, go, move) वाति वास्यति अवात् वातु वायात् *वात-वान वानीय वातव्य वात्वा वातुम् वाम वायु

वा *4√vā* (to dry up, be dried up) वायते वास्यते अवायत वायताम् वायेत वायते *वित वात्वा वातुम्

वा *10√vā* (to move) वाययति-ते वाययिष्यति-ते अवाययत्-त वाययतु-ताम् वाययेत्-त *वायित

वाङ्क्ष् *1√vāṅkṣ* (to wish, desire) वाङ्क्षति वाङ्क्षिष्यति अवाङ्क्षत् वाङ्क्षतु वाङ्क्षेत् *वाङ्क्षित

वाञ्छ् *1√vāñćh* (to wish, desire) वाञ्छति वाञ्छिष्यति अवाञ्छत् वाच्छतु वाञ्छेत् *वाञ्छित वाञ्छनीय वाञ्छित्वा

वाड् *1√vāḍ* (to bathe) वाडते वाडिष्यते अवाडत वाडताम् वाडेत *वाडित वाडनीय वाडितव्य वाडित्वा वाडितुम्

वात् *10√vāt* (to flow, blow air) वातयति-ते वातयिष्यति-ते अवातयत्-त वातयतु-ताम् वातयेत्-त *वातित

वाश् *4√vāś* (to bellow, roar, howl, sound) वाश्यते वाशिष्यते अवाशिष्ट वाश्यताम् वाश्येत *वाशित

वास् *10√vās* (to smell) वासयति-ते वासयिष्यति-ते अवासयत्-त वासयतु-ताम् वासयेत्-त वास्यते *वासित वासयितुम्
वाह् *1√vāh* (to endavor) वाहते वाहिष्यते अवाहत वाहताम् वाहेत *वाढ
विच् *6√viś* (to cheat) विचति विचिष्यति अविचत् विचतु विचेत् *विचित विचित्वा व्यचितुम्
विच् *7√viś* (to sift) विनक्ति-विङ्क्ते वेक्ष्यति अविचत् विनक्तु विञ्च्यात् *विक्त
विच्छ् *6√viśćh* (to speak) विच्छति विच्छिष्यति अविच्छत् विच्छतु विच्छेत् *विच्छित
विच्छ् *10√viśćh* (to speak) विच्छयति विच्छयिष्यति अविच्छयत् विच्छतु विच्छेत् *विच्छयित विच्छयनीय
विज् *3√vij* (to separate) वेवेक्ति वेविक्ते वेक्ष्यति-ते अविजत् *विक्त
विज् *6√vij* (to irritate, agitate) उद्+विजते विजिष्यते अविजत विजताम् विजेत *विग्न वेजनीय विजित्वा विजितुम्
विज् *7√vij* (to tremble) विनक्ति विजिष्यति अविनक् विनक्तु विज्यात् *विज्न वेजनीय विजितव्य वेज्य विजित्वा विजितुम्
विट् *1√viṭ* (to curse, snare, rail at) वेटति वेटिष्यति अवेटत् वेटतु वेटेत् *वेटित वेटनीय वेटितव्य वेटित्वा वेटितुम्
विड् *1√viḍ* (to revile, cry foul) वेडति वेडिष्यति अवेडत् वेडतु वेडेत् *वेडित वेडनीय वेडितव्य वेडित्वा वेडितुम्
विडम्ब् *1√viḍamb* (to mock) विडम्बयति-ते विडम्बिष्यति-ते अविडम्बत्-त विडम्बतु-ताम् विडम्बेत्-त *विडम्बित
वित्त् *10√vitt* (to give away, give as alms) वित्तयति-ते वित्तयिष्यति-ते अवित्तयत्-त वित्तयतु-ताम् वित्तयेत्-त *वित्तित
विथ् *1√vith* (to request, ask, beg) वेथते वेथिष्यते अवेथत वेथताम् वेथेत *विप्त वेथनीय वेथित्वा वेथितुम् वेथमान
विद् *2√vid* (to know) वेत्ति-वेद वेदिष्यति अवेत् विदाङ्करोतु-वेत्तु विद्यात् विद्यते *विन्न वेदनीय वेद्य वेदितुम् वेद वैदिक
विद् *4vid* (to be) विद्यते वेत्स्यते अविद्यत विद्यताम् विद्येत विद्यते *वित्त-विन्न वेदनीय वेत्तव्य वेद्य वेत्तुम् विद्यमान वेदना
विद् *6√vid* (to attain) विन्दति-ते वेत्स्यति-ते वेदिष्यति-ते अविन्दत्-त विन्दतु-ताम् विन्देत्-त विद्यते *वित्त-विन्न
विद् *7√vid* (to think) विन्ते वेत्स्यते अविन्त विन्ताम् विन्दीत विद्यते *विद्ध वेदनीय वेदितव्य वेद्य विदित्वा-वित्त्वा वेत्तुम्
विद् *10√vid* (to say) वेदयते वेदयिष्यते अवेदयत वेदयताम् वेदयेत वेद्यते *वेद वेदयितव्य वेद्य वेदयित्वा वेदयितुम्
विध् *6√vidh* (to state) विधति वेधिष्यति अवेधत् विधतु विधेत् *विद्ध
विन्ध् *6√vindh* (to lack) विन्धते विन्धिष्यति अविन्धत् विन्धतु विन्धेत् *विनद्ध
विल् *6√vil* (to cover, hide) विलति वेलिष्यति अवेलत् वेलतु वेलेत् *विलित विलितव्य विलित्वा विलितुम्
विल् *10√vil* (to cut, slit) विलयति-ते विलयिष्यति-ते अविलयत्-त विलयतु-ताम् विलयेत्-त *विलित विलितव्य विलितुम्
विश् *6√viś* (to enter) विशति वेक्ष्यति अविशत् विशतु विशेत् *विष्ट वेशनीय वेशितव्य वेष्टव्य वेष्टुम् प्रवेश विटप
विष् *3√viṣ* (to detach) विवेष्टि-ष्टे वेक्ष्यति-ते अविषत्-त विषतु-ताम् विषेत्-त *विष्ट वेष्य विष्ट्वा वेष्टुम् विष्णु विष वेष
विष् *9√viṣ* (to separate) विष्णाति वेक्ष्यति अविष्णात् विष्णातु विष्णीयात् *विष्ट वेशनीय वेशितव्य विष्ट्वा वेशितुम्
विष्क् *10√viṣk* (to hurt, kill) विष्कयति-ते विष्कयिष्यति-ते अविष्कयत्-त विष्कयतु-ताम् विष्कयेत्-त *विष्कित
विष्ल् *5√viṣl* (to pervade, occupy, spread) वेवेष्टि वक्ष्यति अववेट् वेवेष्टु वेविष्यात् *विष्लित विष्लितव्य विष्लितुम्
विस् *4√vis* (to abandon) विस्यति वेसिष्यति अविस्यत् विस्यतु विस्येत *विस्त
वी *2√vī* (to pervade, throw, eat) वेति वेष्यति अवेत् वेतु वीयात् *वीत वयनीय वेतव्य वीत्वा वेतुम् वीणा वेणु वेतन
वीज् *1√vīj* (to go) उद्-वीजते विजिष्यते अविजत विजताम् विजेत् वीज्यते *विग्न
वीज् *10√vīj* (to cool by fanning, fan) वीजयति-ते वीजयिष्यति अवीजयत् वीजयतु वीजयेत् *वीजित वेजन

वीभ् *1√vībh* (to brag) वीभते विभिष्यते अविभत विभताम् विभेत *वीब्ध

वीर् *10√vīr* (to be brave) वीरयते वीरयिष्यति-ते अवीरयत्-त वीरयतु-ताम् वीरयेत्-त *वीरित वीरयितुम् वीर वीर्य

वुक्क् *1√vukk* (to bark) वुक्कति वुक्किष्यति अवुक्कत् वुक्कतु वुक्केत् *वुक्कित वुक्कनीय वुक्कित्वा वुक्कितुम्

वुङ्ग् *1√vuṅg* (to forsake, give up) वुङ्गति वुङ्गिष्यति अवुङ्गत् वुङ्गतु वुङ्गेत् *वुङ्गित वुङ्गितव्य वुङ्गित्वा वुङ्गितुम्

वुण्ट् *10√vuṇṭ* (to hurt, kill) वुण्टयेते-ते वुण्टयिष्यति-ते अवुण्टयत्-त वुण्टयतु-ताम् वुण्टयेत्-त *वुण्टित

वृ *10√vṛ* (to cover, hide) वारयतिते वारयिष्यति-ते अवारयत्-त वारयतु-ताम् वारयेत्-त *वारित वारणीय वारयितुम् वार

वृ *5√vṛ* (to cover) वृणोति-वृणुते वरिष्यति-ते अवृणोत्-अवृणुत वृणातु-वृणुताम् वृणुयात्-वृण्वीत व्रीयते *वृणित वृण्वत् वरणीय वरितव्य वर्य वृत्वा वरितुम्-वरीतुम् वरण वरेण्य वर्मन् वराक वर्ण वरुण वारण वर्ग वारि वृक वृक्ष

वृ *9√vṛ* (to choose, select) वृणीते वरिष्यते अवृणीत वृणीताम् वृणीत व्रीयते *वृत

वृ *10√vṛ* (to hide) वारयति-ते वारयिष्यति-ते अवारयत्-त वारयतु-ताम् वारयेत्-त वार्यते *वारित वारणीय वारयितुम्

वृक् *1√vṛk* (to hold) वर्कते वर्किष्यते अवर्कत वर्कताम् वर्केत *वर्कित

वृक्ष् *1√vṛkṣ* (to cover) वृक्षते वृक्षिष्यते अवृक्षत् वृक्षताम् वृक्षेत *वृक्षति

वृच् *7√vṛć* (to choose) वृणक्ति वर्चिष्यति अवृणक् वृणक्तु वृञ्च्यात् *वर्चित

वृज् *2√vṛj* (to exclude, avoid, shun, leave) वृक्ते वर्जिष्यते अवृक्त वृक्ताम् वृजीत वर्ज्यते *वृक्त

वृज् *7√vṛj* (to shun) वृणक्ति वर्जिष्यति अवृणक् वृणक्तु वृञ्ज्यात् *वर्जित वर्जनीय वृज्य वर्जित्वा वर्जितुम् वृजिन

वृज् *10√vṛj* (to shun) वर्जयति-ते वर्जयिष्यति-ते अवर्जयत्-त वर्जयतु-ताम् वर्जयेत्-त *वर्जित वर्जयित्वा वर्जयितुम

वृञ्ज् *2√vṛñj* (to avoid) वृङ्क्ते वर्जिष्यते अवृक्त वृक्ताम् वृजीत *वर्जित वर्जनीय वर्जितव्य वृज्य वर्जित्वा वर्ज्य वृजिन

वृड् *6√vṛḍ* (to hide) वृडति वृडिष्यति अवृडत् वृडतु वृडेत् *वृडित वृडितव्य वृडित्वा वृडितुम्

वृण् *6√vṛṇ* (to please) वृणति वर्णिष्यति अवर्णत् वृणतु वृणेत् *वृत

वृण् *8√vṛṇ* (to please) वृणोति-वृणुते वर्णिष्यति अवृणोत् वृणोतु वृणुयात् *वृत

वृत् *1√vṛt* (to be) वर्तते वर्तिष्यते अवर्तत वर्तताम् वर्तेत वृत्यते *वृत्त वर्तितव्य वर्तितुम् वर्तित्वा-वृत्वा वर्तमान वर्तन

वृत् *4√vṛt* (to choose) वृत्यते वर्त्तिष्यते आवृत्यत वृत्यताग् वृत्येत *वृत्त वर्तिष्यति वृत्य वर्तित्वा वृत्वा वर्तितुम् वृत्तवान

वृत् *10√vṛt* (to speak) वर्तयते-ते वर्तयिष्यति-ते अवर्तयत्-त वर्तयतु-ताम् वर्तयेत्-त *वर्तित

वृध् *1√vṛdh* (to grow, increase) वर्धते वर्धिष्यते अवर्धत वर्धताम् वर्धेत *वृद्ध वर्धनीय वर्धितव्य वर्धितुम् वर्धित्वा

वृध् *10√vṛdh* (to shine) वर्धयति-ते वर्धयिष्यति-ते अवर्धयत्-त वर्धयतु-ताम् वर्धयेत्-त वृध्यते *वृद्ध

वृश् *4√vṛś* (to select, choose) वृश्यति वर्शिष्यति अवृश्यत् वृश्यतु वृश्येत् *वृष्ट वृष्टव्य वृष्ट्वा

वृष् *1√vṛṣ* (to rain) वर्षति वर्षिष्यति अवर्षत् वर्षतु वर्षेत् वृष्यते *वृष्ट

वृष् *10√vṛṣ* (to rain) वर्षयते वर्षयिष्यते अवर्षयत वर्षयताम् वर्षयेत *वृष्ट

वृह् *6√vṛṣ* (to tear) वृहति वर्हिष्यति-वर्क्ष्यति अवर्हत् वर्हतु वर्हेत् *वृढ वृहत् वर्हणीय वर्हितव्य वर्हित्वा-वृढ्वा वर्हितुम्

वॄ *9√vṝ* (to select, choose) वृणीते वरिष्यते अवृणीत वृणीताम् वृणीत *वूर्ण वूर्णवत् वरणीय

वे *1√ve* (to knit) वयति-ते वास्यति अवयत् वयतु वयेत् ऊयते *उत उत्वा वानीय वातव्य वेय वातुम् उतवान् प्रोत

वेण् *1√veṇ* (to know, play) वेणति-ते वेणिष्यति अवेणत् वेणतु वेणेत् *वेणित वेणनीय वेणित्वा वेणितुम् वेणि वीणा

वेथ् *1√veth* (to request) वेथते वेथिष्यते अवेथत वेथताम् वेथेत *वेथित वेथितव्य वेथित्वा वेथितुम्

वेद् *11√ved* (to dream) वेद्यति-ते वेद्यिष्यति-ते अवेद्यत्-त वेद्यतु-ताम् वेद्येत्-त *वेदित

वेन् *1√ven* (to recognize) वेनति-ते वेनिष्यति-ते अवेनत् वेनतु वेनेत् *वेनित वेननीय वेनितव्य वेनित्वा वेनितुम्

वेप् *1√vep* (to shake, tremble, quiver) वेपते वेपिष्यते अवेपत वेपताम् वेपेत *वेप्त वेपनीय वेप्तव्य वेपतुम् वेपमान

वेल् *1√vel* (to walk, be wanton) वेलति वेलिष्यति अवेलत् वेलतु वेलेत् *वेलित वेलनीय वेलितव्य वेलित्वा वेलितुम्

वेल् *10√vel* (to count the time) वेलयति-ते वेलयिष्यति-ते अवेलयत्-त वेलयतु-ताम् वेलयेत्-त *वेलित वेल्यमान

वेल्ल् *1√vell* (to tremble) वेल्लति वेल्लिष्यति अवेल्लत् वेल्लतु वेल्लेत् *वेल्लित वेल्लितव्य वेल्लित्वा वेल्लितुम्

वेवी *2√vevī* (to be pregnant) वेवीते वेविष्यते अवेवीत वेवीताम् वेवीत *वेवित वेवितव्य वेवित्वा वेवितुम्

वेष्ट् *1√veṣṭ* (to surround) वेष्टते वेष्टिष्यते अवेष्टत वेष्टताम् वेष्टेत *वेष्टित वेष्टनीय वेष्टितव्य वेष्टित्वा वेष्टितुम्

वेह् *1√veh* (to try) वेहते वेहिष्यते अवेहत वेहताम् वेहेत *वेढ

वेह्ल् *1√vehl* (to go) वेह्लते वेह्लिष्यते अवेह्लत वेह्लताम् वेह्लेत *वेह्लित वेह्लितव्य वेह्लित्वा वेह्लितुम्

वै *1√vai* (to dry, be dried, languid, exhausted) वायति वास्यति अवासत् वायतु वायेत् *वान वात्वा वातुम वात

व्यच् *6√vyac´* (to cheat, deceive) विचति व्यचिष्यति अविचत् विचतु विचेत् *विचित विचनीय विचित्वा विचितुम्

व्यज् *1√vyaj* (to fan, circulate air) व्यजति-ते व्यजिष्यति-ते अव्यजत्-त व्यजतु-ताम् व्यजेत्-त *व्यग्न

व्यथ् *1√vyath* (be pained, sorry, sad) व्यथते व्यथिष्यते अव्यथत व्यथताम् व्यथेत व्यथ्यते *व्यथित व्यथितुम् व्यथा

व्यध् *4√vyadh* (to shoot strike stab) विध्यति व्यत्स्यति अविध्यत् विध्यतु विध्येत् *विद्ध व्यधनीय विद्ध्वा व्यद्धुम् व्याध

व्यप् *10√vyap* (to destroy, diminish) व्यपयति-त व्यपयिष्यति-ते अव्यपयत्-त व्यपयतु-ताम् व्यपयेत्-त *व्याप्त

व्यय् *1√vyay* (to go) व्ययति-ते व्ययिष्यति-ते अव्ययत्-त व्ययतु-ताम् व्ययेत्-त *व्ययित व्ययित्वा व्ययितुम् व्यय अव्यय

व्यय् *10√vyay* (to spend, bestow) व्यययति व्यययिष्यति व्यययिष्यति-ते अव्यययत्-त व्यययतु-ताम् व्यययेत्-त *व्ययित

व्यंस् *1√vyaṁs* (to divide, distribute; foil, ward off; deceive) व्यंसति व्यंसिष्यति अव्यंसत् व्यंसतु व्यंसेत् *व्यंसित

व्युष् *4√vyuṣ* (to burn) व्युष्यति व्युषिष्यति अव्युष्यत् व्युष्यतु व्युष्येत् *व्युष्ट व्युष्टव्य व्युष्ट्वा व्युष्टुम्

व्ये *1√vye* (to cover, sew) व्ययति-ते व्यास्यति-ते अव्यासीत्-अव्यास्त *वीत वीत्वा व्यातुम्

व्रज् *1√vraj* (to approach, proceed, walk, go) व्रजति व्रजिष्यति अव्रजत् व्रजतु व्रजेत् *व्रजित व्रजनीय व्रजित्वा

व्रज् *10√vraj* (to go, prepare, decorate) व्राजयति-ते व्राजयिष्यति-ते अव्राजयत्-त व्राजयतु-ताम् व्राजयेत्-त व्रज्यते

व्रण् *1√vraṇ* (to sound) व्रणति व्रणिष्यति अव्रणत्-अव्राणत् व्रणतु व्रणेत् *व्राण वणनीय व्रणितव्य व्रणित्वा व्रणितुम्

व्रण् *10√vraṇ* (to strike, hurt, wound) व्रणयति-ते व्रणयिष्यतिते अव्रणयत्-त व्रणयतु-ताम् व्रणयेत्-त *व्रणित

व्रश्च् *6√vraṣć* (to bite) वृश्चति व्रश्चिष्यति-व्रक्ष्यति अवृश्यत् वृश्यतु-व्रश्यतु वृश्येत्-व्रश्येत् *वृक्ण व्रश्चनीय व्रष्टुम्

व्री *4√vrī* (to select, choose, be chosen) व्रीयते व्रेष्यते अव्रीयत व्रीयताम् वीयेत *व्रीण

व्री *9√vrī* (to select, choose) व्रीणाति व्रेष्यति अव्रीणात् व्रीणातु व्रीणीयात् *व्रीण-व्रीत व्रयणीय व्रेतव्य व्रीत्वा व्रेतुम्

व्रीड् *1√vrīḍ* (to be abashed) व्रीडते व्रीडिष्यते अव्रीडत् व्रीडतु व्रीडेत् *व्रीडित व्रीडनीय व्रीडितव्य व्रीडित्वा व्रीडितुम्

व्रीड् *4√vrīḍ* (to be ashamed) व्रीड्यति व्रीडिष्यति अव्रीड्यत् व्रीड्यतु व्रीड्येत् *व्रीडित व्रीडितव्य व्रीडित्वा व्रीडितुम्

व्रीड् *10√vrīḍ* (to be abashed, ashamed) व्रीडयति-ते व्रीडयिष्यति-ते अव्रीडयत्-त व्रीडयतु-ताम् व्रीडयेत्-त *व्रीडित

व्रुड् *1,6√vruḍ* (to sink, go down, gather, collect) व्रुडति व्रुडिष्यति अव्रुडत् व्रुडतु व्रुडेत् *व्रुडित व्रुडनीय व्रुडितव्य

व्ली *9√vlī* (to support, hold, maintain) व्लिनाति व्लेष्यति अव्लीनात् व्लीनातु व्लीनीयात् *व्लीन

व्लेक्ष् *10√vlekṣ* (to see) व्लेक्षयति-ते व्लेक्षयिष्यति-ते अव्लेक्षयत्-त व्लेक्षयतु-ताम् व्लेक्षयेत्-त *व्लेक्षित

(श) (śa)

शक् *5√śak* (to be able, competent) शक्नोति शक्ष्यति अशक्नोत् शक्नोतु शक्नुयात् शक्यते *शक्त शक्तवान् शकत् शकनीय शक्तव्य शक्य शक्त्वा-शकित्वा शक्तुम् शक्ति सशक्त शकट शाक शक्र शकृत शक शकुन शकुनि शकुन्तला

शङ्क् *1√śaṅk* (to doubt, hesitate) शङ्कते शङ्किष्यते अशङ्कत शङ्कताम् शङ्केत *शङ्कित शङ्कनीय शङ्कित्वा शङ्का

शच् *1√śac* (to talk, say, tell, speak) शचते शचिष्यते अशचत शचताम् शचेत *शचित शचनीय शचितव्य शचित्वा

शञ्च् *1√śañc* (to go, move) शञ्चते शञ्चिष्यते अशञ्चत शञ्चताम् शञ्चेत *शङ्क-शञ्चित

शट् *1√śaṭ* (to cut, divide, separate) शटति शटिष्यति अशटत् शटतु शटेत् *शटित शटनीय शटितव्य शटित्वा शटितुम्

शठ् *1√śaṭh* (to defraud, cheat) शठति शठिष्यति अशठत् शठतु शठेत् *शठित शठनीय शठितव्य शठित्वा शठितुम्

शठ् *10√śaṭh* (to be lazy) शठयति-ते शठयिष्यति-ते अशठयत्-त शठयतु-ताम् शठयेत्-त *शाठित शठयितव्य शठ

शण् *1√śaṇ* (to give, give charity) शणति शणिष्यति अशणत् शणतु शणेत् *शणित शणनीय शणितव्य शणित्वा

शण्ड् *1√śaṇḍ* (to be hurtful) शण्डते शण्डिष्यते अशण्डत शण्डताम् शण्डेत *शण्डित शण्डनीय शण्डितव्य शण्डित्वा

शद् *1√śad* (to decay, wither, sink) शीयते शत्स्यति अशीयत् शीयताम् शीयेत *शन्न शत्तव्य शाद्य शत्त्वा शत्तुम्

शप् *1√śap* (to curse, exercrate, swear, take oath, promise) शपति-ते शप्स्यति अशप्यत् शप्यतु शप्येत् *शप्त

शप् *4√śap* (to curse) शप्यति-ते शप्स्यति-ते अशप्सत्-अशप्त शप्यतु-ताम् शप्येत्-त *शप्त शप्यत् शपनीय शप्तुम्

शब्द् *10√śabd* (to sound, pronounce) शब्दयति-ते शब्दयिष्यति-ते अशब्दयत्-त शब्दयतु-ताम् शब्दयेत्-त *शब्दित

शम् *1√śam* (to see, show) शमति शमिष्यति अशमत् शमतु शमेत् *शमित शमनीय शमितव्य शमित्वा शमितुम्

शम् *4√śam* (to be calm, tranquil) शाम्यति शमिष्यति अशमत् शम्यतु शम्येत् *शान्त-शमित शमनीय शान्त्वा शमितुम्

शम् *10√śam* (to extinguish, inspect, display, see, show) शमयते शमयिष्यते अशमयत शमयताम् शमयेत *शान्त

शम्ब् *1√śamb* (to go) शम्बति-ते शम्बिष्यति-ते अशम्बत्-त शम्बतु-ताम् शम्बेत्-त *शम्बित शम्बित्वा शम्बितुम्

शम्ब् *10√śamb* (to collect) शम्बयति-ते शम्बयिष्यति शम्बयति-ते शम्बयिष्यति-ते अशम्बयत्-त शम्बयतु-ताम् शम्बयेत्

शर्ब् *1√śarb* (to go, injure) शर्बति शर्बिष्यति अशर्बत् शर्बतु शर्बेत् *शर्बित शर्बितव्य शर्बित्वा शर्बितुम्

शर्व् *1√śarv* (to hurt) शर्वति शर्विष्यति अशर्वत् शर्वतु शर्वेत् *शर्वित शर्वणिय शर्वित्वा शर्वितुम्

शल् *1√śal* (to shake, agitate) शलते शलिष्यते अशलत शलताम् शलेत *शलित शलनीय शल्य शलितुम्

शल् *10√śal* (to praise) शालयति-ते शालयिष्यति-ते अशालयत्-त शालयतु-ताम् शालयेत्-त *शालित

शल्भ् *1√śalbh* (to praise) शल्भते शल्भिष्यते अशल्भत शल्भताम् शल्भेत *शल्भित शल्भितव्य शल्भित्वा शल्भितुम्

शल्ल् *1√śall* (to go) शल्लते शल्लिष्यति अशल्लत शल्लताम् शल्लेत *शल्लित शल्लितव्य शल्लित्वा शल्लितुम्

शव् *1√śav* (to transform, alter) शवति शविष्यति अशवत्-अशावत् शवतु शवेत् *शवित शवितव्य शवित्वा शवितुम्

शंस् *1√śaṁs* (to praise, extol) शंसति शंसिष्यति अशंसत् शंसतु शंसेत् *शस्त शंसनीय शंसित्वा शंस्यमान प्रशंसा

शश् *1√śaś* (to leap, bound, jump) शशति शशिष्यति अशषत्-अशाषत् शशतु शशेत् *शष्ट

शष् *1√śaṣ* (to injure) शषति शक्ष्यति अशषत् शषतु शषेत् *शष्ट शषणीय शष्टव्य शष्ट्वा शष्टुम्

शस् *1√śas* (to wound, cut up) शसति शसिष्यति अशसत्-अशासत् शसतु शसेत् *शस्त

शा *3√śā* (to sharpen) शशाति शशिष्यति अशशात् शशातु शश्यात् *शस्त

शाख् *1√śākh* (to pervade, encompass) शाखति शाखिष्यति अशाखत् शाखतु शाखेत् *शाखित शाखनीय शाखित्वा

शाड् *1√śāḍ* (to praise) शाडते शाडिष्यते अशाडत शाडताम् शाडेत *शाडित शाडनीय शाडितव्य शाडित्वा शाडितुम्

शान् *1√śān* (to sharpen) शीशांसति-ते शीशांसिष्यति अशीशांसत् शीशांसताम् शीसांसेत् *शीसांसित शीसांसितुम्

शार् *10√śār* (to weaken) शीरयति-ते शारयिष्यति-ते शारयतु-ताम् शारयेत्-त *शारित

शाल् *1√śāl* (to praise, flatter; boast, vaunt) शालते शालिष्यते अशालत शालताम् शालतु *शालित

शास् *2√śās* (to govern) शास्ति-ते शासिष्यति-ते अशात्-त शास्तु-ताम् शिष्यात्-त *शासित-शिष्ट शासित्वा शासन

शि *5√śi* (to sharpen) शिनोति-शिनुते शेष्यति-शेष्यते अशिनोत्-अशिनुत शिनोतु-शिनुताम् शिनुयात्-शिन्वीत *शित-शिन

शिक्ष् *1√śikṣ* (to learn) शिक्षते शिक्षिष्यते अशिक्षित शिक्षताम् शिक्षेत *शिक्षित शिक्षणीय शिक्षमाण शिक्षा शिक्षण

शिङ्ख् *1√śiṅkh* (to go) शिङ्खति शिङ्खिष्यति अशिङ्खत् शिङ्खति शिङ्खिष्यति अशिङ्खत् शिङ्खतु शिङ्खेत *शिङ्खित शिङ्खत्

शिङ्घ् *1√śiṅgh* (to smell) शिङ्घति शिङ्घिष्यति अशिङ्घत् शिङ्घतु शिङ्घेत *शिङ्घित शिङ्घत् शिङ्घनीय शिङ्घितव्य शिङ्घित्वा

शिञ्ज् *1√śiñj* (to jingle) शिञ्जते शिञ्जिष्यते अशिञ्जत शिञ्जताम् शिञ्जेत *शिञ्जित-शिङ्क्त

शिञ्ज् *2√śiñj* (to jingle) शिङ्क्ते शिञ्जिष्यते अशिङ्क्त शिङ्क्ताम् शिञ्जीत *शिञ्जित शिञ्जनीय शिञ्जित्वा शिञ्जितुम्

शिञ्ज् *10√śiñj* (to tinkle) शिञ्जयते शिञ्जयिष्यति-ते अशिञ्जयत्-त शिञ्जयतु-ताम् शिञ्जयेत्-त *शिञ्जित

शिट् *1√śiṭ* (to despise, disregard, slight) शेटति शेटिष्यति अशेटत् शेटतु शेटेत् *शेटित शेटनीय शेटितव्य शेटित्वा

शिल् *1,6√śil* (to pick left over grains) शिलति शेलिष्यति अशिलत् शिलतु शिलेत् *शिलित शेलनीय शिलितुम्

शिष् *1√śiṣ* (to injure) शषति शेशिष्यति अशेषत् शेषतु शिषेत् *शिष्ट

शिष् *7√śiṣ* (to leave remainder) शिनष्टि शेक्ष्यति अशिनट्-ड् शिनष्ट शिंष्यात् *शिष्ट शेषणीय शिष्ट्वा शेष्टुम् शेष

शिष् *10√śiṣ* (to spare, keep) शेषयति-ते शेषयिष्यति-ते अशेषयत्-त शेषयतु-ताम् शेषयेत्-त *शिष्ट

शी *2√śī* (to sleep) शेते शयिष्यते अशेत शेताम् शयीत *शयित शयनीय शेय शयित्वा शयितुम् संशय शयन शय्या

शी *4√śī* (to fall) शीयते शीयिष्यति अशीयत् शीयतु शीयेत् शय्यते *शयित

शीक् *1√śīk* (to moisten, spray water) शीकते शीकिष्यते अशीकित शीकताम् शीकेत *शीकित शीकित्वा शीकितुम्

शीक् *10√śīk* (to moisten) शीकयति-ते शीकयिष्यति-ते अशीकयत्-त शीकयतु-ताम् शीकयेत्-त *शीकित

शीभ् *1√śībh* (to boast) शीभते शीभिष्यते अशीभत शीभताम् शीभेत *शीब्ध शीभनीय शीब्धवत्

शील् *1√śīl* (to meditate) शीलति शीलिष्यति अशीलत् शीलतु शीलेत *शीलित शीलितव्य शीलित्वा शीलितुम्

शील् *10√śīl* (to study) परि+शीलयति-ते शीलयिष्यति अशीलयत्-त शीलयतु-ताम् शीलयेत्-त *शीलित शीलयितुम्

शुक् *1√śuk* (to go) शोकति शोकिष्यति अशोकत् शोकतु शोकेत् *शुक्त शुकनीय शुक्तव्य शुक्त्वा शुक्तुम्

शुच् *1√śuć* (to lament, grieve) शोचति शोचिष्यति अशोचत् शोचतु शोचेत् *शुक्त शोचनीय शोचित्वा शोचितुम् शोक

शुच् *4√śuć* (to lament) शुच्यति-ते शोचिष्यति-ते अशुच्यत्-त शुच्यतु-ताम् शुच्येत्-त *शुक्त शोचनीय शोचितुम् शुचि

शुच्य् *1√śućy* (to cleanse) शुच्यति शुच्यिष्यति अशुचत् शुच्यतु शुच्येत् *शुच्य शुच्यनीय शुच्यितुम् शुच्यमान शुच्च्य

शुठ् *1√śuṭh* (to resist, impede, hinder) शोठति शोठिष्यति अशोठत् शोठतु शोठेत् *शुठित शुठितव्य शुठितुम्

शुठ् *10√śuṭh* (to be lazy, dull, idle) शोठयति-ते शोठयिष्यति-ते अशोठयत्-त शोठयतु-ताम् शोठयेत्-त *शुठित

शुण्ठ् *1√śuṇṭh* (to purify) शुण्ठति शुण्ठिष्यति अशुण्ठत् शुण्ठतु शुण्ठेत् *शुण्ठित शुण्ठितव्य शुण्ठित्वा शुण्ठितुम्

शुण्ठ् *10√śuṇṭh* (to purify) शुण्ठयति-ते शुण्ठयिष्यति अशुण्ठयत् शुण्ठयतु शुण्ठयेत् *शुण्ठित शुण्ठयित्वा शुण्ठयितुम्

शुध् *4√śudh* (be purified, become pure) शुध्यति शोत्स्यति अशुध्यत् शुध्यतु शुध्येत् शुध्यते *शुद्ध

शुन् *6√śun* (to go) शुनति शोनिष्यति अशुनत् शुनतु शुनेत् *शुनित शुननीय शुनितव्य शुनित्वा शुनितुम्

शुन्ध् *1√śundh* (to be clean) शुन्धति-ते शुन्धिष्यति-ते अशुन्धत् शुन्धतु शुध्यात् *शुधित-शुद्ध शुधनीय शुधित्वा

शुन्ध् *10√śundh* (to become cleaned) शुन्धयति-ते शुन्धयिष्यति-ते अशुन्धयत्-त शुन्धयतु-ताम् शुन्धयेत्-त *शुन्धित

शुभ् *1√śubh* (to look good) शोभते शोभिष्यते अशोभत शोभताम् शोभेत *शोभित शोभनीय शुभ शोभन शोभना शोभा

शुभ् *6√śubh* (to shine, look beautiful) शुभति शोभिष्यति अशोभत् शोभतु शोभेत् शुभ्यते *शोभित-शुब्ध

शुम्भ् *1√śumbh* (to talk, speak, sound) शुम्भति शुम्भिष्यति अशुम्भत् शुम्भतु शुम्भेत् *शुम्भित-शुब्ध

शुर् *4√śur* (to be firm, fixed, steady, brave) शुर्यते शुरिष्यते अशुर्यत शुर्यताम् शुर्येत *शूरित

शुर् *10√śur* (to be brave) शुरयते शुरयिष्यते अशूरयत शूरयताम् शूरयेत *शूरित

शुल्क् *10√śulk* (to gain, pay,) शुल्कयति-ते शुल्कयिष्यति-ते अशुल्कयत्-त शुल्कयतु-ताम् शुल्कयेत्-त *शुल्कित

शुल्व् *10√śulv* (to give, create) शुल्वयति-ते शुल्वयिष्यति अशुल्वत् शुल्वलयतु-ताम् शुल्वयेत्-त *शुल्वित

शुष् *4√śuṣ* (to dry) शूष्यति शोक्ष्यति अशुष्यत् शुष्यतु शुष्येत् *शुष्क-पुष्ट शोषणीय शोष्टव्य शोष्य शुष्ट्वा शोष्टुम् शोष

शूर् *4√śūr* (to be firm, fixed, steady, brave) शूर्यते शूरिष्यते अशूर्यत शूर्यताम् शूर्येत शूर्यते *शूरित-शूर्ण

शूर् *10√śūr* (to be brave, hero) शूरयति-ते शूरयिष्यति-ते अशूरयत्-त शूरयतु-ताम् शूरयेत्-त *शूरित

शूर्प् *10√śūrp* (to weigh, measure) शूर्पयति-ते शूर्पयिष्यति-ते अशुर्पयत्-त शूर्पयतु-ताम् शूर्पयेत्-त *शूर्पित

शूल् *1√śūl* (to be sick, ill; to impale, pierce) शूलति शुलिष्यति अशूलत् शूलतु शूलेत् *शूलित शूलितुम् शूलित्वा

शूष् *1√śūṣ* (to produce, beget, bring forth) शूषति शुषिष्यति अशूषत् शूषतु शूषेत् *शूष्ट

शृध् *1√śṛdh* (to fart) शर्धति-ते शर्त्स्यति-शर्धिष्यति-ते अशृधत् शृधतु-ताम् शृधेत्-त *शृद्ध

शृध् *10√śṛdh* (to fart) शर्धयति-ते शर्धयिष्यति-ते अशर्धयत्-त शर्धयतु-ताम् शर्धयेत्-त *शृद्ध

शॄ *9√śṝ* (to smash into pieces) शृणाति शरिष्यति अशृणात् शृणातु शृणीयात् शीर्यते *शीर्ण शीर्णवत् शरणीय शीर्य

शेल् *1√śel* (to tremble; crush) शेलति शेलिष्यति अशेलत् शेलतु शेलेत् *शेलित शेलनीय शेलितव्य शेलित्वा

शेव् *1√śev* (to tremble) शेवते शेविष्यते अशेवत शेवताम् शेवेत *शेवित शेवनीय शेवितव्य शेव्य शेवित्वा शेवमान

शै *1√śai* (to cook) शायति शास्यति अशायत् शायतु शायेत् शायते *शान

शो *4√śo* (to sharpen)श्यति शास्यति अश्यत् श्यतु श्येत् *शात-शित शानीय शातव्य शेय शात्वा-शित्वा शातुम् संशित

शोण् *1√śoṇ* (to become red) शोणति शोणिष्यति अशोणत् शोणतु शोणेत् *शोणित शोणनीय शोणितव्य शोणित्वा

शौट् *1√śauṭ* (to be proud or haughty) शौटति शौटिष्यति अशौटत् शौटतु शौटेत् *शौटित शौटनीय शौटितव्य शौटित्वा

शौड् *1√śauḍ* (to be proud, have ego) शौडति शौडिष्यति अशौडत् शौडतु शौडेत् *शौडित शौडितव्य शौडितुम

श्चुत् *1√ścut* (to trickle, exude, ooze) श्च्योतति श्चोतिष्यति अश्च्योतत् श्चोततु श्चोतेत् *श्चोतित श्चोतितुम्

श्नथ् *1√śnath* (to pierce) श्नथति श्नथिष्यति अश्नथत् श्नथतु श्नथेत् *श्नथित श्नथितव्य श्नथित्वा श्नथितुम्

श्मील् *1√śmil* (to wink, twinkle) श्मीलति श्मीलिष्यति अश्मीलत् श्मीलतु श्मिलेत् *श्मीलित श्मीलनीय श्मीलित्वा

श्या *4√śyā* (to coagulate) श्यायति श्यायिष्यति अश्यायत् श्यायतु श्यायेत् *श्यात

श्यै *1√śyai* (to be congested) श्यायते श्यास्यते अश्यायत श्यायताम् श्यायेत *शीत-शीन

श्रङ्क् *1√śraṅk* (to creep, crawl) श्रङ्कति-ते श्रङ्किष्यते अश्रङ्कत श्रङ्कताम् श्रङ्केत *श्रङ्कित श्रङ्कनीय श्रङ्कित्वा श्रङ्कितुम्

श्रङ्ग् *1√śraṅg* (to go, move) श्रङ्गते श्रङ्गिष्यते अश्रङ्गत श्रङ्गताम् श्रङ्गेत *श्रङ्गित श्रङ्गनीय श्रङ्गितव्य श्रङ्गित्वा श्रङ्गितुम्

श्रण् *1√śraṇ* (to give) श्रणति श्रणिष्यति अश्रणत्-अश्राणत् श्रणतु श्रणेत् *श्रणित श्रणनीय श्रणितव्य श्रणित्वा श्रणितुम्

श्रण् *10√śraṇ* (to give) श्रणयति-ते श्रणयिष्यति-ते अश्रणयत्-त श्रणयतु श्रणयेत् *श्रणित श्रणितव्य श्रणित्वा श्रणितुम्

श्रथ् *1√śrath* (to hurt, be wicked) श्रन्थते, श्रन्थिष्यते अश्रन्थत श्रन्थताम् श्रन्थेत *श्रन्थित श्रन्थनीय श्रन्थित्वा श्रन्थितुम्

श्रथ् *9√śrath* (to hurt) श्रथ्नाति श्रन्थिष्यति अश्रन्थात् श्रथ्नातु श्रथ्नीयात् *श्रथित श्रन्थनीय श्रन्थितुम् श्रन्थन

श्रथ् *10√śrath* (to release, free) श्रथयति-ते श्रथयिष्यति-ते अश्रथयत्-त श्रथयतु-ताम् श्रथेत्-त *श्रथित

श्रन् *1√śran* (to give) श्रनति श्रनिष्यति अश्रानत्-अश्रनत् श्रनतु श्रनेत् *श्रन्त श्रननीय श्रन्तव्य श्रनित्वा श्रन्तुम्

श्रन्थ् *1√śranth* (to be relaxed, loose) श्रन्थति-ते श्रन्थयति अश्रन्थत् श्रन्थतु श्रन्थेत् *श्रन्थित श्रन्थनीय श्रन्थित्वा श्रन्थितुम्

श्रन्थ् *9√śranth* (to liberate, loosen) श्रथ्नाति श्रन्थिष्यति अश्रन्थात् श्रथ्नातु श्रथ्नीयात् *श्रथित श्रन्थनीय श्रन्थितुम् श्रन्थन

श्रन्थ् *10√śranth* (to knot) श्रन्थयति-ते श्रन्थयिष्यति-ते अश्रन्थयत्-त श्रन्थयतु-ताम् श्रन्थयेत्-त *श्रन्थित

श्रम् *4√śram* (to struggle, labor, toil) श्राम्यति श्रमिष्यति अश्रम्यत् श्राम्यतु श्राम्येत् श्रम्यते *श्रान्त श्रान्त्वा-श्रमित्वा

श्रम्भ् *1√śrambh* (to be unaware) श्रम्भते श्रम्भिष्यते अश्रम्भत श्रम्भताम् श्रम्भेत *श्रब्ध

श्रा *1√śā* (to cook, boil, ripen) श्राति श्रास्यति अश्रात् श्रातु श्रायात् *श्राण-श्रात-शृत

श्राम् *10√śrām* (to advise) श्रमयति-ते श्रमयिष्यति-ते अश्रमयत् श्रमयतु-ताम् श्रमयेत्-त *श्रमित श्रमित्वा श्रमितुम्

श्रि *1√śri* (to attain) श्रयति-ते श्रयिष्यति-ते अश्रयत्-त श्रयतु-श्रयताम् श्रयेत्-त *श्रित श्रित्वा श्रयितुम् आश्रित्य श्रय आश्रय

श्रिष् *1√śri* (to burn) श्रेषति श्रेषिष्यति अश्रेषत् श्रेष्यतु श्रेष्येत् *श्रिष्ट

श्री *9√śrī* (to cook, prepare) श्रिणाति-श्रीणीते श्रेष्यति-ते अश्रीणात्-अश्रीणीत श्रीणातु-श्रीणीताम् श्रीणीयात्-श्रीणीत *श्रीत

श्रु *1√śru* (to hear, listen to) श्रुणोति श्रोष्यति अशुणोत् शृणोतु शृणुयात् *श्रुत श्रवणीय श्राव्य श्रुत्वा श्रोतुम् श्रवण श्रोत्र

श्रै *1√śrai* (to perspire; cook, boil) श्रायति श्रास्यति अश्रायत् श्रायतु श्रायेत् श्रायते *श्राण

श्रोण् *1√śro* (to deposit) श्रोणति श्रोणिष्यति अश्रोणत् श्रोणतु श्रोणेत् *श्रोणित श्रोणनीय श्रोण्तव्य श्रोणित्वा श्रोणितुम्

श्लङ्क् *1√ślaṅk* (to go) श्लङ्कते श्लङ्किष्यते अश्लङ्कत श्लङ्कताम् श्लङ्केत *श्लङ्कित श्लङ्कनीय श्लङ्कित्वा श्लङ्कितुम्

श्लङ्ग् *1√ślaṅg* (to go) श्लङ्गते श्लङ्गिष्यते अश्लङ्गत श्लङ्गताम् श्लङ्गेत *श्लङ्गित श्लङ्गनीय श्लङ्गित्वा श्लङ्गितुम्

श्लथ् *10√ślath* (to weaken, loosen) श्लथयति-ते श्लथयिष्यति-ते अश्लयत्-त श्लथयतु-ताम् श्लथयेत्-त *श्लथित

श्ला *4√ślā* (to dissolve) श्लायति श्लायिष्यति अश्लायत् श्लायतु श्लायेत् *श्लात

श्लाख् *1√ślākh* (to pervade) श्लाखति श्लाखिष्यति अश्लाखत् श्लाखतु श्लाखेत् *श्लाखित श्लाखनीय श्लाखित्वा

श्लाघ् *1√ślāgh* (to extol) श्लाघते श्लाघिष्यते अश्लाघत श्लाघताम् श्लाघेत *श्लाघित श्लाघनीय श्लाघ्य श्लाघित्वा

श्लिष् *1√śliṣ* (to burn) श्लेषति श्लेषिष्यति अश्लेषत् श्लेषतु श्लेषेत् श्लिष्यते *श्लिष्ट श्लिष्ट्वा श्लिष्टुम्

श्लिष् *4√śliṣ* (to hug, embrace, stick, cling) श्लिष्यति श्लेक्ष्यति अश्लिष्यत् श्लिष्यतु श्लिष्येत् *श्लिष्ट श्लेषणीय

श्लेष् *10√śleṣ* (to unite, join, attach) श्लेषयति-ते श्लेषयिष्यति-ते अश्लेषयत्-त श्लेषयतु-ताम् श्लेषयेत्-त *श्लेषित

श्लोक् *1√ślok* (to praise or compose in verses) श्लोकते-श्लोक्यते-श्लोकयति-ते श्लोकिष्यते अश्लोकत श्लोकताम् श्लोकेत *श्लोकित श्लोकनीय श्लोकितव्य श्लोक्य श्लोकित्वा श्लोकितुम् श्लोकमान श्लोक

श्लोण् *1√śloṇ* (to pile up) श्लोणति श्लोणिष्यति अश्लोणत् श्लोणतु श्लोणेत् *श्लोणित श्लोणनीय श्लोणितव्य

श्वङ्क् *1√śvank* (to depart) श्वङ्कते श्वङ्किष्यते अश्वङ्कत श्वङ्कताम् श्वङ्केत *श्वङ्कित श्वङ्कनीय श्वङ्कितव्य श्वङ्कित्वा

श्वच् *1√śvać* (to be split, cleft, ripped) श्वचते श्चचिष्यते अश्वचत श्वचताम् श्वचेत *श्वचित श्वचनीय श्वचितुम्

श्वञ्च् *1√śvañć* (to spread) श्वञ्चते श्वञ्चिष्यते अश्वञ्चत श्वञ्चताम् श्वञ्चेत *श्वञ्चित

श्वठ् *10√śvaṭh* (to arrange) श्वठयति-ते श्वठयिष्यति-ते अश्वठयत्-त श्वठयतु-ताम् श्वठयेत्-त *श्वठित श्वठयितुम्

श्वण्ठ् *10√śvaṇṭh* (to set up) श्वण्ठयति-ते श्वण्ठयिष्यति-ते अश्वण्ठयत्-त श्वण्ठयतु-ताम् श्वण्ठयेत्-त *श्वण्ठित

श्वभ्र् *10√śvabhr* (to hack) श्वभ्रयति-ते श्वभ्रयिष्यति-ते अश्वभ्रयत्-त श्वभ्रयतु-ताम् श्वभ्रयेत्-त *श्वभ्रित

श्वर्त् *10√śvart* (to go) श्वर्तयति-ते श्वर्तयिष्यति-ते अश्वर्तयत्-त श्वर्तयतु-ताम् श्वर्तयेत्-त * श्वर्तित

श्वल् *1√śval* (to run, go quickly, scurry) श्वलति श्वलिष्यति अश्वलत् श्वलतु श्वलेत् *श्वलित श्वलनीय श्वलित्वा

श्वल्क् *10√śvalk* (to tell) श्वल्कयति-ते श्वल्कयिष्यति-ते अश्वल्कयत्-त श्वल्कयतु-ताम् श्वल्कयेत्-त *श्वल्कित

श्वल्ल् *1√śvall* (to run, see) श्वल्लति श्वल्लिष्यति-ते अश्वल्लत् श्वल्लतु श्वल्लेत् *श्वल्लित श्वल्लनीय श्वल्लित्वा

श्वस् *2√śvas* (to breath) श्वसिति श्वसिष्यति अश्वसत् श्वसितु श्वस्यात् *श्वसीत-श्वस्त श्वसनीय श्वसितुम् निःश्वास

श्वि *1√śvi* (to swell, grow, increase) श्वयति श्वयिष्यति अश्वयत् श्वयतु श्वयेत् *शून श्वयितुम् श्वेय श्वयित्वा

श्वित् *1√śvit* (to brighten) श्वेतते श्वेतिष्यते अश्वेतत श्वेतताम् श्वेतेत *श्वेतित श्वेतनीय श्वेतयितव्य श्वेता

श्विन्द् *1√śvind* (to be pale) श्विन्दते श्विन्दिष्यते अश्विन्दत श्विन्दताम् श्विन्देत *श्विन्दित श्विन्दनीय श्विन्दितुम्

<u>(ष) (ṣ)</u>

षस्ज् *1ṣasj* (go) सज्जति-सज्जते सज्जिष्यते असज्जत् सज्जतु सज्जेत् *सक्त सज्जनीय सज्जित्वा-सक्त्वा सज्जितुम्

षिल् *1,6√ṣil* (to pick left over grains) षिलति षेलिष्यति अषिलत् षिलतु षिलेत् *षिलित षेलनीग षिलितुम्

ष्टिव् *4√ṣṭiv* (to spit, spew, sputter) ष्टीव्यति ष्टेविष्यति अष्टीव्यत् ष्टीवतु ष्टीव्येत् *ष्ट्यूत ष्ट्यूत्वा ष्टेवित्वा

ष्टै *1√ṣṭai* (to make sound, to spread) स्त्यायति स्त्यास्यति अस्त्यायत् स्त्यायतु स्त्यायेत् *स्त्यान

ष्ठिव् *1√ṣṭhiv* (to spit, spew, sputter) ष्ठीवति ष्ठेविष्यति अष्ठीवत् ष्ठीवतु ष्ठीवेत् *ष्ठ्यूत ष्ठ्यूत्वा ष्ठेवित्वा

ष्णै *1√ṣṇai* (to collect, gather, look good) स्नायति स्नास्यति अस्नायत् स्नायतु स्नायेत् *स्नात स्नात्वा स्नातुम्

ष्वक्क् *1√ṣvakk* (to go, move) ष्वक्कते ष्वक्किष्यते अष्वक्कत ष्वक्कताम् ष्वक्केत *ष्वक्कित

ष्वष्क् *1√ṣvaṣk* (to go) ष्वष्कते ष्वष्किष्यते अष्वष्कत ष्वष्कताम् ष्वष्केत *ष्वष्कित ष्वष्कनीय ष्वष्कित्वा ष्वष्कितुम्

ष्वस्क् *1√ṣvask* (to go) ष्वस्कते ष्वस्किष्यते अष्वस्कत ष्वस्कताम् ष्वस्कैत *ष्वस्कित

<u>(स) (s)</u>

सग् *1√sag* (to cover) सगति सगिष्यति असगत् सगतु सगेत् *सगित

सघ् *5√sagh* (to kill) सघ्नोति सघिष्यति असघत् सघ्नोतु सघ्नुयात् *सघित-सघ्न

सङ्ग्राम् *10√saṅgrām* (to battle) सङ्ग्रामयति-ते सङ्ग्रामयिष्यति-ते असङ्ग्रामयत् सङ्ग्रामयतु-ताम् सङ्ग्रामयेत्-त

सच् *1√sać* (to accompany) सचति-ते सचिष्यते असचत सचताम् सचैत *सचित सचनीय सचितव्य सचित्वा सचितुम्

सच् *3√sać* (to accompany, follow, pursue, go, love, like, aid) सिषक्ति सचिष्यति असिषेक् सिषक्तु सिषच्यात्

सञ्ज् *1√sañj* (to attach, adhere, cling, stick to) सजति सङ्क्ष्यति असजत् सजतु सजेत् सज्यते *सक्त सक्त्वा

सट् *1√saṭ* (to form a part of) सटति सटिष्यति असटत्-असाटत् सटतु सटेत् *सटित सटनीय सटितव्य सटित्वा सटितुम्

सट्ट् *10√saṭṭ* (to give, take) सट्टयति-ते सट्टयिष्यति-ते असट्टयत्-त सट्टयतु-ताम् सट्टयेत्-त *सट्टित

सठ् *10√saṭh* (to finish, complete) सठयति सठयिष्यति-ते असठयत्-त सठयतु-ताम् सठयेत्-त *सठित

सत्र् *10√satr* (to have relation, have offspring) सत्रयते सत्रयिष्यते असत्रयत सत्रय-ताम् सत्रयेत *सत्रित सत्र

सद् *1,6√sad* (to sit, sink, plunge, droop) सीदति सत्स्यति असीदत् सीदतु सीदेत् *सन्न सत्तव्य सत्त्वा सत्तुम् विषण्ण

सन् *1√san* (to love) सनति सनिष्यति असनत् सनतु सनेत् *सनित सननीय सनितव्य सनित्वा सनितुम् सनित्वा-सात्वा

सन् *8√san* (to love) सनोति-सनुते सनिष्यति-ते असनोत्-असनुत सनोतु-सनुताम् सनुयात्-सन्वीत *सात

सप् *1√sap* (to obey, honor) सपति सपिष्यति असपत सपतु सपेत् *सप्त

सपर् *11√sapar* (to worship) सपर्यति-ते सपर्यिष्यति-ते असपर्यत्-त सपर्यतु-ताम् सपर्येत्-त *सपरित

सभाज् *10√sabhāj* (to greet) सभाजयति-ते सभाजयिष्यति-ते असभाजयत्-त सभाजयतु-ताम् सभाजयेत्-त *सभाजित

सम् *1√sam* (to be equanimous) समति समिष्यति असमत् समतु समेत् *समित समनीय समितव्य समित्वा समितुम् सम

सम् *10√sam* (to be agitated, confused) समयति-ते समयिष्यति-ते असमयत्-त समयतु-ताम् समयेत्-त *समित

सम्ब् *1√samb* (to go) सम्बति सम्बिष्यति असम्बत् सम्बतु सम्बेत् *सम्बित सम्बनीय सम्बितव्य सम्बित्वा सम्बितुम्

सम्ब् *10√samb* (to go) सम्बयति-ते सम्बयिष्यति-ते असम्बयत्-त सम्बयतु-ताम् सम्बयेत्-त *सम्बित

सय् *1√say* (to go) सयति सयिष्यते असयत् सयतु सयेत् *सयित सयितव्य सयित्वा सयितुम्

सर्ज् *1√sarj* (to obtain, acquire, gain) सर्जति सर्जिष्यति असर्जत् सर्जतु सर्जेत् *सर्जित सर्जनीय सर्जितव्य सर्जित्वा

सर्ब् *1√sarb* (to go, move) सर्बति सर्बिष्यति असर्बत् सर्बतु सर्बेत् *सर्बित सर्बनीय सर्बितव्य सर्जित्वा सर्जितुम्

सल् *1√sal* (to go, move) सलति सलिष्यति असलत् सलतु सलेत् *सलित सलनीय सलितव्य सलित्वा सलितुम्

सस् *2√sas* (to sleep) सस्ति ससिष्यति अससत् सस्तु ससेत् *सस्त

सस्च् *1√sasć* (to be ready) सस्चति सस्चिष्यति असस्चत् सस्चतु सस्चेत् *सस्चित-सक्त

सस्ज् *1√sasj* (to be ready) सस्जति सस्जिष्यति असस्जत् सस्जतु सस्जेत् *सस्जित-सक्त

सह् *1√sah* (to endure) सहते सहिष्यते असहत सहताम् सहेत सह्यते *सोढ सह्य सोढ्वा-सहित्वा सहितुम् सोढुम् सहिष्णु

सह् *4√sah* (to be contented) सह्यति सहिष्यति असह्यत् सह्यतु सह्येत् *सोढ सोढ्वा सहितुम् सोढुम्

सह् *10√sah* (to bare) साहयति-ते साहयिष्यति असाहयत्-त साहयतु-ताम् साहयेत्-त *सोढ सोढयित्वा सोढयितुम्

सा *6√sā* (to bind) स्याति सायिष्यति असायत सायतु सायेत् *सायित सायितव्य सायित्वा सायितुम्

साट् *10√saṭ* (to publish, manifest) सटयति-ते सटयिष्यति-ते असटयत्-त सटयतु-ताम् सटयेत्-त *सटित

सात् *10√sat* (to be happy) सतयति-ते सतयिष्यति-ते असतयत्-त सतयतु-ताम् सतयेत्-त *सतित

साध् *4√sādh* (to be completed, succeeded) साध्नोति सात्स्यति असाध्नोत् साध्नोतु साध्नुयात् साध्यते *सिद्ध साध्य

साध् *5√sādh* (to accomplish) साध्नोति सात्स्यति असाध्नोत् साध्नोतु असाध्नुयात् *साद्ध

सान्त्व् *10√sāntva* (to pacify) सान्त्वयति-ते सान्त्वयिष्यति असान्त्वयत् सान्त्वयतु सान्त्वयेत् *सान्त्वित सान्त्वक सान्त्वन

साम् *10√sām* (to appease, soothe) सामयति सामयिष्यति असामयत्-त सामयतु-ताम् सामयेत्-त *सामित सामयितुम्

सार् *10√sār* (to be weak) सारयति सारयिष्यति असारयत्-त सारयतु-ताम् सारयेत्-त *सारित सामयित्वा सारणा संसार

सि *5√si* (to bind, tie) सिनोति-सिनुते सेष्यति-सेष्यते असिनोत्-असिनुत सिनोतु-सिनुताम् सिनुयात्-सिन्वीत *सित-सिन

सि *9√si* (to ensnare, net) सिनाति-सिनीते सेष्यति-ते असिनात्-असिनीत सिनातु-सिनीताम् सिनीयात्-सिनीत *सीत

सिक् *6√sik* (to water the plants) सेकते सेकिष्यति असेकत् सेकतु सेकेत् *सिक्त

सिञ्च् *6√siñć* (to pour) सिञ्चति-ते सेक्ष्यति असिञ्चत् सिञ्चतु सिञ्चेत् *सिक्त सेचनीय सेक्तव्य सिक्त्वा सेक्तुम्

सिट् *1√siṭ* (to hate, despise, disregard) सेटति सेटिष्यति असेटत् सेटतु सेटेत् *सेटित सेटनीय सेटितव्य सेटित्वा

सिध् *1√sidh* (to govern, go) सेधति सोधिष्यति असेधत् सेधतु सेधेत् *सिद्ध-सिधित सेधनीय सिधित्वा सेधनीय सेधितुम्

सिध् *4√sidh* (be successful, fulfilled) सिध्यति सेत्स्यति असिध्यत् सिध्यतु सिध्येत् *सिद्ध सेधनीय सिद्ध्वा सेद्धुम् सिद्धि

सिन्व् *4√sinv* (to be wet) सिन्व्यति सिन्विष्यति सिन्वयत् सिन्वयतु सिन्वयेत् *सिन्वित सिन्वितव्य सिन्वित्वा सिन्वितुम्

सिल् *6√sil* (to pick the left over grains) सिलति सेलिष्यति असेलत् सेलतु सेलेत् *सेलित सेलनीय सेलितव्य

सिव् *4√siv* (to sew, darn) सिव्यति सेविष्यति असीव्यत् सीव्यतु सीव्येत् *सेवित सेवनीय सेव्य सेवितुम् सेवन सूचि सूत्र

सीक् *1√sīk* (to water, sprinkle water) सीकते सीकिष्यते असीकत सीकतु सीकेत *सीक्त

सीक् *10√sīk* (to water) सीकयति-ते सीकयिष्यति असीकयत्-त सीकयतु-ताम् सीकयेत्-त *सीक्त

सु *1√su* (to give birth) सवति सविष्यति असवत् सवतु सवेत् सूयते *सुत सवनीय सोतव्य सव्य सुत्वा सोतुम् प्रसव

सु *2√su* (to produce, generate, be able) सौति सोष्यति असौत् सौतु सुयात् *सुत सवनीय सोतव्य सव्य सुत्वा सोतुम्

सु *5√su* (to sprinkle) सुनोति-सुनुते सोष्यति-ते असुनोत्-असुनुत सुनोतु-सुनुताम् सुनुयात्-सुन्वीत *सुत सुन्वत् सोम सुरा

सुख् *10√sukh* (to please) सुखयति-ते सुखयिष्यति-ते असुखयत्-त सुखयतु-ताम् सुखयेत्-त *सुखित सुखयितुम् सुख

सुट्ट् *10√suṭṭ* (to despise) सुट्टयति-ते सुट्टयिष्यति-ते असुट्टयत्-त सुट्टयतु-ताम् सुट्टयेत्-त *सुट्टित सुट्टित्वा सुट्टितुम्

सुभ् *1√subh* (to hurt) सुभति सुभिष्यति असुभत् सुभतु सुभेत् *सुब्ध

सुह् *1√suh* (to be heppy, satisfied) सुह्यति सुह्यिष्यति असुह्यत् सुह्यतु सुह्येत् *सूढ

सू *2√sū* (to deliver) सूते सविष्यते असूत सूताम् सुवीत *सूत

सू *4√sū* (to producer) सूयते सविष्यते-सोष्यते असूयत सूयताम् सूयेत *सून सवनीय सवितव्य सवित्वा-सूत्वा सवितुम्

सू *6√sū* (to impel) सुवति सविष्यति असूवत् सूवतु सूवेत् *सूत सवनीय सोतव्य सव्य सवितुम् सविता सूर्य सूर

सूच् *10√sūć* (to notify, manifest) सूचयति सूचयिष्यति असूचयत् सूचयतु सूचयेत् *सूचित सूचयितुम् सूचना

सूत्र् *10√sūtr* (to string, thread) सूत्रयति-ते सूत्रयिष्यति असूत्रयत् सूत्रयतु सूत्रयेत् *सूत्रित सूत्र

सूद् *1√sūd* (to thrash, strike, kill) सूदते सूदिष्यते असूदत सूदताम् सूदेत *सूदित सूदनीय सूदितव्य सूदित्वा सूदितुम्

सूद् *10√sūd* (to thrash) सूदयति-ते सूदयिष्यति-ते असूदयत्-त सूदयतु-ताम् सूदयेत्-त *सूदित सूदितव्य सूदितुम्

सूर् *4√sūr* (to be firm or to make firm) सूर्यते सूरिष्यते असूर्यत सूर्यताम् सूर्येत *सूर्ण

सूर्क्ष् *1√sūrkṣ* (to disrespect) सूर्क्षति सूर्क्षिष्यति असूर्क्षत् सूर्क्षतु सूर्क्षेत् *सूर्क्षित

सूक्ष्य् *1√sūrkṣy* (to disrespect) सूक्ष्यति सूक्ष्यिष्यति असूक्ष्यीत् सूक्ष्यतु सूक्ष्यात् *सूक्ष्यित सूक्ष्यणीय सूक्ष्य सूक्ष्यमाण

सूष् *1√sūṣ* (to deliver) सूषति सूषिष्यति असूषत् सूषतु सूषेत् *सूष्ट

सृ *1√sṛ* (to go) सरति सरिष्यति असरत् सरतु सरेत् स्रियते *सृत सरणीय सृत्वा सार्य्य सर्तुम् उपसृत्य प्रसार सूर्य पुरःसर

सृ *3√sṛ* (to go, move, proceed, approach) ससर्ति सरिष्यति असरत् सिसर्तु सिसृयात् *सृत

सृ *10√sṛ* (to go) सारयति-ते सारयिष्यति-ते असारयत्-त सारयतु-ताम् सारयेत्-त *सारित

सृज् *4√sṛj* (to produce) सृज्यते स्रक्ष्यते असृज्यत सृज्यताम् सृज्येत सृज्यते *सृष्ट सर्जनीय स्रज्वा-सृष्ट्वा स्रष्टुम् विसृज्य

सृज् *6√sṛj* (to produce) सृजति स्रक्ष्यति असृजत् सृजतु सृजेत् *सृष्ट सर्जनीय स्रष्टव्य विसृज्य सृष्ट्वा स्रष्टुम् सृष्टि सृष्टि

सृप् *1√sṛp* (to crawl) सर्पति सर्पिष्यति असृपत् सर्पतु सर्पेत *स्रप्त सर्प्तव्य सृप्त्वा सर्प सर्पण

सृभ् *1√sṛbh* (to kill) सर्भति सर्भिष्यति असर्भत् सर्भतु सर्भेत् *सर्भित-सृब्ध सर्भित्वा-सृब्ध्वा

सृम्भ् *1√sṛmbh* (to kill) सृम्भति सृम्भिष्यति असृम्भत् सृम्भतु सृम्भेत् *स्रब्ध स्रब्ध्वा

सॄ *9√sṝ* (to kill, hurt, injure) सृणाति वरिष्यति अवृणीत् वृणातु वृणीयात् *सीर्ण

सेक् *1√sek* (to go) सेकति-ते सेकिष्यते असेकत सेकताम् सेकेत *सेकित सेकनीय सेकितव्य सेक्य सेकित्वा सेकितुम्

सेल् *1√sel* (to move) सेलति-ते सेलिष्यति असेलत् सेलतु सेलेत् *सेलित सेलनीय सेलितव्य सेलित्वा तेलितुम्

सेव् *1√sev* (to serve) सेवते सेविष्यते असेवत सेवताम् सेवेत *सेवित सेवनीय सेवित्वा-सेवयित्वा सेवितुम सेवा

सै *1√sai* (to decline, waste away, perish) सायति सास्यति असायत् सायतु सायेत् *सायित

सो *4√so* (to finish, complete, bring to an end) स्यति सास्यति अस्यत् स्यतु स्येत् *सित सानीय सेय सात्वा सातुम्

स्कन्द् *1√skand* (to jump, ascend) स्कन्दति स्कन्त्स्यति स्कन्दतु स्कन्देत् स्कन्द्यात् *स्कन्न स्कन्तुम् स्कन्दनीय

स्कन्ध् *10√skandh* (to collect) स्कन्धयति-ते स्कन्धयिष्यति-ते अस्कन्धयत्-त स्कन्धयतु-ताम् स्कन्धयेत्-त *स्कन्धित

स्कम्भ् *1√skambh* (to resist) स्कम्भते स्कम्भिष्यते अस्कम्भत स्कम्भताम् स्कम्भेत *स्कम्भित-स्कब्ध स्कम्भितुम् सम्भित्वा

स्कम्भ् *5√skambh* (to hinder) स्कम्भ्नोति स्कम्भिष्यति अस्कम्भ्नोत् स्कम्भ्नोतु स्कम्भ्नुयात् *स्कब्ध

स्कम्भ् *9√skambh* (to prop) स्कभ्नाति स्कभिष्यति अस्कभ्नात् स्कभ्नातु स्कभ्नीयात् *स्कब्ध

स्कम्भ् *10√skambh* (to resist) स्कम्भयति-ते स्कम्भयिष्यति-ते अस्कम्भयत्-त स्कम्भयतु-ताम् स्कम्भयेत्-त *स्कब्ध

स्कु *2√sku* (to leap, jump, bound, rise, lift, bounce) स्कौति स्कविष्यति अस्कौत् स्कौतु स्कुयात्

स्कु *5√sku* (to leap) स्कुनोति स्कविष्यति अस्कुनोत् स्कुनोतु स्कुनुयात् *स्कुन

स्कु *9√sku* (to leap) स्कुनोति-स्कुनुते स्कोष्यति-ते अस्कुनोत्-अस्कुनुत स्कुनोतु-स्कुनुताम् स्कुनुयात्-स्कुन्वीत *स्कुन

स्कुद् *1√skud* (to jump) स्कुन्दते स्कुन्दिष्यते अस्कुन्दत स्कुन्दताम् स्कुदेत *स्कुन्दित स्कुन्दनीय स्कुन्दित्वा स्कुन्दितुम्

स्कुम्भ् *5√skumbh* (to stop) स्कुम्भ्नोति स्कुम्भिष्यति अस्कुम्भनोत् स्कुम्भनोतु स्कुम्भनुयात् *स्कुब्ध

स्कुम्भ् *9√skumbh* (to stop) स्कुभ्नाति स्कुभिष्यति अस्कुभ्नात् स्कुभ्नातु स्कुभ्नीयात् *स्कुब्ध

स्खद् *1√skhad* (to cut) स्खदते स्खदिष्यते अस्खद्त स्खदताम् स्खदेत *स्खदित-स्खत्त स्खदनीय स्खदितव्य स्खादित्वा

स्खद् *4√skhad* (to cut) स्खद्यते स्खदिष्यते अस्खद्यत स्खद्यताम् स्खद्येत *स्खदित स्खदितव्य स्खदित्वा स्खदितुम्

स्खल् *1√skhal* (to fall, slip, trip, tumble, stumble) स्खलति स्खलिष्यति अस्खलत् स्खलतु स्खलेत् *स्खलित

स्खुड् *1√skhuḍ* (to cover) स्खुडति स्खुडिष्यति अस्खुडत् स्खुडतु स्खुडेत् *स्खुडित स्खुडितव्य स्खुडित्वा स्खुडितुम्

स्तक् *1√stak* (to save) स्तकति स्तकिष्यति अस्तकत् स्तकतु स्तकते *स्तकित-स्तक्त

स्तग् *1√stag* (to hide) स्तगति स्तगिष्यति अस्तगत् स्तगतु स्तगेत् *स्तगित-स्तक्त

स्तन् *1√stan* (to moan, groan) स्तनति स्तनिष्यति अस्तनत् स्तनतु स्तनेत् *स्तनित स्तननीय स्तनितव्य स्तनित्वा

स्तन् *10√stan* (to thunder) स्तनयति-ते स्तनयिष्यति अस्तनयत्-त स्तनयतु-ताम् स्तनयेत्-त *स्तनित स्तनयितव्य स्तन

स्तम् *1√stam* (to be afraid) स्तमति स्तमिष्यति अस्तमत् स्तमतु स्तमेत् *स्तमित स्तमनीय स्तमितव्य स्तमित्वा स्तमितुम्

स्तभ् *9√stabh* (to make steady) स्तभ्नाति स्तभिष्यति अस्तभ्नात् स्तभ्नातु स्तभ्नीयात् *स्तब्ध

स्तम्भ् *1√stambh* (to prop, stop) स्तम्भते स्तम्भिष्यते अस्तम्भत स्तम्भताम् स्तम्भेत *स्तब्ध-स्तम्भित संस्तभ्य

स्तम्भ् *5√stambh* (to support) स्तभ्नोति स्तम्भिष्यति अस्तम्भ्नोत् स्तम्भ्नोतु स्यम्भ्नुयात् *स्तब्ध

स्तम्भ् *9√stambh* (to prop) स्तभ्नाति स्तम्भिष्यति अस्तभ्नात् स्तभ्नातु स्तभ्नीयात् *स्तब्ध

स्तिघ् *5√stigh* (to mount) स्तिघ्नोति स्तिघिष्यति अस्तिघ्नात् स्तिघ्नोतु स्तिघ्नुयात् *स्तिघ्न

स्तिप् *1√stip* (to leak) स्तेपते स्तेपिष्यते अस्तेपत् स्तेपतु स्तेपेत् *स्तिप्त

स्तिम् *4√stim* (to be wet) स्तिम्यति स्तेम्ष्यति अस्तिम्यत् स्तिम्यतु स्तिम्येत् *स्तिमित स्तिमितव्य स्तिमित्वा स्तिमितुम्

स्तीम् *4√stim* (to be wet) स्तीम्यति स्तीमिष्यति अस्तीम्यत् स्तिम्यतु स्तिम्येत् *स्तीमित स्तीमितव्य स्तीमित्वा स्तीमितुम्

स्तु *2√stu* (to praise, laud) स्तवीति-स्तौति स्तुते-स्तुवीते स्तोष्यति-ते अस्तौत्-अस्तुत स्तौतु-स्तुताम् स्तुयात्-स्तुवीत स्तूयते *स्तुत स्तुवत् स्तवनीय स्तोतव्य स्तुत्य स्तुत्वा स्तोतुम् स्तव स्तवन स्तुति संस्तुति प्रस्ताव स्तोम स्तोत्र स्तोतृ

स्तुच् *1√stuć* (to be favorable) स्तोचते स्तोचिष्यते अस्तोचत स्तोचताम् स्तोचेत *स्तोचित स्तोचनीय स्तोचित्वा

स्तुभ् *1√stubh* (to criticise) स्तोभते स्तोभिष्यते अस्तोभत स्तोभताम् स्तोभेत *स्तुब्ध स्तुब्ध्वा-स्तुभित्वा-स्तोभित्वा

स्तुम्भ् *5√stumbh* (to stop) स्तुभ्नोति स्तुम्भिष्यति अस्तुभ्नोत् स्तुभ्नोतु स्तुभ्नुयात् *स्तुब्ध

स्तुम्भ् *9√stumbh* (to stop) स्तुम्भ्नाति स्तुम्भिष्यति अस्तुम्भ्नात् स्तुम्भ्नातु स्तुम्भ्नीयात् *स्तुब्ध

स्तूप् *4√stūp* (to heap) स्तूप्यति स्तुपिष्यति अस्तुप्यत् स्तुप्यतु स्तप्येत् *स्तप्त

स्तूप् *10√stūp* (to heap) स्तूपयति-ते स्तूपयिष्यति-ते अस्तूपयत्-त स्तूपयतु-ताम् स्तूपयेत्-त *स्तूपित-स्तूप्त

स्तृ *5√stṛ* (to spread) स्तृणोति-स्तृणुते स्तरिष्यति-ते अस्तृणोत्-अस्तृणुत स्तृणोतु-स्तृणुताम् स्तृणुयात्-स्तृण्वीत स्तीर्यते *स्तृत स्तृण्वत् स्तरणीय स्तर्तव्य स्तार्य सतृत्वा स्तर्तुम् स्तर्यमाण स्तरण स्तर विस्तर विस्तार

स्तृ *9√stṛ* (to spread) स्तृणाति-स्तृणिते स्तरिष्यति-ते अस्तृणात्-अस्तृणीत स्तृणातु-स्तृणीताम् स्तृणीयात्-स्तृणीत *स्तीर्ण

स्तृक्ष् *1√stṛkṣ* (to go) स्तृक्षति स्तृक्षिष्यति अस्तृक्षत् स्तृक्षतु स्तृक्षेत् *स्तृक्षित

स्तृह् *6√stṛh* (to injure) स्तृहति स्तर्क्ष्यति-स्तर्हिष्यति अस्तृक्षत्-अस्तर्हत् *स्तृढ

स्तॄ *9√stṝ* (to cover) स्तृणाति-स्तृणीते स्तरिष्यति अस्तृणात् स्तृणातु स्तृणीयात् *स्तीर्ण

स्तेन् *10√sten* (to steal) स्तेनयति-ते स्तेनयिष्यति-ते अस्तेनयत्-त स्तेनयतु-ताम् स्तेनयेत्-त *स्तेनित स्तेनयितुम स्तेनन

स्तेप् *1√step* (to flow) स्तेपते स्तेपिष्यते अस्तेपत स्तेपताम् स्तेपेत *स्तेपित-स्तप्त

स्तै *1√stai* (to encircle) स्तायति स्तास्यति अस्तायत् स्तायतु स्तायेत् *स्तात-स्तान

स्तोम् *10√stom* (to brag) स्तोमयति-ते स्तोमयिष्यति-ते अतोस्तोमयत्-त स्तोमयतु-ताम् स्तोमयेत्-त *स्तोमित

स्त्या *4√styā* (to stiffen) स्त्यायते स्त्यास्यते अस्त्यायत स्त्यायताम् स्त्यायेत *स्त्यात

स्त्यै *1√stai* (to gather) स्त्यायति स्त्यास्यति अस्त्यायत् स्त्यायतु स्त्यायेत् *स्त्यान

स्थग् *1√sthag* (to hide, halt) स्थगति स्थगिष्यति अस्थगत् स्थगतु स्थगेत् *स्थगित स्थगितव्य स्थगित्वा स्थगितुम्

स्थल् *1√sthal* (to be stable) स्थलति स्थलिष्यति अस्थलत् स्थलतु स्थलेत् *स्थलित स्थलित्वा स्थलितुम् स्थाली स्थल

स्था *1√sthā* (to stay, abide) तिष्ठति स्थास्यति अतिष्ठत् तिष्ठतु तिष्ठेत् स्थियते *स्थित स्थातव्य स्थानीय स्थेय स्थातुम्

स्थुड् *1√sthuḍ* (to cover) स्थुडति स्थुडिष्यति अस्थुडत् स्थुडतु स्थुडेत् *स्थुडित कृस्थुनीय स्थुडितव्य स्थुडितुम्

स्थूल् *10√sthūl* (to grow) स्थूलयति-ते स्थूलयिष्यति-ते अस्थूलयत्-त स्थूलयतु-ताम् स्थूलयेत्-त *स्थूलित स्थूलयितुम्

स्नस् *1√snas* (to prosper) स्नसति स्नसिष्यति अस्नसत् स्नसतु स्नसेत् *स्नस्त

स्नस् *4√snas* (to prosper) स्नस्यति स्नसिष्यति अस्नस्यत् स्नस्यतु स्नस्येत् *स्नस्त

स्ना *2√snā* (to bathe) स्नाति स्नास्यति अस्नात् स्नातु स्नायात् *स्नात स्नान् स्नानीय स्नेय स्नात्वा स्नातुम् स्नान स्नायु

स्निह् *4√snih* (be loving) स्निह्यति स्नेहिष्यति अस्निह्यत् स्निह्यतु स्निहेत् *स्निग्ध स्नेहनीय स्नेग्धव्य स्नेहित्वा-स्नीढ्वा स्नेह

स्निह् *10√snih* (to be loving) स्नेहयति स्नेहयिष्यति अस्नेहयत् स्नेहयतु स्नेहयेत् स्निह्यते *स्निग्ध

स्नु *2√snu* (to distil) स्नौति स्नविष्यति अस्नौत् स्नौतु स्नुयात् *स्नुत स्नवनीय स्नुत्वा स्नवितुम्

स्नुस् *4√snus* (to disappear, eat, swallow) स्नुस्यति स्नुसिष्यति अस्नुस्यत् स्नुस्यतु स्नुस्येत् *स्नुस्त

स्नूह् *4√snūh* (to vomit) स्नुह्यति स्नोक्ष्यति-स्नोहिष्यति अस्नुह्यत् स्नुह्यतु स्नुह्येत् *स्नूग्ध-सूढ

स्नै *1√snai* (to wrap) स्नायति स्नास्यति अस्नायत् स्नायतु स्नायेत् *स्नायित-स्नात

स्पन्द् *1√spand* (to palpitate) स्पन्दते स्पन्दिष्यते अस्पन्दत स्पन्दताम् स्पन्देत *स्पन्दित स्पन्दनीय स्पन्दित्वा स्पन्दितुम्

स्पर्ध् *1√spardh* (to contend) स्पर्धते स्पर्धिष्यते अस्पर्धत स्पर्धताम् स्पर्धेत *स्पर्धित स्पर्धनीय स्पर्धित्वा स्पर्धितुम्

स्पर्श् *10√sparś* (to touch) स्पर्शयते स्पर्शयिष्यते अस्पर्शयत स्पर्शयताम् स्पर्शयेत *स्पर्शित-स्पृष्ट

स्पर्ष् *1√sparṣ* (to be moist) स्पर्षते स्पर्षष्यते अस्पर्षत स्पर्षताम् स्पर्षेत *स्पृष्ट

स्पश् *1√spaś* (to obstruct, gather, touch) स्पशति-ते स्पशिष्यति अस्पशत् स्पशतु स्पशेत् *स्पष्ट-स्पशित

स्पश् *10√spaś* (to take, join, touch) स्पाशयते स्पाशयिष्यते अस्पाशयत् स्पाशयतु स्पाशयेत् *स्पष्ट-स्पाशित

स्पृ *5√spṛ* (to win) स्पृणोति स्पर्क्ष्यति अस्पणोत् स्पृणोतु स्पृणोतु स्पृणुयात् *स्पृत स्पृण्वत् स्परणीय स्पर्तव्य स्पार्य स्पर्तुम्

स्पृध् *1√spṛdh* (to contend) स्पर्धते स्पर्धिष्यते अस्पर्धत स्पर्धताम् स्पर्धेत *स्पर्धित स्पर्धनीय स्पर्धित्वा स्पर्धितुम्

स्पृश् *6√spṛś* (to touch) स्पृशति स्प्रक्ष्यति अस्पृशत् स्पृशतु स्पृशेत् *स्पृष्ट स्पर्शनीय स्प्रष्टव्य स्प्रष्ट्वा स्प्रष्टुम् स्पर्श

स्पृह् *10√spṛh* (to desire) स्पृहयति स्पृहयिष्यति अपस्पृहयत् स्पृहयतु स्पृहयेत् *स्पृहित स्पृहयितव्य स्पृहयितुम् स्पृहा

स्फट् *1√sphaṭ* (to split) स्फटति स्फटिष्यति अस्फटत्-अस्फाटत् स्फटतु स्फटेत् *स्फटित स्फटनीय स्फटितव्य स्फटित्वा

स्फण्ट् *1√sphaṇṭ* (to burst) स्फण्टति स्फण्टिष्यति अस्फण्टत् स्फण्टतु स्फण्टेत् *स्फण्टित स्फण्टनीय स्फण्टित्वा स्फण्टितुम्

स्फण्ट् *10√sphaṇṭ* (to burst) स्फण्टयति-ते स्फण्टयिष्यति-ते अस्फण्टयत्-त स्फण्टयतु-ताम् स्फण्टयेत्-त *स्फण्टित

स्फण्ड् *10√sphṇḍ* (to deride) स्फण्डयति-ते स्फण्डिष्यति-ते अस्फण्डयत्-त स्फण्डयतु-ताम् स्फण्डयेत्-त *स्फण्डित

स्फर् *6√sphar* (to throb) स्फरति स्फरिष्यति अस्फरत् स्फरतु स्फरेत् *स्फरित स्फरितव्य स्फरित्वा स्फरितुम्

स्फल् *6√sphal* (to quiver) स्फलति स्फलिष्यति अस्फलत् स्फलतु स्फलेत् *स्फलित स्फलितव्य स्फलित्वा स्फलितुम्

स्फाय् *1√sphāy* (to fatten) स्फायते स्फायिष्यते स्फायताम् स्फायेत *स्फीत स्फीतवान् स्फायित्वा स्फायित्वा स्फायितुम्

स्फिट् *10√sphiṭ* (to insult) स्फिटयति-ते स्फिटयिष्यति-ते अस्फिटयत्-त स्फिटयतु-ताम् स्फिटयेत्-त

स्फिट्ट् *10√sphiṭṭ* (to hurt) स्फिट्टयति-ते स्फिट्टयिष्यति-ते अस्फिट्टयत्-त स्फिट्टयतु-ताम् स्फिट्टयेत्-त

स्फुट् *1√sphuṭ* (to blast) स्फोटति-ते स्फोटिष्यते अस्फोटत स्फोटताम् स्फोटेत *स्फुटित स्फोटनीय स्फोटित्वा स्फोटितुम्

स्फुट् *6√sphuṭ* (to appear, sprout, bloom) स्फुटति स्फुटिष्यति अस्फुटत् स्फुटतु स्फुटेत् *स्फुटित स्फुटितव्य स्फुटितुम्

स्फुट् *10√sphuṭ* (to blast) स्फोटयति-ते स्फोटयिष्यति-ते अस्फोटयत्-त स्फोटयतु-ताम् स्फोटयेत्-त *स्फुटित स्फुटित्वा

स्फुट्ट् *10√sphuṭṭ* (to abhor) स्फुट्टयति-ते स्फुट्टयिष्यति-ते अस्फुट्टयत्-त स्फुट्टयतु-ताम् स्फुट्टयेत्-त *स्फुट्टित स्फुट्टित्वा

स्फुड् *6√sphuḍ* (to cover) स्फुडति स्फुडिष्यति अस्फुडत् स्फुडतु स्फुडेत् *स्फुडित स्फुडनीय स्फुडितव्य स्फुडितुम्

स्फुड् *10√sphuḍ* (to cover) स्फुडयति-ते स्फुडयिष्यति-ते अस्फुडयत् स्फुडयतु स्फुडयेत् *स्फुडित स्फुडयितुम्

स्फुण्ट् *1√sphuṇṭ* (to despise) स्फुण्टति स्फुण्टिष्यति अस्फुण्टत् स्फुण्टतु स्फुण्टेत् *स्फुण्टित स्फुण्टनीय स्फुण्टित्वा

स्फुण्ट् *10√sphuṇṭ* (to hate) स्फुण्टयति-ते स्फुण्टियिष्यति-ते अस्फुण्टयत्-त स्फुण्टयतु-ताम् स्फुण्टयेत्-त *स्फुण्टित

स्फुण्ठ् *1√sphuṇṭh* (to expand) स्फुण्ठति स्फुठिष्यति अस्फुठत् स्फुण्ठतु स्फुण्ठेत् *स्फुण्ठित स्फुण्ठनीय स्फुण्ठित्वा

स्फुण्ठ् *10√sphuṇṭh* (to jest) स्फुण्ठयति-ते स्फुण्ठयिष्यति-ते अस्फुण्ठयत्-त स्फुण्ठयतु-ताम् स्फुण्ठयेत्-त *स्फुण्ठित

स्फुण्ड् *1√sphuṇḍ* (to burgeon) स्फुण्डते स्फुण्डिष्यते अपुस्फुडत स्फुण्डताम् स्फुडेत *स्फुण्डित स्फुण्डनीय स्फुण्डितुम्

स्फुण्ड् *10√sphuṇḍ* (to jest) स्फुण्डयति-ते स्फुण्डयिष्यति-ते अस्फुण्डयत्-त स्फुण्डयतु-ताम् स्फुण्डयेत्-त *स्फुण्डित

स्फुर् *6√sphur* (to throb) स्फुरति स्फुरिष्यति अस्फुरत् स्फुरतु स्फुरेत् *स्फुरित स्फुरणीय स्फुर्त्वा स्फुरितुम स्फुरण स्फुर्ति

स्फुर्च्छ् *1√sphṛććh* (to spread) स्फूर्च्छति स्फूर्च्छिष्यति अस्फूर्छत् स्फूर्च्छतु स्फूर्च्छेत् *स्फूर्च्छित स्फूर्च्छनीय स्फूर्च्छित्वा

स्फुर्ज् *1√sphṛj* (to thunder) स्फूर्जति स्फूर्जिष्यति अस्फूर्जत् स्फूर्जतु स्फूर्जेत् *स्फूर्ण स्फूर्जनीय स्फूर्जितव्य स्फूर्जित्वा

स्फुल् *6√sphul* (to jerk) स्फुलति स्फुलिष्यति अस्फुलत् स्फुलतु स्फुलेत् *स्फुलित स्फुलनीय स्फुलित्वा स्फुलितुम्

स्मि *1√smi* (to smile) स्मयते स्मेष्यते अस्मयत स्मयताम् स्मयेत *स्मित स्मयनीय स्मेतव्य स्मित्वा विस्मित्य स्मेष्यमाण

स्मि *10√smi* (to smile) स्माययति-ते स्माययिष्यति-ते अस्माययत्-त स्माययतु-ताम् स्माययेत्-त *स्मायित स्मायितुम्

स्मिट् *10√smiṭ* (to abhor) स्मेटयति-ते स्मेटयिष्यति-ते अस्मिटयत्-त स्मेटयतु स्मेटयेत् *स्मेटित स्मेटनीय स्मेटयितुम्

स्मील् *1√smil* (to wink) स्मीलति स्मीलिष्यति अस्मीलत् स्मीलतु स्मिलेत *स्मिलित स्मीलत स्मीलनीय स्मीलित्वा

स्मृ *1√smṛ* (to remember) स्मरति स्मरिष्यति अस्मरत् स्मरतु स्मरेत् *स्मृत स्मरणीय स्मर्तव्य स्मार्य स्मृत्वा स्मृति स्मर्तृ

स्मृ *5√smṛ* (to remember) स्मृणोति स्मरिष्यति अस्मृणोत् स्मृणोतु स्मृणुयात् *स्मृत स्मरणीत स्मार्य स्मर्तव्य स्मर्तुम्

स्यन्द् *1√syand* (to run, carry) स्यन्दते स्यन्दिष्यते-स्यन्स्यते अस्यन्दत स्यन्दताम् स्यन्देत *स्यन्दित स्यन्दनीय स्यन्दितव्य

स्यम् *1√syam* (to sound) स्यमति स्यमिष्यति अस्यमत् स्यमतु स्यमेत् *स्यमित स्यमनीय स्यमितव्य स्यमित्वा स्यमितुम्

स्यम् *10√syam* (to think) स्यमयति-ते स्यमयिष्यति-ते अस्यमयत्-त स्यमयतु-ताम् स्यमयेत्-त *स्यमित स्यमितुम्

स्रङ्क् *1√sraṅk* (to be dry) स्रङ्कति-ते स्रङ्किष्यते अस्रङ्केकत स्रङ्कताम् स्रङ्केत *स्रङ्कित स्रङ्कनीय स्रङ्कित्वा स्रङ्कितुम्

स्रंस् *1√sraṁs* (to fall) स्रंसते स्रंसिष्यते अस्रंसत स्रंसताम् स्रंसेत स्रस्यते *स्रस्त स्रंसनीय स्रंसितव्य स्रस्त्वा स्रंसितुम्

स्रंह् *1√sraṁh* (to trust) स्रंहते स्रंहिष्यते अस्रंहत स्रंहताम् स्रंहेत *स्रंहित स्रंहनीय स्रंहितव्य स्रंहित्वा स्रंहितुम्

स्रम्भ् *1√srambh* (to believe) स्रम्भते स्रम्भिष्यते अस्रम्भत स्रम्भताम् स्रम्भेत *स्रम्भित स्रम्भितव्य स्रम्भित्वा स्रम्भितुम्

स्रिध् *1√sridh* (to blunder) स्रिधति स्रिधिष्यति अस्रिधत् स्रिधतु स्रिधेत् *स्रिद्ध

स्रिभ् *1√sribh* (to injure) स्रेभति स्रेभिष्यति अस्रेभत् स्रेभताम् स्रेभेत *स्रिब्ध

स्रिम्भ् *1√srimbh* (to injure) स्रिम्भति स्रिम्भिष्यति अस्रिम्भत् स्रिम्भतु स्रिभेत् *स्रिम्भित स्रिम्भित्वा स्रिम्भितुम्

स्रिव् *4√sriv* (to go) स्रिव्यति स्रेविष्यति अस्रिव्यत् स्रिव्यतु स्रिव्येत् *स्रुत स्रेवणीय स्रेवितव्य स्रेवित्वा स्रेवितुम्

स्रु *1√sru* (to leak) स्रवति स्रोष्यति अस्रवत् स्रवतु स्रवेत् *स्रुत स्रवणीय स्रोतव्य स्रुत्वा स्राव्य स्रोतुम् स्रवण स्राव

स्रेक् *1√srek* (to go) स्रेकति-ते स्रेकिष्यते अस्रेकत स्रेकताम् स्रेकेत *स्रेकित स्रेकनीय स्रेकितव्य स्रेकित्वा स्रेकितुम्

स्रै *1√srai* (to boil over) स्रायति स्रास्यति अस्रायत् स्रायतु स्रायेत् *स्रात

स्वङ्क् *1√svaṅk* (to go) स्वङ्कति स्वङ्किष्यति अस्वङ्कत् स्वङ्कतु स्वङ्केत् *स्वङ्कित स्वङ्कितव्य स्वङ्कित्वा स्वङ्कितुम्

स्वङ्ग् *1√svaṅg* (to go) स्वङ्गति स्वङ्गिष्यति अस्वङ्गत् स्वङ्गतु स्वङ्गेत् *स्वङ्गित-स्वङ्क

स्वञ्ज् *1√svañj* (to embrace) स्वजते स्वङ्क्षते अस्वजत स्वजताम् स्वजेत *स्वक्त स्वङ्क्तुम् स्वञ्जनीय स्वङ्क्वा

स्वठ् *10√svaṭh* (to perform rites) स्वठयति-ते स्वठयिष्यति-ते अस्वठयत्-त स्वठयतु-ताम् स्वठयेत्-त *स्वठित

स्वद् *1√svad* (to relish) स्वदते-स्वद्यते स्वदिष्यते अस्वदत स्वदताम् स्वदेत *स्वत्त स्वदत् स्वदनीय

स्वद् *10√svad* (to sweeten) स्वादयति-ते स्वादयिष्यति अस्वादयत् स्वादयतु स्वादयेत् *स्वादित स्वादयितुम् स्वाद

स्वन् *1√svan* (to sound) स्वनति स्वनिष्यति अस्वनत् स्वनतु स्वनेत् *स्वान्त-स्वनित स्वननीय स्वनितव्य स्वनित्वा

स्वप् *2√svap* (to sleep) स्वपिति स्वप्स्यति अस्वपीत् स्वपितु स्वप्यात् *सुप्त स्वपनीय स्वप्तव्य सुप्त्वा स्वप्तुम् स्वप्न

स्वर् *10√svar* (to reprove) स्वरयति-ते स्वरयिष्यति-ते अस्वरयत्-त स्वरयतु-ताम् स्वरयेत्-त *स्वरित

स्वर्द् *1√svard* (to please) स्वर्दते स्वर्दिष्यते अस्वर्दत स्वर्दताम् स्वर्देत *स्वर्दित स्वर्दितव्य स्वर्दित्वा स्वर्दितुम्

स्वल् *1√sval* (to move) स्वलति स्वेलिष्यति अस्वलत् स्वलतु स्वलेत् *स्वलित स्वलनीय स्वलितव्य स्वलित्वा स्वलितुम्

स्वस्क् *1√svask* (to go) स्वस्कते स्वस्किष्यते अस्वस्कत स्वस्कताम् स्वस्केत *स्वस्कित स्वस्कितव्य स्वस्कितुम्

स्वाद् *1√svād* (to taste) स्वादते स्वादिष्यते अस्वादत स्वादताम् स्वादेत *स्वादित स्वादनीय स्वाद्य स्वादितव्य स्वादित्वा

स्विद् *1√svid* (to smoothen, renounce) स्वेदति स्वेदिष्यति अस्वेदत् स्वेदतु स्वेदेत् स्विद्यते *स्विन्न

स्विद् *4√svid* (to sweat) स्विद्यति स्वेत्स्यति अस्विद्यत् स्विद्यतु स्विद्येत् *स्विन्न स्वेदनीय स्वेद्य स्वेत्तव्य स्वित्त्वा

स्वुर्च्छ् *1√svurććh* (to spread, extend; forget) स्वुर्च्छति स्वुर्च्छिष्यति अस्वुर्च्छत् स्वुर्च्छतु स्वुर्च्छेत् *स्वुच्छित

स्वृ *1√svṛ* (to sound) स्वरति स्वरिष्यति अस्वरत् स्वरतु स्वरेत् *स्वृत स्वरणीय स्वरितव्य-स्वर्तव्य स्वरितुम्-स्वर्तुम् स्वर

स्वॄ *9√svṝ* (to hurt) स्वृणाति स्वरिष्यति अस्वृणात् स्वृणातु स्वृणीयात् *स्वूर्ण

स्वेक् *1√svek* (to go) स्वेकते स्वेकिष्यते अस्वेकत स्वेकताम् स्वेकेत *स्वेकित स्वेकितव्य स्वेकित्वा स्वेकितुम्

(ह) (h)

हट् *1√haṭ* (to be shining) हटति हटिष्यति अहटत्-अहाटत् हटतु हटेत् *हटित हटनीय हटितव्य हटित्वा हटितुम्

हठ् *1√haṭh* (to nail) हठति हठिष्यति अहठत्-अहाठत् हठतु हठेत् *हठित हठनीय हठित्वा हठितुम्

हद् *1√had* (to void excrement, feces, stool) हदते हत्स्यते अहदत हदताम् हदेत *हत्त

हन् *2√han* (to smite, strike, kill) हन्ति-आहते हनिष्यति-अहनिष्यते अहन्-आहत हन्तु-अहताम् हन्यात्-आघ्नीत हन्यते *हत हनत् हननीय हन्तव्य प्रहत्य हत्वा हन्तुम् हन्यमान हनन वध वधक घात अपघात विघ्न कृतघ्न हेति हत्या कलह

हम्म् *1√hamm* (to go) हम्मति हम्मिष्यति अहम्मत् हम्मतु हम्मेत् *हम्मित हम्मितव्य हम्मित्वा हम्मितुम्

हय् *1√hay* (to go) हयति हयिष्यति अहयत् हयतु हयेत् *हयित हयनीय हयितव्य हयित्वा हयितुम् हय

हर् *4√har* (to be gratified) हर्यति हरिष्यति अहर्यरत् हर्यतु हर्येत् *हरित

हर्य् *1√hary* (to get tired) हर्यति हर्यिष्यति अहर्यत् जहर्य हर्यतु हर्येत् *हर्यित

हल् *1√hal* (to plough) हलति हलिष्यति अहलत् हलतु हलेत् *हलित हलितव्य हलित्वा हलितुम्

हल्ल् *1√hall* (to thrive) हल्लति हल्लिष्यति अहल्लत् हल्लतु हल्लेत् *हल्लित हल्लितव्य हल्लित्वा हल्लितुम्

हस् *1√has* (to laugh) हसति हसिष्यति अहसत् हसतु हसेत् हस्यते *हसित हसितव्य हसित्वा हसितुम्

हा *3√hā* (to go) जिहीते हास्यति अजिहीत् जिहीताम् जिहीत हीयते *हान हानीय हातव्य हात्वा विहाय हातुम् हानि

हाक् *3√hāk* (to give up, resign) जहाति हास्यति अजहात जहातु जह्यात् *हीन हीनवान् हानीय हेत विहाय हातुम् हीन

हि *5√hi* (to impel) हिनोति हेष्यति अहिनोत् हिनोतु हिनुयात् *हित हयनीय हेतव्य हेय हित्वा हेतुम् हय हेतु संहिता

हिंस् *7√hiṁs* (to be violent) हिनस्ति हिंसिष्यति अहिनत् हिनस्तु हिंस्यात् *हिंसित हिंसत् हिंसनीय हिंसित्वा हिंसितुम्

हिंस् *10√hiṁs* (to be violent) हिंसयति-ते हिंसयिष्यति अहिंसयत्-त हिंसयतु-ताम् हिंसयेत्-त *हिंसित हिंसयितुम् हिंसा

हिक्क् *1√hikk* (to garble) हिक्कति-ते हिक्किष्यति अहिक्कत् क्कितु हिक्केत् *हिक्कित हिक्कित्वा हिक्कितुम् हिक्का

हिक्क् *10√hikk* (to garble) हिक्कयति-ते हिक्कयिष्यति-ते अहिक्कयत्-त हिक्कयतु-ताम् हिक्कयेत्-त *हिक्कित

हिड् *1√hiḍ* (to be hostile) हेडते हेडिष्यते अहेडत हेडताम् हेडेत *हेडित हेडितव्य हेडित्वा हेडितुम्

हिण्ड् *1√hiṇḍ* (to wander) हिण्डते हिण्डिष्यते अहिण्डत हिण्डताम् हिण्डेत *हिण्ण हिण्डनीय हिण्डितव्य हिण्डित्वा

हिन्व् *1√hil* (to place) हिन्वति हिन्विष्यति अहिन्वत् हिन्वतु हिन्वेत् *हिन्वित हिन्वनीय हिन्वित्वा हिन्वितुम्

हिल् *6√hil* (to play) हिलति हेलिष्यति अहिलत् हिलतु हिलेत् *हिलित हिलितव्य हिलित्वा हिलितुम्

हिल्लोल् *10√hilllol* (to swing) हिल्लोलयति हिल्लोलयिष्यति अहिल्लोलयत्-त हिल्लोलयतु-ताम् हिल्लोलयेत्-त

हु *3√hu* (to offer oblation, perform yajña) जुहोति होष्यति अजहोत् जुहोतु जुहुयात् हूयते *हूत जुह्वत् होष्यत् हवनीय हव्य होतव्य हुत्वा होतुम् आहुत्य होतुम् हूयमान हविस् हविष्य होत्रृ होतृ होत्र अग्निहोत्र होम हवन

हुड् *1√huḍ* (to go) होडते होडिष्यते अहोडत होडताम् होडेत *हुडित हुडितव्य हुडित्वा हुडितुम्

हुड् *6√huḍ* (to pile up) हुडति हुडिष्यति अहुडत् हुडतु हुडेत् *हुडित हुडनीय हुडितव्य हुडित्वा हुडितुम्

हुण्ड् *1√huṇḍ* (to collect, gather; to select, choose) हुण्डते हुण्डिष्यते अहुण्डत हुण्डताम् हुण्डेत *हुण्ण हुण्डनीय

हुल् *1√hul* (to hide) होलति होलिष्यति अहोलत् होलतु होलेत *हुलित हुलितव्य हुलित्वा हुलितुम्

हूड् *1√hūḍ* (to go) हूडते हूडिष्यते अहूडत हूडताम् हूडेत *हूडित हूडितव्य हूडित्वा हूडितुम्

हूर्च्छ् *1√hurććh* (to twist) हूर्च्छति हूर्च्छिष्यति अहूर्च्छत् हूर्च्छतु हूर्च्छेत् *हूर्च्छित हूर्च्छनीय हूर्च्छित्वा हूर्च्छितुम्

हृ *1√hṛ* (to take, carry away) हरति-ते हरिष्यति अहरत् हरतु हरेत् *हृत हरणीय हर्तव्य हार्य हृत्वा हर्तुम् प्रहार व्याहर

हृ *3√hṛ* (to force, molest, rape) जिहर्ति हरिष्यति जिहर्तु जिहृयात् *हृत

हृणी *11√hṛṇī* (to shy) हृणयति हृणयिष्यति अहृणयत् हृणयतु हृणयेत् *हृणित हृणितव्य हृणित्वा हृणितुम्

हृष् *1√hṛṣ* (to be joyful) हर्षति हर्षिष्यति अहर्षत् हर्षतु हर्षेत् *हृष्ट हर्षणीय हृष्ट्वा-हर्षित्वा हृष्टुम् हर्ष सहर्ष

हृष् *4√hṛṣ* (to be joyful) हृष्यति हर्षिष्यति अहृष्यत् हृष्यतु हृष्येत् हृष्यते *हृष्ट हर्षणीय हृष्टव्य हृष्ट्वा हृष्टुम्

हेठ् *1√heṭh* (to sabotage, be cruel) हेठते हेठिष्यते अहेठत हेठताम् हेठेत *हेठित हेठनीय हेठितव्य हेठित्वा हेठितुम्

हेड् *1√heḍ* (to neglect) हेडति-हेडते हेडिष्यते अहेडत हेडताम् हेडेत *हेडित हेडनीय हेडितव्य हेडित्वा हेडितुम्

हेल् *1√hel* (to disregard) हेलते हेलिष्यति अहेलत् हेलतु हेलत् *हेलित हेलितव्य हेलित्वा हेलितुम्

हेष् *1√heṣ* (to neigh) हेषते हेषिष्यते अहेषित हेषताम् हेषेत *हेष्ट-हेषित हेषा

होड् *1√hoḍ* (to disregard) होडति-ते होडिष्यते अहोडत होडताम् होडेत *होडित होडनीय होडितव्य होडित्वा होडितुम्

ह्नु *2√hnu* (to deprive, hide) ह्नुते ह्नोष्यते अह्नुत ह्नुताम् ह्नुवीत *ह्नुत अपह्नुति निह्नव

ह्मल् *1√hmal* (to shake) ह्मलति ह्मलिष्यति अह्मलत् ह्मलतु ह्मलेत् *ह्मलित ह्मलितव्य ह्मलित्वा ह्मलितुम्

ह्रग् *1√hrag* (to conceal) ह्रगति ह्रगिष्यति अह्रगत् ह्रगतु ह्रगेत् *ह्रगित ह्रगितव्य ह्रगित्वा ह्रगितुम्

ह्रप् *10√hrap* (to speak) ह्रपयति-ते ह्रपयिष्यति-ते अह्रपयत्-त ह्रपयतु-ताम् ह्रपयेत्-त *ह्रपित

ह्रस् *1√hras* (to diminish) ह्रसति ह्रसिष्यति अह्रसत् ह्रसतु ह्रसेत् *ह्रसित-ह्रस्त ह्रसितव्य ह्रसित्वा ह्रसितुम्

ह्राद् *1√hrād* (be glad, cheerful) ह्रादते ह्रादिष्यते अह्रादत् ह्रादताम् ह्रादेत *ह्रादित ह्रादनीय ह्रादित्वा ह्रादितुम् ह्रादमान

ह्रिणी *11√hriṇī* (to blush) ह्रिणीयते ह्रिणीयिष्यते अह्रिणीयत ह्रिणीताम् ह्रिणीयेत *ह्रिणीत ह्रिणीतव्य ह्रिणीत्वा ह्रिणीतुम्

ह्री *3√hrī* (to blush) जिह्रेति ह्रेष्यति अजिह्रेत् जिह्रेतु जिह्रीयात् *ह्रीण-ह्रीत ह्रयणीय ह्रेतव्य ह्रेय ह्रित्वा ह्रेतुम् ह्रयण ह्री ह्रेतृ

ह्रीच्छ् *1√hrīćch* (to be ashamed of, be modest, be blushed) ह्रीच्छति ह्रीच्छिष्यति अह्रीच्छत् ह्रीच्छतु ह्रीच्छेत्

ह्रुड् *1√hruḍ* (to contract) ह्रोडते ह्रोडिष्यते अह्रोडत् ह्रोडतु ह्रोडेत् *ह्रोडित ह्रोडितव्य ह्रोडित्वा ह्रोडितुम्

ह्रूड् *1√hrūḍ* (to contract) ह्रूडति ह्रूडिष्यति अह्रूडत् ह्रूडतु ह्रूडेत् *ह्रूडित ह्रूडितव्य ह्रूडित्वा ह्रूडितुम्

ह्रेप् *1√hrep* (to go) ह्रेपते ह्रेपिष्यते अह्रेपत ह्रेपताम् ह्रेपेत *ह्रेपित ह्रेपितव्य ह्रेपित्वा ह्रेपितुम्

ह्रेष् *1√hreṣ* (to neigh) ह्रेषते ह्रेषिष्यते अह्रेषत ह्रेषताम् ह्रेषेत *ह्रेषित ह्रेषा

ह्रौड् *1√hrauḍ* (to go) ह्रौडते ह्रोडिष्यते अह्रोडित ह्रोडताम् ह्रोडेत *ह्रौडित ह्रौडितव्य ह्रौडित्वा ह्रौडितुम्

ह्लग् *10√hlag* (to hide) ह्लगयति ह्लगयिष्यति अह्लगयत् ह्लगयतु ह्लगयेत *ह्लगित ह्लगितव्य ह्लगित्वा ह्लगितुम्

ह्लप् *10√hlap* (to speak) ह्लपयति-ते ह्लपयिष्यति-ते अह्लपयत्-त ह्लपयतु-ताम् ह्लपयेत्-त *ह्लपित

ह्लस् *1√hlas* (to sound) ह्लसति ह्लसिष्यति अह्लसत् ह्लसतु ह्लसेत् ह्लसित *ह्लस्त

ह्लाद् *1√hlād* (be glad, cheerful) ह्लादते ह्लादिष्यते अह्लादत ह्लादताम् ह्लादेत *ह्लादित-ह्लन्न ह्लादितुम् उह्लास आह्लाद

ह्वग् *1√hvag* (to cover) ह्वगति ह्वगिष्यति अह्वगत् ह्वगतु ह्वगेत् *ह्वगित ह्वगितव्य ह्वगित्वा ह्वगितुम्

ह्वल् *1√hval* (to walk) ह्वलति ह्वलिष्यति अह्वालत् ह्वलतु ह्वलेत् *ह्वलित ह्वलितव्य ह्वलित्वा ह्वलितुम्

ह्वृ *1√hvṛ* (to be crooked) ह्वरति ह्वरिष्यति अह्वरत् ह्वरतु ह्वरेत् *ह्वरित ह्वरणीय ह्वरितव्य ह्वरित्वा ह्वरितुम् गह्वर

ह्वे *1√hve* (to call) आ+ह्वयति-ते ह्वास्यति-ते अह्वयत्-त ह्वयतु-ताम् ह्वयेत्-त *हुत ह्वानीय ह्वातव्य आहूय हूत्वा आहव

सत्तायां **विद्यते** ज्ञाने **वेत्ति** **विन्ते** विचारणे। **विन्दति** **विन्दते** प्राप्तौ रूपभेदो **विदेः** स्मृतः।।

(सत्तायाम्-विद्यते, ज्ञाने-वेत्ति, विन्ते-विचारणे, विन्दति-विन्दते-प्राप्तौ (इति) रूपभेदः विदेः स्मृतः।)

Thus, are stated FIVE different forms of the root √विद् : (विदेः)

(1) class 4 - सत्ता (to be) विद्यते (exists)

(2) class 2 - ज्ञानं (knowledge) वेत्ति (knows)

(3) class 7 - विचारणं (thinking) विन्ते (thinks)

(4) class 6 - प्राप्तिः (attainment) विन्दति-विन्दते (gets)

(5) class 10 - सचेतन् (to know) वेदयते (be aware)

स्मृतः (are known)

WHICH VERB TO USE?

PART I

RATNAKAR'S ENGLISH-TO-SANSKRIT CONVERTION GUIDE FOR COMMON VERBS

(a)

abandon त्यज् रह् हा उज्झ् मुच् वि-सृज् उत्-सृज्

abide स्था वस् वृत् स्था; प्रति-ईक्ष्, सह, तिज्, पाल्

absolve मुच् वि-मुच् उद्-धृ क्षम्

abstain नि-वृत् परि-वृज् वि-वृज् परि-वृज्

abuse व्यय् भर्त्स् विनि-युज् प्र-युज् अधि-क्षिप आ-क्षिप्

accept ग्रह् वृ प्रति-ग्रह् प्रति-पद आ-दा स्वी-कृ प्रति-इष्

access अभि-गम् उप-गम् आ-गम्

accompany व्रज् अनु-इ सम्-युज् सह-चर् अनु-सृ

accomplish साध् सिध् सम्-आप् अनु-स्था सम्-पद्

accuse अधि-क्षिप् अभि-युज् अभि-शप् अप-वद्

achieve लभ् सम्-आप् प्र-आप् सम्-पद् निर्-वृत्

acknowledge ग्रह् प्रति-पद् अंगी-कृ स्वी-कृ

acquire लभ् अर्ज् अश् अव्-आप् प्रति-पद्

acquaint बुध् ज्ञा अभि-अस् अभि-ज्ञा वि-ज्ञा नि-विद्

act चेष्ट् आ-चर् वि-आव्-हृ कृ नट्

admire स्तु श्लाघ् प्र-शंस् वि-स्माय् दृश् ईक्ष्

adore आ-राध् नमस्-कृ सम्-भाव् पूज् अर्च सभाज्

adorn भूष् मण्ड् अलम्-कृ प्र-साध् सम्-कृ परिष्कृ

advance गम् व्रज् प्र-चल् प्र-स्था आनी प्रणी पुरस्कृ

advise उप-दिश् नि-विद् अनु-शास् अनु-मन् आ-लोच्

afflict क्लिश् दु व्यथ् पीड् बाध् परि-तप् आयस्

agitate क्षुभ् प्र-मथ् उद्-विज् वि-लुड् धू प्र-मन्थ् वि-ह्वल्

agree मन् सन्धा सम्-मन् सम्-विद्-कृ

allow ग्रह् अनु-ज्ञा अनु-मन् अनु-मुद् सह अनु-दा

amuse रम् नन्द् क्रीड् वि-नुद् वि-लस् क्रीड् खेल्

be angry सम्-तप् कुप् क्रुध् रोष् आ-मृष्

announce नि-विद् आ-ख्या प्र-काश् वि-घुष् वि-ज्ञा

annoy बाध् पीड् व्यथ् क्लिश् उद्-विज् तप् अर्द् बाध्

answer प्रति-पद् प्रति-भाष् प्रति-वच् सम्-आ-धा उत्-तृ

apologize याच् प्र-अर्थ् व्यप्आ-दिश् स्वी-कृ प्रति-वद्

appear दृश् भा प्रादुर्-आविर्-भू अव-तृ प्र-काश् उत्-चर्

apply ऋ न्यस् नि-विश् नि-धा सम्-युज् न्यस् ऋ प्रार्थ

approach सम्-गम् अभि-गम् इ-या उप-स्था

arise उत्-पद् उत-इ सम्-उत्-था उद्-गम् सम्-भू उद्-भू आविर्-भू प्रादुः-भू उत्-चर् जन् उप-जन् सम्-जन्

arrange रच् घट् वि-ऊह् सम्-विध् विनि-अस् क्रम् ग्रन्थ्

arrest ग्रह् बन्ध् धृ स्तम्भ् नि-उध् आ-सिध् स्तम्भ् नि-वृ

arrive आ-गम् अभि-गम् प्र-पद् उप-स्था प्र-आप् आ-या

ask याच् अर्थ् प्रच्छ् भिक्ष् जि-ज्ञा अनु-युज्

ascertain ज्ञा विद् धृ निस्-चि वि-अव-सो स्थिरी-कृ

aspire स्पृह् आ-अभि-कांक्ष् अभि-लष् अभि-रुच् ईप्स्

assemble सम्-मिल् सम्-आ-गम् अभि-उद्-चि सम्-नि-पत् एकी-भू मिल् सम्-आ-वृ समूही-भू सम्-नि-पत्

attack आ-क्रम् अव-स्कन्द् आ-पत् प्रति-युध् आ-सद् आ-युध् अभि-द्रु उप-द्रु अभि-धाव् अभि-प्र-या

attain या लभ् गम् इ ऋ अश् प्र-आप् प्रति-पद् अधि-गम्

attend स्म्-आ-गम् उप-स्था सम्-नि-धा उप-आस् वि-लस्

attract आ-कृष् आ-वृज् वि-लुभ् प्र-लुभ् वि-मुह्

avail उप-कृ अनु-ग्रह् प्र-युज् अनु-लभ्

avenge प्रति-कृ प्रति-हिंस् दण्ड्

avert सम्-हृ प्रति-हृ अप-नुद् विमुखी-कृ अप-वृत्

await प्रति-ईक्ष् उप-ईक्ष् उत्-दृश्

(b)

bathe सु स्ना मस्ज् अव-गाह् आ-प्लु अभिषेकम्-कृ

be अस् आस् भू वृत् विद् जन् स्था

bear धा धृ भृ वह् सह् तिज् मृष्; प्र-सु जन् फल्

be born जन् उद्-भू सम्-भू उत्-पद् प्र-सु जन्

become भू सम्-भू वृत् सम्-पद् गम् प्र-आप्

begin प्र-आ-रभ् उप-क्रम् प्र-वृत् प्र-कृ प्र-स्तु

behold निः-ईक्ष् अभि-दृश् सम्-प्रेक्ष् लोक् लक्ष्

believe वि-श्वस् प्रति-इ श्रद्धाम्-कृ मन्

bind बन्ध् ग्रन्थ् वेष्ट् सम्-यम् नि-यम् नि-यन्त्र

bite दंश् चर्व् खाद् अर्द् पीड् वञ्च् अव-क्षिप्

boast गर्व दृप् श्लाघ् वि-कत्थ् वि-क्लृप्

bother क्लिश् पीड् बाध् उद्-विज् व्यथ् उद्-विज्

bow नम् प्र-नम् अभि-वद् अभि-वन्द् क्षम् अभि-उप-इ

break भञ्ज् खण्ड् चूर्ण् मृद् भिद् स्फुट् रुज् क्षुद् दल् व्यध् छिद्र पिष् हन् वि-दृ उत्-लङ्घ् अति-चर् वि-घट्

breathe जीव् वृत् अस् प्राण् उद्-श्वस् प्र-वा

bring ला आ-नी आ-हृ उप-आ-हृ प्र-आप् आ-गम् आ-कृष् आ-वह् उप-पद्

build प्र-क्लृप् वि-रच् सम्-आ-श्रि निर्-मा वि-धा स्थ-आप् निर्-मा नि-चि कृ

burn दह् प्लुष् ज्वल् तप् दीप् उष्

(c)

call चक्ष् ह्वे शब्द् आ-ह्वे अभि-धा ब्रू ख्या सम्-बुध्

carry नी हृ वह् भृ साध् लभ् वशी-कृ तॄ गम् साध्

cast क्षिर् मुच् सृज् पत् वि-गण् आ-कल् सम्-धा

catch धृ ग्रह् बन्ध् परा-मृश् अव-लम्ब् आ-कृष् आ-हृ प्र-लुभ् लभ् प्र-आप्

cause जन् कृ अस् भू उत्-पद् साध्

celebrate अनु-नी प्र-शंस् स्तु श्लाघ् वि-ख्या कीर्ति-कृ

challenge ह्वे धृष् स्पर्ध् अभि-युज् नि-षिध् आ-ह्वे स्वीकृ

cheat वञ्च् छल् शठ् महि प्र-तॄ सम्-धा अभि-धा

cherish धृ भज् ध्यै उप-आस् नि-विश् लल् पुष् पाल् सम्-वृध् भज् दय् लल्

choose वृ ग्रह रुच् इष् नि-युज् नि-रूप् अभि-लष् प्र-वृ

churn मथ् मन्थ् खज् सम्-आ-लुड्

circle परि-क्रम् परि-भ्रम् परदक्षिणी-कृ परि-वेष्ट् परि-वृ

claim याच् ब्रू वच् प्र-अर्थ अधि-कृ अभि-मन् प्रति-पद्

close अपि-धा पि-धा नि-मिल आ-मिल् निर्-वृत् सम्-आप् सम्-वृत् निष्-पद् वि-रम् वि-गम्

collapse अव-सद् सम-हृ क्षय-गम् लय-गम् सम्-नि-पत् सम्-कुच् सम्-हृ शॄ सम्-हन् सम्-क्षिप्

collect उह चि अव-गम् सम्-आ-धा सम्-मिल् सम्-आ-गम् सम्-ग्रह सम्-आ-हृ सम्-भृ सम्-आ-हृ

combine मिश्र् मिल् सम्-गम् एकी-भू एकी-कृ सम्-भू सम्-युज् सम्-धा सम्-श्लिष्

come आ-गम् आ-या आ-इ आ-व्रज् आ-पद् उप-स्था सम्-वृत् ए इ पै-आप्

command शास् ईश् प्र-भू नि-ग्रह सम्-यम् नि-यम् अव्-लोक् नि-युज् अधि-स्था आ-ज्ञा आ-दिश् निर्-दिश्

commence आ-रभ् प्र-आ-रभ् उप-क्रम् अनु-स्था प्र-स्तु प्र-वृत् प्र-कृ

commend शंस् श्लाघ् स्तु प्र-शंस् सम्-ऋ

communicate कथ् वद् वच् ब्रू दा प्रति-पद् आ-चक्ष् वि-वृ आ-ख्या नि-विद् सम्-युज् सम्-चर् वि-अव-हृ प्र-काश् सम-वद्

complete साध् पूर् सम्-पद् अव-सो सम्-आप् सम्-पॄ

compose रच् ग्रन्थ घट् क्लृप् निर्-मा नि-बन्ध् सम्-ग्रन्थ् वि-नि-अस् सम्-धा वि-रच् वि-न्यस् क्लृप्

conceal गुह् गुप् अन्तर्-इ अन्तर्-धा पि-धा सम्-वृ अप-ह्नु छद् आ-च्छद् स्थग् गोपनं-कृ रहस्

conclude साध् ऊह् तर्क् निर-नी निस्-चि अव-धृ अव-सो निष्-पद् उप-शम् निस्-पत् सम्-पद् सम्-आप् निर्-वृ

congratulate अभि-नन्द् आ-मन्त्र् मङ्गलम्-वद्

consent मन् ग्रह् अनु-ज्ञा अनु-मन् सम्-मन् अनु-ज्ञा

consider वि-चर् वि-मृश् वि-चिन्त् सम्-इक्ष् अव-धृ

console सान्त्व् आ-श्वस् अभि-उप-पद्

constrict सम्-कुञ्च् आ-कुञ्च् सम्-हृ सम्-वृ सम्-नि-कृष्

construct रच् घट् कृ प्र-क्लृप् वि-धा निर्-मा जन् नि-चि

consult चिन्त् वि-चर् सम्-वद् सम्-मन्त्र् वि-मृश सम्-भाष्

contradict वि-रुध् नि-षिध् वि-षिध् प्रति-कूल् वि-वद्

control यम् दम् शास् वश् ईश् अधि-कृ नि-यन्त्र् नि-यम् नि-ग्रह् वि-नि-ग्रह् नि-रुध् सम्-यम्

cook पच् श्रा सिध् कृ सम्-धा सिद्धी-कृ

count गण् स्म्-कल् सम्-गण् अङ्क् मन्

cover छद् सतृ सतृ आ-वेष्ट् आ-छद् पि-धा नि-गुह्

criticise निन्द् अप-कृ अव-क्षिप् अप-वद् वि-तण्ड्

cross तृ लङ्घ् अति-इ अति-क्रम् आ-क्रम् तृ पारम्-गम्

crush चूर्ण मन्थ् क्षुद् सम्-पीड् वि-ध्वंस् वि-नश् उत-छिद् सम्-मृद् पिष् पृष् चूर्ण् पुथ् दम्

cry रुद् शुच् परि-देव् वि-लप् क्रन्द् रुद् मुच् रु नद् रस्

cultivate कृष् सम्-वृध् उप-चि अनु-शील् सेव् भज् वृध्

cut कृत् लू छिद् दो दा छो भिद् खन् तक्ष् खण्ड् खुर् व्रश्च्

(d)

debate वि-वद् वि-चर् सम्-भाष् वि-तर्क् प्र-लप् वि-तण्ड्

decide निस्-चि वि-निस्-चि निर्-नी वि-अव-सो

decorate भूष् मण्ड् प्र-साध् परि-कृ अलम्-कृ परिष्-कृ

defeat परा-भू परा-जि वि-जि अभि-भू वशी-कृ मृश्

defend रक्ष् पा पाल् त्रै गुप् अव् अभि-सम्-रक्ष् नि-वृ

deliver सू प्र-सू मुच् मोक्ष् नि-स्तृ नि-क्षिप् न्यस् प्र-दा

depart नि-वृत् वि-रह् प्र-स्था अप-गम् चल् प्रे त्यज्

depend वश् अव-लम्ब् आ-श्रि सम्-श्रि लस्

deposit न्यस् ऋ आ-धा नि-धा स्था पण् आधी-कृ

descend अव-तृ अव-रुह् अव-पत्

describe कृत् कथ् वच् ख्या वर्ण् लिख् निर्-दिश् नि-रूप् वि-वृ कृत् निर्-वच् वि-ब्रू

deserve उप-पद् प्र-भू अर्ह्

desire इष् कम् वाञ्छ् स्पृह् ईह् याच् आ-काङ्क्ष् अभि-अर्थ् अभि-लष् लुभ् अभि-रुच् आप् गृध् वश् अर्थ्

despise तिरस्-कृ अभि-भू परि-भू अव-ज्ञा अव-मन् गर्ह् निन्द् गुप् उप-ईक्ष् अव-ध्यै बाध् कदर्थी-कृ तुच्छी-कृ

destroy नश् ध्वंस् क्षि क्षै हन् वि-नश् वि-ध्वंस् निर्-दल् नि-सूद् प्र-वि-ली सम्-हृ उत्-छिद् लुप् मृ सूद् शद् क्षण्

die मृ गम् हा या ग्लै त्यज् क्षि वि-पत् उप-रम् अव-सद्

discover आविष्-कृ नि-दृश् वि-वृ प्र-काश् ज्ञा लभ् आप्

discuss वि-चर् आ-लोच् आ-लप् सम्-लप् वि-तर्क वि-मृश् नि-रूप् सम्-ईक्ष् अनु-सम्-धा वि-चर् वि-भू मथ्

disobey भञ्ज् लङ्घ् उत्-लङ्घ् अति-क्रम् अति-चर् अव-ज्ञा वि-रुध्

disrespect अव-मन् उप-ईक्ष् अव-ज्ञा परि-भू तिरस्-कृ

distort वि-कृ वि-रूप् व्यङ्गी-कृ आ-कुञ्च्

divide भिद् दल् वि-युज् वि-श्लिष् वि-च्छिद् वि-भज् पृथक्-कृ स्फुट् वि-दल् द्विधा-भू

do कृ साध् अनु-स्था आ-चर प्रति-पद् नि-धा वि-धा चेष्ट् घट् वृत् उत्-पद् सेव्

drink पा शुष् सेव्

drive चर् चल् गम् वह् नुद् प्रेर् कृष् नी प्र-चुद्

drop स्रु पत् स्यन्द् च्यु मुच् त्यज् अपास् नि-वृत्

dry शुष् नि-रस् शुष्की-कृ

(e)

eat अद् भक्ष् भुज् घस् जक्ष् प्सा गृ ग्रस् खाद् अश् चर्व

employ सेव् अधि-कृ नि-युज् प्र-युज् वि-धा धृ व्या-पृ

encourage प्रेर् उद्-तिज् प्र-उत्-सह् प्र-वृत् आ-श्वस्

engage उप-रम् व्या-पृ प्र-युज् प्र-वृत् आ-स्था सेव्

enjoy नन्द् रम् सेव् भुज् अश् आ-स्वाद् अनु-भू

enter इ विश् गाह् आ-गम् नि-धा अभि-या गाह्

entertain रम् नन्द् क्रीड् अर्च् पूज् धृ ग्रह वि-नुद् वि-लस् सत्-कृ सम्-भू सेव् तृष्

escape मुच् मोक्ष् लङ्घ् गम् त्यज् परि-हृ वि-मुच्

establish स्था स्तम्भ् सम्-स्तम्भ् प्रति-पद् सम-स्था प्रति-स्था अधि-स्था स्थिरी-कृ रुह्

evacuate रिच् वि-सृज् वि-हा परि-त्यज् शून्यी-कृ

evolve उत-भिद् वि-स्तृ वि-वृ प्र-सृ

examine परि-ईक्ष् सम्-ईक्ष् सम-दृश् अव-ईक्ष् नि-रूप् अनु-सम्-धा वि-मृश वि-चर्

exhibit प्र-काश् प्र-दृश् अव्-इष्-कृ प्रकटी-कृ

exist अस् भू विद् वृत् जन् स्था उत्-पद् जीव् प्राण् आस्

experience अनु-भू भुज् अश् प्र-आप् दृश् ईक्ष्

explain वर्ण् कथ् प्र-वद् वि-वृ वि-आ-ख्या वि-आ-चक्ष् नि-रूप् प्र-काश् स्पष्टि-कृ

(f)

face अभि-इ अभि-वृत् सम्मुखी-भू

fade म्लै ग्लै नश् ध्वंस् जॄ क्षि वि-लुप् वि-शॄ

fail परा-जि अन्-उत्-तृ हा त्यज्

fall स्रंस् च्यु पत् गल् भ्रंश् ह्रस् प्र-ली नि-पत् अव-तृ आ-क्रम्

falter स्खल् कम्प् वेप् प्र-माद्

fear भी शङ्क् तर्क् त्रस् उद्-विज् व्यथ् त्रस्

feed अद् अश् भुज् पुष् पा पाल् भृ सम्-तृप् सम्-वृध्

fight युध् वि-ग्रह वि-वद् वि-प्र-वद्

flow गल् क्षर् सृ री द्रु स्नु गम् चल् स्रंस् वह प्र-वह अनु-सृ प्र-सृ

fly डी त्यज् वृज् मुच् वि-सृज् वि-सृप् परि-हृ प्र-द्रु उत्-पत् उत्-गम्

follow अनु-इ अनु-गम् अनु-चर् अनु-वृत् अनु-कृ

(g)

gain लभ् आप् ग्रह उप-अर्ज् आ-सद् अश् विद् इ

gather सम्-चि सम्-आ-दा सम्-आ-हृ भृ वृ लू ऊह पूय् सम्-गम् मिल्

get लभ् आप् ग्रह धृ भू धा जन्‌विद् प्र-आप् अर्ज् आ-सद् उप-इ अभि-उप-इ उत्-पद् प्र-सू आ-सद्

give दा ऋ दद् जन् भू त्यज् दिश् नि-क्षिप् उत-सृज् वि-सृज् नि-वृत्

go इ ऋच्छ् गम् इ या व्रज् पद् सृ चल् चर् क्रम् स्यन्द् वह सु अंह्

govern शास् पाल् ईश् गुप् तन्त्र् यम् दम् अनु-इ वि-धा नि-यन्त्र् सम्-हृ नि-यम् नि-ग्रह सम्-यम् नि-यम्

grieve शुच् दु पीड् बाध् क्लिश् व्यथ् तप् खिद् उद्-विज्

grow स्फुट् फुल्ल् रुह ऋध् वृध् स्फाय् प्यै एध् पुष् भू सम्-जन् वि-कस्

(h)

harm हिंस क्लिश् दु अर्द् पीड् बाध् द्रुह क्षण् अप-कृ वि-कृ प्र-कृ उप-द्रु

have अस् भू वृत् विद् धा ग्रह लभ् आप् धृ भुज् शील्

hear श्रु, आ-कर्ण्, सम-आ-कर्ण्

hide गुप् गुह स्थग् लुप् नि-ली अप-वृ

hinder रुध् स्तम्भ् बाध् प्रति-बन्ध् नि-वृ वि-हन्

hold धृ धा भृ पा पाल् सेव् समृ-पद् आ-दा अव-लम्ब् रक्ष् शील् आप् नि-रुध् बन्ध्

hurt तुद् दु दूय् क्षि हिंस् अर्द् पीड् क्षण् अप-कृ रिष् द्रुह

(i)

ignore अ-बुध् न-ज्ञा न-स्वी-कृ

imagine मन् चिन्त् बुध् तर्क् ध्यै क्लृप् अव-इ अव-गम् भू सम्-भू उत-प्रेक्ष् उप-लभ् अव-गम् उप-लभ्

imply सूच् वच् ध्वन् बुध् अभि-धा उप-लक्ष् प्रति-इ

improve सम्-कृ उत्-कृष् उप-चि अभि-वृध् सम्-वृध् वि-वृध् सम्-आ-धा बृंह प्र-युज्

include सम्-आ-विष् परि-सम्-आप् परि-गृह अन्तर्-भू अन्तर्-गम् अन्तर्-गम् अन्तर्-गण् अन्तर्-वृत्

increase वृध् ऋध् बृंह स्फाय् गम् एध् आ या इ प्यै वि-स्तृ उप-चि प्र-सृ

inform ज्ञा विद् कथ् बुध् श्रु अव-गम् सम्-दिश् आ-ख्या वि-ज्ञा नि-विद् आ-ह्वे

injure हन् हिंस् दु पीड् अर्द् क्षण् क्षि व्यध् व्यथ् द्रुह् अप-राध् अप-कृ सम्-बाध्

inquire प्रच्छ् ज्ञा बुध् गवेष् चर्च् नि-रूप् वि-मृश् वि-चर् परि-ईक्ष् अव-ईक्ष् अनु-इष्

inspire चुद् प्रेर् श्वस् जन् प्र-वृत् उत्-पद् उद्-तिज् प्र-उत्-सह् नि-धा उप-नि-धा नि-विश्

instruct शास् शिक्ष् बुध् ज्ञा सूच् पठ् आ-ज्ञा अधि-आप् नि-विद् उप-दिश् अनु-शास्

insult भर्त्स् कुत्स् अव-ज्ञा अव्-क्षप् परि-भू अव-मन्

interrupt भिद् भञ्ज् प्रति-बध् वि-हन् वि-छिद् आ-क्षिप्

invade आ-क्रम् आस्कन्द् आ-सद् उप-द्रु अभि-सृ

invent रच् घट् क्लप् चिन्त् वि-धा सृज् निर्-मा

investigate चर्च् मृग् अव-ईक्ष् सम्-ईक्ष् परि-ईक्ष् अनु-युज् अनु-सम्-धा वि-चर् वि-मृश् निर्-नी निस्-चि निर्-धृ आ-लोच्

invite आ-मन्त्र् नि-मन्त्र् आ-ह्वे प्र-लुभ् केत् आ-कृ प्र-लुभ्

irritate कुप् क्रुध् सम्-तप् दह् रुष् उद्-तिज्

(j)

join मिल युज् मिल् सम्-गम् सम्-धा सम्-बन्ध् सम्-मिल्

(k)

keep स्था अनु-स्था वि-धा अव-लम्ब् आ-श्रि धृ रक्ष् पाल्

kill हन् सूद् मृ तृह् शद् नि-सूद नि-शस् उत्-जस्

know ज्ञा बुध् विद् ग्रह् अभि-ज्ञा वि-ज्ञा अनु-भू अव-इ अव-गम् मन् उप-लभ् ग्रह् भज्

(l)

lament शुच् रुद् कुश् क्रन्द् वि-सद् परि-दिव् अनु-शुच् परि-देव् वि-लप्

laugh हस् स्मि अव-मन् प्र-हस्

learn शिक्ष् पठ् लभ् बुध् विद् ज्ञा अधि-गम् अभि-अस् अधि-इ

leave मुञ्च् मोक्ष् त्यज् रह् उज्झ् वर्ज् हा न्यस् अप-क्रम् निस्-क्रम् निर्-गम् अप-सृ

lessen अप-चि ण्यूनी-भू अल्पी-भू ह्रस् क्षि

liberate मुञ्च् मोक्ष् वि-मुच् वि-सृज् निस्-तृ उद्-धृ

lie शी मृश् अधि-शी नि-पत् नि-ली

lift उत्-धृ उत्-क्षिप् उत्-स्था उत्-श्रि उत्-तुल्

like रुच् इष् कम् वाञ्छ् अभि-लष् अनु-मन् अनु-मुद् तुष्

live वस् श्वस् विद् वृत् जीव् निर्-वह् नि-वस् अधि-स्था

love स्निह् रञ्ज् उच् नन्द् मुद् तुष् कम् अनु-रञ्ज्

(m)

make कृ घट् सृज् क्लृप् जन् सम्-पद् उत्-पद् आ-चर् अनु-स्था वि-धा रच् निर्-मा साध् कल्

manifest स्पश् दृश् स्फुट् भू काश् सृज् चर् गम्-चर् प्र-काश् आविर्-भू प्रादुर्-भू अभि-विज् परि-स्फुट् प्र-कट्

march चल् व्रज् प्र-चल् वि-प्र-चल् सम्-चल प्र-गम् प्र-स्था अभि-या प्रति-व्रज्

marry वृ वॄ लभ् वि-वह् परि-नी उप-यम् परि-ग्रह् प्रति-ग्रह् सम्-बन्ध् सम्-युज्

measure मा तुल् ज्ञा गण् परि-क्लप् परि-ईक्ष् मापनम्-कृ

meet मिल् सम्-मिल् उप-आ-गम् सम्-गम् आ-सद् या

mimic अनु-कृ, अनु-वद्

molest बल् प्र-कृ बाध् उध् तप् पीड् क्लिश् अर्द व्यथ्

mourn रुद् आ-क्रश् वि-लप् आ-क्रन्द् अनु-शुच् परि-देव् परि-दिव्

move चल् चर् सृप् गम् या इ भ्रम् सम्-चर् परि-वृत् प्र-स्था सृ प्रेर् चुद् नुद् प्र-युज् उत-सह् चेष्ट् प्र-उव्

(n)

name नाम-कृ अभि-धा आ-ख्या कृत् प्र-चक्ष् सम्-बुध्

neglect उप-ईक्ष् वि-स्मृ प्र-मद् न-अव-धा उप-ईक्ष् वि-अति-क्रम् अव-ज्ञा अव-मन् त्यज् लङ्घ् वि-स्मृ

nourish पुष् सम्-वृध् परि-पा पाल् तृष् बृंह् जीव्

(o)

obey अनु-मन् अनु-रुध् उप-सेव् उप-चर् उप-आस् पाल्

oblige उप-कृ अनु-ग्रह्
observe ईक्ष् दृश् लक्ष् लोक् वि-ज्ञा
occupy स्था अधि-वस् आ-श्रि अधि-स्था आ-विश् आ-क्रम् वि-आ-पृ
open जृम्भ् वि-तन् वि-स्तृ उद्-घट् अप्-आ-वृत् वि-वृत् प्र-बुध् उत्-मिल् प्र-काश्
order अनु-धा वि-न्यस् आ-दिश् क्लप् चुद् प्रेर् शास्
(p)
pass अति-क्रम् सम्-तृ अति-तॄ अति-गम् वृत् वह्
perish नश् ली क्षि ध्वंस् भ्रंस् मृ प्र-वि-ली उप-गम् पत्
play क्रीड् दिव् रम् खेल् ग्लह् नट् वि-लस् वि-हृ लल्
be pleaseed तुष् हृष् रम् मुद् नन्द् ह्लाद् रञ्ज् अनु-रञ्ज् आ-ह्लाद् प्र-सद् प्र-मुद् सुख् प्री तृप् वि-नुद् रुच्
pour सिच् पत् प्र-स्रु निर्-मुच् उत्-सृज् उत्-क्षिप्
practice कृ सेव् अनु-स्था प्र-युज् आ-चर् अभि-अस्
preside अधि-स्था अधि-आस् अधि-ईश् अव-ईक्ष् प्र-भू अधि-कृ
presume तर्क् धृष् दृप् अनु-मा सम्-भू प्र-गल्भ्
produce कृ सृज् जन् साध् वि-रच् प्र-सृ उत्-पद् निर्-मा सम्-भू आ-नी प्र-सु क्लप् वि-धा प्र-दा
protect पा त्रै रक्ष् गुप् सम्-वृध् अव-ईक्ष् आ-धृ
put स्था दा कृ ऋ न्यस् त्यज् पद् अनु-स्था वि-धा अव-लम्ब् आ-श्रि
(q)
quit त्यज् हा अपास् वि-सृज् निर्-गम् नि-वृत् वि-मुच्
(r)
raise भृ पाल् उत्-स्था उत्-तुल् उत्-धृ उत्-क्षिप् उत-यम्
receive आप् ग्रह् लभ् प्र-आप् आ-दा अंगी-कृ प्रति-इष्
recognize विद् प्रति-सम्-विद् प्रति-अभि-ज्ञा अनु-स्मृ चि
refuse अप-ज्ञा तिरस्-कृ अप-वद् नि-षिध् न-स्वी-कृ
remedy प्रति-कृ सम्-आ-धा शम् कित् उपचारम्-कृ
remove विर्-अस् निर्-आ-कृ अप-क्रम् अप-नी वि-अप-नी
renounce त्यज् हा अपास् उत्-सृज् सम्-न्यस् वि-रह्
reply प्रति-वद् उत्-तृ समा-धा प्रति-वच् ब्रू पुनर्-भाष्
request याच् अर्थ् प्र-अर्थ अभि-अर्थ वि-ज्ञा नि-विद् अप-ईक्ष् अभि-लष् वृ काङ्क्ष्
resist रुध् वि-रुध् नि-वार् प्रति-कृ नि-ग्रह् प्रति-बन्ध्
respect अर्च् पूज् सेव् भज् अव-ईक्ष् अप-ईक्ष् सम्-मन् नमस-कृ आ-दृ सेव् भज् अर्ह् अर्च्
rest आ-रम् वि-श्रम् शी सम्-विश् आ-धा निद्राम्-कृ
retire त्यज् सम्-न्यस् वि-रम् नि-वृत् अप-क्रम् अप-गम् परा-वृत्
return प्रति-आ-गम् आ-वृत् परि-वृत् नि-वृत् प्रति-या पुनर्-इ पुनर्-आ-व्रज् पुनर्-आ-गम्; प्रति-दा प्रति-पद्
ride गम् चल् या वह् सम्-चर् आ-क्रम् आ-रुह्
roam अट् भ्रम् परि-भ्रम् सम्-चर् वि-चर् गाह् भ्रमणम्-कृ
run धाव् द्रु स्यन्द् वह् गम् प्र-चल् रंह् चर् सु स्पन्द् गल्
(s)
sadden सद् म्लान् शुच् विज् खिद् तप् व्यथ् क्लिश् दु
say कथ् विद् गद् वद् भण् भाष् ब्रू वच् मन्त्र् उद्-चर् आ-लप् अभि-धा प्र-कृ उदा-हृ ईर् जल्प् आह् आ-ख्या
scare उत्-आ-कृ भी त्रस् उत्-विज्वि-द्रु
scoff उप-हस् अव-हस् अव-ज्ञा तिरस्-कृ धिक्-कृ अव-मन् आ-क्षिप् अव-हेल् गर्ह् भर्त्स् निन्द् परि-भू तुच्छी-कृ
scold भर्त्स् निन्द् गर्ह् परि-भाष् निर्-भर्त्स् आ-क्रुश् आ-क्षिप् अधि-क्षिप् गुप् क्षिप् तिरस्-कृ परि-भाष्
see दृश् ईश् लक्ष् लोक् ज्ञा बुध् अव-इ; अव-गम् अव-ई
serve भज् सेव् ऊप-आस् उप-कृ उप-चर् प्र-पद् परि-चर्
shine दीप् भा भास् ज्वल् चकास् प्र-भा वि-द्युत्
shorten सम्-क्षिप् ह्रस् अल्पी-भू न्यूनी-कृ सम्-कुच्
sit आस् नि-सद् नि-धा अधि-आस् उप-विश्
sleep स्वप् नि-द्रा शी नि-मील्
smell घ्रा गन्ध् अनु-भू
speak अह् ब्रू वद् कथ् विद् गद् भण् भाष् वच् मन्त्र् उद्-

चर् आ-लप् अभि-धा निर्-दिश्

spread तन् वृध् स्तृ स्तॄ वि-आप् वि-सृ सम्-चर् आ-यम् आ-चि

stand स्था स्तम्भ् उद्-स्था वृत् आ-स्था

stay वस् विद् वृत् स्था अधि-स्था वि-रम् अधि-वस् उप-वस् नि-वस् प्र-वस् अव-स्था वि-लम्ब् स्तम्भ् सम्-धृ

steal स्तेन् चुर् मुष् अप-हृ

stop वि-रम् उप-आ-रम् नि-वृत् सम्-हृ अव-ख्या स्तम्भ्

strike हन् तुद् तड् पीड् अर्द् आ-स्फल् प्र-हृ

study पठ् शिक्ष् ध्यै चिन्त् क्लृप् अभि-अस् अधि-इ अधि-गम् आ-वृत् नि-विश् उप-सेव्

suit अर्ह् उप-पद् युज्

suppress नि-रुध् नि-यम् नि-यन्त्र् नि-वृत् सम्-यम् अव-रोध् नि-रोध् उप-गुह् धृ जि दम्

swim तृ उत्-तृ सम्-तृरुध्

t)

take ग्रह् धृ हृ नी वह् अव-लम्ब् आ-दा स्वी-कृ अंगी-कृ

tell कथ् ब्रू वद् विद् गद् भण् भाष् वच् मन्त्र् आ-चक्ष् नि-विद् आ-ख्या उद्-चर् अभि-धा निर्-दिश्

test, try परि-ईक्ष् ज्ञा अनु-भू परिक्षां-कृ यत् चेष्ट् उद्-यम्

think चिन्त् विद् ध्यै तर्क् मन् गण् स्मृ अप-ईक्ष् वि-मृश् वि-चर् सम्-ज्ञा

throw क्षिप्, उत्-घिप् अस् मुच् त्यज् पत् सृज् प्रेष् च्यु

touch स्पृश् आ-लभ् लग्

trade पण् कृ क्री वि-क्री वाणिज्यम्-कृ क्रयविक्रयम्-कृ

trust प्रति-इ नि-धा वि-श्वस् वि-श्वस् प्रति-इ

(u)

understand ज्ञा बुध् ग्रह् अव-गम् अधि-गम् उप-लभ्

unite युज् सम्-गम् सम-युज् सम-घट् सम्-धा

(v)

vanish वि-नश् प्र-वि-ली अप-इ अनत्-धा तिरो-भू

vow प्रति-ज्ञा सम्-क्लृप् आ-स्था व्रतम्-कृ संकल्पम्-कृ

(w)

wake जागृ प्र-बुध्

walk पद् चल् चर् गम् पादाभ्याम्-गम् क्रम् व्रज्

want काङ्क्ष् इष् अप-ईक्ष्

wash मार्ज् धाव् प्र-क्षल् प्र-मृज्

waste क्षि क्षै व्यय् अप-चि अव-सद्

wear परि-धा आ-वह् धृ भृ वस्

wed उद-वह् वि-वह् परि-णी पाणिग्रहणम्-कृ

win जि वि-जि प्र-आप् प्र-लुभ् आ-राध्

worship पूज् अर्च् सेव् उप-आस् उप-स्था भज् आ-राध् नमस् श्रु मह् सभाज् यज् नमस्कारम्-कृ इज्याम्-कृ

write लिख् रच् ग्रन्थ् प्र-बन्ध् नि-बन्ध् लेखनम्-कृ क्लृप्

(y)

yawn जृम्भ् हर्म्म

yell आ-क्रोश् रु नद् रस् चित्कारम्-कृ दीर्घारवम्-कृ

WHICH VERB TO USE

PART II

EXPLANATIONS OF THE COMMON VERBS WITH PREFIXES

(A)

√ay (√अय्) to go

parā + ay (परा + अय्) = to run, run away. *palāyate* पलायते ।

√arth (√अर्थ्) to ask for, seek

abhi + arth (अभि + अर्थ्) = to desire, wish. *abhyarthate* अभ्यर्थते ।

pra + arth (प्र + अर्थ्) = to pray, request for. *prārthayate* प्रार्थयते (Gita 9.20)

sam + arth (सम् + अर्थ्) = to support, confirm. *psamarthayate* समर्थयते ।

√as (√अस्) to throw

abhi + as (अभि + अस्) = to study. *abhyasyati* अभ्यस्यति ।

ni + as (नि + अस्) = to keep, put. *nyasati* न्यसति ।

nir + as (निर् + अस्) = to remove. *nirasyati* निरस्यति ।

upa + as (उप + अस्) = to present, put forth. *upanyasyati* उपन्यस्यति ।

√āp (√आप्) to get, receive, earn

ava + āp (अव + आप्) = to acquire properly. *avāpnoti, avāpyate.* अवाप्नोति (Gita 15.8), अवाप्यते (Gita 12.5) ।

pra + āp (प्र + आप्) = to get, receive, earn. *prāpnoti, prāpyate* प्राप्नोति (Gita 12.4), प्राप्यते (Gita 5.5)

pari-sam + āp (परि-सम् + आप्) = to come to an end, culminate, finish. *parisamāpyate* परिसमाप्यते । (Gita 4.33)

sam + āp (सम् + आप्) = to complete. *samāpnoti, samāpyate* समाप्नोति, समाप्यते ।

vi + āp (वि + आप्) = to pervade, occupy. *vyāpnoti* व्याप्नोति । vyāptam व्याप्तम् (Gita 11.20)

√ās (√आस्) to sit

pari-qpa + ās (परि–उप + आाा्) = to worship. *paryupāsate* पर्युपासते (Gita 4.25)

(B)

√bhū (√भू) to be, become, happen, appear

anu + bhū (अनु + भू) = to experience. *anubhavati* अनुभवति ।

abhi + bhū (अभि + भू) = to overpower, predominate. *abhibhavati* अभिभवति (Gita 1.40)

āvir + bhū (आविर् + भू) = to rise. *āvirbhavati* आविर्भवति ।

parā + bhū (परा + भू) = to defeat. *parābhavati* पराभवति ।

pari + bhū (परि + भू) = to loathe. *paribhavati* परिभवति ।

pra + bhū (प्र + भू) = to appear. *prabhavati* प्रभवति (Gita 8.19)

prā-dur + bhū (प्रा–दुर् + भू) = to appear. *pradurbhavati* प्रादुर्भवति ।

sam + bhū (सम् + भू) = to become, produce. *sambhavati* सम्भवति (Gita 14.4)

ud + bhū (उद् + भू) = to be born. *udbhavati* उद्भवति (Gita 3.15)

(C)

√ćakṣ (√चक्ष्) to see

pari + ćakṣ (परि + चक्ष्) = to understand. *parićakṣate* परिचक्षते (Gita 17.13)

√ćar (√चर्) to walk

anu + ćar (अनु + चर्) = to follow. *anućarati* अनुचरति ।

ati + ćar (अति + चर्) = to deal with. *atićarati* अतिचरति ।

ā + ćar (आ + चर्) = to behave, deal. *āćarati* आचरति (Gita 3.21)

dur-ā + ćar (दुर्–आ + चर्) = to misbehave. *durāćarati* दुराचरति ।

pari + ćar (परि + चर्) = to serve. *parićarati* परिचरति ।

pra + ćar (प्र + चर्) = to propagate. *praćarati* प्रचरति ।

sam + ćar (सम् + चर्) = to wander, come and go. *sañćarati, samćarate* सञ्चरति, सञ्चरते

sam-ā + ćár (सम्-आ + चर्) = to behave properly. *samāćarati* समाचरति (Gita 3.9)

upa + ćar (उप + चर्) = to serve. *upaćarati* उपचरति ।

ut + ćar (उत् + चर्) = to cross. *uććarate, uććarati* उच्चरते, उच्चरति ।

vi + ćar (वि + चर्) = to roam. *vićarati* विचरति ।

√ći (√चि) to pick

abhi-ud + ći (अभि-उद् + चि) = to gather, assemble. *abhiuććinoti* अपचिनोति ।

apa + ći (अप + चि) = to happen. *apaćinoti* अपचिनोति ।

ava + ći (अव + चि) = to pick up. *avaćinoti* अवचिनोति ।

ā + ći (आ + चि) = to spread. *āćinoti* आचिनोति ।

nis + ći (निस् + चि) = to decide. *nisćinoti* निश्चिनोति (Gita 6.23)

pra + ći (प्र + चि) = to fatten. *rpaćiyate* प्रचियते ।

sam + ći (सम् + चि) = to colleect. *sañćinoti* सञ्चिनोति ।

upa + ći (उप + चि) = to increase. *upaćinoti* उपचिनोति ।

vini + ći (विनि + चि) = to decide. *vinićinoti* विनिचिनोति ।

√ćint (√चिन्त्) to think

pari + ćint (परि + चिन्त्) = to contemplate. *parićintyati* परिचिन्तयति (Gita 10.17)

(D)

√dah (√दह्) to burn

pari + dah (परि + दह्) = to burn. *paridahyate* परिदह्यते (Gita 1.30)

√dā (√दा) to give

ā + dā (आ + दा) = to take. *ādadate* आददते (Gita 5.15)

vi-ā + dā (वि-आ + दा) = to open (mouth). *vīdadāti* व्याददाति ।

√dhā (√धा) to bear

abhi + dhā (अभि + धा) = to say. *abhidadhāti* अभिदधाति (Gita 18.68); *abhidhatte* अभिधत्ते; to be called. *abhidhīyate* अभिधीयते (Gita 13.2)

anu-vi + dhā (अनु-वि + धा, णिच्) = to mak obey. *anuvidhīyate* अनुविधीयते (Gita 2.67) api + dhā (अपि + धा) = to close. *apidadhāti* अपिदधाति ।

ava + dhā (अव + धा) = to pay attention. *avadhatte* अवधत्ते ।

ā + dhā (आ + धा) = to pawn. *ādadhāti* आदधाति ।

ni + dhā (नि + धा) = to establish; trust; sit. *nidadhāti, nidhatte* निदधाति, निधत्ते ।

pari + dhā (परि + धा) = to wear. *parīdadhāti, paridhatte* परिदधाति, परिधत्ते ।

sam + dhā (सम् + धा) = to join, meet. *sandadhāti* सन्दधाति ।

vi-pari + dhā (वि-परि + धा) = to exchange, change. *viparidadhāti* विपरिदधाति ।

√dhṛ (√धृ) to bear

up + dhr (उप + धृ) = to recognize. *updharati, upadharate* उपधरति, उपधरते (Gita 7.6)

√diś (√दिश्) to give

ā + diś (आ + दिश्) = to order, advise. *ādiśati* आदिशति ।

nir + diś (निर् + दिश्) = to tell. *nirdiśati* निर्दिशति (Gita 17.33)

sam + diś (सम् + दिश्) = to give a message. *sandiśati* सन्दिशति ।

upa + diś (उप + दिश्) = to advise. *upadiśati* उपदिशति (Gita 4.34)

√dṛś (√दृश्) to see

anu + dṛś (अनु + दृश्) = to understand. *anupaśyati* अनुपश्यति (Gita 13.31)

√dru (√द्रु) to melt

vi + dru (वि + द्रु) = to flow, run. *vidravati* विद्रवति ।

(G)

√gam (√गम्) to go

abhi-ā + gam (अभि-आ + गम्) = to come. *abhyāgacchati* अभ्यागच्छति ।

adhi-upa + gam (अभि-उप + गम्) = to be acceptable. *abhyupacchati* अभ्युपगच्छति

adhi + gam (अधि + गम्) = to get. *adhigacchati* अधिगच्छति (Gita 2.64)

anu + gam (अनु + गम्) = to follow. *anugacchati* अनुगच्छति ।

ava + gam (अव + गम्) = to understand. *avagacchati* अवगच्छति (Gita 10.41)

ā + gam (आ + गम्) = to come. *āgacchati* आगच्छति (Gita 2.64) nir + gam (निर् + गम्) = to leave. *nirgaćchati* निर्गच्छति

prati + gam (प्रति + गम्) = to return. *pratigaćchati* प्रतिगच्छति ।

prati-ud + gam (प्रति–उद् + गम्) = to go to receive someone. *pratyudgaćchati* प्रत्युद्गच्छति ।

sam + gam (सम् + गम्) = to meet. *saṅgaćchate* संगच्छते ।

sam-adhi + gam (सम्–अधि + गम्) = to get, attain. *samadhigaćchati* समधिगच्छति (Gita 3.4)

ud + gam (उद् + गम्) = to fly, go up. *udgaćchati* उद्गच्छति ।

√grah (√ग्रह्) to take

anu + grah (अनु + ग्रह्) = to be merciful. *anugṛhṇāti* अनुगृह्णाति (Gita 11.1)

ni + grah (नि + ग्रह्) = to control. *nigṛhṇāti* निगृह्णाति (Gita 9.19)

prati + grah (प्रति + ग्रह्) = to accept. *pratigṛhṇāti* प्रतिगृह्णाति ।

vi + grah (वि + ग्रह्) = to fight. *vigṛhṇāti* विगृह्णाति ।

(H)

√hu (√हु) to give oblation

upa + hu (उप + हु) = to perform a sacrifice. *upjuhvati* उपजुह्वति (Gita 4.34)

√hve (√ह्वे) to challenge, call

ā + hve (आ + ह्वे) = to challenge. *āhvayate* आह्वयते (Gita 1.31)

√hṛ (√हृ) to take away, steal

abhi-ava + hṛ (अभि–अव + हृ) = to consume. *abhyavaharati* अभ्यवहरति ।

anu + hṛ (अनु + हृ) = to practice. *anuharate* अनुहरते ।

apa + hṛ (अप + हृ) = to steal. *apaharati* अपहरति (Gita 2.44)

ā + hṛ (आ + हृ) = to bring. *āharati* आहरति ।

pari + hṛ (परि + हृ) = to release. *pariharati* परिहरति ।

pra + hṛ (प्र + हृ) = to hit. *praharati* प्रहरति ।

prati-ut-ā + hṛ (प्रति–उत्–आ + हृ) = to give an example. *pratyudāharati* प्रत्युदाहरति ।

ut + hṛ (उत् + हृ) = to up lift. *uddaharati* उद्धरति (Gita 6.5)

ut-ā + hṛ (उत्-आ + हृ) = to give a simili. *udāharati* उदाहरति (Gita 13.7)

(I)

√i (√इ) to go

abhi + i (अभि + इ) = to come in front. *abhyeti* अभ्येति ।

abhi-upa + i (अभि-उप + इ) = to get. *abhyupeti* अभ्युपेति ।

adhi + i (अधि + इ) = to study. *adhyeṣyate* अध्येष्यते । (Gita 18.70)

anu + i (अनु + इ) = to follow. *anveti* अन्वेति ।

apa + i (अप + इ) = to get away. *apaiti* अपैति ।

ava + i (अव + इ) = to know. *aveti* अवेति ।

prati + i (प्रति + इ) = to trust. *pratyeti* प्रत्येति ।

upa + i (उप + इ) = to reach. *upaiti* उपैति (Gita 6.27)

uta + i (उत + इ) = to rise, get. *udeti* उदेति ।

√iṅg (√इङ्) to study

adhi + iṅg (अधि + इङ्) = to contemplate. *adhīte* अधीते (Gita 18.70)

√īkṣ (√ईक्ष्) to see

apa + īkṣ (अप + ईक्ष्) = to expect. *apekṣate* अपेक्षते ।

ava + īkṣ (अव + ईक्ष्) = to respect, examine, protect. *avekṣate* अवेक्षते (Gita 1.23)

nir + īkṣ (निर् + ईक्ष्) = to observe. *nirīkṣate* निरीक्षते (Gita 1.22)

pari + īkṣ (परि + ईक्ष्) = to examine. *parīkṣate* परीक्षते ।

prati + ikṣ (प्रति + ईक्ष्) = to wait for. *pratīkṣate* पतीक्षते ।

sam + īkṣ (सम् + ईक्ष्) = to analyse. *samīkṣate* समीक्षते ।

upa + īkṣ (उप + ईक्ष्) = to ignore. *upakṣate* उपेक्षते (Gita 6.27)

uta + ikṣ (उत + ईक्ष्) = to rise, get. *udeti* उदेति ।

(J)

√jan (√जन्) to take birth

upa + jan (उप + जन्) = to be born. *upajāyate* उपजायते (Gita 2.62)

√jñā (√ज्ञा) to know

abhi + jñā (अभि + ज्ञा) = to be aware. *abhijānāti* अभिजानाति (Gita 4.14)

anu + jñā (अनु + ज्ञा) = to order. *anujānīte* अनुजानीते ।

apa + jñā (अप + ज्ञा) = to refuse. *apajānīte* अपजानीते ।

ava + jñā (अव + ज्ञा) = to loathe. *avajānāti* अवजानाति (Gita 9.11)

prati + jñā (प्रति + ज्ञा) = to vow, promise. *pratijānīte* प्रतिजानीते (Gita 9.31, 18.65)

sam + jñā (सम् + ज्ञा) = to think; to search. *sañjānāti, sañjānīte* सञ्जानाति, सञ्जानीते ।

vi + jñā (वि + ज्ञा) = to understand. *vijājāti* विजानाति (Gita 2.46)

√jwal (√ज्वल्) to burn

abhi-vi + jwal (अभि-वि + ज्वल्) = to be ablazed. *abhivijwalati* अचिज्वलति (Gita 11.28)

(K)

√kṛ (√कृ) to do

adhi + kṛ (अधि + कृ) = to govern, rule, control. *adhikaroti* अधिकरोति ।

anu + kṛ (अनु + कृ) = to mimic, follow. *anukaroti* अनुकरोति ।

alaṁ + kṛ (अलं + कृ) = to adorn, decorate. *alaṁkaroti* अलंकरोति ।

apa + kṛ (अप + कृ) = to harm, do bad. *apakaroti* अपकरोति ।

ā-viṣ- + kṛ (आ-विष् + कृ) = to search, express. *āviṣkaroti* आविष्करोति ।

namas + kṛ (नमस् + कृ) = to salute. *namaskroti* नमस्करोति (Gita 9.34)

nir-ā + kṛ (निर्-आ + कृ) = to remove, dispel. *nirākaroti* निराकरोति ।

pariṣ + kṛ (परिष् + कृ) = to decorate. *pariṣkaroti* परिष्करोति ।

pra + kṛ (प्र + कृ) = to say; to force, coerce. *prakaroti, prakurute* प्रकरोति, प्रकुरुते ।

prati + kṛ (प्रति + कृ) = to oppose, resist. *pratikaroti* प्रतिकरोति ।

tiras + kṛ (तिरस् + कृ) = to hate, abhore, disreapect. *tiraskaroti* तिरस्करोति ।

upa + kṛ (उप + कृ) = to serve, favour. *upakariti* उपकरोति ।

upas + kṛ (उपस् + कृ) = to heat. *upaskurute* उपस्कुरुते ।

ut-ā + kṛ (उत्–आ + कृ) = to scare. *udākurute* उदाकुरुते ।

vi + kṛ (वि + कृ) = to alter, change, deform. *vikaroti* विकरोति ।

√kram (√क्रम्) to do

abhi + kram (अभि + क्रम्) = to begin. *abhikramate* अभिक्रमते (Gita 2.40)

apa + kram (अप + क्रम्) = to remove. *apakramate* अपक्रमते ।

ati + kram (अति + क्रम्) = to cross over. *atikrāmati* अतिक्रामति ।

ā + kram (आ + क्रम्) = to make aggression; to rise. *ākramate* आक्रमते ।

nis + kram (निस् + क्रम्) = to leave. *niṣkrāmati* निष्क्रामति ।

parā + kram (परा + क्रम्) = to show valor. *parākramate* पराक्रमते ।

pari + kram (परि + क्रम्) = to circle around. *parikrāmati* परिक्रामति ।

pra + kram (प्र + क्रम्) = to start. *prakramate* प्रक्रमते ।

vi + kram (वि + क्रम्) = to show valor. *vikramate* विक्रमते ।

sam + kram (सम् + क्रम्) = to move, pass. *saṅkramati* संक्रमति ।

upa + kram (उप + क्रम्) = to start. *upakramate* उपरक्रमते ।

ut + kram (उत् + क्रम्) = to walk. *utkrāmati* उत्क्रामति (Gita 15.8)

√kṣip (√क्षिप्) to throw

ava + kṣip (अव + क्षिप्) = to throw dowm, criticize. *avakṣipati* अवक्षिपति ।

ā + kṣip (आ + क्षिप्) = to blame, insult. *ākṣipati* आक्षिपति ।

sam + kṣip (सम् + क्षिप्) = to summarize, shorten. *saṁkṣipati* संक्षिपति ।

ut + kṣip (उत् + क्षिप्) = to bounce, throw up. *utkṣipati* उत्क्षिपति ।

(L)

√labh (√लभ्) to get

upa + labh (उप + लभ्) = to obtain, attain. *upalabhyate* उपलभ्यते (Gita 15.3)

√lap (√लप्) to talk

apa + lap (अप + लप्) = to hide. *apalapati* अपलपति।

ā + lap (आ + लप्) = to converse. *ālapati* आलपति।

pra + lap (प्र + लप्) = to chatter. *pralapati* प्रलपति (Gita 5.9)

sam + lap (सम् + लप्) = to talk. *samlapati* संलपति।

vi + lap (वि + लप्) = to cry. *vilapati* विलपति।

√lip (√लिप्) to stick

upa + lip (उप + लिप्) = to cover. *upalipyate* उपलिप्यते (Gita 13.13)

(M)

√man (√मन्) to think

anu + man (अनु + मन्) = to advise. *anumanyate* अनुमन्यते ।

ava + man (अव + मन्) = to dishonour. *avamanyate* अवमन्यते ।

sam + man (सम् + मन्) = to honour. *sammanyate* सम्मन्यते

√mantr (√मन्त्र्) to consult

abhi + mantr (अभि + मन्त्र्) = to anoint. *abhimantrayate* अभिमन्त्रयते ।

ā + mantr (आ + मन्त्र्) = to call. *āmantrayate* आमन्त्रयते ।

ni + mantr (नि + मन्त्र्) = to invite. *nimantrayate* निमन्त्रयते ।

√muć (√मुच्) to liberate

vi + muć (वि + मुच्) = to be liberated. *vimuñćati, vimuñćate* विमुञ्चति, विमुञ्चते (Gita 4.32)

√muh (√मुह्) to delude

vi + muh (वि + मुह्) = to be deludede. *vimuhyati* विमुह्यति (Gita 2.72)

(N)

√naś (√नश्) to destroy

vi + naś (वि + नश्) = to get ruined. *vinaśyati* विनश्यति (Gita 4.40)

√nī (√नी) to carry, take away

anu + nī (अनु + नी) = to agree. *anunayati* अनुनयति ।

abhi + nī (अभि + नी) = to act. *abhinayati* अभिनयति ।

apa + nī (अप + नी) = to remove. *apanayati* अपनयति ।

ā + nī (आ + नी) = to bring. *ānayati* आनयति ।

nir + nī (निर् + नी) = to decide. *nirṇayati* निर्णयति ।

pari + nī (परि + नी) = to marry. *pariṇayati* परिणयति ।

pra + nī (प्र + नी) = to make. *praṇayati* प्रणयति ।

vi + nī (वि + नी) = to be humble; pay. *vinayate* विनयते ।

vi-upa + nī (वि–उप + नी) = to remove. *vyapanayati* व्यपनयति ।

ud + nī (उद् + नी) = to raise. *unnayate* उन्नयते ।

upa + nī (उप + नी) = to present, bring. *upnayati, upanayate* उपनयति, उपनयते ।

ut + nī (उत् + नी) = to raise. *unnayate* उन्नयते ।

(P)

√pad (√पद्) to go

pra + pad (प्र + पद्) = to worship. *prapsdyste* प्रपद्यते (Gita 7.19)

up + pad (उप + पद्) = to be worthy. *upapadyate* उपद्यते (Gita 2.3)

ut + pad (उत् + पद्) = to be born. *utpadyate* उत्पद्यते ।

vi + pad (वि + पद्) = to get in trouble. *vipadyate* विपद्यते ।

√pat (√पत्) to fall

ā + pat (आ + पत्) = to befall. *āpatati* आपतति ।

ni + pat (नि + पत्) = to fall. *nipatati* निपतति ।

pra-ni + pat (प्र–नि + पत्) = to bow. *praṇipatati* प्रणिपतति (Gita 4.34)

sam + pat (सम् + पत्) = to gather; attack. *sampatati* सम्पतति ।

ut + pat (उत् + पत्) = to fly. *utpatati* उत्पतति ।

vi-ni + pat (वि–नि + पत्) = to be defeated. *vinipatati* विनिपतति ।

(R)

√rabh (√रभ्) to begin

ā + rabh (आ + रभ्) = to begin. *ārabhate* आरभते (Gita 3.7)

√rakṣ (√रक्ष्) to protect

abhi + rakṣ (अभि + रक्ष्) = to protect all around. *abhirakṣati* अभिरक्षति (Gita 1.11)

√rañj (√रञ्ज्) to rejoice

anu + rañj (अनु + रञ्ज्) = to form attachment. *anurajyate* अनुरज्यते (Gita 11.36)

√ram (√रम्) to play, enjoy

ã + ram (आ + रम्) = to rest. *āramati* आरमति ।

ā + ram (आ + रम्) = to rest. *āramati* आरमति (Gita 11.36)

pari + ram (परि + रम्) = to be pleased. *pariramati* परिरमति (Gita 11.36)

upa + ram (उप + रम्) = to rest. *uparamati, uparamate* उपरमति, उपरमते (Gita 6.20)

upa-ā + ram (उप-आ + रम्) = to stop. *upāramate* उपारमते ।

vi + ram (वि + रम्) = to stop. *viramati* विरमति ।

√rić (√रिच्) to deprive, hurt

ati + rić (अति + रिच्) = to be more painful. *atirićyate* अतिरिच्यते (Gita 2.34)

√rudh (√रुध्) to oppose

anu + rudh (अनु + रुध्) = to obey. *anuruṇaddhi* अनुरुणद्धि ।

ni + rudh (नि + रुध्) = to stop. *niruṇaddhi* निरुणद्धि (Gita 8.12)

vi + rudh (वि + रुध्) = to oppose. *viruṇaddhi* विरुणद्धि ।

(S)

√sad (√सद्) to go

ava + sad (अव + सद्) = to sadden. *avasīdati* अवसीदति (Gita 6.5)

ā + sad (आ + सद्) = to attain. *āsīdati* आसीदति (Gita 9.20)

ni + sad (नि + सद्) = to sit. *niṣīdati* निषीदति ।

pari + sad (परि + सद्) = to end. *pariavasīdati* पर्यवसीदति ।

pra + sad (प्र + सद्) = to be pleased. *prasīdati* प्रसीदति (Gita 11.25)

prati-ā + sad (प्रति-आ + सद्) = to come close. *pratyāsīdati* प्रत्यसीदति ।

upa + sad (उप + सद्) = to serve. *upasīdati* उपसीदति ।

ut + sad (उत् + सद्) = to get ruined. *utasādyate* उत्साद्यते (Gita 1.43) vi + sad (वि + सद्) = to sadden. *viṣīdati* विषीदति (Gita 1.27)

√sañj (√सञ्ज्) to bind

anu + sañj (अनु + सञ्ज्) = to form attachment. *anuṣajjate* अनुषज्जते (Gita 6.4)

√sev (√सेव्) to serve

upa + sev (उप + सेव्) = to enjoy. *upasevate* उपसेवते (Gita 15.9)

√smṛ (√स्मृ) to remember

anu + smṛ (अनु + स्मृ) = to remember aways. *anusmarati* अनुस्मरति (Gita 8.9)

√sṛ (√सृ) to go

abhi + sṛ (अभि + सृ) = to go near. *abhisarati* अभिसरति ।

anu + sṛ (अनु + सृ) = to follow. *anusarati* अनुसरति ।

apa + sṛ (अप + सृ) = to remove. *apasarati* अपसरति ।

niḥ + sṛ (निः + सृ) = to come out. *aniḥsarati* निःसरति ।

pra + sṛ (प्र + सृ) = to spread. *prasarati* प्रसरति ।

√sṛj (√सृज्) to produce

ut + sṛj (उत् + सृज्) = to bring into being. *utsṛjati* उत्सृजति (Gita 9.19)

√sri (√श्रि) to attain

ā + sri (आ + श्रि) = to take shelter. *āśrayati, āśrayate* आश्रयति, आश्रयते (Gita 1.36)

√sthā (√स्था) to stay

adhi + sthā (अधि + स्था) = to stay. *adhitiṣṭhati* अधितिष्ठति (Gita 3.40)

anu + sthā (अनु + स्था) = to perform. *anutiṣṭhati* अनुतिष्ठति (Gita 3.31)

ava + sthā (अव + स्था) = to stay. *avatiṣṭhati* अवतिष्ठति (Gita 14.23)

ā + sthā (आ + स्था) = to vow. *ātiṣṭhati* आतिष्ठति (Gita 4.42)

pari-ava + sthā (परि–अव + स्था) = to be steady. *paryatiṣṭhate* पर्यवतिष्ठते (Gita 2.65)

pra + sthā (प्र + स्था) = to leave. *pratiṣṭhate* प्रतिष्ठते ।

prati + sthā (प्रति + स्था) = to establish. *pratiṣṭhate* अधितिष्ठते (Gita 2.57) prati-ava + sthā (प्रति–अव + स्था) = to resist. *pratiavatiṣthate* प्रत्यवतिष्ठते ।

upa + sthā (उप + स्था) = to get up, go, worship, meet. *upatiṣthate* उपतिष्ठते ।

√suć (√शुच्) to lament

anu + suć (अनु + शुच्) = to lament. *anuśoćati* अनुशोचति (Gita 2.11)

(T)

√tap (√तप्) to heat

anu + tap (अनु + तप्) = to repent. *anutapati* अनुतपति ।

pra + tap (प्र + तप्) = to roast. *pratapati* प्रतपति (Gita 11.30)

ut + tap (उत् + तप्) = to heat. *ttapati* उत्तपति ।

√tṛ́ (√तॄ) to float, swim

ati + tṛ́ (अव + तॄ) = to cross over. *atitarati* अतितरति (Gita 13.26)

ava + tṛ́ (अव + तॄ) = to descend. *avatarati* अवतरति ।

sam + tṛ́ (सम् + तॄ) = to swim across. *samtarati* सन्तरति (Gita 4.36)

ut + tṛ́ (उत् + तॄ) = to swim, float. *uttarati* उत्तरति ।

vi-ati + tṛ́ (वि–अति + तॄ) = to cross over. *vyatitarati* विअतितरति (Gita 2.52)

vi + tṛ́ (वि + तॄ) = to give. *vitarati* वितरति ।

√tyaj (√त्यज्) to renounce

pari + tyaj (परि + त्यज्) = to set aside. *parityajati* परित्यजति (Gita 18.66)

(V)

√vad (√वद्) to say

anu + vad (अनु + वद्) = to copy. *anuvadati* अनुवदति ।

apa + vad (अप + वद्) = to criticize. *apavadate, apavadati* अपवदते, अपवदति ।

prati + vad (प्रति + वद्) = to reply. *prativadati* प्रतिवदति ।

sam + vad (सम् + वद्) = to talk. *samvadati* संवदति (Gita 18.70)

sam-pra + vad (सम–प्र् + वद्) = to alarm. *sampravadati* सम्प्रवदति ।

upa + vad (उप + वद्) = to beg. *upavadati* उपवदति ।

vi + vad (वि + वद्) = to argue. *vivadati* विवदति ।

vi-pra + vad (वि-प्र + वद्) = to fight. *vipravadati* विप्रवदति ।

√vah (√वह्) to carry, carry away

ati + vah (अति + वह्) = to spend. *ativahati* अतिवहति ।

ā + vah (आ + वह्) = to wear; to produce. *āvahati* आवहति ।

nir + vah (निर् + वह्) = to carry on. *nirvahati* निर्वहति ।

pra + vah (प्र + वह्) = to flow. *pravahati* प्रवहति ।

ud + vah (उद् + वह्) = to wed. *udvahati* उद्वहति ।

√vas (√वस्) to stay

adhi + vas (अधि + वस्) = to stay, live. *adhivasati* अधिवसति ।

ni + vas (नि + वस्) = to stay, live. *nivasati* निवसति ।

pra + vas (प्र + वस्) = to stay in foreign place. *pravasati* प्रवसति ।

upa + vas (उप + वस्) = to stay near; to fast. *upavasati* उपवसति ।

√vid (√विद्) to know

prati-sam + vid (प्रति-सम् + विद्) = to ask. *pratisamvinte* प्रतिविन्ते ।

sam + vid (सम् + विद्) = to recognize, know. *sammvindate* संविन्दते ।

√vij (√विज्) to be agitated

ud + vij (उद् + विज्) = to be agitated. *udvijate* उद्विजते (Gita 12.15)

√viś (√विश्) to enter

abhi-ni + viś (अभि-नि + विश्) = to sneak. *abhiniviśate* अभिनिविशते ।

ā + viś (आ + विश्) = to stay. *āviśate* आविशते (Gita 8.10)

ni + viś (नि + विश्) = to rest. *niviśate* निविशते (Gita 12.8)

pra + viś (प्र + विश्) = to enter. *praniviśate* प्रनिविशते ।

upa-ni + viś (उप-नि + विश्) = to sir. *upaniviśate* उपनिविशते ।

√vṛ (√वृ) to cover

ā + vṛ (आ + वृ) = to cover. *āvriyate* आव्रियते (Gita 3.38)

√vṛt (√वृत्) to happen

anu + vṛt (अनु + वृत्) = to follow. *anuvartate* अनुवर्तते (Gita 3.21)

ati + vṛt (अति + वृत्) = to cross over. *ativartate* अतिवर्तते (Gita 6.44)

ā + vṛt (आ + वृत्) = to return. *āvartate* आवर्तते (Gita 8.26)

ni + vṛt (नि + वृत्) = to return. *nivartate* निवर्तते (Gita 2.59)

vi-ni + vṛt (वि-नि + वृत्) = to depart. *vinivartate* विनिवर्तते (Gita 2.59)

pari + vṛt (परि + वृत्) = to revolve. *parivartate* परिवर्तते ।

pra + vṛt (प्र + वृत्) = to be. *pravartate* प्रवर्तते (Gita 5.14)

prati-ā + vṛt (प्रति-आ + वृत्) = to return. *pratiāvartate* प्रत्यावर्तते ।

vi-pari + vṛt (वि-परि + वृत्) = to revolve. *viparivartate* विपरिवर्तते (Gita 9.10)

(Y)

√yam (√यम्) to give

ā + yam (आ + यम्) = to spread. *āyaććhati, āyaććhate* आयच्छति, आयच्छते ।

sam + yam (सम् + यम्) = to collect. *samyaććhate* संयच्छते ।

upa + yam (उप + यम्) = to wed. *upayaććhati* उपयच्छति ।

CHAPTER 21

TENSES AND MOODS OF 80 COMMON VERBS

तिङन्तप्रकरणम्।

2p√ad (√अद्) to eat

see section 24.2

1p√arć (√अर्च्) to worship

Present Tense (लट्)

अर्चामि	अर्चाव:	अर्चाम:
अर्चसि	अर्चथ:	अर्चथ
अर्चति	अर्चत:	अर्चन्ति

Past Tense (लङ्)

आर्चम्	आर्चाव	आर्चाम
आर्च:	आर्चतम्	आर्चत
आर्चत्	आर्चताम्	आर्चन्

Future Tense (लृट्)

अर्चिष्यामि	अर्चिष्याव:	अर्चिष्याम:
अर्चिष्यसि	अर्चिष्यथ:	अर्चिष्यथ
अर्चिष्यति	अर्चिष्यत:	अर्चिष्यन्ति

Imperative mood (लोट्)

अर्चानि	अर्चाव	अर्चाम
अर्च	अर्चतम्	अर्चत
अर्चतु	अर्चताम्	अर्चन्तु

Potential mood (विधिलिङ्)

अर्चेयम्	अर्चेव	अर्चेम
अर्चे:	अर्चेतम्	अर्चेत
अर्चेत्	अर्चेताम्	अर्चेयु:

2p√as (√अस्) to be

Present Tense (लट्)

अस्मि	स्व:	स्म:
असि	स्थ:	स्थ
अस्ति	स्त:	सन्ति

Past Tense (लङ्)

आसम्	आस्व	आस्म
आसी:	आस्तम्	आस्त
आसीत्	आस्ताम्	आसन्

Future Tense (लृट्)

भविष्यामि	भविष्याव:	भविष्याम:
भविष्यसि	भविष्यथ:	भविष्यथ
भविष्यति	भविष्यत:	भविष्यन्ति

Imperative mood (लोट्)

असानि	असाव	असाम
एधि	स्तम्	स्त
अस्तु	स्ताम्	सन्तु

Potential mood (विधिलिङ्)

स्याम्	स्याव	स्याम

स्या:	स्यातम्	स्यात
स्यात्	स्याताम्	स्यु:

2a√ās (√आस्) to sit

Present Tense (लट्)

आसे	आस्वहे	आस्महे
आस्से	आसाथे	आद्ध्वे
आस्ते	आसाते	आसते

Past Tense (लङ्)

आसि	आस्वहि	आस्महि
आस्था:	आसाथाम्	आद्ध्वम्
आस्त	आस्याताम्	आसत

Future Tense (लृट्)

आसिष्ये	आसिष्यावहे	आसिष्यामहे
आसिष्यसे	आसिष्येथे	आसिष्यध्वे
आसिष्यते	आसिष्येते	आसिष्यन्ते

Imperative mood (लोट्)

आसै	आसावहै	आसामहै
आस्स्व	आसाथाम्	आद्ध्वम्
आस्ताम्	आसाताम्	आसताम्

Potential mood (विधिलिङ्)

आसीय	आसीवहि	आसीमहि
आसीथा:	आसीयाथाम्	आसीध्वम्
आसीत	आसीयाताम्	आसीरन्

2p√iṇ (√इ) to go

Present Tense (लट्)

एमि	इव:	इम:
एषि	इथ:	इथ
एति	इत:	यन्ति

Past Tense (लङ्)

आयम्	ऐव	ऐम
ऐ:	ऐतम्	ऐत
ऐत्	ऐताम्	आयन्

Future Tense (लृट्)

एष्यामि	एष्याव:	एष्याम:
एष्यसि	एष्यथ:	एष्यथ
एष्यति	एष्यत:	एष्यन्ति

Imperative mood (लोट्)

अयानि	अयाव	अयाम
इहि	इतम्	इत
इतु	इताम्	यन्तु

Potential mood (विधिलिङ्)

इयाम्	इयाव	इयाम
इया:	इयातम्	इयात
इयात्	इयाताम्	इयु:

2a√iṅ (√इ) to learn

Present Tense (लट्)

अधीये	अधीवहे	अधीमहे
अधीषे	अधीयाथे	अधीध्वे
अधीते	अधीयाते	अधीयते

Past Tense (लङ्)

अध्यैयि	अध्यैवहि	अध्यैमहि
अध्यैथा:	अध्यैयाथाम्	अध्यैध्वम्
अध्यैत	अध्यैयाताम्	अध्यैयत

Future Tense (लृट्)

अध्येष्ये	अध्येष्यावहे	अध्येष्यामहे
अध्येष्यसे	अध्येष्येथे	अध्येष्यध्वे

अध्येष्यते	अध्येष्येते	अध्येष्यन्ते

Imperative mood (लोट्)

अध्ययै	अध्ययावहै	अध्ययामहै
अधीष्व	अधीयाथाम्	अधीध्वम्
अधीताम्	अधीयाताम्	अधीयताम्

Potential mood (विधिलिङ्)

अधीयीय	अधीयीवहि	अधीयीमहि
अधीयीथा:	अधीयीयाथाम्	अधीयीध्वम्
अधीयीत	अधीयीयाताम्	अधीयीरन्

6p√iṣ (√इष्) to desire

Present Tense (लट्)

इच्छामि	इच्छाव:	इच्छाम:
इच्छसि	इच्छथ:	इच्छथ
इच्छति	इच्छत:	इच्छन्ति

Past Tense (लङ्)

ऐच्छम्	ऐच्छाव	ऐच्छाम
ऐच्छ:	ऐच्छतम्	ऐच्छत
ऐच्छत्	ऐच्छताम्	ऐच्छन्

Future Tense (लृट्)

एषिष्यामि	एषिष्याव:	एषिष्याम:
एषिष्यसि	एषिष्यथ:	एषिष्यथ
एषिष्यति	एषिष्यत:	एषिष्यन्ति

Imperative mood (लोट्)

इच्छानि	इच्छाव	इच्छाम
इच्छ	इच्छतम्	इच्छत
इच्छतु	इच्छताम्	इच्छन्तु

Potential mood (विधिलिङ्)

इच्छेयम्	इच्छेव	इच्छेम
इच्छे:	इच्छेतम्	इच्छेत
इच्छेत्	इच्छेताम्	इच्छेयु:

6p√ṛććh (√ऋच्छ्) to go

Present Tense (लट्)

ऋच्छामि	ऋच्छाव:	ऋच्छाम:
ऋच्छसि	ऋच्छथ:	ऋच्छथ
ऋच्छति	ऋच्छत:	ऋच्छन्ति

Past Tense (लङ्)

आर्च्छम्	आर्च्छाव	आर्च्छाम
आर्च्छ:	आर्च्छतम्	आर्च्छत
आर्च्छत्	आर्च्छताम्	आर्च्छन्

Future Tense (लृट्)

ऋच्छिष्यामि	ऋच्छिष्याव:	ऋच्छिष्याम:
ऋच्छिष्यसि	ऋच्छिष्यथ:	ऋच्छिष्यथ
ऋच्छिष्यति	ऋच्छिष्यत:	ऋच्छिष्यन्ति

Imperative mood (लोट्)

ऋच्छानि	ऋच्छाव	ऋच्छाम
ऋच्छ	ऋच्छतम्	ऋच्छत
ऋच्छतु	ऋच्छताम्	ऋच्छन्तु

Potential mood (विधिलिङ्)

ऋच्छेयम्	ऋच्छेव	ऋच्छेम
ऋच्छे:	ऋच्छेतम्	ऋच्छेत
ऋच्छेत्	ऋच्छेताम्	ऋच्छेयु:

1p√edh (√एध्) to grow

Present Tense (लट्)

एधे	एधावहे	एधामहे
एधसे	एधेथे	एधध्वे
एधते	एधेते	एधन्ते

Past Tense (लङ्)

ऐधे	ऐधावहि	ऐधामहि
ऐधथा:	ऐधेथाम्	ऐधध्वम्
ऐधत	ऐधेताम्	ऐधन्त

Future Tense (लृट्)

एधिष्ये	एधिष्यावहे	एधिष्यामहे
एधिष्यसे	एधिष्येथे	एधिष्यध्वे
एधिष्यते	एधिष्येते	एधिष्यन्ते

Imperative mood (लोट्)

एधै	एधावहै	एधामहै
एधस्व	एधेथाम्	एधध्वम्
एधताम्	एधेताम्	एधन्ताम्

Potential mood (विधिलिङ्)

एधेय	एधेवहि	एधेमहि
एधेथा:	एधेयाथाम्	एधेध्वम्
एधेत	एधेयाताम्	एधेरन्

10p√kath (√कथ्) to tell

Present Tense (लट्)

कथयामि	कथयाव:	कथयाम:
कथयसि	कथयथ:	कथयथ
कथयति	कथयत:	कथयन्ति

Past Tense (लङ्)

अकथयम्	अकथयाव	अकथयाम
अकथय:	अकथयतम्	अकथयत
अकथयत्	अकथयताम्	अकथयन्

Future Tense (लृट्)

कथयिष्यामि	कथयिष्याव:	कथयिष्याम:
कथयिष्यसि	कथयिष्यथ:	कथयिष्यथ
कथयिष्यति	कथयिष्यत:	कथयिष्यन्ति

Imperative mood (लोट्)

कथयानि	कथयाव	कथयाम
कथय	कथयतम्	कथयत
कथयतु	कथयताम्	कथयन्तु

Potential mood (विधिलिङ्)

कथयेयम्	कथयेव	कथयेम
कथये:	कथयेतम्	कथयेत
कथयेत्	कथयेताम्	कथयेयु:

1a√kam (√कम्) to desire

Present Tense (लट्)

कामये	कामयावहे	कामयामहे
कामयसे	कामयेथे	कामयध्वे
कामयते	कामयेते	कामयन्ते

Past Tense (लङ्)

अकामये	अकामयावहि	अकामयामहि
अकामयथा:	अकामयेथाम्	अकामयध्वम्
अकामयत	अकामयेताम्	अकामयन्त

Future Tense (लृट्)

कमिष्ये	कमिष्यावहे	कमिष्यामहे
कमिष्यसे	कमिष्येथे	कमिष्यध्वे
कमिष्यते	कमिष्येते	कमिष्यन्ते

Imperative mood (लोट्)

कामयै	कामयावहै	कामयामहै
कामयस्व	कामयेथाम्	कामयध्वम्
कामयताम्	कामयेताम्	कामयन्ताम्

Potential mood (विधिलिङ्)

कामयेय	कामयेवहि	कामयेमहि

कामयेथा:	कामयेयाथाम्	कामयेध्वम्
कामयेत	कामयेयाताम्	कामयेरन्

8p√kṛ (√कृ) to do

see section 24.8

8a√kṛ (√कृ) to do

see section 24.8

8a√kray (√क्रय्) to trade

see section 24.9

1p√krīḍ (√क्रीड्) to play

Present Tense (लट्)

क्रीडामि	क्रीडाव:	क्रीडाम:
क्रीडसि	क्रीडथ:	क्रीडथ
क्रीडति	क्रीडत:	क्रीडन्ति

Past Tense (लङ्)

अक्रीडम्	अक्रीडाव	अक्रीडाम
अक्रीड:	अक्रीडतम्	अक्रीडत
अक्रीडत्	अक्रीडताम्	अक्रीडन्

Future Tense (लृट्)

क्रीडिष्यामि	क्रीडिष्याव:	क्रीडिष्याम:
क्रीडिष्यसि	क्रीडिष्यथ:	क्रीडिष्यथ
क्रीडिष्यति	क्रीडिष्यत:	क्रीडिष्यन्ति

Imperative mood (लोट्)

क्रीडानि	क्रीडाव	क्रीडाम
क्रीड	क्रीडतम्	क्रीडत
क्रीडतु	क्रीडताम्	क्रीडन्तु

Potential mood (विधिलिङ्)

क्रीडेयम्	क्रीडेव	क्रीडेम
क्रीडे:	क्रीडेतम्	क्रीडेत
क्रीडेत्	क्रीडेताम्	क्रीडेयु:

1p√kṣi (√क्षि) to perish

Present Tense (लट्)

क्षयामि	क्षयाव:	क्षयाम:
क्षयसि	क्षयथ:	क्षयथ
क्षयति	क्षयत:	क्षयन्ति

Past Tense (लङ्)

अक्षयम्	अक्षयाव	अक्षयाम
अक्षय:	अक्षयतम्	अक्षयत
अक्षयत्	अक्षयताम्	अक्षयन्

Future Tense (लृट्)

क्षेष्यामि	क्षेष्याव:	क्षेष्याम:
क्षेष्यसि	क्षेष्यथ:	क्षेष्यथ
क्षेष्यति	क्षेष्यत:	क्षेष्यन्ति

Imperative mood (लोट्)

क्षयाणि	क्षयाव	क्षयाम
क्षय	क्षयतम्	क्षयत
क्षयतु	क्षयताम्	क्षयन्तु

Potential mood (विधिलिङ्)

क्षयेयम्	क्षयेव	क्षयेम
क्षये:	क्षयेतम्	क्षयेत
क्षयेत्	क्षयेताम्	क्षयेयु:

1a√kṣubh (√क्षुभ्) to agitate

Present Tense (लट्)

क्षोभे	क्षोभावहे	क्षोभामहे

क्षोभसे	क्षोभेथे	क्षोभध्वे
क्षोभते	क्षोभेते	क्षोभन्ते

Past Tense (लङ्)

अक्षोभे	अक्षोभावहि	अक्षोभामहि
अक्षोभथा:	अक्षोभेथाम्	अक्षोभध्वम्
अक्षोभत	अक्षोभेताम्	अक्षोभन्त

Future Tense (लृट्)

क्षोभिष्ये	क्षोभिष्यावहे	क्षोभिष्यामहे
क्षोभिष्यसे	क्षोभिष्येथे	क्षोभिष्यध्वे
क्षोभिष्यते	क्षोभिष्येते	क्षोभिष्यन्ते

Imperative mood (लोट्)

क्षोभै	क्षोभावहै	क्षोभामहै
क्षोभस्व	क्षोभेथाम्	क्षोभध्वम्
क्षोभताम्	क्षोभेताम्	क्षोभन्ताम्

Potential mood (विधिलिङ्)

क्षोभेय	क्षोभेवहि	क्षोभेमहि
क्षोभेथा:	क्षोभेयाथाम्	क्षोभेध्वम्
क्षोभेत	क्षोभेयाताम्	क्षोभेरन्

10p√gaṇ (√गण्) to count

Present Tense (लट्)

गणयामि	गणयाव:	गणयाम:
गणयसि	गणयथ:	गणयथ
गणयति	गणयत:	गणयन्ति

Past Tense (लङ्)

अगणयम्	अगणयाव	अगणयाम
अगणय:	अगणयतम्	अगणयत
अगणयत्	अगणयताम्	अगणयन्

Future Tense (लृट्)

गणयिष्यामि	गणयिष्याव:	गणयिष्याम:
गणयिष्यसि	गणयिष्यथ:	गणयिष्यथ
गणयिष्यति	गणयिष्यत:	गणयिष्यन्ति

Imperative mood (लोट्)

गणयानि	गणयाव	गणयाम
गणय	गणयतम्	गणयत
गणयतु	गणयताम्	गणयन्तु

Potential mood (विधिलिङ्)

गणयेयम्	गणयेव	गणयेम
गणये:	गणयेतम्	गणयेत
गणयेत्	गणयेताम्	गणयेयु:

1p√gad (√गद्) to speak

Present Tense (लट्)

गदामि	गदाव:	गदाम:
गदसि	गदथ:	गदथ
गदति	गदत:	गदन्ति

Past Tense (लङ्)

अगदम्	अगदाव	अगदाम
अगद:	अगदतम्	अगदत
अगदत्	अगदताम्	अगदन्

Future Tense (लृट्)

गदिष्यामि	गदिष्याव:	गदिष्याम:
गदिष्यसि	गदिष्यथ:	गदिष्यथ
गदिष्यति	गदिष्यत:	गदिष्यन्ति

Imperative mood (लोट्)

गदानि	गदाव	गदाम
गद	गदतम्	गदत
गदतु	गदताम्	गदन्तु

Potential mood (विधिलिङ्)

गदेयम्	गदेव	गदेम
गदे:	गदेतम्	गदेत
गदेत्	गदेताम्	गदेयु:

1p√gam (√गम्) to go

Present Tense (लट्)

गच्छामि	गच्छाव:	गच्छाम:
गच्छसि	गच्छथ:	गच्छथ
गच्छति	गच्छत:	गच्छन्ति

Past Tense (लङ्)

अगच्छम्	अगच्छाव	अगच्छाम
अगच्छ:	अगच्छतम्	अगच्छत
अगच्छत्	अगच्छताम्	अगच्छन्

Future Tense (लृट्)

गमिष्यामि	गमिष्याव:	गमिष्याम:
गमिष्यसि	गमिष्यथ:	गमिष्यथ
गमिष्यति	गमिष्यत:	गमिष्यन्ति

Imperative mood (लोट्)

गच्छानि	गच्छाव	गच्छाम
गच्छ	गच्छतम्	गच्छत
गच्छतु	गच्छताम्	गच्छन्तु

Potential mood (विधिलिङ्)

गच्छेयम्	गच्छेव	गच्छेम
गच्छे:	गच्छेतम्	गच्छेत
गच्छेत्	गच्छेताम्	गच्छेयु:

9p√grah (√ग्रह) to accept

Present Tense (लट्)

गृह्णामि	गृह्णीव:	गृह्णीम:
गृह्णासि	गृह्णीथ:	गृह्णीथ
गृह्णाति	गृह्णीत:	गृह्णन्ति

Past Tense (लङ्)

अगृह्णाम्	अगृह्णीव	अगृह्णीम
अगृह्णा:	अगृह्णीतम्	अगृह्णीत
अगृह्णात्	अगृह्णीताम्	अगृह्णन्

Future Tense (लृट्)

ग्रहिष्यामि	ग्रहिष्याव:	ग्रहिष्याम:
ग्रहिष्यसि	ग्रहिष्यथ:	ग्रहिष्यथ
ग्रहिष्यति	ग्रहिष्यत:	ग्रहिष्यन्ति

Imperative mood (लोट्)

गृह्णानि	गृह्णाव	गृह्णाम
गृह्ण	गृह्णीतम्	गृह्णीत
गृह्णातु	गृह्णीताम्	गृह्णन्तु

Potential mood (विधिलिङ्)

गृह्णीयाम्	गृह्णीयाव	गृह्णीयाम
गृह्णीया:	गृह्णीयाताम्	गृह्णीयात
गृह्णीयात्	गृह्णीयाताम्	गृह्णीयु:

9a√grah (√ग्रह) to accept

Present Tense (लट्)

गृह्णे	गृह्णीवहे	गृह्णीमहे
गृह्णीषे	गृह्णाथे	गृह्णीध्वे
गृह्णीते	गृह्णाते	गृह्णते

Past Tense (लङ्)

अगृह्णि	अगृह्णीवहि	अगृह्णीमहि
अगृह्णीथा:	अगृह्णाथाम्	अगृह्णीध्वम्
अगृह्णीत	अगृह्णाताम्	अगृह्णत

Future Tense (लृट्)

ग्रहिष्ये	ग्रहिष्यावहे	ग्रहिष्यामहे
ग्रहिष्यसे	ग्रहिष्येथे	ग्रहिष्यध्वे
ग्रहिष्यते	ग्रहिष्येते	ग्रहिष्यन्ते

Imperative mood (लोट्)

गृह्णै	गृह्णावहै	गृह्णामहै
गृह्णीष्व	गृह्णाथाम्	गृह्णीध्वम्
गृह्णीताम्	गृह्णाताम्	गृह्णताम्

Potential mood (विधिलिङ्)

गृह्णीय	गृह्णीवहि	गृह्णीमहि
गृह्णीथा:	गृह्णीयाथाम्	गृह्णीध्वम्
गृह्णीत	गृह्णीयाताम्	गृह्णीरन्

1p√ghrā (√घ्रा) to smell

Present Tense (लट्)

जिघ्रामि	जिघ्राव:	जिघ्राम:
जिघ्रसि	जिघ्रथ:	जिघ्रथ
जिघ्रति	जिघ्रत:	जिघ्रन्ति

Past Tense (लङ्)

अजिघ्राम्	अजिघ्राव	अजिघ्राम
अजिघ्र:	अजिघ्रतम्	अजिघ्रत
अजिघ्रत्	अजिघ्रताम्	अजिघ्रन्

Future Tense (लृट्)

घ्रास्यामि	घ्रास्याव:	घ्रास्याम:
घ्रास्यसि	घ्रास्यथ:	घ्रास्यथ
घ्रास्यति	घ्रास्यत:	घ्रास्यन्ति

Imperative mood (लोट्)

जिघ्राणि	जिघ्राव	जिघ्राम
जिघ्र	जिघ्रतम्	जिघ्रत
जिघ्रतु	जिघ्रताम्	जिघ्रन्तु

Potential mood (विधिलिङ्)

जिघ्रेयम्	जिघ्रेव	जिघ्रेम
जिघ्रे:	जिघ्रेतम्	जिघ्रेत
जिघ्रेत्	जिघ्रेताम्	जिघ्रेयु:

1p√ćal (√चल्) to move

Present Tense (लट्)

चलामि	चलाव:	चलाम:
चलसि	चलथ:	चलथ
चलति	चलत:	चलन्ति

Past Tense (लङ्)

अचलम्	अचलव	अचलाम
अचल:	अचलतम्	अचलत
अचलत्	अचलताम्	अचलन्

Future Tense (लृट्)

चलिष्यामि	चलिष्याव:	चलिष्याम:
चलिष्यसि	चलिष्यथ:	चलिष्यथ
चलिष्यति	चलिष्यत:	चलिष्यन्ति

Imperative mood (लोट्)

चलानि	चलाव	चलाम
चल	चलतम्	चलत
चलतु	चलताम्	चलन्तु

Potential mood (विधिलिङ्)

चलेयम्	चलेव	चलेम
चले:	चलेतम्	चलेत
चलेत्	चलेताम्	चलेयु:

10p√ćint (√चिन्त्) to think

Present Tense (लट्)

चिन्तयामि	चिन्तयाव:	चिन्तयाम:
चिन्तयसि	चिन्तयथ:	चिन्तयथ
चिन्तयति	चिन्तयत:	चिन्तयन्ति

Past Tense (लङ्)

अचिन्तयम्	अचिन्तयाव	अचिन्तयाम
अचिन्तय:	अचिन्तयतम्	अचिन्तयत
अचिन्तयत्	अचिन्तयताम्	अचिन्तयन्

Future Tense (लृट्)

चिन्तयिष्यामि	चिन्तयिष्याव:	चिन्तयिष्याम:
चिन्तयिष्यसि	चिन्तयिष्यथ:	चिन्तयिष्यथ
चिन्तयिष्यति	चिन्तयिष्यत:	चिन्तयिष्यन्ति

Imperative mood (लोट्)

चिन्तयानि	चिन्तयाव	चिन्तयाम
चिन्तय	चिन्तयतम्	चिन्तयत
चिन्तयतु	चिन्तयताम्	चिन्तयन्तु

Potential mood (विधिलिङ्)

चिन्तयेयम्	चिन्तयेव	चिन्तयेम
चिन्तये:	चिन्तयेतम्	चिन्तयेत
चिन्तयेत्	चिन्तयेताम्	चिन्तयेयु:

10p√ćur (√चुर्) to steal

see section 24.10

4a√jan (√जन्) to be born

Present Tense (लट्)

जाये	जायावहे	जायामहे
जायसे	जायेथे	जायध्वे
जायते	जायेते	जायन्ते

Past Tense (लङ्)

अजाये	अजायावहि	अजायामहि
अजायथा:	अजायेथाम्	अजायध्वम्
अजायत	अजायेताम्	अजायन्त

Future Tense (लृट्)

जनिष्ये	जनिष्यावहे	जनिष्यामहे
जनिष्यसे	जनिष्येथे	जनिष्यध्वे
जनिष्यते	जनिष्येते	जनिष्यन्ते

Imperative mood (लोट्)

जायै	जायावहै	जायामहै
जायस्व	जायेथाम्	जायध्वम्
जायताम्	जायेताम्	जायन्ताम्

Potential mood (विधिलिङ्)

जायेय	जायेवहि	जायेमहि
जायेथा:	जायेयाथाम्	जायेध्वम्
जायेत	जायेयाताम्	जायेरन्

1p√ji (√जि) to win

Present Tense (लट्)

जयामि	जयाव:	जयाम:
जयसि	जयथ:	जयथ
जयति	जयत:	जयन्ति

Past Tense (लङ्)

अजयम्	अजयाव	अजयाम
अजय:	अजयतम्	अजयत
अजयत्	अजयताम्	अजयन्

Future Tense (लृट्)

जयिष्यामि	जयिष्याव:	जयिष्याम:
जयिष्यसि	जयिष्यथ:	जयिष्यथ
जयिष्यति	जयिष्यत:	जयिष्यन्ति

Imperative mood (लोट्)

जयानि	जयाव	जयाम
जय	जयतम्	जयत
जयतु	जयताम्	जयन्तु

Potential mood (विधिलिङ्)

जयेयम्	जयेव	जयेम
जये:	जयेतम्	जयेत
जयेत्	जयेताम्	जयेयु:

9p√jñā (√ज्ञा) to know

Present Tense (लट्)

जानामि	जानीव:	जानीम:
जानासि	जानीथ:	जानीथ
जानाति	जानीत:	जानन्ति

Past Tense (लङ्)

अजानाम्	अजानीव	अजानीम
अजाना:	अजानीतम्	अजानीत
अजानात्	अजानीताम्	अजानन्

Future Tense (लृट्)

ज्ञास्यामि	ज्ञास्याव:	ज्ञास्याम:
ज्ञास्यसि	ज्ञास्यथ:	ज्ञास्यथ
ज्ञास्यति	ज्ञास्यत:	ज्ञास्यन्ति

Imperative mood (लोट्)

जानानि	जानाव	जानाम
जानीहि	जानीतम्	जानीत
जानातु	जानीताम्	जानन्तु

Potential mood (विधिलिङ्)

जानीयाम्	जानीयाव	जानीयाम
जानीया:	जानीयातम्	जानीयात
जानीयात्	जानीयाताम्	जानीयु:

4a√ḍī (√डी) to fly

Present Tense (लट्)

डीये	डीयावहे	डीयामहे
डीयसे	डीयेथे	डीयध्वे
डीयते	डीयेते	डीयन्ते

Past Tense (लङ्)

अडीये	अडीयावहि	अडीयामहि
अडीयथा:	अडीयेथाम्	अडीयध्वम्
अडीयत	अडीयेताम्	अडीयन्त

Future Tense (लृट्)

डयिष्ये	डयिष्यावहे	डयिष्यामहे
डयिष्यसे	डयिष्येथे	डयिष्यध्वे
डयिष्यते	डयिष्येते	डयिष्यन्ते

Imperative mood (लोट्)

डीयै	डीयावहै	डीयामहै
डीयस्व	डीयेथाम्	डीयध्वम्
डीयताम्	डीयेताम्	डीयन्ताम्

Potential mood (विधिलिङ्)

डीयेय	डीयेवहि	डीयेमहि
डीयेथा:	डीयेयाथाम्	डीयेध्वम्
डीयेत	डीयेयाताम्	डीयेरन्

8p√tan (√तन्) to spread

see section 24.8

1p√tap (√तप्) to be angry

Present Tense (लट्)

तपामि	तपावः	तपामः
तपसि	तपथः	तपथ
तपति	तपतः	तपन्ति

Past Tense (लङ्)

अतपम्	अतपाव	अतपाम
अतपः	अतपतम्	अतपत
अतपत्	अतपताम्	अतपन्

Future Tense (लृट्)

तप्स्यामि	तप्स्यावः	तप्स्यामः
तप्स्यसि	तप्स्यथः	तप्स्यथ
तप्स्यति	तप्स्यतः	तप्स्यन्ति

Imperative mood (लोट्)

तपानि	तपाव	तपाम
तप	तपतम्	तपत
तपतु	तपताम्	तपन्तु

Potential mood (विधिलिङ्)

तपेयम्	तपेव	तपेम
तपेः	तपेतम्	तपेत
तपेत्	तपेताम्	तपेयुः

1p√tud (√तुद्) to hurt

see section 24.6

4p√tuṣ (√तुष्) to be pleased

Present Tense (लट्)

तुष्यामि	तुष्यावः	तुष्यामः
तुष्यसि	तुष्यथः	तुष्यथ
तुष्यति	तुष्यतः	तुष्यन्ति

Past Tense (लङ्)

अतुष्यम्	अतुष्याव	अतुष्याम
अतुष्यः	अतुष्यतम्	अतुष्यत
अतुष्यत्	अतुष्यताम्	अतुष्यन्

Future Tense (लृट्)

तोक्ष्यामि	तोक्ष्यावः	तोक्ष्यामः
तोक्ष्यसि	तोक्ष्यथः	तोक्ष्यथ
तोक्ष्यति	तोक्ष्यतः	तोक्ष्यन्ति

Imperative mood (लोट्)

तुष्याणि	तुष्याव	तुष्याम
तुष्य	तुष्यतम्	पुष्यत
तुष्यतु	तुष्यताम्	तुष्यन्तु

Potential mood (विधिलिङ्)

तुष्येयम्	तुष्येव	तुष्येम
तुष्येः	तुष्येतम्	तुष्येत
तुष्येत्	तुष्येताम्	तुष्येयुः

1p√tyaj (√त्यज्) to renounce

Present Tense (लट्)

त्यजामि	त्यजावः	त्यजामः
त्यजसि	त्यजथः	त्यजथ
त्यजति	त्यजतः	त्यजन्ति

Past Tense (लङ्)

अत्यजम्	अत्यजाव	अत्यजाम
अत्यजः	अत्यजतम्	अत्यजत
अत्यजत्	अत्यजताम्	अत्यजन्

Future Tense (लृट्)

त्यक्ष्यामि	त्यक्ष्यावः	त्यक्ष्यामः
त्यक्ष्यसि	त्यक्ष्यथः	त्यक्ष्यथ

त्यक्ष्यति	त्यक्ष्यत:	त्यक्ष्यन्ति

Imperative mood (लोट्)

त्यजानि	त्यजाव	त्यजाम
त्यज	त्यजतम्	त्यजत
त्यजतु	त्यजताम्	त्यजन्तु

Potential mood (विधिलिङ्)

त्यजेयम्	त्यजेव	त्यजेम
त्यजे:	त्यजेतम्	त्यजेत
त्यजेत्	त्यजेताम्	त्यजेयु:

1a√trai (√त्रै) to protect

Present Tense (लट्)

त्राये	त्रायावहे	त्रायामहे
त्रायसे	त्रायेथे	त्रायध्वे
त्रायते	त्रायेते	त्रायन्ते

Past Tense (लङ्)

अत्राये	अत्रायावहि	अत्रायामहि
अत्रायथा:	अत्रायेथाम्	अत्रायध्वम्
अत्रायत	अत्रायेताम्	अत्रायन्त

Future Tense (लृट्)

त्रास्ये	त्रास्यावहे	त्रास्यामहे
त्रास्यसे	त्रास्येथे	त्रास्यध्वे
त्रास्यते	त्रास्येते	त्रास्यन्ते

Imperative mood (लोट्)

त्रायै	त्रायावहै	त्रायामहै
त्रायस्व	त्रायेथाम्	त्रायध्वम्
त्रायताम्	त्रायेताम्	त्रायन्ताम्

Potential mood (विधिलिङ्)

त्रायेय	त्रायेवहि	त्रायेमहि
त्रायेथा:	त्रायेयाथाम्	त्रायेध्वम्
त्रायेत	त्रायेयाताम्	त्रायेरन्

1a√dad (√दद्) to give

Present Tense (लट्)

ददे	ददावहे	ददामहे
ददसे	ददेथे	ददध्वे
ददते	ददेते	ददन्ते

Past Tense (लङ्)

अददे	अददावहि	अददामहि
अददथा:	अददेथाम्	अददध्वम्
अददत	अददेताम्	अददन्त

Future Tense (लृट्)

ददिष्ये	ददिष्यावहे	ददिष्यामहे
ददिष्यसे	ददिष्येथे	ददिष्यध्वे
ददिष्यते	ददिष्येते	ददिष्यन्ते

Imperative mood (लोट्)

ददै	ददावहै	ददामहै
ददस्व	ददेथाम्	ददध्वम्
ददताम्	ददेताम्	ददन्ताम्

Potential mood (विधिलिङ्)

ददेय	ददेवहि	ददेमहि
ददेथा:	ददेयाथाम्	ददेध्वम्
ददेत	ददेयाताम्	ददेरन्

1p√dah (√दह्) to burn

Present Tense (लट्)

दहामि	दहाव:	दहाम:
दहसि	दहथ:	दहथ

दहति	दहत:	दहन्ति

Past Tense (लङ्)

अदहम्	अदहाव	अदहाम
अदह:	अदहतम्	अदहत
अदहत्	अदहताम्	अदहन्

Future Tense (लृट्)

धक्ष्यामि	धक्ष्याव:	धक्ष्याम:
धक्ष्यसि	धक्ष्यथ:	धक्ष्यथ
धक्ष्यति	धक्ष्यत:	धक्ष्यन्ति

Imperative mood (लोट्)

दहानि	दहाव	दहाम
दह	दहतम्	दहत
दहतु	दहताम्	दहन्तु

Potential mood (विधिलिङ्)

दहेयम्	दहेव	दहेम
दहे:	दहेतम्	दहेत
दहेत्	दहेताम्	दहेयु:

3p√dā (√दा) to give

Present Tense (लट्)

ददामि	दद्व:	दद्म:
ददासि	दत्थ:	दत्थ
ददाति	दत्त:	ददति

Past Tense (लङ्)

अददाम्	अदद्व	अदद्म
अददा:	अदत्तम्	अदत्त
अददात्	अदत्ताम्	अददु:

Future Tense (लृट्)

दास्यामि	दास्याव:	दास्याम:
दास्यसि	दास्यथ:	दास्यथ
दास्यति	दास्यत:	दास्यन्ति

Imperative mood (लोट्)

ददानि	ददाव	ददाम
देहि	दत्तम्	दत्त
ददातु	दत्ताम्	ददतु

Potential mood (विधिलिङ्)

दद्याम्	दद्याव	दद्याम
दद्या:	दद्यातम्	दद्यात
दद्यात्	दद्याताम्	दद्यु:

3a√dā (√दा) to give

Present Tense (लट्)

ददे	दद्वहे	दद्महे
दत्से	ददाथे	दद्ध्वे
दत्ते	ददाते	ददते

Past Tense (लङ्)

अददि	अदद्वहि	अदद्महि
अदत्था:	अददाथाम्	अदद्ध्वम्
अदत्त	अददाताम्	अददत

Future Tense (लृट्)

दास्ये	दास्यावहे	दास्यामहे
दास्यसे	दास्येथे	दास्यध्वे
दास्यते	दास्येते	दास्यन्ते

Imperative mood (लोट्)

ददै	ददावहै	ददामहै
दत्स्व	ददाथाम्	दद्ध्वम्
दत्ताम्	ददाताम्	ददताम्

Potential mood (विधिलिङ्)

ददीय	ददीवहि	ददीमहि

ददीथा:	ददीयाथाम्	ददीध्वम्
ददीत	ददीयाताम्	ददीरन्

4p√div (√दिव्) to play

see section 24.4

4a√dīp (√दीप्) to shine

Present Tense (लट्)

दीप्ये	दीप्यावहे	दीप्यामहे
दीप्यसे	दीप्येथे	दीप्यध्वे
दीप्यते	दीप्येते	दीप्यन्ते

Past Tense (लङ्)

अदीप्ये	अदीप्यावहि	अदीप्यामहि
अदीप्यथा:	अदीप्येथाम्	अदीप्यध्वम्
अदीप्यत	अदीप्येताम्	अदीप्यन्त

Future Tense (लृट्)

दीपिष्ये	दीपिष्यावहे	दीपिष्यामहे
दीपिष्यसे	दीपिष्येथे	दीपिष्यध्वे
दीपिष्यते	दीपिष्येते	दीपिष्यन्ते

Imperative mood (लोट्)

दीप्यै	दीप्यावहै	दीप्यामहै
दीप्यस्व	दीप्येथाम्	दीप्यध्वम्
दीप्यताम्	दीप्येताम्	दीप्यन्ताम्

Potential mood (विधिलिङ्)

दीप्येय	दीप्येवहि	दीप्येमहि
दीप्येथा:	दीप्येयाथाम्	दीप्येध्वम्
दीप्येत	दीप्येयाताम्	दीप्येरन्

4a√dū (√दू) to hurt

Present Tense (लट्)

दूये	दूयावहे	दूयामहे
दूयसे	दूयेथे	दूयध्वे
दूयते	दूयेते	दूयन्ते

Past Tense (लङ्)

अदूये	अदूयावहि	अदूयामहि
अदूयथा:	अदूयेथाम्	अदूयध्वम्
अदूयत	अदूयेताम्	अदूयन्त

Future Tense (लृट्)

दविष्ये	दविष्यावहे	दविष्यामहे
दविष्यसे	दविष्येथे	दविष्यध्वे
दविष्यते	दविष्येते	दविष्यन्ते

Imperative mood (लोट्)

दूयै	दूयावहै	दूयामहै
दूयस्व	दूयेथाम्	दूयध्वम्
दूयताम्	दूयेताम्	दूयन्ताम्

Potential mood (विधिलिङ्)

दूयेय	दूयेवहि	दूयेमहि
दूयेथा:	दूयेयाथाम्	दूयेध्वम्
दूयेत	दूयेयाताम्	दूयेरन्

1p√dṛś (√दृश्) to see

Present Tense (लट्)

पश्यामि	पश्याव:	पश्याम:
पश्यासि	पश्यथ:	पश्यथ
पश्यति	पश्यत:	पश्यन्ति

Past Tense (लङ्)

अपश्यम्	अपश्याव	अपश्याम
अपश्य:	अपश्यतम्	अपश्यत

अपश्यत्	अपश्यताम्	अपश्यन्

Future Tense (लृट्)

द्रक्ष्यामि	द्रक्ष्याव:	द्रक्ष्याम:
द्रक्ष्यसि	द्रक्ष्यथ:	द्रक्ष्यथ
द्रक्ष्यति	द्रक्ष्यत:	द्रक्ष्यन्ति

Imperative mood (लोट्)

पश्यानि	पश्याव	पश्याम
पश्य	पश्यतम्	पश्यत
पश्यतु	पश्यताम्	पश्यन्तु

Potential mood (विधिलिङ्)

पश्येयम्	पश्येव	पश्येम
पश्ये:	पश्येतम्	पश्येत
पश्येत्	पश्येताम्	पश्येयु:

3p√dhā (√धा) to bear

Present Tense (लट्)

दधामि	दध्व:	दध्म:
दधासि	धत्थ:	धत्थ
दधाति	धत्त:	दधति

Past Tense (लङ्)

अदधाम्	अदध्व	अदध्म
अदधा:	अधत्तम्	अधत्त
अदधात्	अधत्ताम्	अदधु:

Future Tense (लृट्)

धास्यामि	धास्याव:	धास्याम:
धास्यसि	धास्यथ:	धास्यथ
धास्यति	धास्यत:	धास्यन्ति

Imperative mood (लोट्)

दधानि	दधाव	दधाम
धेहि	धत्तम्	धत्त
दधातु	धत्ताम्	दधतु

Potential mood (विधिलिङ्)

दध्याम्	दध्याव	दध्याम
दध्या:	दध्यातम्	दध्यात
दध्यात्	दध्याताम्	दध्यु:

3a√dhā (√धा) to bear

Present Tense (लट्)

दधे	दध्वहे	दध्महे
धत्से	दधाथे	धद्ध्वे
धत्ते	दधाते	दधते

Past Tense (लङ्)

अदधि	अदध्वहि	अदध्महि
अधत्था:	अधाथाम्	अधद्ध्वम्
अधत्त	अदधाताम्	अदधत

Future Tense (लृट्)

धास्ये	धास्यावहे	धास्यामहे
धास्यसे	धास्येथे	धास्यध्वे
धास्यते	धास्येते	धास्यन्ते

Imperative mood (लोट्)

दधै	दधावहै	दधामहै
धत्स्व	दधाथाम्	धद्ध्वम्
धत्ताम्	दधाताम्	दधताम्

Potential mood (विधिलिङ्)

दधीय	दधीवहि	दधीमहि
दधीथा:	दधीयाथाम्	दधीध्वम्
दधीत	दधीयाताम्	दधीरन्

1p√dhṛ (√धृ) to hold

Present Tense (लट्)

धरामि	धराव:	धराम:
धरसि	धरथ:	धरथ
धरति	धरत:	धरन्ति

Past Tense (लङ्)

अधरम्	अधराव	अधराम
अधर:	अधरतम्	अधरत
अधरत्	अधरताम्	अधरन्

Future Tense (लृट्)

धरिष्यामि	धरिष्याव:	धरिष्याम:
धरिष्यसि	धरिष्यथ:	धरिष्यथ
धरिष्यति	धरिष्यत:	धरिष्यन्ति

Imperative mood (लोट्)

धरानि	धराव	धराम
धर	धरतम्	धरत
धरतु	धरताम्	धरन्तु

Potential mood (विधिलिङ्)

धरेयम्	धरेव	धरेम
धरे:	धरेतम्	धरेत
धरेत्	धरेताम्	धरेयु:

1a√dhṛ (√धृ) to hold

Present Tense (लट्)

धरे	धरावहे	धरामहे
धरसे	धरेथे	धरध्वे
धरते	धरेते	धरन्ते

Past Tense (लङ्)

अधरे	अधरावहि	अधरामहि
अधरथा:	अधरेथाम्	अधरध्वम्
अधरत	अधरेताम्	अधरन्त

Future Tense (लृट्)

धरिष्ये	धरिष्यावहे	धरिष्यामहे
धरिष्यसे	धरिष्येथे	धरिष्यध्वे
धरिष्यते	धरिष्येते	धरिष्यन्ते

Imperative mood (लोट्)

धरै	धरावहै	धरामहै
धरस्व	धरेथाम्	धरध्वम्
धरताम्	धरेताम्	धरन्ताम्

Potential mood (विधिलिङ्)

धरेय	धरेवहि	धरेमहि
धरेथा:	धरेयाथाम्	धरेध्वम्
धरेत	धरेयाताम्	धरेरन्

1p√dhāv (√धाव्) to run

Present Tense (लट्)

धावामि	धावाव:	धावाम:
धावसि	धावथ:	धावथ
धावति	धावत:	धावन्ति

Past Tense (लङ्)

अधावम्	अधावाव	अधावाम
अधाव:	अधावतम्	अधावत
अधावत्	अधावताम्	अधावन्

Future Tense (लृट्)

धाविष्यामि	धाविष्याव:	धाविष्याम:
धाविष्यसि	धाविष्यथ:	धाविष्यथ
धाविष्यति	धाविष्यत:	धाविष्यन्ति

Imperative mood (लोट्)

धावानि	धावाव	धावाम

धाव	धावतम्	धावत
धावतु	धावताम्	धावन्तु

Potential mood (विधिलिङ्)

धावेयम्	धावेव	धावेम
धावे:	धावेतम्	धावेत
धावेत्	धावेताम्	धावेयु:

1a√dhāv (√धाव्) to run

Present Tense (लट्)

धावे	धावावहे	धावामहे
धावसे	धावेथे	धावध्वे
धावते	धावेते	धावन्ते

Past Tense (लङ्)

अधावे	अधावावहि	अधावामहि
अधावथा:	अधावेथाम्	अधावध्वम्
अधावत	अधावेताम्	अधावन्त

Future Tense (लृट्)

धाविष्ये	धाविष्यावहे	धाविष्यामहे
धाविष्यसे	धाविष्येथे	धाविष्यध्वे
धाविष्यते	धाविष्येते	धाविष्यन्ते

Imperative mood (लोट्)

धावै	धावावहै	धावामहै
धावस्व	धावेथाम्	धावध्वम्
धावताम्	धावेताम्	धावन्ताम्

Potential mood (विधिलिङ्)

धावेय	धावेवहि	धावेमहि
धावेथा:	धावेयाथाम्	धावेध्वम्
धावेत	धावेयाताम्	धावेरन्

1a√dhvaṁs (√ध्वंस्) to perish

Present Tense (लट्)

ध्वंसे	ध्वंसावहे	ध्वंसामहे
ध्वंससे	ध्वंसेथे	ध्वंसध्वे
ध्वंसते	ध्वंसेते	ध्वंसन्ते

Past Tense (लङ्)

अध्वंसे	अध्वंसावहि	अध्वंसामहि
अध्वंसथा:	अध्वंसेथाम्	अध्वंसध्वम्
अध्वंसत	अध्वंसेताम्	अध्वंसन्त

Future Tense (लृट्)

ध्वंसिष्ये	ध्वंसिष्यावहे	ध्वंसिष्यामहे
ध्वंसिष्यसे	ध्वंसिष्येथे	ध्वंसिष्यध्वे
ध्वंसिष्यते	ध्वंसिष्येते	ध्वंसिष्यन्ते

Imperative mood (लोट्)

ध्वंसै	ध्वंसावहै	ध्वंसामहै
ध्वंसस्व	ध्वंसेथाम्	ध्वंसध्वम्
ध्वंसताम्	ध्वंसेताम्	ध्वंसन्ताम्

Potential mood (विधिलिङ्)

ध्वंसेय	ध्वंसेवहि	ध्वंसेमहि
ध्वंसेथा:	ध्वंसेयाथाम्	ध्वंसेध्वं
ध्वंसेत	ध्वंसेयाताम्	ध्वंसेरन्

1p√nand (√नन्द्) to enjoy

Present Tense (लट्)

नन्दामि	नन्दाव:	नन्दाम:
नन्दसि	नन्दथ:	नन्दथ
नन्दति	नन्दत:	नन्दन्ति

Past Tense (लङ्)

अनन्दम्	अनन्दाव	अनन्दाम

अनन्द:	अनन्दतम्	अनन्दत
अनन्दत्	अनन्दताम्	अनन्दन्

Future Tense (लृट्)

नन्दिष्यामि	नन्दिष्याव:	नन्दिष्याम:
नन्दिष्यसि	नन्दिष्यथ:	नन्दिष्यथ
नन्दिष्यति	नन्दिष्यत:	नन्दिष्यन्ति

Imperative mood (लोट्)

नन्दानि	नन्दाव	नन्दाम
नन्द	नन्दतम्	नन्दत
नन्दतु	नन्दताम्	नन्दन्तु

Potential mood (विधिलिङ्)

नन्देयम्	नन्देव	नन्देम
नन्दे:	नन्देतम्	नन्देत
नन्देत्	नन्देताम्	नन्देयु:

4p√naś (√नश्) to vanish

Present Tense (लट्)

नश्यामि	नश्याव:	नश्याम:
नश्यसि	नश्यथ:	नश्यथ
नश्यति	नश्यत:	नश्यन्ति

Past Tense (लङ्)

अनश्यम्	अनश्याव	अनश्याम
अनश्य:	अनश्यतम्	अनश्यत
अनश्यत्	अनश्यताम्	अनश्यन्

Future Tense (लृट्)

नंक्ष्यामि	नंक्ष्याव:	नंक्ष्याम:
नंक्ष्यसि	नंक्ष्यथ:	नंक्ष्यथ
नंक्ष्यति	नंक्ष्यत:	नंक्ष्यन्ति

Imperative mood (लोट्)

नश्यानि	नश्याव	नश्याम
नश्य	नश्यतम्	नश्यत
नश्यतु	नश्यताम्	नश्यन्तु

Potential mood (विधिलिङ्)

नश्येयम्	नश्येव	नश्येम
नश्ये:	नश्येतम्	नश्येत
नश्येत्	नश्येताम्	नश्येयु:

1p√nī (√नी) to carry

Present Tense (लट्)

नयामि	नयाव:	नयाम:
नयसि	नयथ:	नयथ
नयति	नयत:	नयन्ति

Past Tense (लङ्)

अनयम्	अनयाव	अनयाम
अनय:	अनयतम्	अनयत
अनयत्	अनयताम्	अनयन्

Future Tense (लृट्)

नेष्यामि	नेष्याव:	नेष्याम:
नेष्यसि	नेष्यथ:	नेष्यथ
नेष्यति	नेष्यत:	नेष्यन्ति

Imperative mood (लोट्)

नयानि	नयाव	नयाम
नय	नयतम्	नयत
नयतु	नयताम्	नयन्तु

Potential mood (विधिलिङ्)

नयेयम्	नयेव	नयेम
नये:	नयेतम्	नयेत
नयेत्	नयेताम्	नयेयु:

1a√nī (√नी) to carry

Present Tense (लट्)

नये	नयावहे	नयामहे
नयसे	नयेथे	नयध्वे
नयते	नयेते	नयन्ते

Past Tense (लङ्)

अनये	अनयावहि	अनयामहि
अनयथा:	अनयेथाम्	अनयध्वं
अनयत	अनयेताम्	अनयन्त

Future Tense (लृट्)

नेष्ये	नेष्यावहे	नेष्यामहे
नेष्यसे	नेष्येथे	नेष्यध्वे
नेष्यते	नेष्येते	नेष्यन्ते

Imperative mood (लोट्)

नयै	नयावहै	नयामहै
नयस्व	नयेथाम्	नयध्वम्
नयताम्	नयेताम्	नयन्ताम्

Potential mood (विधिलिङ्)

नयेय	नयेवहि	नयेमहि
नयेथा:	नयेयाथाम्	नयेध्वम्
नयेत	नयेयाताम्	नयेरन्

1p√pać (√पच्) to cook

Present Tense (लट्)

पचामि	पचाव:	पचाम:
पचसि	पचथ:	पचथ
पचति	पचत:	पचन्ति

Past Tense (लङ्)

अपचम्	अपचाव	अपचाम
अपच:	अपचतम्	अपचत
अपचत्	अपचताम्	अपचन्

Future Tense (लृट्)

पक्ष्यामि	पक्ष्याव:	पक्ष्याम:
पक्ष्यसि	पक्ष्यथ:	पक्ष्यथ
पक्ष्यति	पक्ष्यत:	पक्ष्यन्ति

Imperative mood (लोट्)

पचानि	पचाव	पचाम
पच	पचतम्	पचत
पचतु	पचताम्	पचन्तु

Potential mood (विधिलिङ्)

पचेयम्	पचेव	पचेम
पचे:	पचेतम्	पचेत
पचेत्	पचेताम्	पचेयु:

1a√pać (√पच्) to cook

Present Tense (लट्)

पचे	पचावहे	पचामहे
पचसे	पचेथे	पचध्वे
पचते	पचेते	पचन्ते

Past Tense (लङ्)

अपचे	अपचावहि	अपचामहि
अपचथा:	अपचेथाम्	अपचध्वम्
अपचत	अपचेताम्	अपचन्त

Future Tense (लृट्)

पक्ष्ये	पक्ष्यावहे	पक्ष्यामहे
पक्ष्यसे	पक्ष्येथे	पक्ष्यध्वे
पक्ष्यते	पक्ष्येते	पक्ष्यन्ते

Imperative mood (लोट्)

पचै	पचावहै	पचामहै
पचस्व	पचेथाम्	पचध्वम्
पचताम्	पचेताम्	पचन्ताम्

Potential mood (विधिलिङ्)

पचेय	पचेवहि	पचेमहि
पचेथा:	पचेयाथाम्	पचेध्वम्
पचेत	पचेयाताम्	पचेरन्

4a√pad (√पद्) to walk

Present Tense (लट्)

पद्ये	पद्यावहे	पद्यामहे
पद्यसे	पद्येथे	पद्यध्वे
पद्यते	पद्येते	पद्यन्ते

Past Tense (लङ्)

अपद्ये	अपद्यावहि	अपद्यामहि
अपद्यथा:	अपद्येथाम्	अपद्यध्वम्
अपद्यत	अपद्येताम्	अपद्यन्त

Future Tense (लृट्)

पत्स्ये	पत्स्यावहे	पत्स्यामहे
पत्स्यसे	पत्स्येथे	पत्स्यध्वे
पत्स्यते	पत्स्येते	पत्स्यन्ते

Imperative mood (लोट्)

पद्यै	पद्यावहै	पद्यामहै
पद्यस्व	पद्येथाम्	पद्यध्वम्
पद्यताम्	पद्येताम्	पद्यन्ताम्

Potential mood (विधिलिङ्)

पद्येय	पद्येवहि	पद्येमहि
पद्येथा:	पद्येयाथाम्	पद्येध्वम्
पद्येत	पद्येयाताम्	पद्येरन्

1√pā (√पा) to drink

Present Tense (लट्)

पिबामि	पिबाव:	पिबाम:
पिबसि	पिबथ:	पिबथ
पिबति	पिबत:	पिबन्ति

Past Tense (लङ्)

अपिबम्	अपिबाव	अपिबाम
अपिब:	अपिबतम्	अपिबत
अपिबत्	अपिबताम्	अपिबन्

Future Tense (लृट्)

पास्यामि	पास्याव:	पास्याम:
पास्यसि	पास्यथ:	पास्यथ
पास्यति	पास्यत:	पास्यन्ति

Imperative mood (लोट्)

पिबानि	पिबाव	पिबाम
पिब	पिबतम्	पिबत
पिबतु	पिबताम्	पिबन्तु

Potential mood (विधिलिङ्)

पिबेयम्	पिबेव	पिबेम
पिबे:	पिबेतम्	पिबेत
पिबेत्	पिबेताम्	पिबेयु:

2p√pā (√पा) to protect

Present Tense (लट्)

पामि	पाव:	पाम:
पासि	पाथ:	पाथ
पाति	पात:	पान्ति

Past Tense (लङ्)

अपाम्	अपाव	अपाम
अपाः	अपातम्	अपात
अपात्	अपाताम्	अपुः

Future Tense (लृट्)

पास्यामि	पास्यावः	पास्यामः
पास्यसि	पास्यथः	पास्यथ
पास्यति	पास्यतः	पास्यन्ति

Imperative mood (लोट्)

पानि	पाव	पाम
पाहि	पातम्	पात
पातु	पाताम्	पान्तु

Potential mood (विधिलिङ्)

पायाम्	पायाव	पायाम
पायाः	पायातम्	पायात
पायात्	पायाताम्	पायुः

4p√puṣ (√पुष्) to nourish

Present Tense (लट्)

पुष्यामि	पुष्यावः	पुष्यामः
पुष्यसि	पुष्यथः	पुष्यथ
पुष्यति	पुष्यतः	पुष्यन्ति

Past Tense (लङ्)

अपुष्यम्	अपुष्याव	अपुष्याम
अपुष्यः	अपुष्यतम्	अपुष्यत
अपुष्यत्	अपुष्यताम्	अपुष्यन्

Future Tense (लृट्)

पोक्ष्यामि	पोक्ष्यावः	पोक्ष्यामः
पोक्ष्यसि	पोक्ष्यथः	पोक्ष्यथ
पोक्ष्यति	पोक्ष्यतः	पोक्ष्यन्ति

Imperative mood (लोट्)

पुष्याणि	पुष्याव	पुष्याम
पुष्य	पुष्यतम्	पुष्यत
पुष्यतु	पुष्यताम्	पुष्यन्तु

Potential mood (विधिलिङ्)

पुष्येयम्	पुष्येव	पुष्येम
पुष्येः	पुष्येतम्	पुष्येत
पुष्येत्	पुष्येताम्	पुष्येयुः

10p√pūj (√पूज्) to worship

Present Tense (लट्)

पूजयामि	पूजयावः	पूजयामः
पूजयसि	पूजयथः	पूजयथ
पूजयति	पूजयतः	पूजयन्ति

Past Tense (लङ्)

अपूजयम्	अपूजयाव	अपूजयाम
अपूजयः	अपूजयतम्	अपूजयत
अपूजयत्	अपूजयताम्	अपूजयन्

Future Tense (लृट्)

पूजयिष्यामि	पूजयिष्यावः	पूजयिष्यामः
पूजयिष्यसि	पूजयिष्यथः	पूजयिष्यथ
पूजयिष्यति	पूजयिष्यतः	पूजयिष्यन्ति

Imperative mood (लोट्)

पूजयानि	पूजयाव	पूजयाम
पूजय	पूजयतम्	पूजयत
पूजयतु	पूजयताम्	पूजयन्तु

Potential mood (विधिलिङ्)

पूजयेयम्	पूजयेव	पूजयेम
पूजयेः	पूजयेतम्	पूजयेत

पूजयेत्	पूजयेताम्	पूजयेयुः

4a√budh (√बुध्) to know

Present Tense (लट्)

बुध्ये	बुध्यावहे	बुध्यामहे
बुध्यसे	बुध्येथे	बुध्यध्वे
बुध्यते	बुध्येते	बुध्यन्ते

Past Tense (लङ्)

अबुध्ये	अबुध्यावहि	अबुध्यामहि
अबुध्यथाः	अबुध्येथाम्	अबुध्यध्वम्
अबुध्यत	अबुध्येताम्	अबुध्यन्त

Future Tense (लृट्)

भोत्स्ये	भोत्स्यावहे	भोत्स्यामहे
भोत्स्यसे	भोत्स्येथे	भोत्स्यध्वे
भोत्स्यते	भोत्स्येते	भोत्स्यन्ते

Imperative mood (लोट्)

बुध्यै	बुध्यावहै	बुध्यामहै
बुध्यस्व	बुध्येथाम्	बुध्यध्वम्
बुध्यताम्	बुध्येताम्	बुध्यन्ताम्

Potential mood (विधिलिङ्)

बुध्येय	बुध्येवहि	बुध्येमहि
बुध्येथाः	बुध्येयाथाम्	बुध्येध्वम्
बुध्येत	बुध्येयाताम्	बुध्येरन्

6p√pracch (√प्रच्छ्) to ask

Present Tense (लट्)

पृच्छामि	पृच्छावः	पृच्छामः
पृच्छसि	पृच्छथः	पृच्छथ
पृच्छति	पृच्छतः	पृच्छन्ति

Past Tense (लङ्)

अपृच्छम्	अपृच्छाव	अपृच्छाम
अपृच्छः	अपृच्छतम्	अपृच्छत
अपृच्छत्	अपृच्छताम्	अपृच्छन्

Future Tense (लृट्)

प्रक्ष्यामि	प्रक्ष्यावः	प्रक्ष्यामः
प्रक्ष्यसि	प्रक्ष्यथः	प्रक्ष्यथ
प्रक्ष्यति	प्रक्ष्यतः	प्रक्ष्यन्ति

Imperative mood (लोट्)

पृच्छानि	पृच्छाव	पृच्छाम
पृच्छ	पृच्छतम्	पृच्छत
पृच्छतु	पृच्छताम्	पृच्छन्तु

Potential mood (विधिलिङ्)

पृच्छेयम्	पृच्छेव	पृच्छेम
पृच्छेः	पृच्छेतम्	पृच्छेत
पृच्छेत्	पृच्छेताम्	पृच्छेयुः

2p√brū (√ब्रू) to speak

Present Tense (लट्)

ब्रवीमि	ब्रूवः	ब्रूमः।			
ब्रवीषि	ब्रूथः	ब्रूथ।	आत्थ	आहथुः	ब्रूथ
ब्रवीति	ब्रूतः	ब्रुवन्ति।	आह	आहतुः	आहुः

Past Tense (लङ्)

अब्रवम्	अब्रूव	अब्रूम
अब्रवीः	अब्रूतम्	अब्रूत
अब्रवीत्	अब्रूताम्	अब्रुवन्

Future Tense (लृट्)

वक्ष्यामि	वक्ष्यावः	वक्ष्यामः
वक्ष्यसि	वक्ष्यथः	वक्ष्यथ

वक्ष्यति	वक्ष्यत:	वक्ष्यन्ति

Imperative mood (लोट्)

ब्रवाणि	ब्रवाव	ब्रवाम
ब्रूहि	ब्रूताम्	ब्रूत
ब्रवीतु	ब्रूताम्	ब्रुवन्तु

Potential mood (विधिलिङ्)

ब्रूयाम्	ब्रूयाव	ब्रूयाम
ब्रूया:	ब्रूयातम्	ब्रूयात
ब्रूयात्	ब्रूयाताम्	ब्रूयु:

2a√brū (√ब्रू) to speak

Present Tense (लट्)

ब्रुवे	ब्रूवहे	ब्रूमहे
ब्रूषे	ब्रुवाथे	ब्रूध्वे
ब्रूते	ब्रुवाते	ब्रुवते

Past Tense (लङ्)

अब्रुवि	अब्रूवहि	अब्रूमहि
अब्रूथा:	अब्रुवाथाम्	अब्रूध्वम्
अब्रूत	अब्रुवाताम्	अब्रुवत्

Future Tense (लृट्)

वक्ष्ये	वक्ष्यावहे	वक्ष्यामहे
वक्ष्यसे	वक्ष्येथे	वक्ष्यध्वे
वक्ष्यते	वक्ष्येते	वक्ष्यन्ते

Imperative mood (लोट्)

ब्रवम्	ब्रवावहै	ब्रवामहै
ब्रूष्व	ब्रुवाथाम्	ब्रूध्वम्
ब्रूताम्	ब्रूवाताम्	ब्रुवताम्

Potential mood (विधिलिङ्)

ब्रूवीय	ब्रूवीवहि	ब्रूवीमहि
ब्रुवीथा:	ब्रवीयाथाम्	ब्रवीध्वम्
ब्रुवीत	ब्रुवीयाताम्	ब्रुवीरन्

10p√bhakṣ (√भक्ष्) to eat

Present Tense (लट्)

भक्षयामि	भक्षयाव:	भक्षयाम:
भक्षयसि	भक्षयथ:	भक्षयथ
भक्षयति	भक्षयत:	भक्षयन्ति

Past Tense (लङ्)

अभक्षयम्	अभक्षयाव	अभक्षयाम
अभक्षय:	अभक्षयतम्	अभक्षयत
अभक्षयत्	अभक्षयताम्	अभक्षयन्

Future Tense (लृट्)

भक्षयिष्यामि	भक्षयिष्याव:	भक्षयिष्याम:
भक्षयिष्यसि	भक्षयिष्यथ:	भक्षयिष्यथ
भक्षयिष्यति	भक्षयिष्यत:	भक्षयिष्यन्ति

Imperative mood (लोट्)

भक्षयाणि	भक्षयाव	भक्षयाम
भक्षय	भक्षयतम्	भक्षयत
भक्षयतु	भक्षयताम्	भक्षयन्तु

Potential mood (विधिलिङ्)

भक्षयेयम्	भक्षयेव	भक्षयेम
भक्षये:	भक्षयेतम्	भक्षयेत
भक्षयेत्	भक्षयेताम्	भक्षयेयु:

1p√bhaj (√भज्) to serve

Present Tense (लट्)

भजामि	भजाव:	भजाम:
भजसि	भजथ:	भजथ

भजति	भजत:	भजन्ति

Past Tense (लङ्)

अभजम्	अभजाव	अभजाम
अभज:	अभजतम्	अभजत
अभजत्	अभजताम्	अभजन्

Future Tense (लृट्)

भक्ष्यामि	भक्ष्याव:	भक्ष्याम:
भक्ष्यसि	भक्ष्यथ:	भक्ष्यथ
भक्ष्यति	भक्ष्यत:	भक्ष्यन्ति

Imperative mood (लोट्)

भजानि	भजाव	भजाम
भज	भजतम्	भजत
भजतु	भजताम्	भजन्तु

Potential mood (विधिलिङ्)

भजेयम्	भजेव	भजेम
भजे:	भजेतम्	भजेत
भजेत्	भजेताम्	भजेयु:

1a√bhaj (√भज्) to serve

Present Tense (लट्)

भजे	भजावहे	भजामहे
भजसे	भजेथे	भजध्वे
भजते	भजेते	भजन्ते

Past Tense (लङ्)

अभजे	अभजावहि	अभजामहि
अभजथा:	अभजेथाम्	अभजध्वम्
अभजत	अभजेताम्	अभजन्त

Future Tense (लृट्)

भक्ष्ये	भक्ष्यावहे	भक्ष्यामहे
भक्ष्यसे	भक्ष्येथे	भक्ष्यध्वे
भक्ष्यते	भक्ष्येते	भक्ष्यन्ते

Imperative mood (लोट्)

भजै	भजावहै	भजामहै
भजस्व	भजेथाम्	भजध्वम्
भजताम्	भजेताम्	भजन्ताम्

Potential mood (विधिलिङ्)

भजेय	भजेवहि	भजेमहि
भजेथा:	भजेयाथाम्	भजेध्वम्
भजेत	भजेयाताम्	भजेरन्

2p√bhā (√भा) to shine

Present Tense (लट्)

भामि	भाव:	भाम:
भासि	भाथ:	भाथ
भाति	भात:	भान्ति

Past Tense (लङ्)

अभाम्	अभाव	अभाम
अभा:	अभातम्	अभात
अभात्	अभाताम्	अभु:

Future Tense (लृट्)

भास्यामि	भास्याव:	भास्याम:
भास्यसि	भास्यथ:	भास्यथ
भास्यति	भास्यत:	भास्यन्ति

Imperative mood (लोट्)

भानि	भाव	भाम
भाहि	भातम्	भात
भातु	भाताम्	भान्तु

Potential mood (विधिलिङ्)

भायाम्	भायाव	भायाम

भाया:	भायातम्	भायात
भायात्	भायाताम्	भायु:

3p√bhī (√भी) to fear

Present Tense (लट्)

बिभेमि	बिभीव:	बिभीम:
बिभेषि	बिभीथ:	बिभीथ
बिभेति	बिभीत:	बिभ्यति

Past Tense (लङ्)

अबिभयम्	अबिभीव	अबिभीम
अबिभे:	अबिभीतम्	अबिभीत
अबिभेत्	अबिभीताम्	अबिभयु:

Future Tense (लृट्)

भेष्यामि	भेष्याव:	भेष्याम:
भेष्यसि	भेष्यथ:	भेष्यथ
भेष्यति	भेष्यत:	भेष्यन्ति

Imperative mood (लोट्)

बिभयानि	बिभयाव	बिभयाम
बिभिहि	बिभीतम्	बिभीत
बिभेतु	बिभेताम्	बिभ्यतु

Potential mood (विधिलिङ्)

बिभियाम्	बिभियाव	बिभियाम
बिभिया:	बिभियातम्	बिभियात
बिभियात्	बिभियाताम्	बिभियु:

7p√bhuj (√भुज्) to enjoy

Present Tense (लट्)

भुनज्मि	भुञ्व:	भुञ्ज्म:
भुनक्षि	भुङ्क्थ:	भुङ्क्थ
भुनक्ति	भुङ्क्त:	भुञ्जन्ति

Past Tense (लङ्)

अभुनजम्	अभुञ्ज्व	अभुञ्ज्म
अभुनक्	अभुङ्क्तम्	अभुङ्क्त
अभुनक्	अभुङ्क्ताम्	अभुञ्जन्

Future Tense (लृट्)

भोक्ष्यामि	भोक्ष्याव:	योक्ष्याम:
भोक्ष्यसि	भोक्ष्यथ:	भोक्ष्यथ
भोक्ष्यति	भोक्ष्यत:	भोक्ष्यन्ति

Imperative mood (लोट्)

भुनजानि	भुनजाव	भुनजाम
भुङ्ग्धि	भुङ्क्तम्	भुङ्क्त
भुनक्तु	भुङ्क्ताम्	भुञ्जन्तु

Potential mood (विधिलिङ्)

भुञ्ज्याम्	भुञ्ज्याव	भुञ्ज्याम
भुञ्ज्या:	भुञ्ज्यातम्	भुञ्ज्यात
भुञ्ज्यात्	भुञ्ज्याताम्	भुञ्ज्यु:

7a√bhuj (√भुज्) to enjoy

Present Tense (लट्)

भुञ्जे	भुञ्ज्वहे	भुञ्ज्महे
भुङ्क्षे	भुञ्जाथे	भुङ्ग्ध्वे
भुङ्क्ते	भुञ्जाते	भुञ्जते

Past Tense (लङ्)

अभुञ्जि	अभुञ्ज्वहि	अभुञ्ज्महि
अभुङ्क्था:	अभुञ्जाथाम्	अभुङ्ग्ध्वम्
अभुङ्क्त	अभुञ्जाताम्	अभुञ्जत

Future Tense (लृट्)

भोक्ष्ये	भोक्ष्यावहे	भोक्ष्यामहे

भोक्ष्यसे	भोक्ष्येथे	भोक्ष्यध्वे
भोक्ष्यते	भोक्ष्येते	भोक्ष्यन्ते

Imperative mood (लोट्)

भुनजै	भुनजावहै	भुनजामहै
भुङ्क्ष्व	भुञ्जाथाम्	भुङ्ग्ध्वम्
भुङ्क्ताम्	भुञ्जाताम्	भुञ्जन्ताम्

1p,ā√bhū (√भू) to become

see Appendix 1

3p√bhṛ (√भृ) to raise

Present Tense (लट्)

बिभर्मि	बिभृव:	बिभृम:
बिभर्षि	बिभृथ:	बिभृथ
बिभर्ति	बिभृत:	बिभ्रति

Past Tense (लङ्)

अबिभ्रम्	अबिभृव	अबिभृम
अबिभ:	अबिभृतम्	अबिभृत
अबिभ:	अबिभृताम्	अबिभरु:

Future Tense (लृट्)

भरिष्यामि	भरिष्याव:	भरिष्याम:
भरिष्यसि	भरिष्यथ:	भरिष्यथ
भरिष्यति	भरिष्यत:	भरिष्यन्ति

Imperative mood (लोट्)

बिभराणि	बिभराव	बिभराम
बिभृहि	बिभृतम्	बिभृत
बिभर्तु	बिभृताम्	बिभ्रतु

Potential mood (विधिलिङ्)

बिभृयाम्	बिभृयाव	बिभृयाम
बिभृया:	बिभृयातम्	बिभृयात
बिभृयात्	बिभृयाताम्	बिभृयु:

3a√bhṛ (√भृ) to raise

Present Tense (लट्)

बिभ्रे	बिभृवहे	बिभृमहे
बिभृषे	बिभ्राथे	बिभृध्वे
बिभृते	बिभ्राते	बिभ्रते

Past Tense (लङ्)

अबिभ्रि	अबिभृवहि	अबिभृमहि
अबिभृथा:	अबिभ्राथाम्	अबिभृध्वम्
अबिभृत	अबिभ्राताम्	अबिभ्रत

Future Tense (लृट्)

भरिष्ये	भरिष्यावहे	भरिष्यामहे
भरिष्यसे	भरिष्येथे	भरिष्यध्वे
भरिष्यते	भरिष्येते	भरिष्यन्ते

Imperative mood (लोट्)

बिभरै	बिभरावहै	बिभरामहै
बिभृष्व	बिभ्राथाम्	बिभृध्वम्
बिभृताम्	बिभ्राताम्	बिभ्रताम्

Potential mood (विधिलिङ्)

बिभ्रीय	बिभ्रीवहि	बिभ्रीमहि
बिभ्रीथा:	बिभ्रीयाथाम्	बिभ्रीध्वम्
बिभ्रीत	बिभ्रीयाताम्	बिभ्रीरन्

1p√bhram (√भ्रम्) to roam

Present Tense (लट्)

भ्रमामि	भ्रमाव:	भ्रमाम:
भ्रमसि	भ्रमथ:	भ्रमथ

| भ्रमति | भ्रमतः | भ्रमन्ति |

Present Tense (लट्)

भ्रम्यामि	भ्रम्यावः	भ्रम्यामः
भ्रम्यसि	भ्रम्यथः	भ्रम्यथ
भ्रम्यति	भ्रम्यतः	भ्रम्यन्ति

Past Tense (लङ्)

अभ्रमम्	अभ्रमाव	अभ्रमाम
अभ्रमः	अभ्रमतम्	अभ्रमत
अभ्रमत्	अभ्रमताम्	अभ्रमन्

Past Tense (लङ्)

अभ्रम्यम्	अभ्रम्याव	अभ्रम्याम
अभ्रम्यः	अभ्रम्यतम्	अभ्रम्यत
अभ्रम्यत्	अभ्रम्यताम्	अभ्रम्यन्

Future Tense (लृट्)

भ्रमिष्यामि	भ्रमिष्यावः	भ्रमिष्यामः
भ्रमिष्यसि	भ्रमिष्यथः	भ्रमिष्यथ
भ्रमिष्यति	भ्रमिष्यतः	भ्रमिष्यन्ति

Imperative mood (लोट्)

भ्रमाणि	भ्रमाव	भ्रमाम
भ्रम	भ्रमतम्	भ्रमत
भ्रमतु	भ्रमताम्	भ्रमन्तु

Imperative mood (लोट्)

भ्रम्याणि	भ्रम्याव	भ्रम्याम
भ्रम्य	भ्रम्यतम्	भ्रम्यत
भ्रम्यतु	भ्रम्यताम्	भ्रम्यन्तु

Potential mood (विधिलिङ्)

भ्रमेयम्	भ्रमेव	भ्रमेम
भ्रमेः	भ्रमेतम्	भ्रमेत
भ्रमेत्	भ्रमेताम्	भ्रमेयुः

Potential mood (विधिलिङ्)

भ्रम्येयम्	भ्रम्येव	भ्रम्येम
भ्रम्येः	भ्रम्येतम्	भ्रम्येत
भ्रम्येत्	भ्रम्येताम्	भ्रम्येयुः

1√bhraṁs (√भ्रंस्) to perish

Present Tense (लट्)

भ्रंसे	भ्रंसावहे	भ्रंसामहे
भ्रंससे	भ्रंसेथे	भ्रंसध्वे
भ्रंसते	भ्रंसेते	भ्रंसन्ते

Past Tense (लङ्)

अभ्रंसे	अभ्रंसावहि	अभ्रंसामहि
अभ्रंसथाः	अभ्रंसेथाम्	अभ्रंसध्वम्
अभ्रंसत	अभ्रंसेताम्	अभ्रंसन्त

Future Tense (लृट्)

भ्रंसिष्ये	भ्रंसिष्यावहे	भ्रंसिष्यामहे
भ्रंसिष्यसे	भ्रंसिष्येथे	भ्रंसिष्यध्वे
भ्रंसिष्यते	भ्रंसिष्येते	भ्रंसिष्यन्ते

Imperative mood (लोट्)

भ्रंसै	भ्रंसावहै	भ्रंसामहै
भ्रंसस्व	भ्रंसेथाम्	भ्रंसध्वम्
भ्रंसताम्	भ्रंसेताम्	भ्रंसन्ताम्

Potential mood (विधिलिङ्)

भ्रंसेय	भ्रंसेवहि	भ्रंसेमहि
भ्रंसेथाः	भ्रंसेयाथाम्	भ्रंसेध्वम्
भ्रंसेत	भ्रंसेयाताम्	भ्रंसेरन्

8a√man (√मन्) to agree

Present Tense (लट्)

मन्वे मन्वहे मन्महे
मनुषे मन्वाथे मनुध्वे
मनुते मन्वाते मन्वते

Past Tense (लङ्)

अमन्वि अमन्वहि अमन्महि
अमनुथा: अमन्वाथाम् अमनुध्वम्
अमनुत अमन्वाताम् अमन्वत

Future Tense (लृट्)

मनिष्ये मनिष्यावहे मनिष्यामहे
मनिष्यसे मनिष्येथे मनिष्यध्वे
मनिष्यते मनिष्येते मनिष्यन्ते

Imperative mood (लोट्)

मनवै मनवावहै मनवामहै
मनुष्व मन्वाथाम् मनुध्वम्
मनुताम् मन्वाताम् मन्वताम्

Potential mood (विधिलिङ्)

मन्वीय मन्वीवहि मन्वीमहि
मन्वीथा: मन्वीयाथाम् मन्वीध्वम्
मन्वीत मन्वीयाताम् मन्वीरन्

6p√mil (√मिल्) **to meet**

Present Tense (लट्)

मिलामि मिलाव: मिलाम:
मिलसि मिलथ: मिलथ
मिलति मिलत: मिलन्ति

Past Tense (लङ्)

अमिलम् अमिलाव अमिलाम
अमिल: अमिलतम् अमिलत
अमिलत् अमिलताम् अमिलन्

Future Tense (लृट्)

मेलिष्यामि मेलिष्याव: मेलिष्याम:
मेलिष्यसि मेलिष्यथ: मेलिष्यथ
मेलिष्यति मेलिष्यत: मेलिष्यन्ति

Imperative mood (लोट्)

मिलानि मिलाव मिलाम
मिल मिलतम् मिलत
मिलतु मिलताम् मिलन्तु

Potential mood (विधिलिङ्)

मिलेयम् मिलेव मिलेम
मिले: मिलेतम् मिलेत
मिलेत् मिलेताम् मिलेयु:

6a√mil (√मिल्) **to join**

Present Tense (लट्)

मिले मिलावहे मिलामहे
मिलसे मिलेथे मिलध्वे
मिलते मिलेते मिलन्ते

Past Tense (लङ्)

अमिले अमिलावहि अमिलामहि
अमिलथा: अमिलेथाम् अमिलध्वम्
अमिलत अमिलेताम् अमिलन्त

Future Tense (लृट्)

मेलिष्ये मेलिष्यावहे मेलिष्यामहे
मेलिष्यसे मेलिष्येथे मेलिष्यध्वे
मेलिष्यते मेलिष्येते मेलिष्यन्ते

Imperative mood (लोट्)

मिलै मिलावहै मिलामहै
मिलस्व मिलेथाम् मिलध्वम्

मिलताम्　मिलेताम्　मिलन्ताम्

Potential mood (विधिलिङ्)

मिलेय	मिलेवहि	मिलेमहि
मिलेथा:	मिलेयाथाम्	मिलेध्वम्
मिलेत	मिलेयाताम्	मिलेरन्

6p√muñć (√मुञ्च्) to leave

Present Tense (लट्)

मुञ्चामि	मुञ्चाव:	मुञ्चाम:
मुञ्चसि	मुञ्चथ:	मुञ्चथ
मुञ्चति	मुञ्चत:	मुञ्चन्ति

Past Tense (लङ्)

अमुञ्चम्	अमुञ्चाव	अमुञ्चाम
अमुञ्च:	अमुञ्चतम्	अमुञ्चत
अमुञ्चत्	अमुञ्चताम्	अमुञ्चन्

Future Tense (लृट्)

मोक्ष्यामि	मोक्ष्याव:	मोक्ष्याम:
मोक्ष्यसि	मोक्ष्यथ:	मोक्ष्यथ
मोक्ष्यति	मोक्ष्यत:	मोक्ष्यन्ति

Imperative mood (लोट्)

मुञ्चानि	मुञ्चाव	मुञ्चाम
मुञ्च	मुञ्चतम्	मुञ्चत
मुञ्चतु	मुञ्चताम्	मुञ्चन्तु

Potential mood (विधिलिङ्)

मुञ्चेयम्	मुञ्चेव	मुञ्चेम
मुञ्चे:	मुञ्चेतम्	मुञ्चेत
मुञ्चेत्	मुञ्चेताम्	मुञ्चेयु:

6a√muñć (√मुञ्च्) to leave

Present Tense (लट्)

मुञ्चे	मुञ्चावहे	मुञ्चामहे
मुञ्चसे	मुञ्चेथे	मुञ्चध्वे
मुञ्चते	मुञ्चेते	मुञ्चन्ते

Past Tense (लङ्)

अमुञ्चे	अमुञ्चावहि	अमुञ्चामहि
अमुञ्चथा:	अमुञ्चेथाम्	अमुञ्चध्वम्
अमुञ्चत	अमुञ्चेताम्	अमुञ्चन्त

Future Tense (लृट्)

मोक्ष्ये	मोक्ष्यावहे	मोक्ष्यामहे
मोक्ष्यसे	मोक्ष्येथे	मोक्ष्यध्वे
मोक्ष्यते	मोक्ष्येते	मोक्ष्यन्ते

Imperative mood (लोट्)

मुञ्चै	मुञ्चावहै	मुञ्चामहै
मुञ्चस्व	मुञ्चेथाम्	मुञ्चध्वम्
मुञ्चताम्	मुञ्चेताम्	मुञ्चन्ताम्

Potential mood (विधिलिङ्)

मुञ्चेय	मुञ्चेवहि	मुञ्चेमहि
मुञ्चेथा:	मुञ्चेयाथाम्	मुञ्चेध्वम्
मुञ्चेत	मुञ्चेयाताम्	मुञ्चेरन्

6a√mṛ (√मृ) to die

(see section 24.6)

6a√mṛś (√मृश्) to touch

Present Tense (लट्)

मृशामि	मृशाव:	मृशाम:
मृशसि	मृशथ:	मृशथ
मृशति	मृशत:	मृशन्ति

Past Tense (लङ्)

अमृशम्	अमृशाव	अमृशाम
अमृशः	अमृशतम्	अमृशत
अमृशत्	अमृशताम्	अमृशन्

Future Tense (लृट्)

म्रक्ष्यामि	म्रक्ष्यावः	म्रक्ष्यामः
म्रक्ष्यसि	म्रक्ष्यथः	म्रक्ष्यथ
म्रक्ष्यति	म्रक्ष्यतः	म्रक्ष्यन्ति

Imperative mood (लोट्)

मृशानि	मृशाव	मृशाम
मृश	मृशतम्	मृशत
मृशतु	मृशताम्	मृशन्तु

Potential mood (विधिलिङ्)

मृशेयम्	मृशेव	मृशेम
मृशेः	मृशेतम्	मृशेत
मृशेत्	मृशेताम्	मृशेयुः

1p√mlai (√म्लै) to fade

Present Tense (लट्)

म्लायामि	म्लायावः	म्लायामः
म्लायसि	म्लायथः	म्लायथ
म्लायति	म्लायतः	म्लायन्ति

Past Tense (लङ्)

अम्लायम्	अम्लायाव	अम्लायाम
अम्लायः	अम्लायतम्	अम्लायत
अम्लायत्	अम्लायताम्	अम्लायन्

Future Tense (लृट्)

म्लास्यामि	म्लास्यावः	म्लास्यामः
म्लास्यसि	म्लास्यथः	म्लास्यथ
म्लास्यति	म्लास्यतः	म्लास्यन्ति

Imperative mood (लोट्)

म्लायानि	म्लायाव	म्लायाम
म्लाय	म्लायतम्	म्लायत
म्लायतु	म्लायताम्	म्लायन्तु

Potential mood (विधिलिङ्)

म्लायेयम्	म्लायेव	म्लायेम
म्लायेः	म्लायेतम्	म्लायेत
म्लायेत्	म्लायेताम्	म्लायेयुः

1p√yaj (√यज्) to worship

Present Tense (लट्)

यजामि	यजावः	यजामः
यजसि	यजथः	यजथ
यजति	यजतः	यजन्ति

Past Tense (लङ्)

अयजम्	अयजाव	अयजाम
अयजः	अयजतम्	अयजत
अयजत्	अयजताम्	अयजन्

Future Tense (लृट्)

यक्ष्यामि	यक्ष्यावः	यक्ष्यामः
यक्ष्यसि	यक्ष्यथः	यक्ष्यथ
यक्ष्यति	यक्ष्यतः	यक्ष्यन्ति

Imperative mood (लोट्)

यजानि	यजाव	यजाम
यज	यजतम्	यजत
यजतु	यजताम्	यजन्तु

Potential mood (विधिलिङ्)

यजेयम्	यजेव	यजेम

यजे:	यजेतम्	यजेत
यजेत्	यजेताम्	यजेयु:

1a√yaj (√यज्) to worship

Present Tense (लट्)

यजे	यजावहे	यजामहे
यजसे	यजेथे	यजध्वे
यजते	यजेते	यजन्ते

Past Tense (लङ्)

अयजे	अयजावहि	अयजामहि
अयजथा:	अयजेथाम्	वम्
अयजत	अयजेताम्	अयजन्त

Future Tense (लृट्)

यक्ष्ये	यक्ष्यावहे	यक्ष्यामहे
यक्ष्यसे	यक्ष्येथे	यक्ष्यध्वे
यक्ष्यते	यक्ष्येते	यक्ष्यन्ते

Imperative mood (लोट्)

यजै	यजावहै	यजामहै
यजस्व	यजेथाम्	यजध्वम्
यजताम्	यजेताम्	यजन्ताम्

Potential mood (विधिलिङ्)

यजेय	यजेवहि	यजेमहि
यजेथा:	यजेयाथाम्	यजेध्वम्
यजेत	यजेयाताम्	यजेरन्

2p√yā (√या) to attain

Present Tense (लट्)

यामि	याव:	याम:
यासि	याथ:	याथ
याति	यात:	यान्ति

Past Tense (लङ्)

अयाम्	अयाव	अयाम
अया:	अयातम्	अयात
अयात्	अयाताम्	अयु:

Future Tense (लृट्)

यास्यामि	यास्याव:	यास्याम:
यास्यसि	यास्यथ:	यास्यथ
यास्यति	यास्यत:	यास्यन्ति

Imperative mood (लोट्)

यानि	याव	याम
याहि	यातम्	यात
यातु	याताम्	यान्तु

Potential mood (विधिलिङ्)

ययाम्	ययाव	ययाम
याया:	यायातम्	यायात
यायात्	यायाताम्	यायु:

7p√yuj (√युज्) to join

Present Tense (लट्)

युनज्मि	यज्व:	युञ्ज्म:
युनक्षि	युङ्क्थ:	युङ्क्थ
युनक्ति	युङ्क्त:	युञ्जन्ति

Past Tense (लङ्)

अयुनजम्	अयुञ्ज्व	अयुञ्ज्म
अयुनक्	अयुङ्क्तम्	अयुङ्क्त
अयुनक्	अयुङ्क्ताम्	अयुञ्जन्

Future Tense (लृट्)

योक्ष्यामि	योक्ष्याव:	योक्ष्याम:

योक्ष्यसि	योक्ष्यथ:	योक्ष्यथ
योक्ष्यति	योक्ष्यत:	योक्ष्यन्ति

Imperative mood (लोट्)

युनजानि	युनजाव	युनजाम
युङ्ग्धि	युङ्क्तम्	युङ्क्त
युनक्तु	युङ्क्ताम्	युञ्जन्तु

Potential mood (विधिलिङ्)

युञ्ज्याम्	युञ्ज्याव	युञ्ज्याम
युञ्ज्या:	युञ्ज्यातम्	युञ्ज्यात
युञ्ज्यात्	युञ्ज्याताम्	युञ्ज्यु:

7a√yuj (√युञ्) to join

Present Tense (लट्)

युञ्जे	युञ्ज्वहे	युञ्ज्महे
युङ्क्षे	युञ्जाथे	युङ्ग्ध्वे
युङ्क्ते	युञ्जाते	युञ्जते

Past Tense (लङ्)

अयुञ्जि	अयुञ्ज्वहि	अयुञ्ज्महि
अयुङ्क्था:	अयुञ्जाथाम्	अयुङ्ग्ध्वम्
अयुङ्क्त	अयुञ्जाताम्	अयुञ्जत

Future Tense (लृट्)

योक्ष्ये	योक्ष्यावहे	योक्ष्यामहे
योक्ष्यसे	योक्ष्येथे	योक्ष्यध्वे
योक्ष्यते	योक्ष्येते	योक्ष्यन्ते

Imperative mood (लोट्)

युनजै	युनजावहै	युनजामहै
युङ्क्ष्व	युञ्जाथाम्	युङ्ग्ध्वम्
युङ्क्ताम्	युञ्जाताम्	युञ्जन्ताम्

Potential mood (विधिलिङ्)

युञ्जेय	युञ्जेवहि	युञ्जेमहि
युञ्जेथा:	युञ्जेयाथाम्	युञ्जेध्वम्
युञ्जेत	युञ्जेयाताम्	युञ्जेरन्

1p√rakṣ (√रक्ष्) to protect

Present Tense (लट्)

रक्षामि	रक्षाव:	रक्षाम:
रक्षसि	रक्षथ:	रक्षथ
रक्षति	रक्षत:	रक्षन्ति

Past Tense (लङ्)

अरक्षम्	अरक्षाव	अरक्षाम
अरक्ष:	अरक्षतम्	अरक्षत
अरक्षत्	अरक्षताम्	अरक्षन्

Future Tense (लृट्)

रक्षिष्यामि	रक्षिष्याव:	रक्षिष्याम:
रक्षिष्यसि	रक्षिष्यथ:	रक्षिष्यथ
रक्षिष्यति	रक्षिष्यत:	रक्षिष्यन्ति

Imperative mood (लोट्)

रक्षाणि	रक्षाव	रक्षाम
रक्ष	रक्षतम्	रक्षत
रक्षतु	रक्षताम्	रक्षन्तु

Potential mood (विधिलिङ्)

रक्षेयम्	रक्षेव	रक्षेम
रक्षे:	रक्षेतम्	रक्षेत
रक्षेत्	रक्षेताम्	रक्षेयु:

1a√ram (√रम्) to entertain

Present Tense (लट्)

रमे	रमावहे	रमामहे

रमसे	रमेथे	रमध्वे
रमते	रमेते	रमन्ते

Past Tense (लङ्)

अरमे	अरमावहि	अरमामहि
अरमथा:	अरमेथाम्	अरमध्वम्
अरमत	अरमेताम्	अरमन्त

Future Tense (लृट्)

रमिष्ये	रमिष्यावहे	रमिष्यामहे
रमिष्यसे	रमिष्येथे	रमिष्यध्वे
रमिष्यते	रमिष्येते	रमिष्यन्ते

Imperative mood (लोट्)

रमै	रमावहै	रमामहै
रमस्व	रमेथाम्	रमध्वम्
रमताम्	रमेताम्	रमन्ताम्

Potential mood (विधिलिङ्)

रमेय	रमेवहि	रमेमहि
रमेथा:	रमेयाथाम्	रमेध्वम्
रमेत	रमेयाताम्	रमेरन्

1p√ram (वि√रम्) to retire

NOTE : when a prefix is attached, the *√ram* verb becomes *parasmaipadī*

Present Tense (लट्)

विरमामि	विरमाव:	विरमाम:
विरमसि	विरमथ:	विरमथ
विरमति	विरमत:	विरमन्ति

Past Tense (लङ्)

अविरमम्	अविरमाव	अविरमाम
अविरम:	अविरमतम्	अविरमत
अविरमत्	अविरमताम्	अविरमन्

Future Tense (लृट्)

विरंस्यामि	विरंस्याव:	विरंस्याम:
विरंस्यसि	विरंस्यथ:	विरंस्यथ
विरंस्यति	विरंस्यत:	विरंस्यन्ति

Imperative mood (लोट्)

विरमाणि	विरमाव	विरमाम
विरम	विरमतम्	विरमत
विरमतु	विरमताम्	विरमन्तु

Potential mood (विधिलिङ्)

विरमेयम्	विरमेव	विरमेम
विरमे:	विरमेतम्	विरमेत
विरमेत्	विरमेताम्	विरमेयु:

1a√ruć (√रुच्) to like

Present Tense (लट्)

रोचे	रोचावहे	रोचामहे
रोचसे	रोचेथे	रोचध्वे
रोचते	रोचेते	रोचन्ते

Past Tense (लङ्)

अरोचे	अरोचावहि	अरोचामहि
अरोचथा:	अरोचेथाम्	अरोचध्वम्
अरोचत	अरोचेताम्	अरोचन्त

Future Tense (लृट्)

रोचिष्ये	रोचिष्यावहे	रोचिष्यामहे
रोचिष्यसे	रोचिष्येथे	रोचिष्यध्वे
रोचिष्यते	रोचिष्येते	रोचिष्यन्ते

Imperative mood (लोट्)

रोचै	रोचावहै	रोचामहै

रोचस्व	रोचेथाम्	रोचध्वम्
रोचताम्	रोचेताम्	रोचन्ताम्

Potential mood (विधिलिङ्)

रोचेय	रोचेवहि	रोचेमहि
रोचेथा:	रोचेयाथाम्	रोचेध्वम्
रोचेत	रोचेयाताम्	रोचेरन्

2p√rud (√रुद्) to cry

Present Tense (लट्)

रोदिमि	रुदिव:	रुदिम:
रोदिषि	रुदिथ:	रुदिथ
रोदिति	रुदित:	रुदन्ति

Past Tense (लङ्)

अरोदिम्	अरुदिव	अरुदिम
अरोदि:	अरुदितम्	अरुदित
अरोदीत्	अरुदिताम्	अरुदन्

Future Tense (लृट्)

रोदिष्यामि	रोदिष्याव:	रोदिष्याम:
रोदिष्यसि	रोदिष्यथ:	रोदिष्यथ
रोदिष्यति	रोदिष्यत:	रोदिष्यन्ति

Imperative mood (लोट्)

रोदानि	रोदाव	रोदाम
रुदिहि	रुदितम्	रुदित
रोदितु	रुदिताम्	रुदन्तु

Potential mood (विधिलिङ्)

रुद्याम्	रुद्याव	रुद्याम
रुद्या:	रुद्याम्	रुद्यात
रुद्यात्	रुद्याताम्	रुद्यु:

7p√rudh (√रुध्) to resist

see section 24.7

1a√labh (√लभ्) to get

Present Tense (लट्)

लभे	लभावहे	लभामहे
लभसे	लभेथे	लभध्वे
लभते	लभेते	लभन्ते

Past Tense (लङ्)

अलभे	अलभावहि	अलभामहि
अलभथा:	अलभेथाम्	अलभध्वम्
अलभत	अलभेताम्	अलभन्त

Future Tense (लृट्)

लप्स्ये	लप्स्यावहे	लप्स्यामहे
लप्स्यसे	लप्स्येथे	लप्स्यध्वे
लप्स्यते	लप्स्येते	लप्स्यन्ते

Imperative mood (लोट्)

लभै	लभावहै	लभामहै
लभस्व	लभेथाम्	लभध्वम्
लभताम्	लभेताम्	लभन्ताम्

Potential mood (विधिलिङ्)

लभेय	लभेवहि	लभेमहि
लभेथा:	लभेयाथाम्	लभेध्वम्
लभेत	लभेयाताम्	लभेरन्

2p√lā (√ला) to bring

Present Tense (लट्)

लामि	लाव:	लाम:
लासि	लाथ:	लाथ

लाति	लात:	लान्ति

Past Tense (लङ्)

अलाम्	अलाव	अलाम
अला:	अलातम्	अलात
अलात्	अलाताम्	अलु:

Future Tense (लृट्)

लास्यामि	लास्याव:	लास्याम:
लास्यसि	लास्यथ:	लास्यथ
लास्यति	लास्यत:	लास्यन्ति

Imperative mood (लोट्)

लानि	लाव	लाम
लाहि	लातम्	लात
लातु	लाताम्	लान्तु

Potential mood (विधिलिङ्)

लायाम्	लायाव	लायाम
लाया:	लायातम्	लायात
लायात्	लायाताम्	लायु:

6p√likh (√लिख्) to write

Present Tense (लट्)

लिखामि	लिखाव:	लिखाम:
लिखसि	लिखथ:	लिखथ
लिखति	लिखत:	लिखन्ति

Past Tense (लङ्)

अलिखम्	अलिखाव	अलिखाम
अलिख:	अलिखतम्	अलिखत
अलिखत्	अलिखताम्	अलिखन्

Future Tense (लृट्)

लेखिष्यामि	लेखिष्याव:	लेखिष्याम:
लेखिष्यसि	लेखिष्यथ:	लेखिष्यथ
लेखिष्यति	लेखिष्यत:	लेखिष्यन्ति

Imperative mood (लोट्)

लिखानि	लिखाव	लिखाम
लिख	लिखतम्	लिखत
लिखतु	लिखताम्	लिखन्तु

Potential mood (विधिलिङ्)

लिखेयम्	लिखेव	लिखेम
लिखे:	लिखेतम्	लिखेत
लिखेत्	लिखेताम्	लिखेयु:

1p√vad (√वद्) to speak

Present Tense (लट्)

वदामि	वदाव:	वदाम:
वदसि	वदथ:	वदथ
वदति	वदत:	वदन्ति

Past Tense (लङ्)

अवदम्	अवदाव	अवदाम
अवद:	अवदतम्	अवदत
अवदत्	अवदताम्	अवदन्

Future Tense (लृट्)

वदिष्यामि	वदिष्याव:	वदिष्याम:
वदिष्यसि	वदिष्यथ:	वदिष्यथ
वदिष्यति	वदिष्यत:	वदिष्यन्ति

Imperative mood (लोट्)

वदानि	वदाव	वदाम
वद	वदतम्	वदत
वदतु	वदताम्	वदन्तु

Potential mood (विधिलिङ्)

वदेयम्	वदेव	वदेम
वदेः	वदेतम्	वदेत
वदेत्	वदेताम्	वदेयुः

6a ud√vij (उद्√विज्) to bother

Present Tense (लट्)

उद्विजे	उद्विजावहे	उद्विजामहे
उद्विजसे	उद्विजेथे	उद्विजध्वे
उद्विजते	उद्विजेते	उद्विजन्ते

Past Tense (लङ्)

उदविजे	उदविजावहि	उदविजामहि
उदविजथाः	उदविजेथाम्	उदविजध्वम्
उदविजत	उदविजेताम्	उदविजन्त

Future Tense (लृट्)

उद्विजिष्ये	उद्विजिष्यावहे	उद्विजिष्यामहे
उद्विजिष्यसे	उद्विजिष्येथे	उद्विजिष्यध्वे
उद्विजिष्यते	उद्विजिष्येते	उद्विजिष्यन्ते

Imperative mood (लोट्)

उद्विजै	उद्विजावहै	उद्विजामहै
उद्विजस्व	उद्विजेथाम्	उद्विजध्वम्
उद्विजताम्	उद्विजेताम्	उद्विजन्ताम्

Potential mood (विधिलिङ्)

उद्विजेय	उद्विजावहि	उद्विजामहि
उद्विजेथाः	उद्विजेयाथाम्	उद्विजेध्वम्
उद्विजेत	उद्विजेयाताम्	उद्विजेरन्

2p√vid (√विद्) to know

Present Tense (लट्)

वेद	विद्व	विद्म।	वेद्मि	विद्वः	विद्मः
वेत्थ	विदथुः	विद।	वेत्सि	वित्थः	वित्थ
वेद	विदतुः	विदुः।	वेत्ति	वित्तः	विदन्ति

Past Tense (लङ्)

अवेदम्	अविद्व	अविद्म
अवेः	अवित्तम्	अवित्त
अवेत्	अवित्ताम्	अविदुः

Future Tense (लृट्)

वेदिष्यामि	वेदिष्यावः	वेदिष्यामः
वेदिष्यसि	वेदिष्यथः	वेदिष्यथ
वेदिष्यति	वेदिष्यत	वेदिष्यन्ति

Imperative mood (लोट्)

विदाङ्करवाणि	विदाङ्करवाव	विदाङ्करवाम
विदाङ्कुरु	विदाङ्कुरुतम्	विदाङ्कुरुत
विदाङ्करोतु	विदाङ्कुरुताम्	विदाङ्कुर्वन्तु

Potential mood (विधिलिङ्)

विद्याम्	विद्याव	विद्याम
विद्याः	विद्यातम्	विद्यात
विद्यात्	विद्याताम्	विद्युः

4a√vid (√विद्) to stay

Present Tense (लट्)

विद्ये	विद्यवहे	विद्यमहे
विद्यसे	विद्येथे	विद्यध्वे
विद्यते	विद्येते	विद्यन्ते

Past Tense (लङ्)

अविद्ये	अविद्यावहि	अविद्यामहि
अविद्यथाः	अविद्येथाम्	अविद्यध्वम्
अविद्यत	अविद्येताम्	अविद्यन्त

Future Tense (लृट्)

वेत्स्ये	वेत्स्यावहे	वेत्स्यामहे

वेत्स्यसे	वेत्स्येथे	वेत्स्यध्वे
वेत्स्यते	वेत्स्येते	वेत्स्यन्ते

Imperative mood (लोट्)

विद्यै	विद्यावहै	विद्यामहै
विद्यस्व	विद्येथाम्	विद्यध्वम्
विद्यताम्	विद्येताम्	विद्यन्ताम्

Potential mood (विधिलिङ्)

विद्येय	विद्येवहि	विद्येमहि
विद्येथा:	विद्येयाथाम्	विद्येध्वम्
विद्येत	विद्येयाताम्	विद्येरन्

6p√vid (√विद्) to attain

Present Tense (लट्)

विन्दामि	विन्दाव:	विन्दाम:
विन्दसि	विन्दथ:	विन्दथ
विन्दति	विन्दत:	विन्दन्ति

Past Tense (लङ्)

अविन्दम्	अविन्दाव	अविन्दाम
अविन्द:	अविन्दतम्	अविन्दत
अविन्दत्	अविन्दताम्	अविन्दन्

Future Tense (लृट्)

वेत्स्यामि	वेत्स्याव:	वेत्स्याम:
वेत्स्यसि	वेत्स्यथ:	वेत्स्यथ
वेत्स्यति	वेत्स्यत:	वेत्स्यन्ति

Imperative mood (लोट्)

विन्दानि	विन्दाव	विन्दाम
विन्द	विन्दतम्	विन्दत
विन्दतु	विन्दताम्	विन्दन्तु

Potential mood (विधिलिङ्)

विन्देयम्	विन्देव	विन्देम
विन्दे:	विन्देतम्	विन्देत
विन्देत्	विन्देताम्	विन्देयु:

6a√vid (√विद्) to attain

Present Tense (लट्)

विन्दे	विन्दावहे	विन्दामहे
विन्दसे	विन्देथे	विन्दध्वे
विन्दते	विन्देते	विन्दन्ते

Past Tense (लङ्)

अविन्दे	अविन्दावहि	अविन्दामहि
अविन्दथा:	अविन्देथाम्	अविन्दध्वम्
अविन्दत	अविन्देताम्	अविन्दन्त

Future Tense (लृट्)

वेत्स्ये	वेत्स्यावहे	वेत्स्यामहे
वेत्स्यसे	वेत्स्येथे	वेत्स्यध्वे
वेत्स्यते	वेत्स्येते	वेत्स्यन्ते

Imperative mood (लोट्)

विन्दै	विन्दावहै	विन्दामहै
विन्दस्व	विन्देथाम्	विन्दध्वम्
विन्दताम्	विन्देताम्	विन्दन्ताम्

Potential mood (विधिलिङ्)

विन्देय	विन्देवहि	विन्देमहि
विन्देथा:	विन्देयाथाम्	विन्देध्वम्
विन्देत	विन्देयाताम्	विन्देरन्

7a√vid (√विद्) to think

Present Tense (लट्)

विन्दे	विन्द्वहे	विन्द्महे
विन्त्से	विन्दाथे	विन्द्ध्वे
विन्ते	विन्दाते	विन्दते

Past Tense (लङ्)

अविन्दि	अविन्द्वहि	अविन्द्महि
अविन्त्था:	अविन्दाथाम्	अविन्द्ध्वम्
अविन्त	अविन्दाताम्	अविन्दन्त

Future Tense (लृट्)

वेत्स्ये	वेत्स्यावहे	वेत्स्यामहे
वेत्स्यसे	वेत्स्येथे	वेत्स्यध्वे
वेत्स्यते	वेत्स्येते	वेत्स्यन्ते

Imperative mood (लोट्)

विनदै	विनदावहै	विनदामहै
विन्त्स्व	विन्दाथाम्	विन्द्ध्वम्
विन्ताम्	विन्दाताम्	विन्दताम्

Potential mood (विधिलिङ्)

विन्दीय	विन्दीवहि	विन्दीमहि
विन्दीथा:	विन्दीयाथाम्	विन्दीध्वम्
विन्दीत	विन्दीयाताम्	विन्दीरन्

10a√vid (√विद्) to say

Present Tense (लट्)

वेदये	वेदयावहे	वेदयामहे
वेदयसे	वेदयेथे	वेदयध्वे
वेदयते	वेदयेते	वेदयन्ते

Past Tense (लङ्)

अवेदये	अवेदयावहि	अवेदयामहि
अवेदयथा:	अवेदयेथाम्	अवेदयध्वम्
अवेदयत	अवेदयेताम्	अवेदयन्त

Future Tense (लृट्)

वेदयिष्ये	वेदयिष्यावहे	वेदयिष्यामहे
वेदयिष्यसे	वेदयिष्येथे	वेदयिष्यध्वे
वेदयिष्यते	वेदयिष्येते	वेदयिष्यन्ते

Imperative mood (लोट्)

वेदयै	वेदयावहै	वेदयामहै
वेदयस्व	वेदयेथाम्	वेदयध्वम्
वेदयताम्	वेदयताम्	वेदयन्ताम्

Potential mood (विधिलिङ्)

वेदयेय	वेदयेवहि	वेदयेमहि
वेदयेथा:	वेदयेयाथाम्	वेदयेध्वम्
वेदयेत	वेदयेयाताम्	वेदयेरन्

6p√viś (√विश्) to enter

Present Tense (लट्)

विशामि	विशाव:	विशाम:
विशसि	विशथ:	विशथ
विशति	विशत:	विशन्ति

Past Tense (लङ्)

अविशम्	अविशाव	अविशाम
अविश:	अविशतम्	अविशत
अविशत्	अविशताम्	अविशन्

Future Tense (लृट्)

वेक्ष्यामि	वेक्ष्याव:	वेक्ष्याम:
वेक्ष्यसि	वेक्ष्यथ:	वेक्ष्यथ
वेक्ष्यति	वेक्ष्यत:	वेक्ष्यन्ति

Imperative mood (लोट्)

विशानि	विशाव	विशाम
विश	विशतम्	विशत
विशतु	विशताम्	विशन्तु

Potential mood (विधिलिङ्)

विशेयम्	विशेव	विशेम
विशे:	विशेतम्	विशेत
विशेत्	विशेताम्	विशेयु:

9p√vṛ (√वृ) to accept

Present Tense (लट्)

वृणामि	वृणीव:	वृणीम:
वृणासि	वृणीथ:	वृणीथ
वृणाति	वृणीत:	वृणन्ति

Past Tense (लङ्)

अवृणाम्	अवृणीव	अवृणीम
अवृणा:	अवृणीतम्	अवृणीत
अवृणात्	अवृणीताम्	अवृणन्

Future Tense (लृट्)

वरिष्यामि	वरिष्याव:	वरिष्याम:
वरिष्यसि	वरिष्यथ:	वरिष्यथ
वरिष्यति	वरिष्यत:	वरिष्यन्ति

Imperative mood (लोट्)

वृणानि	वृणाव	वृणाम
वृणीहि	वृणीतम्	वृणीत
वृणातु	वृणीताम्	वृणन्तु

Potential mood (विधिलिङ्)

वृणीयाम्	वृणीयाव	वृणीयाम
वृणीया:	वृणीयाताम्	वृणीयात
वृणीयात्	वृणीयाताम्	वृणीयु:

9a√vṛ (√वृ) to accept

Present Tense (लट्)

वृणे	वृणीवहे	वृणीमहे
वृणीषे	वृणीथे	वृणीध्वे
वृणीते	वृणाते	वृणते

Past Tense (लङ्)

अवृणि	अवृणीवहि	अवृणीमहि
अवृणीथा:	अवृणाथाम्	अवृणीध्वम्
अवृणीत	अवृणाताम्	अवृणत

Future Tense (लृट्)

वरिष्ये	वरिष्यावहे	वरिष्यामहे
वरिष्यसे	वरिष्येथे	वरिष्यध्वे
वरिष्यते	वरिष्येते	वरिष्यन्ते

Imperative mood (लोट्)

वृणै	वृणावहै	वृणामहै
वृणीष्व	वृणाथाम्	वृणीध्वम्
वृणीताम्	वृणाताम्	वृणताम्

Potential mood (विधिलिङ्)

वृणीय	वृणीवहि	वृणीमहि
वृणीथा:	वृणीयाथाम्	वृणीध्वम्
वृणीत	वृणीयाताम्	वृणीरन्

1a√vṛt (√वृत्) to stay

Present Tense (लट्)

वर्ते	वर्तावहे	वर्तामहे
वर्तसे	वर्तेथे	वर्तध्वे
वर्तते	वर्तेते	वर्तन्ते

Past Tense (लङ्)

अवर्ते	अवर्तावहि	अवर्तामहि
अवर्तथा:	अवर्तेथाम्	अवर्तध्वम्
अवर्तत	अवर्तेताम्	अवर्तन्त

Future Tense (लृट्)

वर्तिष्ये	वर्तिष्यावहे	वर्तिष्यामहे
वर्तिष्यसे	वर्तिष्येथे	वर्तिष्यध्वे
वर्तिष्यते	वर्तिष्येते	वर्तिष्यन्ते

Imperative mood (लोट्)

वर्तै	वर्तावहै	वर्तामहै
वर्तस्व	वर्तेथाम्	वर्तध्वम्
वर्तताम्	वर्तेताम्	वर्तन्ताम्

Potential mood (विधिलिङ्)

वर्तेय	वर्तेवहि	वर्तेमहि
वर्तेथा:	वर्तेयाथाम्	वर्तेध्वम्
वर्तेत	वर्तेयाताम्	वर्तेरन्

1p√vraj (√व्रज्) to go

Present Tense (लट्)

व्रजामि	व्रजाव:	व्रजाम:
व्रजसि	व्रजथ:	व्रजथ
व्रजति	व्रजत:	व्रजन्ति

Past Tense (लङ्)

अव्रजम्	अव्रजाव	अव्रजाम
अव्रज:	अव्रजतम्	अव्रजत
अव्रजत्	अव्रजताम्	अव्रजन्

Future Tense (लृट्)

व्रजिष्यामि	व्रजिष्याव:	व्रजिष्याम:
व्रजिष्यसि	व्रजिष्यथ:	व्रजिष्यथ
व्रजिष्यति	व्रजिष्यत:	व्रजिष्यन्ति

Imperative mood (लोट्)

व्रजानि	व्रजाव	व्रजाम
व्रज	व्रजतम्	व्रजदत
व्रजतु	व्रजताम्	व्रजन्तु

Potential mood (विधिलिङ्)

व्रजेयम्	व्रजेव	व्रजेम
व्रजे:	व्रजेतम्	व्रजेत
व्रजेत्	व्रजेताम्	व्रजेयु:

1p√vah (√वह्) to carry

Present Tense (लट्)

वहामि	वहाव:	वहाम:
वहसि	वहथ:	वहथ
वहति	वहत:	वहन्ति

Past Tense (लङ्)

अवहम्	अवहाव	अवहाम
अवह:	अवहतम्	अवहत
अवहत्	अवहताम्	अवहन्

Future Tense (लृट्)

वक्ष्यामि	वक्ष्याव:	वक्ष्याम:
वक्ष्यसि	वक्ष्यथ:	वक्ष्यथ
वक्ष्यति	वक्ष्यत:	वक्ष्यन्ति

Imperative mood (लोट्)

वहानि	वहाव	वहाम
वह	वहतम्	वहत
वहतु	वहताम्	वहन्तु

Potential mood (विधिलिङ्)

वहेयम्	वहेव	वहेम
वहे:	वहेतम्	वहेत
वहेत्	वहेताम्	वहेयु:

1a√vah (√वह्) to carry

Present Tense (लट्)

वहे	वहावहे	वहामहे
वहसे	वहेथे	वहध्वे
वहते	वहेते	वहन्ते

Past Tense (लङ्)

अवहे	अवहावहि	अवहामहि
अवहथा:	अवहेथाम्	अवहध्वम्
अवहत	अवहेताम्	अवहन्त

Future Tense (लृट्)

वक्ष्ये	वक्ष्यावहे	वक्ष्यामहे
वक्ष्यसे	वक्ष्येथे	वक्ष्यध्वे
वक्ष्यते	वक्ष्येते	वक्ष्यन्ते

Imperative mood (लोट्)

वहै	वहावहै	वहामहै
वहस्व	वहेथाम्	वहध्वम्
वहताम्	वहेताम्	वहन्ताम्

Potential mood (विधिलिङ्)

वहेय	वहेवहि	वहेमहि
वहेथा:	वहेयाथाम्	वहेध्वम्
वहेत	वहेयाताम्	वहेरन्

1p√śuć (√शुच्) to grieve

Present Tense (लट्)

शोचामि	शोचाव:	शोचाम:
शोचसि	शोचथ:	शोचथ
शोचति	शोचत:	शोचन्ति

Past Tense (लङ्)

अशोचम्	अशोचाव	अशोचाम
अशोच:	अशोचतम्	अशोचत
अशोचत्	अशोचताम्	अशोचन्

Future Tense (लृट्)

शोचिष्यामि	शोचिष्याव:	शोचिष्याम:
शोचिष्यसि	शोचिष्यथ:	शोचिष्यथ
शोचिष्यति	शोचिष्यत:	शोचिष्यन्ति

Imperative mood (लोट्)

शोचानि	शोचाव	शोचाम
शोच	शोचतम्	शोचत
शोचतु	शोचाम्	शोचन्तु

Potential mood (विधिलिङ्)

शोचेयम्	शोचेव	शोचेम
शोचे:	शोचेतम्	शोचेत
शोचेत्	शोचेताम्	शोचेयु:

1a√śubh (√शुभ्) to look good

Present Tense (लट्)

शोभे	शोभावहे	शोभामहे
शोभसे	शोभेथे	शोभध्वे
शोभते	शोभेते	शोभन्ते

Past Tense (लङ्)

अशोभे	अशोभावहि	अशोभामहि
अशोभथा:	अशोभेथाम्	अशोभध्वम्
अशोभत	अशोभेताम्	अशोभन्त

Future Tense (लृट्)

शोभिष्ये	शोभिष्यावहे	शोभिष्यामहे
शोभिष्यसे	शोभिष्येथे	शोभिष्यध्वे
शोभिष्यते	शोभिष्येते	शोभिष्यन्ते

Imperative mood (लोट्)

शोभै	शोभावहै	शोभामहै
शोभस्व	शोभेथाम्	शोभध्वम्
शोभताम्	शोभेताम्	शोभन्ताम्

Potential mood (विधिलिङ्)

शोभेय	शोभेवहि	शोभेमहि

शोभेथा:	शोभेयाथाम्	शोभेध्वम्
शोभेत	शोभेयाताम्	शोभेरन्

4p√śuṣ (√शुष्) to dry

Present Tense (लट्)

शुष्यामि	शुष्याव:	शुष्याम:
शुष्यसि	शुष्यथ:	शुष्यथ
शुष्यति	शुष्यत:	शुष्यन्ति

Past Tense (लङ्)

अशुष्यम्	अशुष्याव	अशुष्याम
अशुष्य:	अशुष्यतम्	अशुष्यत
अशुष्यत्	अशुष्यताम्	अशुष्यन्

Future Tense (लृट्)

शोक्ष्यामि	शोक्ष्याव:	शोक्ष्याम:
शोक्ष्यसि	शोक्ष्यथ:	शोक्ष्यथ
शोक्ष्यति	शोक्ष्यत:	शोक्ष्यन्ति

Imperative mood (लोट्)

शुष्याणि	शुष्याव	शुष्याम
शुष्य	शुष्यतम्	शुष्यत
शुष्यतु	शुष्यताम्	शुष्यन्तु

Potential mood (विधिलिङ्)

शुष्येयम्	शुष्येव	शुष्येम
शुष्ये:	शुष्येतम्	शुष्येत
शुष्येत्	शुष्येताम्	शुष्येयु:

1p√śru (√श्रु) to hear

Present Tense (लट्)

शृणोमि	शृणुव:	शृणुम:
शृणोसि	शृणुथ:	शृणुथ
शृणोति	शृणुत:	शृण्वन्ति

Past Tense (लङ्)

अशृणवम्	अशृणुव	अशृणुम
अशृणो:	अशृणुतम्	अशृणुत
अशृणोत्	अशृणुताम्	अशृण्वन्

Future Tense (लृट्)

श्रोष्यामि	श्रोष्याव:	श्रोष्याम:
श्रोष्यसि	श्रोष्यथ:	श्रोष्यथ
श्रोष्यति	श्रोष्यत:	श्रोष्यन्ति

Imperative mood (लोट्)

शृणवानि	शृणवाव	शृणवाम
शृणु	शृणुतम्	शृणुत
शृणोतु	शृणुताम्	शृण्वन्तु

Potential mood (विधिलिङ्)

शृणुयाम्	शृणुयाव	शृणुयाम
शृणुया:	शृणुयातम्	शृणुयात
शृणुयात्	शृणयाताम्	शृणुयु:

6p√sad (√सद्) to sadden

Present Tense (लट्)

सीदामि	सीदाव:	सीदाम:
सीदसि	सीदथ:	सीदथ
सीदति	सीदत:	सीदन्ति

Past Tense (लङ्)

असीदम्	असीदाव	असीदाम
असीद:	असीदतम्	असीदत
असीदत्	असीदताम्	असीदन्

Future Tense (लृट्)

सत्स्यामि	सत्स्याव:	सत्स्याम:

सत्स्यसि	सत्स्यथ:	सत्स्यथ
सत्स्यति	सत्स्यत:	सत्स्यन्ति

Imperative mood (लोट्)

सीदानि	सीदाव	सीदाम
सीद	सीदतम्	सीदत
सीदतु	सीदताम्	सीदन्तु

Potential mood (विधिलिङ्)

सीदेयम्	सीदेव	सीदेम
सीदे:	सीदेतम्	सीदेत
सीदेत्	सीदेताम्	सीदेयु:

5p√su (√सु) to bathe

see section 24.5

4a√sū (√सू) to deliver

Present Tense (लट्)

सूये	सूयावहे	सूयामहे
सूयसे	सूयेथे	सूयध्वे
सूयते	सूयेते	सूयन्ते

Past Tense (लङ्)

असूये	असूयावहि	असूयामहि
असूयथा:	असूयेथाम्	असूयध्वम्
असूयत	असूयेताम्	असूयन्त

Future Tense (लृट्)

सविष्ये	सविष्यावहे	सविष्यामहे
सविष्यसे	सविष्येथे	सविष्यध्वे
सविष्यते	सविष्येते	सविष्यन्ते

Imperative mood (लोट्)

सूयै	सूयावहै	सूयामहै
सूयस्व	सूयेथाम्	सूयध्वम्
सूयताम्	सूयेताम्	सूयन्ताम्

Potential mood (विधिलिङ्)

सूयेय	सूयेवहि	सूयेमहि
सूयेथा:	सूयेयाथाम्	सूयेध्वम्
सूयेत	सूयेयाताम्	सूयेरन्

4a√sṛj (√सृज्) to produce

Present Tense (लट्)

सृज्ये	सृज्यावहे	सृज्यामहे
सृज्यसे	सृज्येथे	सृज्यध्वे
सृज्यते	सृज्येते	सृज्यन्ते

Past Tense (लङ्)

असृज्ये	असृज्यावहि	असृज्यामहि
असृज्यथा:	असृज्येथाम्	अबुध्यध्वम्
असृज्यत	असृज्येताम्	असृज्यन्त

Future Tense (लृट्)

स्रक्ष्ये	स्रक्ष्यावहे	स्रक्ष्यामहे
स्रक्ष्यसे	स्रक्ष्येथे	स्रक्ष्यध्वे
स्रक्ष्यते	स्रक्ष्येते	स्रक्ष्यन्ते

Imperative mood (लोट्)

सृज्यै	सृज्यावहै	सृज्यामहै
सृज्यस्व	सृज्येथाम्	सृज्यध्वम्
सृज्यताम्	सृज्येताम्	सृज्यन्ताम्

Potential mood (विधिलिङ्)

सृज्येय	सृज्येवहि	सृज्येमहि
सृज्येथा:	सृज्येयाथाम्	सृज्येध्वम्
सृज्येत	सृज्येयाताम्	सृज्येरन्

1p√sthā (√स्था) to stay

Present Tense (लट्)

तिष्ठामि	तिष्ठाव:	तिष्ठाम:
तिष्ठसि	तिष्ठथ:	तिष्ठथ
तिष्ठति	तिष्ठत:	तिष्ठन्ति

Past Tense (लङ्)

अतिष्ठम्	अतिष्ठाव	अतिष्ठाम
अतिष्ठ:	अतिष्ठतम्	अतिष्ठत
अतिष्ठत्	अतिष्ठताम्	अतिष्ठन्

Future Tense (लृट्)

स्थास्यामि	स्थास्याव:	स्थास्याम:
स्थास्यसि	स्थास्यथ:	स्थास्यथ
स्थास्यति	स्थास्यत:	स्थास्यन्ति

Imperative mood (लोट्)

तिष्ठानि	तिष्ठाव	तिष्ठाम
तिष्ठ	तिष्ठतम्	तिष्ठत
तिष्ठतु	तिष्ठताम्	तिष्ठन्तु

Potential mood (विधिलिङ्)

तिष्ठेयम्	तिष्ठेव	तिष्ठेम
तिष्ठे:	तिष्ठेतम्	तिष्ठेत
तिष्ठेत्	तिष्ठेताम्	तिष्ठेयु:

1a√sthā (√स्था) to stay

Present Tense (लट्)

तिष्ठे	तिष्ठावहे	तिष्ठामहे
तिष्ठसे	तिष्ठेथे	तिष्ठध्वे
तिष्ठते	तिष्ठेते	तिष्ठन्ते

Past Tense (लङ्)

अतिष्ठे	अतिष्ठावहि	अतिष्ठामहि
अतिष्ठथा:	अतिष्ठेथाम्	अतिष्ठध्वम्
अतिष्ठत	अतिष्ठेताम्	अतिष्ठन्त

Future Tense (लृट्)

स्थास्ये	स्थास्यावहे	स्थास्यामहे
स्थास्यसे	स्थास्येथे	स्थास्यध्वे
स्थास्यते	स्थास्येते	स्थास्यन्ते

Imperative mood (लोट्)

तिष्ठै	तिष्ठावहै	तिष्ठामहै
तिष्ठस्व	तिष्ठेथाम्	तिष्ठध्वम्
तिष्ठताम्	तिष्ठेताम्	तिष्ठन्ताम्

Potential mood (विधिलिङ्)

तिष्ठेय	तिष्ठेवहि	तिष्ठेमहि
तिष्ठेथा:	तिष्ठेयाथाम्	तिष्ठेध्वम्
तिष्ठेत	तिष्ठेयाताम्	तिष्ठेरन्

1p√snā (√स्ना) to bathe

Present Tense (लट्)

स्नामि	स्नाव:	स्नाम:
स्नासि	स्नाथ:	स्नाथ
स्नाति	स्नात:	स्नान्ति

Past Tense (लङ्)

अस्नाम्	अस्नाव	अस्नाम
अस्ना:	अस्नातम्	अस्नात
अस्नात्	अस्नाताम्	अस्नान्

Future Tense (लृट्)

स्नास्यामि	स्नास्याव:	स्नास्याम:
स्नास्यसि	स्नास्यथ:	स्नास्यथ
स्नास्यति	स्नास्यत:	स्नास्यन्ति

Imperative mood (लोट्)

स्नानि	स्नाव	स्नाम
स्नहि	स्नातम्	स्नात
स्नातु	स्नाताम्	स्नान्तु

Potential mood (विधिलिङ्)

स्नायाम्	स्नायाव	स्नायाम
स्नाया:	स्नायातम्	स्नायात
स्नायात्	स्नायाताम्	स्नायु:

1a√sraṁs (√स्रंस्) to fall

Present Tense (लट्)

स्रंसे	स्रंसावहे	स्रंसामहे
स्रंससे	स्रंसेथे	स्रंसध्वे
स्रंसते	स्रंसेते	स्रंसन्ते

Past Tense (लङ्)

अस्रंसे	अस्रंसावहि	अस्रंसामहि
अस्रंसथा:	अस्रंसेथाम्	अस्रंसध्वम्
अस्रंसत	अस्रंसेताम्	अस्रंसन्त

Future Tense (लृट्)

स्रंसिष्ये	स्रंसिष्यावहे	स्रंसिष्यामहे
स्रंसिष्यसे	स्रंसिष्येथे	स्रंसिष्यध्वे
स्रंसिष्यते	स्रंसिष्येते	स्रंसिष्यन्ते

Imperative mood (लोट्)

स्रंसै	स्रंसावहै	स्रंसामहै
स्रंसस्व	स्रंसेथाम्	स्रंसध्वम्
स्रंसताम्	स्रंसेताम्	स्रंसन्ताम्

Potential mood (विधिलिङ्)

स्रंसेय	स्रंसेवहि	स्रंसेमहि
स्रंसेथा:	स्रंसेयाथाम्	स्रंसेध्वम्
स्रंसेत	स्रंसेयाताम्	स्रंसेरन्

2p√han (√हन्) to kill

Present Tense (लट्)

हन्मि	हन्व:	हन्म:
हंसि	हथ:	हथ
हन्ति	हत:	घ्नन्ति

Past Tense (लङ्)

अहनम्	अहन्व	अहन्म
अहन्	अहतम्	अहत
अहन्	अहताम्	अघ्नन्

Future Tense (लृट्)

हनिष्यामि	हनिष्याव:	हनिष्याम:
हनिष्यसि	हनिष्यथ:	हनिष्यथ
हनिष्यति	हनिष्यत:	हनिष्यन्ति

Imperative mood (लोट्)

हनानि	हनाव	हनाम
जहि	हतम्	हत
हन्तु	हताम्	घ्नन्तु

Potential mood (विधिलिङ्)

हन्याम्	हन्याव	हन्याम
हन्या:	हन्यातम्	हन्यात
हन्यात्	हन्याताम्	हन्यु:

1p√has (√हस्) to laugh

Present Tense (लट्)

हसामि	हसाव:	हसाम:
हससि	हसथ:	हसथ
हसति	हसत:	हसन्ति

Past Tense (लङ्)

अहसम्	अहसाव	अहसाम
अहस:	अहसतम्	अहसत
अहसत्	अहसताम्	अहसन्

Future Tense (लृट्)

हसिष्यामि	हसिष्याव:	हसिष्याम:
हसिष्यसि	हसिष्यथ:	हसिष्यथ
हसिष्यति	हसिष्यत:	हसिष्यन्ति

Imperative mood (लोट्)

हसानि	हसाव	हसाम
हस	हसतम्	हसत
हसतु	हसताम्	हसन्तु

Potential mood (विधिलिङ्)

हसेयम्	हसेव	हसेम
हसे:	हसेतम्	हसेत
हसेत्	हसेताम्	हसेयु:

3p√hā (√हा) to renounce

Present Tense (लट्)

जहामि	जहिव:	जहिम:
जहासि	जहिथ:	जहिथ
जहाति	जहित:	जहति

Past Tense (लङ्)

अजहाम्	अजहीव	अजहीम
अजहा:	अजहीतम्	अजहीत
अजहात्	अजहीताम्	अजहु:

Future Tense (लृट्)

हास्यामि	हास्याव:	हास्याम:
हास्यसि	हास्यथ:	हास्यथ
हास्यति	हास्यत:	हास्यन्ति

Imperative mood (लोट्)

जहानि	जहाव	जहाम
जहीहि	जहीतम्	जहीत
जहातु	जहिताम्	जहतु

Potential mood (विधिलिङ्)

जह्याम्	जह्याव	जह्याम
जह्या:	जह्यातम्	जह्यात
जह्यात्	जह्याताम्	जह्यु:

7p√hiṁs (√हिंस्) to injure

Present Tense (लट्)

हिनस्मि	हिंस्व:	हिंस्म:
हिनस्सि	हिंस्थ:	हिंस्थ
हिनस्ति	हिंस्त:	हिंसन्ति

Past Tense (लङ्)

अहिनसम्	अहिंस्व	अहिंस्म
अहिन:	अहिंस्तम्	अहिंस्त
अहिनत्	अहिंस्ताम्	अहिंसन्

Future Tense (लृट्)

हिंसिष्यामि	हिंसिष्याव:	हिंसिष्याम:
हिंसिष्यसि	हिंसिष्यथ:	हिंसिष्यथ
हिंसिष्यति	हिंसिष्यत:	हिंसिष्यन्ति

Imperative mood (लोट्)

हिनसानि	हिनसाव	हिनसाम
हिंसि	हिंस्तम्	हिंस्त
हिनस्तु	हिंस्ताम्	हिंसन्तु

Potential mood (विधिलिङ्)

हिंस्याम्	हिंस्याव	हिंस्याम
हिंस्या:	हिंस्यातम्	हिंस्यात

हिंस्यात्	हिंस्याताम्	हिंस्युः

3p√hu (√हु) to perform yajña

see section 24.3

1p√hṛ (√हृ) to take away

Present Tense (लट्)

हरामि	हरावः	हरामः
हरसि	हरथः	हरथ
हरति	हरतः	हरन्ति

Past Tense (लङ्)

अहरम्	अहराव	अहराम
अहरः	अहरतम्	अहरत
अहरत्	अहरताम्	अहरन्

Future Tense (लृट्)

हरिष्यामि	हरिष्यावः	हरिष्यामः
हरिष्यसि	हरिष्यथः	हरिष्यथ
हरिष्यति	हरिष्यतः	हरिष्यन्ति

Imperative mood (लोट्)

हराणि	हराव	हराम
हर	हरतम्	हरत
हरतु	हरताम्	हरन्तु

Potential mood (विधिलिङ्)

हरेयम्	हरेव	हरेम
हरेः	हरेतम्	हरेत
हरेत्	हरेताम्	हरेयुः

1a√hṛ (√हृ) to take away

Present Tense (लट्)

हरे	हरावहे	हरामहे
हरसे	हरेथे	हरध्वे
हरते	हरेते	हरन्ते

Past Tense (लङ्)

अहरे	अहरावहि	अहरामहि
अहरथाः	अहरेथाम्	अहरध्वम्
अहरत	अहरेताम्	अहरन्त

Future Tense (लृट्)

हरिष्ये	हरिष्यावहे	हरिष्यामहे
हरिष्यसे	हरिष्येथे	हरिष्यध्वे
हरिष्यते	हरिष्येते	हरिष्यन्ते

Imperative mood (लोट्)

हरै	हरावहै	हरामहै
हरस्व	हरेथाम्	हरध्वम्
हरताम्	हरेताम्	हरन्ताम्

Potential mood (विधिलिङ्)

हरेय	हरेवहि	हरेमहि
हरेथाः	हरेयाथाम्	हरेध्वम्
हरेत	हरेयाताम्	हरेरन्

4p√hṛṣ (√हृष्) to be pleased

Present Tense (लट्)

हृष्यामि	हृष्यावः	हृष्यामः
हृष्यसि	हृष्यथः	हृष्यथ
हृष्यति	हृष्यतः	हृष्यन्ति

Past Tense (लङ्)

अहृष्यम्	अहृष्याव	अहृष्याम
अहृष्यः	अहृष्यतम्	अहृष्यत
अहृष्यत्	अहृष्यताम्	अहृष्यन्

Future Tense (लृट्)

हर्षिष्यामि हर्षिष्याव: हर्षिष्याम:
हर्षिष्यसि हर्षिष्यथ: हर्षिष्यथ
हर्षिष्यति हर्षिष्यत: हर्षिष्यन्ति

Imperative mood (लोट्)

हृष्याणि हृष्याव हृष्याम
हृष्य हृष्यतम् हृष्यत
हृष्यतु हृष्यताम् हृष्यन्तु

Potential mood (विधिलिङ्)

हृष्येयम् हृष्येव हृष्येम
हृष्ये: हृष्येतम् हृष्येत
हृष्येत् हृष्येताम् हृष्येयु:

3p√hrī (√ह्री) to be shy

Present Tense (लट्)

जिह्रेमि जिह्रीव: जिह्रीम:
जिह्रेषि जिह्रीथ: जिह्रीथ
जिह्रेति जिह्रीत: जिह्रियति

Past Tense (लङ्)

अजिह्रयाम् अजिह्रीव अजिह्रीम
अजिह्रे: अजिह्रीतम् अजिह्रीत
अजिह्रेत् अजिह्रीताम् अजिह्रयु:

Future Tense (लृट्)

ह्रेष्यामि ह्रेष्याव: ह्रेष्याम:
ह्रेष्यसि ह्रेष्यथ: ह्रेष्यथ
ह्रेष्यति ह्रेष्यत: ह्रेष्यन्ति

Imperative mood (लोट्)

जिह्रयाणि जिह्रयाव जिह्रयाम
जिह्रीहि जिह्रीतम् जिह्रीत
जिह्रेतु जिह्रताम् जिह्रियतु

Potential mood (विधिलिङ्)

जिह्रीयाम् जिह्रीयाव जिह्रीयाम
जिह्रीया: जिद्वीयातम् जिह्रीयात
जिह्रीयात् जिह्रीयाताम् जिह्रीयु:

1p√hve (√ह्वे) to challenge

Present Tense (लट्)

ह्वयामि ह्वयाव: ह्वयाम:
ह्वयसि ह्वयथ: ह्वयथ
ह्वयति ह्वयत: ह्वयन्ति

Past Tense (लङ्)

अह्वयम् अह्वयाव अह्वयाम
अह्वय: अह्वयतम् अह्वयत
अह्वयत् अह्वयताम् अह्वयन्

Future Tense (लृट्)

ह्वास्यामि ह्वास्याव: ह्वास्याम:
ह्वास्यसि ह्वास्यथ: ह्वास्यथ
ह्वास्यति ह्वास्यत: ह्वास्यन्ति

Imperative mood (लोट्)

ह्वयानि ह्वयाव ह्वयाम
ह्वय ह्वयतम् ह्वयत
ह्वयतु ह्वयताम् ह्वयन्तु

Potential mood (विधिलिङ्)

ह्वयेयम् ह्वयेव ह्वयेम
ह्वये: ह्वयेतम् ह्वयेत
ह्वयेत् ह्वयेताम् ह्वयेयु:

CHAPTER 22

CHHAND-RATNAKAR
by Ratnakar Narale
छन्दरत्नाकरः

The earliest of the Saṁskrit Prosody is the ćhandaśāstra of sage Piṅgala. Many works are then written by great authors. My work is based on the ćhandas (meters) given in ćhandaśastra, śrutabodh, vṛttaratnākara, ćhandomañjarī, vṛttadīpikā, ćhandasārasaṅgraha, ćhandorṇava, and ćhandaḥprabhakar.

Important things to remember about the ćhanda-śāstra are : (i) ćhanda (meter) is also called vṛtta. (ii) ćhanda or vṛtta is the poetic expression of a thought. (iii) a ćhanda could be based on the number of syllables (gaṇa vṛtta) or the number of short or long vowels, respectively called a short (*laghu*) mātrā or a long (*guru*) mātrā, (mātrā vṛtta). (iv) The laghu mātrā, that is followed by a compound csyllable, is counted as a guru mātrā. (v) The laghu matra is represented with a symbol of । and the guru mātra with the symbol of ऽ (vi) In gaṇa vṛtta, based on the laghu and guru syllables in a line of a poetry, each group of three syllables counted as one gaṇa. (vi) there are eight such gaṇas, namely :the । । । न–गणः, । । ऽ स–गणः, । ऽ । ज–गणः, । ऽ ऽ य–गणः, ऽ । । भ–गणः, ऽ । ऽ र–गणः, ऽ ऽ । त–गणः, ऽ ऽ ऽ म–गणः (I based this arrangement of *gaṇas* on progressive binary counting for logical and easy remembering). The common system is य, र, त, भ, ज, स, म, न (vii) Within a line where a word must end is called a *yati.* (viii) the # sign indicates the line number(s) and the @ sign says for how many lines.

Please Remamber : In the following ćhanda chart, (i) Different authors have given different names to the same ćhanda string (sūtra). e.g. 120. । । । । । । ऽ । ऽ ऽ । ऽ :12 (7:5) mandākinī मंदाकिनी, ćanćalākṣī चंचलाक्षी, prabhā प्रभा । and (ii) Didderent ćhanda sūtras are presented by different authors for the same ćhanda name. e.g.

1. 77. । । । । । । । ऽ । ऽ । ऽ । ऽ । ऽ । ऽ । :19 panćaćāmar-1 पंचचामर–1

2. 107. । । । । । । ऽ । ऽ । ऽ । ऽ । ऽ । ऽ । ऽ :19 pañćaćāmara-2 पंचचामर-2

3. 804. । ऽ । ऽ । ऽ । ऽ । ऽ । ऽ । ऽ । ऽ : (8:8, 4:4:4:4)16 pañćaćāmar-3 पंचचामर-3

HOW TO READ THE FOLLOWING CHHANDA SUTRAS :

Example : 1606. ऽ ऽ । ऽ ऽ । ऽ ऽ । ऽ ऽ । ऽ ऽ । ऽ ऽ । ऽ ऽ । ऽ :22 (4:6:6:6) mandāramālā मन्दारमाला

(i) ऽ ऽ । ऽ ऽ । ऽ ऽ । ऽ ऽ । ऽ ऽ । ऽ ऽ । ऽ ऽ । ऽ shows that there are seven (ऽ ऽ ।) त–गण + one guru (ऽ) matrā in this ćhanda. (ii) :22 shows that there are 22 syllables, (iii) (4:6:6:6) shows that in these 22 syllables, there are 4 *yati* breathing pauses, at 4th-6th-6th and 6th syllable. Where the yati pause is not indicated, the yati is at the end of the line. (iv) mandāramālā मन्दारमाला shows that theis ćhanda is called Mandāramāla. An example of Mandāramāla ćhanda from my *Sangeet-Shri-Krishna-Ramayaṇa* is given below.

मन्दारमालाछन्दः

ऽ ऽ ।, ऽ ऽ ।, ऽ ऽ ।, ऽ ऽ ।, ऽ ऽ ।, ऽ ऽ ।, ऽ ऽ ।, ऽ

मंगलाचरणम् ।

वन्दे शिवं पार्वतीवल्लभं नीलकण्ठं हरं मङ्गलं शङ्करम् ।।
लम्बोदरं विपदावारणं चण्डिकानन्दनं श्रीगणेशं शुभम् ।।
कादम्बरीं ज्ञानदेवीं भजे भारतीं वैखरीं शारदामातरम् ।।
राधावरं कृष्णगोवर्धनं माधवं केशवं श्यामलं सुन्दरम् ।।
सीतापतिं रामभद्रं हरिं रामचन्द्रं रघुं जानकीवल्लभम् ।।
वातात्मजं मारुतिं व्यङ्कटं रामदासं कपिं केसरीनन्दनम् ।।

PART-A : THE CHHAND SŪTRAS

THE 2000 Chhandas and Chhanda Sutras :

(a) 1890 gaṇa-vṛttas

1. । । : 2 puṣpa, madhu पुष्प, मधु
2. । । । : 3 dṛk, kamal दृक्, कमल

3. I I I I : 4 dayi दयि

4. I I I I I : 5 yamak यमक

5. I I I I I I : 6 damanak दमनक

6. I I I I I I I I I I I I : 12 taralanayanā तरलनयना

7. I I I I I I I I I I I I I I I I : 16 gītyāryā, aćaladhṛti गीत्यार्या, अचलधृति

8. I I I I I I I I I I I I I I I I I I I I I I I I S S : 26 (8:8:10) vanalatikā वनलतिका

9. I I I I I I I I I I I I I I I I I I I I I I I I S alakā अलका :25

10. I I I I I I I I I I I I I I I I I I I I I I I S atulapulaka अतुलपुलक :24

11. I I I I I I I I I I I I I I I I I I I I I I S amaraćamarī अमरचमरी :23

12. I I I I I I I I I I I I I I I I I I I I I S aćalaviratiḥ अचलविरतिः :22

13. I I I I I I I I I I I I I I I I I I I S : 20 kanakalatā कनकलता

14. I I I I I I I I I I I I I I I I I I S dhavala धवल :19

15. I I I I I I I I I I I I I I I I I I tumulaka तुमुलक :18

16. I I I I I I I I I I I I I I I I I aćalanayana अचलनयन :17

17. I I I I I I I I I I I I I I I I aćaladhṛtiḥ अचलधृतिः :16

18. I I I I I I I I I I I I I I I S : 16 ćapaladhṛti चपलधृति

19. I I I I I I I I I I I I I I I S S : 17 (5:12) vasudharā वसुधारा

20. I I I I I I I I I I I I I I I śarahatiḥ शरहतिः :15

21. I I I I I I I I I I I I I I S : 15 (4:1:4:6) rućhirā रुचिरा,

22. I I I I I I I I I I I I I I S : 15 (6:9) srak स्रक्, śarabha शरभ

23. I I I I I I I I I I I I I I S : 15 (7:8) śaśikalā शशिकला, ćandravartma चंद्रवर्त्म

24. I I I I I I I I I I I I I I S : 15 (8:7) maṇiguṇakara मणिगुणनिकर

25. I I I I I I I I I I I I I I S S I I S I I S I I S : 25 (8:7:10) haṁsalaya हंसलय

26. I I I I I I I I I I I I I I S S śiśubharaṇa शिशुभरण :16

27. I I I I I I I I I I I I I I S śaśikalā शशिकला :15

28. I I I I I I I I I I I I I I akahari अकहरि :16

29. I I I I I I I I I I I I I aḍamaruḥ अडमरुः :13

30. I I I I I I I I I I I I S : 13 ćapalā चपला, tvaritagati त्वरितगति

31. I I I I I I I I I I I S I I I I S I I I I I I I S : 27 (13:6:8) tridalita त्रिपदलित
32. I I I I I I I I I I I S I I S kalahakara कलहकर : 16
33. I I I I I I I I I I I I S S : 14 (8:6) supavitra सुपवित्र, upaćitra उपचित्र
34. I I I I I I I I I I I S S I I I I S : 19 kanakalatā कनकलता
35. I I I I I I I I S S S S I S I S S S drutamukha द्रुतमुख :22
36. I I I I I I I I I S S S S kalpāhārī कल्पाहारी :16
37. I I I I I I I I I I I S haravanitā हरवनिता :13
38. I I I I I I I I I I I I taralanayana तरलनयन :12
39. I I I I I I I I I I S S : 13 gaurī गौरी
40. I I I I I I I I I I I S kṛtakatikā कृतकतिका :12
41. I I I I I I I I I I I agarim अगरि :11
42. I I I I I I I I I I S : 11 damanaka दमनक
43. I I I I I I I I S I I I I I I I I : 19 ćandramālā चंद्रमाला
44. I I I I I I I I S I I I S S : 16 kamaladala कमलदल
45. I I I I I I I I S S S S I I I I S I I S S vigāhitageha विगाहितगेह :24
46. I I I I I I I S S S S S mālyopastha माल्योपस्थ :16
47. I I I I I I I I I I S damanaka दमनक :11
48. I I I I I I I I I I I kṛtakavali कृतकवलि :10
49. I I I I I I I I I S : 10 nilayā निलया
50. I I I I I I I I S I S I S vitānitā वितानिता :14
51. I I I I I I I I I S S : 11 damanak दमनक
52. I I I I I I I I I S makaramukhī मकरमुखी :10
53. I I I I I I I I I ćulaka चुलक :9
54. I I I I I I I I S : 9 laghumaṇiguṇanikara लघुमणिगुणनिकर
55. I I I I I I I S I I I S S śarakalpā शरकल्पा :15
56. I I I I I I I S I I S S - I I I I I I S I I I S S rućimukhī रुचिमुखी :13-13
57. I I I I I I I I S I I S S - S S I I I I I I I I I S surahitā सुरहिता :13-13
58. I I I I I I I I S I I S S : 13 kamalaloćanā कमललोचना

59. I I I I I I I I S I I S S I I S S I I I I I I I S S rasikarasālā रसिकरसाला :25

60. I I I I I I I I S I I S S S : 14 vibhramā विभ्रमा

61. I I I I I I I I S I I S S S I I S S : 18 (4:9:5) paṅkajamuktā पंकजमुक्ता

62. I I I I I I I I S I I S S ćaṇḍī चण्डी :13

63. I I I I I I I I S I S I S S anantadāmā अनन्तदामा :14

64. I I I I I I I I S I ṛta ऋत :10

65. I I I I I I I I S S I S S : 13 gaurī गौरी

66. I I I I I I I I S S S : 11 vṛntā वृंता, vṛttangī वृत्तांगी

67. I I I I I I I I S S S I S S I S - I I I I I I S S I S S I S aparaprīṇitā अपरप्रीणिता :16-13

68. I I I I I I I I S S S S I I I I S I S I S I S I S S ćārugatiḥ चारुगतिः :26

69. I I I I I I I I S S S S śuddhānta शुद्धान्त :12

70. I I I I I I I I S S S rathapada रथपद :11

71. I I I I I I I I S S tanimā तनिमा :10

72. I I I I I I I I S madanaka मदनक :9

73. I I I I I I I I kṛtayuḥ कृतयुः :32

74. I I I I I I I S : 8 suvikasitakusuma सुविकसितकुसुम

75. I I I I I I I S I I I S : 12 kamalalоćanā कमललोचना

76. I I I I I I I S I S I S I S I S I S I : 19 panćaćāmar-1 पंचचामर–1

77. I I I I I I I S I S ćitibhṛta चितिभृत :10

78. I I I I I I I S S I I I I I viśambhari विशम्भरि :14

79. I I I I I I I S S I S gallaka गल्लक :11

80. I I I I I I I S S S S S vasanaviśālā वसनविशाला :12

81. I I I I I I I S haripada हरिपद :8

82. I I I I I I I aćaṭu अचटु :7

83. I I I I I I S : 7 madhumati मधुमति

84. I I I I I I S I I I I I I S : 14 (7:7) praharaṇakalikā प्रहरणकलिका

85. I I I I I I S I I I I I I S I I I I I I I I I I S I : 26 kamalā कमला

86. I I I I I I S I I I I I I S I I I I I I I I S S : 24 (7:7:10) lalitalatā ललितलता

87. । । । । । । ऽ । । । । ऽ ऽ - । । । । । । । । । ऽ । । ऽ ऽ vimukhī विमुखी :13-13

88. । । । । । । ऽ । । । । ऽ ऽ । ऽ । ऽ : 17 (7:6:4) ghanamayūra घनमयूर

89. । । । । । । ऽ । । । । ऽ ऽ vidhuravitāna विधुरवितान :13

90. । । । । । । ऽ । । । ऽ dāmaghaṭitā दामघटिता :11

91. । । । । । । ऽ । । ऽ । । ऽ । ऽ : 15 gau गौ

92. । । । । । । ऽ । । ऽ । ऽ : 12 ujjavalā उज्ज्वला

93. । । । । । । ऽ । । ऽ । ऽ 12: ćalanetrikā चलनेत्रिका

94. । । । । । । ऽ । । ऽ ऽ । । ऽ । । ऽ ऽ । । ऽ ऽ ऽ paridhānīya परिधानीय :23

95. । । । । । । ऽ । । ऽ ऽ ऽ dhavalakarī धवलकरी :12

96. । । । । । । ऽ । । ऽ phaladhara फलधर :10

97. । । । । । । ऽ । ऽ : 9 upaćyuta उपच्युत

98. । । । । । । ऽ । ऽ । । । ऽ । । । ऽ । ऽ nirgalitamekhalā निर्गलितमेखला :19

99. । । । । । । ऽ । ऽ । । । ऽ । ऽ ऽ । ऽ parviṇī पर्विणी :18

100. । । । । । । ऽ । ऽ । । । ऽ । ऽ ऽ ऽ vīraviśrāmaḥ वीरविश्रामः :17

101. । । । । । । ऽ । ऽ । । । ऽ । ऽ ćamarīćara चमरीचर :15

102. । । । । । । ऽ । ऽ । । ऽ । ऽ : 14 (7:7) aparājitā अपराजिता

103. । । । । । । ऽ । ऽ । । ऽ । ऽ aparājitā अपराजिता :14

104. । । । । । । ऽ । ऽ । ऽ - । । । । ऽ । । ऽ । ऽ । ऽ aparipakva अपरवक्त्र, śiśikhā शिशिरशिखा :11-12

105. । । । । । । ऽ । ऽ । ऽ - ऽ ऽ ऽ । । ऽ । ऽ । ऽ vaiyālī वैयाली :11-10

106. । । । । । । ऽ । ऽ । ऽ : 11 subhadrikā सुभद्रिका, aparavaktra अपरवक्त्र

107. । । । । । । ऽ । ऽ । ऽ । ऽ । ऽ । ऽ । ऽ : 19 pañćaćāmara-2 पंचचामर–2

108. । । । । । । ऽ । ऽ । ऽ । ऽ । ऽ । ऽ । ऽ prapañćaćāmara प्रपञ्चचामर :19

109. । । । । । । ऽ । ऽ । ऽ । ऽ ऽ - । । । । ऽ । । ऽ । ऽ । । । ऽ ऽ pramodapariṇītā प्रमोदपरिणीता :14-15

110. । । । । । । ऽ । ऽ । ऽ । ऽ aśokapuṣpa अशोकपुष्प :13

111. । । । । । । ऽ । ऽ । ऽ ऽ - । । । । ऽ । । ऽ । ऽ । ऽ ऽ puṣpitāgrā पुष्पिताग्रा :12-13

112. । । । । । । ऽ । ऽ । ऽ ऽ - । । ऽ ऽ । । । । । । ऽ । ऽ । ऽ śarāvatī शरावती :12-15

113. । । । । । । ऽ । ऽ । ऽ ऽ - ऽ ऽ ऽ । । ऽ । ऽ । ऽ ऽ surāḍhyā सुराढ्या :12-11

114. । । । । । । ऽ । ऽ । ऽ ऽ : 12 (5:7) kāmadattā कामदत्ता

115. । । । । । । ऽ । ऽ । ऽ ऽ । ऽ ऽ : 15 bhoginī भोगिनी

116. । । । । । । ऽ । ऽ । ऽ ऽ ऽ : 13 ćandrikā चंद्रिका

117. । । । । । । ऽ । ऽ । ऽ ऽ parimitavijayā परिमितविजया :12

118. । । । । । । ऽ । ऽ । ऽ subhadrikā सुभद्रिका :11

119. । । । । । । ऽ । ऽ ऽ । । ऽ । ऽ । । ऽ : 18 (10:8) gajendralatā गजेंद्रलता, latā लता

120. । । । । । । ऽ । ऽ ऽ । ऽ : 12 (7:5) mandākinī मंदाकिनी, ćanćalākṣī चंचलाक्षी, prabhā प्रभा

121. । । । । । । ऽ । ऽ ऽ । ऽ ऽ । ऽ ऽ । ऽ : 18 (10:8) nārāća नाराच, niśā निशा, varadā वरदा

122. । । । । । । ऽ । ऽ ऽ । ऽ ऽ । ऽ ऽ । ऽ : 18 (13:5) tārakā तारका, priyā प्रिया

123. । । । । । । ऽ । ऽ ऽ । ऽ ऽ । ऽ ऽ । ऽ ऽ । ऽ ऽ । ऽ : 24 meghalatā मेघमाला

124. । । । । । । ऽ । ऽ ऽ । ऽ ऽ । ऽ ऽ । ऽ ऽ । ऽ ऽ । ऽ ऽ । kumbhaka कुम्भक :26

125. । । । । । । ऽ । ऽ ऽ । ऽ ऽ । ऽ ऽ । ऽ nārāća नाराच :18

126. । । । । । । ऽ । ऽ ऽ । ऽ ऽ pramodaḥ प्रमोदः :13

127. । । । । । । ऽ । ऽ ऽ । ऽ prabhā प्रभा :12

128. । । । । । । ऽ । ऽ ऽ ऽ : 11 kupuruṣajanitā कुपुरुषजनिता

129. । । । । । । ऽ ऽ : 8 ratimālā रतिमाला, tuṅga तुंग

130. । । । । । । ऽ ऽ । । । । । aśaniḥ अशनिः :13

131. । । । । । । ऽ ऽ । । । ऽ ऽ : 13 gaurī गौरी

132. । । । । । । ऽ ऽ । । ऽ । ऽ ऽ : 14 (7:7) nadī नदी

133. । । । । । । ऽ ऽ । । ऽ ऽ vijayaparićayā विजयपरिचया :12

134. । । । । । । ऽ ऽ । । ऽ madanayā मदनया :11

135. । । । । । । ऽ ऽ । ऽ । । ऽ । ऽ : 15 upamālinī उपमालिनी

136. । । । । । । ऽ ऽ । ऽ । ऽ ऽ : 13 (4:9) kṣamā क्षमा

137. । । । । । । ऽ ऽ । ऽ ऽ । ऽ - । । । । । । । । ऽ ऽ ऽ । ऽ ऽ । ऽ paraprīṇitā परप्रीणिता :13-16

138. । । । । । । ऽ ऽ । ऽ ऽ । ऽ : 13 (7:6) gati गति, ćandrikā चंद्रिका, vidyut विद्युत्

139. । । । । । । ऽ ऽ । ऽ ऽ । ऽ ऽ : 14 vasanta वसंत, nāndīmukhī नांदीमुखी

140. । । । । । । ऽ ऽ । ऽ ऽ । ऽ ćandrikā चन्द्रिका :13

141. । । । । । । ऽ ऽ । ऽ ऽ । vikalavakulavallī विकलवकुलवल्ली :12

142. । । । । । । ऽ ऽ । ऽ ऽ parimalalalita परिमलललित :11

143. । । । । । । ऽ ऽ । masṛṇa मसृण :9

144. । । । । । । ऽ ऽ ऽ : 9 madhukarikā मधुकरिका, bhujagaśiśubhṛtā भुजगशिशुभृता

145. । । । । । । ऽ ऽ ऽ । । । । । । ऽ ऽ ऽ vilulitavanamālā विलुलितवनमाला :18

146. । । । । । । ऽ ऽ ऽ । । । । । । ऽ ऽ salekhā सलेखा :17

147. । । । । । । ऽ ऽ ऽ । ऽ ऽ : 12 (8:4) puṭa पुट

148. । । । । । । ऽ ऽ ऽ । ऽ ऽ । । । । । । ऽ ऽ ऽ । ऽ ऽ । ऽ kuhakakuhara कुहककुहर :26

149. । । । । । । ऽ ऽ ऽ । ऽ ऽ । ऽ : 14 (7:7) karimakarabhujā करिमकरभुजा

150. । । । । । । ऽ ऽ ऽ । ऽ ऽ । ऽ ऽ : 15 (8:7) mālinī मालिनी

151. । । । । । । ऽ ऽ ऽ । ऽ ऽ । ऽ ऽ । ऽ ऽ nīlaśārdūla नीलशार्दूल :18

152. । । । । । । ऽ ऽ ऽ । ऽ ऽ । ऽ ऽ mālinī मालिनी :15

153. । । । । । । ऽ ऽ ऽ । ऽ ऽ । ऽ kāmalā कामला :14

154. । । । । । । ऽ ऽ ऽ । ऽ ऽ puṭaḥ पुटः :12

155. । । । । । । ऽ ऽ ऽ ऽ । ऽ : 12 tata तत, lalita ललित

156. । । । । । । ऽ ऽ ऽ ऽ । ऽ । । ऽ । ऽ : 17 (6:4:7) hari हरि

157. । । । । । । ऽ ऽ ऽ ऽ । ऽ ऽ : 13 (7:6) kṣamā क्षमा

158. । । । । । । ऽ ऽ ऽ ऽ । ऽ ऽ । ऽ : 15 ćandrajyota चंद्रोद्योत

159. । । । । । । ऽ ऽ ऽ ऽ । ऽ ऽ । ऽ ऽ vakrāvalokaḥ वक्रावलोकः :16

160. । । । । । । ऽ ऽ ऽ ऽ । ऽ lalita ललित :12

161. । । । । । । ऽ ऽ ऽ ऽ ऽ । ऽ । । ऽ । ऽ : 18 (7:4:7) lalita ललित

162. । । । । । । ऽ ऽ ऽ ऽ ऽ ऽ । ऽ । । ऽ । । ऽ । । । । ऽ viśeṣakabalita विशेषकबलित :25

163. । । । । । । ऽ ऽ ऽ ऽ ऽ ऽ । ऽ । ऽ । ऽ ऽ ऽ ऽ mandākṣamandara मन्दाक्षमन्दर :21

164. । । । । । । ऽ ऽ ऽ ऽ ऽ ऽ । ऽ ऽ । ऽ ऽ : 18 (7:4:7) ćandramālā चंद्रमाला

165. । । । । । । ऽ ऽ ऽ ऽ ऽ ऽ mithunamālī मिथुनमाली :12

166. । । । । । । ऽ ऽ ऽ ऽ ऽ kalitakamalavilāsaḥ कलितकमलविलासः :11

167. । । । । । । ऽ ऽ ऽ bhujagaśiśubhṛtā भुजगशिशुभृता :9

168. । । । । । । ऽ ऽ tuṅgā तुङ्गा :8

169. । । । । । । ऽ madhumatī मधुमती :7

170. । । । । । । upavali उपवलि :6

171. । । । । । ऽ । : 7 karahañćī करहंची

172. । । । । । ऽ । । । । । ऽ udayanamukhī उदयनमुखी :12

173. । । । । । ऽ । । । ऽ । ऽ ऽ । ऽ vipinatilaka विपिनतिलक :15

174. । । । । । ऽ । । । ऽ ऽ : 11 aśokā अशोका, gatavośokā गतविशोका

175. । । । । । ऽ । । । ऽ । ऽ ऽ । । : 15 vipinatilak विपिनतिलक

176. । । । । । ऽ । । ऽ । ऽ । । ऽ । ऽ taravārikā तरवारिका :16

177. । । । । । ऽ । । ऽ । ऽ । । ऽ । mitasakthi मितसक्थि :15

178. । । । । । ऽ । । ऽ । ऽ sammadamālikā सम्मदमालिका :11

179. । । । । । ऽ । ऽ : 8 mahī मही, kamala कमल

180. । । । । । ऽ । ऽ । । । ऽ । ऽ ऽ । ऽ mālādharaḥ मालाधरः :17

181. । । । । । ऽ । ऽ । । ऽ । ऽ : 13 laya लय

182. । । । । । ऽ । ऽ । । ऽ । ऽ upagataśikhā उपगतशिखा :13

183. । । । । । ऽ । ऽ । ऽ । । । ऽ । ऽ ऽ śāyinī शायिनी :17

184. । । । । । ऽ । ऽ । ऽ । ऽ prasṛmaramarālikā प्रसृमरमरालिका :12

185. । । । । । ऽ । ऽ । ऽ ऽ - ऽ । । ऽ । । ऽ । ऽ । ऽ ऽ upāḍhya उपाढ्य :11-12

186. । । । । । ऽ । ऽ । ऽ ऽ । ऽ kaṭhinī कठिनी :13

187. । । । । । ऽ । ऽ । ऽ ऽ pañćaśākhī पञ्चशाखी :11

188. । । । । । ऽ । ऽ । ऽ anućāyitā अनुचायिता :10

189. । । । । । ऽ । ऽ ऽ : 9 bimba बिंब, viśalā विशाला, śalabhavićalitā शलभविचलिता

190. । । । । । ऽ । ऽ ऽ । ऽ ऽ । ऽ jaladarasitā जलदरसिता :14

191. । । । । । ऽ । ऽ ऽ । ऽ ऽ ऽ ऽ lalitapatākā ललितपताका :14

192. । । । । । ऽ । ऽ ऽ । ऽ ऽ mihirā मिहिरा :12

193. । । । । । ऽ । ऽ ऽ । ऽ prasṛmarakarā प्रसृमरकरा :11

194. । । । । । ऽ । ऽ ऽ bimba बिम्ब :9

195. । । । । । ऽ । ऽ lasadasu लसदसु :8

196. I I I I I S I ahari अहरि :7

197. I I I I I S S I I I I I S S I I S I S S I I I S I S S : 27 (7:7:13) tribhangī त्रिभंगी

198. I I I I I S S I I I S niravadhigatiḥ निरवधिगतिः :11

199. I I I I I S S I S S I S S : 13 (6:7) ćandralekhā चंद्रलेखा

200. I I I I I S S I harit हरित् :8

201. I I I I I S S S : 8 guṇalayanī गुणलयनी

202. I I I I I S S S I I S bhujalatā भुजलता :11

203. I I I I I S S S I I visraṁsi विस्रंसि :10

204. I I I I I S S S I S I I S vidalā विदला :13

205. I I I I I S S S I S S I S : 13 (6:7) vidyut विद्युत्

206. I I I I I S S S I S S I S : 13 vidyunmālā विद्युन्मालिका

207. I I I I I S S S S S I S I I S I S : 17 (6:4:7) hariṇī हरिणी, vṛṣabhaćarita वृषभचरित

208. I I I I I S S S S S S I S I I S I S : 18 (6:4:8) hariṇīpada हरिणीपद

209. I I I I I S S S S S S I S S I S S : 17 (6:4:7) padma पद्म

210. I I I I I S S S S S S S I S S I S : 17 (6:4:7) rohiṇī रोहिणी

211. I I I I I S S S S S S S I S S I S S : 18 (6:5:7) anaṅgalekhā अनंगलेखा

212. I I I I I S S S S S S S viṣamavyālī विषमव्याली :12

213. I I I I I S S S rudrālī रुद्राली :8

214. I I I I I S S dṛtiḥ दृतिः :7

215. I I I I I S sari सरि :6

216. I I I I I hali हलि :5

217. I I I I S I I : 7 suvāsa सुवास

218. I I I I S I I I I I I S S : 13 madakalitā मदकलिता

219. I I I I S I I I I I I S S I I I I I I I I I I I I S : 26 vegavatī वेगवती

220. I I I I S I I I I S : 10 (5:5) amṛtagati अमृतगति

221. I I I I S I I I I S I I I I S I I I I S : 20 madakalanī मदकलनी

222. I I I I S I I I I S amṛtagatiḥ अमृतगतिः :10

223. I I I I S I I I S I S I S : 13 mañjubhāṣiṇī मंजुभाषिणी

224. । । । । ऽ । । । ऽ । ऽ vīvadhaḥ वीवधः :11

225. । । । । ऽ । । ऽ : 8 lalitagati ललितगति

226. । । । । ऽ । । ऽ । । ऽ : 11 (5:6) sumukhī सुमुखी, drutapādagati द्रुतपादगति

227. । । । । ऽ । । ऽ । । ऽ । । ऽ । । ऽ । । ऽ । । ऽ : 23 sudhālaharī सुधालहरी, haṁsagati हंसगति

228. । । । । ऽ । । ऽ । । ऽ । । ऽ । । ऽ । । ऽ । । ऽ ऽ samāhita समाहित :24

229. । । । । ऽ । । ऽ । । ऽ । । ऽ । । ऽ । । ऽ । । ऽ śravaṇābharaṇa श्रवणाभरण :23

230. । । । । ऽ । । ऽ । । ऽ । । ऽ । ऽ । । ऽ । ऽ : 21 vanamañjarī वनमंजरी

231. । । । । ऽ । । ऽ । । ऽ ऽ - ऽ । । ऽ । । ऽ । । ऽ ऽ īhā ईहा :12-11

232. । । । । ऽ । । ऽ । । ऽ ऽ : 12 (8:4) tāmarasa तामरस, kamalavilāsinī कमलविलासिनी

233. । । । । ऽ । । ऽ । । ऽ ऽ । । । । । । । । । । । । । ऽ : 25 ćapala चपल

234. । । । । ऽ । । ऽ । । ऽ ऽ । । । । । ऽ : 17 rućiramukhī रुचिरमुखी

235. । । । । ऽ । । ऽ । । ऽ ऽ tāmarasa तामरस :12

236. । । । । ऽ । । ऽ । । ऽ sumukhī सुमुखी :11

237. । । । । ऽ । । ऽ । ऽ । । । । ऽ ऽ pramodapada प्रमोदपद :14-15

238. । । । । ऽ । । ऽ । ऽ । । ऽ । ऽ : 15 aravindaka अरविंदक, kalabhāṣiṇī कलभाषिणी

239. । । । । ऽ । । ऽ । ऽ । । ऽ । hetiḥ हेतिः :14

240. । । । । ऽ । । ऽ । ऽ । ऽ - । । । । । । । ऽ । ऽ । ऽ mṛdulamālati मृदुमालती, paravaktra परवक्त्र :12-11

241. । । । । ऽ । । ऽ । ऽ । ऽ - । । ऽ । । ऽ । ऽ । ऽ anūpaka अनूपक :12-10

242. । । । । ऽ । । ऽ । ऽ । ऽ : 12 (6:6) (5:7) mālatī मालती, tati तति, yamunā यमुना

243. । । । । ऽ । । ऽ । ऽ । ऽ ऽ - । । । । । । । ऽ । ऽ । ऽ ऽ añćitaagra अञ्चिताग्रा :13-12

244. । । । । ऽ । । ऽ । ऽ । ऽ ऽ - । । ऽ ऽ । । ऽ । ऽ । ऽ ऽ pramāthinī प्रमाथिनी :13-12

245. । । । । ऽ । । ऽ । ऽ । ऽ ऽ : 13 aćala अचल, suvaktrā सुवक्त्रा, mṛgendramukha मृगेंद्रमुख

246. । । । । ऽ । । ऽ । ऽ । ऽ mālatī मालती :12

247. । । । । ऽ । । ऽ ऽ : 9 śaśilekhā शशिलेखा

248. । । । । ऽ । । ऽ ऽ ऽ : 10 vipulabhujā विपुलभुजा

249. । । । । ऽ । । ऽ ऽ ऽ ऽ vārttāhārī वार्त्ताहारी :11

250. । । । । ऽ । । ऽ ऽ śaralīḍhā शरलीढा :9

251. । । । । ऽ । । ऽ akhaniḥ अखनिः :8

252. । । । । ऽ । । vāsaki वासकि :7

253. । । । । ऽ । ऽ । । । ऽ । । । ऽ । ऽ । । । । । । ऽ : 23 (11:12) aśvalalita अश्वललित

254. । । । । ऽ । ऽ । । । ऽ । । ऽ : 14 dhṛti धृति, pramadā प्रमदा,

255. । । । । ऽ । ऽ । । । ऽ । । ऽ : 14 maṇikaṇṭak मणिकंटक

256. । । । । ऽ । ऽ । । । ऽ । । ऽ । । ऽ : 17 (7:10) nardaṭaka नर्दटक

257. । । । । ऽ । ऽ । । । ऽ । । ऽ । । ऽ : 17 (7:6:4) kokilaka कोकिलक

258. । । । । ऽ । ऽ । । । ऽ । । ऽ । । ऽ । ऽ । । । ऽ । । ऽ : 26 (14:12) sudhākalaśa सुधाकलश

259. । । । । ऽ । ऽ । । । ऽ । । ऽ । । ऽ । ऽ । ऽ : 21 (11:10) pañćakāvalī पंचकावली

260. । । । । ऽ । ऽ । । । ऽ । । ऽ । । ऽ । ऽ । ऽ : 21 siddhi सिद्धि, सलिलनिधि, सरसी

261. । । । । ऽ । ऽ । । । ऽ । । ऽ । ऽ - ऽ ऽ । । ऽ । ऽ । । । ऽ । । ऽ । ऽ vāsavavāsinī वासववासिनी:16-16

262. । । । । ऽ । ऽ । । । ऽ । । ऽ । ऽ । ऽ vasupadamañjarī वसुपदमञ्जरी :18

263. । । । । ऽ । ऽ । । । ऽ । । ऽ । ऽ ऽ : 17 (7:10) nakurṭak नर्कुटक

264. । । । । ऽ । ऽ । । । ऽ । । ऽ kurarīrutā कुररीरुता :14

265. । । । । ऽ । ऽ । । । ऽ । ऽ । । । ऽ : 17 (12:5) samadavilāsinī समदविलासिनी

266. । । । । ऽ । ऽ । । । ऽ । ऽ । । । ऽ । । ऽ । । ऽ : 23 (11:12) hayalīlayagati हयलीलयगति

267. । । । । ऽ । ऽ । । । ऽ । ऽ । । । ऽ । ऽ । । । ऽ : 23 (11:12) adritanayā अद्रितनया

268. । । । । ऽ । ऽ । । । ऽ । ऽ । । । ऽ । ऽ । । ऽ : 22 aśvalalita अश्वललित

269. । । । । ऽ । ऽ । । । ऽ । ऽ । ऽ : 15 sulekhaka सुलेखक, sukesara सुकेसर, prabhadraka प्रभद्रक

270. । । । । ऽ । ऽ । । । ऽ । ऽ । ऽ ऽ : 16 (7:9) vāṇinī वाणिनी

271. । । । । ऽ । ऽ । । । ऽ । ऽ । ऽ ऽ । ऽ nandana नन्दन :18

272. । । । । ऽ । ऽ । । । ऽ । ऽ । ऽ prabhadraka प्रभद्रक :15

273. । । । । ऽ । ऽ । । । ऽ । ऽ ऽ : 14 (8:6) kumārī कुमारी

274. । । । । ऽ । ऽ । । । ऽ । ऽ ऽ । ऽ : 16 garuḍaruta गरुडरुत

275. । । । । ऽ । ऽ । । । ऽ ऽ : 12 (8:4) (7:5) vanamālinī वनमालिनी, vanamālikā नवमालिका

276. । । । । ऽ । ऽ । । । ऽ ऽ । । ऽ । ऽ । ऽ : 19 (11:8) (7:12) raćanā रचना

277. । । । । ऽ । ऽ । । । ऽ ऽ nayamālinī नयमालिनी :12

278. । । । । ऽ । ऽ । ऽ : 9 budbud बुद्बुद्

279. । । । । ऽ । ऽ । ऽ । । ऽ । । । । ऽ । ऽ । ऽ । । । । ऽ virāmavāṭikā विरामवाटिका :26

280. । । । । ऽ । ऽ । ऽ । ऽ ऽ balorjitā बलोर्जिता :12

281. । । । । ऽ । ऽ । ऽ ऽ । । ऽ । । ऽ : 16 ćintāmaṇi चिंतामणि, मणिकल्पिता, त्रोटक

282. । । । । ऽ । ऽ । ऽ ऽ । ऽ viśikhalatā विशिखलता :12

283. । । । । ऽ । ऽ । ऽ halodgatā हलोद्गता :9

284. । । । । ऽ । ऽ ऽ : 8 ćttavilasita चित्तविलासित

285. । । । । ऽ । ऽ ऽ । ऽ ऽ । ऽ : 13 (7:6) kuṭajagati कुटजगति

286. । । । । ऽ । ऽ ऽ । ऽ ऽ । ऽ ऽ । ऽ ऽ । । । ऽ lalitalalāma ललितललाम :21

287. । । । । ऽ । ऽ ऽ । ऽ ऽ । ऽ kirātaḥ किरातः :13

288. । । । । ऽ । ऽ ऽ ऽ ऽ ऽ vilulitamañjarī विलुलितमञ्जरी :11

289. । । । । ऽ । ऽ puraṭi पुरटि :7

290. । । । । ऽ । puṭamardi पुटमर्दि :6

291. । । । । ऽ ऽ : 6 mukulitā मुकुलिता

292. । । । । ऽ ऽ । । । । । । ऽ madanajavanikā मदनजवनिका :13

293. । । । । ऽ ऽ । । । । । kelićara केलिचर :11

294. । । । । ऽ ऽ । । । । ऽ : 11 kamaladalākṣī कमलदलाक्षी

295. । । । । ऽ ऽ । । । । ऽ । । ऽ ऽ parimala परिमल :15

296. । । । । ऽ ऽ । । । । ऽ ऽ - ऽ । । ऽ । । ऽ । । ऽ ऽ pāṭalikā पाटलिका :12-11

297. । । । । ऽ ऽ । । । । ऽ ऽ : 12 kusumavićitrā कुसुमविचित्रा, gajalalitā गजललित

298. । । । । ऽ ऽ । । । । ऽ ऽ । । । । । । । । । । । । । । ऽ ऽ : 26 (6:6:8:6) makaranda मकरंद

299. । । । । ऽ ऽ । । । । ऽ ऽ । । । । ऽ ऽ । । । । ऽ ऽ ऽ ऽ vinayavilāsaḥ विनयविलासः :26

300. । । । । ऽ ऽ । । । । ऽ ऽ । । ऽ ऽ : 16 (12:4) kānta कांत

301. । । । । ऽ ऽ । । । । ऽ ऽ ऽ । । ऽ kamalapara कमलपर :16

302. । । । । ऽ ऽ । । । । ऽ ऽ ऽ rasadhārā रसधारा :13

303. । । । । ऽ ऽ । । । । ऽ ऽ kusumavićitrā कुसुमविचित्रा :12

304. । । । । ऽ ऽ । । । । ऽ samit समित् :11

305. । । । । ऽ ऽ । । । sphuṭaghaṭitā स्फुटघटिता :9

306. । । । । ऽ ऽ । । ऽ : 9 sāraṅgikā सारंगिका

307. । । । । ऽ ऽ । । ऽ । ऽ saurabhavarddhinī सौरभवर्द्धिनी :11

308. । । । । ऽ ऽ । । ऽ ऽ ऽ : 11 māṇikyamālā माणिक्यमाला, patitā पतिता, anavasitā अनवसिता

309. । । । । ऽ ऽ । । ऽ ऽ ऽ ऽ । । ऽ jananidhivelā जननिधिवेला :15

310. । । । । ऽ ऽ । । ऽ ऽ naragā नरगा :10

311. । । । । ऽ ऽ । । ऽ mukhalā मुखला :9

312. । । । । ऽ ऽ । ऽ । ऽ । ऽ ऽ - । । ऽ ऽ । । ऽ । ऽ । । । ऽ ऽ prativinītā प्रतिविनीता :13-14

313. । । । । ऽ ऽ । ऽ । līlā लीला :9

314. । । । । ऽ ऽ । ऽ ऽ ऽ ऽ vikasitapadmāvalī विकसितपद्मावली :11

315. । । । । ऽ ऽ । ऽ ऽ ऽ surākṣī सुराक्षी :10

316. । । । । ऽ ऽ । anu अनु :7

317. । । । । ऽ ऽ ऽ : 7 kusumavatī कुसुमवती

318. । । । । ऽ ऽ ऽ । । ऽ ऽ - ऽ ऽ । । । । ऽ । । । । ऽ sāćīkṛtavadanā साचीकृतवदना :11-12

319. । । । । ऽ ऽ ऽ । । ऽ ऽ । । । । । । । । । । । । । ऽ : 24 saṁbhrāntā संभ्रांता

320. । । । । ऽ ऽ ऽ । । ऽ ऽ śrutakīrttiḥ श्रुतकीर्त्तिः :11

321. । । । । ऽ ऽ ऽ । । ऽ phalinī फलिनी :10

322. । । । । ऽ ऽ ऽ । । vikaćavatī विकचवती :9

323. । । । । ऽ ऽ ऽ । ऽ । ऽ ऽ : 12 (6:6) kumudanibhā कुमुदनिभा

324. । । । । ऽ ऽ ऽ ऽ । । । । ऽ ऽ ऽ ऽ । karṇasphoṭa कर्णस्फोट :17

325. । । । । ऽ ऽ ऽ ऽ । । ऽ ऽ ऽ vibhā विभा :13

326. । । । । ऽ ऽ ऽ ऽ । । ऽ ऽ vidrumadolā विद्रुमदोला :12

327. । । । । ऽ ऽ ऽ ऽ । । khaurali खौरलि :40

328. । । । । ऽ ऽ ऽ ऽ । ऽ । ऽ ऽ ऽ anindagurvinduḥ अनिन्दगुर्विन्दुः :14

329. । । । । ऽ ऽ ऽ ऽ ऽ ऽ । । । । ऽ । । ऽ । । ऽ kamalaśikhā कमलशिखा :21

330. । । । । ऽ ऽ ऽ ऽ ऽ ऽ । । । । ऽ ऽ valivadana वलिवदन :16

331. । । । । ऽ ऽ ऽ ऽ ऽ ऽ ऽ ऽ । ऽ । ऽ ऽ ऽ ऽ jhillīlīlā झिल्लीलीला :19

332. । । । । ऽ ऽ ऽ ऽ ऽ ऽ ऽ ऽ ऽ ऽ ऽ sphoṭakṛīḍa स्फोटकृईड :15

333. । । । । ऽ ऽ ऽ ऽ ऽ māyāsārī मायासारी :9

334. । । । । ऽ ऽ ऽ ऽ pāñcālāṅghriḥ पाञ्चालाङ्घ्रिः :8

335. । । । । ऽ ऽ ऽ suri सुरि :7

336. । । । । ऽ ऽ śaśivadanā शशिवदना :6

337. । । । । ऽ sulūḥ सुलूः :5

338. । । । । paṭu पटु :4

339. । । । ऽ : 4 satī सती, mṛgavadhu मृगवधु

340. । । । ऽ । । । । । । । ऽ ऽ : 12 dṛtapada दृतपद

341. । । । ऽ । । । । । । ऽ ऽ । ऽ ऽ : 14 (4:6:4) śarabhā शरभा

342. । । । ऽ । । । । । । ऽ ऽ । ऽ ऽ : 14 śarabhalalitā शरभललिता

343. । । । ऽ । । । । ऽ । ऽ । ऽ - । । । ऽ । । । ऽ । । ऽ । ऽ anirayā अनिरया :13-13

344. । । । ऽ । । । । ऽ । ऽ । ऽ ऽ vilambanīyā विलम्बनीया :14

345. । । । ऽ । । । । । ऽ । ऽ । ऽ virodhinī विरोधिनी :13

346. । । । ऽ । । । ऽ : 8 gajagati गजगति

347. । । । ऽ । । । ऽ । । । ऽ । । । ऽ : 16 (4:4:4:4) sulalitā सुललिता, naraśikhī नरशिखी

348. । । । ऽ । । । ऽ । । ऽ । । ऽ । ऽ : 16 (4:12) maṅgalamaṅganā मंगलमंगना

349. । । । ऽ । । । ऽ । । ऽ । । ऽ vipākavatī विपाकवती :14

350. । । । ऽ । । । ऽ । । ऽ । ऽ - । । । ऽ । । । । ऽ । ऽ । ऽ śiśumukhī शिशुमुखी :13-13

351. । । । ऽ । । । ऽ । । ऽ । ऽ sārasanāvaliḥ सारसनावलिः :13

352. । । । ऽ । । । ऽ । । ऽ ऽ : 12 kalahaṃsā कलहंसा

353. । । । ऽ । । । ऽ । । ऽ ऽ drutapada द्रुतपद :12

354. । । । ऽ । । । ऽ । ऽ । । । ऽ । ऽ । । । ऽ । ऽ : 22 madanasāyaka मदनसायक

355. । । । ऽ । । । ऽ । ऽ । । । ऽ । ऽ । । । ऽ । ऽ । ऽ : 24 mahāmadanasāyaka महामदनसायक

356. । । । ऽ । । । ऽ । ऽ । ऽ : 12 priyaṃvadā प्रियंवदा, mattakokila मत्तकोकिल

357. । । । ऽ । । । ऽ । ऽ । ऽ । ऽ ऽ - । । ऽ ऽ । । ऽ । ऽ । ऽ । । । ऽ ऽ āsavavāsitā आसववासिता:15-16

358. । । । ऽ । । । ऽ । ऽ । ऽ kilikitā किलिकिता :12, priyaṃvadaḥ प्रियंवदः

359. । । । ऽ । । । ऽ । ऽ । kālavarma कालवर्म :11

360. । । । ऽ । । । ऽ । ऽ vaḍiśabhedinī वडिशभेदिनी :10

361. । । । ऽ । । । ऽ ऽ । ऽ ऽ । ऽ - । । । ऽ ऽ । ऽ ऽ । ऽ ऽ । ऽ anālepana अनालेपन :14-13

362. । । । ऽ । । । ऽ gajagatiḥ गजगतिः :8

363. । । । ऽ । । । vīravaṭu वीरवटु :7

364. । । । ऽ । । ऽ : 7 madhumati मधुमति

365. । । । ऽ । । ऽ । । ऽ । ऽ - । । ऽ । । ऽ । । ऽ । ऽ hariṇīplutā हरिणीप्लुता :12-11

366. । । । ऽ । । ऽ । । ऽ । ऽ : 12 hariṇaluptā हरिणलुप्ता

367. । । । ऽ । । ऽ । । ऽ । ऽ : 12 drutavilambita द्रुतविलंबित

368. । । । ऽ । । ऽ । । ऽ । ऽ । । । ऽ । । ऽ । । ऽ । ऽ śambara शम्बर :24

369. । । । ऽ । । ऽ । । ऽ । ऽ । ऽ - । । ऽ । । ऽ । ऽ । ऽ । । । ऽ ऽ avarodhavanitā अवरोधवनिता :14-15

370. । । । ऽ । । ऽ । । ऽ । ऽ । ऽ avarodhavanitā अवरोधवनिता :14

371. । । । ऽ । । ऽ । । ऽ ऽ ऽ । । ऽ । । ऽ । ऽ : 20 (11:9) mudrā मुद्रा

372. । । । ऽ । । ऽ । । ऽ ऽ rodhaka रोधक :11

373. । । । ऽ । । ऽ । । ऽ śarat शरत् :10

374. । । । ऽ । । ऽ । ऽ । । ऽ । ऽ । । ऽ । ऽ : 19 (9:10) tarala तरल

375. । । । ऽ । । ऽ । ऽ । vanitāvinodi वनिताविनोदि :10

376. । । । ऽ । । ऽ । ऽ karaśayā करशया :9

377. । । । ऽ । । ऽ ऽ vṛtumukhī वृतुमुखी :8

378. । । । ऽ । । ऽ svanakarī स्वनकरी :7

379. । । । ऽ । । ayamita अयमित :6

380. । । । ऽ । ऽ : 6 girā गिरा, maṇiruci मणिरुचि

381. । । । ऽ । ऽ । । । । । । ऽ । । ऽ । । ऽ । । ऽ ऽ mantharāyana मन्थरायन :23

382. । । । ऽ । ऽ । । । ऽ । ऽ : 12 (6:6) bahumatā बहुमता

383. । । । ऽ । ऽ । । । ऽ । ऽ । । । ऽ । ऽ ऽ । ऽ kalamatallikā कलमतल्लिका :21

384. । । । ऽ । ऽ । । । ऽ । ऽ । । । ऽ । ऽ ṣaṭpaderita षट्पदेरित :18

385. । । । ऽ । ऽ । । । ऽ । ऽ । । । ऽ ऽ । ऽ ऽ saṁlakṣyalīlā संलक्ष्यलीला :20

386. । । । ऽ । ऽ । । । ऽ । ऽ । ऽ : 14 sukesara सुकेसर

387. । । । ऽ । ऽ । । । ऽ । ऽ ऽ । ऽ madanamālikā मदनमालिका :15

388. । । । ऽ । ऽ । । । ऽ । ऽ ऽ kīralekhā कीरलेखा :13

389. । । । ऽ । ऽ । । । ऽ ऽ ऽ ऽ vipannakadana विपन्नकदन :13

390. । । । ऽ । ऽ । । । ऽ ऽ madanamālā मदनमाला :11

391. । । । ऽ । ऽ । । ऽ । ऽ bhujagahāriṇī भुजगहारिणी :11

392. । । । ऽ । ऽ । । ऽ । kṛkapādi कृकपादि :10

393. । । । ऽ । ऽ । । pākali पाकलि :8

394. । । । ऽ । ऽ । ऽ : 8 sumālatī सुमालती

395. । । । ऽ । ऽ । ऽ । ऽ : 10 (6:4) manoramā मनोरमा

396. । । । ऽ । ऽ । ऽ । ऽ । ऽ ऽ sukarṇapūra सुकर्णपूर :13

397. । । । ऽ । ऽ । ऽ । ऽ manoramā मनोरमा :10

398. । । । ऽ । ऽ । ऽ upalinī उपलिनी :8

399. । । । ऽ । ऽ । maṇimukhī मणिमुखी :7

400. । । । ऽ । ऽ ऽ : 7 manojñā मनोज्ञा

401. । । । ऽ । ऽ ऽ । ऽ : 9 kusumitā कुसुमिता।

402. । । । ऽ । ऽ ऽ । ऽ : bṛhatikā बृहतिका

403. । । । ऽ । ऽ ऽ । ऽ । । । ऽ aniloddhatamukhī अनिलोद्धतमुखी :13

404. । । । ऽ । ऽ ऽ । ऽ । ऽ : 11 (6:5) rājahaṁsī राजहंसी, vibhūśitā विभूषिता

405. । । । ऽ । ऽ ऽ । ऽ । ऽ aupagava औपगव :11, kanakamañjarī कनकमञ्जरी

406. । । । ऽ । ऽ ऽ । ऽ ऽ । ऽ : 12 vasantā वसंता, meghāvalī मेघावली

407. । । । ऽ । ऽ ऽ । nakhapadā नखपदा :8

408. । । । ऽ । ऽ ऽ ऽ kurarikā कुररिका :8

409. । । । ऽ । ऽ ऽ kharakarā खरकरा :7

410. । । । ऽ । ऽ nirasikā निरसिका :6

411. । । । ऽ । pāṁśu पांशु :5

412. । । । ऽ ऽ । । । । । ऽ : 11 asuvilāsa असुविलास

413. । । । ऽ ऽ । । । । । nīranidhiḥ नीरनिधिः :10

414. । । । ऽ ऽ । । । ऽ ऽ । । । ऽ ऽ । । । ऽ ऽ । । । ऽ ऽ kumudamālā कुमुदमाला :25

415. । । । ऽ ऽ । । ऽ । । । । । । । । ऽ ऽ । ऽ ऽ bhārāvatāraḥ भारावतारः :20

416. । । । ऽ ऽ । । ऽ māṇḍavaka माण्डवक :8

417. । । । ऽ ऽ । । murajikā मुरजिका :7

418. । । । ऽ ऽ । ऽ । । ऽ chalitaka छलितक :10

419. । । । ऽ ऽ । ऽ ऽ । ऽ । ऽ ऽ : 13 (7:6) urvaśī उर्वशी

420. । । । ऽ ऽ । ऽ ऽ । ऽ ऽ । ऽ - । । । ऽ । । । ऽ ऽ । ऽ ऽ । ऽ ālepana आलेपन :13-14

421. । । । ऽ ऽ । ऽ ऽ । ऽ ऽ । ऽ : 13 kaumudī कौमुदी

422. । । । ऽ ऽ । ऽ ऽ । ऽ ऽ । ऽ ऽ parīvāhaḥ परीवाहः :14

423. । । । ऽ ऽ । ऽ ऽ । ऽ ऽ । ऽ parivṛḍha परिवृढ :13

424. । । । ऽ ऽ । ऽ ऽ । ऽ ćarapada चरपद :10, jāriṇī जारिणी

425. । । । ऽ ऽ । ऽ ऽ ऽ ऽ nirmedhā निर्मेधा :10

426. । । । ऽ ऽ । ऽ ऽ vāntabhāraḥ वान्तभारः :8

427. । । । ऽ ऽ । ऽ parabhṛta परभृत :7

428. । । । ऽ ऽ । anibhṛta अनिभृत :6

429. । । । ऽ ऽ ऽ । । aprītā अप्रीता :8

430. । । । ऽ ऽ ऽ । । śākhoṭaki शाखोटकि :8

431. । । । ऽ ऽ ऽ । kiśalaya किशलय :7

432. । । । ऽ ऽ ऽ ऽ । ऽ । । ऽ । ऽ : 14 (7:7) siṁha सिंह

433. । । । ऽ ऽ ऽ ऽ ऽ gopāvedī गोपावेदी :8

434. । । । ऽ ऽ ऽ ऽ holā होला :7

435. । । । ऽ ऽ ऽ guṇavatī गुणवती :6

436. । । । ऽ ऽ kalali कललि :5

437. । । । ऽ satī सती :4

438. । । । haraṇi हरणि :3

439. । । ऽ : 3 rajanī रजनी, ramaṇa रमण

440. । । ऽ । : 4 kadalī कदली

441. । । ऽ । । । । । । । । । ऽ jvalitā ज्वलिता :12

442. । । ऽ । । । । । । । ऽ ऽ suvṛttiḥ सुवृत्तिः :11

443. । । ऽ । । । । । ऽ । । । ऽ ऽ - ऽ ऽ ऽ । । । । ऽ । । । । । । । । । ऽ ऽ mārdaṅgī मार्दङ्गी :14-18

444. । । ऽ । । । । । ऽ ऽ ऽ । ऽ : 13 budbudaka बुद्बुदक

445. । । ऽ । । । । । । ऽ ऽ asitadhārā असितधारा :10

446. । । ऽ । । । । । niruda निरुद :8

447. । । ऽ । । । । ऽ : 8 vimalajalā विमलजला

448. । । ऽ । । । । ऽ । । । । ऽ । । । । ऽ : 18 (3:5:5:5) surabhī सुरभी, śubha शुभ

449. । । ऽ । । । । ऽ । । । । ऽ upasarasī उपसरसी :13

450. । । ऽ । । । । ऽ । । ऽ ऽ paritoṣā परितोषा :12

451. । । ऽ । । । । ऽ । ऽ । ऽ ऽ ćamūruḥ चमूरुः :13

452. । । ऽ । । । । ऽ । ऽ । ऽ viralā विरला :12

453. । । ऽ । । । । ऽ ऽ ऽ ऽ uditadineśaḥ उदितदिनेशः :11

454. । । ऽ । । । । ऽ ऽ sugandhiḥ सुगन्धिः :9

455. । । ऽ । । । । dhanadhari धनधरि :7

456. । । ऽ । । । ऽ । ऽ । ऽ - ऽ । । ऽ ऽ । ऽ । ऽ । ऽ śālabhañjikā शालभञ्जिका :11-11

457. । । ऽ । । । ऽ । ऽ । ऽ pratāritā प्रतारिता :11

458. । । ऽ । । । ऽ ऽ । śaśikarī शशिकरी :9

459. । । ऽ । । । ऽ ऽ ऽ । ऽ ऽ - ऽ ऽ । ऽ ऽ ऽ ऽ । ऽ ऽ pātaśīlā पातशीला :12-10

460. । । ऽ । । । ऽ yamanaka यमनक :7

461. । । ऽ । । । visasi विससि :6

462. । । ऽ । । ऽ : 6 kumuda कुमुद, tilaka तिलक, nalinī नलिनी

463. । । ऽ । । ऽ । । । । । । ऽ - ऽ ऽ ऽ ऽ । । । । । । ऽ kāmākṣī कामाक्षी :13-11

464. । । ऽ । । ऽ । । । । । । । ऽ ऽ ऽ ऽ : 16 vellitā वेल्लिता

465. । । ऽ । । ऽ । । । । । । ऽ varivaśitā वरिवशिता :13

466. । । ऽ । । ऽ । । । ऽ ऽ ऽ lumbākṣī लुम्बाक्षी :12

467. । । ऽ । । ऽ । । ऽ । । ऽ - ऽ ऽ । । ऽ । । ऽ । । ऽ naṭakaḥ नटकः :12-11

468. । । ऽ । । ऽ । । ऽ । । ऽ : 12 nandinī नंदिनी, bhramarāvalī भ्रमरावली

469. । । ऽ । । ऽ । । ऽ । । ऽ । । । । ऽ । । ऽ ऽ । । ऽ । saudāmanadāma सौदामनदाम :25

470. । । ऽ । । ऽ । । ऽ । । ऽ । । । । ऽ ऽ ऽ । । ऽ svarṇābharaṇa स्वर्णाभरण :22

471. । । ऽ । । ऽ । । ऽ । । ऽ । । ऽ : 15 nalinī नलिनी

472. । । ऽ । । ऽ । । ऽ । । ऽ । । ऽ । । ऽ । । ऽ । । ऽ : 24 (8:8:8) durmila दुर्मिल, ghoṭaka घोटक

473. । । ऽ । । ऽ । । ऽ । । ऽ । । ऽ । । ऽ । । ऽ । । ऽ । । vaśaṁvadaḥ वशंवदः :26

474. । । ऽ । । ऽ । । ऽ । । ऽ । । ऽ । । ऽ । । ऽ । । ऽ ऽ mudira मुदिर :25

475. । । ऽ । । ऽ । । ऽ । । ऽ । । ऽ । । ऽ । । ऽ । । ऽ dvimilā द्विमिला :24

476. । । ऽ । । ऽ । । ऽ । । ऽ । । ऽ । । ऽ । । ऽ ऽ ayamāna अयमान :22

477. । । ऽ । । ऽ । । ऽ । । ऽ । । ऽ । । ऽ । । ऽ pratimā प्रतिमा :21

478. । । ऽ । । ऽ । । ऽ । । ऽ । । ऽ । । ऽ ऽ : 19 taruṇivadanendu तरुणीवदनेंदु

479. । । ऽ । । ऽ । । ऽ । । ऽ । । ऽ । । ऽ pariposaka परिपोषक :18

480. । । ऽ । । ऽ । । ऽ । । ऽ । । ऽ ऽ : 16 somaḍaka सोमडक

481. । । ऽ । । ऽ । । ऽ । । ऽ । । ऽ ऽ kaladhautapada कलधौतपद :16

482. । । ऽ । । ऽ । । ऽ । । ऽ । । ऽ bhramarāvalikā भ्रमरावलिका :15

483. । । ऽ । । ऽ । । ऽ । । ऽ । । madhupāli मधुपालि :14

484. । । ऽ । । ऽ । । ऽ । । ऽ । ऽ vinandinī विनन्दिनी :14

485. । । ऽ । । ऽ । । ऽ । । ऽ ऽ - ऽ । । ऽ । । ऽ । । ऽ । । ऽ bhujaṅgabhṛtā भुजङ्गभृता:13-13

486. । । ऽ । । ऽ । । ऽ । । ऽ ऽ : 13 tāraka तारक

487. । । ऽ । । ऽ । । ऽ । । ऽ toṭaka तोटक :12

488. । । ऽ । । ऽ । । ऽ । । upaćitrā उपचित्रा :11

489. । । ऽ । । ऽ । । ऽ । ऽ - । । ऽ ऽ । । ऽ । । ऽ । ऽ hariluptā हरिलुप्ता :11-12

490. । । ऽ । । ऽ । । ऽ । ऽ : 11 viduṣī विदुषी

491. । । ऽ । । ऽ । । ऽ । ऽ । ऽ । ऽ ऽ abhidhātrī अभिधात्री :16

492. । । ऽ । । ऽ । । ऽ । ऽ upaćitra उपचित्र :11

493. । । ऽ । । ऽ । । ऽ । lulita लुलित :10

494. । । ऽ । । ऽ । । ऽ ऽ - ऽ । । ऽ । । ऽ । । ऽ ऽ vegavatī वेगवती :10-11

495. । । ऽ । । ऽ । । ऽ ऽ : 10 meghavitāna मेघवितान, vitā विता। । ।

496. । । ऽ । । ऽ । । ऽ ऽ । । । । ऽ ऽ parikhāyatana परिखायतन :16

497. । । ऽ । । ऽ । । ऽ ऽ ऽ । । ऽ krīḍāyatana क्रीडायतन :14

498. । । ऽ । । ऽ । । ऽ ऽ ऽ viṣṭambhaḥ विष्टम्भः :11

499. । । ऽ । । ऽ । । ऽ ऽ udita उदित :10

500. । । ऽ । । ऽ । । ऽ ardhakalā अर्धकला :9

501. । । ऽ । । ऽ । । amanā अमना :8

502. । । ऽ । । ऽ । ऽ । । । ऽ ऽ kuberakaṭikā कुबेरकटिका :13

503. । । ऽ । । ऽ । ऽ । । । ऽ udarkaraćitā उदर्करचिता :12

504. । । ऽ । । ऽ । ऽ । । ऽ । ऽ drutalambinī द्रुतलम्बिनी :13

505. । । ऽ । । ऽ । ऽ । ऽ - । । । । ऽ । । ऽ । ऽ । ऽ aruntudaḥ अरुन्तुदः :12-10

506. । । ऽ । । ऽ । ऽ । ऽ - । । ऽ ऽ । । । ऽ । ऽ । ऽ navanīlatā नवनीलता :10-12

507. । । ऽ । । ऽ । ऽ । ऽ - । । ऽ ऽ । । ऽ । ऽ । ऽ sundarī सुन्दरी :10-11

508. । । ऽ । । ऽ । ऽ । ऽ - ऽ ऽ ऽ । । ऽ । ऽ । ऽ prabhāsitā प्रभासिता :10-10

509. । । ऽ । । ऽ । ऽ । ऽ : 10 ekrūpa एकरूप

510. । । ऽ । । ऽ । ऽ । ऽ । । । ऽ । ऽ ऽ : 17 (10:7) ćitralekhā चित्रलेखा

511. । । ऽ । । ऽ । ऽ । ऽ । । । ऽ । ऽ ऽ atiśāyinī अतिशायिनी :17

512. । । ऽ । । ऽ । ऽ । ऽ । । ऽ । ऽ । । । । । ऽ । vanavāsinī वनवासिनी :22

513. । । ऽ । । ऽ । ऽ । ऽ । ऽ ऽ - ऽ ऽ ऽ । । ऽ । ऽ । ऽ । ऽ ऽ ऽ madākrāntā मदाक्रान्ता :13-14

514. । । ऽ । । ऽ । ऽ । ऽ । ऽ ऽ jagatsamānikā जगत्समानिका :13

515. । । ऽ । । ऽ । ऽ । ऽ । pićula पिचुल :11

516. । । ऽ । । ऽ । ऽ । ऽ ऽ - :12 upodgatā उपोद्गता :11-12

517. । । ऽ । । ऽ । ऽ । ऽ ऽ - । । ऽ ऽ । । ऽ । ऽ । ऽ ऽ vasantamālikā वसन्तमालिका :11-12

518. । । ऽ । । ऽ । ऽ । ऽ ऽ ऽ sākṣī साक्षी :12

519. । । ऽ । । ऽ । ऽ । ऽ ऽ vimalā विमला :11

520. । । ऽ । । ऽ । ऽ । ऽ ālolaghaṭikā आलोलघटिका , sahajā सहजा :10

521. । । ऽ । । ऽ । ऽ ऽ । ऽ ऽ samayaprahitā समयप्रहिता :12

522. । । ऽ । । ऽ । ऽ ऽ । ऽ javanaśālinī जवनशालिनी :11

523. । । ऽ । । ऽ । ऽ ऽ ऽ ऽ ऽ dorlīlā दोर्लीला :12

524. । । ऽ । । ऽ । ऽ ऽ ऽ ऽ lalitāgamana ललितागमन :11

525. । । ऽ । । ऽ । ऽ kalilā कलिला :8

526. । । ऽ । । ऽ । godhi गोधि :7

527. । । ऽ । । ऽ ऽ । : 8 mahī मही

528. । । ऽ । । ऽ ऽ । । । । ऽ ऽ ऽ । । ऽ । । ऽ । । ऽ : 23 sundarikā सुंदरिका

529. । । ऽ । । ऽ ऽ । । ऽ । । । । । । । ऽ śukavanitā शुकवनिता :17

530. । । ऽ । । ऽ ऽ । । ऽ । । ऽ ऽ manmathaḥ मन्मथः :14

531. । । ऽ । । ऽ ऽ । । ऽ । ऽ । ऽ ऽ ऽ pratīpavallī प्रतीपवल्ली :16

532. । । ऽ । । ऽ ऽ । । ऽ ऽ varṇabalākā वर्णबलाका :11

533. । । ऽ । । ऽ ऽ । । ऽ surayānavatī सुरयानवती :10

534. । । ऽ । । ऽ ऽ ऽ । ऽ ऽ । ऽ ऽ saramāsaraṇiḥ सरमासरणिः :14

535. । । ऽ । । ऽ ऽ ऽ ऽ : 9 saumyā सौम्या

536. । । ऽ । । ऽ ऽ ऽ ऽ ऽ ऽ । । ऽ bhūriśikhā भूरिशिखा :14

537. । । ऽ । । ऽ ऽ ऽ ऽ udaraśri उदरश्रि :9

538. । । ऽ । । ऽ ऽ ऽ pañćaśikhā पञ्चशिखा :8

539. । । ऽ । । ऽ ऽ karabhit करभित् :7

540. । । ऽ । । ऽ tilakā तिलका :6

541. । । ऽ । । jatu जतु :5

542. । । ऽ । ऽ : 5 ramā रमा

543. । । ऽ । ऽ । । । । । । । । । ऽ ऽ : 15 elā एला, rekhā रेखा

544. । । ऽ । ऽ । । । । । ऽ । ऽ । । । । । ऽ । ऽ । । । ऽ : 25 (8:8:9) kalakaṇṭha कलकंठ

545. । । ऽ । ऽ । । । । ऽ । ऽ । ऽ : 14 (5:9) sudarśanā सुदर्शना

546. । । ऽ । ऽ । । । । ऽ dhamanikā धमनिका :10

547. । । ऽ । ऽ । । । ऽ : 9 skṣi अक्षि

548. । । ऽ । ऽ । । । ऽ । - । । । । । ऽ । ऽ । ऽ - । । । । । । । । । ऽ । । ऽ - । । ऽ । ऽ । । ।

ऽ । ऽ । ऽ lalita ललित :10-10-12-13

549. । । ऽ । ऽ । । । ऽ । - । । । । । ऽ । ऽ । ऽ udgatā उद्गता :10-11

550. । । ऽ । ऽ । । । ऽ । । ऽ : 12 pramitākṣarā प्रमिताक्षरा

551. । । ऽ । ऽ । । । ऽ । । ऽ । ऽ । ऽ : 16 udgatā उद्गता

552. । । ऽ । ऽ । । । ऽ । । ऽ । ऽ ऽ : 15 ṛṣabha ऋषभ

553. । । ऽ । ऽ । । । ऽ । । ऽ ऽ - । । ऽ । ऽ । । । ऽ । ऽ । ऽ kalanā कलना :13-13

554. । । ऽ । ऽ । । । ऽ । । ऽ ऽ - ऽ ऽ । ऽ । । । ऽ । । ऽ ऽ padmāvatī पद्मावती :13-12

555. । । ऽ । ऽ । । । ऽ । । ऽ ऽ : 13 siṁhanādaसिंहनाद, bhramarī भ्रमरी, कलहंसः

556. । । ऽ । ऽ । । । ऽ । ऽ । ऽ - ऽ ऽ । ऽ । । ऽ । ऽ । । ऽ । madhuvāri मधुवारि :13-13

557. । । ऽ । ऽ । । । ऽ । ऽ । ऽ : 13 (5:8) sumaṅgalī सुमंगली, kanakaprabhā कनकप्रभा, jayā जया,

558. । । ऽ । ऽ । । । ऽ । ऽ । ऽ ऽ । ऽ । ऽ : 18 budbud बुद्बुद्

559. । । ऽ । ऽ । । । ऽ । ऽ । ऽ kalanāvatī कलनावती :13, mañjubhāṣiṇī मञ्जुभाषिणी

560. । । ऽ । ऽ । । । ऽ । ऽ ऽ । ऽ : 14 (10:4) pathyā पथ्या

561. । । ऽ । ऽ । । । ऽ । ऽ ऽ । ऽ : 14 (5:9) vasudhā वसुधा, prathitā प्रथिता

562. । । ऽ । ऽ । । । ऽ । ऽ dārikā दारिका :11

563. । । ऽ । ऽ । । । ऽ । rasabhūma रसभूम :10

564. । । ऽ । ऽ । । । ऽ । saurabhaka सौरभक :10

565. । । ऽ । ऽ । । । ऽ ऽ - ऽ । । ऽ । ऽ । । । ऽ ऽ ketumatī केतुमती :10-11

566. । । ऽ । ऽ । । । ऽ ऽ : 10 mālā माला, pramilā प्रमिला

567. । । ऽ । ऽ । । । ऽ ऽ ऽ ऽ ऽ : 13 sunandinī सुनंदिनी

568. । । ऽ । ऽ । । ऽ । : 9 tomara तोमर

569. । । ऽ । ऽ । । ऽ । ऽ : 10 (5:5) kamalā कमला, saṁyutā संयुता

570. । । ऽ । ऽ । । ऽ । ऽ । । । ऽ kalahetikā कलहेतिका :14

571. । । ऽ । ऽ । । ऽ । ऽ । । ऽ । ऽ : 15 manohaṁsa मनोहंस

572. । । ऽ । ऽ । । ऽ । ऽ । । ऽ । ऽ । । ऽ । ऽ : 20 gītā गीता, gītikā गीतिका

573. । । ऽ । ऽ । । ऽ । ऽ । । ऽ । ऽ maṇihaṁsaḥ मणिहंसः :15

574. । । ऽ । ऽ । । ऽ । ऽ । । ऽ । upakārikā उपकारिका :14

575. । । ऽ । ऽ । । ऽ । ऽ ऽ ऽ । sukhakārikā सुखकारिका :13

576. । । ऽ । ऽ । । ऽ । ऽ ऽ ऽ svaravarṣiṇī स्वरवर्षिणी :12

577. । । ऽ । ऽ । । ऽ । ऽ ऽ paṭupaṭṭikā पटुपट्टिका :11

578. । । ऽ । ऽ । । ऽ । ऽ saṁhatikā संहतिका :10

579. । । ऽ । ऽ । । ऽ । tomara तोमर :9

580. । । ऽ । ऽ । । ऽ ऽ । ऽ : 11 sāraṇī सारणी

581. । । ऽ । ऽ । । ऽ ऽ ऽ ऽ lalitālabāla ललितालबाल :11

582. । । ऽ । ऽ । । muhurā मुहुरा :7

583. । । ऽ । ऽ । ऽ : 7 vimalā विमला-1

584. । । ऽ । ऽ । ऽ । । ऽ pravādapadā प्रवादपदा :10

585. । । ऽ । ऽ । ऽ । ऽ ऽ sukhelā सुखेला :10

586. । । ऽ । ऽ । ऽ । ऽ bhujaṅgasaṅgatā भुजङ्गसङ्गता :9

587. । । ऽ । ऽ । ऽ ऽ । । । । । । ऽ ऽ । ऽ ऽ । ऽ ऽ : 22 (8:7:7) mahāsragdharā महास्रग्धरा

588. । । ऽ । ऽ । ऽ ऽ । ऽ ऽ vihāriṇī विहारिणी :11

589. । । ऽ । ऽ । ऽ ऽ । ऽ upasaṁkulā उपसंकुला :10

590. । । ऽ । ऽ । ऽ ऽ । kīṭamālā कीटमाला :9

591. । । ऽ । ऽ । ऽ ऽ digīśaḥ दिगीशः :8

592. । । ऽ । ऽ । ऽ kaṭhodgatā कठोद्गता :7

593. । । ऽ । ऽ । madhumāraka मधुमारक :6

594. । । ऽ । ऽ ऽ : 6 vimalā विमला-2

595. । । ऽ । ऽ ऽ । । ऽ । । । ऽ komalakalpakalikā कोमलकल्पकलिका :13

596. । । ऽ । ऽ ऽ । । ऽ । ऽ । ऽ : 13 sudanta सुदंत, maṇikuṇḍala मणिकुंडल

597. । । ऽ । ऽ ऽ । । ऽ । ऽ । ऽ ambudāvalī अम्बुदावली :13

598. । । ऽ । ऽ ऽ । । ऽ । ऽ ऽ : 12 kekirava केकिरव, śivikā शिविका, mahendravajrā महेंद्रवज्रा

599. । । ऽ । ऽ ऽ । alālāpi अलालापि :7

600. । । ऽ । ऽ ऽ ऽ । ऽ । । ऽ ativāsitā अतिवासिता :12

601. । । ऽ । ऽ ऽ ऽ । nāgāri नागारि :8

602. । । ऽ । ऽ ऽ ऽ ऽ yugadhāri युगधारि :8

603. । । ऽ । ऽ ऽ ऽ rasadhāri रसधारि :7

604. । । ऽ । ऽ ऽ kamanī कमनी :6

605. । । ऽ । ऽ priyā प्रिया :5

606. । । ऽ । kāru कारु :4

607. । । ऽ ऽ : 4 bhramarī भ्रमरी, sumati सुमति

608. । । ऽ ऽ । । : 6 gurumadhyā गुरुमध्या

609. । । ऽ ऽ । । । । । । । । ऽ vinatākṣī विनताक्षी :13

610. । । ऽ ऽ । । । । । । । ऽ ऽ : 13 (4:9) ratī रति

611. । । ऽ ऽ । । । । । । ऽ । ऽ । ऽ - । । । । । । । ऽ । ऽ । ऽ ऽ bṛhaccharāvatī बृहच्छरावती :15-12

612. । । ऽ ऽ । । । । । । ऽ ऽ ऽ ऽ : 14 (4:10) kuṭila कुटिल

613. । । ऽ ऽ । । । । । । ऽ । ऽ upalekhā उपलेखा :12

614. । । ऽ ऽ । । । । ऽ । ऽ । ऽ । ऽ ऽ - ऽ ऽ ऽ । । । । ऽ । ऽ । ऽ hīnatālī हीनताली :19-12

615. । । ऽ ऽ । । । । ऽ । ऽ । ऽ ऽ : 14 (4:10) sunandā सुनंदा

616. । । ऽ ऽ । । । । ऽ । ऽ । ऽ ऽ vaśamūla वशमूल :14

617. । । ऽ ऽ । । । । ऽ ऽ । । । । ऽ ऽ । phalguḥ फल्गुः :17

618. । । ऽ ऽ । । । । ऽ ऽ । । ऽ ऽ ऽ bahulābhra बहुलाभ्र :15

619. । । ऽ ऽ । । । । ऽ ऽ ऽ upahitacaṇḍī उपहितचण्डी :11

620. । । ऽ ऽ । । । । ऽ ऽ baladhārī बलधारी :10

621. । । ऽ ऽ । । । । ऽ anavīrā अनवीरा :9

622. । । ऽ ऽ । । । । sṛtamadhu सृतमधु :8

623. । । ऽ ऽ । । । ऽ । । ऽ ऽ śarameyā शरमेया :12, upasarasīka उपसरसीक

624. । । ऽ ऽ । । । ऽ । ऽ । ऽ - । । ऽ । । ऽ । ऽ । ऽ karīritā करीरिता :12-10

625. । । ऽ ऽ । । । lolatanu लोलतनु :7

626. । । ऽ ऽ । । ऽ । । । । ऽ । । ऽ karṇalatā कर्णलता :15

627. । । ऽ ऽ । । ऽ । । । । ऽ nagamahitā नगमहिता :12

628. । । ऽ ऽ । । ऽ । । ऽ । । arilā अरिला :12

629. ı ı ऽ ऽ ı ı ऽ ı ı ऽ ı ऽ - ı ı ऽ ı ı ऽ ı ı ऽ ı ऽ luptā लुप्ता :12-11

630. ı ı ऽ ऽ ı ı ऽ ı ı ऽ ı ऽ rādhikā राधिका :12

631. ı ı ऽ ऽ ı ı ऽ ı ı ऽ vāravatī वारवती :10

632. ı ı ऽ ऽ ı ı ऽ ı ऽ ı ı ı ऽ ऽ - ı ı ı ı ऽ ऽ ı ऽ ı ऽ ı ऽ ऽ atiprativinītā अतिप्रतिविनीता :14-13

633. ı ı ऽ ऽ ı ı ऽ ı ऽ ı ı ı ऽ ऽ ऽ ı ऽ ऽ ı ऽ : 20 (13:7) mattebhavikrīḍita मत्तेभविक्रीडित

634. ı ı ऽ ऽ ı ı ऽ ı ऽ ı ऽ - ı ı ऽ ı ı ऽ ı ऽ ı ऽ sundarī सुन्दरी :11-10

635. ı ı ऽ ऽ ı ı ऽ ı ऽ ı ऽ - ऽ ऽ ऽ ı ı ı ı ऽ ı ऽ ı ऽ vimāninī विमानिनी :11-12

636. ı ı ऽ ऽ ı ı ऽ ı ऽ ı ऽ - ऽ ऽ ऽ ı ı ऽ ı ऽ ı ऽ asudhā असुधा :11-10

637. ı ı ऽ ऽ ı ı ऽ ı ऽ ı ऽ : 11 aparāntikā अपरांतिका

638. ı ı ऽ ऽ ı ı ऽ ı ऽ ı ऽ ı ı ı ऽ ऽ - ı ı ı ऽ ı ı ı ऽ ı ऽ ı ऽ ı ऽ ऽ anasavavāsitā अनासववासिता:16-15

639. ı ı ऽ ऽ ı ı ऽ ı ऽ ı ऽ ı ऽ ऽ - ऽ ऽ ı ı ऽ ı ऽ ı ऽ ऽ akoṣakṛṣṭā अकोषकृष्टा :14-10

640. ı ı ऽ ऽ ı ı ऽ ı ऽ ı ऽ ı ऽ ऽ madāvadātā मदावदाता :14

641. ı ı ऽ ऽ ı ı ऽ ı ऽ ı ऽ ऽ - ı ı ı ı ऽ ı ı ऽ ı ऽ ı ऽ ऽ apramāthinī अप्रमाथिनी :12-13

642. ı ı ऽ ऽ ı ı ऽ ı ऽ ı ऽ ऽ - ı ı ऽ ı ı ऽ ı ऽ ı ऽ ऽ pramālikā प्रमालिका, upodgatā उपोद्गता :12-11

643. ı ı ऽ ऽ ı ı ऽ ı ऽ ı ऽ ऽ - ऽ ऽ ऽ ı ı ऽ ı ऽ ı ऽ ऽ ऽ viyadvāṇī वियद्वाणी :12-12

644. ı ı ऽ ऽ ı ı ऽ ı ऽ ı ऽ ऽ arbhakapaṅktiḥ अर्भकपङ्क्तिः :12, badhirā बधिरा :12

645. ı ı ऽ ऽ ı ı ऽ ı ऽ ı ऽ sīdhuḥ सीधुः :11

646. ı ı ऽ ऽ ı ı ऽ ı ऽ ı mahimāvasāyi महिमावसायि :10

647. ı ı ऽ ऽ ı ı ऽ ı ऽ madhumallī मधुमल्ली :9

648. ı ı ऽ ऽ ı ı ऽ ı anṛtanarma अनृतनर्म :8

649. ı ı ऽ ऽ ı ı ऽ ऽ : 8 moda मोद

650. ı ı ऽ ऽ ı ı ऽ ऽ ı ı ı ı ऽ ऽ pratibhādarśana प्रतिभादर्शन :14

651. ı ı ऽ ऽ ı ı ऽ ऽ ı ı ı ı ऽ abhirāmā अभिरामा :13

652. ı ı ऽ ऽ ı ı ऽ ऽ ı ı ऽ ऽ ı ı ऽ ऽ anilohā अनिलोहा :16

653. ı ı ऽ ऽ ı ı ऽ ऽ ı ı ऽ ऽ karamālā करमाला :12

654. ı ı ऽ ऽ ı ı ऽ ऽ ı ı ऽ harikāntā हरिकान्ता :11

655. । । ऽ ऽ । । ऽ ऽ ऽ । । ऽ ऽ । । ऽ : 16 skhalitavikramā स्खलितविक्रमा

656. । । ऽ ऽ । । ऽ ऽ ऽ kalaha कलह् :9

657. । । ऽ ऽ । । ऽ ऽ atimohā अतिमोहा :8

658. । । ऽ ऽ । । ऽ adhikārī अधिकारी :7

659. । । ऽ ऽ । । śaṅkhadyuti शङ्खद्युति :6

660. । । ऽ ऽ । ऽ । । । ऽ । ऽ ऽ । ऽ ऽ । ऽ ऽ । ऽ śarakāṇḍaprakāṇḍa शरकाण्डप्रकाण्ड :21

661. । । ऽ ऽ । ऽ । । ऽ ऽ । ऽ sutala सुतल :12

662. । । ऽ ऽ । ऽ । ऽ । । : 8 suvilāsitā सुविलासिता

663. । । ऽ ऽ । ऽ । ऽ śallakapluta शल्लकप्लुत :8

664. । । ऽ ऽ । ऽ । proñchitā प्रोञ्छिता :7

665. । । ऽ ऽ । ऽ ऽ : 7 dīptā दीप्ता

666. । । ऽ ऽ । ऽ ऽ । valīkendu वलीकेन्दु :8

667. । । ऽ ऽ । ऽ ऽ ऽ ऽ ऽ ऽ apayodhā अपयोधा :11

668. । । ऽ ऽ । ऽ ऽ ऽ ऽ ऽ nīrohā नीरोहा :10

669. । । ऽ ऽ । ऽ ऽ ऽ paridhārā परिधारा :8

670. । । ऽ ऽ । ऽ ऽ bhūridhāmā भूरिधामा :7

671. । । ऽ ऽ । ऽ mṛdukīlā मृदुकीला :6

672. । । ऽ ऽ । pāli पालि :5

673. । । ऽ ऽ ऽ : 5 ghanapaṅti घनपंक्ति

674. । । ऽ ऽ ऽ । । । । । । ऽ rasikaparicitā रसिकपरिचिता :12

675. । । ऽ ऽ ऽ । । । । । ऽ ऽ । ऽ ऽ । ऽ ऽ : 18 (5:6:7) mandāramālā मंदारमाला-2

676. । । ऽ ऽ ऽ । । ऽ ऽ । । ऽ ऽ । । ऽ : 16 (4:4:4:4) pramadā प्रमदा

677. । । ऽ ऽ ऽ । । ऽ ऽ ऽ : 10 (5:5) kalagīta कलगीत

678. । । ऽ ऽ ऽ । । ऽ ऽ ऽ । । । । । । ऽ vidhuravirahitā विधुरविरहिता :17

679. । । ऽ ऽ ऽ । । ऽ ऽ ऽ । । ऽ ऽ ऽ ऽ ऽ ऽ ऽ : 19 (10:9) śambhu शंभु

680. । । ऽ ऽ ऽ । । ऽ ऽ ऽ ऽ saṁsṛtaśobhāsāraḥ संसृतशोभासारः :11

681. । । ऽ ऽ ऽ । । ऽ ऽ ऽ viśadacchāyaḥ विशदच्छायः :10

682. । । ऽ ऽ ऽ । । ऽ ऽ sambuddhiḥ सम्बुद्धिः :9

683. । । ऽ ऽ ऽ । । ऽ saraghā सरघा :8

684. । । ऽ ऽ ऽ । । kāhī काही :7

685. । । ऽ ऽ ऽ । ऽ । ऽ nibhālitā निभालिता :9

686. । । ऽ ऽ ऽ । ऽ ऽ । । । । । । ऽ ऽ । ऽ ऽ । ऽ ऽ : 22 (8:7:7) mahāsragdharā महास्रग्धरा

687. । । ऽ ऽ ऽ । ऽ ऽ kaućamāraḥ कौचमारः :8

688. । । ऽ ऽ ऽ । ऽ māyāvinī मायाविनी :7

689. । । ऽ ऽ ऽ । ḍhuṇḍhi ढुण्ढि :6

690. । । ऽ ऽ ऽ ऽ : 6 sūćīmukhī सूचीमुखी

691. । । ऽ ऽ ऽ ऽ । । । । ऽ : 11 vimalā विमला, ayavatī अयवती :11

692. । । ऽ ऽ ऽ ऽ । । ऽ ऽ gaṇadehā गणदेहा :10

693. । । ऽ ऽ ऽ ऽ । । vṛnta वृन्त :8

694. । । ऽ ऽ ऽ ऽ । gṛhiṇī गृहिणी :7

695. । । ऽ ऽ ऽ ऽ ऽ śambūkaḥ शम्बूकः :7

696. । । ऽ ऽ ऽ ऽ abhikhyā अभिख्या :6

697. । । ऽ ऽ ऽ praguṇa प्रगुण :5

698. । । ऽ ऽ dolā दोला :4

699. । । ऽ ramaṇaḥ रमणः :3

700. । । madhu मधु :2

701. । ऽ : 2 sukha सुख

702. । ऽ । : 3 mṛgendra मृगेन्द्र

703. । ऽ । । : 4 japā जपा

704. । ऽ । । । । । । । । । ऽ anīćaka अनीचक :12

705. । ऽ । । । । । । kṣara क्षर :8

706. । ऽ । । । । । ऽ । । ऽ ऽ upadhāna उपधान :12

707. । ऽ । । । । । kuradi कुरदि :7

708. । ऽ । । । । ऽ । । । । ऽ । । । । ऽ । ऽ : 19 (5:5:5:4) varūthini वरूथिनी

709. । ऽ । । । । ऽ । । । । ऽ kumāragatiḥ कुमारगतिः :12

710. । ऽ । । । । ऽ । karañji करञ्जि :8

711. ।ऽ।।।।ऽ svidā स्विदा :7

712. ।ऽ।।।। sudāyi सुदायि :6

713. ।ऽ।।।ऽ।।।ऽ।।।ऽऽ : 15 mayūralalita मयूरललित

714. ।ऽ।।।ऽ।।ऽ।ऽऽ : 12 kola कोल

715. ।ऽ।।।ऽ।ऽ।।।ऽ : 12 (6:6) jaloddhati जलोद्धगति

716. ।ऽ।।।ऽ।ऽ।।।ऽ।ऽऽ।ऽ : 17 (8:9) prithvī पृथ्वी

717. ।ऽ।।।ऽ।ऽ।।।ऽ।।।ऽ।ऽ pārthiva पार्थिव :18

718. ।ऽ।।।ऽ।ऽ।।।ऽ।ऽ।।।ऽ।ऽ।।ऽ vilambalalita विलम्बललित :23

719. ।ऽ।।।ऽ।ऽ।।।ऽ।ऽ।।।ऽऽ : 19 (6:6:7) aratilīlā रतिलीला

720. ।ऽ।।।ऽ।ऽ।।।ऽ।ऽऽ।ऽऽ।ऽऽ।ऽ : 23 vṛndāraka वृंदारक

721. ।ऽ।।।ऽ।ऽ।।।ऽऽऽ।ऽ।।ऽ : 19 (8:4:7) samudratatā समुद्रतता

722. ।ऽ।।।ऽ।ऽ।।।ऽऽ rućivarṇā रुचिवर्णा :13

723. ।ऽ।।।ऽ।ऽ।।।ऽ jaloddhatagatiḥ जलोद्धतगतिः :12

724. ।ऽ।।।ऽ।ऽ।।ऽ।ऽ garudavāritā गरुदवारिता :13

725. ।ऽ।।।ऽ।ऽ।ऽऽ sarojavanikā सरोजवनिका :11

726. ।ऽ।।।ऽ।ऽऽ।ऽ : 11 sāriṇī सारिणी, saṅgatā संगता

727. ।ऽ।।।ऽ।ऽऽऽऽऽ vīṇādaṇḍa वीणादण्ड :12

728. ।ऽ।।।ऽ। virohi विरोहि :7

729. ।ऽ।।।ऽऽ : 7 (34) (2:5) kumāralalitā कुमारललिता

730. ।ऽ।।।ऽऽ।ऽ।।।ऽऽ : 14 (7:7) sājaramaṇīyā राजरमणीय

731. ।ऽ।।।ऽऽ।ऽऽऽ : 11 śikhaṇḍita शिखंडित

732. ।ऽ।।।ऽऽऽ।ऽऽ upasthita उपस्थित :11

733. ।ऽ।।।ऽऽऽऽऽऽ praphullakadalī प्रफुल्लकदली :11

734. ।ऽ।।।ऽऽऽऽऽ vīrāntā वीरान्ता :10

735. ।ऽ।।।ऽऽऽऽ nirvindhyā निर्विन्ध्या :9

736. ।ऽ।।।ऽऽऽ bhārṅgī भाङ्र्गी :8

737. ।ऽ।।।ऽऽ kumāralalitā कुमारललिता :7

738. ।ऽ।।।ऽ kuhī कुही :6

739. । ऽ । । । kṣupa क्षुप :5

740. । ऽ । । ऽ : 5 abhimukhī अभिमुखी, mṛgaćapalā मृगचपला

741. । ऽ । । ऽ । : 6 sumālatī सुमालती

742. । ऽ । । ऽ । । । । । । ऽ viyogavatī वियोगवती :12

743. । ऽ । । ऽ । । । ऽ । । ऽ vikatthana विकत्थन :12

744. । ऽ । । ऽ । । । ऽ । ऽ nābhasa नाभस :11

745. । ऽ । । ऽ । । ऽ । । ऽ । : 12 mauktikadāma मौक्तिकदाम

746. । ऽ । । ऽ । । ऽ । । ऽ । । ऽ । । ऽ । । ऽ । । ऽ । anāmaya अनामय :24

747. । ऽ । । ऽ । । ऽ । । ऽ । । ऽ । । ऽ । । ऽ । । ऽ mānavatī मानवती :23

748. । ऽ । । ऽ । । ऽ । । ऽ । ऽ guṇasārikā गुणसारिका :13

749. । ऽ । । ऽ । । ऽ । । ऽ । mauktikadāma मौक्तिकदाम :12

750. । ऽ । । ऽ । । ऽ । । ऽ ऽ parilekhaḥ परिलेखः :12

751. । ऽ । । ऽ । । ऽ । । ऽ khaṭakā खटका :11

752. । ऽ । । ऽ । । ऽ । ऽ : 10 uṣitā उषिता

753. । ऽ । । ऽ । । ऽ । ऽ । ऽ ऽ atiraṁhaḥ अतिरंहः :13

754. । ऽ । । ऽ । । ऽ । ऽ । ऽ vidhāritā विधारिता :12

755. । ऽ । । ऽ । । ऽ । ऽ jarā जरा :10

756. । ऽ । । ऽ । । ऽ । kuhū कुहू :9

757. । ऽ । । ऽ । । ऽ ऽ ऽ indraḥ इन्द्रः :10

758. । ऽ । । ऽ । । ऽ arāli अरालि :8

759. । ऽ । । ऽ । । upodari उपोदरि :7

760. । ऽ । । ऽ । ऽ । । । ऽ । । ऽ kākiṇikā काकिणिका :14

761. । ऽ । । ऽ । ऽ । ऽ avanijā अवनिजा :9

762. । ऽ । । ऽ । ऽ vahirvali वहिर्वलि :7

763. । ऽ । । ऽ । mālatikā मालतिका :6

764. । ऽ । । ऽ ऽ । ṛćā ऋचा :7

765. । ऽ । । ऽ ऽ ऽ ऽ virājikarā विराजिकरा :8

766. । ऽ । । ऽ ऽ arajaskā अरजस्का :6

767. । ऽ । । ऽ śilā शिला :5

768. । ऽ । । ṛju ऋजु :4

769. । ऽ । ऽ : 4 nagānitā नगानिता

770. । ऽ । ऽ । । । । । । । । । ऽ abhīrukā अभीरुका :13

771. । ऽ । ऽ । । । । । । ऽ ऽ ऽ ऽ : 14 (4:10) kuṭila कुटिल

772. । ऽ । ऽ । । । । । ऽ । ऽ bhasalavinoditā भसलविनोदिता :12

773. । ऽ । ऽ । । । । ऽ । ऽ । ऽ : 13 (4:9) kalāvati कलावती, sadāgati सदागति, prabhāvatī प्रभावती

774. । ऽ । ऽ । । । । ऽ । ऽ । ऽ ऽ kusumbhinī कुसुम्भिनी :14

775. । ऽ । ऽ । । । । ऽ । ऽ । ऽ rućirā रुचिरा :13

776. । ऽ । ऽ । । । । ऽ । ऽ ऽ : 12 smṛti स्मृति

777. । ऽ । ऽ । । । । maru मरु :8

778. । ऽ । ऽ । । । ऽ । ऽ । ऽ : 12 priyavandā प्रियंवदा

779. । ऽ । ऽ । । । ऽ ऽ ऽ । ऽ galitanālā गलितनाला :12

780. । ऽ । ऽ । । । staradhi स्तरधि :7

781. । ऽ । ऽ । । ऽ । । ऽ kāṇḍamukhī काण्डमुखी :10

782. । ऽ । ऽ । । ऽ । ऽ । nemadhāri नेमधारि :10

783. । ऽ । ऽ । । ऽ । ऽ sahelikā सहेलिका :9

784. । ऽ । ऽ । । ऽ । kulaćāri कुलचारि :8

785. । ऽ । ऽ । । ऽ ऽ ćaturīhā चतुरीहा :8

786. । ऽ । ऽ । । ऽ mahodhikā महोधिका :7

787. । ऽ । ऽ । । sāvaṭu सावटु :6

788. । ऽ । ऽ । ऽ । ऽ : 8 prāmāṇika प्रामाणिक

789. । ऽ । ऽ । ऽ । ऽ । ऽ । ऽ : 12 pramāṇa प्रमाण, vasantaćatvāra वसंतचत्वार, vibhāvarī विभावरी

790. । ऽ । ऽ । ऽ । ऽ । ऽ । ऽ । ऽ । ऽ : (8:8, 4:4:4:4)16 pañćaćāmar-3 पंचचामर-3

791. । ऽ । ऽ । ऽ । ऽ । ऽ । ऽ । ऽ । ऽ । ऽ । ऽ । ऽ । ऽ । ऽ । ऽ : 28 manojaśekha मनोजशेख

792. । ऽ । ऽ । ऽ । ऽ । ऽ । ऽ । ऽ । ऽ narāćaḥ नराचः :16

793. । ऽ । ऽ । ऽ । ऽ । ऽ । ऽ । ऽ kuḍaṅgikā कुडङ्गिका :14

794. । ऽ । ऽ । ऽ । ऽ । ऽ । ऽ ऽ - ऽ । ऽ । ऽ । ऽ । ऽ । amarāvatī अमरावती :13-12

795. । ऽ । ऽ । ऽ । ऽ । ऽ । ऽ lalāmalalitādharā ललामललिताधरा :12

796. । ऽ । ऽ । ऽ । ऽ । ऽ । sainika सैनिक :11

797. । ऽ । ऽ । ऽ । ऽ । ऽ ऽ : 11 vilāsinī विलासिनी

798. । ऽ । ऽ । ऽ । ऽ । ऽ sarāvikā सराविका :10

799. । ऽ । ऽ । ऽ । ऽ ऽ ऽ ऽ amoghamālikā अमोघमालिका :11

800. । ऽ । ऽ । ऽ । ऽ pramāṇikā प्रमाणिका :8

801. । ऽ । ऽ । ऽ । pratardi प्रतर्दि :7

802. । ऽ । ऽ । ऽ ऽ : 7 subhadrā सुभद्रा

803. । ऽ । ऽ । ऽ ऽ । : 8 sućandraprabhā सुचंद्रप्रभा

804. । ऽ । ऽ । ऽ ऽ । । ऽ । ऽ : 12 haṁsākhya हंसाख्य

805. । ऽ । ऽ । ऽ ऽ । ऽ । ऽ । ऽ akhaṇḍamaṇḍana अखण्डमण्डन :13

806. । ऽ । ऽ । ऽ ऽ । ऽ । ऽ ऽ asudhārā असुधारा :12

807. । ऽ । ऽ । ऽ ऽ । amānikā अमानिका :8

808. । ऽ । ऽ । ऽ ऽ ऽ yaśaskarī यशस्करी :8

809. । ऽ । ऽ । ऽ ऽ purohitā पुरोहिता :7

810. । ऽ । ऽ । ऽ valīmukhī वलीमुखी :6

811. । ऽ । ऽ । vārddhi वार्द्धि :5

812. । ऽ । ऽ ऽ : 5 śikhā शिखा

813. । ऽ । ऽ ऽ । । । । । । ऽ ऽ ऽ sambodhā सम्बोधा :14

814. । ऽ । ऽ ऽ । । । । । ऽ । ऽ kalanāyikā कलनायिका :13

815. । ऽ । ऽ ऽ । । । ऽ । ऽ । ऽ : 13 (5:8) mañjuṣabhāṣnī मंजुभाषिणी

816. । ऽ । ऽ ऽ । । । ऽ । ऽ ऽ kumudinīvikāśaḥ कुमुदिनीविकाशः :12

817. । ऽ । ऽ ऽ । । । ऽ । ऽ kanakakāminī कनककामिनी :11

818. । ऽ । ऽ ऽ । । । ākatanu आकतनु :8

819. । ऽ । ऽ ऽ । । ऽ । । । ऽ । ऽ ऽ । ऽ kālasāroddhataḥ कालसारोद्धतः :17

820. । ऽ । ऽ ऽ । । ऽ । । ऽ । ऽ āpaṇikā आपणिका :13

821. । ऽ । ऽ ऽ । । ऽ । ऽ । ऽ - ऽ ऽ । ऽ ऽ । । ऽ । ऽ । ऽ - । ऽ । ऽ ऽ । । ऽ । ऽ । ऽ - ऽ ऽ । ऽ ऽ । । ऽ । ऽ । ऽ manahāsā मनहासा :12-12-12-12

822. । ऽ । ऽ ऽ । । ऽ । ऽ । ऽ : 12 (6:6) vaṁśastha वंशस्थ, abhravaṁsā अभ्रवंशा

823. । ऽ । ऽ ऽ । । ऽ । ऽ । ऽ #1,2,3 + #4 ऽ ऽ । ऽ ऽ । । ऽ । ऽ । ऽ śīlāturā शीलातुरा :12-12-12-12

824. । ऽ । ऽ ऽ । । ऽ । ऽ । ऽ #1,3,4 + #2 ऽ ऽ । ऽ ऽ । । ऽ । ऽ । ऽ ramaṇā रमणा :12

825. । ऽ । ऽ ऽ । । ऽ । ऽ । ऽ + @3 ऽ ऽ । ऽ ऽ । । ऽ । ऽ । ऽ varāsikā वरासिका :12-12-12-12

826. । ऽ । ऽ ऽ । । ऽ । ऽ । ऽ indumā इन्दुमा :12, उपमेया, वैधात्री, vaṁśastha वंशस्थ

827. । ऽ । ऽ ऽ । । ऽ । ऽ ऽ - ऽ ऽ । ऽ ऽ । । ऽ । ऽ ऽ kīrtiḥ कीर्तिः :11-11

828. । ऽ । ऽ ऽ । । ऽ । ऽ ऽ - ऽ ऽ । ऽ ऽ । । ऽ । ऽ ऽ viparītākhyānakī विपरीताख्यानकी :11-11

829. । ऽ । ऽ ऽ । । ऽ । ऽ ऽ : 11 (5:6) upendravajrā उपेंद्रवज्रा

830. । ऽ । ऽ ऽ । । ऽ । ऽ ऽ @2 + ऽ ऽ । ऽ ऽ । । ऽ । ऽ ऽ @2 mālā माला :11-11-11-11

831. । ऽ । ऽ ऽ । । ऽ । ऽ ऽ @3 + ऽ ऽ । ऽ ऽ । । ऽ । ऽ ऽ māyā माया :11-11-11-11

832. । ऽ । ऽ ऽ । । ऽ । ऽ ऽ । nimagnakīlā निमग्नकीला :12

833. । ऽ । ऽ ऽ । । ऽ । ऽ ऽ ārdrā आर्द्रा :11

834. । ऽ । ऽ ऽ । । ऽ । ऽ ऽ haṁsī हंसी :11

835. । ऽ । ऽ ऽ । । ऽ । ऽ ऽ premā प्रेमा :11

836. । ऽ । ऽ ऽ । । ऽ । ऽ ऽ ṛddhiḥ ऋद्धिः :11

837. । ऽ । ऽ ऽ । । ऽ । ऽ ऽ upendravajrā उपेन्द्रवज्रा :11

838. । ऽ । ऽ ऽ । । ऽ ऽ । ऽ ऽ kalavallivihaṅgaḥ कलवल्लिविहङ्गः :12

839. । ऽ । ऽ ऽ । । kharpari खर्परि :7

840. । ऽ । ऽ ऽ । ऽ । । । ऽ । ऽ udāttahāsaḥ उदात्तहासः :13

841. । ऽ । ऽ ऽ । ऽ । ऽ : 9 cāruhāsinī चारुहासिनी

842. । ऽ । ऽ ऽ । ऽ ऽ : 8 vitā विता। । ।

843. । ऽ । ऽ ऽ । ऽ ऽ । ऽ - ऽ ऽ । ऽ ऽ । ऽ ऽ । ऽ ataila अतैल :10-10

844. । ऽ । ऽ ऽ । ऽ ऽ । ऽ ऽ । ऽ ऽ । ऽ ऽ । patangapādaḥ पतङ्गपादः :18

845. । ऽ । ऽ ऽ । ऽ ऽ । ऽ ऽ । ऽ pravāhikā प्रवाहिका :13

846. । ऽ । ऽ ऽ । ऽ ऽ । ऽ viśālaprabha विशालप्रभ :10

847. । ऽ । ऽ ऽ । ऽ ऽ vāriśālā वारिशाला :8

848. । ऽ । ऽ ऽ । ऽ kuṭhārikā कुठारिका :7

849. । ऽ । ऽ ऽ । kṣamāpāli क्षमापालि :6

850. । ऽ । ऽ ऽ ऽ । śroṇī श्रोणी :7

851. । ऽ । ऽ ऽ ऽ ऽ padyā पद्या, sumohitā सुमोहिता :7

852. । ऽ । ऽ ऽ ऽ kañjā कञ्जा :6

853. । ऽ । ऽ ऽ kaṇṭhī कण्ठी :5

854. । ऽ । ऽ kalā कला :4

855. । ऽ । mṛgendu मृगेन्दु :3

856. । ऽ ऽ : 3 dhṛtiā धृति, śaśi शशी

857. । ऽ ऽ । : 4 sadma सद्म

858. । ऽ ऽ । । । । । ćayana चयन :8

859. । ऽ ऽ । । । । ऽ ऽ ऽ ऽ kaḍāra कडार :11

860. । ऽ ऽ । । । । ahatiḥ अहतिः :7

861. । ऽ ऽ । । । ऽ । ऽ ऽ । । । ऽ । ऽ ऽ । । । ऽ । ऽ ऽ । ऽ viṣāṇāśrita विषाणाश्रित :26

862. । ऽ ऽ । । । ऽ ćirarućiḥ चिररुचिः :7

863. । ऽ ऽ । । । arti अर्ति :6

864. । ऽ ऽ । । ऽ । । ऽ । ऽ । । । । ऽ ऽ ऽ parāmodaḥ परामोदः :18

865. । ऽ ऽ । । ऽ । ऽ । । । ऽ suvihitā सुविहिता :12

866. । ऽ ऽ । । ऽ । ऽ ऽ ऽ kalāpāntaritā कलापान्तरिता :10

867. । ऽ ऽ । । ऽ । parabhānu परभानु :7

868. । ऽ ऽ । । ऽ ऽ : 7 muditā मुदिता

869. । ऽ ऽ । । ऽ ऽ ऽ manolā मनोला :8

870. । ऽ ऽ । । ऽ ऽ mahanīyā महनीया :7

871. । ऽ ऽ । । ऽ maśagā मशगा :6

872. । ऽ ऽ । । varīyaḥ वरीयः :5

873. । ऽ ऽ । ऽ : 5 jayā जया

874. । ऽ ऽ । ऽ । । upohā उपोहा :7

875. । ऽ ऽ । ऽ । ऽ mahoddhatā महोद्धता :7

876. । ऽ ऽ । ऽ । vṛttahāri वृत्तहारि :6

877. । ऽ ऽ । ऽ ऽ : 6 somarājī सोमराजी

878. । ऽ ऽ । ऽ ऽ । । ऽ । । ऽ kuraṅgāvatāraḥ कुरङ्गावतारः :12

879. । ऽ ऽ । ऽ ऽ । । ऽ । ऽ । ऽ karapallavodgatā करपल्लवोद्गता :13

880. । ऽ ऽ । ऽ ऽ । । vātuli वातुलि :8

881. । ऽ ऽ । ऽ ऽ । ऽ । । । ऽ ऽ śalabhalolā शलभलोला :13

882. । ऽ ऽ । ऽ ऽ । ऽ ऽ : 9 bṛhattha बृहत्थ

883. । ऽ ऽ । ऽ ऽ । ऽ ऽ । ऽ ऽ : 12 (5:7) bhujaṅgaprayāta भुजंगप्रयात, apremeyā अप्रमेया

884. । ऽ ऽ । ऽ ऽ । ऽ ऽ । ऽ ऽ । : 13 kanda कंद

885. । ऽ ऽ । ऽ ऽ । ऽ ऽ । ऽ ऽ । ऽ ऽ । ऽ ऽ । ऽ ऽ । ऽ ऽ । ऽ : 26 ćeṭagati चेटीगति

886. । ऽ ऽ । ऽ ऽ । ऽ ऽ । ऽ ऽ । ऽ ऽ । ऽ ऽ । ऽ ऽ । ऽ ऽ । mallapallīprakāśa मल्लपल्लीप्रकाश :25

887. । ऽ ऽ । ऽ ऽ । ऽ ऽ । ऽ ऽ । ऽ ऽ । ऽ ऽ । ऽ ऽ । ऽ ऽ bhujaṅgaḥ भुजङ्गः :24

888. । ऽ ऽ । ऽ ऽ । ऽ ऽ । ऽ ऽ । ऽ ऽ । ऽ ऽ । ऽ ऽ vidyadālī विद्यदाली :21

889. । ऽ ऽ । ऽ ऽ । ऽ ऽ । ऽ ऽ । ऽ ऽ । ऽ ऽ । ऽ avandhyopaćāraḥ अवन्ध्योपचारः :20

890. । ऽ ऽ । ऽ ऽ । ऽ ऽ । ऽ ऽ । ऽ ऽ । ऽ ऽ krīḍaćandra क्रीडचन्द्र :18

891. । ऽ ऽ । ऽ ऽ । ऽ ऽ । ऽ ऽ । ऽ ऽ siṁhapuccha सिंहपुच्छ :15

892. । ऽ ऽ । ऽ ऽ । ऽ ऽ । ऽ ऽ । ऽ prapātaḥ प्रपातः :14

893. । ऽ ऽ । ऽ ऽ । ऽ ऽ । ऽ ऽ । kandaḥ कन्दः :13

894. । ऽ ऽ । ऽ ऽ । ऽ ऽ । ऽ ऽ ऽ : 13 kanduka कंदुक

895. । ऽ ऽ । ऽ ऽ । ऽ ऽ । ऽ ऽ ऽ । ऽ ऽ । ऽ ऽ । ऽ ऽ vīranīrājanā वीरनीराजना :22

896. । ऽ ऽ । ऽ ऽ । ऽ ऽ । ऽ ऽ ऽ ऽ । ऽ ऽ । ऽ ऽ । ऽ ऽ । ऽ ऽ ābhāsamāna आभासमान :26

897. । ऽ ऽ । ऽ ऽ । ऽ ऽ । ऽ bhujaṅgī भुजङ्गी :11

898. । ऽ ऽ । ऽ ऽ । ऽ ऽ viśalya विशल्य :9

899. । ऽ ऽ । ऽ ऽ । ऽ vihāvā विहावा :8

900. । ऽ ऽ । ऽ ऽ । narhi नर्हि :7

901. । ऽ ऽ । ऽ ऽ ऽ । ऽ । ऽ prapātāvatāra प्रपातावतार :11

902. । ऽ ऽ । ऽ ऽ ऽ । ऽ ऽ । ऽ ऽ darpamālā दर्पमाला :13

903. ।ऽऽ।ऽऽऽ।ऽऽ।ऽ sarojāvālī सरोजावाली :11

904. ।ऽऽ।ऽऽऽऽऽऽऽ amālīna अमालीन :11

905. ।ऽऽ।ऽऽऽऽऽऽ dhūmrālī धूम्राली :10

906. ।ऽऽ।ऽऽऽऽ bhūmadhārī भूमधारी :8

907. ।ऽऽ।ऽऽऽ abhīka अभीक :7

908. ।ऽऽ।ऽऽ somarājī सोमराजी :6

909. ।ऽऽ।ऽ nārī नारी :5

910. ।ऽऽ। vāri वारि :4

911. ।ऽऽऽ।।।।।।ऽऽ।ऽ।।ऽ।ऽ : 19 (12:7) maṇimañjarī मणिमंजरी

912. ।ऽऽऽ।।।।।ऽ।ऽ।।ऽ।ऽ : 17 (4:6:7) bhārākrāntā भाराक्रांता, krāntā क्रांता

913. ।ऽऽऽ।।। bhūrivasu भूरिवसु :7

914. ।ऽऽऽ।।ऽऽऽऽ vaṁśāropī वंशारोपी :10

915. ।ऽऽऽ।।ऽ keśavatī केशवती :7

916. ।ऽऽऽ।। somaśruti सोमश्रुति :6

917. ।ऽऽऽ।ऽ।। bhāṣā भाषा :8

918. ।ऽऽऽ।ऽ। mayūrī मयूरी :7

919. ।ऽऽऽ।ऽऽ। : 8 sucandrābhā सुचन्द्राभा

920. ।ऽऽऽ।ऽऽऽ।ऽऽ।ऽऽ dṛptadehā दृप्तदेहा :14

921. ।ऽऽऽ।ऽऽऽ kulādhārī कुलाधारी :8

922. ।ऽऽऽ।ऽऽ vayasyaḥ वयस्यः :7

923. ।ऽऽऽ।ऽ kacchapī कच्छपी :6

924. ।ऽऽऽ। bhrūḥ भ्रूः :5

925. ।ऽऽऽऽ।।।।।।ऽऽ।।।ऽ : 17 kalātantra कलातंत्र

926. ।ऽऽऽऽ।। paddhari पद्धरि :7

927. ।ऽऽऽऽ।ऽऽ pārāntacārī पारान्तचारी :8

928. ।ऽऽऽऽ।ऽ ūpika ऊपिक :7

929. ।ऽऽऽऽ। vindu विन्दु :6

930. ।ऽऽऽऽऽ : 4 vṛddhi वृद्धि, vrīḍā व्रीडा

931. । ऽ ऽ ऽ ऽ ऽ : 6 śikhaṇḍinī शिखंडिनी

932. । ऽ ऽ ऽ ऽ ऽ । । । । । । ऽ । ऽ ऽ । ऽ ऽ : 19 (6:7:6) mugdhaka मुग्धक

933. । ऽ ऽ ऽ ऽ ऽ । । । । । । ऽ ऽ । ऽ ऽ । ऽ ऽ : 20 (6:7:7) śobhā शोभा

934. । ऽ ऽ ऽ ऽ ऽ । । । । । ऽ । ऽ । । ऽ । ऽ : 19 (6:6:7) makarandikā मकरंदिका

935. । ऽ ऽ ऽ ऽ ऽ । । । । । ऽ ऽ । । । ऽ : 17 (6:11) śikhariṇī शिखरिणी

936. । ऽ ऽ ऽ ऽ ऽ । । । । । ऽ ऽ । । ऽ ऽ । ऽ : 19 (6:6:7) ćhhāyā छाया

937. । ऽ ऽ ऽ ऽ ऽ । । । । । ऽ ऽ । ऽ ऽ : 16 (6:10) jayānanda जयानंद

938. । ऽ ऽ ऽ ऽ ऽ । । । । । ऽ ऽ । ऽ ऽ । ऽ ऽ : 19 (6:6:7) medhavisphurjitā मेधाविस्फूर्जिता, rambhā रंभा

939. । ऽ ऽ ऽ ऽ ऽ । । । । । ऽ ऽ । ऽ ऽ । kāntāra कान्तार :17

940. । ऽ ऽ ऽ ऽ ऽ । । । । । ऽ ऽ । ऽ ऽ pravaralalita प्रवरललित :16

941. । ऽ ऽ ऽ ऽ ऽ । । । । । ऽ ऽ ऽ । । । ऽ : 18 (6:6:6) kriḍā क्रीडा, sudhā सुधा, muktamālā मुक्तमाला

942. । ऽ ऽ ऽ ऽ ऽ । । । । । ऽ ऽ ऽ । ऽ ऽ । ऽ : 19 (5:7:7) ćhhāyā छाया

943. । ऽ ऽ ऽ ऽ ऽ । ऽ ऽ । ऽ ऽ । ऽ ऽ । ऽ ऽ : 18 krīḍāćakra क्रीडाचक्र

944. । ऽ ऽ ऽ ऽ ऽ । ऽ ऽ । ऽ ऽ ādhidaivī आधिदैवी :12

945. । ऽ ऽ ऽ ऽ ऽ । ऽ ऽ ऽ bodhāturā बोधातुरा :10

946. । ऽ ऽ ऽ ऽ ऽ । kaṁsāsāri कंसासारि :7

947. । ऽ ऽ ऽ ऽ ऽ ऽ । ऽ ऽ । ऽ ऽ : 13 (6:7) pañćarikāvalī पंचरिकावली, ćandrikā चंद्रिका

948. । ऽ ऽ ऽ ऽ ऽ ऽ । ऽ ऽ । ऽ ऽ ćañćarīkāvalī चञ्चरीकावली :13

949. । ऽ ऽ ऽ ऽ ऽ ऽ ऽ ऽ ऽ śephālī शेफाली :10

950. । ऽ ऽ ऽ ऽ ऽ ऽ ऽ ऽ meghālokaḥ मेघालोकः :9

951. । ऽ ऽ ऽ ऽ ऽ ऽ ऽ anirbhāraḥ अनिर्भारः :8

952. । ऽ ऽ ऽ ऽ ऽ ऽ prahāṇaḥ प्रहाणः :7

953. । ऽ ऽ ऽ ऽ ऽ panthā पन्था :6

954. । ऽ ऽ ऽ ऽ nālī नाली :5

955. । ऽ ऽ ऽ krīḍā क्रीडा :4

956. । ऽ ऽ balākā बलाका :3

957. । ऽ mahī मही :2

958. । snu स्नु :1

959. ऽ : 1 uktā उक्ता

960. ऽ । : 2 duḥkha दुःख, śatru शत्रु

961. ऽ । । : 3 hṛdya हृद्य

962. ऽ । । । : 4 jatu जतु

963. ऽ । । । । । । । । । । । । ऽ : 14 ćakrapada चक्रपद, ćakra चक्र

964. ऽ । । । । । । । । । । ऽ ऽ । । । । ऽ । । ऽ । । ऽ ऽ nīpavanīyaka नीपवनीयक :25

965. ऽ । । । । । । । । । । ऽ ऽ ऽ ऽ । । । । । । । । । । ऽ : 26 (13:13) (14:12) āpiḍa आपीड

966. ऽ । । । । । । । । । । ऽ bhāsitasaraṇiḥ भासितसरणिः :12

967. ऽ । । । । । । । । ऽ । । ऽ ऽ ऽ । । । । । । । ऽ । । ऽ śṛkhalavalayita शृखलवलयित :26

968. ऽ । । । । । । । । ऽ kṛtamaṇitā कृतमणिता :10

969. ऽ । । । । । । । ऽ ऽ upadhāyyā उपधाय्या :10

970. ऽ । । । । । । । ऽ dhaunika धौनिक :9

971. ऽ । । । । । । । veśi वेशि :8

972. ऽ । । । । । । ऽ : 8 nadī नदी

973. ऽ । । । । । । ऽ । । । । । । ऽ । । । । । । ऽ । । ऽ ऽ : 26 (7:7:7:5) rajana रजन

974. ऽ । । । । । । ऽ । । ऽ । । : 13 paṅkāvalī पंकावली

975. ऽ । । । । । । ऽ । । ऽ । । ऽ । । । । । । । । । । ऽ ऽ ujjhitakadana उज्झितकदन :26

976. ऽ । । । । । । ऽ । । ऽ । । alparuta अल्परुत :13, paṅkavatī पङ्कवती

977. ऽ । । । । । । ऽ । । ऽ । ऽ upaćitaratikā उपचितरतिका :13

978. ऽ । । । । । । ऽ । । ऽ ऽ - ऽ । । ऽ । । ऽ । । ऽ ऽ akusumaćara अकुसुमचर :12-11

979. ऽ । । । । । । ऽ । । ऽ ऽ ऽ । । । । । । । । । । ऽ ऽ bhāskara भास्कर :25

980. ऽ । । । । । । ऽ । । ऽ ऽ pathikāntā पथिकान्ता :12

981. ऽ । । । । । । ऽ । । ऽ arthaśikhā अर्थशिखा :11

982. ऽ । । । । । । ऽ । ऽ । ऽ aviralaratikā अविरलरतिका :12

983. ऽ । । । । । । ऽ । kaṭhināsthi कठिनास्थि :9

984. ऽ । । । । । । ऽ ऽ । । । । । । ऽ । ऽ । ऽ : 20 (3:6:11) dīpikāśikhā दीपिकाशिखा

985. ऽ । । । । । । ऽ ऽ । । । । । । ऽ ऽ titikṣā तितिक्षा :17

986. ऽ । । । । । । ऽ ऽ । । । । ardharuta अर्धरुत :13, paṅkāvaliḥ पङ्कावलिः :13

987. ऽ । । । । । । ऽ ऽ । ऽ । ऽ ऽ vāṭikāvikāśaḥ वाटिकाविकाशः :14

988. ऽ । । । । । । ऽ ऽ ऽ । । । । । । ऽ ऽ । । ऽ ऽ । saṁbhṛtaśaradhiḥ संभृतशरधिः :23

989. ऽ । । । । । । ऽ ऽ ऽ ऽ ऽ । । । । । । । । । । ऽ ऽ pārṣatasaraṇa पार्षतसरण :24

990. ऽ । । । । । । ऽ ari अरि :8

991. ऽ । । । । । । kośi कोशि :7

992. ऽ । । । । । ऽ : 7 ćitraā चित्र

993. ऽ । । । । । ऽ । । ऽ gahanā गहना :10

994. ऽ । । । । । ऽ । ऽ । । ऽ । । ऽ śāntasurabhiḥ शान्तसुरभिः :15

995. ऽ । । । । । ऽ । ऽ ऽ । ऽ । । ऽ dhorita धोरित :15

996. ऽ । । । । । ऽ ऽ ऽ ऽ : 10 bandhuka बंधूक

997. ऽ । । । । । ऽ ulapā उलपा :7

998. ऽ । । । । । amati अमति :6

999. ऽ । । । ऽ । । । । । । ऽ ardhakusumitā अर्धकुसुमिता :13

1000. ऽ । । । ऽ । । । । ऽ । । । । ऽ । ऽ : 18 (6:5:7) hiraka हीरक

1001. ऽ । । । ऽ । । । । ऽ ऽ । । । । । । । ऽ । । ऽ ऽ pulakāñćita पुलकाञ्चित :23

1002. ऽ । । । ऽ । । । । ऽ ऽ arpitamadanā अर्पितमदना :12

1003. ऽ । । । ऽ । । ऽ ऽ । । vāsaramaṇikā वासरमणिका :12

1004. ऽ । । । ऽ । । ऽ ऽ ऽ ऽ ऽ ऽ ऽ krīḍitakaṭakā क्रीडितकटका :15

1005. ऽ । । । ऽ । । ऽ ऽ ऽ krośitakuśalā क्रोशितकुशला :11

1006. ऽ । । । ऽ । । ऽ rañjaka रञ्जक :9

1007. ऽ । । । ऽ । । । ऽ : 12 udaya उदय

1008. ऽ । । । ऽ । ऽ । । । ऽ । ऽ ऽ । ऽ bālavikrīḍita बालविक्रीडित :17

1009. ऽ । । । ऽ । ऽ । । । ऽ ऽ mayūkhasaraṇiḥ मयूखसरणिः :13

1010. ऽ । । । ऽ । ऽ । । ऽ । ऽ amitanagānikā अमितनगानिका :13

1011. ऽ । । । ऽ । ऽ । ऽ । । ऽ prapātalikā प्रपातलिका :13

1012. ऽ । । । ऽ । ऽ । ऽ ऽ । ऽ bhasalamada भसलमद :13

1013. ऽ । । । । ऽ । ऽ । ऽ ऽ amandapādaḥ अमन्दपादः :11

1014. ऽ । । । । ऽ । ऽ । ऽ kupya कुप्य :10

1015. ऽ । । । । ऽ । varajāpi वरजापि :7

1016. ऽ । । । । ऽ ऽ : 7 vishuvaktrā विधुवक्त्रा

1017. ऽ । । । । ऽ ऽ । । ऽ । । । । ऽ । ऽ । ऽ । । ऽ ऽ vilāsavāsaḥ विलासवासः :23

1018. ऽ । । । । ऽ ऽ । । ऽ ऽ śramitaśikhaṇḍī श्रमितशिखण्डी :11

1019. ऽ । । । । ऽ ऽ । । ऽ virala विरल :10

1020. ऽ । । । । ऽ ऽ । ऽ । । ऽ arjitaphalikā अर्जितफलिका :12

1021. ऽ । । । । ऽ ऽ ऽ । ऽ ऽ । ऽ ऽ - ऽ ऽ । । ऽ ऽ ऽ । ऽ ऽ । ऽ ऽ lāsyalīlā लास्यलीला :14-13

1022. ऽ । । । । ऽ ऽ ऽ । ऽ ऽ । ऽ ऽ : 14 rudrā रुद्रा

1023. ऽ । । । । ऽ ऽ ऽ । ऽ ऽ । ऽ ऽ puṣpaśakaṭikā पुष्पशकटिका :14

1024. ऽ । । । । ऽ ऽ ऽ ऽ ऽ ऽ । । । । ऽ : 16 (8:8) ćakita चकित

1025. ऽ । । । । ऽ ऽ ऽ ऽ ऽ ऽ । । । । ऽ ćakitā चकिता :16

1026. ऽ । । । । ऽ ऽ ऽ ऽ ऽ ऽ ऽ bhāsitabharaṇa भासितभरण :12

1027. ऽ । । । । ऽ ऽ ऽ ऽ karmiṣṭhā कर्मिष्ठा :9

1028. ऽ । । । । ऽ ऽ rućira रुचिर :7

1029. ऽ । । । । ऽ saurabhi सौरभि :6

1030. ऽ । । । । kṣut क्षुत् :5

1031. ऽ । । । ऽ : 5 śarma शर्म

1032. ऽ । । । ऽ । । । । । । । ऽ saṅgamavatī सङ्गमवती :12

1033. ऽ । । । ऽ । । । ऽ । । । । ऽ : 14 induvadanā इंदुवदना

1034. ऽ । । । ऽ । । । ऽ । । । ऽ । ऽ : 15 vipinatilaka विपिनतिलक, niśipāla निशिपाल

1035. ऽ । । । ऽ । । । ऽ । । । ऽ ऽ : 14 varasundarī वरसुंदरी, कांता, वनमयूर, इन्द्रवदना

1036. ऽ । । । ऽ । । । ऽ । । ऽ nīlagirikā नीलगिरिका :12

1037. ऽ । । । ऽ । । । ऽ । ऽ s aubhagakalā सौभगकला :11

1038. ऽ । । । ऽ । । ऽ । । ऽ ऽ varatrā वरत्रा :12

1039. ऽ । । । ऽ । । ऽ । । ऽ śalkaśakala शल्कशकल :11

1040. ऽ । । । ऽ । । ऽ । ऽ । । । ऽ añćalavatī अञ्चलवती :14

1041. ऽ । । । ऽ । । ऽ । ऽ । । ऽ । ऽ mayūvadanā मयूवदना :15

1042. ऽ । । । ऽ । । ऽ । ऽ । । ऽ । hemamihikā हेममिहिका :14

1043. ऽ । । । ऽ । । ऽ । ऽ । ऽ pikālikā पिकालिका :12

1044. ऽ । । । ऽ । ऽ : 7 śāradī शारदी

1045. ऽ । । । ऽ । ऽ । । । ऽ । । ऽ kāraviṇī कारविणी :14

1046. ऽ । । । ऽ । ऽ । ऽ ऽ । ऽ viplutaśikhā विप्लुतशिखा :12

1047. ऽ । । । ऽ । ऽ । ऽ pravahlikā प्रवह्लिका :9

1048. ऽ । । । ऽ । ऽ ऽ । ऽ ऽ । ऽ vāmavadanā वामवदना :13

1049. ऽ । । । ऽ । ऽ ऽ । ऽ kheṭaka खेटक :10

1050. ऽ । । । ऽ । ऽ ऽ kṛṣṇagatikā कृष्णगतिका :8

1051. ऽ । । । ऽ । ऽ undari उन्दरि :7

1052. ऽ । । । ऽ । । jāsari जासरि :7

1053. ऽ । । । ऽ ऽ : 6 kāmalatikā कामलतिका

1054. ऽ । । । ऽ ऽ ītiḥ ईतिः :6

1055. ऽ । । । ऽ ऽ । । ऽ । । ऽ । ऽ ऽ : 15 ketana केतन

1056. ऽ । । । ऽ ऽ । nandathu नन्दथु :7

1057. ऽ । । । ऽ ऽ ऽ ऽ । । ऽ ऽ siktamaṇimālā सिक्तमणिमाला :12

1058. ऽ । । । ऽ ऽ ऽ ऽ ऽ ऽ ऽ uddhatikarī उद्धतिकरी :11

1059. ऽ । । । ऽ ऽ ऽ ऽ vātyā वात्या :8

1060. ऽ । । । ऽ ऽ ऽ kiṇapā किणपा :7

1061. ऽ । । । ऽ maṇḍala मण्डल :5

1062. ऽ । । । anṛju अनृजु :4

1063. ऽ । । ऽ : 4 sumukhī सुमुखी

1064. ऽ । । ऽ । । । । । । । । । ऽ kanakitā कनकिता :13

1065. ऽ । । ऽ । । । । । । ऽ । । ऽ ऽ ऽ ārabhaṭī आरभटी :16

1066. ऽ । । ऽ । । । । । ऽ । ऽ virataprabhā विरतप्रभा :12

1067. ऽ । । ऽ । । । । ऽ । । ऽ । । । । । । । । । ऽ ऽ ऽ ऽ dhaureya धौरेय :24

1068. ऽ । । ऽ । । । । ऽ । । ऽ ऽ । unnarma उन्नर्म :14

1069. ऽ । । ऽ । । । । ऽ । । ऽ vanitābharaṇa वनिताभरण :12

1070. ऽ । । ऽ । । । । ऽ ऽ ऽ śritakamalā श्रितकमला :11

1071. ऽ । । ऽ । । । । ऽ priyatilakā प्रियतिलका :9

1072. ऽ । । ऽ । । । ऽ । । ऽ ऽ dhṛṣṭapada धृष्टपद :12

1073. ऽ । । ऽ । । । ऽ । ऽ ऽ ऽ ऽ kalādhāma कलाधाम :13

1074. ऽ । । ऽ । । । ऽ । ऽ bhinnapada भिन्नपद :10

1075. ऽ । । ऽ । । । paurasari पौरसरि :7

1076. ऽ । । ऽ । । ऽ : 7 kalikā कलिका

1077. ऽ । । ऽ । । ऽ । । । । ऽ sammadavadanā सम्मदवदना :12

1078. ऽ । । ऽ । । ऽ ऽ ऽ ऽ : 16 dodhaka दोधक

1079. ऽ । । ऽ । । ऽ । । ऽ । । : 12 (3:3:3:3) bhāminī भामिनी, modaka मोदक

1080. ऽ । । ऽ । । ऽ । । ऽ । । । । । । । ऽ ऽ : 18 (6:4:8) bhaṅgī भंगि, vicchita विच्छित

1081. ऽ । । ऽ । । ऽ । । ऽ । । । । ऽ ऽ : 16 smaraśaramālā स्मरशरमाला

1082. ऽ । । ऽ । । ऽ । । ऽ । । ऽ - । । ऽ । । ऽ । । ऽ । । ऽ ऽ anaṅgapada अनङ्गपद :13-13

1083. ऽ । । ऽ । । ऽ । । ऽ । । ऽ : 13 aṅgaruci अंगरुचि

1084. ऽ । । ऽ । । ऽ । । ऽ । । ऽ । । । । ऽ : 18 (11:7) maṇimālā मणिमाला, aśvagati अश्वगति

1085. ऽ । । ऽ । । ऽ । । ऽ । । ऽ । । । ऽ । ऽ ऽ ऽ talpakatallaja तल्पकतल्लज :21

1086. ऽ । । ऽ । । ऽ । । ऽ । । ऽ । । ऽ : 16 nīla नील, khagati खगति, aśvakāntā अश्वकांता

1087. ऽ । । ऽ । । ऽ । । ऽ । । ऽ । । ऽ । । । । । । । ऽ ऽ ardita अर्दित :24

1088. ऽ । । ऽ । । ऽ । । ऽ । । ऽ । । ऽ । । ऽ । । ऽ : 22 madirā मदिरा, latākusuma लताकुसुम

1089. ऽ । । ऽ । । ऽ । । ऽ । । ऽ । । ऽ । । ऽ । । ऽ । । : 24 subhadra सुभद्र, kirīṭa किरीट

1090. ऽ । । ऽ । । ऽ । । ऽ । । ऽ । । ऽ । । ऽ । । ऽ । । ऽ ऽ priyajīvita प्रियजीवित :26

1091. ऽ । । ऽ । । ऽ । । ऽ । । ऽ । । ऽ । । ऽ । । ऽ । । ऽ śivikā शिविका :25

1092. ऽ । । ऽ । । ऽ । । ऽ । । ऽ । । ऽ । । ऽ । । ऽ । । meduradanta मेदुरदन्त :24

1093. ऽ । । ऽ । । ऽ । । ऽ । । ऽ । । ऽ । । ऽ । । ऽ । cakoraḥ चकोरः :23

1094. ऽ । । ऽ । । ऽ । । ऽ । । ऽ । । ऽ । । ऽ । । ऽ ऽ : 23 (12:11) mayūragati मयूरगति, mattagajendraḥ मत्तगजेन्द्रः

1095. ऽ । । ऽ । । ऽ । । ऽ । । ऽ । । ऽ । । ऽ । । ऽ madirā मदिरा :22

1096. ऽ । । ऽ । । ऽ । । ऽ । । ऽ । । ऽ । । ऽ । । tadidambara तडिदम्बर :21

1097. ऽ । । ऽ । । ऽ । । ऽ । । ऽ । । ऽ । । ऽ । ऽ : 21 mattavilāsinī मत्तविलासिनी

1098. ऽ । । ऽ । । ऽ । । ऽ । । ऽ । । ऽ । । ऽ ऽ vīravimāna वीरविमान :20

1099. ऽ । । ऽ । । ऽ । । ऽ । । ऽ । । ऽ । । hīrakahāradhara हीरकहारधर :18

1100. ऽ । । ऽ । । ऽ । । ऽ । । ऽ । । ऽ khagatiḥ खगतिः :16

1101. ऽ । । ऽ । । ऽ । । ऽ । । ऽ । ऽ । । ऽ । ऽ : 20 bhāsura भासुर, nandaka नंदक

1102. ऽ । । ऽ । । ऽ । । ऽ । । ऽ ऽ jāhamukhī जाहमुखी :14

1103. ऽ । । ऽ । । ऽ । । ऽ । । ऽ karmaṭhaḥ कर्मठः :13

1104. ऽ । । ऽ । । ऽ । । ऽ । । modaka मोदक :12

1105. ऽ । । ऽ । । ऽ । । ऽ ऽ - । । । । ऽ । । ऽ । । ऽ ऽ drutamadhyā द्रुतमध्या :11-12

1106. ऽ । । ऽ । । ऽ । । ऽ ऽ - । । । । ऽ ऽ । । । । ऽ ऽ korakitā कोरकिता :11-12

1107. ऽ । । ऽ । । ऽ । । ऽ ऽ - । । ऽ । । ऽ । । ऽ ऽ vargavatī वर्गवती :11-10

1108. ऽ । । ऽ । । ऽ । । ऽ ऽ - ऽ । । । । । । ऽ । । ऽ ऽ kamalākarā कमलाकरा :11-12

1109. ऽ । । ऽ । । ऽ । । ऽ ऽ : 11 bhittaka भित्तक, avahitrā अवहित्रा

1110. ऽ । । ऽ । । ऽ । । ऽ ऽ । । । । । । । । । । । । । ऽ : 24 drutalaghupadagati द्रुतलघुपदगति

1111. ऽ । । ऽ । । ऽ । । ऽ ऽ । । ऽ karṇiśaraḥ कर्णिशरः :14

1112. ऽ । । ऽ । । ऽ । । ऽ ऽ ऽ । । ऽ । । । । । । । । ऽ vellitavela वेल्लितवेल :24

1113. ऽ । । ऽ । । ऽ । । ऽ ऽ ऽ ऽ vāsavilāsavatī वासविलासवती :13

1114. ऽ । । ऽ । । ऽ । । ऽ viśvamukhī विश्वमुखी :10

1115. ऽ । । ऽ । । ऽ । । dadhi दधि :9

1116. ऽ । । ऽ । । ऽ । ऽ : 9 utsuka उत्सुक

1117. ऽ । । ऽ । । ऽ । ऽ । । ऽ । ऽ : 14 darduraka दर्दुरक

1118. ऽ । । ऽ । । ऽ । ऽ । ऽ ऽ - । । । । । ऽ । ऽ । ऽ ऽ upāḍhya उपाढ्य :12-11

1119. ऽ । । ऽ । । ऽ । ऽ । ऽ ऽ ulapohā उलपोहा :12

1120. ऽ । । ऽ । । ऽ । ऽ । ऽ ऽ valabhī वलभी :12

1121. ऽ । । ऽ । । ऽ । ऽ । hīralambi हीरलम्बि :10

1122. ऽ । । ऽ । । ऽ । ऽ ऽ ऽ : 11 rocaka रोचक

1123. ऽ । । ऽ । । ऽ । ऽ madanoddhurā मदनोद्धुरा :9

1124. ऽ । । ऽ । । ऽ ऽ : 8 ćitrapadā चित्रपदा

1125. ऽ । । ऽ । । ऽ ऽ । । । । । । ऽ ऽ ऽ valvaja बल्वज :17

1126. ऽ । । ऽ । । ऽ ऽ । । ऽ kalasvanavaṁśaḥ कलस्वनवंशः :11

1127. ऽ । । ऽ । । ऽ ऽ । ऽ । । ऽ । ऽ plavaṅgamaḥ प्लवङ्गमः :15

1128. ऽ । । ऽ । । ऽ ऽ ऽ । । ऽ : 12 (4:8) jalamālā जलमाला

1129. ऽ । । ऽ । । ऽ ऽ ऽ । । ऽ । । ऽ : 15 saṅgataka संगतक

1130. ऽ । । ऽ । । ऽ ऽ ऽ ऽ : 10 bandhuka बंधूक

1131. ऽ । । ऽ । । ऽ ऽ ćitrapadā चित्रपदा :8

1132. ऽ । । ऽ । । ऽ mauralika मौरलिक :7

1133. ऽ । । ऽ । । nandi नन्दि :6

1134. ऽ । । ऽ । ऽ : 6 madhumālinī मधुमालिनी

1135. ऽ । । ऽ । ऽ । । । । । । । । । । । । ऽ : 18 (9:9) bhramarapadaka भ्रमरपदक

1136. ऽ । । ऽ । ऽ । । । । । । । । । । ऽ : 16 (7:9) mattagajavilasita मत्तगजविलसित, ṛṣabhagajavilasita ऋषभगजविलसित :16

1137. ऽ । । ऽ । ऽ । । । । । । । । ऽ । । ऽ । । ऽ ऽ : 21 narendra नरेंद्र

1138. ऽ । । ऽ । ऽ । । । । । ऽ । । । ऽ । ऽ । । । ऽ bhadraka भद्रक :22

1139. ऽ । । ऽ । ऽ । । । ऽ । । । । । । । ऽ : 17 (10:7) vaṁśapatrapatita वंशपत्रपतित, vaṁśadala वंशदल

1140. ऽ । । ऽ । ऽ । । । ऽ । । ऽ । । ऽ : 16 (5:6:5) bhāminī भामिनी, śailaśikhā शैलशिखा

1141. ऽ । । ऽ । ऽ । । । ऽ । । ऽ । । ऽ । ऽ । ऽ : 20 utpalamālikā उत्पलमालिका

1142. ऽ । । ऽ । ऽ । । । ऽ । । ऽ lavalīlatā लवलीलता :13

1143. ऽ । । ऽ । ऽ । । । ऽ । ऽ । । । ऽ : 16 (10:6) dhauralalitā धौरललिता, प्रमुदिता

1144. ऽ । । ऽ । ऽ । । । ऽ । ऽ । । । ऽ । ऽ । । । ऽ : 22 (10:12) viśuddhaćarita विशुद्धचरित

1145. ऽ । । ऽ । ऽ । । । ऽ । ऽ । । । ऽ । ऽ ऽ । ऽ : 21 (10:11) lalitavikrama ललितविक्रम

1146. ऽ । । ऽ । ऽ । । । ऽ ऽ - । । ऽ । ऽ । । । ऽ ऽ ketuḥ केतुः :10-11

1147. ऽ । । ऽ । ऽ । । ऽ niṣadha निषध :9

1148. ऽ । । ऽ । ऽ । ऽ : 8 nāharaka नागरक

1149. ऽ । । ऽ । ऽ । ऽ ऽ । । । । । । । ऽ : 16 (10:6) varayuvatī वरयुवती

1150. ऽ । । ऽ । ऽ । mīnapadī मीनपदी :7

1151. ऽ । । ऽ । ऽ ऽ । ऽ । ऽ aupagavīta औपगवीत :11, vārayātrika वारयात्रिक :11

1152. ऽ । । ऽ । ऽ ऽ hoḍapadā होडपदा :7

1153. ऽ । । ऽ । ऽ śunaka शुनक :6

1154. ऽ । । ऽ । viṭ विट् :5

1155. ऽ । । ऽ ऽ : 5 paṁti पंक्ति

1156. ऽ । । ऽ ऽ । । । । । । । ऽ : 12 lalanā ललना, rati रति

1157. ऽ । । ऽ ऽ । । । । । । ऽ ऽ । । ऽ । । । । । । । ऽ ऽ : 24 tanvī तन्वी

1158. ऽ । । ऽ ऽ । । । । । । ऽ vīraṇamālā वीरणमाला :12

1159. ऽ । । ऽ ऽ । । । । ऽ : 10 mṛgaćapalā मृगचपला, suradayitā सुरदयिता

1160. ऽ । । ऽ ऽ । । । । ऽ । : 11 sāndrapada सांद्रपद,

1161. ऽ । । ऽ ऽ । । । । ऽ ऽ : 11 (5:6) pratyabodha प्रत्यबोध

1162. ऽ । । ऽ ऽ । । । । ऽ ऽ । । । । ऽ ऽ ऽ । । ऽ ऽ arbhakamālā अर्भकमाला :22

1163. ऽ । । ऽ ऽ । । । । ऽ ऽ । । । । ऽ sāravarohā सारवरोहा :16

1164. ऽ । । ऽ ऽ । । । । ऽ ऽ । । ऽ ऽ । । । । ऽ । । ऽ gotragarīyaḥ गोत्रगरीयः :23

1165. ऽ । । ऽ ऽ । । । । ऽ ऽ । । ऽ ऽ dīpaka दीपक :15

1166. ऽ । । ऽ ऽ । । । । ऽ ऽ ऽ ऽ । । । । । । । । ऽ ऽ indravimāna इन्द्रविमान :23

1167. ऽ । । ऽ ऽ । । । । ऽ ऽ anukūlā अनुकूला :11

1168. ऽ । । ऽ ऽ । । ऽ । । ऽ । । ऽ । । ऽ vaṁśalaḥ वंशलः :17

1169. ऽ । । ऽ ऽ । । ऽ । vāridhiyāna वारिधियान :9

1170. ऽ । । ऽ ऽ । । ऽ ऽ । । ऽ ऽ ānanamūla आननमूल :13

1171. ऽ । । ऽ ऽ । । ऽ ऽ śambaradhārī शम्बरधारी :9

1172. ऽ । । ऽ ऽ । । ऽ māṇavaka माणवक :8

1173. ऽ । । ऽ ऽ । । śantanu शन्तनु :7

1174. ऽ । । ऽ ऽ । ऽ । ऽ । ऽ - । । ऽ । । । ऽ । ऽ । ऽ karabhoddhatā करभोद्धता :11-11

1175. ऽ । । ऽ ऽ । ऽ ऽ । ऽ ऽ । ऽ svinnaśarīra स्विन्नशरीर :13

1176. ऽ । । ऽ ऽ । ऽ ऽ ऽ ऽ ऽ lakṣaṇalīlā लक्षणलीला :11

1177. S I I S S I S kalpamukhī कल्पमुखी :7

1178. S I I S S I rāḍhi राढि :6

1179. S I I S S S : 6 vikrāntā विक्रांता

1180. S I I S S S I I I S : 10 vṛttasamṛddhā वृत्तसमृद्धा

1181. S I I S S S I I I S I I I I I I I I I I I S S : 23 puṣpasamṛddhā पुष्पसमृद्धा

1182. S I I S S S I I S : 9 maṇimadhyā मणिमध्या, hiṁsakāntā सिंहकांता

1183. S I I S S S I I S I I S : 12 (5:7) lalanā ललना

1184. S I I S S S I I S S : 10 (5:5) rukmavatī रुक्मवती, ćampakamālā चंपकमाला

1185. S I I S S S I I S S I I I I I I I I I I I I I I S : 25 (5:5:8:7) kraunćapadā क्रौंचपदा

1186. S I I S S S I I S S I I I I I I I I I I I I I I S krośapadā क्रोशपदा :25

1187. S I I S S S I I S S I I I I I I I I I I I I S : 23 ćapalagati चपलगति

1188. S I I S S S I I S S I I I I I I I I I I I I S S : 24 (5:5:8:6) haṁsapada हंसपद

1189. S I I S S S I I S S I I I I I I I I I I I I S S kokapada कोकपद :24

1190. S I I S S S I I S S I I I I S : 15 bhūtalatanvī भूतलतन्वी

1191. S I I S S S I I S S I kāmukalekhā कामुकलेखा :11

1192. S I I S S S I I S S S I I S S I I S S I I S niṣkalakaṇṭhī निष्कलकण्ठी

1193. S I I S S S I I S S S I I S S S I I S S S S vāsakalīlā वासकलीला :22

1194. S I I S S S I I S S S S : 12 kāntotpīḍā कान्तोत्पीडा

1195. S I I S S S I I S S S kandavinodaḥ कन्दविनोदः :11

1196. S I I S S S I I S S ćampakamālā चम्पकमाला :10

1197. S I I S S S I I S maṇimadhya मणिमध्य :9

1198. S I I S S S I I pañjari पञ्जरि :8

1199. S I I S S S I S I S : 10 dīpakamālā दीपकमाला

1200. S I I S S S I vyāhāri व्याहारि :7

1201. S I I S S S S S I I I I I I S I I I I S saurabhaśobhāsāraḥ सौरभशोभासारः :20

1202. S I I S S S S S I I kīlāla कीलाल :10

1203. S I I S S S S S S 9 (5:4) snigdhā स्निग्धा, vaktra वक्त्र

1204. ऽ । । ऽ ऽ ऽ ऽ ऽ ऽ ऽ ऽ ऽ । । । । । । । ऽ ऽ ऽ bhekālokaḥ भेकालोकः :20

1205. ऽ । । ऽ ऽ ऽ ऽ ऽ indraphalā इन्द्रफला :8

1206. ऽ । । ऽ ऽ ऽ ऽ adhīrā अधीरा :7

1207. ऽ । । ऽ ऽ ऽ sindhurayā सिन्धुरया :6

1208. ऽ । । ऽ ऽ paṅktiḥ पङ्क्तिः :5

1209. ऽ । । ऽ valā वला :4

1210. ऽ । । mandari मन्दरि :3

1211. ऽ । ऽ : 3 mṛgī मृगी, sudhī सुधी

1212. ऽ । ऽ । : 4 vartma वर्त्म

1213. ऽ । ऽ । । । : 6 kaććhapī कच्छपी

1214. ऽ । ऽ । । । । । । । । । । । । । ऽ : 16 lalanā ललना

1215. ऽ । ऽ । । । । । । । ऽ । ऽ mukulitakalikāvalī मुकुलितकलिकावली :12

1216. ऽ । ऽ । । । । । । ऽ : 9 (3,6) halamukhī हलमुखी

1217. ऽ । ऽ । । । । । । ऽ । । । ऽ paragatiḥ परगतिः :13

1218. ऽ । ऽ । । । । । । ऽ । ćārućāraṇa चारुचारण :10

1219. ऽ । ऽ । । । । । । ऽ ऽ ऽ । ऽ ऽ ऽ ānaddha आनद्ध :15

1220. ऽ । ऽ । । । । । । ऽ ऽ aćalapaṅktiḥ अचलपङ्क्तिः :10

1221. ऽ । ऽ । । । । । । ऽ halamukhī हलमुखी :9

1222. ऽ । ऽ । । । । । । kuśaka कुशक :8

1223. ऽ । ऽ । । । । ऽ । । ऽ ऽ arditapāda अर्दितपाद :12

1224. ऽ । ऽ । । । । ऽ । ऽ । ऽ - । । ऽ । । । । । ऽ । ऽ । ऽ ऽ ćamūrubhīruḥ चमूरुभीरुः :12-13

1225. ऽ । ऽ । । । । varaśaśi वरशशि :7

1226. ऽ । ऽ । । । ऽ । । । । । ऽ : 12 ćandravartma चंद्रवर्त्म, vitā विता। । ।

1227. ऽ । ऽ । । । ऽ । । ऽ । । ऽ । ऽ : 15 (3:12) ramaṇīyaka रमणीयक, utsara उत्सर,

1228. ऽ । ऽ । । । ऽ । । ऽ । । ऽ । ऽ : 15 (5:10) sundara सुंदर, maṇibhūṣaṇa मणिभूषण

1229. ऽ । ऽ । । । ऽ । । ऽ । । ऽ । ऽ nūtana नूतन :15

1230. ऽ । ऽ । । । ऽ । । ऽ । । ऽ ऽ : 14 vanalatā वनलता

1231. ऽ । ऽ । । । ऽ । । ऽ । ऽ : 12 yuthikā युथिका

1232. ऽ । ऽ । । । ऽ । । ऽ ऽ - ऽ । ऽ । । । ऽ । ऽ । ऽ karṇinī कर्णिनी :11-11

1233. ऽ । ऽ । । । ऽ । । ऽ ऽ : 11 svāgatā स्वागता, dīpakaā दीपक

1234. ऽ । ऽ । । । ऽ । । ऽ ऽ svāgatā स्वागता :11

1235. ऽ । ऽ । । । ऽ । ऽ : 9 bhadrikā भद्रिका

1236. ऽ । ऽ । । । ऽ । ऽ । । । ऽ । ऽ । । । ऽ । ऽ : 21 (6:6:6:3) suranartakī सुरनर्तकी

1237. ऽ । ऽ । । । ऽ । ऽ । । । ऽ । ऽ । । । ऽ । ऽ : 21 taraṅgamālikā तरंगमालिका

1238. ऽ । ऽ । । । ऽ । ऽ । । । ऽ । ऽ । । । ऽ । ऽ । । । ऽ bhāvinīvilasita भाविनीविलसित :25

1239. ऽ । ऽ । । । ऽ । ऽ । । । ऽ । ऽ । । । ऽ । ऽ । ऽ : 23 urutaraṅgmālikā उरुतरंगमालिका

1240. ऽ । ऽ । । । ऽ । ऽ । । । ऽ । ऽ । । । ऽ । ऽ kanakamālikā कनकमालिका :21

1241. ऽ । ऽ । । । ऽ । ऽ । । । ऽ । ऽ । । । ऽ ṭaṅkaṇa टङ्कण :19

1242. ऽ । ऽ । । । ऽ । ऽ । । । ऽ । ऽ sāriṇī सारिणी :15

1243. ऽ । ऽ । । । ऽ । ऽ । । । ऽ prabodhaphalitā प्रबोधफलिता :13

1244. ऽ । ऽ । । । ऽ । ऽ । । ऽ । ऽ gaganodgatā गगनोद्गता :14

1245. ऽ । ऽ । । । ऽ । ऽ । ऽ - । । । ऽ । । । ऽ । ऽ । ऽ kilikitā किलिकिता :11-12

1246. ऽ । ऽ । । । ऽ । ऽ । ऽ - ऽ । ऽ । । । ऽ । । ऽ ऽ sārikā सारिका :11-11

1247. ऽ । ऽ । । । ऽ । ऽ । ऽ : 11 rathoddhatā रथोद्धता

1248. ऽ । ऽ । । । ऽ । ऽ । vireki विरेकि :10

1249. ऽ । ऽ । । । ऽ । ऽ bhadrikā भद्रिका :9

1250. ऽ । ऽ । । । ऽ bahulayā बहुलया :7

1251. ऽ । ऽ । । । pratari प्रतरि :6

1252. ऽ । ऽ । । ऽ । । । । ऽ । । । । ऽ । । ऽ । ऽ : 21 (11:10) padmasadma पद्मसद्म

1253. ऽ । ऽ । । ऽ । । ऽ । । ऽ । । ऽ । । ऽ । ऽ : 20 puṭabheda पुटभेद

1254. ऽ । ऽ । । ऽ । । ऽ । ऽ : 11 aćyuta अच्युत

1255. ऽ । ऽ । । ऽ । । ऽ ऽ : 10 maṇirāga मणिराग, maṇiraṅga मणिरंग

1256. ऽ । ऽ । । ऽ । । ऽ ऽ ऽ । । ऽ । । ऽ । ऽ : 19 (10:9) śaṅrgi शांर्गि, ūrjita ऊर्जित

1257. ऽ । ऽ । । ऽ । ऽ । । । । । ऽ gaganagatikā गगनगतिका :14

1258. ऽ । ऽ । । ऽ । ऽ । । ऽ । ऽ । । ऽ । ऽ : 18 (8:5:5) vibudhapriyā विबुधप्रिया

1259. ऽ । ऽ । । ऽ । ऽ । । ऽ । ऽ । । ऽ । ऽ । । ऽ । ऽ । । ऽ kākalīkalakokilaḥ

काकलीकलकोकिलः :26

1260. ऽ । ऽ । । ऽ । ऽ । । ऽ । ऽ । । ऽ । ऽ । । ऽ । ऽ ऽ ऽ śarabhūriṇī शरभूरिणी :25

1261. ऽ । ऽ । । ऽ । ऽ । । ऽ । ऽ । । ऽ । ऽ mattakokila मत्तकोकिल :18

1262. ऽ । ऽ । । ऽ । ऽ । । ऽ । ऽ ćandrahāsakarā चन्द्रहासकरा :13

1263. ऽ । ऽ । । ऽ । ऽ । । ऽ ऽ ऽ । । ऽ । ऽ : 18 (6:5:7) varakṛttan वरकृत्तन

1264. ऽ । ऽ । । ऽ । ऽ । ऽ : 10 lālinī लालिनी

1265. ऽ । ऽ । । ऽ । ऽ । ऽ । ऽ paripuṅkhitā परिपुङ्खिता :12

1266. ऽ । ऽ । । ऽ । ऽ । ऽ akṣarāvalī अक्षरावली :10

1267. ऽ । ऽ । । ऽ । ऽ ऽ । ऽ । । ऽ । ūhinī ऊहिनी :15

1268. ऽ । ऽ । । ऽ । ऽ ऽ ऽ ऽ ऽ kiṁśukāstaraṇa किंशुकास्तरण :12

1269. ऽ । ऽ । । ऽ । methikā मेथिका :7

1270. ऽ । ऽ । । ऽ ऽ : 7 udyatā उद्यता

1271. ऽ । ऽ । । ऽ ऽ । ऽ । । ऽ bhujaṅgajuṣī भुजङ्गजुषी :12

1272. ऽ । ऽ । । ऽ ऽ ऽ : 8 gātha गाथ

1273. ऽ । ऽ । । ऽ ऽ śaragītiḥ शरगीतिः :7

1274. ऽ । ऽ । । ऽ karmadā कर्मदा :6

1275. ऽ । ऽ । । kalki कल्कि :5

1276. ऽ । ऽ । ऽ : 5 bhāminī भामिनी

1277. ऽ । ऽ । ऽ । । । । ऽ । ऽ vipulapālikā विपुलपालिका :12

1278. ऽ । ऽ । ऽ । । । ऽ । ऽ : 11 (5:6) lalita ललित, drutā द्रुता, rajitā रजिता

1279. ऽ । ऽ । ऽ । । । ऽ । ऽ । ऽ mañjumālatī मञ्जुमालती :13

1280. ऽ । ऽ । ऽ । । । ऽ । ऽ upadārikā उपदारिका :11

1281. ऽ । ऽ । ऽ । । । ākhṛta आख्र्ट :8

1282. ऽ । ऽ । ऽ । । ऽ । ऽ varmitā वर्मिता :10

1283. ऽ । ऽ । ऽ । । ऽ śraddharā श्रद्धरा :8

1284. ऽ । ऽ । ऽ । । kārpikā कार्पिका :7

1285. ऽ । ऽ । ऽ । ऽ : 7 raktā रक्ता

1286. ऽ । ऽ । ऽ । ऽ । : 8 samānikā समानिका, samānī समानी

1287. ऽ । ऽ । ऽ । ऽ । । । । ऽ । ऽ । ऽ । । । । ऽ । ऽ ऽ bhāsamānabimba भासमानबिम्ब :24

1288. ऽ । ऽ । ऽ । ऽ । ऽ : 9 bhujaṅgasaṅgatā भुजंगसंगता

1289. ऽ । ऽ । ऽ । ऽ । ऽ : 9 kāminī कामिनी, taraṅgavatī तरंगवती, bhāvinī भाविनी

1290. ऽ । ऽ । ऽ । ऽ । ऽ । ऽ : 11 śreṇi श्रेणि, śyenī श्येनी, senikā सेनिका

1291. ऽ । ऽ । ऽ । ऽ । ऽ । ऽ । - । ऽ । ऽ । ऽ । ऽ । ऽ । ऽ ऽ amarāvatī अमरावती :12-13

1292. ऽ । ऽ । ऽ । ऽ । ऽ । ऽ । : 12 samāna समान

1293. ऽ । ऽ । ऽ । ऽ । ऽ । ऽ । ऽ । ऽ : 15 (7:8) tūṇaka तूणक, utasava उत्सव, चामर–1

1294. ऽ । ऽ । ऽ । ऽ । ऽ । ऽ । ऽ । ऽ । : 16 ćtraśobha चित्रशोभा

1295. ऽ । ऽ । ऽ । ऽ । ऽ । ऽ । ऽ । ऽ । ऽ । । ऽ : 20 mālava मालव

1296. ऽ । ऽ । ऽ । ऽ । ऽ । ऽ । ऽ । ऽ । ऽ । ऽ । : 20 gaṇḍaka गंडका, īdṛṣa ईदृष :20

1297. ऽ । ऽ । ऽ । ऽ । ऽ । ऽ । ऽ । ऽ । ऽ । ऽ । ऽ । ऽ । ऽ ऽ vikuṇṭhakaṇṭhaḥ विकुण्ठकण्ठः :26

1298. ऽ । ऽ । ऽ । ऽ । ऽ । ऽ । ऽ । ऽ । ऽ । ऽ kalāpadīpaka कलापदीपक :19

1299. ऽ । ऽ । ऽ । ऽ । ऽ । ऽ । ऽ । ऽ ऽ ćitra चित्र :16

1300. ऽ । ऽ । ऽ । ऽ । ऽ । ऽ । ऽ । ऽ ऽ : 16 ćitra चित्र

1301. ऽ । ऽ । ऽ । ऽ । ऽ । ऽ । ऽ ऽ arkaśeṣā अर्कशेषा :14

1302. ऽ । ऽ । ऽ । ऽ । ऽ । ऽ । ऽ kalāpatiprabhā कलापतिप्रभा :13

1303. ऽ । ऽ । ऽ । ऽ । ऽ ऽ : 10 mayūrasāriṇī मयूरसारिणी

1304. ऽ । ऽ । ऽ । ऽ । ऽ ऽ ऽ ऽ ऽ ऽ ऽ । ऽ । ऽ । ऽ ऽ ऽ ऽ vaṁśalonnatā वंशलोन्नता :24

1305. ऽ । ऽ । ऽ । ऽ ऽ । । । । । । । । । । । । ऽ : 21 ćandanapṛkṛti चंदनप्रकृति

1306. ऽ । ऽ । ऽ । ऽ ऽ । ऽ । ऽ । ऽ sudhādhārā सुधाधारा :14

1307. ऽ । ऽ । ऽ । ऽ ऽ ऽ ऽ ऽ kūlaćāriṇī कूलचारिणी :11

1308. ऽ । ऽ । ऽ । ऽ ऽ siṁhalekhā सिंहलेखा :8

1309. ऽ । ऽ । ऽ । ऽ ćāmara चामर :7

1310. ऽ । ऽ । ऽ । ārbhava आर्भव :6

1311. ऽ । ऽ । ऽ ऽ । । । । ऽ ऽ : 12 kumudinī कुमुदिनी

1312. ऽ । ऽ । ऽ ऽ । । ऽ । ऽ । ऽ sārddhapadā सार्द्धपदा :13

1313. ऽ । ऽ । ऽ ऽ । ऽ : 8 haṁsinī हंसिनी

1314. ऽ । ऽ । ऽ ऽ । ऽ । ऽ : 10 (5:5) mauktika मौक्तिक, pathyā पथ्या, paṁtikā पंक्तिका

1315. ऽ । ऽ । ऽ ऽ । ऽ । ऽ karṇapālikā कर्णपालिका :10

1316. ऽ । ऽ । ऽ ऽ । ऽ ऽ ऽ ऽ vallavīvilāsaḥ वल्लवीविलासः :11

1317. ऽ । ऽ । ऽ ऽ । anāsādi अनासादि :7

1318. ऽ । ऽ । ऽ ऽ ऽ ऽ maulimālikā मौलिमालिका :8

1319. ऽ । ऽ । ऽ ऽ ऽ ahiṁsā अहिंसा :7

1320. ऽ । ऽ । ऽ ऽ pikālī पिकाली :6

1321. ऽ । ऽ । ऽ vainasa वैनस :5

1322. ऽ । ऽ । dhāri धारि :4

1323. ऽ । ऽ ऽ : 4 ṛddhi ऋद्धि, samṛddji समृद्धि

1324. ऽ । ऽ ऽ । । । ऽ । ऽ । ऽ : 12 dugdha दुग्ध

1325. ऽ । ऽ ऽ । । । ऽ । ऽ ऽ । ऽ ऽ । ऽ ऽ । ऽ : 19 (10:9) bhāgyavallakī भाग्यवल्लकी

1326. ऽ । ऽ ऽ । । । ऽ kurućarī कुरुचरी :8

1327. ऽ । ऽ ऽ । । । harṣiṇī हर्षिणी :7

1328. ऽ । ऽ ऽ । । ऽ । । ऽ kerama केरम :10

1329. ऽ । ऽ ऽ । । ऽ saurakāntā सौरकान्ता :7

1330. ऽ । ऽ ऽ । । sopadhi सोपधि :6

1331. ऽ । ऽ ऽ । ऽ : 6 dviyodhā द्वियोधा

1332. ऽ । ऽ ऽ । ऽ । । । ऽ ऽ । ऽ alipada अलिपद :13

1333. ऽ । ऽ ऽ । ऽ । ऽ । । ऽ । ऽ । ऽ : 15 (7:8) ćāmara चामर–2

1334. ऽ । ऽ ऽ । ऽ । ऽ । ऽ । ऽ । ऽ kalādharaḥ कलाधरः :14

1335. ऽ । ऽ ऽ । ऽ । ऽ hemarūpa हेमरूप :8

1336. ऽ । ऽ ऽ । ऽ । sāmikā सामिका :7

1337. ऽ । ऽ ऽ । ऽ ऽ : 7 haṁsamālā हंसमाला

1338. ऽ । ऽ ऽ । ऽ ऽ । ऽ : 9 mahālakṣamī महालक्ष्मी

1339. ऽ । ऽ ऽ । ऽ ऽ । ऽ । । । । ऽ । ऽ ऽ । ऽ ऽ । ऽ ऽ । ऽ ćittaćintāmaṇiḥ चित्तचिन्तामणिः :25

1340. ऽ । ऽ ऽ । ऽ ऽ । ऽ । ऽ । ऽ । ऽ । kalpadhāri कल्पधारि :16

1341. ऽ । ऽ ऽ । ऽ ऽ । ऽ । ऽ gahvara गह्वर :11

1342. ऽ । ऽ ऽ । ऽ ऽ । ऽ ऽ : 10 trayī त्रयी

1343. ऽ । ऽ ऽ । ऽ ऽ । ऽ ऽ । । । ऽ kūrćalalita कूर्चललित :14

1344. ऽ । ऽ ऽ । ऽ ऽ । ऽ ऽ । ऽ : 12 padminī पद्मिनी, lakṣmīdhara लक्ष्मीधर, stragviṇī स्त्रग्विणी

1345. ऽ । ऽ ऽ । ऽ ऽ । ऽ ऽ । ऽ । ऽ । ऽ । ऽ । ऽ । ऽ । ऽ । ऽ vinidrasindhuraḥ विनिद्रसिन्धुरः :26

1346. ऽ । ऽ ऽ । ऽ ऽ । ऽ ऽ । ऽ । ऽ kalpamīlitā कल्पमीलिता :14

1347. ऽ । ऽ ऽ । ऽ ऽ । ऽ ऽ । ऽ ऽ । ऽ : 15 ćandralekhā चंद्रलेखा

1348. ऽ । ऽ ऽ । ऽ ऽ । ऽ ऽ । ऽ ऽ । ऽ ऽ । ऽ ऽ । ऽ ऽ । ऽ : 24 (8:8:8) svairiṇīkrīḍana स्वैरिणीक्रीडन

1349. ऽ । ऽ ऽ । ऽ ऽ । ऽ ऽ । ऽ ऽ । ऽ ऽ । ऽ ऽ । ऽ ऽ । ऽ ऽ hrīṇahaiyaṅgavīna ह्रीणहैयङ्गवीन :25

1350. ऽ । ऽ ऽ । ऽ ऽ । ऽ ऽ । ऽ ऽ । ऽ ऽ । ऽ ऽ । ऽ ऽ । ऽ gaṅgodaka गङ्गोदक :24

1351. ऽ । ऽ ऽ । ऽ ऽ । ऽ ऽ । ऽ ऽ । ऽ ऽ । ऽ ऽ । ऽ ऽ kaṅkaṇakvāṇaḥ कङ्कणक्वाणः :22

1352. ऽ । ऽ ऽ । ऽ ऽ । ऽ ऽ । ऽ ऽ । ऽ ऽ । ऽ ऽ lolalolambalīla लोललोलम्बलील :19

1353. ऽ । ऽ ऽ । ऽ ऽ । ऽ ऽ । ऽ ऽ । ऽ ऽ । ऽ sindhusauvīra सिन्धुसौवीर :18

1354. ऽ । ऽ ऽ । ऽ ऽ । ऽ ऽ । ऽ ऽ । ऽ ऽ । pratīhāraḥ प्रतीहारः :17

1355. ऽ । ऽ ऽ । ऽ ऽ । ऽ ऽ । ऽ ऽ । ऽ lāsyakārī लास्यकारी :15

1356. ऽ । ऽ ऽ । ऽ ऽ । ऽ ऽ । ऽ ऽ । kāmaśālā कामशाला :14

1357. ऽ । ऽ ऽ । ऽ ऽ । ऽ ऽ । ऽ ऽ śraddharāntā श्रद्धरान्ता :13

1358. ऽ । ऽ ऽ । ऽ ऽ । ऽ ऽ । ऽ sragviṇī स्त्रग्विणी :12

1359. ऽ । ऽ ऽ । ऽ ऽ । ऽ ऽ । gambhāri गम्भारि :11

1360. ऽ । ऽ ऽ । ऽ ऽ । ऽ ऽ ऽ dārudehā दारुदेहा :11

1361. ऽ । ऽ ऽ । ऽ ऽ । ऽ ऽ hemahāsaḥ हेमहासः :10

1362. ऽ । ऽ ऽ । ऽ ऽ । ऽ bhaurika भौरिक :9

1363. ऽ । ऽ ऽ । ऽ ऽ । lakṣmī लक्ष्मी :8

1364. ऽ । ऽ ऽ । ऽ ऽ ऽ : 8 padminī पद्मिनी, padmamālā पद्ममाला

1365. ऽ । ऽ ऽ । ऽ ऽ ऽ । ऽ ऽ । । ऽ ऽ : 15 (7:8) ćandrakāntā चंद्रकांता

1366. ऽ । ऽ ऽ । ऽ ऽ ऽ । ऽ ऽ । ऽ ऽ ऽ : 15 (8:7) ćandralekh चंद्रलेखा

1367. ऽ । ऽ ऽ । ऽ ऽ ऽ । ऽ ऽ । ऽ ऽ babhrulakṣmīḥ बभ्रुलक्ष्मीः :14

1368. ऽ । ऽ ऽ । ऽ vijohā विजोहा :6

1369. ऽ । ऽ ऽ । hrīḥ ह्रीः :5

1370. ऽ । ऽ ऽ ऽ : 5 prīti प्रीति

1371. ऽ । ऽ ऽ ऽ । । ऽ ऽ ऽ dvāravahā द्वारवहा :10

1372. ऽ । ऽ ऽ ऽ । । gūrṇikā गूर्णिका :7

1373. ऽ । ऽ ऽ ऽ । ऽ ऽ । ऽ ऽ । ऽ ऽ kalpakāntā कल्पकान्ता :14

1374. ऽ । ऽ ऽ ऽ । ऽ mṛṣṭapādā मृष्टपादा :7

1375. ऽ । ऽ ऽ ऽ । mantrikā मन्त्रिका :6

1376. ऽ । ऽ ऽ ऽ ऽ : 6 nīlatoyā नीलतोया

1377. ऽ । ऽ ऽ ऽ ऽ । । ऽ ऽ : 10 kalikā कलिका

1378. ऽ । ऽ ऽ ऽ ऽ । kharviṇī खर्विणी :7

1379. ऽ । ऽ ऽ ऽ ऽ ऽ sairavī सैरवी :7

1380. ऽ । ऽ ऽ ऽ ऽ kareṇuḥ करेणुः :6

1381. ऽ । ऽ ऽ ऽ sūriṇī सूरिणी :5

1382. ऽ । ऽ ऽ nandaḥ नन्दः :4

1383. ऽ । ऽ mṛgī मृगी :3

1384. ऽ । ćāru चारु :2

1385. ऽ ऽ : 2 strī स्त्री, nau नौ

1386. ऽ ऽ । : 3 senā सेना

1387. ऽ ऽ । । : 4 trapu त्रपु

1388. ऽ ऽ । । । । । । । । । । । ऽ - । । । । । । । । । ऽ । । ऽ ऽ atisurahitā अतिसुरहिता :13-13

1389. ऽ ऽ । । । । । । । । । ऽ rūpāvaliḥ रूपावलिः :12

1390. ऽ ऽ । । । । । । । । ऽ : 11 abhihitā अभिहिता, mukhaćapalā मुखचपला

1391. ऽ ऽ । । । । । । । । । ऽ ऽ । । ऽ ऽ bhogāvaliḥ भोगावलिः :16

1392. ऽ ऽ । । । । । । । । ऽ ऽ ऽ ऽ pārāvāraḥ पारावारः :14

1393. ऽ ऽ । । । । । । । । ऽ ऽ viratimahatī विरतिमहती :12

1394. ऽ ऽ । । । । । । ऽ । sarasamukhī सरसमुखी :10

1395. ऽ ऽ । । । । । । ऽ ऽ ऽ ऽ vivaravilasita विवरविलसित :12

1396. ऽ ऽ । । । । । । ऽ ऽ unnāla उन्नाल :10

1397. ऽ ऽ । । । । । । ऽ ākekara आकेकर :9

1398. ऽ ऽ । । । । । । sindhuk सिन्धुक् :8

1399. ऽ ऽ । । । । । ऽ īḍā ईडा :8

1400. ऽ ऽ । । । । । ऽ । । ऽ ऽ chalitakapada छलितकपद :12

1401. ऽ ऽ । । । । । ऽ ऽ kāmā कामा :9

1402. ऽ ऽ । । । । । muśaki मुशकि :7

1403. ऽ ऽ । । । । ऽ : 7 vajra वज्र, madhukarikā मधुकरिका

1404. ऽ ऽ । । । । ऽ । । । । ऽ - । । । । ऽ ऽ ऽ । । ऽ ऽ avācīkṛtavadanā अवाचीकृतवदना :12-11

1405. ऽ ऽ । । । । ऽ । । ऽ । । । । । । । ऽ vāhāntarita वाहान्तरित :17

1406. ऽ ऽ । । । । ऽ । । ऽ ऽ । । ऽ ऽ ऽ : 16 bālā बाला

1407. ऽ ऽ । । । । ऽ । ऽ । ऽ : 11 udyatā उद्यता

1408. ऽ ऽ । । । । ऽ । ऽ । ऽ nīlā नीला :11

1409. ऽ ऽ । । । । ऽ ऽ । । । । । । । ऽ ऽ ऽ krūrāśana क्रूराशन :17

1410. ऽ ऽ । । । । ऽ ऽ । । । । ऽ ऽ । । । ऽ daṇḍī दण्डी :18

1411. ऽ ऽ । । । । ऽ ऽ । । ऽ samayavatī समयवती :11

1412. ऽ ऽ । । । । ऽ ऽ । ऽ nīrāñjaliḥ नीराञ्जलिः :10

1413. ऽ ऽ । । । । ऽ ऽ ऽ : 9 kanakalatā कनकलता, makaralatā मकरलता

1414. ऽ ऽ । । । । ऽ ऽ ऽ । । ऽ । । । । । । । । । । । । । ऽ abhrabramaṇa अभ्रब्रमण :25

1415. ऽ ऽ । । । । ऽ ऽ ऽ ऽ । । । । ऽ । ऽ ऽ ऽ mārābhisaraṇa माराभिसरण :19

1416. ऽ ऽ । । । । ऽ ऽ ऽ ऽ ऽ ऽ śampā शम्पा :12

1417. ऽ ऽ । । । । ऽ ऽ ऽ rambhā रम्भा :9

1418. ऽ ऽ । । । । ऽ ऽ sandhyā सन्ध्या :8

1419. ऽ ऽ । । । । ऽ hīra हीर :7

1420. ऽ ऽ । । । । atikali अतिकलि :6

1421. ऽ ऽ । । । ऽ : 6 vasumati वसुमति

1422. ऽ ऽ । । । ऽ । ऽ । । । ऽ suvanamālikā सुवनमालिका :12

1423. ऽ ऽ । । । ऽ । ऽ । । ऽ । ऽ kanakaketakī कनककेतकी :13

1424. ऽ ऽ । । । ऽ । ऽ । ऽ - । । ऽ । । ऽ । ऽ । ऽ ghaṭikā घटिका :10-10

1425. ऽ ऽ । । । ऽ । ऽ । ऽ ahilā अहिला :10

1426. ऽ ऽ । । । ऽ । ऽ ऽ ऽ ऽ ऽ viśālāmbhojālī विशालाम्भोजाली :12

1427. ऽ ऽ । । । ऽ । saralāṅghri सरलाङ्घ्रि :7

1428. ऽ ऽ । । । ऽ ऽ : 7 vajraka वज्रक

1429. ऽ ऽ । । । ऽ ऽ ऽ : 8 śyāmā श्यामा

1430. ऽ ऽ । । । ऽ ऽ ऽ ऽ ऽ kūla कूल :10

1431. ऽ ऽ । । । ऽ ऽ ऽ ऽ vaisāruḥ वैसारुः :9

1432. ऽ ऽ । । । ऽ ऽ sthūlā स्थूला :7

1433. ऽ ऽ । । । ऽ vasumatī वसुमती :6

1434. ऽ ऽ । । । chidra छिद्र :5

1435. ऽ ऽ । । ऽ : 5 nandā नंदा, mandā मंदा

1436. ऽ ऽ । । ऽ । । । । । । ऽ vyāyogavatī व्यायोगवती :12

1437. ऽ ऽ । । ऽ । । । ऽ । । ऽ । ऽ ऽ : 15 śiśu शिशु

1438. ऽ ऽ । । ऽ । । । ऽ । ऽ mālavikā मालविका :11

1439. ऽ ऽ । । ऽ । । ऽ : 8 anuṣṭup अनुष्टुप्

1440. ऽ ऽ । । ऽ । । ऽ । । ऽ - । । ऽ । । ऽ । । ऽ । । ऽ kinnaṭakaḥ किन्नटकः :11-12

1441. ऽ ऽ । । ऽ । । ऽ । । ऽ : 11 moṭaka मोटक

1442. ऽ ऽ । । ऽ । । ऽ । । ऽ । । ऽ । । ऽ । । ऽ । । ऽ : 23 śaṅkha शंख

1443. ऽ ऽ । । ऽ । । ऽ । । ऽ moṭanaka मोटनक :11

1444. ऽ ऽ । । ऽ । । ऽ । ऽ : 10 upasthitā उपस्थिता

1445. ऽ ऽ । । ऽ । । ऽ । ऽ ऽ : 11 upasthitā उपस्थिता

1446. ऽ ऽ । । ऽ । । ऽ ऽ ऽ । । ऽ ऽ kṛtamāla कृतमाल :14

1447. ऽ ऽ । । ऽ । । ऽ vidyā विद्या :8

1448. ऽ ऽ । । ऽ । । doṣā दोषा :7

1449. ऽ ऽ । । ऽ । ऽ । । । ऽ । । ऽ । ऽ - । । । । ऽ । ऽ । । । ऽ । । ऽ । ऽ vāsinī वासिनी :16-16

1450. ऽ ऽ । । ऽ । ऽ । ऽ । ऽ । । । । । । । ऽ ऽ । ऽ ऽ । ऽ utkaṭapaṭṭikā उत्कटपट्टिका :24

1451. ऽ ऽ । । ऽ । ऽ । ऽ ऽ - ऽ ऽ ऽ । । । । ऽ । ऽ । ऽ ऽ śukāvalī शुकावली :10-13

1452. ऽ ऽ । । ऽ । ऽ । ऽ ऽ - ऽ ऽ ऽ । । ऽ । ऽ । ऽ ऽ bhadravirāṭ भद्रविराट् : samudrakāntā समुद्रकान्ता :10-11

1453. ऽ ऽ । । ऽ । ऽ । ऽ ऽ nameruḥ नमेरुः :10

1454. ऽ ऽ । । ऽ । ऽ । ऽ ऽ vilāsavāpī विलासवापी :10

1455. ऽ ऽ । । ऽ । ऽ । ऽ ravonmukhī रवोन्मुखी :9

1456. ऽ ऽ । । ऽ । ऽ । ऽ vaisārī वैसारी :9

1457. ऽ ऽ । । ऽ । ऽ ऽ । ऽ । । । । । । । । ऽ ऽ kiraṇakīrttiḥ किरणकीर्त्तिः :19

1458. ऽ ऽ । । ऽ । ऽ ऽ sārāvanadā सारावनदा :8

1459. ऽ ऽ । । ऽ । ऽ pūrṇā पूर्णा :7

1460. ऽ ऽ । । ऽ । hāṭakaśāli हाटकशालि :6

1461. ऽ ऽ । । ऽ ऽ : 6 tanumadhyā तनुमध्या

1462. ऽ ऽ । । ऽ ऽ । । ऽ ऽ : 10 madirākṣī मदिराक्षी

1463. ऽ ऽ । । ऽ ऽ । । ऽ ऽ । । । । ऽ ऽ sūtaśikhā सूतशिखा :16

1464. ऽ ऽ । । ऽ ऽ । । ऽ ऽ । । ऽ ऽ : 14 (6:8) kalahaṁsī कलहंसी

1465. ऽ ऽ । । ऽ ऽ । । ऽ ऽ । । ऽ ऽ śāradacandraḥ शारदचन्द्रः :14

1466. ऽ ऽ । । ऽ ऽ । । ऽ ऽ । । ऽ abhrabhramaśīlā अभ्रभ्रमशीला :13

1467. ऽ ऽ । । ऽ ऽ । । ऽ ऽ ऽ ऽ ऽ ऽ vaṁśottaṁsā वंशोत्तंसा :14

1468. ऽ ऽ । । ऽ ऽ । guñjā गुञ्जा :7

1469. ऽ ऽ । । ऽ ऽ ऽ । । ऽ : 10 suṣamā सुषमा

1470. ऽ ऽ । । ऽ ऽ ऽ । । ऽ । । । । । । । । । । । । । । । ऽ : 25 (10:15) haṁsapadā हंसपदा

1471. ऽ ऽ । । ऽ ऽ ऽ । । ऽ । । । । ऽ śīrśavirahitā शीर्शविरहिता :15

1472. ऽ ऽ । । ऽ ऽ ऽ । । ऽ । । ऽ ऽ ratirekha रतिरेख :14

1473. ऽ ऽ । । ऽ ऽ ऽ । । ऽ ऽ । । ऽ nāsābharaṇa नासाभरण :14

1474. ऽ ऽ । । ऽ ऽ ऽ । । ऽ suṣamā सुषमा :10

1475. ऽ ऽ । । ऽ ऽ ऽ । ऽ ऽ । ऽ ऽ - ऽ । । । । ऽ ऽ ऽ । ऽ ऽ । ऽ ऽ lāsyalīlālayaḥ लास्यलीलालयः :13-14

1476. ऽ ऽ । । ऽ ऽ ऽ । ऽ ऽ । ऽ ऽ bhājanaśīlā भाजनशीला :13

1477. ऽ ऽ । । ऽ ऽ ऽ ऽ । । ऽ ऽ : 12 (6:6) maṇimālā मणिमाला, puṣpavicitrā पुष्पविचित्रा

1478. ऽ ऽ । । ऽ ऽ ऽ ऽ । ऽ । ऽ ऽ ऽ prapannapānīya प्रपन्नपानीय :14

1479. ऽ ऽ । । ऽ ऽ ऽ ऽ ऽ । ऽ ऽ : 12 (7:5) vāhinī वाहिनी

1480. ऽ ऽ । । ऽ ऽ ऽ ऽ ऽ ऽ ऽ ऽ ऽ ऽ ऽ vajrālī वज्राली :15

1481. ऽ ऽ । । ऽ ऽ ऽ ऽ ऽ ऽ ऽ meghadhvanipūraḥ मेघध्वनिपूरः :11

1482. ऽ ऽ । । ऽ ऽ ऽ vedhāḥ वेधाः :7

1483. ऽ ऽ । । ऽ ऽ tanumadhyā तनुमध्या :6

1484. ऽ ऽ । । ऽ kaṇikā कणिका :5

1485. ऽ ऽ । । tāvuri तावुरि :4

1486. ऽ ऽ । ऽ : 4 tārā तारा

1487. ऽ ऽ । ऽ । । । । । । । । ऽ narāvaliḥ नरावलिः :13

1488. ऽ ऽ । ऽ । । । । ऽ । ऽ । ऽ : 13 (4:9) lakṣmī लक्ष्मी, rućī रुचि

1489. ऽ ऽ । ऽ । । । । ऽ । ऽ । ऽ ऽ ćalāñćala चेलाञ्चल :14

1490. ऽ ऽ । ऽ । । । । ऽ । ऽ । ऽ prabhāvatī प्रभावती :13

1491. ऽ ऽ । ऽ । । । । ऽ । ऽ ऽ : 12 (4:8) śruti श्रुति

1492. ऽ ऽ । ऽ । । । ऽ । । । । ऽ ऽ । ऽ ऽ । ऽ ऽ viṣvagvitāna विष्वग्वितान :20

1493. ऽ ऽ । ऽ । । । ऽ । । ऽ : 11 viśloka विश्लोक, utthāpanī उत्थापनी

1494. ऽ ऽ । ऽ । । । ऽ । । ऽ । ऽ : 13 abhraka अभ्रक

1495. ऽ ऽ । ऽ । । । ऽ । । ऽ । ऽ । ऽ : 15 mṛdaṅga मृदंग

1496. ऽ ऽ । ऽ । । । ऽ । । ऽ । ऽ ऽ : 14 (8:6) vasantatilakā वसंततिलका, siṁhoddhatā सिंहोद्धता

1497. ऽ ऽ । ऽ । । । ऽ । । ऽ । ऽ pramodatilakā प्रमोदतिलका :13

1498. ऽ ऽ । ऽ । । । ऽ । । ऽ ऽ - । । ऽ । ऽ । । । ऽ । । ऽ ऽ padmāvatī पद्मावती :12-13

1499. ऽ ऽ । ऽ । । । ऽ । । ऽ ऽ nirantika निरन्तिक :12, sarasīka सरसीक :12

1500. ऽ ऽ । ऽ । । । ऽ । । ऽ jihmāśayā जिह्माशया :11

1501. ऽ ऽ । ऽ । । । ऽ । ऽ । । । ऽ । ऽ । । । । । । । । । ऽ karṇāṭaka कर्णाटक :26

1502. ऽ ऽ । ऽ । । । ऽ । ऽ । । । ऽ । ऽ । । । ऽ : 20 śaśaṅkaraćita शशंकरचित

1503. ऽ ऽ । ऽ । । । ऽ । ऽ । ऽ : 12 lalitā ललिता

1504. ऽ ऽ । ऽ । । । ऽ । ऽ । ऽ lalitā ललिता :12

1505. ऽ ऽ । ऽ । । । ऽ । ऽ ऽ । ऽ marmasphura मर्मस्फुर :13

1506. ऽ ऽ । ऽ । । । ऽ ऽ : 9 rućirā रुचिरा

1507. ऽ ऽ । ऽ । । । ऽ ऽ । ऽ । । । ऽ ऽ । ऽ । । । ऽ : 22 (7:15) mattebha मत्तेभ, sitastavakaḥ सितस्तवकः :22

1508. ऽ ऽ । ऽ । । । ऽ ऽ ऽ । । । । ऽ । । ऽ । । ऽ । ऽ । ऽ vyākośakośala व्याकोशकोशल :25

1509. ऽ ऽ । ऽ । । । kroḍāntika क्रोडान्तिक :7

1510. ऽ ऽ । ऽ । । ऽ : 7 ćūḍāmaṇī चूडामणि

1511. ऽ ऽ । ऽ । । ऽ । । ऽ । ऽ ऽ māṇavikāvikāṣaḥ माणविकाविकाषः :13

1512. ऽ ऽ । ऽ । । ऽ । । ऽ parićāravatī परिचारवती :10

1513. ऽ ऽ । ऽ । । ऽ । ऽ । । । । । ऽ śaṅkāvalī शङ्कावली :15

1514. ऽ ऽ । ऽ । । ऽ । ऽ । । ऽ । । । । । । । । ऽ । ऽ bhogāvalī भोगावली :22

1515. ऽ ऽ । ऽ । । ऽ । ऽ । । ऽ । ऽ alakālikā अलकालिका :14

1516. ऽ ऽ । ऽ । । ऽ । ऽ । । ऽ । aṭṭāsinī अट्टासिनी :13, nirmadhuvāri निर्मधुवारि :13

1517. ऽ ऽ । ऽ । । ऽ । ऽ । ऽ । ऽ : 13 (4:9) prabhāvatī प्रभावती

1518. ऽ ऽ । ऽ । । ऽ । ऽ । kāmaćāri कामचारि :10

1519. ऽ ऽ । ऽ । । ऽ । ऽ ऽ । ऽ । । ऽ ऽ । ऽ । । । ऽ bhujaṅgoddhata भुजङ्गोद्धत :22

1520. ऽ ऽ । ऽ । । ऽ । amarandi अमरन्दि :8

1521. ऽ ऽ । ऽ । । ऽ ऽ । ऽ ऽ īhāmṛgī ईहामृगी :11

1522. ऽ ऽ । ऽ । । ऽ ऽ । ऽ varhāturā वर्हातुरा :10

1523. ऽ ऽ । ऽ । । ऽ nirvādhikā निर्वाधिका :7

1524. ऽ ऽ । ऽ । । indhā इन्धा :6

1525. ऽ ऽ । ऽ । ऽ : 6 jalā जला

1526. ऽ ऽ । ऽ । ऽ । ऽ : 8 nārāćikā नाराचिका

1527. ऽ ऽ । ऽ । ऽ । ऽ । ऽ । ऽ antarvikāsavāsakaḥ अन्तर्विकासवासकः :12

1528. ऽ ऽ । ऽ । ऽ । ऽ nārāćikā नाराचिका :8

1529. ऽ ऽ । ऽ । ऽ । vṛndā वृन्दा :7

1530. ऽ ऽ । ऽ । ऽ ऽ । । । । । । ऽ । ऽ । । ऽ । ऽ : 21 (7:7:7) kathāgati कथागति

1531. ऽ ऽ । ऽ । ऽ ऽ । ऽ । ऽ । ऽ pṛṣadvatī पृषद्वती :13

1532. ऽ ऽ । ऽ । ऽ ऽ ऽ : 8 vibhā विभा

1533. ऽ ऽ । ऽ । ऽ ऽ bhīmārjuna भीमार्जुन :7

1534. ऽ ऽ । ऽ । ऽ sthālī स्थाली :6

1535. ऽ ऽ । ऽ । kiñjalki किञ्जल्कि :5

1536. ऽ ऽ । ऽ ऽ : 5 hāri हारि

1537. ऽ ऽ । ऽ ऽ । : 6 manthāna मंथान

1538. ऽ ऽ । ऽ ऽ । । । । ऽ ऽ uditavijohā उदितविजोहा :11

1539. ऽ ऽ । ऽ ऽ । । । ऽ । ऽ ऽ vanitāvilokaḥ वनिताविलोकः :12

1540. ऽ ऽ । ऽ ऽ । । ऽ । ऽ । ऽ - । ऽ । ऽ ऽ । । ऽ । ऽ । ऽ kumārī कुमारी, śiśirā शिशिरा :12-12

1541. ऽ ऽ । ऽ ऽ । । ऽ । ऽ । ऽ : 12 indravaṁśā इंद्रवंशा

1542. ऽ ऽ । ऽ ऽ । । ऽ । ऽ । ऽ #1,2,3 + #4 । ऽ । ऽ ऽ । । ऽ । ऽ । ऽ vāsantikā वासन्तिका :12-12-12-12

1543. ऽ ऽ । ऽ ऽ । । ऽ । ऽ । ऽ #1-3-4 + #2 । ऽ । ऽ ऽ । । ऽ । ऽ । ऽ ratākhyānakī रताख्यानकी :12-12-12-12

1544. ऽ ऽ । ऽ ऽ । । ऽ । ऽ । ऽ induvaṁśā इन्दुवंशा :12

1545. ऽ ऽ । ऽ ऽ । । ऽ । ऽ । ऽ puṣṭidā पुष्टिदा :12

1546. ऽ ऽ । ऽ ऽ । । ऽ । ऽ । ऽ śaṅkhacūḍā शङ्खचूडा, saurabheyī सौरभेयी :12

1547. ऽ ऽ । ऽ ऽ । । ऽ । ऽ ऽ । ऽ । ऽ ऽ । । ऽ । ऽ ऽ - । ऽ । ऽ ऽ । । ऽ । ऽ ऽ - ऽ ऽ । ऽ ऽ । । ऽ । ऽ ऽ jāyā जाया :11-11

1548. ऽ ऽ । ऽ ऽ । । ऽ । ऽ ऽ - । ऽ । ऽ ऽ । । ऽ । ऽ ऽ bhadrā भद्रा :11-11

1549. ऽ ऽ । ऽ ऽ । । ऽ । ऽ ऽ : 11 indravaṁśā इंद्रवज्रा

1550. ऽ ऽ । ऽ ऽ । । ऽ । ऽ ऽ #1,2 + #3,4 । ऽ । ऽ ऽ । । ऽ । ऽ ऽ rāmā रामा :11-11-11-11

1551. ऽ ऽ । ऽ ऽ । । ऽ । ऽ ऽ #1,2,3 + #4 ऽ ऽ । ऽ ऽ । । ऽ । ऽ ऽ śālā शाला :11-11-11-11

1552. ऽ ऽ । ऽ ऽ । । ऽ । ऽ ऽ #1,3,4 + #2 । ऽ । ऽ ऽ । । ऽ । ऽ ऽ vāṇī वाणी :11-11-11-11

1553. ऽ ऽ । ऽ ऽ । । ऽ । ऽ ऽ @3 + । ऽ । ऽ ऽ । । ऽ । ऽ ऽ bālā बाला :11-11-11-11

1554. ऽ ऽ । ऽ ऽ । । ऽ । ऽ ऽ । ऽ vṛddhavāmā वृद्धवामा :13

1555. ऽ ऽ । ऽ ऽ । । ऽ । ऽ ऽ ākhyānakī आख्यानकी :11, बुद्धिः, indravajrā इन्द्रवज्रा

1556. ऽ ऽ । ऽ ऽ । । kāmoddhatā कामोद्धता :7

1557. ऽ ऽ । ऽ ऽ । ऽ । ऽ ऽ : 10 (5:5) āndolikā आंदोलिका

1558. ऽ ऽ । ऽ ऽ । ऽ । kiṣku किष्कु :8

1559. ऽ ऽ । ऽ ऽ । ऽ ऽ : 8 ketumālā केतुमाला

1560. ऽ ऽ । ऽ ऽ । ऽ ऽ । ऽ । saṁśrayaśrīḥ संश्रयश्रीः :11

1561. ऽ ऽ । ऽ ऽ । ऽ ऽ । ऽ ऽ : 11 layagrahī लयग्रही, vidhyaṅkamālā विध्यंकमाला

1562. ऽ ऽ । ऽ ऽ । ऽ ऽ । ऽ ऽ । : 12 saEraṅgarūpaka सारंगरूपक

1563. ऽ ऽ । ऽ ऽ । ऽ ऽ । ऽ ऽ । ऽ ऽ । ऽ ऽ । ऽ ऽ । ऽ : 22 (4:6:6:6) mandāramālā मन्दारमाला

1564. ऽ ऽ । ऽ ऽ । ऽ ऽ । ऽ ऽ । ऽ ऽ । ऽ ऽ । ardhāntarālāpi अर्धान्तरालापि :18

1565. ऽ ऽ । ऽ ऽ । ऽ ऽ । ऽ ऽ । ऽ pārāvataḥ पारावतः :13

1566. ऽ ऽ । ऽ ऽ । ऽ ऽ । ऽ ऽ । sāraṅgaḥ सारङ्गः :12

1567. ऽ ऽ । ऽ ऽ । ऽ ऽ । ऽ ऽ prākārabandhaḥ प्राकारबन्धः :11

1568. ऽ ऽ । ऽ ऽ । ऽ ऽ । ऽ viśālāntika विशालान्तिक :10

1569. ऽ ऽ । ऽ ऽ । ऽ ऽ । ऽ viśvapramā विश्वप्रमा :10

1570. ऽ ऽ । ऽ ऽ । ऽ ऽ । valgā वल्गा :9

1571. ऽ ऽ । ऽ ऽ । ऽ ऽ karālī कराली :8

1572. ऽ ऽ । ऽ ऽ । ऽ rājarājī राजराजी :7

1573. ऽ ऽ । ऽ ऽ । manthānaka मन्थानक :6

1574. ऽ ऽ । ऽ ऽ ऽ । ऽ ऽ ऽ । ऽ ऽ ऽ । ऽ : 16 (4:4:4:4) mandākinī मंदाकिनी

1575. ऽ ऽ । ऽ ऽ ऽ । varddhiṣṇu वर्द्धिष्णु :7

1576. ऽ ऽ । ऽ ऽ ऽ ऽ । : 8 mṛtyuñjaya मृत्युंजय

1577. ऽ ऽ । ऽ ऽ ऽ ऽ । ऽ ऽ - । । ऽ । । । ऽ ऽ ऽ । ऽ ऽ saṁpātaśīlā संपातशीला :10-12

1578. ऽ ऽ । ऽ ऽ ऽ ऽ । ऽ ऽ ऽ ऽ । ऽ ऽ । dantālikā दन्तालिका :16

1579. ऽ ऽ । ऽ ऽ ऽ ऽ । ऽ ऽ ऽ jālapādaḥ जालपादः :11

1580. ऽ ऽ । ऽ ऽ ऽ ऽ ऽ ऽ ऽ ऽ ārādhinī आराधिनी :11

1581. ऽ ऽ । ऽ ऽ ऽ ऽ nimnāśayā निम्नाशया :7

1582. ऽ ऽ । ऽ ऽ ऽ vabhrūḥ वभ्रूः :6

1583. ऽ ऽ । ऽ ऽ lola लोल :5

1584. ऽ ऽ । dharā धरा :3

1585. ऽ ऽ । pāñćāli पाञ्चालि :3

1586. ऽ ऽ ऽ : 3 nārī नारी, tālī ताली

1587. ऽ ऽ ऽ । : 4 vallī वल्ली

1588. ऽ ऽ ऽ । ऽ ऽ ऽ : 26 (9:6:6:5) apavāha अपवाह

1589. ऽ ऽ ऽ । । । । । । । । । ऽ । । ऽ । ऽ । ऽ kalpalatāpatākinī कल्पलतापताकिनी :19

1590. ऽ ऽ ऽ । । । । । । । ऽ । ऽ । ऽ । ऽ ऽ satketuḥ सत्केतुः :18

1591. ऽ ऽ ऽ । । । । । । ऽ : 10 kumudinī कुमुदिनी, kusumasumuditā कुसुमसुमुदिता

1592. ऽ ऽ ऽ । । । । । । ऽ । । । । ऽ । । । । ऽ । । ऽ ऽ adhīrakarīra अधीरकरीर :24

1593. ऽ ऽ ऽ । । । । । । ऽ । ऽ । ऽ ऽ kumāralīlā कुमारलीला :15

1594. ऽ ऽ ऽ । । । । । । ऽ ऽ । । । । ऽ ऽ ऽ ऽ vidhunidhuvana विधुनिधुवन :19

1595. ऽ ऽ ऽ । । । । । । ऽ ऽ । । ऽ ऽ । । । । । । । । । ऽ ऽ virahavirahasya विरहविरहस्य :25

1596. ऽ ऽ ऽ । । । । । । ऽ ऽ । ऽ ऽ । ऽ ऽ ऽ : 18 (4:7:7) ćtralekhā चित्रलेखा

1597. ऽ ऽ ऽ । । । । । । ऽ ऽ ऽ malayasurabhiḥ मलयसुरभिः :12

1598. ऽ ऽ ऽ । । । । । । ऽ ऽ mātrā मात्रा :11

1599. ऽ ऽ ऽ । । । । ऽ । । । ऽ ऽ ऽ । ऽ ऽ । ऽ : 20 sadratnamālā सद्रत्नमाला

1600. ऽ ऽ ऽ । । । । । ऽ ऽ ऽ । ऽ । ऽ ऽ : 16 suratalalitā सुरतललिता

1601. ऽ ऽ ऽ । । । । ऽ । । । । । । । । । ऽ ऽ - । । ऽ । । । । । ऽ । । । ऽ ऽ mārdaṅgī मार्दङ्गी :18-14

1602. ऽ ऽ ऽ । । । । ऽ । । ऽ kuśalakalāvatikā कुशलकलावतिका :11

1603. ऽ ऽ ऽ । । । । ऽ । ऽ : 10 paṇava पणव

1604. ऽ ऽ ऽ । । । । ऽ । ऽ । । । । । । ऽ । ऽ । ऽ । ऽ vipulāyita विपुलायित :23

1605. ऽ ऽ ऽ । । । । ऽ । ऽ । ऽ - । । ऽ ऽ । । । । ऽ । ऽ । ऽ । ऽ ऽ ahīnatālī अहीनताली :12-16

1606. ऽ ऽ ऽ । । । । ऽ । ऽ । ऽ - । । ऽ ऽ । । ऽ । ऽ । ऽ vimāninī विमानिनी :12-11

1607. ऽ ऽ ऽ । । । । ऽ । ऽ । ऽ ऽ - ऽ ऽ । । ऽ । ऽ । ऽ ऽ kiṁśukāvalī किंशुकावली :13-10

1608. ऽ ऽ ऽ । । । । ऽ । ऽ । ऽ ऽ : 13 (3:10) praharṣiṇī प्रहर्षिणी, mayūrapićcha मयूरपिच्छ

1609. ऽ ऽ ऽ । । । । ऽ । ऽ ऽ । ऽ ऽ । ऽ ऽ । ऽ ऽ । ऽ ऽ । ऽ ऽ vīravikrāntaḥ वीरविक्रान्तः :26

1610. ऽ ऽ ऽ । । । । ऽ ऽ : 9 makaralatā मकरलता

1611. ऽ ऽ ऽ । । । । ऽ ऽ ऽ : 10 (3:7) kuvalayamālā कुवलयमाला

1612. ऽ ऽ ऽ । । । । ऽ ऽ ऽ hīrāṅgī हीराङ्गी :10

1613. ऽ ऽ ऽ । । । । ऽ ऽ kāṁsīka कांसीक :9

1614. ऽ ऽ ऽ । । । । ऽ śikhilikhitā शिखिलिखिता :8

1615. ऽ ऽ ऽ । । । । amatiḥ अमतिः :7

1616. ऽ ऽ ऽ । । । ऽ । ऽ ऽ । ऽ ऽ ānatā आनता :13

1617. ऽ ऽ ऽ । । । ऽ ऽ : 8 haṁsaruta हंसरुत

1618. ऽ ऽ ऽ । । । ऽ ऽ ऽ ऽ ऽ bhūrighaṭaka भूरिघटक :11

1619. ऽ ऽ ऽ । । । ऽ ऽ ऽ ayanapatākā अयनपताका :9

1620. ऽ ऽ ऽ । । । ऽ ऽ haṁsaruta हंसरुत :8

1621. ऽ ऽ ऽ । । । ऽ navasarā नवसरा :7

1622. ऽ ऽ ऽ । । । prothā प्रोथा :6

1623. ऽ ऽ ऽ । । ऽ : 6 vīthī वीथी

1624. ऽ ऽ ऽ । । ऽ । । । । ऽ sāmapadā सामपदा :11

1625. ऽ ऽ ऽ । । ऽ । । ऽ : 9 kanaka कनक, gāthā गाथा

1626. ऽ ऽ ऽ । । ऽ । । ऽ । । ऽ ऽ lodhraśikhā लोध्रशिखा :13

1627. ऽ ऽ ऽ । । ऽ । । ऽ ऽ : 10 uddhatā उद्धत

1628. ऽ ऽ ऽ । । ऽ । । ऽ ऽ । ऽ ऽ । ऽ ऽ । ऽ : 18 (3:6:8:1) vilāsa विलास

1629. ऽ ऽ ऽ । । ऽ । । ऽ ऽ ऽ vilambitamadhyā विलम्बितमध्या :11

1630. ऽ ऽ ऽ । । ऽ । । ऽ ऽ prasarā प्रसरा :10

1631. ऽ ऽ ऽ । । ऽ । ऽ । । । । । ऽ । ऽ ऽ । ऽ śilīmukhojjṛmbhita शिलीमुखोज्जृम्भित :19

1632. ऽ ऽ ऽ । । ऽ । ऽ । । । ऽ । । । । ऽ । ऽ : 19 (12:7) vāyuvegā वायुवेगा

1633. ऽ ऽ ऽ । । ऽ । ऽ । । । ऽ । । ऽ । । ऽ । ऽ ऽ । ऽ ऽ । ऽ sūrasūcakaḥ सूरसूचकः :26

1634. ऽ ऽ ऽ । । ऽ । ऽ । । । ऽ । ऽ । । । ऽ । ऽ । ऽ : 22 (12:10) dīpārci दीपार्चि

1635. ऽ ऽ ऽ । । ऽ । ऽ । । । ऽ ऽ । ऽ ऽ ऽ ऽ : 18 (12:6) śārdūla शार्दूल

1636. ऽ ऽ ऽ । । ऽ । ऽ । । । ऽ ऽ ऽ । । । ऽ : 18 (12:6) śārdūlalalita शार्दूलललित

1637. ऽ ऽ ऽ । । ऽ । ऽ । । । ऽ ऽ ऽ । ऽ ऽ । ऽ : 19 (12:7) śārdūlavikrīḍita शार्दूलविक्रीडित

1638. ऽ ऽ ऽ । । ऽ । ऽ । । । ऽ ऽ ऽ । ऽ ऽ । ऽ । । ऽ । ऽ : 24 vibhramagati विभ्रमगति

1639. ऽ ऽ ऽ । । ऽ । ऽ । । । ऽ ऽ paṅkajadhāriṇī पङ्कजधारिणी :13

1640. ऽ ऽ ऽ । । ऽ । ऽ । । । ऽ viraloddhatā विरलोद्धता :12

1641. ऽ ऽ ऽ । । ऽ । ऽ । । ऽ । ऽ । । ऽ । ऽ : 18 (8:5:5) haranartaka हरनर्तक

1642. ऽ ऽ ऽ । । ऽ । ऽ । । ऽ ऽ ऽ । । ऽ । । । । । ऽ : 22 lālitya लालित्य

1643. ऽ ऽ ऽ । । ऽ । ऽ । ऽ - । । । । । । । ऽ । ऽ । ऽ karadhā करधा :10-11

1644. ऽ ऽ ऽ । । ऽ । ऽ । ऽ - । । ऽ । । ऽ । ऽ । ऽ prabhāsitā प्रभासिता :10-10

1645. ऽ ऽ ऽ । । ऽ । ऽ । ऽ - । । ऽ ऽ । । ऽ । ऽ । ऽ sudhā सुधा :10-11

1646. ऽ ऽ ऽ । । ऽ । ऽ । ऽ - ऽ ऽ । । ऽ । ऽ । ऽ vāsavavanditā वासववन्दिता :10-9

1647. ऽ ऽ ऽ । । ऽ । ऽ । ऽ : 10 śuddhavirāṭ शुद्धविराट्

1648. ऽ ऽ ऽ । । ऽ । ऽ । ऽ । । ऽ ऽ - । । ऽ । । । । ऽ । ऽ । ऽ ऽ - । । । । । । । । । ऽ । । । । । । । । । ऽ - । । । । । । । । । । । ऽ । । ऽ ऽ varddhamāna वर्द्धमान :14-13-18-15

1649. ऽ ऽ ऽ । । ऽ । ऽ । ऽ । । ऽ ऽ - । । ऽ । । । । ऽ । ऽ । ऽ ऽ upasthitapraćupita उपस्थितप्रचुपित :14-13

1650. ऽ ऽ ऽ । । ऽ । ऽ । ऽ । ऽ ऽ ऽ sammadākrāntā सम्मदाक्रान्ता :14

1651. ऽ ऽ ऽ । । ऽ । ऽ । ऽ ऽ - ऽ ऽ । । ऽ । ऽ । ऽ ऽ yuddhavirāṭ युद्धविराट् :11-10

1652. ऽ ऽ ऽ । । ऽ । ऽ । ऽ ऽ : 11 (6:5) ekrūpa एकरूप, maṇi मणि, merurūpā मेरुरूपा

1653. ऽ ऽ ऽ । । ऽ । ऽ । ऽ ऽ ऽ - । । ऽ ऽ । । ऽ । ऽ । ऽ ऽ viyadvāṇī वियद्वाणी :12-12

1654. ऽ ऽ ऽ । । ऽ । ऽ । ऽ ऽ asurāḍhyā असुराढ्या :11

1655. ऽ ऽ ऽ । । ऽ । ऽ । ऽ ऽ kāntā कान्ता :11-10

1656. ऽ ऽ ऽ । । ऽ । ऽ । ऽ ऽ viśvavirāṭ विश्वविराट् :11

1657. ऽ ऽ ऽ । । ऽ । ऽ । ऽ virāṭ विराट् :10

1658. ऽ ऽ ऽ । । ऽ । maulisrak मौलिस्रक् :7

1659. ऽ ऽ ऽ । । ऽ ऽ : 7 madalekhā मदलेखा

1660. ऽ ऽ ऽ । । ऽ ऽ । । । । । । ऽ । ऽ । ऽ । । ऽ ऽ bhastrānistaraṇa भस्त्रानिस्तरण :22

1661. ऽ ऽ ऽ । । ऽ ऽ । । vandāruḥ वन्दारुः :9

1662. ऽ ऽ ऽ । । ऽ ऽ । ऽ । । ऽ ऽ ऽ । । ऽ । । । । ऽ : 22 lālitya लालित्य

1663. ऽ ऽ ऽ । । ऽ ऽ ऽ । । । । ऽ ऽ : 14 lakṣmī लक्ष्मी

1664. ऽ ऽ ऽ । । ऽ ऽ ऽ । । kāmanibhā कामनिभा :10

1665. ऽ ऽ ऽ । । ऽ ऽ ऽ ऽ ऽ । । ऽ ऽ : 14 (7:7) alolā अलोला

1666. ऽ ऽ ऽ । । ऽ ऽ ऽ ऽ ऽ ऽ ऽ antarvanitā अन्तर्वनिता :11

1667. ऽ ऽ ऽ । । ऽ ऽ ऽ ऽ khelāḍhya खेलाढ्य :9

1668. ऽ ऽ ऽ । । ऽ ऽ madalekhā मदलेखा :7

1669. ऽ ऽ ऽ । । ऽ niskā निस्का :6

1670. ऽ ऽ ऽ । । mālīna मालीन :5

1671. ऽ ऽ ऽ । ऽ : 5 sāvitrī सावित्री

1672. ऽ ऽ ऽ । ऽ । । ऽ haṭhinī हठिनी :8

1673. ऽ ऽ ऽ । ऽ । । kālambī कालम्बी :7

1674. ऽ ऽ ऽ । ऽ । ऽ mahonmukhī महोन्मुखी :7

1675. ऽ ऽ ऽ । ऽ । maṅkura मङ्कुर :6

1676. ऽ ऽ ऽ । ऽ ऽ : 6 ramyā रम्या, sunandā सुनंदा

1677. ऽ ऽ ऽ । ऽ ऽ । । । ऽ ऽ । । । । । । । । ऽ । ऽ । । ऽ । ऽ : 26 (8:11:7) bhujaṅgarita भुजंगरित

1678. ऽ ऽ ऽ । ऽ ऽ । । manthari मन्थरि :8

1679. ऽ ऽ ऽ । ऽ ऽ । ऽ ऽ । ऽ ऽ ऽ । ऽ ऽ ऽ ऽ ऽ ऽ ऽ । ऽ ऽ । ऽ ऽ viśvaviśvāsaḥ विश्वविश्वासः :26

1680. ऽ ऽ ऽ । ऽ ऽ । devala देवल :7

1681. ऽ ऽ ऽ । ऽ ऽ ऽ ibhabhrāntā इभभ्रान्ता :7

1682. ऽ ऽ ऽ । ऽ ऽ tantrī तन्त्री :6

1683. ऽ ऽ ऽ । ऽ hāsikā हासिका :5

1684. ऽ ऽ ऽ । mugdha मुग्ध :4

1685. ऽ ऽ ऽ ऽ : 4 kanyā कन्या

1686. ऽ ऽ ऽ ऽ । ऽ : 27 (4:8:8:7) vikasitakusuma विकसितकुसुम

1687. ऽ ऽ ऽ ऽ । । । । । । । । । । ऽ ऽ bhīmāvarttaḥ भीमावर्त्तः :16

1688. ऽ ऽ ऽ ऽ । । । । । । । । ऽ । ऽ ऽ । ऽ kroḍakrīḍa क्रोडक्रीड :18

1689. ऽ ऽ ऽ ऽ । । । । । । ऽ - । । ऽ । । ऽ । । । । । । ऽ baddhā बद्धा :11-13

1690. ऽ ऽ ऽ ऽ । । । । । । ऽ : 11 (4:7) bhramaravilasita भ्रमरविलसित

1691. ऽ ऽ ऽ ऽ । । । । । । ऽ । ऽ । । ऽ । ऽ : 18 (4:7:7) ćala चल

1692. S S S S I I I I I I S S I S : 14 ćandraurasa चंद्रौरस

1693. S S S S I I I I I I S S I S S I S S : 18 (4:7:7) ćandralekhā चंद्रलेखा

1694. S S S S I I I I I I S S I S S I S hāriṇī हारिणी :17

1695. S S S S I I I I I I S S S prajJāmūla प्रज्ञामूल :13

1696. S S S S I I I I I I S S S I S S I S : 18 (4:7:7) keśara केशर

1697. S S S S I I I I I I S S S S : 14 (4:10) haṁsasyāmā हंसश्यामा

1698. S S S S I I I I I I S S S S : 14 (4:6:4) kuṭilaka कुटिलक

1699. S S S S I I I I I I S S S S ćūḍāpīḍa चूडापीड :14

1700. S S S S I I I I I I S bhramaravilasitā भ्रमरविलसिता :11

1701. S S S S I I I I I S : 10 (4:6) haṁsī हंसी

1702. S S S S I I I I I S I I I I I S I S S S I S S I S S aśokānokaha अशोकानोकह :26

1703. S S S S I I I I I S I S I I S I S : 17 (4:6:7) bhārākrāntaā भाराक्रांता

1704. S S S S I I I I I S S I S S I S S : 17 (4:6:7) mandākrāmtā मंदाक्रांता, śrīdharā श्रीधरा

1705. S S S S I I I I I S S S I I I S : 16 madanalalitā मदनललिता

1706. S S S S I I I I I S S S I S S I S : 17 (4:6:7) hāriṇī हारिणी

1707. S S S S I I I I I S S S S S : 14 (4:10) haṁsaśyenī हंसश्येनी, madhyakṣāmā मध्यक्षामा

1708. S S S S I I I I S : 9 siṁhakrāntā सिंहाक्रांता, pavitrā पवित्रा

1709. S S S S I I I I S I I śeṣāpīḍa शेषापीड :11

1710. S S S S I I I I S I S S vasantahāsaḥ वसन्तहासः :12

1711. S S S S I I I I S I S āśāpādaḥ आशापादः :11

1712. S S S S I I I I S S : 10 (4:6) vilāsitā विलासिता, mattā मत्ता

1713. S S S S I I I I S S I I I I S S mālāvalaya मालावलय :16

1714. S S S S I I I I S S I I I I S viśakalitā विशकलिता :15

1715. S S S S I I I I S S I I S S I I I I S S I I S rāmābaddha रामाबद्ध :23

1716. S S S S I I I I S S I I S S I I S S S S vāṇīvāṇaḥ वाणीवाणः :20

1717. S S S S I I I I S S I I S S I I S virudaruta विरुदरुत :17

1718. S S S S I I I I S S I I S S S S I I S grāvāstaraṇa ग्रावास्तरण :19

1719. ऽ ऽ ऽ ऽ । । । । ऽ ऽ । । ऽ ऽ pariṇāhī परिणाही :14

1720. ऽ ऽ ऽ ऽ । । । । ऽ ऽ ऽ : 11 paniśroṇi पनिश्रोणि

1721. ऽ ऽ ऽ ऽ । । । । ऽ ऽ ऽ ऽ : 12 (4:8) jaladharamālā जलधरमाला

1722. ऽ ऽ ऽ ऽ । । । । ऽ ऽ ऽ ऽ । । । । ऽ ऽ ऽ ऽ । । । । ऽ ऽ bhasalaśalākā भसलशलाका :26

1723. ऽ ऽ ऽ ऽ । । । । ऽ ऽ ऽ ऽ ऽ dhīrāvarttaḥ धीरावर्त्तः :13, līlālolaḥ लीलालोलः :13

1724. ऽ ऽ ऽ ऽ । । । । ऽ ऽ ऽ ऽ jaladharamālā जलधरमाला :12

1725. ऽ ऽ ऽ ऽ । । । । ऽ ऽ mattā मत्ता :10

1726. ऽ ऽ ऽ ऽ । । । । ऽ vīrā वीरा :9

1727. ऽ ऽ ऽ ऽ । । । । atijani अतिजनि :8

1728. ऽ ऽ ऽ ऽ । । । ऽ । । ऽ ऽ kumbhodhnī कुम्भोध्नी :12

1729. ऽ ऽ ऽ ऽ । । । ऽ ऽ ऽ ऽ ऽ । । । ऽ । । । । । । । ऽ : 24 (8:8:8) veśyāprīti वेश्याप्रीति

1730. ऽ ऽ ऽ ऽ । । । bhūrimadhu भूरिमधु :7

1731. ऽ ऽ ऽ ऽ । । ऽ : 7 sarala सरल

1732. ऽ ऽ ऽ ऽ । । ऽ । । ऽ : 10 (4:6) haṁsakrīḍā हंसक्रीडा

1733. ऽ ऽ ऽ ऽ । । ऽ । । ऽ । । ऽ : 13 (4:9) mohapralāpa मोहप्रलाप

1734. ऽ ऽ ऽ ऽ । । ऽ । । ऽ ऽ : 11 (4:7) vātormī वातोर्मी

1735. ऽ ऽ ऽ ऽ । । ऽ । । ऽ ऽ ऽ ऽ ऽ ऽ cārvaṭaka चार्वटक :15

1736. ऽ ऽ ऽ ऽ । । ऽ । ऽ : 9 ratnākaraā रत्नाकर

1737. ऽ ऽ ऽ ऽ । । ऽ । ऽ । ऽ ऽ : 12 (4:8) puṇḍarīka पुंडरीक

1738. ऽ ऽ ऽ ऽ । । ऽ ऽ । । ऽ ऽ sukhaśaila सुखशैल :12

1739. ऽ ऽ ऽ ऽ । । ऽ ऽ । ऽ ऽ : 11 (4:7) ūrmimālā ऊर्मिमाला, vātormimālā वातोर्मिमाला

1740. ऽ ऽ ऽ ऽ । । ऽ ऽ ऽ ऽ madhyādhārā मध्याधारा :10

1741. ऽ ऽ ऽ ऽ । । ऽ ऽ ऽ dhṛtahālā धृतहाला :9

1742. ऽ ऽ ऽ ऽ । । ऽ ऽ pratisīrā प्रतिसीरा :8

1743. ऽ ऽ ऽ ऽ । । ऽ varkaritā वर्करिता :7

1744. ऽ ऽ ऽ ऽ । । kaṁsari कंसरि :6

1745. ऽ ऽ ऽ ऽ । ऽ : 6 taṭī तटी

1746. ऽ ऽ ऽ ऽ । ऽ । ऽ : 8 kṣamā क्षमा

1747. ऽ ऽ ऽ ऽ । ऽ । ammethī अम्मेथी :7

1748. ऽ ऽ ऽ ऽ । ऽ ऽ । । । । । । । ऽ । । ऽ ऽ ऽ : 20 (7:6:7) suvaṁśā सुवंशा

1749. ऽ ऽ ऽ ऽ । ऽ ऽ । । । । । । ऽ ऽ । । । ऽ : 19 (7:7:5) surasā सुरसा

1750. ऽ ऽ ऽ ऽ । ऽ ऽ । । । । । । ऽ ऽ । ऽ ऽ । ऽ ऽ : 21 (7:7:7) sragdharā स्रग्धरा

1751. ऽ ऽ ऽ ऽ । ऽ ऽ । । । । । । ऽ ऽ ऽ । । । ऽ : 20 (7:7:6) suvadanā सुवदना

1752. ऽ ऽ ऽ ऽ । ऽ ऽ । । । । । । ऽ ऽ ऽ । ऽ ऽ । ऽ dūrāvalokaḥ दूरावलोकः :21

1753. ऽ ऽ ऽ ऽ । ऽ ऽ । । । । । । ऽ nirmuktamālā निर्मुक्तमाला :14

1754. ऽ ऽ ऽ ऽ । ऽ ऽ । । । । । ऽ । । । । । ऽ : 19 sumadhurā सुमधुरा

1755. ऽ ऽ ऽ ऽ । ऽ ऽ । । । । । ऽ ऽ । । । ऽ : 18 (7:11) mahāsena महासेन

1756. ऽ ऽ ऽ ऽ । ऽ ऽ । । । । । ऽ ऽ । ऽ ऽ । ऽ ऽ : 20 (7:6:7) suprabhā सुप्रभा

1757. ऽ ऽ ऽ ऽ । ऽ ऽ । । । । । ऽ ऽ । ऽ ऽ kāmarūpa कामरूप :17

1758. ऽ ऽ ऽ ऽ । ऽ ऽ । । । । ऽ । । ऽ । ऽ । ऽ : 19 (7:12) mādhavīlatā माधवीलता

1759. ऽ ऽ ऽ ऽ । ऽ ऽ । । । ऽ ऽ ऽ । ऽ ऽ । ऽ : 18 kāñćī कांची

1760. ऽ ऽ ऽ ऽ । ऽ ऽ । ऽ । । । । । । ऽ । ऽ । ऽ । ऽ । ऽ । ऽ śakuntakuntalaḥ शकुन्तकुन्तलः :26

1761. ऽ ऽ ऽ ऽ । ऽ ऽ । ऽ । । ऽ । ऽ : 14 (7:7) jayā जया

1762. ऽ ऽ ऽ ऽ । ऽ ऽ । ऽ ऽ । ऽ ऽ । ऽ ऽ । ऽ ऽ । ऽ ऽ kaṅkaṇakvāṇavāṇī कङ्कणक्वाणवाणी :22

1763. ऽ ऽ ऽ ऽ । ऽ ऽ ऽ । ऽ ऽ । ऽ ऽ : 14 (7:7) ćandraśālā चंद्रशाला

1764. ऽ ऽ ऽ ऽ । ऽ ऽ ऽ । ऽ ऽ । ऽ ऽ bimbālakṣya बिम्बालक्ष्य :14

1765. ऽ ऽ ऽ ऽ । ऽ ऽ ऽ ऽ । ऽ ऽ । ऽ : 14 (7:7) jyotsnā ज्योत्स्ना

1766. ऽ ऽ ऽ ऽ । ऽ ऽ ऽ ऽ । ऽ ऽ । ऽ ऽ : 15 (7:8) ćandrasenā चंद्रसेना, ćandralekhā चंद्रलेखा

1767. ऽ ऽ ऽ ऽ । ऽ ऽ ऽ ऽ ऽ ऽ । ऽ ऽ vindhyārūḍha विन्ध्यारूढ :14

1768. ऽ ऽ ऽ ऽ । ऽ ऽ kirmīra किर्मीर :7

1769. ऽ ऽ ऽ ऽ । ऽ avoḍhā अवोढा :6

1770. ऽ ऽ ऽ ऽ । kumbhāri कुम्भारि :5

1771. ऽ ऽ ऽ ऽ ऽ : 5 vidyutabhrāntā विद्युद्भ्रांता

1772. ऽ ऽ ऽ ऽ ऽ । । । । । । ऽ ऽ । ऽ ऽ । ऽ ऽ : 19 (5:7:7) puṣpadáma पुष्पदाम

1773. ऽ ऽ ऽ ऽ ऽ । । । । । । ऽ ऽ । ऽ ऽ । ऽ ऽ phulladāma फुल्लदाम :19

1774. ऽ ऽ ऽ ऽ ऽ । । । । । । ऽ ऽ ऽ : 14 (5:9) asambādhā असंबाधा

1775. S S S S S I I I I I I S S S I S S I S : 19 (5:7:7) ćandrabimba चंद्रबिंब

1776. S S S S S I I I I I S I S I I S I S : 18 (5:7:6) kuraṅgikā कुरंगिका

1777. S S S S S I I I I I S S I S S I S S : 18 (4:7:7) ćitralekhā चित्रलेखा

1778. S S S S S I I I I I S S I S S I S S : 18 (5:6:7) kusumitalatāvellitā कुसुमितलतावेल्लिता

1779. S S S S S I I I I S S S S S : 14 vāsantī वासंती

1780. S S S S S I I I S I S S līḍhālarkaḥ लीढालर्कः :12

1781. S S S S S I I I S S I S S : 13 kauḍḍambha कौड्डंभ

1782. S S S S S I I I S S S I S S I S : 16 (4:5:7) komalalatā कोमललता

1783. S S S S S I I I S S S S S ulkābhāsaḥ उल्काभासः :13

1784. S S S S S I I S 8 (4:4) māṇavaka माणवक, māṇavakakrīḍitaka माणवकक्रीडितक

1785. S S S S S I I S I I S S kāsārakrāntā कासारक्रान्ता :12

1786. S S S S S I I S I S S : 11 (4:7) guṇāngī गुणांगी

1787. S S S S S I I S S : 9 sundaralrkhā सुंदरलेखा

1788. S S S S S I I S S I I I I I I I I I I I I S : 22 kraunćā क्रौंचा

1789. S S S S S I I S S I I I I S : 14 kusumavatī कुसुमवती

1790. S S S S S I I S S I I S S : 13 mattamayūra मत्तमयूर

1791. S S S S S I I S S I I S S S : 14 (4:10) govṛṣa गोवृष

1792. S S S S S I I S S I I S S dhīrāvarttaḥ धीरावर्त्तः :13

1793. S S S S S I I S S I I S S mattamayūraḥ मत्तमयूरः :13

1794. S S S S S I I S S S S S mattālī मत्ताली :12

1795. S S S S S I I S S ardhakṣāmā अर्धक्षामा :9

1796. S S S S S I I sampākaḥ सम्पाकः :7

1797. S S S S S I S S I I I S subhadrāvataraṇiḥ सुभद्रावतरणिः :12

1798. S S S S S I S S I S S : 11 (4:7) śālinī शालिनी

1799. S S S S S I S S I S S I I I I I I I I I S S I S S I S S : 27 (11:16) mālāćitra मालाचित्र

1800. S S S S S I S S I S S I S S niryatpārāvāraḥ निर्यत्पारावारः :14

1801. S S S S S I S S I S S S S S S S I S S I S S bhīmābhogaḥ भीमाभोगः :22

1802. S S S S S I S S I S S śālinī शालिनी :11

1803. S S S S S I S hindīra हिन्दीर :7

1804. S S S S S I sāhūti साहूति :6

1805. S S S S S S : 6 vidyullekhā विद्युल्लेखा, śeṣarāja शेषराज

1806. S S S S S S I I I I I I S S I S S I S S bhūriśobhā भूरिशोभा :20

1807. S S S S S S I I I I S S S S kāladhvāna कालध्वान :14

1808. S S S S S S I I S S I I S S I I kulyāvartta कुल्यावर्त्त :16

1809. S S S S S S I I S S S S līlāratna लीलारत्न :12

1810. S S S S S S I S I I S I S : 13 (4:9) śreyomālā श्रेयोमाला

1811. S S S S S S I S S I S S : 12 (5:7) vaiśvadev वैश्वदेवी

1812. S S S S S S I nīhārī नीहारी :7

1813. S S S S S S S : 7 lśīrśakarūpā शीर्शरूपक, gāndharvī गांधर्वी

1814. S S S S S S S I I S S S I I S S S S : 18 (9:9) mañjirā मंजिरा

1815. S S S S S S S I I S S S I S S I S S : 18 (5:6:7) siṁhavisphurjitā सिंहविस्फूर्जिता

1816. S S S S S S S S : 8 (4:4) vidyullekhā विद्युल्लेखा, somakānta सोमकान्त

1817. S S S S S S S S I I I I I I I I I I I I I I S : 23 (8:5:10) mandakrīḍā मंदक्रीडा

1818. S S S S S S S S I I I I I I I I I I I I S : 21 (8:5:8) mattakrīḍā मत्तक्रीडा

1819. S S S S S S S S I I I I I I I I I I I I S S : 22 haṁsī हंसी

1820. S S S S S S S S I I I I I I I I I I S I S I I S I S : 26 (8:11:7) bhujaṅgavijṛmbhita भुजंगविजृंभित

1821. S S S S S S S S I I I I S : 13 vidyunmālā विद्युन्माला

1822. S S S S S S S S I I I I S I I S S S S S S S I I S S S : 27 (8:11:8) mālāvṛtta मालावृत्त

1823. S S S S S S S S I I I I S S I I S kāsāra कासार :17

1824. S S S S S S S S I I I I S S S vāṇībhūṣā वाणीभूषा :15

1825. S S S S S S S S I I S S I I S līlācandra लीलाचन्द्र :15

1826. S S S S S S S S S : 9 rūpamālā रूपमाला, karpūra कर्पूर

1827. ऽ ऽ ऽ ऽ ऽ ऽ ऽ ऽ ऽ ऽ । । । । ऽ । । । । ऽ ऽ । । ऽ ऽ ऽ ऽ tanukilakiñćita तनुकिलकिञ्चित :26

1828. ऽ ऽ ऽ ऽ ऽ ऽ ऽ ऽ ऽ ऽ । । ऽ : 12 vikrāntā विक्रांता

1829. ऽ ऽ ऽ ऽ ऽ ऽ ऽ ऽ ऽ ऽ । । ऽ ऽ । । । । ऽ ऽ ऽ । । ऽ pārāvārāntastha पारावारान्तस्थ :23

1830. ऽ ऽ ऽ ऽ ऽ ऽ ऽ ऽ ऽ ऽ । । ऽ ऽ ऽ dhīradhvāna धीरध्वान :14

1831. ऽ ऽ ऽ ऽ ऽ ऽ ऽ ऽ ऽ ऽ । ऽ ऽ । ऽ ऽ : 15 (8:7) maṇḍūkī मंडूकी, ćitrā चित्रा, ćanćalā चंचला

1832. ऽ ऽ ऽ ऽ ऽ ऽ ऽ ऽ ऽ ऽ ऽ ऽ : 11 mālatī मालती

1833. ऽ ऽ ऽ ऽ ऽ ऽ ऽ ऽ ऽ ऽ ऽ ऽ ऽ ऽ : 12 vidyādhara विद्याधर, kāñćana कांचन, lakyāṇa कल्याण

1834. ऽ ऽ ऽ ऽ ऽ ऽ ऽ ऽ ऽ ऽ ऽ ऽ ऽ ऽ ऽ ऽ । ऽ । ऽ ऽ ऽ ऽ aśokalokaḥ अशोकलोकः :21

1835. ऽ ऽ ऽ ऽ ऽ ऽ ऽ ऽ ऽ ऽ ऽ ऽ ऽ ऽ ऽ ऽ ऽ ऽ : 15 (4:4:4:3) līlālekha लीलालेख, mitra मित्र, jyotis ज्योतिस्

1836. ऽ ऽ ऽ ऽ ऽ ऽ ऽ ऽ ऽ ऽ ऽ ऽ ऽ ऽ ऽ ऽ ऽ ऽ ऽ : 16 brahmarūpa ब्रह्मरूप

1837. ऽ । । ऽ ऽ ऽ ऽ ऽ ऽ ऽ : 25 (4:4:5:12) mantema मंतेम

1838. ऽ jīmūtadhvāna जीमूतध्वान :26

1839. ऽ ऽ ऽ ऽ ऽ ऽ ऽ ऽ ऽ ऽ ऽ ऽ ऽ ऽ ऽ ऽ ऽ mānākrāntā मानाक्रान्ता :17

1840. ऽ ऽ ऽ ऽ ऽ ऽ ऽ ऽ ऽ ऽ ऽ ऽ ऽ ऽ ऽ ऽ ćandrāpīḍa चन्द्रापीड :16

1841. ऽ ऽ ऽ ऽ ऽ ऽ ऽ ऽ ऽ ऽ ऽ ऽ ऽ ऽ ऽ līlālekhaḥ लीलालेखः :15

1842. ऽ ऽ ऽ ऽ ऽ ऽ ऽ ऽ ऽ ऽ ऽ ऽ ऽ ऽ saṅkalpāsāraḥ सङ्कल्पासारः :14

1843. ऽ ऽ ऽ ऽ ऽ ऽ ऽ ऽ ऽ ऽ ऽ ऽ ऽ savyālī सव्याली :13

1844. ऽ ऽ ऽ ऽ ऽ ऽ ऽ ऽ ऽ ऽ ऽ ऽ vidyādhāraḥ विद्याधारः :12

1845. ऽ ऽ ऽ ऽ ऽ ऽ ऽ ऽ ऽ ऽ ऽ bhāratī भारती :11

1846. ऽ ऽ ऽ ऽ ऽ ऽ ऽ ऽ ऽ ऽ padmāvarttaḥ पद्मावर्त्तः :10

1847. ऽ ऽ ऽ ऽ ऽ ऽ ऽ ऽ ऽ rūpāmālī रूपामाली :9

1848. ऽ ऽ ऽ ऽ ऽ ऽ ऽ ऽ vidyunmālā विद्युन्माला :8

1849. ऽ ऽ ऽ ऽ ऽ ऽ ऽ śiprā शिप्रा :7

1850. ऽ ऽ ऽ ऽ ऽ ऽ vidyullekhā विद्युल्लेखा :6

1851. ऽ ऽ ऽ ऽ kanyā कन्या :4

1852. ऽ ऽ strī स्त्री :2

1853. ऽ śrī श्री :1

(b) THE 150 Mātrā-Vṛttas

1854. sugati सुगती :7 = 6 + ऽ

1855. ćhavi छवि :8 = 4 + । ऽ ।

1856. gaṅga गंग :9 = 5 + ऽ ऽ

1857. nidhi निधि :9 = 8 + ।

1858. dīpa दीप :10 = 4 + । । । ऽ ।

1859. ahīra अहीर :11 = 7 + । ऽ ।

1860. śiva शिव :11 = 9 + ऽ or 6 + । ऽ ऽ

1861. tomar तोमर :12 = 9 + ऽ ।

1862. tāṇḍav ताण्डव :12 = । + 10 + ।

1863. līlā लीला :12 = 8 + । ऽ ।

1864. nīta नीत :12 = 9 + । ऽ or 9 + । । ।

1865. ullālā उल्लाला :13 = 10 + । + 2

1866. ćaṇḍikā चण्डिका :13 = 8 + ऽ । ऽ

1867. kajjala कज्जल :14 = 11 + ऽ ।

1868. sakhī सखी :14 = 8 + ऽ ऽ ऽ or 9 + । ऽ ऽ

1869. vijāt विजात :14 = । + 13

1870. hākalī हाकली :14 = 4, 4, 4 + ऽ

1871. madhumālatī मधुमालती :14 = 7 + 2 + ऽ । ऽ

1872. sulakṣaṇa सुलक्षण :14 = 11 + ऽ ।

1873. manamohana मनमारुहन :14 = 11 + । । ।

1874. sarasa सरस :14 = 2 + 5 + 2 + 5

1875. manoramā मनोरमा :14 = ऽ + 8 + ऽ । । or ऽ + 7 + । ऽ ऽ

1876. ćaubālā चौबाला :15 = 8 + 4 + । ऽ

1877. gopī गोपी :15 = 3 + 10 + ऽ

1878. ćaupaī चौपई :15 = 12 + ऽ ।

1879. jayakārī जयकारी :15 = 12 + ऽ ।

1880. gupāla गुपाल :15 = 11 + । ऽ ।

1881. bhujanginī भुजंगिनी :15 = 11 + । ऽ ।

1882. ujvalā उज्वला :15 = 10 + ऽ । ऽ

1883. punīta पुनीत :15 = 10 + ऽ ऽ ।

1884. pādākulaka पादाकुलक :16 = 4, 4, 4, 4 (i.e. ऽ ऽ, । । ऽ, । ऽ । or । । । ।)

1885. padapādākulak पदपादाकुलक :16 = ऽ or । । + 14

1886. ćaupāī चौपई :16 = 16 (must not end with ऽ ।)

1887. paddharī पद्धरी :16 = 12 + । ऽ ।

1888. arilla अरिल्ल :16 = 14 + । । or 11 + । ऽ ऽ

1889. dillā डिल्ला :16 = 12 + ऽ । ।

1890. upaćitrā उपचित्रा :16 = 8 + ऽ + 4 + ऽ (at least one । ऽ । must be in each line)

1891. pañjhaṭikā पञ्झटिका :16 = 8 + ऽ + 4 ऽ (there must be no । ऽ । in any line)

1892. siṁha सिंह :16 = । । + 10 + । । ऽ

1893. matta samak मत्त समक :16 = 8 + । + 7

1894. viśloka विश्लोक :16 = 4 + । + 2 + । + 8

1895. ćitrā चित्रा :16 = 4 + । + 2 + । । + 7

1896. vanavāsikā वनवासिका :16 = 8 + । + 2 + । + 4

1897. śṛṅgāra शृंगार :16 = 3 + 2 + 8 + ऽ ।

1898. rāma राम :17 = 9 + 3 + । ऽ ऽ

1899. ćandra चन्द्र :17 = 10 + 7

1900. rājīvagaṇa राजीवगण :18 = 9 + 9

1901. mālī माली :18 = 9 + 9

1902. śakti शक्ति :18 = । + 7 + । + । । + 3 + । । ऽ or । + 7 + । + । । + 2 + ऽ । ऽ or । + 7 + । + । । + 4 + । । ।

1903. bandana बन्दन :18 = 15 + ऽ ।

1904. purārī पुरारी :18 = 7 + 9 + ऽ

1905. pīyūṣavarṣa पीयूषवर्ष :19 = 10 + 6 + । ऽ

1906. sumeru सुमेरु :19 = । + 11 + 2 + । ऽ ऽ or । + 9 + 4 + । ऽ ऽ

1907. tamāla तमाल :19 = 16 + ऽ ।

1908. saguṇa सगुण :19 = । + 4 + 5 + 5 + । ऽ ।

1909. narahari नरहरि :19 = 14 + । । । ऽ

1910. diṇḍī दिंडी :19 = 9 + 6 + ऽ ऽ

1911. yoga योग :20 = 12 + 3 + । ऽ ऽ

1912. śāstra शास्त्र :20 = 17 + ऽ ।

1913. haṁsagati हंसगति :20 = 11 + 9

1914. manjutilakā मञ्जुतिलका :20 = 12 + 4 + । ऽ ।

1915. aruṇa अरुण :20 = 5 + 5 + 5 + ऽ । ऽ

1916. plavaṅgam प्लवंगम् :21 = ऽ + 6 + 7 + । ऽ । ऽ

1917. ćāndrāyaṇa चान्द्रायण :21 = 6 + । ऽ । + 5 + ऽ । ऽ

1918. tilokī तिलोकी :21 = 16 + 2 + । ऽ

1919. sindhu सिन्धु :21 = । + 6 + । + 6 + । + 6

1920. santa संत :21 = 3 + 6 + 6 + 2 + । । ऽ

1921. bhānu भानु :21 = 6 + 12 + ऽ ।

1922. rāsa रास :22 = 8 + 8 + 2 + । । ऽ

1923. rādhikā राधिका :22 = 13 + 9

1924. bihārī बिहारी :22 = 14 + 8

1925. kuṇḍala कुण्डल :22 = 12 + 6 + ऽ ऽ

1926. sukhadā सुखदा :22 = 12 + 8 + ऽ

1927. upamāna उपमान :23 = 13 + 6 + ऽ ऽ

1928. hīra हीर :23 = ऽ + 4 + 6 + 6 + ऽ । ऽ

1929. jaga जग :23 = 10 + 8 + 2 + ऽ ।

1930. sampadā संपदा :23 = 11 + 8 + । ऽ ।

1931. avatāra अवतार :23 = 13 + 5 + ऽ । ऽ

1932. sujāna सुजान :23 = 14 + 6 + ऽ ।

1933. niśćala निश्चल :23 = 16 + 4 + ऽ ।

1934. mohana मोहन :23 = 5 + 6 + 6 + 6

1935. rolā रोला :24 = (odd पद 1, 3) 4 + 4+ 3 or 3 + 3 + 2 + 3

1936. (even पद 2, 4) 3 + 2 + 4 + 4 or 3 + 2 + 3 + 3 + 2

1937. digpāl दिग्पाल :24 = 12 + 12

1938. rūpamālā रूपमाला :24 = 14 + 7 + ऽ ।

1939. madana मदन :24 = 14 + 7 + ऽ ।

1940. śobhana शोभन :24 = 14 + 6 + । ऽ ।

1941. siṁhikā सिंहिका :24 = 14 + 6 + । ऽ ।

1942. līlā लीला :24 = 7 + 7 + 6 + । । ऽ

1943. sumitra सुमित्र :24 = । ऽ । + 6 + 10 + । ऽ ।

1944. sārasa सारस :24 = ऽ + 10 + 12

1945. gaganāṅganā गगनांगना :25 = 16 + 4 + ऽ । ऽ

1946. muktāmaṇi मुक्तामणि :25 = 13 + 8 + ऽ ऽ

1947. sugītikā सुगीतिका :25 = । + 14 + 7 + ऽ ।

1948. madanāga मदनाग :25 = 17 + 8

1949. nāga नाग :25 = 10 + 8 + 4 + ऽ ।

1950. śaṅkara शंकर :26 = 16 + 7 + ऽ ।

1951. viṣṇupada विष्णुपद :26 = 16 + 8 + ऽ

1952. kāmarūpa कामरूप :26 = 9 + 7 + 8 + ऽ

1953. vaitāla वैताल :26 = 9 + 7 + 8 + ऽ

1954. jhūlanā झूलना :26 = 7 + 7 + 7 + 2 + ऽ ।

1955. gītikā गीतिका :26 = 14 + 9 + । ऽ

1956. gītā गीता :26 = 14 + 9 + ऽ ।

1957. sarasī सरसी :27 = 16 + 8 + ऽ ।

1958. śubhagītā शुभगीता :27 = 15 + 7 + ऽ । ऽ

1959. śuddhagītā शुद्धगीता :27 = 14 + 10 + ऽ ।

1960. sāra सार :28 = 16 + 8 + ऽ ऽ

1961. harigītikā हरिगीतिका :28 = 16 + 9 + । ऽ

1962. vidhātā विधाता :28 = 14 + 14

1963. vidyā विद्या :28 = । + 13 + 9 + । ऽ ऽ

1964. ćuliyālā चुलियाला :29 = 13 + 11 + । ऽ । ।

1965. marahaṭā मरहटा :29 = 10 + 8 + 8 + ऽ ।

1966. marahaṭā mādhavī मरहटा माधवी :29 = 11 + 8 + 7 + । ऽ

1967. dhārā धारा :29 = 15 + 12 + ऽ

1968. ćavapaiyā चवपैया :30 = 10 + 8 + 6 + । । ऽ ऽ

1969. tāṭaṅk ताटंक :30 = 16 + 8 + ऽ ऽ ऽ

1970. kukubha कुकुभ :30 = 16 + 10 + ऽ ऽ

1971. rućirā रुचिरा :30 = 14 + 14 + ऽ

1972. śokahara शोकहर :30 = 8 + 8+ 8 + 4 + ऽ

1973. karṇa कर्ण :30 = 13 + 13 + ऽ ऽ

1974. aśvāvatārī अश्वावतारी :31 = 16 + 12 + ऽ ।

1975. tribhaṅgī त्रिभंगी :32 = 10 + 8 + 8 + 4 + ऽ

1976. śuddhadhvani शुद्धध्वनि :32 = 10 + 8 + 8 + 4 + ऽ

1977. padmāvati पद्मावती :32 = 10 + 8 + 12 + ऽ

1978. samāna savaiyā समान सवैया :32 = 16 + 12 + S । ।

1979. savāī सवाई :32 = 16 + 12 + S । ।

1980. daṇḍakalā दंडकला :32 = 10 + 8 + 10 + । । S

1981. durmil दुर्मिल :32 = 10 + 8 + 6 + । । S S S

1982. kamand कमंद :32 = 15 + 13 + S S

1983. kharāri खरारि :32 = 8 + 6 + 8 + 10

1984. karakhā करखा :37 = 8 + 12 + 8 + 4 + । S S

1985. haṁsāla हंसाल :37 = 20 + 12 + । S S

1986. madanahara मदनहर :40 = । । + 8 + 8 + 14 + 6 + S

1987. uddhata उद्धत :40 = 10 + 10 + 10 + 7 + S ।

1988. śubhagā शुभगा :40 = 10 + 10 + 10 + 5 + S S ।

1989. vijayā विजया :40 = 10 + 01 + 10 + 5 + S । S

1990. haripriyā हरिप्रिया :46 = 12 + 12 + 12 + 8 + S

1991. atibaravai अतिबरवै :42 = 12 + 9; 12 + 9

1992. dohā दोहा :48 = 8 + S । S + 7 + । S ।; 8 + S । S + 7 + । S ।

1993. dohī दोही :52 = 10 + S । S + 7 = । S ।; 10 + S । S + 7 = । S ।

1994. haripad हरिपद :54 = 16 + 8 + S ।; 16 + 8 + S ।

1995. ullāla उल्लाल :56 = 15 + 13 ; 15 + 13

1996. lakshmī लक्ष्मी :57 = 12; 18; 12; 15

1997. rućirā-2 रुचिरा-2 :60 = 16 + 10 + S S; 16 + 10 + S S

1998. dhattā धत्ता :62 = 18 + 10 + । । ।; 18 + 10 + । । ।

1999. gāhinī गाहिनी :62 = 12 + 18; 12 + 16 + । S ।

2000. sim;hanī सिंहनी :62 = 12 + 16 + । S ।; 12 + 18

2001. manohara मनोहर :67 = 13 + 13 + 13 + 13 + 13 + S

2002. amṛtdhuni अमृतधुनि :144 = six lines of 8 + S । S + 7 + । S ।

2003. kuṇḍaliyā कुंडलिया :144 = dohā + rolā + dohā where thet hird line of the first dohā is the first line of rolā; and the first word of the 1st dohā is the last word of the 2nd dohā).

INDEX
OF THE 2195 CHHANDAS
छन्दसूचिः

English Alphabetically Listed
The numbers after the chhanda names in the table below
are the 2040 Sutras shown in the PART-A presented above.

(A अ)

1. abhīka अभीक 924
2. abhīrukā अभीरुका 783
3. abhidhātrī अभिधात्री 497
4. abhihita अभिहिता 1418
5. abhikhyā अभिख्या 709
6. abhimukhī अभिमुखी 753
7. abhirāmā अभिरामा 663
8. abhrabhramaśīlā अभ्रभ्रमशीला 1495
9. abhrabramaṇa अभ्रब्रमण 1442
10. abhraka अभ्रक 1523
11. abhravaṁsa अभ्रवंशा 835
12. aćala अचल 244
13. aćaladhṛti अचलधृति 7
14. aćyuta अच्युत 1281
15. aćaladhṛtiḥ अचलधृतिः 17
16. aćalanayana अचलनयन 16
17. aćalapaṅktiḥ अचलपङ्क्तिः 1247
18. aćalaviratiḥ अचलविरतिः 12
19. aćaṭu अचटु 82
20. aḍamaruḥ अडमरुः 29
21. adhīrā अधीरा 1233
22. adhīrakarīra अधीरकरीर 1628
23. adhikārī अधिकारी 670
24. adritanaya अद्रितनया 267
25. adritanayā अद्रितनया 268
26. agarim अगरि 41
27. ahīnatālī अहीनताली 1641
28. ahīra अहीर 1896
29. ahari अहरि 195
30. ahatiḥ अहतिः 877
31. ahilā अहिला 1453
32. ahiṁsā अहिंसा 1347
33. añćalavatī अञ्चलवती 1062

34. añćitaagra अञ्चिताग्रा 242
35. akahari अकहरि 28
36. akhaṇḍamaṇḍana अखण्डमण्डन 818
37. akhaniḥ अखनिः 250
38. akoṣakṛṣṭā अकोषकृष्टा 649
39. akṣarāvalī अक्षरावली 1293
40. akusumaćara अकुसुमचर 997
41. alālāpi अलालापि 608
42. alakā अलका 9
43. alakālikā अलकालिका 1546
44. alipada अलिपद 1360
45. alola अलोला 1701
46. alparuta अल्परुत 994
47. amālīna अमालीन 921
48. amānikā अमानिका 820
49. amanā अमना 507
50. amandapādaḥ अमन्दपादः 1033
51. amarāvatī अमरावती 1318
52. amarāvatī अमरावती 807
53. amaraćamarī अमरचमरी 11
54. amarandi अमरन्दि 1552
55. amati अमति 1018
56. amatiḥ अमतिः 1651
57. ambudāvalī अम्बुदावली 606
58. amitanagānikā अमितनगानिका 1030
59. ammethī अम्मेथी 1784
60. amoghamālikā अमोघमालिका 812
61. amṛtagati अमृतगति 219
62. amṛtagatiḥ अमृतगतिः 221
63. amṛtdhuni अमृतधुनि 2039
64. anīćaka अनीचक 717
65. aṅgarući अंगरुचि 1105
66. anālepana अनालेपन 365
67. anāmaya अनामय 759
68. anāsādi अनासादि 1345
69. anaṅgalekha अनंगलेखा 210
70. anaṅgapada अनङ्गपद 1104
71. anantadāmā अनन्तदामा 63
72. anasavavāsitā अनासववासिता 648
73. anavīrā अनवीरा 630
74. anavasita अनवसिता 310
75. anibhṛta अनिभृत 434
76. aniloddhatamukhī अनिलोद्धतमुखी 407
77. anilohā अनिलोहा 664
78. anindagurvinduḥ अनिन्दगुर्विन्दुः 330
79. anirayā अनिरया 345
80. anirbhāraḥ अनिर्भारः 968
81. anṛju अनृजु 1084
82. anṛtanarma अनृतनर्म 660
83. antarvanitā अन्तर्वनिता 1702
84. antarvikāsavāsakaḥ अन्तर्विकासवासकः 1559
85. anu अनु 319
86. anūpaka अनूपक 240
87. anućāyitā अनुचायिता 187
88. anukūlā अनुकूला 1194
89. anuṣṭup अनुष्टुप् 1467
90. aparājita अपराजिता 102
91. aparājitā अपराजिता 103

92. aparāntika अपरांतिका 647
93. aparaprīṇitā अपरप्रीणिता 67
94. aparavaktra अपरवक्त्र 106
95. aparipakva अपरवक्त्र 104
96. apavāha अपवाह 1624
97. apayodhā अपयोधा 679
98. aprītā अप्रीता 435
99. apramāthinī अप्रमाथिनी 651
100. apremeya अप्रमेया 900
101. arāli अरालि 771
102. arajaskā अरजस्का 779
103. aratilīla रतिलीला 732
104. aravindaka अरविंदक 237
105. arbhakamālā अर्भकमाला 1189
106. arbhakapaṅktiḥ अर्भकपङ्क्तिः 655
107. ardhāntarālāpi अर्धान्तरालापि 1600
108. ardhakalā अर्धकला 506
109. ardhakṣāmā अर्धक्षामा 1832
110. ardhakusumitā अर्धकुसुमिता 1019
111. ardharuta अर्धरुत 1005
112. ardita अर्दित 1110
113. arditapāda अर्दितपाद 1250
114. ari अरि 1010
115. arilā अरिला 638
116. arilla अरिल्ल 1925
117. arjitaphalikā अर्जितफलिका 1040
118. arkaśeṣā अर्कशेषा 1329
119. arpitamadanā अर्पितमदना 1022
120. arthaśikhā अर्थशिखा 1000
121. arti अर्ति 880
122. aruṇa अरुण 1952
123. aruntudaḥ अरुन्तुदः 511
124. aśaniḥ अशनिः 130
125. aśoka अशोका 174
126. aśokānokaha अशोकानोकह 1738
127. aśokalokaḥ अशोकलोकः 1871
128. aśokapuṣpa अशोकपुष्प 110
129. aśvāvatārī अश्वावतारी 2011
130. aśvagati अश्वगति 1107
131. aśvakānta अश्वकांता 1109
132. aśvalalita अश्वललित 252
133. aśvalalita अश्वललित 269
134. asambādha असंबाधा 1811
135. asitadhārā असितधारा 451
136. asudhā असुधा 646
137. asudhārā असुधारा 819
138. asurāḍhyā असुराढ्या 1690
139. asuvilāsa असुविलास 417
140. aṭṭāsinī अट्टासिनी 1547
141. ataila अतैल 859
142. atibaravai अतिबरवै 2028
143. atijani अतिजनि 1764
144. atikali अतिकलि 1448
145. atimohā अतिमोहा 669
146. atiprativinītā अतिप्रतिविनीता 642
147. atiraṁhaḥ अतिरंहः 766
148. atiśāyinī अतिशायिनी 517
149. atisurahitā अतिसुरहिता 1416

150. ativāsitā अतिवासिता 609
151. atulapulaka अतुलपुलक 10
152. aupagavīta औपगवीत 1176
153. aupagava औपगव 408
154. avāćīkṛtavadanā अवाचीकृतवदना 1432
155. avahitrā अवहित्रा 1133
156. avandhyopaćārah अवन्ध्योपचारः 906
157. avanijā अवनिजा 774
158. avarodhavanitā अवरोधवनिता 373
159. avarodhavanitā अवरोधवनिता 374
160. avatāra अवतार 1968
161. aviralaratikā अविरलरतिका 1001
162. avoḍhā अवोढा 1806
163. ayamāna अयमान 482
164. ayamita अयमित 383
165. ayanapatākā अयनपताका 1655
166. ayavatī अयवती 704

167. (Ā आ)
168. ābhāsamāna आभारामान 913
169. ādhidaivī आधिदैवी 961
170. ākatanu आकतनु 831
171. ākekara आकेकर 1425
172. ākhṛta आख्र्ट 1308
173. ākhyānakī आख्यानकी 1589
174. ālepana आलेपन 425
175. ālolaghaṭikā आलोलघटिका 526
176. ānaddha आनद्ध 1246
177. ānanamūla आननमूल 1197
178. ānatā आनता 1652
179. āndolika आंदोलिका 1593
180. āpaṇikā आपणिका 833
181. āpiḍa आपीड 983
182. ārādhinī आराधिनी 1616
183. ārabhaṭī आरभटी 1087
184. ārbhava आर्भव 1338
185. ārdrā आर्द्रा 849
186. āśāpādaḥ आशापादः 1747
187. āsavavāsitā आसववासिता 360

(B ब)
188. babhrulakṣmīḥ बभ्रुलक्ष्मीः 1395
189. baddhā बद्धा 1725
190. badhirā बधिरा 656
191. bahulābhra बहुलाभ्र 627
192. bahulayā बहुलया 1277
193. bahumata बहुमता 386
194. balākā बलाका 973
195. baladhārī बलधारी 629
196. balorjitā बलोर्जिता 281
197. bandana बन्दन 1940
198. bandhuka बंधूक 1016
199. bandhuka बंधूक 1154
200. bāla बाला 1434
201. bālā बाला 1587
202. bālavikrīḍita बालविक्रीडित 1028
203. bhīmābhogaḥ भीमाभोगः 1838
204. bhīmārjana भीमार्जन 1565
205. bhīmāvarttaḥ भीमावर्त्तः 1723

206. bhāgyavallakī भाग्यवल्लकी 1353
207. bhājanaśīlā भाजनशीला 1505
208. bhāminī भामिनी 1101
209. bhāminī भामिनी 1303
210. bhāminī भामिनी, śailaśikha शैलशिखा 1165
211. bhānu भानु 1958
212. bhārākrānta भाराक्रांता 929
213. bhārākrāntaa भाराक्रांता 1739
214. bhārāvatāraḥ भारावतारः 420
215. bhāratī भारती 1882
216. bhārṅgī भाङ्गी 749
217. bhāṣā भाषा 934
218. bhāsamānabimba भासमानबिम्ब 1314
219. bhāsitabharaṇa भासितभरण 1046
220. bhāsitasaraṇiḥ भासितसरणिः 984
221. bhāskara भास्कर 998
222. bhāsura भासुर 1125
223. bhāvinī भाविनी 1316
224. bhāvinīvilasita भाविनीविलसित 1265
225. bhadrā भद्रा 1582
226. bhadraka भद्रक 1163
227. bhadravirāṭ भद्रविराट् 1480
228. bhadrika भद्रिका 1262
229. bhadrikā भद्रिका 1276
230. bhaṅgī भंगि 1102
231. bhasalamada भसलमद 1032
232. bhasalaśalākā भसलशलाका 1758
233. bhasalavinoditā भसलविनोदिता 785
234. bhastrānistaraṇa भस्त्रानिस्तरण 1696
235. bhaurika भौरिक 1390
236. bhekālokaḥ भेकालोकः 1231
237. bhinnapada भिन्नपद 1096
238. bhittaka भित्तक 1133
239. bhogāvalī भोगावली 1545
240. bhogāvaliḥ भोगावलिः 1419
241. bhoginī भोगिनी 115
242. bhramarī भ्रमरी 562
243. bhramarī भ्रमरी 616
244. bhramarāvalī भ्रमरावली 474
245. bhramarāvalikā भ्रमरावलिका 488
246. bhramarapadaka भ्रमरपदक 1159
247. bhramaravilasita भ्रमरविलसित 1726
248. bhramaravilasitā भ्रमरविलसिता 1736
249. bhrūḥ भ्रूः 941
250. bhūmadhārī भूमधारी 923
251. bhūridhāmā भूरिधामा 682
252. bhūrighaṭaka भूरिघटक 1654
253. bhūrimadhu भूरिमधु 1767
254. bhūriśikhā भूरिशिखा 543
255. bhūriśobhā भूरिशोभा 1843
256. bhūrivasu भूरिवसु 930
257. bhūtalatanvī भूतलतन्वी 1217
258. bhujagahāriṇī भुजगहारिणी 395
259. bhujagaśiśubhṛta भुजगशिशुभृता 144
260. bhujagaśiśubhṛtā भुजगशिशुभृता 167
261. bhujalatā भुजलता 201
262. bhujaṅgī भुजङ्गी 914
263. bhujaṅgabhṛtā भुजङ्गभृता 491

264. bhujaṅgaḥ भुजङ्गः 904
265. bhujaṅgajuṣī भुजङ्गजुषी 1298
266. bhujaṅgaprayāta भुजंगप्रयात 900
267. bhujaṅgarita भुजंगरित 1713
268. bhujaṅgasaṅgata भुजंगसंगता 1315
269. bhujaṅgasaṅgatā भुजङ्गसङ्गता 595
270. bhujaṅgavijṛmbhita भुजंगविजृंभित 1857
271. bhujaṅginī भुजंगिनी 1918
272. bhujaṅgoddhata भुजङ्गोद्धत 1551
273. bihārī बिहारी 1961
274. bimba बिम्ब 193
275. bimba बिंब 188
276. bimbālakṣya बिम्बालक्ष्य 1801
277. bodhāturā बोधातुरा 962
278. bṛhaccharāvatī बृहच्छरावती 620
279. bṛhatika बृहतिका 406
280. bṛhattha बृहत्थ 899
281. brahmarūpa ब्रह्मरूप 1873
282. budbud बुद्बुद् 279
283. budbud बुद्बुद् 566
284. budbudaka बुद्बुदक 450
285. buddhiḥ बुद्धिः 1590

(Ć च)

286. ćāmara चामर 1337
287. ćāmara चामर 1361
288. ćāndrāyaṇa चान्द्रायण 1954
289. ćāru चारु 1412
290. ćārućāraṇa चारुचारण 1245
291. ćārugatiḥ चारुगतिः 68
292. ćāruhāsinī चारुहासिनी 857
293. ćārvaṭaka चार्वटक 1772
294. ćañćarīkāvalī चञ्चरीकावली 965
295. ćakita चकित 1044
296. ćakitā चकिता 1045
297. ćakoraḥ चकोरः 1116
298. ćakra चक्र 981
299. ćakrapada चक्रपद 980
300. ćala चल 1727
301. ćalanetrika चलनेत्रिका 93
302. ćamarīćara चमरीचर 101
303. ćampakamāla चंपकमाला 1211
304. ćampakamālā चम्पकमाला 1223
305. ćamūrubhīruḥ चमूरुभीरुः 1251
306. ćamūruḥ चमूरुः 457
307. ćaṇḍī चण्डी 62
308. ćaṇḍika चण्डिका 1903
309. ćanćala चंचला 1868
310. ćanćalākṣī चंचलाक्षी 120
311. ćandanapṛkṛti चंदनप्रकृति 1333
312. ćandra चन्द्र 1936
313. ćandrāpīḍa चन्द्रापीड 1877
314. ćandrabimba चंद्रबिंब 1812
315. ćandrahāsakarā चन्द्रहासकरा 1289
316. ćandrajyota चंद्रोद्योत 158
317. ćandrakānta चंद्रकांता 1393
318. ćandralekh चंद्रलेखा 1394
319. ćandralekha चंद्रलेखा 1375

320. ćandralekha चंद्रलेखा 1729
321. ćandralekha चंद्रलेखा 1803
322. ćandralekha चंद्रलेखा 198
323. ćandramāla चंद्रमाला 164
324. ćandramāla चंद्रमाला 43
325. ćandraśāla चंद्रशाला 1800
326. ćandrasena चंद्रसेना 1803
327. ćandraurasa चंद्रौरस 1728
328. ćandravartma चंद्रवर्त्म 1253
329. ćandravartma चंद्रवर्त्म 23
330. ćandrika चंद्रिका 116
331. ćandrika चंद्रिका 138
332. ćandrika चंद्रिका 964
333. ćandrikā चन्द्रिका 140
334. ćapala चपल 232
335. ćapala चपला 30
336. ćapaladhṛti चपलधृति 18
337. ćapalagati चपलगति 1214
338. ćarapada चरपद 429
339. ćaturīhā चतुरीहा 798
340. ćaubāla चौबाला 1913
341. ćaupaī चौपई 1915
342. ćaupāī चौपई 1923
343. ćavapaiya चवपैया 2005
344. ćayana चयन 875
345. ćelāñćala चेलाञ्चल 1518
346. ćeṭagati चेटीगति 902
347. ćhalitaka छलितक 423
348. ćhalitakapada छलितकपद 1428
349. ćhavi छवि 1892
350. ćhhāya छाया 953
351. ćhhāya छाया 959
352. ćhidra छिद्र 1462
353. ćintāmaṇi चिंतामणि 282
354. ćirarućiḥ चिररुचिः 879
355. ćitibhṛta चितिभृत 77
356. ćitra चित्र 1327
357. ćitra चित्र 1328
358. ćitra चित्रा 1868
359. ćitra चित्रा 1932
360. ćitraa चित्र 1012
361. ćitralekha चित्रलेखा 1814
362. ćitralekha चित्रलेखा 516
363. ćitrapada चित्रपदा 1148
364. ćitrapadā चित्रपदा 1155
365. ćittaćintāmaṇiḥ चित्तचिन्तामणिः 1367
366. ćtralekha चित्रलेखा 1632
367. ćtraśobha चित्रशोभा 1321
368. ćttavilasita चित्तविलासित 286
369. ćūḍāmaṇī चूडामणि 1541
370. ćūḍāpīḍa चूडापीड 1735
371. ćulaka चुलक 53
372. ćuliyāla चुलियाला 2001

373. (D द)
374. dadhi दधि 1139
375. damanak दमनक 5

376. damanak दमनक 51
377. damanaka दमनक 47
378. damanaka दमनक 42
379. daṇḍī दण्डी 1438
380. daṇḍakala दंडकला 2017
381. dantālikā दन्तालिका 1614
382. darduraka दर्दुरक 1141
383. darpamālā दर्पमाला 919
384. dayi दयि 3
385. dāmaghaṭitā दामघटिता 90
386. dārikā दारिका 571
387. dārudehā दारुदेहा 1388
388. devala देवल 1716
389. dhīrāvarttaḥ धीरावर्त्तः 1759
390. dhīrāvarttaḥ धीरावर्त्तः 1829
391. dhīradhvāna धीरध्वान 1867
392. dhāra धारा 2004
393. dhāri धारि 1350
394. dhamanikā धमनिका 553
395. dhanadhari धनधरि 461
396. dharā धरा 1620
397. dhatta धत्ता 2035
398. dhaunika धौनिक 988
399. dhauralalita धौरललिता 1168
400. dhaureya धौरेय 1089
401. dhavala धवल 14
402. dhavalakarī धवलकरी 95
403. dhorita धोरित 1015
404. dhṛṣṭapada धृष्टपद 1094
405. dhṛtahālā धृतहाला 1778
406. dhṛti धृति, pramada प्रमदा 253
407. dhṛtia धृति 873
408. dhūmrālī धूम्राली 922
409. ḍhuṇḍhi ढुण्ढि 701
410. digīśaḥ दिगीशः 600
411. digpāl दिग्पाल 1974
412. dilla डिल्ला 1926
413. diṇḍī दिंडी 1947
414. dīpa दीप 1895
415. dīpārci दीपार्चि 1670
416. dīpaka दीपक 1192
417. dīpakaa दीपक 1260
418. dīpakamāla दीपकमाला 1226
419. dīpikāśikha दीपिकाशिखा 1003
420. dīpta दीप्ता 677
421. dodhaka दोधक 1100
422. dodhaka दोधक 1133
423. dohī दोही 2030
424. doha दोहा 2029
425. dolā दोला 711
426. dorlīlā दोर्लीला 530
427. doṣā दोषा 1476
428. dṛk दृक् 2
429. dṛptadehā दृप्तदेहा 937
430. dṛtapada दृतपद 342
431. dṛtiḥ दृतिः 213
432. druta द्रुता 1305

433. drutalaghupadagati द्रुतलघुपदगति 1134
434. drutalambinī द्रुतलम्बिनी 510
435. drutamadhyā द्रुतमध्या 1129
436. drutamukha द्रुतमुख 35
437. drutapādagati द्रुतपादगति 225
438. drutapada द्रुतपद 356
439. drutavilambita द्रुतविलंबित 371
440. dūrāvalokaḥ दूरावलोकः 1789
441. dugdha दुग्ध 1352
442. duḥkha दुख 977
443. durmil दुर्मिल 2018
444. durmila दुर्मिल 478
445. dvāravahā द्वारवहा 1399
446. dvimilā द्विमिला 481
447. dviyodha द्वियोधा 1359

(E ए)

448. ekrūpa एकरूप 1688
449. ekrūpa एकरूप 515
450. ela एला 550
451. even पद 1973

(G ग)

452. gallaka गल्लक 79
453. gaganāṅgana गगनांगना 1982
454. gaganagatikā गगनगतिका 1284
455. gaganodgatā गगनोद्गता 1271
456. gahanā गहना 1013
457. gahvara गह्वर 1369
458. gajagati गजगति 348
459. gajagatiḥ गजगतिः 366
460. gajalalita गजललित 299
461. gajendralata गजेंद्रलता 119
462. galitanālā गलितनाला 792
463. gambhāri गम्भारि 1387
464. gaṅga गंग 1893
465. gaṅgodaka गङ्गोदक 1378
466. gaṇadehā गणदेहा 705
467. gaṇḍaka गंडका 1323
468. garuḍaruta गरुडरुत 275
469. garudavāritā गरुदवारिता 737
470. gatavośoka गतविशोका 174
471. gati गति 138
472. gau गौ 91
473. gaurī गौरी 131
474. gaurī गौरी 39
475. gaurī गौरी 65
476. gāhinī गाहिनी 2036
477. gāndharvī गांधर्वी 1850
478. gātha गाथ 1299
479. gātha गाथा 1661
480. ghanamayūra घनमयूर 88
481. ghanapaṅti घनपंक्ति 685
482. ghaṭikā घटिका 1452
483. ghoṭaka घोटक 478
484. gira गिरा, maṇiruci मणिरुचि 384
485. gīta गीता 1993

486. gīta गीता 581
487. gītika गीतिका 1992
488. gītika गीतिका 581
489. gītyāryā गीत्यार्या 7
490. godhi गोधि 533
491. gopī गोपी 1914
492. gopāvedī गोपावेदी 439
493. gotragarīyaḥ गोत्रगरीयः 1191
494. govṛṣa गोवृष 1828
495. gṛhiṇī गृहिणी 707
496. grāvāstaraṇa ग्रावास्तरण 1754
497. gūrṇikā गूर्णिका 1400
498. guñjjā गुञ्जा 1497
499. guṇāngī गुणांगी 1823
500. guṇalayanī गुणलयनी 200
501. guṇasārikā गुणसारिका 761
502. guṇavatī गुणवती 441
503. gupāla गुपाल 1917
504. gurumadhya गुरुमध्या 617

(H ह)

505. halamukhī हलमुखी 1243
506. halamukhī हलमुखी 1248
507. hali हलि 215
508. halodgatā हलोद्गता 285
509. haṁsī हंसी 1737
510. haṁsī हंसी 1856
511. haṁsī हंसी 850
512. haṁsākhya हंसाख्य 817
513. haṁsāla हंसाल 2022
514. haṁsagati हंसगति 1950
515. haṁsagati हंसगति 226
516. haṁsakrīḍa हंसक्रीडा 1769
517. haṁsalaya हंसलय 25
518. haṁsamāla हंसमाला 1365
519. haṁsapada हंसपद 1215
520. haṁsapada हंसपदा 1499
521. haṁsaruta हंसरुत 1656
522. haṁsaruta हंसरुत 1653
523. haṁsaśyenī हंसश्येनी 1743
524. haṁsasyāma हंसश्यामा 1733
525. haṁsinī हंसिनी 1341
526. haraṇi हरणि 444
527. haranartaka हरनर्तक 1677
528. haravanitā हरवनिता 37
529. hari हरि 156
530. harigītika हरिगीतिका 1998
531. harikāntā हरिकान्ता 666
532. hariluptā हरिलुप्ता 495
533. hariṇī हरिणी 206
534. hariṇīpada हरिणीपद 207
535. hariṇīplutā हरिणीप्लुता 369
536. hariṇapluta हरिणप्लुत 370
537. haripad हरिपद 2031
538. haripada हरिपद 81
539. haripriya हरिप्रिया 2027
540. harit हरित् 199

541. harṣiṇī हर्षिणी 1355
542. haṭhinī हठिनी 1708
543. hayalīlayagati हयलीलयगति 266
544. hākalī हाकली 1907
545. hāri हारि 1568
546. hāriṇī हारिणी 1742
547. hāriṇī हारिणी 1730
548. hāsikā हासिका 1719
549. hāṭakaśāli हाटकशालि 1489
550. hemahāsaḥ हेमहासः 1389
551. hemamihikā हेममिहिका 1064
552. hemarūpa हेमरूप 1363
553. hetiḥ हेतिः 238
554. hiṁsakānta सिंहकांता 1209
555. hindīra हिन्दीर 1840
556. hiraka हीरक 1020
557. hīnatālī हीनताली 623
558. hīra हीर 1447
559. hīra हीर 1965
560. hīrāṅgī हीराङ्गी 1648
561. hīrakahāradhara हीरकहारधर 1123
562. hīralambi हीरलम्बि 1145
563. hoḍapadā होडपदा 1178
564. holā होला 440
565. hrīḥ ह्रीः 1397
566. hrīṇahaiyaṅgavīna ह्रीणहैयङ्गवीन 1377
567. hṛdya हृद्य 978

(I इ)

568. ibhabhrāntā इभभ्रान्ता 1717
569. indhā इन्धा 1556
570. indraḥ इन्द्रः 770
571. indraphalā इन्द्रफला 1232
572. indravadanā इन्द्रवदना 1057
573. indravajrā इन्द्रवज्रा 1591
574. indravaṁśa इंद्रवंशा 1574
575. indravaṁśa इंद्रवज्रा 1583
576. indravimāna इन्द्रविमान 1193
577. indumā इन्दुमा 839
578. induvadana इंदुवदना 1053
579. induvaṁśā इन्दुवंशा 1577

580. (Ī ई)
581. īḍā ईडा 1427
582. īdṛṣa ईदृष 1324
583. īhā ईहा 230
584. īhāmṛgī ईहामृगी 1553
585. ītiḥ ईतिः 1076

(J ज)

586. jaga जग 1966
587. jagatsamānikā जगत्समानिका 520
588. jala जला 1557
589. jaladarasitā जलदरसिता 189
590. jaladharamāla जलधरमाला 1757
591. jaladharamālā जलधरमाला 1761
592. jalamāla जलमाला 1152
593. jaloddhatagatiḥ जलोद्धतगतिः 736
594. jaloddhati जलोद्धगति 728

595. jananidhivelā जननिधिवेला 311
596. japa जपा 716
597. jarā जरा 768
598. jatu जतु 979
599. jatu जतु 548
600. javanaśālinī जवनशालिनी 529
601. jaya जया 1798
602. jaya जया 565
603. jaya जया 890
604. jayānanda जयानंद 954
605. jayakārī जयकारी 1916
606. jāhamukhī जाहमुखी 1126
607. jālapādaḥ जालपादः 1615
608. jāriṇī जारिणी 430
609. jāsari जासरि 1074
610. jāyā जाया 1581
611. jhillīlīlā झिल्लीलीला 333
612. jhūlana झूलना 1991
613. jihmāśayā जिह्माशया 1530
614. jīmūtadhvāna जीमूतध्वान 1875
615. jvalitā ज्वलिता 447
616. jyotis ज्योतिस् 1872
617. jyotsna ज्योत्स्ना 1802

(K क)

618. kaćchapī कच्छपी 1240
619. kacchapī कच्छपी 940
620. kaḍāra कडार 876
621. kadalī कदली 446
622. kañjā कञ्जा 869
623. kajjala कज्जल 1904
624. kalā कला 871
625. kalādhāma कलाधाम 1095
626. kalādharaḥ कलाधरः 1362
627. kalāpāntaritā कलापान्तरिता 883
628. kalāpadīpaka कलापदीपक 1326
629. kalāpatiprabhā कलापतिप्रभा 1330
630. kalātantra कलातंत्र 942
631. kalāvati कलावती 786
632. kalabhāṣiṇī कलभाषिणी 237
633. kaladhautapada कलधौतपद 487
634. kalagīta कलगीत 689
635. kalaha कलह 668
636. kalahakara कलहकर 32
637. kalahaṁsī कलहंसी 1493
638. kalahaṁsa कलहंसा 355
639. kalahaṁsaḥ कलहंसः 563
640. kalahetikā कलहेतिका 579
641. kalakaṇṭha कलकंठ 551
642. kalali कललि 442
643. kalamatallikā कलमतल्लिका 387
644. kalanā कलना 560
645. kalanāvatī कलनावती 567
646. kalanāyikā कलनायिका 827
647. kalasvanavaṁśaḥ कलस्वनवंशः 1150
648. kalavallivihaṅgaḥ कलवल्लिविहङ्गः 854
649. kalika कलिका 1098
650. kalika कलिका 1405

651. kalilā कलिला 532
652. kalitakamalavilāsaḥ कलितकमलविलासः 166
653. kalki कल्कि 1302
654. kalpāhārī कल्पाहारी 36
655. kalpadhāri कल्पधारि 1368
656. kalpakāntā कल्पकान्ता 1401
657. kalpalatāpatākinī कल्पलतापताकिनी 1625
658. kalpamīlitā कल्पमीलिता 1374
659. kalpamukhī कल्पमुखी 1204
660. kaṁsāsāri कंसासारि 963
661. kaṁsari कंसरि 1781
662. kamal कमल 2
663. kamala कमल 178
664. kamala कमला 578
665. kamala कमला 85
666. kamalākarā कमलाकरा 1132
667. kamaladala कमलदल 44
668. kamaladalākṣī कमलदलाक्षी 296
669. kamalaloćana कमललोचना 58
670. kamalaloćana कमललोचना 75
671. kamalapara कमलपर 303
672. kamalaśikhā कमलशिखा 331
673. kamalavilāsinī कमलविलासिनी 231
674. kamanī कमनी 613
675. kamand कमंद 2019
676. kaṅkaṇakvāṇaḥ कङ्कणक्काणः 1379
677. kaṅkaṇakvāṇavāṇī कङ्कणक्काणवाणी 1799
678. kaṇikā कणिका 1513
679. kaṇṭhī कण्ठी 870
680. kanaka कनक 1661
681. kanakakāminī कनककामिनी 830
682. kanakaketakī कनककेतकी 1451
683. kanakalata कनकलता 13
684. kanakalata कनकलता 1441
685. kanakalata कनकलता 34
686. kanakamālikā कनकमालिका 1267
687. kanakamañjarī कनकमञ्जरी 410
688. kanakaprabha कनकप्रभा 565
689. kanakitā कनकिता 1086
690. kanda कंद 901
691. kandaḥ कन्दः 910
692. kandavinodaḥ कन्दविनोदः 1222
693. kanduka कंदुक 911
694. kanya कन्या 1721
695. kanyā कन्या 1888
696. karīritā करीरिता 634
697. karālī कराली 1607
698. karabhit करभित् 546
699. karabhoddhatā करभोद्धता 1201
700. karadhā करधा 1679
701. karahanćī करहंची 171
702. karañji करञ्जि 723
703. karakha करखा 2021
704. karamālā करमाला 665
705. karapallavodgatā करपल्लवोद्गता 896
706. karaśayā करशया 380
707. kareṇuḥ करेणुः 1408

708. karimakarabhuja करिमकरभुजा 149
709. karmadā कर्मदा 1301
710. karmaṭhaḥ कर्मठः 1127
711. karmiṣṭhā कर्मिष्ठा 1047
712. karṇa कर्ण 2010
713. karṇāṭaka कर्णाटक 1531
714. karṇalatā कर्णलता 636
715. karṇapālikā कर्णपालिका 1343
716. karṇasphoṭa कर्णस्फोट 326
717. karṇinī कर्णिनी 1259
718. karṇiśaraḥ कर्णिशरः 1135
719. karpūra कर्पूर 1863
720. kaṭhinī कठिनी 185
721. kaṭhināsthi कठिनास्थि 1002
722. kaṭhodgatā कठोद्गता 601
723. kathāgati कथागति 1562
724. kaućamāraḥ कौचमारः 699
725. kauḍḍambha कौड्डंभ 1818
726. kaumudī कौमुदी 426
727. kāhī काही 696
728. kākalīkalakokilaḥ काकलीकलकोकिलः 1286
729. kākiṇikā काकिणिका 773
730. kāladhvāna कालध्वान 1844
731. kālambī कालम्बी 1709
732. kālasāroddhataḥ कालसारोद्धतः 832
733. kālavarma कालवर्म 636
734. kāṁsīka कांसीक 1649
735. kāmā कामा 2429
736. kāmākṣī कामाक्षी 469
737. kāmaćāri कामचारि 1550
738. kāmadatta कामदत्ता 114
739. kāmalā कामला 153
740. kāmalatikā कामलतिका 1075
741. kāmanibhā कामनिभा 1700
742. kāmarūpa कामरूप 1794
743. kāmarūpa कामरूप 1989
744. kāmaśālā कामशाला 1384
745. kāminī कामिनी 1316
746. kāmoddhatā कामोद्धता 1592
747. kāmukalekhā कामुकलेखा 1218
748. kāñćī कांची 1796
749. kāñćana कांचन 18770
750. kāṇḍamukhī काण्डमुखी 794
751. kānta कांत 302
752. kānta कांता 1056
753. kāntā कान्ता 1691
754. kāntāra कान्तार 956
755. kāntotpīḍa कान्तोत्पीडा 1221
756. kāraviṇī कारविणी 1067
757. kārpikā कार्पिका 1311
758. kāru कारु 615
759. kāsāra कासार 1860
760. kāsārakrāntā कासारक्रान्ता 1822
761. kekirava केकिरव 607
762. kelićara केलिचर 295
763. kerama केरम 1356
764. keśara केशर 1732
765. keśavatī केशवती 932

766. ketana केतन 1077
767. ketuḥ केतुः 1171
768. ketumāla केतुमाला 1595
769. ketumatī केतुमती 574
770. khagatiḥ खगतिः 1124
771. kharāri खरारि 2020
772. kharakarā खरकरा 414
773. kharpari खर्परि 855
774. kharviṇī खर्विणी 1406
775. khaṭakā खटका 764
776. khaurali खौरलि 329
777. khelāḍhya खेलाढ्य 1703
778. kheṭaka खेटक 1071
779. kiñjalki किञ्जल्कि 1567
780. kilikitā किलिकिता 1272
781. kilikitā किलिकिता 361
782. kiṁśukāstaraṇa किंशुकास्तरण 1295
783. kiṁśukāvalī किंशुकावली 1643
784. kiṇapā किणपा 1082
785. kinnaṭakaḥ किन्नटकः 1468
786. kirīṭa किरीट 1112
787. kirātaḥ किरातः 289
788. kiraṇakīrttiḥ किरणकीर्त्तिः 1486
789. kirmīra किर्मीर 1805
790. kiśalaya किशलय 437
791. kiṣku किष्कु 1594
792. kīlāla कीलाल 1229
793. kīralekhā कीरलेखा 392
794. kīrtiḥ कीर्तिः 843
795. kīṭamālā कीटमाला 599
796. kokapada कोकपद 1216
797. kokilaka कोकिलक 256
798. kola कोल 727
799. komalakalpakalikā कोमलकल्पकलिका 604
800. komalalata कोमललता 1819
801. korakitā कोरकिता 1130
802. kośi कोशि 1011
803. krīḍā क्रीडा 972
804. krīḍāyatana क्रीडायतन 503
805. krīḍacandra क्रीडचन्द्र 907
806. krīḍitakaṭakā क्रीडितकटका 1024
807. krīḍācakra क्रीडाचक्र 960
808. kṛkapādi कृकपादि 396
809. kṛṣṇagatikā कृष्णगतिका 1072
810. kṛtakatikā कृतकतिका 40
811. kṛtakavali कृतकवलि 48
812. kṛtamāla कृतमाल 1474
813. kṛtamaṇitā कृतमणिता 986
814. kṛtayuḥ कृतयुः 73
815. krānta क्रांता 929
816. krauṅca क्रौंचा 1825
817. krauṅcapada क्रौंचपदा 1212
818. kriḍa क्रीडा 958
819. kroḍāntika क्रोडान्तिक 1540
820. kroḍakrīḍa क्रोडक्रीड 1724
821. krośapadā क्रोशपदा 1213
822. krośitakuśalā क्रोशितकुशला 1025
823. krūrāśana क्रूराशन 1437
824. kṣama क्षमा 136

825. kṣama क्षमा 157
826. kṣama क्षमा 1783
827. kṣamāpāli क्षमापालि 865
828. kṣara क्षर 718
829. kṣupa क्षुप 752
830. kṣut क्षुत् 1050
831. kūla कूल 1458
832. kūlaćāriṇī कूलचारिणी 1335
833. kūrćalalita कूर्चललित 1371
834. kuberakaṭikā कुबेरकटिका 508
835. kuḍaṅgikā कुडङ्गिका 806
836. kuhī कुही 751
837. kuhakakuhara कुहककुहर 148
838. kuhū कुहू 769
839. kukubha कुकुभ 2007
840. kulādhārī कुलाधारी 938
841. kulaćāri कुलचारि 797
842. kulyāvartta कुल्यावर्त्त 1845
843. kumārī कुमारी 274
844. kumāri कुमारी 1572
845. kumāragatiḥ कुमारगतिः 722
846. kumāralīlā कुमारलीला 1629
847. kumāralalita कुमारललिता 742
848. kumāralalitā कुमारललिता 750
849. kumbhāri कुम्भारि 1807
850. kumbhaka कुम्भक 124
851. kumbhodhnī कुम्भोध्नी 1765
852. kumuda कुमुद 468
853. kumudamālā कुमुदमाला 419
854. kumudanibha कुमुदनिभा 325
855. kumudinī कुमुदिनी 1339
856. kumudinī कुमुदिनी 1626
857. kumudinīvikāśaḥ कुमुदिनीविकाशः 829
858. kuṇḍala कुण्डल 1962
859. kuṇḍaliya कुंडलिया 2040
860. kupuruṣajanita कुपुरुषजनिता 128
861. kupya कुप्य 1034
862. kuradi कुरदि 720
863. kuraṅgāvatāraḥ कुरङ्गावतारः 895
864. kuraṅgika कुरंगिका 1813
865. kurarīrutā कुररीरुता 264
866. kurarikā कुररिका 413
867. kurućarī कुरुचरी 1354
868. kuśaka कुशक 1249
869. kuśalakalāvatikā कुशलकलावतिका 1638
870. kusumasumudita कुसुमसुमुदिता 1627
871. kusumavatī कुसुमवती 1826
872. kusumavatī कुसुमवती 319
873. kusumavićitra कुसुमविचित्रा 299
874. kusumavićitrā कुसुमविचित्रा 305
875. kusumbhinī कुसुम्भिनी 787
876. kusumita कुसुमिता 405
877. kusumitalatāvellita कुसुमितलतावेल्लिता 1815
878. kuṭajagati कुटिलगति 287
879. kuṭhārikā कुठारिका 864
880. kuṭila कुटिल 621
881. kuṭilaka कुटिलक 1734

882. kuṭila कुटिल 784

883. kuvalayamāla कुवलयमाला 1647

(L ल)

884. lakṣmī लक्ष्मी 1517

885. lakṣmī लक्ष्मी 1699

886. lakṣmī लक्ष्मी 1391

887. lakṣmīdhara लक्ष्मीधर 1372

888. lakshmī लक्ष्मी 2033

889. lakyāṇa कल्याण 1870

890. lalāmalalitādharā ललामललिताधरा 808

891. lalana ललना 1182

892. lalana ललना 1210

893. lalana ललना 1241

894. lalita ललित 160

895. lalita ललित 555

896. lalita ललित 1305

897. lalita ललित 155

898. lalita ललित 161

899. lalita ललिता 1533

900. lalitā ललिता 1534

901. lalitāgamana ललितागमन 531

902. lalitālabāla ललितालबाल 590

903. lalitagati ललितगति 224

904. lalitalalāma ललितललाम 288

905. lalitalata ललितलता 86

906. lalitapatākā ललितपताका 190

907. lalitavikrama ललितविक्रम 1170

908. lasadasu लसदसु 194

909. lata लता 119

910. latākusuma लताकुसुम 1111

911. lavalīlatā लवलीलता 1167

912. laya लय 180

913. layagrahī लयग्रही 1597

914. lālinī लालिनी 1291

915. lālitya लालित्य 1678

916. lālitya लालित्य-2 1698

917. lāsyakārī लास्यकारी 1383

918. lāsyalīlā लास्यलीला 1041

919. lāsyalīlālayaḥ लास्यलीलालयः 1504

920. līḍhālarkaḥ लीढालर्कः 1817

921. līla लीला 1900

922. līla लीला 1979

923. līlā लीला 315

924. līlāćandra लीलाचन्द्र 1862

925. līlālekha लीलालेख 1872

926. līlālekhaḥ लीलालेखः 1878

927. līlālolaḥ लीलालोलः 1760

928. līlāratna लीलारत्न 1846

929. lakṣaṇalīlā लक्षणलीला 1203

930. laghumaṇiguṇanikara लघुमणिगुणनिकर 54

931. lodhraśikhā लोध्रशिखा 1662

932. lola लोल 1619

933. lolalolambalīla लोललोलम्बलील 1380

934. lolatanu लोलतनु 635

935. lśīrśakarūpa शीर्शरूपक 1850

936. lulita लुलित 499

937. lumbākṣī लुम्बाक्षी 472

938. luptā लुप्ता 639

(M म)

939. mādhavīlata माधवीलता 1795

940. madāvadātā मदावदाता 650

941. madakalanī मदकलनी 220

942. madakalita मदकलिता 217

943. madalekha मदलेखा 1695

944. madalekhā मदलेखा 1704

945. madana मदन 1976

946. madanāga मदनाग 1985

947. madanahara मदनहर 2023

948. madanajavanikā मदनजवनिका 294

949. madanaka मदनक 72

950. madanalalita मदनललिता 1741

951. madanamālā मदनमाला 394

952. madanamālikā मदनमालिका 391

953. madanasāyaka मदनसायक 357

954. madanayā मदनया 134

955. madanoddhurā मदनोद्धुरा 1147

956. madhu मधु 1

957. madhu मधु 713

958. madhukarika मधुकरिका 1431

959. madhukarika मधुकरिका 144

960. madhumālatī मधुमालती 1908

961. madhumālinī मधुमालिनी 1158

962. madhumāraka मधुमारक 602

963. madhumallī मधुमल्ली 659

964. madhumatī मधुमती 169

965. madhumati मधुमति 368

966. madhumati मधुमति 83

967. madhupāli मधुपालि 489

968. madhuvāri मधुवारि 564

969. madhyādhārā मध्याधारा 1777

970. madhyakṣāma मध्यक्षामा 1743

971. madira मदिरा 1111

972. madirā मदिरा 1119

973. madirākṣī मदिराक्षी 1491

974. mahī मही 178

975. mahī मही 534

976. mahī मही 974

977. mahālakṣamī महालक्ष्मी 1366

978. mahāmadanasāyaka महामदनसायक 358

979. mahāsena महासेन 1792

980. mahāsragdhara महास्त्रग्धरा 596

981. mahāsragdhara महास्त्रग्धरा 698

982. mahanīyā महनीया 887

983. mahendravajra महेंद्रवज्रा 607

984. mahimāvasāyi महिमावसायि 658

985. mahiṣī महिषी 1168

986. mahoddhatā महोद्धता 892

987. mahodhikā महोधिका 799

988. mahonmukhī महोन्मुखी 1710

989. mañjubhāṣiṇī मञ्जुभाषिणी 568

990. mañjumālatī मञ्जुमालती 1306

991. makaralata मकरलता 1441

992. makaralata मकरलता 1646

993. makaramukhī मकरमुखी 52

994. makaranda मकरंद 300

995. makarandika मकरंदिका 951

996. malayasurabhiḥ मलयसुरभिः 1633

997. mallapallīprakāśa मल्लपल्लीप्रकाश 903

998. maṅgalamaṅgana मंगलमंगना 351

999. maṅkura मङ्कुर 1711

1000. mañjira मंजिरा 1851

1001. mañjubhāṣiṇī मंजुभाषिणी 222

1002. mañjuṣabhāṣnī मंजुभाषिणी 828

1003. maṇḍala मण्डल 1083

1004. maṇḍūkī मंडूकी 1868

1005. maṇi मणि 1988

1006. maṇibhūṣaṇa मणिभूषण 1255

1007. maṇiguṇakara मणिगुणनिकर 24

1008. maṇihaṁsaḥ मणिहंसः 582

1009. maṇikalpita मणिकल्पिता 282

1010. maṇikaṇṭak मणिकंटक 254

1011. maṇimāla मणिमाला 1106

1012. maṇimāla मणिमाला 1506

1013. maṇimadhya मणिमध्य 1224

1014. maṇimadhya मणिमध्या 1209

1015. maṇimañjarī मणिमंजरी 928

1016. maṇimukhī मणिमुखी 403

1017. maṇirāga मणिराग 1282

1018. maṇiraṅga मणिरंग 1282

1019. manahāsā मनहासा 834

1020. manamohana मनमारुहन 1910

1021. manda मंदा 1463

1022. mandākinī मंदाकिनी 120

1023. mandākinī मंदाकिनी 1610

1024. mandākrāmta मंदाक्रांता 1740

1025. mandākṣamandara मन्दाक्षमन्दर 163

1026. mandāramāla मंदारमाला 687

1027. mandāramāla-2 मन्दारमाला-2 1606

1028. mandakrīḍa मंदक्रीडा 1854

1029. mandari मन्दरि 1237

1030. manjutilaka मञ्जुतिलका 1951

1031. manmathaḥ मन्मथः 537

1032. manohaṁsa मनोहंस 580

1033. manohara मनोहर 2038

1034. manojaśekha मनोजशेख 804

1035. manojña मनोज्ञा 404

1036. manolā मनोला 886

1037. manorama मनोरमा 1912

1038. manorama मनोरमा 399

1039. manoramā मनोरमा 401

1040. mantema मंतेम 1874

1041. manthāna मंथान 1569

1042. manthānaka मन्थानक 1609

1043. mantharāyana मन्थरायन 385

1044. manthari मन्थरि 1714

1045. mantrikā मन्त्रिका 1403

1046. marahaṭa mādhavī मरहटा माधवी 2003

1047. marahaṭa मरहटा 2002

1048. marmasphura मर्मस्फुर 1535

1049. maru मरु 790

1050. maśagā मशगा 888

1051. masṛṇa मसृण 143
1052. matta मत्ता 1748
1053. matta samak मत्त समक 1930
1054. mattā मत्ता 1762
1055. mattālī मत्ताली 1831
1056. mattagajavilasita मत्तगजविलसित 1160
1057. mattagajendraḥ मत्तगजेन्द्रः 1118
1058. mattakokila मत्तकोकिल 1288
1059. mattakokila मत्तकोकिल 359
1060. mattakrīḍa मत्तक्रीडा 1855
1061. mattamayūra मत्तमयूर 1827
1062. mattamayūraḥ मत्तमयूरः 1830
1063. mattavilāsinī मत्तविलासिनी 1121
1064. mattebha मत्तेभ 1537
1065. mattebhavikrīḍita मत्तेभविक्रीडित 643
1066. mauktika मौक्तिक 1342
1067. mauktikadāma मौक्तिकदाम 758
1068. mauktikadāma मौक्तिकदाम 762
1069. maulimālikā मौलिमालिका 1346
1070. maulisrak मौलिस्रक् 1694
1071. mauralika मौरलिक 1156
1072. mayūkhasaraṇiḥ मयूखसरणिः 1029
1073. mayūrī मयूरी 935
1074. mayūragati मयूरगति 1117
1075. mayūralalita मयूरललित 726
1076. mayūrapiććha मयूरपिच्छ 1644
1077. mayūrasāriṇī मयूरसारिणी 1331
1078. mayūvadanā मयूवदना 1063
1079. mālī माली 1938
1080. mālīna मालीन 1706
1081. māla माला 575
1082. mālā माला 846
1083. mālāćitra मालाचित्र 1836
1084. mālādharaḥ मालाधरः 179
1085. mālāvalaya मालावलय 1749
1086. mālāvṛtta मालावृत्त 1859
1087. mālatī मालती 1869
1088. mālatī मालती 241
1089. mālatī मालती 245
1090. mālatikā मालतिका 776
1091. mālava मालव 1322
1092. mālavikā मालविका 1466
1093. mālinī मालिनी 150
1094. mālinī मालिनी 152
1095. mālyopastha माल्योपस्थ 46
1096. māṇavaka माणवक 1199
1097. māṇavaka माणवक 1821
1098. māṇavakakrīḍitaka माणवकक्रीडितक 1821
1099. māṇavikāvikāṣaḥ माणविकाविकाषः 1542
1100. māṇḍavaka माण्डवक 421
1101. māṇikyamāla माणिक्यमाला 310
1102. mānākrāntā मानाक्रान्ता 1876
1103. mānavatī मानवती 760
1104. mārābhisaraṇa माराभिसरण 1443
1105. mārdaṅgī मार्दङ्गी 1637
1106. mārdaṅgī मार्दङ्गी 449

1107. mātrā मात्रा 1634

1108. māyā माया 847

1109. māyāsārī मायासारी 335

1110. māyāvinī मायाविनी 700

1111. madākrāntā मदाक्रान्ता 519

1112. medhavisphurjita मेधाविस्फूर्जिता 955

1113. meduradanta मेदुरदन्त 1115

1114. meghālokaḥ मेघालोकः 967

1115. meghāvalī मेघावली 411

1116. meghadhvanipūraḥ मेघध्वनिपूरः 1510

1117. meghalata मेघमाला 123

1118. meghavitāna मेघवितान 501

1119. merurūpa मेरुरूपा 1688

1120. methikā मेथिका 1296

1121. mihirā मिहिरा 191

1122. mitasakthi मितसक्थि 176

1123. mithunamālī मिथुनमाली 165

1124. mitra मित्र 1872

1125. mīnapadī मीनपदी 1175

1126. moda मोद 661

1127. modaka मोदक 1128

1128. modaka मोदक 1101

1129. mohana मोहन 1971

1130. mohapralāpa मोहप्रलाप 1770

1131. moṭanaka मोटनक 1471

1132. moṭaka मोटक 1469

1133. mṛdaṅga मृदंग 1524

1134. mṛdukīlā मृदुकीला 683

1135. mṛdulamālati मृदुमालती 239

1136. mṛgī मृगी 1238

1137. mṛgī मृगी 1411

1138. mṛgaćapala मृगचपला 1185

1139. mṛgaćapala मृगचपला 753

1140. mṛgavadhu मृगवधु 341

1141. mṛgendra मृगेन्द्र 715

1142. mṛgendramukha मृगेंद्रमुख 244

1143. mṛgendu मृगेन्दु 872

1144. mṛṣṭapādā मृष्टपादा 1402

1145. mṛtyuñjaya मृत्युंजय 1612

1146. mudira मुदिर 480

1147. mudita मुदिता 885

1148. mudra मुद्रा 375

1149. mugdha मुग्ध 1720

1150. mugdhaka मुग्धक 949

1151. muhurā मुहुरा 591

1152. mukhaćapala मुखचपला 1418

1153. mukhalā मुखला 313

1154. muktāmaṇi मुक्तामणि 1983

1155. muktamāla मुक्तमाला 958

1156. mukulita मुकुलिता 293

1157. mukulitakalikāvalī मुकुलितकलिकावली 1242

1158. murajikā मुरजिका 422

1159. muśaki मुशकि 1430

(N न)

1160. nadī नदी 990

1161. nagānita नगानिता 782

1162. nagamahitā नगमहिता 637
1163. nakhapadā नखपदा 412
1164. nakurṭak नर्कुटक 263
1165. nalinī नलिनी 468
1166. nalinī नलिनी 477
1167. nameruḥ नमेरुः 1482
1168. nanda नंदा 1463
1169. nandaḥ नन्दः 1410
1170. nandaka नंदक 1125
1171. nandana नन्दन 272
1172. nandathu नन्दथु 1078
1173. nandi नन्दि 1157
1174. nandinī नंदिनी 474
1175. narāćaḥ नराचः 805
1176. narāvaliḥ नरावलिः 1516
1177. naragā नरगा 312
1178. narahari नरहरि 1946
1179. naraśikhī नरशिखी 350
1180. nardaṭaka नर्दटक 255
1181. narendra नरेंद्र 1162
1182. narhi नर्हि 917
1183. naṭakaḥ नटकः 473
1184. nau नौ 1413
1185. navanīlatā नवनीलता 512
1186. navasarā नवसरा 1657
1187. nayamālinī नयमालिनी 278
1188. nābhasa नाभस 757
1189. nāga नाग 1986
1190. nāgāri नागारि 610
1191. nāharaka नागरक 1173
1192. nālī नाली 971
1193. nāndīmukhī नांदीमुखी 139
1194. nārī नारी 1622
1195. nārī नारी 926
1196. nārāća नाराच 121
1197. nārāćika नाराचिका 1558
1198. nārāća नाराच 125
1199. nārāćikā नाराचिका 1560
1200. nāsābharaṇa नासाभरण 1502
1201. nadī नदी 132
1202. nemadhāri नेमधारि 795
1203. nibhālitā निभालिता 697
1204. nidhi निधि 1894
1205. nilaya निलया 49
1206. nimagnakīlā निमग्नकीला 848
1207. nimnāśayā निम्नाशया 1617
1208. nirantika निरन्तिक 1528
1209. nirasikā निरसिका 415
1210. niravadhigatiḥ निरवधिगतिः 197
1211. nirgalitamekhalā निर्गलितमेखला 98
1212. nirmadhuvāri निर्मधुवारि 1548
1213. nirmedhā निर्मेधा 431
1214. nirmuktamālā निर्मुक्तमाला 1790
1215. niruda निरुद 452
1216. nirvādhikā निर्वाधिका 1555
1217. nirvindhyā निर्विन्ध्या 748
1218. niryatpārāvāraḥ निर्यत्पारावारः 1837
1219. niśa निशा 121

1220. niśćala निश्चल 1970
1221. niśipāla निशिपाल 1055
1222. niṣadha निषध 1172
1223. niṣkalakaṇṭhī निष्कलकण्ठी 1219
1224. niskā निस्का 1705
1225. nīhārī नीहारी 1849
1226. nīla नील, khagati खगति 1109
1227. nīlā नीला 1436
1228. nīlagirikā नीलगिरिका 1058
1229. nīlaśārdūla नीलशार्दूल 151
1230. nīlatoya नीलतोया 1404
1231. nīpavanīyaka नीपवनीयक 982
1232. nīrāñjaliḥ नीराञ्जलिः 1440
1233. nīranidhiḥ नीरनिधिः 418
1234. nīrohā नीरोहा 680
1235. nīta नीत 1901
1236. nūtana नूतन 1256

(P प)

1237. padapādākulak पदपादाकुलक 1922
1238. paddharī पद्धरी 1924
1239. paddhari पद्धरि 943
1240. padma पद्म 208
1241. padmāvarttaḥ पद्मावर्त्तः 1883
1242. padmāvatī पद्मावती 1527
1243. padmāvatī पद्मावती 561
1244. padmāvati पद्मावती 2014
1245. padmamāla पद्ममाला 1392
1246. padmasadma पद्मसद्म 1279
1247. padminī पद्मिनी 1372
1248. padminī पद्मिनी 1392
1249. padyā पद्या 867
1250. pañćaśākhī पञ्चशाखी 186
1251. pañćaśikhā पञ्चशिखा 545
1252. pañjari पञ्जरि 1225
1253. paṅkāvalī पंकावली 992
1254. paṅkāvaliḥ पङ्कावलिः 1006
1255. paṅkajadhāriṇī पङ्कजधारिणी 1675
1256. paṅkajamukta पंकजमुक्ता 61
1257. paṅkavatī पङ्कवती 995
1258. paṅktiḥ पङ्क्तिः 1235
1259. paṅti पंक्ति 1181
1260. paṅtika पंक्तिका 1342
1261. pañćaćāmar-1 पंचचामर-1 76
1262. pañćaćāmar-2 पंचचामर-3 107
1263. pañćaćāmara-4 पंचचामर-3 804
1264. pañćakāvalī पंचकावली 258
1265. pañćarikāvalī पंचरिकावली 964
1266. pañjhaṭika पञ्झटिका 1928
1267. paṇava पणव 1639
1268. paniśroṇi पनिश्रोणि 1756
1269. panthā पन्था 970
1270. parīvāhaḥ परीवाहः 427
1271. parāmodaḥ परामोदः 881
1272. parabhānu परभानु 884
1273. parabhṛta परभृत 433
1274. paragatiḥ परगतिः 1244
1275. paraprīṇitā परप्रीणिता 137

1276. paravaktra परवक्त्र 239
1277. parićāravatī परिचारवती 1543
1278. paridhānīya परिधानीय 94
1279. paridhārā परिधारा 681
1280. parikhāyatana परिखायतन 502
1281. parilekhaḥ परिलेखः 763
1282. parimala परिमल 297
1283. parimalalalita परिमलललित 142
1284. parimitavijayā परिमितविजया 117
1285. pariṇāhī परिणाही 1755
1286. pariposaka परिपोषक 485
1287. paripuṅkhitā परिपुङ्खिता 1292
1288. paritoṣā परितोषा 456
1289. parivṛḍha परिवृढ 428
1290. parviṇī पर्विणी 99
1291. paṭu पटु 340
1292. paṭupaṭṭikā पटुपट्टिका 586
1293. pataṅgapādaḥ पतङ्गपादः 860
1294. pathikāntā पथिकान्ता 999
1295. pathya पथ्या 1342
1296. pathya पथ्या 569
1297. patita पतिता 310
1298. paurasari पौरसरि 1097
1299. pavitra पवित्रा 1744
1300. pādākulaka पादाकुलक 1921
1301. pāñćālāṅghriḥ पाञ्चालाङ्घ्रिः 336
1302. pāñćāli पाञ्चालि 1621
1303. pākali पाकलि 397
1304. pāli पालि 684
1305. pāṁśu पांशु 416
1306. pārāntaćārī पारान्तचारी 944
1307. pārāvārāntastha पारावारान्तस्थ 1866
1308. pārāvāraḥ पारावारः 1420
1309. pārāvataḥ पारावतः 1601
1310. pārṣatasaraṇa पार्षतसरण 1009
1311. pārthiva पार्थिव 730
1312. pāṭalikā पाटलिका 298
1313. pātaśīlā पातशीला 465
1314. phaladhara फलधर 96
1315. phalguḥ फल्गुः 626
1316. phalinī फलिनी 323
1317. phulladāma फुल्लदाम 1810
1318. pićula पिचुल 521
1319. pikālī पिकाली 1348
1320. pikālikā पिकालिका 1065
1321. pīyūṣavarṣa पीयूषवर्ष 1942
1322. plavaṅgam प्लवंगम् 1953
1323. plavaṅgamaḥ प्लवङ्गमः 1151
1324. prīti प्रीति 1398
1325. pṛṣadvatī पृषद्वती 1563
1326. prākārabandhaḥ प्राकारबन्धः 1603
1327. prāmāṇika प्रामाणिक 801
1328. prabha प्रभा 120
1329. prabhā प्रभा 127
1330. prabhāsitā प्रभासिता 1680
1331. prabhāsitā प्रभासिता 514
1332. prabhāvatī प्रभावती 1549
1333. prabhāvatī प्रभावती 786

1334. prabhāvatī प्रभावती 1519
1335. prabhadraka प्रभद्रक 273
1336. prabhadraka प्रभद्रक 270
1337. prabodhaphalitā प्रबोधफलिता 1270
1338. praguṇa प्रगुण 710
1339. prahāṇaḥ प्रहाणः 969
1340. praharaṇakalika प्रहरणकलिका 84
1341. praharṣiṇī प्रहर्षिणी 1644
1342. prajJāmūla प्रज्ञामूल 1731
1343. pramālikā प्रमालिका 652
1344. pramāṇa प्रमाण 802
1345. pramāṇikā प्रमाणिका 813
1346. pramāthinī प्रमाथिनी 243
1347. pramada प्रमदा 688
1348. pramila प्रमिला 575
1349. pramitākṣara प्रमिताक्षरा 557
1350. pramodaḥ प्रमोदः 126
1351. pramodapada प्रमोदपद 236
1352. pramodapariṇītā प्रमोदपरिणीता 109
1353. pramodatilakā प्रमोदतिलका 1526
1354. prapātāvatāra प्रपातावतार 918
1355. prapātaḥ प्रपातः 909
1356. prapātalikā प्रपातलिका 1031
1357. prapañćaćāmara प्रपञ्चचामर 108
1358. prapannapānīya प्रपन्नपानीय 1507
1359. praphullakadalī प्रफुल्लकदली 746
1360. prasarā प्रसरा 1666
1361. prasṛmarakarā प्रसृमरकरा 192
1362. prasṛmaramarālikā प्रसृमरमरालिका 183
1363. pratīhāraḥ प्रतीहारः 1382
1364. pratīpavallī प्रतीपवल्ली 538
1365. pratāritā प्रतारिता 463
1366. pratardi प्रतर्दि 814
1367. pratari प्रतरि 1278
1368. prathita प्रथिता 570
1369. pratibhādarśana प्रतिभादर्शन 662
1370. pratimā प्रतिमा 483
1371. pratisīrā प्रतिसीरा 1779
1372. prativinītā प्रतिविनीता 314
1373. pratyabodha प्रत्यबोध 1188
1374. pravādapadā प्रवादपदा 593
1375. pravāhikā प्रवाहिका 861
1376. pravahlikā प्रवह्लिका 1069
1377. pravaralalita प्रवरललित 957
1378. premā प्रेमा 851
1379. prithvī पृथ्वी 729
1380. priya प्रिया 122
1381. priyā प्रिया 614
1382. priyajīvita प्रियवित 1113
1383. priyaṁvada प्रियंवदा 359
1384. priyaṁvadaḥ प्रियंवदः 362
1385. priyatilakā प्रियतिलका 1093
1386. priyavanda प्रियंवदा 791
1387. proñćhitā प्रोञ्छिता 676
1388. prothā प्रोथा 1658
1389. pūrṇā पूर्णा 1488
1390. pulakāñćita पुलकाञ्चित 1021
1391. punīta पुनीत 1920

1392. puṇḍarīka पुंडरीक 1774
1393. purārī पुरारी 1941
1394. puraṭi पुरटि 291
1395. purohitā पुरोहिता 822
1396. puṣpa पुष्प 1
1397. puṣpadáma पुष्पदाम 1809
1398. puṣpaśakaṭikā पुष्पशकटिका 1043
1399. puṣpasamṛddha पुष्पसमृद्धा 1208
1400. puṣpavićitra पुष्पविचित्रा 1506
1401. puṣpitāgrā पुष्पिताग्रा 111
1402. puṣṭidā पुष्टिदा 1578
1403. puṭa पुट 147
1404. puṭabheda पुटभेद 1280
1405. puṭaḥ पुटः 154
1406. puṭamardi पुटमर्दि 292

(Ṛ ऋ)

1407. ṛćā ऋचा 777
1408. ṛddhi ऋद्धि 1351
1409. ṛddhiḥ ऋद्धिः 852
1410. ṛju ऋजु 781
1411. ṛṣabha ऋषभ 559
1412. ṛṣabhagajavilasita ऋषभगजविलसित 1161
1413. ṛta ऋत 64

(R र)

1414. raćana रचना 277
1415. rajanī रजनी 445
1416. rajana रजन 991
1417. rajita रजिता 1305
1418. rañjaka रञ्जक 1026
1419. rakta रक्ता 1312
1420. rama रमा 549
1421. ramaṇīyaka रमणीयक 1254
1422. ramaṇa रमण 445
1423. ramaṇā रमणा 837
1424. ramaṇaḥ रमणः 712
1425. rambha रंभा 955
1426. rambhā रम्भा 1445
1427. ramya रम्या 1712
1428. rasabhūma रसभूम 572
1429. rasadhārā रसधारा 304
1430. rasadhāri रसधारि 612
1431. rasikaparićitā रसिकपरिचिता 686
1432. rasikarasālā रसिकरसाला 59
1433. ratākhyānakī रताख्यानकी 1576
1434. rathapada रथपद 70
1435. rathoddhata रथोद्धता 1274
1436. rati रति 1182
1437. rati रति 619
1438. ratimāla रतिमाला 129
1439. ratirekha रतिरेख 1501
1440. ratnākaraa रत्नाकर 1773
1441. ravonmukhī रवोन्मुखी 1484
1442. rāḍhi राढि 1205
1443. rādhikā राधिका 1960
1444. rādhikā राधिका 640

1445. rājīvagaṇa राजीवगण 1937

1446. rājahaṁsī राजहंसी, vibhūśita विभूषिता 408

1447. rājarājī राजराजी 1608

1448. rāma राम 1935

1449. rāmā रामा 1584

1450. rāmābaddha रामाबद्ध 1751

1451. rāsa रास 1959

1452. rekha रेखा 550

1453. roćaka रोचक 1146

1454. rodhaka रोधक 376

1455. rohiṇī रोहिणी 209

1456. rola रोला 1972

1457. rūpāmālī रूपामाली 1884

1458. rūpāvaliḥ रूपावलिः 1417

1459. rūpamāla रूपमाला 1863

1460. rūpamāla रूपमाला 1975

1461. rućī रुचि 1517

1462. rućira रुचिरा 1536

1463. rućira रुचिरा 2008

1464. rućira रुचिरा 2034

1465. rućiramukhī रुचिरमुखी 233

1466. ruchira रुचिरा 21

1467. rućimukhī रुचिमुखी 56

1468. rućira रुचिर 1048

1469. rućirā रुचिरा 788

1470. rućivarṇā रुचिवर्णा 735

1471. rudra रुद्रा 1042

1472. rudrālī रुद्राली 212

1473. rukmavatī रुक्मवती 1211

1474. (Ś Ṣ श, ष)

1475. śaṅgrgi शांर्गि 1283

1476. śakti शक्ति 1939

1477. śakuntakuntalaḥ शकुन्तकुन्तलः 1797

1478. śalabhalolā शलभलोला 898

1479. śalabhavićalita शलभविचलिता 188

1480. śalkaśakala शल्कशकल 1061

1481. śallakapluta शल्लकप्लुत 675

1482. śambara शम्बर 372

1483. śambaradhārī शम्बरधारी 1198

1484. śambhu शंभु 691

1485. śambūkaḥ शम्बूकः 708

1486. śampā शम्पा 1444

1487. śaṅkāvalī शङ्कावली 1544

1488. śaṅkara शंकर 1987

1489. śaṅkha शंख 1470

1490. śaṅkhaćūḍā शङ्खचूडा 1579

1491. śaṅkhadyuti शङ्खद्युति 671

1492. śantanu शन्तनु 1200

1493. śarāvatī शरावती 112

1494. śarabha शरभ 22

1495. śarabha शरभा 343

1496. śarabhalalita शरभललिता 344

1497. śarabhūriṇī शरभूरिणी 1287

1498. śaragītiḥ शरगीतिः 1300

1499. śarahatiḥ शरहतिः 20

1500. śarakāṇḍaprakāṇḍa शरकाण्डप्रकाण्ड

672
1501. śarakalpā शरकल्पा 55
1502. śaralīḍhā शरलीढा 249
1503. śarameyā शरमेया 632
1504. śarat शरत् 377
1505. śarma शर्म 1051
1506. śaśaṅkaraćita शशंकरचित 1532
1507. śaśi शशी 873
1508. śaśikala शशिकला 23
1509. śaśikalā शशिकला 27
1510. śaśikarī शशिकरी 464
1511. śaśilekha शशिलेखा 246
1512. śaśivadanā शशिवदना 338
1513. śatru शत्रु 977
1514. śākhoṭaki शाखोटकि 436
1515. śālā शाला 1585
1516. śālabhañjikā शालभञ्जिका 462
1517. śālinī शालिनी 1835
1518. śālinī शालिनी 1839
1519. śāntasurabhiḥ शान्तसुरभिः 1014
1520. śāradī शारदी 1066
1521. śāradaćandraḥ शारदचन्द्रः 1494
1522. śārdūla शार्दूल 1671
1523. śārdūlalalita शार्दूलललित 1672
1524. śārdūlavikrīḍita शार्दूलविक्रीडित 1673
1525. śāstra शास्त्र 1949
1526. śāyinī शायिनी 182
1527. śephālī शेफाली 966
1528. śeṣāpīḍa शेषापीड 1745
1529. śeṣarāja शेषराज 1842
1530. śikha शिखा 825
1531. śikhaṇḍinī शिखंडिनी 948
1532. śikhaṇḍita शिखंडित 744
1533. śikhariṇī शिखरिणी 952
1534. śikhilikhitā शिखिलिखिता 1650
1535. śilīmukhojjṛmbhita शिलीमुखोज्जृम्भित 1667
1536. śilā शिला 780
1537. śiprā शिप्रा 1886
1538. śiśirā शिशिरा 1573
1539. śiśikhā शिशिरशिखा 104
1540. śiśu शिशु 1465
1541. śiśubharaṇa शिशुभरण 26
1542. śiśumukhī शिशुमुखी 353
1543. śiva शिव 1897
1544. śivika शिविका 6607
1545. śivikā शिविका 1114
1546. sīdhuḥ सीधुः 657
1547. śīlāturā शीलातुरा 836
1548. śīrśavirahitā शीर्शविरहिता 1500
1549. śobha शोभा 950
1550. śobhana शोभन 1977
1551. śokahara शोकहर 2009
1552. śrī श्री 1890
1553. śrīdhara श्रीधरा 1740
1554. śṛkhalavalayita शृखलवलयित 985
1555. śṛṅgāra शृंगार 1934
1556. śraddharā श्रद्धरा 1310

1557. śraddharāntā श्रद्धरान्ता 1385

1558. śramitaśikhaṇḍī श्रमितशिखण्डी 1037

1559. śravaṇābharaṇa श्रवणाभरण 228

1560. śreṇi श्रेणि 1317

1561. śreyomāla श्रेयोमाला 1847

1562. śritakamalā श्रितकमला 1092

1563. śroṇī श्रोणी 866

1564. śrutakīrttiḥ श्रुतकीर्त्तिः 322

1565. śruti श्रुति 1520

1566. śubha शुभ 454

1567. śubhagīta शुभगीता 1995

1568. śubhaga शुभगा 2025

1569. śuddhānta शुद्धान्त 69

1570. śuddhadhvani शुद्धध्वनि 2013

1571. śuddhagīta शुद्धगीता 1996

1572. śuddhavirāṭ शुद्धविराट् 1683

1573. śukāvalī शुकावली 1479

1574. śukavanitā शुकवनिता 536

1575. śunaka शुनक 1179

1576. śyāma श्यामा 1457

1577. śyenī श्येनी 1317

1578. ṣaṭpaderita षट्पदेरित 388

(S स)

1579. sadāgati सदागति 786

1580. sadma सद्म 874

1581. sadratnamāla सद्रत्नमाला 1635

1582. saEraṁgarūpaka सारंगरूपक 1598

1583. saguṇa सगुण 1945

1584. sahajā सहजा 527

1585. sahelikā सहेलिका 796

1586. sainika सैनिक 809

1587. sairavī सैरवी 1407

1588. sakhī सखी 1905

1589. salekhā सलेखा 146

1590. salilanidhi सलिलनिधि 259

1591. saṁbhṛtaśaradhiḥ संभृतशरधिः 1008

1592. saṁbhrānta संभ्रांता 321

1593. saṁhatikā संहतिका 587

1594. saṁlakṣyalīlā संलक्ष्यलीला 389

1595. saṁpātaśīlā संपातशीला 1613

1596. saṁśrayaśrīḥ संश्रयश्रीः 1596

1597. saṁsṛtaśobhāsāraḥ संसृतशोभासारः 692

1598. saṁyuta संयुता 578

1599. samāhita समाहित 227

1600. samānī समानी 1313

1601. samāna समान 1319

1602. samāna savaiya समान सवैया 2015

1603. samānika समानिका 1313

1604. samadavilāsinī समदविलासिनी 265

1605. samayaprahitā समयप्रहिता 528

1606. samayavatī समयवती 1439

1607. sambodhā सम्बोधा 826

1608. sambuddhiḥ सम्बुद्धिः 694

1609. samit समित् 306

1610. sammadākrāntā सम्मदाक्रान्ता 1686

1611. sammadamālikā सम्मदमालिका 177

1612. sammadavadanā सम्मदवदना 1099

1613. sampākaḥ सम्पाकः 1833
1614. sampada संपदा 1967
1615. samṛddji समृद्धि 1351
1616. samudrakāntā समुद्रकान्ता 1481
1617. samudratata समुद्रतता 734
1618. saṅgamavatī सङ्गमवती 1052
1619. saṅgataka संगतक 1153
1620. saṅkalpāsāraḥ सङ्कल्पासारः 1879
1621. sandhyā सन्ध्या 1446
1622. santa संत 1957
1623. sarāvikā सराविका 811
1624. saraghā सरघा 695
1625. sarala सरल 1768
1626. saralāṅghri सरलाङ्घ्रि 1455
1627. saramāsaraṇiḥ सरमासरणिः 541
1628. sarasī सरसी 1994
1629. sarasī सरसी 260
1630. sarasīka सरसीक 1529
1631. sarasa सरस 1911
1632. sarasamukhī सरसमुखी 1422
1633. sari सरि 214
1634. sarojāvālī सरोजावाली 920
1635. sarojavanikā सरोजवनिका 738
1636. satī सती 341
1637. satī सती 443
1638. satketuḥ सत्केतुः 1626
1639. saubhagakalā सौभगकला 1059
1640. saudāmanadāma सौदामनदाम 475
1641. saumya सौम्या 542
1642. saurabhaka सौरभक 573
1643. saurabhaśobhāsāraḥ सौरभशोभासारः 1228
1644. saurabhavarddhinī सौरभवर्द्धिनी 309
1645. saurabheyī सौरभेयी 1580
1646. saurabhi सौरभि 1049
1647. saurakāntā सौरकान्ता 1357
1648. savāī सवाई 2016
1649. savyālī सव्याली 1880
1650. sācīkṛtavadanā साचीकृतवदना 320
1651. sāhūti साहूति 1841
1652. sājaramaṇīya राजरमणीय 743
1653. sākṣī साक्षी 524
1654. sāmapadā सामपदा 1660
1655. sāmikā सामिका 1364
1656. sāndrapada सान्द्रपद 1187
1657. sāndrapada सांद्रपद 1186
1658. sāra सार 1997
1659. sārāvanadā सारावनदा 1487
1660. sāraṅgaḥ सारङ्गः 1602
1661. sāraṅgika सारंगिका 308
1662. sāraṇī सारणी 589
1663. sārasa सारस 1981
1664. sārasanāvaliḥ सारसनावलिः 354
1665. sāravarohā सारवरोहा 1190
1666. sārddhapadā सार्द्धपदा 1340
1667. sārikā सारिका 1273
1668. sāriṇī सारिणी, saṅgata संगता 739
1669. sāriṇī सारिणी 1269

1670. sāvaṭu सावटु 800

1671. sāvitrī सावित्री 1707

1672. sena सेना 1414

1673. senika सेनिका 1317

1674. siddhi सिद्धि 259

1675. siktamaṇimālā सिक्तमणिमाला 1079

1676. siṁha सिंह 1929

1677. siṁha सिंह 438

1678. siṁhakrānta सिंहाक्रांता 1744

1679. siṁhalekhā सिंहलेखा 1336

1680. siṁhanādaसिंहनाद 562

1681. siṁhapuccha सिंहपुच्छ 908

1682. siṁhavisphurjita सिंहविस्फूर्जिता 1852

1683. siṁhika सिंहिका 1978

1684. siṁhoddhata सिंहोद्धता 1525

1685. simhanī सिंहनी 2037

1686. sindhu सिन्धु 1956

1687. sindhuk सिन्धुक् 1426

1688. sindhurayā सिन्धुरया 1234

1689. sindhusauvīra सिन्धुसौवीर 1381

1690. sitastavakaḥ सितस्तवकः 1538

1691. skhalitavikrama स्खलितविक्रमा 667

1692. skṣi अक्षि 554

1693. smaraśaramāla स्मरशरमाला 1103

1694. smṛti स्मृति 789

1695. snigdha स्निग्धा 1230

1696. snu स्नु 975

1697. somaḍaka सोमडक 486

1698. somakānta सोमकान्त 1853

1699. somarājī सोमराजी 894

1700. somarājī सोमराजी 925

1701. somaśruti सोमश्रुति 933

1702. sopadhi सोपधि 1358

1703. sphoṭakrīḍa स्फोटकृईड 334

1704. sphuṭaghaṭitā स्फुटघटिता 307

1705. sṛtamadhu सृतमधु 631

1706. sragdhara स्रग्धरा 1787

1707. sragviṇī स्रग्विणी 1386

1708. srak स्रक् 22

1709. staradhi स्तरधि 793

1710. sthālī स्थाली 1566

1711. sthūlā स्थूला 1460

1712. strī स्त्री 1413

1713. strī स्त्री 1889

1714. stragviṇī स्त्रग्विणी 1372

1715. sūćīmukhī सूचीमुखी 702

1716. sūrasūćakaḥ सूरसूचकः 1669

1717. sūriṇī सूरिणी 1409

1718. sūtaśikhā सूतशिखा 1492

1719. subhadra सुभद्र 1112

1720. subhadra सुभद्रा 815

1721. subhadrāvataraṇiḥ सुभद्रावतरणिः 1834

1722. subhadrika सुभद्रिका 106

1723. subhadrikā सुभद्रिका 118

1724. sućandrābha सुचन्द्राभा 936

1725. sućandraprabha सुचंद्रप्रभा 816

1726. sudāyi सुदायि 725

1727. sudanta सुदंत, maṇikuṇḍala मणिकुंडल 605

1728. sudarśana सुदर्शना 552

1729. sudhī सुधी 1238

1730. sudha सुधा 958

1731. sudhā सुधा 1681

1732. sudhādhārā सुधाधारा 1334

1733. sudhākalaśa सुधाकलश 257

1734. sudhālaharī सुधालहरी 226

1735. sugītika सुगीतिका 1984

1736. sugandhiḥ सुगन्धिः 460

1737. sugati सुगती 1891

1738. sujāna सुजान 1969

1739. sukarṇapūra सुकर्णपूर 400

1740. sukesara सुकेसर 270

1741. sukesara सुकेसर 390

1742. sukha सुख 714

1743. sukhada सुखदा 1963

1744. sukhakārikā सुखकारिका 584

1745. sukhaśaila सुखशैल 1775

1746. sukhelā सुखेला 594

1747. sulakṣaṇa सुलक्षण 1909

1748. sulalita सुललिता 346

1749. sulekhaka सुलेखक 270

1750. sulūḥ सुलूः 339

1751. sumālatī सुमालती 398

1752. sumālatī सुमालती 754

1753. sumadhura सुमधुरा 1791

1754. sumaṅgalī सुमंगली 565

1755. sumati सुमति 616

1756. sumeru सुमेरु 1943

1757. sumitra सुमित्र 1980

1758. sumohitā सुमोहिता 868

1759. sumukhī सुमुखी 1085

1760. sumukhī सुमुखी 225

1761. sumukhī सुमुखी 235

1762. sunanda सुनंदा 1712

1763. sunanda सुनंदा 624

1764. sunandinī सुनंदिनी 576

1765. sundarī सुन्दरी 513

1766. sundarī सुन्दरी 644

1767. sundara सुंदर 1255

1768. sundaralrkha सुंदरलेखा 1524

1769. sundarika सुंदरिका 535

1770. supavitra सुपवित्र 33

1771. suprabha सुप्रभा 1793

1772. surāḍhyā सुराढ्या 113

1773. surākṣī सुराक्षी 317

1774. surabhī सुरभी 454

1775. suradayita सुरदयिता 1185

1776. surahitā सुरहिता 57

1777. suranartakī सुरनर्तकी 1263

1778. surasa सुरसा 1786

1779. suratalalita सुरतललिता 1636

1780. surayānavatī सुरयानवती 540

1781. suri सुरि 337

1782. suṣama सुषमा 1498

1783. suṣamā सुषमा 1503
1784. sutala सुतल 673
1785. suvāsa सुवास 216
1786. suvadana सुवदना 1788
1787. suvaktra सुवक्त्रा 244
1788. suvaṁśa सुवंशा 1785
1789. suvanamālikā सुवनमालिका 1450
1790. suvihitā सुविहिता 882
1791. suvikasitakusuma सुविकसितकुसुम 74
1792. suvilāsita सुविलासिता 674
1793. suvṛttiḥ सुवृत्तिः 448
1794. svāgata स्वागता 1260
1795. svāgatā स्वागता 1261
1796. svairiṇīkrīḍana स्वैरिणीक्रीडन 1376
1797. svanakarī स्वनकरी 382
1798. svaravarṣiṇī स्वरवर्षिणी 585
1799. svarṇābharaṇa स्वर्णाभरण 476
1800. svidā स्विदा 724
1801. svinnaśarīra स्विन्नशरीर 1202

(T ट, त)

1802. ṭaṅkaṇa टङ्कण 1268
1803. taḍidambara तडिदम्बर 1120
1804. talpakatallaja तल्पकतल्लज 1108
1805. tamāla तमाल 1944
1806. tanimā तनिमा 71
1807. tantrī तन्त्री 1718
1808. tanukilakiñcita तनुकिलकिञ्चित 1864
1809. tanumadhya तनुमध्या 1490
1810. tanumadhyā तनुमध्या 1512
1811. tanvī तन्वी 1183
1812. tarala तरल 378
1813. taralanayana तरलनयन 38
1814. taralanayana तरलनयना 6
1815. taraṅgamālika तरंगमालिका 1264
1816. taraṅgavatī तरंगवती 1316
1817. taravārikā तरवारिका 175
1818. taruṇivadanendu तरुणीवदनेंदु 484
1819. taṭī तटी 1782
1820. tata तत 155
1821. tati तति 241
1822. tālī ताली 1622
1823. tāmarasa तामरस 234
1824. tāmarasa तामरस 231
1825. tāṇḍav ताण्डव 1899
1826. tāra तारा 1515
1827. tāraka तारक 492
1828. tāraka तारका 122
1829. tāṭaṅk ताटंक 2006
1830. tāvuri तावुरि 1514
1831. tilaka तिलक 468
1832. tilakā तिलका 547
1833. tilokī तिलोकी 1955
1834. titikṣā तितिक्षा 1004
1835. tomar तोमर 1898
1836. tomara तोमर 588
1837. tomara तोमर 577

1838. toṭaka तोटक 493

1839. trapu त्रपु 1415

1840. trayī त्रयी 1370

1841. tribhaṅgī त्रिभंगी 2012

1842. tribhangī त्रिभंगी 196

1843. tridalita त्रिपदलित 31

1844. troṭaka त्रोटक 283

1845. tūṇaka तूणक 1320

1846. tumulaka तुमुलक 15

1847. tuṅga तुंग 129

1848. tuṅgā तुङ्गा 168

1849. tvaritagati त्वरितगति 30

(U उ)

1850. udāttahāsaḥ उदात्तहासः 856

1851. udaraśri उदरश्रि 544

1852. udarkaraćitā उदर्करचिता 509

1853. udaya उदय 1027

1854. udayanamukhī उदयनमुखी 172

1855. uddhata उद्धत 1663

1856. uddhata उद्धत 2024

1857. uddhatikarī उद्धतिकरी 1080

1858. udgata उद्गता 558

1859. udgatā उद्गता 556

1860. udita उदित 505

1861. uditadineśaḥ उदितदिनेशः 459

1862. uditavijohā उदितविजोहा 1570

1863. udyata उद्यता 1297

1864. udyata उद्यता 1435

1865. ujjavalā उज्ज्वला 92

1866. ujjhitakadana उज्झितकदन 993

1867. ujvala उज्वला 1919

1868. ukta उक्ता 976

1869. ulapā उलपा 1017

1870. ulapohā उलपोहा 1143

1871. ulkābhāsaḥ उल्काभासः 1920

1872. ullāla उल्लाल 2032

1873. ullāla उल्लाला 1902

1874. undari उन्दरि 1073

1875. unnāla उन्नाल 1424

1876. unnarma उन्नर्म 1090

1877. upāḍhya उपाढ्य 1142

1878. upāḍhya उपाढ्य 184

1879. upaćitra उपचित्र 33

1880. upaćitra उपचित्रा 1927

1881. upaćyuta उपच्युत 97

1882. upaćitaratikā उपचितरतिका 996

1883. upaćitra उपचित्र 498

1884. upaćitrā उपचित्रा 494

1885. upadārikā उपदारिका 1307

1886. upadhāna उपधान 719

1887. upadhāyyā उपधाय्या 987

1888. upagataśikhā उपगतशिखा 181

1889. upahitaćaṇḍī उपहितचण्डी 628

1890. upakārikā उपकारिका 583

1891. upalekhā उपलेखा 622

1892. upalinī उपलिनी 402

1893. upamālinī उपमालिनी 135

1894. upamāna उपमान 1964

1895. upameyā उपमेया 840

1896. upasaṁkulā उपसंकुला 598

1897. upasarasī उपसरसी 455

1898. upasarasīka उपसरसीक 633

1899. upasthita उपस्थित 745

1900. upasthita उपस्थिता 1472

1901. upasthita उपस्थिता 1473

1902. upasthitapraćupita उपस्थितप्रचुपित 1685

1903. upavali उपवलि 170

1904. upendravajra उपेंद्रवज्रा 845

1905. upendravajrā उपेन्द्रवज्रा 853

1906. upodari उपोदरि 772

1907. upodgatā उपोद्गता 522

1908. upodgatā उपोद्गता 653

1909. upohā उपोहा 891

1910. urutaraṅgmālika उरुतरंगमालिका 1266

1911. urvaśī उर्वशी 424

1912. uṣita उषिता 765

1913. utasava उत्सव 1320

1914. utkaṭapaṭṭikā उत्कटपट्टिका 1478

1915. utpalamālika उत्पलमालिका 1166

1916. utsara उत्सर 1254

1917. utsuka उत्सुक 1140

1918. utthāpanī उत्थापनी 1522

(Ū ऊ)

1919. ūhinī ऊहिनी 1294

1920. ūpika ऊपिक 945

1921. ūrjita ऊर्जित 1283

1922. ūrmimāla ऊर्मिमाला 1776

(V व)

1923. vabhrūḥ वभ्रूः 1618

1924. vaḍiśabhedinī वडिशभेदिनी 364

1925. vahirvali वहिर्वलि 775

1926. vaidhātrī वैधात्री 841

1927. vainasa वैनस 1349

1928. vaiśvadev वैश्वदेवी 1848

1929. vaisārī वैसारी 1485

1930. vaisāruḥ वैसारुः 1459

1931. vaitāla वैताल 1990

1932. vaiyālī वैयाली 105

1933. vajra वज्र 1431

1934. vajrālī वज्राली 1509

1935. vajraka वज्रक 1456

1936. vakrāvalokaḥ वक्रावलोकः 159

1937. vaktra वक्त्र 1230

1938. valīkendu वलीकेन्दु 678

1939. valīmukhī वलीमुखी 823

1940. valā वला 1236

1941. valabhī वलभी 1144

1942. valgā वल्गा 1606

1943. valivadana वलिवदन 332

1944. vallī वल्ली 1623

1945. vallavīvilāsaḥ वल्लवीविलासः 1344

1946. valvaja वल्वज 1149

1947. vaṁśāropī वंशारोपी 931
1948. vaṁśadala वंशदल 1164
1949. vaṁśalaḥ वंशलः 1195
1950. vaṁśalonnatā वंशलोन्नता 1332
1951. vaṁśapatrapatita वंशपत्रपतित 1164
1952. vaṁśastha वंशस्थ 842
1953. vaṁśastha वंशस्थ 835
1954. vaṁśottaṁsā वंशोत्तंसा 1496
1955. vanalata वनलता 1257
1956. vanalatika वनलतिका 8
1957. vanamālika नवमालिका 276
1958. vanamālinī वनमालिनी 276
1959. vanamañjarī वनमंजरी 229
1960. vanavāsika वनवासिका 1933
1961. vanavāsinī वनवासिनी 518
1962. vandāruḥ वन्दारुः 1697
1963. vanitābharaṇa वनिताभरण 1091
1964. vanitāvilokaḥ वनिताविलोकः 1571
1965. vanitāvinodi वनिताविनोदि 379
1966. varīyaḥ वरीयः 889
1967. varada वरदा 121
1968. varajāpi वरजापि 1035
1969. varakṛttan वरकृत्तन 1290
1970. varaśaśi वरशशि 1252
1971. varasika वरासिका 838
1972. varasundarī वरसुंदरी 1056
1973. varatrā वरत्रा 1060
1974. varayuvatī वरयुवती 1174
1975. varddhamāna वर्द्धमान 1684
1976. varddhiṣṇu वर्द्धिष्णु 1611
1977. vargavatī वर्गवती 1131
1978. varhāturā वर्हातुरा 1554
1979. varivaśitā वरिवशिता 471
1980. varkaritā वर्करिता 1780
1981. varmitā वर्मिता 1309
1982. varṇabalākā वर्णबलाका 539
1983. vartma वर्त्म 1239
1984. varūthini वरूथिनी 721
1985. vaśaṁvadaḥ वशंवदः 479
1986. vaśamūla वशमूल 625
1987. vasanaviśālā वसनविशाला 80
1988. vasanta वसंत 139
1989. vasanta वसंता 411
1990. vasantaćatvāra वसंतचत्वार 802
1991. vasantahāsaḥ वसन्तहासः 1746
1992. vasantamālikā वसन्तमालिका 523
1993. vasantatilaka वसंततिलका 1525
1994. vasudha वसुधा 570
1995. vasudhara वसुधारा 19
1996. vasumatī वसुमती 1461
1997. vasumati वसुमति 1449
1998. vasupadamañjarī वसुपदमञ्जरी 262
1999. vayasyaḥ वयस्यः 939
2000. vedhāḥ वेधाः 1511
2001. vāhāntarita वाहान्तरित 1433
2002. vāhinī वाहिनी 1508
2003. vāmavadanā वामवदना 1070
2004. vāṇī वाणी 1586

2005. vāṇībhūṣā वाणीभूषा 1861
2006. vāṇīvāṇaḥ वाणीवाणः 1752
2007. vāṇinī वाणिनी 271
2008. vāntabhāraḥ वान्तभारः 432
2009. vāravatī वारवती 641
2010. vārayātrika वारयात्रिक 1177
2011. vārddhi वार्द्धि 824
2012. vāri वारि 927
2013. vāridhiyāna वारिधियान 1196
2014. vāriśālā वारिशाला 863
2015. vārttāhārī वार्त्ताहारी 248
2016. vāsakalīlā वासकलीला 1220
2017. vāsaki वासकि 251
2018. vāsantī वासंती 1816
2019. vāsantikā वासन्तिका 1575
2020. vāsaramaṇikā वासरमणिका 1023
2021. vāsavavāsinī वासववासिनी 261
2022. vāsavavanditā वासववन्दिता 1682
2023. vāsavilāsavatī वासविलासवती 1137
2024. vāsinī वासिनी 1477
2025. vāṭikāvikāśaḥ वाटिकाविकाशः 1007
2026. vātormī वातोर्मी 1771
2027. vātormimāla वातोर्मिमाला 1776
2028. vātuli वातुलि 897
2029. vātyā वात्या 1081
2030. vāyuvega वायुवेगा 1668
2031. vegavatī वेगवती 218
2032. vegavatī वेगवती 500
2033. vellita वेल्लिता 470
2034. vellitavela वेल्लितवेल 1136
2035. veśi वेशि 989
2036. veśyāprīti वेश्याप्रीति 1766
2037. vibha विभा 1564
2038. vibhā विभा 327
2039. vibhāvarī विभावरी 802
2040. vibhrama विभ्रमा 60
2041. vibhramagati विभ्रमगति 1674
2042. vibudhapriya विबुधप्रिया 1285
2043. vicchita विच्छित 1102
2044. vidalā विदला 203
2045. vidhāritā विधारिता 767
2046. vidhāta विधाता 1999
2047. vidhunidhuvana विधुनिधुवन 1630
2048. vidhuravirahitā विधुरविरहिता 690
2049. vidhuravitāna विधुरवितान 89
2050. vidhyaṅkamāla विध्यंकमाला 1597
2051. vidrumadolā विद्रुमदोला 328
2052. viduṣī विदुषी 496
2053. vidya विद्या 2000
2054. vidyā विद्या 1475
2055. vidyādhāraḥ विद्याधारः 1881
2056. vidyādhara विद्याधर 1870
2057. vidyadālī विद्यदाली 905
2058. vidyullekha विद्युल्लेखा 1842
2059. vidyullekha विद्युल्लेखा 1853
2060. vidyullekhā विद्युल्लेखा 1887
2061. vidyunmāla विद्युन्मालिका 205
2062. vidyunmāla विद्युन्माला 1858

2063. vidyunmālā विद्युन्माला 1885

2064. vidyut विद्युत् 138

2065. vidyut विद्युत् 204

2066. vidyutabhrānta विद्युद्भ्रांता 1808

2067. vigāhitageha विगाहितगेह 45

2068. vihāriṇī विहारिणी 597

2069. vihāvā विहावा 916

2070. vijāt विजात 1906

2071. vijaya विजया 2026

2072. vijayaparićayā विजयपरिचया 133

2073. vijohā विजोहा 1396

2074. vikaćavatī विकचवती 324

2075. vikalavakulavallī विकलवकुलवल्ली 141

2076. vikasitakusuma विकसितकुसुम 1722

2077. vikasitapadmāvalī विकसितपद्मावली 316

2078. vikatthana विकत्थन 756

2079. vikrānta विक्रांता 1206

2080. vikrānta विक्रांता 1865

2081. vikuṇṭhakaṇṭhaḥ विकुण्ठकण्ठः 1325

2082. vilāsa विलास 1664

2083. vilāsavāpī विलासवापी 1483

2084. vilāsavāsaḥ विलासवासः 1037

2085. vilāsinī विलासिनी 810

2086. vilāsita विलासिता 1748

2087. vilambalalita विलम्बललित 731

2088. vilambanīyā विलम्बनीया 346

2089. vilambitamadhyā विलम्बितमध्या 1665

2090. vilulitamañjarī विलुलितमञ्जरी 290

2091. vilulitavanamālā विलुलितवनमाला 145

2092. vimāninī विमानिनी 1642

2093. vimāninī विमानिनी 645

2094. vimala विमला 592

2095. vimala विमला 603

2096. vimala विमला 703

2097. vimalā विमला 525

2098. vimalajala विमलजला 453

2099. vimukhī विमुखी 87

2100. vinandinī विनन्दिनी 490

2101. vinatākṣī विनताक्षी 618

2102. vinayavilāsaḥ विनयविलासः 301

2103. vindhyārūḍha विन्ध्यारूढ 1804

2104. vindu विन्दु 946

2105. vinidrasindhuraḥ विनिद्रसिन्धुरः 1373

2106. vipākavatī विपाकवती 352

2107. vipannakadana विपन्नकदन 393

2108. viparītākhyānakī विपरीताख्यानकी 844

2109. vipinatilaka विपिनतिलक 173

2110. vipinatilaka विपिनतिलक 1054

2111. viplutaśikhā विप्लुतशिखा 1068

2112. vipulāyita विपुलायित 1640

2113. vipulabhuja विपुलभुजा 247

2114. vipulapālikā विपुलपालिका 1304

2115. virājikarā विराजिकरा 778

2116. virāmavāṭikā विरामवाटिका 280

2117. virāṭ विराट् 1693

2118. virahavirahasya विरहविरहस्य 1631

2119. virala विरल 1039

2120. viralā विरला 458

2121. viraloddhatā विरलोद्धता 1676
2122. virataprabhā विरतप्रभा 1088
2123. viratimahatī विरतिमहती 1421
2124. vireki विरेकि 1275
2125. virodhinī विरोधिनी 347
2126. virohi विरोहि 741
2127. virudaruta विरुदरुत 1753
2128. viśālāmbhojālī विशालाम्भोजाली 1454
2129. viśālāntika विशालान्तिक 1604
2130. viśālaprabha विशालप्रभ 862
2131. viśadacchāyaḥ विशदच्छायः 693
2132. viśakalitā विशकलिता 1750
2133. viśala विशाला 188
2134. viśalya विशल्य 915
2135. viśambhari विशम्भरि 78
2136. viśeṣakabalita विशेषकबलित 162
2137. viśikhalatā विशिखलता 284
2138. viśloka विश्लोक 1522
2139. viśloka विश्लोक 1931
2140. viśuddhaćarita विशुद्धचरित 1169
2141. viśvamukhī विश्वमुखी 1138
2142. viśvapramā विश्वप्रमा 1605
2143. viśvavirāṭ विश्वविराट् 1692
2144. viśvaviśvāsaḥ विश्वविश्वासः 1715
2145. viṣāṇāśrita विषाणाश्रित 878
2146. viṣamavyālī विषमव्याली 211
2147. viṣṇupada विष्णुपद 1988
2148. viṣṭambhaḥ विष्टम्भः 504
2149. viṣvagvitāna विष्वग्वितान 1521
2150. visasi विससि 467
2151. vishuvaktra विधुवक्त्रा 1036
2152. visraṁsi विस्रंसि 202
2153. viṭ विट् 1180
2154. vita विता 1253
2155. vita विता 501
2156. vita विता 858
2157. vitānitā वितानिता 50
2158. vivaravilasita विवरविलसित 1423
2159. viyadvāṇī वियद्वाणी 1689
2160. viyadvāṇī वियद्वाणी 654
2161. viyogavatī वियोगवती 755
2162. vīṇādaṇḍa वीणादण्ड 740
2163. vīrā वीरा 1763
2164. vīrāntā वीरान्ता 747
2165. vīranīrājanā वीरनीराजना 912
2166. vīraṇamālā वीरणमाला 1184
2167. vīravaṭu वीरवटु 367
2168. vīravikrāntaḥ वीरविक्रान्तः 1645
2169. vīravimāna वीरविमान 1122
2170. vīraviśrāmaḥ वीरविश्रामः 100
2171. vīthī वीथी 1659
2172. vīvadhaḥ वीवधः 223
2173. vrīḍa व्रीडा 947
2174. vṛddhavāmā वृद्धवामा 1588
2175. vṛddhi वृद्धि 947
2176. vṛndā वृन्दा 1561
2177. vṛndāraka वृंदारक 733
2178. vṛnta वृन्त 706

2179. vṛnta वृंता 66

2180. vṛṣabhaćarita वृषभचरित 206

2181. vṛttahāri वृत्तहारि 893

2182. vṛttangī वृत्तांगी 66

2183. vṛttasamṛddha वृत्तसमृद्धा 1207

2184. vṛtumukhī वृतुमुखी 381

2185. vyāhāri व्याहारि 1227

2186. vyākośakośala व्याकोशकोशल 1539

2187. vyāyogavatī व्यायोगवती 1464

(Y य)

2188. yamak यमक 4

2189. yamanaka यमनक 466

2190. yamuna यमुना 241

2191. yaśaskarī यशस्करी 821

2192. yoga योग 1948

2193. yuddhavirāṭ युद्धविराट् 1687

2194. yugadhāri युगधारि 611

2195. yuthika युथिका 1258

CHAPTER 23

THE GREAT SANSKRIT AUTHORS

Following is list of the Indian Samskrit Authors in the History of the Samskrit Literature.

AUTHOR	FIELD	MAJOR WORK(S)	PERIOD
1. abhayadeva अभयदेव	काव्य	जयन्तविजय	12th Century
2. abhinand अभिनन्द	काव्य	रामचरित	9th Century
3. abhinava-gupta अभिनव-गुप्त	अलंकारशास्त्र	लोचन, अभिनवभारती	17th Century
4. abhirājendra miśra अभिराजेन्द्र मिश्र	काव्य	जानकीजीवन	20th Century
5. ahobala अहोबल	भाष्य	वाल्मीकिहृदय	16th Century
6. amaraćandra sūri अमरचन्द्र सूरी	महाकाव्य	बालभारत	13th Century
7. amarsimha अमरसिंह	कोश	अमरकोश	15th Century
8. amaruka-kavi अमरुक-कवि	शृंगाररस	अमरुकशतक	8th Century
9. ambikadatta vyās अम्बिकादात्त व्यास	गद्यकाव्य	शिवराजविजय	20th Century
10. anant bhaṭṭa अनन्तभट्ट	चम्पु	भारतचम्पु	11 to 15th Century
11. appaya dikṣita अनन्तभट्ट	अलंकारशास्त्र	अर्थचित्रमिमांसा	16-17th Century
12. aśvaghoṣa अश्वघोष	दार्शनिक-कवि	बुद्धचरित	1st Century
13. ānandavardhana आनन्दवर्धन	स्तोत्र	देवीशतक	9th Century
14. ānandavardhana आनन्दवर्धन	अलंकारशास्त्र	ध्वन्यालोक	20th Century
15. āryabhaṭṭa आर्यभट्ट	ज्योतिष्यकार	आर्यसिद्धान्त	5th Century
16. āryakṣemīśvar आर्यक्षेमीश्वर	नाटककार	चण्डकौशिक	14th Century
17. āśādhara bhaṭṭa आशाधर भट्ट	काव्य	कारिकादीपिका	17th Century
18. āśādhara sūrī आशाधर सूरी	चम्पू	भारतेश्वराभ्यूदयचम्पू	13th Century
19. bālaćandra saūrī बालचन्द्र सूरी	महाकाव्य	वसतविलास	13th Century
20. bālakṛṣṇa miśra बालकृष्ण मिश्र	मीमांसा	4 प्रसिद्ध-ग्रन्थ	20th Century
21. bāṇa बाण	महाकाव्य	5 प्रसिद्ध-ग्रन्थ	7th Century
22. bhāmaha भामह	अलंकार	काव्यालंकार	6th Century B.C.

23.	bhānudatta भानुदत्त	काव्य	अलंकारतिलक, रसमञ्जरी	16th Century
24.	bhāravi भारवि	महाकाव्य	किरातार्जुनीय	6-7th Century
25.	bhāsa भास	नाटक	13 प्रसिद्ध-नाटक	4th Century B.C.
26.	bhāskarāćārya भास्कराचार्य	गणित	सिद्धान्तशिरोमणि	12th Century
27.	bhartṛhari भर्तृहरि	छन्द	शृंगारशतक	12th Century
28.	bhartṛmeṇṭha भर्तृमेण्ठ	महाकाव्य	हयग्रीववध	9th Century
29.	bhaṭṭi भट्टि	काव्य	भट्टिकाव्य	6th Century
30.	bhaṭṭoji dīkṣita भट्टोजी दीक्षित	व्याकरण	सिद्धान्तकौमुदी	17th Century
31.	bhaṭṭotpala भट्टोत्पल	ज्योतिष	बृहज्जातकभाष्य	12th Century
32.	bhavabhūti भवभूति	नाट्य	मालतीमाधव, महावीरचरित, उत्तररामचरित	8th Century
33.	bhojrāja भोजराज	कवि	6 प्रसिद्ध-ग्रन्थ	11th Century
34.	bilhaṇa बिल्हण	चरित्र	विक्रमांकदेवचरित	11th Century
35.	brahmagupta ब्रह्मगुप्त	ज्योतिष	गणकचक्रचूडामणि	6th Century
36.	ćaṇḍeśvara चण्डेश्वर	स्मृति	स्मृतिरत्नाकर	14th Century
37.	ćāṇākya चाणाक्य	अर्थशास्त्र	चाणाक्यनीति	3rd Century B.C.
38.	ćakrakavi चक्रकवि	चम्पू	द्रौपदीपरिणय	17th Century
39.	ćaraka चरक	आयुर्वेद	चरकसंहिता	1st Century B.C.
40.	damodara gupta दामोदर गुप्त	कवि	कुट्टनीमतम्	8th Century
41.	damodara miśra दामोदर मिश्र	नाटक	हनुमान्नाटकम्	12th Century
42.	daṇḍī दण्डी	अलंकारशास्त्र	काव्यादर्श	7th Century
43.	devaprabha sūrī देवप्रभ सूरी	महाकाव्य	पाण्डवचरित्	13th Century
44.	devavimalagaṇi देवविमलगणि	महाकाव्य	हरिसौभाग्य	17th Century
45.	dhāvaka धावक	नाटक	रत्नावली, नागानन्द	7th Century
46.	dhanan~jaya धनञ्जय	नाट्यशास्त्र	दशरूपक	10th Century
47.	dhaneśvara sūrī धनेश्वर सूरी	महाकाव्य	शत्रुञ्जय	7th Century
48.	dhanika धनिक	भाष्य	दशरूपकावलोक	10-11th Century
49.	dhanvantari धन्वन्तरि	आरोग्य	धन्वन्तरिनिघण्टु	4th Century
50.	dharmadāsa धर्मदास	तर्कशास्त्र	विदग्धमुखमण्डन	7th Century

51. dhoyī धोयी	दूतकाव्य	पवनदूत	12th Century
52. divākar दिवाकर	ज्योतिष	जातकपद्धति	16th Century
53. gaṅgādāsa गंगादास	छन्दशास्त्र	छन्दोमञ्जरी	12th Century
54. gangādhar गंगाधर	काव्य	मणिकर्णिकाष्टक	12th Century
55. gaṅgānanda गंगानन्द	दूतकाव्य	भृंगदूत	16th Century
56. gauḍapādāćārya गौड़पादाचार्य	आर्या	माण्डूक्योपनिषत्कारिका	8th Century
57. gautam गौतम	स्मृति	गौतमधर्मसूत्र	6th Century B.C.
58. ghaṭakharpara घटखर्पर	काव्य	घटखर्परकाव्य	4th Century
59. govardhanāćārya गोवर्धनाचार्य	काव्य	आर्यासप्तशती	12th Century
60. govind ṭhākur गोविन्द ठाकुर	काव्य	काव्यप्रदीप	16th Century
61. govindarāja गोविन्दराज	भाष्य	रामायणभूषण	16th Century
62. govindānand गोविन्दानंद	धर्म	दानकौमुदि, शद्धिकौमुदि	16th Century
63. guṇāḍhya गुणाढ्य	महाकवि	बृहत्कथा	1st Century
64. halāyudha हलायुध	काव्य	कविरहस्य	12th Century
65. harićandra हरिचन्द्र	महाकाव्य	धर्मशार्माभ्मुदय	uncertain
66. hemaćandra हेमचन्द्र	व्याकरण	शब्दानुशासन, काव्यानुशासन	12th Century
67. hemādri हेमाद्रि	धर्म	चतुर्वर्गचिन्तामणि	13th Century
68. īśadatta pāṇḍeya ईशदत्त पाण्डेय	कवि	प्रतापविजय	20th Century
69. īśvara dīkṣita ईश्वर दीक्षित	भाष्य	विवरण	16th Century
70. jagaddhara bhaṭṭa	जगद्धर भट्ट	स्तुतिकुसुमाञ्जलि	14th Century
71. jagannātha paṇḍita जगन्नाथ पण्डित	कवि	12 प्रसिद्ध-ग्रन्थ	17th Century
72. jagannātha pāṭhak जगन्नाथ पाठक	मुक्तक	कापिशायनी	20th Century
73. jalhaṇa जल्हण	संकलन	सूक्तिमुक्तावली	13th Century
74. jambūkavi जम्बूकवि	दूतकाव्य	चन्द्रदूत	10th Century
75. jānakīvallabh śāstrī जनकीवल्लभ शास्त्री	कवि	काकली	20th Century
76. janārdanabhaṭṭa जनार्दनभट्ट	काव्य	श्रृंगारशतक	uncertain
77. jayadeva जयदेव	अलंकार	चन्द्रालोक	13th Century
78. jayadeva जयदेव	काव्य	गीतगोविन्द	12th Century

79. jayadeva जयदेव	नाटक	प्रसन्नराघव	7th Century
80. jimūtavāhana जिमूतवाहन	धर्म	धर्मरत्न	12th Century
81. jonarāja जोनराज	इतिहास	राजतरंगिणी	14-15th Century
82. jyotirīśvara ज्योतिरीश्वर	काव्य	धूर्तसमागम	13th Century
83. kālidāsa कालिदास	काव्य, नाटक	4 काव्य, 3 नाटक	4th B.C. to 4th A.D
84. kāmandak कामन्दक	नीति	कामन्दकीय नीतिसार	3rd Century B.C.
85. kātyāna कात्यायन	वैदिक	वाजीसूत्र	9th Century B.C.
86. kaiyaṭa कैयट	भाष्य	महाभाष्यप्रदीप	9th Century
87. kalhaṇa कल्हण	इतिहास	राजतरंगिणी	12th Century
88. kallaṭa bhaṭṭa कल्लट भट्ट	कारिका	स्पन्दकारिका	9th Century
89. kalyāṇavarmā कल्याणवर्मा	ज्योतिष्य	सारावली	6 Century
90. kamalākar bhaṭṭa कमलाकर भट्ट	धर्म	निर्णयसिन्धु	17th Century
91. karṇapūra कर्णपूर	अलंकार	अलंकारकौस्तुभ	16th Century
92. kauṭilya कौटिल्य	अर्थशास्त्र	अथशास्त्र	4th Century B.C.
93. kavirāja काविराज	महाकाव्य	राघवपाण्डवीय	12th Century
94. keśavamiśra केशवमिश्र	काव्यालंकार	अलांकारशेखर	16th Century
95. kṛṣṇalīlāśuka कृष्णलीलाशुक	काव्य	गोविन्दाभिषेक	12th Century
96. kṛṣṇamiśra कृष्णमिश्र	नाटक	प्रबोधचन्द्रोदय	11th Century
97. kṛṣṇānand कृष्णानन्द	चम्पू	सुदर्शनचम्पू	18th Century
98. kṣīraswāmī क्षीरस्वामी	भाष्य	अमरकोषभाष्य	9th Century
99. kṣapaṇak क्षपणक	कोष	नानार्थध्वनिमञ्जरी	4th Century
100. kṣemendra क्षेमेन्द्र	कवि	12 प्रसिद्ध-ग्रन्थ	11th Century
101. kulaśekhara varmā कुलशेखर वर्मा	नाटक	सुभद्राधनञ्जय	9th Century
102. kullūkabhaṭṭa कुल्लूकभट्ट	स्मृतिशास्त्र	मनुस्मृतिटीका	14th Century
103. kumāradāsa कुमारदास	महाकाव्य	जानकीहरण	7th Century
104. kumārilabhaṭṭa कुमारिलभट्ट	मीमांसा	तंत्रवार्तिक	8th Century
105. lakṣmīdhara लक्ष्मीधर	धर्म	कृत्यकल्पतरु	12th Century
106. loṣṭaka bhaṭṭa लोष्टक भट्ट	काव्य	दीनाक्रन्दनस्तोत्र	11th Century

107. mahādev śāstrī महादेव शास्त्री	मुक्तकाव्य	भारतशतकम्	20th Century
108. maheśvaratīrtha महेश्वरतीर्थ	भाष्य	रामायणतत्त्वदीपिका	16th Century
109. mahimbhaṭṭa महिमभट्ट	काव्य	व्यक्तिविवेक	10th Century
110. mammaṭa मम्मट	अलंकारशास्त्र	काव्यप्रकाश	11th Century
111. maṅkha मंख	महाकाव्य	श्रीकण्ठचरित	12th Century
112. maṇḍana miśra मण्डन मिश्र	तर्क	तात्पर्यवार्तिक	8th Century
113. mathurāprasāda dīkṣita मथुराप्रसाद दीक्षित	नाटक	भारतविजय	20th Century
114. mayūrabhaṭṭa मयूरभट्ट	काव्य	सूर्यशतक	7th Century
115. mādhava vidyāraṇya माधव विद्यारण्य	भाष्य	पराशरमाधव	14th Century
116. mādhavayogī माधवयोगी	भाष्य	अमृतकटक	16th Century
117. māgh माघ	महाकाव्य	शिशुपालवध	7th Century
118. mitramiśra मित्रमिश्र	चम्पू	आनन्दकन्दचम्पू	17th Century
119. murāri मुरारि	नाटक	अनर्घराघव	8th Century
120. mūka मूक	स्तोत्र	मूकपञ्चशती	8th Century
121. mūlaśaṅkar yājñika मूलशंकर याज्ञीक	नाटक	प्रतापविजय	20th Century
122. nayacandra नयचन्द्र	महाकाव्य	हम्मीरमहाकाव्य	15th Century
123. nāgeśa bhaṭṭa नागेशभट्ट	व्याकरण	9 प्रसिद्ध-ग्रन्थ	17th Century
124. nārāyaṇa नारायण	ज्योतिष	मूहूर्तमार्तण्ड	15th Century
125. nārāyaṇa bhaṭṭa नारायण भट्ट	नाटक	वेणीसंहार	8th Century
126. nārāyaṇa bhaṭṭa नारायण भट्ट	चम्पू	14 प्रसिद्ध-चम्पू	16-17th Century
127. nārāyaṇa paṇḍit नारायण पण्डित	नीतिकथा	हितोपदेश	15th Century
128. nimbāditya निंबादित्य	धर्म	धर्माब्धिबोध	16-17th Century
129. nīlakaṇṭha नीलकण्ठ	ज्योतिष	ताजिक नीलकण्ठी	16th Century
130. nīlakaṇṭha bhaṭṭa नीलकण्ठ भट्ट	धर्म	व्यवहारमयूख	17th Century
131. nīlakaṇṭha dīkṣita नीलकण्ठ दीक्षित	चम्पू	नीलकण्ठविजयचम्पू	17th Century
132. padmagupta पद्मगुप्त	कवि	नवसाहसांकचरित	11th Century
133. padmanābha पद्मनाभ	चम्पू	वीरभद्रदेवचम्पू	16th Century
134. pañcānana tarkratna पञ्चानन तर्करत्न	नाटक	कलंकमोचन	20th Century

135. paraśurāma pāṭaṇakara परशुराम पाटणकर	इतिहास	वीरधर्मदर्पण	20th Century
136. parīkṣita śarmā परीक्षित शर्मा	नाटक	परीक्षिन्नाटकचक्र	20th Century
137. patañjali पतञ्जलि	योगदर्शन	योगसूत्रदर्शन	2th Century B.C.
138. pāṇini पाणिनि	व्याकरण	अष्टाध्यायी	8th Century B.C.
139. pravarasena प्रवरसेन	महाकाव्य	सेतुबन्ध	4th Century
140. puṣpadant पुष्पदन्त	काव्य	शिवमहिम्न	4th Century
141. raghunātha śiromaṇi रघुनाथ शिरोमणि	न्याय	14 प्रसिद्ध-ग्रन्थ	15th Century
142. raghunandana रघुनन्दन	धर्म	स्मृतितत्त्व	15th Century
143. raghunandana bhaṭṭa रघुनन्दन भट्ट	स्मृति	अष्टविंशतितत्त्व	15th Century
144. raghunandanatripaṭhi रघुनन्दनत्रिपाठी	चम्पू	हरिहरचरित	20th Century
145. ratnākar रत्नाकर	महाकाव्य	हरिविजय	9th Century
146. rājaćuḍāmaṇi राजचूडामणि	चम्पू	भारतचम्पू	17th Century
147. rājaśekhara राजशेखर	काव्य	9 प्रसिद्ध-ग्रन्थ	9th Century
148. rājā kulaśekhara राजा कुलशेखर	स्तोत्र	वैष्णवस्तोत्र	7th Century
149. rājā rāmavarmā राजा रामवर्मा	भाष्य	रामयणतिलक	17th Century
150. rāmānujāćarya रामानुजाचार्य	वेदान्त	6 प्रसिद्ध-ग्रन्थ	10-11th Century
151. revāprasād dvivedī रेवाप्रसाद द्विवेदी	काव्य	सीताचरित	20th Century
152. rudradāmana रुद्रदामन	गद्य	गिरिनार	2nd Century
153. rudrakavi रुद्रकवि	काव्य	राठौरवंशकाव्य	16th Century
154. rudraṭa रुद्रट	अलंकारशास्त्र	काव्यालंकार	9th Century
155. rūpagosvāmī रूपगोस्वामी	दूतकाव्य	उद्धवसंदेश	16th Century
156. śaṅkarakavi शंकरकवि	चम्पू	शंकरचेतोविलास	18th Century
157. śaṅkarāćarya शंकराचार्य	भाष्य	शांकरभाष्य	8th Century
158. śārṅgadhara शार्ङ्गधर	इतिहास	शार्ङ्गधरपद्धति	14th Century
159. śivasūrya शिवसूर्य	काव्य	पाण्डवाभ्युदय	15th Century
160. śivaswāmī शिवस्वामी	महाकाव्य	कप्फिणाभ्युदय	9th Century
161. śrīdharadāsa श्रीधरदास	स्तोत्र	सदुक्तिकर्णामृत	13th Century
162. śrīharṣa श्रीहर्ष	महाकाव्य	हर्षचरित	12th Century

163. śrīnivas श्रीनिवास	काव्य	भूवराहविजय	17th Century
164. śrīnivāsa kavi श्रीनिवास कवि	चम्पू	आनन्दचम्पू	18th Century
165. sadāśivaśa!stri सदाशिवशास्त्री	चम्पू	शिंदेविजयविलास	20th Century
166. saluva narasiṁha सलुव नरसिंह	काव्य	रामाभ्युदय	15th Century
167. sākalyamalla साकल्यमल्ल	काव्य	उदारराघव	14th Century
168. sāyaṇāćārya सायणाचार्य	संकलन	सुभाषितसुधानिधि	14th Century
169. siddhāntavāgīśa सिद्धान्तवागीश	नाटक	शिवाजीचरित	20th Century
170. somadeva सोमदेव	कथा	कथासरित्सागर	11th Century
171. subandhu सुबन्धु	काव्य	वासवदत्ता	6th Century
172. sūryakavi सूर्यकवि	चित्रकाव्य	रामकृष्णकाव्यम्	16th Century
173. svāyambhuva manu स्वायंबूव मनु	स्मृति	मनुस्मृति	uncertain
174. tarkālaṅkāra तर्कालंकार	न्याय	14 प्रसिद्ध-ग्रन्थ	17th Century
175. tirumalāmbā rājñī तिरुमलाम्बा राज्ञी	चम्पू	वरदाम्बिकापरिणयचम्पू	16th Century
176. trivikramabhaṭṭa त्रिविक्रमभट्ट	चम्पू	नलचम्पू	10th Century
177. udayanāćārya उदयनाचार्य	नैयायिक	न्यायकुसुमाञ्जलि	12th Century
178. udbhaṭa उद्भट	अलंकारशास्त्र	काव्यालंकारसंग्रह	17th Century
179. uddaṇḍa उद्दण्ड	गद्य	मल्लिकामारुत	17th Century
180. upaladeva उपलदेव	स्तोत्र	शिवस्तोत्रावली	10th Century
181. vaidyanātha dīkṣita वैद्धनाथ दीक्षित	भाष्य	रामायणदीपिका	15th Century
182. vallabhaveva वल्लभदेव	संकलन	सुभाषितावली	15th Century
183. vallabhāćarya वल्लभाचार्य	पुष्टिमार्ग	5 प्रसिद्य-ग्रन्थ	16th Century
184. vanśīdhara वंशीधर	भाष्य	रामायणशिरोमणि	19th Century
185. varāhamihira वराहमिहिर	ज्योतिष	बृहत्संहिता	6th Century
186. vasiṣṭha muni वसिष्ठ मुनि	आत्मज्ञान	योगवासिष्ठ	5000B.C.
187. vastupāla वस्तुपाल	महाकाव्य	नरनारायणानन्द	13th Century
188. vādićandra वादिचन्द्र	दूतकाव्य	पवनदूत	17th Century
189. vāgbhaṭa वाग्भट	महाकाव्य	नेमिनिर्वाण	12th Century
190. vākpati वाक्पति	महाकाव्य	गरुडवहो	8th Century

191. vālmīki वाल्मीकि	महाकाव्य	रामयण	5000B.C.
192. vāmana वामन	अलंकारशास्त्र	काव्यालंकारसूत्र	8th Century
193. vāmanabhaṭṭa वामनभट्ट	काव्य	रघुनाथचरित	15th Century
194. vāsudeva वासुदेव	काव्य	नलोदय	14th Century
195. vātsāyana वात्सायन	कामशास्त्र	कामसूत्र	3rd Century B.C.
196. vāsudeva वासुदेव	काव्य	युधिष्ठिरविजय	10th Century
197. vedāntadeśika वेदान्तदेशिक	काव्य, स्तोत्र	हंससंदेश, पादुकासहस्र	13th Century
198. veṅkaṭādhvarī वेंकटाध्वरी	चम्पू	अध्वरी	17th Century
199. venkaṭeśa वेंकटेश	भाष्य	सर्वार्थसार	15th Century
200. vidyākara paṇḍita विद्याकर पण्डित	कोष	सुभाषितरत्नकोष	11th Century
201. vidyāraṇya विद्यारण्य	धर्म	कालमाधव	14th Century
202. vijjakā विज्जका	सूक्ति	सूक्तिसंग्रह	4th Century
203. vijayagaṇi विजयगणि	दूतकाव्य	इन्दुदूत	17th Century
204. vikrama bhaṭṭa विक्रम भट्ट	चम्पु	नलचम्पु	10th Century
205. vīrendrakumara वीरेन्द्रकुमार	नाटक	शार्दूलशकट	20th Century
206. viśākhādatta वशाखादत्त	नाटक	मुद्राराक्षस	6th Century
207. viśvanātha विश्वनाथ	अलंकारशास्त्र	साहित्यदर्पण	14th Century
208. viśvanātha siṁha विश्वनाथ सिंह	चम्पू	रामचन्द्रचम्पू	18th Century
209. viśveśvara bhaṭṭa विश्वेश्वर भट्ट	धर्म	मदनपराजित	14th Century
210. viśveśvara pāṇḍeya विश्वेश्वर पाण्डेय	अलंकारशास्त्र	21 प्रसिद्ध-ग्रन्थ	18th Century
211. viṣṇuśarmā विष्णुशर्मा	कथा	पञ्चतन्त्र	3rd Century B.C.
212. vīranandī वीरनन्दी	महाकाव्य	चन्द्रप्रभ	14th Century
213. vyāsa व्यास	महाकाव्य	महाभारत	3000 B.C.
214. yamunācārya यमुनाचार्य	स्तेत्र	स्तोत्ररत्न	11th Century
215. yājñavalkya	स्मृति	याज्ञवल्क्यस्मृति	uncertain
216. yāska यास्क	निघण्टु	निरुक्त	8th Century B.C.
217. yogirāja arvinda योगीराज अरविन्द	अध्यात्म	वेदरहस्य	19th Century

BOOKS by RATNAKAR NARALE

for details and preview, please visit www.books-india.com

www.ingramcontent.com/pod-product-compliance
Lightning Source LLC
Chambersburg PA
CBHW080020110526
44587CB00021BA/3415
* 9 7 8 1 8 9 7 4 1 6 4 8 8 *